Andrew Roberts

FEUERSTURM

Andrew Roberts

FEUERSTURM

Eine Geschichte des
Zweiten Weltkriegs

*Aus dem Englischen
von Werner Roller*

C.H.Beck

Titel der englischen Originalausgabe:
«The Storm of War. A New History of the Second World War»
Copyright © Andrew Roberts 2009
Die Originalausgabe erschien 2009 bei Allen Lane, London,
einem Imprint von Penguin Random House UK.

Mit 52 Abbildungen, 22 Karten und 3 Grafiken

Für die deutsche Ausgabe:
© Verlag C.H.Beck oHG, München 2019
Gesetzt aus der Adobe Garamond Pro
und der Univers bei Fotosatz Amann, Memmingen
Druck und Bindung: CPI – Ebner & Spiegel, Ulm
Umschlaggestaltung: Rothfos & Gabler, Hamburg
Umschlagabbildung: Sturm auf das Reichstagsgebäude in Berlin,
30. April 1945, © akg-images
Gedruckt auf säurefreiem, alterungsbeständigem Papier
(hergestellt aus chlorfrei gebleichtem Zellstoff)
Printed in Germany
ISBN 978 3 406 70052 1

www.chbeck.de

Im Gedenken an Frank Johnson
(1943–2006)

«Ich selbst bin voller Zuversicht, dass wir, wenn alle ihre Pflicht erfüllen, wenn nichts vernachlässigt wird und wenn alles aufs Beste vorbereitet wird – wie dies ja geschieht –, uns neuerlich als fähig erweisen werden, unsere Inselheimat zu verteidigen, die Stürme des Krieges zu überdauern und die Bedrohung der Tyrannei abzuwehren; wenn es sein muss, jahrelang; wenn es sein muss, allein.»

Winston Churchill im House of Commons,
4. Juni 1940

Inhalt

Vorwort 13
Präludium: Der Pakt 17

Erster Teil: Angriff

1 Vier Invasionen: September 1939 – April 1940 33
2 Imperator Hitler: Mai – Juni 1940 76
3 Insel der letzten Hoffnung: Juni 1940 – Juni 1941 126
4 Kampf um die Mittelmeerküsten:
   September 1939 – Juni 1942 167
5 Die Tür eintreten: Juni – Dezember 1941 190
6 Taifun aus Tokio: Dezember 1941 – Mai 1942 252

Zweiter Teil: Wechseljahre

7 Die ewige Schande der Menschheit: 1939–1945 297
8 Fünf Minuten in Midway: Juni 1942 – Oktober 1944 .. 336
9 Mitternacht in den Teufelsgärten:
   Juli 1942 – Mai 1943 375
10 Das Mutterland überwältigt das Vaterland:
   Januar 1942 – Februar 1942 417
11 Funk- und Meereswellen: 1939–1945 456
12 Den Stiefel aufwärts: Juli 1943 – Mai 1945 492

Dritter Teil: Vergeltung

13	Eine herausragende Wende: März – August 1943	537
14	Die grausame Wirklichkeit: 1939–1945	562
15	Die Eroberung der Normandie: Juni – August 1944	601
16	Von Westen her: August 1944 – März 1945	640
17	Von Osten her: August 1943 – Mai 1945	676
18	Das Land der untergehenden Sonne: Oktober 1944 – September 1945	732

Schluss: Warum haben die Achsenmächte den Zweiten Weltkrieg verloren? ... 749

Anhang

Abkürzungen ... 787
Anmerkungen ... 788
Quellen und Literatur ... 835
Bildnachweis ... 869
Register ... 870

Verzeichnis der Karten

1	Polen 1939	37
2	Finnland 1939–1940	54
3	Norwegen 1940	64
4	Frankreich, Belgien und die Niederlande 1940	82
5	Die Luftschlacht um England 1940	135
6	Nordafrika und der Mittelmeerraum 1939–1943	178
7	Die Sowjetunion und die Ostfront 1941–1943	218
8	Der Ferne Osten 1941–1945	276
9	Der Ferne Osten: Die Philippinen 1941–1945	284
10	Der Ferne Osten: Burma 1941–1945	289
11	Der Holocaust	322
12	Der Ferne Osten: Das Japanische Empire	338
13	El Alamein	380
14	Stalingrad 1942–1943	425
15	Die Atlantikschlacht 1939–1943	470
16	Italien und Sizilien 1943–1945	500
17	Monte Cassino und Anzio 1943–1944	511
18	Die Schlacht bei Kursk	548
19	Die kombinierte Bomberoffensive der Alliierten	578
20	Die Landung in der Normandie 1944	614
21	Frankreich und Deutschland 1944–1945	650
22	Die Ostfront 1943–1945	680

Vorwort

Die Arbeit des Geschichtsschreibers, pflegte A. J. P. Taylor zu sagen, gleicht dem jonglierenden W. C. Fields: Es sieht so lange einfach aus, bis man es selbst versucht. Die Niederschrift dieses Buches ist mir durch die begeisterte Unterstützung von Freunden und Historikerkollegen sehr erleichtert worden.

Der Historiker Ian Sayer verfügt über Großbritanniens größtes Privatarchiv mit bisher unveröffentlichtem Material zum Zweiten Weltkrieg, und er ist mit seiner Zeit, seinem Rat und seinem umfassenden Wissen über diese Epoche sehr großzügig gewesen. Es war mir eine große Freude, ihn im Verlauf der Recherchen zu diesem Buch kennenzulernen, das ich zur gleichen Zeit wie *Masters and Commanders* schrieb, weil viele Quellen und Akteure sich überschneiden.

Besuche der Originalschauplätze und -räumlichkeiten, die mit vielen entscheidenden Augenblicken des Krieges verbunden sind, waren von unschätzbarem Wert, und ich möchte all denen danken, die dafür gesorgt haben, dass meine Besuche der im Folgenden genannten Orte und Einrichtungen so erfreulich verliefen. Zu diesen Reisezielen gehörten: das Hauptquartier des Oberkommandos der Wehrmacht und des Oberkommandos des Heeres in Zossen-Wünsdorf; die Maginotlinie; Görings ehemaliges Luftfahrt- und Goebbels' ehemaliges Propagandaministerium in Berlin; RAF Uxbridge; das in Polen gelegene Gut, das Hitler Guderian zum Geschenk machte; die Cabinet War Rooms in London; das U-Boot 534 in Birkenhead; der Lancaster-Bomber *Just Jane* in East Kirkby, Lincolnshire; der Standort von Hitlers Reichskanzlei in der Wilhelmstraße in Berlin; das Sewastopol-Diorama und die U-Boot-Bunker auf der Krim; die Siemens Dynamo-Werke in Berlin; RAF Coltishall; Colombey-les-Deux-Églises; das Old Admiralty Building in Whitehall; Maison Blairon in Charleville-Mézières; die ehemaligen deutschen Luftschutzbunker auf Guernsey; das Bundesarchiv Lichterfelde bei Berlin; das Dokumentationszentrum Obersalzberg in Berchtesgaden; die Wolfsschanze in Rastenburg; der Livadia-Palast in Jalta und Stalins Datscha in Sotschi am Schwarzen Meer.

Besonders danken möchte ich Oleg Germanowitsch Alexandrow von den ausgezeichneten Three Whales Tours (www.threewhales.ru), der mich durch das Museum der Verteidigung Moskaus, den Kreml, das Zentralmuseum der russischen Streitkräfte in Moskau und das Museum des Großen Vaterländischen Krieges geführt hat; ebenso danke ich Swetlana Mischatkina, die meiner Frau Susan und mir Wolgograd (das ehemalige Stalingrad) gezeigt hat, besonders erwähnenswert sind hier der Getreidesilo, der Mamajew-Hügel, die Fabrik «Roter Oktober», die Waffenfabrik «Barrikaden», das Traktorenwerk «Felix Dserschinski», die Überfahrtsstelle 62, das Hauptquartier von Generalfeldmarschall Paulus, der Sowjetisch-Deutsche Friedhof Rossoschka und das Panorama-Museum; ein weiterer Dank geht an Oberstleutnant Alexander Anatoljewitsch Kulikow, der mich durch das Museum für Panzerbau in Kubinka führte, und an Oberst Wjatscheslaw Nikolajewitsch Budjony, der uns das Museum des Offiziersklubs in Kursk und die Schlachtfelder von Jakowlewo und Prochorowka zeigte.

Ich möchte dem unermüdlichen Oberst Patrick Mercer danken, der mich auf eine faszinierende Besichtigungstour der Schlachtfelder des Jahres 1944 südlich von Rom mitnahm. Besonders zu nennen sind hier die Albaner Berge, das Allied Landing Museum in Nettuno, die ehemalige «Fabrik» (Aprilia), Campoleone, der Soldatenfriedhof Commonwealth Beach Head in Anzio, die Flussüberquerung an der Moletta, an der Viscount De L'Isle sich das Victoria-Kreuz holte, das «Boot»-Wadi an der Via Anziate, Monte Lungo, San Pietro Infine, die Flussüberquerungen am Gari, Sant'Angelo in Theodice, der Commonwealth-, der polnische und der deutsche Soldatenfriedhof in und bei Cassino, der Fluss Rapido, das Klostermuseum Monte Cassino und das Historische Museum Monte Cassino. Ich möchte auch Ernesto Rosi vom Amerikanischen Soldatenfriedhof in Nettuno dafür danken, dass er mir den Weg zum Grab von Leutnant Allen Tupper Brown wies, dem Stiefsohn von General George C. Marshall.

Ein weiteres Mal möchte ich Paul Woodadge von Battlebus Tours danken (www.battlebus.fr), der mich zu den Schlachtfeldern von Omaha Beach, Beuzeville-au-Plain, La Fière, Utah Beach, Les Mézières, Sainte-

Marie-du-Mont, Bréville, Angoville-au-Plain, Merville Battery, Strongpoint Hillman, Sword Beach, Pegasus-Brücke, Juno Beach, Sainte-Mère-Église, Lion-sur-Mer, Gold Beach und Crépon führte sowie zum Ryes Commonwealth War Cemetery in Bazenville und zum Normandy American Cemetery in Colleville-sur-Mer.

Specialist Trent Cryer aus Fort Myer, Virginia, hat mich freundlicherweise durch das Pentagon geführt. Dabei machte er auch noch den Stift ausfindig, den General Douglas MacArthur, Admiral Chester Nimitz und die japanische Delegation am 2. September 1945 an Bord des amerikanischen Schlachtschiffs *Missouri* bei der Unterzeichnung der japanischen Kapitulation benutzten, die den Krieg beendete. Danken möchte ich auch Magdalena Rzasa-Michalec, die Susan und mich bei unserem Besuch in Auschwitz-Birkenau mit großem Sachwissen führte, und David und Gail Webster, die uns de Gaulles Landsitz zu Kriegszeiten erläuterten, Rodinghead in Ashridge Park. Auch Richard Zeitlin vom Veteran's Museum in Madison, Wisconsin, war äußerst hilfreich.

Der Historiker Paddy Griffith war so freundlich, ein anspruchsvolles Barbarossa-Kriegsspiel zu organisieren, das fast so lange dauerte wie das Unternehmen selbst, und die dabei gewonnenen Erkenntnisse waren mir bei der Niederschrift der Kapitel 5 und 10 eine große Hilfe. Danken möchte ich Ned Zuparko (der Brauchitsch spielte), Max Michael (Hitler), Simon Bracegirdle (Stalin) und Tim Cockitt (Timoschenko) dafür, dass sie so viel Zeit geopfert haben. Ein Dank geht auch an Martin James, General John Drewienkiewicz und Oberst John Hughes-Wilson für ihre bei dieser Gelegenheit mitgeteilten Sichtweisen und Einschätzungen.

Großen Dank schulde ich auch der verstorbenen Mrs. Joan Bright Astley, Allan Mallinson, Mrs. Elizabeth Ward, Bernard Besserglik, Ion Trewin, dem verstorbenen Professor R. V. Jones, St. John Brown, John Hughes-Wilson (RUSI), der Guild of Battlefield Guides, Hubert Picarda, Oberst Carlo D'Este, Professor Donald Cameron Watt, Major Jim Turner, Rory Macleod, Miriam Owen, Air Chief Marshal Sir Jock Stirrup, Daniel Johnson sowie Robert Mages, Richard Sommers und David Keough vom USA Military History Institute in Carlisle, Pennsylvania.

Einige Freunde haben verschiedene Kapitel für mich gelesen, in manchen Fällen auch das ganze Buch, zu diesem Kreis zählen Johnnie Ogden, Conrad Black, mein Vater Simon Roberts, Oleg Alexandrow, John Curtis, Antony Selwyn, Ian Sayer, Hugh Lunghi, Eric Petersen, Paul Courtenay und David Denman. Ich möchte ihnen dafür sehr danken, ebenso den genialen Korrekturlesern Stephen Ryan und Michael Page bei Penguin. Noch übrig gebliebene Fehler, die es zweifellos gibt, gehen alle auf mein Konto.

Ohne die großartige, freundliche Professionalität meines Verlegers Stuart Proffitt, der Agentin Georgina Capel und des Lektors Peter James wäre dieses Buch nie zustande gekommen.

Danken möchte ich meiner Frau Susan, dass sie mich an so viele der Orte begleitet hat, die in diesem Buch vorkommen, gemeinsam waren wir am Hinrichtungsort Mussolinis oberhalb des Dorfes Giulino di Mezzegra (wir besichtigten ihn am Tag nach unserer Verlobung), in Auschwitz-Birkenau, im Todeslager Kanchanaburi am River Kwai, auf den Schlachtfeldern von Kursk und Stalingrad und an anderen mit dem Kriegsgeschehen verbundenen Orten in Budapest, Wien, Kairo, Libyen und Marokko.

Dieses Buch ist Frank Johnson gewidmet, im Gedenken an unsere langen Spaziergänge, bei denen wir die Themen erörterten, die sich aus diesem Krieg ergaben, insbesondere an unseren Besuch der Wolfsschanze, Hitlers Hauptquartier bei Rastenburg in Ostpreußen. Ich werde ewig bedauern, dass wir niemals gemeinsam zu Charles de Gaulles Grab in Colombey-les-Deux-Églises gereist sind. Frank wird von allen, die ihn kannten und liebten, unendlich vermisst.

Präludium: Der Pakt

General Werner von Blomberg, in seiner Eigenschaft als deutscher Reichswehrminister zugleich der politische Kopf der deutschen Streitkräfte, traf sich am Donnerstag, dem 12. April 1934, mit Reichskanzler Adolf Hitler an Bord des 11 700-Tonnen-Panzerschiffes *Deutschland*. Bei dieser Besprechung schlossen die beiden Politiker einen geheimen Pakt, in dem die Streitkräfte dem NSDAP-Führer ihre Unterstützung zusicherten, falls dieser nach dem Tod des Reichspräsidenten Paul von Hindenburg auch das Präsidentenamt übernehmen sollte. Die damit verbundene Bedingung: Die Reichswehr sollte die vollständige Entscheidungsgewalt über alle militärischen Fragen behalten. Der SA-Chef Ernst Röhm hatte zuvor die Einrichtung eines neuen Ministeriums verlangt, dem alle deutschen Streitkräfte unterstellt werden sollten, und für sich selbst das Ministeramt beansprucht. Eine solche Situation ließ für Blomberg und letztlich vielleicht sogar für Hitler Böses ahnen. Blomberg zeigte am 1. Mai seine Bereitschaft, den an Bord der *Deutschland* geschlossenen Pakt sofort umzusetzen, indem er die Aufnahme des Hakenkreuz-Motivs in die Uniform der Reichswehr befahl.

Röhm drängte weiterhin energisch auf die Erfüllung seiner Forderungen, was Blomberg am 21. Juni zu einer Warnung an Hitlers Adresse veranlasste: Hindenburg werde das Kriegsrecht verhängen und die Reichswehr um die Wiederherstellung der öffentlichen Ordnung bitten, falls keine Maßnahmen zur Sicherung des inneren Friedens ergriffen würden, und eine solche Situation würde den Reichskanzler an den Rand des Geschehens drängen und schwächen. Hitler begriff, was auf dem Spiel stand. Seine persönliche SS-Leibwache ging neun Tage später in einer mit überraschender Grausamkeit ausgeführten Aktion, die als «Nacht der langen Messer» bekannt wurde, gegen Röhm und die SA-Führung vor. Es kam zu einer Reihe von willkürlichen Festnahmen und Erschießungen, denen rund 200 Personen zum Opfer fielen. Die Reichswehr blieb während dieser Säuberung nicht nur untätig, Minister Blomberg gab am darauffolgenden Tag, am 1. Juli 1934, auch noch einen Erlass an die «Wehrmacht» heraus, in dem er die «soldatische Entschlossenheit» und den «vorbildlichen Mut des Führers» lobte, der «die Verräter und Meuterer selbst angegriffen und niedergeschmettert» habe.

Hindenburg starb einen Monat später, am 2. August 1934. Hitler übernahm – mit uneingeschränkter Unterstützung der Reichswehr – zusätzlich das Amt des Reichspräsidenten und damit auch den Oberbefehl über die Streitkräfte. Dies erfolgte auf der Grundlage des «Gesetzes über das Oberhaupt des Deutschen Reiches», das Hitler noch am 1. August vom gesamten Kabinett unterzeichnen ließ, auch vom Reichswehrminister.[1] Blomberg ordnete an, dass ein neuer Treueeid auf Hitler persönlich zu leisten sei, nicht mehr auf die Verfassung, die Institution des Reichspräsidenten oder den Staat. «Ich schwöre bei Gott diesen heiligen Eid», war jetzt der unmissverständliche Wortlaut, «dass ich dem Führer des Deutschen Reiches und Volkes, Adolf Hitler, dem Oberbefehlshaber der Wehrmacht unbedingten Gehorsam leisten und als tapferer Soldat bereit sein will, jederzeit für diesen Eid mein Leben einzusetzen.» Bei Hindenburgs Beerdigung am 7. August schlug Blomberg dem neuen Reichspräsidenten vor, dass ihn alle Soldaten künftig mit «Mein Führer» ansprechen sollten, und dieser Vorschlag wurde gnädig angenommen.

Hitler hatte sich die uneingeschränkte Macht gesichert, allerdings auf Kosten der Reichswehr, und Blomberg schrieb Hitler am Donnerstag, dem 9. August 1934, nur zwei Tage nach Hindenburgs Beerdigung, einen knappen, nur einen einzigen Satz umfassenden (und bis heute unveröffentlichten) Brief, in dem es hieß: «Mein Führer! Ich bitte an die in Aussicht gestellte Verfügung an die Wehrmacht erinnern zu dürfen. Blomberg.»[2] Diese etwas herrisch daherkommende Mitteilung sollte Hitler an seine Verpflichtungen aus dem *Deutschland*-Pakt erinnern. Ohne diese Zusicherung wäre es ihm nicht gelungen, die militärische und politische Vorherrschaft zu erlangen, die es ihm nur fünf Jahre später ermöglichen sollte, die Welt in den katastrophalsten Krieg zu stürzen, den die Menschheit jemals erlebt hat. Blomberg wiederum hatte (noch) die Möglichkeit, auf der korrekten Erfüllung des Paktes zu beharren. John Wheeler-Bennett, der britische Historiker und Experte für die deutsche militärische Führungsspitze, erklärte das so:

Bis zum August 1934 hätte die Armee das Naziregime niederwerfen können; ihre Kommandeure hätten nur mit dem Kopf zu nicken brauchen. Sie schuldete dem Kanzler keine Treue. Mit der Annahme Hitlers als Hindenburgs Nachfolger aber ketteten sie sich mit einer weiteren und vielleicht der stärksten psychologischen Fessel an ein Regime, das sie hatten ausnutzen und beherrschen wollen.[3]

Eine Woche nachdem er Blombergs Brief erhalten hatte, veröffentlichte Hitler im NSDAP-Parteiblatt *Völkischer Beobachter* Hindenburgs «politisches Testament». In diesem Text wurde die Rolle der Streitkräfte im Dritten Reich so beschrieben:

> Symbol und fester Halt für diesen Aufbau musste die Hüterin des Staates, die Reichswehr, sein. In ihr mussten die alten preußischen Tugenden der selbstverständlichen Pflichttreue, der Einfachheit und Kameradschaft als festes Fundament des Staates ruhen. ... Immer und zu allen Zeiten muss die Wehrmacht ein Instrument der obersten Staatsführung bleiben, das unberührt von allen innenpolitischen Entwicklungen seiner hohen Aufgabe der Verteidigung des Landes gerecht zu werden trachtet. ... All den Männern, die den Auf- und Ausbau der Reichswehr vollzogen haben, gilt der Dank des Feldmarschalls des Weltkrieges und ihres späteren Oberbefehlshabers.[4]

Am darauffolgenden Tag, am 19. August 1934, entschieden die Deutschen in einer Volksabstimmung darüber, ob Hitler die Ämter des Reichspräsidenten und des Reichskanzlers in Personalunion ausüben sollte, und mehr als 38 Millionen Wahlberechtigte (oder 89,9 Prozent der abgegebenen Stimmen) bejahten diese Frage.

Hitler kam seinen im *Deutschland*-Pakt gegebenen Zusagen weiterhin nach, am 20. August bestätigte er Blomberg in einer Mitteilung, der geheime Pakt gelte nach wie vor. Er dankte dem General für den Treueeid der Reichswehr und fügte hinzu:

> Ich werde es jederzeit als meine höchste Pflicht ansehen, für den Bestand und die Unantastbarkeit der Wehrmacht einzutreten in Erfüllung des Testaments des verewigten Generalfeldmarschalls und getreu meinem eigenen Willen, die Armee als einzigen Waffenträger in der Nation zu verankern.[5]

Nichts war dem Ansehen Hitlers bei den Generälen so förderlich wie die Serie der politisch-diplomatischen Handstreiche, die ihm in der Zeit vom März 1936 bis zum August 1939 an den deutschen Grenzen gelang. Diese Vorstöße machten aus dem durch die Bestimmungen des Versailler Vertrags gedemütigten Verlierer des Ersten Weltkriegs – Deutschland hatte durch den Vertrag beispielsweise 13,5 Prozent des eigenen Staatsgebiets abtreten müssen – das potenziell ruhmreiche Dritte Reich. Hitlers regelmäßige Bekundungen seiner vermeintlich friedlichen Absichten zerstreuten zwar mit Erfolg die Bedenken im Ausland, aber die Führungsspitzen von Wehrmacht, Kriegsmarine und Luftwaffe, die er anwies, sich so schnell wie möglich auf eine große kriegerische Auseinandersetzung in Europa vorzubereiten, durchschauten die Täuschung. «Deutschland wird von sich aus niemals den Frieden brechen», sagte Hitler beispielsweise dem Journalisten Ward Price von der Londoner *Daily Mail* in einem Interview im Januar 1935, vier Tage nach der Volksabstimmung im Saarland. Doch nur wenige Tage später entschied er, dass die Truppenstärke der Wehrmacht so schnell wie möglich von 21 auf 36 Divisionen angehoben werden müsse. Sein Ziel bis zum Jahr 1939 war ein 63 Divisionen umfassendes Kriegsheer, was fast der Kampfstärke von 1914 entsprach.[6]

Das Tempo von Hitlers Aggression nahm in der zweiten Hälfte der Dreißigerjahre exponentiell zu, denn das Selbstvertrauen des deutschen Diktators wuchs, und die Generäle hielten sich von den politischen Entscheidungsprozessen fern. Hermann Göring gab im März 1935 offiziell bekannt, dass Deutschland über eine Luftwaffe verfüge, im selben Monat, in dem die deutsche Regierung öffentlich erklärte, dass man sich nicht mehr an die Abrüstungsbestimmungen des Versailler Vertrags halten werde, Bestimmungen, die man im Geheimen ohnehin ignoriert hatte, seit Hitler an die Macht gekommen war. Im September 1935 nahmen die Nürnberger Gesetze den deutschen Juden ihre Bürgerrechte, und die Hakenkreuzfahne wurde zur deutschen Staatsflagge erklärt.

Am 7. März 1936 beging Hitler einen grundsätzlichen Verstoß gegen den Versailler Vertrag, indem er deutsche Truppen ins Rheinland einmarschieren ließ, das mit dem Artikel 180 des Friedensvertrags zur entmilitarisierten Zone erklärt worden war. Für den Fall, dass sich die in unmittelbarer Nähe stationierten französischen und britischen Truppen den deutschen Soldaten entgegenstellten, hatten diese Befehl, sich in ihre Kasernen zurückzuziehen, und ein solcher Rückzug hätte Hitler mit größter

Wahrscheinlichkeit seine Ämter gekostet. Doch die Westmächte, schuldbewusst wegen eines vermeintlichen «Karthago-Friedens», den man Deutschland 1919 auferlegt habe, ließen die Deutschen ohne Gegenmaßnahmen ins Rheinland einrücken. Philip Kerr, Marquess of Lothian, ein einflussreicher liberaler Politiker und Zeitungsdirektor, der in der Nationalen Regierung von Ramsay MacDonald 1931 einige Monate lang Kanzler des Herzogtums Lancaster gewesen war, kommentierte die Entwicklung in Deutschland so: «Sie gehen schließlich nur in den eigenen Garten hinter dem Haus.» Als Hitler den Westmächten im März 1936 versicherte, Deutschland wolle nur den Frieden, sagte der stellvertretende Labour-Vorsitzende Arthur Greenwood im Unterhaus: «Herr Hitler hat eine Erklärung abgegeben ... und dabei den Ölzweig hochgehalten, ... was unbesehen geglaubt werden soll. ... Es ist müßig, hier festzuhalten, dass solche Erklärungen unaufrichtig sind.» Im August 1936 führte Deutschland einen zweijährigen Pflichtwehrdienst ein.

Im November 1936 griff Deutschland aktiv in den Spanischen Bürgerkrieg ein. Hitler entsandte zur Unterstützung des faschistischen Generals Francisco Franco die aus mehr als 12 000 «Freiwilligen» bestehende Legion Condor, die auch über Kampfflugzeuge der Luftwaffe verfügte. Italiens faschistischer Diktator Benito Mussolini schickte eine Streitmacht, die bis auf 75 000 Mann anwuchs. In Spanien perfektionierte die Legion die Angriffstaktik des Bombenteppichs, sie warf eine Bombenlast von mehr als 1200 Tonnen ab und verschoss mehr als vier Millionen MG-Kugeln. Großbritannien und Frankreich veranstalteten in London eine Konferenz, an der sich sechsundzwanzig Nationen beteiligten und bei der ein Ausschuss eingesetzt wurde, der die Einhaltung des Prinzips der Nichteinmischung in die inneren Angelegenheiten Spaniens überwachen sollte. Deutschland und Italien waren mit Sitz und Stimme in diesem Ausschuss vertreten und blieben auch dort bis zum Juni 1937; länger war die Farce nicht mehr aufrechtzuerhalten.

Deutschland und Japan schlossen im November 1936 außerdem den Antikominternpakt, dem Italien 1937 beitrat. Dieses Abkommen richtete sich gegen die von der UdSSR geführte Dritte Kommunistische Internationale und begründete zugleich das Bündnis, das unter der Bezeichnung «Achse» bekannt werden sollte. Die Bühne für den Zweiten Weltkrieg war nahezu bereitet, bis auf eine sensationelle Wendung des Geschehens, die noch ausstand.

Vorläufig begnügte sich Hitler noch mit einer Politik des verstärkten Säbelrasselns im Umgang mit den Nachbarstaaten, die sich ganz besonders gegen die unmittelbaren Nachbarn mit zahlenmäßig großen deutschsprachigen Minderheiten richtete. Den schlüssigen Beweis dafür, dass all dies Teil eines umfassenden Gesamtplans war – eines Plans, der Stück für Stück umgesetzt wurde, sobald sich Gelegenheiten dafür boten –, lieferte das Protokoll einer Besprechung, die Hitler am 5. November 1937 in der Reichskanzlei abhielt. Diese Besprechung begann um 16.15 Uhr, dauerte gut vier Stunden[7] und sollte den mächtigsten Militärs sowie dem Außenminister des Reiches unmissverständliche Klarheit über Hitlers weitere Pläne verschaffen. Anwesend waren Blomberg (der 1936 zum ersten Generalfeldmarschall des Dritten Reiches ernannt worden war), Generaloberst Werner von Fritsch, der Oberbefehlshaber des Heeres, Großadmiral Erich Raeder, Oberbefehlshaber der Kriegsmarine, Hermann Göring, Oberbefehlshaber der Luftwaffe, und Außenminister Konstantin von Neurath. Protokollführer war Oberst Friedrich Hoßbach, Wehrmachtsadjutant bei Hitler. Dieser erklärte gleich zu Beginn, das Thema sei «von derartiger Bedeutung», dass man es nicht «in dem großen Kreise des Reichskabinetts» erörtern könne.[8]

Später erklärte er, «die Geschichte aller Zeiten», auch die des Römischen Weltreichs und des Britischen Empires, habe «bewiesen», «dass jede Raumerweiterung nur durch Brechen von Widerstand und unter Risiko vor sich gehen könne». Diese Risiken, womit Hitler kurze Kriege gegen Großbritannien und Frankreich meinte, müssten noch vor den Jahren 1943 bis 1945 eingegangen werden, für die er «infolge des Fehlens von Reserven» eine «Ernährungskrise» und einen «‹Schwächungsmoment des Regimes›» voraussah, und «zudem erwarte die Welt unseren Schlag und treffe ihre Gegenmaßnahmen von Jahr zu Jahr mehr. Während die Welt sich abriegele, seien wir zur Offensive gezwungen.» Vor einem «Vorgehen nach Westen» wollte Hitler «die Tschechei und gleichzeitig Österreich niederwerfen», um diese «Flankenbedrohung» «blitzartig schnell» durch einen eigenen «Angriff» auszuschalten. Er war der Ansicht, «England, voraussichtlich aber auch Frankreich» hätten «mit hoher Wahrscheinlichkeit ... die Tschechei bereits im stillen abgeschrieben», und «ein Vorgehen Frankreichs ohne die englische Unterstützung ... sei wenig wahrscheinlich».[9] Erst nach der raschen Zerschlagung zunächst Österreichs und der Tschechoslowakei und anschließend Großbritanniens und Frankreichs könne er sich auf die Schaffung eines großen Kolonialreichs in Europa konzentrieren.

Die scheinbare Dringlichkeit dieser Pläne beunruhigte Blomberg und Fritsch zutiefst. Fritsch erwog sogar, seinen Urlaub zu verschieben, der am darauffolgenden Mittwoch beginnen sollte, und beide Männer wiesen wiederholt darauf hin, «Deutschland dürfe es auf keinen Fall zulassen, in einen Kriegszustand mit Großbritannien und Frankreich zu geraten». Gemeinsam hätten Blomberg und Fritsch vielleicht verhindern können, dass Hitler den letzten Teil des in der Hoßbach-Niederschrift festgehaltenen Plans in die Tat umsetzte. Doch Blomberg sah sich am 27. Januar 1938 gezwungen, sein einflussreiches Amt aufzugeben, als bekannt wurde, dass seine ihm vor wenigen Tagen angetraute zweite Frau Margarethe Gruhn, die fünfunddreißig Jahre jünger war als der Feldmarschall, 1931 für pornografische Fotos posiert hatte – aufgenommen von einem tschechischen Juden, mit dem sie damals zusammengelebt hatte. Außerdem fand sich ihr Name in einem von der Berliner Polizei geführten Verzeichnis einschlägig bekannter Prostituierter. Was das Ganze noch schlimmer machte: Hitler und Göring hatten bei der Eheschließung am 12. Januar 1938 im Kriegsministerium als Trauzeugen fungiert. Innerhalb einer Woche musste auch Fritsch zurücktreten, weil man ihn verdächtigte, er werde von einem Berliner Strichjungen namens Otto Schmidt erpresst – eine unberechtigte, auf einer Verwechslung beruhende Anschuldigung, von der Fritsch später von einem militärischen Ehrengericht freigesprochen wurde.[10] Wahrscheinlich fiel Fritsch einer Intrige Heinrich Himmlers zum Opfer, aber jede gemeinschaftliche Opposition der deutschen Generäle gegen seine Entlassung wurde von General Wilhelm Keitel, einem Anhänger Hitlers, hintertrieben.[11]

Hitler selbst hatte den Sturz der Generäle nicht betrieben, zögerte aber nicht, den Skandal für eigene Zwecke zu nutzen – für die Erweiterung seiner Machtbefugnisse über die Streitkräfte. Er ernannte keinen Nachfolger für Blombergs Amt und übernahm damit letztlich selbst die Funktion des Kriegsministers. Keitel, einen Mann, den er aufgrund seiner Unterwürfigkeit, seiner wenig ausgeprägten Persönlichkeit und intellektuellen Defizite auswählte, machte er zu seinem Berater in allen die Wehrmacht betreffenden Angelegenheiten. Einem Gerichtspsychiater, der ihn während des Nürnberger Prozesses gegen die Hauptkriegsverbrecher befragte, sagte Keitel: «Niemand hat unabhängig von Hitler Befehle erteilt.

Natürlich habe ich sie unterzeichnet. ... Es war Hitlers Wunsch und Wille, alle Befugnisse und die Kommandogewalt auf sich zu vereinigen. Damit hatte er sich bei Blomberg nicht durchsetzen können.»[12]

Hitler hatte sich letztlich die uneingeschränkte Befehlsgewalt über die Wehrmacht gesichert, indem er Blomberg und Fritsch – de facto, wenn auch nicht unmittelbar de jure – durch sich selbst und Keitel ersetzte. Innerhalb weniger Tage verfügte er eine massive Umbesetzung der Spitzenpositionen im Militärapparat: Neben Blomberg und Fritsch wurden weitere zwölf Generäle entlassen und nicht weniger als einundfünfzig andere hohe Positionen ebenfalls neu besetzt.[13] Der Weg für eine uneingeschränkte Befehlsgewalt Hitlers über die Wehrmacht war jetzt frei. Im Lauf der folgenden Jahre sollte er immer enger an allen strategischen Entscheidungsprozessen beteiligt sein, sowohl über Keitel als auch durch dessen ähnlich willfährigen Stellvertreter Oberst (später Generalmajor) Alfred Jodl. Das deutsche Oberkommando – es war stolz, oft preußischer Herkunft, bestand zu großen Teilen aus Aristokraten und war in seiner Verbitterung über die Demütigungen der Jahre 1918/19 von keiner anderen Interessengruppe im Deutschen Reich zu übertreffen – ließ es zu, dass seine traditionelle Aufgabe, die Ausarbeitung einer militärischen Gesamtstrategie, von einem Mann an sich gerissen wurde, den viele dieser hohen Offiziere zwar als Staatsmann bewunderten, über dessen strategische Begabung sie aber nicht das Geringste wussten. Und all das nur wegen einer ehemaligen Prostituierten und eines verlogenen ehemaligen Berliner Strichjungen.

Wie sich bald darauf herausstellte, musste um die Eingliederung Österreichs in das Deutsche Reich nicht gekämpft werden. Deutsche Truppen überquerten am 11. März 1938 die Grenze des Nachbarlandes und erfuhren dort so viel aktive Unterstützung durch die Bevölkerung, dass Hitler zwei Tage später den «Anschluss» erklären konnte, bevor er sich im Triumphzug durch die Straßen Wiens chauffieren ließ. Ein Zusammenschluss der beiden Länder war im Versailler Vertrag zwar ausdrücklich untersagt worden, doch Hitler stellte die Länder des Westens einfach vor vollendete Tatsachen, ohne dass ein einziger Schuss fiel. Als die Wehrmacht die Grenze zu Österreich überschritt, begingen viele Juden Selbstmord.

Die nächste Krise – sie entwickelte sich um das mehrheitlich deutschsprachige Sudetenland, das im Versailler Vertrag der Tschechoslowakei zugesprochen worden war – ging Hitler ebenso geschickt an wie die vorhergehenden Konflikte. Die Sudetendeutschen hatten mit sorgfältig inszenierten Demonstrationen, die gelegentlich, wie bereits im Oktober 1937, zu Gewalttaten führten, für den Anschluss ans Deutsche Reich agitiert. Nach einem Verbot politischer Versammlungen waren die Abgeordneten der NS-freundlichen Sudetendeutschen Partei (SDP) im November demonstrativ aus dem Prager Parlament ausgezogen. Hitler schürte die Krise mit Geschick über das ganze Jahr 1938 hinweg, mobilisierte die Wehrmacht am 12. August und verlangte im darauffolgenden Monat die Eingliederung des Sudetenlandes in das Deutsche Reich. Wie schon zuvor erklärte er, dies sei seine letzte territoriale Forderung in Europa.

Der britische Premierminister Neville Chamberlain flog am 15. September nach Deutschland und suchte Hitler in dessen Landhaus am Obersalzberg bei Berchtesgaden auf, um eine Lösung für diese Krise auszuhandeln. Bei seiner Rückkehr schrieb er an seine Schwester Ida: «Ich hatte, kurz gesagt, ein gewisses Vertrauen geschaffen, was auch mein Ziel war, und trotz der Härte und Rücksichtslosigkeit, die ich in seinem Gesicht zu entdecken glaubte, gewann ich den Eindruck, es hier mit einem Mann zu tun zu haben, auf dessen Wort man sich verlassen kann.»[14] Erst bei einem zweiten Treffen mit Hitler, das eine Woche später in Bad Godesberg stattfand, gelang es Chamberlain, bestimmte Abmachungen zu erreichen, zu deren Annahme Großbritannien und Frankreich die tschechoslowakische Regierung drängen konnten: Es galt einen Krieg zu vermeiden, auf den die Westmächte nach wie vor (unverzeihlicherweise) nicht vorbereitet waren. Nach der Rückkehr aus Bad Godesberg erklärte Chamberlain bei einer Kabinettssitzung, seiner Ansicht nach werde Hitler «nicht gezielt einen Mann täuschen, den er respektierte und mit dem er verhandelt hatte».[15]

Erst bei einem dritten Treffen in München kam Ende September 1938 ein Abkommen zustande, bei dem sich Deutschland, Italien, Großbritannien und Frankreich auf die geografischen Einzelheiten und den Zeitplan für die Annexion des Sudetenlandes durch das Deutsche Reich einigten. Dem britischen Unterhaus empfahl Chamberlain am 3. Oktober 1938 die Annahme des Münchener Abkommens und erklärte dazu: «Es ist meine Hoffnung und meine Überzeugung, dass die Tschechoslowakei mit dem neuen System von Garantien größere Sicherheit genießen wird als jemals zuvor in der Vergangenheit.»[16] Diese Erklärung klingt zwar außerordentlich naiv, aber wir können zumindest sicher sein, dass Chamberlain selbst daran geglaubt hat.

Die britische Regierung erhielt im Vorfeld des Münchener Abkommens eine Reihe von Hinweisen aus Kreisen antinazistisch eingestellter deutscher Generäle, dass sie Hitler stürzen würden, wenn die Westmächte seine schmeichlerischen Scheinangebote in der Sudetenlandfrage zurückwiesen. Doch auf solche Zusagen war nicht zuletzt deshalb kein Verlass, weil sie für den Wehrmachtsoffiziersstand insgesamt nicht repräsentativ waren. Es gibt zahlreiche Gründe dafür, warum die deutschen Generäle Hitler nie entmachteten, auch dann nicht, als der Krieg eindeutig verloren war. Eine wichtige Tatsache war beispielsweise, dass sie sich keineswegs auf die Loyalität ihrer eigenen Soldaten verlassen konnten, wenn sie sich gegen Hitler wenden würden. Außerdem waren sie nach wie vor vom öffentlichen Leben isoliert, fühlten sich an den Treueeid gebunden, den sie Hitler geleistet hatten, standen für eine konservative Gesellschaftsordnung, die den jungen Deutschen nicht zusagte, und sahen sich als gesamte Gruppe nicht dazu in der Lage, ihre Pflicht gegenüber Deutschland über die persönlichen Interessen und den eigenen Ehrgeiz zu stellen.[17] Sie waren ein viel zu schwacher Machtfaktor, auf den sich Chamberlain (und später Churchill) bei der Gestaltung der britischen Außenpolitik keineswegs verlassen konnten.

Einen Monat nach dem Münchener Abkommen, am 2. November 1938, unterstützten Hitler und Mussolini die Annexion der südlichen Slowakei durch Ungarn, die überraschend und ohne Beratungen mit Großbritannien und Frankreich erfolgte. Chamberlain blieb vor dem Unterhaus nur noch die hilflose Feststellung: «Wir garantierten niemals die Unverletzlichkeit der bestehenden Grenzen. Allerdings gaben wir eine Garantieerklärung gegen eine nicht provozierte Aggression ab – das ist etwas ganz anderes.» Eine Woche später riefen die Nazis zu einem brutalen, sechs Tage andauernden Pogrom gegen die deutschen Juden auf, das zunächst unter der euphemistischen Bezeichnung «Reichskristallnacht» bekannt wurde. Kaum jemand außerhalb des deutschen Machtbereichs hegte jetzt noch irgendwelche Illusionen über die wahre Natur des abscheulichen Hitler-Regimes.

Als deutsche Truppen am 15. März 1939 das noch verbliebene tschechische Staatsgebiet besetzten, das zum «Protektorat Böhmen und Mähren» erklärt wurde – und damit erstmals eine nichtdeutsche einheimische Bevölkerung in das Deutsche Reich zwangen –, und Hitler in einem weiteren Triumph durch ein düsteres Prag chauffiert wurde, gingen der Regierung Chamberlain endgültig die Erklärungen und Entschuldigungen aus. Das wurde noch deutlicher, als Hitler dann im selben Monat den fünf Jahre zuvor unterzeichneten Nichtangriffspakt mit Polen in Frage stellte und schließlich am 28. April 1939 aufkündigte.

Großbritannien und Frankreich gaben deshalb am 1. April eine Garantieerklärung zugunsten Polens ab und drohten für den Fall einer deutschen Invasion mit Krieg. Die Garantie war als Hemmschwelle und Abschreckungsmaßnahme gedacht, um Hitler von weiteren Abenteuern abzuhalten, und ähnliche Zusagen zugunsten Rumäniens und Griechenlands folgten zwei Wochen später. Großbritannien führte am 27. April die Wehrpflicht für Männer im Alter von zwanzig und einundzwanzig Jahren ein, Hitler kündigte am selben Tag das 1935 geschlossene deutsch-britische Flottenabkommen, in dem eine Obergrenze für die Größe der Kriegsmarine in beiden Ländern festgelegt worden war. Im darauffolgenden Monat unterzeichneten Hitler und Mussolini einen auf zehn Jahre befristeten Freundschafts- und Bündnisvertrag, den sogenannten «Stahlpakt».

«Der Krieg ist nicht nur nicht unvermeidlich», versicherte Sir Thomas Inskip, der bis Ende Januar 1939 Minister für die Koordination von Verteidigungsmaßnahmen gewesen war,[18] noch im August 1939 der britischen Öffentlichkeit, «er ist unwahrscheinlich». Er hatte nicht damit gerechnet, dass Hitler den bis dahin wohl größten Überraschungscoup seiner bisherigen Laufbahn landen würde. Da die deutschen Generäle darauf bestanden hatten, dass noch vor einem Einmarsch in Polen die Neutralität der Sowjetunion zu sichern sei, entschloss sich Hitler zur bis dahin erstaunlichsten politischen Kehrtwendung des 20. Jahrhunderts.[19] Er schob alles beiseite, was er zuvor über seinen Abscheu vor dem Kommunismus hatte verlauten lassen, und schickte seinen neuen Außenminister Joachim von Ribbentrop zu Verhandlungen mit Wjatscheslaw Molotow, seinem neuen sowjetischen Amtskollegen von Stalins Gnaden, nach Moskau. Für Stalin war es notwendig, einen Krieg zwischen Deutschland und den westlichen Ländern zu begünstigen, und für Hitler war es ebenso notwendig, einen militärischen Konflikt an zwei Fronten (wie noch im Ersten Weltkrieg) zu vermeiden. Vor diesem Hintergrund verloren die Ideologien des Kommunismus wie des Faschismus an relativer Bedeutung, und in den frühen Morgenstunden des 24. August 1939 wurde ein umfassender deutsch-sowjetischer Nichtangriffspakt unterzeichnet. «All the isms have become wasms» (etwa: «Alle diese Ismen haben sich jetzt überlebt»), witzelte ein britischer Regierungsvertreter.

Bis zu diesem Zeitpunkt war Hitlers Umgang mit dem österreichischen Bundeskanzler Kurt von Schuschnigg, dem tschechischen Staatspräsidenten Emil Hácha und der britischen und französischen Regierung von Großsprecherei, Einschüchterung und ständiger Steigerung des Drucks gekennzeichnet gewesen, worauf die Betroffenen mit einer Mischung aus Leichtgläubigkeit, nachgiebiger Beschwichtigung («Appeasement») und matter Resignation reagiert hatten. Mit seinen lebenslangen Feinden, den Bolschewisten, verkehrte Hitler jetzt höflich und respektvoll, doch selbstverständlich nicht weniger doppelzüngig. Sie würden später an die Reihe kommen.

Kaum war der von Molotow und Ribbentrop ausgehandelte Pakt mit Stalin unterzeichnet, schritt Hitler zur Tat. Bereits eine Woche später, am Abend des 31. August 1939, brachte die Gestapo einen namentlich nicht bekannten Häftling aus einem Konzentrationslager zum Radiosender Gleiwitz nahe dieser oberschlesischen Grenzstadt. Dort wurde der Gefangene in eine polnische Uniform gesteckt und erschossen. Dazu wurde eine rasch ersonnene Propagandageschichte von einem angeblichen polnischen Angriff auf deutsches Staatsgebiet verbreitet, was Hitler nach seiner eigenen Version das Recht gab, zur «Selbstverteidigung» und ohne vorherige Kriegserklärung in Polen einzumarschieren. Das «Unternehmen Himmler», wie dieser lächerlich leicht zu durchschauende Scheinangriff intern bezeichnet wurde, führte so zum allerersten Todesopfer des Zweiten Weltkriegs. Bedenkt man an dieser Stelle, auf welch fürchterliche Art und Weise fünfzig Millionen Menschen in den nächsten sechs Jahren zu Tode kommen sollten, so gehörte der arglose Gefangene noch zu den Opfern mit einem weniger schlimmen Schicksal.

Das 1931 vom Stapel gelaufene Panzerschiff *Deutschland* erhielt 1940 den neuen Namen *Lützow*, weil Hitler eine allgemein demoralisierende Wirkung befürchtete, falls ein Schiff mit dem Namen des Landes versenkt würde. (Aus dem gleichen Grund ließ Hitler auch nie zu, dass ein Schiff seinen eigenen Namen erhielt, trotz zahlreicher Vorschläge dieser Art von Seiten unterwürfiger Admiräle.) Die *Lützow* war beim Überfall auf Norwegen im Einsatz, kämpfte 1942 gegen alliierte Geleitzüge, wurde durch Luftangriffe 1945 schwer beschädigt und im Mai 1945 schließlich auf Grund gesetzt, wie auch der Nationalsozialismus selbst. Wäre der Zweite Weltkrieg anders ausgegangen, wenn Hitler sich an die Abmachungen des Pakts gehalten hätte, den er mit Blomberg im April 1934 an Bord dieses Schiffes geschlossen hat? Darin war vorgesehen gewesen, dass die von Berufs wegen mit solchen Fragen befassten Strategen der Reichswehr über Zeitpunkt, Ablauf und Tempo des bevorstehenden Krieges entscheiden sollten, während der Diktator selbst sich mit der Stärkung der Kampfmoral und Aufforderungen zur Selbstaufopferung begnügen wollte. Hätte der an Bord der *Deutschland* geschlossene Pakt dafür sorgen können, dass «Deutschland über alles» ging? Das ist eine der Fragen, die dieses Buch beantworten will.

Erster Teil

ANGRIFF

«Vom großen Moltke ist überliefert, dass er auf ein Lob für seine Kriegführung im Deutsch-Französischen Krieg und die Bemerkung eines Bewunderers, er werde künftig auf eine Stufe mit großen Feldherren wie Napoleon, Friedrich II. oder Turenne gestellt werden, antwortete: ‹Nein, denn ich habe niemals einen Rückzug befehligt.›»

Friedrich Wilhelm von Mellenthin, Panzer Battles (1955) [1]

1

Vier Invasionen

September 1939 – April 1940

> «Wenn wir diesen Krieg verlieren, dann möge uns
> der Himmel gnädig sein.»
>
> *Hermann Göring im Gespräch mit Hitlers*
> *Dolmetscher Paul Schmidt, 3. September 1939.*[2]

Die internationale Lage und Hitlers monatelanges Säbelrasseln im Umgang mit Polen brachten es mit sich, dass der Überfall auf dieses Land nicht mehr als Überraschungsangriff geführt werden konnte, doch der Diktator hegte die berechtigte Hoffnung, dass die neuartige deutsche Blitzkrieg-Taktik den Polen einen taktischen Schock versetzen würde. Diese Taktik beruhte auf einem sehr engen, über Funkverbindungen gehaltenen Kontakt zwischen äußerst beweglichen Panzerkolonnen, motorisierter Artillerie, Bombern und Kampfflugzeugen der Luftwaffe und auf Lastwagen vorrückender Infanterie – so trieb sie jeden Gegner vor sich her.

Hitlers Abneigung gegen einen statischen Abnutzungskrieg war eine natürliche Reaktion auf seine Dienstzeit im 16. Bayerischen Reserve-Infanterie-Regiment von 1914 bis 1918.[3] Zu seinen Aufgaben als Meldegänger im Ersten Weltkrieg gehörte es, auf eine Pause im Artilleriefeuer zu warten und dann in gebückter Haltung zwischen Schützengräben und Granattrichtern hin- und herzurennen, um Meldungen entgegenzunehmen und weiterzuleiten. Diesen Dienst versah er tapfer und umsichtig, tötete vermutlich niemals einen Gegner mit eigener Hand und lehnte Beförderungen immer ab, weil er sonst mit einer Versetzung rechnen musste, die ihn von seinen Kameraden trennen würde. Der Regimentsadjutant Fritz Wiedemann schrieb später: «Er hatte keine Familie und, wenn man so will, auch keine Heimat. Für den Gefreiten Hitler war das Regiment List Heimat.»[4] Er erhielt sogar zwei Tapferkeitsorden, das Eiserne Kreuz II. und I. Klasse.

Hitler hatte vier Jahre Stellungs- und Abnutzungskrieg überlebt, und bei Kriegsende hatte der inzwischen Neunundzwanzigjährige begriffen, dass die taktische Überraschung ein unschätzbarer Vorteil in der Kriegführung war. In seinem Buch *Mein Kampf* schrieb er später: «Auch der Dreißigjährige wird im Laufe seines Lebens noch vieles zu lernen haben, allein es wird dies nur eine Ergänzung und Ausfüllung des Rahmens sein, den die grundsätzlich angenommene Weltanschauung ihm vorlegt.»[5] In seiner gesamten politischen Laufbahn als Revolutionär setzte er immer wieder auf den Überraschungseffekt, und das zumeist mit großem Erfolg. Der Putschversuch vom November 1923 überraschte selbst den nominellen Anführer, den General Erich von Ludendorff, und Ernst Röhm war vor der «Nacht der langen Messer» im Juni 1934 völlig arglos gewesen. Doch die Polen rechneten mit einem plötzlichen Angriff Hitlers, denn genau eine Woche zuvor war eine deutsche Kommandoeinheit, die nicht über die Verschiebung der ursprünglich für den frühen Morgen des 26. August vorgesehenen Invasion informiert worden war, versehentlich auf polnisches Gebiet vorgedrungen.

Der deutsche Plan für den «Fall Weiß», den Einmarsch in Polen, sah unter anderem vor, dass kleine deutsche Kampfgruppen in «Räuberzivil» im Schutz der Nacht die Grenze überqueren und am Invasionstag noch vor Tagesanbruch strategisch wichtige Punkte besetzen sollten. Die Spezialeinheit des Amtes Ausland/Abwehr der Wehrmacht, die solche Operationen ausführen sollte, trug die Tarnbezeichnung «Baulehrkompanie z. b. V. [zur besonderen Verwendung] 800». Eine vierundzwanzig Mann zählende Gruppe unter dem Befehl des Leutnants Hans-Albrecht Herzner sollte den Angriff der 7. Infanterie-Division vorbereiten. Der Auftrag lautete, nach dem heimlichen Grenzübertritt den polnischen Grenzbahnhof Mosty einzunehmen und die Zerstörung des Eisenbahntunnels am Jablunka-Pass zu verhindern, damit die durch diesen Karpaten-Ausläufer führende einspurige Bahnstrecke, die kürzeste Verbindung zwischen Warschau und Wien, intakt blieb.[6] Herzners Gruppe ging am 26. August um 0.30 Uhr über die bewaldete Grenze, verlor die Orientierung und wurde in der Dunkelheit auseinandergerissen. Dem Anführer Herzner gelang dennoch um 3.30 Uhr in der Nacht mit dreizehn Mann die Einnahme des Bahnhofs von Mosty, wo die Invasoren die Telefon- und Telegrafenverbindung unterbrachen, aber feststellen mussten, dass die polnischen Verteidiger die Sprengladungen bereits aus dem Tunnel entfernt hatten. Die polnischen Tunnelwachen griffen Herzners Einheit an und verwundeten einen seiner Männer. Ohne Funkkontakt zur Abwehr konnte Herzner nicht wissen, dass Hitler am Vorabend, nur wenige Stunden vor dem Beginn des Mosty-Unternehmens, den «Fall Weiß» um eine Woche aufgeschoben hatte und alle Kommandoeinheiten noch rechtzeitig informiert worden waren, mit dieser einen Ausnahme. Die Abwehr drang erst um 9.35 Uhr zu Herzner durch und befahl dem Leutnant, dessen Gruppe im Feuergefecht bis dahin einen weiteren Verwundeten zu beklagen und einen polnischen Verteidiger getötet hatte, alle Gefangenen freizulassen und sofort zum Stützpunkt zurückzukehren.

Nach einer weiteren Serie von Zwischenfällen ging Herzners Gruppe um 13.30 Uhr über die slowakische Grenze zurück. Die deutsche Regierung erklärte das ganze Geschehen gegenüber der polnischen Staatsführung als einen Fehler, der durch eine unklare Grenzziehung in diesem Waldgebiet ausgelöst worden sei. Da diese Operation keinen offiziellen militärischen Charakter hatte und obendrein noch in Friedenszeiten ablief, machte Leutnant Herzner, ganz der ordentliche Deutsche, für den Nachteinsatz Sonderausgaben in Höhe von 55 Reichsmark und 86 Pfennig geltend.[7] Ebenso deutsch mutet die Haltung seiner vorgesetzten Behörde an, die ihm zunächst für eine formell in Friedenszeiten erbrachte militärische Leistung nicht das Eiserne Kreuz II. Klasse (EK II) verleihen wollte. (Herzner bekam den Orden dann doch noch, aber das nutzte ihm letztlich wenig: Bei einem Unfall mit einem Militärfahrzeug brach er sich 1942 einen Rückenwirbel; er ertrank bei seiner Schwimmtherapie.)

Hitler hatte am 28. April 1939 den im Januar 1934 geschlossenen deutsch-polnischen Nichtangriffspakt einseitig aufgekündigt – das war ein für seine Verhältnisse ebenso merkwürdiger wie ungewöhnlicher Akt des Legalismus. Aus polnischer Sicht war das ein an Deutlichkeit kaum zu überbietender Hinweis auf eine unmittelbar bevorstehende deutsche

Invasion. Mit der deutschen Blitzkrieg-Taktik waren die Polen dennoch kaum vertraut, denn die war bis dahin die Domäne eines kleinen Kreises von deutschen und britischen Taktik-Theoretikern. Die Polen konnten zwar sehr genau einschätzen, wo der Angriff erfolgen würde, wussten auch in etwa, wann er kommen würde, entscheidend war jedoch, dass sie nicht wissen konnten, wie er ausgeführt werden würde. In Polen entschied man sich deshalb dafür, die eigene Hauptstreitmacht nahe der deutschen Grenze zu platzieren. Die mit dem Münchener Abkommen im vergangenen Herbst verbundene Krise, die Besetzung des noch verbliebenen tschechischen Staatsgebiets durch Deutschland im März 1939 und die Sezession der Slowakei als von Deutschland abhängiger «Schutzstaat» hatten zur Folge, dass die gemeinsame Grenze Polens mit dem Deutschen Reich sich von gut 2000 auf über 2800 Kilometer verlängert hatte, und das war sehr viel mehr, als die polnischen Streitkräfte angemessen verteidigen konnten. Ihr Oberbefehlshaber, Marschall Eduard Śmigły-Rydz, musste sich deshalb entscheiden, ob er den größten Teil seiner Truppen hinter der von den großen Flüssen Weichsel, San und Narew gebildeten natürlichen Verteidigungslinie bereithalten oder aber versuchen sollte, Polens industrielles Kernland und die ertragreichsten landwirtschaftlichen Gebiete im Westen des Landes zu schützen. Śmigły-Rydz entschied sich dafür, seine Streitkräfte jeden Quadratmeter des polnischen Staatsgebiets verteidigen zu lassen, was sie in eine gefährlich exponierte Lage brachte. Er versuchte, seine Soldaten auf die gesamte Front aufzuteilen, die sich von Litauen bis zu den Karpaten erstreckte, und hielt sogar eine Eliteeinheit für einen Einmarsch in Ostpreußen bereit, so dass ein Drittel der polnischen Streitmacht in der Provinz Posen und im Polnischen Korridor gebunden war. Die Aufstellung war kühn, wie so oft in der Geschichte des armen, geschundenen Polen, sonst hätte Śmigły-Rydz so bedeutende Städte wie Krakau (Kraków), Posen (Poznań), Bromberg (Bydgoszcz) und Łódź, die allesamt westlich der drei genannten Flüsse lagen, einfach preisgeben müssen. Dennoch kann man der Einschätzung des späteren Generalmajors Friedrich Wilhelm von Mellenthin, damals noch 3. Generalstabsoffizier des III. Armeekorps, nur zustimmen. Seiner Ansicht nach fehlte den polnischen Plänen «jeder Sinn für die Wirklichkeit».[8]

Hitler gab am Donnerstag, dem 31. August 1939, um 17.30 Uhr den Angriffsbefehl für den folgenden Morgen, und diesmal sollte es keine

Verschiebung mehr geben. Also folgten die deutschen Streitkräfte am 1. September um 4.45 Uhr dem Angriffsplan für den «Fall Weiß», den das Oberkommando des Heeres (OKH) im Juni des Jahres aufgestellt hatte. Das OKH bestand aus dem Oberbefehlshaber des Feldheeres, dem Generalstab des Heeres, dem Heerespersonalamt und dem Befehlshaber des Ersatzheeres. In allen Fragen der Gesamtstrategie war das Oberkommando der Wehrmacht (OKW) dem OKH übergeordnet. Kurz nachdem Hitler im Februar 1938 selbst den Oberbefehl über die deutschen Streitkräfte übernommen hatte, richtete er das Oberkommando der Wehrmacht ein, das unter seinem Chef Wilhelm Keitel als dem Führer unmittelbar unterstellter militärischer Stab fungieren sollte. Blomberg war mit seinen Bemühungen um ein vereinigtes Oberkommando noch bei Marine und Heer auf heftigen Widerstand gestoßen, doch Hitler ließ sich nicht aufhalten. Als im August 1939 die Generalmobilmachung angeordnet wurde, bestand das Oberkommando der Wehrmacht aus dem Büro des Stabschefs (Keitel), der Amtsgruppe Allgemeines Wehrmachtsamt, dem Wehrmachtführungsstab (unter Jodl), der Hitler über die militärische Lage unterrichtete, der Amtsgruppe Ausland/Abwehr unter Admiral Wilhelm Canaris, dem Wehrwirtschaftsamt und verschiedenen kleineren Abteilungen, die mit militärischen Rechts- und Finanzfragen befasst waren.

Der Plan für den «Fall Weiß» sah vor, dass auf beiden Seiten eines relativ schwachen und statischen Zentrums zwei äußerst schlagkräftige Flügel der Wehrmacht das polnische Staatsgebiet umfassen, die gegnerischen Streitkräfte vernichten und Warschau einnehmen sollten. Die von Generaloberst Fedor von Bock befehligte Heeresgruppe Nord sollte durch den Polnischen Korridor vorrücken, Danzig einnehmen, sich anschließend mit der in Ostpreußen stationierten 3. Armee vereinigen und dann zügig von Norden her auf die polnische Hauptstadt vorrücken. Unterdessen sollte die noch stärkere Heeresgruppe Süd unter dem Kommando von Generaloberst Gerd von Rundstedt die Frontlinie der ihr gegenüberstehenden größeren polnischen Streitmacht durchbrechen, ostwärts in Richtung Lemberg vorstoßen, aber außerdem noch von Westen und Norden her Warschau angreifen. (Am Jablunka-Pass gelang den Polen zumindest die Zerstörung des Eisenbahntunnels, der erst 1948 wiedereröffnet wurde.)

Der Polnische Korridor, der nach dem Willen der Gestalter des Versailler Vertrags von 1919 Ostpreußen vom übrigen deutschen Staatsgebiet abtrennen sollte, war, gemeinsam mit der in ihrer ethnischen Zusammensetzung mehrheitlich deutschen Hafenstadt Danzig, von den Nationalsozialisten schon seit langem als möglicher Kriegsgrund genannt worden. Hitler hatte jedoch bei einer Besprechung mit führenden Militärs am 23. Mai 1939 in der Neuen Reichskanzlei erklärt: «Danzig ist nicht das Objekt, um das es geht. Es handelt sich für uns um die Erweiterung des Lebensraumes im Osten und Sicherstellung der Ernährung sowie die Lösung des Baltikum-Problems.»[9] Hitler folgte in seinem Handeln allerdings nicht nur praktischen Erwägungen. Hier ging es um einen existenziellen Konflikt, es galt, die Prophezeiungen einzulösen, die er vierzehn Jahre zuvor in seiner politischen Programmschrift *Mein Kampf* gemacht hatte. Die deutsche «Herrenrasse» würde die Slawen unterwerfen – die nach den nazistischen Vorstellungen von rassischer Hierarchie als «Untermenschen» anzusehen waren – und die von ihnen bewohnten Gebiete zur Ernährung einer neuen, «arischen» Zivilisation nutzen. Es war der erste vollständig politisch-ideologisch motivierte Krieg, den die Welt erlebte, und es ist eine der Grundthesen dieses Buches, dass dies auch der Hauptgrund dafür war, dass die Nazis den Krieg schließlich verloren.

Die Strategie, einen Angriff mit einem schwachen Zentrum und zwei starken Flügeln vorzutragen, war brillant – und angeblich von Feldmarschall Alfred von Schlieffens vielgepriesener, noch vor dem Ersten Weltkrieg verfasster Untersuchung von Hannibals Taktik bei der Schlacht von Cannae abgeleitet. Wer auch immer der eigentliche Urheber dieses Plans war: Er funktionierte gut, die deutschen Armeen durchbrachen mühelos die polnischen Verteidigungslinien und rückten nahezu gleichzeitig aus verschiedenen Richtungen auf Warschau vor. Unschlagbar wurde dieses Vorgehen jedoch nicht durch die deutsche Überlegenheit bei der Zahl der Soldaten und der Bewaffnung, sondern durch die neue militärische Doktrin des Blitzkriegs. Polen war ein sehr günstiges Erprobungsfeld für die Blitzkrieg-Taktik: Es gab dort zwar Seen, Wälder und schlechte Straßen, aber das Land war eben, und die außerordentlich breite Front und der feste Boden im Spätsommer waren für Panzer ideal.

Die Regierungen von Großbritannien und Frankreich hatten, in Erwartung eines unmittelbar bevorstehenden deutschen Angriffs, am 31. März 1939 eine Garantieerklärung für Polen abgegeben, bei der der britische Premierminister Neville Chamberlain in einer Rede im Unterhaus dem Land für den Fall eines Angriffs auf sein Territorium offiziell «alle in ihrer Macht stehende Unterstützung» der Alliierten zusicherte.[10] Hitler sah sich deshalb gezwungen, einen großen Teil seiner hundert Divisionen zählenden Wehrmacht zum Schutz des «Westwalls» abzustellen – einer fünf Kilometer tiefen, noch nicht fertiggestellten Kette von Befestigungsanlagen an Deutschlands Westgrenze. Die Furcht vor einem Zweifrontenkrieg setzte dem Diktator so zu, dass er als Rückendeckung für die Invasion in Polen nicht weniger als vierzig Divisionen aufbot. Drei Viertel dieses Aufgebots bestanden jedoch aus weniger kampfstarken Einheiten, deren Munitionszuteilung außerdem nur für drei Tage reichte.[11] Für den

Angriff auf Polen bot Hitler dagegen seine besten Soldaten auf sowie alle seine Panzer- und motorisierten Divisionen und fast die gesamte Luftwaffe. Der Angriffsplan für den «Fall Weiß» entstand beim Oberkommando des Heeres, und Hitler fügte dem fertig ausgearbeiteten Dokument nur noch seine Genehmigung hinzu. In dieser frühen Phase des Krieges herrschte zwischen Hitler und seinen Generälen noch ein erheblicher gegenseitiger Respekt, zumal sich der Diktator bis dahin nicht allzu sehr in die Einteilung der Truppen und die militärische Planung eingemischt hatte. Die beiden Eisernen Kreuze verschafften ihm unter den Generälen außerdem ein gewisses Ansehen. Und Hitlers Selbstvertrauen in militärischen Fragen war einzigartig. Das mag teilweise den unter Infanterie-Veteranen recht verbreiteten Überlegenheitsgefühlen entsprungen sein, denn diese Männer waren der Ansicht, sie hätten im Ersten Weltkrieg die Hauptlast des Kampfgeschehens getragen. Der OKW-Chef Wilhelm Keitel wie auch seine rechte Hand Alfred Jodl, der Chef des Wehrmachtsführungsstabes, hatten im Ersten Weltkrieg als Artilleristen und Stabsoffiziere gedient: Sie hatten einen indirekten Kampf geführt, Keitel allerdings hatte eine Verwundung davongetragen. General Walter von Reichenau, Generaloberst Walther von Brauchitsch und General Hans Günther von Kluge waren ebenfalls Artilleristen, und General Ewald von Kleist und Generalleutnant Erich von Manstein hatten bei der Kavallerie gedient (wobei auch Manstein verwundet worden war). Manche Generäle, zum Beispiel Heinz Guderian, waren bei der Fernmeldetruppe gewesen, andere dagegen hatten, wie etwa Maximilian von Weichs, den größten Teil des Krieges beim Generalstab verbracht. Hitler war jedoch im Umgang mit Generälen, aus welchem Grund auch immer, keineswegs so eingeschüchtert, wie man es von einem ehemaligen Gefreiten erwarten könnte. Er war zwar nur ein einfacher Meldegänger gewesen, hatte dabei aber auch einiges über Taktik gelernt. Wäre er deutscher Staatsbürger gewesen, hätte es für ihn vielleicht zum Offizierspatent gereicht. Das war ihm selbst auch klar, und so ging er aus dem Krieg möglicherweise mit dem Bewusstsein hervor, dass er durchaus das Zeug zum Bataillonskommandeur hatte, und das sei nur durch eine Formalie vereitelt worden.[12] Viele Wehrmachtsgeneräle des Jahres 1939 hatten die Zwanzigerjahre in den unter der Bezeichnung «Freikorps» operierenden paramilitärischen Milizen oder in der winzigen «Vertrags»-Armee zugebracht, der Reichswehr, die Deutschland im Versailler Vertrag noch zugestanden worden war. Bevor Hitler an die Macht kam, war dies bei der Reichswehr mit wenig mehr als Stabsarbeit, Ausbildung und theoretischen Studien verbunden gewesen. Eine Tätigkeit dieser Art hätte Hitler nicht übermäßig beeindruckt, unabhängig vom nominellen Dienstgrad, den die in einem solchen Rahmen tätigen Personen erreicht hatten. Der «Führer» scheint im direkten Umgang mit Soldaten, die ihn im Ersten Weltkrieg vom Dienstgrad her himmelweit überragt hatten, keineswegs an Minderwertigkeitsgefühlen gelitten zu haben – allem Spott zum Trotz, mit dem der ehemalige Oberstleutnant Winston Churchill den «Gefreiten» Hitler wegen seines niedrigen Ranges im vergangenen Krieg überzog.

Der Plan für den «Fall Weiß» sah 60 Divisionen für die Eroberung Polens vor, darunter fünf Panzerdivisionen mit jeweils 300 Kampfwagen, vier leichte Divisionen (mit weniger Panzern und einer gewissen Zahl von Pferden) und vier vollständig motorisierte (mit Lastwagen für den Transport von Infanteristen ausgestattete) Divisionen sowie 3600 Flugzeuge und ein großer Teil der starken Kriegsmarine. Polen hatte dem nur 30 Infanteriedivisionen, elf Kavallerie- und zwei mechanisierte Brigaden entgegenzusetzen, 300 mittelschwere und leichte Panzer, 1154 Artilleriegeschütze und 400 einsatzfähige Flugzeuge (von denen allerdings nur 36 Łos-Maschinen nicht völlig veraltet waren und es mit der Luftwaffe aufnehmen konnten). Die Seestreitkräfte umfassten nur vier moderne Zerstörer und fünf U-Boote. Diese Streitmacht zählte weniger als eine Million Mann, und Polen versuchte noch, Reservisten zu mobilisieren, aber dies war längst nicht abgeschlossen, als der verheerende deutsche Angriff mit 630 000 Mann unter dem Befehl von Bock und 886 000 Mann unter dem Kommando Rundstedts begann. Am 1. September griffen bei Tagesanbruch Heinkel-He-111-Bomber, die eine Bombenlast von 2000 Kilogramm mit einer Spitzengeschwindigkeit von 350 Stundenkilometern transportieren konnten, sowie Dornier-Maschinen und Junkers Ju-87-Sturzkampfbomber («Stukas») polnische Ziele an: Straßen, Flugplätze, Eisenbahn-Knotenpunkte, Munitionsdepots, Mobilisierungszentren und Städte, darunter auch die Hauptstadt Warschau. Das Linienschiff *Schleswig-Holstein* nahm im Danziger Hafen die polnische Garnison auf der Westerplatte unter Feuer. Die Stukas waren mit speziellen Sirenen ausgestattet, deren Heulton bei Sturzflugangriffen eine stark demoralisierende

Wirkung ausüben sollte. Ein großer Teil der polnischen Flugzeuge wurde noch am Boden vernichtet, und die Luftwaffe gewann sehr schnell die absolute Luftüberlegenheit, die in diesem sechs Jahre dauernden Krieg noch eine sehr wichtige Rolle spielen sollte. Die Jagdflugzeuge des Typs Me 109 erreichten eine Spitzengeschwindigkeit von 470 Stundenkilometern, und die sehr viel langsameren polnischen Maschinen hatten dagegen kaum eine Chance, denn die persönliche Tapferkeit und das fliegerische Können der Piloten konnten diesen Nachteil nicht ausgleichen. Außerdem war die polnische Luftabwehr – wo sie überhaupt präsent war – unzureichend.

Die beiden Panzerdivisionen und leichten Divisionen der Heeresgruppe Nord standen unter dem Befehl von General Heinz Guderian, einem langjährigen Vertreter und leidenschaftlichen Vorkämpfer der Blitzkrieg-Taktik. Guderian, der seine Streitmacht zu einer homogenen Einheit geformt hatte – im Unterschied zur Heeresgruppe Süd, bei der die Panzer auf verschiedene Einheiten aufgeteilt worden waren –, erzielte erstaunliche Erfolge und eilte der Hauptmacht der Infanterie voraus. Einem polnischen Gegenschlag stand außerdem die gewaltige Zahl von Flüchtlingen im Weg, die auf den Straßen des Landes unterwegs waren. Auch sie wurden als Konsequenz der Blitzkrieg-Taktik mit Bomben und Maschinengewehren aus der Luft angegriffen, was das Chaos nur noch vermehrte.

Hitler musste den Feldzug in Polen rasch zu Ende führen, um einem Angriff an der deutschen Westgrenze begegnen zu können, aber Neville Chamberlains Regierung erklärte Deutschland erst am Sonntag, dem 3. September, um 11 Uhr morgens den Krieg, und die französische Regierung folgte widerwillig sechs Stunden später. Schon bald wurde aller Welt klar – nur die Polen gaben die Hoffnung nicht auf –, dass die westlichen Alliierten am Westwall nicht angreifen würden, obwohl dort 85 französische Divisionen nur 40 deutschen gegenüberstanden. Die Tatenlosigkeit der Alliierten ließ sich zum Teil durch die Furcht vor massiven deutschen Luftangriffen, die London und Paris hätten verwüsten können, erklären, doch selbst wenn Großbritannien und Frankreich im Westen zum Angriff übergegangen wären, hätte das Polen möglicherweise nicht mehr retten können. Schließlich traf eine Vorausabteilung der britischen Luftwaffe, die RAF Advanced Air Striking Force, am 9. September in Frankreich ein, während die Stationierung der Hauptmacht des von Feldmarschall

Lord Gort geführten Britischen Expeditionskorps (British Expeditionary Force, BEF) erst einen Tag später begann.

Die Alliierten erkannten zu diesem Zeitpunkt nicht, dass Hitler in der ständigen Furcht vor einem Angriff im Westen lebte, während die Wehrmacht noch bei den Kämpfen im Osten gebunden war. Wilhelm Keitel berichtete 1946 in einem an den stellvertretenden Gefängnisdirektor in Nürnberg gerichteten Brief über Hitlers größte Befürchtungen, die dieser wiederholt ausgesprochen habe. Zum einen ging es dabei um die Möglichkeit einer geheimen Übereinkunft zwischen dem französischen und dem belgischen Generalstab, die zu einem überraschenden Vorstoß schneller französischer motorisierter Streitkräfte führen könnte. Über belgisches Territorium und die deutsche Grenze vorgetragen, könnte dieser Angriff das Ruhrgebiet erreichen. Zweitens habe auch noch die Möglichkeit eines Geheimabkommens zwischen der britischen Admiralität und dem niederländischen Generalstab bestanden, das eine überraschende Landung britischer Truppen in Holland vorsah, von wo aus dann ein Angriff auf die deutsche Nordflanke geführt werden könnte.[13]

Doch Hitler hätte sich keinerlei Sorgen dieser Art machen müssen, denn weder Frankreich noch Großbritannien und schon gar nicht die neutralen Staaten Belgien und Niederlande hegten Pläne, die derart einfallsreich und energisch waren. Es stimmte zwar, dass Chamberlain jetzt Winston Churchill, einen langjährigen Mahner und Warner vor den Nationalsozialisten, zum Marineminister ernannt hatte, der die politische Verantwortung für die Royal Navy trug, aber das sollte in dieser Phase auch schon der kriegerischste Akt Großbritanniens gewesen sein – abgesehen von einem erfolglosen Luftangriff auf den Marinestützpunkt Wilhelmshaven und dem Abwurf von zwölf Millionen Flugblättern über Deutschland, in denen die Bevölkerung zum Sturz des kriegstreiberischen Diktators aufgerufen wurde. Doch es war unwahrscheinlich, dass so etwas gerade jetzt geschehen würde, zu einem Zeitpunkt, an dem dieser kurz vor einem der größten militärischen Erfolge der deutschen Geschichte stand.

Die deutsche Propaganda, gelenkt von Joseph Goebbels, einem Mann, auf den die klischeehafte Bezeichnung «bösartiges Genie» ohne jede Einschränkung zutrifft, hatte schon länger behauptet, das Dritte Reich verfüge in Polen über eine «Fünfte Kolonne» von Unterstützern, was für noch mehr Angst und Misstrauen im Land sorgte. Dieses taktische Mittel sollte noch oft genug eingesetzt werden, bei dieser Gelegenheit führte es allerdings zur Ermordung von rund siebentausend Angehörigen der deutschen Minderheit durch ihre polnischen Nachbarn und zurückweichende polnische Truppen.[14] Dieser bedrohliche Aspekt des totalen Rassenkrieges sollte auf dem gesamten Kontinent noch monströse Ausmaße annehmen. Aber während die Polen in diesem Fall aus Angst vor Verrat handelten, sollten die Nazis schon wenig später kaltblütig und in einem sehr viel größeren Umfang zurückschlagen.

Der Polnische Korridor war am 5. September vollständig abgeschnitten. Die polnische Pomerellen-Armee im Norden wurde am 8. September eingeschlossen, und die deutsche 10. Armee unter General Walter von Reichenau sowie die 8. Armee unter General Johannes Blaskowitz hatten bis zum 17. September die polnischen Verteidigungslinien bei Krakau und Łódź durchbrochen und die gegnerischen Armeen umfasst. Die polnische Regierung war zunächst nach Lublin und von dort nach Rumänien geflohen, wo man sie bei der Ankunft noch begrüßt, aber dann, auf deutschen Druck hin, interniert hatte.

Frankreich drang am Abend des 6. September auf deutsches Gebiet vor, zumindest der Form halber. General Maurice Gamelin, der französische Oberbefehlshaber, ordnete in der Hoffnung, den Polen damit eine gewisse Entlastung zu verschaffen, ein 8 Kilometer weites Vorrücken ins Saarland auf einer etwa 25 Kilometer breiten Front an, bei dem ein Dutzend verlassene Dörfer in die Hände der Angreifer fiel. Die Deutschen zogen sich hinter die Befestigungsanlagen des Westwalls zurück und warteten ab. Die französische Mobilmachung war noch nicht abgeschlossen, deshalb geschah auch nichts weiter. Die Franzosen zogen sich nach fünf Tagen in ihre Ausgangsstellungen zurück und erhielten die Anweisung, sich auf Spähtruppunternehmen zu beschränken. Von «aller in ihrer Macht stehender Unterstützung» von Seiten der Alliierten konnte so wohl kaum die Rede sein, und es gibt keinen Beleg dafür, dass Hitler auch nur einen einzigen Mann aus dem Osten abzog, um der Bedrohung im Westen zu begegnen.

Reichenaus 10. Armee erreichte am 8. September den Stadtrand von Warschau, wurde dort aber zunächst durch heftige polnische Gegenwehr zurückgeschlagen. Die Polen hatten, ungeachtet jahrelanger Drohungen Hitlers, auf umfangreiche Befestigungsanlagen verzichtet und in ihrer Strategie lieber auf Gegenangriffe gesetzt. Das änderte sich Anfang September, als im Stadtzentrum von Warschau provisorische Barrikaden errichtet, Panzergräben ausgehoben und Fässer voll Terpentin bereitgestellt wurden, die man in Brand setzen wollte. Hitlers Plan sah vor, Warschau zu besetzen, noch bevor der US-Kongress in Washington am 21. September zusammentrat, um der Welt zu diesem Termin vollendete Tatsachen präsentieren zu können. Aber das sollte nicht ganz gelingen.

Die polnische Armee werde sich aus der deutschen Umklammerung nicht mehr befreien, sagte Hermann Göring am 9. September voraus. Bis dahin war der deutsche Angriff wie nach dem Lehrbuch vorgetragen worden, aber in jener Nacht übernahm General Tadeusz Kutrzeba von der Posen-Armee das Kommando über die Pomerellen-Armee, überquerte die Bzura, einen linksseitigen Nebenfluss der Weichsel, und führte einen brillanten Angriff gegen die Flanke der 8. Armee. Damit begann die dreitägige Schlacht von Kutno, bei der eine ganze deutsche Division außer Gefecht gesetzt wurde. Die Polen wurden erst zurückgedrängt, als die Panzer der 10. Armee vom belagerten Warschau abgezogen und in dieses Gefecht geworfen wurden. Die deutsche und italienische Propaganda behauptete, polnische Kavalleristen hätten, nur mit Lanzen und Säbeln bewaffnet, deutsche Panzer angegriffen; aber derartige Gefechte hat es nie gegeben. Dennoch traf Mellenthins Fazit zu: «Aller Schneid und Mut, den die Polen laufend zeigten, konnten letzten Endes nicht den Mangel an modernen Waffen und gründlicher taktischer Ausbildung ausgleichen.»[15] Die Ausbildung der Wehrmacht war im Gegensatz dazu hochmodern und beeindruckend flexibel: Es gab Soldaten, die mit Panzern umgehen, aber auch als Infanteristen und Artilleristen dienen konnten, und alle deutschen Unteroffiziere waren so ausgebildet, dass sie auch als Offiziere fungieren konnten, wenn die aktuelle Lage es verlangte. Natürlich hatten die Deutschen auch den enormen Vorteil auf ihrer Seite, dass sie die Angreifer waren und deshalb wussten, wann der Krieg beginnen würde.

Der Offizier der Coldstream Guards und spätere Militärhistoriker Michael Howard besuchte 1944 einen Kurs, «in dem wir alles lernten, was damals über die Wehrmacht bekannt war: ihre Organisation, Uniformen, Doktrin, ihre Soldaten, Taktik, ihre Waffen – wir lernten alles, nur gab es keine Antwort auf die Frage, warum sie so *verdammt gut* war.»[16] Ein Teil der Antwort führt bis ins 17. Jahrhundert zurück, in dem der preußische Junkerstaat die militärische Laufbahn auch für begabte junge Männer aus dem Bürgertum geöffnet hatte. Voltaire sagte: «Andere Staaten besitzen eine Armee, Preußen ist eine Armee, die einen Staat besitzt», und sein Landsmann Honoré Gabriel du Riqueti, Graf von Mirabeau, witzelte: «Der Krieg ist die nationale Industrie Preußens.» Mit der Offiziersuniform waren Status, Respekt und Prestige verbunden. Die Lehre, die sich mit dem großen nationalen Wiederaufstieg von 1813 verband, lautete Disziplin, und sie geriet auch durch die Niederlage von 1918 nicht in Vergessenheit. Hindenburg war einer der besiegten militärischen Befehlshaber des Ersten Weltkriegs gewesen und wurde 1925 dennoch zum Reichspräsidenten gewählt. Die Deutschen führten jetzt ihren fünften Angriffskrieg innerhalb von fünfundsiebzig Jahren und waren, wie Howard ebenfalls festhält, beim Ausheben von Splittergräben wie auch beim Ausrichten von Geschützen einfach besser als die Alliierten. Zum Blitzkrieg gehörte eine außerordentlich enge Zusammenarbeit zwischen den Waffengattungen, und die Deutschen bewältigten das mit triumphalem Erfolg. Die Alliierten brauchten einen halben Krieg, um diesen Rückstand aufzuholen.

Nur drei polnische Divisionen schützten die 1300 Kilometer lange Ostgrenze des Landes, und diese Soldaten wurden von der sowjetischen Invasion vollkommen überrascht, die im Morgengrauen des 17. September begann – in Übereinstimmung mit dem geheimen Zusatzprotokoll zum Hitler-Stalin-Pakt, der am 24. August 1939 unterzeichnet worden war. Die Sowjetführung verlangte nach Revanche für die im Jahr 1920 gegen Polen erlittenen Niederlagen, sie wollte einen Zugang zu den baltischen Staaten und eine Pufferzone als Schutz gegen Deutschland; in opportunistischer Manier erfüllte sie sich alle drei Wünsche, ohne auf nennenswerten Widerstand zu stoßen. Die Rote Armee hatte insgesamt nur 734 Tote zu beklagen.[17] Stalin berief sich auf polnischen «Kolonialismus» in der Ukraine und Weißrussland als (äußerst fadenscheinigen) Casus belli und behauptete, die Rote Armee sei in Polen einmarschiert, «um den Frieden und die Ordnung wiederherzustellen». Die Polen erlitten so ein doppeltes Martyrium: Sie gerieten zwischen den Nazi-Hammer und den sowjetischen Amboss und sollten ihre Freiheit und Unabhängigkeit erst ein halbes Jahrhundert später wiedererlangen, im November 1989. In einem der abscheulichsten Akte blanker Heimtücke in diesem Krieg brachte die Rote Armee 4100 polnische Offiziere, die sich nach den Bestimmungen der Genfer Konvention ergeben hatten, in ein Waldgebiet bei Smolensk, das unter dem Namen Katyn bekannt ist. Dort wurden die Gefangenen einzeln durch Genickschuss ermordet. Wassili Blochin, der leitende Henker des NKWD, der sowjetischen Geheimpolizei, führte die dafür abgestellte Einheit an, trug Lederoverall, Schürze und lange Lederhandschuhe zum Schutz seiner Uniform vor dem Blut und der Gehirnmasse der Gefangenen und benutzte deutsche Walther-Pistolen, weil diese auch bei wiederholtem Gebrauch und starker Erhitzung nicht versagten.[18] (Er beklagte sich nach ständigen Exekutionen dennoch am Ende des dritten Tages über Blasen am Abzugsfinger.) Insgesamt erschossen die Sowjets in Katyn und an anderen Orten 21 857 polnische Soldaten – bei einer Operation, die Stalins Geheimdienstchef Lawrenti Berija nach dem deutschen Einmarsch in die Sowjetunion als «Fehler» bezeichnete. Die Deutschen öffneten die Massengräber am 17. April 1943, und Goebbels verbreitete mit allen ihm zur Verfügung stehenden Mitteln die Nachricht vom Massaker in Katyn weltweit, während die sowjetische Propaganda diese Tat den deutschen Invasoren zuschrieb. Das britische Außenministerium widersprach dieser Lüge wider besseres Wissen bis 1972 nicht, obwohl die Anklage wegen der Mordaktion in Katyn, die beim Hauptkriegsverbrecherprozess in Nürnberg gegen die Deutschen erhoben worden war, fallengelassen wurde.

Die Deutschen waren bis Mitte September an verschiedenen Frontabschnitten über Warschau hinaus nach Osten vorgedrungen, hatten Brest-Litowsk und Lemberg eingenommen, und zwischen deutschen und sowjetischen Soldaten war es versehentlich zu Schießereien gekommen, bei denen in einem Fall zwei Kosaken und in einem anderen Gefecht fünfzehn Deutsche getötet wurden. Der deutsche Außenminister Ribbentrop flog nach Moskau, um die Demarkationslinie endgültig festzulegen. Nach einer Abendvorstellung im Bolschoi-Theater, bei der Tschaikowskys «Schwanensee» gegeben wurde, und harten nächtlichen Verhandlungen mit Ribbentrops sowjetischem Amtskollegen Molotow, die bis um fünf Uhr morgens dauerten, kam man überein, dass die Deutschen Warschau und Lublin erhalten sollten, während die Sowjets sich den verbliebenen Ostteil Polens und freie Hand im Baltikum sicherten. Die Deutschen zogen sich aus bereits von ihnen besetzten Städten wie Brest-Litowsk und Białystok im neu zugeschnittenen sowjetischen Sektor zurück, und die vierte Teilung Polens war abgeschlossen. Molotow hätte allerdings gut daran getan, Hitlers einschlägige Äußerung, die er bereits viele Jahre zuvor in *Mein Kampf* getätigt hatte, zur Kenntnis zu nehmen:

> Man wende nun nicht ein, bei einem Bund mit Russland müsse nicht gleich an einen Krieg gedacht werden, oder wenn, könne man sich auf einen solchen gründlich vorbereiten. Nein. *Ein Bündnis, dessen Ziel nicht die Absicht zu einem Kriege umfasst, ist sinn- und wertlos.* Bündnisse schließt man nur zum Kampf.[19]

Warschau erlebte am 25. September ein ganztägiges Bombardement. Es bestand keine Aussicht mehr auf wirkungsvolle Hilfe von Seiten der westlichen Alliierten, die Sowjets griffen im Osten an, die Nachrichtenverbindungen zwischen Śmigły-Rydz und einem großen Teil seiner Truppen waren unterbrochen, die Versorgung mit Nahrungsmitteln und Medikamenten ging zur Neige, und so kapitulierte die polnische Hauptstadt am 27. September. Danach dauerte es drei volle Tage, bis die Deutschen sich zur Versorgung der Verwundeten in der Stadt bereit erklärten, doch bis dahin war es für viele Menschen schon zu spät. Feldküchen wurden nur zu Aufnahmen für die Wochenschau-Kameras bereitgestellt. Am 5. Oktober gab es keinen Widerstand mehr; 217 000 polnische Soldaten gerieten in sowjetische, 693 000 in deutsche Kriegsgefangenschaft. 90 000 bis 100 000 Mann hatten das Glück, über Litauen, Ungarn und Rumänien aus dem Land zu entkommen, gelangten von dort aus nach Westen und schlossen sich den freien polnischen Streitkräften unter General Władysław Sikorski an, dem Ministerpräsidenten der Exilregierung, der sich bei Kriegsbeginn in Paris aufhielt und in Angers eine Exilregierung bildete. Im sowjetisch besetzten Teil Polens verhaftete der NKWD etwa 100 000 polnische Staatsbürger – Aristokraten, Intellektuelle, Gewerkschafter, Kirchenvertreter, Politiker, Veteranen des sowjetisch-polnischen Krieges von 1920/21, also systematisch alle Personen, die für eine neue nationale Führungsschicht in Frage kamen. Man brachte sie in Lager, aus denen nur wenige zurückkehrten.

Die Deutschen hatten nach dem vierwöchigen Feldzug 8082 Tote und 27 278 Verwundete zu beklagen, während auf polnischer Seite 70 000 Soldaten und 25 000 Zivilpersonen getötet und 130 000 Soldaten verwundet worden waren. Mellenthin bilanzierte: «Diese Operationen erwiesen sich [als] von beachtlichem Wert für unser Bemühen, die unterstellten Verbände an den Krieg zu gewöhnen und sie mit dem Unterschied zwischen wirklichen Kämpfen mit scharfer Munition und den bisher gewohnten Friedensmanövern vertraut zu machen.» Es war tatsächlich ein «Blitzkrieg» gewesen, und ein triumphierender Hitler reiste am 5. Oktober mit seinem Sonderzug, der seltsamerweise den Namen *Amerika* erhalten hatte, nach Warschau, um dort eine Truppenparade abzunehmen. «Schauen Sie sich Warschau gut an», erklärte er vor den versammelten Auslandskorrespondenten, «dasselbe kann ich mit jeder europäischen Stadt machen.»[20] Und das sollte sich bewahrheiten.

Die Politik der «radikalen Unterdrückung» (Himmler) setzte unmittelbar mit der deutschen Invasion in Polen ein. Ein großer Teil der slawischen und jüdischen «Untermenschen» musste verschwinden, um der «Herrenrasse» neuen «Lebensraum» zu verschaffen, und unter deutscher Besatzung verlor Polen in diesem Krieg 17,2 Prozent seiner Bevölkerung. Theodor Eicke, der Befehlshaber dreier Regimenter der SS-Totenkopf-Verbände, wies seine Soldaten an, jeden Feind des Nationalsozialismus, auf den sie bei ihren «Polizei- und Sicherungsmaßnahmen» hinter den vorrückenden deutschen Kampfeinheiten stoßen sollten, «einzusperren oder zu vernichten».[21] Die rassistischen und politischen Grundlagen der nationalsozialistischen Ideologie brachten es mit sich, dass große Teile der polnischen Bevölkerung als Feinde eingestuft wurden, für die es keine Gnade geben konnte. Die Wehrmacht war an den Gewalttaten aktiv beteiligt. Das Land wurde am 26. Oktober, nur acht Wochen nach Kriegsbeginn, wieder in die Zuständigkeit einer Zivilverwaltung übergeben, aber bis dahin hatte die Wehrmacht bereits 531 Kleinstädte und Dörfer niedergebrannt und Tausende von polnischen Kriegsgefangenen getötet, ohne dass dazu besondere Befehle ausgegeben worden wären.[22] Die Schutzbehauptung, dass sie nur einfache Soldaten gewesen seien – viele deutsche Soldaten äußerten dies gegenüber den alliierten Entnazifizierungsbehörden wie auch im Umgang untereinander –, die nichts vom Völkermord gewusst hätten, der an den Juden und den Slawen verübt wurde, oder die bestenfalls nur bloße Gerüchte vernommen haben wollen, war eine Lüge.

Die sogenannte Schutzstaffel (SS) war ursprünglich der Sicherheits- und Wachdienst der NSDAP. Sie galt offiziell als eine unabhängige Gliederung der Partei, die dem Reichsführer-SS Heinrich Himmler unterstellt war. Doch bei Kriegsbeginn war sie zahlenmäßig bereits erheblich angewachsen, und im Jahr 1944 wurde sie in einer Informationsschrift der

Alliierten zutreffend als «Staat im Staat» beschrieben, «der über der Partei und der Regierung steht». Nach Hitlers Machtübernahme hieß es von offizieller Seite, die SS schütze die innere Sicherheit des Reiches, aber in Wirklichkeit weidete sie sich an dem Grauen, das ihre Rücksichtslosigkeit und Grausamkeit auslöste. «Ich weiß, dass es manche Leute in Deutschland gibt, denen es schlecht wird, wenn sie diesen schwarzen Rock sehen», schrieb der Reichsführer-SS Heinrich Himmler 1936 in der für seine Organisation bestimmten Broschüre *Die Schutzstaffel als antibolschewistische Kampforganisation:* «Wir haben Verständnis dafür und erwarten nicht, dass wir von allzu vielen geliebt werden.»[23]

Die SS entwickelte sich seit ihren Anfangstagen, in denen sie noch die Leibwächter für die Parteiredner gestellt hatte, die auf der Straße und in Gasthäusern auftraten, zu einer Organisation, die in vielen vertraulichen Bereichen des staatlichen Handelns intensiv tätig war, und das galt ganz besonders nach der Beseitigung der Führungsspitze der mit ihr rivalisierenden SA. Die SS stellte nicht nur Hitlers persönliche Elite-Leibgarde, sondern verbreitete auch aktiv die Ideologie von «Rasse und Blut». Sie dominierte die Polizeikräfte und gründete eine militärische Abteilung – die Waffen-SS –, die im Jahr 1945 830 000 Mann zählte und bis dahin an jedem Feldzug mit Ausnahme von Norwegen und Afrika beteiligt gewesen war. Ihr gehörten auch die Totenkopfverbände an, eine selbstständige Einheit, die die Konzentrations- und Vernichtungslager verwaltete. Die SS beherrschte den staatlichen Sicherheitsdienst (SD)[24] und betrieb ihre eigenen Vorratslager sowie mit allgemein bekannter Härte geführte Ausbildungseinrichtungen. Sie verfügte über Abteilungen für Wirtschaft, Versorgung, Bautätigkeit und Gebäudeverwaltung, Finanzen, Rechtsfragen, Industrie- und landwirtschaftliche Unternehmen, medizinische Versorgung, Personal, rassische Reinheit, Familie, Umsiedlung, Disziplinarfragen, Lagerbau, die einzelnen Regionen des Landes, organisatorische Zusammenarbeit, Begnadigungen und Strafaussetzungen, die Förderung des Germanentums, Fernmeldewesen und Nachrichtenverbindungen, Erziehungswesen, Volksbildung und die Repatriierung ethnischer Deutscher. Diese SS-Abteilungen arbeiteten unabhängig vom übrigen deutschen Staatsapparat.[25] Hitler prägte das Motto der SS «Meine Ehre heißt Treue» im Jahr 1931. Es bündelte in wenigen Worten sein Bestreben, über eine Streitmacht zu verfügen, die der bedingungslosen Ergebenheit ihm gegenüber den Vorzug vor jedem von ethischen Grundsätzen geprägten Wertesystem gab.

Wie die SS in einem besetzten Land vorging, wurde sofort offenkundig. Im polnischen Bydgoszcz (Bromberg) erschossen SS-Männer am 5. September 1939 tausend Zivilisten, und in Piotrków wurde der von Juden bewohnte Teil des Ortes niedergebrannt. Am darauffolgenden Tag wurden in Mrocza neunzehn polnische Offiziere, die sich bereits ergeben hatten, erschossen. Die jüdische Bevölkerung wurde in ganz Polen gezwungen, sich in Ghettos zu begeben. Diese Anweisung galt auch für jüdische Bauern, obwohl in diesem neuesten vom Dritten Reich eroberten Gebiet im Osten dringender Bedarf an effizienter Lebensmittelproduktion bestand. Dies ist ein früher Beleg dafür, dass die Nationalsozialisten die Absicht hatten, ihren Krieg gegen die Juden über die Erfordernisse des Krieges gegen die Alliierten zu stellen. An Jom Kippur, dem höchsten Feiertag im jüdischen Kalender, wurden Tausende von Juden in der Synagoge in Bydgoszcz eingesperrt, und man verweigerte ihnen die Benutzung von Toiletten, so dass sie gezwungen waren, sich mit ihren Gebetsschals zu säubern. Es sollte viel schlimmer kommen.

Der Hitler-Stalin-Pakt vom 24. August 1939 und die abschließenden Verhandlungen im darauffolgenden Monat ließen Stalin völlig freie Hand im Norden, und dieser verlor keine Zeit, dies zu nutzen. Stalins Bestreben war es, Leningrad gegen jeden denkbaren deutschen Angriff zu schützen, und er versuchte jetzt, den Finnischen Meerbusen zu einem von der Sowjetunion beherrschten Seegebiet zu machen, obwohl die Nordküste zu Finnland und ein großer Teil der Südküste zu Estland gehörte. Estland, Lettland und Litauen wurden zu Abkommen gezwungen, die der Roten Armee Stationierungsrechte an strategisch wichtigen Orten ihres Staatsgebiets einräumten. Im Juni 1940 wurde die Souveränität der drei baltischen Staaten durch militärische Besetzung und wenige Wochen später dann durch offizielle Annexion beseitigt. Den auf drei Seiten von der mächtigen Sowjetunion umgebenen Ländern blieb kaum eine andere Wahl, als dieses Vorgehen hinzunehmen. Finnland war ein anderer Fall, obwohl das Land nur über einen Bruchteil der Einwohnerzahl des sowjetischen Nachbarn verfügte, mit dem man außerdem eine 1300 Kilometer lange gemeinsame Grenze hatte.

Stalin bestellte im Oktober 1939 eine finnische Verhandlungsdelegation nach Moskau, die dann mit den sowjetischen Forderungen konfrontiert wurde. Die Finnen entsandten unter anderem den sozialdemokratischen Finanzminister Väinö Tanner, der einmal als «hart, taktlos, stur und oft eigensinnig» beschrieben worden war – eine seltsame Wahl für einen Unterhändler in Gesprächen, bei denen das Überleben der Nation auf dem Spiel stand.[26] Unterdessen mobilisierten die Finnen ihre Streitkräfte. Stalin und Molotow verlangten einen dreißig Jahre gültigen Pachtvertrag für den Marinestützpunkt und die gleichnamige Halbinsel Hanko im äußersten Südwesten des finnischen Festlands, die Abtretung des Eismeerhafens Petsamo sowie dreier Inseln im Finnischen Meerbusen und die Verschiebung der nur 25 Kilometer von Leningrad entfernt verlaufenden Landgrenze auf der Karelischen Landenge weiter nach Norden. Als Ausgleich für diese rund 2750 Quadratkilometer finnischen Staatsgebiets bot die Sowjetführung ihren Gesprächspartnern ein flächenmäßig doppelt so großes Gebiet in Russisch-Karelien mit den Hauptorten Repola und Porajorpi an.

Bei oberflächlicher Betrachtung wirkte das nicht unvernünftig, aber unter strategischen Gesichtspunkten wäre die Erfüllung der Forderungen der Sowjetführung, die eine Abtretung von Schlüsselstellungen durch die Gegenseite anstrebte, einer Aufgabe der finnischen Souveränität gleichgekommen. Also beschlossen die Finnen, lieber zu kämpfen, als sich zu unterwerfen. Es war dem Verhandlungserfolg auch nicht dienlich, dass Tanner die vermeintlich gemeinsame Zeit als Menschewisten ansprach, die er nach seiner eigenen Erinnerung mit Stalin teilte – aus der Sicht des bolschewistischen Staats- und Parteichefs ein schwerer Affront. Die Sowjetunion kündigte am 28. November 1939 den 1932 abgeschlossenen Nichtangriffspakt mit Finnland auf; bereits zwei Tage später bombardierten die Sowjets ohne Kriegserklärung Helsinki und griffen Finnland mit einer 1,2 Millionen Mann starken Invasionsstreitmacht an. Das war der Beginn eines einhundertfünf Tage dauernden erbitterten Kampfes, den manche Experten mit dem Widerstand der Spartaner bei den Thermopylen verglichen haben.

Die Welt richtete sich darauf ein, abermals dabei zusehen zu müssen, wie ein kleines Land von einem totalitären Riesen zermalmt wurde. Die finnische Armee bestand aus zehn Divisionen, die jeweils nur über 36 Geschütze pro Division verfügten (Artillerie, die ausnahmslos noch aus der Zeit vor 1918 stammte). Auch die Ausrüstung mit Kleinwaffen war unzureichend (mit Ausnahme der ausgezeichneten 9-mm-Suomi-Maschinenpistole), und man konnte nur wenige moderne Kampfflugzeuge aufbieten. Ein Historiker beschrieb die Ausgangslage der Finnen so: «Es fehlte ihnen an allem, nur nicht an Mut und Disziplin.»[27] Die Rote Armee griff dagegen mit 1500 Panzern und 3000 Flugzeugen an und ging dabei von einem schnellen Sieg aus, wie zuvor in Polen.[28] Die Attacke wurde an vier verschiedenen Orten vorgetragen: Die 7. und die 13. Armee sollten die «Mannerheim-Linie» (s. u.) durchbrechen, die mit Bunkern befestigte finnische Verteidigungslinie auf der Karelischen Landenge, und Wiborg (Viipuri) einnehmen, die zweitgrößte Stadt Finnlands. Die 8. Armee sollte unterdessen den Ladogasee auf der Nordseite umgehen und Wiborg von Norden her angreifen. Der Vorstoß der 9. Armee sollte in Mittelfinnland das Land in zwei Teile zerschneiden, im hohen Norden sollte die 14. Armee Petsamo und Nautsi erobern und den Gegner so vom Zugang zum Eismeer abschneiden. Ein Militärhistoriker bezeichnete diesen umfassenden Plan als «einfallsreich, flexibel und vollkommen unrealistisch».[29]

Der 14. Armee gelang zwar die Einnahme ihrer Angriffsziele innerhalb der ersten zehn Kriegstage, aber in den darauffolgenden zwei Monaten hatte die Rote Armee nur Misserfolge zu verzeichnen. Der aus zwölf Divisionen, drei Panzerbrigaden und einem mechanisierten Korps bestehenden 7. Armee gelang es nicht, die mit Stacheldrahtverhauen, Geschütz- und MG-Stellungen, Panzersperren und gut getarnten Bunkern geschützte Mannerheim-Linie zu durchbrechen, die auch noch verbissen verteidigt wurde. Der Boden war so hart gefroren, dass die Angreifer immer wieder Dynamit einsetzen mussten, um genug Erde für behelfsmäßige Schützengräben bewegen zu können. Die Finnen bekamen es zwar erstmals mit Panzern zu tun und verfügten dabei über viel zu wenige panzerbrechende Waffen – zumindest so lange, bis sie diese von den Sowjets erbeuteten –, aber sie improvisierten Kampfmittel, mit denen sie den Vormarsch der Kolosse stoppten, und dazu zählten auch die mit grimmigem Humor so bezeichneten «Molotow-Cocktails» (mit Benzin gefüllte Flaschen, die mit Stofffetzen entzündet wurden).[30] In der Anfangsphase des Krieges war das noch einfacher zu bewerkstelligen, weil die sowjetischen Panzer nicht eng genug durch die Infanterie abgesichert wurden, hinzu kam noch die im arktischen Winter früh einsetzende und lang anhaltende Dunkelheit.

Der zweiundsiebzigjährige Feldmarschall Carl Gustav von Mannerheim, der «Verteidiger Finnlands», nach dem die Befestigungslinie be-

54 Erster Teil: Angriff

nannt worden war, erwies sich während des gesamten Krieges als umsichtiger Oberbefehlshaber. Er hielt seine Reserven im Süden des Landes bereit und sagte die jeweils nächsten Schachzüge der Sowjets korrekt voraus, was möglicherweise damit zusammenhing, dass er im Ersten Weltkrieg noch in der Armee des Zaren gedient hatte. Die sowjetischen Soldaten, denen die Moskauer Propaganda in Aussicht gestellt hatte, das finnische Proletariat werde sie als Befreier begrüßen, stellten zu ihrem Entsetzen fest, dass der Gegner wie ein Mann hinter dem «Verteidiger Finnlands» stand.

Die schwersten Verluste erlitt die fünf Divisionen umfassende 9. Armee, die in der Mitte des Landes angriff. Die weiten Einöden dort schienen – jedenfalls auf der Landkarte – die Invasoren zu begünstigen, doch die vielen Waldgebiete und Seen lenkten die sowjetischen Truppen, die mit dem Gelände nicht vertraut waren, in eine ganze Reihe von Hinterhalten, und zudem fiel die Temperatur in jenem ungewöhnlich kalten Winter auf bis zu minus 50 Grad Celsius. Die Eisenbahnlinie von Leningrad nach Murmansk hatte nur eine Abzweigung, die zur finnischen Grenze führte, und die sowjetischen Truppen nahmen zunächst zwar das Städtchen Salla in Mittelfinnland ein, wurden aber zurückgeschlagen, bevor sie Kemijärvi erreichten. Die Finnen brannten ihre eigenen Bauernhöfe und Dörfer nieder, versahen Nutztiere mit Sprengfallen, zerstörten alles, was den Angreifern als Nahrung und Unterkunft dienen konnte, und verminten, ausgerüstet mit Langlaufskiern und guter Ortskenntnis, die Wege durch die Wälder, die schon bald darauf mit Schnee bedeckt waren. Die Finnen trugen weiße Tarnuniformen – eine Ausrüstung, die den Soldaten der Roten Armee aus unerklärlichen Gründen nicht zur Verfügung stand – und wurden von ihrem konfusen Feind schon bald als «weißer Tod» («bjelaja smert») bezeichnet.

Weiter im Süden wurden die 163. und die 44. Division der Roten Armee in der Umgebung des niedergebrannten Dorfes Suomussalmi durch eine ebenso grausame wie brillante Operation der Finnen, die zu den eindrucksvollsten Aktionen im gesamten Zweiten Weltkrieg zählt, vollständig vernichtet. Der Ort selbst, eine Gemeinde von Holzfällern, Fischern und Jägern, wurde am 9. Dezember von der 163. Motorisierten Schützendivision eingenommen, aber anschließend von der 9. finnischen Brigade unter dem Befehl von Oberst Hjalmar Siilasvuo abgeschnitten. Da die sowjetischen Befehlshaber von einem mühelosen Sieg ausgegangen waren, hatten sie viele ihrer Soldaten im Dezember ohne Winterkleidung und Filzstiefel ins subarktische Finnland geschickt. Die Finnen erfuhren dies aus abgehörten Funksprüchen, die, was ebenso erstaunlich war, nicht verschlüsselt, sondern im Klartext gesendet wurden. Die Kampfmoral der frierenden und hungernden 163. Division, der die finnische 9. Brigade zwei Wochen lang den Rückweg versperrt hatte, war an Heiligabend gebrochen, und die Soldaten flohen in östlicher Richtung über den zugefrorenen Kiantajärvi. Die Finnen setzten daraufhin zwei Bomber des Typs Bristol Blenheim ein, die das Eis des Sees zertrümmerten, und Panzer, Pferde, Soldaten und Fahrzeuge versanken in dem eiskalten Seewasser. Ein Historiker des finnisch-sowjetischen Winterkrieges hielt dazu lakonisch fest: «Sie sind heute noch dort.»[31]

Die sowjetische 44. Division, die der eingeschlossenen 163. zu Hilfe geeilt war, gelangte bis in Hörweite des Debakels, hörte die eigenen Kameraden sterben, erhielt aber nicht den Befehl, weiter vorzurücken. Diese Division wurde in der Nacht zum Neujahrstag, in der die Temperatur abermals auf minus 30 Grad sank, zum nächsten Opfer des «weißen Todes». Durch ständiges Granatwerferfeuer, das sich zu den Essenszeiten gezielt gegen die sechzig Feldküchen richtete, machten die Finnen ihren Gegnern das warme Essen zur Mangelware, und sobald die sowjetischen Soldaten ein Feuer anzündeten, schossen die Finnen aus den Baumwipfeln mit Maschinengewehren auf sie, denn «die dunklen Silhouetten der Männer boten vor dem verschneiten Hintergrund ein leichtes Ziel».[32] Das Standardgewehr der Roten Armee, der seit 1902 verwendete Moisin-Nagant-Karabiner, Kaliber 7,62 mm, eine Einzelschusswaffe mit Geradezugverschluss, versagte den Dienst, weil das Schmieröl bei Temperaturen unter minus 15 Grad gefror, und die gepanzerten Fahrzeuge mussten – bei ruinösem Benzinverbrauch – mit laufendem Motor bereitgehalten werden, weil sie sonst nicht mehr ansprangen und die engen Durchfahrtswege in den Wäldern blockierten.

«Wir gönnen ihnen keine Pause», sagte General Kurt Wallenius von der finnischen Nordarmee, «wir lassen sie nicht schlafen. Dies ist ein Krieg der zahlenmäßigen Übermacht gegen den Einfallsreichtum.» Die 44. Division fand so gut wie keinen Schlaf mehr, schuld daran waren der Motorenlärm, verängstigte Pferde, erfahrene finnische Fährtenleser und Jäger, die auch hervorragende Scharfschützen waren, und sogar das «laute Knacken der Bäume, denen der Lebenssaft gefror». Diejenigen, die sich aufs Wodkatrinken verlegten, stellten fest, dass sie dadurch, trotz des anfänglichen Wärmegefühls, letztlich doch auskühlten. Selbst kleinste Wunden gefroren, wenn sie der kalten Luft ausgesetzt wurden, und verursachten Wundbrand. Die gefrorenen Leichname stapelten sich, einer über dem anderen liegend, während die Finnen systematisch, von einem Kampfabschnitt zum nächsten wechselnd, den sowjetischen Widerstand niederkämpften. Bis zum 5. Januar gerieten 1000 sowjetische Soldaten in Gefangenschaft, 700 war die Flucht zurück zu den eigenen Linien gelungen, und mehr als 27 000 Angreifer waren getötet worden, während auf finnischer Seite nur 900 Gefallene zu beklagen waren. Einer von Oberst Siilasvuos Offizieren sagte zu seinem Kommandeur: «Die Wölfe werden in diesem Winter viel zu fressen haben.» Die Finnen erbeuteten in Suomussalmi 42 Panzer, 102 Geschütze und 300 Fahrzeuge, außerdem Tausende Budjonowkas, Mützen der Roten Armee, die sie später für Täuschungsmanöver verwendeten. Insgesamt erbeuteten sie mehr militärisches Ausrüstungsmaterial, als sie aus dem Ausland erhielten. Die Unterstützung des Völkerbunds für Finnlands Kampf (die UdSSR wurde am 14. Dezember 1939 aus seinen Reihen ausgeschlossen) und die Diskussionen im Obersten Kriegsrat der westlichen Alliierten über Hilfssendungen (sie einigten sich erst am 5. Februar 1940 darauf, als es bereits zu spät war) hatten im Vergleich dazu weniger Gewicht.

Der Verlust von zwei Divisionen in Suomussalmi war, in Verbindung mit dem bis dahin vergeblichen Anrennen an der Mannerheim-Linie und dem Sieg von Oberst Paavo Talvela, der am 24. Dezember in Tolvajärvi die 139. und die 75. Division der Roten Armee vernichtete, eine Erniedrigung für die Sowjetunion, die weltweit Beachtung fand, auch wenn die Finnen, aus Mangel an Soldaten, diesen Erfolgen keine weiteren mehr folgen lassen konnten (sie zogen in dieser Phase bereits Fünfzehnjährige zum Kriegsdienst ein). Gerade Hitler war der Ansicht, er habe aus diesem Feldzug der Roten Armee viel gelernt, und das beeinflusste seine Entscheidung, im folgenden Jahr die Sowjetunion anzugreifen. Doch er hatte die falschen Lehren gezogen.

Stalins Säuberungen im Offizierskorps hatten die Rote Armee 1937 erheblich geschwächt. Marschall Michail Tuchatschewski, der ehemalige Chef des Generalstabs, wurde erschossen, und mit ihm starb auch das neue Nachdenken über große gepanzerte Verbände, die tief im Feindesland operieren sollten. General Konstantin Rokossowski, einer derjenigen hohen Offiziere, die in jener Zeit gefoltert wurden – er wurde allerdings trotz seiner polnischen Herkunft nicht erschossen –, sagte später, die Säuberungen seien für die Moral schlimmer gewesen als versehentliches Artilleriefeuer auf die eigenen Truppen, denn es hätte ein sehr präzises Artilleriefeuer sein müssen, um solchen Schaden anrichten zu können. Drei von fünf Marschällen der Sowjetunion fielen 1937/38 den Säuberungen zum Opfer, 13 von 15 Armee-Kommandeuren, 57 von 85 Korps-Befehlshabern, 110 von 195 Divisions- und 220 von 406 Brigade-Kommandeuren.[33] Insgesamt wurden rund 43 000 Offiziere getötet oder inhaftiert, und nur 20 000 kamen zu einem späteren Zeitpunkt wieder frei. Nicht weniger als 71 von ursprünglich 85 hohen Offizieren des Militärrats der UdSSR waren im Jahr 1941 nicht mehr am Leben.[34] Als Rokossowski, der in der Haft schwer misshandelt worden war und dabei acht Zähne verloren und drei Rippenbrüche erlitten hatte, sich bei Stalin nach der Wiedereinsetzung in seine Ämter zum Dienst zurückmeldete, fragte ihn der Diktator, wo er denn gewesen sei. Rokossowski berichtete ihm, woraufhin Stalin lachte und scherzte: «Da haben Sie sich eine schöne Zeit fürs Gefängnis ausgesucht!», bevor er zur Sache kam.[35]

Die sowjetischen Truppen, die zu Beginn des Winterkriegs noch miserabel geführt worden waren, lernten rasch dazu. General Semjon Timoschenko, Mitglied des Obersten Sowjets seit dessen Gründung 1937 und ein Mann, dem Stalin vertraute, erhielt am 8. Januar 1940 das Kommando über die Invasionstruppen. Er ließ seine Truppen an der Karelischen Landenge vier- bis fünfmal täglich angreifen, und am 13. Februar durchbrachen sie die Mannerheim-Linie. In Finnland lernten die Sowjets, wie wichtig es war, Panzerwaffe, Infanterie und Artillerie zu koordinieren. Die Rote Armee erlitt zwar nach wie vor schwere Verluste, doch es standen immer wieder frische Truppen bereit, die in die Schlacht geworfen wurden. Ein Finne sagte nach der Schlacht von Kuhmo: «Da waren mehr Russen, als wir Kugeln hatten.» Als die Kämpfe auf der Karelischen Landenge zu einer reinen Abnutzungsschlacht wurden, konnten die Finnen ihre Verluste nicht mehr so ausgleichen wie die Angreifer. Aus dem Winterkrieg ließ sich außerdem lernen, dass Soldaten besser kämpften, wenn es galt, im patriotischen Geist das eigene Vaterland zu verteidigen, als wenn sie selbst angriffen. (Das sollte letztlich auch für das deutsche Vaterland gelten.) Hitler dagegen zog – anstatt diese Lehren zu beherzigen – die nahezu banale Schlussfolgerung, dass sehr viele fähige Generäle fehlten, die Stalin Ende der Dreißigerjahre hatte umbringen lassen. Mit dieser Einschätzung war er allerdings nicht allein. Churchill sagte am 20. Januar 1940 in einer Rundfunkansprache, Finnland habe «den Augen der ganzen Welt die militärische Unfähigkeit der Roten Armee und der Roten Luftwaffe enthüllt».[36]

Die 123. sowjetische Division durchbrach am 11. Februar in der Nähe des Ortes Summa die Mannerheim-Linie, und zwei Tage später folgte ihr ein großer Teil der 7. Armee durch diese Lücke. Dann rückten die Angreifer auf Wiborg vor. Die neutralen Länder Norwegen und Schweden verweigerten den Alliierten das Durchmarschrecht für ihr Staatsgebiet, Petsamo war in der Hand der Roten Armee, und Hitler blockierte den östlichen Teil der Ostsee, deshalb konnten die Finnen mit keiner wirksamen Hilfe von westlicher Seite mehr rechnen. Im März 1940 war ein Fünftel der finnischen Armee tot oder verwundet, und man hatte 800 sowjetischen Flugzeugen nur noch 100 eigene Maschinen entgegenzusetzen, deshalb drängte Mannerheim bei der eigenen Regierung auf Verhandlungen. Der Moskauer Vertrag wurde am 13. März unterzeichnet, während sich im Stadtzentrum von Wiborg sowjetische und finnische Soldaten immer noch im Nahkampf gegenüberstanden. Mit Ausnahme des Verlustes der gesamten Karelischen Landenge waren die Waffenstillstandsbedingungen nicht viel schlechter als das, was Stalin und Molotow im November verlangt hatten, bevor rund 200 000 sowjetische Soldaten und 25 000 Finnen getötet und 680 sowjetische und 67 finnische Flugzeuge zerstört worden waren.[37] Das militärische Prestige der Sowjetunion hatte allerdings schweren Schaden genommen, und Stalin hatte an seiner nordwestlichen Grenze eine Lage geschaffen, die mit fünfzehn Divisionen abgesichert werden musste. Sobald für Finnland die Gelegenheit zur Revanche gekommen war, die sich mit dem Unternehmen Barbarossa im Juni 1941 verband, griff das Land zu.

Die sechsmonatige Kampfpause zu Lande, die zwischen dem Ende der Kämpfe in Polen im Oktober 1939 und Hitlers überraschender Invasion in Dänemark und Norwegen am 9. April 1940 lag, wurde in Deutschland als «Sitzkrieg», in Frankreich als «drôle de guerre» (seltsamer Krieg), in Großbritannien als «phoney war» (Scheinkrieg) bezeichnet. Die britische und französische Öffentlichkeit neigte – da im Westen zu Lande und am Himmel nicht viel vor sich ging – zu der bequemen Denkweise, dass es in diesem Krieg für sie nicht ernsthaft um Leben und Tod ging, wie das für die Polen offensichtlich zutraf. Das Alltagsleben ging im Wesentlichen weiter wie gewohnt, mit aller bürokratischen Routine, Ineffizienz und gelegentlichen Absurdität. Harold Nicolson, in dieser Zeit Unterhausabgeordneter der National Labour Organisation, schrieb in seinem Kriegstagebuch, das eigene Informationsministerium habe die Veröffentlichung des Wortlauts eines Flugblatts verweigert, das in einer Auflage von zwei Millionen Exemplaren über Deutschland abgeworfen worden war. Die Begründung: «Uns ist es nicht gestattet, Informationen freizugeben, die für den Feind von Wert sein könnten.»[38]

Auf See konnte allerdings von einem «Sitz-» oder «Scheinkrieg» keine Rede sein. Es stimmte zwar, dass der britische Luftfahrtminister Sir Kingsley Wood mit der dummen Bemerkung aufgefallen war, dass die Royal Air Force keine Munitionsdepots im Schwarzwald bombardieren solle, weil ein so großer Teil dieses Gebiets in Privatbesitz sei, aber auf hoher See galten solche Absurditäten nichts.[39] U-Boot-Kapitäne erhielten bereits am 19. August einen scheinbar unauffälligen Funkspruch zu einem Termin für eine Versammlung von U-Boot-Offizieren, doch das war in Wirklichkeit der verschlüsselte Befehl, festgelegte Positionen rings um die Britischen Inseln einzunehmen und sich für einen unmittelbar bevorstehenden Einsatz bereitzuhalten. Nur neun Stunden nach der Kriegserklärung torpedierte *U 30* das abgedunkelt fahrende britische Passagierschiff *Athenia,* das mit 1400 Menschen an Bord auf dem Weg von Glasgow nach Montreal war, weil der deutsche U-Boot-Kommandant das Schiff für einen bewaffneten Handelskreuzer hielt. «Nahe beim Schiff gab es eine Wassersäule», erinnerte sich ein tschechischer Überlebender, «und ein zigarrenförmiges, schwarzes Ding schoss über das Wasser auf uns zu. Es gab einen Knall, und dann sah ich Männer auf dem U-Boot, die ein Maschinengewehr schwenkten, zielten und feuerten.» Wenn sie den Funkmast getroffen hätten und das SOS-Signal nicht mehr gesendet worden wäre, hätte dieser Angriff sehr viel mehr als die 112 Todesopfer gekostet, die später registriert wurden.

Der erste unter Hunderten von Atlantik-Geleitzügen machte sich am 15. September 1939 in Halifax in der kanadischen Provinz Nova Scotia auf den Weg. Als Konsequenz aus den Erfahrungen des Ersten Weltkriegs übernahmen die Briten, wenn auch nur nach und nach, zwischen 1939 und 1945 das Geleitzug-System, das dann auch mit Schiffen praktiziert wurde, die zwischen Glasgow und der Themsemündung an der Küste entlangfuhren. Zerstörer, Fregatten und Korvetten setzten bei der Jagd nach U-Booten ein Echo-Ortungssystem namens Asdic ein (der Name ist ein Akronym für das Allied Submarine Detection Investigation Committee), während die Frachtschiffe im Geleitzug von einem Schutzkordon von Kriegsschiffen umgeben waren. Die Geleitzüge fuhren außerdem einen Zickzack-Kurs, um ihre Jäger in den Unterseebooten zu überlisten. In der Gesamtschau erwies sich dieses System als Erfolg, aber wenn ein lauerndes U-Boot-«Wolfsrudel» einmal durchbrach, konnten die Verluste unter den dicht gedrängt fahrenden Frachtschiffen entsprechend groß sein, mitunter wurde bei solchen Attacken sogar die Hälfte der Schiffe versenkt.

Die Royal Navy verfügte bei Kriegsbeginn nur über fünf Flugzeugträger, und der betagte Träger *Courageous*[40] sank am 17. September 1939 im Seegebiet westlich der Britischen Inseln nach zwei Torpedotreffern von *U 29*, einem U-Boot, das zuvor bereits drei Tankschiffe versenkt hatte. Die *Courageous* ging in weniger als fünfzehn Minuten unter, nur etwa die Hälfte der mehr als tausend Mann zählenden Besatzung wurde gerettet, manche davon erst nach einer Stunde im kalten Wasser des Nordatlantik, wo sie den Durchhaltewillen stärkten, indem sie beliebte Lieder dieser Zeit sangen, Melodien wie «Roll Out the Barrel» und «Show Me the Way to Go Home». Im Meerwasser, erinnerte sich ein Überlebender, «war so viel Öl, es fühlte sich an, als würden wir in Sirup schwimmen». Bereits im darauffolgenden Monat gelang der Kriegsmarine ein fast ebenso spektakulärer Erfolg, als Kapitänleutnant Günther Prien mit *U 47* durch eine nur fünfzehn Meter breite Lücke in den Verteidigungsanlagen vor dem Flottenstützpunkt Scapa Flow schlüpfte und sieben Torpedos auf das 29 000-BRT-Schlachtschiff *Royal Oak* abfeuerte. Drei davon trafen, das Schlachtschiff kenterte, und innerhalb von dreizehn Minuten starben 810 der 1224 Besatzungsmitglieder.

Eine weitere Aufgabe der U-Boote war das Aussetzen von Magnetminen auf den Schifffahrtswegen rund um die Britischen Inseln. Dies konnte auch von tief fliegenden Heinkel-111-Bombern per Fallschirmabwurf sowie von Schnellbooten und Zerstörern erledigt werden. Bis Ende November gingen durch solche Minen 29 britische Schiffe verloren, unter anderem der Zerstörer *Gipsy*, und der erst kurz zuvor in Dienst gestellte Kreuzer *Belfast* fiel durch einen Minenschaden drei Jahre lang aus. Durch die außerordentliche Beherztheit der beiden Kapitänleutnants und Bombenentschärfer R. C. Lewis und J. G. D. Ouvry gelang es, die Geheimnisse des Sprengkörpers zu entschlüsseln, der durch eine stählerne Schiffshülle aktiviert und gezündet wurde: Die Offiziere entfernten die beiden Zünder (von denen einer noch hörbar tickte) einer Mine, die in der Themsemündung entdeckt worden war. Wissenschaftler im Dienst der Marine entwickelten innerhalb eines Monats eine Methode, mit der das Funktionsprinzip der Minen außer Kraft gesetzt wurde: Sie brachten Stromkabel an den Schiffsrümpfen an, mit denen ein negatives, «entmagnetisiertes» Feld erzeugt wurde. Kurz darauf wurde außerdem eine Methode entwickelt, mit der die Minen durch Holzrumpf-Kutter, die schwimmende, stromführende Kabel hinter sich herzogen, unschädlich gemacht wurden.

Der größte Sieg der Royal Navy während des sogenannten «Sitzkriegs» war die Entdeckung, schwere Beschädigung und letztlich erzwungene Selbstversenkung des deutschen Panzerschiffes *Admiral Graf Spee*. Kapitän Hans Langsdorff hatte mit der *Graf Spee* bei seinen Einsätzen im Seegebiet vor der südamerikanischen Küste zehn Schiffe mit einer Gesamttonnage von mehr als 50 000 Bruttoregistertonnen versenkt. Die englische Bezeichnung «pocket battleship» («Westentaschen-Schlachtschiff») für die gegnerischen Panzerschiffe der Deutschland-Klasse ist leicht irreführend. Nach den Bestimmungen des Versailler Vertrags galt für Schiffe der deutschen Kriegsmarine eine Obergrenze von 10 000 BRT, aber die *Graf Spee* überschritt mit voller Bewaffnung – sechs 28-cm-, acht 15-cm- und sechs 10,5-cm-Geschützen –, Munitionierung und Ausrüstung diese Tonnagegrenze um gut 50 Prozent. Bei dem Seegefecht vor der Mündung des Rio de la Plata nahm es die *Graf Spee* am 13. Dezember 1939 mit den 20-cm-Geschützen des Schweren Kreuzers *Exeter* ebenso auf wie mit den 15-cm-Kanonen der Leichten Kreuzer *Ajax* und *Achilles* (Letzterer fuhr mit einer neuseeländischen Mannschaft) und beschädigte die beiden Erstgenannten schwer.

Die Gefechtsschäden, die sein eigenes Schiff erlitten hatte, zwangen Kapitän Langsdorff, am 15. Dezember den Hafen von Montevideo, der Hauptstadt des neutralen Uruguay, anzulaufen, wo er mit einer großzügigen Geste die alliierten Matrosen von Bord gehen ließ, die von den versenkten Schiffen gerettet worden waren. Diese Männer berichteten nach ihrer Freilassung, sie seien während ihrer Gefangenschaft gut behandelt worden. Langsdorff hatte BBC-Radiosendungen gehört, in denen vom unmittelbar bevorstehenden Eintreffen des Flugzeugträgers *Ark Royal* sowie des Schlachtkreuzers *Renown* die Rede gewesen war. Er wollte ein Kleinflugzeug beschaffen, um diese Behauptungen zu überprüfen, doch das misslang. Daraufhin steuerte der Kapitän die *Graf Spee* am 17. Dezember, einem Sonntag, unmittelbar vor Sonnenuntergang zum Eingang des Hafens von Montevideo und versenkte das Schiff. Die Explosionen wurden von mehr als 20 000 Neugierigen vom Ufer aus beobachtet und von Millionen Radiohörern in aller Welt mitverfolgt. In Wirklichkeit war nur der Kreuzer *Cumberland* vor Montevideo eingetroffen. Die BBC hatte sich in patriotischer Manier an einem gewaltigen Bluff beteiligt. Langsdorff erschoss sich fünf Tage später.

Großbritannien hatte bis zum Jahresende 1939 Schiffe mit insgesamt 422 000 BRT verloren (davon 260 000 durch Minen), und auf deutscher Seite gingen 224 000 BRT verloren, aber im Verhältnis zur verfügbaren Gesamttonnage hatte Deutschland mit fünf Prozent mehr verloren als die Briten, die zwei Prozent Verluste verzeichneten. In einem Seekrieg, der sich zum Abnutzungskrieg entwickeln sollte, waren die relativen Verluste von größerer Bedeutung als die absoluten Zahlen. Hätte Hitler, als er 1933 an die Macht kam, der Finanzierung der U-Boot-Flotte den Vorzug vor dem Heer und der Luftwaffe gegeben, hätte er damit vielleicht eine Streitmacht in die Hand bekommen, die Großbritannien von Versorgungslieferungen abschneiden, aushungern und zur Kapitulation hätte zwingen können. Anfang 1940 hatte Hitler das möglicherweise erkannt, denn am 15. Februar 1940 gab er eine Weisung an alle U-Boot-Kommandanten heraus, nach der jedes Schiff, ob unter neutraler Flagge fahrend oder nicht, das sich auf ein von Großbritannien kontrolliertes Kriegsgebiet – zum Beispiel auf den Ärmelkanal – zubewegte, ohne Vorwarnung zu versenken sei. Dieser politische Schwenk rief bei den neutralen Seefahrernationen, etwa bei Dänemark, Schweden und Norwegen, zwar heftige Proteste hervor, aber wenn daran irgendetwas überraschte, dann war es höchstens die Tatsache, dass ein solcher Befehl nicht schon früher ausgegeben worden war. Außerdem zeigte sich bereits wenige Wochen später auf spektakuläre Art und Weise, wie viel Respekt Deutschland für die Neutralität der skandinavischen Länder noch aufbrachte.

Im Umgang mit Polen und Finnland hatten sich bis dahin nur die Schwäche und die Hilflosigkeit Großbritanniens und Frankreichs offenbart –

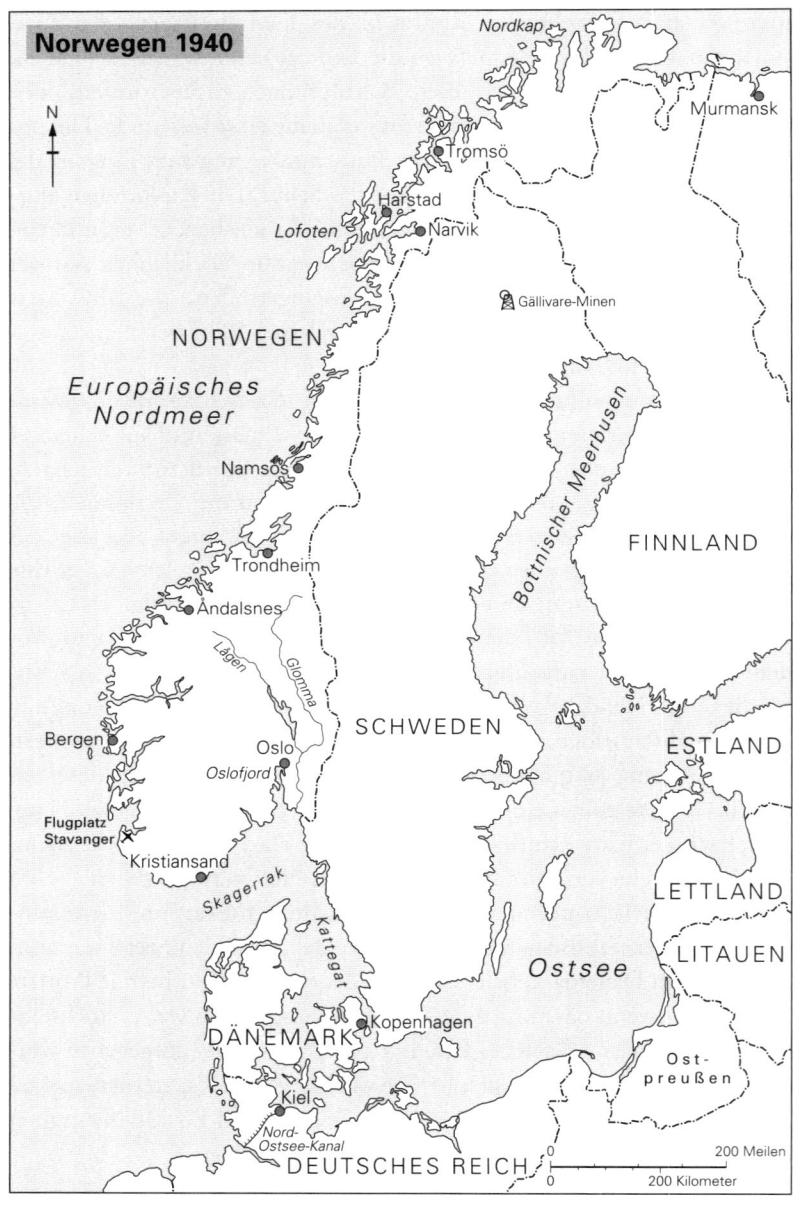

und viele Briten und Franzosen zogen daraus den Schluss, dass der Geist der Appeasement-Politik der Dreißigerjahre noch nicht ganz aus den Köpfen ihrer Regierenden verschwunden war –, doch der Norwegen-Feldzug entwickelte sich zu einer eindeutigen Niederlage für die Westmächte. Großadmiral Erich Raeder drängte Hitler bereits am 10. Oktober 1939, über eine Invasion in Norwegen nachzudenken. Er wollte damit den Eisenerz-Transport aus Kiruna und Gällivare in Nordschweden über Norwegen nach Deutschland sicherstellen und entlang der Fjordküste U-Boot-Stützpunkte einrichten, mit Trondheim als wichtigstem Stationierungsort. Hitler wies das OKW an, einen Invasionsplan für Ende Januar 1940 auszuarbeiten. Zu diesem Zeitpunkt wollte er noch keine Truppen von einem Angriff abziehen, den er im Westen plante. Hitler ließ sich nur deshalb überzeugen, weil es Anzeichen für eine Invasion der Alliierten in Norwegen gab, für die aus deutscher Sicht möglicherweise eine Unterstützung Finnlands als Deckmantel dienen sollte.

Ein Zwischenfall am 16. Februar 1940 tat ein Übriges, um Hitler von den bösen Absichten der neutralen Norweger zu überzeugen. Sie schienen sich auf die Seite der Royal Navy geschlagen zu haben, als ein Enterkommando des britischen Zerstörers *Cossack* in norwegischen Gewässern handstreichartig 299 britische Seeleute befreite, die auf dem deutschen Versorgungsschiff *Altmark* gefangen gehalten wurden. Hitler entschied sich für den Angriff und erklärte gegenüber General Nikolaus von Falkenhorst, der das Kommando über die Expeditionsstreitmacht übernehmen sollte, eine «Besetzung Norwegens durch die Briten wäre eine strategische Umfassungsbewegung, die sie in die Ostsee führt, wo wir weder Truppen noch Küstenbefestigungen haben. ... Der Feind wäre in der Lage, nach Berlin zu marschieren.»[41] Um die Nachschub- und Kommunikationswege zu schützen und Operationen der britischen Marine im Skagerrak und im Kattegat zu verhindern, sollte auch Dänemark besetzt werden.

Nach der Unterzeichnung des Moskauer Vertrags zwischen Finnland und der UdSSR hatten die Alliierten keinen Grund mehr für eine Intervention auf diesem Kriegsschauplatz, planten aber dennoch einen Einmarsch ins neutrale Norwegen, um Deutschland von den schwedischen Eisenerzlieferungen aus Kiruna und Gällivare abzuschneiden. Landungstruppen waren im britischen Marinestützpunkt Scapa Flow auf den Orkney-Inseln bereits eingeschifft worden, doch der deutsche Angriff kam ihnen 24 Stunden zuvor. Der britische Militärhistoriker Basil Liddell Hart bezeichnete den Wettlauf um die Besetzung Norwegens als «beinahe ein ‹Foto-Finish›».

Alliierte Flugzeuge begannen am 8. April mit dem Abwurf von Minen in den geschützten, tiefen Schifffahrtslinien zwischen den norwegischen Fjorden und den vorgelagerten Inseln von Stavanger bis zum Nordkap. Damit sollten die deutschen Erzfrachter gezwungen werden, aufs offene Meer hinaus auszuweichen, wo die britische Marine sie versenken konnte. Die Operation Wilfred war eine eklatante Verletzung der norwegischen Hoheitsrechte auf See, die der deutschen Invasion vorausging und zur Versenkung von zwanzig norwegischen und zwölf deutschen Schiffen führte. Als Großadmiral Raeder beim Nürnberger Prozess gegen die Hauptkriegsverbrecher unter anderem auch wegen der Verletzung der Neutralität Norwegens zu lebenslanger Haft verurteilt wurde, führte die damit verbundene Heuchelei zu Vorwürfen wegen «Siegerjustiz».

Die britische Admiralität war der Ansicht, dass die eigene Überlegenheit zur See einen Angriff deutscher Marinestreitkräfte und eine Landung von Truppen in Norwegen unmöglich machen würde. Vom Unternehmen Weserübung, bei dem in den frühen Morgenstunden des 9. April 1940 deutsche Truppen – anfangs nicht mehr als zweitausend Mann an einem Ort – in Norwegen landeten und innerhalb kurzer Zeit Oslo, Kristiansand, Bergen, Trondheim und Narvik (den Zielort für Eisenerz-Bahntransporte aus den schwedischen Grubenorten Gällivare und Kiruna) besetzten, wurde sie deshalb vollkommen überrascht. Es war einer der größten Coups des Zweiten Weltkriegs. Fallschirmjäger besetzten außerdem bei Tagesanbruch die Flugplätze von Oslo und Stavanger. Die Briten wollten einfach nicht glauben, dass ein so weit nördlich gelegener Ort wie Narvik – 2000 Kilometer von Deutschland entfernt – eingenommen worden war, und dachten zuerst, das müsse eine falsch übermittelte Schreibung von Larvik sein, einem Hafenstädtchen am Skagerrak, das etwas westlich des Zugangs zum Oslofjord liegt. Die Norweger, die sich zu diesem Zeitpunkt mehr auf die Gefahr für ihre Souveränität konzentrierten, die ihrer Ansicht nach von den Alliierten ausging, waren ebenso überrascht wie der Rest der Welt, es blieb ihnen keine Zeit mehr für die Mobilisierung ihrer Truppen. Der norwegische Verteidigungshaushalt umfasste zu Beginn der Dreißigerjahre 35 Millionen Kronen jährlich und lag noch zum Zeitpunkt der Invasion bei nur 50 Millionen Kronen

(2,5 Millionen Britische Pfund). Die Marine des Landes war nur für den Küstenschutz ausgestattet, und auch das Heer war klein.[42] Die Deutschen setzten nur drei Divisionen ein – eine davon war allerdings die von General Eduard Dietl kommandierte 3. Gebirgsjägerdivision, eine Eliteeinheit –, die aber von 800 Kampfflugzeugen und 250 Transportmaschinen unterstützt wurden, und erreichten schon bis zum Ende des ersten Tages der Invasion alle ihre Ziele. Das neblige Wetter, die unübersichtliche Küste und die effiziente Abstimmung zwischen den einzelnen deutschen Waffengattungen hatten, neben den erheblichen Entfernungen, die zwischen den einzelnen Invasionsorten lagen, zur Folge, dass die Alliierten nicht imstande waren, die deutsche Operation zu unterbinden.

Der Leichte Kreuzer *Köln* nahm Bergen ein, indem er sich unter Benutzung britischer Funksignale in den Hafen schlich. In Narvik leisteten zwei tapfere norwegische Küstenpanzerschiffe[43] Widerstand, wurden aber versenkt. In Trondheim blendete der Schwere Kreuzer *Admiral Hipper* die Küstenbatterien mit Suchscheinwerfern und zerstörte eine Geschützstellung, der es zuvor noch gelungen war, das Feuer zu eröffnen. Das X. Fliegerkorps der Luftwaffe versenkte vor Bergen den britischen Zerstörer *Gurkha* und beschädigte die Kreuzer *Southampton* und *Glasgow* sowie das Schlachtschiff *Rodney*. Für die Strategen der Alliierten waren diese Rückschläge und die weiteren Verluste, die der Royal Navy auf diesem Kriegsschauplatz von der Luftwaffe zugefügt wurden, die wichtigste Lehre aus den Kämpfen in Norwegen: Es hatte eine Kräfteverschiebung gegeben – zugunsten der Luftstreitkräfte und zum Nachteil der Marine. Die britischen Streitkräfte konnten es mit der Luftwaffe nicht aufnehmen, zumal sie nur einen ihrer vier einsatzfähigen Flugzeugträger, die *Furious,* in der Region aufbieten konnten – und dieser Träger hatte aus Zeitgründen keine Kampfflugzeuge, sondern nur Torpedo-Bomber zu diesem Einsatz mitgenommen. Die Flugzeugträger *Ark Royal* und *Glorious* waren zwar in höchster Eile von Alexandria aus auf den Weg gebracht worden, um den Gegenangriff der Alliierten zu unterstützen, trafen aber erst am 24. April ein.

Die Royal Air Force konnte in den Kämpfen um Norwegen zu keinem Zeitpunkt mehr als 100 Flugzeuge aufbieten, während der Gegner über mehr als 1000 Maschinen verfügte, die zum Teil von Orten aufstiegen, die so nahe am Kampfgeschehen lagen wie Oslo und Stavanger. Als es der RAF schließlich gelang, in Norwegen provisorische Flugfelder einzurichten, mussten die verfügbaren Maschinen rund um die Uhr eingesetzt und «mit Eimern und Kannen aufgetankt werden».[44] Die Nachricht, dass die beiden Schlachtschiffe *Scharnhorst* und *Gneisenau* die Invasion in norwegischen Gewässern unterstützten, lenkte die Planungen der britischen Marine ebenfalls von der Option ab, die kleineren Kriegsschiffe zu versenken, die Invasionstruppen an Bord hatten.[45] Die Alliierten reagierten schnell genug auf die deutsche Invasion, aber diese Reaktion war unüberlegt und schlecht organisiert, und die Pläne wurden unmittelbar vor der Ausführung mehr als einmal geändert, was für Verwirrung und gelegentlich auch für Chaos sorgte. Die britischen Truppen, die für die Invasion in Norwegen bereits eingeschifft worden waren, mussten in Schottland wieder an Land gesetzt werden, damit man die deutschen Schlachtschiffe jagen konnte. Diese Vorgehensweise veranlasste einen Militärhistoriker später zu der Feststellung, dass «die Admiralität die ganze Operation mit Scheuklappen betrachtete».[46] Als die Truppen schließlich für einen Gegenangriff wieder an Bord genommen wurden, aber die richtige Ausrüstung fehlte, verband sich allmählich ein Gefühl der Inkompetenz mit diesem Feldzug, das sich nur noch verschlimmern sollte und schließlich mit zum Sturz der Regierung Chamberlain beitrug.

Die auf der Inselfestung Oscarsborg im Oslofjord stationierte norwegische Artillerie versenkte in den frühen Morgenstunden des 9. April zwar den Schweren Kreuzer *Blücher* – das Schiff war eines der wenigen Opfer von Küstenartillerie im Verlauf des Zweiten Weltkriegs –, aber die norwegische Hauptstadt fiel dennoch in die Hand der Invasoren. Die Versenkung des Flaggschiffs der Angreifer verschaffte König Håkon VII. und seiner Regierung allerdings die nötige Zeit für einen langen, mutigen Rückzug nach Norden, in dessen Verlauf der eindrucksvolle Otto Ruge zum neuen Stabschef der Armee ernannt wurde.

Im Gegensatz dazu blieb König Christian X. von Dänemark keine Gelegenheit zur Flucht. Als er an jenem Tag um 5.15 Uhr aufwachte, überreichte man ihm eine Liste mit dreizehn Ultimaten, die ihm Cécil von Renthe-Fink, der deutsche Gesandte in Dänemark (der kurz darauf zum «Reichsbevollmächtigten» ernannt wurde), übermittelte. Nach dem Tod von zwölf Dänen und mit dem Wissen, dass das Land vollkommen umzingelt und nicht in der Lage war, ernsthaften Widerstand zu leisten, verhinderten der König und sein Kabinett ein Massaker, indem sie eine vollständige Kapitulation anordneten. Es wurde eine fiktive Rechtfertigung ersonnen, die zu der Bekanntmachung führte, dass Dänemark damit einverstanden sei, «seine Neutralität unter den Schutz des Reiches zu stellen», eine etwas tautologische Konstruktion, die aber dennoch dafür sorgte, dass Dänemark eine eigene, nichtnazistische Regierung behalten konnte. Als der Aufruf Hitlers an die dänische Bevölkerung im Radio verlesen werden sollte, stellte man fest, dass versehentlich der für Norwegen gedachte Text geliefert worden war. Es war eines der wenigen Beispiele für Ineffizienz im Verlauf des gesamten Unternehmens, und der Sprecher musste die Vorlage kurz vor Sendebeginn noch in aller Eile umformulieren.[47] Der Zusammenbruch Dänemarks innerhalb von weniger als vier Stunden brachte die Luftwaffe in den Besitz des strategisch wichtigen Flugplatzes Aalborg im Norden Jütlands, und von dort transportierte sie Nachschub und Soldaten nach Norwegen. Eine weitere Folge war, dass die britische Marine nur noch mit U-Booten ins Skagerrak einfahren konnte.

Die Royal Navy fügte der Kriegsmarine schwere Schläge zu, nachdem diese die Invasionstruppen an Land gesetzt hatte. In zwei Seegefechten im Fjord vor Narvik wurden am 11. und 13. April neun deutsche Zerstörer versenkt oder kampfunfähig geschossen, die meisten davon vom Schlachtschiff *Warspite*. Aber die Befürchtung, dass die *Scharnhorst* und die *Gneisenau* in Bergen oder Trondheim die Invasoren absicherten, hatte zur Folge, dass die Chance auf eine Rückeroberung der Häfen schon zu einem frühen Zeitpunkt vertan war, obwohl die deutschen Schlachtschiffe, wie jetzt bekannt wurde, gar nicht vor Ort waren. Die Alliierten landeten stattdessen am Abend des 18. April in Namsos, 200 Kilometer nördlich von Trondheim, und noch am selben Tag im 300 Kilometer weiter südlich gelegenen Åndalsnes. Von dort wollte man das verschneite Ödland durchqueren und die Stadt von der Landseite aus einnehmen. Der dafür vorgesehene Kommandeur, Generalmajor Frederick Hotblack, wurde in der Admiralität in die Operation eingeweiht, erlitt jedoch anschließend, auf dem Rückweg zu seinem Klub in der Londoner Innenstadt, auf den Duke of York's Steps in The Mall, einen Herzinfarkt. Das Flugzeug seines Nachfolgers, der am folgenden Tag ernannt wurde, stürzte auf dem Weg nach Schottland beim Flugfeld von Scapa Flow ab.

Die alliierte Streitmacht unter dem Oberbefehl von Generalmajor Adrian Carton de Wiart landete schließlich in Namsos, doch pausenlose schwere Angriffe von Heinkel-Bombern machten die Hoffnung zunichte, auf diesem Weg Trondheim einnehmen zu können. «Der Ort wurde zerstört, die Holzhäuser brannten aus, die Bahnstation und alle dazugehörigen Einrichtungen wurden dem Erdboden gleichgemacht. Sogar die Kaianlagen lagen in Trümmern», erinnerte sich ein Soldat, der vor Ort war. «Namsos existierte nicht mehr.»[48] Die Bombardements im «Land der Mitternachtssonne» schienen kein Ende zu nehmen und hatten eine demoralisierende Wirkung auf die alliierten Truppen, ebenso wie der Vorfall, dass ein französisches Nachschubschiff, das Skier, Schneeschuhe, Geschütze und Panzer an Bord hatte, sich als zu groß erwies, um in den Hafen zu gelangen.[49] Der einhändige, einäugige, sechzig Jahre alte de Wiart war einer der tapfersten britischen Offiziere des 20. Jahrhunderts. Bei früheren Kriegseinsätzen war er an Knöchel, Hüfte, Ohr und Bein verwundet worden, sein Körper war buchstäblich eine Ansammlung von Altmetall. Auch in seinem Kopf steckte noch ein Schrapnellstück, das er nach seinen eigenen Angaben bei jedem Haarschnitt spürte. Doch selbst er sah keine Möglichkeit, ohne Luftunterstützung in südlicher Richtung vorzustoßen. Namsos wurde am 2. Mai geräumt, und zu diesem Zeitpunkt hatten sich die britischen Streitkräfte bereits aus Åndalsnes zurückgezogen.

Hoch im Norden, in Narvik, zählte die Streitmacht der Alliierten, die am 14. April in Harstad auf den Lofoten gelandet war, schon bald 20 000 Mann, während die Deutschen nur 4000 Mann vor Ort hatten. Die Zusammenarbeit zwischen den Alliierten funktionierte zwar gut, doch die Abstimmung zwischen den britischen Land- und Seestreitkräften in Narvik scheiterte, weil sie, was kaum zu glauben ist, nach einander widersprechenden Befehlen handelten. Der Marinekommandeur vor Ort, Admiral Earl of Cork and Orrery, hatte die Anweisung erhalten, Narvik um jeden Preis einzunehmen, während man Generalmajor Pierse Mackesy mitgeteilt hatte, er könne noch die Schneeschmelze abwarten, bevor er die Stadt angriff. Während der Admiral und der General noch über das angemessene Vorgehen stritten und Mackesy versuchte, Cork die Befehlsgewalt zu nehmen, erhielten die Deutschen Nachschublieferungen, richteten Geschützstellungen ein, und ihre Kampfmoral wurde außerordentlich gestärkt. Mackesy, dessen Soldaten unerklärlicherweise nicht über Schneeschuhe verfügten, weil diese in Schottland wieder ausgeladen worden waren, hatte ein gutes Argument auf seiner Seite, denn Cork selbst versank bis zu den Hüften im Schnee, als er sich ins Freie begab, um das Gefechtsfeld zu erkunden.[50] Diese Abstimmungsprobleme zwischen den Waffengattungen wurden schon bald gelöst, warfen zum damaligen Zeitpunkt aber ein äußerst ungünstiges Licht auf den Zustand der Regierung Chamberlain.

Einige kampfstarke polnische Gebirgsjäger, zwei Bataillone der französischen Fremdenlegion und General Béthouarts Gebirgsjäger nahmen Narvik schließlich am 27. Mai gemeinsam mit Briten und Norwegern ein und versuchten danach, die deutschen Truppen ostwärts in Richtung der schwedischen Grenze zurückzudrängen. Nach Hitlers Siegen in Frankreich, Belgien und den Niederlanden war ein derart winziger Brückenkopf in Skandinavien jedoch nicht mehr zu halten, und die Streitkräfte in Narvik wurden in der Zeit vom 2. bis 7. Juni evakuiert sowie die norwegische Königsfamilie und die Regierung. Otto Ruge beschloss dagegen, bei seinen Männern zu bleiben, und wurde inhaftiert. Die Deutschen verwalteten Norwegen bis zum Februar 1942 direkt. Dann wurde der norwegische Faschist Vidkun Quisling zum Ministerpräsidenten ernannt und erhielt die am weitesten reichenden Autonomierechte unter allen vom Reich kontrollierten Marionettenregierungen, weil die Deutschen wussten, dass sie ihm ideologisch vertrauen konnten. Quisling hatte sich in den Zwanzigerjahren während der Hungersnöte in der Sowjetunion und der armenischen Flüchtlingskrisen durch humanitäre Hilfsaktionen[51] einen Namen gemacht, aber seine Träume von einem Weltbund unter nordischer Führung fanden bei der norwegischen Wählerschaft keinen Anklang, und seine kleine Partei, die Nasjonal Samling, spielte in den Dreißigerjahren nur eine marginale Rolle.[52] Die Norweger verachteten ihn während seiner gesamten Herrschaftszeit, und wenn das Gericht, vor dem er 1945 wegen Hochverrats angeklagt wurde, ihn aus irgendeinem Grund nicht zum Tod verurteilt hätte, dann hätten sich wohl die Gefängniswärter untereinander darauf verständigt, ihn umzubringen.

Die *Scharnhorst* und die *Gneisenau* stellten am 8. Juni den britischen Flugzeugträger *Glorious* (der zwei Staffeln an Bord mitführte, darunter auch Hurricanes) und dessen Begleitzerstörer *Acasta* und *Ardent* und versenkten alle drei Schiffe. Dem Kapitän der *Acasta,* Commander C. E. Glasfurd, war es zuvor jedoch noch gelungen, direkt auf die *Scharnhorst* zuzufahren und einen Torpedo abzufeuern, der das deutsche Schlachtschiff wenige Augenblicke, bevor die *Acasta* von einer Salve der 28-cm-Geschütze des übermächtigen Gegners versenkt wurde, schwer beschädigte.

Der einzige Überlebende der versenkten *Acasta,* Leading Seaman[53] C. G. «Nick» Carter, trieb vor seiner Rettung drei Tage in einem Schlauchboot auf der Nordsee und erinnerte sich später: «Ich war im Wasser und sah, wie sich der Kapitän über die Brücke lehnte, eine Zigarette aus einem Etui nahm und sie ansteckte. Wir riefen ihm zu, er solle zu uns ins Schlauchboot kommen, aber er winkte nur und rief: ‹Auf Wiedersehen und viel Glück› – das Ende eines tapferen Mannes.»[54]

Eine ganze Reihe von Faktoren war zusammengekommen und hatte den Norwegen-Feldzug für die Alliierten zu einer Katastrophe werden lassen. Dazu gehörten häufige Planänderungen, Funkgeräte, die nach der Einschätzung von General Claude Auchinleck von schlechterer Qualität waren als die Apparate, die an der indischen Nordwestgrenze verwendet wurden, und zwanzig Jahre alte Winterstiefel, die einige Nummern zu groß waren, so dass «tagelang improvisiert werden musste».[55] Die Alliierten hatten in Norwegen zwar eine demütigende Niederlage erlitten, und der Mythos von der Unbesiegbarkeit des «Führers» und seiner «Herrenrasse», der seit der Besetzung des entmilitarisierten Rheinlands unablässig gepflegt worden war, hatte weiteren Auftrieb erhalten, doch der deutsche Sieg hatte auch einen hohen Preis. Die verbündeten Briten, Norweger, Franzosen und Polen hatten 6700 Tote zu beklagen (allein 1500 bei der Versenkung der *Glorious*) und verloren 112 Flugzeuge, während die deutschen Verluste in Norwegen bei 5660 Gefallenen und 240 zerstörten Flugzeugen lagen. Die Royal Navy verlor einen Flugzeugträger, einen Kreuzer (drei weitere wurden beschädigt), acht Zerstörer und vier U-Boote, die Polen und Franzosen jeweils einen Zerstörer und ein U-Boot. Die Deutschen büßten drei Kreuzer, zehn Zerstörer und vier U-Boote ein, und die *Scharnhorst* sowie die *Gneisenau* waren mehrere Monate lang nicht einsatzfähig. Diese Verluste wirken auf den ersten Blick nahezu ausgeglichen, aber die sehr viel kleinere Kriegsmarine konnte sich solche Verluste im Vergleich zu den Alliierten kaum leisten. Das hatte besonderes Gewicht, da das Unternehmen Seelöwe, General Franz Halders Invasionsplan für Südengland, der eine breite erste Front vorsah, auf eine starke Unterstützung durch die Kriegsmarine angewiesen war.

Nach der Niederlage Frankreichs im Juni 1940 verfügten die Deutschen über die Eisenerzgruben Lothringens und die Atlantikhäfen, die Kiruna, Gällivare, Narvik und Trondheim ersetzten. Aber das 323 000 Quadratkilometer große Norwegen musste fast während der gesamten weiteren Kriegszeit durch eine Besatzungsstreitmacht gesichert werden, die mindestens zwölf Divisionen umfasste, etwa 350 000 Mann. Hitler rechnete nach 1940 jahrelang mit einem alliierten Angriff auf Norwegen, und so blieb eine unangemessen hohe Zahl von Soldaten in Untätigkeit gebunden, die an der Ostfront sehr viel effizienter hätte eingesetzt werden können. Er lag allerdings mit seiner Furcht vor einem Angriff auch richtig, denn Churchill wollte Nordnorwegen immer im Besitz der Alliierten sehen, um den Einsatz von Kriegsmarine und Luftwaffe gegen alliierte Geleitzüge zu unterbinden, die nach Hitlers Angriff auf die Sowjetunion nach Murmansk geschickt wurden. Die eisfreien Häfen in dieser Region waren für die Deutschen also mit Sicherheit nützlich.

Die deutsche Invasion in Dänemark rechtfertigte die Besetzung Reykjaviks und der Färöer-Inseln durch die Alliierten im darauffolgenden Monat. Dort sollten Luftwaffenstützpunkte eingerichtet werden, die für die Bekämpfung der deutschen U-Boote im Atlantik von enormer Bedeutung waren. Außerdem wurde den Ressourcen der Alliierten eine Schiffstonnage von nicht weniger als 4,6 Millionen BRT hinzugefügt – Norwegen hatte 1939 die viertgrößte Handelsmarine der Welt – und von Murmansk bis in den Pazifik hinein eingesetzt.[56] Die alliierten Gesamtverluste durch die U-Boote hielten sich bis Dezember 1941 noch innerhalb dieser Größenordnung, und so zahlten die Deutschen einen hohen Preis für die Verletzung der norwegischen Souveränität, mit der sie den Alliierten 24 Stunden zuvorgekommen waren.

Neville Chamberlain sagte am 4. April 1940 in der Central Hall in Westminster, nur fünf Tage vor der deutschen Invasion in Norwegen, über Adolf Hitler: «Eines ist sicher – er hat den Bus verpasst.» Zusammen mit seiner Prophezeiung vom «Frieden in unserer Zeit» nach dem Münchener Abkommen war das eine seiner weniger eindrucksvollen Vorhersagen, aber er war nicht der Einzige, der sich voreilig geäußert hatte. Churchill erklärte am 11. April im Unterhaus, dass «das, was geschehen ist, uns sehr zum Vorteil gereicht, vorausgesetzt, dass wir mit unablässiger, wachsender Energie handeln, um den strategischen Fehler, zu dem sich unser tödlicher Feind hinreißen ließ, zu unserem größtmöglichen Nutzen auszuwerten».[57] Der Norwegen-Feldzug war für die Alliierten ein schwerer Rückschlag, aber selbst wenn sonst nichts Positives erreicht wurde, so brachte doch die Unterhaus-Debatte zu diesem Thema am 7. und 8. Mai 1940 zumindest die Regierung Chamberlain zu Fall, die durch eine dynamische Koalition unter dem Premierminister Churchill ersetzt wurde. Ironischerweise war der neue Regierungschef genau der Mann, der die unmittelbare politische Verantwortung für die Norwegen-Expedition und die wenig eindrucksvolle Rolle trug, die das britische Marineministerium dabei spielte.

Winston Churchills wichtigster, gefährlichster, aber letztlich konstruktivster Charakterzug war schon immer seine Ungeduld gewesen. Diese Ungeduld – mit sich selbst wie auch mit den Menschen, die ihn umgaben – hat er sein Leben lang unter Beweis gestellt, ganz besonders in den Kolonial- und in den beiden Weltkriegen, in denen er jeweils in hohen politischen Ämtern tätig war. Im Mai 1940 war er fünfundsechzig Jahre alt und agierte nach wie vor auf der Höhe seiner ganz erheblichen intellektuellen und rhetorischen Fähigkeiten. Jahrelang hatte er vor dem Aufstieg des Nationalsozialismus gewarnt, ohne damit besonders viel Resonanz zu finden, und das hatte ihm im Verlauf der parlamentarischen Krise in jenem Monat das unanfechtbare moralische Anrecht auf das Amt des Premierministers gegeben. Er griff nach diesem Amt, sobald deutlich wurde, dass sich Chamberlain ohne die Unterstützung der Labour Party, der Liberalen und einer noch kleinen, aber weiteren Zulauf erhaltenden Gruppe konservativer Rebellen nicht mehr halten würde. Churchill konnte es kaum erwarten, Regierungschef zu werden, und er sagte Außenminister Lord Halifax, seinem Rivalen für diesen Posten, unverblümt, er könne als Mitglied des Oberhauses gar nicht Premierminister werden.[58] (Später erfand er dann eine Geschichte, nach der ihm Halifax das Amt des Premiers aus Verlegenheit nach einer langen Phase des Schweigens beinahe antrug.)

Churchill hatte eine ganz bestimmte Vorstellung von Heldentum – für sich selbst wie auch für das britische Volk –, und im Jahr 1940 kam beides auf eine Art zusammen, die zwar im Rückblick großartig anmutet, aber damals auf viele Angehörige der britischen Oberschicht einen gefährlich romantischen Eindruck machte. Im Verlauf der letzten vierzig Jahre hatte es nämlich in der Innen- wie in der Außenpolitik kaum ein bedeutendes Thema gegeben, bei dem Churchill nicht intensiv mitgemischt hätte – und zwar sehr oft auf der Seite der Verlierer. Sein Urteilsvermögen war wiederholt in Zweifel gezogen worden, und das bei so wichtigen Fragen wie dem Frauenwahlrecht, dem katastrophal gescheiterten Landungsunternehmen in Gallipoli, der Rückkehr des Pfund Sterling zum Goldstandard, dem Generalstreik, der Selbstverwaltung Indiens, der Abdankungskrise um Edward VIII. und bei vielen weiteren Themen. Er hatte nicht nur einmal, sondern gleich zweimal die Partei gewechselt. Doch seine ungeheure Ungeduld, die sich am deutlichsten zeigte, nachdem er unmittelbar nach seiner Ernennung zum Premierminister durch König George VI. für sich selbst gleich noch das Amt des Verteidigungsministers erfunden hatte, war genau das, was das Land brauchte. Er verlangte, so stand es auf den roten Zetteln, die er eiligen Dokumenten beifügte, «Action This Day», sofortiges Handeln, und er bekam es auch.

Churchills außergewöhnliche Eloquenz und sein Gespür für welthistorische Abläufe hatten in Verbindung mit seinem Glauben an sich selbst, der ans Messianische grenzte, Großbritannien einen Regierungschef beschert, der das weltweite Ringen in zutiefst bewegende, nahezu metaphysisch klingende Worte fassen konnte. In einem bereits 1897 entstandenen unveröffentlichten Essay mit dem Titel *The Scaffolding of Rhetoric* («Das Gerüst der Rhetorik») hatte Churchill geschrieben:

> Unter allen Talenten, die dem Menschen gegeben sind, ist keines so wertvoll wie die Gabe der Rede. Wer diese Kunst beherrscht, verfügt über eine Macht, die dauerhafter ist als die eines großen Königs. Er ist eine unabhängige Kraft in dieser Welt. Verlassen von seiner Partei, verraten von seinen Freunden, aus seinen Ämtern gejagt, ist jeder, der über diese Macht verfügt, immer noch ein furchterregender Gegner.[59]

Churchills Ablehnung einer Selbstverwaltung Indiens und später dann seine Warnungen vor Hitlers aggressiver, revanchistischer Politik hatten dafür gesorgt, dass er im Verlauf nahezu der gesamten Dreißigerjahre – einer Zeit, die er selbst als seine «Wilderness Years», die Jahre in der Wüste, bezeichnete – von seiner Partei aufgegeben und von Freunden im Stich gelassen wurde und ohne öffentliches Amt war. Jetzt sollte er jedoch über eine Macht verfügen, die dauerhafter ist als die eines großen Königs – aber würde das ausreichen? Denn am Freitag, dem 10. Mai 1940, dem Tag, an dem Churchill Premierminister wurde, entfesselte Hitler den Blitzkrieg an der Westfront.

2

Imperator Hitler

Mai–Juni 1940

> «Ich hatte euch aufgefordert, 48 Stunden nicht zu schlafen. Ihr habt 17 Tage durchgehalten. Ich hatte euch gezwungen, Flanken- und Rückenbedrohungen auf euch zu nehmen. Ihr habt nie geschwankt.»
>
> *General Heinz Guderian an die Soldaten des XIX. Armeekorps, Mai 1940*[1]

Ein Vierteljahrhundert lang herrschte allgemein die Annahme, der Plan zur Vernichtung des französischen Heeres sei 1914 nur deshalb gescheitert, weil zwischen dessen erster Vorstellung durch Alfred Graf von Schlieffen im Jahr 1905 und der tatsächlichen militärischen Umsetzung neun Jahre später zu viele Soldaten von der starken Umfassungsbewegung auf dem rechten Flügel abgezogen und stattdessen dem schwachen linken Flügel zugeordnet worden seien. Als Hitler deshalb die strategischen Planer im Oberkommando der Wehrmacht im Oktober 1939 mit der Ausarbeitung eines neuen Plans für die Eroberung Frankreichs beauftragte, legten diese einen Entwurf für den «Fall Gelb» vor. Er sah einen Angriff auf dem rechten Flügel mit sehr viel stärkeren Kräften vor, vorgetragen durch die Heeresgruppe B, an deren Spitze alle zehn deutschen Panzerdivisionen operieren sollten, und einen noch schwächeren linken Flügel, der hinter dem Westwall in Stellung gehen sollte. Doch alle Beteiligten wussten, dass ein derart massiver, über Belgien und Nordfrankreich laufender Angriff genau das war, was die Alliierten – entsprechend dem Kriegsgeschehen im Herbst 1914 – erwarten würden.

Als sich eine deutsche Kuriermaschine am 10. Januar 1940 auf dem Weg von Münster nach Köln im Nebel verflog, musste der Pilot bei der belgischen Stadt Maasmechelen notlanden. Major Helmuth Reinberger, einem Stabsoffizier der 7. Luftlandedivision der Wehrmacht, gelang es nicht, seine Abschrift des Angriffsplans für den «Fall Gelb» zu vernichten, weder hinter einer Hecke, bevor man ihn gefangen nahm, noch später, als er versuchte, die Papiere in einen Heizofen zu werfen. Hitler sah sich gezwungen, über eine umfassende Änderung des OKW-Plans nachzudenken.[2] Doch ein solches Umdenken war möglicherweise unnötig, weil die neutralen Belgier am darauffolgenden Tag nur eine zwei Seiten umfassende Synopse an den britischen und französischen Militärattaché weitergaben und außerdem keinerlei Auskunft dazu erteilten, wie sie in den Besitz des Dokuments gelangt waren, was das Alliierte Oberkommando zunächst zu der Vermutung verleitete, dass es sich um ein deutsches Täuschungsmanöver handelte. Die Belgier wussten jedoch, dass der Plan echt war, weil sie in dem Raum, in dem der deutsche Luftwaffenattaché anschließend mit Reinberger sprach, Abhörmikrofone angebracht hatten. Die erste Frage des Besuchers war gewesen, ob der Kurier die Unterlagen zerstört habe. Belgier und Niederländer hielten dennoch – aus Furcht, Hitler zu «provozieren» – an ihrer Neutralität fest und schlossen sich nicht den Alliierten an. «Wenn der Feind im Besitz aller Unterlagen ist: katastrophale Lage», schrieb Generalmajor Alfred Jodl, der Chef des Wehrmachtsführungsamtes, am 12. Januar 1940 in sein Tagebuch.[3] Aus Furcht, der Angriffsplan könnte verraten sein, entschied Hitler sich für die von Erich von Manstein ersonnene Operation Sichelschnitt. Manstein war der Stabschef Gerd von Rundstedts, der die im Zentrum der Westfront stehende Heeresgruppe A führen sollte. Sein Plan sah vor, sieben Panzerdivisionen vom rechten Flügel ins Zentrum zu verlegen, während der linke Flügel (die Heeresgruppe C) nicht verstärkt werden sollte. Die mit diesem Plan verbundene Hoffnung war, dass die Alliierten sich nach einem Angriff der Heeresgruppe B im Norden, der gegen die Niederlande und Belgien gerichtet war, zur Verteidigung dieser Länder dorthin wenden würden. In diesem entscheidenden Augenblick sollte die im Zentrum des Aufmarschgebiets stehende Heeresgruppe A aus den Ardennen heraus vorstoßen und am «Schwerpunkt» – an der Schlüsselstelle der alliierten Front – angreifen, durchbrechen, rasch bis zum Ärmelkanal vorrücken und so ein Drittel der alliierten Streitkräfte von den übrigen zwei Dritteln abschneiden.

Den Erfolg von Mansteins neuem Plan schrieb man später Hitler persönlich zu, der sich seit den frühen Morgenstunden des 10. Mai in seinem rund 30 Kilometer südwestlich von Bonn gelegenen Führerhauptquartier Felsennest bei Bad Münstereifel aufhielt. Keitel bezeichnete den Diktator als «größten Feldmarschall aller Zeiten», und noch sechs Jahre später sagte der ehemalige OKW-Chef in Nürnberg dem Gefängnispsychiater Leon Goldensohn: «Ich hielt ihn für ein Genie. Häufig legte er großen Scharfsinn an den Tag. ... Er änderte – mit Recht – seine Pläne für den Feldzug gegen Holland und Belgien. Er hatte ein bemerkenswert gutes Gedächtnis – kannte die Schiffe jeder einzelnen Flotte auf der Welt.»[4] Keitel sagte Hitler regelmäßig, er sei ein Genie. Goebbels' Propaganda verbreitete zu jener Zeit die Botschaft, Hitler sei «der größte Feldherr aller Zeiten», aber der so Gepriesene wusste dabei zumindest noch, dass es sich um staatlich gelenkte Propaganda handelte. Hörte man dieselbe Bezeichnung jedoch auch vom eigenen Stabschef, musste das unweigerlich die sich entwickelnde Selbstüberschätzung fördern.

Hitlers militärisches Fachwissen war zweifellos bemerkenswert und hat spätere Apologeten wie Alan Clark und David Irving mit Sicherheit zutiefst beeindruckt, Clark ließ sich dazu folgendermaßen ein:

> Seine Fähigkeit zur Verarbeitung von Details, sein Gespür für Geschichte, sein ausgezeichnetes Gedächtnis, sein strategischer Weitblick – in all diesen Bereichen gab es auch Mängel, aber unter objektiven militärgeschichtlichen Gesichtspunkten war er dennoch brillant.[5]

Und es traf durchaus zu, dass Hitler über ein phänomenales Gedächtnis für die technischen Einzelheiten von Waffensystemen aller Art verfügte. Seine Privatbibliothek umfasste einst 16 300 Bände, von denen 1200 heute im Besitz der Library of Congress in Washington sind, und in diesem Teilbestand befindet sich ein knappes Dutzend Handbücher zu Kriegsschiffen, Flugzeugen und gepanzerten Fahrzeugen, zum Beispiel die 1920 erschienene Ausgabe von *Die Eroberung der Luft. Ein Handbuch der Luftschiffahrt und Flugtechnik,* ein Exemplar von *Heigl's Taschenbuch der Tanks* von 1935, das im selben Jahr erschienene Werk über *Die Kriegsflotten der Welt und ihre Kampfkraft* und ein sehr abgegriffen wirkendes Exemplar von *Weyers Taschenbuch der Kriegsflotten* aus dem Jahr 1940.[6] «Es gibt ausführliche Werke über Uniformen, Waffen, Nachschub, Mobilisierung, den Aufbau einer Armee in Friedenszeiten, Kampfgeist und Ballistik», schrieb der Berlin-Korrespondent von *United Press International*, der noch in der Vorkriegszeit Hitlers Privatbibliotheken in Berlin und Berchtesgaden besichtigen durfte, «und ganz offensichtlich hat Hitler vieles von vorn bis hinten gelesen.»[7] Hitlers Pressechef Otto Dietrich war von seinem Chef tief beeindruckt:

> Er hatte eine außergewöhnliche Waffenkenntnis. Beispielsweise kannte er alle Kriegsschiffe der Welt, soweit sie in ... Nachschlagewerken geführt wurden. Er konnte im einzelnen aus dem Gedächtnis ihr Alter, ihre Wasserverdrängung und Geschwindigkeit, die Stärke der Panzerung, ihre Türme und Bestückung angeben. Er war umfassend informiert über die modernste Artillerie und die neuesten Panzermodelle jedes einzelnen Landes.[8]

Es gibt zahllose Beispiele dafür, wie Hitler sein technisches Interesse an Waffensystemen während des Krieges zeigte. Wenn er nicht gerade bei den Lagebesprechungen mit der Führungsspitze des OKW und den militärischen Befehlshabern pointierte Fragen stellte, dann tat er nichts lieber, als mit seinen detaillierten Kenntnissen zu protzen. Zu den Themen, über die er sich gerne ausließ, gehörten etwa die erforderliche Motorstärke von Traktoren, die schwere Feldhaubitzen ziehen sollten (in diesem Fall: 85 PS); Getriebeschäden bei Tiger-Panzern; die Eignung und Durchschlagskraft von 15-cm-Geschützen für die Panzerabwehr; die Hohlladungstechnik und die Panzerbekämpfung im Allgemeinen; die Nachtflugtauglichkeit von He-177-Bombern; die Absprunghöhe von Fallschirmjäger-Eliteeinheiten; vergleichende Betrachtungen zum Prozentsatz der einsatzfähigen Fähren bei den italienischen und deutschen Streitkräften; die Flughöhen von Mosquito-Kampfflugzeugen; die Höchstgeschwindigkeit von Elektro-U-Booten (18 Knoten); das Gewicht von Bomben, mit denen die Schleusentore von U-Boot-Stützpunkten zerstört werden konnten (3000 Kilogramm); die Vorzüge von (bei der Verteidigung einer Stellung eingesetzten) Flammenwerfern im Vergleich zu Handgranaten über eine Kampfentfernung von 30 Metern und so weiter.[9] Doch Kenntnisse über das Kaliber von Waffen oder Schiffstonnagen haben mit strategischem Genie nicht das Geringste zu tun, und Keitel brachte diese beiden Bereiche durcheinander, was für einen Mann mit seinen Aufgaben und seiner Verantwortung unverzeihlich ist. Ein Mensch, der den Zugverkehr beobachtet, kann zwar alle Zugnummern in seinem Notizbuch festhalten, aber das heißt noch lange nicht, dass er auch einen Zug fahren kann.

Natürlich zeigte auch Churchill ein großes Interesse an den genauen Einzelheiten der Kriegführung, vor allem an taktischen Fragen, weniger an technischen Fragen der Waffensysteme, solange damit keine Probleme verbunden waren. Während Hitler dem materiellen Wohlergehen seiner Soldaten nur wenig bis gar keine Beachtung schenkte, interessierte sich Churchill unablässig für solche Dinge. Sollten Blaskapellen spielen, wenn die Soldaten nach Hause zurückkehrten? Erhielten sie ihre Post pünktlich zugestellt? Seinen Kriegsminister P. J. Grigg machte er am 17. Juli 1944 auf einen Artikel der *Daily Mail* aufmerksam, in dem berichtet wurde, dass die Soldaten «von den Konservendosen-Essensrationen genug» hätten und die Brotzuteilungen nicht ausreichten. Grigg erwiderte, sechs der zwölf Bäckerei-Einheiten des Heeres seien in Frankreich stationiert. «Damit sollten Sie sich nicht zufrieden geben», gab Churchill zurück. «Die Soldaten sollten ordentlich gebackenes Brot und gut zubereitetes Fleisch bekommen.» Er wies das Kriegsministerium an, die Verlegung mobiler Bäckereien nach Frankreich zu beschleunigen.[10] Ein Dialog dieser Art wäre bei Hitlers Lagebesprechungen undenkbar gewesen, schon allein deshalb, weil das deutsche Pendant der *Daily Mail* es niemals gewagt hätte, die Wehrmacht wegen ihrer Essensrationen zu kritisieren.

Manstein bestimmte als Schwerpunkt des Angriffs zutreffend den 80 Kilometer breiten Abschnitt der Maas zwischen Danant und Sedan. Wenn es gelingen sollte, den Fluss in diesem Bereich zu überqueren, bis zum Ärmelkanal vorzustoßen und die vierzig nördlich dieses Bereichs stehenden alliierten Divisionen einzukreisen und gefangenzunehmen, könnte das südlich davon liegende restliche französische Staatsgebiet von der Somme und Aisne aus mit einer weiteren Offensive angegriffen werden, die die Codebezeichnung «Fall Rot» erhielt. Das Angriffstempo war von entscheidender Bedeutung, und es sollte durch eine enge Zusammenarbeit zwischen der Luftwaffe und vorgeschobenen Panzereinheiten erreicht werden, ein Vorgehen, das beim Polen-Feldzug sehr gut funktioniert hatte. Die Panzerdivisionen sollten zu starken Verbänden zusammengefasst werden, damit sie im Schwerpunktbereich zeitgleich angreifen und sich die Tatsache zunutze machen konnten, dass die Alliierten aus den Ereignissen in Polen keine Lehren gezogen und ihre Panzerkräfte breit über die gesamte Front verteilt hatten. Die Deutschen waren den Alliierten zwar in der Zahl der Soldaten und Panzer unterlegen, und ihre Ausrüstung und Bewaffnung war keineswegs deutlich besser, aber ein überlegener Ausbildungsstand, Führungskunst, der Überraschungseffekt und ganz besonders Mansteins Strategie sollten die Niederlage Frankreichs herbeiführen. Diese Strategie war als Folge der zufälligen Bruchlandung einer unscheinbaren Kuriermaschine, die sich im Nebel verflogen hatte, zum Zug gekommen.

Mansteins Plan, dem Hitler Anfang Februar seine Zustimmung gab, war mit erheblichen Risiken verbunden. Die Ardennen sind ein dicht bewaldetes Hochland, dessen schmale Straßen und Wege für schwere Panzerfahrzeuge damals eigentlich als unpassierbar galten. Die linke Flanke der Heeresgruppe A würde bei einem raschen Vorstoß durch Nordfrankreich in Richtung Abbeville an der Somme und weiter nach Norden bis nach Boulogne, Calais und schließlich bis nach Dünkirchen für Gegenangriffe der Alliierten von Süden her stark entblößt sein; über die Maas führte nur eine geringe Zahl von Brücken, die rasch besetzt werden mussten; der schwache linke Flügel, gesichert von den zwanzig Divisionen der Heeresgruppe C am Westwall (die ohne Panzer auskommen mussten), wäre den Attacken der vierzig französischen Divisionen ausgesetzt, die an der «Maginotlinie» stationiert waren. Wegen dieses letztgenannten Problems hätten sich die Deutschen nicht so viele Sorgen machen müssen. Die Maginotlinie war ebenso sehr eine Geisteshaltung wie ein Befestigungssystem, und ein von dort ausgehender französischer Vorstoß gegen die Heeresgruppe C war unwahrscheinlich. Das nach dem französischen Kriegsminister André Maginot (er war 1922–1924 und von 1929 bis zu seinem frühen Tod 1932 in diesem Amt) benannte Befestigungssystem war in den Jahren von 1929 bis 1934 errichtet worden. Es erstreckte sich von Pontarlier an der Schweizer Grenze entlang der französisch-deutschen Grenze bis nach Luxemburg, war 450 Kilometer lang, für die Anlagen waren 55 000 Tonnen Stahl und 1,5 Millionen Tonnen Beton verbraucht worden, und für die Verbindung sorgte unter anderem ein unterirdisches Bahnsystem, das bis zum heutigen Tag funktioniert.

82 Erster Teil: Angriff

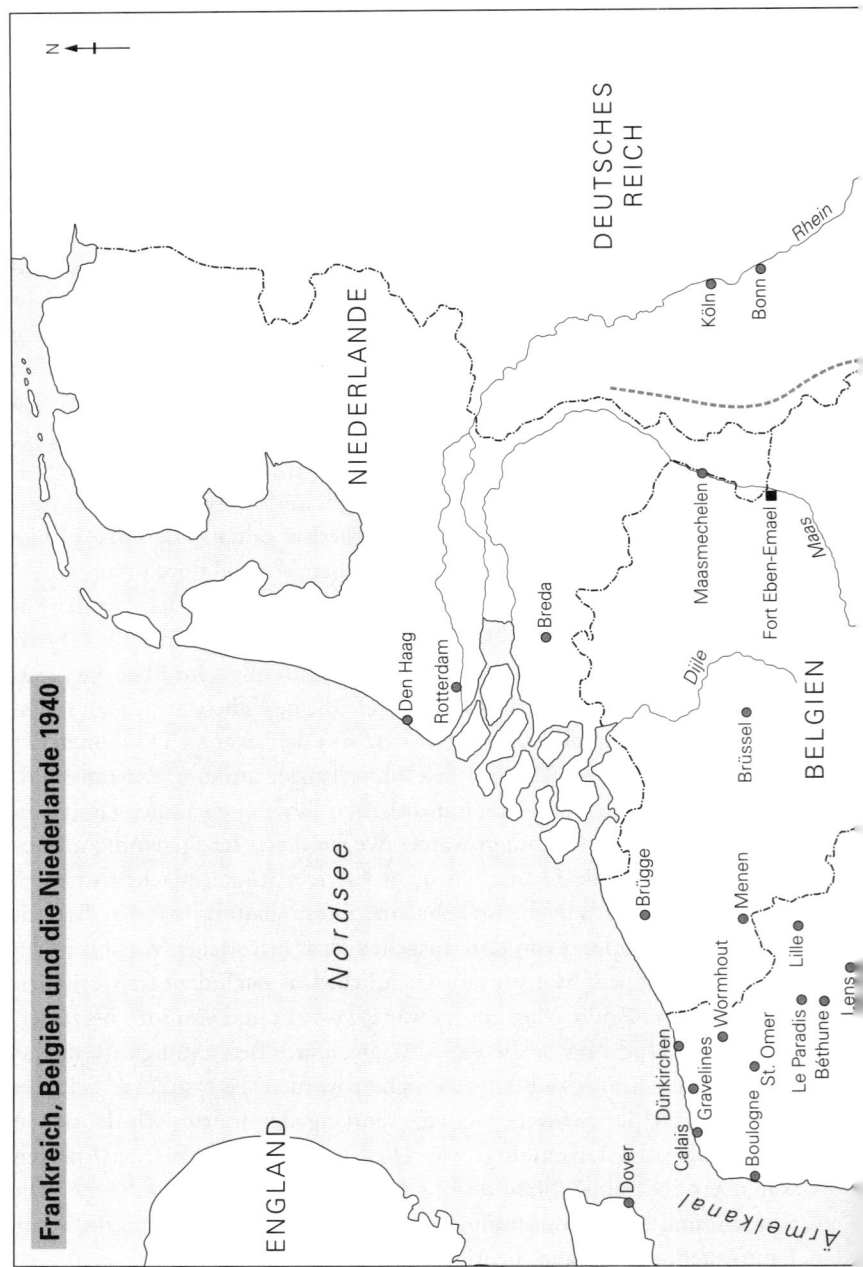

Imperator Hitler 83

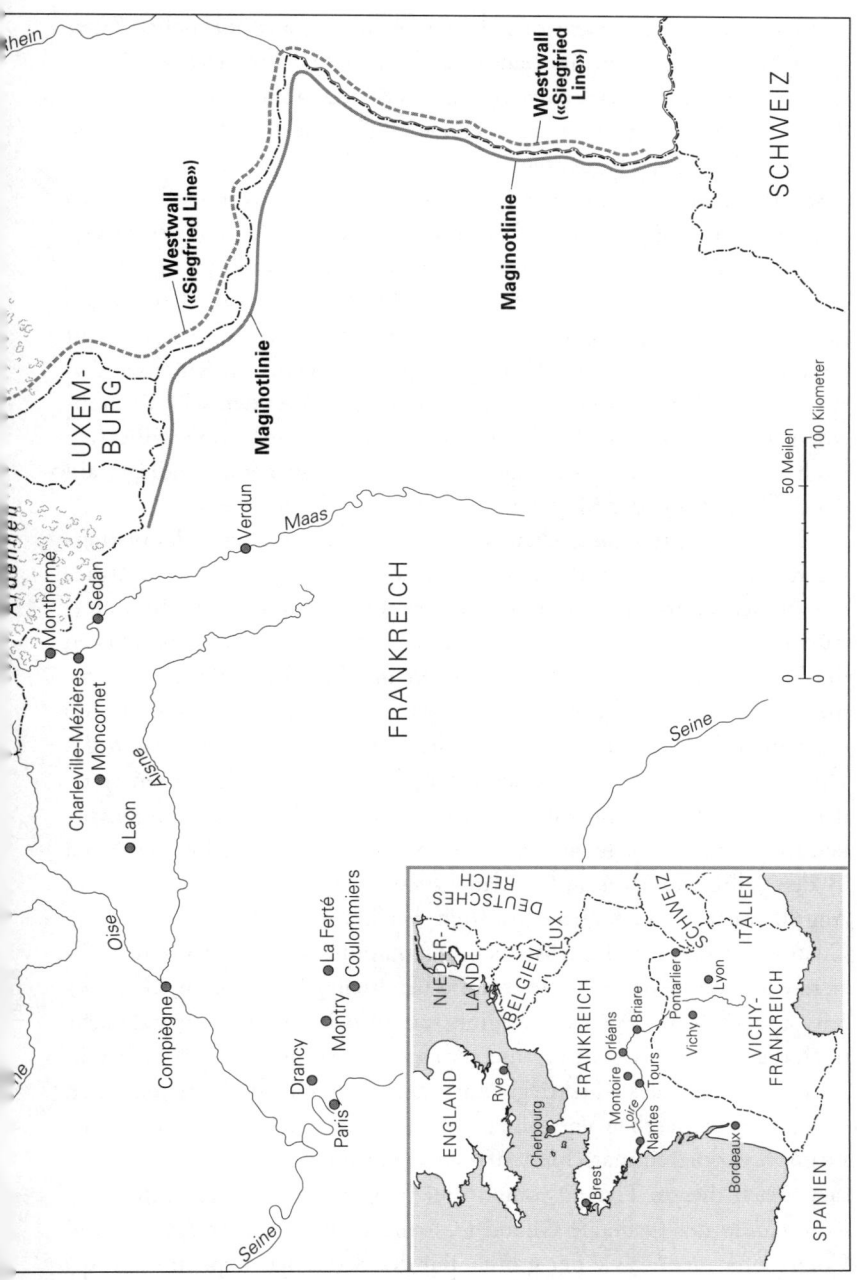

Nachdem Belgien nach dem Ersten Weltkrieg aus politischer Kurzsichtigkeit die eigene Neutralität wiederhergestellt hatte, hätte die Maginotlinie entlang der belgischen Grenze bis zur Kanalküste verlängert werden sollen, und es wurden auch einige zusätzliche Befestigungsanlagen gebaut. Es gab jedoch auch eine Reihe von Schwierigkeiten. Die technischen Probleme – ein höherer Grundwasserspiegel in Nordostfrankreich und die Notwendigkeit, die Linie durch die stark industrialisierten Gebiete von Lille und Valenciennes zu führen – wären wohl zu bewältigen gewesen, aber die gewaltigen Kosten drohten den französischen Verteidigungshaushalt zu sprengen.[11] Außerdem kritisierten die Belgier nicht ohne Heuchelei, durch eine Verlängerung der Linie bis zur Küste würden sie praktisch den Deutschen geopfert, ein Faktor, über den sich die Franzosen aus verständlichen Gründen wohl hinweggesetzt hätten; schließlich wollte Brüssel ein Verteidigungsbündnis auf genau der Grundlage, auf der die Errichtung der Maginotlinie basierte, nicht eingehen.

Wie sich dann herausstellen sollte, umging die deutsche Hauptstreitmacht zwar die Maginotlinie in westlicher Richtung, aber die 1. Armee durchbrach sie am 14. Juni südlich von Saarbrücken auch ohne die Unterstützung von Panzern, denn es zeigte sich, dass den Befestigungsanlagen die Tiefe fehlte, so dass sie relativ leicht mit Handgranaten und Flammenwerfern angegriffen werden konnten.[12] Das Befestigungssystem, das ursprünglich nur dazu gedacht war, die Deutschen aufzuhalten und das Überraschungsmoment auszuschließen, hatte bei den Franzosen stattdessen eine Defensivmentalität erzeugt und ihnen – im Zusammenwirken mit der Niederlage von 1870 und dem fürchterlichen Blutvergießen in den Jahren 1914 bis 1918 – den Offensivgeist geraubt. Ein massiver Angriff mit allen verfügbaren Kräften war im September 1939 die beste Chance, die sich dem französischen Oberkommando bot, was hohe Offiziere wie etwa General André Beaufre bereitwillig einräumten, als es bereits zu spät war.[13] Bei Kriegsbeginn war jedoch weder die französische noch die britische Regierung zu einem solchen Vorgehen politisch bereit.

Die während des «Sitzkriegs» entwickelten Pläne der Alliierten sahen vielmehr einen raschen Vorstoß nach Holland und Belgien vor, sobald die Deutschen dort einmarschierten – genau das hatte Manstein vorhergesagt. Nach diesem Plan D sollten drei französische Armeen unter dem Kommando der Generäle Giraud (7. Armee), Blanchard (1. Armee) und Corap (9. Armee) sowie der größte Teil des Britischen Expeditionskorps

(BEF) unter Lord Gort aus ihren durch Schützengräben gesicherten Stellungen entlang der französisch-belgischen Grenze bis zu einer von Breda bis zur Dijle reichenden Linie vorrücken, um Antwerpen und Rotterdam zu schützen. Diese wichtigen Hafenstädte am Ärmelkanal – von unschätzbarem Wert für U-Boote, die den Schiffsverkehr bedrohen wollten – den Deutschen in die Hände fallen zu lassen war undenkbar. Doch Generalmajor Friedrich Wilhelm von Mellenthin, der Panzerstratege und Militärhistoriker, analysierte zutreffend: «Je mehr sich der Gegner an diesem Frontabschnitt engagierte, um so sicherer musste seine Vernichtung die Folge sein.»[14]

Die Wehrmacht zählte im Mai 1940 154 Divisionen, und bei der Offensive an der Westfront waren nicht weniger als 136 davon im Einsatz.[15] Die Alliierten verfügten, nachdem die 22 belgischen und 10 niederländischen Divisionen mit Verspätung hinzugekommen waren, auf diesem Kriegsschauplatz über insgesamt 144 Divisionen. Beide Seiten besaßen rund 4000 gepanzerte Fahrzeuge, wobei die deutschen Streitkräfte in 10 Panzerdivisionen mit insgesamt 2700 Fahrzeugen stark konzentriert waren und von motorisierter Infanterie unterstützt wurden. Die 3000 französischen Panzer waren jedoch entlang der Frontlinie weit verstreut, wie einst bei den Panzerangriffen im Ersten Weltkrieg, während die Briten insgesamt nur über etwa 200 Panzer verfügten. Mellenthin resümierte:

> Indem das französische Oberkommando seine Panzer entlang der gesamten Front von der Schweizer Grenze bis zum Ärmelkanal verteilte, kam es den Plänen der deutschen Führung weitgehend entgegen. Es konnte daher allein bei sich selbst die Schuld für jene Katastrophe suchen, die nun folgte.[16]

Und das traf zu: Die Alliierten hatten die Lehren aus dem Kriegsverlauf in Polen ignoriert.

Im alles entscheidenden Kampf um die Luftüberlegenheit konnten die Alliierten an dieser Front 1100 Kampfflugzeuge und 400 Bomber aufbieten, während die deutsche Luftwaffe über 1100 Kampfflugzeuge, 1100 Bomber und außerdem noch 325 Sturzkampfbomber verfügte, denen die Alliierten nichts Gleichwertiges entgegenzusetzen hatten.[17] Die Flugzeuge der Alliierten wurden zur Luftaufklärung und Verteidigung eingesetzt, nicht aber zur direkten Unterstützung von Bodentruppen, während die Deutschen diese Taktik in den Manövern der Vorkriegszeit und bei den Feldzügen in Polen und Norwegen perfektioniert hatten, unter anderem durch eine sehr gut organisierte Funkverständigung zwischen Bodentruppen und Flugzeugen. Ein großer Teil der schweren, der Feld- und der panzerbrechenden Artillerie der Franzosen war den deutschen Waffen überlegen – mit Ausnahme der hervorragenden 8,8-cm-Flakkanone der Wehrmacht, die auch gegen Panzer eingesetzt werden konnte –, und die Zwei-Pfund-Kanonen der britischen Matilda-Panzer waren der 3,7-cm-Kanone der deutschen Panzer III ebenbürtig. Doch bei diesem Feldzug sollte sich einmal mehr zeigen, wie viel wichtiger Psychologie, Kampfmoral, Überraschungsmoment, Führungsstärke, Beweglichkeit, konzentrierter Einsatz der eigenen Kräfte und die Beibehaltung der Initiative in der Kriegführung sind als die bloße Zahl von Männern und Kriegsgerät und die Qualität der Bewaffnung. Das Konzept der «Auftragstaktik», das die Deutschen im Laufe des letzten Jahrzehnts entwickelt hatten, sollte den Sieg ebenso gewiss sichern wie jedes einzelne von ihnen eingesetzte Waffensystem.

Hauptmann David Strangeways vom Britischen Expeditionskorps, dessen Regiment in der Nähe von Lille stationiert war, wurde am 10. Mai 1940 frühmorgens vom diensthabenden Stabsunteroffizier der Schreibstube seines Bataillons mit dem Ruf «David, Sir, David!» geweckt. Strangeways wollte den Mann schon spontan zurechtweisen, weil er einen Vorgesetzten mit dem Vornamen angesprochen hatte, doch ihm fiel noch rechtzeitig wieder ein, dass «David» das Codewort für das Ereignis war, auf das die Alliierten seit dem vergangenen September gewartet hatten.[18] Hitlers Angriff an der Westfront hatte begonnen.

Wenn man bedenkt, dass sich die Alliierten bereits seit über acht Monaten im Kriegszustand mit Hitler-Deutschland befanden, ist es erstaunlich, dass die Wehrmacht mit der Entfesselung des Blitzkriegs einen derartigen Überraschungseffekt erzielte, zumal der ähnlich überraschend erfolgte Überfall auf Dänemark und Norwegen erst einen Monat zurücklag. Die belgische Armee hatte noch am Tag vor dem deutschen Angriff auf Frankreich, die Niederlande, Belgien und Luxemburg die Zahl der freien Tage pro Monat von zwei auf fünf erhöht, und außerdem hatte man festgestellt, dass in einem strategisch wichtigen belgischen Fort am Albertkanal das Alarmgeschütz funktionsunfähig war. Bemerkenswerte

15 Prozent der an der Front stationierten Truppen hatten an diesem Tag dienstfrei, und General René Prioux, der Kommandeur des Kavalleriekorps, war 80 Kilometer hinter der Front mit Schießübungen beschäftigt.

Die Heeresgruppe B unter General Fedor von Bock begann am 10. Mai um 5.35 Uhr mit einem Angriff auf Belgien und die Niederlande, den Mellenthin als «furchtbar, geräuschvoll und sehr auffallend in Szene gesetzt» beschrieb. Viele niederländische und belgische Flugzeuge wurden noch in den Hangars zerstört, bei nur sehr geringen eigenen Verlusten der Luftwaffe. Fallschirmjäger besetzten strategisch wichtige Punkte – unter anderem Flugplätze – in der Nähe von Rotterdam und Den Haag, doch der energische Widerstand der Verteidiger ermöglichte am darauffolgenden Tag Königin Wilhelmina und der niederländischen Regierung die Flucht vor der Gefangennahme. In Belgien landeten elf von Ju-52-Transportmaschinen auf Einsatzhöhe gezogene Lastensegler auf dem Dach des mächtigen Forts Eben-Emael, das dem Vormarsch von Reichenaus 6. Armee ins Hinterland im Weg stand. Den nur 85 mit diesen Fluggeräten transportierten deutschen Fallschirmjägern gelang es, mit speziellen Hohlladungen die starken Geschützstellungen der Festungsanlage von oben auszuschalten und die 1100 Mann Besatzung in eine Verteidigungsstellung unterhalb des Forts abzudrängen, wo sie wenige Stunden später kapitulierten. Noch am selben Tag hatte Hitler in einer «Proklamation an die Soldaten der Westfront» dem deutschen Volk Folgendes mitzuteilen: «Der heute beginnende Kampf entscheidet das Schicksal der deutschen Nation für die nächsten tausend Jahre.»[19]

General Maurice Gamelin, der französische Oberbefehlshaber, ließ die französischen und britischen Streitkräfte bis zur Dijle-Breda-Linie vorrücken, die sie weitgehend unbehelligt am 12. Mai auch erreichten. Mellenthin kommentierte das so: «Die deutsche Führung stellte befriedigt fest, dass der Gegner auf unsere Offensive genau so reagierte, wie wir es gewünscht und vorausgesagt hatten.»[20] Als General Giraud jedoch zu weit auf niederländisches Gebiet vorrückte, wurde er bei Tilburg zurückgeschlagen. Einige Generäle der Alliierten, zum Beispiel Alan Brooke, der Kommandeur des II. britischen Korps, Alphonse Georges von der französischen Nordost-Armee und Gaston Billotte von der 1. Heeresgruppe, waren mit Plan D überhaupt nicht einverstanden, aber Gamelins Entschluss stand fest.

Die mangelhafte Vorbereitung der Belgier auf eine mögliche Entwicklung, die ihnen spätestens seit der Notlandung der deutschen Kuriermaschine bei Maasmechelen im zurückliegenden Januar bekannt gewesen war, zeigte sich unter anderem daran, dass die Straßensperren zwischen Belgien und Frankreich, deren Zerstörung dann eine ganze Stunde in Anspruch nahm, noch nicht entfernt worden waren. Es standen auch keine Züge bereit, mit denen man französische Truppen und ihre Ausrüstung zur Dijle-Linie hätte transportieren können, was König Leopold III. von Belgien gegenüber General Bernard Montgomery beklagte, als britische Truppen durch Brüssel zogen.[21] «Alle Belgier scheinen in Panik geraten zu sein, vom Oberkommando bis zur untersten Ebene», schrieb Generalleutnant Henry Pownall, Gorts Stabschef, am 13. Mai. «Was für ein Verbündeter!» Schlechte Kommunikation, gegenseitiges Misstrauen und später dann auch gegenseitige Beschuldigungen bestimmten im Verlauf dieses katastrophalen Feldzugs den Umgang der Alliierten miteinander.

Das Ganze wurde noch verschlimmert durch die geradezu lächerlich anmutende dezentralisierte Organisationsstruktur des alliierten Oberkommandos: Gamelins Hauptquartier lag weit entfernt von der Front in Vincennes, also praktisch im Vorortgürtel von Paris, weil der Oberbefehlshaber es für notwendig hielt, der Regierung näher zu sein als der eigenen Truppe. Sein Feldkommandeur Alphonse Georges – der sich von seinen schweren Verletzungen niemals ganz erholt hatte, die er während der Ermordung König Alexanders von Jugoslawien sechs Jahre zuvor in Marseille erlitt – hatte seine Befehlszentrale in La Ferté, 55 Kilometer östlich von Paris, hielt sich aber häufig an seinem nur 20 Kilometer von der Hauptstadt entfernten Privatwohnsitz auf. Das oberste Hauptquartier der Franzosen befand sich unterdessen in Montry, zwischen La Ferté und Vincennes, mit Ausnahme der Luftwaffe, die in Coulommiers residierte, gut 15 Kilometer von La Ferté entfernt. Dieser Château-Führungsstil der Generalität mutete selbst im Land der Schlösser lächerlich an.

Der durch die Ardennen vorgetragene Angriff von General Lists 12. Armee, die zur Heeresgruppe A gehörte, war ein Meisterstück der OKW-Stabsarbeit. Die Panzergruppe Kleist unter dem Befehl von General Ewald von Kleist, bestehend aus dem XIX. (19.) Armeekorps unter Heinz Guderian und dem XLI. (41.) Armeekorps unter Georg-Hans Reinhardt, erreichte am 13. Mai Sedan und Montherme an der Maas, und das war der ideale Zeitpunkt und Ort für den Schwerpunkt-Angriff auf General André Coraps 9. Armee. Nach heftigen Kämpfen an der Maas, vor allem in Sedan, brachte die von der Luftwaffe in enger Zusammenarbeit unterstützte sehr viel massivere Konzentration deutscher Panzerfahrzeuge den Durchbruch zum Nachteil der französischen Verteidiger. Kleist befahl noch am 13. Mai den Übergang über die Maas, ohne zuvor auf Artillerie-Unterstützung zu warten, weil der Überraschungseffekt und die Angriffswucht der Schlüssel zum Erfolg der Blitzkriegführung waren. «Wieder und wieder verwirrten die schnellen Bewegungen und stets wendige Führung der deutschen Panzer den Gegner», erinnerte sich ein triumphierender deutscher Panzerkommandant später.[22] Oberst Hasso-Eccard von Manteuffel stimmte dieser Einschätzung zu: «Die Franzosen hatten mehr, bessere und schwerere Panzer als wir, aber ... wie General von Kleist sagte: ‹Reißt sie nicht auseinander – greift gemeinsam an und verzettelt euch nicht›.»[23] Der Kampf um Sedan hatte für die Franzosen eine moralische, historische und auch eine strategische Bedeutung: An diesem Ort hatte General Mac-Mahon Anfang September 1870 die entscheidende Schlacht im Deutsch-Französischen Krieg von 1870/71 verloren, und Napoleon III. war dabei in Gefangenschaft geraten. General Georges brach in Tränen aus, als er von Coraps Niederlage bei Sedan erfuhr. «Leider sollte es noch anderen so ergehen», schrieb Beaufre über das generell rührselige französische Oberkommando. «Das hatte eine fürchterliche Wirkung auf mich.»[24]

Guderian erreichte am 15. Mai Montcornet, am 18. Mai Saint-Quentin, und am 20. Mai war seine 2. Panzerdivision bis nach Abbeville am Ärmelkanal vorgestoßen. «Fahrkarte bis zur Endstation!», rief er seinen Panzersoldaten zu und forderte sie damit auf, so weit wie möglich vorzudringen.[25] Einmal wurde Guderian sogar kurzzeitig seines Kommandos enthoben, weil er zu schnell vorgeprescht war und seine Vorgesetzten einen von Norden und Süden zugleich und koordiniert vorgetragenen Gegenangriff befürchteten, eine Attacke, die, das ahnte Guderian intuitiv, niemals erfolgen würde. Liddell Hart, ein Bewunderer Guderians, beschrieb, wie den deutschen Panzergeneral schon vor dem Krieg «die Vorstellung von einem weitreichenden Panzervorstoß gepackt hatte, der die Versorgungsadern der feindlichen Armee weit hinter der Front abschnitt».[26] Für Guderian war jetzt der Augenblick gekommen, in dem er beweisen konnte, dass seine bereits in der Vorkriegszeit entwickelte Theorie richtig war und ihre Kritiker dementsprechend falsch lagen. Indem er die Bedeutung von «eigenständigem Handeln» äußerst großzügig auslegte – er ignorierte Befehle, die ihm missfielen, und legte den Wortlaut anderer Anweisungen äußerst großzügig aus –, führte Guderian den «Sichelschnitt» sehr viel schneller zum Erfolg, als man je für möglich gehalten hatte.

«Ich empfand eine tiefe Erleichterung», schrieb Churchill später über seine Gefühlslage, als er am Samstag, dem 11. Mai 1940, um drei Uhr früh schließlich zu Bett ging. «Endlich verfügte ich über die Autorität, in jeder Richtung maßgebende Weisungen zu erteilen. Mir war zumute, als ob das Schicksal selber mir den Weg wiese, als wäre mein ganzes bisheriges Leben nur eine Vorbereitung auf diesen Augenblick gewesen und auf diese Prüfung.» Er hielt am 13. Mai seine erste Rede im Unterhaus als Premierminister, und dabei entging ihm nicht, dass Neville Chamberlain den lauteren Beifall erntete, als die beiden Männer das Parlament getrennt betraten. «Ich habe nichts zu bieten als Blut, Mühsal, Tränen und Schweiß», sagte er den Abgeordneten und wenig später der ganzen Nation. «Sie werden fragen: Was ist unsere Politik? Ich erwidere: Unsere Politik ist, ... Krieg zu führen gegen eine ungeheuerliche Tyrannei, die in dem finstern, trübseligen Katalog des menschlichen Verbrechens unübertroffen bleibt.»[27] Die Kampfmoral war ein entscheidender Faktor im Zweiten Weltkrieg, und Churchills Redekunst war für die Bündelung des britischen Nationalstolzes und des Patriotismus von unschätzbarem Wert. Stalin stellte einmal die zynische Frage, über wie viele Divisionen denn der Papst verfüge: Churchills Rhetorik war für Großbritannien so viel wert wie ein ganzes Armeekorps, wenn im ganzen Land abends um 21 Uhr die Radios eingeschaltet wurden, um die inspirierenden Worte des Premierministers zu hören. Dieser verwies auf die englische Geschichte, erwähnte Persönlichkeiten wie Drake und Nelson, er zeigte auf, dass die Briten auch in früheren Zeiten in großer Gefahr geschwebt und sich immer behauptet hatten.

«Die Hammerschläge ... sausten im Mai nahezu täglich auf uns nieder», erinnerte sich der Militärhistoriker Michael Howard, «wie die Eisenkugel eines Abrissunternehmers, die auf die Mauern eines nach wie vor bewohnten Hauses trifft.»[28] Die Niederlande kapitulierten am 15. Mai, obwohl die Heeresgruppe B die Dijle-Breda-Front noch nicht durchbrochen hatte. Bei der Bombardierung von Rotterdam war ein großer Teil der Stadt zerstört worden, und 80 000 Menschen wurden obdachlos, deshalb gab Henri Winkelmann, der niederländische Oberbefehlshaber, über Radio Hilversum die Kapitulation bekannt, bevor weitere Städte des Landes ein ähnliches Schicksal erlitten. Der Angriff auf Rotterdam forderte zwar nur 980 Todesopfer, wurde aber dennoch zu einem tief empfundenen Symbol für die Terrortaktik der Nationalsozialisten. Die Furcht vor solchen Bombardements sorgte für einen Exodus von sechs bis zehn Millionen französischen Flüchtlingen aus Paris und den Gebieten hinter den Linien der Alliierten, und diese Flüchtlingstrecks verstopften die Straßen in südlicher und westlicher Richtung. In diesem Durcheinander wurden 90 000 Kinder von ihren Eltern getrennt, und die Möglichkeiten der Alliierten, Reserven und Nachschub gegen die Eindringlinge ins Feld zu führen, waren erheblich eingeschränkt.

Der französische Ministerpräsident Paul Reynaud bildete am 18. Mai seine Regierung und das Oberkommando der Streitkräfte um. Er ernannte den vierundachtzigjährigen Marschall Philippe Pétain, das Symbol des Widerstandes während der Schlacht um Verdun im Jahr 1916, zu seinem Stellvertreter, und er selbst übernahm vom ehemaligen Ministerpräsidenten Edouard Daladier, der einst das Münchener Abkommen unterzeichnet hatte und jetzt Außenminister wurde, das Amt des Kriegsministers. Zwei Tage später entließ Reynaud den Oberbefehlshaber Gamelin und ersetzte ihn durch den dreiundsiebzig Jahre alten Maxime Weygand, der noch nie im Feld stehende Truppen befehligt hatte und, aus Syrien kommend, zu spät eintraf, um noch Einfluss auf das Kampfgeschehen nehmen zu können, das sich rings um die Hafenstadt Dünkirchen am Ärmelkanal entwickelte.

Charles de Gaulle, mit neunundvierzig Jahren der jüngste General des französischen Heeres, befehligte am 18. Mai bei Laon einen beherzten Gegenangriff, wurde aber zurückgedrängt, und die britische 50. Division sowie die 1. Panzerbrigade versuchten am 21. Mai mit einer mutigen Attacke, die Sichelschnitt-Flanke zu durchbrechen und die Verbindung zu den französischen Streitkräften im Süden wiederherzustellen. Hätten sie Erfolg gehabt, wären Guderian und Reinhardt abgeschnitten worden, aber der Versuch schlug fehl, weil Erwin Rommels 7. Panzerdivision im Weg stand und 8,8-cm-Flakgeschütze als Artillerie eingesetzt wurden.

Rommel, Jahrgang 1891, war 1917 durch die Schlacht von Caporetto (Karfreit) an der Isonzofront berühmt geworden, bei der er, damals noch im Leutnantsrang, neuntausend Italiener gefangen nahm und einundachtzig Geschütze erbeutete. Ab 1929 war er Ausbilder an der Infanterieschule Dresden gewesen und hatte Lehrbücher über Infanterietaktik geschrieben; 1938 folgte dann die Ernennung zum Kommandeur der Kriegsschule Wiener Neustadt; während der Besetzung des verbliebenen tschechischen Staatsgebiets und während des Polen-Feldzuges war er Kommandant des Führerhauptquartiers. Rommel war ein Verfechter der konsequenten Offensive, er verstand das Konzept des Blitzkriegs und hatte ein außerordentliches Gespür für militärisches Timing.

Die französischen Panzerkräfte waren auf drei gepanzerte Kavalleriedivisionen, drei schwere Panzerdivisionen (die anfangs alle in Reserve gehalten wurden) und auf mehr als vierzig unabhängig voneinander operierende Panzerbataillone aufgeteilt, die zur Unterstützung der Infanterie dienen sollten. Mit Ausnahme von General René Prioux' Kavalleriekorps agierte während des gesamten Feldzugs kein einziger motorisierter französischer Großverband in massierter Form.[29] Nach dem Scheitern des Durchbruchversuchs in südlicher Richtung zogen sich das Britische Expeditionskorps und die französische 1. Armee nach Dünkirchen zurück. Gaston Billotte kam am 21. Mai bei einem Autounfall ums Leben, ein Ereignis, das beim französischen Oberkommando, dessen Moral sich nach Beaufres Einschätzung ohnehin niemals von Coraps Niederlage in Sedan erholen sollte, ein «Gefühl des unabwendbaren Schicksals» aufkommen ließ.[30] Die RAF verlor bereits am darauffolgenden Tag, am 22. Mai, mit Merville ihr letztes Flugfeld in Frankreich, so dass ab jetzt jedes britische Flugzeug, das die alliierten Armeen noch am Himmel zu sehen bekam, über den Ärmelkanal hinweg einfliegen musste, was die für Luftkämpfe mit dem Gegner verbleibende Zeit enorm einschränkte.

Bereits eine ganze Woche vor dem Beginn der Evakuierung aus Dünkirchen am 26. Mai wurden nicht weniger als 27 936 Mann, die für die weitere Kampfführung des Britischen Expeditionskorps entbehrlich waren, über den Kanal gebracht. Die Organisatoren dieser Aktion waren Oberstleutnant Lord Bridgeman von der Rifle Brigade on the Continent und Vizeadmiral Bertram Ramsay, der Flaggoffizier in Dover.[31] Kartographen, Bäcker, Eisenbahner und andere «unnütze Esser», wie Bridgeman das zwar zutreffend, aber einigermaßen lieblos ausdrückte, wurden jetzt schon zurückgebracht, ein deutliches Zeichen dafür, dass man mit keinem günstigen Ausgang dieses Feldzugs mehr rechnete. Und so kam es auch: Die Heeresgruppen A und B begannen am 24. Mai mit der Zurückdrängung der Alliierten in einen sich rasch verkleinernden Teil von Frankreich und Belgien, der nur noch von Gravelines bis Brügge und landeinwärts noch bis Douai reichte.

Und dann geschah etwas Erstaunliches. Kleists Panzer waren nur noch knapp 30 Kilometer von Dünkirchen entfernt, waren der Hafenstadt also näher gerückt als die Hauptmacht der alliierten Streitkräfte in dem in Belgien noch gehaltenen Kessel – da gab Hitler selbst den Befehl zum Anhalten und hob damit einen anderslautenden Befehl von Brauchitschs auf, denn der Oberbefehlshaber des Heeres hatte zuvor angeordnet, die Stadt einzunehmen. Jetzt «erteilte von Brauchitsch folgende Weisung ...: ‹Auf Befehl des Führers ist ... die allgemeine Linie Lens–Béthune–Aire–St. Omer–Gravelines (Kanallinie) nicht zu überschreiten.›»[32] Aus Gründen, über die sich die Historiker bis heute streiten, unterstützte Hitlers am 24. Mai um 11.42 Uhr ergangener sogenannter «Anhaltebefehl» Rundstedts Ersuchen, Kleists Panzer an vorderster Front anhalten zu lassen und nicht gegen den noch verbliebenen Kessel vorzurücken.[33] Zur Überraschung und enormen Enttäuschung von Kommandeuren wie Kleist und Guderian wurde der Gnadenstoß, der für die gesamte nördliche Streitmacht der Alliierten Tod oder Gefangenschaft bedeutet hätte, nicht ausgeführt. Das verschaffte den Alliierten eine entscheidende 48-stündige Atempause, die sie nutzten, um den Verteidigungsring zu verstärken und mit der Evakuierung aus Dünkirchen zu beginnen. General Wilhelm von Thoma, damals General der Panzertruppen im OKH, befand sich bei den Panzerspitzen in der Nähe von Bergues, von wo aus er einen direkten Blick auf Dünkirchen hatte. Thoma schickte Funksprüche an das OKH, in denen er darauf drängte, die Panzer weiter vorrücken zu lassen, kam damit aber nicht durch. «Man kann mit einem Verrückten nicht reden», lautete seine bittere Bilanz (nachdem ihm der tote «Führer» nicht mehr gefährlich werden konnte). «Hitler verdarb hier die Chance des Sieges.»[34] Churchill sprach später vom «Wunder der Errettung», doch dieses «Wunder» hatten Rundstedt und Hitler ebenso wie Gort und Ramsay bewirkt. Es war das erste Beispiel für zahlreiche schwere Fehler, die Deutschland den Sieg im Zweiten Weltkrieg kosten sollten.

«Ich muss sagen, dass es den Engländern nur dank der persönlichen

Hilfe Hitlers gelang, der Falle zu entkommen, die ich in Dünkirchen mit Sorgfalt gelegt hatte», erinnerte sich Kleist später.

> Ein Kanal verband Arras mit Dünkirchen. Ich hatte diesen Kanal bereits überschritten, und meine Truppen besetzten die Anhöhen, die Flandern überragten. Deshalb besaß meine Panzergruppe die vollständige Kontrolle über Dünkirchen und das Gebiet, in dem die Briten in der Falle saßen. Tatsache ist, dass die Engländer nicht imstande gewesen wären, nach Dünkirchen zu gelangen, weil ich sie im Schussfeld hatte. Dann befahl Hitler persönlich, dass ich meine Truppen von diesen Anhöhen zurückziehen sollte.[35]

Kleist unterschätzte hier Rundstedts wichtige Rolle bei der Entscheidungsfindung in dieser Phase des Krieges, aber da Hitler die Absicht hatte, allen mit diesem Feldzug verbundenen Ruhm letztlich für sich allein zu beanspruchen, trägt er auch die Gesamtverantwortung dafür, dass es Kleist untersagt wurde, dem Britischen Expeditionskorps den Weg abzuschneiden, bevor es Dünkirchen erreichte. Kleist begegnete Hitler wenige Tage später auf dem Flugplatz von Cambrai und wagte bei diesem Anlass die Bemerkung, in Dünkirchen sei eine gute Gelegenheit verpasst worden. Hitler erwiderte darauf: «Das mag so sein. Aber ich wollte die Panzer nicht in die flandrischen Sümpfe schicken – und die Briten werden in diesem Kriege nicht mehr wiederkommen.»[36] An anderer Stelle rechtfertigte Hitler seine Entscheidung damit, technische Probleme und die anschließende Offensive gegen die Reste der französischen Armee hätten ihn dazu bewogen, erst wieder neue Kräfte zu sammeln, bevor der nächste Vorstoß erfolgen sollte.

Churchill sagte im September 1944 bei einem Flug über Dünkirchen zu André de Staerke, dem Privatsekretär des Prinzregenten von Belgien: «Ich werde niemals verstehen, warum die Deutschen das Britische Expeditionskorps bei Dünkirchen nicht vernichteten.»[37] Die Antwort könnte in der Tatsache liegen, dass die deutschen Truppen am Morgen des 24. Mai 1940 fast vierzehn Tage lang ununterbrochen im Kampf gestanden hatten, und Hitler wusste noch aus seiner eigenen in den Schützengräben des Ersten Weltkrieges verbrachten Dienstzeit, wie zermürbend das sein konnte. Außerdem war das von den Alliierten rings um Dünkirchen noch gehaltene Gelände für einen Panzerangriff nicht ideal. Die Infanterie brauchte Zeit, um nachzurücken, denn die Panzer waren seit

Sedan in einem verblüffenden Tempo vorgestoßen. Generaloberst Franz Halder schrieb bereits am 17. Mai 1940 in sein Kriegstagebuch: «Der Führer ist ungeheuer nervös. Er hat Angst vor dem eigenen Erfolg, möchte nichts riskieren und uns daher am liebsten anhalten.»[38] Bis zum 24. Mai war bereits zu viel erreicht worden, um jetzt noch das Risiko einzugehen, in dieser späten Phase des Feldzugs in eine Falle der Alliierten zu laufen, und südlich der Somme und der Aisne standen immer noch starke französische Streitkräfte. Bei den Häuserkämpfen in Warschau hatte sich außerdem gezeigt, wie verwundbar die Panzer in einem dicht bebauten städtischen Umfeld waren, und das galt auch für Dünkirchen. Außerdem erklärte Göring großspurig, dass die Luftwaffe den Kessel eindrücken könne, ohne dass das Heer sehr viel mehr tun müsse, als die verbliebenen Feindtruppen zu erledigen oder gefangen zu nehmen.

«Er misstraute seinen Generälen», sagte General Walter Warlimont, Jodls Stellvertreter, viele Jahre später über Hitler:

> Deshalb verzögerte er in Dünkirchen das Hauptziel des gesamten Feldzugs, das Erreichen und Abriegeln der Kanalküste, das über allen anderen Überlegungen stand. Diesmal befürchtete er, dass die lehmigen Ebenen Flanderns mit ihren vielen Wasserläufen und Kanälen, ... die er noch aus dem Ersten Weltkrieg in Erinnerung hatte, die Panzerdivisionen gefährden und möglicherweise für schwere Verluste sorgen könnten. Hitler gelang es nicht, den überwältigenden Erfolg des ersten Teils des Feldzugs zu nutzen, und deshalb leitete er die ersten Schritte für den zweiten Teil ein, bevor der erste Teil erfolgreich abgeschlossen war.[39]

Rundstedt selbst, dem die Urheberschaft des Anhaltebefehls zugeschrieben wurde, den Hitler dann angeblich nur absegnete, bestritt später vehement, dass diese Vorgehensweise auf ihn zurückgehe: «Wäre es nach mir gegangen, dann wären die Engländer in Dünkirchen nicht so leicht davongekommen», lautete später seine bittere Bilanz.

> Aber mir waren die Hände durch Befehle gebunden, die unmittelbar von Hitler selbst kamen. Die Engländer kletterten in ihre vor Anker liegenden Schiffe, und ich wurde untätig vor dem Hafen festgehalten und konnte mich nicht rühren. Ich empfahl dem Oberkommando, meine fünf Panzerdivisionen gegen die Stadt vorrücken zu lassen und so die sich zurückziehenden

Engländer vollständig zu vernichten. Aber ich erhielt strikte Befehle des Führers, unter keinen Umständen anzugreifen, und mir wurde ausdrücklich untersagt, auch nur einen Soldaten näher als zehn Kilometer an Dünkirchen heranrücken zu lassen. ... Dieser unglaubliche Fehler war Hitlers Feldherrnkunst zuzuschreiben.[40]

Diese Behauptung kann ohne Weiteres ins Reich der Legenden verwiesen werden, denn bei einer Lagebesprechung im Hauptquartier der Heeresgruppe A – es befand sich zu diesem Zeitpunkt in der Maison Blairon, einem kleinen Schloss in Charleville-Mézières – erteilte Hitler den Befehl erst, nachdem Rundstedt selbst gesagt hatte, er wolle die Panzertruppen für einen Vorstoß nach Süden in Richtung Bordeaux schonen. Er befürchte nämlich, dass die Briten dort schon bald eine weitere Front aufbauen würden, und wegen der zahlreichen Kanäle in Flandern sei dieses Terrain als Einsatzgebiet für Panzer ohnehin ungeeignet. Hitler stimmte dieser Einschätzung nur zu, aber sein Luftwaffen-Adjutant Nicolaus von Below hielt außerdem fest: «Die englische Armee hatte für ihn keine Bedeutung.»[41]

Eine Theorie, die mittlerweile mit Sicherheit verworfen werden kann, lautet, dass Hitler nicht mit der Gefangennahme des Britischen Expeditionskorps rechnete oder dies auch gar nicht wollte, weil er auf ein Friedensabkommen mit Großbritannien hoffte. Diese Annahme ist nicht nur unlogisch – Hitlers Chancen, Großbritannien zu einem Friedensschluss zu zwingen, hätten sich durch die Ausschaltung des Expeditionskorps enorm verbessert –, es gibt auch einen bisher nicht wahrgenommenen Beleg, der zeigt, dass das OKW trotz des Anhaltebefehls von der unmittelbar bevorstehenden Vernichtung der alliierten Streitmacht ausging. In einer im Führerhauptquartier verfassten, auf den 28. Mai 1940 datierten handschriftlichen Nachricht von Alfred Jodl an Robert Ley, den Leiter der «Deutschen Arbeitsfront», heißt es:

Hochverehrter Leiter der Arbeitsfront!
Alles, was seit dem 10. Mai geschehen ist, kommt uns, die wir unerschütterlich an unseren Erfolg glaubten, wie ein Traum vor. In wenigen Tagen werden vier Fünftel der englischen Expeditionsarmee und ein großer Teil der besten mobilen französischen Truppen vernichtet oder gefangen sein. Der nächste Schlag steht unmittelbar bevor, und wir können ihn mit einem Verhältnis von 2:1 führen, das bisher noch keinem deutschen Feldkommandeur gewährt wurde. ... Auch Sie haben, als Leiter der Arbeitsfront, erheblich zu diesem größten Sieg in der Geschichte beigetragen. Heil Hitler.[42]

Die Selbstüberschätzung, die in diesem Brief zum Ausdruck kommt, ist unverkennbar, zumal das Britische Expeditionskorps bereits am 26. Mai in Dünkirchen mit der Einschiffung begonnen hatte. Diesen Worten ist auch nicht der leiseste Hinweis darauf zu entnehmen, dass das OKW es nicht darauf anlegte, einen so großen Teil der alliierten Truppen wie nur möglich zu «vernichten oder gefangen zu nehmen»; offensichtlich glaubten die Verantwortlichen auf deutscher Seite an einen unmittelbar bevorstehenden totalen Sieg.

Die Entscheidung, Kleists Panzer am 24. Mai vor Dünkirchen anhalten zu lassen, ging also ursprünglich eigentlich auf Rundstedt zurück, doch Hitlers Einfluss war unabdingbar, um die Einwände von Brauchitschs, Halders, Guderians und Rommels zum Schweigen zu bringen. «Wir hätten die britische Armee vollkommen ausradieren oder sie insgesamt gefangen nehmen können, wenn dieser dumme Befehl Hitlers nicht gewesen wäre», erinnerte sich Kleist.[43] Wäre das gesamte Britische Expeditionskorps in Gefangenschaft geraten – mehr als eine Viertelmillion britische Soldaten –, lässt sich kaum sagen, welche Zugeständnisse die Regierung in London hätte machen müssen, oder ob Churchill sich als Premierminister hätte halten können, wenn er eine Fortsetzung des Krieges verlangt hätte. Hitler wusste, wie man Kriegsgefangene als Faustpfand bei Verhandlungen benutzen konnte, wie er schon bald anhand von 1,5 Millionen französischen Gefangenen beweisen sollte. Kleists Behauptung, nach einer Gefangennahme des Britischen Expeditionskorps «wäre eine Invasion Englands ein Kinderspiel gewesen», ist dagegen kaum nachvollziehbar, denn die britische Marine und die Luftstreitkräfte waren unbesiegt, und die Deutschen verfügten noch nicht einmal über durchdachte Pläne für einen Transport von Invasionstruppen über den Ärmelkanal.

Die alliierten Streitkräfte in Boulogne und Menen wurden zwar am 25. Mai überwältigt, und in Calais geschah dies am 27. Mai, aber die Verteidiger des Kessels von Dünkirchen hielten so lange stand, bis alle alliierten Soldaten, die noch ein Schiff besteigen konnten, das sie nach Großbritannien brachte, dies auch getan hatten. Ramsay und die britische Regierung gingen zunächst davon aus, dass nicht mehr als 45 000 Mann gerettet werden könnten, aber im Verlauf von neun Tagen wurden in der Zeit vom Morgengrauen des 26. Mai bis um 3.30 Uhr am 4. Juni insgesamt 338 226 alliierte Soldaten, darunter rund 118 000 Franzosen, Belgier und Niederländer, vor dem Tod oder der Gefangennahme bewahrt. Die Operation Dynamo – so benannt, weil in Ramsays Kommandobunker in Dover während des Ersten Weltkriegs elektrische Anlagen untergebracht gewesen waren – war die bis dahin größte militärische Evakuierungsaktion der Kriegsgeschichte und eine herausragende logistische Leistung, vor allem, wenn man bedenkt, dass Überfahrten bei Tageslicht am 1. Juni aufgrund massiver deutscher Luftangriffe ganz ausgesetzt werden mussten.

Der Anhaltebefehl wurde schließlich bei Tagesanbruch des 27. Mai zurückgenommen, und an den Rändern des ständig kleiner werdenden Kessels wurde heftig gekämpft, während die Nachhut der Alliierten – insbesondere die 1. französische Armee bei Lille – mit ihren Rückzugsgefechten den verbliebenen Eingeschlossenen wertvolle Zeitgewinne verschaffte, die sie nutzten, um mit Hunderten von Schiffen und Booten zu entkommen. An jenem Tag ermordete das 1. Bataillon des 2. Infanterieregiments der SS-Totenkopfdivision kaltblütig 97 britische Kriegsgefangene vom 2. Bataillon des Royal Norfolk Regiments. Die Männer wurden auf einer Pferdekoppel in einem Weiler mit dem für ein solches Verbrechen unpassenden Namen Le Paradis im Département Pas-de-Calais mit Maschinengewehren niedergemäht. Am darauffolgenden Tag ermordeten Soldaten des 2. Bataillons der SS-Leibstandarte Adolf Hitler in einer mit Gefangenen überfüllten Scheune in Wormhout in der Nähe der belgisch-französischen Grenze neunzig Männer vom 2. Bataillion des Royal Warwickshire Regiments mit Handgranaten und Gewehrfeuer.[44] Sergeant Stanley Moore und Sergeant-Major Augustus Jennings warfen sich auf zwei in die Scheune geschleuderte Handgranaten, um ihre Männer vor der Explosionswirkung zu schützen. Diese abscheulichen, kaltblütig verübten Massaker widerlegen die Legende, die Waffen-SS habe, aus Verzweiflung und Furcht vor der Niederlage, erst gegen Kriegsende Gefangene ermordet, die sich bereits ergeben hatten. In Wirklichkeit kam es während des gesamten Kriegsverlaufs zu solchen Unmenschlichkeiten, sogar zu einem Zeitpunkt, als die Wehrmacht unmittelbar vor ihrem größten Sieg stand. Hauptsturmführer (Hauptmann) Fritz Knochlein, der Offizier, der für das Massaker von Le Paradis verantwortlich war, wurde 1949 hingerichtet, doch Hauptsturmführer Wilhelm Mohnke, der Kommandeur der Einheit, die die Gräueltat von Wormhout beging, wurde für dieses Kriegsverbrechen nie belangt; er starb 2001 in einem Altersheim in Hamburg.[45]

Die Lage der alliierten Truppen, die schon kritisch genug war, weil der Kessel von Dünkirchen jetzt von massiven deutschen Kräften angegriffen wurde, verschlimmerte sich am 28. Mai um 11 Uhr noch, als König Leopold III. von Belgien mit nur minimaler Vorwarnzeit der bedingungslosen Kapitulation seines Landes zustimmte. Dadurch entstand plötzlich eine 50 Kilometer breite Lücke in der alliierten Kampffront, die von Alan Brookes II. Korps zwar rasch, aber unter diesen Umständen nur noch unvollständig geschlossen wurde.

Ramsey bot neben 222 Schiffen der Royal Navy auch rund 800 zivile Schiffe unterschiedlichster Bauart auf, die den Kanal überquerten, um die eingeschlossenen Soldaten nach Hause zu holen. Einige Seeleute widersetzten sich dem Aufruf – unter anderem einige Angehörige der Seerettung und ein großer Teil von Ryes Fischereiflotte –, aber eine Armada von 860 Wasserfahrzeugen beteiligte sich, darunter befanden sich auch Vergnügungs- und Liniendampfer, Truppentransporter, Trawler, Lastkähne, Fähren und 40 Küstenmotorschiffe aus Dünkirchen. Größere Schiffe nahmen manchmal die kleineren Fahrzeuge ins Schlepptau, und viele fuhren mehrmals hin und her. Dabei kam ihnen die Wetterlage im Ärmelkanal sehr zu Hilfe. «Die See blieb tagelang spiegelglatt», erinnerte sich der Signalgast Payne:

> Während des gesamten Transports dieser großen Armee war nicht der kleinste Wellenschlag zu sehen. Deshalb konnten die Männer vor dem Einsteigen bis zu den Schultern im Wasser stehen und die Schiffe bis wenige Zentimeter unter der Freibordhöhe beladen werden, bis zum Doppelten und Dreifachen der eigentlichen Kapazität. Die ruhige See war das Wunder von Dünkirchen.[46]

Gort ging mit seinen Soldaten an Bord und hielt nur kurz inne, um die vielen Ordensbänder von einer Uniformjacke abzuschneiden, die er zurücklassen musste – er war unter anderem Träger des Victoria-Kreuzes und des Distinguished-Service-Ordens und während des Ersten Weltkriegs neunmal namentlich in Kriegsberichten erwähnt worden –, «denn natürlich nahm er keineswegs mehr mit nach Hause als jeder einfache Soldat».[47]

Von den 56 alliierten Zerstörern, die an diesem Einsatz beteiligt waren, wurden 9 versenkt und 19 beschädigt; von den 38 Minenräumbooten gingen 5 verloren, und 7 wurden beschädigt; von 230 Trawlern wurden 23 versenkt und 2 beschädigt; von den 45 Fähren wurden 9 versenkt und 8 beschädigt. Von den 8 Lazarettschiffen – sie alle waren mit großen Rotkreuz-Zeichen markiert, die für die Luftwaffe leicht zu erkennen waren – wurde eines versenkt, 5 weitere wurden beschädigt.[48] Die BBC behauptete 2004 – völlig unzutreffend –, die britischen Zivilisten, die nach Dünkirchen gefahren waren, um die Männer des Britischen Expeditionskorps zu retten, hätten so gehandelt, «weil sie bezahlt wurden». Sie wurden für ihre Rettungsdienste tatsächlich bezahlt, so wie das gesamte Expeditionskorps für seinen Einsatz einen Sold erhielt, aber während dieser neun Tage im Mai und Juni 1940 gab es sehr viel einfachere Möglichkeiten, sich den eigenen Lebensunterhalt zu verdienen.

Neben all den ermutigenden Berichten über Männer, deren Einsatz ein Victoria-Kreuz verdient hatte, zum Beispiel Sergeant-Major Augustus Jennings oder Leutnant Dickie Furness von den Welsh Guards, die ein Selbstmordkommando gegen eine deutsche Maschinengewehrstellung anführten, gibt es auch andere Erzählungen über Versuche, in Dünkirchen an Kameraden vorbei um jeden Preis einen Platz auf einem rettenden Boot zu ergattern. Sam Lombard-Hobson, Oberleutnant auf dem Zerstörer *Whitshed,* erinnerte sich:

> Eine gemischte Gruppe machte sich gerade zur Einschiffung bereit, als ein einzelner Soldat, der die Nerven verloren hatte, aus der Warteschlange trat und versuchte, auf die Gangway zu stürmen. Der diensthabende Subalternoffizier zögerte keinen Augenblick, er zog seinen Revolver und schoss dem Mann ins Herz. Reglos blieb der Getroffene auf dem Pier liegen. Der junge Offizier wandte sich an die Männer in seinem Abschnitt und sagte ganz ruhig, er wolle nur Kämpfer um sich haben. Das hatte eine elektrisierende Wirkung und verhinderte zweifellos eine Panik unter den anderen Soldaten, die auf ihre Evakuierung warteten.[49]

Gelegentlich kam es zu Panikausbrüchen und Trinkereien: «Ich sah Jungs, die schreiend ins Wasser rannten, weil sie den psychischen Druck nicht mehr ertrugen», berichtete Sergeant Leonard Howard. Aber insgesamt verhielten sich die Soldaten in den langen Warteschlangen, die sich über die Sanddünen zogen, vor allem diejenigen, die von Regimentern der Regular Army beaufsichtigt wurden, geduldig und ordentlich, selbst wenn die erschöpften, besiegten Männer bisweilen von deutschen Kampfflugzeuge oder Sturzkampfbombern beschossen wurden, die den RAF-Abwehrschirm durchbrochen hatten. Hauptmann E. A. R. Lang, ein Royal Engineer, der am 29. Mai evakuiert wurde, erinnerte sich an die Ankunft der Retter von der Navy (Spitzname: «blue jobs»): «Sobald unsere Cockney-Jungs auf die Seeleute trafen, setzte ein verbaler Schlagabtausch ein, und es wurden Witze gerissen, ruppig, aber nicht geschmacklos: ‹Blimey, chum, what about a trip round the lighthouse› (etwa: Verflixt, Kamerad, wie wär's mit einer Fahrt rund um den Leuchtturm?), ‹Bye, bye, china, where's yer little boat?› (etwa: Tschüss, Kumpel, wo ist dein kleines Schiff?).»[50]

Die Royal Air Force war beim Heer weniger beliebt als die allgegenwärtige Marine, weil sie nicht so sichtbar war und weil es ihr nicht gelang, die Strände rund um die Uhr vor den Angriffen der Luftwaffe zu schützen, obwohl sie im Verlauf der Operation hundertfünfzig deutsche Flugzeuge abschoss und dabei selbst hundertsechs Maschinen verlor. Die RAF schirmte die Evakuierung mit sechzehn Geschwadern ab. Wegen der großen Entfernung des Einsatzraums von England konnten jedoch nur wenige Flugplätze benutzt werden, so dass maximal vier Geschwader gleichzeitig im Kampfeinsatz waren, oft waren es auch nur zwei. Wenig hilfreich war dazu die Tatsache, dass die Navy immer wieder die eigenen Kampfflugzeuge unter Feuer nahm und sogar drei von ihnen abschoss, gleichzeitig musste auch noch das oberste Ziel, das eigene Land zu verteidigen, mitberücksichtigt werden. Viele Luftkämpfe entwickelten sich auch fernab der Strände und Anlegestellen, so dass die Armeesoldaten nicht miterleben konnten, was die Air Force für sie tat, aber wenn die deutschen Kampfflugzeuge – und vor allem die Stukas – zu den Anlegestellen vordrangen, kam es zu Massakern. «Ich hasste Dünkirchen», berichtete ein ungewöhnlich feinfühliger Flugzeugführer einer Me 109 namens Paul Temme. «Es war ein reines Gemetzel. Die Strände waren voller Soldaten, und ich flog hin und her und hielt aus 100 Metern Höhe drauf.»[51]

Dem Lastwagenfahrer Tom Bristow blieb die Erfahrung, von Stukas bombardiert zu werden, unauslöschlich im Gedächtnis:

> Sie sahen aus wie schmutzige Geier, ihr Fahrgestell war nicht einziehbar, es erinnerte einen an grausige Klauen, mit denen sie ihre Opfer festhielten. Zwischen den Rädern wurde allerdings kein Opfer festgehalten, sondern eine große, schwere Bombe. Meine Augen kamen von dieser Bombe nicht mehr

> los, … sie übte eine seltsame Faszination auf mich aus, sie war mein Henker. Und ich konnte nichts dagegen tun.[52]

Die Bombe verfehlte Bristow, aber der Obergefreite John Wells vom South Staffordshire Regiment hatte weniger Glück: «Ich war auf dem Vorderdeck des Schiffes, als der Stuka-Angriff kam», erinnerte er sich Jahre später.

> Ein Stuka warf seine Bombe genau in den hinteren Schornstein. Volltreffer. Das Schiff brach innerhalb von etwa drei Sekunden auseinander. Ich hatte Glück, weil ich ganz vorne war, und fiel einfach von Bord. Die Treibstofftanks waren beschädigt worden, deshalb war das Wasser eine dicke Dieselölbrühe. Ich nahm ein unfreiwilliges Bad und schaffte es an Land, aber ich kämpfe bis heute ein bisschen mit stechenden Schmerzen, weil ich so viel von diesem Dieselöl geschluckt habe und der größte Teil meiner Magenschleimhaut ruiniert ist.[53]

Allen Erfolgen der Luftwaffe zum Trotz konnte Göring jedoch seine prahlerische Zusicherung, er werde das Britische Expeditionskorps durch Luftangriffe vernichten, nicht einlösen, wie Hitler zu spät feststellte. «Selbst wenn die Wasser sich geteilt hätten, wie das Rote Meer vor Mose, um den Soldaten die Heimkehr zu ermöglichen», schrieb ein Militärhistoriker in Fortführung der Wunder-Analogie, «hätte die zuschauende Weltöffentlichkeit keine größere Überraschung erleben können.»[54] Das Britische Expeditionskorps verlor bei diesem Feldzug dennoch 68 111 Mann, von denen rund 40 000 in eine fünfjährige Gefangenschaft gingen.

Kurzfristig von ebenso großer Bedeutung war für die britische Armee die Tatsache, dass man 65 000 Fahrzeuge zurücklassen musste, 20 000 Motorräder, 416 000 Tonnen Vorräte, 2472 Geschütze, 75 000 Tonnen Munition und 162 000 Tonnen Treibstoff. Die abziehenden Soldaten zerstörten noch so viel davon, wie nur möglich war, schütteten Benzin über Proviantvorräte und machten Geschützrohre mit Handgranaten unbrauchbar, aber im Wesentlichen brachten sie nicht viel mehr mit nach Hause als das eigene Gewehr – manche Offiziere sagten auch, ohne Gewehr dürfe niemand an Bord eines Schiffes gehen –, die Kleidung und die persönliche Ausrüstung. Der britische Soldat jener Zeit trug einen Stahlhelm mit einem Gewicht von etwas mehr als einem Kilogramm, eine 2,3 Kilogramm schwere Proviantasche, ein Schutzcape gegen Gasangriffe (1,5 kg), eine Gasmaske von ähnlichem Gewicht, Gurte, Riemen und Gürtel (dito), zwei Patronentaschen (mit jeweils 60 Stück), die je viereinhalb Kilo wogen, Bajonett und Scheide (0,8 kg), Stiefel (etwas mehr als zwei Kilo) und ein etwa vier Kilogramm schweres Gewehr. Diese Ausrüstung wog insgesamt rund 24 Kilogramm. Der letzte Mann, der in Dünkirchen an Bord eines Transportschiffes ging, war Generalmajor Harold Alexander, der Kommandeur der 1. Division, der während der gesamten Evakuierungsaktion eine bemerkenswerte Kaltblütigkeit an den Tag legte. «Unsere Situation ist katastrophal», sagte ihm ein Stabsoffizier noch in der eingeschlossenen Hafenstadt. «Tut mir leid», gab der General zurück, «ich verstehe keine langen Wörter.»[55]

Winston Churchill sagte am 4. Juni, an dem Tag, an dem die Evakuierungsaktion zu Ende ging, vor dem Unterhaus und der ganzen Nation: «Wir müssen vorsichtig vermeiden, diese Befreiung als Sieg zu feiern; Kriege werden nicht durch Evakuierungen gewonnen.» Er bestritt nicht, dass die Vertreibung des Britischen Expeditionskorps vom Kontinent «eine ungeheure militärische Katastrophe darstellt», aber dann folgte die wohl grandioseste Passage seiner großartigen Redekunst in Zeiten des Krieges, als er sagte:

> Wir werden nicht wanken noch weichen. Wir werden ausharren, wir werden in Frankreich kämpfen, wir werden auf den Meeren und Ozeanen kämpfen, wir werden mit wachsender Zuversicht und zunehmender Stärke in der Luft kämpfen, wir werden unsere Insel verteidigen, was immer es uns auch kosten möge, wir werden auf den Dünen kämpfen, wir werden auf den Landungsplätzen kämpfen, wir werden auf den Feldern und in den Straßen kämpfen, wir werden auf den Hügeln kämpfen; wir werden uns niemals ergeben.

Die Worte, die Churchill in diesen kurzen, mitreißenden Sätzen benutzte, stammen bis auf zwei Ausnahmen aus dem Altenglischen. «Confidence» (Zuversicht) kommt aus dem Lateinischen, «surrender» (sich ergeben) aus dem Französischen. Der Minister Walter Elliot, ein Konservativer, erzählte im November 1942 Generalmajor John Kennedy, Churchill habe ihm, als er sich nach dieser Rede wieder setzte, zugeflüstert: «Ich weiß nicht, mit was wir gegen sie kämpfen werden – wir werden sie mit Flaschen aufs Haupt schlagen müssen, natürlich mit *leeren* Flaschen.»[56]

Churchills unbeirrtes öffentliches Beharren auf einer Fortsetzung des Kampfes bedeutete einen Sieg für ihn im fünf Männer umfassenden britischen Kriegskabinett, wo vom 24. bis 28. Mai, fünf Tage lang, die Möglichkeit von Friedensverhandlungen mit Hitler diskutiert wurde, die zunächst über Mussolini eingefädelt werden sollten.[57] Außenminister Lord Halifax, der Befürworter eines solchen Vorgehens, machte dennoch immer deutlich, dass er keinen Frieden gutheißen werde, der die Auslieferung der Royal Navy oder die Preisgabe der nationalen Souveränität einschließe. Churchill – der schließlich von den drei übrigen Mitgliedern des Kriegskabinetts unterstützt wurde, von Neville Chamberlain und den Labour-Vertretern Clement Attlee und Arthur Greenwood – war aber gegen jede Art von Gesprächen, zumindest so lange, bis klar wäre, wie viele Soldaten aus Dünkirchen evakuiert werden konnten. Churchill hatte Recht: Jede öffentliche Verständigung mit Deutschland hätte die Kampfmoral der Briten zerstört, Hitlers Eroberungen legitimiert, dafür gesorgt, dass die Amerikaner sich abwendeten, und es den Deutschen später ermöglicht, ihre gesamte militärische Macht – und nicht nur den größten Teil davon – gegen die Sowjetunion zu richten. Die Friedensbedingungen wären zunächst vielleicht sogar günstig ausgefallen, aber ein uneiniges Großbritannien hätte jahrzehntelang eine enorme Last für die Verteidigung des Landes auf sich nehmen müssen – oder eben so lange, bis Deutschland im Osten gesiegt und sich anschließend daran gemacht hätte, die alte Rechnung mit der bürgerlichen britischen Demokratie zu begleichen. «Der Glaube an die Möglichkeit eines kurzen Entscheidungskrieges scheint zu den ältesten und gefährlichsten Illusionen des Menschen zu zählen», schrieb der irische Literaturwissenschaftler Robert Wilson Lynd.

Stattdessen gab das britische Informationsministerium gemeinsam mit dem Kriegsministerium und dem Ministerium für Heimatschutz ein Flugblatt heraus, das die Überschrift trug: «If the Invader Comes: What to Do – and How to Do It» (Wenn die Invasoren kommen: Was ist dann zu tun – und wie). Dieser Text begann recht zuversichtlich und hielt zunächst fest, was bei der Ankunft der Deutschen geschehen werde: «Sie werden von unserer Marine, unserer Armee und unserer Luftwaffe vertrieben werden.» Weil jedoch die Zivilbevölkerung in Polen, den Niederlanden und in Belgien «überrascht worden» sei und «nicht wusste, was in einem solchen Augenblick zu tun war», wurden bestimmte Anweisungen in schriftlicher Form festgehalten. (Die drei beteiligten Ministerien hatten dabei natürlich auch an die französische Zivilbevölkerung gedacht, doch weil sich Frankreich offiziell immer noch im Krieg befand, durfte der Name des Landes in diesem Text nicht genannt werden.) Die erste Anweisung lautete: «Wenn die Deutschen kommen, mit dem Fallschirm, Flugzeug oder Schiff, müssen Sie bleiben, wo Sie sind. Der Befehl lautet: ‹Nicht von der Stelle rühren›.» Das britische Oberkommando wollte unbedingt vermeiden, dass Millionen von Flüchtlingen die Straßen verstopften, wie es eben erst auf dem Festland passiert war. «Glauben Sie keine Gerüchte und verbreiten Sie sie nicht weiter», hieß es im nächsten Appell, mit dem es allerdings dem Einzelnen überlassen wurde, Gerüchte von Tatsachen zu unterscheiden: «Bedienen Sie sich Ihres gesunden Menschenverstands.» Einige der weiteren Anweisungen liefen genau darauf hinaus – auf den gesunden Menschenverstand –, wenn es beispielsweise hieß: «Geben Sie den Deutschen überhaupt nichts.»

Dünkirchen fiel am 4. Juni an die von General Hans Günther von Kluge befehligte 4. Armee, die unter beißenden Rauchwolken, die von brennenden Schiffen und Öltanks ausgingen, in die Stadt einmarschierte. Am darauffolgenden Tag begann für die deutschen Truppen der «Fall Rot», der Kampf um Frankreich, bei dem die Heeresgruppe A nach Süden einschwenkte, um Weygands mit 49 Divisionen besetzte Verteidigungslinie entlang der Somme und der Aisne zu durchbrechen. Die Franzosen waren zahlenmäßig immer noch stark, befanden sich aber in einer hoffnungslosen Situation. Das Britische Expeditionskorps hatte das Feld geräumt und nur eine Infanteriedivision und zwei Panzerbrigaden in Frankreich zurückgelassen; die Belgier hatten kapituliert; die Franzosen hatten bereits 22 ihrer 71 Felddivisionen verloren, außerdem 6 von 7 motorisierten Divisionen, 2 ihrer 5 Festungsdivisionen und 8 von 20 Panzerbataillonen.[58] Air Chief Marshal (General) Hugh Dowding vom RAF Fighter Command weigerte sich außerdem kategorisch, weitere Hurricane- oder Spitfire-Maschinen für die Schlacht um Frankreich abzustellen, weil er – völlig zutreffend – davon ausging, dass bei der bevorstehenden Luftschlacht um England jedes Flugzeug gebraucht werden würde, über das er verfügte. Gleich zu Beginn der Kämpfe in Frankreich hatte er bereits die Staffeln der Advanced Air Striking Force zur Verfügung gestellt, aber nachdem bei diesem Einsatz manchmal bis zu 25 Hurricanes pro Tag verlorengegangen waren – während die Fabriken nur vier oder fünf Maschinen nachlieferten –, hatte er Recht, als er drohte, er werde eher zurücktreten, als weitere Piloten und Maschinen zu opfern.[59]

Mussolini erklärte den Alliierten am Montag, dem 10. Juni, den Krieg, was zum damaligen Zeitpunkt – weil dieser Vorgang in einem psychologisch ungünstigen Moment erfolgte – eine ernstere Bedrohung war, als die rückblickende Betrachtung glauben lässt. Die italienischen Streitkräfte verfügten über 1,5 Millionen Mann, 1700 Flugzeuge und eine Marine mit 6 Großkampfschiffen, 19 Kreuzern, 59 Zerstörern und 116 U-Booten.[60] Dennoch war dieses Vorgehen opportunistisch und kurzsichtig, und es sollte Italien noch teuer zu stehen kommen. Die französische Regierung flüchtete noch am Abend des 10. Juni aus Paris, das Weygand zur entmilitarisierten «offenen Stadt» erklärte. Auch drei der fünf Millionen Einwohner der Hauptstadt und der umliegenden Seine-Bezirke flüchteten, wobei sich fürchterliche Szenen abspielten. Krankenschwestern gaben nicht transportfähigen Patienten tödliche Injektionen; Babys wurden ausgesetzt; ein Panzerkommandant, der sich anschickte, eine Brücke über die Loire zu verteidigen, wurde von Einheimischen, die kein Blutvergießen wollten, kurzerhand umgebracht.[61] Bürgermeister versuchten die eigene Armee mit allen Mitteln davon zu überzeugen, nicht gerade in ihrer Stadt Widerstand zu leisten.

Churchill unternahm während der Schlacht um Frankreich am 11. Juni den vierten von fünf Flügen über den Ärmelkanal, um an einer Sitzung des Obersten Kriegsrats teilzunehmen, des höchsten Entscheidungsgremiums der Alliierten, das im Château du Muguet bei Briare südöstlich von Orléans zusammenkam. Reynaud, Pétain, Weygand, der britische Kriegsminister Anthony Eden und General Charles de Gaulle waren ebenfalls anwesend, wie auch Generalmajor Louis Spears, Churchills persönlicher Gesandter bei Reynaud. Spears schrieb in seiner Autobiografie *Assignment to Catastrophe*: «Die Franzosen saßen mit unbewegten, bleichen Gesichtern da, die Augen auf den Tisch gerichtet. Auf alle anderen wirkten sie wie Gefangene, die aus einem sehr tiefen Verlies herausgeholt worden waren, damit man ihnen ein unabwendbares Urteil verkünden konnte.» (Bis zum Kriegsende würden Reynaud, Weygand und Pétain tatsächlich allesamt von der einen oder anderen Seite inhaftiert werden.) In ihrem Bestreben, von dem jämmerlichen Defätismus wegzukommen, der von Pétain und Weygand ausging, wandten sich die Briten an de Gaulle, den Spears wie folgt beschrieb:

Ein merkwürdig aussehender Mann von enormer Körpergröße; an einem Tisch sitzend, überragte er alle anderen, wie schon zuvor, als er den Raum betreten hatte. Ein kinnloses Gesicht mit einer langen, gebogenen, riesigen Nase über einem knapp gestutzten Schnurrbart, ein Schatten über einem kleinen Mund, dessen dicke Lippen oft wie bei einem Schmollmund hervortraten, bevor er sprach, eine hohe, fliehende Stirn und ein spitz zulaufender Kopf mit schütterem schwarzem Haar, das eng anlag und sorgfältig gescheitelt war.[62]

Dieser seltsam ungelenken Giraffe von einem Mann sollte jetzt die Ehre von *la France éternelle* anvertraut werden.

Churchill und de Gaulle versuchten dem Obersten Kriegsrat neues Leben einzuhauchen, der Premierminister versprach die Entsendung eines zweiten Britischen Expeditionskorps, das in der Normandie kämpfen und durch aus Narvik evakuierte Truppen verstärkt werden sollte. Mit diesem Angebot verband er die Hoffnung, dass Frankreich vielleicht bis zum Frühjahr 1941 durchhalten könnte, bis zu einem Zeitpunkt, an dem eine neu formierte britische Armee mit 25 Divisionen dem Land zu Hilfe kommen würde. Doch es war vollkommen klar, dass das französische Oberkommando über keinerlei Kampfgeist mehr verfügte. Einigen seiner Mitglieder galt die Evakuierung von Dünkirchen als ein größerer Verrat als das Verhalten Belgiens. Churchill weigerte sich am 13. Juni in Tours – bei seinem letzten Besuch in Frankreich –, die Franzosen von ihrem Versprechen zu entbinden, keinen Separatfrieden mit Deutschland zu schließen, und drei Tage später legte er sogar einen Plan vor, demzufolge Frankreich und Großbritannien zu einer politischen Einheit verschmolzen werden sollten, zu einem unteilbaren Land. Pétain vorwarf diese Idee und verband dies mit der Frage, warum Frankreich wohl «mit einem Leichnam zusammengehen» sollte. In einer späteren Phase des Krieges räumte Churchill ein, sein Land sei bei der Ablehnung dieses Angebots durch Frankreich «so knapp wie nie davongekommen», weil ein solcher Staatenbund «uns in unserer Vorgehensweise vollständig eingeschränkt hätte».[63] Der Vorschlag zeigte dennoch, wie verzweifelt er darum bemüht war, Frankreich in diesem Krieg zu halten.

Charles de Gaulle, der gemeinsam mit Spears am Sonntag, dem 16. Juni, aus Frankreich floh, hielt zwei Tage später von London aus über die BBC eine Radioansprache an das französische Volk, in der er erklärte: «Frankreich hat eine Schlacht verloren. Aber Frankreich hat nicht den

Krieg verloren!» Diesen historischen Appell hörten zwar nur wenige Menschen, und eine noch geringere Zahl hatte zuvor überhaupt etwas von de Gaulle gehört, doch sobald die mitreißenden Worte des bis dahin noch weitgehend unbekannten Panzer-Experten und derzeitigen Staatssekretärs für nationale Verteidigung weite Verbreitung fanden, dienten sie als Schlachtruf für das Freie Frankreich. «Ich bitte Sie, mir zu glauben, wenn ich sage, dass die Sache Frankreichs nicht verloren ist», sagte de Gaulle. «Was immer auch geschehen mag, die Flamme des französischen Widerstandes darf nicht erlöschen und wird auch nicht erlöschen.» Eine zweiwöchige Amtszeit in einem relativ untergeordneten Regierungsposten und ein wie ein glücklicher Zufall anmutender Nachname – er klang eher wie ein Kampfname und nicht wie ein Eintrag im Taufschein – gaben eine sehr schmale Legitimationsbasis für die Proklamation ab, dass «ich, General de Gaulle, ein französischer Soldat und militärischer Führer, erkenne, dass ich jetzt für Frankreich spreche.» Für diesen großartigen Akt des Hochverrats wurde er von einem Gericht in Vichy in Abwesenheit zum Tod verurteilt.

Das Tempo, mit dem Frankreich fiel, schockierte die ganze Welt, sogar die Deutschen selbst. General Bogislav von Studnitz führte die 87. Infanteriedivision der Wehrmacht am 14. Juni durch ein weitgehend von den Bewohnern verlassenes Paris. Am darauffolgenden Tag, an dem auch Verdun fiel, umzingelten die Panzergruppe Guderian und die 7. Armee unter dem Befehl von General Friedrich Dollmann nahe der Schweizer Grenze 400 000 französische Soldaten der 3., 5. und 8. Armee, die sich massenhaft ergaben. Am 18. Juni – dem Jahrestag der Schlacht von Waterloo – schiffte sich das von General Alan Brooke befehligte Zweite Britische Expeditionskorps wieder für die Heimreise ein. Brooke ging in St. Nazaire an Bord des Trawlers *Cambridgeshire,* und er musste bei dieser Fahrt den Heizer des Schiffes, der einen Nervenzusammenbruch erlitt, zweimal körperlich bändigen. Bei dieser zweiten Evakuierungsaktion wurden insgesamt 192 000 alliierte Soldaten nach Großbritannien zurückgebracht. In der Zeit von Mitte Mai bis zum 18. Juni 1940 gelangte also eine Gesamtzahl von 558 032 Soldaten von verschiedenen Festlandshäfen aus nach Großbritannien, und 368 491 von ihnen – zwei Drittel – waren Briten.[64] Die 110 000 französischen Soldaten, die, aus Dünkirchen kommend, in Großbritannien landeten, wurden bei der Ankunft entwaffnet. Ein empörter Leutnant namens Scalabre berichtete: «Als wir von

Bord gingen, wurde mir mein Revolver abgenommen und trotz meiner Proteste nicht wiedergegeben.» Weniger als die Hälfte der Soldaten, die ein paar Tage später nach Cherbourg und Brest zurückgeschickt wurden, kehrte noch vor dem Waffenstillstand in den Kampf zurück.[65] Und sie hatten noch Glück. Das zum Truppentransporter umgewidmete Passagierschiff *Lancastria* der Cunard White Star Line wurde von fünf deutschen Flugzeugen versenkt, 3500 Menschen kamen dabei ums Leben. Überlebende berichteten, sie seien, nach dem Untergang um ihr Leben schwimmend, von den Angreifern im Tiefflug mit Bordwaffen weiter beschossen worden. Es war die größte Schiffskatastrophe in der Geschichte der britischen Seefahrt, und Churchill stellte sicher, dass diese Episode erst nach dem Krieg an die Öffentlichkeit gelangte.

Sobald die Deutschen die französische Verteidigungslinie bei Reims durchbrochen hatten, erzielten sie in einem erstaunlich kurzen Zeitraum enorme Geländegewinne. General Hoths XV. Panzerkorps nahm am 19. Juni Brest ein, am gleichen Tag, an dem die 2. Armee unter dem Befehl von General Otto von Stülpnagel Nantes erreichte. Das Zweite Britische Expeditionskorps hatte das Land offensichtlich nicht einen Tag zu früh verlassen. Lyon fiel am 20. Juni an General Erich Hoepners XVI. Panzerkorps, und noch an diesem Tag wurde ein allgemeiner Waffenstillstand ausgerufen. Eine enorme Zahl von französischen Soldaten, mehr als 1,5 Millionen, geriet in deutsche Gefangenschaft. Friedrich von Mellenthin frohlockte, die Wehrmacht habe «eine Reihe von Siegen erfochten, die seit Napoleons Tagen nicht ihresgleichen hatten»[66] – eine Feststellung, die kaum zu bestreiten ist. Für die Deutschen war dies dennoch kein unblutiger Erfolg. Sie hatten 27 000 Gefallene und 111 000 Verwundete zu beklagen, auf französischer Seite waren es 92 000 Gefallene und 200 000 Verwundete. Die britischen Verluste lagen bei 11 000 Toten und 14 000 Verwundeten – die zuerst an Bord der Evakuierungsschiffe gebracht wurden –, und 40 000 Mann gerieten in Gefangenschaft.

General Weygand gab Reynaud noch vor dem Waffenstillstand den Rat, auf eine Fortführung des Krieges von den französischen Kolonien aus – in Afrika, im Nahen Osten und Asien – zu verzichten, und es wurden keinerlei Anstrengungen unternommen, die kampfstarke französische Flotte aus Toulon und anderen südfranzösischen Häfen an sichere Orte zu verlegen. Hätten sich die Befehlshaber der französischen Flotte dafür entschieden, den Kampf von Standorten außerhalb des französischen Mutterlandes weiterzuführen, hätten ihre Schiffe für die Kriegsgegner Deutschlands, die fortan im Westen ohne sie weiterkämpfen mussten, eine bedeutende Verstärkung sein können. Stattdessen trat Reynaud am 17. Juni zugunsten von Pétain zurück, der bei den Deutschen bereits am darauffolgenden Tag um einen Waffenstillstand nachsuchte. «Menschen in allen besetzten Ländern sahen sich zur Zusammenarbeit gezwungen, aber ihre Regierungen wurden abgesetzt oder flohen», schrieb ein Historiker über das Geschehen im Frankreich des Jahres 1940, «und in keinem anderen Land – nicht einmal im winzigen Luxemburg – einigte sich ein so bedeutender Teil der politischen Klasse darauf, den Willen derjenigen zu erfüllen, die nach der eigenen Einschätzung die Siegerseite sein würden.»[67] Weygands Reaktion auf de Gaulles Aufruf zur Fortsetzung des Widerstands lautete: «Unsinn. In drei Wochen wird England der Hals umgedreht werden wie einem Huhn.»

Die offizielle Kapitulation Frankreichs erfolgte am Samstag, dem 22. Juni, kurz nach 18.30 Uhr und wurde von General Charles Huntziger in Compiègne, 80 Kilometer nordöstlich von Paris, im selben Eisenbahnwaggon unterzeichnet, in dem 1918 einst die Deutschen kapituliert hatten. Nach den Kapitulationsbedingungen galt für alle Kämpfer des Freien Frankreich die Todesstrafe; vor dem Naziregime Geflohene mussten ausgeliefert, in Gefangenschaft geratene Piloten der Luftwaffe freigelassen werden; die gefangen genommenen Franzosen wiederum blieben in Gefangenschaft, und drei Fünftel des französischen Staatsgebiets, grob umrissen der Norden und der Westteil des Landes einschließlich der gesamten Atlantikküste, blieben unter Besatzung, deren auf 400 Millionen Francs täglich festgesetzte Kosten von Frankreich getragen werden mussten. Auf diese Weise wurde den Franzosen gewaltsam nahegebracht, dass dies keine bloße Wiederholung der Niederlage von 1870 werden würde, als die siegreichen Deutschen nach drei Jahren wieder aus Frankreich abgezogen waren. Die Katastrophe von 1918, die nach der von Keitel in Compiègne verlesenen Präambel zu den Waffenstillstandsbedingungen «vom deutschen Volk als tiefste Schande aller Zeiten» empfunden wurde, sollte «durch diesen Akt einer wiedergutzumachenden Gerechtigkeit einmal für immer» gelöscht werden.

Nachdem Hitler das Granit-Denkmal besichtigt hatte, das in der Nähe des Waggons an den Waffenstillstand von 1918 erinnerte, ordnete er dessen Zerstörung an. Spears lag richtig, als er feststellte, dass die Franzosen anfangs «eine Vorstellung hatten wie in den alten Zeiten der Monarchie, als man einfach ein paar Provinzen tauschte, einen festgelegten Millionenbetrag zahlte, dann alles gut sein ließ und zu Beginn des nächsten Waffengangs auf mehr Glück hoffte», aber diese Arglosigkeit sollte schon bald massiv ausgenutzt werden.[68] Es sollte künftig nicht an Nazi-Propaganda fehlen, nach der Frankreich einen ehrenvollen Platz in einem von Deutschland «geführten» «neuen Europa» einnehmen würde, aber in Wirklichkeit war für das Land nur die Rolle einer weiteren Satrapie vorgesehen, die als reichlich sprudelnde Quelle für Lebensmittel und Sklavenarbeiter dienen sollte.

Nachdem Reynaud zurückgetreten und in Deutschland inhaftiert worden war, wurde Marschall Pétain Präsident des unbesetzten Rest-Frankreich. Sein Regierungssitz war ein Hotel in Vichy, einem Kurort in der Auvergne, den die Deutschen am 20. Juni eingenommen hatten. Die Nationalversammlung trat dort am 10. Juli im großen Konzertsaal der Oper zusammen und beschloss – mit 569 gegen 80 Stimmen bei 17 Enthaltungen – die Auflösung der Dritten Republik, die durch einen «État Français» ersetzt wurde, an dessen Spitze «le Maréchal» stand. Zum Außenminister ernannte Pétain zunächst den aalglatten ehemaligen Ministerpräsidenten Pierre Laval. Ein Historiker fasste diese Entwicklung so zusammen: «Die Dritte Republik der Vorkriegszeit war wie ein alter Mantel ‹gewendet› worden, und die neue Ordnung passte genau hinein.»[69]

Hitler ernannte am 19. Juli 1940 zur Feier des Sieges über Frankreich nicht weniger als zwölf neue Generalfeldmarschälle – Walther von Brauchitsch, Wilhelm Keitel, Albert Kesselring, Günther von Kluge, Wilhelm Ritter von Leeb, Fedor von Bock, Wilhelm List, Erwin von Witzleben, Walter von Reichenau, Erhard Milch, Hugo Sperrle und Gerd von Rundstedt.[70] Diese Garde stellte fast die Hälfte der 26 im Verlauf der nationalsozialistischen Herrschaft ernannten Generalfeldmarschälle. Am selben Tag wurden noch weitere 16 Generäle befördert, von denen vier später ebenfalls in den Rang eines Generalfeldmarschalls aufstiegen, nämlich Georg von Küchler, Ewald von Kleist, Maximilian von Weichs und Ernst Busch. Der Anblick eines juwelenbesetzten Marschallsstabs war bis dahin in Deutschland eher eine Seltenheit gewesen; zuvor hatte es nur vier noch lebende Generalfeldmarschälle gegeben, von denen lediglich Göring noch im aktiven Dienst war. Blomberg war 1938 zum Rücktritt gezwungen worden, und die beiden anderen – Prinz Rupprecht von

Bayern und August von Mackensen – hatten im Ersten Weltkrieg gedient. (Während des gesamten Ersten Weltkriegs waren in Deutschland nur fünf Generalfeldmarschälle ernannt worden.)

Natürlich war der Sieg über Frankreich innerhalb von nur sechs Wochen der größte militärische Erfolg der deutschen Geschichte, den es deshalb zu feiern galt, aber die plötzliche Vervielfachung der Zahl von aktiven Generalfeldmarschällen von einem auf dreizehn innerhalb nur eines Tages brachte es mit sich, dass die Bedeutung dieses Ranges in der Wehrmacht stark entwertet und die Autorität der Feldmarschälle im direkten Umgang mit Hitler erheblich geschmälert wurde. Wilhelm Keitel, einer der durch diese Ernennung Geehrten, war sich des Zusammenhangs bewusst und sagte in Nürnberg zum Gefängnispsychiater Goldensohn: «Ich hatte keine Befehlsgewalt. Ich war nur dem Namen nach Feldmarschall. Mir unterstanden keine Truppen, ich hatte keine Kommandogewalt – ich führte nur Hitlers Befehle aus. Ich war durch Eid an ihn gebunden.»[71] Die Vermutung liegt nahe, dass Hitler durchaus klar war: Seine Position als Oberbefehlshaber würde durch die Ernennung so vieler Generalfeldmarschälle noch mehr gestärkt werden. Je breiter der Ruhm aufgeteilt wurde, desto mehr entfiel letztlich auf Hitler. Liddell Hart schrieb über Hitlers Generäle: «Ihr großer Beitrag zum Siege führte ironischerweise zur weiteren Schwächung ihrer Position. Hitler war es, der nach diesem Triumph das Blickfeld der Welt einnahm, der Lorbeer krönte seine Stirn, nicht die ihre.»[72]

Es fehlt nicht an Erklärungen für die Niederlage Frankreichs, einige davon reichen bis in die Zeit der nationalen Uneinigkeit zurück, die mit der Dreyfus-Affäre Ende des 19. Jahrhunderts verbunden ist. «Es war eine Zeit des Niedergangs, des sehr tiefen Niedergangs», sagte General Beaufre, «verursacht von den außerordentlichen Anstrengungen im Verlauf des Ersten Weltkriegs. Ich meine, wir litten an einer Krankheit, die keine Besonderheit Frankreichs ist: dass wir nach einem Sieg der Ansicht waren, wir würden richtig liegen und seien obendrein sehr klug.»[73] Diese «Krankheit» war in der Tat nicht auf die Franzosen beschränkt – ihre Ausprägung war hier allerdings besonders chronisch –, denn auch den Briten gelang es nicht, die neuen militärischen Theorien zur Kriegführung mit Panzern früh genug in die Praxis umzusetzen. Alfred Duff Cooper, der damalige Kriegsminister, entschuldigte sich noch im Jahr 1936 bei den acht Kavallerie-Regimentern, die jetzt motorisiert werden sollten, mit den Worten, dies sei, als «würde man einen großartigen Musiker bitten, seine Geige wegzuwerfen und sich in Zukunft dem Grammophon zu widmen».

Die Tragödie des Ersten Weltkriegs, in dem Frankreich im Verhältnis zur Einwohnerzahl mehr Menschen verlor als jede andere Nation, erklärt weitgehend das Schicksal des Landes im Jahr 1940. Einer der Gründe, aus denen Gamelin – gegen den Rat seiner erfahrenen Generäle – so versessen darauf war, bis zur Dijle-Breda-Linie vorzurücken, war das Bestreben, dass der nächste Krieg nicht mehr auf französischem Boden ausgetragen werden sollte. Die Tatsache, dass von 1914 bis 1918 von einer mobilisierten Gesamtstreitmacht von 8,41 Millionen Mann nicht weniger als 1,36 Millionen getötet und 4,27 Millionen verwundet worden waren, hatte dazu geführt, dass, wie Beaufre es ausdrückte, «der Patriotismus ... viel von seinem Zauber verloren hatte».[74] Die extreme Polarisierung der französischen Innenpolitik in den Dreißigerjahren, in denen sich faschistische Gruppen wie die Action Française Straßenkämpfe mit ihren Pendants auf der linken Seite des politischen Spektrums lieferten, führte dazu, dass 1939 eine vollkommen zerstrittene Nation in den Krieg zog. Spears, der das Land sehr gut kannte, vertrat die Ansicht, dass «der gesamten französischen Ober- und Mittelschicht ... die Deutschen lieber waren als die Kommunisten im eigenen Land, das kann man meiner Meinung nach wohl eine mächtige Fünfte Kolonne nennen, und die Deutschen nutzten das weidlich aus».[75] Der Gefühlslage von Pétain, Weygand und Laval entsprach diese Einschätzung zweifellos. Dennoch war es der kurzfristig wirksame Faktor, dass man versäumt hatte, die Bedeutung der modernen Kriegführung mit motorisierten und gepanzerten Einheiten – wie sie etwa bei Guderians Sieg über Corap in Sedan beispielhaft vorgeführt wurde – richtig einzuschätzen, der direkt zu dieser schnellen Niederlage Frankreichs führte.

Die Nationalsozialisten erklärten sich den Sieg über Frankreich natürlich mit rassistischem Gedankengut, das die Unterwerfung einer mediterranen und lateinischen Rasse mit der Überlegenheit der arischen Herrenrasse begründete, womit allerdings nicht befriedigend zu erklären war, wo in diesem Denkmuster die rassenpolitisch angelsächsischen Briten hingehörten. Hitlers immer stärker werdender Anspruch, er selbst, nicht etwa Manstein, habe den Sichelschnittplan ersonnen – Manstein sei der einzige General, der seine Ideen verstehe, pflegte er nach General Warlimonts Erinnerung bei Lagebesprechungen zu sagen –, unterstützte sicherlich die zunehmende Selbstüberschätzung, die ihn letztlich diesen Krieg verlieren ließ.[76] Unglücklicherweise neigten auch die Alliierten dazu, Frankreichs Niederlage mit national, wenn nicht sogar rassistisch getönten Argumenten zu erklären. Die von britischer Seite geübte personenbezogene Kritik an General Corap und die französische Kritik an den Evakuierungen aus Dünkirchen und der Normandie sorgten im Anschluss an das eigentliche Geschehen für viel unnötige Feindseligkeit zwischen den Alliierten. Die Franzosen gewannen – keineswegs völlig zu Unrecht – den Eindruck, dass die Briten im Umgang mit ihnen wegen des Ausmaßes der späteren Kollaboration mit den deutschen Eroberern Überlegenheitsgefühle entwickelten. Die britisch-französischen Beziehungen hätten nach dem 3. Juli 1940 ohnehin nicht sehr gut sein können: An jenem Tag ließ Churchill zu, dass die Royal Navy die Hauptstreitmacht der Kriegsmarine von Vichy-Frankreich in der algerischen Hafenstadt Oran zusammenschoss, damit diese Schiffe keine französischen Häfen mehr anlaufen und in die deutsche Kriegsmarine eingegliedert werden konnten.

Churchill selbst, zeit seines Lebens ein Freund Frankreichs, blieb über solche antifranzösischen Gefühle erhaben. Im Juni 1942 beschwerte er sich bei Sir Alan Brooke über die Haltung des eigenen Außenministeriums. Dabei wies er darauf hin, dass Großbritannien weder die französischen Aufrüstungsmaßnahmen in den Dreißigerjahren unterstützt noch selbst aufgerüstet «und schließlich Frankreich unter schlechten Bedingungen in den Krieg hineingezogen» habe. Generalmajor John Kennedy, Director of Military Operations im Kriegsministerium, erklärte: «Daran ist viel Wahres. Man sollte nicht vergessen, dass wir dazu neigen, die Franzosen für ihren Zusammenbruch verantwortlich zu machen.»[77] Die Briten ignorierten solche Überlegungen jedoch nur allzu oft.

Frankreichs Schicksal in der Zeit zwischen der Kapitulation am 22. Juni 1940 und dem Beginn der Befreiung am 6. Juni 1944 – dem Tag der Landung in der Normandie – war hart und demütigend, aber dem Land blieb zumindest das erspart, was man als «Polonisierung» bezeichnet hat, die fürchterliche, ethnisch motivierte Entvölkerungspolitik, die in Hans Franks «Generalgouvernement» in Polen betrieben wurde. Frankreich war das einzige Land, dem ein offizieller Waffenstillstand zugestanden wurde, und die Regierung Pétain behielt ein gewisses Maß an Autonomie, bis die Deutschen schließlich im November 1942 auch den bis dahin unbesetzten Teil Frankreichs unter ihre Kontrolle brachten. Vichys für die Spionageabwehr zuständige Behörden richteten sogar mehr als vierzig Spione der deutschen Abwehr hin und inhaftierten Hunderte weitere, von denen vier Fünftel französische Staatsbürger waren.[78] In allen grundsätzlichen Fragen hatte in Frankreich natürlich zunächst Otto Abetz das Sagen, der Nazi-Ideologe und Botschafter in Frankreich, und dann war General Karl-Heinrich von Stülpnagel gefragt, der deutsche Militärbefehlshaber in Frankreich (dessen Cousin Otto von Stülpnagel vom Oktober 1940 bis Februar 1942 sein Vorgänger in diesem Amt gewesen war).

Die eigentliche Kommandozentrale war das Hôtel Majestic in Paris, der Dienstsitz des Militärbefehlshabers, aber dem Vasallenstaat von Vichy, der auf das Zentralmassiv und Südfrankreich beschränkt war, wurde ein Anschein von Unabhängigkeit gewährt. Dies war jedoch nur ein geringer Trost für diejenigen gesellschaftlichen Gruppen, denen der autoritäre Staat die Schuld für die Katastrophe von 1940 gab: in erster Linie den Sozialisten, Intellektuellen, Protestanten, Gewerkschaftern, Lehrern und vor allen anderen den Juden.

Vichy setzte bereits antijüdische Maßnahmen um, als das von Berlin aus noch gar nicht verlangt wurde, und das war teilweise wohl vom «Streben ... nach Souveränität und Vorteilswahrung bei der Aneignung beschlagnahmten jüdischen Vermögens»[79] motiviert. Die Vichy-Regierung verweigerte sich zwar der deutschen Forderung, die Juden zum Tragen des gelben Sterns zu zwingen, beteiligte sich aber mit großem Eifer an der Deportation von Juden ohne französische Staatsangehörigkeit in die Vernichtungslager – vor allem nach Auschwitz –, und das mit einer Effizienz, für die es den Deutschen sowohl an Personal als auch an Ortskenntnissen mangelte.[80] Französische Juden wurden aus Vichy-Frankreich nicht deportiert, jedenfalls zunächst nicht, und das galt ganz besonders für Veteranen des Ersten Weltkriegs. Im besetzten Teil Frankreichs waren die Verhältnisse schlimmer, dort verhaftete die Gendarmerie unterschiedslos französische und nichtfranzösische Juden, brachte sie über Bordeaux ins berüchtigte Durchgangslager Drancy bei Paris und ins Vélodrom d'Hiver in der Stadt selbst, von wo aus die Menschen nach Osten und damit in den sicheren Tod deportiert wurden. Die Lokführer waren Franzosen, und die Logistik oblag französischen Polizisten oder Funktionsträgern wie René Bosquet und Maurice Papon. (Lohnte die Anzahl der verhafteten Juden die Anmietung eines Busses nicht, übernahm Papon die Taxigebühren.) Die Deportation von viertausend jüdischen Kindern – erst zwölf Jahre alt oder noch jünger –, die 1942 im Vélodrom gewaltsam von ihren Eltern getrennt wurden und danach eine Woche lang ohne Nahrung und Versorgung blieben, lag nicht in der Hand von Gestapo oder SS, dies erledigten einfache Pariser Gendarmen nach den Anweisungen französischer Beamter.

Im Holocaust starben etwa 77 000 französische Juden, was etwa 20 Prozent der französischen Staatsbürger jüdischen Glaubens entsprach. Der Anteil ist niedriger als in anderen Ländern, etwa in Belgien mit 24 000 Ermordeten (40 Prozent), und weit weg von den Verhältnissen in den Niederlanden mit 102 000 Ermordeten (75 Prozent).[81] Das hatte weniger mit dem Verhalten der Behörden zu tun als mit den Möglichkeiten für die Juden, sich in einem in weiten Teilen ländlich strukturierten Staat zu verstecken; Neubürger in entlegenen Dörfern wurden oft nicht bei den Behörden denunziert. Es kam zu zahlreichen Akten individuellen Heldentums, wenn etwa Lehrer den Juden falsche Papiere ausstellten oder nichtjüdische Studenten in Paris aus Protest den gelben Stern trugen oder wenn katholische Priester Juden schützten, den engen Verbindungen zwischen der Amtskirche und dem Vichy-Staat zum Trotz.

Und dann gab es auch die Franzosen, die bereitwillig mit den Deutschen kollaborierten – und mit ihnen in Restaurants wie Maxim's und La Tour d'Argent speisten –, so wie es andere gab, die sich der Résistance anschlossen. Etwa 30 000 Menschen wurden als Geiseln und Widerstandskämpfer erschossen, und 60 000 nichtjüdische Franzosen deportierte die Besatzungsmacht in Konzentrationslager. Doch die überwiegende Mehrheit der Franzosen versuchte einfach nur, ihr normales Alltagsleben weiterzuführen. 300 000 bis 400 000 Franzosen schlossen sich verschiedenen deutschen militärischen Organisationen und faschistischen Bewegungen an, eine eindrucksvolle Zahl, die aber dennoch nur einem Prozent der französischen Gesamtbevölkerung von 40 Millionen im Jahr 1945 entspricht. «Lang lebe der schändliche Friede», lautete Jean Cocteaus prägnante Zusammenfassung der Haltung vieler seiner Landsleute. Und so erklärt sich, dass Frankreich zumindest anfangs, im Jahr 1941, von nur 30 000 deutschen Besatzungssoldaten niedergehalten werden konnte.[82] Während der ersten achtzehn Monate der Besatzungszeit kam es in Paris zu keiner einzigen gezielten Tötung von Deutschen, und es gab nur eine patriotische Demonstration von Franzosen, bei der alle hundert Beteiligten prompt verhaftet wurden. Überall war wieder geöffnet, mit Ausnahme der Nationalversammlung natürlich, deren Sitz zu einem deutschen Verwaltungszentrum umgewidmet worden war. An dessen Fassade hing ein riesiges Banner, auf dem deutsche Siege «an allen Fronten» verkündet wurden.

Er habe Politiker empfangen, Stadträte, Präfekte, Verwaltungsbeamte, berichtete Abetz im Juni 1940 nach Berlin. Von fünfzig Würdenträgern dieser Art hätten neunundvierzig nach Sondergenehmigungen der einen oder anderen Art oder nach Benzingutscheinen gefragt, und der Fünfzigste habe von Frankreich gesprochen.[83] Wenn französische Intellektuelle über die Besatzungszeit diskutierten, gaben sie sich allzu oft nur flapsig. «Wie antwortet man einem jungen deutschen Soldaten, der höflich nach dem Weg fragt?», fragte beispielsweise Jean-Paul Sartre. Natürlich gab es auch kleine Akte des Widerstands, wenn etwa ein Hundeschwanz mit den Nationalfarben bemalt wurde, und im Dezember 1940 wurde ein Pariser Buchhändler verhaftet, weil er Porträtfotos von Pétain und Laval in seinem Schaufenster zwischen Exemplaren von *Les Misérables* platziert hatte.[84] Insgesamt jedoch zogen sich die Franzosen auf die Sicherung ihrer unmittelbaren materiellen Bedürfnisse zurück, sie hassten natürlich die Besatzung, taten aber so gut wie nichts, um deren Ende zu beschleunigen. Genau darauf setzten die Deutschen.

Es war Philippe Pétain selbst, der die Vichy-Regierung zu einer respektablen Institution machte. Der umstrittenste Franzose des 20. Jahrhunderts hatte Politiker immer verachtet; es war seine persönliche Tragödie – und die Tragödie Frankreichs –, dass er 1940 beschloss, selbst zum Politiker zu werden, und so seinen Ruf als unbeugsamer «Sieger von Verdun» an eine politische Lage verpfändete, die sich beständig schneller weiterentwickelte, als er mit seinen schwindenden Kräften erfassen, geschweige denn kontrollieren konnte. Pétain, ein Mann von bäuerlicher Herkunft, der seinen Aufstieg bis in den Rang eines Oberst ausschließlich den eigenen Fähigkeiten verdankt hatte, stand mit achtundfünfzig Jahren eigentlich kurz vor der Pensionierung, aber dann kam der Erste Weltkrieg dazwischen, und mit zweiundsechzig Jahren war er Oberbefehlshaber der Armee und Marschall Frankreichs. Er befehligte die Verteidigung von Verdun zwar nur während der ersten beiden Monate eines von Februar bis Dezember 1916 währenden Ringens, aber sein Name stand sinnbildlich für den größten französischen Sieg des ganzen Krieges, auch wenn es sich dabei weitgehend um einen Pyrrhussieg handelte.

Der bei seiner Ernennung zum Ministerpräsidenten (später dann zum Staatschef) vierundachtzigjährige Pétain war nicht einfach nur zu alt für die Aufgabe, Frankreich zu schützen – er war vergesslich, sein Hörvermögen ließ nach, und gelegentlich schlief er einfach ein –, ihm fehlten auch die grundlegenden politischen Fähigkeiten, die man für solche Ämter brauchte. Am 17. Juni 1940 zum Beispiel, dem Tag, an dem er Regierungschef wurde, unterliefen ihm gleich drei Kardinalfehler. Er ließ ohne Rechtsgrundlage den patriotischen Politiker Georges Mandel festnehmen (der dann wieder freigelassen wurde)[85], ernannte den Kollaborateur Pierre Laval zum Außenminister (der später entlassen und sogar verhaftet wurde) und hielt eine Radioansprache, in der er den französischen Truppen mitten in einer großen Offensive befahl, die Waffen niederzulegen, und so die eigene Verhandlungsposition bei den Gesprächen über die Bedingungen für einen Waffenstillstand schwächte.

Pétain legte ein von absurder Eitelkeit geprägtes Sendungsbewusstsein an den Tag, mit dem er sich als moderne Jeanne d'Arc präsentierte. Seinem britischen Verbindungsoffizier las er im Juni 1940 sogar Reden über die Heilige vor. Selbst bei den wenigen Gelegenheiten, bei denen es ihm gelang, für Frankreich ein vernünftiges Ergebnis zu erzielen – etwa bei seinem Treffen mit Hitler im Oktober 1940 in Montoire, bei dem er sich weigerte, Großbritannien den Krieg zu erklären –, konnte er nicht verhindern, dass anschließend Fotos, die ihn beim Händedruck mit Hitler zeigten, um die ganze Welt gingen. Er hielt zwar die Gesprächskanäle mit den Alliierten offen – was beispielsweise 1943 zu einem Angebot führte, das französische Mutterland zu verlassen –, neigte jedoch dazu, dem jeweils letzten Besucher zuzustimmen, und das war allzu oft ein überzeugter Kollaborateur aus der eigenen Regierung, Männer wie Laval und der Admiral François Darlan. Er hatte nur wenige echte Freunde, und in seinem persönlichen Umfeld fehlte es zwar nie an zauberhaften Geliebten, aber es gab kaum einen unvoreingenommenen und uneigennützigen Ratgeber. Es sollte zwar nie einfach sein, Vichys Neutralität zwischen den Achsenmächten und den Alliierten zu wahren, doch Pétain beugte sich den Nazis sehr viel mehr, als er musste, und schrieb Hitler beispielsweise unterwürfige Briefe über die «neue Hoffnung», die von den Siegen der

Wehrmacht für das «neue Europa» ausgingen. Wäre er mit der kampfstarken französischen Flotte nach Nordafrika ausgewichen, hätte er schon bald darauf die Achsenmächte in Libyen in eine unhaltbare Lage bringen können, und die Deutschen hätten schon 1940 die Divisionen für die Annexion des noch unbesetzten Frankreich aufbieten müssen, die sie im November 1942 nach der Landung der Alliierten in Nordafrika gezwungenermaßen für diesen Zweck abstellen mussten.

Es war zwar von Anfang an unwahrscheinlich, dass ein Soldat im Greisenalter eine ernsthafte Bewegung für eine Erneuerung der Nation anführen könnte, aber das, was als «Révolution nationale» angekündigt worden war, endete schließlich in einer nur noch reaktionären, autoritären Herrschaft. Pétains Regierung ließ Marie-Louise Giraud guillotinieren, weil sie eine Abtreibung vorgenommen hatte. Sie war die letzte Frau, die in Frankreich auf diese Art bestraft wurde. Doch der Marschall selbst war beim Volk sehr beliebt. Als er im April 1944 nach Paris kam, um Notre-Dame zu besuchen, gingen in der Hauptstadt mehr Menschen auf die Straße, um ihm zuzujubeln, als bei de Gaulles Rückkehr an gleicher Stelle vier Monate später zu sehen waren. Pétains Ansehen nahm allerdings Schaden, als er Ende 1942 nach der deutschen Besetzung von Vichy-Frankreich weiterhin im Amt blieb.

Die Position der Vichy-Regierung – sie war kein «Regime», sondern die rechtmäßig gebildete Regierung des unbesetzten Frankreich – wurde in der Zeit vor der Landung der Alliierten in der Normandie von keiner anderen Maßnahme so sehr untergraben wie von der zwangsweisen Verpflichtung von 650 000 französischen Arbeitern für deutsche Fabriken im Jahr 1943, was im Gegenzug für de Gaulle in London äußerst nützlich war. Der verhasste «Service de travail obligatoire» wurde durch Patrouillen mit entsprechendem Auftrag durchgesetzt, und viele von denen, die solchen Trupps entkamen, sahen sich fast schon aus Mangel an Alternativen zu einem Dienst für die Résistance (in ländlichen Gebieten sprach man vom Maquis) oder das Freie Frankreich gezwungen. «Meist waren französische Arbeiter gerne bereit, für die Deutschen zu arbeiten, wenn sie dafür nur nicht nach Deutschland mussten»,[86] bilanzierte ein Historiker. Viele flohen, bevor sie zu diesem Zweck festgenommen wurden.

Die schwersten Schläge, die der Résistance zugefügt wurden, kamen oft nicht von den Deutschen, sondern von Joseph Darnands Milice Française, der paramilitärischen Polizei der Vichy-Regierung.[87] Pétain fiel in seiner Eigenschaft als Staatschef letztlich die Gesamtverantwortung für all die Folterungen und Massaker zu, die von den Todesschwadronen der Milice in ihrem scheußlichen Bürgerkrieg an Mitgliedern der Résistance begangen wurden. Joseph Lecussan, einer der Milice-Kommandeure, trug in seinem Portemonnaie einen aus der Haut eines Juden angefertigten Davidstern bei sich, und noch im Juli 1944 ließ er achtzig jüdische Männer verhaften, in einen Brunnen werfen und unter Zementsäcken lebendig begraben. Pétain beschwerte sich bei Laval wiederholt in weinerlichem Tonfall über solche Gräueltaten, doch das diente meist nur der Selbstrechtfertigung und war für die Akten bestimmt. Der Staatschef unternahm eindeutig nichts, um solchen Scheußlichkeiten ein Ende zu bereiten.

Die Vichy-Regierung internierte 70 000 vermeintliche «Staatsfeinde» (viele von ihnen waren deutsche Emigranten), entließ 35 000 Beschäftigte des öffentlichen Dienstes und stellte 135 000 Franzosen vor Gericht. «Die Geschichte der Kollaboration ... unter der deutschen Besatzung und während der zwei Jahre des Vichy-Regimes veranschaulicht, warum die nationalsozialistische Herrschaft in Europa, zumindest anfänglich, derart erfolgreich sein konnte», lautet die Einschätzung eines renommierten Historikers.[88] Millionen von Franzosen arrangierten sich auf ihre ganz persönliche Art mit Hitlers «neuer europäischer Ordnung», und das unter Umständen, die zwischen widerwilliger Kooperation, Kompromissen und uneingeschränkter Kollaboration schwankten. Ein britischer Autor bewertete das so: «Wir, die wir niemals hungern mussten, haben keine Ahnung, wie zermürbend und dominant ein leerer Magen sein kann.»[89] Wir können nicht wissen, wie sich zum Beispiel die Briten unter solchen Lebensumständen verhalten hätten, und tragischerweise sieht es ganz danach aus, als sei die menschliche Natur so beschaffen, dass sich in jeder Gesellschaft genügend Außenseitergestalten, Fanatiker, Sadisten und Mörder finden lassen, mit denen man Konzentrationslager betreiben kann. Die wenigen Juden, die auf den Kanalinseln im Ärmelkanal lebten, dem einzigen der britischen Krone unterstehenden Territorium, das während des Krieges unter deutsche Herrschaft geriet, wurden in die Vernichtungslager deportiert und dort in die Gaskammern geschickt, und die Bewohner der Kanalinseln kooperierten mit den Besatzungsbehörden. Allerdings kann ihr Verhalten – angesichts eines Mangels an realistischen Alternativen und mit Blick auf Anweisungen aus London, keinen Widerstand zu leisten – nicht als Modellfall dafür dienen, wie sich die übrige, viele Millionen Menschen zählende Bevölkerung Großbritanniens nach einer deutschen Invasion wohl verhalten hätte. «Manche Menschen verhielten sich gut, andere schlecht, und viele waren gut und schlecht zugleich», schrieb Simone Veil, die als Sechzehnjährige Auschwitz überlebt hatte.[90] Und viele waren keines von beiden. Auf jeden Heiligen und jeden Sünder kam ein Dutzend Opportunisten. In Frankreich entwickelte sich ein Verhaltenskodex, nach dem es beispielsweise im Großen und Ganzen als akzeptabel galt, wenn man mit Deutschen in einer Bar etwas trank, nicht aber bei sich zu Hause, oder wenn man sie finanziell übers Ohr haute, aber nicht so schlimm, dass die eigene Heimatgemeinde später darunter zu leiden hatte.

Einer, der sich gut verhielt, war Jean Moulin, im Jahr 1940 Präfekt von Chartres, der den Conseil National de la Résistance gründete, eine Dachorganisation für die ansonsten grundverschiedenen antifaschistischen Widerstandsgruppen in Frankreich, die nahezu das gesamte politische Spektrum umfasste. Moulin, der einer linksorientierten Freimaurer-Familie entstammte und 1937 zum jüngsten Präfekten Frankreichs ernannt worden war, bekannte sich 1943 dennoch zum Gaullismus. Ein Treffen des CNR am 21. Juli 1943 in Caluire, einem Vorort von Lyon, wurde unter bis heute ungeklärten Umständen verraten, und der gutaussehende, tapfere, charismatische vierundvierzigjährige Moulin wurde festgenommen und von dem Gestapo-Offizier Klaus Barbie so schwer gefoltert, dass er an den Folgen starb, noch bevor er nach Deutschland deportiert werden konnte.[91] Er starb, ohne auch nur die kleinste Information preisgegeben zu haben, und obwohl seine sterblichen Überreste nie gefunden wurden, setzte man Asche, die von seiner Leiche stammen soll, 1964 im Pariser Panthéon bei, im Kreis der größten Helden Frankreichs.

Die Kommunistische Partei Frankreichs (KPF) – die den aus ihrer Sicht abtrünnigen Linken Moulin ohne Weiteres verraten haben könnte – beteiligte sich erst nach dem Überfall Hitlers auf die Sowjetunion im Juni 1941 am Widerstand, aber ihre Mitglieder erwiesen sich aufgrund ihres Engagements und der schon bestehenden Zellen-Struktur ihrer Organisation als schlagkräftige Kämpfer. Sie handelten nach einem bereits vorliegenden eigenen politischen Programm, in dem die Vertreibung der Nationalsozialisten nur den ersten Teil einnahm. Nach der Befreiung von

Paris konzentrierten sie ihre Bemühungen darauf, die Macht im Land zu übernehmen, und ermordeten sogar andere, antikommunistische Widerstandskämpfer, deren örtliche Beliebtheit ihrer Einschätzung nach dem eigenen Erfolg im Weg stand. Als die französische Armee 1945 im südlichsten Teil der Front die Wehrmacht über das Elsass, Baden und Württemberg bis nach Bayern zurückdrängte, erwartete die KPF Stalins Appell zum Aufstand, der jedoch niemals erging, und zwar aus verschiedenen strategischen Gründen, die alle mit der stalinistischen Durchdringung ganz Osteuropas zu tun hatten.

Eine große Zahl von Franzosen verriet ihr Heimatland anscheinend schlicht aus finanziellen Gründen. Als die französischen Behörden im Jahr 1999 endlich sechshundert Kartons mit bei Kriegsende erbeutetem Aktenmaterial der deutschen Abwehr freigaben, wurde deutlich, dass mehrere tausend Franzosen nicht nur zur Spionage gegen Ausländer, sondern auch gegen eigene Landsleute bereit gewesen waren, und das teilweise für relativ wenig Geld (obwohl einige Spitzel bis zu 10 000 Francs pro Monat verdienen konnten).[92] Zu diesem Personenkreis zählten beispielsweise ein Friseur, ein Schauspieler, ein Bordellbetreiber, ein Air-France-Pilot sowie ein Zauberkünstler; zu den weniger wichtigen Personen gehörte etwa eine Frau, die der Abwehr gegen eine kleine monatliche Zahlung einfach nur die Benutzung ihres Briefkastens gestattete. Außerdem gingen bei der Gestapo Zehntausende anonyme Denunziationen ein, mit denen häufig versucht wurde, alte Rechnungen zu begleichen oder ganz reale Schulden loszuwerden. Oft geschah so etwas auch aus purer, unerklärlicher Heimtücke, etwa wenn jemandem aufgrund dürftiger Nachweise, mitunter auch ohne jeden Beweis, Verbindungen zur Résistance nachgesagt wurden. Für diese Zeit, die auch als französisch-französischer Krieg bezeichnet wurde, findet sich keine Parallele in irgendeinem anderen Land, vielleicht mit Ausnahme des politisch tief zerstrittenen Jugoslawien. «Während andere sich für den Kampf gegen Hitler zusammentaten», schrieb der führende Experte für die Geschichte Vichy-Frankreichs über die Niederländer, Polen und Norweger, «bekämpften sich die Franzosen untereinander.»[93]

Die Englandfeindlichkeit erreichte in Vichy ihre deutlichsten Ausprägungen seit den Napoleonischen Kriegen. Die Vichy-Luftwaffe bombardierte im Juli und September 1940 Gibraltar, und der Marineminister, Admiral Jean François Darlan, verlieh regelmäßig seinem ganz persönlichen Wunsch Ausdruck, gegen Großbritannien in den Krieg zu ziehen. Bei immerhin vierzehn militärischen Auseinandersetzungen kämpften Briten und Franzosen im Verlauf des Zweiten Weltkriegs gegeneinander, und das an so weit voneinander entfernten Schauplätzen wie Dakar und Madagaskar, Syrien und, natürlich, Oran. Dieser Hass hat eine gewisse Berechtigung. Im Zweiten Weltkrieg kamen in Frankreich fast 150 000 Zivilisten ums Leben, die Opferzahlen waren beinahe so hoch wie bei den Soldaten, und zwei Drittel davon starben durch das militärische Vorgehen der Alliierten. Allein die Luftangriffe, mit denen die Normandie für die Invasion 1944 «vorbereitet» – oder besser: «sturmreif» gebombt – wurde, töteten Zehntausende von Zivilisten.

«Weniger Zucker in ihrem Kaffee und weniger Kaffee in der Tasse, so etwas bemerken sie», urteilte André Gide über seine Landsleute. Es traf allerdings zu, dass die Versorgung mit Nahrungsmitteln und die Bedrohung durch eine Hungersnot in Frankreichs «finsteren Jahren» der Besatzung eine zentrale Rolle spielte. Die Deutschen requirierten in den Jahren von 1940 bis 1944 die Hälfte der gesamten französischen Nahrungsmittelproduktion, in manchen Produktionsbereichen – vor allem beim Fleisch und beim Wein – lag der Anteil sogar noch höher. Etwa 80 Prozent des Fleisches, das nach Paris gelangte, wurden beschlagnahmt, und es sind Vorgänge dokumentiert, bei denen zum Beispiel zweitausend Menschen ab drei Uhr morgens Schlange standen, um eine der nur dreihundert Portionen Kaninchenfleisch zu ergattern. Kriminelle Banden in Paris traten immer wieder als Gestapo-Beamte auf, um ihren Landsleuten Lebensmittel und Benzin abzupressen, und die Tochter eines Richters heiratete einen Bauern von der Loire, «angelockt von seinen Schweinekoteletts und vom Schmalzfleisch».[94] *La France éternelle.*

Etwa 1,5 Millionen französische Kriegsgefangene arbeiteten jahrelang im Ausland (die meisten von ihnen in deutschen Fabriken), und deutsche Soldaten, die scheinbar für alle Zeiten im Land sein würden, umwarben die für solche Gesten empfänglichen Verkäuferinnen, Kellnerinnen und Zimmermädchen, denen sie im Alltag begegneten, so dass in der Zeit von 1940 bis 1944 in einem erheblichen Umfang auch eine «collaboration horizontale» zu verzeichnen war, als deren Folge rund 200 000 Babys zur Welt kamen. (Bedenkt man die Schmähungen, die die Kindsmütter in vielen Gemeinden zu erdulden hatten, wird dies wohl nur einen kleinen Bruchteil der sexuellen Kontakte ausgemacht haben, die sich ohne ein derart sichtbares Ergebnis entwickelten.) Bei der Flut von Säuberungen und Racheakten, die nach der Befreiung an Kollaborateuren verübt wurden (in der Landessprache war von «l'épuration», «Reinigung», «Säuberung», die Rede), wurden Frauen, die man beschuldigte, mit Deutschen geschlafen zu haben, öffentlich gedemütigt – man schor ihnen die Haare, bewarf sie mit Schmutz, in einigen Fällen kam es sogar zu Lynchjustiz –, und zwar von Scharen selbstgerechter Heuchler, die in fast allen Fällen in den zurückliegenden vier Jahren ihre eigenen, ganz persönlichen Kompromisse mit dem Feind geschlossen hatten.

In Belgien «ächteten die einflussreichen Kräfte in der belgischen Politik und Gesellschaft – die führenden Politiker, die bedeutendsten Industriellen, die katholische Kirche, die Funktionseliten in Justiz und Verwaltung, ja sogar die Gewerkschaftsbürokratien – sowohl die Kollaboration als auch die Widerstandsbewegung».[95] Nur eine kleine Minderheit der Belgier, angeführt von Léon Degrelle von der Rexist-Bewegung, arbeitete als Quislinge für die Nazis. Aber das Terrain in Belgien eignete sich auch nicht so gut für aktiven Widerstand wie etwa das Wald- und Bergland im Südwesten Frankreichs, das für den Maquis günstig war. Es gab zwar auch in Belgien einige sehr tapfere Widerstandskämpfer, aber insgesamt galt: «Das Leben der meisten Menschen in Belgien war weniger klar konturiert und weniger heroisch.»[96] Die Mehrheit befürwortete, dass ihr König 1940 ein Abkommen schloss, so wie sie 1944 auch die Befreiung durch die Alliierten begrüßte.

Auch in Dänemark waren tapfere Widerstandskämpfer aktiv, und in der Zeit vom 28. September bis zum 9. Oktober 1943 wurden mehr als 7000 dänische Juden mit Schiffen ins neutrale Schweden gebracht und entkamen so dem Holocaust. (Der Grund dafür, dass es in Dänemark nicht mehr Juden gab, war eine Beschränkung der jüdischen Einwanderung durch die dänische Regierung in den Dreißigerjahren, gefolgt von einer völligen Schließung der Grenze für Juden im Jahr 1938.) Die deutsche Besatzungsherrschaft in Dänemark wurde, verglichen mit anderen Ländern, eher mit leichter Hand ausgeübt, und das nicht nur als Ergebnis einer von den Besatzern so empfundenen ethnischen Verwandtschaft, sondern auch, «weil die Deutschen den wichtigen Strom von Lebensmittelimporten nicht unterbrechen wollten, der von dänischen Bauernhöfen kam und in deutschen Mägen landete».[97] Dänemark produzierte 15 Prozent der im Reich verbrauchten Lebensmittel, und für die Aufsicht über dieses ganze System genügten 215 deutsche Beamte.

Als Weygand vorhersagte, Großbritannien werde binnen kurzem der Hals umgedreht werden wie einem Huhn, sah es ganz danach aus, dass Deutschland den Krieg so gut wie gewonnen hatte. Doch am 18. Juni hielt Churchill im Unterhaus eine seiner bewegendsten Reden in Kriegszeiten, mit der er einer möglichen Panik wegen der Nachricht vom Waffenstillstand in Frankreich begegnen wollte:

> Rüsten wir uns daher zur Erfüllung unserer Pflicht, handeln wir so, dass, wenn das Britische Weltreich mit seinem Staatenbund noch tausend Jahre besteht, die Menschen immer noch sagen werden: ‹Das war ihre größte Stunde.›[98]

Der Begriff «das Britische Weltreich und sein Staatenbund» hatte in Wirklichkeit nur noch weitere zwanzig Jahre Bestand, aber Churchills Worte werden für alle Zeiten nachhallen, solange noch irgendwo auf der Welt Englisch gesprochen wird. Nachdem Frankreichs Schicksal besiegelt war, richteten sich die Augen der ganzen Welt auf Großbritannien. Jetzt würde man sehen, ob dieser knapp 35 Kilometer breite Meeresarm, der das Land vor einer Invasion durch die Soldaten Philipps II., Ludwigs XIV., Napoleons und Wilhelms II. bewahrt hatte, Großbritannien ein weiteres Mal retten würde.

3
Insel der letzten Hoffnung

Juni 1940 – Juni 1941

«Drum … ist Geschichte jetzt und England.»

T. S. Eliot, Little Gidding, Juli 1941[1]

«Die Briten standen in der Zeit vom Juni 1940 bis Juni 1941 vollkommen alleine da»,[2] schreibt ein Historiker. Dem war natürlich nicht so, denn das Land konnte auf die gewaltigen Ressourcen des Britischen Empires und des Commonwealth zurückgreifen, und auf dem europäischen Festland war Griechenland als Bündnispartner geblieben. Auf britischem Boden selbst allerdings gab es, im Unterschied zu den Luft- und Seestreitkräften, nur noch wenig, was man einer deutschen Landung hätte entgegensetzen können, wenn sie denn im Jahr 1940 erfolgt wäre.

Der amerikanische Präsident Roosevelt ersetzte der britischen Armee nach Dünkirchen weitgehend die eingebüßten Waffen, obwohl er den Wahlkampf für seine Wiederwahl im November 1940 mit einem stark isolationistisch geprägten Programm führen musste. So versprach er amerikanischen Eltern am 30. Oktober in Boston: «Ich habe das zuvor bereits gesagt, und ich werde es wieder und immer wieder sagen: Ihre Jungs werden nicht in irgendwelche Kriege in Übersee geschickt werden.» Über seinen Vertrauten Harry Hopkins ließ Roosevelt Churchill außerdem sehr ermutigende Botschaften zukommen, stellte der Royal Navy noch während der Wahl fünfzig Zerstörer zur Verfügung und drängte auf eine Verabschiedung des «Leih- und Pachtgesetzes» («Lend-Lease Act»), das am 11. März 1941 schließlich (wenn auch nur knapp) die Zustimmung des Kongresses fand. In einer Rede in Charlottesville in Virginia machte Roosevelt am 10. Juni 1941 deutlich, dass er die demokratisch verfassten Staaten mit Waffen versorgen werde, und das Leih-Pacht-Programm ermöglichte es den Amerikanern, Großbritannien und später dann auch anderen verbündeten Nationen Kriegsgerät zu liefern. Der US-Kongress stellte 1941 7 Milliarden Dollar für diesen Zweck bereit, 1942 waren es dann bereits 26 Milliarden, und insgesamt erhielten im Verlauf des Krieges achtunddreißig Länder Material im Wert von 50 Milliarden Dollar, wobei Großbritannien allein mit Lieferungen im Wert von 31 Milliarden der größte Nutznießer war. Alle diese Maßnahmen ermöglichten es den USA, ihr Engagement in diesem Krieg massiv auszuweiten, ohne direkt militärisch einzugreifen.

Mittlerweile ist bekannt, dass Anthony Eden und Sir John Dill, der neue Chef des Empire-Generalstabs (Imperial General Staff), schon kurz nach Dünkirchen in einem Hotelzimmer in York ein geheimes Treffen abhielten, an dem auch hochrangige Offiziere der im Norden Englands stationierten militärischen Verbände teilnahmen. Der Kriegsminister wollte wissen, ob man bei den unter ihrem Befehl stehenden Truppen «darauf zählen könnte, dass sie unter allen Umständen weiterkämpften». Brigadier Charles Hudson erinnerte sich, dass man «rund um den Tisch beinahe hörbar nach Luft rang. Wir hielten es für unglaublich, fast für eine Unverschämtheit, dass uns eine solche Frage überhaupt gestellt wurde.» Eden erklärte, dass es unter Umständen, mit denen die Regierung sich vorab auseinanderzusetzen habe, «definitiv unklug wäre, unzureichend bewaffnete Männer im vergeblichen Bemühen, eine hoffnungslose Lage noch zu wenden, in den Kampf gegen einen Feind zu werfen, der sich in England bereits festgesetzt hat.»[3] Sie hätten, so sieht es wohl aus, auch an den Stränden gekämpft, aber nicht an so weit nördlich gelegenen Orten wie York.

Die Zusatzfrage, die Eden und Dill den Offizieren stellten, lautete: «Würden sich unsere Soldaten in einem Hafen im Norden des Landes, etwa in Liverpool, einschiffen, solange dazu noch Gelegenheit ist, um sich beispielsweise nach Kanada verlegen zu lassen? Ohne einen solchen Kernbestand von ausgebildeten, erfahrenen Soldaten aus dem Mutterland wäre die vom Premierminister ausgerufene Politik, den Kampf notfalls auch von Übersee aus weiterzuführen, unendlich viel schwieriger zu verwirklichen.» Hudson berichtete, es sei schon nach kurzer Zeit deutlich geworden, dass die Offiziere allesamt diese Einschätzung weitgehend teilten. Der Anteil der Berufsoffiziere, die einem solchen Aufruf Folge leisteten, würde hoch ausfallen, und bei den regulären Unteroffizieren und Mannschaftsdienstgraden, die nicht verheiratet waren, fast so hoch. «Allerdings wagte niemand, eine genauere Schätzung des Anteils unter den Offizieren und Mannschaften abzugeben, die erst jetzt zum Kriegsdienst einberufen worden waren; ein kleinerer Anteil der unverheirateten Männer würde wohl reagieren, aber eine übergroße Mehrheit würde darauf bestehen, die Sache entweder in England auszufechten oder es einfach darauf ankommen zu lassen, was weiter geschah, ganz gleich, wie die Konsequenzen aussahen.» Die obere Führungsebene der britischen Armee war deshalb der Ansicht, die Mehrheit ihrer Soldaten würde sich weigern, nach Kanada zu gehen, um den Kampf von dort aus fortzusetzen, so wie viele Franzosen sich zu Beginn dieses Monats aus denselben Gründen nicht nach Großbritannien hatten einschiffen lassen. Deshalb war es umso wichtiger, zunächst einmal eine deutsche Landung zu verhindern.

Die britischen Goldreserven wurden zwar nach Kanada gebracht, und es wurden Pläne ausgearbeitet, wie die königliche Familie, die Regierung und schließlich das, was von der Royal Navy nach der Schlacht noch übrig war, dem Gold folgen konnten, aber es war keineswegs sicher, dass die Nordamerikaner das britische Establishment einhellig willkommen heißen würden. Auf das stets loyale Kanada war natürlich Verlass, aber Churchills Privatsekretär John «Jock» Colville hielt am 27. Mai 1940 in seinem Tagebuch fest, dass der britische Botschafter in Washington, Lord Lothian, am Nachmittag telegrafierte, Präsident Roosevelt habe ihn Folgendes wissen lassen: «Vorausgesetzt, unsere Flotte bleibt intakt, [könnte der Krieg] mit den Hilfsquellen der Alliierten von Kanada aus fortgesetzt werden. Dabei macht er den seltsamen Vorschlag, unser Regierungssitz sollte dann auf den Bermudas sein und nicht in Ottawa, weil die Republikaner Amerikas den Gedanken, eine Monarchie auf ihrem Kontinent zu haben, verabscheuen würden.»[4] (Churchill und Roosevelt sollten zu einem späteren Zeitpunkt des Krieges wegen der Frage der Monarchie in Italien aneinandergeraten, als Churchill sich ebenso instinktiv als Monarchist erwies, wie FDR reflexartig als Vertreter der demokratischen Republik auftrat.)

Dieser entmutigenden Nachricht zum Trotz lieferten die Vereinigten Staaten den Briten bereits vierzehn Tage später, am 11. Juni 1940 – aus juristischen und politischen Gründen wurde diese Sache über die US Steel Corporation abgewickelt –, 500 000 Enfield-Gewehre mit 129 Millionen Schuss Munition, 895 Geschütze des Kalibers 7,5 Zentimeter mit einer Million Granaten, mehr als 80 000 Maschinengewehre, 316 Granatwerfer, 25 000 Browning-Automatikgewehre und 20 000 Revolver samt Munition. Das war hilfreich bei der Bewaffnung der Home Guard und derjenigen regulären Soldaten, die ohne ihre Waffen aus Dünkirchen zurückgekehrt waren. Außerdem wurden noch 93 leichte Northrop-Bomber und 50 Curtiss-Wright-Sturzkampfbomber geliefert, und diese Maschinen flogen bald darauf Angriffe gegen deutsche Schiffe und Truppentransporter, die für die Invasion zusammengezogen wurden. Die Vereinigten Staaten lieferten bis zum Februar 1941 insgesamt über 1,35 Millionen Enfield-Gewehre an Großbritannien, und das führte, wie US-Armeehistoriker feststellten, «zu einem erheblichen Mangel an Gewehren für die Ausbildung der ungleich größeren [amerikanischen] Streitkräfte, die nach Pearl Harbor mobilisiert wurden».[5]

In dem unübersichtlichen Gewirr aus Wut und Ressentiments, das Adolf Hitlers politische Philosophie ausmachte, spielte der Hass auf Großbritannien kaum eine Rolle – zumindest so lange, bis die Briten so unvernünftig waren, sein Friedensangebot abzulehnen, das Mitte Juli in Form eines Flugblatts mit der Überschrift «A Last Appeal to Reason» (Ein letzter Appell an die Vernunft) über Großbritannien abgeworfen wurde. Im nationalsozialistischen Schrifttum ist an keiner Stelle von der Notwendigkeit eines Krieges gegen das als artverwandt empfundene angelsächsische Empire die Rede, und wenn in *Mein Kampf* die Briten erwähnt werden, klingt das im Allgemeinen äußerst schmeichelhaft. «Wie schwer es ist, England zu bezwingen, haben wir Deutsche zur Genüge erfahren», schrieb Hitler. «Ganz abgesehen davon, dass ich als Germane Indien trotz allem immer noch lieber unter englischer Herrschaft sehe als unter einer anderen.»[6] In direktem Gegensatz zu gängigen nationalen Stereotypen waren es die Briten, die angesichts der geplanten Invasion mit rabiater Effizienz vorgingen, während die Deutschen relativ planlos versuchten, ihr Ziel zu erreichen. Weil die Nazi-Ideologie eine Invasion in Großbritannien nicht zwingend vorgeschrieben hatte – wie sie das bei Polen aus rassistischen Motiven, bei Frankreich aus Revanchismus und schließlich im Fall der Sowjetunion zur Gewinnung von «Lebensraum» verlangte –, hatten es die Nationalsozialisten und das Oberkommando der Wehrmacht versäumt, einen schlüssigen Plan für das Unternehmen Seelöwe zu entwickeln.

Noch während des Feldzugs gegen Frankreich hatte Hitler von seiner «Bewunderung für das Britische Empire» gesprochen, «von der Notwendigkeit seiner Existenz und von der Zivilisation, die Britannien der Welt gebracht habe». Im Gespräch mit General Rundstedt, dem Oberbefehlshaber der Heeresgruppe A, und dessen Stabsoffizieren General Georg von Sodenstern und Oberst Günther Blumentritt schwadronierte er dann, dass «das Empire mit Mitteln geschaffen wurde, die oft hart waren, aber, so sagte er, ‹wo gehobelt wird, fallen Späne›». Dann verglich er noch das Empire mit der katholischen Kirche und erklärte beide zu «wesentlichen Faktoren der Stabilität der Welt», Großbritannien wollte er sogar «Waffenhilfe anbieten, wenn es woanders in Schwierigkeiten geraten sollte».[7] Vor diesem Hintergrund war es deshalb kein Wunder, dass er sich nicht sehr bemühte, das Unternehmen Seelöwe Wirklichkeit werden zu lassen. «Er zeigte wenig Interesse für die Pläne und bemühte sich nicht, die Vorbereitungen zu beschleunigen. Das stand in völligem Gegensatz zu seinem sonstigen Verhalten.»[8] Die Hassliebe, die ihn mit Großbritannien verband und auf seltsame Art an Kaiser Wilhelm II. erinnerte, wird auch in *Mein Kampf* deutlich und mag zumindest teilweise die nachlässige Art erklären, mit der er den Invasionsversuch 1940 betrieb.

Ein Indiz dafür, wie schlampig die Nazi-Pläne für die Unterwerfung Großbritanniens ausfielen, bietet die «Sonderfahndungsliste G. B.», verantwortet von Walter Schellenberg, dem Leiter der für die Spionageabwehr zuständigen Gruppe IV E im Reichssicherheitshauptamt (RSHA). Dieses auch unter der Bezeichnung «Black Book» (das «Schwarze Buch» oder die «Schwarze Liste») bekannte Dokument listete 2820 britische Staatsbürger und Emigranten vom europäischen Festland auf, die nach der Invasion aufgespürt und in «Schutzhaft» genommen werden sollten. Natürlich stand auch Churchill auf dieser Liste – seine Adresse war mit «Westerham in Kent» angegeben, als ob er dort in Ruhe abwarten würde, bis die Deutschen an seiner Tür klingelten –, aber auch Schriftsteller wie H. G. Wells, E. M. Forster, Vera Brittain und Stephen Spender. (Als die Liste nach Kriegsende veröffentlicht wurde, telegrafierte eine der dort aufgeführten Personen, die Schriftstellerin Rebecca West, an ihren Kollegen Noël Coward: «Mein Lieber, die *Leute,* mit denen zusammen wir hätten sterben sollen!») Doch das Schwarze Buch war schon vor dem Andruck nicht mehr aktuell: Sigmund Freud und Lytton Strachey waren beide gestorben, Letzterer bereits acht Jahre zuvor, und in der Liste wurden weitere Personen geführt, die gar nicht mehr in Großbritannien lebten, wie etwa Aldous Huxley, der sich seit 1936 in Amerika aufhielt; Oberst Kenneth Strong, der ehemalige Marineattaché in Berlin, wurde als aktiver Offizier der Marine bezeichnet. Die Einstellung der Deutschen zur Frage der Neutralität zeigt sich an der Aufnahme von mehreren in London tätigen amerikanischen Journalisten in die Liste, auf der, zu ihrer Beschämung, George Bernard Shaw und David Lloyd George fehlten, weil sie sich noch nach Kriegsbeginn öffentlich für den Frieden ausgesprochen hatten. Sie wären einem unangenehmen Schicksal entgangen: Franz Six, SS-Standartenführer (Oberst) und ehemaliger Professor für Zeitungswissenschaft in Königsberg, der als Chef der sechs «Einsatzkommandos» auserkorene Mann – geplante Stationierungsorte waren London, Birmingham, Bristol, Liverpool, Manchester und Edinburgh –, wurde später wegen in der Sowjetunion begangener Kriegsverbrechen angeklagt.[9]

Hätte Hitler, als er 1933 an die Macht kam, schwere Langstreckenbomber entwickeln, mehr Jagdflugzeuge bauen und die Wehrmacht auch für maritime Landungsoperationen ausbilden lassen, hätte er seine Seestreitkräfte nicht so weit verstreut, indem er Norwegen besetzen ließ, und hätte er sehr viel früher angegriffen, um so einige Monate mit besseren Wetterbedingungen im Ärmelkanal dazuzugewinnen, dann hätte das zu jeder Zeit riskante Unternehmen Seelöwe eine sehr viel größere Chance auf Erfolg gehabt. Auch die Landung einer größeren Zahl gut ausgerüsteter Fallschirmjäger auf den wichtigen RAF-Flugplätzen im Süden Englands während der Anfangsphase der Luftschlacht um England hätte sich möglicherweise ausgezahlt, obwohl auch ein solches Unternehmen zweifellos riskant gewesen wäre. Doch Eden steuerte nach dem Krieg diese kluge Anmerkung bei:

> Wenn man bedenkt, dass wir vier mit enormen Anstrengungen ausgefüllte Jahre brauchten, und das mit all den Ressourcen der Vereinigten Staaten, die uns unterstützten, um die Invasion in Frankreich vorzubereiten, ist es kaum vorstellbar, wie Hitler ... die Ressourcen für einen schnellen Angriff auf Großbritannien hätte mobilisieren können.[10]

Und Hitler war von seinen Erfolgen im Mai und Juni 1940 in Frankreich selbst so überrascht, dass er wertvolle Zeit mit der Besichtigung von Schlachtfeldern des Ersten Weltkriegs sowie von Paris verbrachte – er war im Jahr der Errichtung des Eiffelturms zur Welt gekommen – und sich dann auf den Berghof zurückzog, seine ländliche Residenz auf dem Obersalzberg bei Berchtesgaden: ein klarer Hinweis darauf, dass ihm der nächste zwingend notwendige Schritt keine Herzensangelegenheit war. Die Engländer hätten den Krieg verloren, aber sie wüssten es noch nicht, sagte er am 22. Juni im Compiègne zu Jodl, man müsse ihnen Zeit geben, und sie würden es einsehen. Die Reden des britischen Premierministers waren ihm offensichtlich nicht bekannt, als er das sagte. Die Briten nutzten unterdessen diese wertvollen Wochen, um ihre Jägerstaffeln auf Kampfstärke zu bringen und den Schutz ihrer Flugplätze auszubauen. Lord Beaverbrook, dem für den Flugzeugbau zuständigen Minister, gelang es im Lauf des Jahres 1940, die Produktion zu verdreifachen, während die Deutschen ihre Herstellungszahlen nur verdoppelten.[11]

Dass Hitler mit seiner Einschätzung von Churchills Regierung und der psychischen Verfassung der Briten falsch lag, hätte er an der Versenkung der französischen Flotte durch die Royal Navy am 3. Juli 1940 im Hafen der algerischen Stadt Oran (oder Mers-el-Kébir) erkennen können. Noch deutlicher wurde das am 22. Juli, als Lord Halifax das «Friedensangebot» zurückwies, das Hitler drei Tage zuvor bei einer Rede vor dem in der Berliner Kroll-Oper versammelten «Reichstag» unterbreitet hatte. Der brudermörderische Grundzug des britischen Vorgehens in Oran wurde dazu besonders durch die Tatsache verdeutlicht, dass der Befehlshaber der Vichy-Flotte, Admiral Marcel Gensoul, zu Kriegsbeginn noch eine Streitmacht befehligt hatte, der auch das britische Schlachtschiff *Hood* angehörte – eines der Schiffe, das sechs Monate später in Oran seine Flotte unter Beschuss nahm, dabei 1297 französische Seeleute tötete und drei der vier dort vor Anker liegenden französischen Großkampfschiffe außer Gefecht setzte.

Natürlich arbeitete man beim OKW bereits an Plänen für das Unternehmen Seelöwe, aber diese Versuche dienten nur dazu zu zeigen, wie unterschiedlich das Heer, die Luftwaffe und die Kriegsmarine diese Operation angingen. Generalstabschef Franz Halder und das Oberkommando des Heeres wollten den Ärmelkanal «auf möglichst breiter Front» überqueren, wobei dreizehn Divisionen die 300 Kilometer lange Küstenlinie von Ramsgate bis Lyme Regis angreifen sollten, während Admiral Raeder nach den in Norwegen erlittenen Verlusten nur eine sehr viel schmalere Front – zwischen Folkestone und Eastbourne – für möglich hielt, was Halder wiederum als «kompletten Selbstmord» bezeichnete.[12] Unterdessen prahlte Göring, die Royal Air Force könne relativ leicht vernichtet werden, was eine weniger gefährliche Überfahrt ermögliche. Niemand bestritt jedoch die Tatsache, dass vor dem Beginn einer Invasion die absolute Luftherrschaft über Südengland erkämpft werden musste, die anschließend in eine Überlegenheit zur See umgemünzt werden konnte, sobald die britische Heimatflotte durch ungehinderte deutsche Luftangriffe von der Südküste vertrieben worden war. Dass diese Möglichkeit bestand, hatte man in Norwegen gesehen.

Die Luftwaffe hatte in Polen, Norwegen, Frankreich und den Beneluxstaaten unbestreitbare Erfolge verbucht, doch diese waren als fliegerischer Teil des Blitzkriegs erkämpft worden, begleitet vom Überraschungseffekt, nicht weit von den eigenen Stützpunkten entfernt und über Gebieten, die wenig später vom Heer besetzt werden sollten. Bei der Luftschlacht über England war die Luftwaffe jedoch auf sich allein gestellt, und die Stukas flogen in der Horizontale mit sehr viel niedrigeren Geschwindigkeiten als bei Sturzangriffen, befanden sich dabei über feindlichem Gebiet, weit von den eigenen Stützpunkten entfernt, und die Überraschung war diesmal auf der Seite der RAF, dank einer nur ein halbes Jahrzehnt zuvor gemachten Zufallserfindung mit der Bezeichnung «Radio Detection and Ranging», kurz: «Radar».

Die erste Phase der Schlacht begann am 10. Juli mit systematischen Luftangriffen auf Städte sowie militärische und zivile Hafenanlagen an der britischen Kanalküste. Selbst bei diesen Attacken zeigte sich, wie unkoordiniert die Pläne waren, weil die Luftwaffe oft Häfen und Flugplätze bombardierte, die bei einer Landung der Wehrmacht auf der Insel gebraucht worden wären. Hitler gab am 16. Juli seine Weisung Nr. 16 aus, in der es hieß: «Die englische Luftwaffe muss moralisch und tatsächlich so weit niedergekämpft sein, dass sie keine nennenswerte Angriffskraft dem deutschen Übergang gegenüber mehr zeigt.»[13] Nach Jodls Plan sollten im Bereich von Ramsgate bis Lyme Regis zwanzig Divisionen angelandet werden, allerdings wurden dabei Probleme wie der Transport einer so enormen Zahl von Pferden – man brauchte sie, um den größten Teil der Heeresartillerie zu ziehen – über den Kanal nicht direkt angesprochen.

Hitler begriff die grundlegenden Erfordernisse des Luftkriegs nicht, und das erklärt zu großen Teilen die deutsche Niederlage in der Luftschlacht um England. «Hitler verstand nur wenig von einem strategischen Plan, mit dem Großbritannien durch den Einsatz der Luftstreitmacht gezwungen werden konnte, um Frieden nachzusuchen», resümiert ein Historiker, der die Luftschlacht analysierte. «Er zeigte zu keiner Zeit, dass er sich des Wertes von Luftflotten oder Marinestreitkräften in einem umfassenden Sinn bewusst war; folglich erwiesen sich die Gewässer des Ärmelkanals als ein zu großes Hindernis für sein auf den Landkrieg fixiertes militärisches Denken. Die Überquerung eines stürmischen und unberechenbaren Meeresarms überforderte seine Vorstellungskraft, die deshalb zu anderen Bereichen des Kartentisches abwanderte, und das führte dazu, dass der gegen Großbritannien gerichtete Angriffsschwung verlorenging.»[14] Göring war ein ebenso miserabler Stratege, was allerdings sehr viel weniger zu entschuldigen war. Er verbrachte nicht nur einen großen Teil der unmittelbar bevorstehenden Schlacht in seinem fast 1200 Kilometer von Calais entfernten Landhaus Carinhall nördlich von Berlin, sondern fiel auch noch regelmäßig durch Unkenntnis der Details in den Bereichen Logistik, Strategie, Technologie und Leistungsfähigkeit der Flugzeugtypen auf, was schon deswegen zu missbilligen war, weil er sich im Ersten Weltkrieg einen Ruf als Jagdfliegerass erworben hatte.

Die Luftwaffe wurde für den bevorstehenden Angriff in drei Luftflotten aufgeteilt, die über insgesamt 1800 Bomber und 900 Jagdflugzeuge verfügten. Die Luftflotte II unter dem Befehl von Feldmarschall Albert Kesselring flog ihre Einsätze von Nordfrankreich aus, Feldmarschall Hugo Sperrles Luftflotte III war in den Niederlanden und Belgien stationiert, und die Luftflotte V unter General Hans-Jürgen Stumpff griff aus Norwegen und Dänemark an. Die Luftflotten I und IV wurden als defensive Reserve zurückgehalten. In Nordfrankreich und den Niederlanden verfügte die Luftwaffe jetzt über mehr als fünfzig Stützpunkte, die aber weit verstreut waren, im Unterschied zu den dichten, zentralisierten Verteidigungslinien der Royal Air Force, die im eigenen Land auf sie wartete. Kesselring und Sperrle koordinierten ihre Angriffe auch nicht in dem erforderlichen Umfang.

Dem Oberkommandierenden des britischen Fighter Command, der Jägerflotte der RAF, Air Chief Marshal Hugh Dowding, standen anfangs weniger als 700 Jagdflugzeuge zur Verfügung, die in 52 Staffeln aufgeteilt

Insel der letzten Hoffnung **135**

waren.[15] Im Gespräch mit Lord Halifax räumte er ein, er sei nach der Nachricht von der Niederlage Frankreichs «niedergekniet» und habe «Gott gedankt», weil jetzt keine weiteren RAF-Staffeln in diese nicht zu gewinnende Schlacht verwickelt würden.[16] «Stuffy» Dowding, ein gelassener, resoluter, hochintelligenter und etwas emotionsloser Mann, der sein Hauptquartier in Bentley Priory in Middlesex hatte, hielt während der gesamten Schlacht so viele Staffeln wie nur möglich in Reserve. Dowding war – wie Churchill anlässlich der Seeschlacht im Skagerrak 1916 schon über den britischen Admiral Jellicoe gesagt hatte – «der einzige Mann auf beiden Seiten, der den Krieg an einem einzigen Nachmittag verlieren konnte».

Hitlers am 1. August 1940 ausgegebener Weisung Nr. 17 war zu entnehmen, dass schon bald der «verschärfte Luftkrieg» beginnen sollte: «Die deutsche Fliegertruppe hat mit allen zur Verfügung stehenden Kräften die englische Luftwaffe möglichst bald niederzukämpfen. Die Angriffe haben sich in erster Linie gegen die fliegenden Einheiten, ihre Bodenorganisation und Nachschubeinrichtungen, ferner gegen die Luftrüstungsindustrie einschließlich der Industrie zur Herstellung von Flakgerät zu richten.»[17] Diese Strategie hätte, wäre sie durchgehalten worden, eine verheerende Wirkung erzielt. Die zweite Phase der Luftschlacht um England begann am Donnerstag, dem 8. August, um 9 Uhr morgens mit einer Serie von gewaltigen, praktisch nicht abreißenden deutschen Angriffen gegen britische Ziele auf einer 800 Kilometer breiten Front. Die Zahl der Einsätze betrug an jenem Tag 1485, sie stieg bis zum 15. August auf 1786. Nach der Erfindung des Radars durch Professor Robert Watson-Watt von der Funk-Abteilung des National Physical Laboratory Mitte der Dreißigerjahre und der begeisterten Umsetzung dieser technischen Neuerung durch die Regierung Chamberlain – die außerdem die Mehrzahl der Kampfflugzeuge produzieren ließ, mit denen die Schlacht gewonnen wurde – war das Land von einem Netz von Radarstationen umgeben, die sehr genaue Informationen über die Position, Zahl, Flughöhe und den Kurs von Maschinen der Luftwaffe an die Sektoren-Kontrollstationen der RAF übermittelten. Dowding kümmerte sich um die Finanzierung von Watson-Watts Forschungen und forderte Beamte des Luftfahrtministeriums zur Teilnahme an Testvorführungen auf. Die hochmoderne Boden-Luft-Kommunikation sorgte dafür, dass die RAF-Staffeln bei einem Alarmstart meist innerhalb von Minuten nach dem Eingang einer Luftan-

Insel der letzten Hoffnung

griffswarnung über Sprechfunk laufend und praktisch in Echtzeit die aktuellsten Informationen erhielten, während sie ihr Abfangmanöver einleiteten. Im sogenannten Dowding-System hatten alle Beteiligten – Radartechniker, die Plotterinnen[18] der Women's Auxiliary Air Force (WAAF), Sektoren-Kontrolleure, Bodenpersonal und natürlich die Piloten – exakt zugeordnete, interaktive Aufgaben zu erfüllen, und obwohl es zwischen Dowding und dem Luftwaffenstab in Whitehall zu einigen Spannungen kam, funktionierte das System während der Schlacht bemerkenswert reibungslos. Die Risiken von Erfolg oder Misserfolg, Leben oder Sterben gewannen in den allermeisten Fällen die Oberhand über die üblichen Streitereien zwischen verschiedenen Abteilungen und die gegenseitigen Schuldzuweisungen.

Das deutsche Jagdfliegerass Major Adolf Galland von der Jagdgruppe 26 klagte dagegen: «Unsere Einsatzbefehle waren etwa drei Stunden alt, wenn wir in Berührung mit dem Gegner kamen, die britischen nur soviel Sekunden.»[19] Galland stellte außerdem fest: «Das A und O des Luftkampfes ist, den Gegner zuerst zu sehen», und deshalb ging die RAF mit einem klaren Vorteil in den Kampf. Galland schrieb über das Radar-Frühwarnsystem und die Boden-Luft-Kommunikation: «Die Engländer besaßen von vornherein einen außerordentlichen und während des ganzen Krieges nicht auszugleichenden Vorteil.» Wing Commander (Oberstleutnant) Max Aitken, Lord Beavorbrooks Sohn, der als Kampfpilot diente, war der Ansicht, dass «Radar die Luftschlacht um England gewann. ... Wir verschwendeten keinen Treibstoff, keine Energie, keine Zeit.»[20]

Das deutsche Standard-Jagdflugzeug, die Messerschmitt Me 109E, war geringfügig schneller als die Supermarine Spitfire und die Hawker Hurricane und besser im Sturz- und Steigflug, aber, sehr wichtig, nicht bei Kurven und Wendemanövern.[21] «Die Mistkerle fliegen so höllisch enge Kurven», berichtete ein deutscher Pilot. «Man bekommt sie einfach nicht zu fassen.» Die Me 109 war mit drei 20-mm-Bordkanonen und zwei 7,9-mm-Maschinengewehren ausgerüstet, die Höchstgeschwindigkeit lag bei 560 km/h, die Gipfelhöhe bei 10 500 Metern, aber ihr Treibstoffvorrat reichte nur für eine Flugdauer von gut einer Stunde, und das bedeutete, dass nur sehr wenig Zeit für Luftkämpfe übrig blieb, wenn für den An- und Rückflug über den Kanal zwanzig Minuten verlorengingen. Die zweimotorige Messerschmitt Me 110 hatte eine größere Reichweite, war aber nicht so manövrierfähig, was bei einer Konfrontation mit den äußerst wendigen Hurricanes und Spitfires zu einem deutlichen Nachteil geriet.

Die effektive Reichweite der Me 109 von nur 200 Kilometern versetzte die deutschen Jagdflieger nach Gallands eigenen Worten in die Lage «eines Kettenhundes, der sich auf einen Gegner stürzen möchte, diesem aber … nichts anhaben kann». Ein großer Teil der Luftkämpfe entwickelte sich 1940 deshalb bei herrlichem Sommerwetter über der «Hellfire Corner» im südlichen Teil der Grafschaft Kent in der Gegend von Folkestone, Dover und Lympne, die Frankreich am nächsten ist. Auf beiden Seiten starben über der Hellfire Corner während der Luftschlacht mehr Jägerpiloten als über dem gesamten restlichen Gebiet Großbritanniens.[22] Die Kondensstreifen, die ihre Auspuffgase in jenem Sommer in den Himmel zeichneten – und die in Paul Nashs Gemälde *The Battle of Britain* (1941) so perfekt wiedergegeben sind –, hätte man als wunderschön empfinden können, wenn sie nicht Abbilder von mörderischen Gladiatorenkämpfen auf Leben und Tod gewesen wären. Die Zivilbevölkerung beobachtete sie vom Boden aus, und wenn ein deutsches Flugzeug abgeschossen wurde, brandete, wie einer dieser Zuschauer es ausdrückte, «ein Jubel auf, als wäre beim Pokalendspiel ein Tor gefallen».[23]

Die von Sydney Camm im Jahr 1934 entworfene Hurricane schoss im Verlauf der Luftschlacht sehr viel mehr deutsche Flugzeuge ab als alle anderen RAF-Flugzeugtypen zusammen. Sie erreichte auf einer Höhe von etwas mehr als 4900 Metern eine Spitzengeschwindigkeit von 520 km/h und war das erste britische Jagdflugzeug, das im Horizontalflug die Geschwindigkeitsmarke von 300 Meilen pro Stunde (480 km/h) übertraf.[24] Die Deutschen unterschätzten die Hurricane ganz erheblich, sie glaubten, dieser Flugzeugtyp sei der Me 110 unterlegen, was sich jedoch als falsch herausstellte. Die Maschine erwies sich auch als robuster als die Spitfire, blieb selbst bei stärkeren Beschädigungen noch flugfähig und war einfacher zu reparieren. Jeweils vier in die Flügel eingebaute 7,7-mm-(0,303 Zoll-)Browning-Maschinengewehre sorgten für eine massive Konzentration des Feuers außerhalb des Propellerradius. Doch die Piloten, die mit der von R. J. Mitchell entwickelten Spitfire flogen, sprachen in Bezug auf dieses Flugzeug auch später noch liebevoll über «sie», niemals über «es». «Sie war eine vollendete Lady», schwärmte Adolf «Sailor» Malan, ein Jagdfliegerass aus Südafrika. «Sie hatte keine Tücken. Sie war wunderbar positiv. Man konnte in den Sturzflug gehen, bis einem die Augen aus den Höhlen traten. ... Sie reagierte dennoch auf das leiseste Steuersignal.» Ein anderer Pilot stimmte dieser Feststellung zu: «Nichts in dieser Welt ist perfekt, aber die Spitfire kam der Perfektion sehr nahe.» Andere Namen, die für dieses Flugzeug erwogen wurden, waren «Shrew» («Spitzmaus») und «Snipe» («Schnepfe»), aber letztlich erwies sich das Wort «Spitfire» als wunderbar passend. Das seit dem Zeitalter Elisabeths I. dokumentierte Wort bezeichnete ursprünglich eine leidenschaftliche Persönlichkeit, war aber auch ein beliebter Name für Kriegsschiffe und Rennpferde und vereinigte die besten Eigenschaften aller drei hier genannten Bedeutungen auf sich. Mitchell starb 1937 im Alter von erst zweiundvierzig Jahren, so dass er selbst niemals erlebte, was die von ihm ersonnene Maschine in der Praxis leistete. Mit ihrem 1030 PS starken, flüssigkeitsgekühlten Rolls-Royce-Merlin-Motor, dem zweiflügeligen Holzpropeller, der kugelsicheren Windschutzscheibe, der erhöhten Kabinenhaube, die eine bessere Rundumsicht bot, den elliptischen Tragflächen und den bis zum Zeitpunkt der Außerdienststellung im Jahr 1955 insgesamt einundzwanzig Versionen bei mehr als 20 000 produzierten Maschinen verdiente sich die Spitfire voll und ganz die Lobgesänge ihrer Piloten, die von «meiner persönlichen Schwalbe» und von der «fabelhaften Spitfire» schwärmten.[25] Hätte der Krieg zum ursprünglich von Hitler beabsichtigten Zeitpunkt begonnen, also während der Krise im Vorfeld des Münchener Abkommens, dann wäre er weitgehend ohne die Spitfire ausgetragen worden, denn das Luftfahrtministerium hatte zwar schon 1936 310 Maschinen dieses Typs bestellt, aber bis Mitte 1938 war noch kein einziges Exemplar ausgeliefert worden.

Es war Dowding, der das Luftfahrtministerium davon überzeugte, die Hurricane- und Spitfire-Maschinen mit kugelsicheren Plexiglas-Scheiben ausstatten zu lassen. «Wenn Gangster in Chicago für ihre Autos kugelsichere Scheiben bekommen können», ließ er das Ministerium wissen, «sehe ich keinen Grund dafür, warum meine Piloten nicht genauso gut ausgerüstet werden können.» Die Rückseite der Pilotensitze war ebenfalls durch eine Panzerplatte geschützt, aber die Piloten selbst saßen nach wie vor nur ein ganz kurzes Stück von knapp 400 Litern hochwertigem Treibstoff entfernt.[26] Group Captain (Oberst) Peter Townsend, eines der RAF-Jagdfliegerasse, erinnerte sich:

> In dem Irrsinn, der uns im Kampf befiel, schlugen unsere Herzen schneller, und die Anspannung wurde rasend. Doch gleichzeitig stumpfte die Übermüdung auch die Gefühle ab und umnebelte das Denken. Leben und Tod hatten ihre Bedeutung verloren. Der Wille spitzte sich auf einen einzigen, wilden Wunsch zu, den Gegner zu packen und ihn vom Himmel zu holen.[27]

Am 13. August 1940, dem «Adlertag», flog die Luftwaffe die gewaltige Zahl von 1485 Einsätzen über Großbritannien, aber 46 deutsche Flugzeuge wurden abgeschossen, während die RAF nur 13 Maschinen verlor (wobei sechs Piloten überlebten); am darauffolgenden Tag büßte die Luftwaffe 27 Flugzeuge ein, die RAF dagegen nur 11. Diese Angaben lassen die Zahl der deutschen Bomber unberücksichtigt, die zwar zurückkamen, aber so stark beschädigt waren, dass eine Reparatur nicht mehr in Frage kam, und auch die toten und verletzten Besatzungsmitglieder sind nicht erfasst. Ein offensichtlicher Vorteil für die RAF war, dass Piloten, die einen Abschuss überlebten, oft schon am gleichen Tag wieder in der Luft waren, während abgeschossene deutsche Piloten in britische Gefangenschaft gerieten oder, im schlimmeren Fall, im Ärmelkanal niedergingen. Eine Landung auf dem Wasser galt im Vergleich zum Fallschirmabsprung über dem Meer als der etwas günstigere Fall, weil dem Piloten nach der Wasserung noch etwa vierzig Sekunden blieben, um das Cockpit zu verlassen, bevor das Flugzeug versank. Der «Kanalkampf», wie diese Phase der Luftschlacht genannt wurde, war insgesamt gesehen, allem Heroismus und vermeintlicher Ritterlichkeit zum Trotz, ein für beide Seiten entsetzlicher Kampf mit verheerend hohen Verlusten.

Ein großes Problem für die Luftwaffe war, dass ihr eigener Nachrichtendienst die britischen Verlustzahlen gewaltig übertrieb, was letztlich katastrophale Folgen hatte. Der Dienst bezog seine Informationen von nicht weniger als zehn verschiedenen Institutionen, von denen mehrere politisch miteinander verfeindet waren.[28] Die von Oberst «Beppo» Schmid geleitete Luftwaffen-Nachrichteneinheit schätzte, dass in der Zeit vom 1. Juli bis zum 15. August 1940 574 RAF-Maschinen durch eigene Jagdflieger, Flugabwehrfeuer oder am Boden zerstört und weitere 196 durch Bruchlandungen und Unfälle irreparabel beschädigt wurden, ging also von insgesamt 770 ausgeschalteten britischen Maschinen aus. Da Schmid annahm, dass die RAF am 1. Juli nur über 900 einsatzfähige Maschinen verfügt hatte und die Briten pro Monat 270 bis 300 neue Jagdflugzeuge herstellten, schätzte er die Zahl der verbliebenen Maschinen auf nur noch 430, was bei einer einsatzfähigen Quote von 70 Prozent zu einer Zahl von rund 300 verbliebenen Jägern führte.[29] Der Nachrichtendienstmann lag bei nahezu jeder einzelnen Position hoffnungslos falsch.

Die RAF hatte im fraglichen Zeitraum in Wirklichkeit nur 318 Flugzeuge verloren. Außerdem hatten Beaverbrooks Fabriken, angespornt durch seine Unterstützung und gelegentlich auch seinem Zorn ausgesetzt, in diesen sechs Wochen 720 Flugzeuge produziert, sehr viel mehr als von Schmid geschätzt. «Ich brauche mehr Flugzeuge», sagte Beaverbrook, der im August 1940 ins Kriegskabinett aufgenommen wurde. «Und mir ist egal, wessen Herz dabei gebrochen oder wessen Stolz verletzt wird.» Das Fighter Command ging am 1. Juli mit 791 modernen, einmotorigen Jagdmaschinen in diesen Kampf, mit einer Zahl also, die um mehr als 100 unter den deutschen Schätzungen lag, verfügte aber am 15. August über insgesamt 1065 Hurricanes, Spitfires und Defiants (Tiefdecker-Maschinen mit 1030-PS-Motor), und die Quote der einsatzfähigen Maschinen lag bei 80 Prozent. Nicht mitgerechnet waren dabei 289 in Reserve gehaltene und 84 für Ausbildungseinheiten abgestellte Maschinen. Als Schmid die Zahl der noch verfügbaren RAF-Jäger auf nur 430 schätzte, war sie also in Wirklichkeit mit insgesamt 1438 Maschinen mehr als dreimal so hoch.[30]

Schmids Zählproblem hatte weniger mit vermeintlichen Prahlereien oder Übertreibungen der deutschen Piloten zu tun, die ihre «Abschüsse» bei der Rückkehr von den Einsätzen an die Nachrichtendienst-Offiziere der Luftwaffe meldeten, als vielmehr damit, dass sie sehr oft einfach nicht die Zeit hatten, sich des Endes eines Gegners zu versichern, weil sie, sobald sie einen Widersacher losgeworden waren, sofort in den nächsten Luftkampf verwickelt wurden. Rauch oder sogar Flammen, die am Himmel über Südengland aus dem Flugzeug eines Verteidigers schlugen, bedeuteten keineswegs immer die Vernichtung der Maschine und ihres Piloten. Wie auch immer die falschen Zahlen zustande gekommen waren: Schmids massive Fehlberechnungen sollten die Piloten der Luftwaffe letztlich demoralisieren, denn ihnen hatte man erzählt – bevor sie in einer späteren Phase der Luftschlacht Bomber zu ihren Einsätzen eskortierten –, sie hätten jetzt nur noch geringen Widerstand zu erwarten. Aber in Wirklichkeit warf sich ihnen regelmäßig eine Welle von RAF-Jagdflugzeugen nach der anderen entgegen. Die Radartechnik, die

Flugzeug-Beobachter des Observer Corps, die Entzifferung von Verschlüsselungen durch die Government Code and Cypher School (GCCS) in Bletchley Park in Buckinghamshire und das Y Department des Bomber Command, das den deutschen Telegrafen-Nachrichtenverkehr abhörte, sorgten dafür, dass es nahezu jeder deutsche Bomberangriff während der Luftschlacht mit Abfangjägern zu tun bekam.

Die dritte Phase der Luftschlacht wurde am 24. August eingeleitet, als die Luftwaffe damit begann, ihre Bombardements auf die weiter landeinwärts gelegenen großen Stützpunkte der RAF zu konzentrieren. Das war die für Großbritannien gefährlichste Phase. Wäre es der deutschen Luftwaffe gelungen, die Flugplätze auch nur für einen kurzen Zeitraum unbenutzbar zu machen, und hätte sie danach ihre Angriffe auf die britische Home Fleet konzentrieren können, wäre ein Invasionsversuch vielleicht möglich gewesen, vor allem dann, wenn er von groß angelegten Fallschirmjägerangriffen auf die Flugplätze begleitet worden wäre. Für diese Angriffe wurden oft 80 bis 100 Bomber mit einem Geleitschutz von 100 Jagdflugzeugen eingesetzt, und innerhalb einer Woche waren die RAF-Stützpunkte in Biggin Hill, Manston, Lympne, Hawkinge und an anderen Orten entweder schwer beschädigt oder ausgeschaltet.

Die Luftwaffe flog am 30. August 1345 Einsätze über Großbritannien, und am darauffolgenden Tag waren es sogar noch mehr. Das Fighter Command verlor allein am 31. August 39 Maschinen. In jenem Monat beendeten 260 RAF-Piloten ihre Ausbildung, während im gleichen Zeitraum 304 ihrer Kameraden getötet oder verwundet worden waren.[31] Dieses Verhältnis von Verlusten und Neuzugängen hätte eindeutig zu einer Niederlage geführt, wenn es der Luftwaffe gelungen wäre, ihre verheerenden Angriffe auf die britischen Stützpunkte fortzuführen. Manche RAF-Piloten wurden jetzt nach einer nur 20-stündigen Ausbildung ins Gefecht geschickt. Ende August waren 11 der 46 RAF-Majore und 39 der 97 Oberstleutnante getötet oder verwundet. In dieser Zeit entstanden einige außergewöhnliche Geschichten, die von Heldentum und Pflichterfüllung handeln. Ein Spitfire-Historiker berichtet über das neuseeländische Fliegerass Al Deere, einen Piloten, der bis Ende August 1940 siebzehn Feindflugzeuge abschoss und im gleichen Zeitraum «sieben Mal abgeschossen wurde, sich drei Mal mit dem Fallschirm rettete, ein Mal mit einer Me 109 kollidierte, eine seiner Spitfires [auf einem Flugplatz] durch eine Bombe verlor, die 150 Yards von ihm entfernt einschlug, und eine weitere seiner Maschinen explodierte nur wenige Sekunden nachdem er sich aus den Trümmern gerettet hatte».[32]

Neben der Ungewissheit um Sieg oder Niederlage im Kampf mit der RAF hatte Adolf Hitler am 31. August, einem Samstag, auch noch Ärger mit seinem Hauspersonal. Hauptsturmführer Max Wünsche, sein Adjutant auf dem Berghof, schrieb an jenem Tag an Heinrich Himmler in Berlin, dass zwei von Hitlers Hausdienern auf dem Obersalzberg, Hauptscharführer Wiebiczeck und Oberscharführer Sander, wegen Diebstahls entlassen und nach Dachau gebracht worden seien. Hitler hatte zu diesem Zeitpunkt noch nicht über ihre Haftdauer im Konzentrationslager entschieden.[33] Über das letztliche Schicksal der beiden Männer ist nichts bekannt, aber man kann sicherlich davon ausgehen, dass Adolf Hitler nicht viel Mitgefühl für Menschen aufbrachte, die ihn bestahlen.

Gerade jetzt, als das Fighter Command an seine Belastungsgrenzen geriet, etwa zwei Monate vor dem Zeitpunkt, zu dem das Herbstwetter den Ärmelkanal für die Landungsboote und Lastkähne, die von der Kriegsmarine an der Gegenküste zusammengezogen wurden, unpassierbar machte, begingen die Deutschen einen strategischen Kardinalfehler. Mitten in dieser Luftoffensive verlegten sie ihren Angriffsschwerpunkt von den britischen Flugplätzen auf die Städte. Diese entscheidende Änderung verschaffte der britischen Jägerflotte die überlebenswichtige Atempause, in der sie ihre schwer beschädigten Stützpunkte wieder instandsetzen konnte. Die Entscheidung Hitlers und Görings, das Angriffsziel zu ändern, war in erster Linie politisch motiviert. Sie gingen in eine Falle, die Churchill, der auf die Nazi-Psychologie setzte, ihnen gestellt hatte. Mit dem Nationalsozialismus untrennbar verbunden war eine rigorose Intoleranz gegen jede Art von Widerspruch. Meinungsvielfalt und eine Diskussionskultur waren kein Thema für eine politische Gesinnung, die uneingeschränkt auf der vermeintlichen Allwissenheit und Unfehlbarkeit des «Führers» beruhte. Dann griff die RAF, als Reaktion auf die Bombardierung der Londoner City durch eine einzige He-111-Maschine am 24. August (was möglicherweise versehentlich geschah, weil sie sich verflogen hatte), am 25., 28. und 29. August Berlin an – anfangs mit 81 Bombern. Und nun erwiesen sich Hitlers Versprechungen an das deutsche Volk, man werde die eigene Hauptstadt schützen, auf die allerdeutlichste Art und Weise als wertlos. Hitlers Reaktion war unvermeidlich, und sie war von irrationalem Zorn bestimmt, denn am 4. September 1940 versprach er den Deutschen in seiner Rede zur Eröffnung des «Kriegswinterhilfswerks» im Berliner Sportpalast: «Wenn sie erklären, sie werden unsere Städte in großem Ausmaß angreifen – wir werden ihre Städte ausradieren!»[34] Doch mit der Verlegung der Luftangriffe von den Militärflugplätzen auf die Städte beging Hitler einen kapitalen Fehler, genauso wie der Anhaltebefehl für die Panzertruppen vor Dünkirchen am 24. Mai.

Die vierte Phase der Schlacht begann also am Spätnachmittag des 7. September, einem Samstag, mit einem massiven Angriff auf die Londoner Hafenanlagen. 350 Bomber, begleitet von 350 Jagdflugzeugen, warfen eine Bombenlast von mehr als 300 Tonnen ab. «Schickt alle Löschfahrzeuge, die ihr habt», meldete ein Feuerwehrmann an seine Einsatzzentrale. «Die ganze verdammte Welt brennt.» Weil dieser Angriff bei Ebbe erfolgte, war der Wasserstand der Themse niedrig, das Pumpen war entsprechend schwierig, und ein Gemisch aus brennendem Benzin, Zucker und Rum aus zerstörten Lagerhallen setzte den Fluss in Brand. Es war der erste große und zugleich auch der schlimmste Angriff auf London während des achtmonatigen «Blitz», des deutschen Bombenkriegs gegen Großbritannien (nicht zu verwechseln mit dem «Blitzkrieg»); nach zeitgenössischen Schätzungen richtete das Inferno an jenem einen Tag größere Schäden an als das Great Fire of London, der große Stadtbrand vom September 1666.[35] Die Luftwaffe griff noch am Abend und in der Nacht – von etwa 20.30 Uhr bis 4 Uhr morgens – mit weiteren 247 Flugzeugen an, die 352 Tonnen hochexplosiven Sprengstoffs und 440 Behälter mit Brandbeschleunigern abwarfen. «Jeder Beteiligte [war sich wohl] der Bedeutung der Stunde bewusst», erinnerte sich Adolf Galland an jenen ersten Angriff, denn die gewaltigen Hafenanlagen in der Hauptstadt der damals bedeutendsten Seehandelsnation der Welt begannen zu brennen. Die Tapferkeit der Feuerwehrleute wurde in Humphrey Jennings' Film *Fires Were Started* (1943) angemessen dargestellt, und auch der Heldenmut der Bomben-Entschärfungstrupps ist ehrfurchtgebietend. Der Angriff war so massiv, dass die Home Guard zu dem Schluss kam, die Invasion sei bereits im Gang, das Codewort «Cromwell» ausgab, mit dem alle Soldaten mobilisiert wurden, und als Alarmsignal die Kirchenglocken läuten ließ. «Wenn es jemals eine Zeit gab, in der man das Leben wie ein lose sitzendes Kleidungsstück tragen sollte, dann ist sie jetzt gekommen», schrieb General Raymond Lee, der amerikanische Militärattaché in London.

Flight Lieutenant (Hauptmann) Robert Wright, Dowdings persönlicher Assistent, erinnerte sich: «Die Deutschen flogen den schwersten Luftangriff, den wir je erlebt hatten, aber dieser Angriff richtete sich nicht gegen die Flugplätze, er galt London. Also gab uns das die Gelegenheit, uns zusammenzureißen, Schäden zu reparieren, und, was am allerwichtigsten war, es gab den Piloten die Gelegenheit, sich ein bisschen auszuruhen.»[36] Die Bombentrichter auf den Rollfeldern wurden aufgefüllt, Flugzeuge in Hangars repariert, die nicht mehr selbst durch unmittelbar bevorstehende Bombenangriffe bedroht waren, und Kontroll- und Kommunikationseinrichtungen, die in den vergangenen zwei Wochen beschädigt worden waren, wurden wieder einsatzbereit gemacht. Innerhalb relativ kurzer Zeit hatte die bis dahin unter enormem Druck stehende RAF an fast allen besonders wichtigen Stützpunkten wieder ihre volle Kampfstärke erreicht, und die Fabriken lieferten ihr mehr Flugzeuge, als Piloten zur Verfügung standen. Am Ende der Luftschlacht um England verfügte die RAF – trotz der hohen Verluste – über mehr einsatzbereite Jagdflugzeuge als zu Beginn der Kämpfe.

Mitte September 1940 fielen Bomben auf das Londoner West End, auf die Downing Street, den Buckingham-Palast, das Oberhaus, auf die Law Courts und acht von Christopher Wren erbaute Kirchen. Hitler besichtigte während des gesamten Krieges keinen einzigen Luftwaffenstützpunkt und auch keinen von einem Bombenangriff getroffenen Ort – vielleicht weil er sich davor fürchtete, in aller Öffentlichkeit auch mit Misserfolgen und Rückschlägen in Verbindung gebracht zu werden –, doch Churchill, König George VI. und seine Gattin Elizabeth taten das regelmäßig und wurden dabei oft bejubelt. (Churchill erntete allerdings bei mindestens einem Besuch Buhrufe von Bombenopfern, denen die örtlichen Behörden nicht schnell genug ein Dach über dem Kopf besorgt hatten.) General Lee hielt am 11. September in seinem Tagebuch fest, dass bei der zentralen Luftschutzbehörde (Air Raid Precautions, ARP) und im Civil Commissioner Headquarters[37] keine Fensterscheibe mehr heil sei, aber der tief unter der Erde eingerichtete, gegen Gasangriffe gesicherte und mit einer Klimaanlage ausgestattete Arbeitsbereich funktioniere weiterhin «völlig unbeeinträchtigt». Am Ovington Square in Knightsbridge fiel ihm auf, dass bei zwei Häusern «die Fassade weggesprengt war und

Bilder und Teppiche verloren an der frischen Luft hingen». Die Londoner City hatte schwer gelitten, und die Threadneedle Street war durch einen «riesigen Krater» direkt vor der Bank of England abgeschnitten. Noch schlimmer waren die Schäden im Stadtteil Whitechapel und in den Docklands. «Wenn eine Bombe eines dieser trostlosen Ziegelsteinhäuser trifft, fährt sie in den Boden, reißt dort ein großes Loch, und die ganzen armseligen Trümmer fallen in dieses Loch», hielt der Beobachter fest. Er schrieb auch, dass die Menschen zwar «in den Trümmerhaufen stöberten, um zu retten, was noch zu retten war», aber dennoch «beklagte sich niemand», und ein Arbeiter sagte ihm: «Wir wollen nur wissen, ob wir Berlin bombardieren. Wenn die genauso viel oder noch mehr abbekommen als wir, halten wir durch.»[38]

Hitler sagte nach Halders Bericht am 14. September 1940 bei einer «Führerbesprechung»: «Erfolgreiche Landung mit folgender Besetzung würde den Krieg in kürzester Frist beenden. England würde verhungern.»[39] An jenem Tag richteten sich die Bombenangriffe gegen das schottische Industriegebiet am River Clyde. Insgesamt kam es in der Zeit vom 7. September 1940 bis zum 16. Mai 1941, dem Ende dieses ersten Zeitraums im Luftkrieg gegen Großbritannien, zu einundsiebzig Großangriffen auf London – damit sind Attacken gemeint, bei denen mehr als 100 Tonnen Sprengstoff abgeworfen werden –, zu jeweils acht Bombardements von Liverpool, Birmingham und Plymouth, sechs Attacken auf Bristol, fünf auf Glasgow, vier auf Southampton, drei auf Portsmouth und zu mindestens einem Angriff auf weitere acht Städte. Der «Blitz» ist deshalb etwas anderes als die Luftschlacht um England, hat aber mit ihr zu tun. Der Beginn des «London Blitz» noch während der Luftschlacht um England ermöglichte der RAF den Sieg im Luftkrieg, obwohl der «Blitz» auch nach diesem Sieg noch lange weiterging. Auf London gingen in diesen Monaten insgesamt 18 291 Tonnen Sprengstoff nieder, jeweils mehr als 1000 Tonnen fielen auf Liverpool, Birmingham, Plymouth und Glasgow, und in anderen britischen Städten waren es zwischen 578 und 919 Tonnen.[40] Das Luftalarmsystem war jedoch so gut organisiert, dass die tägliche Zahl der Todesopfer nur sehr selten einmal 250 überschritt (im Gegensatz zu deutschen Städten, in denen später oft eine vielfache Zahl von Menschen bei einem einzigen Angriff verbrannte).[41]

Großbritannien verfügte im Juli 1940 zwar über 1200 schwere Flakgeschütze und 3932 Suchscheinwerfer (elf Monate später lagen die entsprechenden Zahlen dann bei 1691 und 4532), aber sie waren nur von begrenztem Nutzen, mit einer Ausnahme: Sie zwangen die deutschen Angreifer, in größeren Höhen einzufliegen, als für ein zielgenaues Bombardement ideal war. Insgesamt gingen bei «Blitz»-Nachtangriffen mehr deutsche Bomber durch Flugunfälle verloren als durch Flakfeuer oder Attacken von britischen Nachtjägern.[42] Die Flak (umgangssprachlich «Ack-Ack» genannt) gab den Zivilisten, die in umgebauten Kellern, Londoner U-Bahn-Stationen, öffentlichen Luftschutzräumen und im Garten eingegrabenen privaten «Anderson-Unterständen» Schutz suchten, dennoch das Gefühl, dass Großbritannien zurückschlug. Das stärkte die allgemeine Moral. (Überraschend ist folgende Zahl: Zwar verließen zwei Millionen Menschen London während der Zeit des «Blitz», doch 60 Prozent derjenigen, die blieben, schliefen lieber in ihren Betten, anstatt die Luftschutzräume aufzusuchen.)[43]

Hitlers Absichten wurden in einem Monolog deutlich, den er seinem Chefarchitekten (und späteren Rüstungsminister) Albert Speer 1940 bei einem Abendessen in der Reichskanzlei vortrug und in dem er sich, nach Speers Schilderung, «in einen Zerstörungsrausch» hineinredete:

> Haben Sie einmal eine Karte von London angesehen? Es ist so eng gebaut, dass ein Brandherd allein ausreichen würde, die ganze Stadt zu zerstören, wie schon einmal vor über 200 Jahren. Göring will durch zahllose Brandbomben mit einer ganz neuen Wirkung in den verschiedensten Stadtteilen von London Brandherde schaffen. Überall Brandherde. Tausende davon. Die werden sich dann zu einem riesigen Flächenbrand vereinigen. Göring hat dazu die einzig richtige Idee: Die Sprengbomben wirken nicht, aber mit den Brandbomben kann man das machen: London total zerstören! Was wollen die noch mit ihrer Feuerwehr ausrichten, wenn das erst einmal losgeht?[44]

Das mag zunächst zwar wie die Tirade eines krankhaften Pyromanen anmuten, aber hinter der Konzentration von Brandbomben anstelle von hochexplosiven Sprengbomben steckt eine gewisse Logik, wie Hitler später, bei der Bombardierung Hamburgs im Juli 1943, noch feststellen sollte.

Die Moral der Bevölkerung war offensichtlich von entscheidender Bedeutung, wenn Großbritannien unter der Belastung, dem Schmerz und dem Grauen der nächtlichen Bombardements nicht in die Knie gehen sollte. Der Korvettenkapitän John McBeath, Kommandant des Zerstörers

Venomous, der Soldaten des Britischen Expeditionskorps aus Dünkirchen evakuiert hatte, erinnerte sich an die Haltung der Offiziere unter den Evakuierten: «Sie waren natürlich deprimiert, weil sie vom europäischen Festland vertrieben worden waren, aber keiner dachte auch nur daran, dass man besiegt worden sei. Es hieß einfach nur: ‹Na ja, nächstes Mal kriegen wir sie.›»[45] Doch wie konnte es wohl ein nächstes Mal geben, wenn Hitler jetzt der unbestrittene Herrscher auf dem europäischen Festland war, von Saint-Jean-de-Luz an der französisch-spanischen Grenze im Süden bis nach Narvik im Norden und von Cherbourg im Westen bis nach Lublin im Osten? Es klingt zwar nicht besonders logisch, doch in Großbritannien gab es damals trotzdem das Gefühl, dass die Fortsetzung des Kampfes ohne Verbündete auf dem europäischen Festland fast eine Erleichterung sei. Der Schriftsteller und Theaterautor J. B. Priestley erinnerte sich an eine Stimmung des «Wir sind jetzt allein, und wir können diesen Krieg wirklich weiterführen».[46] Der König war der gleichen Ansicht und sagte am 27. Juni 1940 zu seiner Mutter: «Ich selbst bin jetzt zufriedener, weil wir keine Verbündeten mehr haben, zu denen wir höflich sein und die wir hätscheln müssen.»[47]

Die britischen Behörden versuchten die Moral der Nation zu stärken, indem sie feinfühlig mit den Informationen umgingen, die sie an die Öffentlichkeit gaben, mit Sicherheit sehr viel weniger aufdringlich als die prahlerischen Lügen, die Joseph Goebbels' gewaltige Propagandamaschine in Deutschland allabendlich verkündete. Die britischen Berichte sparten die eigene Verwundbarkeit nicht aus, etwas, was dem nationalsozialistischen Selbstbild völlig fremd war. Die Lieder jener Zeit waren keineswegs durchweg hurrapatriotisch gestimmt: Anne Sheltons unter die Haut gehende Ballade «I'll Be Seeing You» konnte sich auf einen toten, aber ebenso gut auch auf einen abwesenden Geliebten beziehen; Flanagans und Allens sanftes «Run, Rabbit, Run» drückte die Hoffnung aus, dass das Kaninchen dem Kochtopf des britischen Bauern entgehen würde; Vera Lynn wusste nicht, wo oder wann sie ihren Mann wiedersehen würde, eben nur «some sunny day». Der Film *Waterloo Bridge* (1940; dt. Titel, 1949: *Ihr erster Mann*) mit den Hauptdarstellern Vivien Leigh und Robert Taylor war eine nachdrückliche Verteidigung britischen Anstands und britischer Werte. Die Geschichte spielt fast vollständig als Rückblende vor dem zeitlichen Hintergrund des Ersten Weltkriegs: Die bildhübsche Tänzerin Myra verliebt sich in den forschen Aristokraten

Roy Cronin, einen Armee-Hauptmann, rutscht aber, nachdem er in den Krieg gezogen und sein Tod im Kampf gemeldet worden ist, in die Prostitution ab. Als er überraschend doch noch zurückkehrt und sein Eheversprechen erneuert, begeht sie Selbstmord, weil sie die Ehre der Familie und des Regiments ihres Verlobten nicht beschmutzen will. Die drei Offiziere der Rendellshire Fusiliers, die in dem Film auftreten, sind allesamt Vorbilder an Anstand, Liebenswürdigkeit und Mut (der Held war für seinen Einsatz in der Schlacht von Cambrai mit dem Military Cross ausgezeichnet worden, der dritthöchsten Tapferkeitsauszeichnung der britischen Armee).

Der Film *Mrs. Miniver*, der sich mit den Ereignissen von 1940 beschäftigt, wurde 1942 gedreht. Die gleichnamige Heldin, gespielt von Greer Garson, ist mit einem Architekten verheiratet (Walter Pidgeon). Die Szenen stoischer Pflichterfüllung – Mr. Miniver steuert sein kleines Schiff nach Dünkirchen, seine Frau entwaffnet einen verletzten deutschen Piloten, der Sohn des Ehepaars geht zur RAF, und das Haus der Familie wird bombardiert – spielen das mit dem Krieg verbundene Leid nicht herunter, insbesondere wenn der Tod der hübschen jungen Schwiegertochter der Minivers gezeigt wird, die, gerade aus den Flitterwochen zurückgekehrt, durch einen Tiefffliegerangriff getötet wird. In der Schlussszene, in der während des sonntäglichen Gottesdienstes Flugzeuge der RAF durch das ausgebombte Kirchendach zu sehen sind, sagt der Pfarrer: «Dies ist nicht nur ein Krieg der Soldaten in Uniform, es ist ein Krieg des Volkes, des ganzen Volkes. ... Dies ist unser Krieg. Führt ihn jetzt.» Die Zivilbevölkerung bewies in der Zeit des «Blitz» eine großartige Moral, und «als das Gallup-Institut Anfang 1941 eine Meinungsumfrage unter den Einwohnern Londons erhob, was sie in diesem Winter am meisten bedrückte, nannten die meisten zuerst das Wetter und dann den Bombenkrieg».[48]

Die Zerstörung der Stadt Coventry musste von der Propaganda nicht besonders angeprangert werden, für viele Briten wurde sie nach einem Angriff von 500 deutschen Bombern am Abend des 14. November 1940 zum Symbol für den «Blitz». Die Zahl der Getöteten und Verwundeten (380 beziehungsweise 865) war zwar gering im Vergleich zu dem, was Deutsche, Sowjetbürger und Japaner später in diesem Krieg zu erdulden hatten – und bei Luftangriffen auf Deutschland kamen mehr Soldaten der RAF ums Leben als Zivilisten durch den «Blitz» –, aber die Tatsache, dass dies so früh in diesem Konflikt geschah, machte den Angriff zu einem machtvollen Symbol für Hitlers Rücksichtslosigkeit.

Die Luftschlacht um England erreichte ihren Höhepunkt am 15. September 1940, der, worauf Churchill hinwies, wie schon die Schlacht bei Waterloo auf einen Sonntag fiel. Der Kampf begann mit einem Großangriff auf London, bei dem 100 Bomber und 400 Jagdflugzeuge eingesetzt wurden, aber er endete mit dem Abschuss von 56 deutschen Flugzeugen, während die RAF nur 26 Maschinen verlor (andere Berichte sprechen, je nach den zugrunde gelegten Kriterien, von 61 beziehungsweise 29 Maschinen, aber die wichtigste Zahl, das Verhältnis der Verluste, ändert sich dadurch kaum).[49] «Wie viele Reserven haben wir noch?», fragte der Premierminister den aus Neuseeland stammenden Air Vice-Marshal (Generalmajor) Keith Park auf dem Höhepunkt des Kampfgeschehens. «Keine mehr», lautete die Antwort. Mit Blick auf das spätere Kriegsgeschehen waren diese Verlustzahlen zwar unbedeutend – bei der Schlacht um die Marianen wurden 1945 beispielsweise an einem einzigen Tag 400 japanische Flugzeuge abgeschossen –, doch schon 1940 waren sie für die Deutschen nicht völlig auszugleichen.

Nach dem 15. September – der heute in Großbritannien als der «Battle of Britain Day» gefeiert wird – sank die Kampfmoral der deutschen Luftwaffe. Galland schrieb später:

> Das Ausbleiben greifbarer Erfolge, ständig wechselnde, keine klare Zielstrebigkeit verratende Einsatzziele, offenbare Fehlbeurteilung der Lage durch die Führung und ungerechtfertigte Vorwürfe waren bei der ununterbrochenen körperlichen und geistigen Anspannung für uns Jagdflieger wohl das Zermürbendste. Wir haderten mit der Führung, mit den Bombern, mit den Stukas, mit den Zerstörern, mit uns selbst. Wir sahen einen Kameraden nach dem anderen, alte bewährte Kampfgefährten, aus unseren Reihen verschwinden.[50]

Göring fragte Galland bei einem Treffen in Carinhall,[51] was er für die Luftschlacht am dringendsten brauche. Als das hochdekorierte Fliegerass, das nach seinem 40. Luftsieg am 24. September über der Themsemündung das Eichenlaub zum Ritterkreuz erhalten hatte, darauf erwiderte: «Ich bitte um Ausrüstung meines Geschwaders mit Spitfires», verschlug das «selbst Göring die Sprache», und der Reichsmarschall «stampfte grollend von dannen.»

Insel der letzten Hoffnung

Ein Sturzkampfbomber des Typs Ju 87 warf Bomben mit einer Wucht, die einem fünf Tonnen schweren Lastwagen entsprach, der mit 100 Stundenkilometern gegen eine Ziegelsteinmauer fährt, aber das reichte längst nicht aus, um eine riesige Stadt wie London, die Hauptstadt des Britischen Empires, in die Knie zu zwingen. Die Stukas waren, wenn sie nicht gerade Bodentruppen bei einem Blitzkrieg-Feldzug direkt unterstützten, den britischen Jägern an Geschwindigkeit und Manövrierfähigkeit unterlegen und deshalb eine relativ leichte Beute für die Hurricanes und Spitfires. Die Klagen von Gallands Kameraden über «die Bomber und die Stukas» bezogen sich auf die Tatsache, dass die Deutschen zu diesem Zeitpunkt nicht über einen wirksamen Langstreckenbomber verfügten, denn die Heinkel 177 war erst Anfang 1944 einsatzfähig. Der größte bei der Luftschlacht um England eingesetzte zweimotorige Bomber, die He 111, trug eine Bombenlast von bis zu 2000 Kilogramm, was zum damaligen Zeitpunkt zwar viel, aber im Vergleich zu den Bomben der Alliierten, die später über Deutschland abgeworfen wurden – manche davon wogen bis zu 10 Tonnen –, eher armselig war. Die schweren Luftangriffe auf London nach dem 7. September 1940 wurden größtenteils von Bomberverbänden mit fünfzig bis achtzig Maschinen geflogen, begleitet von Jägern, denen für Luftkämpfe über London höchstens fünfzehn Minuten Zeit blieben. Galland räumte außerdem bereitwillig ein, dass die Piloten der Royal Air Force, «unermüdlich und tapfer kämpfend, … in diesen für England wohl schwersten Zeiten des Krieges zweifellos die Retter des Vaterlandes geworden [sind]». Dennoch galt nach wie vor die Regel, dass es für außerordentlich tapferes Handeln Zeugen geben musste, bevor ein Victoria-Kreuz vergeben wurde, deshalb wurde dieser höchste britische Tapferkeitsorden während der Luftschlacht nur einmal verliehen. Die *London Gazette* schrieb über die Taten von Flight Lieutenant (Hauptmann) J. B. Nicholson:

> Die Maschine von Flight Lieutenant Nicholson erhielt bei einem Luftkampf mit dem Feind am 16. August in der Nähe von Southampton vier Treffer durch Bordwaffenbeschuss, von denen ihn zwei verwundeten, während ein dritter den Zusatztank in Brand setzte. Auch das Cockpit brannte, und Nicholson wollte gerade aussteigen, als er einen feindlichen Jäger entdeckte. Er griff diesen Gegner an und schoss ihn ab, obwohl er sich dabei in der eigenen brennenden Maschine schwere Verbrennungen an den Händen, im Gesicht, im Nacken und an den Beinen zuzog. Flight Lieutenant Nicholson hat

> den Luftkampf immer mit Begeisterung betrieben, und dieses Ereignis zeigt, dass er über ein hohes Maß an Mut und Entschlossenheit verfügt, da er den Feind weiterhin bekämpfte, nachdem er selbst verwundet und seine Maschine in Brand geschossen worden war. Er bewies außergewöhnliche Tapferkeit, ohne dabei auf sein eigenes Leben zu achten.[52]

In dem Bericht war nicht davon die Rede, dass Nicholson außerdem noch Schrotkugel-Verletzungen überlebte, als die Home Guard auf ihn schoss, weil sie ihn für einen feindlichen Fallschirmspringer hielt. Tragischerweise verschwand ein Liberator-Bomber mit Nicholson als Passagier am 2. Mai 1945 bei einem Flug über dem Golf von Bengalen und wird, mit allen Insassen, seitdem vermisst.

Ein weiterer Hinweis darauf, dass Großbritannien 1940 und 1941 nicht ganz alleine dastand, war die entscheidende Unterstützung durch ausländische Kampfflieger. Von den 2917 Piloten, die während der Luftschlacht um England für das Fighter Command kämpften, waren nicht weniger als 578 – ein Fünftel – keine Briten. Auf dieser Ehrenliste finden sich 145 Polen, 126 Neuseeländer, 97 Kanadier, 88 Tschechen, 33 Australier, 29 Belgier, 25 Südafrikaner, 13 Franzosen, 10 Iren, 8 Amerikaner, 3 Rhodesier und ein Jamaikaner.[53] Eine der nach der Statistik erfolgreichsten Einheiten in dieser Schlacht war die Staffel Nr. 303, die aus Polen bestand. Diese Männer wie auch die Tschechen waren besonders gnadenlose Piloten. Ihr Fanatismus wurde durch die Leiden ihrer Heimatländer unter deutscher Besatzung ebenso genährt wie durch das, was sie bei einer Niederlage Großbritanniens erwartete, des Landes, das polnische Offiziere als *Wyspa ostatniej nadziei* bezeichneten, als «die Insel der letzten Hoffnung». Und die mit der amerikanischen Neutralität verbundenen Einschränkungen waren damals beispielsweise so eng gefasst, dass Amerikaner, die sich im Ausland freiwillig zum Kriegsdienst meldeten, nach dem Citizenship Act von 1907 mit dem Verlust ihrer Staatsangehörigkeit sowie mit einer mehrjährigen Haftstrafe und einer Geldstrafe von 10 000 Dollar rechnen mussten. Acht Amerikaner schlossen sich dennoch der RAF an, aber nur einer von ihnen überlebte den Krieg: John Haviland von der Staffel Nr. 151, der das Fliegen während seines Studiums an der Nottingham University gelernt und bei seinem ersten Kampfeinsatz noch keine zwanzig Flugstunden mit einer Jagdmaschine absolviert hatte.[54]

Zwei Tage nach den schweren Verlusten der Luftwaffe am 15. September verschob Hitler das bereits auf den 27. September verlegte Unternehmen Seelöwe «bis auf weiteres».[55] Der letzte Tagangriff auf London erfolgte am 30. September, danach kam es allerdings noch zu einigen schweren Nachtangriffen. Der erste Tag, an dem auf keiner der beiden Seiten mehr Flugzeuge verlorengingen, war der 31. Oktober, und zu diesem Zeitpunkt konnte man die Luftschlacht um England mit Sicherheit bereits als beendet ansehen. Vier Tage später, am Montag, dem 4. November, heulten auch keine Luftschutzsirenen mehr, zum ersten Mal seit Juli. Großbritannien war jetzt vor einer Invasion sicher. Bis dahin war, jedoch eine Viertelmillion Menschen zeitweilig obdachlos geworden, 16 000 Häuser waren zerstört, weitere 60 000 unbewohnbar und 130 000 beschädigt. Und dennoch war die Moral der britischen Bevölkerung ungebrochen – obwohl sie sehr viel stärkeren Belastungen ausgesetzt worden war, als die zensierte und auch der Selbstzensur unterliegende Presse einräumen konnte –, denn man versuchte sich, das war der beliebteste Satz jener Zeit, weiterhin im «Business as usual». Ein offizielles Plakat der Regierung fasste diese Stimmung mit den folgenden Worten perfekt zusammen: «Keep Calm and Carry On» (Bleiben Sie ruhig und machen Sie weiter).

Der «Blitz» forderte unter der britischen Zivilbevölkerung 43 000 Tote, und weitere 51 000 Personen wurden schwer verletzt, aber nach dem September 1940 war die tödliche Gefahr für das Land gebannt, jedenfalls für den Augenblick.[56] Natürlich konnten das nur die wenigen Personen wissen, die zum Empfängerkreis der dechiffrierten deutschen Nachrichten gehörten, und weil die britische Regierung die Menschen in ständiger Bereitschaft halten wollte, blieben einfache britische Bürgerinnen und Bürger in höchstem Alarmzustand, bis Hitler die Bombardierungen einen Monat vor dem Überfall auf die Sowjetunion einstellen ließ. Seit Mai 1940 hatten die Deutschen insgesamt 1733 Flugzeuge verloren, auf Seiten der RAF waren es 915 Maschinen. Das war noch eine sehr bescheidene Zahl von Flugzeugen, wenn man sie mit den Verlusten vergleicht, die innerhalb weniger Jahre in der Sowjetunion und im Fernen Osten anfallen sollten. Aber zum damaligen Zeitpunkt genügte eine solche Bilanz, um die Luftschlacht zugunsten Großbritanniens zu entscheiden, was noch deutlicher wird, wenn man 147 Me 109 und 82 Me 110 hinzuzählt, die beim Frankreich-Feldzug verlorengingen. Es war der erste Kampf, bei dem die Alliierten die Deutschen besiegt hatten. Hitlers Forderung in seiner Weisung Nr. 16, «das englische Mutterland als Basis für die Fortführung des Krieges gegen Deutschland auszuschalten, und wenn es erforderlich werden sollte, in vollem Umfang zu besetzen», war erfolgreich abgewehrt worden, und Großbritannien sollte tatsächlich zu einer solchen Basis werden.

Auch Oberst Schmids Annahme, die RAF sei im Vergleich zur Luftwaffe klein, nahmen sich die Briten vor. Natürlich erhob der Premierminister die tapferen jungen Piloten zu Idolen und belohnte sie mit seinem kostbarsten Geschenk: mit einem unsterblichen Satz. Bei der Rückkehr vom Lagezentrum der RAF in Uxbridge im Westen Londons, wo er am 15. August den Verlauf der Luftkämpfe von Gruppe Nr. 11 direkt mitverfolgt hatte, hatte er zu seinem ranghöchsten Stabsoffizier, Generalmajor Hastings «Pug» Ismay, gesagt: «Niemals in der Geschichte menschlicher Kämpfe hatten so viele eine so große Dankesschuld an so wenige.» Er wiederholte diesen Satz fünf Tage später im Unterhaus und fügte bei dieser Gelegenheit noch hinzu: «Alle Herzen fliegen den Jäger-Piloten zu, deren glänzende Ruhmestaten wir Tag für Tag mit unseren eigenen Augen erblicken.»[57] Seine Worte trugen dazu bei, die Erinnerung an die Luftschlacht und das Heldentum «der wenigen» seit dieser Zeit im kollektiven Bewusstsein des britischen Volkes zu verankern.

Churchill wusste, dass das, was man damals die «Home Front» (Heimatfront) nannte, sehr viel effizienter organisiert werden musste, wenn Großbritannien diesen Konflikt überleben sollte, und so setzte seine Regierung radikale Veränderungen in der britischen Gesellschaft durch, die in einer Atmosphäre des nationalen Notstands auch allgemein akzeptiert wurden. Die Regierung Chamberlain hatte den dafür benötigten gesetzlichen Rahmen geschaffen: Die allgemeine Wehrpflicht war im April 1939 eingeführt worden, und das Notstandsgesetz (Emergency Powers [Defence] Act) vom August 1939 hatte der Regierung umfassende Machtbefugnisse verschafft. Churchill fügte diesem Gesetz im Mai 1940 einen neuen Unterabschnitt hinzu (mit der Nummer 18B[1A]), der ihm die Internierung von Faschisten ohne ordentliches Gerichtsverfahren und für die gesamte Kriegsdauer gestattete, was letztlich der Verhängung des Kriegsrechts über ganz Großbritannien gleichkam. Ihm missfiel das selbst, und er bezeichnete die Aussetzung der Habeas-Corpus-Akte als «in höchstem Maße widerwärtig» («in the highest degree odious»), aber er machte dennoch Gebrauch von den Machtbefugnissen, mit denen das Land der Einführung einer Diktatur so nahe kam wie seit Oliver Cromwells Zeiten nicht mehr.

Großbritannien importierte noch im Jahr 1939 70 Prozent seines gesamten Nahrungsmittelbedarfs; daher entschied der Appell, für «den Sieg zu graben» («Dig for Victory»), für die Seeleute der Handelsmarine, von denen 30 589 im Krieg umkamen, quasi über Leben oder Tod. Die landwirtschaftlich genutzte Fläche wurde um 43 Prozent erweitert, 2,8 Millionen Hektar Wiesen und Weideland wurden unter den Pflug genommen. Die Lebensmittelrationierung wurde eingeführt, die Verschwendung von Nahrungsmitteln faktisch abgeschafft und die Zahl der bewirtschafteten Schrebergärten auf 1,7 Millionen gesteigert – all dies sorgte dafür, dass die Lebensmittelimporte auf ein Minimum zurückgefahren werden konnten. Bei Kriegsende stammte etwa die Hälfte des britischen Zuckerverbrauchs aus heimischer Produktion, genug, um die gesamten nationalen Zuckerrationen abzudecken.[58]

Bei der organisatorischen Vorbereitung der britischen Wirtschaft auf den Krieg hatte die Regierung Chamberlain dagegen nur wenig erreicht. Im Mai 1940 gab es in Großbritannien immer noch mehr als eine Million Arbeitslose, und die Zahl der Erwerbstätigen hatte nur um 11 Prozent zugenommen, was weitgehend auf die Einstellung von Frauen in nahezu allen Erwerbszweigen mit Ausnahme der Schwerindustrie zurückzuführen war. In Abwesenheit der Kriegsdienst leistenden Männer übernahmen 80 000 Frauen der Women's Land Army vakante Stellen in Landwirtschaft und Gartenbau, und 160 000 Frauen ersetzten Männer in verschiedenen Transport-Dienstleistungsbereichen. Im Dezember 1943 sagte Churchill im Unterhaus:

> In der ganzen Zeit der schweren deutschen Luftangriffe auf dieses Land waren die Transportadern der Nation, die Eisenbahnen, mit ihren großen Verladeeinrichtungen intensiven Angriffen ausgesetzt. Allen Anstrengungen des Feindes zum Trotz rollt der Verkehr weiter, und der große Strom von Kriegsmaterial fließt. Ergebnisse von der Art, wie sie die Eisenbahn erzielt hat, sind nur möglich, wenn Blut und Schweiß vergossen werden.[59]

Ziemlich oft handelte es sich dabei um das Blut und den Schweiß von Frauen.

Eine derart revolutionäre Mobilisierung von Arbeitskräften war nur unter den Begleitumständen des totalen Krieges denkbar, und sie sollte die britische Gesellschaft dauerhaft verändern. Im Juni 1944 waren von insgesamt 16 Millionen Frauen im Alter von 14 bis 59 Jahren 7,1 Millionen für eine mit der Kriegführung verbundene Arbeit mobilisiert worden, einschließlich der Hilfsdienste, der Zivilverteidigung und der Munitionsindustrie, und 1,644 Millionen waren mit «besonders kriegswichtigen Arbeiten» beschäftigt, was die Männer für die Streitkräfte oder die Schwerindustrie freistellte. Die Beschäftigungsquoten für Männer lagen Ende 1944 in verschiedenen Bereichen des Dienstes an der Nation sogar noch höher, bei 93,6 Prozent der insgesamt 15,9 Millionen Männer im Alter von 14 bis 64 Jahren.[60] Trotzdem blieben noch 1,75 Millionen Männer, die Dienst in der Home Guard taten, weitere 1,75 Millionen dienten in der Zivilverteidigung (Civil Defence), und viele weitere übernahmen Aufgaben bei der Feuerwache (Fire Guard). Doch dies geschah, bei aller Begeisterung für notwendige Maßnahmen zur Verteidigung der Nation, nicht immer freiwillig: So wurde zum Beispiel im Dezember 1941 für Frauen die Zwangsverpflichtung zu Hilfsdiensten eingeführt, und das bedeutete, dass alle Frauen im Alter von 18 bis 60 Jahren, verheiratet oder ledig, zu Fabrikarbeit, Tätigkeiten bei den verschiedenen Hilfsdiensten oder in der Landwirtschaft verpflichtet werden konnten. Und von gleichem Lohn für gleiche Arbeit war dabei nicht die Rede.

Der Staat übernahm auch die Hauptrolle in dem gewaltigen Evakuierungsprogramm, das in Großbritannien in den Anfangsmonaten des Krieges ablief, dann abermals während des «Blitz» und noch später während der Angriffe mit V-1- und V-2-Raketen. In den Jahren von 1939 bis 1944 brachte man insgesamt mehr als eine Million Kinder aus den gefährdeten Städten fort und in die relative Sicherheit auf dem Lande, wo sie in vielen Fällen jahrelang bei völlig fremden Menschen lebten, weit weg von ihrem Heimatort. Es gibt zwar zahllose Geschichten über glückliche Evakuierte, aber Heimweh, Läuse, Langeweile, ängstliches Bettnässen und eine Kindheit, die man von den Eltern getrennt verbrachte, waren die traurigen Erfahrungen vieler britischer Kinder im Verlauf von Hitlers Krieg.

Das zwangsweise Tragen von Gasmasken, die Verdunkelung am Abend – «Machen Sie das Licht aus!», war der gewohnheitsmäßige Warnruf der Luftschutzhelfer – und die allnächtliche Zuflucht in Unterständen und Schutzräumen im eigenen Garten hinter dem Haus, in U-Bahn-Stationen und Kellern machen einen wesentlichen Teil der Kriegserinnerungen von Zivilisten aus. Das Gleiche gilt für die Rationierungen. Butter, Zucker, Schinken und Speck wurden bereits ab Januar 1940 rationiert, doch ab dem darauffolgenden Jahr musste die Zwangsbewirtschaftung auf nahezu alle Arten von Lebensmitteln erweitert werden, mit Ausnahme von Brot. Ein Teil der Bevölkerung hatte unter den Bedingungen der Zwangsbewirtschaftung in Kriegszeiten dennoch mehr zu essen als während der Weltwirtschaftskrise sechs Jahre zuvor – eine Anklage gegen die britische Gesellschaft der Dreißigerjahre.[61] Kleidung und Benzin waren rationiert, Seife und Wasser zum Waschen standen nur begrenzt zur Verfügung, und Altmetall wurde für den Flugzeugbau gesammelt. Für diejenigen Menschen, die von Natur aus zur Sparsamkeit neigten – sogar für die Geizhälse –, war der Zweite Weltkrieg ein Gottesgeschenk; für diejenigen, die sich an den angenehmen Seiten des Lebens erfreuten, etwa an Kosmetika und Seidenstrümpfen, war er eine lange Leidenszeit.

Wenn die Wahrheit traditionsgemäß «das erste Opfer des Krieges» ist, dann folgen geordnete finanzielle Verhältnisse an zweiter Stelle. Die britische Volkswirtschaft wurde durch die gewaltigen Kriegsausgaben fast in den Bankrott getrieben. Churchill bestand unbeirrt darauf, dass alle für die Landesverteidigung benötigten Ausgaben auch getätigt wurden, und dabei überging er die wiederholten Warnungen seiner Finanzminister Kingsley Wood (bis zu dessen Tod im Amt im September 1943) und John Anderson (Woods Nachfolger). Die Einkommensteuer wurde von 7 Schillingen und 6 Pence pro Pfund auf 10 Schillinge erhöht, das heißt: von 37,5 auf 50 Prozent, und viele Menschen erwarben National Savings Certificates zu patriotisch niedrigen Renditebedingungen. Die Gesamtzahl der Erwerbstätigen in sämtlichen produktiven Bereichen der britischen Volkswirtschaft (also mit Ausnahme der Streitkräfte, des Gesundheits- und Erziehungswesens und so weiter) ging im Verlauf des Krieges um 1,6 Millionen zurück.[62] Mehr als die Hälfte der britischen Industrieproduktion entfiel auf den Rüstungsbereich, und dadurch brachen die Exporte so weit ein, dass 1945 eine negative Handelsbilanz in Höhe von 1,04 Milliarden Pfund auflief, im Vergleich zu einem noch verkraftbaren Defizit von 387 Millionen Pfund jährlich in der Vorkriegszeit. Einigen Leuten in Whitehall war zwar bewusst, dass eine starke britische Volkswirtschaft selbst eine mächtige Kriegswaffe war. Doch die finanziellen

Einbußen, die sich dadurch ergaben, dass man einen so großen Teil der Bevölkerung von einer produktiven Beschäftigung fern- und dafür in Uniform halten musste, führten gemeinsam mit den Unkosten für den Kauf oder die Produktion von Kriegsmaterial in einer Zeit, in der auch die Einnahmen aus Personen- und Körperschaftssteuern zurückgingen, dazu, dass Großbritannien den größten Teil der finanziellen Reserven des Staates drangeben und in den Jahren von 1939 bis 1945 fast alle staatlichen Vermögenswerte im Ausland verkaufen musste.

Bis zum Kriegsende hatten sich die britischen Auslandsschulden auf eine Gesamtsumme von 3,55 Milliarden Pfund verfünffacht, so dass man zur höchstverschuldeten Nation der Welt wurde. Hätte der Ökonom John Maynard Keynes – der «ein finanzielles Dünkirchen» vorausgesagt hatte – im Dezember 1945 nicht einen amerikanischen Kredit in Höhe von 3,75 Milliarden US-Dollar ausgehandelt, hätte es durchaus zu einer faktischen Insolvenz Großbritanniens kommen können. «Ohne den Kredit hätte es eine echte Hungersnot und große Verzögerungen beim Wiederaufbau geben können (bei Wohnungsbau, Energieversorgung, Eisenbahn usw.), und die sich daraus ergebenden politischen Gedanken wären vielleicht revolutionär ausgefallen»,[63] lautete die Einschätzung des damaligen *Guardian*-Wirtschaftsredakteurs Richard Fry. Doch die Regierung Churchill war bereit, all dies zu riskieren, um Großbritannien mit der bestmöglichen Ausrüstung im Krieg halten zu können. Churchills großzügiger Umgang mit den finanziellen Mitteln des britischen Staates war, wenn auch weitgehend unbeachtet, nicht weniger mutig als seine anderen bedeutenden Akte waghalsigen Heldenmuts.

Großbritannien hatte seine Unabhängigkeit durch eigene Anstrengungen gewahrt, während andere Länder, die ebenfalls nicht von Deutschland besetzt worden waren, versucht hatten, dies durch eine Neutralitätserklärung zu erreichen. Zu diesen Ländern zählten die Türkei (die Alliierten wie auch die Achsenmächte versuchten sie jeweils für das eigene Lager zu gewinnen), die Schweiz (die über eine große, nach dem Milizsystem organisierte Wehrpflichtigen-Armee und ein leicht zu verteidigendes Staatsgebiet verfügte), Portugal (das im Allgemeinen, wenn auch nicht immer verlässlich, auf Seiten der Alliierten stand), der Vatikan (der gegen die Nazis war, wenn auch nicht in undiplomatischer Form), der Freistaat Irland (der durch den Ärmelkanal, die RAF und die Royal Navy geschützt wurde) und Schweden (das Deutschland im Juli 1940 Durchfahrtsrechte für Truppen durch das eigene Staatsgebiet einräumte und die Lieferung von Eisenerz für die deutsche Rüstungsindustrie garantierte). Ein weiteres zu dieser Kategorie gehörendes Land war Spanien, dessen Diktator General Francisco Franco wegen der nur wenige Jahre zuvor im Spanischen Bürgerkrieg gewährten Militärhilfe zwar tief in Hitlers Schuld stand, aber einen sorgfältig austarierten Neutralitätskurs hielt und abwartete, wer wohl gewinnen würde. Hitler hatte im Oktober 1940 bei einem Treffen in Hendaye an der spanisch-französischen Grenze neun Stunden lang mit dem Caudillo konferiert und versucht, ihn zu einer Kriegserklärung an die Alliierten zu bewegen. Später sagte er zu Mussolini über diese Begegnung, er «‹würde sich lieber drei oder vier Zähne ausziehen lassen›, als eine weitere neunstündige Begegnung mit Franco durchzustehen».[64]

Churchill fasste die Haltung der Neutralen in einer Radioansprache am 20. Januar 1940 aus seiner Sicht so zusammen: «Jeder hofft, dass das Krokodil ihn als letzten fressen wird, wenn er es hinreichend füttert. Sie alle hoffen, dass das Gewitter vorüberziehen wird, bevor sie an die Reihe kommen, verschlungen zu werden.»[65] Mehrere neutrale Staaten beschwerten sich über diese Charakterisierung, aber grundsätzlich stimmte sie. Die Schweiz hatte zwar 450 000 Mann unter Waffen und ein nahezu uneinnehmbares «Schweizer Réduit» (réduit nationale) geschaffen, eine zentrale Befestigungsanlage im Alpenraum, erklärte sich aber im März 1938 dennoch für neutral. Doch die Schweizer gestatteten Deutschland und Italien die Durchfahrt militärischer Nachschubzüge durch das eigene Land und sperrten sich nur gegen den Durchzug von Truppen. Seine Dienstleistungen ließ sich das Land gut bezahlen. Noch vor dem Krieg hatte die staatlich subventionierte Schweizer Holzgesellschaft das Konzentrationslager Dachau erbaut, den Vertrag mit einem Gesamtwert von 13 Millionen Schweizer Franken handelte der Sohn von Henri Guisan aus, dem späteren Oberbefehlshaber der Schweizer Streitkräfte.

Es lässt sich unmöglich sagen, wie viele unschuldige Menschenleben die Schweizer Weigerung kostete, jüdische Flüchtlinge aufzunehmen, die sich den Verhaftungen durch die Vichy-Miliz in den Jahren 1942/43 entziehen wollten. Die Schweiz geriet unter einen immer stärker werdenden Druck, ihre drakonischen Einwanderungsgesetze zu reformieren, nach deren Bestimmungen seit Kriegsbeginn nur siebentausend Flüchtlinge ins Land gelassen worden waren. Heinrich Rothmund, der Chef der Polizeiabteilung im Eidgenössischen Justiz- und Polizeiministerium, wies seine Grenzpolizei dennoch an, Juden, die versuchten, in den Wäldern bei Pontarlier und Besançon über die Grenze zu kommen, zurückzuweisen. Flüchtlinge, die man auf Schweizer Boden aufgriff, sollten nach diesem Befehl nach Frankreich zurückgebracht werden. «Es ereigneten sich unvorstellbare Szenen», schrieb der Schweizer Historiker Urs Schwarz, der die Neutralitätspolitik seines Landes analysierte. «Manche begingen unter den Augen der Grenzwächter Selbstmord.»[66] Der Bundesrat, die Schweizer Regierung, begründete die Abweisung der verfolgten Juden mit der Gefahr, dass sich «unter den Flüchtlingen subversive Agenten in das Land einschleichen», dass Schweizer Bürger Arbeitsplätze an die Flüchtlinge verlieren und viele Flüchtlinge gar nicht mehr in andere Länder weiterreisen könnten. Deshalb wurde Flüchtlingen oder Einwanderern jede Art von beruflicher Tätigkeit, sei sie nun bezahlt oder unbezahlt, verboten. Im Mai 1945 befanden sich in der Schweiz allerdings 115 000 Flüchtlinge in Lagern, andere, «von humanitären Organisationen unterstützt, lebten in Hotels, Pensionen, Privatzimmern oder bei Verwandten und Freunden», und während des Krieges «hatten insgesamt 400 000 Flüchtlinge und Emigranten ihren Weg in oder durch die Schweiz gefunden», gegen Kriegsende zählten dazu natürlich auch deutsche und italienische Faschisten.[67]

Die schwedische Gefälligkeitspolitik gegenüber den Nazis begann schon früh. Den britischen und französischen Expeditionskorps verweigerte man Anfang 1940 energisch das Durchfahrtsrecht, als es darum ging, Finnland in seinem Kampf gegen die Sowjetunion zu unterstützen, doch den Deutschen, die ihre Besatzungsarmee in Norwegen verstärken wollten, gestattete die Stockholmer Regierung noch im gleichen Jahr die Durchquerung des eigenen Territoriums. In der Zeit von Juli 1940 bis August 1943 nutzten insgesamt 140 000 deutsche Soldaten und ungezählte Tonnen militärischer Ausrüstungs- und Versorgungsgüter das schwedische Eisenbahnnetz, was zum Schutz der Kriegsmarine vor der Royal Navy beitrug.

Unmittelbar vor dem deutschen Überfall auf die Sowjetunion gestatteten die Schweden einer kompletten deutschen Division, ihr Land zu durchqueren, um an diesem Angriff teilzunehmen. Im darauffolgenden Jahr brachten schwedische Schiffe 53 Prozent der deutschen Eisenerz-Importe – der von der Rüstungsindustrie am dringendsten benötigte

Rohstoff – bis in die deutschen Häfen und ersparten so der Kriegsmarine weiteren Ärger und neue Gefahren. Erst nach dem Ende der Schlacht um Stalingrad im Februar 1943, als die Schweden erkannten, welche Seite wohl gewinnen würde, gab man dem Druck der Alliierten nach und zwang die Deutschen, die Erzladungen mit eigenen Schiffen zu transportieren; den Verkauf von Kugellagern an Deutschland stellte Schweden erst im April 1944 ein, und nach dem Krieg wurde entdeckt, dass wichtige Bauteile für die V-2-Raketen die Herkunftsbezeichnung «Made in Sweden» trugen. Albert Speer schreibt, dass Hitler vorhatte, seine gewaltige neue Hauptstadt in Berlin – «Germania» sollte sie heißen – zu großen Teilen aus schwedischem Granit errichten zu lassen, der ihm auch gefälligerweise während des gesamten Krieges geliefert wurde, zusammen mit dem Eisenerz und den Kugellagern. Wenn Hitler den Krieg gewonnen hätte, wäre es mit der Neutralität der Schweiz, Schwedens, Irlands und einiger anderer Staaten natürlich über Nacht vorbei gewesen. Hitler sagte am 27. Januar 1942 bei einem seiner «Tischgespräche» im Führerhauptquartier Wolfsschanze zu seinen Hofschranzen: «Der Jude muss aus Europa hinaus! ... Aus der Schweiz und aus Schweden müssen sie herausgenommen werden. Dort, wo sie wenige sind, sind sie am gefährlichsten. ... Grund haben wir genug, es ist wie ein Gefäß mit kommunizierenden Röhren.»[68]

Am auffallendsten jedoch fehlte in der Schlachtreihe der Zivilisation die Republik Irland, deren Handlungsweise nicht, wie bei Schweden und der Schweiz, mit der großen geografischen Nähe zu Deutschland erklärt werden kann. In diesem Fall wurde auch nicht simuliert, denn selbst in den späteren Kriegsphasen, in denen keinerlei Gefahr einer deutschen Invasion mehr bestand, verzichtete der irische Regierungschef Éamon de Valera nach wie vor auf jede Art von öffentlicher Kritik an den Nationalsozialisten oder an Hitler selbst. (Als er 1940 den Überfall auf die neutralen Niederlande kritisierte, sagte er nicht einmal, wer denn dafür verantwortlich war.) Über seine unsägliche Geste, bei einem Besuch in der deutschen Gesandtschaft in Dublin im April 1945 sein Beileid zu Hitlers Tod auszusprechen, sagte de Valera später: «Ich handelte korrekt und, da bin ich mir gewiss, weise.» Das Konzentrationslager Buchenwald war zu diesem Zeitpunkt bereits befreit und der völkermörderische Charakter des Nazi-Regimes vor aller Welt offenbart worden, deshalb reagierten Briten und Amerikaner zornig auf diese Vorgehensweise, aber in der unter massiver Zensur stehenden irischen Presse wurde kaum darüber berichtet.

Irlands Neutralität sorgte in Großbritannien für großen Unmut, und es war nicht nur Churchill, der dem Land nachsagte, es befinde sich «rechtlich im Krieg, aber es drückt sich». Die Regierung Chamberlain hatte im Jahr 1938 die drei strategisch wertvollen Atlantikhäfen, die sich Großbritannien nach den Bestimmungen des 1922 ratifizierten Anglo-Irischen Vertrags noch vorbehalten hatte, der irischen Souveränität unterstellt, und als sich Dublin bei Kriegsbeginn weigerte, der Royal Navy die Nutzung dieser Häfen zu gestatten, erwies sich diese Entscheidung als katastrophaler Fehler der Briten. Churchill formulierte das im Kriegskabinett so: «Eire würgte England aufs Angenehmste.»[69] Er fand den derzeit aktuellen irischen Witz – «*Gegen wen* sind wir also neutral?» – überhaupt nicht lustig. Die einzige Erklärung für die Neutralität Irlands war eine fortdauernde Feindseligkeit gegenüber Großbritannien nach einer jahrhundertelangen, von wechselseitiger Feindschaft geprägten gemeinsamen Geschichte, die der Regierung de Valera den Blick auf die wichtigeren Dinge verstellte, die 1939 auf dem Spiel standen.[70]

Der Verlust der Marinestützpunkte am offenen Atlantik im Süden und Westen Irlands durch die Ergebnisse der Diplomatie hatte zur Folge, dass militärische Begleitschiffe nicht mehr so weit in den Atlantik hinausfahren konnten wie noch im Ersten Weltkrieg. Das Bunkern von Treibstoff dauerte für die Zerstörer und Korvetten länger; Schlepper konnten in Seenot geratenen Schiffen nicht mehr von Irland aus entgegenfahren, stattdessen mussten Begleitschiffe «den langen Weg» von schottischen Häfen aus nehmen.

«Zu berechnen, wie viele Menschenleben und wie viele Schiffe diese Weigerung Monat um Monat kostete, war kaum möglich, aber das Endresultat war von großer Tragik», schrieb der Romanautor Nicholas Monsarrat, der während der Atlantikschlacht selbst eine Fregatte befehligte. Monsarrats Klassiker *Grausamer Atlantik (The Cruel Sea)* war natürlich ein literarisches Werk, aber der Protagonist, der in der Atlantikschlacht seinerseits eine Fregatte auf der transatlantischen Geleitzugroute kommandierte, erklärt:

> Schwer aber konnte man mit der Verachtung für ein Land wie Irland zurückhalten, dessen Krieg dieser Krieg auch war und dessen Aussicht auf Freiheit

und Unabhängigkeit im Fall eines deutschen Sieges gleich Null war. Die Tatsache, dass Irland außerhalb des Konfliktes blieb, warf zu dieser Zeit für die Royal Navy gewisse Probleme auf, die alle im Atlantik eingesetzten Seeleute persönlich betrafen, für viele den Tod bedeuteten und daher bei ihnen besonderen Abscheu vor der irischen Haltung hervorriefen. ... In der Liste derjenigen, die man nach Kriegsschluss mit Achtung nennen würde, konnten jene, die von ruhiger Warte aus zusahen, wie einem der Hals abgeschnitten wurde, wirklich nur einen geringen Rang einnehmen.[71]

Wenn die Neutralen nicht zur Mithilfe zu bewegen waren, mussten die früheren Verbündeten auf dem Kontinent, die von den Deutschen unterworfen worden waren, wieder aktiviert werden, und Churchill rief am 19. Juli 1940 die Special Operations Executive (SOE) ins Leben, eine Organisation, die «alle Aktionen auf dem Gebiet der Subversion und Spionage gegen den Feind in Übersee koordinieren» sollte.[72] Dieser Auftrag sollte sich zur romantischen Welt der Fallschirmabsprünge bei Mondlicht entwickeln, zur Welt der geheimen Waffenverstecke, der Zyanidkapseln, gefälschten Papiere, Abwürfe von Waffenlieferungen, der Goldmünzen und Guerilla-Einheiten, zu einer Welt also, die den Stoff für so viele Bücher und Filme geliefert und so viel konzentrierte Aufmerksamkeit auf sich gezogen hat, die in keinerlei Verhältnis zur tatsächlichen operativen Bedeutung von SOE steht.

«Reguläre Soldaten gehören nicht zu den Männern, die eine Revolution entfachen, ein gesellschaftliches Chaos herbeiführen oder sich, um den Krieg zu gewinnen, all dieser unfeinen Mittel bedienen, die den Nazis so leicht von der Hand gehen», schrieb der Labour-Politiker Hugh Dalton über seine neue Rolle als Leiter der soeben gegründeten SOE. Churchill hatte sich immer für die irreguläre Kriegführung interessiert, und die SOE war seine Idee gewesen; am 16. Juli 1940 setzte er Dalton in sein neues Amt ein und verband dies mit dem inspirierenden Appell: «Und jetzt setzen Sie Europa in Brand.»[73] Die später mit der Arbeit der SOE verbundene Absicht war, mit Hilfe der Widerstandsbewegungen eine möglichst große Zahl von deutschen Divisionen zu binden und von der Ostfront, später auch von der italienischen und der Westfront fernzuhalten, aber die Umsetzung dieses Konzepts forderte einen schrecklichen Preis. Gezielte (und oft auch ungezielte) Tötungen und das Sprengen von Nachrichtenverbindungen hinter den feindlichen Linien waren vor dem Beginn der Invasion in der Normandie manchmal strategisch hilfreich, aber sie stießen bei der einheimischen Bevölkerung oft auf Ablehnung, denn gegen sie richtete sich der Zorn der Deutschen, wenn die SOE-Einsatzkräfte entkommen waren. Nach Angriffen auf deutsche Soldaten im besetzten Teil Europas schreckte die Besatzungsmacht nicht vor Massenerschießungen von Geiseln zurück, wobei mitunter ganze Dörfer den Preis für SOE-Operationen zu zahlen hatten, die unter strategischen Gesichtspunkten völlig bedeutungslos waren. Erfolg hatte die SOE in dem immateriellen Sinn, dass sie den Völkern Europas bei der Wiederherstellung der Selbstachtung nach den vernichtenden Niederlagen half, die sie innerhalb weniger Wochen erlitten hatten. Das traf ganz besonders auf Frankreich zu, das sich selbst immer als «Grande Nation» empfunden hatte – und dies auch immer gewesen war.[74]

Die SOE leistete auch einen wichtigen Beitrag zur Eindämmung von Stalins Ambitionen. Es waren auch die von der SOE gelieferten Waffen, die es dem jugoslawischen Partisanenführer Josip Broz Tito ermöglichten, sich 1945 und 1946 den sowjetischen Vorstellungen zu widersetzen, und die den Gegnern der Kommunisten zum Triumph im griechischen Bürgerkrieg verhalfen; die französischen Kommunisten hätten im Herbst 1944 vielleicht einen Staatsstreich gewagt, wenn die SOE nicht zuvor eine halbe Million Handfeuerwaffen an Résistance-Kämpfer in ganz Frankreich ausgegeben hätte. Die SOE war der niederländischen Königin Wilhelmina im März 1945 bei der Rückkehr auf den Thron behilflich; in Burma überredete sie U Aung Sans Miliz im Frühjahr 1945 zum Seitenwechsel zugunsten der Alliierten. Sie unternahm außerdem ebenso wichtige wie erfolgreiche Operationen gegen die deutschen Forschungseinrichtungen für «schweres Wasser» in Telemark und Vermork, wodurch sich die Möglichkeiten für die Entwicklung einer deutschen Atombombe durchaus verringert haben könnten. Operationen durch Einsatzkräfte unmittelbar vor Ort erzielten manchmal auch Wirkungen, die selbst mit einem Präzisions-Bombardement nicht zu erreichen waren. Zum Beispiel wurde der wichtigste Teil der Peugeot-Fabrik in Sochaux bei Montbéliard, in der Panzertürme hergestellt wurden, am 5. November 1943 durch eine von der SOE platzierte Aktentaschen-Bombe zerstört. Vier Monate zuvor hatte ein Luftangriff der Royal Air Force dieses Ziel verfehlt und zahlreiche Opfer unter der benachbarten Zivilbevölkerung gefordert.[75]

Ein massives Problem für die SOE war, dass die europäischen Widerstandsbewegungen oft von internen Konflikten gebeutelt wurden. In Griechenland und Jugoslawien begegneten Monarchisten und Kommunisten einander mit Hass, während die französischen Résistants das gesamte politische Spektrum umfassten, von rechtsgerichteten Gaullisten bis hin zu kommunistischen Freischärlern. Und dann waren da auch noch die wichtigsten inneren Gegensätze, die sich bei allen Operationen zeigten: Wie konnte man geheime Armeen schaffen, ohne Aufmerksamkeit zu wecken, und gleichzeitig auch noch höchst wirksame Sabotageakte verüben? Und wie konnte man sich die Unterstützung der einheimischen Bevölkerung erhalten, während die eigenen Aktionen unweigerlich den mörderischen Zorn der Deutschen hervorriefen? Außerdem geriet die SOE wegen der Zuteilung von Flugzeugen mehrfach in Konflikt mit der Royal Air Force, mit dem Außenministerium gab es Streit um die Souveränität von neutralen Staaten, mit Kommandeuren vor Ort über Fragen der Strategie und mit dem Kriegsministerium (wo man die SOE als «the Racket», «die Erpresserbande», bezeichnete) über Ressourcen, und auf keinem dieser Konfliktfelder war die Tatsache hilfreich, dass Dalton ein von Natur aus höchst streitbarer Politiker war.[76]

Die Briten nahmen nicht nur in Kauf, die Wut der Deutschen auf unbeteiligte Zivilisten zu lenken, sie taten das auch in eigener Sache. Die Hilfseinheiten, die Oberst (später: Generalmajor) Colin Gubbins 1940 schuf, um den Widerstand auch nach einer deutschen Invasion fortsetzen zu können, achteten sehr gründlich darauf, dass ihre (mitunter höchst sorgfältig angelegten) Verstecke von der örtlichen Bevölkerung unentdeckt blieben, damit sie nicht aufgrund einer Drohung mit Repressalien verraten würden. Bei den regulären Streitkräften sah das so aus: «Wir bereiteten Straßensperren vor und richteten Schussfelder ein; bis auf ein paar Schrotgewehre hatten wir allerdings keine Schusswaffen», erinnerte sich Michael Howard an seinen Dienst bei den Coldstream Guards im Sommer 1940.

> Ich erkundete die Umgebung auf der Suche nach Hohlwegen, über die wir Drahtseile spannen konnten, um deutsche Motorradfahrer zu köpfen. Der Gedanke, dass die Deutschen, falls wir irgendetwas in dieser Art unternahmen, vielleicht die ganze Dorfbevölkerung erschießen würden, kam uns gar nicht in den Sinn, zumindest mir nicht. Ich kam auch nicht darauf, dass ich, falls wir den Krieg verloren, gemeinsam mit all den anderen jungen Män-

nern, die älter als siebzehn Jahre waren, als Zwangsarbeiter nach Deutschland deportiert werden würde und dass außerdem auf meine Mutter, die zu 100 Prozent jüdischer Herkunft war, ein noch schlimmeres Schicksal warten könnte.[77]

Das Ende von Hitlers Unternehmen Seelöwe bedeutete, dass nichts von alledem in Großbritannien geschah, im Unterschied zum europäischen Festland. Den Briten blieb es deshalb erspart, fürchterliche Entscheidungen treffen und Kompromisse schließen zu müssen, Dinge zu tun, zu denen sich die Menschen in den besetzten Ländern Europas gezwungen sahen. Churchill beschwor in den verbleibenden Kriegsjahren noch oft den Geist von 1940 – dem unbestrittenen *annus mirabilis* der britischen Geschichte –, und viele weitere Politiker hielten es seitdem genauso.

Vor den britischen Strategieplanern hatte sich ein gewaltiger Leerraum aufgetan. Wo sollten sie die Achsenmächte als nächstes angreifen, jetzt, wo das europäische Festland komplett abgeriegelt war? Eher aus Mangel an tragfähigen Alternativen als aus irgendeinem anderen Grund sowie zum Schutz britischer Interessen in einem weiter entfernten Teil der Welt wurde der Krieg in die nordafrikanische Küstenregion und ins Mittelmeer verlagert. Schon bald sollte der Sieg in der Luftschlacht um England nur noch wie ein allzu isoliertes Geschehen in einem gefährlich unberechenbaren Kampf anmuten.

4

Kampf um die Mittelmeerküsten

September 1939 – Juni 1942

> «Sie scheinen der einzige Feind zu sein, den ich
> derzeit sicher besiegen kann.»
>
> *Lord Wavell beim Backgammon-Spiel
> mit der Countess of Ranfurly, 3. Mai 1941*

«Vor Alamein errangen wir nie einen Sieg. Nach Alamein erlitten wir keine Niederlage», schrieb Churchill in seinen Kriegserinnerungen.[1] Diese Bemerkung enthält, wie so viele andere Verallgemeinerungen, ein Körnchen Wahrheit, selbst wenn man die gewaltige Ausnahme, die Luftschlacht um England, ignoriert. Aber Churchill hätte seine Worte durch «über» beziehungsweise «durch die Deutschen» ergänzen sollen, weil Großbritannien in Afrika spektakuläre Siege über die Italiener gelangen. Diese Erfolge waren so bedeutend, dass sie Hitler dazu bewogen, um den Mittelmeerraum mit Ressourcen zu kämpfen, die in der Sowjetunion sehr viel besser eingesetzt gewesen wären. Angesichts der drohenden Niederlage des Faschismus in Afrika entschloss sich Hitler zu einem Rettungsversuch zugunsten seines ideologischen Bruders im Geiste, Benito Mussolini, in Afrika (und später dann in Griechenland), obwohl seine Strategie eigentlich zwingend vorgab, dass keiner dieser beiden Schauplätze der Schlüssel zu dem von ihm angestrebten Sieg sein würde, der für ihn immer mit der Sowjetunion verbunden war.

Der erste von mehreren britischen Oberbefehlshabern im langen Feldzug in der westlichen Wüste war Archibald Wavell, ein Paradebeispiel für den britischen Heeresoffizier alter Schule. Wavells Vorfahren waren mit Wilhelm dem Eroberer nach Großbritannien gekommen, sein Vater wie auch sein Großvater waren Generäle gewesen, er hatte eine glänzende Schullaufbahn vorzuweisen und sich in Gefechten durch persönliche Tapferkeit ausgezeichnet. Er war ein begabter Sportler (vor allem beim Golf- und Polospiel), Kapitän der Hockeyauswahl seines Regiments, ein guter Schütze und außerordentlich sprachgewandt (er beherrschte Urdu, Paschtu und Russisch). Wavell diente im Burenkrieg und in der Nordwest-Grenzregion des indischen Subkontinents und kam 1909 mit einem herausragenden Ergebnis in der Aufnahmeprüfung an die Generalstabsakademie Camberley. Er heiratete die Tochter eines Oberst, die er Queenie nannte und über die er in einem Brief an einen Freund bewundernd schrieb: «Sie jagt gut mit der Meute.» Zu seinem großen Verdruss saß Wavell im Kriegsministerium fest, während die übrige Armee im August 1914 nach Frankreich und Flandern aufbrach. Später war er selbst im Auslandseinsatz, allerdings als Verbindungsoffizier bei der Armee des Großfürsten Nicholai in der Türkei, und diente anschließend unter General Allenby in Palästina, wo er den größten Teil des Ersten Weltkriegs verbrachte. Dort zeichnete er sich nicht nur persönlich aus, sondern lernte auch den Nahen Osten kennen und wurde 1937/38 dort als Kommandeur eingesetzt. Er war außerdem der literarisch am meisten beschlagene und wohl der reflektierteste britische General des Zweiten Weltkriegs.

Doch zwischen Wavell und Churchill gab es immer schwere persönliche Differenzen, die sich zuweilen bis zur gegenseitigen Verachtung steigerten. Wavell hatte zwar die Aufstellung von Ralph Bagnolds Long Range Desert Group in Nordafrika gefördert und bestärkte später auch Orde Wingate in seinen unorthodoxen Kampfmethoden, doch Churchill hielt ihn als Oberbefehlshaber für zu vorsichtig und konventionell und wollte ihn unbedingt ablösen. Wavell kehrte im August 1940 nach London zurück, um den Nahost-Ausschuss des Kriegsministeriums über den Stand der Dinge zu unterrichten, und Anthony Eden bezeichnete seine Schilderung der Operationen als «meisterhaft», aber das schroffe Kreuzverhör durch Churchill empfand Wavell als verletzend und beleidigend.[2] Dennoch ging man in jenem Monat in Nordafrika große Risiken ein.

Durch eine der schwierigsten Entscheidungen des ganzen Krieges wurde Großbritannien nahezu völlig von Panzern entblößt, und das zu einem Zeitpunkt, als das Land immer noch von einer Invasion bedroht war.

Mussolini, der sich für einen zweiten Caesar hielt, beauftragte Mitte September Marschall Rodolfo Grazianis 10. Armee mit der Invasion in Ägypten, fünf italienische Divisionen rückten entlang der Küste vor und nahmen Sidi Barrani ein. Grazianis Truppen stoppten 120 Kilometer vor den in Marsa Matruh stationierten Briten, und beide Seiten schafften Nachschub und Verstärkungen heran. Es war eine nervenaufreibende Zeit für die Briten in Ägypten. «Wir stellten Panzer- und Geschützattrappen auf, und für die italienischen Aufklärungsflugzeuge sah das aus der Luft so aus, als hätten wir eine wirklich gute, starke Armee», erinnerte sich der Soldat Bob Mash, der damals als Pionier in der Nil-Armee diente. «Wir pumpten Gummipanzer auf, brachten sie in Stellung, bauten sie am Abend wieder ab, stellten sie fünf, sechs Kilometer entfernt wieder auf, und aus der Luft sah das so aus, als verfügten wir über jede Menge Panzer. Genauso war das in der Kanalzone, … dort war jedes zweite Flakgeschütz aus Holz.»[3]

Generalleutnant Richard O'Connor, ein Freund Wavells und der Kommandeur der Western Desert Force – sie zählte nur 31 000 Mann und verfügte über ganze 120 Geschütze und 275 Panzer –, wagte am 8. Dezember 1940 einen energischen Gegenangriff auf eine zahlenmäßig vierfach überlegene Streitmacht und konzentrierte sich dabei auf die befestigten Gebiete, die nacheinander angegriffen wurden.[4] Operation Compass erfolgte in enger Zusammenarbeit mit der Royal Navy und der RAF; nach einem Zusammenbruch der italienischen Kampfmoral vertrieb O'Connor die Italiener bis Mitte Dezember vollständig aus Ägypten und machte dabei 38 000 Gefangene. Bardia fiel am 5. Januar 1941; die 22. und die 7. Panzerdivision (die «Desert Rats») nahmen die strategisch wichtige Hafenstadt Tobruk ein, die im Kriegsglück beider Seiten in den folgenden zwei Jahren eine bedeutende Rolle spielen sollte. Die Luftüberlegenheit war, wie so oft, entscheidend und in diesem Fall ganz besonders wichtig, weil es in der Wüste weniger Verstecke und Tarnmöglichkeiten gab als auf anderem Terrain. Die RAF gewann schnell die Oberhand über die italienische Luftwaffe, die Regia Aeronautica.[5] Auch die britische Seeherrschaft über die nordafrikanischen Küstengewässer half O'Connor, weil ein großer Teil der Küstenstraßen innerhalb der Reichweite der großkalibrigen Schiffsgeschütze der Royal Navy lag.

Durch den Erfolg im Norden ermutigt, ging Wavell dann zur Sicherung seiner Südflanke über. Nach der Kriegserklärung Italiens war der Herzog von Aosta, der Vizekönig von Äthiopien (Abessinien), mit 110 000 Mann in den Sudan vorgestoßen, hatte Kassala erobert, sich dann nach Kenia gewandt, um Moyale einzunehmen, und schließlich in Britisch-Somaliland die Hafenstadt Berbera besetzt. Wavell hatte sich mit seiner Reaktion Zeit gelassen, aber Ende Januar 1941 entsandte er zwei Commonwealth-Expeditionsheere mit insgesamt 70 000 Mann – die meisten waren Südafrikaner –, die Aostas Armee mit einem massiven Zangenangriff vollständig vernichten sollten. Generalleutnant Alan Cunningham besetzte Addis Abeba am 4. April, er hatte auf seinem mehr als 1600 Kilometer langen Vormarsch pro Tag durchschnittlich etwa 55 Kilometer zurückgelegt, dabei 55 000 Gefangene gemacht und ein 932 000 Quadratkilometer großes Gebiet erobert, und das bei eigenen Verlusten von nur 135 Gefallenen und vier Gefangenen.[6] Der äthiopische Kaiser Haile Selassie kehrte am 5. Mai 1941 in seine Hauptstadt zurück, auf den Tag genau fünf Jahre nachdem sie von den Italienern erobert worden war. Aosta und seine gewaltige, aber demoralisierte Armee kapitulierten am 17. Mai, so dass die Schiffe der Alliierten jetzt wieder ungehinderten Zugang zum Roten Meer und zum Golf von Aden hatten.

Im Norden gelangen O'Connors Streitmacht unterdessen einige höchst eindrucksvolle Siege. Sie rettete den Suezkanal und trieb die Italiener entlang der Küstenstraße bis nach Bengasi zurück. Als die 6. Division Grazianis Truppen zu einer heillosen Flucht zwang, schickte O'Connor die 7. Division über Mechili durch die Wüste, um die Strecke entlang der Cyrenaika-Küstenstraße abzukürzen und den nach Westen fliehenden Italienern den Weg abzuschneiden. Bei der Schlacht von Beda Fomm an der Großen Syrte südlich von Bengasi errangen Truppen des Britischen Empire und Commonwealth ihren ersten wirklich bedeutenden Sieg zu Land im Zweiten Weltkrieg. In den beiden seit dem 7. Dezember 1940 vergangenen Monaten hatte die Western Desert Force Erfolge erzielt, die Churchills oben zitierte Erklärung vollständig widerlegten. Sie hatte neun italienische Divisionen komplett und eine zehnte teilweise vernichtet, war 800 Kilometer weit vorgerückt, hatte dabei 130 000 Gefangene gemacht und 380 Panzer sowie 1290 Geschütze erbeutet, und die eigenen Verluste betrugen nicht mehr als 500 Gefallene und 1373 Verwundete. Wavells Streitmacht umfasste bei diesem ganzen Feldzug nie mehr als zwei Divisionen, von denen nur eine mit Panzern ausgerüstet war. Es war das Austerlitz Afrikas. Wavells ehemalige Prep School sah sich veranlasst, in den Alumni-Teil der Zeitschrift *Summer Fields* folgendes Lob aufzunehmen: «Wavell war in Afrika erfolgreich.»

Die Mobilität der Panzertruppen war ein entscheidender Faktor dieses Feldzugs gewesen, aber Michael Carver – ein späterer Feldmarschall, damals noch Generalstabsoffizier im Majorsrang im Hauptquartier von Generalleutnant C. W. M. Norrie – erinnerte sich, dass bis zu diesem Zeitpunkt «niemand, unabhängig von Dienstgrad oder Einsatzbereich, über irgendwelche Erfahrungen mit äußerst beweglichen Operationen verfügte, die weitläufige Gebiete umfassten und bei denen es zu Panzergefechten kam. ... Alle lernten aus der Kampferfahrung, sogar das Royal Tank Regiment musste sich auf die Theorie verlassen oder ... auf den pragmatischen, gesunden Menschenverstand oder gar auf eine glückliche Eingebung.»[7] Hinzu kam die geringe Kampfmoral der Italiener, die der britische Oberstleutnant Ronald Belchem von der 7. Panzerdivision als «künstliche Moral» beschrieb, «die von einer auf Wiederholungen setzenden Propaganda lebte, man wusste ganz genau, dass die sich im Fall einer Niederlage lösen würde wie eine Plastikverpackung, und so kam es dann auch.» Es stimme nicht, dass es den Italienern an Mut fehlte, sagte William «Strafer» Gott zu Anthony Eden, aber für die Anforderungen des Wüstenkrieges seien sie einfach nicht richtig ausgebildet worden.[8]

Nach Beda Fomm beschloss Wavell allerdings, O'Connor ein weiteres Vorrücken zu untersagen oder gar den Versuch, Tripolis zu erobern, den stark gesicherten Stützpunkt der Achsenmächte. Stattdessen befahl er ihm, in El Agheila anzuhalten. Mussolinis Angriff auf Griechenland führte im Oktober 1940 zu der Entscheidung des britischen Kriegskabinetts, Griechenland militärisch zu unterstützen, eine unter politischen Gesichtspunkten ebenso wünschenswerte wie verständliche, in militärischer Hinsicht allerdings katastrophale Entscheidung. Wavell, dem für sein Nahost-Kommando ohnehin schon viel zu wenige Männer zur Verfügung standen, musste jetzt auch noch Soldaten für ein Expeditionskorps auftreiben, das übers Mittelmeer gen Norden geschickt wurde. Das schwächte Wavells Truppen an allen anderen Einsatzorten eines Kommandobereichs, der vom Persischen Golf bis nach Malta und von dort bis nach Ostafrika reichte. Generalleutnant Henry «Jumbo» Maitland Wilson nahm auf Befehl Churchills eine große Zahl von Soldaten mit nach Griechenland. Zu einem Zeitpunkt, als der Kriegsschauplatz Mittelmeer längst noch nicht sicher war, erwies sich das als ein Fehler. Lawrence Burgis, Assistant Secretary des Kriegskabinetts, hielt im April 1941 fest: «Als ein unerhört wichtiger Geleitzug mit Panzern, die für Ägypten bestimmt waren, sich anschickte, die gefährliche Mittelmeer-Route zu wagen, informierte der PM das Kabinett über den Zeitplan und fügte hinzu: ‹Wenn irgendjemand gut beten kann: Jetzt ist der richtige Zeitpunkt.›»[9]

O'Connors Sieg über die Italiener in Libyen überzeugte Hitler davon, dass Mussolini auf diesem Kriegsschauplatz sofortige Unterstützung benötigte. Fünfhundert Flugzeuge wurden von Norwegen nach Sizilien verlegt, und die anschließende Bombardierung Bengasis durch diese Maschinen hatte zur Folge, dass O'Connor den Hafen nicht mehr nutzen konnte. Der Western Desert Force fehlten die aufs griechische Festland und nach Kreta verlegten Soldaten, sie bestand jetzt nur noch aus einer Panzerdivision, Teilen einer Infanteriedivision und einer motorisierten Brigade. Hitler schickte im März 1941 Generalleutnant Erwin Rommel nach Tripolis. Er sollte dort das Kommando über die 5. leichte und die 15. Panzerdivision übernehmen, die bereits am 12. Februar mit der Verlegung begonnen hatten. Im August erhielt diese Streitmacht den Status einer Panzergruppe, und die 5. wurde in 21. Panzerdivision umbenannt. Zum Afrikakorps zählten organisatorisch nur die 15. und die 21. Panzerdivision, doch mit diesem Namen wurden schließlich alle deutschen Einheiten in der Wüste unter Rommels Kommando bezeichnet, einschließlich der 90. leichten Division. Rommel wiederum unterstand zwar offiziell der Befehlsgewalt der ranghöheren italienischen Generäle in Afrika – mit Ausnahme Grazianis, der sein Kommando nach Beda Fomm niedergelegt hatte –, nahm aber in Wirklichkeit nur von Hitler direkt Befehle entgegen. Sein Erfolg beim Frankreichfeldzug 1940 hatte sein zuvor bereits hohes Ansehen in der Wehrmacht weiter vermehrt – bereits im Ersten Weltkrieg hatte man ihm den Orden Pour le Mérite verliehen, die höchste Tapferkeitsauszeichnung des deutschen Heeres –, und jetzt sollte er zum legendären «Wüstenfuchs» werden.

Hitler hatte Mussolini bei einem Treffen der beiden am 4. Oktober 1940 auf dem Brenner nicht darüber informiert, dass die Wehrmacht bereits drei Tage später Rumänien besetzen sollte.[10] Die Beziehung der beiden, die auch als «brutale Freundschaft» bezeichnet wurde, beruhte keineswegs auf einem ausgeprägten gegenseitigen Vertrauen und Verständnis. So begann auch Mussolinis Angriff auf Griechenland am 28. Oktober 1940, der unter dem Kommando von General Sebastiano Visconti Prasca von Albanien aus mit zehn Divisionen unternommen wurde, ohne vorherige Unterrichtung Hitlers. Doch bei Temperaturen von bis zu minus 20 Grad Celsius wurden die in schwierigem Gelände vorrückenden Italiener durch den erbitterten Widerstand der von General Alexander Papagos befehligten griechischen Verteidiger schon bald nach Albanien zurückgedrängt. «Reißende Flüsse, bodenloser Schlamm und bittere Kälte besiegelten das Scheitern einer italienischen Offensive, die politisch verfehlt und militärisch unzureichend vorbereitet war», schrieb ein zeitgenössischer Kommentator.[11] Mit Unterstützung der von Wavell entsandten RAF-Einheiten – der britische Oberbefehlshaber suchte Flugplätze, von denen aus die äußerst ergiebigen rumänischen Ölquellen in Ploieşti bombardiert werden konnten – waren die Griechen bis zum Heiligabend so weit nach Albanien vorgedrungen, dass sich Marschall Pietro Badoglio, der Chef des italienischen Generalstabs, zum Rücktritt gezwungen sah. Hitler, der bereits beschlossen hatte, den Italienern in Nordafrika zu Hilfe zu kommen, sah sich jetzt auch noch genötigt, seinen Verbündeten gegen Griechen und Briten aus der Patsche zu helfen.

Für eine weitere Verschlimmerung der Lage aus deutscher Sicht sorgte Prinzregent Paul von Jugoslawien, der sich just in diesem Augenblick für einen Beitritt zum Bündnis der Achsenmächte und zur Unterschrift unter den Dreimächtepakt Deutschlands, Italiens und Japans entschied, die er am 25. März 1941 vollzog. Damit sorgte er in Belgrad für helle Empörung. Die Erfolge der Alliierten in Griechenland, Albanien und Libyen ermutigten den achtzehnjährigen Prinzen Peter II. von Jugoslawien, sich für thronmündig zu erklären und Paul am folgenden Abend mit Unterstützung des SOE zu stürzen. Angesichts dieses Staatsstreichs tobte Hitler vor Wut. Seit dem 29. Juli 1940 hatte er das Oberkommando des Heeres immer wieder mit Anweisungen eingedeckt, Pläne für einen Einmarsch in die Sowjetunion vorzulegen. Plötzlich sah es an der rechten Flanke in Südosteuropa ganz danach aus, als würde sich dort ein feindlicher griechisch-jugoslawisch-britischer Machtblock herausbilden. Er ordnete die Unterwerfung Jugoslawiens an, das «mit unerbittlicher Härte» und «in einem Blitzunternehmen ... militärisch und als Staatsgebilde zu zerschlagen» sei.[12] Die Brutalität dieses Vorgehens lässt sich an der Tatsache ermessen, dass durch Angriffe der Luftwaffe an einem einzigen Tag 17 000 Einwohner Jugoslawiens getötet wurden, das sind fast so viele bestätigte Todesfälle wie beim Angriff der Royal Air Force auf Dresden im Februar 1945.[13]

Die Jugoslawen erlebten am 6. April 1941, nachdem sie ihre frisch erworbene Freiheit nur zehn Tage lang hatten genießen können und erst zwei Drittel ihrer 33 Divisionen mobilisiert waren – ohne Panzer, mit nur wenig modernem Kriegsgerät und nur 300 Flugzeugen –, eine massive Invasion, die von mehr als einer halben Million Deutschen, Ungarn, Rumänen und Bulgaren von Norden, Osten und Südosten her vorgetragen wurde. Ein Wunderwerk deutscher Stabsarbeit und Effizienz.[14] Zagreb fiel am vierten Tag, Belgrad am sechsten, Sarajevo am neunten, und Jugoslawien kapitulierte offiziell nach elf Tagen, am 17. April, wobei König Peter und der Regierung nur wenige Stunden zuvor die Flucht gelang. Die deutschen Gesamtverluste lagen bei 558 Mann, während die Jugoslawen 100 000 Mann verloren und weitere 300 000 in Gefangenschaft gerieten. Mellenthin schrieb: «Nur die Serben traten uns wirklich feindselig gegenüber», ansonsten gelang es den Deutschen sehr schnell, Kroatien – das die Unabhängigkeit erhielt –, Slowenien und Bosnien zu befrieden.[15] Später sollte dann Oberst Draža Mihailović die monarchistischen Tschetniks und Marschall Tito die prokommunistischen Partisanen gegen die Deutschen (und gegeneinander) führen, doch zunächst einmal hatte Hitler den Blitzsiegen über Polen, Dänemark, Norwegen, Frankreich, Belgien und die Niederlande einen weiteren Erfolg hinzugefügt.

Und er verlor keine Zeit beim Angriff auf Griechenland, das auf Befehl des britischen Kriegskabinetts durch ein von Wavell entsandtes Expeditionskorps Verstärkung erhalten hatte. Die Commonwealth-Expedition nach Griechenland war, rückblickend betrachtet, einer der größten britischen Fehlschläge des gesamten Krieges, denn Wavells Truppen waren jetzt viel zu weit verstreut, so dass sie an keiner Front mehr wirksam kämpfen konnten, weder in Griechenland noch in Libyen. Die Griechen und die Briten – die ihre Gegenmaßnahmen auch nicht effektiv koordinierten, da die (patriotisch gestimmten, aber allzu optimistischen) Griechen um Thrakien, Mazedonien und Albanien kämpfen wollten – wurden durch schnelle Panzervorstöße um das Olymp-Gebirgsmassiv herum ausmanövriert, so dass sich die umzingelte griechische Armee am 23. April zur Kapitulation gezwungen sah.[16] Vier Tage später wehte über der Akropolis die Hakenkreuzfahne. Australische und neuseeländische Einheiten hatten an den Thermopylen tapferen Widerstand geleistet, was die Erinnerung an eine frühere Verteidigung der westlichen Zivilisation wieder aufleben ließ, aber schließlich wurden rund 43 000 britische und Commonwealth-Soldaten aus Häfen auf der Ostseite des Peloponnes nach Kreta und nach anderen Orten evakuiert. Allerdings musste fast das gesamte schwere Gerät zurückgelassen werden. Die Deutschen verloren bei diesem Feldzug nur 4500 Mann, während die Briten 11 840 Tote, Verwundete und Gefangene zu beklagen hatten, und auf griechischer Seite waren es mehr als 70 000 Mann.[17] Und die Deutschen waren noch nicht am Ende ihres Vormarsches angelangt.

Generalmajor Bernard Freyberg leitete die Verteidigung Kretas; Churchill hatte ihm den Spitznamen «der Salamander» gegeben, weil er schon so oft durchs Feuer gegangen war – er war zwölfmal verwundet worden und hatte viermal den Distinguished Service Order erhalten. Unter Freybergs Kommando standen 15 500 vom griechischen Festland evakuierte (geschlagene und erschöpfte) britische und Commonwealth-Soldaten, 12 000 Mann aus Ägypten und 14 000 Griechen. Diese zusammengewürfelte Streitmacht, die noch über leichte Artillerie, aber nur über vierundzwanzig einsatzfähige Kampfflugzeuge verfügte, bekam es mit der ersten Welle von General Kurt Students XI. Fliegerkorps zu tun, 11 000 ausgeruhten Elite-Fallschirmjägern. Beherrschten die Deutschen erst einmal Kreta, konnten sie von dort aus den gesamten östlichen Mittelmeerraum bedrohen, Ägypten und Libyen bombardieren und den Kanal von Korinth schützen, durch den ein großer Teil der italienischen Ölimporte transportiert wurde. Das Unternehmen Merkur, bei dem 716 Flugzeuge eingesetzt wurden (darunter 480 Bomber und 72 Lastensegler), begann am 20. Mai und richtete sich gegen drei Flugplätze an der Nordküste der Insel. Transportmaschinen setzten General Alexander Löhrs 7. Luftlandedivision und einen Tag später die 5. Gebirgsjägerdivision ab. Die deutschen Angreifer nahmen im Kampf mit der neuseeländischen 5. Brigade am 21. Mai das Flugfeld Maleme im Westen der Insel ein, erlitten dabei aber schwere Verluste. Auf dem besetzten Flugfeld landeten dann massive Verstärkungen. Bis zum 27. Mai waren 20 000 bis 30 000 deutsche Fallschirmjäger auf

Kreta gelandet. Gefechte zwischen der Luftwaffe und der Royal Navy waren, wie sich bereits in Norwegen gezeigt hatte, ein ungleicher Kampf: Drei Kreuzer und sechs Zerstörer wurden versenkt, zwei Schlachtschiffe und ein Flugzeugträger, die *Formidable,* die alle ihre Kampfflugzeuge verlor, schwer beschädigt.[18] Freyberg war durch «Ultra», in Bletchley Park entzifferte deutsche Nachrichten, zwar vorgewarnt worden, dass der Angriff sich gegen die Flugplätze im Norden der Insel richten werde, wurde aber daran gehindert, allzu offensichtlich auf diese Informationen zu reagieren, weil man befürchtete, dadurch diese außerordentlich wichtige Quelle preiszugeben.

Bei einem Treffen Wavells mit Andrew Browne Cunningham, dem Oberbefehlshaber der Mittelmeerflotte (und älteren Bruder von Generalleutnant Alan Cunningham), an Bord des Schlachtschiffes *Warspite* in Alexandria am Morgen des 26. Mai lautete der einstimmige Rat des Generalstabs, dass Freybergs gesamte Streitmacht kapitulieren müsse, weil die Alliierten bei weiteren Verlusten der Royal Navy im Verlauf der Evakuierung die Kontrolle über den östlichen Mittelmeerraum verlieren könnten. Die Deutschen würden dann Syrien und die persischen und irakischen Ölquellen besetzen und Großbritannien von der Ölversorgung abschneiden. Wavell merkte außerdem noch an, dass der Bau einer neuen Flotte drei Jahre dauern würde. Bei dieser düsteren Lagebeurteilung erhielt Wavell Unterstützung durch General Thomas Blamey, den Oberbefehlshaber der australischen Streitkräfte im Nahen Osten, durch Peter Fraser, den Premierminister Neuseelands, und durch Air Marshal (General) Arthur Tedder, den Kommandeur der Royal Air Force im Nahen Osten. Doch diese Analyse provozierte eine der größten Gegenreden des gesamten Krieges, als Cunningham, der als Letzter sprach, erwiderte:

> Schon immer war es die Aufgabe der Marine, die Armee nach Übersee zu bringen, und, wenn sie scheitern sollte, wieder nach Hause zu holen. Wenn wir jetzt mit dieser Tradition brechen, werden die Soldaten bei jedem Engagement in Übersee eher über die Schulter schauen, anstatt auf die Marine zu vertrauen. Sie, Herr General, haben gesagt, der Bau einer neuen Flotte werde drei Jahre dauern. Und ich sage Ihnen, der Aufbau einer neuen Tradition wird dreihundert Jahre dauern. Gentlemen, wenn Sie jetzt der Armee in Kreta die Kapitulation befehlen, wird die Flotte dennoch dorthin fahren, um die Marinesoldaten herauszuholen.[19]

Churchill telegrafierte unterdessen aus London: «Ein Sieg auf Kreta ist an diesem Wendepunkt des Krieges von entscheidender Bedeutung. Schaffen Sie an Unterstützung dorthin, was Sie nur können.» Wavell befahl Freyberg dennoch die Evakuierung aus Kreta ab dem 28. Mai, und im Laufe der folgenden vier Abende und Nächte wurden 16 500 Mann eingeschifft. Die Briten hatten 2011 gefallene und verwundete Marinesoldaten verloren, die Verluste der Armee betrugen 3489 Gefallene und 11 835 Gefangene, während die Deutschen insgesamt 5670 Mann verloren hatten.[20] Die Angreifer hatten allerdings auch noch 220 zerstörte und 150 beschädigte Flugzeuge eingebüßt und sollten in diesem Krieg kein weiteres Luftlandeunternehmen mehr versuchen. Für die Alliierten war dies eine außerordentlich günstige Entwicklung im Fall Maltas, das im darauffolgenden Jahr einer starken Bedrohung durch einen Angriff dieser Art ausgesetzt war.

Griechenland sollte unter der deutschen Besatzung noch furchtbar zu leiden haben. In den ersten achtzehn Monaten verhungerten 40 000 Griechen, und die Einwohnerzahl des Landes nahm im Verlauf des Krieges um rund 300 000 Menschen ab.[21] Olivenöl wurde zu einem bedeutenden Zahlungsmittel, denn durch die Geldentwertung konnte ein einziger Laib Brot zwei Millionen Drachmen kosten. Die Wehrmacht griff zur Aufrechterhaltung ihrer Herrschaft zu barbarischen Methoden. Im Norden des Peloponnes erschoss zum Beispiel die 117. Jägerdivision im Dezember 1943 als Vergeltung für Partisanenaktionen alle männlichen Einwohner der Gemeinde Kalavryta – insgesamt wurden bei dieser Repressalie 696 Menschen in fünfundzwanzig Ortschaften ermordet.

Rommel begann am 24. März 1941 mit seiner Offensive in Libyen. Wavells Truppen, aufgrund politischer Vorgaben viel zu weit verstreut – in Griechenland, auf Kreta, in Ostafrika, Syrien, dem Irak, in Palästina, Äthiopien und Ägypten –, konnten das Afrikakorps in der Cyrenaika nicht aufhalten. O'Connor erhielt die Anweisung, sich in das Hochland östlich von Bengasi zurückzuziehen und nicht vor Mai mit Verstärkung zu rechnen.[22] El Agheila fiel am ersten Tag, und Rommel schickte die 21. Panzerdivision durch die Wüste, wo sie über Mechili bis nach Tobruk vorstoßen und die Stadt einnehmen sollte, was ihr aber im Kampf mit der 7. Australischen Division in der Zeit vom 10. bis 13. April nicht gelang. Rommel flog mit seinem Fieseler Storch von Ort zu Ort – einmal wäre er

Erster Teil: Angriff

Nordafrika und der Mittelmeerraum 1939–1943

Kampf um die Mittelmeerküsten

dabei fast von den Italienern abgeschossen worden –, blieb aber schließlich am 14. April vor Tobruk, um dort die Belagerung der von Generalmajor J. D. Lavarack befehligten 7. Australischen Division zu leiten, eine Belagerung, die siebeneinhalb zermürbende Monate lang dauern sollte. Ein Nachschubtransport über das Mittelmeer mit 238 Panzern und 43 Hurricanes kam am 12. Mai zwar durch, aber der Druck ließ nicht nach.

O'Connor, der sich bis dahin als einer der fähigsten britischen Kommandeure in diesem Krieg erwiesen hatte, geriet am 17. April in Gefangenschaft und wurde nach Italien gebracht. «Die Gefangennahme war ein großer Schock», sagte er später. «Ich hätte nicht gedacht, dass mir das jemals passieren würde – das war vielleicht sehr eingebildet –, aber es war meilenweit hinter unserer eigenen Front, und es war einfach großes Pech, dass wir in einen Wüstenstreifen hineinfuhren, in den die Deutschen einen Kundschaftertrupp geschickt hatten, und wir gerieten da mitten hinein.»[23] Im Dezember 1943 gelang O'Connor die Flucht, und danach kämpfte er noch in der Normandie, aber er war außer Gefecht, als er im Kampf gegen Rommel in der Wüste so dringend gebraucht wurde.

«Die Entscheidung der Achsenmächte, eine Mittelmeerfront zu eröffnen, war ein schwerer strategischer Fehler, und die Alliierten wären töricht gewesen, wenn sie diesen Fehler nicht ausgenutzt hätten», lautet die Einschätzung eines führenden Historikers.[24] Das plötzliche Engagement Deutschlands auf dem Kriegsschauplatz im Mittelmeergebiet schwächte die gegen die Sowjetunion gerichteten Kriegsanstrengungen langfristig auf eine Art und Weise, die im Frühjahr 1941 noch nicht vorhersagbar war. Es zog einen Teil der deutschen militärischen Stärke vom Hauptschwerpunkt des Krieges ab, und die Invasion der Alliierten auf Sizilien hatte 1943 zur Folge, dass Einheiten der Luftwaffe von Norwegen, wo sie die Schifffahrtsroute von und nach Murmansk bedroht hatten, nach Süditalien verlegt werden mussten. Kurzfristig errang Deutschland jedoch bedeutende Siege und rechnete mit weiteren Erfolgen.

Der 100 Kilometer östlich von Tobruk gelegene Halfaya-Pass (bei den Alliierten auch «Hellfire Pass» genannt) war einer der wenigen Orte, an denen Fahrzeuge die 150 Meter Höhenunterschied zwischen der Küstenebene und dem Wüstenhochland überwinden konnten, und galt deshalb als strategisch wichtiger Punkt. Wavells zum Entsatz von Tobruk begonnene Gegenoffensive – die Operation Battleaxe – scheiterte dort in der

Zeit vom 15. bis zum 17. Juni, und dabei gingen bei einem einzigen Angriff fünfzehn der achtzehn eingesetzten Matilda-Panzer durch Minen und das Abwehrfeuer eines deutschen Panzerbataillons und vier der höchst wirksamen 8,8-cm-Geschütze verloren.[25] Churchill entschied sich noch während dieser Schlacht dafür, Wavell abzulösen, der, wie der Premier zu seinem neuen Außenminister Anthony Eden sagte, «dieses Gefühl von geistiger Kraft und Entschlossenheit, Hindernisse zu überwinden» vermissen lasse, «das für eine erfolgreiche Kriegführung unentbehrlich ist». Weitere Negativurteile Churchills waren, Wavell gleiche einem Golfklub-Vorsitzenden, «einem durchschnittlichen Oberst» und – ebenso vernichtend gemeint – «einem guten Vorsitzenden eines Tory-Vereins».[26] Es war schon schlimm genug, Wavell zum Sündenbock für Irrtümer des Kriegskabinetts und der Stabschefs zu stempeln, man musste ihn nicht auch noch beleidigen, aber Wavells Siege über die Italiener Ende 1940 und Anfang 1941 – unter anderem in Sidi Barrani, Bardia, Tobruk und Bengasi – waren Mitte Februar 1941 mit der Landung der Deutschen in Tripolitanien schlagartig beendet worden. «Ich hatte nach meinen Erfahrungen mit den Italienern gewiss nicht eine Begegnung mit Rommel eingeplant», sagte ein reumütiger Wavell Jahre später.

Churchill war außer sich gewesen, als Wavell einen Plan für den schlimmsten denkbaren Fall vorlegte, der einen vollständigen britischen Rückzug aus Ägypten vorsah. «Wavell hat 400 000 Mann», polterte der Premierminister. «Wenn sie Ägypten verlieren, wird Blut fließen. Ich werde Erschießungskommandos für die Generäle aufstellen.»[27] Wavell versuchte niemals, die Schuld auf andere zu schieben. Als man ihn schließlich am 22. Juni 1941 als Oberbefehlshaber nach Indien abschob, ertrug er die Demütigung mit stoischem Gleichmut, vielleicht begrüßte er sie sogar, und stimmte mit Churchills Telegramm überein, in dem es hieß, «eine neue Hand und ein neues Auge» in Gestalt von General Claude Auchinleck seien erforderlich.

Das Kriegsgeschehen im Nahen Osten war für Großbritannien im Frühling und Sommer 1941 nicht durchweg betrüblich verlaufen. In der Zeit von April bis August hatten die Briten in drei wichtigen Ländern und Gebieten – im Iran, im Irak und in Syrien – entscheidende Erfolge bei Schutz und Sicherung ihrer lebenswichtigen Ölversorgung erzielt, und das, wie sich später herausstellen sollte, für die ganze noch verbleibende Kriegszeit. «Die Feldzüge waren nicht umfangreich», berichtet ein

Historiker dieses Geschehens, «sie wurden ohne großes Getöse und, in jedem einzelnen Fall, mit lächerlich begrenzten Ressourcen geführt, ... aber sie waren für das Überleben Großbritanniens entscheidend.»[28] Auf die (nach wie vor neutralen) Vereinigten Staaten entfielen 1941 zwar 83 Prozent der weltweiten Ölproduktion, während der Anteil des Nahen Ostens nur bei fünf Prozent lag, aber das amerikanische Öl musste über die von U-Booten bedrohte Atlantikroute transportiert und von Großbritannien mit rasch dahinschwindender harter Währung bezahlt werden. Mit den 8,6 Millionen Tonnen iranischen und den 4,3 Millionen Tonnen irakischen Öls, mit denen Großbritanniens Schiffe und Panzer angetrieben wurden, verhielt sich das anders.

Wertvoller als alle Währungsreserven waren allerdings die Übereinkünfte, zu denen Churchill und Roosevelt bei ihrem folgenschweren Treffen (Codewort: Riviera) vom 9. bis 12. August 1941 in der Placentia Bay im Südosten Neufundlands kamen. Churchill reiste auf dem 35 000-BRT-Schlachtschiff *Prince of Wales* an, Roosevelt benutzte für die Reise zum neufundländischen Fischerort Argentia den Schweren Kreuzer *Augusta,* und bei den Gesprächen der beiden Staatsmänner wurden die (sehr weit gefassten) Parameter für die anglo-amerikanische Zusammenarbeit in den nächsten drei Kriegsjahren festgelegt. Die Regierung Roosevelt gewährte Großbritannien bereits vor dem Kriegseintritt der Vereinigten Staaten unschätzbare Hilfe, und in Placentia Bay sollte eine erhebliche Aufstockung dieser Hilfsleistungen beschlossen werden. Neben dem Verkauf dringend benötigter Waffen und anderer wichtiger Nachschubgüter nach dem Leih-Pacht-System hatte die Marine der Vereinigten Staaten der Royal Navy fünfzig Zerstörer als Gegenleistung für langfristige Nutzungsrechte an verschiedenen britischen Militärstützpunkten überlassen, die im September 1940 festgelegt worden waren. Außerdem hatten die USA im Westatlantik zum Schutz von Geleitzügen gegen U-Boote mit Patrouillenfahrten begonnen, die bereits zu mehreren Zusammenstößen geführt hatten – üblicherweise gingen diese zum Nachteil der Deutschen aus. Doch beim Treffen in Placentia Bay erfuhr dieser Geist der Hilfe und Zusammenarbeit eine massive Erweiterung, nicht zuletzt durch den sich sofort entwickelnden guten persönlichen Umgang zwischen Roosevelt und Churchill. Die beiden Männer waren sich seit einem unglücklich verlaufenen Treffen im Jahr 1918 nicht mehr persönlich begegnet (und Churchill hatte dieses Ereignis ohnehin vollkommen vergessen).

Großbritannien und die Vereinigten Staaten kamen überein, sich im Fall eines ihnen aufgezwungenen gleichzeitigen Kampfes gegen Deutschland und Japan zunächst auf die Niederwerfung Deutschlands zu konzentrieren, was für die hart bedrängten Briten eine ganz entscheidende Überlegung war. Am 12. August unterzeichneten Roosevelt und Churchill ein Schriftstück, das vom *Daily Herald* in London wenig später als «Atlantik-Charta» bezeichnet wurde. In diesem Text gelang es, acht angloamerikanische Kriegsziele in einer einzigen, aufrüttelnden Erklärung unterzubringen, in der die demokratischen, fortschrittlichen Werte hervorgehoben wurden, für die so viele Menschen kämpften und starben. Bis zum darauffolgenden Januar hatten bereits vierundzwanzig weitere Staaten diese Erklärung unterzeichnet.

In der Präambel erklärten die beiden Staatsmänner, dass sie «es nach gemeinsamer Beratung für richtig [halten], gewisse gemeinsame Grundsätze der von ihnen beiden Ländern verfolgten nationalen Politik bekanntzugeben, Prinzipien, auf die sich ihre Hoffnungen auf eine bessere Zukunft der Welt gründen». Außerdem wurde in der Proklamation festgehalten: «Beide Länder streben keine Vergrößerung an, weder territorial noch sonstwie», «sie missbilligen territoriale Veränderungen, die nicht mit den frei geäußerten Wünschen der beteiligten Völker übereinstimmen», und «sie respektieren das Recht jedes Volkes, sich die Regierungsform, unter der es leben will, selbst zu wählen; es ist ihr Wunsch, die Souveränität und das Recht zur Selbstregierung jener Völker wiederhergestellt zu sehen, denen sie gewaltsam entrissen wurden.» Es folgten noch fünf weitere Grundsätze mit Aussagen über wirtschaftliche Zusammenarbeit, politische Freiheit, «ein Leben frei von Furcht und Not», den Zugang zu den Weltmeeren und den «Verzicht auf Anwendung von Gewalt».[29] Einige dieser Formulierungen waren schlichtweg utopisch, und sie sollten eklatant missachtet werden, als die Länder Osteuropas 1945 in den sowjetischen Machtbereich gerieten. Aber 1941 lieferten solche Gedanken eine idealistische Grundlage, durch die sich der Zweite Weltkrieg von den dynastischen, wirtschaftlichen und territorialen Konflikten der Vergangenheit unterschied.

Ein Militärputsch im Irak brachte im April 1941 den anglophoben General Raschid Ali an die Macht, dessen «Regierung der nationalen Verteidigung» die Unabhängigkeit des Landes ausrief und ab dem 2. Mai die britische Garnison im Luftwaffenstützpunkt Habbanija am Euphrat belagern ließ. Der Kommandeur der dortigen Flugschule, Air Vice-Marshal (Generalmajor) Harry Smart, schlug die Angreifer nach drei Tagen zurück, und ein aus Transjordanien angerücktes britisches Militärkontingent besetzte am Monatsende Bagdad. Raschid Ali floh in den Iran und wurde durch einen probritischen Regenten ersetzt. Dann kam das von der Vichy-Regierung kontrollierte französische Mandatsgebiet Syrien an die Reihe, das sich während des Aufstands im Irak dazu bereiterklärt hatte, Raschid Ali mit deutschen Waffen zu versorgen. Britische Streitkräfte griffen gemeinsam mit Kämpfern des Freien Frankreich am 8. Juni die Vichy-Statthalter an und sicherten sich in einem nur wenige Wochen später, am 5. Juli, unterzeichneten Waffenstillstandsabkommen das Recht, Syrien bis zum Kriegsende zu besetzen. Das Machtgleichgewicht in der Region hatte sich am 22. Juni 1941 dramatisch verändert, als Hitler die Sowjetunion überfiel und Churchill daraufhin automatisch erklärte, Großbritannien befinde sich jetzt in einem Bündnis mit der UdSSR. Nachdem die iranische Regierung die anglo-sowjetische Forderung, deutsche Agenten umgehend des Landes zu verweisen, abgelehnt hatte, marschierten beide Mächte am 25. August in das Land ein, wo der nationalistische Widerstand in weniger als einer Woche zusammenbrach. Der Schah wurde zur Abdankung zugunsten seines Sohnes gezwungen, und britische und sowjetische Truppen besetzten Teheran am 17. September. Der Irak, Syrien und der Iran blieben jetzt für die restliche Kriegsdauer zuverlässig auf Seiten der Alliierten, mit all dem, was das für die britische Ölversorgung bedeutete, aber es besteht kein Zweifel daran, dass Großbritannien nur noch sehr wenig zum Schutz des eigenen Einflusses dort hätte tun können, wenn Ägypten von Rommel erobert worden wäre.

Rommel wiederum konnte nicht weiter nach Osten vorstoßen, solange Tobruk in seinem Rücken noch standhielt und auf dem See- und Luftweg versorgt wurde. Also saß das Afrikakorps die Belagerung den ganzen langen Sommer hindurch aus, bis der aktive Feldzug mit dem Rückgang der Temperaturen im November 1941 wieder fortgesetzt werden konnte. Unterdessen deckte Churchill seinen Oberbefehlshaber Auchinleck unablässig mit Telegrammen ein, in denen er den Entsatz von Tobruk forderte (das hatte schon Wavell so lange erdulden müssen). Der Premierminister wollte auch, dass Flugfelder zum Schutz des Luftwegs von Alexandria nach Malta angelegt wurden. Auchinleck war es dagegen wichtiger, das Niltal zu schützen und die unentbehrlichen Ölquellen am Persischen Golf zu sichern. Erst nach einem erfolgreichen Abschluss der Operationen im Irak, in Syrien und im Iran wollte er ein Vorgehen im Westen erwägen und telegrafierte deshalb am 4. Juli an Churchill: «In der westlichen Wüste sollte keine weitere Offensive vorgesehen werden, bevor die Basis gesichert ist.»[30] Es war nicht das, was Churchill hören wollte.

Der Feldzug wurde deshalb erst am Abend des 17. November 1941 wieder aufgenommen, an dem die Operation Crusader begann, die bis dahin größte Panzeroffensive der Briten. Sie war mit einem großen Risiko verbunden. Nach Michael Carvers Erinnerung waren einige von Auchinlecks Panzern technisch so unzuverlässig, dass sie mit Transportfahrzeugen ins Gefecht geschafft werden mussten.[31] Dennoch war die 8. Commonwealth-Armee, die im September 1941 aus der Western Desert Force und Verstärkungen formiert worden war, in den zurückliegenden vier Monaten auf zwei Korps vergrößert worden, und der Angriff traf Rommel überraschend. Die von Marsa Matruh aus vorstoßenden Briten wurden in der Wüsten-Panzerschlacht von Sidi Rezegh (19.–22. November) gestellt, und ein Ausfall aus Tobruk wurde ebenfalls zurückgeschlagen. Die deutschen Panzer waren in dieser Phase des Krieges einfach besser als die britischen, was die britischen Stabschefs im privaten Rahmen, wenn auch widerwillig, zugaben. General Alan Brooke, der Mann, der am 1. Dezember 1941 das Amt des Chefs des Empire-Generalstabs übernahm, schrieb an den «lieben Auk»[32] – der Spitzname war mit Blick auf Auchinlecks markante Nase durchaus angemessen –, wobei er einräumte: «Einer der grundlegenden Fehler, die behoben werden müssen, ist die mangelhafte Feuerkraft unserer Panzer. Wir tun, was wir können, um den Sechspfünder so schnell wie möglich einzubauen. … Ich kann Ihnen versprechen, wir werden alles tun, was in unserer Macht steht, damit wir bei den Sechspfündern weiterkommen.»[33] Im März verlangte Churchill vom Kriegsministerium eine Sonderuntersuchung, weil er bis dahin noch keinen Bericht zu der Frage erhalten hatte, welche Mittel es gegen die Viereinhalb-Pfund-Projektile gab, die deutsche Panzer verschossen. Brooke sagte bei einer Diskussion im Verteidigungsausschuss des Kriegskabinetts, beim Cruiser-Panzer seien zwei Defekte aufgetreten, beim Antrieb des Keilriemens und im Schmiersystem, aber die benötigten Ersatzteile und Ausrüstungsgegenstände würden bereits ausgeflogen.[34]

Rommel startete einen Gegenangriff, er schickte sogar einen Teil seiner Streitmacht auf ein weiträumig angelegtes Umfassungsmanöver, aber Auchinleck behielt die Nerven, und am 7. Dezember, einem Sonntag, wurde das Afrikakorps in westlicher Richtung von Tobruk zurückgedrängt, das an jenem Tag entsetzt wurde. Das war ein bedeutender Augenblick, der in der Geschichte aber von dem am gleichen Tag erfolgten Angriff auf Pearl Harbor vollständig überschattet wird. Die 8. Armee, die damals von General Neil Ritchie kommandiert wurde, drängte Rommel bis zum Jahresende quer durch die Cyrenaika bis nach El Agheila zurück. Und so, wie die Ereignisse in Jugoslawien Wavell gezwungen hatten, dringend benötigte Soldaten der Western Desert Force abzuziehen, so brachte jetzt der spektakuläre Kriegseintritt Japans Feldmarschall Auchinleck um seine herausragenden australischen Divisionen, die 7. und die 9., denn die australische Regierung verlangte, dass sie nach Hause geschickt wurden, um dort die Heimat zu verteidigen.

Im Januar 1942 standen sich das Afrikakorps und die 8. Armee in El Agheila gegenüber. Die Achsenmächte hatten seit dem Beginn der Operation Crusader 24 500 Tote und Verwundete verloren, und 36 500 Mann (hauptsächlich Italiener) waren in Gefangenschaft geraten, während die Verluste der Commonwealth-Truppen 18 000 Mann betrugen. Rommel griff am 21. Januar an, nahm Bengasi ein und erbeutete große Mengen von Vorräten, bevor sich die Frontlinie in der Zeit vom 4. Februar bis 28. Mai in Gazala stabilisierte. Die Briten verminten die 65 Kilometer lange Linie zwischen Gazala und Bir Hacheim. Mit ihren 125 000 Mann, 740 Panzern und 700 Flugzeugen waren sie Rommels 113 000 Mann, 570 Panzern und 500 Flugzeugen überlegen. Aber bei Rommel war es immer wahrscheinlich, dass er als Nächster angreifen würde.[35]

Der Kampf in der Wüste ist als «ritterlicher» empfunden worden als das Kampfgeschehen in Europa, vor allem an der Ostfront, und das ist teilweise vielleicht dadurch zu erklären, dass es einfach weniger Gelegenheiten für deutsche Gräueltaten gegen Zivilisten gab. Einen Aspekt dieser Vorstellung von «Ritterlichkeit» konnte man im Februar 1942 erleben, als Generalleutnant Johann von Ravenstein, der ehemalige Kommandeur der 21. Panzerdivision des Afrikakorps, der im vergangenen November von Neuseeländern gefangen genommen worden war, an Generalmajor Jock Campbell schrieb, um ihm «die größte Bewunderung» für seine 7. Panzerdivision auszusprechen: «Die deutschen Kameraden gratulieren

Ihnen von ganzem Herzen zur Verleihung des Victoria-Kreuzes. Während des Krieges Ihr Feind, aber mit hohem Respekt, von Ravenstein.»[36]

Mit Rommels Offensive gegen die Gazala-Linie begannen am 28. Mai drei Wochen andauernde schwere Kämpfe. Carver schätzte später, dass er in der Zeit vom 27. Mai bis zum 1. Juli täglich im Durchschnitt auf nicht mehr als zweieinhalb Stunden Schlaf kam.[37] Die Italiener durchbrachen am 31. Mai das Minenfeld, und trotz heftiger Angriffe durch die RAF nahmen deutsche Panzer am 13. Juni eine strategisch wichtige Wegkreuzung ein, die bei den Briten «Knightsbridge» genannt wurde. «Messervys unglückliche Erfahrungen in den Gazala-Gefechten veranschaulichen die typischen Schwierigkeiten eines Wüsten-Kommandeurs», erinnerte sich Carver an den Kommandeur der 7. Panzerdivision, Generalmajor Frank Messervy. «Als er in seinem Hauptquartier blieb, wurde es überrannt; als er es verließ, musste er sich schimpflicherweise in einem Brunnen verstecken.»[38] Rommel drohte jetzt, der 8. Armee den Rückweg abzuschneiden, und Ritchie blieb, nachdem die Freien Franzosen am Abend des 10. Juni Bir Hacheim geräumt hatten, keine andere Wahl, als sich nach Halfaya an der ägyptischen Grenze zurückzuziehen, so dass Tobruk abermals zur belagerten Stadt wurde. Diesmal jedoch, am Tag nachdem die Briten am 20. Juni Halfaya erreicht hatten, fiel Tobruk durch einen koordinierten Boden- und Luftangriff des Afrikakorps, was für die britischen Streitkräfte einen der größten Rückschläge des gesamten Krieges bedeutete. Churchill war zu diesem Zeitpunkt in Washington und konferierte mit Präsident Roosevelt (der ihm dort persönlich die Nachricht mit der Information zu Tobruk überreichte) und General Marshall. Bei seiner Rückkehr musste er sich einem aufgebrachten Parlament stellen. Er gewann die Abstimmung, hegte aber keine Illusionen darüber, wie lange er sich noch im Amt würde halten können, wenn diese Serie von Niederlagen weiterging. Manchmal wird vergessen, dass Churchill Niederlagen, etwa auf dem griechischen Festland, auf Kreta, in Singapur und jetzt in Tobruk, auch noch zur Jahresmitte 1942 ernsthafte politische Sorgen bereiteten, ungeachtet aller inspirierenden Führungskraft, die er im Zweiten Weltkrieg bewies.

Die Royal Air Force hatte in Nordafrika zwar die Luftüberlegenheit errungen, wobei ihr, wie schon bei der Luftschlacht um England, die Tatsache zugutekam, dass die eigenen Stützpunkte sehr viel näher an der Front lagen als bei den Deutschen, deren Einsatzbereich überdehnt war.

Trotzdem sprachen Rommels Stabsoffiziere schon darüber, in welchen Kairoer Hotels sie sich bald einquartieren würden und welches dieser Häuser sie zu ihrem Hauptquartier machen wollten. Doch bevor sie sich ausruhen, die Pyramiden besichtigen und sich in Kairo in der Sonne aalen konnten, mussten sie noch an einer kleinen, etwa 100 Kilometer westlich von Alexandria gelegenen Bahnstation namens El Alamein vorbei, die in einem sich über Hunderte von Kilometern erstreckenden absoluten Nichts lag. Und sie befand sich außerdem auf der kürzesten Verteidigungslinie zwischen dem Meer und der nur gut 60 Kilometer landeinwärts gelegenen Kattara-Senke, die Rommel ein Umfassungsmanöver im Süden der Front unmöglich machte. Dieser Ort war zudem die letzte britische Verteidigungslinie vor dem Suezkanal.

Die Alamein-Linie zwischen dem Meer und der Kattara-Senke bildete für Auchinleck die perfekte Verteidigungsstellung. Rommel hätte deshalb am 1. Juli nicht angreifen sollen, aber er tat es dennoch, weil die Briten kurz zuvor eine Niederlage erlitten hatten, also aus seiner Sicht demoralisiert waren – und weil er der Verlockung, in Kairo einzuziehen, nicht widerstehen konnte. Das Afrikakorps war jedoch erschöpft und außerdem zu weit auseinandergezogen, und nach einem Gegenangriff Auchinlecks am 2. Juli verging der Rest des Monats mit einem wechselseitigen Schlagabtausch, bei dem keine Seite nachgab und kein entscheidender Vorteil errungen wurde. Anfang August richteten sich beide Seiten für diesen Sommer in ihren Stellungen ein. Rommel legte ein massives Minenfeld an – ein sicheres Zeichen für das Einsetzen einer defensiven Strategie –, während die Briten im Vergleich sehr viel größere Nachschubmengen heranschafften. Anfang August wurde Auchinleck, der nach Einschätzung Churchills und Brookes nicht genügend Offensivgeist bewies, durch General Harold Alexander als Oberbefehlshaber und Generalleutnant Bernard Montgomery als Kommandeur der 8. Armee abgelöst. So wurde die Bühne bereitet für die zweite Schlacht von El Alamein im Herbst. Rommel konnte es damals noch nicht wissen, aber die Einnahme von Tobruk sollte der größte, zugleich aber auch fast der letzte Sieg in seiner militärischen Laufbahn gewesen sein.

«Wenn wir aber heute in Europa von neuem Grund und Boden reden, können wir in erster Linie nur an Russland und die ihm untertanen Randstaaten denken»,[39] hatte Hitler in *Mein Kampf* über das Land geschrieben, das Deutschland seiner Ansicht nach als «Lebensraum» benötigte. Er hatte sich im April und Mai 1941 in den Krieg in Jugoslawien und Griechenland hineinziehen lassen, Staaten, die beide nicht an die Sowjetunion grenzten, und hatte in Nordafrika seinen militärisch bankrotten Juniorpartner und Verbündeten Mussolini gerettet, während im Westen die Eroberung Großbritanniens nicht gelungen war. Die Verluste in Südosteuropa und im Mittelmeerraum waren bis dahin unbedeutend gewesen, und der Propagandaeffekt weiterer müheloser Siege war willkommen, aber das änderte nichts an der Tatsache, dass Hitler sich vom wichtigen strategischen Grundsatz der Konzentration der Kräfte verabschiedet hatte. Das spielte im Jahr 1941 noch keine so große Rolle, ganz gewiss aber dann, als bei seinem nächsten großen Feldzug die Dinge allmählich nicht mehr nach Plan liefen. Dieses Abenteuer sollte nicht nur das gesamte bisherige Kriegsgeschehen in den Schatten stellen, sondern auch alle anderen Kriege der Menschheitsgeschichte – bis zu diesem Zeitpunkt und bis zum heutigen Tag.

5

Die Tür eintreten

Juni – Dezember 1941

«Bormann, Sie wissen es; ich bin zeitlebens ein Feind des Schnees gewesen, ich habe ihn immer gehasst. Jetzt weiß ich warum! Ich habe das geahnt!»

Adolf Hitler zu Martin Bormann, 19. Februar 1942[1]

Hitler bekam am 19. Mai 1940, der Sieg über Belgien und die Niederlande schien gerade gesichert, eine zweiundneunzig Seiten umfassende, bereits 1921 von Hugo Rochs verfasste Studie zum Leben und Denken des Generals Alfred Graf von Schlieffen geschenkt. Der Schenkende war Arthur «Willy» Kannenberg, Hitlers joviales Faktotum, der als «Hausintendant» und Hofnarr zugleich fungierte.[2] Wäre Hitler zu so etwas wie einer persönlichen Freundschaft fähig gewesen, hätte Kannenberg sicher zum Kreis der Auserwählten gehört. Die Wahl des Geschenks hätte nicht passender, zeitlich nicht besser abgestimmt sein können. Es war Schlieffen gewesen, der Chef des deutschen Generalstabs in der Zeit von 1891 bis 1906, der den gleichnamigen Plan entwickelt hatte, mit dem man einen Zweifrontenkrieg durch einen raschen Vorstoß über das Gebiet des neutralen Belgien gewinnen wollte. Der wichtigste Teil dieses Plans war eine Umfassungsbewegung mit einer starken rechten Flanke, die bis zur Einnahme von Paris führen sollte. Schlieffen war 1913 gestorben, ein Jahr bevor sein Plan verwirklicht wurde, und seine letzten Worte sollen gewesen sein: «Macht mir den rechten Flügel stark!» Dieser rechte Flügel wurde dennoch von seinem Nachfolger, Helmuth von Moltke dem Jüngeren, verhängnisvoll geschwächt. Das Ergebnis waren vier Jahre Stellungskrieg an der Westfront, an der auch Hitler eingesetzt worden war, sowie der Zweifrontenkrieg, den Deutschland letztlich verlieren sollte.

Hugo Rochs wollte sein Büchlein als Werk über Strategie wie auch als «Charakterbild für das deutsche Volk» verstanden wissen und vertrat die Ansicht, dieser preußische Militäraristokrat habe die Tugenden der harten Arbeit, der Selbstaufopferung und der Anständigkeit verkörpert – Schlieffen hatte es beispielsweise im Deutsch-Französischen Krieg abgelehnt, Paris zu beschießen, weil er unbeteiligten Zivilisten kein Leid zufügen wollte. Allerdings hatte Kannenberg andere Vorstellungen zu den Lehren, die Hitler aus seinem Siegesgeschenk ziehen sollte.[3] Die zahlreichen Anstreichungen und Randbemerkungen in diesem Exemplar zeigen deutlich, dass Hitler den Text intensiv gelesen und gründlich über die Frage nachgedacht hatte, welche Lehren sich aus Schlieffens Denken und der deutschen (Kriegs-)Vergangenheit für die Gegenwart ziehen ließen. Zweiunddreißig seiner mit Bleistift vorgenommenen Anstreichungen finden sich auf den zwanzig Seiten des 4. Kapitels, das dem «Schlieffenschen Feldzugsplan für den Zweifrontenkrieg» gewidmet ist und vor den Gefahren für Deutschland durch zwei gleichzeitig im Osten und im Westen geführte Kriege warnt. Doch der professionell kriecherisch veranlagte Kannenberg hatte mit einer dicken Klammer einen Abschnitt markiert, der wie folgt lautete:

> Doch gleichviel: Solange ein Schlieffen an der Spitze des Generalstabs stand, lag die Verteidigung des Reiches in guten Händen. Ein Schlieffen glaubte sich und die Armee jeder Koalition gewachsen. Mit Recht! ... Schlieffen besaß den seltensten Siegesglauben von jener unwiderstehlichen, unbezwinglichen Wucht, die das Wirken wahrer Führer wie das einer alle Widerstände erdrückenden Naturgewalt gestaltet.[4]

Diese Passage scheint kaum einen Sinn zu ergeben: Warum schreibt der Autor hier «Mit Recht!», wenn Deutschland den Zweifrontenkrieg verloren hatte und offensichtlich eben nicht «jeder Koalition gewachsen» war? Doch wenn ihre ultranationalistische Botschaft, einschließlich der Erwähnung eines «Führers», genau die Botschaft war, die Hitler Rochs'

Buch entnahm, erklärt das durchaus ein Stück weit, warum er genau den gleichen Fehler beging wie vor ihm schon Wilhelm II. und Hindenburg, indem er einen Zweifrontenkrieg führte, und dabei auch noch, mit dem Einmarsch in die Sowjetunion, auf den Spuren Karls XII. von Schweden und Napoleons wandelte. Für einen Mann, der gerne mit seinen Geschichtskenntnissen prahlte, lernte Hitler sehr wenig aus der Vergangenheit.

Die Bleistift-Anstreichungen im 4. Kapitel des Büchleins über Schlieffen hoben auch die folgende Einschätzung Rochs' hervor: «Ist die Entscheidung in Frankreich gefallen, ist das französisch-englische Heer vernichtet, steht Deutschland an der Seine siegreich da, dann ergibt sich alles andere von selbst.» Rochs hielt auch fest, Schlieffen habe gewusst, dass «mit dem ganzen russischen Heere als einem weiteren Feinde gerechnet werden musste», und sprach vom Kampf gegen «russische Überschwemmungen».[5] Hitler machte diese Bleistiftstriche höchstwahrscheinlich vor dem 29. Juli 1940, dem Tag, an dem er Keitel anwies, einen Plan für den Angriff auf die Sowjetunion ausarbeiten zu lassen. Deshalb sind die Markierungen nach Einschätzung des Historikers, der die Bücherbestände des Diktators analysierte, «der früheste schriftliche Beleg für Hitlers Plan zum Überfall auf die Sowjetunion», zumindest seit den massiven Andeutungen, die bereits sechzehn Jahre zuvor in *Mein Kampf* nachzulesen waren. Also scheint der Plan für den Überfall auf die Sowjetunion in Hitlers Denken im Jahr 1940 eine konkrete Gestalt angenommen zu haben, beeinflusst von dem Gedanken, ein nicht namentlich genannter Führer könne in erster Linie mit seinem unwiderstehlichen Siegeswillen «alle Widerstände erdrücken», «wie eine Naturgewalt» wirken und so «jeder Koalition gewachsen» sein. So unwahrscheinlich das auch klingen mag – genau das ist geschehen.

Der Angriff auf die Sowjetunion, ohne Großbritannien vorher besiegt zu haben, war Hitlers nächster großer Fehler in diesem Krieg. Einer der Gründe für seine Handlungsweise war – neben der Unterschätzung der Leidensfähigkeit der sowjetischen Bevölkerung – ein tief empfundenes Gefühl der eigenen Sterblichkeit. «Ich bin überzeugt, dass ich nicht so alt werde wie ein Spießer! Das ist klar, ich führe ein anderes Leben! Wenn ich jetzt aber dazu ein Leben führen würde wie der Spießer, wenn ich rauchen, wenn ich trinken würde!», sinnierte er am 1. September 1942 bei einem seiner Tischgespräche.[6] Am Abend des 17. Oktober 1941 erklärte er bei einem Gespräch mit Fritz Todt, dem Reichsminister für Bewaffnung und Munition, und dem Gauleiter und «Reichsstatthalter» von Thüringen, Fritz Sauckel, zum Thema «Europäisierung» der sowjetischen Steppenlandschaft, des «neuen Ostraums», der ihm «wüst und leer» vorkam: «Ich werde es ja wohl nicht mehr erleben, aber in 20 Jahren wird das Gebiet schon 20 Millionen Menschen umfassen. In 300 Jahren wird es eine blühende Parklandschaft von ungewöhnlicher Schönheit sein. Die Eingeborenen? Wir werden dazu übergehen, sie zu sieben. Den destruktiven Juden setzen wir ganz hinaus.»[7] Hitler war der Ansicht, niemand sonst könne die Aufgabe der Gewinnung von «Lebensraum» bewältigen, aber er ging nicht von einer eigenen langen Lebenszeit aus, also galt für ihn: Je früher dies unternommen wurde, desto besser. In der Nacht vom 3. auf den 4. Januar 1942 erzählte er anderen Teilnehmern eines Tischgesprächs:

> Ein Glück ist, dass ich mit 30 Jahren in das politische Leben kam und mit 43 Jahren Reichskanzler wurde und dass ich jetzt erst 52 Jahre bin! Der Optimist und der Pessimist werden geboren. Das Alter schwächt aber den Optimismus, die Spannkraft lässt nach. Als ich 1923 auf die Nase fiel [gemeint ist hier der gescheiterte Putschversuch im November 1923 und die anschließende Haft in Landsberg, A. R.], hatte ich nur den Gedanken, wieder hochzukommen. Heute würde ich das körperlich nicht mehr leisten können, Abend für Abend zu reden. Das Bewusstsein, so etwas nicht mehr leisten zu können, drückt.[8]

Es war teilweise dieses Empfinden nachlassender eigener Energien, das Hitler so bald nach seinem 50. Geburtstag im April 1939 zum Weltkrieg drängte, und der Überfall auf die Sowjetunion war durch eine ähnliche Getriebenheit motiviert.

Die weiteren treibenden Motive für den Angriff auf die Sowjetunion lagen in den drei Hauptsträngen von Hitlers politischen Überzeugungen. Ian Kershaw zufolge verfügte er über «eine kleine Zahl grundlegender, unveränderlicher Ideen, die seine innere Antriebskraft bildeten»:[9] Seine sich selbst bestärkende Weltanschauung beruhte auf der Notwendigkeit einer Vorherrschaft Deutschlands in Europa, der Gewinnung von «Lebensraum» für die eigene Nation und einer endgültigen Abrechnung mit den Juden. Diese Ansichten änderten oder mäßigten sich nie und bildeten den Kernbereich von Hitlers Denken von den Zwanzigerjahren bis zu seinem Tod 1945. Alle drei Ziele konnten mit einem Einmarsch in die

Sowjetunion erreicht werden – und keines davon ohne ein solches Vorgehen.

Und es gab noch weitere Gründe. Fedor von Bock – einer der am 19. Juli 1940 neu ernannten zwölf Generalfeldmarschälle – wurde am 1. Februar 1941 zu Hitler bestellt, der ihn «sehr freundlich empfing». Nach Bocks ausführlichem Kriegstagebuch sagte Hitler bei dieser Gelegenheit: «Die Herren in England sind ja nicht dumm; sie tun nur so», und «sie werden einsehen, dass eine Fortsetzung des Krieges für sie zwecklos wird, wenn nun auch Russland geschlagen und ausgeschaltet ist». Als der Besucher die Frage aufwarf, «ob es auch möglich sein werde, sie [die Russen] zum Frieden zu zwingen», erwiderte Hitler, «dass, wenn die Besetzung der Ukraine und der Fall von Moskau und Leningrad noch nicht zum Frieden führe, dann eben, wenigstens mit schnellen Kräften, weiter auf Jekatarinenburg [sic] vorgestoßen werden [müsse]». Da Jekaterinburg (das bereits in den Zwanzigerjahren in Swerdlowsk umbenannt worden war) 1400 Kilometer östlich von Moskau im Ural liegt, war Hitlers absolute Siegesgewissheit förmlich spürbar. Dann meinte er lächelnd: «Ich bin überzeugt, dass unser Angriff wie ein Hagelsturm über sie hinweggeht.»[10] In gewisser Weise lag er damit auch richtig; der Feldzug war hart und gefährlich, aber er hatte keinen Bestand, und sobald das Schlimmste vorüber war, verschwanden alle Rückstände spurlos.

Hitler glaubte, der gewaltige Arbeitskräftemangel in Deutschland – die Zahl der in der Industrie tätigen Männer fiel in der Zeit von 1939 bis 1944 von 25,4 Millionen auf 13,5 Millionen – ließe sich durch eine Kombination von Zwangsarbeit (im September 1944 waren 7,5 Millionen Zwangsarbeiter aus besiegten Nationen im Land) und der Arbeitskraft der nach einem Sieg über die Sowjetunion demobilisierten eigenen Soldaten beenden.[11] Die Kontrolle über die Ölfelder von Baku würde außerdem Deutschlands unersättlichen Treibstoffbedarf für die eigenen Panzer, Lastwagen, Kampfflugzeuge und Schiffe decken, wie auch die Landwirtschaft der Ukraine mithelfen sollte, die Eroberer zu ernähren.

Die Sowjetunion hatte im Jahr 1941 mehr Soldaten unter Waffen und besaß mehr Panzer als alle übrigen Streitkräfte der Welt zusammen – und ebenso viele Flugzeuge wie diese. Hitler wusste das natürlich ganz genau; als Halder einmal anmerkte, dass das sowjetische Heer über 10 000 Panzer verfüge, löste das «eine mehr als viertelstündige Gegenrede Hitlers aus, in der er jede russische Jahresproduktion seit den Zwanzigerjahren aus dem Gedächtnis in Zahlen angab».[12] Zu Hitlers Vorstellungen von der arischen Herrenrasse gehörte jedoch auch die Annahme, die Deutschen seien den Slawen als menschliche Wesen so sehr überlegen, dass eine bloße zahlenmäßige Unterlegenheit überhaupt keine Bedeutung habe. Das könnte auch erklären, warum er im April 1941 beim Besuch des japanischen Außenministers Yosuke Matsuoka in Berlin eine ideale Gelegenheit ungenutzt ließ, der Sowjetunion ihrerseits einen Zweifrontenkrieg aufzuzwingen. Anstatt Tokio in seine Pläne einzuweihen und den Japanern als Gegenleistung für einen gleichzeitigen Angriff auf die Sowjetunion alle ihrerseits vorgetragenen Gebietsforderungen im Osten zuzugestehen, verschwieg er seinen Plan vollständig. Er unternahm keinen Versuch, die Japaner für etwas zu gewinnen, von dem er wusste, dass es die größte Unternehmung seines Lebens sein würde. Es wäre jedoch für die deutschen Invasoren 1942 und 1943 von unschätzbarem Vorteil gewesen, wenn Dutzende von sowjetischen Divisionen aus der Front vor Leningrad, Moskau und Stalingrad hätten abgezogen werden müssen, um Sibirien und andere wichtige Gebiete im Osten vor einem japanischen Angriff zu schützen. Hätte Japan Sibirien besetzt – was strategisch keineswegs undenkbar war –, wäre die Sowjetunion selbst zu einem Zweifrontenkrieg gezwungen gewesen. Japan zählte schließlich zu den Achsenmächten, und acht Monate später war Hitler bereit, mit diesem Land in den Krieg gegen Amerika zu ziehen. «Dass er beim Krieg gegen die Sowjetunion nicht mit den Japanern zusammenarbeitete, muss als einer von Hitlers schwersten Irrtümern eingestuft werden», schrieb Roosevelts Biograf Conrad Black.[13]

Ein weiterer großer Fehler war, die Invasion erst am 22. Juni zu beginnen, zu einem Zeitpunkt also, ab dem die Tage bereits wieder kürzer wurden, und das bei einem Feldzug, in dem der Zeitfaktor beim Überwinden der gewaltigen Entfernungen von grundlegender Bedeutung war, bevor der Schlamm des russischen Herbstes und der Schnee im Winter allen Truppenbewegungen ein Ende machten. Ursprünglich sollten die Vorbereitungen für die Invasion bereits bis zum 15. Mai abgeschlossen sein, allerdings wurde dieser Tag nicht als Angriffsdatum festgelegt. Nachdem Halder ihm versichert hatte, dass die nötigen Transportkapazitäten bereitgestellt seien, entschied sich Hitler für den 22. Juni, denn bei jedem wesentlich früheren Datum hätte man in jenem ungewöhnlich regenreichen Frühling ebenfalls mit den Wetterbedingungen zu kämpfen gehabt. Die

Invasion in Griechenland war immer in Verbindung mit dem Angriff auf die Sowjetunion geplant worden, führte also nicht zur Verschiebung des Unternehmens Barbarossa. Die Überholung von Panzern, die auf den schlechten Balkanstraßen zu schnell unterwegs gewesen waren, brauchte ihre Zeit, in gewisser Weise führte also schon allein das Tempo bei der Niederwerfung Griechenlands zu dem späteren Termin für das Losschlagen gegen die Sowjetunion. Zwar sollte Hitler die Verschiebung des Angriffsdatums vom 15. Mai auf den 22. Juni als Grund für seine Niederlage angeben und behaupten, er hätte ansonsten noch vor Wintereinbruch «den Ostfeldzug ... beenden» können, doch sein Biograf Ian Kershaw hat diese Behauptung zu Recht als «eine äußerste Simplifizierung» bezeichnet.[14] Für eine Invasion zu einem wesentlich früheren Zeitpunkt war die Witterung zu nass, denn die schweren Kampfpanzer und Lastwagen mussten sich auf unbefestigten, einfachen Straßen bewegen. Das Wetter war 1941 nicht freundlich zu Adolf Hitler. Es ist oft behauptet worden, er hätte sich nicht auf die Balkan-, Griechenland- und Kreta-Feldzüge im April und im Mai einlassen sollen, weil diese den Angriff auf die Sowjetunion verzögert hätten. In Wirklichkeit war es so, dass er sich dem Kriegführen in Südosteuropa und im Mittelmeerraum nur deshalb widmen konnte, weil eine Invasion in der Sowjetunion vor Juni gar nicht möglich war.

Man kann Hitler zumindest nicht vorwerfen, nur er allein habe den Wunsch gehabt, «eine Rechnung mit den Bolschewisten zu begleichen». Bei seiner letzten großen militärischen Lagebesprechung vor der Invasion am 14. Juni in der Reichskanzlei – bei der die Generäle zu unterschiedlichen Zeitpunkten eintrafen, um jeden Verdacht zu zerstreuen – erhob kein einziger der Militärs Einspruch, dass mit diesem Vorgehen ein potenziell katastrophaler Zweifrontenkrieg eröffnet würde, so wie bei dem anderen Krieg vor einem Vierteljahrhundert, in dem sie ausnahmslos alle gekämpft und den sie verloren hatten. Vielleicht dachten sie, dass es jetzt zu spät sei, Hitler von seinem Entschluss noch abzubringen; vielleicht wollten sie es aus Rücksicht auf die eigene Karriere nicht an Begeisterung fehlen lassen; und vielleicht wollten sie die Moral der Kollegen nicht schwächen, indem sie auf die gewaltigen Schwierigkeiten hinwiesen – jedenfalls steht fest, dass weder Zweifel noch Kritik geäußert wurden, und die ranghöchsten Offiziere des Heeres, Brauchitsch und Halder, sagten kein einziges Wort.[15] «Alle Männer des OKW und des OKH, die man sprach, zeigten einen unerschütterlichen Optimismus und reagierten auf keine Einwände», schrieb Guderian später.[16] Er selbst jedoch behauptete, vor allem nach der Besprechung am 14. Juni habe er gedacht, dass ein potenziell katastrophaler Zweifrontenkrieg drohe, «und dem war das Deutschland Adolf Hitlers noch weniger gewachsen als das von 1914».[17] General Günther Blumentritt schrieb 1965 in einem bis heute unveröffentlicht gebliebenen Brief: «Militärisch und politisch war der Krieg verloren, als Hitler 1941 Russland angriff, ohne im Westen Frieden geschlossen zu haben.»[18] Damals sagte er so etwas allerdings nicht, selbst wenn er es gedacht haben sollte.

«Ich versuchte Hitler von einem Zweifrontenkrieg abzubringen», behauptete in Nürnberg später der Feldmarschall Erhard Milch, als «Generalluftzeugmeister» von November 1941 bis Juni 1944 Leiter des Rüstungsprogramms der Luftwaffe. «Auch Göring tat das meines Wissens. Aber ich scheiterte.»[19] Göring wiederum sagte noch im Mai 1946 in Nürnberg zum Gefängnispsychiater Goldensohn: «Der Führer war ein Genie. Die Angriffe gegen Polen und Frankreich waren ebenfalls sein Plan. Auch der Plan gegen Russland stammte von einem Genie, aber er wurde miserabel umgesetzt. Der Russlandfeldzug hätte 1941 zu Ende sein können – und zwar erfolgreich.» Auf den Vorhalt, Rundstedt habe die Angriffspläne Hitlers gegen die Sowjetunion als «dumm» bezeichnet, reagierte Göring mit einem Stirnrunzeln und erwiderte: «Die Wehrmachtsgenerale sind plötzlich allesamt klüger als Hitler. Aber als er noch alles im Griff hatte, hörten sie auf ihn und waren froh über seinen Rat.»[20] Diese Kritik war berechtigt.

Noch jemand hätte dafür sorgen müssen, dass Hitler den Tatsachen ins Auge blickte, die mit einem Angriff auf das größte Land der Welt verbunden waren – mit 193 Millionen Einwohnern, im Vergleich zu Deutschlands 79 Millionen in der Vorkriegszeit –, und das war Generalfeldmarschall Wilhelm Keitel, der Chef des OKW; aber davon konnte nicht die Rede sein. Auf die Frage, warum er die Invasionspläne gebilligt habe, antwortete Keitel, Hitler habe befürchtet, die Sowjetunion könnte Deutschland die 150 000 Tonnen Öl wegnehmen, die das Reich Monat für Monat von Rumänien erhielt und die fast die Hälfte des monatlichen Gesamtbedarfs von 350 000 Tonnen für die Kriegführung ausmachten, von dem allein 100 000 Tonnen an die Luftwaffe gingen. «Der Angriff auf Russland war eine leichtsinnige Handlung», räumte Keitel rückblickend ein, fügte aber hinzu: «Ich [glaubte] an Hitler und [wusste] wenig über den Sachverhalt. Ich bin kein Taktiker und kannte die militärische und wirtschaftliche Stärke der Russen nicht. Wie sollte ich auch?» Die Antwort darauf könnte sein, dass es Keitels allerwichtigste Pflicht war, vor einer Invasion die Fakten zur militärischen und wirtschaftlichen Stärke der Sowjetunion zu kennen, und als Chef des OKW war er schließlich einer der drei ranghöchsten strategischen Planer auf deutscher Seite. Angeblich habe er Hitler oft gesagt, er solle diese Position mit einem besseren Taktiker besetzen, als er einer sei, «aber er erwiderte, das falle in seine Verantwortung als Oberbefehlshaber».[21]

Es kam Hitler sehr zupass, einen obersten Stabschef zu haben, der den eigenen strategischen Fähigkeiten so wenig vertraute. Das ist ein deutlicher Unterschied zu Roosevelt, der George Marshall zum Stabschef der Armee ernannte, und zu Churchill, der Alan Brooke zum Chef des Empire-Generalstabs machte. Hitler wollte keinen Berater, der mehr über die Gesamtstrategie wusste als er selbst und deshalb seinen Ideen widersprechen könnte. «Ich wollte immer Landwirt sein und Förster, und sehen Sie, in was für einen Schlamassel ich geraten bin, nur weil ich schwach war und mich zu anderen Dingen überreden ließ. Ich bin nicht geschaffen für den Posten eines Feldmarschalls», sagte Keitel nach dem Krieg. Er klagte auch über seine Situation, als ihm die Nachfolge Blombergs angeboten wurde: «Ich war auf diesen Posten nicht vorbereitet. Ich wurde plötzlich berufen und hatte keine Zeit, mir alles in Ruhe zu überlegen. … Die Entwicklungen verliefen zu schnell. So war der Lauf der Dinge.»[22]

Es ging um weit mehr als einen «Schlamassel»: Keitel drohte der Strick, den er wegen der brutalen Befehle, die er bereits vor dem Überfall auf die Sowjetunion unterzeichnet hatte, auch verdiente. Keitel, eine menschliche Null, gehorchte seinem Führer immer blindlings. «Ich hatte viele Posten als Adjutant und im Generalstab inne», erklärte er, «aber natürlich immer gemeinsam mit Berufssoldaten, deren Ausbildung der meinen glich. Deshalb verstand ich aus meiner Sicht heraus alles, was Hitler zu mir sagte, als Befehl eines Offiziers. … Als Stabschef unter Hitler befand man sich in einer unmöglichen Lage. Man hatte einen vorgesetzten Offizier, der Politiker war und kein Offizier – ein Mann, dessen Sichtweise sich völlig von der meinen unterschied.»[23]

Doch dies nahm Keitel nicht zum Anlass, für seine eigenen Ansichten und für die Wehrmacht einzutreten, denn in sechsunddreißig Dienstjahren als Offizier hatte er einen instinktiven Gehorsam entwickelt, aus dem durch Hitlers Triumphserie im Rheinland, in Österreich, im Sudetenland, in Prag, Polen und Frankreich eine sklavische Ergebenheit wurde. Die Tatsache, dass Keitel nur ein kläglicher Ersatz für einen hochrangigen Offizier war, ist wichtig für die Beantwortung der Frage, wie es Hitler gelang, eine solche Dominanz über ein Offizierskorps zu erlangen, das trotz des Debakels von 1918 immer noch den Stolz auf seine lange Tradition und seine herausragende Stellung in der deutschen Gesellschaft pflegte. Liddell Hart, der nach dem Krieg Gespräche mit einer ganzen Reihe von deutschen Generälen geführt hatte, bot noch eine weitere Erklärung für das Ausbleiben von Kritik am Unternehmen Barbarossa von dieser Seite an: «Wie so viele Spezialisten standen auch sie Dingen außerhalb ihres Fachs etwas naiv gegenüber. Hitler verstand es auch, mit ihrer Besorgnis über das russische Abenteuer mit Hilfe politischer ‹Informationen› fertig zu werden, die dazu bestimmt waren, sie von der Zwangslage zu überzeugen, ebenso davon, dass Russlands innere Schwäche seiner militärischen Stärke Abbruch tat.»[24] Hitler war schon seit langem ein Meister in der Kunst der Desinformation gewesen, und diesmal setzte er sie gegen seine eigenen Generäle ein.

Hitler brauchte jemanden – irgendjemanden – aus seinem engsten Führungskreis, der ihn an die Gefahren erinnerte, die mit einem Angriff auf die Sowjetunion verbunden waren. Doch er war, wie er Rundstedt wissen ließ, der Überzeugung: «Man muss nur die Tür eintreten, und das ganze morsche Gebäude bricht zusammen.»[25] Die Hybris war mit Händen zu greifen. Im Zentralmuseum der russischen Streitkräfte (früher: Zentralmuseum der Streitkräftemuseen der UdSSR) in Moskau kann man zwei Tonnen Eiserner Kreuze besichtigen, die, eigens für diesen Zweck geprägt, an die Eroberer der Stadt verliehen werden sollten. Hitler glaubte, dass die UdSSR wegen Stalins Säuberungen in den Reihen der Roten Armee in den Dreißigerjahren, wegen der mit dem Kommunismus verbundenen Ineffizienz und Grausamkeit und auch wegen der im Krieg gegen Finnland anfangs erlittenen Niederlagen zusammenbrechen würde. Doch er hatte nicht mit der Sturheit des einfachen Sowjetsoldaten – des «Frontowik» – gerechnet, der, obwohl «erbärmlich geführt, unzureichend ausgebildet und armselig ausgerüstet, im ersten Kampfjahr durch seinen Mut und seine Zähigkeit den Gang der Geschichte veränderte».[26] Die Soldaten der Roten Armee nahmen die Notwendigkeit, sich für «Mutter

Heimat» aufzuopfern, mit Fatalismus hin, und die jeder Einheit zugeordneten Politkommissare waren Fachleute im Ausnutzen der Kultur der Unterwürfigkeit, eines traditionellen, typischen Merkmals des Alltagslebens der Menschen im russischen Reich. Ihre Vorfahren hatten in der Vergangenheit unter den Romanows schlimm gelitten, und jetzt sollten sie für deren kommunistische Nachfolger nicht weniger schlimm leiden: «Der Stalinismus war ein Zarismus mit proletarischem Gesicht.»[27]

Doch selbst wenn Hitler von freimütigen Kritikern umgeben gewesen wäre: Der Plan, die Sowjetunion anzugreifen, war in der Nazi-Ideologie so tief verwurzelt, dass er nicht aufzuhalten war. Hitler fiel in die Sowjetunion ein, weil er der festen Überzeugung war, dies sei die letztliche Bestimmung seiner irdischen Existenz. «Wir Nationalsozialisten [müssen] unverrückbar an unserem außenpolitischen Ziel festhalten, nämlich dem deutschen Volk den ihm gebührenden Grund und Boden auf dieser Erde zu sichern», hatte er in *Mein Kampf* getönt.[28] Es wurde deutlich, wo der Löwenanteil zu finden war, als er wenige Seiten später von einer «Bodenpolitik der Zukunft» und vom «Blick nach dem Land im Osten» schrieb. Und damit war nicht einfach nur Polen gemeint. An einer anderen Stelle des Buches schrieb er, Deutschland werde im Überfluss schwimmen, wenn es erst einmal die Getreideanbaugebiete der Ukraine kontrolliere, die Bodenschätze im Ural, ja sogar die Holzbestände in Sibirien. Die vierzehn Länder, die Deutschland im Jahr 1941 besetzt hielt oder kontrollierte, wären nicht genug gewesen, denn wie er bereits in seinem politischen Credo geschrieben hatte: «So sehr wir heute auch alle die Notwendigkeit einer Auseinandersetzung mit Frankreich erkennen, so wirkungslos bliebe sie in der großen Linie, wenn sich in ihr unser außenpolitisches Ziel erschöpfen würde. Sie kann und wird nur Sinn erhalten, wenn sie die Rückendeckung bietet für eine Vergrößerung des Lebensraumes unseres Volkes in Europa.»[29]

Hitler war der Ansicht, mit Frankreich als «Rückendeckung» könne man die Sowjetunion relativ mühelos angreifen – oder eben deren «Tür eintreten». Bei einer Ansprache vor führenden Militärs auf dem Berghof sagte er am 9. Januar 1941: «Russland muss nun zerschmettert werden.»[30]

Jodl sagte bereits am 29. Juli 1940 in Bad Reichenhall zu Stabsoffizieren des OKW, es sei Hitlers ausdrücklicher Wunsch, dass die Planungen für die Invasion umgehend beginnen sollten. Hitlers Weisung Nr. 18 vom 12. November 1940 machte deutlich, dass die Gespräche mit Molotow, die am selben Tag in Berlin geführt wurden, ein bloßes Ablenkungsmanöver waren, und dass, «gleichgültig, welches Ergebnis diese Besprechungen haben werden, alle schon mündlich befohlenen Vorbereitungen für den Osten fortzuführen [sind]». Diese Ziele wurden dann am 18. Dezember 1940 in Hitlers «Weisung Nr. 21 Fall Barbarossa» ausgeführt, deren erster Satz lautete: «Die deutsche Wehrmacht muss darauf vorbereitet sein, auch vor Beendigung des Krieges gegen England Sowjetrussland in einem schnellen Feldzug niederzuwerfen (Fall Barbarossa)».[31]

Ein Ereignis, das Hitler vielleicht vom Überfall auf die Sowjetunion hätte abhalten können – aus Furcht, dass das Unternehmen Barbarossa verraten worden sei –, war der bizarre Flug des «Führerstellvertreters» Rudolf Heß nach Großbritannien, der um 18 Uhr abends am 10. Mai 1941 begann. Heß, während eines großen Teils der Zwanziger- und Dreißigerjahre Hitlers engster Vertrauter und Stellvertreter, war von mehreren Rivalen innerhalb der Nazi-Hierarchie nach und nach überholt worden, und vor allem seit Kriegsbeginn hatte sich diese Entwicklung beschleunigt. Er war seit den frühen Tagen der Partei ein überzeugter Nationalsozialist gewesen, doch er war gegen einen Krieg zwischen Großbritannien und Deutschland und entwickelte deshalb, ohne Hitler einzuweihen, einen kühnen – wenn auch verrückten – Plan für einen Friedensschluss zwischen den Völkern angelsächsischer Herkunft. Der fünfstündige Flug mit einer Messerschmitt 110, deren Reichweite durch einen abwerfbaren Zusatztank vergrößert wurde, war eine bemerkenswerte fliegerische und navigatorische Leistung, aber sobald Heß in der Nähe des Dorfes Eaglesham in der Grafschaft Renfrewshire in Schottland mit dem Fallschirm gelandet war, begann sein wirrer Plan zu scheitern. Sein erstes Problem bestand darin, jemanden zu finden, der befugt war, Friedensverhandlungen zu führen. Die Entscheidung für eine Landung in Schottland war durch die ebenso seltsame wie vollkommen unangebrachte Vorstellung inspiriert worden, der Herzog von Hamilton – Heß meinte, er sei ihm bei den Olympischen Spielen in Berlin begegnet, was ebenfalls nicht zutraf – verfüge aufgrund seines Titels über erheblichen politischen Einfluss in Großbritannien. Heß wurde nach seiner Festnahme (bei der Landung hatte er sich den Knöchel gebrochen) unter anderem von Lord Beaverbrook und dem Lordkanzler John Simon vernommen, und ihm wurde schnell klar, dass die Regierung Churchill keineswegs die Absicht hatte, sich irgendwelche Vorschläge zu Friedensbedingungen anzuhören.

Heß scheint ab diesem Zeitpunkt an realem oder vorgetäuschtem Gedächtnisschwund sowie an sich jetzt bemerkbar machenden weiteren psychischen Störungen – einschließlich einer Paranoia – gelitten zu haben, die ihn sein ganzes weiteres Leben lang begleiten sollten. Hitler tobte zwar wegen dieses «Verrats», und die deutsche Propaganda erklärte den peinlichen Vorgang mit einer wie auch immer gearteten «geistigen Umnachtung», doch Heß verriet das Geheimnis von Unternehmen Barbarossa nicht. Während des Krieges hielt man ihn kurze Zeit auch im Londoner Tower fest. Nach Kriegsende wurde er im Nürnberger Prozess gegen die Hauptkriegsverbrecher nach den Anklagepunkten 1 und 2 (Verschwörung zur Planung und Führung von Angriffskriegen sowie Verbrechen gegen den Frieden) für schuldig befunden, nicht aber wegen Kriegsverbrechen, und so erhielt er eine lebenslange Freiheitsstrafe, nicht aber die Todesstrafe, die ihm ohne seinen Flug nach Schottland sicher gewesen wäre. Aufgrund der sowjetischen Unnachgiebigkeit – Moskau wollte Heß 1945 hängen sehen – blieb Heß im Spandauer Gefängnis inhaftiert, bis er 1987 im Alter von 93 Jahren Selbstmord beging.

Barbarossa war der Beiname des grausamen, tapferen und ehrgeizigen Stauferkaisers Friedrich I. (1122–1190), des vielleicht bedeutendsten mittelalterlichen Herrschers des Heiligen Römischen Reiches deutscher Nation. Doch Hitler entging die Paradoxie, die sich mit der Entscheidung für diesen Decknamen verband, denn Friedrich ging nach seiner Niederlage gegen den Lombardenbund in der Schlacht bei Legnano (1176) im Konflikt mit den oberitalienischen Städten zu einer Politik der Versöhnung und der Milde über. Friedrich begab sich 1188 zwar noch auf den 3. Kreuzzug gegen Saladin und den Islam, so wie Hitler von einem Kreuzzug gegen Stalin und den Bolschewismus redete, wurde jedoch auf diesem Feldzug in Kleinasien ertrunken aufgefunden (oder vielleicht von seinen eigenen Männern ertränkt). Eine andere Erklärung für Hitlers Wahl des Decknamens Barbarossa, ja sogar für die gesamte Denkweise, die ihn zur Anordnung der Invasion führte, könnte in der außergewöhnlichen geografischen und topografischen Lage seines Landsitzes liegen, des «Berghofs» auf dem Obersalzberg bei Berchtesgaden. Dort gab es noch die ortsbezogene Sage, dass Kaiser Barbarossa im Untersberg, einem der höchsten Berge der Berchtesgadener Alpen, ruhe und dort auf den Weckruf zur Rettung Deutschlands warte. Hitler war stolz auf seine langjährige Verbindung zu dieser Region, die bereits 1923, noch vor dem Hitler-

Ludendorff-Putsch, mit einem inkognito – unter dem Namen «Herr Wolf» – abgestatteten Besuch bei Dietrich Eckart, einem politischen Gesinnungsgenossen, begonnen hatte. In den Folgejahren stieg Hitler in mehreren Gasthöfen in diesem Gebiet ab, bis er 1927 dann ein Haus kaufte, das sich zum Zentrum einer riesigen Wohnanlage für den Nazi-Führungskreis entwickelte. Der NSDAP-Reichsleiter und Chef der Parteikanzlei Martin Bormann, Hermann Göring und Albert Speer ließen sich in der unmittelbaren Umgebung auf dem Obersalzberg Häuser bauen, um sich den unentbehrlichen persönlichen Zugang zu Hitler zu sichern. Während des Krieges wurden – nach der Vertreibung von vierhundert einheimischen Bewohnern aus ihren Häusern auf dem Berg – gewaltige betonierte Bunkeranlagen zum Schutz der Nazi-Führungsriege in den Berg hineingetrieben.

«Ja, mit diesem Berg bin ich eng verbunden», sagte Hitler bei einem seiner Tischgespräche in der «Wolfsschanze» am 16./17. Januar 1942. «Vieles hat sich dort getan, ist entstanden und vergangen, es sind mit die schönsten Zeiten meines Lebens. ... Meine großen Pläne sind alle dort entstanden. Immer habe ich nette Freunde dort gehabt. Wieviel Zeit konnte ich mir noch frei machen!» Der Berghof selbst war nicht das architektonische Meisterwerk, für den Hitler ihn hielt. Der Historiker Norman Stone beschreibt ihn als

> ein Gebäude, das zu einer Schurkengestalt von Ian Fleming passt. Riesige Platten aus rotem Marmor schmückten es; an den Wänden hingen geraubte Gemälde; es gab einen riesengroßen, dicken Teppich; auf dem Kaminrost loderte ein imposantes Feuer; überdimensionierte Lehnstühle waren in einem ungünstigen Abstand zueinander aufgestellt, so dass sich die Gäste ihre Plattheiten fast zuschreien mussten, während in der einsetzenden Abenddämmerung die Funken aus dem Kaminfeuer sprühten.[32]

Vom Berghof aus konnte Hitler sein geliebtes Salzburg und die Landschaft der Umgebung betrachten. Zum fünfzigsten Geburtstag schenkte ihm die NSDAP im April 1939 das «Kehlsteinhaus», ein in über 1800 Metern Höhe auf einem schmalen Bergsporn errichtetes Tee- und Gästehaus, ein Wunderwerk der Ingenieurskunst, das über einen eigens angelegten Stichtunnel und Aufzugschacht erreichbar war und einen Rundblick über die ganze Region bot. Doch die atemberaubende Landschaft wirkte nicht beruhigend auf das, was man für Hitlers Seele hielt. Paradoxerweise scheinen ihm diese Panorama-Blicke nur bei seinen drastischsten und folgenschwersten Entscheidungen behilflich gewesen zu sein. Bei Aufenthalten auf dem Obersalzberg entwickelte er seine gewagtesten Coups, unter anderem auch den Plan zur Zerschlagung der Tschechoslowakei. Joseph Goebbels, ein regelmäßiger Besucher, klagte in seinem Tagebuch oft über die viele Zeit, die Hitler auf dem Obersalzberg verbrachte, freute sich zugleich aber auch über die Art und Weise, in der die Einsamkeit der Berge seinen Führer immer wieder zu einem noch fanatischeren Vorgehen anspornte. Ende März 1933 beschloss Hitler an diesem Ort, dass es einen nationalen Boykott gegen alle jüdischen Geschäfte, Dienstleistungsbetriebe, Rechtsanwälte und Ärzte im ganzen Reich geben sollte. Landschaften von überwältigender Schönheit hatten eine Wirkung auf Hitler, die ganz anders ausfiel als die Reaktion der meisten anderen Menschen: Sie besänftigten ihn nicht und stimmten ihn nicht menschenfreundlicher, sondern verhärteten sein Herz und versetzten ihn in einen Machtrausch.

Eines der Hauptziele, das Hitler mit dem Überfall auf die Sowjetunion verfolgte, war, Großbritannien aller Hoffnungen auf Beistand durch Verbündete zu berauben und so zum Friedensschluss zu zwingen. Franz Halder hielt unter dem Datum des 13. Juli 1940 in seinem Kriegstagebuch fest:

> Den Führer beschäftigt am stärksten die Frage, warum England den Weg zum Frieden noch nicht gehen will. Er sieht ebenso wie wir die Lösung der Frage darin, dass England noch eine Hoffnung auf Russland hat. Er rechnet also damit, England mit Gewalt zum Frieden zwingen zu müssen.[33]

Zweieinhalb Wochen später sagte Hitler dann auf dem Berghof zu seinen Generälen: «Ist aber Russland zerschlagen, dann ist Englands letzte Hoffnung getilgt. Der Herr Europas und des Balkans ist dann Deutschland. Entschluss: Im Zuge dieser Auseinandersetzung muss Russland erledigt werden.»[34] Er wollte, wie es Ian Kershaw formulierte, «London via Moskau»[35] schlagen, so absurd das unter geografischen Gesichtspunkten auch klingen mag. Der Gedanke, dass Hitler auch deshalb in die riesige Sowjetunion einfiel, um das winzige Großbritannien noch stärker zu isolieren, mutet nur solange verwunderlich an, bis man sich Hitlers rassistische Überzeugungen und seine allgemeine Denkweise in Erinnerung ruft: Er hatte an der Westfront gegen die Briten gekämpft und verloren, und er bewunderte ihre Erfolge als Weltmacht, vor allem in Indien. Die Angelsachsen galten ihm unter rassischen Gesichtspunkten als grundsätzlich arisch, was sie zu würdigen Gegnern und logischen Verbündeten machte; so waren sie beispielsweise viel würdiger als die mit einer dunkleren Gesichtsfarbe ausgestatteten, mediterranen, aus seiner Sicht rassisch schwächlichen Franzosen. (Frankreichs Sieg über Preußen im Jahr 1806 bezeichnete er in etwas pedantischer Manier als einen korsischen Sieg.) Die russischen Slawen würden nur sechs Wochen lang standhalten, sagte er am 14. Juni 1941 zu seinen Generälen, trotz ihrer Überzahl und ihres zu erwartenden zähen Widerstandes. Hitlers Entscheidung für den Angriff auf die Sowjetunion als ein Mittel, um Großbritannien zu besiegen, ist zwar das extremste Beispiel für ein Aufzäumen des Pferdes beim Schwanz, das die Geschichte kennt, aber es lässt sich mit seinem eigenen rassistischen Gedankengut ebenso erklären wie im Licht der Niederlage der Luftwaffe bei der Luftschlacht um England im vorausgegangenen Sommer. Ein Grund für Napoleons Angriff auf Russland 1812 war gewesen, dass er dem widerspenstigen Land die protektionistische Kontinentalsperre aufzwingen wollte, um Großbritannien wirtschaftlich zu strangulieren; jetzt beging Hitler den gleichen Fehler.

Die Deutschen folgten dabei nicht zum ersten Mal ihrem «Drang nach Osten»: Im Ersten Weltkrieg hatte er im März 1918 zum Friedensvertrag von Brest-Litowsk mit dem neuen Sowjetstaat geführt, der für Berlin sehr vorteilhaft ausgefallen war und dem Deutschen Reich die Kontrolle über Polen, Weißrussland, die Ukraine und das Baltikum einräumte. Hitler sollte außerdem in Gebiete einmarschieren, in denen mehr Juden lebten als im Heiligen Land selbst, und mit dem Angriff auf die Sowjetunion «sollte die angebliche Macht der Juden, die in seinem Weltbild vom Regime der Bolschewiken verkörpert wurde, zerstört und gleichzeitig ‹Lebensraum› für deutsche Siedler gewonnen werden».[36] Seit seiner Zeit als Straßenredner und politischer Agitator in München zu Beginn der Zwanzigerjahre hatte er die Kommunisten bekämpft und dabei an die jüdisch-bolschewistische Verschwörung geglaubt, also war dies seine Chance, beide Feinde mit einem einzigen Schlag zu vernichten. Und das sollte nach seinen Vorstellungen auch nicht lange dauern: In

Hitlers Weisung Nr. 21 war davon die Rede, dass «mit einem raschen Ablauf der Erdoperationen gerechnet werden kann».[37]

Für die deutschen Streitkräfte – die besten in Europa – war die Rote Armee, die zu den schlechtesten des Kontinents zählte, keine Bedrohung. Keitel behauptete später zwar, Hitler habe einen Angriff Stalins befürchtet, und die sowjetischen Truppen schienen für eine wirksame Verteidigung zu grenznah stationiert zu sein, doch es stand kein sowjetischer Angriff bevor, und es bleibt zweifelhaft, ob Hitler so etwas ernsthaft befürchtete. Mit Sicherheit lag Stalin zu diesem Zeitpunkt nichts ferner als das. Außerdem lieferte die UdSSR nach den Bestimmungen des Hitler-Stalin-Pakts Monat für Monat gewaltige Mengen Erdöl und Weizen, und ganze Zugladungen mit beiden Gütern überquerten am Abend des 21. Juni noch die Grenze in westlicher Richtung, als deutsche Truppen diese bereits in der Gegenrichtung überschritten. Ab Oktober 1939 hatte die Sowjetregierung in der Jokanga-Bucht auf der Halbinsel Kola einen Marinestützpunkt zur Verfügung gestellt, in dem U-Boote auf souveränem sowjetischem Staatsgebiet repariert werden sowie Nachschubgüter aufnehmen konnten. Im Sommer 1940 hatten die Sowjets dem deutschen Hilfskreuzer *Komet* mit Hilfe sowjetischer Eisbrecher sogar die Fahrt durch die Nordostpassage und die Beringstraße bis in den Pazifischen Ozean ermöglicht, wo dieses Schiff das Überraschungsmoment zur Versenkung von sieben alliierten Frachtschiffen nutzte.[38]

Außerdem lockte noch eine ausgezeichnete strategische Alternative, eine, die sich Hitler, rückblickend betrachtet, hätte zu eigen machen sollen. Zu dieser von Halder, Brauchitsch und Raeder befürworteten Strategie gehörten Angriffe auf britische Außenposten im Mittelmeerraum, in Nordafrika und im Nahen Osten. Malta hätte – trotz der Verluste auf dem griechischen Festland und auf Kreta – von Kurt Students Fallschirmjägern angegriffen und besetzt werden sollen. Das Mittelmeer hätte zu einem von den Achsenmächten beherrschten Seegebiet werden können, wenn man in Nordafrika mit einer sehr viel größeren Streitmacht angegriffen hätte als mit den vier Divisionen, die man Rommel 1942 für das Afrikakorps zugestand. Deutschland hätte mit einem Bruchteil der beim Unternehmen Barbarossa eingesetzten Soldaten, Waffen und Ausrüstung die Briten mühelos aus Gibraltar, Libyen, Ägypten, Palästina, aus dem Irak und Iran vertreiben, Großbritannien von seiner Ölversorgung abschneiden und den direkten Seeweg nach Indien über den Suezkanal blockieren können. Der Nachschubweg für einen Feldzug im Nahen Osten wäre für die Achsenmächte über Italien und Sizilien sehr viel einfacher gewesen als für die Verteidiger um das Kap der Guten Hoffnung und den afrikanischen Kontinent herum. Hitler entschied sich stattdessen im Juli 1940 für den Angriff auf die Sowjetunion im darauffolgenden Frühjahr. Er war zwar bereit, sich gedanklich auf die Mittelmeer-Strategie einzulassen – in erster Linie aus Respekt für Großadmiral Raeder –, verfolgte aber unbeirrt den Angriffsplan im Osten. Er wies die Mittelmeer-Option und den Angriff auf die vermeintlichen arischen Vettern zurück und bevorzugte die umgehende Belohnung, die sich für ihn mit dem Kampf gegen die Menschen verband, in denen er nach seiner fanatischen Überzeugung seine rassischen und politischen Feinde sah.

Hitler sagte am 16. Juni 1941 bei einem langen Gespräch mit Goebbels in der Reichskanzlei – der Propagandaminister musste das Gebäude durch die Hintertür betreten, damit seine Anwesenheit unbemerkt blieb –, es dürfe keine Wiederholung von Napoleons Scheitern in Russland geben.[39] Bei dieser ausführlichen, mit Herzlichkeit geführten Diskussion kamen beide Gesprächspartner überein, dass der Feldzug in Griechenland «unser Material stark mitgenommen hat», dass die Wehrmacht und die Rote Armee jeweils über «etwa 180–200 Divisionen» verfügten, doch dieser Gegner sei «an personellem und materiellem Wert ... mit uns überhaupt nicht zu vergleichen»; dass das Unternehmen Barbarossa nur vier Monate dauern – Goebbels ging sogar von einem kürzeren Zeitraum aus – und «der Bolschewismus wie ein Kartenhaus zusammenbrechen» werde: «Der Aktion ist geografisch keine Grenze gesetzt. Es wird so lange gekämpft, bis keine russische Heeresmacht mehr existiert.» Die Japaner würden, obwohl nicht vorgewarnt, dieses Vorgehen unterstützen, denn «Tokio würde sich nie mit den USA einlassen, wenn Russland noch intakt in seinem Rücken steht». Mit dieser Präventivaktion lasse sich ein Zweifrontenkrieg vermeiden, meinte Hitler, nach dem Sieg im Osten könne man Großbritannien erledigen, «und dann läuft der Ubootkrieg erst richtig an. England wird zu Boden sinken.» Auch die Luftwaffe werde dann erneut «in ganz großem Stile» gegen Großbritannien eingesetzt, denn die Invasion sei «sowieso nur sehr schlecht möglich. Also heißt es, sich andere Sicherheiten zum Siege zu schaffen.»

Die beiden Männer spielten das Unternehmen bis in die kleinsten Einzelheiten durch – zum Beispiel müssten die Drucker und Packer, die mit den Flugblättern befasst waren, die über der Sowjetunion abgeworfen werden sollten, bis zum Beginn der Invasion aus Gründen der Geheimhaltung «in der Klausur leben» –, und nach dem Erfolg gelte: «Der Bolschewismus muss fallen, und England wird seine letzte auch nur denkbare Festlandswaffe aus der Hand geschlagen.» Hitler sagte zu Goebbels, dies sei der Kampf, auf den sie ihr ganzes Leben lang gewartet hätten:

> Und haben wir gesiegt, wer fragt uns nach der Methode? Wir haben sowieso so viel auf dem Kerbholz, dass wir siegen müssen, weil sonst unser ganzes Volk, wir an der Spitze mit allem, was uns lieb ist, ausradiert würde. Also ans Werk![40]

Bei dieser Besprechung entwickelten sie sogar einen Plan, nach dem die Bischöfe «beiderlei Bekenntnisse» zur Unterstützung des Angriffs auf den atheistischen Bolschewismus bewogen werden sollten, ein Ansinnen, dem sich Alfred Henri Marie Baudrillart, der Kardinal-Erzbischof von Paris, mit Begeisterung anschloss. Er predigte am 30. Juli 1941: «Hitlers Krieg ist ein nobles Unterfangen zur Verteidigung der europäischen Kultur.»

Wenn neben Hitler noch eine zweite Person für die letztlich katastrophale deutsche Entscheidung für den Angriff auf die Sowjetunion verantwortlich gemacht werden kann, dann ist das sein Wirtschaftsminister Walther Funk. Er vertrat die Ansicht, dass Deutschlands europäische «Großraumwirtschaft» angesichts der britischen Seeblockade gegen den Kontinent letztlich auf Nahrungsmittel- und Rohstofflieferungen angewiesen sei, die man gegenwärtig nach den Bestimmungen des Hitler-Stalin-Paktes von der Sowjetunion erhalte und die einerseits nicht für alle Zeit gesichert seien, andererseits aber enorm gesteigert werden müssten. Wirtschaftliche Sachzwänge verbanden sich hier also aufs Angenehmste mit ideologischen, strategischen, rassistischen und opportunistischen Überlegungen; jeder einzelne Faktor sprach somit für eine Invasion, mit einer Ausnahme, und das war die logistische Realität. Hitler hatte in seiner Weisung Nr. 21 zwar beiläufig «die Weite des russischen Raumes» erwähnt, plante aber anfangs auch nur die Eroberung des europäischen Teils der Sowjetunion entlang der «allgemeinen Linie Wolga – Archangelsk», wobei «erforderlichenfalls das letzte Russland verbleibende Industriegebiet am Ural durch die Luftwaffe ausgeschaltet werden kann».[41] Die gewaltige räumliche Ausdehnung der Steppenlandschaft hätte Hitler und seinen Führungsstab innehalten lassen und zum Nachdenken bewegen sollen, aber dazu scheint es nicht gekommen zu sein.

Der Schlüssel zu Hitlers zahlreichen spektakulären Erfolgen bis zum Juni 1941 war immer gewesen, dass er die Initiative behielt, und das sollte noch vier weitere Monate so bleiben, bis er im Oktober jenes Jahres vor den Toren von Moskau zum Stehen gebracht wurde. Er hatte jahrelang mit der Unentschlossenheit und Schwäche seiner Gegner gespielt und war immer wieder damit durchgekommen. Die Einsätze mochten im Lauf der Jahre exponentiell gestiegen sein, aber sein Glücksspieler-Instinkt ließ ihn nie im Stich. Der Abstinenzler Hitler berauschte sich am schieren Ausmaß dieses Abenteuers; bereits am 3. Februar 1941 sagte er bei einer Lagebesprechung mit führenden Militärs: «Wenn Barbarossa steigt, hält die Welt den Atem an und verhält sich still.»[42] Bei einem Angriff mit vier Millionen Soldaten, von denen viele kampferprobt und an den Siegen in Polen, Skandinavien, Frankreich und auf dem Balkan beteiligt gewesen waren, schienen die Chancen nicht so schlecht zu stehen, wie es sich später dann herausstellte.

Im Sommer 1940 war die Genialität Hitlers als «größter Feldherr aller Zeiten» bereits ein grundlegender Bestandteil der nationalsozialistischen Ideologie, und ein Teil dieser Genialität schien mit seiner Fähigkeit verbunden gewesen zu sein, Entscheidungen treffen zu können, ohne vorher ausführlich Karten studieren, Berichte lesen oder sich mit dem Führungsstab beraten zu müssen. Doch es ist nicht einmal gesichert, dass er sich nach einer intensiveren Beschäftigung mit der Problemlage anders entschieden hätte. Er befürchtete – angesichts der isolationistisch gesinnten Opposition, mit der es die Regierung Roosevelt im eigenen Land zu tun hatte, möglicherweise zu sehr –, dass die Vereinigten Staaten vermutlich schon 1942 auf der Seite Großbritanniens in den Krieg eintreten würden, und leitete daraus die Notwendigkeit eines schnellen Handelns ab. Die Festung Europa musste seiner Ansicht nach errichtet und ihre volle Produktionskapazität nutzbar gemacht werden, bevor die Ressourcen Amerikas gegen Deutschland eingesetzt werden konnten.

Zum Verständnis der geplanten Vorgehensweise beim Überfall auf die Sowjetunion lohnt sich ein ausführlicherer Blick auf Hitlers «Weisung Nr. 21 Fall Barbarossa» vom 18. Dezember 1940, die allen führenden Persönlichkeiten des Dritten Reiches zugestellt worden war und sechs Monate später bemerkenswert wortgetreu umgesetzt wurde:

> Die im westlichen Russland stehende Masse des russischen Heeres soll in kühnen Operationen unter weitem Vortreiben von Panzerkeilen vernichtet, der Abzug kampfkräftiger Teile in die Weite des russischen Raumes verhindert werden. ... Wirksames Eingreifen der russischen Luftwaffe ist schon bei Beginn der Operation durch kraftvolle Schläge zu verhindern. ... Auf den Flügeln unserer Operation ist mit der aktiven Teilnahme Rumäniens und Finnlands am Kriege gegen Sowjetrussland zu rechnen. ... In dem durch die Pripjetsümpfe in eine südliche und eine nördliche Hälfte getrennten Operationsraum ist der Schwerpunkt nördlich dieses Gebietes zu bilden. Hier sind 2 Heeresgruppen vorzusehen. Der südlichen dieser beiden Heeresgruppen – Mitte der Gesamtfront – fällt die Aufgabe zu, mit besonders starken Panzer- und mot. Verbänden aus dem Raum um und nördlich Warschau vorbrechend die feindlichen Kräfte in Weißrussland zu zersprengen. Dadurch muss die Voraussetzung geschaffen werden für das Eindrehen von starken Teilen der schnellen Truppen nach Norden, um im Zusammenwirken mit der aus Ostpreußen in allgemeiner Richtung Leningrad operierenden nördlichen Heeresgruppe die im Baltikum kämpfenden feindlichen Kräfte zu vernichten. Erst nach Sicherstellung dieser vordringlichsten Aufgabe, welcher die Besetzung von Leningrad und Kronstadt folgen muss, sind die Angriffsoperationen zur Besitznahme des wichtigen Verkehrs- und Rüstungszentrums Moskau fortzuführen. Nur ein überraschend schnell eintretender Zusammenbruch der russischen Widerstandskraft könnte es rechtfertigen, beide Ziele gleichzeitig anzustreben. ... Bei der südlich der Pripjetsümpfe angesetzten Heeresgruppe ist in konzentrischer Operation und mit starken Flügeln die vollständige Vernichtung der in der Ukraine stehenden russischen Kräfte noch westlich des Dnjepr anzustreben. ... Sind die Schlachten südlich bzw. nördlich der Pripjet-Sümpfe geschlagen, ist im Rahmen der Verfolgung anzustreben: im Süden die frühzeitige Besitznahme des wehrwirtschaftlich wichtigen Donez-Beckens, im Norden das schnelle Erreichen von Moskau. Die Einnahme dieser Stadt bedeutet politisch und wirtschaftlich einen entscheidenden Erfolg, darüber hinaus den Ausfall des wichtigsten Eisenbahnknotenpunktes.[43]

Hitlers «Weisung Nr. 21 Fall Barbarossa» ging also sehr stark von einer weiteren Blitzkrieg-Operation aus, bei der durch schnelle und weite Vorstöße von Panzertruppen eine gewaltige Zahl von sowjetischen Soldaten umzingelt und von Entsatz und Versorgung abgeschnitten werden sollte, so dass diesen Truppen keine andere Möglichkeit als die Kapitulation bliebe. Sie sollte, was diese Männer nicht wissen konnten, in eine Gefangenschaft führen, die der Sieger mit völkermörderischen Absichten verband. Doch anstelle eines zweimonatigen Feldzugs mit einer maximalen Frontbreite von knapp 500 Kilometern, wie bei allen vorherigen Kriegszügen Hitlers, ging der Barbarossa-Plan von einem fünfmonatigen Feldzug an einer fast 3000 Kilometer breiten Front aus, und das gegen einen Feind mit einer Einwohnerzahl, die mehr als doppelt so groß war wie die Deutschlands, mit mehr Menschen also, als alle Vasallenstaaten des Deutschen Reiches zusammen.

An dieser Weisung Nr. 21 fällt auf, dass Hitler keinen direkten Vorstoß bis nach Moskau im Sinn hatte, dass die Eroberung Leningrads als zentral für das ganze Unternehmen angesehen wurde, dass wirtschaftliche und industriepolitische Überlegungen für ihn einen sehr hohen Stellenwart hatten und dass die Stadt Stalingrad nicht einmal erwähnt wurde. Hitler sagte in dieser Zeit bei einer Lagebesprechung sogar zu Halder, die Einnahme von Moskau selbst sei «völlig gleichgültig»,[44] wie auch der Wortlaut der Weisung selbst zeigt. Diesen Punkt gilt es zu berücksichtigen, wenn Hitler von seinen eigenen Generälen kritisiert wird, weil er sich nicht stark genug auf die Einnahme der sowjetischen Hauptstadt konzentriert habe.

Die Geografie des Landes spaltet den Marschweg jedes von Westen her kommenden Eroberers in zwei Routen auf, nördlich und südlich der Pripjetsümpfe, einer mehr als 300 Kilometer breiten, mit Wäldern und Riedgras bewachsenen Moor- und Sumpflandschaft. Das Eisenbahnnetz, das den Norden erschließt, führt nach Moskau und Leningrad und ist unabhängig von der südlichen Route, die durch die Ukraine und in die ertragreichen landwirtschaftlichen sowie in die Fabrikations- und Rüstungszentren der Sowjetunion führt. Die Invasionsstreitmacht wurde deshalb aufgeteilt in die Heeresgruppe Nord unter Generalfeldmarschall Wilhelm Ritter von Leeb, die über die baltischen Staaten vorstoßen, sich mit den finnischen Truppen vereinigen und Leningrad besetzen sollte, und in die Heeresgruppe Mitte unter Generalfeldmarschall Fedor von Bock – diese war mit fünfzig Divisionen, darunter neun Panzer- und sechs motorisierte Divisionen, der stärkste Teil der Angreifer –, deren Aufgabe die Einnahme von Minsk, Smolensk und schließlich Moskau war. Unterdessen sollte die Heeresgruppe Süd unter Generalfeldmarschall Gerd von Rundstedt Kiew und die Getreideanbaugebiete der Ukraine erobern und dann weiter zu den riesigen Ölfeldern am Kaspischen Meer vorstoßen, aus denen die Sowjetunion einen Großteil des

Treibstoffs bezog, der ihren militärisch-industriellen Komplex in Gang hielt.

Die Invasion in Polen lag bereits einundzwanzig Monate zurück, die Kämpfe in Frankreich nur dreizehn Monate, aber die Rote Armee fasste ihre neununddreißig Panzerdivisionen immer noch nicht in eigenständigen Korps und Armeen zusammen, sondern teilte sie nach wie vor gleichmäßig auf die Infanteriedivisionen auf und zeigte damit, dass sie nicht das Geringste aus der neuartigen deutschen Kriegführung gelernt hatte. Doch die sowjetischen Generäle hatten seit dem Ersten Weltkrieg sehr viel mehr Kampferfahrung gesammelt als ihre Kollegen in anderen Ländern: im eigenen Land im Bürgerkrieg gegen die Weißen, gegen die Polen (1920/21), die Japaner (1938/39) und im Winterkrieg gegen die Finnen. Die Rote Armee hatte beispielsweise in den Jahren von 1918 bis 1920 6,7 Millionen Mann unter Waffen.[45] Generälen wie Schukow, Rokossowski, Budjonny, Konjew, Woroschilow und Timoschenko fehlte es ganz gewiss nicht an militärischer Erfahrung, aber sie fürchteten verständlicherweise Stalins Zorn, wenn sie mutige Entscheidungen trafen, mit denen sie dann scheiterten. Jeder Einzelne von ihnen war selbst als harter Vorgesetzter bekannt – Schukow schlug seine Offiziere und sah sich persönlich die Hinrichtung von Soldaten an, die der Feigheit oder Desertion beschuldigt wurden –, aber sie mussten auch an ihr eigenes Leben denken.[46] Dass es Hitler möglich war, über einen Zeitraum von zwanzig Monaten dreimal mit einer im Wesentlichen unveränderten Taktik erfolgreich vorzugehen, war wie eine Anklage gegen die Stabsarbeit der Roten Armee und ihre hochrangigen Befehlshaber.

Stalins räuberischer Erwerb Ostpolens bis zum Bug und die Besetzung Bessarabiens und der baltischen Staaten im Juni 1940 hatten auch zur Folge, dass die Rote Armee zum Zeitpunkt des deutschen Angriffs viel zu offensiv aufgestellt war, was Hitlers in seiner Weisung Nr. 21 skizzierten Plänen sehr entgegenkam. Mitte Mai 1941 standen hundertsiebzig Divisionen, das waren mehr als 70 Prozent der Gesamtstärke der Roten Armee, westlich der Grenzen der Sowjetunion von 1939.[47] Hätte Hitler die sowjetische Aufstellung zu seinem eigenen Vorteil selbst anordnen können, wäre das für die Angreifer kaum günstiger ausgefallen. Außerdem hatte die Rote Armee ihre Zeit an diesen vorgeschobenen Standorten nicht mit der Ausbildung ihrer Soldaten verbracht, sondern mit dem

Errichten von Befestigungsanlagen, die sich als wertlos erwiesen, und mit dem Bau von Straßen und Eisenbahnlinien, die bald darauf von den Deutschen genutzt wurden. Die defensive Stalin-Linie war, wenn man das überhaupt so sagen kann, sogar noch eindrucksvoller als die Maginotlinie, bildete aber auf ihrer Gesamtlänge von 150 Kilometern keine lückenlose Abwehrfront.[48]

Die sowjetische Aufstellung war umso unverständlicher, wenn man bedenkt, dass das Unternehmen Barbarossa das am schlechtesten gehütete Geheimnis des Zweiten Weltkriegs war, denn Stalin erhielt in den acht Monaten, die dem Angriff vorausgingen, nicht weniger als achtzig Warnungen vor Hitlers Kriegsabsichten.[49] Diese Warnungen kamen von seinen eigenen Spionen, zum Beispiel von Richard Sorge in der deutschen Botschaft in Tokio – er zeichnete sich besonders aus, indem er sogar den 22. Juni als genaues Angriffsdatum voraussagte –, wie auch von Geheimdienst-Agenten in Berlin, Washington und Osteuropa, und dort auch vom britischen Botschafter in Moskau, Sir Stafford Cripps. Sogar Graf Friedrich Werner von der Schulenburg, der deutsche Botschafter in Moskau, ein Gegner der Nationalsozialisten, ließ die Sowjetführung wissen, was unmittelbar bevorstand. Doch Stalin glaubte immer noch, dass die Deutschen nach wie vor nur Druck ausüben wollten und Churchill ein unaufrichtiger Kriegstreiber sei, der Desinformation betrieb – «Anglijskaja prowokazija» –, um einen militärischen Konflikt im Osten zu provozieren, der Großbritannien aus der Isolation befreien und seine letztliche Niederlage verhindern sollte. Churchills Problem, wie er Informationen aus abgefangenen und entschlüsselten Enigma-Funksprüchen an Stalin weitergeben konnte, ohne dass die Sowjets die Quelle errieten, löste Claude Dansey, der stellvertretende Chef des Secret Intelligence Service (SIS, auch als MI6 bekannt), indem er den von der Schweiz aus arbeitenden sowjetischen Spionagering mit dem Tarnnamen «Lucy» infiltrierte. «Lucy» wiederum warnte die Moskauer Zentrale prompt, mit dem Angriff sei um den 22. Juni herum zu rechnen.[50]

Der NKWD berichtete noch am Tag vor der Invasion über neununddreißig «Luftraum-Verletzungen», das heißt: über deutsche Aufklärungsflüge über sowjetischem Territorium. Schließlich gab das sowjetische Oberkommando doch noch eine Warnung an die Grenztruppen heraus, aber viele Einheiten erhielten sie zu spät. Man kann sich der Schlussfolgerung nicht entziehen, dass der vermeintliche Erzrealist Stalin den Warnungen nicht glaubte, weil er das einfach nicht wollte, und General Filip Golikow, der Chef des militärischen Geheimdienstes, wollte dem brutalen, unberechenbaren Despoten keine Nachrichten vorlegen, die dieser gar nicht hören wollte. Nie zuvor war das «Gruppendenken» so folgenschwer gewesen. «Wir werden beschossen», meldete eine sowjetische Einheit in den frühen Morgenstunden des 22. Juni. «Was sollen wir tun?» Die Antwort des sowjetischen Hauptquartiers steht beispielhaft für die Verbindung von schlechter Vorbereitung und Bürokratie, die für die Rote Armee in jener Zeit typisch war: «Sie müssen verrückt sein. Und warum ist Ihre Nachricht nicht verschlüsselt?»[51]

Angesichts der gewaltigen Zahl der eingesetzten Soldaten war es zudem ein außergewöhnlicher Vorgang, dass es Hitler gelang, den Vorteil des Überraschungsmoments für das Unternehmen Barbarossa zu wahren: 3,05 Millionen deutsche Soldaten und fast eine Million Mann an ausländischen Truppenkontingenten ergaben eine Gesamtstreitmacht von mehr als vier Millionen Mann, die entlang der gesamten Westgrenze der Sowjetunion von Finnland bis zum Schwarzen Meer aufmarschierte. Die Deutschen verfügten über 3350 Panzer, die auf 20 Panzerdivisionen aufgeteilt waren, 7000 Artilleriegeschütze und 3200 Flugzeuge, hinzu kam noch eine enorme Menge von Fahrzeugen und Nachschubgütern, die in Frankreich unversehrt erbeutet worden waren, und dennoch war die Wehrmacht «auch auf über 600 000 Pferde angewiesen».[52] Hitlers 180 zum Angriff bereiten Divisionen hatte die Rote Armee 158 sofort verfügbare Divisionen entgegenzusetzen, außerdem 6000 Kampfflugzeuge und mehr als 10 000 Panzer. Ein großer Teil der sowjetischen Luftwaffe war im Jahr 1941 allerdings völlig veraltet, und die meisten Panzer waren nicht mit einem Funkgerät ausgerüstet.

Die Wehrmacht erzielte bei ihrem Angriff, der am Sonntag, dem 22. Juni 1941, eine Stunde vor Tagesanbruch um 3.15 Uhr begann, einen nahezu uneingeschränkten taktischen Überraschungseffekt und rauschte förmlich über das sowjetische Territorium hinweg. Bereits am ersten Morgen wurden rund 1200 sowjetische Flugzeuge zerstört, die auf den Flugplätzen dicht nebeneinander aufgereiht standen. Die Luftwaffe vernichtete bereits am ersten Tag des Unternehmens Barbarossa mehr gegnerische Flugzeuge als während der gesamten Luftschlacht um England. Generalleutnant Iwan Kopez, der Oberbefehlshaber der sowjetischen Bomberflotte, erschoss sich am zweiten Tag der Invasion, was unter den allgemeinen Begleitumständen des Stalin-Regimes als kluge Karriereentscheidung gewertet wurde. Bis zum Ende der ersten Kampfwoche wurden außerdem neun Zehntel des neuen Mechanisierten Korps der Roten Armee vernichtet.[53] Stalins völliges Versagen beim Erkennen der Invasionsabsicht wird an seiner ungläubigen Reaktion nach dem Beginn des Angriffs besonders deutlich. Schukow rief ihn um 3.30 Uhr an, um über das aktuelle Geschehen zu berichten, aber der General vernahm am anderen Ende der Leitung nur ein schweres Schnaufen, so dass er sich wiederholen und nachhaken musste: «Haben Sie mich verstanden?», worauf nur weiteres Schweigen folgte. Als das Politbüro um 4.30 Uhr in Stalins Arbeitszimmer zusammenkam, war der Diktator kreidebleich und nicht imstande, die Tatsache zu begreifen, dass es unterdessen eine deutsche Kriegserklärung gegeben hatte. Seine ersten Befehle für die Armee waren grotesk: Sie sollte auf der gesamten Frontbreite angreifen, aber bei der Verfolgung des Gegners die bisherige Grenze auf keinen Fall überschreiten, wenn nicht der ausdrückliche Befehl dazu vorlag.[54] Vernünftiger, ja sogar überlebenswichtig war dagegen der Befehl, alle männlichen Sowjetbürger der Jahrgänge 1905 bis 1918 – und dazu noch 800 000 Frauen – nach den Bestimmungen des «Narodnoje-Opoltschenje»-(Volksmiliz-)Systems zu mobilisieren. Insgesamt wurden fünf Millionen Männer und Frauen mit sofortiger Wirkung zu den Waffen gerufen, und bis zum Dezember galten 200 neue – im Durchschnitt rund 11 000 Mann zählende – Divisionen als einsatzfähig. Aus den Reihen der über Fünfzig- und Sechzigjährigen Sowjetbürger wurden ebenfalls Milizdivisionen zusammengestellt. Diese Reservedivisionen sollten sich später noch als kriegsentscheidend erweisen.

Die Freiwilligen und die eilends rekrutierten Soldaten hoben – obwohl es ihnen, zumindest anfangs, an Uniformen und Waffen mangelte, von Fahrzeugen ganz zu schweigen – Verteidigungsstellungen aus und legten Panzergräben, Schützenlöcher und Maschinengewehrstellungen an, meist arbeiteten sie zwölf Stunden am Tag und trotzten auch den häufigen Bombenangriffen. Selbst diejenigen Einheiten, die Waffen erhielten, waren oft miserabel ausgerüstet. Die aus 7000 Mann bestehende 18. Leningrader Freiwilligendivision verfügte beispielsweise insgesamt nur über 21 Maschinengewehre, 300 Gewehre und 100 Revolver (das bedeutete also: nur sechs Prozent der Männer waren bewaffnet, Handgranaten und Molotowcocktails nicht mitgerechnet).[55]

Stalin scheint in den frühen Morgenstunden des 29. Juni, eine Woche nach Beginn der Invasion, eine Art Nervenzusammenbruch erlitten zu haben, sofern sein Verhalten nicht einfach eine List war, mit der er die Loyalität der Politbüro-Mitglieder prüfen wollte, so wie einst sein Vorbild Iwan der Schreckliche sich in ein Kloster zurückgezogen hatte, um die Treue seiner Bojaren auf die Probe zu stellen. Stalins «Erschöpfungszustand» – wie Molotow es ausdrückte –, während dessen er sich weder entkleiden noch schlafen, sondern nur ruhelos in seiner Datscha in Kunzewo bei Moskau umhergehen konnte, hielt nicht lange an, unter anderem auch, weil der gesamte Regierungsapparat in seiner Abwesenheit zum Stillstand kam, aus Furcht, irgendetwas ohne seine persönliche Genehmigung anzupacken.[56] Als schließlich eine Abordnung des Politbüros zu Besuch kam, befürchtete der Diktator zunächst, er solle jetzt verhaftet werden, doch tatsächlich waren diese Männer erschienen, um ihm den Vorsitz eines neuen Staatskomitees für Verteidigung (Stawka) anzutragen, dem die Machtbefugnisse von Partei und Regierung übertragen werden sollten. Stalin stimmte diesem Vorhaben am 1. Juli zu. Zwei Tage später hielt er seine erste Rundfunkansprache an die Menschen der Sowjetunion, denen er versprach: «Unser arroganter Feind wird schon bald feststellen, dass unsere Streitkräfte ohne Zahl sind», und er schloss mit der Aufforderung: «Vorwärts zum Sieg!» Das Amt des Oberbefehlshabers übernahm er am 10. Juli, zu einem Zeitpunkt, an dem die Deutschen innerhalb von achtzehn Tagen 650 Kilometer weit vorgedrungen waren und die Sowjetunion bereits 4800 Panzer, 9480 Geschütze und 1777 Flugzeuge verloren hatte.[57]

Im nördlichen Frontabschnitt hatten die Deutschen bereits am 26. Juni Brückenköpfe über die Düna hinweg gebildet, die Luga überquerten sie am 14. Juli. Die Heeresgruppe Mitte vollendete derweil am 29. Juni um Minsk herum eine gewaltige Panzer-Zangenbewegung, mit der sie 290 000 Soldaten der Roten Armee in Białystok und Gorodischtsche einkesselte sowie 2500 Panzer und 1400 Geschütze erbeutete. Durch die Zerstörung der sowjetischen Proviant- und Munitions-Nachschublinien aus der Luft, die Unterbrechung von Telefonverbindungen und durch Umfassungsmanöver, mit denen einer gewaltigen Zahl von nicht motorisierten Infanteristen der Rückweg abgeschnitten wurde, gelang es den Deutschen, bei einem erheblichen Teil des sowjetischen Offizierskorps Panik auszulösen, was zu Kapitulationen, zu Selbstverstümmelungen und Selbstmorden führte.⁵⁸ Berichte über deutsche Fallschirmjäger, die mit sowjetischen Uniformen abgesprungen seien – manche stimmten, andere nicht –, führten zu vielen Todesfällen durch das, was heutzutage als «friendly fire», Beschuss aus den eigenen Reihen, bezeichnet wird. Als die Verbindung von General Dmitri Pawlow, dem Oberbefehlshaber der Westfront, zur 10. Armee abriss, ließ er zwei seiner Adjutanten über dem von dieser Armee verteidigten Frontabschnitt abspringen, und diese Männer wurden als Spione erschossen, weil sie das am Vortag eingeführte neue Kennwort nicht kannten.⁵⁹ Pawlow überlebte seine Männer nicht lange, denn Stalin ließ ihn wegen der in seinem Frontbereich erlittenen Niederlagen bald darauf vor ein Kriegsgericht stellen und erschießen.

Die Sowjetunion schien Ende August 1941, fast so schnell wie Polen und Frankreich, auf ganzer Linie besiegt zu sein, denn mehr als die Hälfte ihres europäischen Teils und fast die Hälfte ihrer Gesamtbevölkerung und industriellen und landwirtschaftlichen Produktion war bald darauf in der Hand des Feindes. Glücklicherweise sagte niemand dem einfachen Soldaten der Roten Armee, dass die Sowjetunion den Krieg offensichtlich verloren habe, und so erfuhr er niemals eine Wahrheit, die für die Generalstäbe Großbritanniens, der Vereinigten Staaten, Japans und Deutschlands auf der Hand lag, insgeheim sogar für einige Akteure in der Stawka-Zentrale selbst. Ende Juli waren im Kessel von Smolensk, nach anfänglich erbittertem Widerstand, weitere 100 000 Sowjetsoldaten in Gefangenschaft geraten und 2000 Panzer und 1900 Geschütze verlorengegangen. Zwischen den Deutschen und Moskau lag jetzt keine größere Stadt mehr, die Bombenangriffe auf die Hauptstadt begannen am 21. Juli. Der einsetzenden Massenpanik begegnete Lawrenti Berija, der NKWD-Chef und Sicherheitsdirektor der Stawka, mit der Einrichtung von Straßensperren an den Ausfallstraßen und der Erschießung derjenigen, die zu fliehen versuchten (auch wenn Lenins einbalsamierter Leichnam und die roten Sterne auf den Kremltürmen insgeheim nach Sibirien in Sicherheit gebracht wurden).⁶⁰

Die tägliche Brotration in Moskau betrug für Schwerarbeiter anfangs 800 Gramm, für andere Arbeiter 600 Gramm und für alle anderen Bewohner der Stadt 400 Gramm (Blutspender bekamen eine Extrazuteilung). Die entsprechende monatliche Fleischzuteilung lag bei 2,2 Kilogramm, 1,2 Kilogramm und 600 Gramm. Allen Menschen, die ihre

218 Erster Teil: Angriff

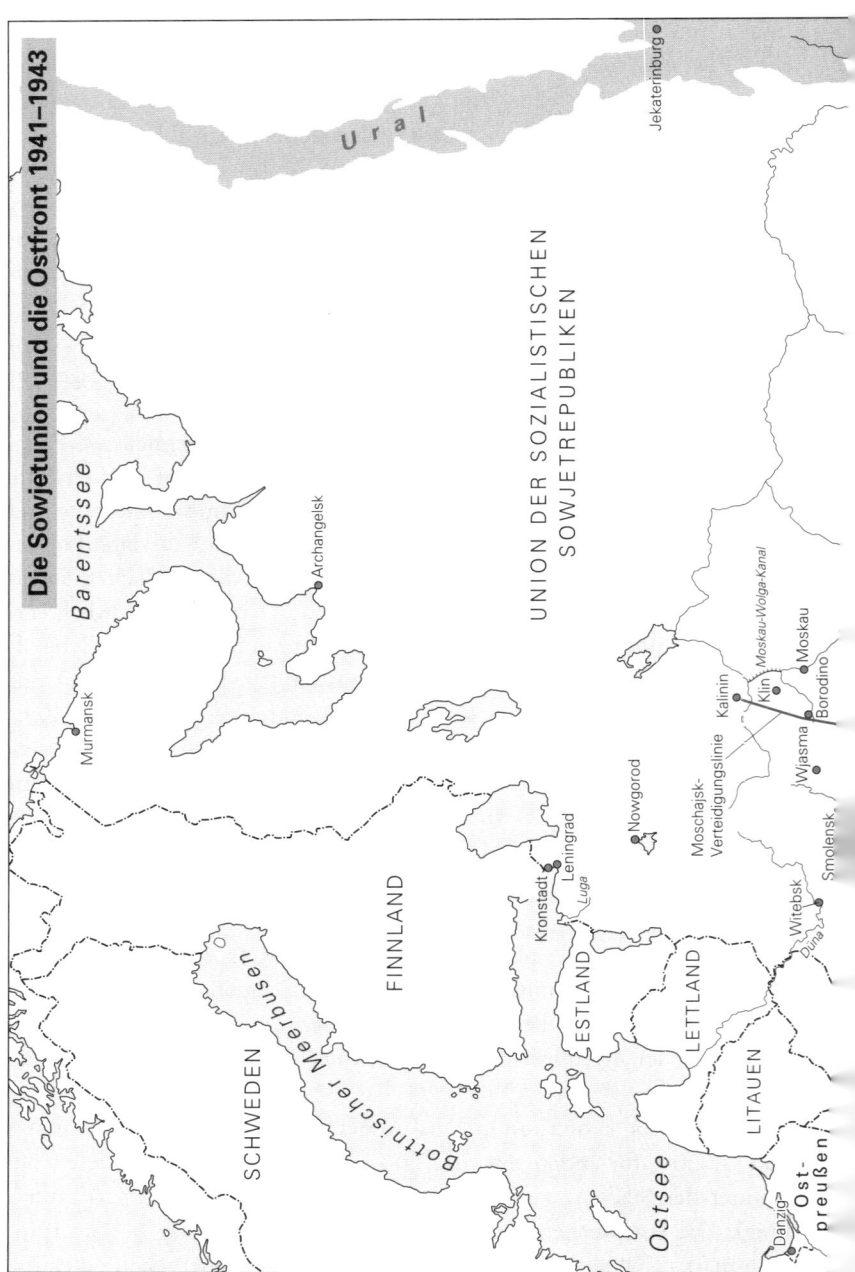

Die Tür eintreten 219

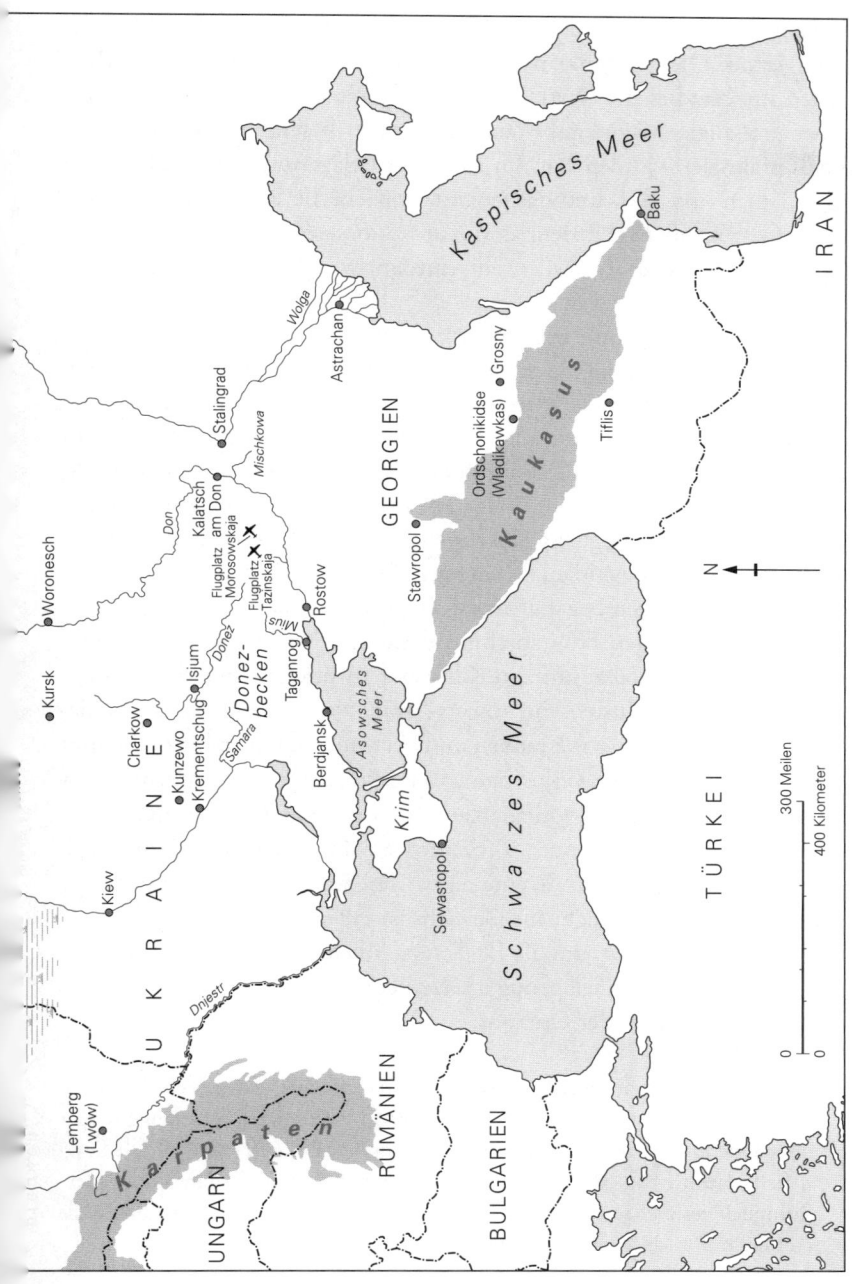

Lebensmittelkarte verloren oder denen sie gestohlen wurde, drohte der Hungertod. Die Nomenklatura, die prominenten und mächtigen Menschen im Paradies der Werktätigen samt ihren Familien, erfreuten sich einer großzügigen Vorzugsbehandlung, wie es bereits seit 1917 durchgehend praktiziert worden war. Im Fall einer Belagerung entschied dies oft über Leben und Tod, und das gesamte sowjetische Rationierungssystem wurde – trotz aller Ineffizienz und Korruption – letzten Endes zu einem Mittel, mit dem die Behörden entschieden, wer weiterleben durfte und wer dem Tod geweiht war.

Die Kämpfe um und in Smolensk endeten jedoch nicht mit der Einnahme der Stadt durch Guderians Truppen am 15. Juli. Anfang September unternahmen die Sowjets unter dem Kommando von Timoschenko und Schukow massive Gegenangriffe, die Letzterer mit einigem Recht als «großen Sieg» bezeichnete, weil sie zumindest vorübergehend weitere Vorstöße der Deutschen verhinderten. Einige Historiker führen Smolensk als erstes Anzeichen für eine mögliche Kriegswende an, weil hier das deutsche Vorrücken in Richtung Moskau zu einem Zeitpunkt gebremst wurde, als das Wetter umzuschlagen begann. Der Kampf um Smolensk hatte an einem 620 Kilometer langen Frontabschnitt dreiundsechzig Tage gedauert, und die Sowjets waren dabei um 240 Kilometer zurückgewichen, bei «unwiederbringlichen» Verlusten von 309 959 (von 579 400 eingesetzten) Soldaten. Zählt man die 159 625 Kranken und Verwundeten noch hinzu, kommt man auf eine gewaltige Verlustrate von 80 Prozent.[61] Im Staatlichen Museum der Verteidigung Moskaus kann man die Akten von Schulen einsehen, die belegen, dass nur 3 Prozent der männlichen Absolventen von 1941 den Krieg überlebten. In einem gewissen Sinn schien das Ausmaß der sowjetischen Verluste nicht ins Gewicht zu fallen, weil immer noch weitere Soldaten da waren, um die Lücken zu füllen, während die Deutschen ihre Verluste nicht schnell genug ersetzen konnten. Ein Historiker schrieb über die Situation an der Ostfront:

> Die drei deutschen Heeresgruppen … hatten in den ersten sechs Wochen, bis zum 31. Juli, 213 301 Mann verloren, Tote, Verwundete, in Gefangenschaft Geratene und Vermisste, und nur 47 000 frische Soldaten erhalten. Die Sowjets hatten bis zum 30. September fast zehnmal so viele Soldaten unwiederbringlich verloren – 2 129 677 Mann –, aber die Verluste schienen, anders als auf deutscher Seite, nicht zu zählen.[62]

Rundstedts 1. Panzergruppe durchbrach zwar die Frontlinie der sowjetischen 5. Armee und stand am 11. Juli etwa 15 Kilometer vor Kiew, es gelang ihr aber nicht, die Stadt einzunehmen. Durch die gewaltigen Erfolge der Deutschen wurden auch die Kommunikationswege enorm überdehnt, was der Wehrmacht schwerwiegende logistische Probleme bereitete, vor allem, sobald Partisanen damit begannen, die Nachschublinien hinter der Front zu stören. Die anfangs noch sehr schlecht organisierten und oft führungslosen Partisanen verbesserten im weiteren Kriegsverlauf ihre Ausrüstung deutlich und entwickelten stärker zentral gesteuerte Kommandostrukturen. Zur berühmtesten Märtyrerin wurde Sonja Kosmodemjanskaja, eine achtzehnjährige junge Frau, die von den Deutschen hingerichtet wurde, weil sie im Dorf Petrischtschewo Scheunen in Brand gesteckt hatte. Sie verriet auch unter der Folter nichts und sagte «auf dem Gang zum Schafott zu einem der sie führenden Soldaten»: ‹Ihr könnt nicht alle 190 Millionen hängen.›»[63]

Hitler verglich den Krieg gegen die Partisanen mit der Bekämpfung von Läusen in den Schützengräben. «Man muss aber den Kampf gegen die Läuse ... beginnen.» Er vertrat die Ansicht, «eine Gendarmerie», die nicht in den Städten, sondern «überall draußen in kleinen Paketen sitzt», müsse «Ort um Ort» kontrollieren: «Man muss es an der Wurzel packen. Es dürfen sich nicht mehr die Banden bilden, sondern schon in den Orten muss man die Banditen einzeln herausfinden. ... Wenn aber die Engländer in Indien mit den Nomaden der Nordwestprovinzen fertiggeworden sind, werden wir das hier auch fertigbringen.»[64] Am 22. Juli 1941 hatte Hitler zu Marschall Slavko Kvaternik, dem kroatischen Verteidigungsminister gesagt, nicht ihm, sondern Stalin werde diesmal das Schicksal Napoleons beschieden sein.[65] Hitler war sich ganz offensichtlich des kaiserlichen Schattens bewusst, der über der Steppe lag. Goebbels beschäftigte sich schon früher mit dem Bonaparte-Problem und schrieb am 29. März 1941 in sein Tagebuch: «Psychologisch bietet die ganze Sache einige Schwierigkeiten. Parallele Napoleon etc. Aber das überwinden wir leicht durch Antibolschewismus.»[66] Jodl glaubte, dass Hitler seine Marschroute durch Russland gewählt habe, weil er «sich instinktiv [scheut], den gleichen Weg wie Napoleon zu gehen. Moskau hat etwas Unheimliches für ihn.»

Die schiere Größenordnung des Unternehmens Barbarossa stellt alles andere Geschehen in der Kriegsgeschichte in den Schatten. Ein Historiker schreibt dazu:

Erster Teil: Angriff

Die Deutschen hatten bei ihren Luftangriffen innerhalb eines Tages ein Viertel der sowjetischen Luftwaffe zerstört. Innerhalb von vier Monaten hatten die Deutschen 1,55 Millionen Quadratkilometer des sowjetischen Territoriums besetzt, drei Millionen Soldaten der Roten Armee gefangen genommen, zahllose Juden und andere Zivilisten ermordet und waren bis auf 100 Kilometer an Moskau herangerückt. Aber weitere vier Monate später waren mehr als 200 000 Soldaten der Wehrmacht getötet worden, 726 000 verwundet, 400 000 in Gefangenschaft und weitere 113 000 durch Erfrierungen kampfunfähig gemacht.[67]

Eine erstaunliche Zahl von Verlusten der sowjetischen Luftwaffe – insgesamt 43 100 Maschinen, bei einer Gesamtverlustzahl von 88 300 in diesem Krieg – ergab sich nicht durch Kampfhandlungen, sondern durch Unfälle infolge einer ungenügenden Ausbildung, durch überhastete Einführung neuer Flugzeugtypen, Disziplinlosigkeiten von Flugzeugbesatzungen, Nachlässigkeiten bei der Flugausbildung, strukturelle Defizite und Fabrikationsfehler.[68] Die Hälfte aller sowjetischen Maschinen wurde also nicht durch Bomben zerstört oder von den Deutschen abgeschossen, sondern ging durch vermeidbare Fehler auf der eigenen Seite verloren.

Auch mit ihren Panzern hatten die Sowjets wenig Glück, jedenfalls so lange, bis sie sich bei der Produktion auf den hervorragenden Panzertyp T 34 konzentrierten. Die 75 bis 95 Millimeter starke Panzerung des (1941 entwickelten und nach Kliment Woroschilow benannten) KW 1 hielt zwar den Geschossen der meisten deutschen Panzer Stand, aber die Fahrzeuge dieses Typs waren – wie fast alle Panzertypen des Zweiten Weltkriegs – durch Luftangriffe sehr leicht auszuschalten und wurden zumindest in der Anfangsphase des Unternehmens Barbarossa oft ausmanövriert, so dass sie von der eigenen Besatzung aufgegeben und zerstört werden mussten. Sie verfügten nur über eine 7,6-cm-Kanone und erreichten bloß eine Höchstgeschwindigkeit von 35 Stundenkilometern, hatten aber eine Besatzung von fünf Mann und waren außerdem mit drei Maschinengewehren des Kalibers 7,62 Millimeter ausgestattet. Ähnlich langsam war mit maximal 34 Stundenkilometern bereits das kurioserweise mit der Typenbezeichnung KW 2 versehene Vorgängermodell gewesen, ein 52 Tonnen schweres Monstrum mit sechs Mann Besatzung, einer 75 Millimeter starken Panzerung, drei Maschinengewehren und einer mächtigen 15,2-cm-Kanone. Leider wurden von diesem Panzertyp insgesamt nur

1000 Stück hergestellt. Leichter und deshalb etwas schneller war der 46 Tonnen schwere Panzer IS 2 (benannt nach Josef/Iossif Stalin), trotz seiner 90 bis 120 Millimeter dicken Panzerung und der 12,2-cm-Kanone. Selbstfahrlafetten glichen den Panzern, waren allerdings sehr viel billiger, weil sie keine drehbaren Türme hatten. Die Selbstfahrlafette SU 152 verschoss eine 49 Kilogramm schwere Granate, die mit ihrem 20 Kilogramm schweren Geschosskörper den Turm eines deutschen Tiger- oder Panther-Panzers absprengen und 15 Meter weit schleudern konnte, was ihr den Beinamen «Sweroboj», «Großwildjäger», einbrachte. Sie wurde im Januar 1943 in weniger als einem Monat entwickelt, nachdem Stalin dem Panzerkonstrukteur Josef Kotin – in der bedrohlichen Art und Weise, die er am besten beherrschte – geschildert hatte, wie dringend sie gebraucht wurde.

Um zu verhindern, dass sich Soldaten der Roten Armee den Deutschen ergaben, griff man außerdem zu den schlimmsten Drohungen. Mit Stalins «Keinen Schritt zurück»-Befehl Nr. 227 vom 28. Juli 1941 wurde verfügt, dass jeder Soldat, der ohne ausdrücklichen Befehl den Rückzug antrat oder sich ergab, als «Verräter am Mutterland» betrachtet werden sollte, wobei auch seine Familienangehörigen verhaftet werden konnten. Auch für Stalins eigenen Sohn, den Artillerieleutnant Jakow Dschugaschwili, der als Batterie-Kommandeur des 14. Haubitzenregiments der 14. Panzerdivision Mitte Juli 1941 in der Nähe von Witebsk in Gefangenschaft geriet, gab es keine Ausnahme; seine Frau wurde zwei Jahre lang in ein Arbeitslager gesperrt.[69] (Jakow wurde 1943 erschossen, als er absichtlich den Sperrbereich seines Gefangenenlagers betrat und in den elektrisch geladenen Lagerzaun lief – entweder bei einem Fluchtversuch oder, genauso wahrscheinlich, bei einem Selbstmord, der wie ein Fluchtversuch aussah.)

Als ob die Menschen im besetzten Polen, in der Ukraine und in den baltischen Staaten während des deutschen Vormarschs nicht genug Entsetzliches zu erleiden gehabt hätten, überzog sie der NKWD mit einer Orgie sadistischer Gewalttaten, die noch viel weiter gingen als die üblichen Mordaktionen. Nachdem Stalin Berija angewiesen hatte, die Armee zu säubern, dem Defätismus und der Weitergabe von Gerüchten ein Ende zu bereiten und gegen jede Person, die den Deutschen entkommen war, mit höchstem Misstrauen zu ermitteln, spielten sich in den von der Sowjetunion kontrollierten Gebieten unmittelbar vor der Besetzung durch die Wehrmacht grauenhafte Szenen ab. «Als nach dem Rückzug der Sowjets die Gefängnisse geöffnet wurden, boten sich den Betrachtern unvorstellbare Schreckensbilder», schreibt Richard Overy.

> Die Leichen waren grausam verstümmelt. Man hatte Hunderte von Insassen zu Tode gequält, statt sie wie üblich mit einem Genickschuss zu liquidieren. In einem Fall hatte das NKWD in der Ukraine zwei Zellen voller Frauen mit Dynamit in die Luft gejagt. In einem anderen Gefängnis war der Fußboden mit den Zungen, Ohren und Augen toter Häftlinge übersät.

Overy schließt daraus, dass «die NKWD-Wachen in ihrer Furcht, Verzweiflung und Wut offenbar wie von Sinnen waren».[70] Allein in Lemberg wurden viertausend Menschen erschossen, darunter fast alle Insassen des Gefängnisses der Stadt, das anschließend niedergebrannt wurde.

Deshalb war es kein Wunder, dass die Deutschen bei ihrem Einmarsch in weiten Teilen Weißrusslands, im Westen Russlands, in der Ukraine und in den baltischen Staaten von den Dorfältesten mit dem traditionellen Willkommensgruß, Brot und Salz, freundlich empfangen wurden.[71] Bock hielt in einer Tagebuchnotiz vom 4. August 1941 fest, er habe bei einer Lagebesprechung mit Hitler die «Gelegenheit» gehabt, «für die freundliche und hilfsbereite Bevölkerung einzutreten».[72] Nachdem die Deutschen erlaubt hatten, dass die als Kinos und für «Gottlosen-Ausstellungen» zweckentfremdeten Kirchen wieder «ihrer Bestimmung übergeben» wurden, beobachtete der Tagebuchschreiber Bock:

> Die Bevölkerung war oft von weit hergekommen, hatte die Kirchen gesäubert und mit Blumen geschmückt. Viele Christusbilder und Ikonen, die jahrzehntelang versteckt waren, kamen wieder zum Vorschein. Nach Schluss der Militärgottesdienste strömten die Menschen – nicht nur die alten, sondern auch viele junge – in die Kirchen, küssten die Heiligtümer – bis zu den Kreuzen, die die Wehrmachtspfarrer auf der Brust trugen – und blieben oft bis zum Abend betend in den Gotteshäusern. Dieses Volk wäre nicht schwer zu führen![73]

Hätten die deutschen Soldaten die Anweisung erhalten, auf diese antibolschewistische Haltung einzugehen und mit allem, was in ihrer Macht stand, den antisowjetischen Nationalismus zu fördern, wäre die Geschichte des Unternehmens Barbarossa vielleicht ganz anders verlaufen. Doch so etwas entsprach nicht der Einstellung der Nazis; diese Gebiete waren als «Lebensraum» vorgesehen, also folgte der Besetzung eine rücksichtslose ethnische Säuberung, was die einheimische Bevölkerung natürlich in die Opposition und in den Partisanenkampf trieb.

Die «Einsatzgruppen», die der vorrückenden Wehrmacht folgten, plünderten Dörfer und brannten sie nieder, sie behandelten die Bewohner als «slawische Untermenschen» und schufen sich so unter denen, die der Erschießung entgingen, unversöhnliche Feinde. Hier hatte man es mit einem weiteren wichtigen Element der Nazi-Ideologie zu tun, das den militärischen Zielen Deutschland zuwiderlief. «Ein Grund, warum Hitlers brutaler ‹Realismus› scheiterte, war der, dass er den Deutschen die Chance raubte, den Nationalismus als politisches Instrument zu nutzen», schrieb Mark Mazower in seiner Analyse des Nazis-Imperiums in Europa.[74] Die Abwehr schlug dem OKW im September 1941 vor, eine ukrainische Armee für den Kampf gegen die Rote Armee aufzustellen, doch die Idee wurde mit Verachtung zurückgewiesen. Sie kam im Juni 1943 ein weiteres Mal auf den Tisch, aber Hitler sagte zu Keitel:

> Nur eines ist entscheidend: dass nicht plötzlich bei uns eine Mentalität entsteht (es geht uns vielleicht eines Tages nicht gut): Jetzt brauchen wir nur einen ukrainischen Staat zu gründen, dann ist alles in Ordnung, dann bekommen wir eine Million Soldaten. Wir werden nichts kriegen, nicht einen Mann. Das ist ein Phantom, genau wie damals. Wir würden aber den größten Wahnsinn begehen. Wir würden vor allem von vornherein das Kriegsziel völlig aus der Hand geben.[75]

Damit meinte Hitler den «Lebensraum» und die Versklavung der slawischen Völker. Hitler hatte keineswegs vor, den slawischen Nationalismus zu fördern, er vernichtete ihn einfach.

Die Grausamkeit und die Ineffizienz des kommunistischen Regimes waren jedoch so bedrückend, dass viele Sowjetbürger die Gründung nichtkommunistischer, nationalistischer Satellitenstaaten begrüßt hätten, wenn Hitler dies zugelassen hätte, anstatt auf ein System direkter Herrschaft zu setzen, wie etwa im Generalgouvernement in Polen oder im besetzten Teil Frankreichs. Leninismus, Zwangskollektivierung, staatlich verordneter Atheismus, der Bürgerkrieg, die allgemeine Unterdrückung und das Gulag-System von Gefängnissen und Straflagern hatten einen erbitterten Hass auf die Kommunisten erzeugt, den die Deutschen zu ihrem *eigenen* Vorteil hätten ausnutzen sollen. Die Nationalitätenfrage war zugunsten der Russen und zum Nachteil der einhundertneunzehn anderen Nationalitäten der Sowjetunion entschieden worden, und die stolzen Ukrainer – mehrere Millionen von ihnen waren zu Beginn der Dreißigerjahre absichtlich dem Hungertod preisgegeben worden – waren inzwischen nahezu machtlos. Viele dieser Nationalitäten waren allerdings nicht einmal ein Jahrhundert lang ein Teil Großrusslands gewesen, sie hatten eine eigene Kultur, Sprache und Identität, die irgendwie auch die grausame Verfolgung durch das kommunistische Regime überlebt hatte.

Die Deutschen versuchten anfangs zwar, bei einigen Völkern als Befreier aufzutreten – vor allem im Baltikum, in der Ukraine, in Armenien, Georgien und bei den Krimtataren –, aber das geschah nur zu Propagandazwecken, und durch ihr Verhalten als Besatzer vor Ort machten sie schon bald deutlich, dass sie sich einfach nur als Eroberer verstanden. Doch überall dort, wo die Deutschen den Eroberten ein gewisses Maß an begrenzter Autonomie zugestanden – wie etwa den Kosaken und Bronislaw Kaminskis brutaler RONA (der Russischen Nationalen Befreiungsarmee) im sogenannten Selbstverwaltungsbezirk Lokot –, zahlte sich das für sie aus. Die Kosaken hatten sogar autonome Ministerien für Bildung, Landwirtschaft und Gesundheit.[76] Das 49. Gebirgsjägerkorps der Deutschen forderte zum Beispiel Kommunalpolitiker in der Ukraine auf, ihre Gemeinden selbst zu schützen, eine Maßnahme, durch die Soldaten für den Fronteinsatz frei wurden. Das funktionierte eine gewisse Zeit auch. Die Nazis hätten außerdem den Bauern Südrusslands eine breite Entkollektivierung zusagen und die Hoffnungen von 1917 wiederbeleben sollen, dass diese Bauern eigenes Land erhalten würden, es frei bewirtschaften und ihre Ernte zum eigenen Gewinn verkaufen dürften.

Eine gute, zumindest jedoch eine anständige Behandlung der gewaltigen Zahl sowjetischer Soldaten, die zu Beginn des Feldzugs in deutsche Gefangenschaft gerieten – bereits im November 1941 waren es über zwei Millionen, im März 1942 sogar 3,6 Millionen –, wäre ebenfalls eine notwendige Voraussetzung für massenhafte Kollaboration gewesen. Doch hier erwiesen sich die Nazis, die massenhafte Tötungen im Sinn hatten, als unfähig, die Rolle der Befreier auch nur zu spielen, anstatt als völkermörderische Eroberer aufzutreten. Zum «Lebensraum»-Konzept gehörten Annexionen, Massenhinrichtungen und die völlige Versklavung aller slawischen Völker, und das galt als unvereinbar mit einer Politik der Befreiung vom Stalinismus, ungeachtet aller eventuell damit verbundenen militärischen Vorteile. Ein zynischerer Plan wäre gewesen, den von Stalins Regime unterjochten Völkern die Autonomie anzubieten, bis die Kommunisten besiegt waren, und erst dann den Ausrottungs- und Lebensraum-Plan zu verwirklichen. Doch die gewaltige Zahl der Kriegsgefangenen, das übersteigerte Selbstvertrauen nach den anfänglich imposanten Siegen und der im Osten sich bereits abzeichnende Mangel an Nahrungsmitteln ließen das unpraktisch erscheinen. Das OKW erwartete vom allergrößten Teil der vier Millionen Mann, die an der Ostfront im Einsatz waren, dass diese Streitmacht sich von dem ernährte, was das Land ihr bot – obwohl diese Gebiete selbst einer von Moskau verfügten Politik der verbrannten Erde ausgesetzt waren. Eine verbreitete Hungersnot unter der Zivilbevölkerung im westlichen Teil der Sowjetunion, einschließlich der Ukraine, war unter diesen Umständen wohl das einzige zu erwartende Ergebnis, selbst wenn die deutsche Besatzungsmacht versucht hätte, im Umgang mit den unterworfenen Völkern der Sowjetunion eine versöhnlichere Politik zu betreiben.

Insgesamt sollten 3,3 Millionen Soldaten der Roten Armee in deutscher Gefangenschaft ums Leben kommen, 58 Prozent der insgesamt 5,7 Millionen kriegsgefangenen Sowjetsoldaten. In der ursprünglichen Planung der Wehrmacht war dies sogar vorweggenommen worden. Bei einer wehrwirtschaftlichen Grundsatzbesprechung wurde am 2. Mai 1941 protokollarisch festgehalten:

> Der Krieg ist nur weiter zu führen, wenn die gesamte Wehrmacht im 3. Kriegsjahr aus Russland ernährt wird. Hierbei werden zweifellos zig Millionen Menschen verhungern, wenn von uns das für uns Notwendige aus dem Land herausgeholt wird.[77]

Der Nazi-Ideologe Alfred Rosenberg unterstrich diese Absichten, als er am 20. Juni 1941 vor Mitarbeitern seines künftigen «Reichsministeriums für die besetzten Ostgebiete» erklärte:

> Die Südgebiete und Nordkaukasien [werden] einen Ausgleich für die deutsche Volksernährung zu schaffen haben. Wir sehen durchaus nicht die Verpflichtung ein, aus diesen Überschussgebieten das russische Volk mit zu er-

nähren. Wir wissen, dass das eine harte Notwendigkeit ist, die außerhalb jeden Gefühls steht.[78]

Die Wirklichkeit sah sogar noch grausamer aus. «Zweck des Russlandfeldzugs [ist] die Dezimierung der slawischen Bevölkerung um 30 Millionen», erklärte Himmler Mitte Juni 1941, unmittelbar vor dem Angriff auf die Sowjetunion, bei einem Treffen führender SS-Funktionäre auf der Wewelsburg.[79] Bei einer Gesamtzahl von 27 Millionen sowjetischen Todesopfern in diesem Krieg sollte er sein Ziel fast erreichen. Mit Hitlers Vorstellung von einem «Völkerkrieg» verband sich von Anfang an die Absicht zu einem Völkermord im Osten oder zumindest zu ethnischen Säuberungen (einem erst später eingeführten Begriff) in einem solchen Umfang, dass dadurch die für die «arische» Bevölkerung benötigten Gebiete frei wurden – für Wehrbauern, die diese fruchtbaren landwirtschaftlichen Regionen kolonisieren sollten. Auf diesem wie auf so vielen anderen Gebieten triumphierte die nationalsozialistische Art der Kriegführung über die effizienteste Art, sich den Sieg zu sichern.

Der Vormarsch auf Kiew brachte im Juli 1941 eine der umstrittensten Entscheidungen Hitlers im gesamten Kriegsverlauf, als er sich für die Einnahme der ukrainischen anstelle der sowjetischen Hauptstadt entschied, obwohl er selbst zu diesem Zeitpunkt natürlich nicht in diesen Alternativen dachte. Die sowjetische 5. Armee hatte sich zurückgezogen, war aber immer noch in der Lage, die Nordflanke des deutschen Vormarschs auf die Ukraine zu bedrohen. Also entschied das OKW, dass Guderians 2. Panzergruppe und die 2. Armee der Heeresgruppe Mitte sofort nach der Vernichtung der sowjetischen Einheiten bei Smolensk ihren Vormarsch auf Moskau unterbrechen und, östlich der Pripjetsümpfe, nach Süden schwenken sollten, um dort die 5. Armee des Gegners auszuschalten und gemeinsam mit der bereits im Kampf stehenden 1. Panzergruppe Kiew zu erobern. Bock und Guderian wehrten sich gegen diese Änderung des ursprünglichen Feldzugsplans, weil sie – wie sich herausstellen sollte, zu Recht – befürchteten, dass dabei der gegen die sowjetische Hauptstadt gerichtete entscheidende Angriffsschwung verlorengehen würde, aber Hitler setzte sich über ihre Einwände hinweg. Der Heeres-Generalstabschef Halder hatte dagegen bereits am 11. August 1941 erkannt, wie die Dinge in Wahrheit standen, denn unter diesem Datum schrieb er in sein Tagebuch:

In der gesamten Lage hebt sich immer deutlicher ab, dass der Koloss Russland ... von uns unterschätzt worden ist. ... Wir haben bei Kriegsbeginn mit etwa 200 feindlichen Div. gerechnet. Jetzt zählen wir bereits 360. Diese Div. sind sicherlich nicht in unserem Sinne bewaffnet und ausgerüstet, sie sind taktisch vielfach ungenügend geführt. Aber sie sind da. Und wenn ein Dutzend davon zerschlagen wird, dann stellt der Russe ein neues Dutzend hin. Die Zeit dazu gewinnt er dadurch, dass er nah an seinen Kraftquellen sitzt, während wir immer weiter von ihnen abrücken.[80]

In Wirklichkeit sollte die Sowjetunion noch sehr viel mehr Divisionen ins Gefecht schicken als nur 360; manche Historiker haben berechnet, dass es bis zum Jahresende 1941 etwa 600 Divisionen waren.[81]

Das Kriegstagebuch von Fedor von Bock, dem Befehlshaber der Heeresgruppe Mitte, zeigt, wie wichtig Hitlers Rolle bei der schicksalhaften Entscheidung war, im August und September 1941 nicht mit voller Kraft und größtem Tempo weiter in Richtung Moskau vorzustoßen. Einen ersten Hinweis auf Hitlers Umdenken erhielten die Generäle von Kluge und von Bock, als nach einem gemeinsamen Abendessen am 28. Juli zu später Stunde noch Rudolf Schmundt, der Chefadjutant des Heeres bei Hitler, in Bocks Hauptquartier in Nowy Borissow erschien, um ihnen die aktuellen Pläne des Diktators mitzuteilen: «Die Hauptsache sei Ausschalten der Gegend von Leningrad, dann die des Rohstoffgebietes im Donezbecken. An Moskau selbst läge dem Führer gar nichts. Der Feind bei Gomel soll totgeschlagen werden, damit der Weg zu größeren Operationen frei wird.» Bocks verständliche Reaktion auf ein solches Umschwenken war: «Das ist aber etwas anderes, als die Weisung der Heeresleitung zum Ausdruck bringt.»[82] Die Weisung Nr. 21 zum «Fall Barbarossa» war allerdings keineswegs eindeutig gewesen, denn dort waren als gleichberechtigte Ziele «im Süden die frühzeitige Besitznahme des wehrwirtschaftlich wichtigen Donez-Beckens» und «im Norden das schnelle Erreichen von Moskau» aufgeführt worden.

Eine Woche später, am 4. August, kam Hitler persönlich nach Nowy Borissow. Er gratulierte Bock «wiederholt zu den ‹weltgeschichtlichen Erfolgen›», aber der Feldmarschall schloss aus dem Gespräch, das auf seine Schilderung der Lage folgte, dass Hitler «sich scheinbar noch nicht klar darüber ist, wie die Operationen weitergeführt werden sollen.»[83] Die Generäle Heinz Guderian (2. Panzergruppe) und Hermann Hoth (3. Panzergruppe) erklärten, die nach dem schnellen Vormarsch nötigen Ablösungen und Instandsetzungen würden eine gewisse Zeit beanspruchen, was Hitler akzeptierte. Er sprach dann «neben anderen Möglichkeiten auch von der eines Angriffs nach Osten», worauf Bock «freudig» zustimmte und erklärte, «dass wir hierbei sicherlich auf die Stärke des Russen träfen und dass hier eine Entscheidung gegen seine wahrscheinlich letzten Kräfte zu erhoffen wäre». In Wirklichkeit verfügte die Rote Armee über sehr viel mehr Soldaten, aber ein massiver Angriff auf Moskau scheint, wie diesen Aufzeichnungen zu entnehmen ist, Anfang August nach wie vor erwogen worden zu sein. Ein solches Vorgehen galt als die bei Clausewitz zwingend vorgesehene große Entscheidungsschlacht.

Der preußische General und Militärschriftsteller Carl von Clausewitz (1780–1831) war der allgemein anerkannte Guru des deutschen Oberkommandos, aber wurde er von diesen Leuten auch wirklich gelesen? Nach Feldmarschall Ewald von Kleists Eindruck war dem nicht so. «Die Lehre von Clausewitz ist bei dieser Generation in Geringschätzung gefallen», sagte er Liddell Hart nach dem Krieg. «Zwar zitierte man seine Sätze, aber seine Bücher wurden nicht mehr gründlich studiert. Er wurde eher als militärischer Philosoph angesehen und nicht als Lehrmeister für die Praxis. Die Schriften Graf Schlieffens fanden größere Beachtung.» Auf Hitler traf diese Einschätzung Kleists zweifellos zu. Der General erinnerte an Clausewitz' Diktum «Der Krieg ist die Fortsetzung der Politik mit anderen Mitteln» und fügte hinzu: «Tatsächlich waren wir unter den Nazis drauf und dran, die Clausewitzsche Lehre in ihr Gegenteil zu verkehren und den Frieden als eine Fortsetzung des Krieges anzusehen.»[84] Clausewitz' zahlreiche dringende Warnungen vor den Risiken, die mit einem Angriff auf Russland verbunden waren – er selbst hatte Napoleons Niederlage nach dem Rückzug aus Moskau auf russischer Seite miterlebt –, wurden mit Sicherheit in den Wind geschlagen. Im Teilkapitel «Innerer Zusammenhang des Krieges» seines Hauptwerks *Vom Kriege* hatte Clausewitz geschrieben:

> [Es] gibt nur *einen* Erfolg, nämlich den *Enderfolg*. Bis dahin ist nichts entschieden: nichts gewonnen, nichts verloren. Hier muss man sich beständig sagen: Das Ende krönt das Werk. In dieser Vorstellung ist also der Krieg ein unteilbares Ganzes, dessen Glieder (die einzelnen Erfolge) nur in Beziehung auf dies Ganze Wert haben. Die Eroberung von Moskau und von halb Russ-

land 1812 hatte für Bonaparte nur Wert, wenn sie ihm den beabsichtigten Frieden verschaffte. Sie war aber nur ein Stück seines Feldzugsplans, und diesem fehlte noch ein Teil, nämlich die Zertrümmerung des russischen Heeres; denkt man sich diese zu den übrigen Erfolgen hinzu, so war der Friede so gewiss, wie Dinge der Art nur werden können. Diesen zweiten Teil konnte Bonaparte nicht mehr erringen, weil er ihn früher versäumt hatte, und so wurde ihm der ganze erste Teil nicht bloß unnütz, sondern verderblich.[85]

Das war ein wichtiger Teil von Clausewitz' Lehre, aber nicht viele Generäle zitierten ihn – auch Kleist nicht – in den Jahren 1941/42, als dies notwendig gewesen wäre.

Hitler hatte schwere Bedenken, dem Angriff auf Moskau gegenüber den – nach seiner Einschätzung – noch wichtigeren Zielen den Vorrang zu geben. «Der moderne Krieg ist ein Wirtschaftskrieg, und die Erfordernisse der wirtschaftlichen Kriegführung müssen den Vorrang erhalten», erklärte er.[86] Sein Bestreben, die Getreidefelder der Ukraine, die Kohlezechen des Donezbeckens und die Ölquellen im Kaukasus zu erobern – und damit Stalin zu entreißen –, verleitete ihn zu dem entscheidenden Fehler, nicht weiter in Richtung Moskau vorzurücken, sondern den Hauptstoß nach Süden zu führen, um zunächst Kiew einzunehmen. Die Clausewitz-Kenner in seinem Generalstab wollten zuerst die gegnerische Hauptstreitmacht besiegen und Moskau so früh wie möglich einnehmen, aber Hitlers stärker an wirtschaftlichen Gesichtspunkten orientierte Gesamtstrategie setzte sich durch. Durch die Verzettelung seiner Streitkräfte beim Verfolgen dieser unterschiedlichen Ziele vergab er die Chance, Moskau einzunehmen, aber das war ihm damals noch gar nicht bewusst, weil er glaubte, beides sei noch vor Wintereinbruch erreichbar. Doch Moskau war der Knotenpunkt für die Nord-Süd-Transportachse der Sowjetunion, war das Verwaltungs- und politische Zentrum des Landes, war von entscheidender Bedeutung für die Moral der Verteidiger und außerdem auch noch ein wichtiges Industriezentrum.

Hitler gab dem Oberbefehlshaber des Heeres am 21. August eine neue Weisung, in der es hieß:

Der Vorschlag des Heeres für die Fortführung der Operationen im Osten ... stimmt mit meinen Absichten nicht überein. Ich befehle folgendes: Das wichtigste, noch vor Einbruch des Winters zu erreichende Ziel ist nicht die

> Einnahme von Moskau, sondern die Wegnahme der Krim, des Industrie- und Kohlengebiets am Donez und die Abschnürung der russischen Ölzufuhr aus dem Kaukasusraum, im Norden die Abschließung Leningrads und die Vereinigung mit den Finnen.[87]

Diese Weisung war nach Halders eigener Einschätzung «entscheidend für das Ergebnis dieses Feldzugs». Bock erhielt am darauffolgenden Tag, am 22. August, einen Anruf der Heeresleitung, bei dem ihm mitgeteilt wurde, dass «auf Befehl des Führers starke Teile der 2. Armee [Weichs] und der Gruppe Guderian [PzGr 2] nach Süden einzudrehen sind, um den vor den inneren Flügeln der Heeresgruppe Süd [Rundstedt] und Mitte [Bock] nach Osten weichenden Feind abzufangen und der Heeresgruppe Süd das Vorgehen über den Dnjepr zu erleichtern». Bock rief sofort Brauchitsch an und machte «ihm das Bedenkliche einer solchen Operation klar». Er scheint sich gegenüber dem OKH-Chef Brauchitsch jedoch keineswegs klar ausgedrückt zu haben, denn «als ihm auch von anderer Seite von dieser Operation abgeraten wurde, soll er erwidert haben: ‹Bock ist über die Sache gar nicht so unglücklich›». Bock wiederum rief dann bei Halder an, um das «Missverständnis» aufzuklären und dem Generalstabschef mitzuteilen, dass er «die Operation für unglücklich halte», und zwar

> vor allem deshalb, weil sie den Angriff nach Osten in Frage stellt. In den Weisungen wird immer davon gesprochen, dass es nicht darauf ankäme, Moskau zu nehmen! Ich will gar nicht Moskau nehmen! Ich will das feindliche Heer zerschlagen, und die Masse dieses Heeres steht vor meiner Front! Das Abdrehen nach Süden ist eine – wenn auch noch so große – Nebenoperation, durch die [die] Ausführung der Hauptoperation, nämlich das Zerschlagen der russischen Wehrmacht noch vor dem Winter, in Frage gestellt wird.

Am Abend des 22. August kam bei Bocks Heeresgruppe dennoch der Befehl an, dass die «‹Kräfte um Gomel› und wenn möglich drei schnelle Verbände nach Süden abzudrehen» seien, und der Oberbefehlshaber der Heeresgruppe schrieb in sein Kriegstagebuch: «Es hilft nichts!»[88]

Guderian flog mit Halder zum Führerhauptquartier, um mit Hitler persönlich zu sprechen, wurde dort aber, so hielt Bock es fest, von Brauchitsch mit den Worten empfangen: «Es ist alles entschieden, und

Herummeckern ist nutzlos!» Guderian habe dennoch versucht, Hitler die Schwierigkeiten der Lage darzulegen, habe danach aber eingelenkt, als dieser ihm darlegte, «wie kriegsentscheidend und eilig der Vorstoß nach Süden sei». Er habe sogar, wie Bock erstaunt notierte, «ein sofortiges Vorgehen des 25. Panzerkorps und noch weiterer Panzerkräfte nach Süden doch für möglich erklärt!» Bock wollte der General sein, der Moskau einnahm, und er verzweifelte daran, dass seiner Heeresgruppe so umfangreiche Kräfte entzogen wurden, deshalb kann man ihm angesichts der Begleitumstände die überaus großzügige Verwendung von Ausrufezeichen nachsehen, als er am 24. August über das OKW schrieb: «Man will aber anscheinend die Möglichkeit, den Russen noch vor dem Winter entscheidend zu schlagen, unter keinen Umständen ausnutzen!» Später fügte er noch hinzu, dass «das Ziel, auf das mein ganzes Denken gerichtet war, die Vernichtung der Stärke des feindlichen Heeres, fallen gelassen wurde».[89]

Clausewitz wäre nicht einverstanden gewesen, aber Hitler kam zugute, dass offensichtlich weder Halder noch Brauchitsch – der Bock unterstützte – der Umlenkung von Guderians Panzergruppe in südlicher Richtung besonders viel Widerstand entgegensetzten, so dass die Heeresgruppe Mitte in diesem kritischen Stadium ihre Angriffswucht nahezu vollständig einbüßte. Keitel erinnerte sich später, dass Hitler sich «in unserem internen Kreise oft über ihn [Halder] lustig gemacht und ihn als kleinen Mann hingestellt hatte».[90] Bock selbst begnügte sich mit einer vorsorglichen Tagebuchnotiz: «Wenn nun für meine Heeresgruppe, nach allen Erfolgen, der Feldzug im Osten in trister Defensive versickert, so ist das nicht meine Schuld.» Er wurde im Dezember 1941 entlassen, am 20. Januar 1942 nach dem überraschenden Tod von Feldmarschall Reichenau zum Oberbefehlshaber der Heeresgruppe Süd ernannt, im darauffolgenden Juli erneut entlassen und danach nicht mehr eingesetzt.[91] Bock kam mit seiner Familie nur drei Tage vor Kriegsende durch einen Tieffliegerangriff ums Leben.

Die weiteren Ereignisse belegen, dass Hitler der Heeresgruppe Mitte im August 1941 die Fortsetzung des Angriffs auf Moskau hätte befehlen sollen. Nahezu alle hochrangigen Wehrmachtsoffiziere außerhalb des OKW unterstützten diese Forderung, und auch im OKW selbst sah es nicht anders aus, mit Ausnahme von Keitel und Jodl. «Hitler traf die wichtigste Entscheidung seines Lebens entgegen der professionellen Lagebeurteilung nahezu eines jeden deutschen Soldaten, der die Gelegenheit hatte, ihm diese mitzuteilen», schreibt ein Historiker.[92] Das Komitee-System der Alliierten war trotz aller zeitraubenden Debatten und tiefgreifenden Meinungsverschiedenheiten eine Art, zu einer durchdachten Gesamtstrategie zu kommen, die der Hitler-Methode – jeder General war bemüht, beim Diktator Gehör zu finden, wobei dieser längst nicht immer zuhörte – weit überlegen war.

Der Kessel von Smolensk wurde bis zum 5. August eingedrückt, und als die 2. Armee und die 2. Panzergruppe bis hinter Kiew nach Süden vorstießen und sich dort mit der von Krementschug aus nordwärts vordringenden 1. Panzergruppe vereinigten, vernichteten sie bis zum 17. September bei Gomel die insgesamt rund 500 000 Mann zählende 5. und 37. sowjetische Armee. «Mit diesem Manöver glaubte man nun allgemein, den größten deutschen Sieg an der Ostfront einleiten zu können», und dass «der Weg für die Eroberung des gesamten Industrie- und Kohlengebiets am Donez … frei» sei.[93] Es waren gewaltige, von der Luftwaffe wirksam unterstützte Blitzkrieg-Siege, die mit hohem Tempo und auf trockenem Gelände gegen einen konfusen Gegner erzielt wurden; aufgrund der Tapferkeit der einfachen Soldaten der Roten Armee zahlte man dafür aber mit hohen Verlusten.

Nach der Einnahme von Kiew, bei der 665 000 sowjetische Soldaten in Gefangenschaft gerieten, konnte das OKW sich wieder auf den Vorstoß nach Moskau konzentrieren. Durch die Eroberung der gegnerischen Hauptstadt, so hoffte man, würden die sowjetische Regierung und die Rote Armee bis hinter den Ural abgedrängt, und die UdSSR würde als ernsthafter Kriegsgegner ausscheiden. Die Luftwaffe könnte dann den Gegner in einem industrielosen sibirischen Randgebiet in Schach halten, von wo aus er bestenfalls kleinere Grenzscharmützel gegen ein deutsches Herrenvolk anzetteln könnte, das jetzt die gesamte europäische Landmasse kontrollierte. Großbritannien bliebe dann keine Hoffnung mehr, es müsste sich mit der deutschen Vorherrschaft abfinden, während das Reich sich für den bevorstehenden welthistorischen Kampf mit den Vereinigten Staaten rüstete. Diesen Krieg werde es unweigerlich gewinnen, weil Amerika – wie Hitler auf dem Berghof routinemäßig schwadronierte – durch den Einfluss so vieler Juden und Schwarze innerlich zersetzt sei. Im Rückblick scheint die Entwicklung hin zu einer solchen alptraumhaften Welt durchaus vorstellbar, wenn Moskau im Oktober 1941 gefallen wäre, und heute wissen wir, dass Stalin am 16. Oktober sogar seinen Privatzug abfahrbereit machen ließ, um aus der Stadt fliehen zu können.

Der Angriff auf Moskau wurde mit enormer Wucht vorgetragen. Von Süden her stieß die Panzergruppe Guderian über Orel, Brjansk und Tula vor. Die Heeresgruppe Mitte führte den Hauptstoß mit der 2. Armee über Kaluga, und Hoepners 4. Panzergruppe attackierte von Roslawl aus über Juchnow. Die Heeresgruppe Nord wiederum leistete ihren Beitrag mit Hoths 3. Panzergruppe, die über Wjasma und Borodino vorstieß (einen weiteren Ort, der mit machtvollen Erinnerungen an Napoleons Feldzug verbunden war). Im äußersten Norden dieses Sektors rückte die 9. Armee auf Kalinin vor. Die Wehrmacht setzte bei diesem Angriff insgesamt 44 Infanteriedivisionen, 8 motorisierte und 14 Panzerdivisionen ein, das Unternehmen begann in Guderians Fall bereits am 30. September, für die anderen Heeresverbände am 2. Oktober.[94] «Heute ist nun der Beginn der letzten großen Entscheidungsschlacht dieses Jahres!», erklärte Hitler an diesem Tag in einer Proklamation an die «Soldaten der Ostfront».

Die Angreifer versuchten in enger Zusammenarbeit große sowjetische Truppenkontingente abzuschneiden, während sie aus verschiedenen Richtungen auf ihr Ziel vorrückten. Hoth und Hoepner gelang bis zum 7. Oktober die Einkesselung der 32. sowjetischen Armee in Wjasma, Guderian und die 2. Armee hatten in Brjansk die 3. Armee des Gegners abgeschnitten. Diese eingeschlossenen sowjetischen Armeen wurden am 14. und 20. Oktober vernichtet. Die verbliebenen sowjetischen Truppenverbände zogen sich rechtzeitig zurück und wurden nicht abgeschnitten, aber sie konnten nicht bis hinter Moskau ausweichen, ohne ihre Hauptstadt zu verlieren; also errichteten sie westlich der Stadt drei mächtige Verteidigungslinien und versuchten alles, was in ihrer Macht stand, um den Angriff aufzuhalten.

Die Heeresgruppe Nord hatte im Norden Russlands bereits am 16. August Nowgorod erreicht und war am 1. September so weit vorgedrungen, dass die Beschießung von Leningrad begann. Die Finnen hatten sich, in der Hoffnung auf Vergeltung für ihre Niederlage im Winterkrieg, der deutschen Invasion mit Begeisterung angeschlossen, und sie eroberten Wiborg (Viipuri) ebenso zurück wie einen großen Teil der übrigen Karelischen Landenge.[95] Ab dem 15. September 1941 war die zweitgrößte Stadt der Sowjetunion vollständig eingeschlossen, und die Entscheidung der Deutschen, die Stadt nicht einfach zu stürmen, sondern durch Aushungern zur Kapitulation zu bewegen, erwies sich im Rückblick als von enormer Tragweite. Es war ein von nüchternen Überlegungen motiviertes Vorgehen – allein im November 1941 verhungerten in Leningrad 11 000 Zivilisten, während durch Artilleriebeschuss und Luftangriffe in den ersten drei Monaten der Belagerung 12 500 Menschen ums Leben kamen –, doch Leningrad überstand auf irgendeine Weise diese fürchterliche, neunhundert Tage andauernde Leidenszeit, die insgesamt eine Million Menschen in der Stadt das Leben kostete, im Durchschnitt also mehr als 1100 Menschen täglich, und das über einen Zeitraum von zweieinhalb Jahren hinweg. Es war die mit weitem Abstand blutigste Belagerung der Menschheitsgeschichte, und allein in Leningrad starben mehr Sowjetbürger als britische und amerikanische Soldaten und Zivilisten während des gesamten Zweiten Weltkriegs.

Der Kommissar für die Lebensmittelversorgung in Leningrad, D. W. Pawlow, setzte am 12. September 1941 die tägliche Brotration für Personen, die keine körperliche Arbeit leisteten, auf 150 Gramm fest (davon waren 25 Prozent «essbare Zellulose»), hinzu kamen noch ein Pfund Fleisch, eineinhalb Pfund Getreide und ein Dreiviertelpfund Sonnenblumenöl pro Monat. Es war eine karge Zuteilung, die dennoch im weiteren Kriegsverlauf mehrmals gekürzt wurde. Am 20. November erhielten Frontsoldaten noch 500 Gramm Brot täglich, Fabrikarbeiter 250 und alle anderen Personen 125 Gramm (und das bedeutet: zwei Scheiben). Der amerikanische Kriegskorrespondent Harrison Salisbury schreibt:

> Zweige wurden gesammelt und gekocht, Baumwollkuchen und Knochenmehl wurden verwendet, Fichtenholzmehl wurde verarbeitet und dem Brot zugesetzt. Verschimmeltes Getreide wurde aus gesunkenen Frachtschiffen geborgen und aus den Frachträumen der Schiffe herausgekratzt. Bald enthielt das Brot in Leningrad zehn Prozent Baumwollkuchen, der bearbeitet worden war, um Giftstoffe zu entfernen.[96]

Man aß Haustiere, Schuhleder, Insekten und die Rinde von Nadelbäumen sowie trockenen Tapetenkleister, den die Menschen von den Wänden kratzten, weil sie glaubten, er sei aus Kartoffelmehl hergestellt. Aus den Tierversuchslabors der Stadt holte man Meerschweinchen, weiße

Mäuse und Kaninchen, die vor der Vivisektion bewahrt wurden, um einem unmittelbareren, praktischen Schicksal zugeführt zu werden. «Heute ist es so einfach zu sterben», schrieb Jelena Skrjabina, eine Bürgerin der Stadt, in ihr Tagebuch. «Man beginnt einfach das Interesse zu verlieren, dann liegt man im Bett und steht nicht wieder auf.»[97] Doch einige Menschen waren bereit, alles nur Erdenkliche zu tun, um zu überleben: Während der Belagerungszeit wurden zweihundertsechsundzwanzig Personen wegen Kannibalismus verhaftet. «Auf den Märkten wird Menschenfleisch verkauft», war in einem geheimen NKWD-Bericht zu lesen, «während sich auf den Friedhöfen die bis auf die Knochen abgemagerten Leichen aufhäufen, ohne Särge.»[98]

Selbst bei den wenigen Gelegenheiten, bei denen sowjetische Gegenoffensiven es ermöglichten, kleinere Mengen Nahrungsmittel in die Stadt zu schaffen, so dass die Brotration dann zeitweilig erhöht werden konnte, war die Lage niemals besser als vollkommen verzweifelt. Im Oktober 1941 fielen 7500 Artilleriegranaten, 991 Sprengbomben und 31 398 Brandbomben auf die Stadt; im November waren es 11 230 Artilleriegeschosse und 7500 Bomben, im Dezember 6000 Granaten und 2000 Bomben. Am 25. Dezember 1941 gelangten Versorgungsgüter auf einer Eisstraße, die über den Ladogasee hinweg angelegt worden war, in die Stadt, und dennoch verhungerten 3700 Menschen. (Die Fahrer der Lastwagen, die den zugefrorenen See überquerten, ließen trotz der eisigen Temperaturen ihre Tür offen, damit sie abspringen konnten, wenn das Fahrzeug beschossen wurde oder durch das Eis brach.) Die sowjetische Baltische Flotte steckte in Leningrad im Eis fest und beteiligte sich mit ihrer Schiffsartillerie an der Luftabwehr. Sie konnte ohnehin kaum auslaufen, weil die Ostsee von der deutschen Marine beherrscht wurde. Als im Frühjahr 1942 in Leningrad das Tauwetter einsetzte, barg man auf den Straßen der Stadt Tausende von steifgefrorenen Leichen, bevor durch die Verwesung Seuchen ausbrachen.

Die schweren Regenfälle, die am 8. Oktober 1941 niedergingen, waren der erste Rückschlag in einer ganzen Serie von Wetteränderungen, die letztlich dafür sorgen sollten, dass Hitler mit seinen Kriegszielen in der Sowjetunion scheiterte. Das russische Wort für diesen Wetterumschwung ist «rasputiza» (die Zeit, in der sich die Straßen und Wege in Schlamm verwandeln). Tiefer Morast verlangsamte die Vorstöße auf Kalinin, Kaluga und Tula, die wichtigsten Zwischenstationen auf dem Weg nach Moskau. Die Verteidigungslinie in Wjasma hielt die Wehrmacht nicht auf, aber in Moschajsk gelang das schon viel besser, so dass die Deutschen 70 bis 120 Kilometer vor der Hauptstadt zum Stehen kamen. Rundstedt äußerte sich einige Jahre nach dem Krieg zu den Erfolgschancen des Unternehmens Barbarossa:

> Aber lange vor Eintritt des Winters hatten die Siegesaussichten schon durch die ständigen Stockungen unseres Vormarsches infolge schlechter Wege und verschlammten Geländes abgenommen. Die ukrainische «Schwarzerde» kann sich durch einen Regen von zehn Minuten Dauer in einen Schlamm verwandeln, der jede Bewegung bis zum Trockenwerden stilllegt. Das war eine böse Behinderung in einem Wettlauf mit der Zeit. Sie wurde bei der Versorgung der vorgehenden Truppe durch den Mangel an Eisenbahnen in Russland noch erschwert. Ein weiterer Nachteil war, dass die Russen, je weiter sie zurückgingen, um so mehr Verstärkungen aus dem Hinterland an sich ziehen konnten. Uns schien es, als ob jedes Mal, wenn ein Verband vernichtet war, wir wieder auf neu herangeführte Kräfte stießen.[99]

Während sich das Wetter verschlechterte und die Temperaturen fielen, wurde der Boden wieder fester, was den Deutschen für einen kurzen Zeitraum eine weitere Gelegenheit zur Umzingelung der sowjetischen Hauptstadt bot. Zu diesem Zeitpunkt hatten sich allerdings die anfängliche deutsche 2:1-Überlegenheit bei den Bodentruppen und die 3:1-Überlegenheit in der Luft verflüchtigt, denn die sowjetische Regierung warf alle verfügbaren Kräfte in die Verteidigungsschlacht, und Stalin hielt am 7. November im Kreml eine ermutigende Rundfunkansprache zum Jahrestag der Oktoberrevolution, in der von Alexander Newski, Michail Kutusow und Lenin ebenso die Rede war wie von der zugesagten Hilfe Großbritanniens und der Vereinigten Staaten. (Als die Ansprache zu einem späteren Zeitpunkt zu Propagandazwecken abermals gefilmt werden musste, fiel russischen Beobachtern auf, dass aus Stalins Mund keine Atemwölkchen kamen, was unweigerlich hätte der Fall sein müssen, wenn wirklich im eiskalten November auf dem Roten Platz gefilmt worden wäre.)

Durch deutsche Bombardements wurden in Moskau nur relativ wenige Gebäude zerstört – nur etwa drei Prozent des Gesamtbestands. Dies lag einerseits am Umfang und an der Genauigkeit der sowjetischen Flakeinheiten, andererseits an dem guten Schutz, für den die Iljuschin- und

Airacobra-Jagdflugzeuge und die Sperrballons über der Stadt sorgten. Bis ins Jahr 1943 hinein griff die Rote Luftwaffe im Kampf gegen feindliche Flugzeuge sogar zum Mittel absichtlicher Ramm-Manöver. Die rings um die Hauptstadt herum aufgestellten AZP-39 Flakgeschütze mit einem Kaliber von 3,7 Zentimetern wogen 2,1 Tonnen und feuerten 730 Gramm schwere Granaten mit einer Geschwindigkeit von mehr als 830 Metern pro Sekunde (etwa 3000 km/h) und einer Schussfolge von 180 pro Minute bis zu einer Maximalhöhe von 5950 Metern und waren dabei treffsicher bis zu einer Flughöhe von knapp 2750 Metern. Der mobile Katjuscha-Raketenwerfer BM-13 wurde, auf Lastwagen montiert (oft waren das von den Vereinigten Staaten gelieferte Studebaker LKW), erstmals bei der Verteidigung von Moskau eingesetzt. Dieses auf Deutsch auch als «Stalinorgel» bezeichnete Geschütz war, dem liebevollen Kosenamen («Kleine Katja») zum Trotz, mit einem Kaliber von 13,2 Zentimetern und Geschossen von 1,41 Metern Länge, 42,5 Kilogramm Gewicht (davon 4,9 Kilogramm Sprengstoff) und einer Reichweite von knapp 14 Kilometern eine furchterregende Waffe, vor allem, wenn eine Batterie mit bis zu 16 Raketenwerfern gleichzeitig feuerte. Die Deutschen hatten große Mühe, ein Exemplar zu Untersuchungszwecken zu erbeuten, denn die Geschütze waren so ausgerüstet, dass die Kommandeure sie leicht zerstören konnten. Für den Fall einer Einnahme Moskaus durch die Deutschen hatten die Verantwortlichen auf sowjetischer Seite drastische Maßnahmen vorgesehen. Noch im Jahr 2001 wurden bei Renovierungsarbeiten unter dem Hotel Moskau, in unmittelbarer Nähe des Kremls, mehr als 120 Kilogramm Sprengstoff gefunden, die der NKWD 1941 dort für den Fall platziert hatte, dass Moskau zerstört und anschließend ganz aufgegeben werden müsste.[100]

Der nächste direkte Angriff auf Moskau begann am 15. November, und dabei rückten Teile der 3. Panzergruppe innerhalb von zwölf Tagen bis zum 30 Kilometer vor den Toren Moskaus verlaufenden Wolga-Kanal vor. Guderian erreichte unterdessen Kaschira, blieb aber dort stecken. Das Wetter war nicht auf der Seite der Deutschen, das stimmt zwar, aber sie setzten für diesen großen Angriff auf Moskau auch nicht genug Soldaten ein. Ihre Verluste betrugen seit dem Beginn des Unternehmens Barbarossa bereits 750 000 Mann, und die Zahl der Gefallenen lag bei 8000 Offizieren und fast 200 000 Mannschaftsdienstgraden. Die Feststellung, dass der Ausgang des Zweiten Weltkriegs bis zu diesem massiven

Angriff ungewiss blieb, ist keine Übertreibung, aber am 5. Dezember 1941 mussten die 3. und die 2. Panzergruppe bis zur Istria-Klin-Linie beziehungsweise zur Don-Ulla-Linie zurückgenommen werden und zur Verteidigung übergehen. Hätten die Deutschen Moskau einnehmen können, wenn Hitler in der Zeit vom 23. August bis zum 30. September Guderians 2. Panzergruppe und die 2. Armee nicht mehr als 400 Kilometer weit nach Süden hätte abschwenken lassen? Wir können das nicht mit Sicherheit sagen, aber es steht zu vermuten.

Am selben Tag, an dem Guderian schließlich wieder nach Norden in Richtung Moskau vorstieß – am 30. September 1941 –, überquerte General Ewald von Kleists zur Heeresgruppe Süd gehörende 1. Panzergruppe den Dnjepr und die Samara mit dem Ziel Rostow am Don. Ein Teil dieser Streitmacht schwenkte nach Süden, um schließlich am 6. Oktober die Stadt Berdjansk am Asowschen Meer einzunehmen, wobei 100 000 Soldaten der sowjetischen 18. Armee eingekesselt wurden, obwohl auch in diesem Bereich heftige Regen- und Schneefälle einsetzten – Wetterbedingungen, unter denen auch der deutsche Vormarsch in Richtung Moskau zu leiden gehabt hatte. Der Angriffsschwung konnte mit der Einnahme von Charkow am 24. Oktober und später von Rostow selbst am 20. November irgendwie gehalten werden. Er war dennoch so gut wie verbraucht. Als die hastig neuformierte sowjetische 37. Armee drohte, die deutschen Truppen in Rostow abzuschneiden, befahl Rundstedt der Heeresgruppe Süd den Rückzug zum Mius und zum Donez. Hitler versuchte – zu spät – diesen Befehl rückgängig zu machen, und Rundstedt telegrafierte am 30. November: «Es ist Wahnsinn, die Stellung halten zu wollen. Erstens kann die Truppe es nicht und zweitens wird sie vernichtet werden, wenn sie nicht zurückgeht. Ich wiederhole, Sie müssen den Befehl zurücknehmen oder sich einen anderen Kommandeur suchen.»[101] Hitler entließ Rundstedt, der einen leichten Herzinfarkt erlitten hatte, am nächsten Tag, verzieh ihm jedoch schnell, nachdem er über die tatsächliche Lage vor Ort unterrichtet worden war, und vergoldete dem Generalfeldmarschall den Abschied mit einer großen Geldsumme. Der peinlich berührte Rundstedt akzeptierte das Geschenk zwar, ließ es aber unangetastet.[102]

Die Deutschen gerieten am 6. Dezember 1941 in die Defensive, und das an einer Front von gewaltigen Ausmaßen, die im Süden vor Rostow am Asowschen Meer begann (wobei der größte Teil der Krim von den

Deutschen besetzt war) und sich über Isjum, Jelez (in deutscher Hand), Tula und Moskau (in sowjetischer Hand) sowie Kalinin (in deutscher Hand) bis nach Leningrad (in sowjetischer Hand) nach Norden erstreckte. An jenem Tag begann Schukow – der unterdessen vierzig sibirische Divisionen bereitgestellt hatte – seine Winteroffensive. Dieser machtvolle Gegenangriff führte zu einem Spektakel, das die Welt in mehr als zwei Kriegsjahren bis dahin noch nicht erlebt hatte: Deutsche Soldaten ergaben sich massenhaft.

Keitel legte sich später beim Datum der deutschen Schicksalswende so fest: «Die Wetterlage hatte sich etwa seit 10. Dezember ... in wenigen Tagen aus der Schlammperiode zu der infernalischen Kälte ... verändert mit all den schon erwähnten katastrophalen Folgen für die Truppe mit nur dürftiger Winterkleidung.» Fahrzeuge blieben liegen, und Transporte mit der Eisenbahn waren nicht mehr möglich, denn «die Lokomotiven (deutsche) froren ein, ebenso die Wasserstationen».[103] Keitel hielt Hitlers kategorisches Verbot jeglichen Rückzugs dennoch für eine «richtige Erkenntnis», weil «ein Zurückgehen – und wenn auch nur um wenige Kilometer – gleichbedeutend war mit dem Verlust aller schweren Waffen». Panzer, Artillerie, Panzerabwehrkanonen (Pak) «konnten nicht ersetzt werden. Es gab also in der Tat keine andere Lösung, als stehenzubleiben und zu kämpfen, wenn das Heer nicht ohne Waffen den Rückzug Napoleons von 1812 erleben wollte.» Bat ein General Hitler um die Erlaubnis für einen Rückzug um 50 Kilometer, musste er sich fragen lassen, ob er glaube, dort werde es wärmer sein, und ob die Russen an der Reichsgrenze wohl anhalten würden, wenn die Wehrmacht sich immer weiter zurückziehe. Bei allem Sarkasmus waren das natürlich legitime Fragen. «Unter dem Zeichen dieser uns alle aufs höchste bewegenden Sorgenlast verlebten wir trostlose Weihnachten im Führerhauptquartier», erinnerte sich Keitel.[104]

An dem Tag, den Keitel als Wendepunkt an der Ostfront wahrnahm – am Donnerstag, dem 11. Dezember 1941 –, erklärte Hitler auch noch den Vereinigten Staaten den Krieg, eine irrsinnige Entscheidung (die im nächsten Kapitel untersucht werden wird). Ihre Auswirkung für die Ostfront bestand darin, dass die Menge an Waffen und Nachschubgütern aller Art, die den Sowjets von den Amerikanern zur Verfügung gestellt wurden, gewaltig anwuchs. Neben einer enormen Zahl an Panzern, Flugzeugen, Lastwagen, Munition und sonstigen militärischen Nachschubgütern schickten sie unter anderem auch 15 000 Sägen und 20 000 Messer, die für Amputationen benutzt werden sollten.[105]

Napoleon wurde, im Gegensatz zu der alten Redensart, in Russland nicht von den Generälen Januar und Februar besiegt, denn seine Grande Armée war in Wirklichkeit bereits in der ersten Dezemberwoche vollständig geschlagen worden; diese beiden alten Soldaten wurden allerdings hundertdreißig Jahre später für den Krieg gegen Hitler noch einmal zum Dienst gezwungen. Die Luftwaffe und die Waffen-SS hatten ihren Angehörigen zwar Wintermäntel geliefert, doch für einen großen Teil der Wehrmacht galt das nicht. So viel zum Thema der hochgelobten deutschen Effizienz und zur Weitsicht des Generalstabs. Hinzu kam noch, dass die sowjetischen Mosin-Gewehre und PPSch-Maschinenpistolen auch in der Winterkälte nicht versagten, doch für das Schmieröl der deutschen Schmeisser-Maschinenpistolen galt das nicht immer. «Kein Operationsplan reicht mit einiger Sicherheit über das erste Zusammentreffen mit der feindlichen Hauptmacht hinaus. Nur der Laie glaubt in dem Verlauf eines Feldzuges die konsequente Durchführung eines im Voraus gefassten, in allen Einzelheiten überlegten und bis ans Ende festgehaltenen, ursprünglichen Gedankens zu erblicken», schrieb Helmuth von Moltke der Ältere (1800–1891) in seinem Aufsatz «Über Strategie» (1871). Das trifft auf militärische Feldzüge im Allgemeinen und auf das Unternehmen Barbarossa im Besonderen zu. Aber ein Punkt, den das Oberkommando des Heeres mit einiger Genauigkeit hätte einplanen können, war die Gewissheit eines sehr kalten Winters in Russland, es war eine Frage des gesunden Menschenverstandes und der logistischen Umsicht von der Art, die bei einem Oberkommando eigentlich besonders ausgeprägt sein sollte. Es gibt, nicht nur im Russischen, die Redensart, dass es kein kaltes Wetter gibt, sondern nur unpassende Kleidung. Die deutschen Heeresintendanturen hatten in ihrer Überheblichkeit nicht dafür gesorgt, dass Ausrüstungsgegenstände wie Wollmützen, Handschuhe, lange Unterhosen und warme Wintermäntel für die Ostfront in ausreichender Zahl vorrätig waren, und plötzlich wurden solche Dinge millionenfach gebraucht, weit mehr, als man den Sowjetbürgern und Polen durch Plünderung und Beschlagnahme wegnehmen konnte. Goebbels verbreitete über den Hörfunk am 20. Dezember 1941 einen «Ruf zur Gemeinschaftshilfe, Aufruf zur Sammlung von Wintersachen für unsere Front», die an die Soldaten geschickt werden sollten:

Eben deshalb aber verdiente die Heimat keine ruhige Stunde mehr, wenn auch nur ein einziger Soldat, vor allem im Osten, im Südosten, in Norwegen oder gar im hohen Finnland ohne ausreichende Winterausrüstung den Unbilden der Witterung ausgesetzt bliebe.[106]

Doch nach zwei Jahren der Rationierung, auch bei der Bekleidung, hatten die Menschen nur wenig abzugeben.

Bei einem seiner «Tischgespräche» ließ Hitler eine Reihe von Bemerkungen fallen, die vielleicht Anhaltspunkte zu der Frage geben könnten, warum er sich nicht hinreichend mit dem Wohlergehen seiner Soldaten befasst hatte, bis der strenge russische Winter einsetzte. «Die Wettervorhersage? Darauf ist nicht der mindeste Verlass!», sagte er am Abend des 14. Oktober 1941 zu Bormann und seinen anderen Tischgenossen und vertrat die Ansicht, dass «der Wetterdienst aus der Wehrmacht wieder ausgegliedert werden [muss]». Die Lufthansa hatte zwar nach seiner Einschätzung «einen Wetterdienst, der hervorragend war», doch «der heutige Apparat ist nicht mehr so gut». Da er sich in Sachen Meteorologie, wie auch auf allen anderen Gebieten, ebenfalls für einen Experten hielt, gab dieser Alleswisser von Weltrang Folgendes zum Besten:

> Die Wettervorhersage ist keine Wissenschaft, die sich mechanisch lehren und lernen lässt. Was man braucht, sind Menschen mit einem sechsten Sinn, Menschen, die in und mit der Natur leben, mögen sie nun von Isothermen und Isobaren etwas wissen oder nicht. Freilich: Diese Leute werden in der Regel nicht in eine Uniform passen: der eine ist krumm, der andere lahm. Aber dafür unterliegen sie auch nicht dem Zwang, sich in Tabellen zu vergraben.[107]

Diese «erprobten Wetterfrösche», wie Hitler sie nannte – was nicht unbedingt nach Musterexemplaren der Herrenrasse klingt –, sollten kostenlose Telefonanschlüsse ins Haus gelegt bekommen, die Wettervorhersage für das Reich übernehmen, und für den Wetterfrosch «ist es dann eine Ehre, mit seinem Wissen herangezogen zu werden». Hitler stellte sich dabei einen Mann (!) vor, der «aus dem Flug der Schwalben und der Mücken zu lesen weiß, aus dem Aussehen seiner Umgebung, der Landschaft und des Himmels, aus der Art, wie sich die Luft anlässt und wie der Wind den Klang von Glocken herüberträgt und aus vielem anderen mathematisch Unmessbaren und Unwägbaren». Oder aus dem Reich der Parodie schöpft.

Hitler war natürlich stolz auf seine eigene Unempfindlichkeit gegen Kälte, am 12. August 1942 prahlte er:

> Für mich war das Umziehen in eine lange Hose früher eine Qual. Ich bin noch bei acht, neun Grad unter Null mit der kurzen Wichs herumgegangen. Das Freiheitsgefühl, das man dabei hat, ist etwas Wunderbares. Eines der schwersten Opfer ist es gewesen, dass ich das aufgeben musste. ... Zwei bis fünf Grad unter Null habe ich gar nicht empfunden. Unsere Jugend heute trägt ja zum Teil den ganzen Winter die kurze Hose. Es ist nur eine Gewohnheitssache. Eine SS-Standarte Hochland wird in Zukunft kurze Wichs tragen.[108]

Falls Hitler die Vorstellung hegte, die Wehrmacht könnte Temperaturen weit unter dem Gefrierpunkt ohne angemessene Winterkleidung widerstehen, wurde er schon bald eines Besseren belehrt. In einigen Bereichen hatten sich die Deutschen auf das Unternehmen Barbarossa gut vorbereitet; sie hatten zum Beispiel einen deutsch-russischen Sprachführer produziert, der Fragen enthielt wie: «Wo ist der Kolchosvorsitzende?» oder «Bist du ein Kommunist»? (Die letztere Frage zu bejahen, war nicht ratsam.) Doch geeignete Winterkleidung, einen so grundlegenden Ausrüstungsgegenstand bei einem Winterfeldzug in einem der kältesten Länder der Welt, gab es nicht in genügenden Mengen, und das, was dann geliefert wurde, war oft nicht warm genug. All dies war eine unmittelbare Folge von Hitlers Überzeugung, dass der Feldzug innerhalb von drei Monaten beendet sein würde, bis Ende September – und noch bevor das Wetter umschlug.

Der Mangel an warmer Winterkleidung hatte oft fürchterliche Folgen. Der italienische Journalist und Schriftsteller Curzio Malaparte, der als Kriegsberichterstatter die Ostfront bereiste, erinnerte sich in seinem Roman *Kaputt* an den Anblick, den ihm deutsche Fronturlauber im Café Europejski in Warschau geboten hatten:

> Plötzlich bemerkte ich voll Entsetzen, dass sie keine Augenlider hatten. Ich hatte schon vor einigen Tagen in Minsk auf dem Bahnhof, als ich von Smolensk kam, einige Soldaten ohne Augenlider gesehen. Die furchtbare Kälte dieses Winters hatte die seltsamsten Erfrierungen hervorgerufen. Tausende und Abertausende von Soldaten hatten Arme oder Beine eingebüßt, zu Tausenden und Abertausenden hatten sie sich Ohren, Nasen, Finger, Ge-

schlechtsteile erfroren. Vielen waren die Haare ausgefallen. ... Viele hatten die Augenlider verloren. Von der Kälte versengt, löst das Augenlid sich ab wie abgestorbene Haut. ... Ich dachte, wie diese Unglücklichen mit weit ins Dunkel hinein geöffneten Augen schliefen, dass die Nacht ihr Augenlid war, ... dass Wahnsinn ihr Schicksal sei.[109]

Durch einen absurden Mangel an Vorbereitungen hatte sich die Wehrmacht in eine solche Lage gebracht. Reinhard Spitzy, Ribbentrops Privatsekretär, gab seinen Lebenserinnerungen den Titel *Wie wir das Reich verspielten*. Eine Niederlage auf dem Schlachtfeld war für die Deutschen schlimm genug – und bis zur ersten schweren Niederlage sollte noch ein weiteres Jahr vergehen –, aber von der eigenen Staatsführung und vom Generalstab unzureichend versorgt worden zu sein, machte alles noch viel schlimmer.

Churchill nutzte die Gelegenheit des zweiten Jahrestags seines Amtsantritts als Premierminister, um Hitler für einen schicksalsschweren Fehler zu verspotten:

Sogar Hitler begeht zeitweilig Irrtümer. ... Es gibt, wie Sie wissen, Winter in Russland. Eine ganz erkleckliche Anzahl Monate kann die Temperatur sehr tief sein. Es gibt Schnee, Frost und dergleichen. Hitler dachte nicht an den russischen Winter. Seine Schulbildung muss ziemlich mangelhaft sein. Wir alle hörten es in der Schule; er aber vergaß es. Ich habe niemals einen derart argen Fehler begangen.[110]

Von Napoleon hatte Hitler allerdings nicht nur in der Schule gehört, denn in seiner Privatbibliothek fanden sich zahlreiche Bücher über den Kaiser der Franzosen und seine Feldzüge, von denen wiederum viele «mit ausführlichen handschriftlichen Markierungen Hitlers versehen» waren, außerdem besaß er einige Bücher über Generäle des napoleonischen Zeitalters.[111] Bei seinen militärischen Lagebesprechungen erwähnte Hitler zwar nur ein einziges Mal den Namen Napoleon, und das im Zusammenhang mit der Beförderungspraxis bei der Wehrmacht, die er für zu langsam hielt: «Wenn ein Napoleon mit 27 Jahren [sic] Erster Konsul werden konnte, so sehe ich nicht ein, warum bei uns nicht ein 30-jähriger Mann General oder Generalleutnant sein soll, geradezu lächerlich!» Doch es fehlt nicht an Hinweisen darauf, dass er sehr viel über den Mann nachdachte, der ihm als Geißel Russlands vorausgegangen war.[112]

Nach der Einnahme von Paris im Juni 1940 zeigte sich Hitler umgehend an Napoleons Sarkophag im Invalidendom und ordnete die Umbettung der sterblichen Überreste von Napoleons Sohn an, die neben dem Vater ruhen sollten: «Der Führer hat den Sohn Napoleons, den Herzog von Reichstadt, von Wien nach Paris überführen lassen. Eine Geste, die dankbar begrüßt wird»,[113] schrieb Goebbels am 16. Dezember 1940 in sein Tagebuch, ohne irgendeinen Beleg für diese Vermutung anführen zu können. Auf dem Berghof sprach Hitler gern vom «einmaligen militärischen Genie, dem Korsen Napoleon», und verbreitete sich über Napoleons vermeintlich zu geringes Drohpotenzial gegen Großbritannien, den Fehler, das Kaiser-Purpur zu übernehmen, Napoleons Führungsqualitäten und anderes mehr. Doch nach der Bemerkung, die er im Juli 1941 im Gespräch mit dem kroatischen Verteidigungsminister gemacht hatte, mied Hitler im Allgemeinen das Thema der allzu offensichtlichen Parallelen zwischen seinem eigenen Vorgehen und Napoleons Invasion in Russland (und übrigens auch den militärischen Leistungen Karls XII. von Schweden, die 1709 in der Schlacht von Poltawa mit einer ähnlichen Katastrophe geendet hatten).[114]

Am 19. Juli 1942 klagte Hitler nach dem Bericht seines «Tischgespräche»-Protokollanten auf dem Berghof: «Als in diesem Winter die Schwierigkeiten im Ostkrieg ihren Höhepunkt erreicht hätten, habe irgendein Dussel die These aufgestellt, dass Napoleon ebenso wie wir am 22. Juni zu seinem Russlandfeldzug angetreten sei. Gott sei Dank habe er sofort durch anerkannte Fachmänner diesem Geschwätz mit der Feststellung entgegentreten können, dass Napoleon in Wirklichkeit erst am 23. Juni zum Vormarsch gegen Russland aufgebrochen sei.»[115] Hitlers Historiker lagen richtig: Napoleons Armee begann ihren Russischen Feldzug am 23. Juni 1812 um 22 Uhr mit der Überquerung der Memel.[116] Doch das Argument des namentlich nicht bekannten «Dussels» stand im Raum, und er hätte außerdem noch erwähnen können, dass das korsische Schreckgespenst, im Unterschied zu Hitler, vor den Toren Moskaus eine Schlacht gewonnen und die Stadt anschließend besetzt hatte – und das in einer Zeit, in der es noch keine motorisierten Divisionen gab.

Hitler übernahm von Brauchitsch am 19. Dezember 1941 den Oberbefehl über das Heer – zusätzlich zum Amt des Oberbefehlshabers der Wehrmacht. Brauchitsch hatte sich zwar gegen die Schwächung der Heeresgruppe Mitte gewehrt und war dabei von Hitler überstimmt worden, dennoch brachte dieser den Heereschef dazu, die Verantwortung für das aus dieser Maßnahme resultierende Scheitern bei der Eroberung Moskaus zu übernehmen. Doch ab dem Augenblick, in dem Hitler auch noch den Oberbefehl über das Heer übernahm, konnten sämtliche Irrtümer nicht mehr einfach seinen Handlangern, sondern ihm direkt zugeschrieben werden. «Das bisschen Operationsführung kann jeder machen», erklärte Hitler «in einer Aussprache unter vier Augen» mit Halder, wie dieser später berichtete, und «die Aufgabe des Oberbefehlshabers des Heeres ist es, das Heer nationalsozialistisch zu erziehen. Ich kenne keinen General des Heeres, der diese Aufgabe in meinem Sinne erfüllen könnte. Darum habe ich mich entschlossen, den Oberbefehl über das Heer selbst zu übernehmen.»[117]

Alle Operationen an der Ostfront wurden ab jetzt ausschließlich vom Oberkommando des Heeres gelenkt, das sein Hauptquartier in Zossen bei Berlin hatte, während die Verantwortung für die anderen Kriegsschauplätze vollständig auf das Oberkommando der Wehrmacht überging, Hitlers Planungsstab, der die Gesamtaufsicht über die Streitkräfte führte. Aus dieser Struktur ergab sich die (absolut vorhersehbare) Konsequenz, dass die beiden Organisationen um die in ihren jeweiligen Zuständigkeitsbereichen benötigten Ressourcen konkurrierten, anstatt wie zuvor eher nach der Art eines Tandems zusammenzuarbeiten. Hitler hatte sich schon seit langem und noch in Friedenszeiten dieser Methode bedient, um staatliche Institutionen und Einzelpersonen gegeneinander ausspielen zu können – zum Beispiel das Büro für den Vierjahresplan gegen den Wirtschaftsminister und Göring gegen Himmler. Manchmal führte das zu einer schöpferischen Spannung und nützlichem Wettbewerb, manchmal auch zu Ineffizienz und Schwierigkeiten, aber niemals in die Katastrophe. Im Krieg jedoch war diese Politik sehr viel gefährlicher. Gleich am darauffolgenden Tag, am 20. Dezember, gab Hitler einen Durchhaltebefehl an die Soldaten der Heeresgruppe Mitte aus, in dem er zugleich einräumte, dass «das Wort vom napoleonischen Rückzug Wahrheit zu werden [droht]».[118] Wie einst Napoleon war es ihm nur gelungen, den russischen Bären zu verwunden und zu reizen, nicht aber, ihn zu töten.

Für die einfachen deutschen Soldaten war die unermessliche Weite der sowjetischen Landmasse kaum zu begreifen. Es gab Flüsse, die so breit waren, dass ein einfaches deutsches Feldgeschütz nur von einem Ufer bis zum anderen schießen konnte. Das Wetter wechselte von brütender Hitze bis zu eisigen Schneestürmen, die aus der endlosen Steppenlandschaft heranrollten. Die gewaltige Entfernung von der Heimat setzte auch den fanatischsten Elitesoldaten zu, von denen viele per Fußmarsch Tausende von Kilometern zurücklegen mussten. Bis hierher hatten sie immer gesiegt, das stimmte zwar, aber Walther Nehring, der Kommandeur der 18. Panzerdivision, sagte auf einer Fahrt, die immer tiefer und tiefer in dieses gewaltige Land hineinführte:

> Die Verlustzahlen an Gerät, Waffen und auch Kraftfahrzeugen erscheinen ohne nähere Erläuterung als ungewöhnlich hoch. Sie übertreffen trotz unseres siegreichen Vormarsches die Beute anscheinend erheblich. Dieser Zustand und seine Fortsetzung sind auf die Dauer unmöglich, wenn wir uns nicht totsiegen wollen. Es genügt nicht, nur zu siegen, sondern auch einsatzfähig zu blieben.[119]

Die Soldaten der Roten Armee waren technisch gesehen in mancher Hinsicht auch im Vorteil. Der ausgezeichnete Katjuscha-Raketenwerfer war am 15. Juli 1940 eingeführt worden, im gleichen Monat wie der Standard-Kampfpanzer T 34, den Guderian für den besten Kampfpanzer aller Armeen bis zum Jahr 1943 hielt. Der T 34 konnte es mit dem deutschen Panzer IV durchaus aufnehmen, und es sollte noch eine sehr große Zahl dieses Typs hergestellt werden. Die übrigen, veralteten sowjetischen Panzer waren den deutschen (und erbeuteten französischen) Kampfwagen deutlich unterlegen, obwohl das deutsche Heereswaffenamt Hitlers direkte Anweisung, den Panzer III mit einer 5-cm-Kanone auszustatten, ignoriert hatte.[120] Die sowjetischen Panzerbesatzungen hatten manchmal nur wenige Ausbildungsstunden mit ihrem Fahrzeug absolviert, bevor sie in die Schlacht geworfen wurden. (Als die deutsche Invasion begann, hatten drei Viertel der sowjetischen Offiziere weniger als ein Jahr Dienstzeit bei ihren Einheiten hinter sich.)[121] Die Kavalleriepferde der Roten Armee, die auch als «struppige kleine Ponys aus Sibirien» bezeichnet wurden, widerstanden Temperaturen von minus 30 Grad Celsius. Außerdem war die sowjetische Feldartillerie ihren deutschen Gegnern meist überlegen. Die Sowjets folgten auch einer taktischen Doktrin, die auf das ständige Ausüben massiven Drucks durch gemeinsam operierende Infanterie und

Panzer setzte. Mit dieser Taktik war ihnen der Durchbruch an der Mannerheim-Linie gelungen, und General Schukow hatte mit einer solchen Vorgehensweise 1939 die Schlacht von Chalchin Gol gegen die Japaner gewonnen. Bisher hatte die Rote Armee noch keine Gelegenheit gehabt, sie gegen die Deutschen anzuwenden, weil sie so lange auf dem Rückzug gewesen war, aber im Dezember 1941 sollte sich alles ändern.

Die Sowjets hatten außerdem den unschätzbaren Vorteil von Stalins hemmungsloser Rücksichtslosigkeit auf ihrer Seite. In den ersten sechs Monaten nach der Invasion verlegte die sowjetische Regierung insgesamt 2593 Industriebetriebe mit Hilfe von 1,5 Millionen Eisenbahnwaggons und Lastwagen nach Osten, während im gleichen Zeitraum 2,5 Millionen Mann in die Gegenrichtung transportiert wurden. Diese Operation wurde aufgrund ihrer enormen Größenordnung und Bedeutung auch als ein «wirtschaftliches Stalingrad» bezeichnet. Neue Industriezentren wurden so schnell aus dem Boden gestampft, dass den Sowjets die Ideen für die Namen ausgingen, und in der unmittelbaren Nachbarschaft von Kujbyschew (Samara), 800 Kilometer östlich von Moskau, entstand tatsächlich ein Ort, der die Bezeichnung Besymjanny (Namenlos) erhielt. Für die Verlegung eines großen Teils der sowjetischen Industrieproduktion, einschließlich der Nahrungsmittelversorgung, Werkzeuge, Ausrüstungsgegenstände und Anlagen, der Gefangenen sowie weiterer 25 Millionen Sowjetbürger so weit nach Osten und für die gleichzeitige Durchsetzung eines 18-Stunden-Arbeitstages – bei nur einem Ruhetag pro Monat – war vermutlich eine uneingeschränkte totalitäre Macht erforderlich. Die Produktion wurde in den neuen Betrieben jenseits des Urals sofort wieder aufgenommen, noch bevor die Bauarbeiter die Seitenwände und Decken der Fabrikationshallen fertiggestellt hatten. Die Fabrikdirektoren erhielten Normvorgaben, und man machte ihnen klar, dass die Erfüllung dieser Normen eine Sache war, die über Leben oder Tod entschied – sowohl für sie selbst wie auch für die gesamte Nation. Natürlich waren die Arbeitsbedingungen oft unsäglich schlecht. In einer Fabrik lebten achttausend Arbeiterinnen in Löchern, die man in den Boden gebohrt hatte. Jeder Industriebetrieb, der auf Kriegsproduktion umgestellt werden konnte, machte diese Umwandlung auch mit. Beispielsweise wurde eine Fabrik, die Sektflaschen hergestellt hatte, passenderweise auf die Produktion von Molotow-Cocktails umgerüstet.[122] (Es gab zwei Grundtypen von Molotow-Cocktails: den mit einer Zündschnur ausgestatteten K-1 und den K-S, dessen Chemikalien beim Aufschlag explodierten. Beide Typen konnten 1500 Grad Celsius heiße Flammen erzeugen.)

Mit dem Zweiten Weltkrieg untrennbar verbunden ist ein gewaltiges und fortdauerndes Paradoxon: Der Krieg im Westen wurde zur Verteidigung der Zivilisation und der Demokratie geführt, und er musste geführt und gewonnen werden, aber der größte Sieger war ein Diktator, der psychisch ebenso schwer deformiert und zu ebensolchen Untaten fähig war wie Adolf Hitler selbst. Und der rote Terror war mit der deutschen Invasion keineswegs beendet. Der NKWD verhaftete in der Zeit von Juni bis Oktober 1941 26 000 Menschen, von denen 10 000 anschließend erschossen wurden.[123] Noch im Jahr 1942 schmachteten vier Millionen Menschen in den Straflagern des Gulag. Nicht weniger als 135 000 Soldaten der Roten Armee – das entsprach der Mannschaftsstärke von zwölf Divisionen – wurden während des Krieges von den eigenen Leuten erschossen, darunter viele, die sich den Deutschen ergeben hatten und danach zunächst wieder aus der Gefangenschaft befreit worden waren. Die Todesstrafe wurde verhängt für das Schüren von Panik, Einschlafen im Dienst, für Trunkenheit, Desertion, Verlust von Ausrüstungsgegenständen, Verweigerung eines Angriffs durch ein Minenfeld, Vernichtung des Parteiausweises vor der Gefangennahme (obwohl dessen Besitz die Erschießung durch die Deutschen nach sich zog), Misshandlung eines Offiziers, «antisowjetische Agitation» und so weiter und so fort.

Unter Verweis auf Stalins Befehl «Keinen Schritt zurück» wurden mehrere Generäle in Abwesenheit zum Tod verurteilt, und in einem Fall wurde das Urteil sogar erst 1950 vollstreckt, als der betroffene Offizier, General Pawel Ponedelin, Stalin in einem Akt von törichter Verwegenheit an seine Existenz erinnerte, indem er ihm schrieb, um seine Unschuld zu erklären. Marschall Schukow befahl, zurückweichende sowjetische Soldaten mit dem Maschinengewehr niederzuschießen, und wollte sogar die Familien von Soldaten, die sich ergeben hatten, hinrichten lassen, aber diese Form der brutalen Sippenhaft ging sogar der Stawka zu weit. Etwa 400 000 Sowjetbürger wurden in die zahlreichen Strafbataillone verbannt, die man einrichtete, um in der Roten Armee einen bedingungslosen Gehorsam durchzusetzen. Doch die Sowjets hätten, wäre auch nur die geringste Abkehr von vorgegebenen Zielen gestattet worden, vernunftbegabte menschliche Wesen niemals dazu bringen können, sich in die Hölle des Großen Vaterländischen Krieges zu begeben, schon gar nicht für ein Regime, das großen Teilen der Bevölkerung (wenn auch gezwungenermaßen insgeheim) verhasst war. «Vielleicht konnten nur eine Diktatur, die so brutal war wie die Herrschaft Stalins, und ein Volk, das an die Barbarei so gewöhnt war wie die Russen, Hitlers Macht brechen», lautet das Urteil von Max Hastings. «Die Geschichte, wie ihnen das gelang, war nichts für empfindliche Gemüter.» Stalin ordnete beispielsweise 1941 die Deportation der gesamten deutschstämmigen Bevölkerungsgruppe aus den Regionen Wolga, Rostow und Moskau, insgesamt waren das mehr als eine halbe Millionen Menschen, in weit im Osten gelegene Gebiete an – nach Kasachstan und noch weiter –, um zu verhindern, dass diese Menschen in der Sowjetunion ihre entfernten Verwandten willkommen hießen. Zum gleichen Zeitpunkt kam es in Großbritannien zu Streiks wegen der Entlohnung und der Arbeitsbedingungen, und das sogar in den Flugzeugfabriken; das war ein in der Sowjetunion unvorstellbares (wenn auch sofort auflösbares) Geschehen.[124]

Großbritannien hätte, auf sich allein gestellt, wohl kaum «Hitlers Macht brechen» können, doch wenn den Deutschen eine Invasion gelungen wäre, in Großbritannien oder in den Vereinigten Staaten, dann deutet doch alles darauf hin, dass sich die Bewohner des betroffenen Landes genauso tapfer gewehrt hätten – gelegentlich auch mit selbstmörderischem Kampfgeist – wie die Menschen in der Sowjetunion. Churchills Plan für den Fall einer deutschen Landung war, im Radio einen Appell zum Thema «You Can Always Take One with You» zu senden, dessen Schlusssatz schlicht lauten sollte: «Die Stunde ist da: Töte den Hunnen.»[125] Die 1,75 Millionen Mann der Home Guard hätten dann genau das versucht, ohne Rücksicht auf Verluste.

6

Taifun aus Tokio

Dezember 1941 – Mai 1942

«Auf dem Meer: Leichen im Wasser
Auf dem Berg: Leichenhaufen auf dem Feld
Ich werde nur für den Kaiser sterben
Ich werde niemals zurückschauen»

«Umi Yukuba», Marschlied der japanischen Armee[1]

Leutnant William Outerbridge, ein Offizier mit sehr scharfen Augen, der auf dem Zerstörer USS *Ward* Dienst tat, entdeckte am Sonntag, dem 7. Dezember 1941, um 6.45 Uhr etwas, was er für den winzigen Beobachtungsturm eines Mini-U-Boots hielt. Es hielt mit einer Geschwindigkeit von etwa acht Knoten auf die Bucht von Pearl Harbor zu, den riesigen Marinestützpunkt der US-Pazifikflotte auf der zu Hawaii gehörenden Insel Oahu. Die *Ward* feuerte sofort mit ihren 10-cm-Geschützen auf das U-Boot, legte eine Serie von Wasserbomben und berichtete dann dem Hauptquartier an Land über diesen Vorfall. Diese Nachricht hätte eigentlich zu einem Großalarm für den gesamten Stützpunkt führen müssen, aber nichts geschah. Wenig später berichteten die Gefreiten Joseph Lockard und George Elliott, die Bedienungsmannschaft einer mobilen Radarstation, die am Kahuku Point an der Nordspitze von Oahu stationiert war, an Leutnant Kermit Tyler, den für sie zuständigen Offizier im Hauptquartier, auf ihrem Schirm sei eine große Zahl von Flugzeugen mit direktem Kurs auf Pearl Harbor aufgetaucht. «Macht euch keine Sorgen», erwiderte Tyler, der davon ausging, dass es sich dabei um ein Geschwader von B-17-«Flying Fortress»-Bombern handelte, die, aus Kalifornien kommend, eigentlich zu einem späteren Zeitpunkt an diesem Morgen erwartet wurden.

In Wirklichkeit hatten Lockard und Elliott eine Streitmacht von 49 japanischen Bombern, 40 Torpedoflugzeugen, 51 Sturzkampfbombern und 43 Jagdflugzeugen geortet, die auf einer Höhe von 3000 Metern durch dichte Wolken anflogen, angeführt von Geschwader-Kommodore Mitsuo Fuchida, einem erfahrenen Piloten, der bereits dreitausend Gefechts-Flugstunden angesammelt hatte. Fuchida war von Vizeadmiral Chuichi Nagumo, dem Oberbefehlshaber der 1. japanischen Luftflotte, persönlich als Kommandeur dieses Angriffs ausgewählt worden. Als Fuchidas 183 Maschinen zählende Streitmacht die Nordküste von Oahu erreichte, riss die Wolkendecke auf, was beide Männer als untrügliches Zeichen für die göttliche Zustimmung zu dem Geschehen werten sollten, das sich in wenigen Minuten entwickeln würde.[2] Kein feindliches Flugzeug, das sich ihnen entgegenwarf, zeigte sich am Himmel, das Flak-Abwehrfeuer war minimal, es bot sich ein klarer Blick auf die 82 in dem großen Naturhafen schutzlos vor Anker liegenden feindlichen Schiffe – darunter 8 Schlachtschiffe, 2 Schwere und 6 Leichte Kreuzer sowie 30 Zerstörer –, und Hunderte von Kampfflugzeugen standen akkurat nebeneinander aufgereiht auf den Flugfeldern. Fuchida funkte an Nagumo fast gleichzeitig mit dem Angriffsbeginn das vorab vereinbarte Sieges-Signal: «Tora! Tora! Tora!» (Tiger! Tiger! Tiger!)

Die Voraussetzungen für Japans Weg nach Pearl Harbor waren bereits am 13. April 1941 geschaffen worden, als das Land einen Nichtangriffspakt mit der Sowjetunion schloss, der beide Länder vor einem Zweifrontenkrieg bewahren sollte. Japan hatte bereits im September 1931 einen brutalen Angriffskrieg gegen China begonnen, und die Regierung Roosevelt war verständlicherweise besorgt, dass der Inselstaat versuchen würde, den gesamten Fernen Osten gewaltsam zu unterwerfen. Die Vereinigten Staaten und Großbritannien froren deshalb am 24. Juli 1941 japanische Bankkonten ein, als Protest gegen die weitere Expansion nach Süden, die Besetzung Französisch-Indochinas, mit der Japan im September 1940 begonnen hatte. Franklin D. Roosevelt ging davon aus, dass Japan auf solche von außen gesetzten Reize rational reagieren würde, im Positiven wie im Negativen, doch tatsächlich ließ sich die vom Militär dominierte, extrem nationalistisch eingestellte Führungsschicht wie auch die Regierung des Landes – fernab jeder Logik – von ihrem stark ausgeprägten Stolz und ihrer Empfindlichkeit leiten und ignorierte Roosevelts Überlegungen. Wenige Tage nach der Einfrierung der japanischen Auslandskonten widerrief die US-Regierung deshalb die Exportgenehmigungen für Erdölprodukte, was effektiv einem Ölembargo gegen Japan gleichkam, das zum damaligen Zeitpunkt 75 Prozent seines Rohölbedarfs aus den Vereinigten Staaten bezog. Da ein politischer Kurswechsel nicht zur Debatte stand, führte diese Maßnahme dazu, dass Japan nach anderen Energiequellen Ausschau hielt. Dies rückte die europäischen Kolonialreiche in Südostasien ins Blickfeld, in erster Linie Burma und Niederländisch-Indien (das heutige Indonesien), die jeweils über reiche Ölvorkommen verfügten. Die Vereinigten Staaten waren weder rechtlich noch moralisch dazu verpflichtet, hochwertiges Flugzeugbenzin und andere Erdölprodukte an ein Imperium zu verkaufen, von dem man wusste, dass es die gelieferte Ware für imperialistische Unterdrückung einsetzen würde, noch gab dieses Handelsembargo Japan das Recht zu einem Angriff auf die USA. (Das Ölembargo wurde sogar ohne Wissen des Präsidenten verhängt, allerdings unternahm er auch nichts, um die einmal getroffene Entscheidung später zu widerrufen.)[3]

Die Vereinigten Staaten verlegten sich dann im Umgang mit Japan auf eine klassische Politik von Zuckerbrot und Peitsche: US-Außenminister Cordell Hull verhandelte im eigenen Ministerium mehr als hundert Stunden lang mit Japans Botschafter Kichisaburo Nomura, während Roosevelt am 17. August eine öffentliche Warnung aussprach: Sollte Japan weiterhin nach Hegemonie über Asien streben, sähe sich Amerika zu aktiven Maßnahmen veranlasst, um die eigenen Interessen in der Region zu sichern.[4] Um dieser Warnung Nachdruck zu verleihen, wurde die amerikanische Pazifikflotte von Kalifornien nach Pearl Harbor geschickt; die Unterstützung für die chinesischen Kuomintang-Nationalisten, die unter der Führung von Generalissimus Tschiang Kai-schek gegen die Japaner kämpften, wurde verstärkt; und 35 B-17-Bomber wurden auf die Philippinen – seit dem Krieg zwischen Spanien und den USA 1898 ein amerikanisches Protektorat – verlegt, von wo sie das japanische Mutterland erreichen konnten.

Die amerikanische Regierung, ganz besonders Dean Acheson, der Staatssekretär für Wirtschaftsfragen im Außenministerium, unterschätzte tragischerweise und in einem gefährlichen Ausmaß den Stolz der japanischen Showa-Dynastie, die Abschreckungsversuche dieser Art als inakzeptable Provokationen empfand. Die verantwortlichen Politiker in den Vereinigten Staaten nahmen Japan nicht ernst genug, obwohl ihnen der bereits mehr als zehn Jahre andauernde japanische Feldzug in China Anschauungsunterricht hätte bieten können. Wenig hilfreich war auch, dass viele hochrangige US-Politiker und -Militärs der Ansicht waren, die Augenform der japanischen Piloten mache ihnen Langstreckenflüge unmöglich. Ein Historiker fasste das so zusammen: «Führende amerikanische Politiker, deren Denken von einer ganzen Reihe rassistischer Stereotype über die Japaner geprägt war, kamen nicht auf den Gedanken, dass sie zu einer derartigen Leistung fähig seien», nämlich der Bombardierung von Pearl Harbor, das 5500 Kilometer von den japanischen Hauptinseln entfernt lag.[5] «Niemand befürchtet derzeit, dass eine japanische Flotte einen Überraschungsschlag gegen unsere Besitzungen im Pazifik führen könnte», erklärte Josephus Daniels, ein ehemaliger US-Marineminister, bereits 1922, «die Funktechnik macht eine Überraschung unmöglich.» Und dieses bis ins Absurde übersteigerte Selbstvertrauen war keineswegs auf die Amerikaner beschränkt: Sir Charles Portal, der Stabschef der britischen Luftstreitkräfte, ließ Außenminister Anthony Eden im April 1941 wissen, er schätze die japanische Luftwaffe «noch geringer ein als die italienische».[6]

Die Friedenshoffnungen schwanden am 17. Oktober 1941 spürbar, als Generalleutnant Hideki Tojo (Spitzname: «das Rasiermesser») in Tokio an die Macht kam. Er stand an der Spitze einer militaristischen Regierung, die von den Stabschefs der Armee und der Marine unterstützt wurde. Innerhalb von drei Wochen hatte der Kaiserliche Generalstab die Operationspläne für den Angriff auf Pearl Harbor und die Invasion auf den Philippinen, in Malaya, Niederländisch-Indien, Thailand, Burma sowie für das Inselgebiet des westlichen Pazifik fertiggestellt, so dass eine äußere Umgrenzung für das definiert war, was im internen Sprachgebrauch als «Südliches Ressourcengebiet» bezeichnet und nach außen hin als «Großostasiatische Wohlstandssphäre» verkauft wurde. Die zweite Phase der Kriegsoperationen sollte dieses Gebiet dann vor Gegenangriffen der Alliierten schützen, indem sie solche Attacken mit zu hohen Verlusten verband. Die dritte Phase sollte schließlich mit Angriffen gegen die weiträumigen Verkehrswege der Alliierten dafür sorgen, dass diese gezwungenermaßen den Gedanken eines von Japan dominierten Fernen Ostens für eine unbegrenzte Zeitdauer akzeptierten.[7] Es gab auch noch Befürworter einer Strategie, die eine Invasion und Unterwerfung Australiens vorsah, und einen weiteren Plan für einen Angriff auf Indien, um sich anschließend im Mittleren Osten mit den deutschen Streitkräften zu vereinigen. Die Schaffung des «Südlichen Ressourcengebiets» war Teil eines Plans zur Eroberung von Rohstoffen und Bodenschätzen, der nicht weniger ehrgeizig ausfiel als Hitlers Vorhaben zur Gewinnung von «Lebensraum», und auch der japanische Plan hing in ähnlicher Form vom Erfolg eines schnell vorgetragenen Feldzugs ab, beginnend mit einem Überraschungsangriff, der die US-Pazifikflotte ausschalten sollte. Das war natürlich ein riskantes Unterfangen, und der Marinestab ließ den Plan im August 1941 beinahe in der Schublade verschwinden. Aber in den hitzigen Debatten drohte der eigentlich gegen den Krieg eingestellte Admiral Isoroku Yamamoto, der Oberbefehlshaber der Vereinigten Flotte, mit seinem Rücktritt, falls Pearl Harbor nicht angegriffen werde, und betonte, der Plan sei für Japan die beste Gelegenheit, sich Kriegsruhm zu erwerben. Drei Tage nachdem Tojo im Oktober die Macht übernommen hatte, wurde dieser Plan ohne jede Einschränkung offiziell übernommen.

Doch er wies schwerwiegende Mängel auf. Oahu war ein Flachwasserhafen, und das bedeutete, dass die amerikanischen Schiffe nur auf Grund gesetzt und nicht, wie auf offener See, versenkt werden würden, so dass sie vielleicht wieder in Dienst gestellt werden konnten. Die Japaner wussten aus den Berichten ihrer Spione auf Oahu, dass die Flotte in Pearl Harbor nicht über die Tanker und Nachschubschiffe verfügte, die für einen über den Pazifik hinweg vorgetragenen Angriff gegen Japan benötigt wurden, also war diese Attacke kein Akt der Selbstverteidigung. Ein Überraschungsangriff würde zudem keineswegs dafür sorgen, dass die Amerikaner japanische Eroberungen auf anderen Kriegsschauplätzen akzeptierten. Konteradmiral Onishi Takijiro, einer der strategischen Planer, erklärte außerdem bei einer der entscheidenden Besprechungen, die Amerikaner seien ein derart stolzes Volk, dass nach einem japanischen Angriff ohne vorherige Kriegserklärung eine Kompromisslösung unmöglich wäre.[8] Zwei Präzendenzfälle, die Versenkungen der *Maine* im Hafen von Havanna 1898 und der *Lusitania* im Jahr 1915 vor der irischen Küste, hätten eigentlich genügen müssen, um diese Aussage zu unterstreichen. Der Stab der Marine und die Regierung Tojo wollten jedoch Japans angesehensten Feldkommandeur so kurz vor Kriegsausbruch nicht verlieren und erfüllten Yamamotos Forderungen.

Das Kräfteverhältnis der gegnerischen Seestreitkräfte war auf dem Kriegsschauplatz im Pazifik im Dezember 1941 bis auf eine Ausnahme – die Flugzeugträger – so ausgeglichen, dass die Japaner bei einem uneingeschränkten Erfolg in Pearl Harbor möglicherweise genug Zeit gewonnen hätten, um ihr Südliches Ressourcengebiet zu konsolidieren und es den Amerikanern auf diese Weise sehr viel schwerer zu machen, mit ihren deutlich überlegenen Ressourcen die Oberhand zu gewinnen. Die Japaner verfügten über 11 Schlachtschiffe und Schlachtkreuzer, ebenso viele wie die Alliierten; 18 Schweren (das heißt: mit 20-cm-Geschützen ausgestatteten) Kreuzern standen 13 der Alliierten gegenüber; des Weiteren hieß es: 23 Leichte Kreuzer (mit 15-cm Geschützen) gegen 21; 129 Zerstörer gegen 100; 67 U-Boote gegen 69. Die Planer der amerikanischen Marine hatten die Kräfteverhältnisse im Pazifikraum also perfekt ausbalanciert, mit einer wichtigen Ausnahme: Japan hatte 11 Flugzeugträger, die Amerikaner dagegen nur 3.[9] (Es gab allerdings noch vier weitere amerikanische Träger – *Ranger, Hornet, Wasp* und *Yorktown* – im Atlantik.) Hätten auch die *Lexington, Enterprise* und *Saratoga* und die sie begleitenden Schweren Kreuzer am Morgen des 7. Dezember 1941 in Pearl Harbor vor Anker gelegen, wäre die Geschichte des Zweiten Weltkriegs vielleicht ganz anders verlaufen. Zum Glück hatte Admiral Husband Kimmel, der Oberbefehlshaber der US-Pazifikflotte, die Träger mit zusätzlichen Kampfflugzeugen an Bord westwärts in Marsch gesetzt, wo sie die Besatzungen auf den Midway-Inseln und dem Wake-Atoll unterstützen sollten, falls es zu Kampfhandlungen kommen sollte. Es war eine der wenigen richtigen Entscheidungen, die er während dieser ganzen bedauerlichen Entwicklung getroffen hatte, aber sie war die wichtigste von allen.

Kimmel hatte genügend Gründe für die Annahme, dass ein Krieg unmittelbar bevorstand, allerdings gab es für ihn kaum einen Anlass zu vermuten, dass Pearl Harbor dabei das erste Angriffsziel sein würde. Washington warnte ihn am 24. November, dass die «Chancen für [ein] günstiges Verhandlungsergebnis mit Japan sehr zweifelhaft [sind]» und «ein überraschender aggressiver Vorstoß in jeder Richtung, einschließlich eines Angriffs auf die Philippinen oder Guam, eine Möglichkeit ist». Drei Tage später erhielt Kimmel ein weiteres Telegramm mit noch eindeutigerem Inhalt: «Diese Nachricht ist als Kriegswarnung zu betrachten. Ein aggressiver Vorstoß Japans ist innerhalb der nächsten paar Tage zu erwarten.» Die Anweisung für den Admiral lautete folglich: «Angemessene Vorbereitungen zur Verteidigung treffen.»[10] Es gibt heute noch Stimmen, die die Ansicht vertreten, Admiral Kimmel und Generalleutnant Walter C. Short, der Army-Befehlshaber auf Hawaii, die beide kurze Zeit nach dem Angriff entlassen wurden, seien zu politischen Sündenböcken gemacht worden, um die Regierung zu schützen, aber in der Tat handelten sie beide sträflich nachlässig und selbstgefällig. Unabhängig davon war der Angriff auf Pearl Harbor äußerst sorgfältig und brillant geplant worden. Vizeadmiral Chuichi Nagumo fuhr mit seinem Flaggschiff *Akagi* am 26. November 1941 (nach Washingtoner Zeit noch am 25. November) von der Kurilen-Insel Etorofu ostwärts. Seine 1. Luftflotte bestand aus sechs Flugzeugträgern, zwei Kreuzern, zwei Schlachtschiffen, Begleitzerstörern und acht Versorgungsschiffen.[11] Er fuhr unter dem Schutz einer sich bewegenden Wetterfront, die als Tarnung diente, und wahrte auf der gesamten Fahrt eine strikte Funkstille. Das Nachtanken von Treibstoff gelang trotz des schweren Seegangs, und ein Kurs, der nördlich der üblichen Handelsrouten verlief, sorgte dafür, dass dieser große Flottenverband unentdeckt blieb.

Unterdessen zielte ein ausgeklügeltes Täuschungsmanöver darauf ab, den alliierten Argwohn – sofern vorhanden – hinsichtlich des Verbleibs der Flotte zu beschwichtigen. Der japanische Sondergesandte Saburo Kurusu traf am 15. November in Washington ein, um die amerikanischen Forderungen nach einem japanischen Rückzug aus Französisch-Indochina und einer offiziellen Anerkennung von Tschiang Kai-schek zu erörtern. An die «Phantom»-Flotte wurden Funksprüche abgesetzt, um den Eindruck zu erwecken, sie bewege sich immer noch in japanischen Hoheitsgewässern im Binnenmeer zwischen den Inseln Honshu und Shikoku; man wusste ja, dass die Funküberwachung der Alliierten auch die Zahl der Funksprüche registrieren würde. Der Luxusdampfer *Tatsuta Maru* machte sich auf die zwölftägige Reise nach San Francisco, allerdings mit der Anweisung, in der Nacht, auf die der Angriff folgen sollte, um 24 Uhr zu wenden und nach Yokohama zurückzukehren. Das amerikanische Army Signal Corps hatte in den Dreißigerjahren zwar die Verschlüsselung des regierungsamtlichen japanischen Funkverkehrs – Codename: Purple – mit einem «Magic» genannten Verfahren geknackt (dem Gegenstück zum britischen «Ultra»), aber das nützte nichts. Nagumos Flottenverband sendete keine Funksprüche, deshalb gab es auch keinerlei Hinweise auf seine aktuelle Position. Schon bevor die Botschafter Nomura und Kurusu um einen dringenden Sondertermin bei Hull nachsuchten, der exakt zeitgleich zum Angriff auf Pearl Harbor liegen sollte, wussten die Amerikaner aus abgefangenen Funksprüchen, dass der Abbruch der Verhandlungen bevorstand, aber weil in der Nachricht aus Tokio weder von Krieg noch von Pearl Harbor die Rede war, wurde Washington auch aus dieser Mitteilung nicht schlauer.[12] Die US-Regierung rechnete damit, dass sich der erste Schlag gegen die britischen und niederländischen Besitzungen in Südostasien richten würde, vielleicht auch gegen die von den USA beherrschten Philippinen, und von Seiten der Entschlüsselungs-Experten kam keinerlei Hinweis, der es ermöglicht hätte, sich auf das unmittelbar bevorstehende Geschehen einzustellen.

Als Nagumos Flotte einen 440 Kilometer nördlich von Oahu gelegenen Punkt erreicht hatte, lief die Operation an, die von Korvettenkapitän Minoru Genda, dem Planer an Bord des Flugzeugträgers *Akagi*, detailliert ausgearbeitet worden war. Genda hatte in seiner Eigenschaft als in Europa stationierter Marineattaché den Einsatz von Flugzeugträgern als Offensivwaffen beim britischen Angriff auf die italienische Flotte in Tarent im November 1940 studiert. Japanische Spione auf Oahu hatten ihm außerdem eine detaillierte Karte geliefert, auf der die Standorte der wichtigsten militärischen Einrichtungen der Amerikaner auf dieser Insel exakt markiert waren. Die Japaner hatten Torpedos mit Spezialflossen entwickelt, die von Bombern in flache Gewässer abgeworfen werden konnten; außerdem führten sie ebenfalls neu entwickelte, Panzerungen durchschlagende Granaten mit, die wie Bomben abgeworfen wurden.[13] (Weil Pearl Harbor kein Tiefwasserhafen war, hatte man vor die dort ankernden Schiffe keine Schutznetze gespannt.) Der japanische Plan sah vor, dass eine erste Welle von Maschinen die Schiffe und Flugzeuge in Pearl Harbor um 7.55 Uhr von Westen her angreifen sollte, eine zweite Welle sollte dann um 8.45 Uhr von Osten her dieselben Ziele attackieren. Schließlich sollte, während die Amerikaner noch unter dem Schock der Zerstörung ihrer Schiffe und Flugzeuge taumelten, eine dritte Angriffswelle die umfangreichen Treibstoff-, Werft- und Schiffsreparaturanlagen auf der Insel zerstören, Pearl Harbor damit als funktionsfähigen Marinestützpunkt von der Landkarte tilgen und die amerikanische Pazifikflotte für einen gewissen Zeitraum sogar zum Rückzug nach Kalifornien zwingen.

Die erste Angriffswelle startete am 7. Dezember um 6 Uhr (Ortszeit auf Hawaii), und Fuchida führte sie mit unfehlbarer Sicherheit zum Ziel. Sie erreichten Oahu unentdeckt, weil Kimmel sich dafür entschieden hatte, seine Luftaufklärung auf den 3200 Kilometer umfassenden Sektor im Südwesten zu konzentrieren, in Richtung der japanischen Marshall-Inseln, und das Seegebiet im Norden zu vernachlässigen. An jenem Morgen waren nur drei amerikanische Patrouillenflugzeuge in der Luft, und keines davon überwachte den Norden. Die japanischen Kate-Bomber und ihr Jäger-Begleitschutz vom Typ Mitsubishi A6M2 Zero-Sen (kurz: Zero) stießen deshalb auf sieben amerikanische Schlachtschiffe, die vor Ford Island nebeneinander aufgereiht ankerten, und ein achtes – die *Pennsylvania* – lag im Trockendock. Die amerikanischen Flugzeuge standen aus Furcht vor Sabotage eng nebeneinander aufgereiht, was die Bewachung erleichterte. Für die gut ausgebildeten und kampferfahrenen japanischen Bomberpiloten waren sie deshalb auch kaum zu verfehlen. Die Flakbatterien hatten keine griffbereite Munition, die Schlüssel für die Munitionsdepots verwahrte der diensthabende Offizier. Nur ein Viertel der Maschinengewehre der Marine war bemannt, und die 12,5-cm-Hauptbatterien waren allesamt verwaist. Ein Drittel der Schiffskapitäne befand sich an Land, es war schließlich ein Sonntagmorgen.[14]

Um 10 Uhr war alles vorbei. Von den acht amerikanischen Schlachtschiffen, die im Hafen lagen, waren drei gesunken (oder genauer: auf Grund gesetzt), eines – die *Oklahoma* – war gekentert, und die anderen waren mehr oder weniger schwer beschädigt. Drei Leichte Kreuzer, drei Zerstörer und weitere Schiffe waren ebenfalls gesunken oder schwer beschädigt, wichtig war allerdings, dass alle U-Boote unversehrt blieben.[15] Von den 250 Flugzeugen der Marine und der Marineinfanterie blieben nur 54 intakt oder waren noch zu reparieren, aber von den 231 Maschinen der Luftwaffe überstanden 166 den Angriff. Die amerikanischen Verluste beliefen sich auf 2403 tote Soldaten und Zivilisten und 1178 Verwundete.[16] Die Japaner verloren nur 29 Flugzeuge und 100 Mann, aber alle fünf Mini-U-Boote, von denen nur eines bis in den Hafen gelangte, wurden versenkt. Doch dieses offenkundige Desaster für die Amerikaner hätte ohne Weiteres zu einer vollendeten Katastrophe werden können.

Nagumo schickte die dritte Bomber-Angriffswelle nicht mehr los, weil die amerikanischen Flugzeugträger nicht im Hafen waren und er deshalb einen Gegenangriff befürchtete. So blieben genau die Einrichtungen – Treibstofflager, Reparaturanlagen –, die die Pazifikflotte brauchte, um wieder ihre volle Kampfstärke zu erreichen, unbehelligt. Pearl Harbor war zwar für volle sechs Monate neutralisiert, aber eine vollständige Zerstörung hätte noch viel schlimmere Folgen gehabt. Die Angreifer feierten zwar diesen Erfolg, aber Nagumo, Genda (1959 bis 1962 dann Kommandeur der japanischen Luftwaffe) und Fuchida (der später ein protestantischer Pastor und 1966 amerikanischer Staatsbürger wurde) wussten, dass sie das, was sie gebraucht hätten, nicht erreicht hatten. Alle Schiffe mit Ausnahme zweier Zerstörer sollten später repariert werden und der Pazifikflotte wieder zur Verfügung stehen. (Die *Arizona* ist bis zum heutigen Tag ein Mahn- und Grabmal.) Als Yamamoto erkannt hatte, dass der Angriff auf Pearl Harbor das ursprüngliche Planziel bei weitem verfehlt hatte, schrieb er betrübt in einem Brief:

> Ein Soldat kann sich kaum rühmen, «einen schlafenden Feind geschlagen» zu haben; es ist eher eine Schande für den Geschlagenen. Ich würde Ihre Einschätzung lieber erst hören, nachdem wir gesehen haben, was der Feind tut, denn es ist sicher, dass er, wütend und außer sich vor Zorn, schon bald einen entschlossenen Gegenangriff führen wird.[17]

Die Perfektion des Überraschungsangriffs hat von Anfang an zu vielen Verschwörungstheorien und zu Anschuldigungen wegen vermeintlicher Vertuschung im Zusammenhang mit Pearl Harbor inspiriert. So wurde behauptet, die Regierung Roosevelt (manchmal wurde auch die Regierung Churchill mit einbezogen) sei vorab vor einem Angriff gewarnt worden, habe jedoch Kimmel und Short absichtlich nicht davon informiert, um die Vereinigten Staaten zu einem Krieg zu provozieren. Das ist Unsinn: Roosevelt wollte Deutschland zwar unbedingt in einen militärischen Konflikt hineinziehen, so viel ist zutreffend, aber er wollte keinen Zweifrontenkrieg, vielmehr hätte er gerne einen Teil der Pazifikflotte in den Atlantik verlegt.[18] Außerdem liebte FDR die Navy, schließlich war er während des Ersten Weltkriegs Staatssekretär im Marineministerium, und für eine Verschwörung dieser Art hätten sich zumindest der Kriegsminister Henry L. Stimson, der Marineminister Frank Knox, der Armee-Stabschef George C. Marshall und der Marine-Stabschef Harold Stark zusammentun müssen, allesamt ehrenwerte und patriotisch gesinnte Männer. «Es war auch überhaupt nichts zu gewinnen, indem man zuließ, dass die Großkampfschiffe an ihren Ankerplätzen zerstört wurden, wenn man sie stattdessen hätte alarmieren und zu einem Einsatz auf hoher See schicken können», betont Roosevelts Biograf Conrad Black. «Ein wirkungsloser japanischer Angriff hätte einen ebenso guten Kriegsgrund abgegeben.»[19] Kimmels sträfliches Versagen war umso schlimmer, weil Churchill Roosevelt auch noch die offizielle Zusammenfassung der britischen Regierung mit der Beschreibung des eigenen Angriffs auf die italienische Marine in Tarent geschickt hatte. Roosevelt gab dieses Dokument an Stark weiter, der es an Kimmel weiterleitete, und der ignorierte es.

Pearl Harbor war dann natürlich der perfekte Kriegsgrund. Die amtlichen Rekrutierungsstellen mussten nächtelang durcharbeiten, weil sich so viele Amerikaner freiwillig zum Militärdienst meldeten. Gewerkschaftsführer sagten Streiks ab, und am Montag, dem 8. Dezember 1941, befürwortete der Kongress mit 470 Stimmen und einer Gegenstimme den Krieg (nur die Pazifistin Jeannette Rankin aus Montana war dagegen). Das war die Gelegenheit für Roosevelt, die Nation mit folgenden Worten um sich zu scharen:

> Gestern, am 7. Dezember 1941 – ein Datum, das in Schande fortleben wird –, wurden die Vereinigten Staaten von See- und Luftstreitkräften des Kaiserreiches Japan überfallartig und vorsätzlich angegriffen.

Neben der Tatsache, dass «sehr viele Amerikaner ums Leben kamen», berichtete der Präsident von Angriffen auf Malaya, Hongkong, Guam, die Philippinen, auf die Wake- sowie auf die Midway-Inseln. «Egal, wie lange wir brauchen werden, um diese vorsätzliche Invasion zu überwinden, das amerikanische Volk wird mit seiner rechtschaffenen Kraft den absoluten Sieg erringen.»[20] Die Ansprache im Kongress bestand nur aus fünfundzwanzig Sätzen, aber der Präsident wurde so oft von Beifall unterbrochen, dass er zehn Minuten brauchte, um sie vorzutragen.

Drei Tage später, am 11. Dezember 1941, erklärte Hitler in einer Rede vor dem Reichstag in Berlin den Vereinigten Staaten den Krieg, obwohl Deutschland nach den Bestimmungen des Dreimächtepakts vom 27. September 1940 nicht verpflichtet war, Japan zu Hilfe zu kommen, wenn der

Bündnispartner selbst der Angreifer war. Dieses Vorgehen mutet im Rückblick wie eine unvorstellbare Dummheit an, wie ein selbstmörderischer Akt der Überheblichkeit, sechs Monate nach dem eigenen Angriff auf die Sowjetunion. Amerika war eine unangreifbare, riesige Landmasse mit einem gigantischen Produktionsvermögen, und sein Eingreifen in den Jahren 1917 und 1918 hatte bereits im Ersten Weltkrieg das Schicksal Deutschlands besiegelt.

> Es war eine völlige Überraschung für mich und die Seekriegsleitung, dass dieser Angriff stattgefunden hatte, und es ist ... ein völliges Verkennen der Mentalität der Japaner, wenn man annimmt, dass sie einen solchen Plan auch nur irgendeinem Menschen innerhalb von Japan mitteilen, der nicht unmittelbar damit zu tun hat,

erklärte Admiral Raeder später in Nürnberg.[21] Das traf zu, es war wohl kaum der Stil, in dem Verbündete miteinander umgehen sollten, und es wäre für Hitler der perfekte Ausweg aus dem Bündnisfall gewesen, aber er wollte das gar nicht. Stattdessen frohlockte er über die japanische Skrupellosigkeit und wertete sie fast als Kompliment in eigener Sache – wenn man Nachahmung als die ernsthafteste Form der Schmeichelei wertet.

Die Zahl der beim Angriff auf Pearl Harbor zerstörten Flugzeuge entsprach im Jahr 1943 nur noch zwei amerikanischen Tagesproduktionen, und im Kalenderjahr 1944, in dem in Deutschland 40 000 Kampfflugzeuge hergestellt wurden, brachten es die Vereinigten Staaten auf eine Jahresproduktion von 98 000 Militärmaschinen – ein weiterer Beleg für Hitlers katastrophalen Fehler.[22] Roosevelt hatte Deutschland und Italien am 8. Dezember 1941 in seiner Rede vor dem Kongress gar nicht erwähnt, weil ihm für eine Kriegserklärung, die auch Japans Verbündete einschloss, noch die politische Unterstützung fehlte, vor allem in der Auseinandersetzung mit der mächtigen «America-First»-Bewegung und anderen isolationistischen Organisationen in den Vereinigten Staaten. Jetzt hatte Hitler Roosevelts Problem mit einem Schlag gelöst. Hitler wiederum war der Ansicht, er normalisiere auf diese Weise einfach nur einen Zustand, der faktisch bereits seit vielen Monaten herrschte, und verschaffe deutschen U-Booten das Recht, amerikanische Kriegsschiffe zu torpedieren, von denen sie bereits seit über einem Jahr angegriffen worden waren. Der direkten amerikanischen Unterstützung für Großbritannien und die Sowjetunion konnte jetzt aktiv begegnet werden, und das noch in einer Phase, in der die USA im Pazifik militärisch gebunden waren. Hitler hatte den Krieg gegen Amerika schon seit langem für unvermeidbar gehalten, und er hielt es für besser, das Prestige zu genießen, ihn selbst in Gang gebracht zu haben, und den Japanern zu helfen, indem man Amerika einen Zweifrontenkrieg aufzwang.[23] Diese Kriegserklärung erfolgte weniger als eine Woche nachdem Hitlers Offensive vor Moskau zum Stehen gebracht worden war und die Sowjets erstmals deutsche Soldaten in großer Zahl gefangen genommen hatten. Im Rückblick ist heute der genaue Zeitpunkt leicht zu erkennen, an dem die Saat der deutschen Niederlage ausgebracht wurde.

Frederick Oechsner, der Berliner Korrespondent der Nachrichtenagentur *United Press International*, schrieb Ende der Dreißigerjahre, dass Blomberg während seiner Amtszeit als Kriegsminister Hitler «400 Bücher, Pamphlete und Monographien über die Streitkräfte der Vereinigten Staaten schenkte, von denen er viele gelesen hat».[24] Es war die allerungünstigste Zeit für eine intensive Beschäftigung mit der amerikanischen Kriegsmaschinerie, da sie in dieser Phase, in der Amerika noch fest im Griff des Isolationismus war, kaum existierte. Wenn Hitler meinte, aus der Lektüre dieser Bücher auf eine militärische Schwäche Amerikas schließen zu können – die US Army war 1939 nur 100 000 Mann stark –, sollte er ebenso bald wie schmerzhaft eines Besseren belehrt werden: General George C. Marshall und Admiral Ernest J. King standen bis zum Kriegsende 14,9 Millionen Amerikaner in Uniform zur Verfügung, und die Armee, die Hitler nach der Lektüre seiner schon bald völlig veralteten Pamphlete so verachtet hatte, sollte 1952 – immer noch als Besatzungsmacht in Deutschland präsent – seinen einst so geliebten Berghof in die Luft jagen. Beim Umgang mit der «imperialistischen Politik» der Vereinigten Staaten handele es sich «nicht um eine Frage der näheren Zukunft», hatte Hitler am 12. November 1940 in Berlin zu seinem Besucher Molotow gesagt, «nicht im Jahre 1945, sondern höchstens in den Jahren 1970 und 1980 würde von dieser angelsächsischen Macht her der Freiheit anderer Nationen eine ungeheure Gefahr drohen».[25] Es war eine der größten Fehleinschätzungen aller Zeiten.

Hitler erhielt außerdem von Japan keinerlei greifbare Gegenleistung für seine Kriegserklärung an die Vereinigten Staaten. Den Achsenmächten gelang es während des gesamten Zweiten Weltkrieges nicht, wie enge

Verbündete zu handeln, was für alle drei Länder schlimme Folgen hatte. Hätte Japan die Sowjetunion parallel zum Unternehmen Barbarossa im Osten angegriffen, dann hätte es Stalin einen potenziell katastrophalen Zweifrontenkrieg aufzwingen und sich als Beute die reichen Bodenschätze und Ölvorkommen Sibiriens sichern können. Und wenn Japans Angriffe auf den Osten Indiens und auf Ceylon mit einem deutschen Vormarsch durch Ägypten, den Irak und den Iran koordiniert worden wären – noch vor dem Unternehmen Barbarossa –, wäre das für das britische Empire im Norden Indiens zu einer schweren Bedrohung geworden. Hitler «hielt das Außenministerium aus militärischen Fragen heraus», sagte Joachim von Ribbentrop in Nürnberg dem Gefängnispsychiater Leon Goldensohn, deshalb habe er «von dem Einmarsch in Norwegen erst 24 Stunden davor» erfahren, und «das galt auch für den Krieg gegen Russland. Ich erfuhr erst 24 Stunden vor seinem Beginn davon.»[26] Die völlige Unfähigkeit zu gegenseitigem Vertrauen sorgte dafür, dass die Achsenmächte zwei ganz voneinander getrennte Kriege führten, während die Alliierten auf den beiden Flanken des gleichen Krieges kämpften.

Hitlers großer Irrtum – vielleicht nach dem voreiligen Überfall auf die Sowjetunion der zweitgrößte unter seinen zahlreichen Fehlern in diesem Krieg – war, dass er die potenziellen Kapazitäten der amerikanischen Industrieproduktion nicht erkannte. Das ist umso überraschender, wenn man sich die Kapitel über den amerikanischen Kapitalismus ansieht, die sein damals noch unveröffentlichtes «Zweites Buch» enthielt. Bereits 1928 hatte Hitler geschrieben:

> Die Größe des eigenen inneren Absatzmarktes, der Reichtum desselben an Kaufkraft und aber auch wieder an Rohstoffen [garantiert] der amerikanischen Automobilindustrie innere Absatzziffern, die allein schon Fabrikationsmethoden ermöglichen, die in Europa infolge des Fehlens dieser inneren Absatzmöglichkeiten einfach unmöglich wären. Die Folge davon ist die enorme Exportfähigkeit der amerikanischen Automobilindustrie. Dabei handelt es sich hier um die allgemeine Motorisierung der Welt, also eine Angelegenheit von einer gar nicht abzumessenden Zukunftsbedeutung.[27]

Ausführliche weitere Passagen dieser Art machten deutlich, dass Hitler schon 1928 die Macht des amerikanischen Industriepotenzials zumindest erkannt hatte, und die amerikanische Volkswirtschaft war 1941 viel stärker als jemals zuvor, obwohl die Weltwirtschaftskrise sie vorübergehend vom Wachstumskurs abgebracht hatte.

Hitlers führende Berater waren sich mit Sicherheit noch vor der deutschen Kriegserklärung der wirtschaftlichen Gefahren vollkommen bewusst, die von der militärischen Produktionskapazität der Vereinigten Staaten ausgingen. Ernst Udet, der Generalluftzeugmeister, erschoss sich am 17. November 1941, nachdem seine Warnungen vor dem angloamerikanischen Luftrüstungsprogramm beharrlich ignoriert worden waren; General Friedrich Fromm, der Chef der Heeresrüstung und Befehlshaber des Ersatzheers, sprach im November 1941 von der Notwendigkeit, Frieden zu schließen; General Georg Thomas vom Wehrwirtschafts- und Rüstungsamt im OKW zeigte im Januar 1942 eine zutiefst defätistische Haltung; Rüstungsminister Fritz Todt sagte bereits im November 1941 zu Hitler, der Krieg im Osten sei nicht zu gewinnen; Admiral Wilhelm Canaris, der Chef des Amtes Ausland/Abwehr im OKW, war ebenso pessimistisch, wenn auch diplomatischer; der große Stahlhersteller Walter Rohland[28] (Beiname: «Panzer-Rohland») ließ Todt am 28. November 1941 bei einer Konferenz wissen: «Der Krieg gegen Russland ist nicht zu gewinnen!»; Wirtschaftsminister Walther Funk sprach bei Görings Geburtstagsfeier vom «Unglück …, das über das Land hereingebrochen sei». «Wie die große Mehrheit ihrer Zeitgenossen waren auch … alle Deutschen, die bis zur Moskauer Krise unmittelbar an der Organisation des Rüstungsbetriebs beteiligt gewesen waren, … von der alles entscheidenden Bedeutung der amerikanischen Wirtschaft überzeugt», schreibt Adam Tooze in seiner Geschichte der Wirtschaft im Nationalsozialismus.[29] Es gab nur niemanden, der Hitler über diese Einschätzung ins Bild setzte, jedenfalls nicht energisch genug, um ihn zur Vernunft zu bringen, mit Ausnahme von Todt, der (möglicherweise zufällig) weniger als zwei Monate später bei einem Flugzeugabsturz ums Leben kam, und von Udet, der diesen Punkt zumindest auf eine unmissverständliche Art betonte. Die Behauptungen zahlreicher Beschuldigter in Nürnberg, sie hätten versucht, Hitler von einer Kriegserklärung gegen die USA abzubringen, sind äußerst zweifelhaft, nicht zuletzt deshalb, weil der Diktator nur wenige Sondierungsgespräche geführt zu haben scheint, bevor er die Erklärung abgab.

Reichsaußenminister Ribbentrop behauptete in seinen Memoiren, dass «der Kriegszustand mit den USA [ganz gegen meinen Rat] erklärt worden war», aber die Tatsachenbelege weisen in die entgegengesetzte Richtung. Graf Galeazzo Ciano, der italienische Außenminister (und Mussolinis Schwiegersohn), erhielt einen «nächtlichen Telefonanruf von Ribbentrop» zu Pearl Harbor und notierte dazu: «Er strahlt wegen des japanischen Angriffs gegen Amerika. Er ist so glücklich darüber, dass ich ihn beglückwünsche, obwohl ich über die Vorteile des Geschehenen nicht sehr sicher bin.» Im Nürnberger Prozess gegen die Hauptkriegsverbrecher behauptete Ribbentrop, für ihn sei die Nachricht vom Angriff auf Pearl Harbor eine «vollkommene Überraschung» gewesen: «Wir hatten es für möglich gehalten, dass Japan Singapur, das heißt England, angreifen würde, auch Hongkong. Wir hatten es aber niemals als etwas für uns Erstrebenswertes gehalten, dass es die USA angreifen sollte.»[30] Ribbentrop hatte sich regelmäßig in spöttischem Tonfall über die Macht der Vereinigten Staaten geäußert: Im Gespräch mit Japans Außenminister Yosuke Matsuoka hatte er zum Beispiel erklärt, amerikanische Rüstungsgüter seien «Ausschussware»; zu Ciano hatte er gesagt, Roosevelts Außenpolitik sei «der größte Bluff der Weltgeschichte»; Japans Botschafter Hiroshi Oshima hatte er wissen lassen, Deutschland sei «mehr als vorbereitet, um es mit jeder amerikanischen Intervention aufzunehmen», und Admiral Darlan bekam zu hören, die Vereinigten Staaten täuschten sich, wenn sie denken würden, sie «wären in der Lage, in Europa Krieg zu führen».[31] Ribbentrop hielt sich für einen Amerika-Experten, weil er in jungen Jahren vier Jahre dort gelebt hatte, und soll im Jahr 1942 einer italienischen Delegation versichert haben: «Ich kenne sie; ich kenne ihr Land. Ein Land ohne Kultur, ohne Musik – und vor allem ein Land ohne Soldaten, ein Volk, das niemals in der Lage sein wird, einen Krieg aus der Luft zu entscheiden. Wann ist eine verjudete Nation dieser Art je zu einer Rasse von Kämpfern und Fliegerassen geworden?»[32] Ribbentrop hatte Hitler versichert, das ihm Großbritannien im Jahr 1939 nicht den Krieg erklären würde, ja, er hatte seine ganze Karriere darauf aufgebaut, dass er Hitler erzählte, was dieser hören wollte; wahrscheinlich lautete sein Rat, den Vereinigten Staaten den Krieg zu erklären.[33] Viel hatte das aber nicht zu bedeuten: Hitler hätte bei einer derart wichtigen Frage niemals auf Ribbentrops Rat gehört – oder auf den Rat irgendeines anderen.

Das Tempo, in dem Roosevelt die Volkswirtschaft der Vereinigten Staaten auf die Anforderungen eines Krieges umstellte, entsprach dem Tempo, mit dem er einst nach der Amtseinführung 1933 seine Politik des

New Deal umgesetzt hatte. Die autoritäre Planung der leistungsstarken amerikanischen Volkswirtschaft wurde von zahllosen Regulierungsbehörden (jeweils unter ihrem Kürzel bekannt) beaufsichtigt, die nahezu jeden Teilbereich eines Systems verwalteten, das faktisch in ein staatskapitalistisches System umgewandelt wurde. Falls Deutsche und Japaner Zweifel hatten, ob die Amerikaner entschlossen waren, sie zu besiegen, komme, was da wolle, dann mussten sie nur einen Blick auf die Maßnahmen werfen, die jetzt von den zuvor marktwirtschaftlich orientierten Vereinigten Staaten getroffen wurden: Die Besteuerung fiel jetzt so aus, dass das Höchsteinkommen nach Steuern auf 25 000 Dollar begrenzt blieb; die Preise für Handelswaren, Dienstleistungen, landwirtschaftliche Produkte und Immobilien wurden eingefroren und nach dem Notstandsgesetz zur Preiskontrolle (Emergency Price Control Act) von der Behörde für die Preisverwaltung (Office of Price Administration) festgelegt; Löhne und Mieten unterlagen ähnlichen staatlichen Kontrollen; es wurden umfangreiche Rationierungen verfügt; Verbraucherkredite wurden rücksichtslosen Restriktionen unterworfen; Kriegsgewinnlertum wurde aggressiv bekämpft; die Produktion von Synthesekautschuk wurde so gesteigert, dass die Gesamtproduktion 1945 in den Vereinigten Staaten größer war als die gesamte weltweite Vorkriegsproduktion von Naturkautschuk.[34]

Roosevelt legte dem Kongress im Januar 1942 einen Haushalt mit einem Volumen von 59 Milliarden Dollar vor, von denen 52 Milliarden für Militärausgaben vorgesehen waren, und das in genau dem Monat, in dem der Verkauf von neuen Autos und Lastwagen für den privaten Gebrauch von der Behörde für Produktionssteuerung (Office of Production Management) untersagt wurde (deshalb gibt es keine amerikanischen Automobile mit dem Herstellungs- und Zulassungsjahr 1942). Die von James F. Byrnes geleitete Behörde für wirtschaftliche Stabilisierung (Office of Economic Stabilization) war mit enormen Vollmachten ausgestattet, von denen sie ohne zu zögern auch Gebrauch machte. Auf alle wöchentlichen Einkommen, die zwölf Dollar überstiegen, wurde eine fünfprozentige «Sieges»-Steuer erhoben, Steuerbefreiungen wurden drastisch zusammengestrichen, und die Zahl der Amerikaner, die Steuererklärungen abzugeben hatten, versechsfachte sich innerhalb eines Jahres von 7 Millionen im Steuerjahr 1941 auf 42 Millionen im Jahr 1942, eine Entwicklung, die unter anderen Bedingungen politisch unmöglich durchsetzbar gewesen wäre.[35] Roosevelt schickte die amerikanische Volkswirtschaft in die Schlacht, und das brachte Ergebnisse hervor, mit denen sich die deutschen und japanischen Produktionszahlen niemals messen konnten. Bei Kriegsende hatten die USA ihren Verbündeten 37 000 Panzer, 800 000 Lastwagen und zwei Millionen Gewehre geliefert. Die Ausbildungszeit für amerikanische Piloten musste reduziert werden, da es im eigenen Land an Flugzeugen fehlte, denn 43 000 Maschinen wurden nach Übersee an die Verbündeten geliefert.[36]

Damit soll nicht behauptet werden, die amerikanischen Rüstungsgüter seien den deutschen und japanischen zwangsläufig überlegen gewesen. Der amerikanische Militärhistoriker Victor Davis Hanson hat mit beredten Worten dargelegt, dass dies nicht der Fall war:

> Unsere Wildcat-Kampfflugzeuge waren den japanischen Zeros unterlegen; die veralteten Brewster-F2A-Buffalos wurden zu Recht als «fliegende Särge» bezeichnet. Der Douglas-TBD-Devastator-Bomber war eine Todesfalle, seine Piloten wurden bei der Schlacht um Midway praktisch ausgelöscht, wenn sie versuchten, ihre oft unzuverlässigen Torpedos abzuwerfen. Die amerikanischen Lee-, Grant- und Stuart-Panzer – und sogar die viel gepriesenen M4-Sherman-Panzer (Spitzname: «Ronson-Feuerzeuge») – waren den meisten deutschen Panzermodellen jener Zeit, die eine sehr viel bessere Panzerung und Bewaffnung hatten, eigentlich unterlegen. Mit Ausnahme des erstklassigen M-1-Gewehrs lässt sich kaum ein anderes amerikanisches Waffensystem als dem von der Wehrmacht benutzten vergleichbar einstufen, jedenfalls bis 1944/45. Wir entwickelten niemals Geschütztypen, die sich mit dem tödlichen deutschen 8,8-cm-Geschütz mit seiner schnellen Schussfolge vergleichen ließen. Unsere panzerbrechenden Waffen aller Kaliber blieben durchweg von geringerer Qualität. Die meisten unserer Maschinengewehre und Granatwerfer waren zuverlässig – aber sie stammten noch aus dem Ersten Weltkrieg.[37]

Doch die bloße Menge der von Amerika produzierten Waffen übertraf alles, was die Achsenmächte aufzubieten hatten.

Es war zwar der japanische Angriff auf Pearl Harbor, der erstmals seit 1918 wieder Anlass zu einem angloamerikanischen Militärbündnis gab, denn Churchill löste sein am 10. November 1941 in einer Rede beim Lunch des Lord Mayors von London gegebenes Versprechen ein, für den Fall eines japanischen Angriffs dem Land «innerhalb einer Stunde» den Krieg zu erklären. Doch letztlich bewirkte Hitlers Kriegserklärung an die USA, dass das westliche Bündnis auch schlagkräftig sein würde. Sehr viele für den Fall einer US-Kriegsbeteiligung zu regelnde Dinge waren bereits bei geheimen Stabsgesprächen in Washington beschlossen worden, und jetzt war die Bühne bereitet für engere und direktere Gespräche zwischen Roosevelt und Churchill, die noch vor Jahresende ebenfalls in der amerikanischen Hauptstadt stattfinden sollten. Das Kriegsbündnis zwischen Amerika und Großbritannien war nicht unvermeidlich; die Achsenmächte sorgten dafür, dass es zustande kam. Noch in den Zwanziger- und Dreißigerjahren hatte es zwischen Großbritannien und den Vereinigten Staaten sehr viel Rivalität gegeben, die durch beiderseits von Ignoranz geprägte Stereotype verschärft wurde. Das Kriegstagebuch des Flugpioniers Charles A. Lindbergh enthält eine Episode, in der ein Hauptmann namens Smith den ehemaligen US-Militärattaché in London, Oberstleutnant Howard C. Davidson, nach den wahren Empfindungen der Engländer gegenüber den Amerikanern fragte. Davidson antwortete: «Nun, das will ich Ihnen sagen. Die Engländer empfinden uns gegenüber das Gleiche, was wir für einen wohlhabenden Nigger empfinden.»[38]

Doch das angloamerikanische Bündnis nach 1941 sollte sich zur mit Abstand engsten Zusammenarbeit unter den an diesem Krieg beteiligten Großmächten entwickeln: sowohl auf See, wo sie die Weltmeere sofort in Patrouillenbezirke aufteilten, als auch in der Luft, wo sich die amerikanische und die britische Luftwaffe bei den Einsätzen gegen Deutschland mit Tag- und Nachtangriffen abwechselten, als auch bei den Bodentruppen, wo es in Nordafrika im November 1942 zur ersten gemeinsamen Operation kam, anschließend dann in Italien, in der Normandie und schließlich in Deutschland selbst, wo alle Operationen von Oberkommandierenden befehligt wurden, denen die Soldaten beider Mächte unterstanden. Eine klügere Diplomatie Hitlers hätte vielleicht die Entstehung eines Bündnisses verhindern können, das die Wehrmacht im Lauf der nächsten drei Jahre aus Nordafrika, dem Mittelmeerraum und Frankreich vertreiben sollte.

Im 1950 veröffentlichten dritten Band seiner Kriegserinnerungen, *Die große Allianz,* sprach Churchill freimütig über die Gefühle, die er bei der Nachricht vom Angriff auf Pearl Harbor empfunden hatte:

> Kein Amerikaner wird mir das Geständnis verargen, dass es mir zur größten Freude gereichte, die Vereinigten Staaten an unserer Seite zu wissen. Den Gang der Ereignisse konnte ich zwar nicht voraussehen, und ich gebe nicht

vor, dass ich die kriegerische Potenz Japans richtig bewertete; ich wusste in jenem Augenblick nur: Die Vereinigten Staaten beteiligen sich aktiv am Krieg und sind auf Leben und Tod engagiert. Damit hatten wir dennoch gesiegt! ... Hitlers Schicksal war besiegelt. Mussolinis Schicksal war besiegelt. Die Japaner aber würden wie zwischen Mühlsteinen zerrieben werden.[39]

Die Regierung Roosevelt begann unterdessen mit der nahezu vollständigen Internierung aller Amerikaner japanischer Herkunft. Es war eine von Panik motivierte Maßnahme, für die sich spätere Regierungen entschuldigt haben, gefolgt von Entschädigungszahlungen. Dieses harte Vorgehen muss allerdings dennoch im angemessenen historischen Zusammenhang betrachtet werden. 69 Prozent der 100 500 unter den Bestimmungen von Roosevelts Executive Order 9066 internierten Japaner waren zwar amerikanische Staatsbürger, aber es blieben immer noch 31 Prozent (oder gut 31 000 Personen), auf die das nicht zutraf. Angesichts der Gefahr, die im Frühjahr 1942 vom Kaiserreich Japan ausging, dessen Streitkräfte gerade gewaltige Gebiete im pazifischen Raum und im Fernen Osten eroberten, hätte kein Land der Welt zu dieser Zeit geduldet, dass so viele noch nicht eingebürgerte Menschen mit dem gleichen ethnischen Hintergrund wie der potenzielle Invasor in genau den Gebieten lebten – auf Hawaii und in Kalifornien –, in denen man (zu Recht oder zu Unrecht) mit den nächsten Schlägen rechnete. Die britische Regierung hatte gegen die deutsche und die italienische Minderheit zu ähnlichen Maßnahmen gegriffen, ähnlich zügig und unter Missachtung von Bürgerrechten. Die schlichte Tatsache, dass in Japan geborene Bewohner von Oahu Tokio über das japanische Konsulat in Honolulu mit detaillierten Informationen über die amerikanische Pazifikflotte versorgt hatten – was dem amerikanischen wie auch dem britischen Geheimdienst bekannt war –, reichte aus, um die Loyalität Zehntausender unschuldiger Menschen in Zweifel zu ziehen. Bei der Entlassung aus den mit Stacheldraht umzäunten Lagern in der Wüste drückte man den Internierten jeweils 25 Dollar in die Hand, den Betrag, den auch Strafgefangene erhielten, nachdem sie ihre Haftzeit abgesessen hatten. Es war nicht die größte Stunde der Regierung Roosevelt.

Japan hatte zwar auf lange Sicht einen furchtbaren Fehler begangen, als es die «rechtschaffene Kraft» des amerikanischen Volkes herausforderte, aber kurzfristig waren seine Streitkräfte in ganz Asien auf dem Vormarsch, brachten innerhalb von nur sechs Monaten ein Sechstel der Erdoberfläche unter ihre Herrschaft und versetzten dem zweihundert Jahre alten Britischen Empire einen Schlag, der sich letztlich als Todesstoß erwies. Ein Vergleich mit dem Unternehmen Barbarossa ist passend, denn auch hier führte ein massiv vorgetragener Überraschungsangriff zu gewaltigen Geländegewinnen, bevor andere Faktoren – in der Sowjetunion waren es das Winterwetter, die Bevölkerungszahl und der Kampfgeist der einfachen Soldaten der Roten Armee, im Fernen Osten die überlegene Technologie und Rüstungsproduktion der Alliierten – ihre Wirkung entfalteten und die frühen Erfolge revidiert wurden. Während es Stalin im Vorfeld des Unternehmens Barbarossa am nötigen Einfühlungsvermögen für die Absichten seines Diktator-Kollegen gefehlt hatte, verschätzte sich die Regierung Roosevelt auf gefährliche Art und Weise hinsichtlich der japanischen Psyche, Absichten und Fähigkeiten.

Die Japaner erarbeiteten zur Sicherung ihrer Nachschubwege eine Zwei-Phasen-Strategie für die Eroberung Südostasiens. Hongkong, Guam und die Wake-Insel sollten sofort besetzt werden, noch während Truppen auf den unter amerikanischer Kontrolle stehenden Philippinen und in Britisch-Malaya landeten. Sobald die Möglichkeit nicht mehr bestand, weitere japanische Operationen von den Philippinen oder von Malaya aus zu unterbinden, sollten Niederländisch-Indien und Burma besetzt werden. Im Zeitraum vom 7. Dezember 1941 bis April 1942 unternahmen die sechs Flugzeugträger der 1. Luftflotte, von denen schon der Überfall auf Pearl Harbor ausgegangen war, Angriffe auf Rabaul, Darwin, Colombo und Trincomalee, legten dabei eine Strecke zurück, die einem Drittel des Erdumfangs entsprach, und verloren bei diesen Einsätzen kein einziges Schiff.[40]

Parallel zum Angriff auf Pearl Harbor, aber auf den 8. Dezember datiert (weil der Ort westlich der Internationalen Datumsgrenze liegt), attackierten die Japaner die Wake-Insel, ein Atoll ohne natürliche Nahrungsquellen und Süßwasservorkommen. Den ersten Angriff schlugen die amerikanischen Verteidiger noch heldenhaft zurück, aber gegen einen zweiten, größeren Angriff am 11. Dezember gab es keine Abwehrmöglichkeit, und die Inselbesatzung wurde bis zum 23. Dezember überwältigt, zu einem Zeitpunkt, als die Gilbert-Inseln und Guam bereits gefallen waren. Die britische Kronkolonie Hongkong sah sich nur wenige Stunden nach

Pearl Harbor einem Angriff der japanischen 38. Division ausgesetzt. Die 15 000 australischen, indischen, kanadischen und britischen Verteidiger wurden am 17. Dezember nach Hongkong Island zurückgedrängt und hielten dort noch bis zum 25. Dezember stand.

Die japanischen Streitkräfte missachteten Thailands Neutralität und besetzten am 8. Dezember Bangkok, weil sie das Land als Sprungbrett für den Angriff auf Burma in Phase zwei nutzen wollten. Die japanische 25. Armee, bestehend aus drei Divisionen und einer Panzergruppe unter dem Kommando von Generalleutnant Tomoyuki Yamashita, landete am 8. Dezember außerdem an der Nordspitze Malayas und am Isthmus von Kra im Süden Thailands. Yamashitas Ziel war die Inselfestung Singapur, das «Gibraltar des Ostens». Singapur, fast doppelt so groß wie die Isle of Wight, war eine Werftanlage der Royal Navy, ein Marinestützpunkt, in dem viele Nachrichtenverbindungen zusammenliefen. Weil in den Zwanzigerjahren mehr als 60 Millionen Pfund in die Befestigungsanlagen investiert worden waren, schien die Stadt «das Tor des Britischen Empires doppelt zu versperren, so dass jeder Traum einer feindlich gesinnten, rivalisierenden Macht, etwa Japans, von einer gewaltsamen Eroberung wie ein nutzloses Unterfangen anmutete».[41] Das traf mit Sicherheit auf alle von See her vorgetragenen Angriffe zu, denn diese Seite wurde von mächtigen, in gut befestigten Bunkern untergebrachten Küstenbatterien geschützt. Aber jetzt wurden möglichst viele erstklassig für den Dschungelkrieg ausgebildete Soldaten für den Schutz der dem Festland zugewandten Seite gebraucht, denn schon bald war klar, dass der japanische Angriff von dort aus erfolgen würde. Nicht nur die Franzosen hatten eine «Maginotlinien-Mentalität» entwickelt.

Das konventionelle militärische Denken der Briten ging davon aus, dass Singapur gegen einen Angriff von Norden her geschützt sei, weil eine 800 Kilometer lange Zone, die aus dichtem Dschungel und Kautschukplantagen bestand, ein für Panzer unüberwindliches Hindernis bilde. Der britische Gouverneur von Singapur soll angeblich zu Generalleutnant Arthur Percival, dem britischen Oberbefehlshaber in Malaya, gesagt haben: «Ich gehe davon aus, dass Sie mit den kleinen Männern fertigwerden.»[42] Percival verfügte auch über mehr Artillerie und Granaten und sehr viel mehr Soldaten als Yamashita, und am 2. Dezember war Admiral Tom Phillips' Force Z, das Schlachtschiff *Prince of Wales* und der Schlachtkreuzer *Repulse* samt Begleitzerstörern, im Hafen von Singapur eingetroffen. Vor den Küsten von Norwegen und Kreta hatten Flugzeuge bereits Schiffe versenkt, aber einem Schlachtschiff war so etwas bis dahin noch nicht widerfahren (und die *Prince of Wales* war mit nicht weniger als vierzig automatischen Flugabwehr-Waffen bestückt).[43] Die RAF in Singapur verfügte zwar nur über hundertachtzig Flugzeuge, von denen einige außerdem veraltet waren, aber nach der Papierform hätte Percival in der Lage sein müssen, dem bevorstehenden Angriff standzuhalten, zumindest für eine erhebliche Zeitdauer. Doch den Briten misslang fast alles, was misslingen konnte. «Die Niederlage war eine Mannschaftsleistung»,[44] schrieb ein Historiker über diesen Feldzug. Die Japaner ergriffen sofort nach ihrer amphibischen Landung in Kota Baharu an der Nordostspitze Malayas am 8. Dezember 1941 die Initiative und marschierten nach Süden, während es Percival niemals gelang, diese Dynamik umzukehren. Die Invasoren stürzten sich mit Begeisterung in den Dschungelkrieg und erwiesen sich auch im Kampf Mann gegen Mann als engagiert und geschickt. Es gab keinen besonderen Grund für herausragende japanische Leistungen im Dschungelkampf in diesen Anfangstagen des Krieges; die Kämpfe in China hatten sich nicht in Dschungeln abgespielt, und in Japan selbst gibt es auch keine Urwälder. Doch die Angreifer waren für die Gefechte dort auf eine Weise ausgebildet, der die Commonwealth-Truppen nichts Gleichwertiges entgegenzusetzen hatten. «Der Dschungel ließ die Briten im Stich», schrieb ein Historiker, «sie hatten ihn achtzig Jahre lang in ihrem Besitz gehabt, aber mit den Möglichkeiten, die er für die Kriegführung bot, hatten sie sich nie beschäftigt.»[45] Weil der Dschungel seitliche Truppenverschiebungen und die Sichtverbindung an einer umkämpften Front erschwerte, wurden dort kämpfende Einheiten leicht abgeschnitten, und das eröffnete den Angreifern einen Vorteil gegenüber den Verteidigern. Die Einheiten der Commonwealth-Truppen sahen sich allzu oft – mitunter fast, ehe sie es bemerkten – ausmanövriert und umzingelt. Es stellte sich auch heraus, dass Panzer – Percival hatte nur ganz wenige – sehr wohl durch den Dschungel und durch Kautschukplantagen vorrücken konnten, und bei den Briten herrschte ein großer Mangel an panzerbrechenden Waffen.[46] Nur sechs Wochen nach der Landung im Norden Malayas waren die Japaner bis in Sichtweite der Insel Singapur vorgedrungen.

Eine enorme Zahl japanischer Flugzeuge, die zunächst vom südlichen Indochina aus operierten, später aber die eroberten Flugplätze im Norden

Malayas nutzten, erkämpfte die alles entscheidende Luftüberlegenheit. Britische Geheimdienstberichte erwiesen sich als ungenau, und die beiden indischen Divisionen, die eine australische Division und kleinere britische Einheiten wurden schlecht geführt. «Die Vorbereitungen der Verteidigung lagen völlig in britischer Hand, wurden jedoch durch eine Reihe von Widersprüchlichkeiten und Komplikationen belastet, die man selbst in einer Operette von Gilbert und Sullivan als weit übertrieben angesehen hätte – allerdings waren die Folgen sehr viel tragischer.»[47] In einer ausführlichen Untersuchung, in der das War Office noch im gleichen Jahr die auf diesem Kriegsschauplatz begangenen Fehler analysierte, und in späteren historischen Einschätzungen wurden die Gründe für die Niederlage in Singapur benannt: Die Stadt fiel, weil die Verantwortlichen des Commonwealth den Feind unterschätzt hatten, Führungsqualitäten vermissen ließen, ihre Truppen unzureichend ausgebildet hatten, Divisionen im Gefecht auseinanderrissen, Verstärkungen unsystematisch einsetzten, die Befehlsgewalt aufgeteilt hatten, ein armseliges Verständnis von Strategie an den Tag legten, durch schwere Kämpfe im Mittelmeer und im Atlantik abgelenkt waren und nur über eine ungenügende Luftunterstützung verfügten. Der zuletzt genannte Grund war auch die Ursache für die größte Katastrophe der Royal Navy in diesem Krieg, für die Versenkung der *Prince of Wales* (35 000 BRT) und der *Repulse* (26 000 BRT) am 10. Dezember 1941, bei der 840 Seeleute ihr Leben verloren.

Die Force Z fuhr im Südchinesischen Meer entlang der malaiischen Küste nach Süden, ohne Luftunterstützung, ja sogar ohne Luftaufklärung, als sie von 88 im südlichen Indochina gestarteten japanischen Flugzeugen angegriffen wurde. Keine zwei Stunden später lagen die beiden einzigen im Pazifik noch verfügbaren kampfstarken Schlachtschiffe der Alliierten auf dem Meeresgrund. «Die *Prince of Wales* ist in all dem Rauch und den Flammen kaum noch zu erkennen», erinnerte sich ein Überlebender. «Ich sehe, wie ein Flugzeug ein Torpedo ausklinkt. ... Es detoniert am Bug. Ein paar Sekunden später explodieren weitere Torpedos mittschiffs und achtern.»[48] In seinen Memoiren beschrieb Churchill seine Gefühle, als ihm der Erste Seelord, Admiral Dudley Pound, die Nachricht per Telefon übermittelte:

> Während des ganzen Krieges traf mich kein Schlag unerwarteter. Dem Leser dieser Seiten wird es klar sein, wie viele Mühen, Hoffnungen und Pläne mit

276 Erster Teil: Angriff

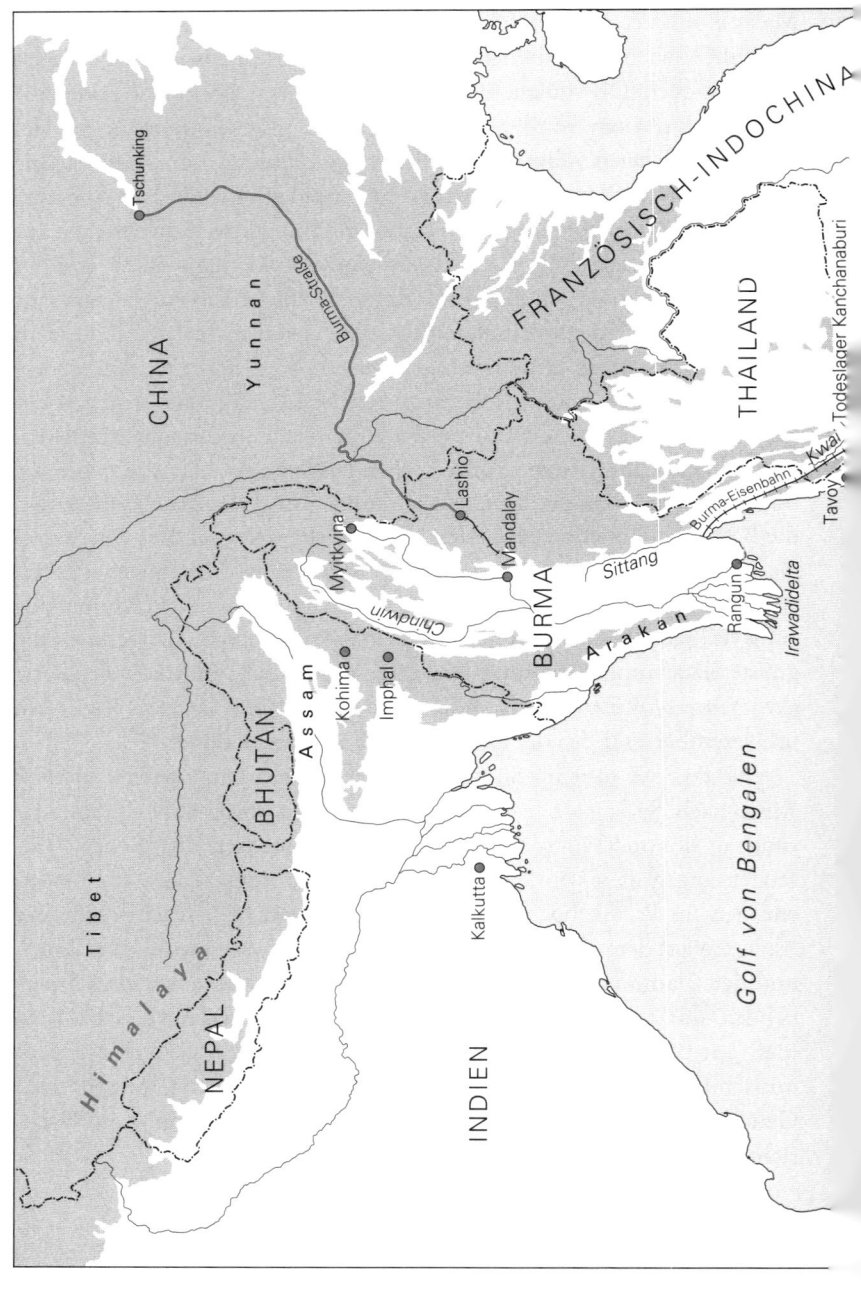

Taifun aus Tokio 277

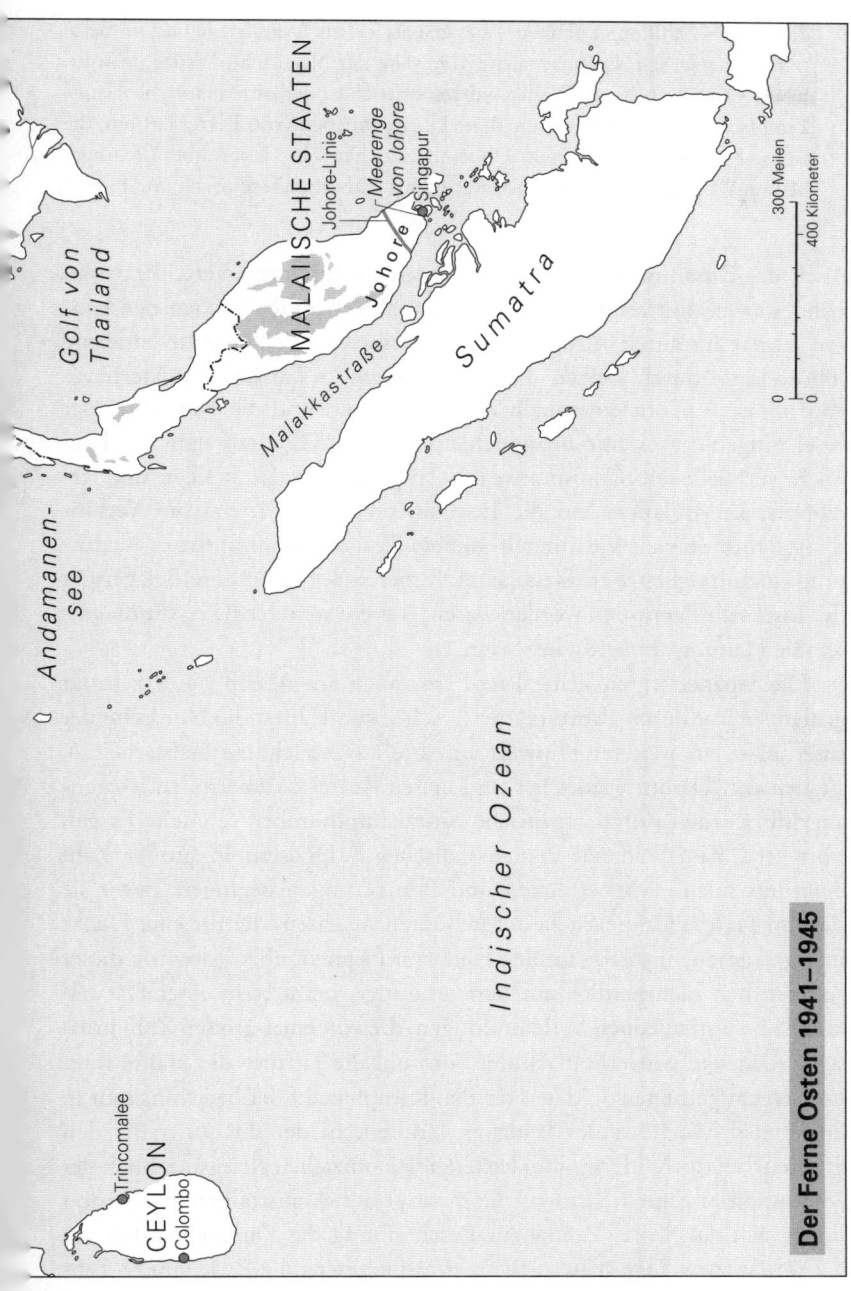

diesen zwei Schiffen versanken. Aber erst als ich mich umdrehte und im Bette wand, erfasste ich die entsetzliche Tragweite der Nachricht. Weder im Indischen Ozean noch im Pazifik gab es britische oder amerikanische Großkampfschiffe; nur schwerbeschädigte Übriggebliebene von Pearl Harbour, die eiligst Kalifornien zustrebten. Unbeschränkt herrschte Japan über die ungeheuren Weiten jener Ozeane; wir waren, wo man hinsah, schwach und bloß.[49]

Auch der Zusammenbruch der Kampfmoral unter den Verteidigern an Land war erschütternd. Die Commonwealth-Truppen wichen den ganzen Januar hindurch zurück, die 40 Kilometer von Singapur entfernte Johore-Linie durchbrachen die Angreifer am 15. Januar. Die Meerenge von Johore war nur eineinhalb Kilometer breit, und die Nordküste der Insel Singapur war nur unzureichend befestigt. Die auf dem Festland noch verbliebenen Commonwealth-Truppen setzten, besiegt und erschöpft, am 31. Januar auf die Insel über und zerstörten vom Verbindungsdamm so viel, wie ihnen in diesem Zustand und mit dieser Ausrüstung noch möglich war. Dass keine Vorbereitungen für eine Belagerung der Insel selbst getroffen worden waren, war ein weiterer Beleg für die miserable Planung auf britischer Seite.

Die Japaner legten keine Pause ein, noch am Abend des 8. Februar griffen sie mit durch Panzerplatten geschützten Fähren die Nordseite der Insel an – ein weiterer Hinweis auf ihre ausgezeichnete Stabsarbeit –, stellten den Damm wieder her und ließen Panzer darüberrollen. Gegenangriffe wurden durch japanische Sturzkampfbomber vereitelt. Es gab Vorwürfe, dass Soldaten der australischen 8. Division in großer Zahl desertiert seien, sich betranken und Plünderungen begingen, bevor sie sich im Hafen auf die Suche nach Booten machten, die für eine Flucht infrage kamen. «Es gab einzelne Fälle von Feigheit, aber Vorwürfe dieser Art beruhen mehrheitlich auf Verleumdung», heißt es in einer Darstellung.[50] Es waren jedoch Verleumdungen, die von einer großen Zahl britischer Offiziere wiederholt wurden, obwohl die Japaner die Hälfte ihrer im Gefecht getöteten Soldaten bei den Kämpfen auf der Insel Singapur in der letzten Woche dieses Feldzugs verloren, in der die Australier den größten Teil des Widerstandes leisteten. Im offiziellen Kriegstagebuch der Militärpolizei-Einheit (Provost Company) der 8. australischen Division findet sich das Wort «Panik» zur Beschreibung des Durcheinanders am 9. Februar, zwei Tage später ist von «Versprengten» die Rede, am 12. Februar von «Missmut», am 13. zeigten Soldaten «großen Widerwillen gegen eine Rückkehr an die Front», «alle denkbaren Ausreden, um eine Rückkehr an die Front zu vermeiden» sind für den 14. vermerkt, und am 15. hieß es: «Kampfmoral schockierend. Sehr viele Männer versteckten sich, um eine Rückkehr an die Front zu verhindern und ihr zu entgehen», wobei ein solches Verhalten auch bei britischen und indischen Soldaten vorkam. «In manchen Einheiten haben die Soldaten nicht den Kampfgeist gezeigt, den man von Männern des Britischen Empires erwarten muss», schrieb Percival in einer Begleitnotiz an hochrangige Offiziere, die dem Tagesbefehl für den 11. Februar beigefügt wurde. «Es wird uns zur dauerhaften Schande gereichen, wenn wir von einer Armee schlauer Gangster besiegt werden, der wir zahlenmäßig vielfach überlegen sind.»[51] Es war nicht angemessen, die Japaner als Gangster zu bezeichnen, nur weil sie sich unkonventioneller Transportmethoden bedienten, ohne umfangreiche Artillerieunterstützung angriffen und so weit und so schnell wie nur möglich vorstießen, aber schlau waren sie mit Sicherheit. Sie hatten die wichtigste Lehre aus dem bisherigen Kriegsgeschehen gezogen: Blitzkrieg und Kühnheit führten zu Erfolgen. Unterdessen schickte Churchill am 10. Februar an Wavell, den neuen Oberbefehlshaber der alliierten Streitkräfte in der Region, ein Telegramm, in dem er darauf hinwies, dass die Garnison in Singapur den Japanern zahlenmäßig überlegen sei:

> Die Verteidiger [müssen] den japanischen Kräften, die den Kanal überschritten haben, weit überlegen sein und sie in einer gut geführten Schlacht vernichten. In diesem Stadium darf nicht daran gedacht werden, Truppen zu retten oder die Zivilbevölkerung zu schonen. Die Schlacht muss um jeden Preis bis zum bitteren Ende durchgefochten werden. Der 18. Division winkt die Möglichkeit, sich einen Namen in der Geschichte zu machen. Befehlshaber und rangälteste Offiziere müssen mit ihren Truppen fallen. Die Waffenehre des Britischen Empire und der britischen Armee stehen auf dem Spiel. Ich verlasse mich auf Sie, dass Sie keine Schwächeanwandlung dulden werden. Angesichts der Tapferkeit der Russen und der Verbissenheit der Amerikaner auf Luzon steht das ganze Ansehen Englands und unseres Volkes auf dem Spiel. Wir erwarten, dass jede Einheit mit dem Gegner in engste Gefechtsfühlung gebracht werden und den Kampf mit ihm aufnehmen wird.[52]

Einerseits war nach Ansicht des Premiers die Ehre des eigenen Volkes zu verteidigen, andererseits sprachen die Fakten vor Ort in Singapur eine ganz andere Sprache; aus diesen Zeilen wird jedenfalls deutlich, dass Hitler nicht der einzige Führer einer Großmacht war, der im Zweiten Weltkrieg Durchhaltebefehle ausgab, allerdings war dieser eine mit Sicherheit der härteste, den Churchill jemals erteilte.

Tragischerweise wurden im Hafen von Singapur noch fast bis zur Kapitulation umfangreiche Verstärkungen angelandet. Diese Männer gerieten direkt in Gefangenschaft, anstatt dort stationiert zu werden, wo sie dringend gebraucht wurden, nämlich bei der Verteidigung von Indien, Burma und Australien. Auch der größte Teil ihrer Vorräte und Ausrüstung fiel in gegnerische Hände, bevor er zerstört werden konnte.[53] Unter den 130 000 Mann, die am 15. Februar kapitulierten, waren viele einheimische Rekruten und Flüchtlinge aus dem Norden des Landes, die ihren Kampfeswillen verloren hatten. Die Malaien schlossen unterdessen rasch Frieden mit den Japanern, die ihnen Unabhängigkeit und Freiheit unter dem Dach der «Großostasiatischen Wohlstandssphäre» versprachen. Doch es sollte nicht lange dauern, bis die japanische Militärpolizei, die berüchtigte Kempeitai, an den Stränden des Landes mit Hinrichtungen von malaiischen Chinesen begann, denen sie misstraute. Einen Beleg dafür, wie enttäuscht die Inder von den Briten waren, kann man der Tatsache entnehmen, dass sich 40 000 der 55 000 Inder, die in Singapur in japanische Gefangenschaft gerieten, freiwillig zur India National Army meldeten, der projapanischen Streitmacht unter dem Befehl von Subhas Chandra Bose.[54]

«Dieser Rückzug mutet fantastisch an», schrieb General Gordon Bennett, der Kommandeur des australischen Truppenkontingents, auf dem Weg zurück nach Singapur.

> Man stelle sich vor: 880 Kilometer in 55 Tagen – verfolgt von einer japanischen Armee auf gestohlenen Fahrrädern und ohne Artillerie. Es war ein Krieg der Patrouillen. Alles, was dabei passierte, war, dass sie außerhalb unserer Verteidigung[sfähigkeit] patrouillierten und die Straße hinter uns besetzten. Wir dachten, wir seien abgeschnitten, und zogen uns zurück. ... Nie zuvor war ich so traurig und so aufgebracht zugleich. Mir fehlen die Worte.[55]

Die Japaner verloren bei diesem Feldzug insgesamt nur 9824 Mann. Ein Foto ging um die Welt, auf dem zu sehen war, wie Percival und andere hohe britische Offiziere in Shorts, mit Kniestrümpfen und aufgekrempelten Hemdsärmeln, auf dem Kopf den flachen Stahlhelm, von zwei japanischen Offizieren zur Kapitulation vor Yamashita geführt werden, einer der Briten trägt eine Fahnenstange mit weißer Parlamentärflagge über der Schulter, ein zweiter führt einen schlaff von der Stange hängenden Union Jack mit sich. Die gesamte Verteidigung der Stadt war eine schlaffe Angelegenheit gewesen. Percival hatte sich von Yamashita bluffen lassen, dem es bereits an Nachschub mangelte und der bei einem entschlossenen Gegenangriff einer Streitmacht, die doppelt so groß war wie seine eigene, vielleicht eingeknickt wäre; aber die Demoralisierung der Verteidiger war so groß, dass es dazu nie kam. (Hätten sie das Schicksal geahnt, das sie jetzt erwartete, dann hätten sie es zweifellos versucht.) Und nicht nur die Briten waren bei diesem Kampf unter ihren Möglichkeiten geblieben. «Bennett und [Brigadegeneral D. S.] Maxwell waren eindeutige Versager», schrieb ein australischer Historiker. «Australien und die übrigen Dominions kritisierten zwar die britische Generalität in beiden Weltkriegen, aber sie hatten selbst kein System entwickelt, das einen offensichtlich besser qualifizierten Typ des Oberbefehlshabers hervorbrachte.»[56]

Percival hatte in diesem Feldzug nur 7500 Mann verloren, aber als er vor der viel kleineren Streitmacht Yamashitas kapitulierte, verlor er außerdem noch den Respekt der Japaner, die seine Soldaten für Feiglinge hielten, weil sie so leicht aufgegeben hatten. Vielleicht wären sie genauso grausam behandelt worden, wenn sie sich länger gewehrt hätten, aber auf der Insel war auch noch das Leben von einer Million Zivilisten gefährdet, vor allem die Wasserversorgung war ein Problem, nachdem die Japaner die Speicherbecken erobert hatten. Ein Feldzug, an dessen Planung der japanische Generalstab erst im Januar 1941 herangegangen war, hatte zur Eroberung einer Inselfestung geführt, die jahrzehntelang und unter enormen Kosten darauf vorbereitet worden war, einem Angriff und einer Belagerung standzuhalten. Der deutsche Generalstab war davon ausgegangen, dass zur Eroberung von Singapur fünfeinhalb Divisionen und ein Zeitraum von achtzehn Monaten benötigt würden; Yamashita war dies jedoch mit nur zwei Divisionen in weniger als zwei Monaten gelungen. Churchill hatte am 10. Februar 1942, als er bereits mit einer Niederlage in Singapur rechnete, vor dem Kriegskabinett erklärt, dass Großbritannien «eine harte Zeit bevorsteht – Gewaltige Schläge – [aber wir werden] daran nicht zugrunde gehen – Weder Hoffnungslosigkeit noch Entmutigung ... Rationen heruntersetzen – Nahrungsreserven angreifen – die

Armee zu Hause [muss] sich bereitmachen.»[57] Doch Singapur sollte kein zweites Leningrad werden.

Der japanische Soldat, nach westlichen Vorstellungen bis dahin eher ein säbelbeiniger, kurzsichtiger, orientalischer Winzling, verwandelte sich plötzlich in einen unbesiegbaren, draufgängerischen Supermann. Natürlich war keines dieser rassistischen Stereotype zutreffend, aber die Ereignisse auf den Philippinen, in Malaya und anderswo trugen nichts zur Widerlegung des neuen Mythos bei, auch wenn General Douglas MacArthurs 130 000 Mann starke Streitmacht viel besser und viel länger kämpfte als Percivals Truppe. Die Kolonialmächte – Amerikaner, Briten, Niederländer, Portugiesen und Australier – waren für einen modernen Krieg gegen eine benachbarte Industriemacht wie Japan, die bereits über zehn Jahre Kriegserfahrung verfügte, jämmerlich schlecht ausgestattet. Die Kolonialgebiete in Südostasien, die jahrelang mit bloßem Prestige, minimalem militärischem Engagement, kleinen Budgets und einer gewissen Theatralik verwaltet worden waren, litten auch unter einer unzureichenden Infrastruktur, langen Verbindungswegen zu den Metropolen, zahlreichen für Invasionen günstigen Küstenstreifen, und obendrein gab es noch nationalistische einheimische Unabhängigkeitsbewegungen. Eine äußerst aggressive militaristische Nation, die dreiundsiebzig Millionen Menschen zählte und bereits über Stützpunkte auf Formosa (dem heutigen Taiwan) und in Indochina verfügte, wollte diese Gebiete den alten Mächten unbedingt entreißen. Die einzelnen Teilregionen des neuen japanischen Reiches wiesen dennoch nur sehr wenige Gemeinsamkeiten auf, was mit feiner Ironie im November 1943 in Tokio deutlich wurde, als General Tojo den Vorsitz bei einer Konferenz führte, zu der die nominellen Regierungschefs aller Marionettenstaaten der «Großostasiatischen Wohlstandssphäre» zusammenkamen. Die Teilnehmer lobten zwar der Reihe nach die von Japan versprochene Freiheit, die ihre Länder von den bösen westlichen Imperialisten erlangen würden; weil es aber nur eine einzige Sprache gab, die allen versammelten Politikern gemeinsam war, musste die Konferenz auf Englisch abgehalten werden.[58]

Douglas MacArthur, ein charismatischer Feldherr und ehemaliger US-Generalstabschef, verfügte am 8. Dezember 1941 zur Verteidigung der Philippinen nur über 90 Jagdflugzeuge, 35 Bomber des Typs B 17 «Flying Fortress» und 100 Panzer. Seine Armee war auf dem Papier zwar groß, bestand aber hauptsächlich aus unzureichend ausgebildeten, schlecht ausgerüsteten Filipinos, von denen einige sofort in ihren Dörfern, den Barrios, verschwanden, als die Japaner gelandet waren.[59] MacArthur versuchte, seine ursprüngliche Strategie fortzuführen, die Invasoren gleich bei der Landung im Norden von Luzon im Golf von Lingayen zu stellen, doch die erfolgreiche Bombardierung des Luftwaffenstützpunkts Clark Field nördlich von Manila vereitelte dies. Die Nachricht vom Angriff auf Pearl Harbor war in Clark Field am 8. Dezember bereits um 2.30 Uhr in der Nacht eingegangen, andere US-Stützpunkte auf den Philippinen waren bereits angegriffen worden, und General H. H. «Hap» Arnold, der US-Luftwaffenchef, hatte Generalmajor Lewis H. Brereton, den Kommandeur der amerikanischen Luftstreitkräfte in Ostasien, außerdem telefonisch gewarnt. Dennoch standen die Maschinen in Clark immer noch ungeschützt auf dem Rollfeld, als um 12.15 Uhr, aus Formosa einfliegend, 108 zweimotorige japanische Bomber und 34 Jagdflugzeuge am Himmel auftauchten. Die amerikanischen Piloten standen in der Kantinen-Warteschlange für ihr Mittagessen an, als die Angreifer zuschlugen. Insgesamt 18 B-17-Bomber sowie 56 Jagdflugzeuge und andere Flugzeugtypen wurden zerstört, während die Japaner nur 7 Maschinen verloren.[60] Man machte die schlechte Kommunikation zwischen den Waffengattungen für diese Katastrophe verantwortlich, doch wo auch immer der Grund gelegen haben mag: MacArthur waren jedenfalls bereits am achten Tag des Feldzugs nur noch 50 Flugzeuge geblieben, und damit hatte er die Luftherrschaft eingebüßt – ein wiederkehrendes Merkmal bei der Erklärung von Niederlagen. Die 22 400 regulären US-Soldaten und zahlreiche reguläre philippinische Soldaten leisteten jedoch hartnäckigen Widerstand, vor allem, nachdem MacArthur am 23. Dezember akzeptiert hatte, dass er Manila nicht halten konnte. Er zog sich in die Urwälder und Sümpfe und auf die Berge der Halbinsel Bataan und schließlich auf die Insel Corregidor zurück, die bereits im 17. Jahrhundert mit einer Befestigungsanlage versehen worden war und den Zugang zur Bucht von Manila beherrschte. Von diesen Rückzugsgebieten aus sah er sich einer japanischen Streitmacht von 200 000 Mann gegenüber.

Admiral Thomas C. Hart zog die US-Asienflotte angesichts der fehlenden Luftunterstützung bis in die Javasee zurück, wo er sie mit starken Kontingenten der übrigen Alliierten vereinigte. Der ursprüngliche amerikanische Plan hatte vorgesehen, dass MacArthur versuchen sollte, auf den

284　Erster Teil: Angriff

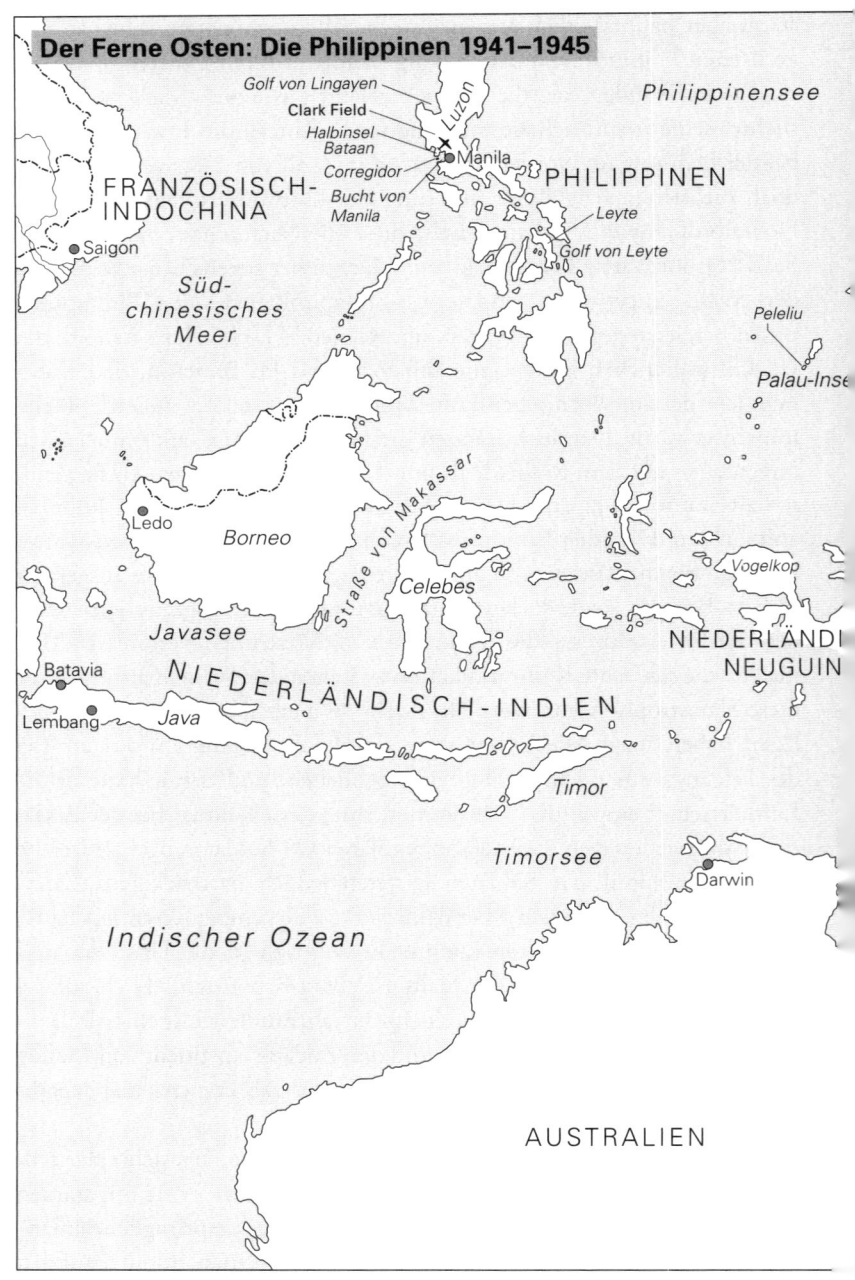

Taifun aus Tokio 285

Philippinen so lange durchzuhalten, bis ihn die US-Pazifikflotte entsetzte. Da die Schlachtschiffe dieser Streitmacht jetzt in Pearl Harbor kampfunfähig gemacht oder zerstört worden waren, war dieser Plan hinfällig, aber es bot sich auch keine Alternative an. Die Japaner verstärkten unter Benutzung der eroberten Flugplätze die ursprüngliche, bereits am 10. und 22. Dezember gelandete Invasionsarmee. MacArthur, dessen Männer jetzt zahlenmäßig im Verhältnis eins zu vier unterlegen waren und in Bataan und auf Corregidor von der japanischen Marine vollständig blockiert wurden, erhielt von Roosevelt persönlich den Befehl, die Philippinen zu verlassen, was ihm am 11. März nur mit knapper Not gelang – einmal geriet sein Torpedo-Schnellboot für kurze Zeit «in den Schatten eines japanischen Schlachtschiffes».[61] «Ich bin durchgekommen», sagte er, als er Australien erreichte, «und ich werde zurückkehren.»

Bataan kapitulierte am 9. April, worauf die japanischen Sieger 78 000 ausgehungerte amerikanische und philippinische Soldaten auf den berüchtigten, mehr als 100 Kilometer langen «Bataan-Todesmarsch» in die Gefangenschaft führten. Irgendwie gelang es den nur 2000 Mann, die es nach Corregidor geschafft hatten, noch weitere siebenundzwanzig Tage lang durchzuhalten, obwohl lediglich das Hauptquartier und das Lazarett, beide in Höhlen untergebracht, die dreiundfünfzig gegen die Insel geführten Luftangriffe überstanden.

> Das letzte reguläre Kavallerie-Regiment der US-Armee schlachtete seine Pferde, um die hungernde Garnison zu ernähren, und so ging die Kavallerie-Ära nicht mit einem Knall, sondern mit der Abendessen-Glocke zu Ende.[62]

Viele der Männer litten an Malaria, der Wasservorrat reichte nur noch für drei Tage, und so kapitulierte die Garnison schließlich am 6. Mai. Die Verteidigung der Philippinen war zu einer amerikanischen Heldenlegende geworden, sie kostete 2000 US-Soldaten das Leben, 11 500 Mann wurden verwundet, während die Japaner 4000 Mann verloren. Die japanische Brutalität gegenüber den Filipinos, die sich im Unterschied zu manchen anderen Völkern im Umgang mit ihren Kolonialherren loyal verhalten hatten, war entsetzlich. Gerhard Weinberg schrieb dazu: «Der Gebrauch von Bajonetten gegen die militärischen und zivilen Gefangenen und andere Grausamkeiten lehrten die Menschen in Südostasien auf dramatische Weise die neue Bedeutung des Bushido, der Ethik des japanischen Kriegers.»[63]

Nachdem die malaiische Halbinsel und die Philippinen als Stützpunkte für einen Gegenangriff der Alliierten ausgeschaltet waren, konnten die Japaner jetzt die zweite Phase ihrer Strategie einleiten. Sumatra und die ölreiche Insel Borneo wurden bis Mitte Februar 1942 erobert, Timor fiel am Ende dieses Monats. Java wurde von einer großen Flottille der Alliierten unter dem Oberbefehl des niederländischen Admirals Karel Doorman geschützt, der den Verband mit seinem Flaggschiff *De Ruyter* anführte. Doormans Streitmacht von fünf Kreuzern und zehn Zerstörern hatte bis dahin noch nicht zusammen gekämpft und verfügte weder über ein taktisches Konzept noch über ein gemeinsames Kommunikationssystem, trotzdem griff sie Konteradmiral Takeo Takagis schnelleres, größeres und moderneres Aufgebot von vier Kreuzern und dreizehn Zerstörern an.[64] Die siebenstündige Schlacht in der Javasee am Nachmittag und Abend des 27. Februar 1942 – der größte Kampf zwischen Überwasserschiffen seit der Seeschlacht am Skagerrak 1916 – und die Verfolgungsgefechte in den nächsten beiden Tagen endeten mit einer vollständigen Niederlage der Alliierten, deren Kreuzer allesamt versenkt wurden und die mit ihrem Widerstand die Landungsmanöver des Feindes nur um einen einzigen Tag hinauszögerten. Es sollte der letzte bedeutende japanische Seesieg im Zweiten Weltkrieg sein, aber weil das zu diesem Zeitpunkt noch niemand wissen konnte, ergaben sich die Niederländer, Briten, Amerikaner und Australier auf Java am 8. März, am gleichen Tag, an dem die Japaner an der Nordostküste Neuguineas landeten und auch die burmesische Hauptstadt Rangun fiel. Bereits zwei Tage früher kapitulierte Batavia, die Hauptstadt von Niederländisch-Indien, ohne großen Widerstand, und fast 100 000 niederländische Soldaten wurden in eine fürchterliche Gefangenschaft geführt.[65] Weitere mühelose japanische Siege auf den Admiralitätsinseln und den nördlichen Salomonen sowie die Eroberung von Rabaul im Bismarck-Archipel, dem wichtigsten und besten Hafen in diesem Gebiet, am 23. Januar 1942 verschafften Japan die Gelegenheit, den eigenen Verteidigungsring im südlichen Kriegsgebiet zu konsolidieren und Australien direkt zu bedrohen.

Die strategische Leitlinie, die zu schweren Meinungsverschiedenheiten zwischen London und Canberra führte, lässt sich mit einem noch aus der Vorkriegszeit stammenden Satz des australischen Premierministers Robert Menzies bündig zusammenfassen: «Das, was man in Großbritannien den Fernen Osten nennt, ist für uns der benachbarte Norden.» Zwar sprach sich kein einziger australischer Politiker gegen die Kriegserklärung an Deutschland im September 1939 aus, aber ein immer größer werdender Personenkreis auf dem Fünften Kontinent lehnte eine Haltung ab, die, von außen betrachtet, anmutete, als hätten die eigenen Belange Großbritanniens Vorrang gegenüber Australien. In Neuseeland, das im Unterschied zu Australien von Japan nicht angegriffen wurde, meldete sich dennoch ein im Verhältnis zur Gesamtbevölkerung höherer Anteil von Männern zum Kriegsdienst als in jedem anderen Land des alliierten Bündnisses – mit Ausnahme der Sowjetunion und Großbritanniens.

Die Japaner, die bereits seit 1937 gegen China Krieg führten, hatten die Invasion in Burma seit vier Jahren geplant, und sie wurde mit der gleichen Geschwindigkeit und Entschlossenheit betrieben wie an allen anderen Kriegsschauplätzen. Die Eroberung Burmas war ein wichtiges militärisches Ziel für die strategischen Planer in Tokio. Das Land war ein Sprungbrett für eine mögliche Invasion in Indien, ein Stützpunkt, durch den sich feindliche Langstreckenflugzeuge von Malaya fernhalten ließen, und von ganz besonderer Bedeutung war, dass sich von hier aus die Burma Road unterbrechen ließ, die Landverbindung der Alliierten nach China, mit der zugleich auch der Verbindungs- und Nachschubweg des chinesischen Generalissimus Tschiang Kai-schek zur Außenwelt abgeschnitten würde. Burma gehörte zum Britischen Empire, seit Winston Churchills Vater Randolph das Land im Jahr 1886 in seiner Eigenschaft als Minister für Indien annektiert hatte. Es besaß reiche Vorkommen an Öl und anderen Bodenschätzen und hatte für die Alliierten bei jedem Versuch eines Gegenangriffs große Bedeutung als wichtige Zwischenstation.

Eine zwei Divisionen umfassende Streitmacht, die zu Generalleutnant Shojiro Iidas 15. Armee gehörte, landete am 11. Dezember 1941 am Victoria Point, im äußersten Süden Burmas, und stieß in nördlicher Richtung vor. Die Japaner schickten erst nach ihren Siegen in Malaya und auf den Philippinen zwei weitere Divisionen sowie Panzer-, Flak-, Artillerie- und Luftwaffen-Einheiten nach Burma, wo sie Generalleutnant Thomas Huttons 17. (Black Cat) Indian Division, einige britische Einheiten und die einheimische Burma Defence Force besiegten. Die Japaner wurden von burmesischen Nationalisten unter dem Befehl von U Aung San (dem Vater der späteren Friedensnobelpreisträgerin Aung San Suu Kyi) unter-

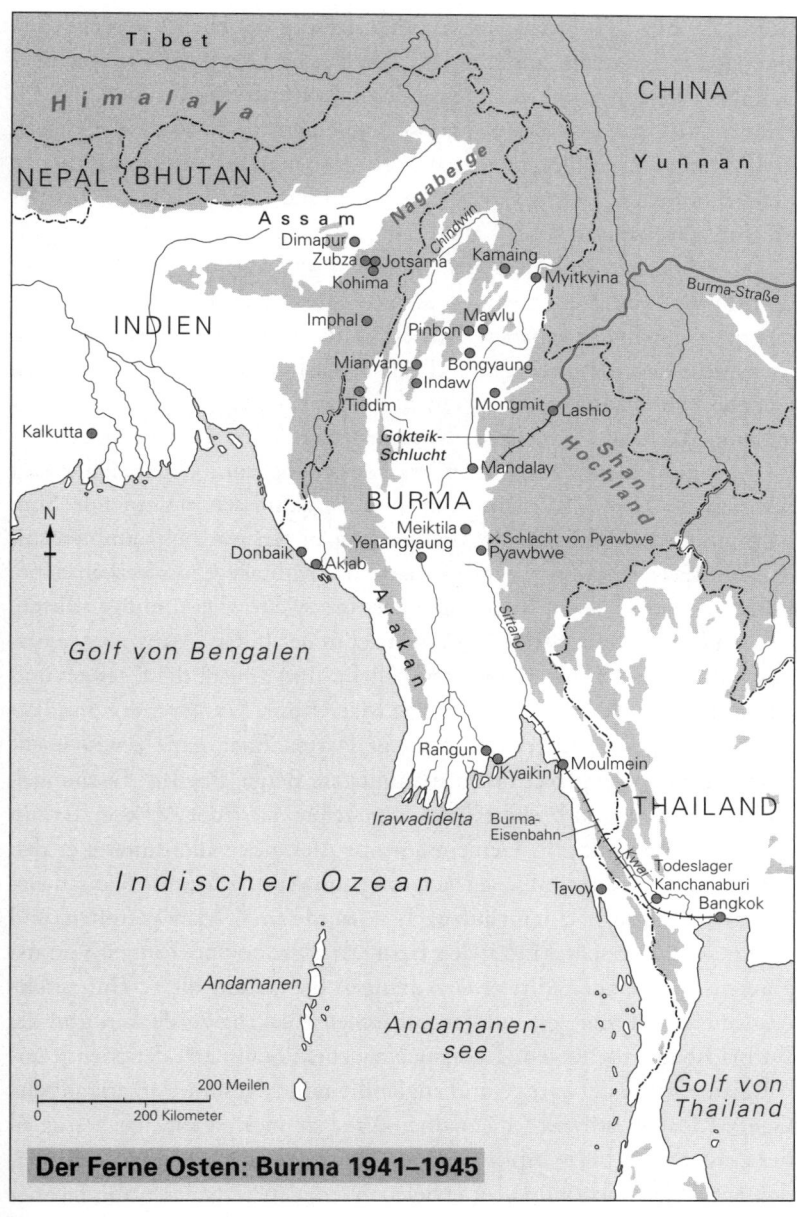

Der Ferne Osten: Burma 1941–1945

stützt, die britische Nachschubverbindungen in der ebenso vergeblichen wie naiven Erwartung sabotierten, dass Burma von Japan die uneingeschränkte Unabhängigkeit zugestanden bekommen würde. Iida vertrieb Huttons Truppen bis Ende Januar 1942 aus Tavoy und Moulmein, und in den Tagen vom 18. bis 23. Februar fügte der Angreifer seinem Gegner in der Schlacht am Sittang River eine umfassende Niederlage zu, bei der Hutton all seine schweren Waffen und die dazugehörige Ausrüstung einbüßte. Die Briten verlegten sich, wie zuvor schon in Malaya, hauptsächlich auf die Verteidigung von Straßen und gerodeten Gebieten und wurden deshalb von den Japanern wiederholt umgangen und eingeschlossen.

Hutton wurde noch während der Schlacht am Sittang River durch General Harold Alexander ersetzt, zu dessen Korpskommandeuren unter anderem Generalmajor William Slim zählte. (Diese Umbesetzung erfolgte sechs Monate vor Alexanders Ernennung zum Oberbefehlshaber im Nahen Osten.) Der aus einfachen Verhältnissen stammende Slim hatte im Ersten Weltkrieg in Gallipoli gekämpft, war bei Kämpfen mit den Gurkhas verwundet worden, hatte das Military Cross verliehen bekommen und später in Mesopotamien eine zweite Verwundung erlitten. Das Ende des Ersten Weltkriegs erlebte er in der Indian Army im Majorsrang. Slim war bei seinen Soldaten beliebt, ihm gingen die Eitelkeit und das große Ego von Befehlshabern wie MacArthur, Montgomery und Patton ab, doch als Taktiker und Stratege war er ihnen ganz gewiss ebenbürtig. Das Kampfgebiet in Burma umfasste Berge, Ebenen, Dschungel, Küstengewässer und breite Flüsse; Slim zeigte auf jeder Art von Terrain höchste Feldherrnkunst. Gemeinsam mit Alexander koordinierte er den langen Rückzug in nördlicher Richtung, aus Burma heraus. Die schwierige Entscheidung, Rangun aufzugeben, wurde am 6. März getroffen, und bereits zwei Tage später fielen den Japanern dort 100 000 Tonnen Vorratsgüter in die Hände. Mitte März drangen die 5. und die 6. chinesische Armee nach Burma vor, um den britischen Rückzug zu decken und die Burma Road zu schützen. Tschiang Kai-scheks Stabschef, der ebenso unbeugsame wie widerwärtige und englandfeindlich gesinnte amerikanische General Joseph Stilwell (Spitzname: «Vinegar Joe», «Essig-Joe»), trug in der Zeit vom 10. bis 19. April die Schlacht von Yenangyaung aus, ohne bedeutende Geländegewinne zu erzielen. Wenig später stießen die Japaner auf das Shan-Hochland vor und zwangen die Chinesen zur Flucht nach Norden. Von der 95 000 Mann zählenden chinesischen Streitmacht gelang nur einer Division die Flucht in geschlossener Formation.[66] Mandalay fiel am 1. Mai, zur gleichen Zeit wie Lashio, der südliche Endpunkt der Burma Road.

Von den 42 000 an diesem Feldzug beteiligten britischen, indischen und burmesischen Soldaten waren bis Ende Mai nicht weniger als 29 000 tot, verwundet oder in Gefangenschaft. Den Generälen Alexander und Slim war es dennoch gelungen, 13 000 Mann unverletzt nach Imphal in der indischen Provinz Assam zurückzuführen, in einem 1000 Kilometer langen Rückzug vom Sittang, dem längsten Manöver dieser Art in der britischen Kriegsgeschichte. «Sie sahen wie Vogelscheuchen aus», sagte Slim über seine Männer, «aber zugleich auch wie Soldaten.» Außerdem erinnerte er sich an den herzzerreißenden Anblick eines vier Jahre alten Kindes in Imphal, das versuchte, die tote Mutter mit einem Löffel und Kondensmilch aus einer Dose zu füttern.

Es war eine folgenschwere Abfolge von Rückzugsgefechten und Fluchten in letzter Minute gewesen, aber vier Fünftel von Burma waren jetzt in der Hand der Japaner, die bei diesem Feldzug nur 4597 Mann verloren hatten. Die Folge war eine noch stärkere Isolation Chinas, das jetzt nur noch von US-Transportfliegern mit Nachschub versorgt werden konnte, die auf dem größten Teil ihrer 900 Kilometer langen Route auf dem Weg in die Provinz Yunnan knapp 5000 Meter hohe Ausläufer des Himalaya überqueren mussten. Es war ein mörderischer Auftrag, dessen Wegstrecke wegen der vielen Flugzeugwracks, die sie säumten, auch als «Aluminium Trail» bezeichnet wurde. Und dennoch wurden bis 1945 immerhin 650 000 Tonnen Nachschubgüter auf diese Weise geliefert.

Der Militärdienst in Burma war – mit der einzigen Ausnahme des Bomber-Kommandos – für den Autor George MacDonald Fraser, der während der Belagerung von Meiktila und in der Schlacht von Pyawbwe mit der 17. (Black Cat) Indian Division kämpfte, «nach allgemeiner Einschätzung das schlimmste Los, das man bei der Militärdienst-Lotterie erwischen konnte».[67] Und das lag nicht nur an dem Feind, mit dem man es zu tun bekam; es gab auch noch 40 Zentimeter lange, giftige Hundertfüßer, Malariamücken, tellergroße Spinnen, Typhus, dschungeltypische Entzündungen an Hand- und Fußgelenken, Durchfall und Blutegel, mit denen man fertigwerden musste. Und natürlich war da noch das Wetter; der Feldzug von 1941/42 endete erst im Mai mit dem Einsetzen des Monsunregens. Fraser beschrieb in seinen Kriegserinnerungen *Quartered*

Safe Out Here («Hier draußen sicher einquartiert») einen Monsun in Burma:

> Zunächst fallen die ersten Riesentropfen, die immer schwerer und schwerer werden, und dann öffnet Gott die Schleusen, Wasser aus einer Million Hochdruckschläuchen wird senkrecht vom Himmel gespritzt, und die Sintflut rauscht mit einem gewaltigen Lärm herunter, ... danach ist die Erde von einer Wasserschicht bedeckt, die so aussieht, als würde sie von Schrotschüssen aufgewühlt. In Windeseile ist man völlig durchweicht, das Feuer ist erloschen, der Wasserspiegel im Kochtopf steigt sichtbar, und die ganze Lichtung ist ein Durcheinander aus Verwünschungen ausstoßenden Männern, die versuchen, Waffen und Ausrüstungsgegenstände aus den Wasserläufen zu ihren Füßen zu retten.[68]

So wie die Rote Armee vor Moskau im Spätherbst 1941 vom Wetter gerettet worden war, so brachte das Wetter auch den Briten im darauffolgenden Frühling an der indisch-burmesischen Grenze die Rettung.

«Wir leben gegenwärtig in einer furchtbaren Welt», schrieb Clementine Churchill am 19. Dezember 1941 an ihren Ehemann. «Europa wurde von den Nazischweinen überrannt und der Ferne Osten von gelben japanischen Läusen.»[69] Sieht man einmal von der für diese Generation typischen Ausdrucksweise ab, traf es zu diesem Zeitpunkt absolut zu, dass die Deutschen und Japaner uneingeschränkt im Vorteil zu sein schienen. Die Japaner hatten ein riesiges, mehr als 80 Millionen Quadratkilometer umfassendes Gebiet erobert. Innerhalb von sechs Monaten hatte sich Japan 70 Prozent der Weltförderung von Zinn und fast den gesamten Naturkautschuk gesichert, so dass sich die Amerikaner gezwungen sahen, ein Herstellungsverfahren für synthetischen Kautschuk zu entwickeln, damit ihre Fahrzeuge mobil blieben.[70] Der Eroberungszug hatte den Japanern den Zugriff auf eine jährliche Ölfördermenge in Niederländisch-Indien verschafft (7,9 Millionen Tonnen), die größer war als die Gesamtmenge, die in Kalifornien und im Iran aus der Erde geholt wurde. Sie führten auch 1,4 Millionen Tonnen Kohle pro Jahr aus Sumatra und Borneo ab, 1,1 Million Troy-Unzen[71] Gold von den Philippinen – mehr als in Alaska oder jedem anderen Bundesstaat der USA geschürft wurde, mit Ausnahme Kaliforniens –, außerdem Mangan-, Chrom- und Eisenerz mit einer geschätzten Fördermenge von einer halben Milliarde Tonnen; hinzu kamen noch Zinn aus Thailand und Öl, Silber, Blei, Nickel und Kupfer aus Burma. Die Eroberer begannen unverzüglich mit der Ausbeutung all dieser Bodenschätze, zu deren Förderung sie Zwangsarbeiter einsetzten. Nicht so leicht quantifizierbar, aber genauso wichtig war, dass die Kampfmoral der Japaner einen ungeheuren Auftrieb erhalten hatte. Ihre militärischen Triumphe seit Pearl Harbor waren, wie ein Biograf von MacArthur es ausdrückte, «von einer Art, die in der Kriegsgeschichte keinen Vergleich scheuen musste».[72] Aber wenn die Japaner – etwa einige Personen im Generalstab – glaubten, dass die Vereinigten Staaten, nur weil sie den Philippinen im Jahr 1946 ohnehin die volle Unabhängigkeit zugestehen mussten, keine großen Anstrengungen unternehmen würden, um sie noch vor diesem Stichjahr wieder zurückzuerobern, dann hatten sie sich im amerikanischen Nationalcharakter ebenso gründlich getäuscht wie Hitler.

Roosevelt und Churchill einigten sich bei ihren Washingtoner Treffen im Dezember 1941 und im Januar 1942 darauf, die Politik des «Deutschland zuerst» («Germany First»), die sie im vergangenen August in Neufundland skizziert hatten, grundsätzlich beizubehalten. Japan würde noch eine gewisse Verschnaufpause erhalten, aber dennoch unweigerlich gestellt werden. Das japanische Volk bekam einen Vorgeschmack darauf, was dies mit sich bringen würde, als 16 B-25-Bomber am 18. April 1942 vom Flugzeugträger *Hornet* abhoben und nach einem 1300 Kilometer weiten Anflug Tokio, Yokohama, Yokosuka, Kobe und Nagoya bombardierten, was ihrem Kommandeur, Oberstleutnant Jimmy Doolittle, die Congressional Medal of Honor und die Beförderung zum Brigadegeneral einbrachte. Der angerichtete Schaden war zwar, zumindest im Vergleich zu späteren Bombenangriffen auf diese Städte, zugegebenermaßen minimal, und zwei abgeschossene und gefangen genommene amerikanische Piloten wurden von den Japanern enthauptet, aber es war dennoch ein eindrucksvolles Vorzeichen für das, was noch folgen sollte.

Die Vereinigten Staaten verfügten zum Zeitpunkt ihres Kriegseintritts über eine Armee von 269 023 Mann, zahlenmäßig bedeutete das Rang 17 in der Welt, noch hinter Rumänien. Sie konnten nur fünf angemessen bewaffnete Divisionen in voller Kampfstärke aufbieten, und das zu einer Zeit, in der Deutschland 180 Divisionen unter Waffen hatte.[73] Die Weltwirtschaftskrise hatte für Amerikas Männer auch physische Konsequenzen gehabt. Die Armee nahm zwar nahezu jeden Mann in ihre Reihen auf, der geistig gesund und größer als 1,52 Meter war, mindestens 47,5 Kilogramm auf die Waage brachte, zwölf oder mehr eigene Zähne hatte, nicht auf Plattfüßen unterwegs war und weder unter Geschlechtskrankheiten noch an Leistenbrüchen litt, aber eindrucksvolle 40 Prozent der amerikanischen Männer erfüllten nicht einmal diese Grundanforderungen.[74] Die Regierung Roosevelt hatte bereits 1940 mit der Wiederaufrüstung begonnen, soweit der Kongress das zuließ, indem er einen Verteidigungshaushalt in Höhe von neun Milliarden Dollar für dieses Steuerjahr verabschiedete. Doch der Angriff auf Pearl Harbor führte zu einer massiven Ausweitung aller Arten von Rüstungsproduktion, und die langfristigen Ergebnisse erwiesen sich als kriegsentscheidend, vor allem, wenn man noch die Mengen an Rüstungsgütern berücksichtigte, die an Großbritannien, die Sowjetunion, an China und an weitere Länder geliefert wurden.

Bis zum Kriegsende hatten die USA 296 000 Flugzeuge im Gesamtwert von 44 Milliarden Dollar hergestellt, 351 Millionen Tonnen Fliegerbomben, 88 000 Landungsfahrzeuge, 12,5 Millionen Gewehre und 86 333 Panzer. In Amerikas Werften waren 147 Flugzeugträger vom Stapel gelaufen, 952 Kriegsschiffe mit einer Gesamtwasserverdrängung von 14 Millionen Tonnen und nicht weniger als 5200 Handelsschiffe mit insgesamt 39 Millionen Tonnen. Allein das Gesamtbudget für Waffen und Munition belief sich in der Zeit vom Mai 1940 bis zum Juli 1945 auf 180 Milliarden Dollar – das Zwanzigfache des gesamten Verteidigungshaushalts von 1940.[75] In einer derartigen Größenordnung bewegte sich das finanzielle und wirtschaftliche Engagement der Vereinigten Staaten für den Sieg, von den 14,9 Millionen Männern und Frauen, die für den Dienst in der Armee, bei den Luftstreitkräften (Army Air Force) und in der Marine mobilisiert wurden, einmal ganz abgesehen. Grob vereinfacht ausgedrückt, könnte man die Beiträge, die die drei führenden Mitglieder der großen Allianz im Zweiten Weltkrieg leisteten, so beschreiben: Großbritannien hatte die Zeit, die Sowjetunion das Blut für den Sieg über die Achsenmächte beigesteuert – und Amerika hatte die Waffen gebaut.

Zweiter Teil

WECHSELJAHRE

«Das Volk verzeihe einer Führung eher einen Fehler, den es außerdem in den meisten Fällen gar nicht sehe, als eine gewisse Unsicherheit in der Führung selbst. ... Es gehe infolgedessen nicht an, dass die oberste Führung eine Kritik ihrer Maßnahmen von unten zulasse. Rechte dieser Art wolle auch nicht das Volk an sich, sondern nur der Querulant im Volk. ... Das ganze menschliche Leben sei ja ständig von Irrtümern umlauert; wohin werde der Einzelne und wohin werde die Gemeinschaft da kommen, wenn sie aus Angst vor Irrtümern entscheidungsmüde würde!»

Adolf Hitler, Tischgespräche, 14. Mai 1942[1]

7
Die ewige Schande der Menschheit

1939–1945

> «Wie meuchlings traf uns das Morgengrauen; als
> verbündete sich die neue Sonne mit den Menschen
> im Vorsatz, uns auszurotten.»
>
> *Primo Levi, Ist das ein Mensch?, geschrieben 1946*[2]

Das genaue Datum, an dem Hitler dem «Reichsführer-SS» Heinrich Himmler die Ermordung der europäischen Juden mit industriellen Methoden in Vernichtungslagern befahl, ist, obwohl unter Historikern heftig umstritten, nahezu belanglos. Hitler war schon immer, wie der Historiker Ian Kershaw es formulierte, «der oberste und radikale Wortführer einer ideologischen Notwendigkeit» der Beseitigung der Juden. Schon vor Kriegsbeginn hatte er eine unmissverständliche Drohung ausgesprochen, als er am 30. Januar 1939 im Reichstag sagte:

> Ich bin in meinem Leben sehr oft Prophet gewesen und wurde meistens ausgelacht. In der Zeit meines Kampfes um die Macht war es in erster Linie das jüdische Volk, das nur mit Gelächter meine Prophezeiungen hinnahm .... Ich will heute wieder ein Prophet sein: Wenn es dem internationalen Finanzjudentum in und außerhalb Europas gelingen sollte, die Völker noch einmal in einen Weltkrieg zu stürzen, dann wird das Ergebnis nicht die Bolschewisierung der Erde und damit der Sieg des Judentums sein, sondern die Vernichtung der jüdischen Rasse in Europa.[3]

Natürlich hatte Hitler selbst – und nicht die von ihm herbeifantasierte «jüdisch-bolschewistische Verschwörung» – die Welt in den Krieg gestürzt, aber das nahm seiner Ankündigung nichts von ihrer Bedrohlichkeit. Er wiederholte diese Drohungen im Verlauf des Krieges mehrmals bei öffentlichen Ansprachen, und in Dutzenden von Reden im kleineren Kreis vor seinen Gauleitern und Reichskommissaren äußerte er sich genauer zu seinen Absichten zur Vernichtung der Juden. Der Einsatz von Giftgas gegen Juden war bereits in *Mein Kampf* erwähnt worden, wo Hitler im 15. Kapitel («Notwehr als Recht») geschrieben hatte: «Hätte man zu Kriegsbeginn und während des Krieges einmal zwölf- oder fünfzehntausend dieser hebräischen Volksverderber so unter Giftgas gehalten wie Hunderttausende unserer allerbesten deutschen Arbeiter aus allen Schichten und Berufen es im Felde erdulden mussten, dann wäre das Millionenopfer der Front nicht vergeblich gewesen.»[4]

Hitler und Himmler konnten problemlos genügend Antisemiten rekrutieren, die die Arbeit der Vernichtung für sie übernahmen. Der Antisemitismus war keineswegs auf Deutschland beschränkt, aber dort fiel er besonders bösartig aus. Bei der organisierten, in der Arbeiterklasse verankerten Linken war der Antisemitismus in der Bismarck-Ära und später dann in der Weimarer Republik nicht besonders ausgeprägt, aber das Phänomen war in der übrigen deutschen Gesellschaft tief verwurzelt und weit verbreitet. Die Gründung der Antisemitenliga[5] im Jahr 1879 und die Laufbahn des diebischen und erpresserischen Fälschers (und ehemaligen Schulrektors) Hermann Ahlwardt, der in den 1880er-Jahren aufgrund seiner geifernden Hassreden gegen die Juden in Deutschland – die niemals mehr als ein Prozent der Gesamtbevölkerung ausmachten – in den Reichstag gewählt wurde, waren eindrucksvolle Belege dafür.[6] Die Entwicklung, die ein Historiker als «die Domestizierung des Antisemitismus» bezeichnet hat, fiel in die 1880er- und 1890er-Jahre, in denen Schriftsteller wie Julius Langbehn (1851–1907) die Juden als «Gift», «Pest» und «Cholera» bezeichneten. Richard Wagners Witwe Cosima, die bis 1930 lebte, versammelte in Bayreuth eine Gruppe von Antisemiten um sich, und auch die Schriften des Engländers Houston Stewart Chamberlain trugen um die Jahrhundertwende zu einer Vorstellung von der deutschen Geschichte als einem Kampf zwischen Ariern und Juden bei. Überraschend ist dabei allenfalls, dass es eines halben Jahrhunderts von Propaganda und Hassausbrüchen dieser Art bedurfte, ehe Hitler die

Ausübung von Gewalt gegen die Juden in eine politische Plattform aufnahm.

Das Milieu, in dem sich der junge Hitler in Wien bewegte, scheint ihn ebenso wie die politischen Traktate, die er las, während er sich als Gelegenheitsmaler mühsam durchs Leben schlug, nach und nach zum Judenhasser gemacht zu haben. «Den alltäglichen Antisemitismus der im Lesesaal des Männerheims aufliegenden Zeitungen und der billigen antisemitischen Schriften, die er damals gelesen haben will, konnte Hitler schwerlich übersehen. Und seine Begeisterung für Wagner, dessen Opern er sich in dieser Zeit hundertfach ansah, kann seine politischen Ansichten nur gestärkt haben», schreibt Richard Evans in seiner Analyse des Aufstiegs des Nationalsozialismus.[7] Doch erst nach Deutschlands Niederlage 1918 entwickelte dieser Antisemitismus mörderische Neigungen. Hitler machte sich den deutschen Antisemitismus, der unter kleinen Geschäftsleuten, Ladenbesitzern, Handwerkern und Kleinbauern weit verbreitet war, auf ebenso geschickte wie bösartige Weise für seine Zwecke zunutze.

Doch das völkermörderische Töten sogenannten «lebensunwerten Lebens» im nationalsozialistischen Deutschland begann nicht mit den Juden, sondern mit der «Euthanasie»-Aktion, die sich gegen geistig und körperlich behinderte Menschen richtete und insgesamt 212 000 Deutsche und 80 000 Menschen anderer Staatsangehörigkeit das Leben kostete. Auch die Geisteskranken wurden in umgebauten Duschräumen getötet, und diese Mordaktion lieferte die Anregung für das, was schließlich in Auschwitz und anderen Vernichtungslagern geschehen sollte. Es trifft zu, dass in dem halben Jahr, das auf die antijüdischen Ausschreitungen in der sogenannten «Reichskristallnacht» am Abend des 9. November 1938 folgte, in deutschen Konzentrationslagern rund tausend Juden getötet wurden, aber erst im Lauf des Jahres 1939 sollte das wahre Ausmaß der gegen die Juden Europas gerichteten Pläne der Nazis offensichtlich werden. Bis dahin war die Hälfte der jüdischen Bevölkerung in Deutschland glücklicherweise bereits emigriert: 102 200 jüdische Deutsche gingen in die USA, 63 500 nach Argentinien, 52 000 nach Großbritannien, 33 400 nach Palästina, 26 000 nach Südafrika und 8600 nach Australien.[8] Tragischerweise wählten viele der Emigranten auch Polen, Frankreich und die Niederlande als Zufluchtsorte, die ihnen jedoch keine dauerhafte Sicherheit bieten konnten.

Nach dem Kriegsbeginn im September 1939 und ganz besonders nach ihrem Sieg über Polen gingen die Deutschen dazu über, eine enorme Zahl von Juden zur Umsiedlung in Ghettos zu zwingen, eng umgrenzte kleine Stadtbezirke, in denen sie, wie die Verantwortlichen der Besatzungsmacht hofften, an Krankheiten, Unterernährung und schließlich durch Verhungern sterben würden. So wurde beispielsweise mehr als ein Drittel der Gesamtbevölkerung Warschaus, rund 338 000 Menschen, in ein Ghetto gezwungen, das nur 2,5 Prozent des Stadtgebiets umfasste. Das unerlaubte Verlassen eines der von den Deutschen eingerichteten insgesamt 300 Ghettos und 437 Arbeitslager wurde mit der Todesstrafe geahndet. «Judenräte» verwalteten die Ghettos im von der Besatzungsmacht vorgegebenen Rahmen und in der (oft falschen) Annahme, dass sie die Lebensumstände dort günstiger gestalten könnten als die Deutschen. Allein im August 1941 starben im Warschauer Ghetto 5500 Juden.[9]

Hitler erwog im Sommer 1940 für kurze Zeit, auf der von der französischen Vichy-Regierung verwalteten Insel Madagaskar ein weiteres, viel größeres Ghetto einzurichten, das als letztlicher Bestimmungsort der europäischen Juden dienen sollte. Im Gespräch waren außerdem die britische Kolonie Uganda und ein gewaltiger Todesmarsch in Richtung Sibirien, sobald der Krieg im Osten gewonnen war. Ungünstige und ungesunde Lebensumstände – in Madagaskar beispielsweise das Gelbfieber – waren das Hauptkriterium bei der Auswahl dieser Orte. Als Martin Bormann im Februar 1941 das Problem ansprach, wie die Juden denn nach Madagaskar zu bringen seien, schlug Hitler zunächst Robert Leys «Kraft-durch-Freude»-Schiffe vor, zeigte sich dann aber besorgt wegen der Gefahr, die deutschen Besatzungen von alliierten U-Booten drohte, wobei ihm das Schicksal der Passagiere natürlich völlig gleichgültig war.[10] Doch selbst wenn Deportationsschiffe der Royal Navy unbehelligt entkommen wären, wäre der Madagaskar-Plan nach der Einschätzung von Laurence Rees «mit ziemlicher Sicherheit nur eine andere Art des Völkermords geworden».[11]

Stattdessen schickte Himmler ab dem Jahresbeginn 1941 SS-Mordkommandos im Rahmen der «Aktion 14f13» in Konzentrationslager, wo sie Juden und andere von der Reichsführung als «lebensunwert» bezeichnete Personen töten sollten. Man ging also zu gezielteren Tötungsaktionen über, für die man von der Gestapo den Begriff der «Sonderbehandlung» übernahm, die diesen Ausdruck für illegale und willkürliche Tötungen verwendet hatte.[12] Diese Vorgehensweise wurde mit dem Beginn des Unternehmens Barbarossa auf den ganzen Kontinent und besonders auf Osteuropa übertragen, wo der vorrückenden Wehrmacht vier «Einsatzgruppen» der SS in die Sowjetunion folgten, um alle Menschen zu «liquidieren», die als «unerwünscht» eingestuft worden waren: in erster Linie Juden, politische Kommissare der Roten Armee und all diejenigen, die man verdächtigte, sie könnten später vielleicht als Partisanen hinter den deutschen Linien agieren. Auf diese Einsatzgruppen entfiel eine im Verhältnis zur Zahl der ausführenden Personen ungeheuer große Zahl von Morden; alle vier Einheiten zählten insgesamt nur 3000 Personen, einschließlich der Schreibkräfte, Dolmetscher, Telegrafisten und Funker sowie der Sekretärinnen.[13] Himmler stockte die Zahl der Einsatzgruppen-Mitglieder bis Ende Juli 1941 auf das Zehnfache auf: SS-Kommandostab-Brigaden, deutsche Polizeibataillone sowie baltische und ukrainische «Hilfswillige», insgesamt rund 40 000 Mann, unterstützten die Einsatzgruppen bei einer Tötungsorgie, der innerhalb von sechs Monaten fast eine Million Menschen zum Opfer fiel, umgebracht durch eine Vielzahl verschiedener Mordmethoden.[14] Fotografien von Erschießungen wurden manchmal in den Messen von SS-Kasernen ausgestellt, damit die Betrachter Abzüge bestellen konnten, Gefühle von Schuld und Scham wegen dieses Umgangs mit unschuldigen Menschen waren dabei nicht einmal ansatzweise zu erkennen.[15]

Ein ehemaliger SS-Angehöriger erklärte 1961 vor einem deutschen Landgericht, wie das Einsatzkommando Nr. 8 in der Sowjetunion zwanzig Jahre zuvor seiner grausigen Tätigkeit nachgegangen war:

> Bei diesen von Erschießungspelotons vorgenommenen Exekutionen kam es gelegentlich auch vor, dass die Opfer sich am Grubenrand aufstellen mussten, um anschließend in die Gruben «hineingeschossen» zu werden. ... Während bei den Erschießungen in Białystok und Baranowice, zum Teil auch noch bei den Exekutionen in Minsk, die Leichen mit Sand oder Erde mehr oder weniger gut abgedeckt worden waren, bevor die nächste Gruppe an die Grube herangetrieben oder herangeführt wurde, fand eine solche Abdeckung bei den späteren Erschießungsaktionen nur noch selten statt, so dass die nachfolgenden Opfer, soweit sie in der Grube erschossen wurden, sich jeweils auf die Leichen der unmittelbar vorher Getöteten zu legen hatten. Aber auch in den Fällen, in denen die Leichen flüchtig mit Sand oder Erde zugeworfen worden waren, spürten die nachfolgenden Opfer die Körper ihrer getöteten Schicksalsgenossen, deren Körperteile häufig noch aus der dünnen Erd- oder Sandschicht herausragten.[16]

Irgendwann in der Zeit zwischen Mitte Juli und Mitte Oktober 1941, in der die Massenmorde an Juden nach dem Beginn von Unternehmen Barbarossa und dem schnellen Vormarsch der Wehrmacht eskalierten, beschloss Hitler, alle Juden zu töten, die in den deutschen Herrschaftsbereich gerieten, ohne Rücksicht darauf, ob sie für die deutschen Kriegsanstrengungen nützlich sein konnten oder nicht. Das genaue Datum lässt sich nicht bestimmen, weil die Nazis bestrebt waren, keine Beweise für den Holocaust selbst zu hinterlassen, im Unterschied zu dessen organisatorischer Entwicklung. Himmler erklärte beispielsweise am 4. Oktober 1943 in einer Rede vor SS-Gruppenführern in Posen, die Ermordung der Juden sei «ein niemals geschriebenes und niemals zu schreibendes Ruhmesblatt unserer Geschichte».[17] Die Suche nach einem Stück Papier, auf dem Hitler tatsächlich den Holocaust anordnet, ist deshalb müßig – angesichts der umfassenden Indizienbeweise dafür, dass er selbst und Himmler die treibenden Kräfte waren.

Im Oktober 1941 wurde den Juden die Auswanderung aus Europa untersagt, es begannen die Deportationen von deutschen Juden aus dem Reichsgebiet nach Osten. Im darauffolgenden Monat wurden in Polen, zunächst in Łódź und kurz darauf in Chełmno (Kulmhof), mobile Gaswagen eingesetzt, um Juden zu töten. Die SS hatte Gaswagen bereits seit 1939 bei der Ermordung von mehr als 70 000 Psychiatrie-Patienten eingesetzt; es war eine Idee, die man von Stalins Säuberungen in den Dreißigerjahren übernommen hatte, damals waren Menschen in der Nähe von Moskau in eigens für diesen Zweck umgebauten Lastwagen durch ins Fahrzeuginnere abgeleitete Kohlenmonoxid-Abgase getötet worden.[18] Reinhard Heydrich führte diese mobilen Gaskammern, die manchmal als Möbelwagen getarnt wurden, bei der SS ein. Theodor Leidig, einer der an diesen Tötungsaktionen beteiligten Chemiker, beschrieb im Jahr 1959, was den in diese Fahrzeuge gesperrten Opfern widerfahren war:

> Man sagte mir, dass die Menschen, die in die Lastwagen steigen würden, Russen seien, die ohnehin erschossen worden wären. Die höheren Stellen wollten wissen, ob es eine bessere Art gab, sie zu töten. … Ich erinnere mich noch, dass man durch ein Guckloch oder Fenster ins Innere des Lastwagens schauen konnte. Der Laderaum war beleuchtet. Dann öffneten sie den Verschlag. Einige Körper fielen heraus, andere wurden von Gefangenen herausgeholt. Wie wir Techniker bestätigten, hatten die Körper jene rosarote Färbung, die typisch für Menschen ist, die [an Kohlenmonoxidvergiftung] gestorben sind.

Diese örtlich begrenzten Massaker verliefen nach wie vor völlig planlos, aber noch vor dem Jahresende 1941 begann die SS mit der Ermordung von sowjetischen Kriegsgefangenen sowie von Psychiatriepatienten durch Zyklon-B-Gas. Im Oktober 1941 begann die Wehrmacht außerdem in Serbien mit der Erschießung von Juden unter dem Vorwand, dabei handele es sich um «Vergeltungsmaßnahmen» wegen Partisanentätigkeit.

Hitler selbst sprach am 12. Dezember 1941, einen Tag nach der Kriegserklärung an die Vereinigten Staaten, vor hochrangigen NSDAP-Funktionären. Goebbels notierte dazu später: «Bezüglich der Judenfrage ist der Führer entschlossen, reinen Tisch zu machen.» Hitler habe sich auf seine Reichstagsrede vom 30. Januar 1939 bezogen, und Goebbels hielt dazu fest: «Der Weltkrieg ist da, die Vernichtung des Judentums muss die notwendige Folge sein.» Himmler machte sich sechs Tage später nach einer Besprechung mit Hitler eine Notiz, in der er das Stichwort «Judenfrage», «offensichtlich als Ergebnis des Gesprächs», so ergänzte: «als Partisanen auszurotten».[19] Die Vorgehensweise sollte sich jetzt ändern: Anstatt die Juden dort zu töten, wo immer man sie antraf, während man sie ostwärts deportierte und dabei unter Lebensbedingungen einsperrte, die sie mit einer gewissen Wahrscheinlichkeit ohnehin töteten, ging man zur «Endlösung» in eigens für diesen Zweck eingerichteten Vernichtungslagern über. Das Lager Sobibór im Distrikt Lublin des «Generalgouvernements» wurde im Mai 1942 in Betrieb genommen, und die Arbeiten am Lager Treblinka im Nordosten Polens begannen im darauffolgenden Monat.

Bei der Ermordung von fast zwei Millionen polnischen Juden in einem Zeitraum von weniger als zwei Jahren, von Anfang 1942 bis Ende 1943, setzten die Nazis außerdem Einheiten wie das Reserve-Polizeibataillon 101 ein, auf dessen Konto allein die Erschießung oder Deportation in Vernichtungslager von insgesamt 83 000 Menschen ging.[20] Das Bataillon bestand hauptsächlich aus bis dahin unbescholtenen, der Arbeiter- und Mittelschicht entstammenden Bürgern Hamburgs im mittleren Alter, weniger aus überzeugten Nationalsozialisten. Diese Reservepolizisten scheinen eher durch den Gruppendruck und eine bereits ausgeprägte Neigung zu Gehorsam und Kameradschaft zu Massenmördern geworden zu sein, während politisches Eifertum wohl eine geringere Rolle spielte. Nicht weniger als zweihundertzehn Angehörige dieses Bataillons wurden in den Sechzigerjahren ausführlich verhört, deshalb ließ sich belegen, dass die Männer des Bataillons 101 nicht aufgrund ihrer Gesinnungstreue ausgewählt worden waren – nur jeder Vierte von ihnen war Mitglied der NSDAP –, und viele von ihnen meldeten sich nur deshalb zum Dienst in dieser Einheit, um dem aktiven Kriegsdienst an der Front zu entgehen. Diese Männer bildeten einen repräsentativen Querschnitt der deutschen Gesellschaft, und keiner von ihnen wurde zum Töten von Juden gezwungen – oder jemals bestraft, wenn er sich weigerte, so etwas zu tun. Nur eine relativ geringe Zahl von Deutschen billigte das, was «im Osten» geschah, doch der Rest formulierte keine wie auch immer geartete aktive Missbilligung. Die überwiegende Mehrheit verhielt sich einfach gleichgültig und wollte gar nicht wissen, was da vor sich ging. Doch wenn sie ausdrücklich zur Mithilfe beim Völkermord aufgefordert wurden, willigten 80 bis 90 Prozent der Männer des Bataillons 101 in diesen Auftrag ein, ohne groß zu murren. Nach einer anfangs noch gezeigten gewissen Empfindlichkeit «entwickelten sich [die Reservepolizisten] zunehmend zu effizienten und gefühllosen Henkern», stellte der Historiker Christopher Browning fest.[21]

Nur zwölf der fünfhundert Männer des Bataillons – also 2,4 Prozent – verweigerten die Teilnahme an der Erschießung von tausendfünfhundert jüdischen Zivilisten, die am 13. Juli 1942 in Gruppen von jeweils vierzig Personen aus dem polnischen Dorf Józefów (80 Kilometer südöstlich von Lublin) in die umliegenden Wälder geführt und dort umgebracht wurden. Im weiteren Verlauf der siebzehn Stunden dauernden Mordaktion – die von Zigarettenpausen und einem Mittagessen unterbrochen wurde – meldeten sich etwa fünfundvierzig weitere Männer aus verschiedenen Gründen ab. Die verbliebenen 90 Prozent setzten einfach ihre Tätigkeit fort, sie erschossen jüdische Frauen und Kinder aus nächster Nähe, obwohl sie wussten, dass sie im Fall einer Befehlsverweigerung straffrei bleiben würden. Einige dachten, am Schicksal der Juden würde sich auch nichts ändern, wenn sie selbst nicht mitmachten. Obwohl sie nach eigenem Bekunden bei der ersten «Aktion» noch «davor zurückgescheut hätten», Säuglinge und Kleinkinder zu erschießen, machten sie dennoch mit, so wie sie auch mit Tapferkeitsorden ausgezeichnete Veteranen des Ersten Weltkriegs erschossen, die auf die gemeinsam erlebte Kameradschaft in den Schützengräben verwiesen und um Gnade baten. Es irritierte sie, dass die jüdischen Mütter sich nicht von ihren Kindern trennen wollten und Mütter und Kinder deshalb zusammen erschossen werden mussten. Ein fünfunddreißigjähriger Metallarbeiter aus Bremerhaven gab nach dem Krieg allerdings zu Protokoll: «Es sollte gewissermaßen eine Gewissensberuhigung für mich selbst sein, die ohne ihre Mutter nicht mehr lebensfähigen Kinder zu erlösen.»

Die Männer des Bataillons zeigten einen gewissen körperlichen Abscheu, aber auf ethischem Gebiet galt das nicht. «Zuerst wurde stehend freihändig erschossen», erinnerte sich einer der Reservepolizisten. «Wenn man zu hoch hielt, sprang die ganze Schädeldecke ab. Das hatte zur Folge, dass Gehirnteile und auch Knochen in der Gegend umherflogen. Es erging dann die Anweisung, die Bajonettspitze auf dem Nacken aufzusetzen.» Deutsche Augenzeugen erinnerten sich, wie die auf dem Marktplatz von Józefów verbliebenen Juden noch im Angesicht des Todes eine «‹unglaublich› und ‹erstaunlich› beherrschte Haltung» zeigten, obwohl das Geräusch der ersten Salve vom Wald her keinen Zweifel an dem ließ, was ihnen bevorstand.[22] Es gibt eine große Zahl sehr komplexer psychologischer Gründe, die es möglich machten, dass aus normalen Menschen Massenmörder wurden, und natürlich spielte bei einigen Tätern auch fanatischer Antisemitismus eine Rolle. Die meisten dieser Gründe – die Brutalisierung in Kriegszeiten, gesellschaftliche Segmentierung, Karrierismus, gedankenlose Routine, der Wunsch nach Konformismus, ein Macho-Ethos und so weiter – kommen auch außerhalb der physisch-geografischen oder historischen Grenzen des nationalsozialistischen Deutschland vor.

Die oft geäußerte These, die mit industriellen Methoden betriebene Massenvernichtung der Juden sei ein Ergebnis deutscher Niederlagen an der Ostfront oder gar ein Ergebnis des amerikanischen Kriegseintritts nach Pearl Harbor gewesen, ist unzutreffend: Diese Ereignisse fielen mit dem Massenmord zusammen, lösten ihn aber nicht aus. In Wirklichkeit arbeiteten die Deutschen ständig an neuen Tötungsarten, mit denen sie mehr Juden effizienter umbringen konnten, und die Verwendung von Zyklon-B-Gas war einfach nur das Endergebnis dieses Improvisationsprozesses. In einem «Führerstaat» hing der persönliche Aufstieg davon ab, dass man dem Führer gefiel, und von Hitler war – obwohl er sorgfältig darauf bedacht war, dass seine Unterschrift auf keinem Dokument zur Vernichtungspolitik auftauchte, und diesbezügliche Anweisungen nur mündlich gab – allgemein bekannt, dass er im Umgang mit den Juden immer nur dem härtesten Kurs den Vorzug gab. Hitler setzte seinen Namen zwar unter eine hohe Zahl von «Weisungen» und «Führerbefehlen», doch die kriminellen Dimensionen des Holocaust waren so gewaltig, dass selbst Hitler darauf achtete, sich von persönlich zuweisbarer Schuld fernzuhalten. Das ging so weit, dass seine Apologeten sich sogar an der Behauptung versuchen, er sei nicht verantwortlich gewesen. Kein einziger deutscher Beamter erlitt einen Karrierenachteil wegen übergroßer Begeisterung für den Völkermord, aber viele – wie zum Beispiel Obergruppenführer Reinhard Heydrich – profitierten von ihrem antisemitischen Fanatismus. Als der Reichsführer-SS Heinrich Himmler und Heydrich Mitte August 1941 schriftliche Anweisungen erteilten, die Ermordung jüdischer Frauen, Kinder und Männer durch noch umfangreichere Pogrome in Osteuropa zu forcieren, geschah dies auch, und seinen Anfang nahm dieses Geschehen in Litauen.[23]

Massaker an Juden – oft durch Erschießen am Rand von Gruben, die von den Opfern selbst oder von sowjetischen Kriegsgefangenen ausgehoben worden waren – gab es in Ponary bei Vilnius (55 000 Tote), in Kaunas/Kowno (KZ Kauen, 30 000) und im nahe gelegenen Forts IX (10 000), in der Babi-Jar-Schlucht bei Kiew (33 771), in Rumbula bei Riga (38 000) und an vielen anderen Orten.[24] Insgesamt starben etwa 1,3 Millionen Menschen durch Mordaktionen der Einsatzgruppen, bevor die Umstellung auf das eher fabrikmäßig organisierte Töten erfolgte. Wir kennen die Zahlen der Opfer, weil detaillierte Berichte über die Massaker an die Auftraggeber geschickt wurden, Berichte, die Hitler mit Sicherheit gesehen hat und auf die er bei Besprechungen mit seinen Helfern gelegentlich und beiläufig zurückkam. Am 25. Oktober 1941 sagte Hitler beispielsweise bei einem Abendessen mit Himmler und Heydrich: «Sage mir keiner: Wir können sie doch nicht in den Morast schicken! Wer kümmert sich denn um unsere Menschen? Es ist gut, wenn uns der Schrecken vorangeht, dass wir das Judentum ausrotten.»[25] Möglicherweise war dies eine Anspielung auf die SS-Berichte, in denen von der Ermordung Tausender jüdischer Frauen und Kinder in den Pripjetsümpfen die Rede war.

Die Wehrmacht wusste über die Tätigkeit der Einsatzgruppen Bescheid und arbeitete mit ihnen zusammen – allen Unschuldsbeteuerungen der Nachkriegszeit zum Trotz, auf die eine ganze Reihe prominenter westlicher Historiker hereinfiel, unter anderen auch Basil Liddell Hart. Nach Babi Jar schrieb Feldmarschall Walter von Reichenau in einem Befehl an die Soldaten der 6. Armee, sie müssten «für die Notwendigkeit der harten, aber gerechten Sühne am jüdischen Untermenschentum volles Verständnis haben», und Rundstedt unterzeichnete eine Direktive an hohe Offiziere, die weitgehend ähnliche Aussagen enthielt. Eine vergleichbare Komplizenschaft beim Völkermord zeigten Feldmarschall von Leeb, Feldmarschall von Manstein, der schrieb: «Das jüdisch-bolschewistische System muss ein für allemal ausgerottet werden», sowie General Hoepner, der die vollständige Vernichtung des Gegners befahl, den er in den Juden und Bolschewiken verkörpert sah. Die Deutschen hatten eine lange Vorgeschichte des grausamen und willkürlichen Umgangs mit «unerwünschten» Elementen unter der einheimischen Bevölkerung besetzter Gebiete, zu der die Behandlung vermeintlicher «franc-tireurs» (Freischärler) im Deutsch-Französischen Krieg von 1870/71 ebenso gehörte wie das Vorgehen gegen die Hereros in der Kolonie Deutsch-Südwestafrika in den Jahren 1904–1908 sowie gegen belgische Zivilisten im Ersten Weltkrieg. Im Jahr 1940 wurden beim Frankreich-Feldzug etwa 3000 afrikanische Soldaten schwarzer Hautfarbe massakriert, die sich angesichts der französischen Niederlage bereits ergeben hatten.[26]

Die in gewisser Hinsicht planlosen, halböffentlich ausgeführten Massenmorde durch die Einsatzgruppen hatten auch ihre Nachteile, in erster Linie waren das der hohe Munitionsverbrauch, gelegentlich erfolgreiche Fluchtversuche und der nur sehr vereinzelt geäußerte Ekel, den die SS-Männer selbst empfanden. Himmler wollte all diese Punkte minimieren. Das hatte zur Folge, dass die Nazi-Führungsspitze im Spätsommer und Herbst 1941 intensiv nach einer deutlich effizienteren Methode für die Verwirklichung des Völkermords suchte. Deshalb wurden am 3. September 1941 im Untergeschoss des Strafblocks (Block 11) auf dem Lagergelände von Oświęcim westlich von Krakau – der Ort ging unter seinem deutschen Namen Auschwitz in die Geschichte ein – erstmals 250 Häftlinge, die meisten von ihnen sowjetische Kriegsgefangene,[27] durch den Einsatz von Zyklon B umgebracht. Die Bezeichnung steht für kristalline Blausäurekörner, die sich beim Kontakt mit Luftsauerstoff in Giftgas verwandeln. Das Mittel war bis dahin zur Schädlingsbekämpfung und Desinfektion von Kleidung und Gebäuden verwendet worden. Im Osten fuhren zwar weiterhin die Gaswagen, und Massenerschießungen und anderer Mordmethoden wurden nach wie vor praktiziert, doch der Einsatz von Zyklon B in Gaskammern entwickelte sich zur wichtigsten Methode, mit der die Nazis versuchten, «die Endlösung der Judenfrage in Europa» herbeizuführen, wie Heydrich es formulierte. In Hitlers Privatbibliothek befand sich ein 1931 erschienenes Handbuch über Giftgas mit einem Kapitel, «das ausführlich auf die Eigenschaften und Wirkungen von Blausäure eingeht», dem zum Erstickungstod führenden Gas, das unter dem Handelsnamen Zyklon B vermarktet wurde.[28]

Rudolf Höß, der Lagerkommandant von Auschwitz, wollte sich durch den Einsatz von Zyklon B ursprünglich ein «Blutbad ersparen», womit er die individuelle Ermordung von Juden und anderen Häftlingen durch SS-Männer meinte. Höß selbst war bereits zu einem sehr frühen Zeitpunkt, im November 1922, in die NSDAP eingetreten; er hatte die Mitgliedsnummer 3240.[29] Laurence Rees schrieb in seinem Buch über Auschwitz: «Der Einsatz von Zyklon B [milderte] den Mordprozess für die NS-Mörder: Sie brauchten ihren Opfern nicht mehr in die Augen zu sehen, wenn sie sie umbrachten.»[30] Insgesamt wurden in Auschwitz-Birkenau etwa 1,1 Millionen Menschen ermordet, und mehr als 90 Prozent davon waren Juden. Das Konzentrationslager Auschwitz I war das «Stammlager», in dem 30 000 Häftlinge eingesperrt waren, das nahe gelegene Birkenau war ein 170 Hektar großes weiteres Lager – größer als der Londoner Hyde-Park –, in dem etwa 100 000 Menschen lebten, arbeiteten und starben. Die schmiedeeiserne Parole «Arbeit macht frei», die über dem Lagertor angebracht war, war natürlich nur eine weitere zynische Nazi-Lüge, denn die Arbeit dort war so angelegt, dass sie die Häftlinge letztlich umbrachte, und in der gesamten Lagergeschichte gab es keine einzige Freilassung eines Häftlings durch die Deutschen.

Nach der Verhaftung in ihren Heimatorten überall in den von Deutschland besetzten Teilen Europas wurden die Juden mit Zügen nach Auschwitz oder in eines der fünf anderen Vernichtungslager in Osteuropa gebracht. Üblicherweise durften die Menschen 15 bis 25 Kilogramm persönliches Gepäck auf diese Reise mitnehmen. Damit wollte man ihnen vorgaukeln, dass sie an neuen Wohnorten «irgendwo im Osten» untergebracht würden. Solche Lügen wurden gebraucht, um die Menschen gefügig zu halten und sie so weit zu bringen, dass sie in die Gaskammern gingen, ohne in Panik auszubrechen, sich körperlich zur Wehr zu setzen oder Fluchtversuche zu unternehmen. Auf den langen Zugfahrten – für die aus Griechenland Deportierten konnte sie bis zu elf Tage dauern –, für die oft nur Viehwaggons eingesetzt wurden, erhielten die Menschen wenig oder gar nichts zu essen und zu trinken, und es gab keine Toiletten.

Bei der Ankunft der Transporte an der Rampe in Birkenau kam es zur ersten «Selektion», bei der SS-Männer die ihrem Eindruck nach arbeitsfähigen Männer und Frauen auswählten – durchschnittlich etwa 15 Prozent der Neuankömmlinge –, die man zu den Lagerbaracken führte, wo sie Arbeitskolonnen zugeteilt wurden. Die Alten, Schwachen und Gebrechlichen, die Kinder und die Mütter von Kindern brachte man direkt zu den Gaskammern und ermordete sie. In Birkenau starben allein 230 000 Kinder, nahezu alle von ihnen innerhalb einer Stunde nach ihrer Ankunft an diesem Ort, während die durchschnittliche Lebenserwartung für Männer, die die erste Selektion überstanden, bei sechs Monaten bis einem Jahr lag, den Frauen blieben etwa vier Monate. Der Tod kam in vielerlei Gestalt, neben den Gaskammern und den Hinrichtungen waren da noch Hunger, schwere Prügelstrafen, Selbstmord, Folter, Erschöpfung und Auszehrung, medizinische Experimente, Typhus, Unterkühlung, Scharlach, Diphterie, Fleckfieber und Tuberkulose. Oswald «Papa» Kaduk – den Beinamen verdankte er seiner «Kinderliebe» – verteilte Luftballons an jüdische Kinder, bevor diese, zehn Kinder pro Minute, mit direkt ins Herz verabreichten Phenolinjektionen «abgespritzt» wurden.[31]

Diejenigen, die für die Gaskammer «selektiert» wurden, führte man direkt zu den im Untergeschoss eingerichteten Kammern und gaukelte ihnen vor, sie würden jetzt eine Dusche erhalten. Das Wort «Duschraum» war in allen großen europäischen Sprachen an den Wänden zu lesen, und in den Decken der Gaskammern waren sogar funktionslose Duschköpfe angebracht. Den Opfern wurde noch gesagt, sie sollten sich beeilen, weil sonst der Kaffee kalt würde, der anschließend im Lager auf sie warte.[32] Im Auskleideraum wies man sie an, ihre Kleider an die dort angebrachten Haken zu hängen, dann wurden sie in die Kammer bugsiert, und plötzlich schloss sich die schwere Metalltür hinter ihnen. Die grünen Zyklon-B-Körner wurden dann in Dachluken geschüttet, durch Rohre geleitet, und innerhalb von fünfzehn bis dreißig Minuten – die Angaben schwanken – waren alle in der Kammer Eingesperrten tot.

Ein großer Teil der auch körperlich anstrengenden Aufgabe des Gaskammerbetriebs fiel den «Sonderkommandos» zu, bestehend aus Häftlingen, denen die Reinigung und Vorbereitung der Krematorien oblag. «Hier kommt man nur durch den Kamin raus», musste sich der italienische Chemiker Primo Levi «immer und immer wieder sagen lassen», als er nach Auschwitz kam. «Was soll das heißen?», fragte er sich anfangs, aber: «Wir werden es später zur Genüge erfahren.»[33] Obwohl nur SS-«Sanitäter» die Zyklon-B-Körner in die Rohre schütteten, die in die Kammer führten, erledigten die Sonderkommandos – bis auf das Verschließen der hermetisch abgedichteten Türen zur Gaskammer – fast alle anderen Arbeiten. Sie beruhigten die Gefangenen auf dem Weg zum Auskleideraum, sprachen dabei oft Jiddisch mit ihnen und sagten, sie würden jetzt duschen, bevor sie einer Arbeitskolonne zugeteilt und wieder mit ihren Familien zusammengebracht würden; sie führten nervöse, aufgeregte oder verdächtige «Unruhestifter» außer Sicht- und Hörweite und hielten sie an beiden Ohren fest, während ein SS-Mann hinzutrat und das Opfer mit einer mit Schalldämpfer ausgestatteten Pistole hinter dem Krematorium erschoss; sie halfen den Alten beim Auskleiden und führten sie zu den Gaskammern, manchmal schubsten sie sie auch mit schweren Gummiknüppeln voran; noch während die Vergasung im Gang war, sichteten sie bereits die persönlichen Gegenstände, Wertsachen, Nahrungsmittel und Kleidungsstücke, die im Auskleideraum zurückgelassen worden waren, suchten nach in den Saum der Kleidung eingenähtem Schmuck; sie verbrannten alles, was den Nazis wertlos erschien, und dazu zählten auch Fotoalben, Bücher, Dokumente, Torarollen, Gebetsschals und Spielzeug; sie holten die Leichname aus den Gaskammern und beseitigten die Exkremente, damit der nächste eintreffende Transport keine Spuren von dem zu sehen bekam, was dem vorherigen widerfahren war – Frauenparfüm, das den Opfern weggenommen worden war, benutzte man oft dazu, den Geruch des Gases und der Körperausscheidungen zu überdecken; sie suchten im Mund der Opfer nach Goldmünzen; sie rasierten das Haar der Leichname ab, zogen Ringe und Ohrringe ab, Goldzähne und fest sitzende Ringe wurden mit Kneifzangen entnommen; sie lösten Prothesen, und dann warfen sie die Leichen «wie alte Lumpen» in den metallenen Lastenaufzug, stapelten auf diese Art fünfzehn bis zwanzig von ihnen übereinander. Im Erdgeschoss schoben Angehörige des Sonderkommandos die Leichen mit eigens für diesen Zweck hergestellten Gabeln in die Öfen des Krematoriums, dessen Glut sie ständig schüren mussten (der Rauch zog durch die fünfzehn Meter hohen Schornsteine ab); anschließend zertrümmerten sie mit langen Stangen die Schädel, Knochen und Körperteile, die nicht ganz verbrannt worden waren; sie nahmen die gewaltigen Haufen menschlicher Asche heraus und transportierten sie mit Schubkarren zu einem Teich zwischen zwei der Krematorien oder brachten sie mit Lastwagen weg, um sie später in die Sola zu schütten, einen Nebenfluss der Weichsel.[34]

Mit einer einzigen Gaskammer – und in Auschwitz-Birkenau standen sechs Gaskammern rund um die Uhr zur Verfügung – konnte eine Gruppe von 10 SS-Männern und 20 Sonderkommando-Häftlingen 2000 Juden innerhalb von nur 90 Minuten töten.[35] Viele SS-Männer meldeten sich freiwillig für Überstunden in diesem Bereich, um Vergünstigungen wie zusätzliche Fleisch- und Alkoholzuteilungen zu erhalten. In Auschwitz allein gab es einige Phasen, in denen die SS innerhalb von 24 Stunden bis zu 20 000 Menschen selektierte, vergaste, die Leichname verbrannte und ihre Asche beseitigte.

«Es gab doch viele, die sagten, sie wüssten, dass sie sterben müssten», erinnerte sich der ehemalige Sonderkommando-Häftling Josef Sackar an die Juden, die er bis zur Gaskammer eskortiert hatte.

> Einige wussten sicher, was da vor sich ging. ... Sie hatten Angst, ganz einfach. Sie waren erschrocken. Mütter hielten ihre Kinder fest, nachher klammerten sich auch Verwandte aneinander. ... Sie schämten sich. ... Ein Teil der Leute weinte vor Scham und Angst. Es war für sie ein einziger Schrecken. ... Die Kinder verhielten sich wie Kinder. Sie griffen nach den Händen ihrer Eltern, umarmten ihre Eltern. Was wussten die schon? Kinder wussten nichts.[36]

Den Opfern wurde gesagt, sie sollten sich die Nummern der Haken merken, an die sie im Auskleideraum ihre Sachen gehängt hatten, es war ein etwa 15 bis 25 Meter langer Durchgangsraum mit Betonfußboden und Holzbänken auf beiden Seiten. Auch das sollte die Menschen in dem Glauben wiegen, sie sollten nur duschen und entlaust werden, bevor sie sich wieder anziehen konnten.

Sobald sie in der Gaskammer waren, gab es für die Opfer keine Hoffnung auf Überleben mehr. Rudolf Höß zeigte sich in seinen Erinnerungen, die er in der Zeit von seiner Verhaftung im März 1946 durch die Briten bis zu seiner Hinrichtung durch den Strang am 16. April 1947 in Auschwitz verfasste, unbeirrt und stellte einen nüchternen Vergleich mit den Morden durch Kohlenmonoxid an:

> Die Erfahrung hat gezeigt, dass das Blausäurepräparat Cyclon B unbedingt sicher und schnell den Tod verursacht, insbesondere in trockenen und gas-

dichten Räumen mit voller Belegung und möglichst zahlreichen Gaseinwurfstellen. Ich habe nie erlebt, auch nie davon gehört, dass auch nur ein einziger Vergaster in Auschwitz beim Öffnen der Gasräume eine halbe Stunde nach dem Einwurf des Gases noch am Leben war.[37]

Diese dreißig Minuten waren so grauenhaft, wie man es sich nur vorstellen kann. In den nach dem neuesten Stand der Technik eingerichteten Gaskammern in den Krematorien II und III in Auschwitz wurden die Behälter mit den Zyklon-B-Kristallen durch «Drahtnetzeinschiebevorrichtungen» in die Gaskammern hinuntergelassen, und das Gas wurde relativ gleichmäßig verteilt, aber in den anderen Gaskammern sammelte es sich am Boden und stieg nach oben, so dass die stärkeren Opfer, im vergeblichen Bemühen, dem Erstickungstod zu entgehen, auf die Schwächeren stiegen. «Die Leute wussten, dass das Ende kam, und versuchten so hoch wie möglich zu steigen, um dem Gas zu entkommen», erinnerte sich Sackar. «Und oft geschah es, dass von der Wärme, von der Wärme des Gases, die Haut sich aufgelöst hatte.» Die Opfer krallten sich an den Türen und Wänden fest, und ihre Schreie und ihr Weinen war oft durch die dicken, luftdichten Metalltüren hindurch zu hören. Jedes Mal, wenn die Häftlinge des Sonderkommandos eine Gaskammer betraten, erwartete sie ein furchtbarer Anblick. In Gideon Greifs Darstellung heißt es: «Das purpurrote, aufgesprungene Fleisch, die schmerzverzerrten Gesichter und die hervorquellenden, weit aufgerissenen Augen zeugen von den schrecklichen Qualen, die diese Menschen in den letzten Augenblicken ihres Lebens durchlitten.»[38]

Otto Moll, ein ehemaliger SS-Aufseher in Auschwitz, berichtete in Nürnberg über das Schicksal von Babys, die von ihren Müttern in abgelegten Kleidern im Auskleideraum versteckt worden waren: «Dafür waren die Häftlinge zuständig. Sie mussten den Raum sauber machen, nachdem er wieder leer war, dann nahmen sie die Kinder und warfen sie in die Gaskammer.» An anderer Stelle wurde er gefragt, wie lange es gedauert habe, bis das Zyklon-B-Gas wirkte: «Das Gas wurde durch eine Öffnung eingefüllt. Etwa eine halbe Minute nachdem das Gas eingefüllt worden war – natürlich kann ich das nur schätzen, da wir keine Stoppuhr hatten, um es zu messen, und wir daran sowieso nicht interessiert waren –, jedenfalls, nach einer halben Minute gab es keine lauten Geräusche mehr, und auch sonst waren keine Geräusche aus der Gaskammer mehr zu hören.» Frage:

«Welcher Art waren die Geräusche, die man bis dahin hören konnte?» Moll: «Die Menschen weinten und schrien.»[39] Nur wenige andere Berichte gaben einen so kurzen Zeitraum an.

Manchmal erkannte ein Sonderkommando-Häftling unter den Toten einen Familienangehörigen oder Freund, und Höß – dessen Angaben vor dem Hintergrund seines reuelosen Antisemitismus gesehen werden müssen – behauptete, einmal habe ein Häftling bei dieser Arbeit sogar die Leiche seiner eigenen Frau entdeckt, zum Verbrennungsofen geschleppt und später mit den anderen Mitgliedern seines Kommandos beim Essen gesessen, «als ob nichts vorgegangen wäre». (Andererseits gibt es aber auch eine Geschichte von einem Sonderkommando-Mitglied, das seine Mutter zur Gaskammer begleitete und dann freiwillig bei ihr blieb und ebenfalls vergast wurde.) Es liegt auf der Hand, dass die anderen Häftlinge in Auschwitz die Mitglieder des Sonderkommandos für Handlanger der Nazis und «besonders gefühllose und grausame Menschen» hielten.[40] Primo Levi bezeichnete die Sonderkommandos später als einen «Grenzfall der Kollaboration», und es stimmt, dass die Mordtätigkeit der Nazis sehr viel schwieriger und mühsamer zu erledigen gewesen wäre, wenn es die Sonderkommandos nicht gegeben hätte, allerdings hätten die Täter für diese Aufgaben zweifellos auch unter den Hilfstruppen aus der Ukraine, dem Baltikum und aus Weißrussland Freiwillige gefunden.

Doch es sollte nicht vergessen werden, dass es für die Sonderkommandos keine Alternative als den Tod gab, dass sie für andere Häftlinge Lebensmittel organisierten, wann immer sie konnten, und dass sie die einzige Gruppe von Häftlingen waren, die einen Aufstand gegen die Deutschen unternahmen. Als am 7. Oktober 1944 deutlich wurde, dass die Ermordung der Mitglieder der Sonderkommandos der Krematorien IV und V unmittelbar bevorstand, griffen diese die SS-Wachen mit Steinen, Äxten und Eisenstangen an. Der «Aufstand» wurde bis zum Abend niedergeschlagen, und keinem einzigen Häftling gelang die Flucht, aber die Aufständischen töteten drei SS-Wachen, verletzten zwölf weitere, zerstörten das Krematorium IV mit Handgranaten, die sie von weiblichen Mitgefangenen erhalten hatten, und versuchten aus dem Lager zu fliehen. Bei diesem Versuch starben zweihundertfünfzig Häftlinge, zweihundert weitere wurden am nächsten Tag hingerichtet. Die jüdischen Frauen, die den Sprengstoff geschmuggelt hatten – Ester Wajcblum, Regina Safirsztajn, Ala Gertner und Róza Robota –, wurden nach wochenlanger

Folter im Stammlager gehängt.[41] Alle Aufstände, zu denen es in den Vernichtungslagern der Nazis kam – in Sobibór, Treblinka und Auschwitz –, gingen von den Sonderkommandos aus, den einzigen Häftlingen, die körperlich stark genug waren, um zurückzuschlagen. Sie waren es auch, die versuchten, Beweise für den Holocaust zu dokumentieren und der ganzen Welt zukommen zu lassen, indem sie in Blechdosen versteckte Berichte in der Nähe der Krematorien vergruben; dort wurden sie später aufgefunden und veröffentlicht.[42] In einem dieser Berichte, verfasst von Salman Gradowski, wird gefragt: «Warum sitze ich ruhig hier, anstatt zu klagen und über meine Tragödie zu weinen, und warum sind wir teilnahmslos, starr, bar jeden Gefühls?» Die Antwort lautete: «Der ständige, systematische Tod, das einzige Leben, das es für jemanden gibt, der hier lebt, schwächt, verwirrt und lässt die Sinne abstumpfen.»[43]

Mehrere der Sonderkommando-Häftlinge, die den Krieg und die Lagerhaft überlebten, gaben später in ausführlichen Interviews Auskunft und erklärten, dass sie sich in Automaten verwandelt hätten, um zu überleben und später gegen die Nazis Zeugnis ablegen zu können. Ein Gefühl der Apathie und Machtlosigkeit half den «erbarmungswürdigen Handlangern der Massenvernichtung» (Primo Levi) ebenso wie der Konsum von Alkohol, das, was auch als «inneres moralisches Dilemma des Sonderkommando-Phänomens» bezeichnet wurde, von sich wegzuschieben.[44] Überraschenderweise waren Selbstmorde in dieser Gruppe eine Seltenheit. «Obwohl sie wussten, was unmittelbar bevorstand, konnten sie keinen einzigen Juden retten», schreibt ihr Chronist. Und dazu gehörten auch die Kleinkinder, die ihnen von Müttern, die vor dem Gang in die «Dusche» intuitiv erkannt hatten, dass sie diesen Raum nicht lebend verlassen würden, kurzentschlossen übergeben worden waren.[45]

Weil die Häftlinge der Sonderkommandos zugleich auch «Geheimnisträger» waren, wurden sie getrennt untergebracht und mussten unter sich bleiben, konnten von diesem Amt nicht zurücktreten und außerdem auch nicht darauf hoffen, dass der Krieg vielleicht zu Ende ging, bevor sie selbst «selektiert» wurden. Weil sie als erste Zugang zu der persönlichen Habe hatten, die die ermordeten Juden im Auskleideraum zurückließen, war ihr Essen besser als das aller anderen Häftlinge, und das war den Deutschen gerade recht, weil diese Männer eine so schwere körperliche Arbeit verrichten mussten. Die Sonderkommandos durften anstelle der Häftlingsuniform Zivilkleidung tragen, sie hatten Betten mit Strohmatratzen in Räumen über dem Krematorium, bekamen Erholungspausen und wurden, abgesehen vom täglichen Appell, nicht ständig von der SS kontrolliert. «Wir hatten alles», erinnerte sich Sackar, «uns fehlte nichts – weder Kleider noch Essen oder Schlaf.» Ihre einzige besondere Kennzeichnung war, neben der eintätowierten Häftlingsnummer, ein rotes Kreuz «hinten und vorne und unsere Häftlingsnummer» auf der Kleidung.[46] Um die Häftlinge voneinander zu unterscheiden und sie zugleich zu entmenschlichen, mussten Juden den gelben Stern tragen, und auch die übrigen Lagerinsassen mussten farbige Winkel tragen, die auf die Häftlingskleidung aufgenäht wurden, purpurrot für die Zeugen Jehovas, rosa für die Homosexuellen, grün für die Kriminellen, rot für die politischen Häftlinge, schwarz für die Zigeuner, und sowjetische Kriegsgefangene trugen die Buchstaben «SU». Ab 1943 wurde die Häftlingsnummer auf die Arme, gelegentlich auch auf die Beine tätowiert.

Der ganz und gar niederträchtige Sadismus und die Rohheit der deutschen SS und ihrer in den besetzten Gebieten angeworbenen Hilfstruppen kannten buchstäblich keine Grenzen. Gar nicht untypisch war das Verhalten des SS-Unterscharführers Paul Groth in Sobibór, an den sich einer der nur vierundsechzig Überlebenden jenes Lagers, Mosche Schklarek, wegen der Art erinnerte, in der er «sich amüsierte; er griff sich einen Juden, gab ihm eine Flasche Wein und eine mindestens ein Kilo schwere Wurst und befahl ihm, beides innerhalb von wenigen Minuten zu verschlingen. Wenn es dem ‹Glücklichen› gelang, den Befehl auszuführen, und er so betrunken war, dass er sich kaum mehr auf den Beinen halten konnte, befahl ihm Groth, den Mund weit zu öffnen, und urinierte ihm in den Mund.»[47]

Wie in jeder Fabrik gab es auch in der Todesfabrik Schichtarbeit, Vorarbeiter (die sogenannten Kapos) und ein am Fließbandverfahren und effektiver Bewegung und Zeitgestaltung orientiertes Streben nach maximaler Effizienz. Die SS gab präzise Anweisungen zu dem, was die Sonderkommandos den zur Vergasung bestimmten Häftlingen sagen durften, so dass die Opfer – zumindest der größte Teil von ihnen – ahnungslos in den Tod gingen. Die Häftlinge des Sonderkommandos wollten den Opfern, die aus ihrer Sicht einem unabwendbaren Schicksal entgegengingen, nicht noch mehr Angst einjagen, als sie ohnehin schon empfanden. «In die Augen habe ich ihnen nicht geschaut», erinnerte sich Sackar an die Menschen, die er bis zur Gaskammer geleitete. «Ich habe mich immer bemüht, ihnen nicht in die Augen zu schauen, damit sie nichts merkten.» Er räumte ein, dass er und seine Kameraden «dort zu Robotern und Automaten wurden», aber er bestritt auch, dass er für das, was vor seinen Augen geschah, unempfindlich geworden sei: «Dort weinten wir tränenlos. ... Da gab es nichts zum Denken, das war's. Wir konnten nicht mehr denken.»[48] Sackar entging der «Selektion» durch die SS in Auschwitz, indem er sich kurz vor dem Eintreffen der Roten Armee im Januar 1945 unauffällig unter die anderen Häftlinge mischte.

Auf die Neuankömmlinge, die die erste «Selektion» an der Rampe von Auschwitz überstanden, warteten noch zahlreiche weitere Ausleseverfahren. Mit regelmäßigen Inspektionen in den Baracken sollte geprüft werden, ob die Häftlinge noch kräftig genug waren, um ihrer Arbeit nachzugehen, und diejenigen, auf die das nach den höchst willkürlichen Kriterien der SS-Aufseher nicht zutraf, wurden vergast. «Selektionen» gab es auch im Krankenbau, wo die SS-Ärzte regelmäßig die «hoffnungslosen Fälle» auswählten. Der Historiker Gideon Greif hat sieben Bereiche des Lagerlebens benannt, in denen das gnadenlose Phänomen der «Selektion», gegen die es keine Berufung gab, wirksam war. Mit Selektionsaufgaben betraute SS-Männer trugen einen Stock bei sich, der auch als Schlagwaffe eingesetzt werden konnte, aber häufig dazu benutzt wurde, Häftlingen Anweisungen zu geben und dabei den körperlichen Abstand zu wahren. «Wer etwas unternehmen kann, der tut es», beschrieb Primo Levi den Vorgang, «aber das sind die wenigsten, denn es ist sehr schwer, der Selektion zu entkommen, und die Deutschen betreiben diese Dinge mit großem Ernst und unerhörter Genauigkeit.» Levi, der Häftling Nummer 174 517, öffnete einmal, vom Durst geplagt, das Fenster der Baracke und brach einen «schönen Eiszapfen» ab, der in Reichweite war, doch gleich war eine Wache zur Stelle, «ein großer und kräftiger Kerl», und nahm ihm den Eiszapfen weg. «Warum?», fragte Levi «in [seinem] beschränkten Deutsch», er bekam die Antwort «Hier ist kein Warum» und wurde zurückgestoßen. Doch der Vorgang ließ sich schon erklären: Der SS-Mann wollte nicht, dass Levi Wasser trank, weil die Wachmannschaft keine kräftigen, sondern eher schwache Häftlinge haben wollte, am liebsten sogar todgeweihte, denn für die «Selektierten» gab es immer sofortigen Ersatz. Levi erlebte einmal mit, wie ein Mithäftling ein Dankgebet sprach, weil ihm die Selektion erspart geblieben war, und erinnerte sich:

Weiß Kuhn denn nicht, dass das nächste Mal sein Mal sein wird? Begreift Kuhn denn nicht, dass heute ein Greuel geschah, das kein Sühnegebet, keine Vergebung, kein Büßen der Schuldigen, nichts Menschenmögliches also, jemals wird wiedergutmachen können? Wäre ich Gott, ich spuckte Kuhns Gebet zu Boden.[49]

Bei einem Besuch in Auschwitz-Birkenau bekommt man heute noch Dinge zu sehen, die einem das Grauen mindestens so eindrucksvoll vor Augen führen wie jedes Buch oder eine wissenschaftliche Untersuchung. Man brauchte Leitern, um auf die Schuhberge zu steigen, die den Opfern weggenommen worden waren. (Als im Jahr 2004 43 000 Paar Schuhe gereinigt wurden, fand man in einem davon ungarisches Geld, das bis dahin aus irgendeinem Grund bei allen offiziellen und inoffiziellen Plünderungen des Lagers übersehen worden war.) Berge von Rasierpinseln, Zahnbürsten, Brillen, Prothesen, Babybekleidung, Kämmen und Haarbürsten und eine Million Kleidungsstücke sind hier zu sehen. Der größte Teil des persönlichen Besitzes der Juden war von den Nazis schon längst beschlagnahmt und benutzt worden, aber die hier ausgestellten Gegenstände blieben zurück, als die SS-Wachen im Januar 1945 vor der heranrückenden Roten Armee flohen. Zurück blieben sieben Tonnen Menschenhaar, die ansonsten wohl in der deutschen Textilindustrie verwendet worden wären. Auf die Koffer, die hier in gewaltigen Stapeln zu Tausenden lagern, schrieb man damals mit Kreidestift Name und Geburtsdatum der Eigentümer, «Klement Hedwig 8/10/1898» ist da etwa zu lesen. Als eine große Zahl von Kinderwagen aus dem Konzentrationslager weggebracht wurde, in Fünferreihen in Richtung des Bahnhofs Auschwitz, dauerte der Vorbeimarsch eine ganze Stunde.[50] Himmler äußerte sich im Januar 1943 in einer Mitteilung an zwei hohe SS-Führer, die sich mit «dem von den Juden bzw. bei der Judenauswanderung übernommenen Material und den Gütern» beschäftigte, unter anderem auch über Uhrgläser, die in den Lagerhäusern in Warschau «zu Hunderttausenden liegen – vielleicht sogar zu Millionen, die praktischerweise wohl den deutschen Uhrengeschäften zugewiesen werden könnten».[51] Bei einer anderen Gelegenheit bewahrte er (zumindest für eine gewisse Zeit) fünf jüdische Edelsteinschleifer vor der Vernichtung, weil sie für «die Herstellung der höchsten Klasse des Ritterkreuzes benötigt» wurden (mit Eichenlaub, Schwertern und Brillanten), die insgesamt nur 27 Mal verliehen wurde.[52]

Albert Speer genehmigte am 15. September 1942 die «Zuteilung von 13,7 Millionen Reichsmark für den raschen Ausbau von Gebäuden und Tötungseinrichtungen». Vier Gaskammern, durchnummeriert von I bis IV, gingen im Lauf des Jahres 1943 in Betrieb und wurden «bis an ihre Grenze strapaziert», als im Spätfrühjahr 1944 437 000 ungarische Juden nach Auschwitz deportiert und dort innerhalb weniger Wochen ermordet wurden. Am Bau der Gaskammern und Krematorien war ein Dutzend deutscher Firmen beteiligt. Oberingenieur Kurt Prüfer von der ausführenden Ofenbaufirma Topf & Söhne in Erfurt «war auf seine Installation so stolz, dass er sie sich patentieren ließ». Paul Steinberg, ein jüdischer Deportierter aus Frankreich, erinnerte sich: «Aus den Schornsteinen schießen zehn Meter hohe Flammen heraus, die nachts von den Orten im Umkreis aus sichtbar sind, und der betäubende Geruch von verbranntem Fleisch ist bis nach Buna zu riechen», das mehr als 5 Kilometer weit entfernt war. Der Lagerkommandant Höß selbst berichtete noch über Verbrennungen in offenen Gruben und «das Unterhalten des Feuers bei den Gruben, das Übergießen des angesammelten Fettes, das Herumstochern in den brennenden Leichenbergen, um Luft zuzuführen».[53] Bei Kriegsende wurden 7500 Häftlinge in Auschwitz befreit, darunter 600 Jugendliche und Kinder, die meisten von ihnen Waisen, die nicht einmal den eigenen Namen kannten.

In Auschwitz wurden 400 bis 800 Menschen in Baracken gesperrt, die ursprünglich für 42 Pferde gedacht gewesen waren. Flöhe und Läuse waren überall, Ratten lebten allerdings nicht lange, weil sie als Proteinquelle dienten. In die Stehzellen der Gefängnisbaracke Nr. 11, 1,50 Meter mal 1,50 Meter groß, wurden vier Personen gleichzeitig und bis zu zehn Tage lang gesperrt, dort sollten die Häftlinge verhungern, ersticken oder psychisch gebrochen werden, und dennoch gab es Beispiele für großartiges Heldentum und Selbstaufopferung. Pater Maximilian Kolbe zum Beispiel, ein katholischer Priester aus Warschau, nahm freiwillig den Platz des polnischen Gefangenen Franciszek Gajowniczek, der Frau und Kinder hatte, in einer Hungerzelle ein. Kolbe war der einzige unter den zehn Zelleninsassen, der vierzehn Tage später noch am Leben war, deshalb ermordete man ihn mit einer tödlich wirkenden Spritze.[54] Er wurde 1982 heiliggesprochen.

Der Wiener Psychiater Viktor Frankl war nach zweijähriger Haft in Theresienstadt und wenigen Tagen in Auschwitz von Oktober 1944 bis

April 1945 Häftling in den Dachauer Außenlagern Kaufering III und Türkheim bei Landsberg, wo er im April 1945 von der US-Armee befreit wurde. Er schrieb:

> Ich werde ... nie vergessen, wie ich eines Nachts dadurch geweckt wurde, dass der neben mir schlafende Kamerad, sichtlich unter der Einwirkung irgendeines schreckhaften Alptraums, laut stöhnend sich herumwälzte. Ich will hierzu vorerst noch bemerken, dass ich persönlich seit je ein besonderes Mitleid für Menschen empfinde, die irgendwie von ängstlichen Wahn- oder Traumvorstellungen gequält werden. So war ich schon nahe daran, meinen armen, vom Alp geplagten Kameraden zu wecken. In diesem Augenblick erschrak ich über meinen Vorsatz und zog auch schon die Hand wieder zurück, die den Träumer wachrütteln sollte. Denn in diesem Augenblick war mir so ganz intensiv zu Bewusstsein gekommen, dass kein Traum, auch nicht der schrecklichste, so arg sein kann wie die Realität, die uns dort im Lager umgab und zu deren wach-bewusstem Erleben jemanden zu erwecken ich im Begriffe war.[55]

Das traf zu, auch Primo Levi beschrieb es so: «Eiskalt vor Grauen und mit einem Zusammenzucken aller Glieder wacht man alle Augenblicke auf, die wutentbrannte Stimme und den in unverstandener Sprache gebrüllten Befehl noch im Ohr.»

Die menschliche Natur auch der anständigsten Menschen wurde im Kampf ums nackte Überleben verbogen. Viktor Frankl erinnerte sich:

> Unter den Lagerinsassen, die sich viele, viele Jahre in Lagern aufhielten, von einem Lager in das andere und schließlich insgesamt in Dutzende von Lagern gebracht wurden, konnten sich im Durchschnitt nur jene am Leben erhalten, die in diesem Kampf um die Lebenserhaltung skrupellos waren und auch vor Gewalttätigkeit, ja sogar nicht einmal vor Kameradschaftsdiebstahl zurückschreckten. Wir alle, die wir ... mit dem Leben davongekommen sind, wir wissen es und können es ruhig sagen: *die Besten sind nicht zurückgekommen.*[56]

Primo Levi, der Auschwitz irgendwie überlebte, erklärte auf ähnliche Art, warum es nutzlos war, sich im Lager mit den Schwachen anzufreunden, denn «vor allem weiß man, dass sie nur vorübergehend hier sind und dass in ein paar Wochen nichts weiter von ihnen übrig sein wird als eine Handvoll Asche in einem benachbarten Acker und eine durchgestrichene Nummer in der Kartei». Er beschrieb als Beispiel einen Patienten, der in der Krankenbaracke «in einem der oberen Betten röchelte»:

> Wie er mich hörte, setzte er sich auf und ließ sich dann über den Bettrand, mir entgegen, kopfüber hinunterhängen, mit steifem Oberkörper, steifen Armen und weißen Augen. Der unten im Bett lag, hob instinktiv seine Arme, um jenen Körper zu stützen, und da merkte er, dass jener gestorben war. Er gab langsam unter dem Gewicht nach, der andre glitt zu Boden und blieb dort. Keiner kannte seinen Namen.[57]

Er war fast unmöglich, so etwas wie Menschenwürde auch nur annähernd zu wahren. Frankl erinnerte sich:

> Gerade der Neueingelieferte wird gern in gewisse Arbeitskolonnen eingeteilt, in denen er mit Latrinenreinigung, Jaucheabfuhr usw. beschäftigt wird. Wenn dann bei der Abfuhr über holprige Felder die Jauche – wie gewöhnlich – ins Gesicht spritzt, wird ein Zusammenzucken oder der Versuch des Wegwischens sicher nur mit einem Stockhieb des Capos quittiert werden, der sich über die «Zimperlichkeit» seines Arbeiters aufregt. Das Abtöten der normalen Gefühlsregungen schreitet dann immer weiter fort.[58]

Es waren Erfahrungen dieser Art, die einen anderen Auschwitz-Überlebenden, den späteren Friedensnobelpreisträger Elie Wiesel, sagen ließen: «Auschwitz widersetzt sich der Wahrnehmung und der Vorstellungskraft. Es unterwirft sich nur der Erinnerung. Zwischen den Toten und uns Übrigen tut sich ein Abgrund auf, den kein Talent begreifen kann.»[59]

Als der Holocaust begann, herrschte auf der Täterseite ein erhebliches Durcheinander darüber, wie man mit den Menschen umgehen sollte, denen die Nazis letztlich den Tod wünschten. Hitler wollte die Juden zunächst in den Südosten Polens deportiert haben, dann wurde dieses Gebiet als künftiger «Lebensraum» für deutsche Siedler ausgewiesen. Einige deutsche «Experten» befürchteten, dass die Deutschen sich mit den Krankheiten der Juden anstecken könnten, falls man diese dem Hungertod preisgab. Im Allgemeinen herrschte eher Improvisation vor, keine solide Planung, und das galt zumindest bis zu einer eintägigen Konferenz in einer Villa am Südufer des Berliner Wannsees im Januar 1942. Dies war nicht der Beginn des Holocaust, denn das Massenmorden lief in Auschwitz-Birkenau bereits seit dem vergangenen Herbst. Es war keine schlichte logistische Besprechung, denn es waren keine Vertreter der Eisenbahn oder anderer Transportsysteme geladen. Es ging auch nicht darum, das Schicksal der «Mischlinge» zu erörtern – etwa der «Halbjuden» (zu sterilisieren, wenn sie «Glück hatten») und der «Vierteljuden» (zu überprüfen) –, obwohl die letztere Frage tatsächlich besprochen wurde. Der eigentliche Zweck des Treffens war vielmehr, den siebenunddreißigjährigen Reinhard Heydrich, den Leiter des Reichssicherheitshauptamtes (RSHA) und stellvertretenden «Reichsprotektor für Böhmen und Mähren», im Zentrum dieses Geschehens zu etablieren und zugleich eine unbestreitbare kollektive Verantwortlichkeit herzustellen. Keine Behörde des Reiches konnte später behaupten, nicht gewusst zu haben, dass der Völkermord ein offizielles Regierungsziel gewesen war, auch die bedrohlich klingenden Euphemismen im Protokoll der «Wannsee-Konferenz» brachten hier keine Entlastung. Bei der Konferenz selbst wurden sie ohnehin nicht benutzt, denn, wie Adolf Eichmann am 24. Juli 1961 in seinem Prozess in Jerusalem aussagte, «die Herren ... haben ... in sehr unverblümten Worten die Sache genannt – ohne sie zu kleiden». Der Historiker Mark Roseman bezeichnet das «Wannsee-Protokoll» als die «bis heute ... symbolträchtigste programmatische Äußerung der Nationalsozialisten auf dem Weg zum Genozid».[60]

«Im Zuge dieser Endlösung der europäischen Judenfrage kommen rund 11 Millionen Juden in Betracht», heißt es im Protokoll, bevor Land für Land die Zahl der zu vernichtenden Menschen aufgelistet wird, von den 2 994 684 Juden in der Ukraine – die Nazis nahmen es mit der Zählung äußerst genau – bis zu den 200, die nach ihren Kenntnissen in Albanien lebten. Irlands Neutralität hinderte Heydrich nicht daran, die 4000 Juden des Landes auf seine Liste zu setzen, was vielleicht ein Hinweis darauf ist, wie ernst das nationalsozialistische Deutschland den irischen Anspruch auf Unabhängigkeit genommen hätte, wenn die Invasion in Großbritannien gelungen wäre. Im Protokoll wurde auch sehr detailliert abgehandelt, wer denn nun als Jude zu gelten hatte. Im Abschnitt IV wird unter Punkt 6 über «Ehen zwischen Mischlingen 1. Grades und Mischlingen 2. Grades» erklärt: «Beide Eheteile werden ohne Rücksicht darauf, ob Kinder vorhanden sind oder nicht, evakuiert bzw. einem Altersghetto überstellt, da etwaige Kinder rassenmäßig in der Regel einen

stärkeren jüdischen Bluteinschlag aufweisen als die jüdischen Mischlinge 2. Grades.»⁶¹

Nach der Wannsee-Konferenz, die man zur damaligen Zeit noch als Konferenz der Staatssekretäre bezeichnete, wurde der Völkermord rasch industrialisiert. Das von Eichmann verfasste Protokoll der Besprechung legt nahe, dass Heydrich allein mindestens drei Viertel der Redezeit beanspruchte, obwohl fünfzehn Männer anwesend waren. Anschließend trank man Cognac und rauchte Zigarren. «Das Protokoll war gewissermaßen ein Hinweisschild, das kundtat, dass der Genozid zur offiziellen Politik geworden war», heißt es bei Roseman. Vor der Wannsee-Konferenz waren «weniger als zehn Prozent der gesamten Holocaustopfer gestorben», aber «in der Zeit von Mitte März 1942 ... bis Mitte Februar 1943 wurde die Hälfte aller Juden ermordet, die durch die Hand der Nationalsozialisten sterben sollten». Eichmann sagte am 26. Juni 1961 auf die Frage nach der Stimmung unter den Teilnehmern der Konferenz aus: «Hier war nicht nur eine freudige Zustimmung allseits festzustellen, sondern darüber hinaus ein gänzlich Unerwartetes, ich möchte sagen, sie Übertreffendes und Überbietendes im Hinblick auf die Forderung zur Endlösung der Judenfrage.»

Die Experten diskutierten, wie diese Politik bei gleichzeitiger minimaler Beeinträchtigung der Kriegsanstrengungen umzusetzen war, und diese Bürokraten machten sich nicht weniger schuldig als die SS-«Sanitäter», die die Zyklon-B-Kristalle in die Gaskammern schütteten. Beide Personengruppen entzogen sich allen herkömmlichen Moralvorstellungen, obwohl die Mehrheit der Staatssekretäre aus kultivierten, gebildeten Männern mit Doktortiteln bestand, die schwerlich von sich behaupten konnten, das Leben in einer brutalen Gesellschaft habe sie innerlich abstumpfen lassen. Der Holocaust wäre nicht zu verwirklichen gewesen ohne die bereitwillige Kooperation von Naturwissenschaftlern, Statistikern, Demographen und Sozialwissenschaftlern, die dieses «radikale Experiment auf dem Gebiet der Sozialtechnologie» unterstützten und allesamt in einem vollständigen moralischen Vakuum tätig waren. Man hatte es hier mit einer amoralischen Kaste von Technokraten zu tun, die gelehrt daherkommende Papiere präsentierten, in denen die «Regulierung der Bevölkerung», die «Umsiedlung unnützer Esser» und die Entfernung «minderwertiger Personen» befürwortet wurde.[62] Das alles gipfelte im sogenannten «Generalplan Ost», einem umfassenden Plan für Osteuropa, das nach Hitlers Traum von deutschen Wehrbauern-Siedlern bevölkert werden sollte, denen unterwürfige einheimische Arbeitssklaven zur Verfügung stehen würden.

Hitler verbreitete sich zwar unablässig über die zweitausend Jahre alte europäische Zivilisation und Kultur, die seiner Ansicht nach von den Juden bedroht wurden, doch der mit Abstand wichtigste Aspekt dieser Kultur – ihre Quelle und ihr Ursprung – war für ihn kein Thema. Goebbels schrieb unter dem Datum des 29. Dezember 1939 in sein Tagebuch:

> Der Führer ist tief religiös, aber ganz antichristlich. Er sieht im Christentum ein Verfallssymptom. Mit Recht. Es ist eine Ablagerung der jüdischen Rasse. Man sieht das auch an der Ähnlichkeit religiöser Riten. Beide haben gar kein Verhältnis zum Tier und werden daran letztlich zugrunde gehen. Der Führer

ist überzeugter Vegetarier, und zwar aus Grundsatz. ... Er hält überhaupt nicht viel vom Homo sapiens. Er soll sich nicht so erhaben über das Tier fühlen. Dazu hat er gar keinen Grund.[63]

Das Schicksal Europas wurde also wesentlich bestimmt von einem Mann, der – wenn er mit seinem engsten Mitarbeiter unter vier Augen sprach – vorhersagte, Christentum und Judentum würden «zugrunde gehen», weil sie kein Verhältnis zum Tier hätten, und der von der Menschheit «nicht viel» hielt. Für diejenigen Christen, die während des Holocaust einfach wegsahen oder das Morden wegen der vermeintlichen Kollektivschuld der Juden am Tode Christi stillschweigend unterstützten – der immerhin von Nichtjuden in Gestalt der Römer gekreuzigt wurde –, liegt eine gewisse Ironie in der Tatsache, dass die Christenheit letztlich die schlimmsten Verfolgungen in Europa seit den Tagen des antiken Rom erlebt hätte, wenn Hitler sich durchgesetzt hätte. (Und was Hitlers Tierliebe betrifft: Während des Unternehmens Barbarossa starben auch eine halbe Million Pferde.)

Himmler besichtigte Auschwitz am 17. Juli 1942 und sagte dabei am Abend jenes Tages vor SS-Offizieren ganz offen, die vollständige Vernichtung des europäischen Judentums sei jetzt offizielle Politik des Reiches. Zwei Tage später ordnete er die Ermordung aller polnischen Juden an, mit Ausnahme der «arbeitsfähigen» Minderheit, die bis an den Rand des Todes als Zwangsarbeiter ausgebeutet werden und erst dann vergast werden sollte. «Die besetzten Ostgebiete werden judenfrei», schrieb Himmler am 28. Juli 1942 an Obergruppenführer Gottlob Berger, den Leiter des SS-Hauptamts. «Die Durchführung dieses sehr schweren Befehls hat der Führer auf meine Schultern gelegt.»[64]

In Reinhard Heydrich, den Hitler als «den Mann mit dem eisernen Herzen» lobte, hatte er mit Sicherheit eine effiziente und begeisterte rechte Hand. Seine Opfer nannten ihn «den Mann mit dem eisigen Blick». Heydrichs gutes Aussehen, seine unbestrittene Intelligenz und ein bedingungsloser Fanatismus verhalfen ihm im Dritten Reich zu einer Position, durch die er, hätte er überlebt und Deutschland den Krieg gewonnen, schließlich sogar als Nachfolger Hitlers in Frage gekommen wäre.

Heydrich wurde in Halle in eine musikalische Familie hineingeboren, war selbst ein begabter Geiger, ein guter Sportler und anscheinend auch ein Musterschüler. Doch trotz des kultivierten familiären Hintergrunds schloss er sich zu Beginn der Zwanzigerjahre einem Freikorps an, wo er Gefallen an der Ausübung von Gewalt auf der Straße fand. 1922, im Alter von achtzehn Jahren, lernte er den späteren Chef des Amtes Ausland/Abwehr, Admiral Wilhelm Canaris (der damals noch Marine-Stabsoffizier war), kennen und kam durch ihn zur Marine, wo er sich zum Funkoffizier ausbilden ließ und 1930 zum Oberleutnant zur See befördert wurde. Doch seine Laufbahn bei der Marine fand durch einen Skandal um eine Affäre ein abruptes Ende: Er weigerte sich, die Tochter eines Stahlfabrikanten zu heiraten, die ein Kind von ihm erwartete, denn er war bereits mit Lina von Ostau verlobt, die er anschließend auch ehelichte. Heydrich wurde wegen dieses Verstoßes gegen den Verhaltenskodex für Offiziere im Februar 1931 unehrenhaft aus der Marine entlassen, kam aber mit Linas Hilfe zu einem Vorstellungsgespräch bei Heinrich Himmler, der zwei Jahre zuvor, im Januar 1929, zum «Reichsführer-SS» ernannt worden war. Himmler zeigte sich schnell beeindruckt von Heydrichs kühler Effizienz und bot ihm die Chance, den Nachrichten- und Sicherheitsdienst («Sicherheitsdienst»; SD) der SS aufzubauen, der schon bald wegen seiner außerordentlichen Rücksichtslosigkeit gefürchtet war.

Heydrich wurde im Juli 1934 in der «Nacht der langen Messer» zu einer Schlüsselfigur, was ihm auch die bewundernde Aufmerksamkeit von Hitler und Goebbels sicherte. Als im Jahr 1939 der SD, die Gestapo und die Kriminalpolizei im Reichssicherheitshauptamt (RSHA) zusammengefasst wurden, ernannte man Heydrich zu dessen erstem Leiter. Hitler beauftragte ihn zuvor auch mit der Konstruktion eines ganz und gar erfundenen «Grenzzwischenfalls» in Gleiwitz, mit dem dann der Einmarsch in Polen gerechtfertigt wurde. Gleich nach Kriegsbeginn übernahm Heydrich die Organisation der brutalen «Säuberungsaktionen» im besetzten Polen, zu denen Massendeportationen gehörten, bei denen die Opfer vollkommen schutzlos der eisigen Winterkälte ausgesetzt waren. Nach dem deutschen Überfall auf die Sowjetunion im Juni 1941 erhielt er seine Beförderung zum Obergruppenführer, und die Einsatzgruppen waren seine Erfindung.

Heydrich, auch «der Henker» genannt, nutzte in seinem Bestreben, so viele Juden wie nur möglich zu ermorden, die Dienste von Helfern wie Adolf Eichmann und Odilo Globocnik, und am 31. Juli 1941 erhielt er den von Göring unterschriebenen Auftrag, «alle erforderlichen Vorbereitungen ... für eine Gesamtlösung der Judenfrage im deutschen Einflussgebiet in Europa» zu treffen.[65] Das war seine heiß ersehnte Chance, Hitler zu beweisen, dass er selbst und nicht Himmler – den er insgeheim wegen seiner Schwäche verachtete – der Chefarchitekt des Völkermord-Programms sein würde. Hitler ernannte Heydrich im September 1941 zum amtierenden «Reichsprotektor für Böhmen und Mähren», das heißt zum Diktator über das besetzte tschechische Staatsgebiet. Natürlich «beschützte» er in seinem Amtsbereich niemanden, sondern herrschte mit Folter und Terror und ließ Hunderttausende von Menschen in Konzentrationslager deportieren, an deren Umwandlung in Vernichtungslager er mit großer Energie arbeitete. Schon bald erhielt er den neuen Beinamen «Schlächter von Prag».

Vier in Großbritannien ausgebildete tschechische Widerstandskämpfer – Josef Valčik, Adolf Opálka, Jan Kubiš und Josef Gabčik –, die mit dem Fallschirm und eigens mit dem Ziel abgesetzt worden waren, diesen Anschlag zu verüben, warteten am Mittwoch, dem 27. Mai 1942, in einem Hinterhalt am unteren Ende der Kirchmayerstraße in Prag auf Heydrichs dunkelgrünen Mercedes. Gabčiks Sten-Maschinenpistole hatte Ladehemmung, aber Kubiš warf eine Bombe, die ein Loch in die Autokarosserie riss. Der Chirurg Alois Vincenc Honek, der als einziger tschechischer Mediziner bei der Notoperation Heydrichs mitwirkte und das Narkosegerät bediente, berichtete später, Heydrichs Milz sei zerstört und eine Rippe durch Metallsplitter durchlöchert worden, außerdem sei Rosshaar aus der Polsterung seines Wagens oberhalb des Zwerchfells in seine hintere linke Rückenseite eingedrungen.[66] Heydrich starb erst sieben Tage und zwölf Stunden nach dem Anschlag an einer Wundinfektion im Bauchraum.

Er erhielt am 8. Juni in Berlin ein Staatsbegräbnis. Die Berliner Philharmoniker spielten den Trauermarsch aus Wagners «Götterdämmerung», und Hitler legte einen Kranz nieder. Gleichwohl kritisierte er später bei einem seiner Tischgespräche, «dass sich ein so unersetzbarer Mann wie Heydrich der Gefahr aussetze, könne er ... als Dummheit oder reinen Stumpfsinn verurteilen», und «heroische Gesten, wie in offenen, ungepanzerten Wagen zu fahren oder in Prag ohne Sicherung zu Fuß durch die Straßen zu gehen, [seien] Blödsinn, der der Nation nichts nütze».[67] Die vier Heydrich-Attentäter wurden an die Deutschen verraten, aber keiner von ihnen gab sich lebend gefangen, jeder einzelne kämpfte tapfer bis zum Tod oder beging Selbstmord, bevor er gefasst werden konnte. «Die Identifizierung der ... Toten durch ihre Angehörigen gestaltete die Gestapo auf besonders grauenhafte Art», berichtet Heydrichs Biograf Mario Dederichs. «Sie ließ den Widerstandskämpfern die Köpfe abschneiden, setzte sie auf ein Gestell und führte ihre Verwandten und Freunde daran vorbei.»[68] Heydrich selbst wäre auf eine solche Vorgehensweise wohl stolz gewesen.

Einheiten des SD und der Feldgendarmerie der Wehrmacht umstellten am Morgen des 10. Juni 1942 das Bergarbeiterdorf Lidice bei Prag. Die gesamte Bevölkerung wurde aus ihren Häusern geholt und zusammengetrieben. Die 173 Männer und Jungen, die älter als fünfzehn Jahre waren, wurden an Ort und Stelle erschossen, und die 198 Frauen und 98 Kinder brachte man in der Absicht, sie später zu ermorden, in Konzentrationslager. Das gesamte Dorf wurde dem Erdboden gleichgemacht, der Name des Ortes aus allen amtlichen Akten und Unterlagen getilgt. 13 Kinder durften überleben, weil sie blondes Haar hatten; man brachte sie nach Deutschland, wo sie als «Arier» erzogen werden sollten. In einem zweiten Dorf namens Ležáky wurden 17 Männer und 16 Frauen erschossen und 14 Kinder durch Gas getötet. In einer amtlichen Erklärung hieß es, Lidice sei bestraft worden, um den Tschechen eine Lehre in Sachen Unterordnung und Demut zu erteilen.

Rund achthundertfünfzig Soldaten der Waffen-SS drangen am Montag, dem 19. April 1943, um 6 Uhr morgens ins Warschauer Ghetto ein, um dort auf Anweisung Himmlers die noch verbliebene jüdische Bevölkerung zu «evakuieren» und das Ghetto dann zu zerstören. Die Juden waren durch das Eintreffen ukrainischer, lettischer und litauischer Hilfstruppen bereits gewarnt worden und wussten, was ihnen bevorstand. Die Żydowska Organizacja Bojowa (ŻOB, «Jüdische Kampforganisation») nahm überall im Ghetto Gefechtspositionen ein, um der SS möglichst hohe Verluste zufügen zu können. Der Aufstand im Warschauer Ghetto überraschte die Deutschen. Die ŻOB bekämpfte die Angreifer mit Handgranaten und Molotowcocktails, es gelang ihr sogar, einen Panzer in Brand zu setzen, und die SS hatte nach dem ersten Tag zwölf Gefallene zu beklagen. Dieser Rückschlag wurde so ernst genommen, dass er zur Ablösung des SS- und Polizeiführers im Distrikt Warschau führte, das Kommando übernahm nun der SS-General Jürgen Stroop. Dieser berichtete in seiner

Tagesmeldung vom 20. April 1943 über den «Verlauf der Aktion im Ghetto» am Vortag: «Die Juden und Verbrecher setzten sich von Stützpunkt zu Stützpunkt zur Wehr, wichen im letzten Moment durch Flucht über Dachböden oder unterirdische Gänge aus.»[69] Auf diese Art sollten sich die Kämpfe noch fast vier Wochen lang hinziehen, die SS und ihre Hilfstruppen, deutsche Polizisten und Soldaten der Wehrmacht mussten im Nahkampf und von Straße zu Straße vorgehen.

Die Juden, den Angreifern zahlenmäßig und in der Bewaffnung hoffnungslos unterlegen, kämpften mit einer von äußerster Verzweiflung genährten wilden Entschlossenheit, und Stroop kam nur langsam in Richtung des zentralen Ghetto-Bereichs voran. In seinem Tagesbericht vom 24. April 1943 schrieb er an den Höheren SS- und Polizeiführer Friedrich Wilhelm Krüger in Krakau: «Immer wieder konnte man beobachten, dass trotz der großen Feuersnot Juden und Banditen es vorzogen, lieber wieder ins Feuer zurückzugehen, als in unsere Hände zu fallen», und am 27. April schrieb er an denselben Empfänger: «Mit Beschimpfungen auf Deutschland und auf den Führer auf den Lippen und mit Flüchen auf die deutschen Soldaten stürzten sie sich aus den brennenden Fenstern und von den Balkonen.»[70] Der Anführer des Aufstands, Mordechai Anielewicz, und seine engsten Kampfgefährten verweigerten die Kapitulation vor der SS, die sie in einem Bunker in der Milastraße 18 umzingelt hatte. Sie zogen es am 8. Mai vor, Selbstmord zu begehen. Acht Tage später fand der Aufstand sein schreckliches Ende, als Stroop am 16. Mai, einem Sonntag, abends um 20.15 Uhr die Große Synagoge von Warschau sprengen ließ. Bis zu diesem Zeitpunkt hatten seine Trupps 55 065 Juden verhaftet oder getötet, hinzu kamen noch jene Polen (von Stroop als «Banditen» bezeichnet), die mit den Juden gemeinsam gekämpft hatten und bei einer Gefangennahme sofort erschossen worden waren. Stroop hatte nur sechzehn Gefallene und vierundachtzig Verwundete zu melden, aber Warschau war ein Signal für den jüdischen Widerstand in Lemberg, Tschenstochau, Białystok – am 2. August sogar in Treblinka und zwölf Tage später in Sobibór. Bei der gewaltigen waffentechnischen Überlegenheit der Deutschen war militärisch nicht viel auszurichten, aber für den Stolz des jüdischen Volkes wurde viel gewonnen.

Die Deportation der ungarischen Juden nach Auschwitz begann im März 1944. Der SS-Obersturmbannführer Adolf Eichmann leitete das eigens nach Ungarn entsandte Sondereinsatzkommando von Experten, dem es gelang, innerhalb von nur acht Wochen 437 000 Menschen deportieren zu lassen. Eichmann prahlte später im Gespräch mit einem Mitarbeiter und Untergebenen, er «würde lachend in die Grube springen, denn das Gefühl, dass er fünf Millionen Menschen auf dem Gewissen hätte, wäre für ihn außerordentlich befriedigend».[71] In einem Tagebucheintrag nach seiner Verurteilung in Israel wegen Völkermordes schrieb Eichmann 1961:

> Ich sah die Unheimlichkeit der Todesmaschinerie; das Räderwerk drehte sich wie der Mechanismus einer Uhr. Und ich sah diejenigen, die die Maschinerie bedienten, die sie am Laufen hielten. Ich sah sie den Mechanismus wieder aufziehen; und ich beobachtete den Sekundenzeiger, wie er die Sekunden durcheilte; er hatte es eilig, wie Leben, die dem Tod entgegengehen. Den größten und gewaltigsten Totentanz aller Zeiten; dies sah ich.[72]

Der Prozess gegen Eichmann und dessen anschließende Hinrichtung war jedoch eine große Ausnahme. Die Zahl der SS-Wachen in Auschwitz schwankte: Ein grober Durchschnittswert für das Jahr 1944 ist eine Zahl von 3500 Wachen, die auf 110 000 Häftlinge kamen. Die Zahl der Sonderkommando-Häftlinge lag durchschnittlich bei etwa 800. Von den insgesamt etwa 7000 Männern und 200 Frauen, die nach Schätzungen während des Krieges in Auschwitz Wachdienst leisteten, wurden nur 800 gerichtlich verfolgt. Der Rest tauchte einfach wieder im Privatleben unter, und sehr viele Menschen aus diesem Personenkreis müssen Wertsachen beiseite geschafft haben, die den Häftlingen gestohlen worden waren. Als die Rote Armee näher rückte, wurden die Häftlinge von Auschwitz bei Winterwetter und Minustemperaturen zu «Todesmärschen» nach Westen gezwungen. Wer nicht mehr gehen oder das Marschtempo nicht halten konnte, wurde erschossen, insgesamt kamen bei diesen Märschen 15 000 Menschen ums Leben. Und das Grauen war nach der Befreiung der Lager noch nicht beendet. In Polen kam es auch nach Kriegsende noch zu Pogromen mit einigen Todesopfern, als Juden zurückkehrten, um ihr Eigentum zurückzuverlangen.

Die Streitfrage, ob die Alliierten Auschwitz hätten bombardieren sollen, wird uns noch lange begleiten. Logistisch wäre dies Anfang 1944 bereits möglich gewesen – die amerikanische und britische Luftwaffe sollten, aus Italien einfliegend, die Polnische Heimatarmee im Sommer 1944 während des Warschauer Aufstands aus der Luft versorgen. Dennoch wurde entschieden, ein Lager nicht zu bombardieren, von dem die Alliierten bereits seit 1942 wussten, dass es zur systematischen Ermordung von Juden und Polen genutzt wurde. Es trifft zwar zu, dass die aus der Luft nicht zu erkennenden unterirdischen Gaskammern von den Bomben möglicherweise verschont geblieben wären, aber dem wird entgegengehalten, dass es sehr wohl möglich gewesen wäre, die Eisenbahnlinien zu bombardieren, die das Lager mit der Außenwelt verbanden, und auf jeden Fall wäre es einen Versuch wert gewesen. Französische Bahnlinien, Bahnhöfe, Lagerhallen, Gleisanschlüsse und Rangiereinrichtungen seien schließlich vor der Invasion in der Normandie ebenfalls wichtige Ziele für Bombenangriffe gewesen. Das Kriegsflüchtlingskomitee der US-Regierung (US War Refugee Board)[73] erörterte in seinem Wochenbericht für die Zeit vom 10. bis zum 15. Juli 1944 auch die Möglichkeit eines Abwurfs von Waffen für die Häftlinge (in der Hoffnung, dadurch einen Aufstand auszulösen), ja sogar eines Einsatzes von Fallschirmjägern, leitete diese Gedanken aber nicht ans Militär weiter.[74]

Die Furcht, bei einem Angriff auch eine große Zahl von Häftlingen zu töten, war natürlich ein wichtiger Hinderungsgrund, aber sehr viel häufiger wurde damals das Argument angeführt, die beste Art, den Juden zu helfen, sei ein möglichst schneller Sieg über Deutschland, und dafür müssten die Royal und die US Air Force militärische und industrielle Ziele bombardieren. Das US-Kriegsministerium beantwortete am 26. Juni 1944 ein Hilfeersuchen amerikanisch-jüdischer Organisationen, in dem für eine Bombardierung der Bahnlinie Košice–Prešov (Kaschau–Preschau) plädiert wurde, die Ungarn mit Auschwitz verband, mit dem Hinweis, das Ministerium erkenne «uneingeschränkt die humanitäre Bedeutung der vorgeschlagenen Operation. Dennoch sei man nach angemessener Abwägung des Problems zu der Ansicht gekommen, dass die wirksamste Hilfe für die Opfer ... eine baldige Niederlage der Achsenmächte ist».[75] Bis zu diesem Zeitpunkt war die Chance, die noch im Land verbliebenen ungarischen Juden zu retten, auf einen Zeitraum von nur fünfzehn Tagen zusammengeschmolzen, weil die Deportationen bis zum 9. Juli 1944 abgeschlossen wurden, und die Luftbild-Aufklärung, Wetteranalysen und die Einsatzplanung hätten zusammengenommen einen längeren Zeitraum beansprucht. Außerdem gab es insgesamt sieben verschiedene Eisenbahnlinien, die in die Linie Lemberg-Auschwitz einmündeten, und die Strecke von Košice nach Prešov war nur eine davon. (Auschwitz war als Standort ursprünglich genau aus diesem Grund gewählt worden – weil es ein Knotenpunkt für europäische Eisenbahnverbindungen in Richtung Osten und Südosten war.) «Die Juden wären einfach auf einer anderen Strecke transportiert worden, selbst wenn diese eine mit Erfolg bombardiert worden wäre»,[76] lautet die Einschätzung eines Historikers zu diesen verschiedenen Plänen zur Rettung der ungarischen Juden. Im heutigen Dokumentationszentrum Obersalzberg steht über dem Eingang des Bereichs, der dem Holocaust gewidmet ist: «Alle Wege führen nach Auschwitz.»

In einer Phase, in der die alliierten Stabschefs immer noch intensiv mit der weiteren Entwicklung nach der Landung in der Normandie befasst waren – Caen fiel erst am 9. Juli –, war ein Nachdenken auf der Führungsebene über einen Bombenangriff auf Auschwitz nicht wahrscheinlich. Dennoch wünschten sich die Häftlinge – von denen bei einer solchen Aktion viele getötet worden wären – verzweifelt ein Bombardement herbei. Als die nahe gelegene Fabrik der IG Farben in Monowitz angegriffen wurde, wobei 40 Juden und 15 SS-Männer ums Leben kamen, jubelten die Häftlinge innerlich, trotz des Verhältnisses der Opferzahlen von fast drei zu eins zwischen Unterdrückten und Unterdrückern. Das US-Kriegsflüchtlingskomitee forderte am 8. November 1944 offiziell eine Bombardierung von Auschwitz und verwies dabei auf den präzisen Angriff von Mosquito-Bombern der RAF auf das Gefängnis von Amiens im zurückliegenden Februar, durch den 258 Häftlinge entkommen, aber auch 100 getötet worden waren. Zu diesem Zeitpunkt war es fast schon zu spät, denn zu den letzten Vergasungen in Auschwitz kam es am 28. November, nur zwanzig Tage später. Das Herbstwetter im Süden Polens bot nur noch wenige Gelegenheiten für Bombenangriffe, die von Stützpunkten aus geflogen wurden, die Hunderte von Kilometern entfernt lagen. Für einen Präzisionsangriff auf ein Ziel dieser Art brauchte man einfach eine gute Sicht, die Anforderungen waren viel höher als bei einer Attacke, die nur den benachbarten Industrieanlagen galt. Die erst in der Nachkriegszeit geäußerte Meinung, Angriffe auf Auschwitz hätten mit Bombern des Typs de Havilland DH-98 Mosquito geflogen werden sollen – während des Krieges äußerte niemand einen Vorschlag dieser Art –, wurde von James H. Kitchens, einem Archivar des historischen Forschungszentrums der US-Luftwaffe, zerpflückt. Kitchens merkte zu diesem Thema an:

> Ein Flug über 1000 Kilometer bei völliger Funkstille, eine Alpenüberquerung auch nur in einer Andeutung von Formation und in geringer Höhe, ein anschließendes Überlisten der deutschen Luftabwehr bei genügend verbliebenem Treibstoff, um einen koordinierten Präzisionsangriff auf fünf Ziele [Gaskammern und Krematorien] ausführen und dann zum Stützpunkt zurückkehren zu können, überfordert jede Art von Glauben.»[77]

Mit Blick auf die Ungenauigkeiten, die auch bei den sogenannten Präzisionsbombardements auftraten – nur 34 Prozent der von der US-Luftwaffe abgeworfenen Bomben landeten in einem Bereich von 300 Metern rings um das eigentliche Ziel –, hätte es ohne Weiteres geschehen können, dass die Gaskammern funktionsfähig geblieben wären, aber Tausende von Unschuldigen in den nahe gelegenen Baracken ums Leben gekommen wären. Deshalb sprachen sich einige jüdische Organisationen in Großbritannien und Amerika ausdrücklich gegen eine Bombardierung der Lager aus.[78] Die Entscheidung, keine Luftangriffe zu fliegen, war deshalb kein Kriegsverbrechen und auch kein schuldhaftes moralisches Versagen – wie manche Leute behaupten –, ja nicht einmal das schreckliche Versagen der Vorstellungskraft, das der heutige Betrachter vielleicht wahrzunehmen meint. In den vergangenen drei Jahrzehnten sind Luftaufnahmen von Auschwitz veröffentlicht worden, die von einer Maschine der Alliierten am 25. August 1944 aufgenommen wurden und bei entsprechender Vergrößerung die Standorte der Gaskammern und Krematorien deutlich zeigen, man erkennt sogar eine Kolonne von Menschen, die dem Tod entgegengehen. Deshalb hat sich in weiten Kreisen die Vorstellung herausgebildet, die Luftstreitkräfte der Alliierten hätten diese Einrichtungen relativ mühelos zerstören können. Tatsächlich aber wurden die ersten Abzüge von diesen Negativen erst im Jahr 1978 gemacht, während des Krieges war die Technologie, mit der sich Fotos so stark vergrößern ließen, dass die darauf abgebildete Personengruppe erkennbar wurde, noch gar nicht verfügbar. Der führende Experte für Nachrichtenbeschaffung per Fotografie im Zweiten Weltkrieg, Oberst Roy M. Stanley hat hierzu erklärt: «Diese Fotoanalyse aus dem Jahr 1978 enthält auch ein Verständnis und ein Wissen um das, was dort unten an jenem Ort geschah, das ein Auswerter im Jahr 1945 oder früher einfach noch nicht haben konnte.»[79]

Die Royal Air Force hatte für die Versorgungsflüge zugunsten der Warschauer Aufständischen einen hohen Preis gezahlt: Bei den 22 Einsätzen, die im Verlauf von sechs Wochen bis Mitte August 1944 geflogen wurden, waren 31 der 181 Maschinen nicht zum Stützpunkt zurückgekehrt. Das britische Außenministerium war, wie einer seiner Beamten protokollierte, gegen Operationen, die «mit dem Verlust britischer Menschenleben und Flugzeuge bezahlt werden, Kosten ohne Nutzeffekt».[80] Eine ganze Reihe von Beamten des Foreign Office hatte allen Grund, sich für die eigenen Aktenvermerke zu schämen, für Formulierungen wie die von Armine Dew, der am 1. September 1944 über den Umgang der Roten Armee mit den rumänischen Juden schrieb: «Meiner Meinung nach wird hier im Amt unverhältnismäßig viel Zeit für die Beschäftigung mit diesen jammernden Juden vergeudet.»[81] Und das war keineswegs ein Einzelfall.

John McCloy, als Assistant Secretary of War der dritthöchste Amtsträger im US-Kriegsministerium, lehnte einen Aufruf zur Bombardierung der Gaskammern und Krematorien mit der Begründung ab, sie könne «nur um den Preis eines Abzugs beträchtlicher Luftwaffenkapazitäten durchgeführt werden, die für einen Erfolg unserer augenblicklich in entscheidende Operationen verwickelten Streitkräfte unentbehrlich sind, und ihre Wirksamkeit wäre in jedem Fall so zweifelhaft, dass ein Einsatz unserer Kräfte nicht gerechtfertigt wäre». Sehr viel weniger überzeugend war da schon McCloys weiteres Argument, ein solcher Einsatz könnte «womöglich noch schlimmere Vergeltungsaktionen der Deutschen provozieren». Die 15. US-Luftflotte bombardierte am 20. August 1944 die Produktionsanlagen für Kohleverflüssigung und synthetischen Kautschuk in Monowitz. Die Maschinen starteten in Foggia in Süditalien, und von hundertsiebenundzwanzig eingesetzten Bombern des Typs Flying Fortress ging nur einer verloren. Die Zerstörungen waren erheblich, und die Moral der Gefangenen in Auschwitz-Birkenau wurde durch den Angriff gestärkt, wie einer von ihnen, Arie Hassenberg, sechsunddreißig Jahre später bestätigte: «Wir dachten, sie wissen jetzt alles über uns, sie treffen Vorbereitungen, uns zu befreien; wir könnten vielleicht fliehen, einige von uns könnten herauskommen, einige von uns könnten überleben.»

Und er erklärte noch: «Einen toten Deutschen zu sehen: Das war es, warum wir uns über den Bombenangriff freuten.»[82]

Als es danach aussah, dass der Krieg verloren sein könnte, hätte die Vernunft Hitler auch gebieten können, das Eisenbahnsystem und alle militärischen und personellen Ressourcen, die bis dahin für den Holocaust eingesetzt worden waren, sofort für militärische Zwecke umzuwidmen, und die Juden, die einen Beitrag zu den Kriegsanstrengungen leisten könnten, als Arbeitskräfte einzusetzen, anstatt sie zu ermorden. Doch eine ganz anders geartete, durch und durch nazistisch geprägte Denkweise folgerte, die sich verschlimmernde Lage an der Ostfront erfordere allenfalls eine Intensivierung des Holocaust, keinesfalls aber dessen Beendigung. Saul Friedländer erklärt das so: «Das Anheizen der Wut auf die Juden war in Hitlers Wahnvorstellungen eines der besten Verfahren, um den Zerfall des feindlichen Bündnisses zu beschleunigen», denn in seiner kranken Vorstellungswelt «[waren] die Juden das verborgene Bindeglied, das Kapitalismus und Bolschewismus zusammenhielt».[83] Außerdem musste, wenn die Invasion gegen die Festung Europa unmittelbar bevorstand, die vermeintliche innere Gefahr, die von den Juden ausging, so früh wie möglich beseitigt werden.

Goebbels sprach am 18. Februar 1943, nur wenige Tage nach der Kapitulation von Generalfeldmarschall Paulus in Stalingrad, der vielleicht größten deutschen Niederlage in diesem Krieg, bei einer Kundgebung des NSDAP-Gaues Berlin im Sportpalast. Bei seiner Tirade gegen die vermeintlichen *«jüdischen Liquidationskommandos»*, die, wie er behauptete, «hinter den vorstürmenden Sowjetdivisionen» lauerten (eine geschickte Umkehrung dessen, was die Einsatzgruppen hinter den vorstürmenden deutschen Divisionen tatsächlich getan hatten), unterlief ihm eine freudsche Fehlleistung. Goebbels rief seinem gewaltigen, sorgfältig ausgewählten und immer wieder in laute Zustimmungsrufe ausbrechenden Publikum zu:

> Deutschland hat jedenfalls nicht die Absicht, sich dieser jüdischen Bedrohung zu beugen, sondern vielmehr die, ihr *rechtzeitig,* wenn nötig unter *vollkommener* und *radikalster Ausrott-, -schaltung* des Judentums, entgegenzutreten.

Auf diese schnelle Korrektur in eigener Sache folgten Applaus, «Juden raus!»-Zurufe und Gelächter.[84] Die live im Radio übertragene und von

Millionen von Deutschen gehörte Goebbels-Rede wurde zu seiner bekanntesten Ansprache überhaupt, und er hielt sie unter einem riesigen Banner, auf dem zu lesen war: «Totaler Krieg = Kürzester Krieg.» Im ganzen Reich konnte man hören, wie sich Hitlers engster Mitarbeiter hastig selbst korrigierte und «Ausrottung» durch «Ausschaltung» ersetzte. Den Deutschen fiel das auf.

Weil Hitler seine Überlegungen in Bezug auf die relative Bedeutung des Holocaust und des Sieges an der Ostfront nicht in Worte fasste, sind wir hier auf Vermutungen angewiesen. Es ist durchaus möglich, dass der Grund, den Völkermord zu einem Zeitpunkt, als die Niederlage bereits wahrscheinlich war, zu intensivieren anstatt ihn zu stoppen, wie die Logik nahelegen könnte – um ihn wieder aufzunehmen, wenn der Sieg errungen war –, ins Zentrum von Hitlers Einschätzung seines eigenen Platzes in der Geschichte führt. Er glaubte, dass er selbst im Fall einer deutschen Niederlage im Krieg für alle Zeiten der Mann bleiben würde, der für «die Vernichtung der jüdischen Rasse in Europa» verantwortlich war. Das wäre sein Vermächtnis an das deutsche Volk, selbst wenn es den Alliierten gelänge, das Reich zu besiegen. Dass er seinen Traum von einer «judenfreien» Welt sogar über die Notwendigkeit eines Sieges im Krieg stellte, war ein Gradmesser für Hitlers Fanatismus. Er wusste, dass deutsche Juden im Ersten Weltkrieg tapfer für den Kaiser gekämpft, zahlreiche Eiserne Kreuze erhalten und eindrucksvolle Offiziere hervorgebracht hatten. Dass Hitler selbst das Eiserne Kreuz 1. Klasse verliehen bekommen hatte, war zu großen Teilen dank der Bemühungen des jüdischen Regimentsadjutanten seines eigenen Regiments, Leutnant Hugo Gutmann, zustande gekommen. Ein Hitler, der 1933 den Antisemitismus fallengelassen hätte, nachdem er an die Macht gekommen war, hätte 1939 möglicherweise Millionen der klügsten und bestausgebildeten Europäer für die deutschen Kriegsanstrengungen einspannen können, darunter auch mit dem Nobelpreis ausgezeichnete Atomphysiker. Ein konservativ-nationalistisch eingestellter Deutscher hätte das möglicherweise fertiggebracht, aber zu Hitlers Nationalsozialismus gehörte auch, dass er so etwas nie wollte.

8

Fünf Minuten in Midway

Juni 1942 – Oktober 1944

«Fünf Minuten! Wer hätte es sich träumen lassen, dass sich das Schlachtenglück in einer derart kurzen Zeitspanne so umstürzend wenden könnte?»

Kapitän zur See Mitsuo Fuchida und Korvetten-kapitän Masatake Okumiya von der Kaiserlichen Japanischen Marine[1]

Die nächste Phase des Krieges der Alliierten gegen Japan lässt sich – mit der wichtigen Ausnahme Burma – weitgehend anhand von Flugzeugträgern erzählen. Sie wurden zur entscheidenden Waffe, als es galt, die Frage zu beantworten, ob die Japaner das riesige, in den sechs Monaten nach Pearl Harbor eroberte Gebiet auch würden halten können. Es war zwar der Monsun gewesen, der im Mai 1942 den japanischen Vormarsch in Richtung Indien – zumindest vorläufig – gestoppt hatte, aber erst die katastrophale Versenkung von vier japanischen Flugzeugträgern in der Seeschlacht von Midway (die Amerikaner verloren nur einen Träger) im darauffolgenden Monat sorgte für ein ausgeglicheneres Kräfteverhältnis zwischen Japan und den Alliierten. Midway setzte allen japanischen Hoffnungen auf eine Fortsetzung der blitzartigen Expansion in östlicher Richtung ein Ende, denn bei der Produktion von Flugzeugträgern lag das Land weit hinter den Vereinigten Staaten zurück. Im Untertitel der 1955 erschienenen englischen Fassung des Buches von Hauptmann Mitsuo Fuchida und Fregattenkapitän Masatake Okumiya über Midway ist sogar von der «Schlacht, die Japan dem Untergang weihte» *(The Battle that Doomed Japan)* die Rede, und das war keineswegs eine inakzeptable Übertreibung.[2]

Bei der unentschiedenen Seeschlacht im Korallenmeer, die am 7. und 8. Mai 1942 rund 1300 Kilometer nordöstlich von Queensland ausgetragen wurde, war der leichte japanische Flugzeugträger *Shoho* versenkt worden, der kenterte, nachdem er von dreizehn Bomben, sieben Torpedos und einem abstürzenden Sturzkampfbomber getroffen worden war. Der amerikanische Träger *Lexington* explodierte dagegen erst zwei Stunden nachdem das letzte japanische Flugzeug die Kampfzone verlassen hatte; er fiel einem Funken aus einem versehentlich weiterlaufenden Stromgenerator zum Opfer, der Benzindämpfe aus beim Fliegerangriff beschädigten Treibstofftanks entzündete. Die Evakuierung des Trägers verlief geordnet, und 2735 Besatzungsmitglieder – mehr als 90 Prozent – überlebten. Zwei schwere japanische Flugzeugträger, die *Shokaku* und die *Zuikaku*, wurden beschädigt, so dass die Japaner den Plan aufgeben mussten, Port Moresby im Südosten von Papua-Neuguinea einzunehmen, von wo aus Australien bedroht werden konnte. Leutnant James Powers wurde für seinen Bombenangriff auf das Flugdeck der *Shokaku* aus einer Höhe von nur 90 Metern posthum die Congressional Medal of Honor zugesprochen, denn die Attacke von Powers und seinen Kameraden mit ihren Dauntless-Sturzkampfbombern hatte zur Folge, dass auf diesem Träger keine Maschinen mehr landen konnten. Weil auf der *Zuikaku* nicht genug Fläche für die von beiden Trägern gestarteten Maschinen war, musste die Besatzung Maschinen von Deck schieben und im Meer versenken, um Fläche zu schaffen. Insgesamt starben in dieser Schlacht 564 amerikanische Seeleute und Flieger, und 66 Maschinen gingen verloren, die Verluste auf japanischer Seite betrugen 1074 Mann und 77 Flugzeuge.[3] Von entscheidender Bedeutung war, dass der US-Flugzeugträger *Yorktown* bei diesem Kampf zwar beschädigt, aber keineswegs versenkt worden war, wie Admiral Isoroku Yamamoto, der Oberbefehlshaber der japanischen Flotte, glaubte. Yamamoto ging deshalb davon aus, dass er bei der geplanten Invasion des Midway-Atolls nicht mehr auf amerikanische Flugzeuge treffen würde, und zog für die Eroberung der Insel 165 Kriegsschiffe zusammen, die kampfstärkste Armada, die der Pazifische Ozean bis dahin gesehen hatte. War

338 Zweiter Teil: Wechseljahre

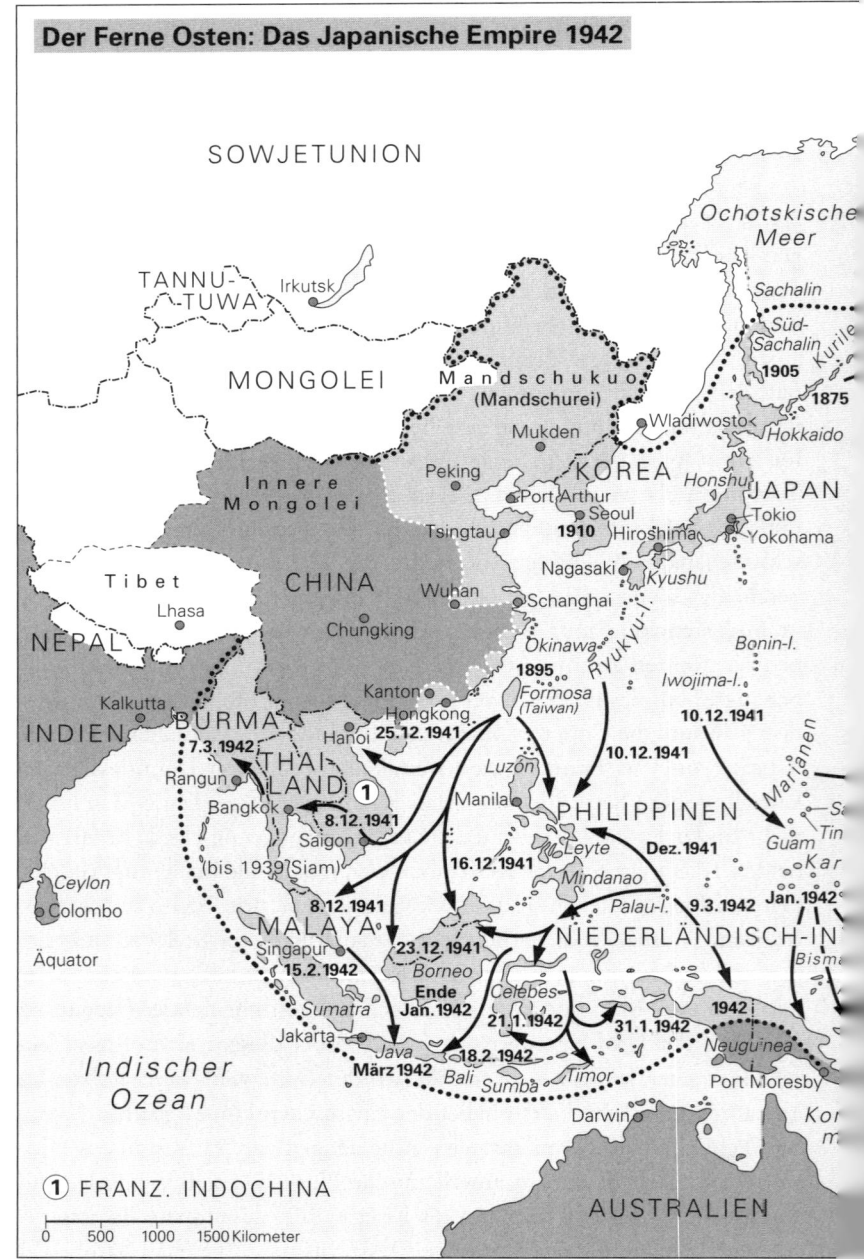

Fünf Minuten in Midway 339

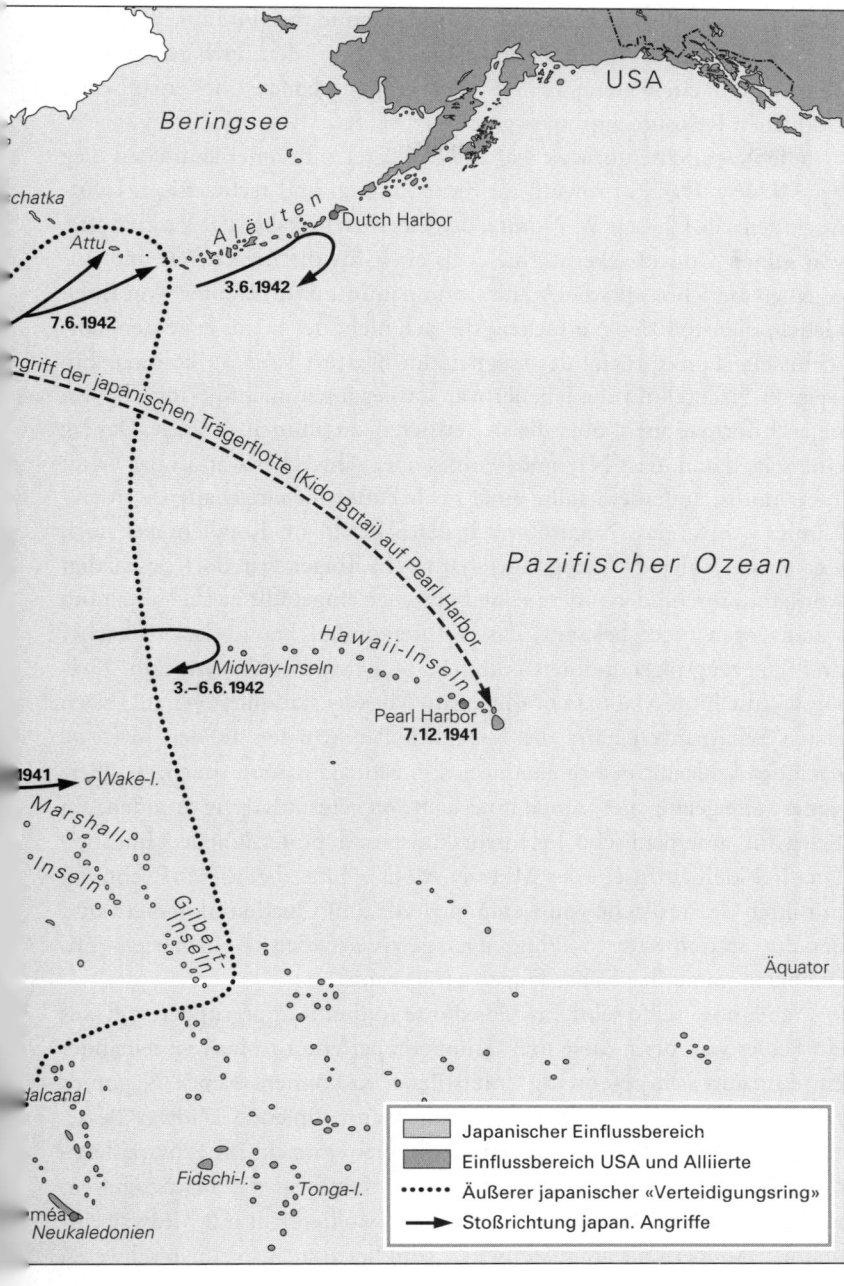

Midway erst einmal in japanischer Hand, konnte von dort aus Pearl Harbor bombardiert und, im Zusammenwirken mit den noch zu erobernden Aleuten, ein weiterer Teil des «Verteidigungsbandes» des japanischen «südlichen Ressourcengebiets» geschützt werden.

Die Nachrichtentechnik war der Schlüssel zum amerikanischen Sieg bei Midway. Das galt sowohl für die akkuraten und rechtzeitigen Informationen, die Chester W. Nimitz, der Oberbefehlshaber der Pazifikflotte, von seinen Codeknackern erhielt, als auch für die unsicheren und ungenauen Berichte, die die Admirale Yamamoto und Nagumo von ihren Geheimdienstoffizieren erhielten, die sich nicht des Luxus erfreuten, entschlüsselte Funksprüche des Gegners im Klartext lesen zu können. Ein weiterer Nachteil für die Japaner war, dass es ihnen nicht gelang, die wenigen Informationen, über die sie verfügten, zusammenzutragen. Das lag einerseits daran, dass Nagumos Funksender schwächer war als das Gerät Yamamotos, außerdem sollte auch noch Funkstille eingehalten werden.[4] Nimitz wusste, dass Nagumo nach der Schlacht im Korallenmeer noch vier einsatzfähige Flugzeugträger hatte; ein Träger war dort beschädigt worden, während der andere seine Flugzeuge eingebüßt hatte. Yamamoto war dagegen nicht bekannt, dass Konteradmiral Frank «Jack» Fletcher drei Flugzeugträger aufbieten konnte – *Enterprise*, *Hornet* und *Yorktown* –, die Ende Mai 1942 nördlich von Midway stationiert waren. (Nach ersten Schätzungen hätte die Reparatur der Schäden an der *Yorktown* nach der Schlacht im Korallenmeer drei Monate dauern sollen; wundersamerweise gelang dies jedoch innerhalb von achtundvierzig Stunden, ein Beleg für amerikanische Ingenieurskunst und professionelle Hingabe.) Die drei kleinen Inseln des Midway-Atolls zählten bei dieser Rechnung mit ihrer Gesamtfläche von wenig mehr als fünf Quadratkilometern und den dort stationierten 109 Flugzeugen gewissermaßen als ein vierter – unsinkbarer – amerikanischer Flugzeugträger mit.

Yamamoto teilte seine Invasionsflotte in drei Kampfgruppen auf, was ein Fehler war, denn diese drei Gruppen operierten zu weit voneinander entfernt, um sich gegenseitig unterstützen zu können. Neben Nagumos 1. Luftflotte befanden sich eine 51 000 Mann zählende Midway-Besatzungstruppe und Yamamotos eigene Hauptstreitmacht im Einsatz, Letztere bestand aus einem Flugzeugträger, 4 Kreuzern, 7 Schlachtschiffen, 12 Zerstörern und 18 U-Booten. Yamamoto wollte nicht nur Midway einnehmen, sondern die amerikanische Pazifikflotte auch zu einem schweren

Seegefecht verlocken, das diese nicht gewinnen konnte. Nagumos 1. Luftflotte näherte sich dem Atoll unter einer dichten Wolkendecke, die sie vor den von Midway aus operierenden Aufklärungsmaschinen verbarg, sie griff ihr Ziel am 4. Juni bei Sonnenaufgang mit 108 ihrer insgesamt 201 Maschinen an. Dieser Angriff war erfolgreich, obwohl die Start- und Landebahn nicht attackiert wurde, weil die Japaner sie sofort nach der Einnahme der Inseln selbst nutzen wollten. Die 93 Flugzeuge der Einsatzreserve wurden für den Fall eines Auftauchens der 50 Schiffe zählenden amerikanischen Flotte im Kampfgebiet mit Bomben und Torpedos ausgerüstet. Dies sollte sich in einem Kampfgeschehen, das Fuchida und Okumiya als «ein fantastisches Kapitel von unglücklichen Zufällen und groben Fehlern» bezeichnen, später als entscheidend erweisen.[5]

Als Nagumos Flotte um 7 Uhr morgens schließlich gesichtet worden war, ließ Konteradmiral Raymond Spruance, der Kommandeur der Kampfgruppe 16, der die Träger *Enterprise* und *Hornet* angehörten, 116 Flugzeuge aus einer Entfernung von knapp 300 Kilometern zu einem Großangriff starten. (Wie zuvor schon bei der Schlacht im Korallenmeer kamen die Schiffe der gegnerischen Flotten bei dieser neuartigen Variante einer Seeschlacht niemals bis auf Sichtweite aneinander heran.) Genau zur selben Zeit befahl Nagumo, die 93 Reservemaschinen für einen zweiten Angriff auf das Midway-Atoll mit Brand- und Splitterbomben auszurüsten. Er hatte nach der ersten Attacke Berichte erhalten, denen zufolge eine weitere Angriffswelle nötig war, aber von der amerikanischen Flotte war dabei nicht die Rede gewesen, so dass er allen Grund zu der Annahme hatte, diese habe sich nach Norden gewandt, um dem Ablenkungsmanöver gegen die Aleuten zu begegnen. Die Umrüstung zur zweiten Angriffswelle sollte eigentlich eine Stunde dauern, doch bereits nach fünfzehn Minuten meldete ein eigenes Aufklärungsflugzeug zehn amerikanische Schiffe in nordöstlicher Richtung. «Eine ungute Viertelstunde lang dachte er über das Problem nach und beschloss dann, seine Reserveflugzeuge mit Torpedos ausrüsten zu lassen. Befehl; Gegenbefehl; Befehlsverwirrung.»[6] Unterdessen befand sich die erste Welle von Nagumos Bombern und Kampfflugzeugen auf dem Rückweg von Midway. Das war ein entscheidender Moment im Pazifikkrieg. Die Hälfte von Nagumos Reserve war noch mit einer Bombenlast für den Angriff auf Midway ausgerüstet, die andere Hälfte für einen Angriff auf die amerikanischen Flugzeugträger bewaffnet, und jetzt traf er die verhängnisvolle Entscheidung, zuerst die zurückkehrenden Maschinen der ersten Angriffswelle landen zu lassen, bevor er die Reserve starten ließ.

Die Mannschaften auf dem Flugdeck hatten mit der Umrüstung von Brand- und Splitterbomben auf Torpedos noch alle Hände voll zu tun, als Nagumo um 9.05 Uhr einen Kursschwenk um 90 Grad nach Ostnordost anordnete, um den Kampf mit den amerikanischen Schiffen aufzunehmen. Dadurch entging er, zumindest vorübergehend, den amerikanischen Sturzkampfbombern und Kampfflugzeugen von der *Hornet,* deren Maschinen um 7 Uhr gestartet waren. Die *Yorktown* brachte von Osten her die Hälfte ihrer Maschinen um 7.30 Uhr auf den Weg. Von der *Hornet* waren 15 Devastator-Torpedobomber gestartet, die Nagumos Streitmacht sichteten und sofort zum Angriff übergingen. Es ist oft die Rede vom fanatischen Mut der japanischen Kamikaze-Flieger (das Wort bedeutet «göttlicher Wind») in einer späteren Phase des Krieges, aber ohne Jägerbegleitschutz gegen das Flakabwehrfeuer und die Zeke-Abfangjäger von Nagumos Flotte anzutreten, erforderte ebenfalls enorme Tapferkeit, und nur eine der 15 Maschinen kam davon, ohne dass die Angreifer einen Treffer gelandet hätten. Auch die Torpedobomber von der *Enterprise* (Spitzname: «the big E») und der *Yorktown* erlitten schwere Verluste, ohne dem Gegner Schaden zufügen zu können, und um 10.24 Uhr wurde der Angriff abgebrochen, als von einer ursprünglichen Streitmacht von 41 Devastators nur noch 8 übriggeblieben waren. «Etwa 100 Sekunden lang waren sich die Japaner sicher, dass sie die Schlacht um Midway und damit auch den Krieg gewonnen hatten», schrieb der offizielle Historiker der US-Marine, Konteradmiral Samuel Eliot Morison.[7]

Doch um 10.26 Uhr, noch bevor die Zeke-Jäger Zeit gehabt hatten, nach der Vernichtung der Devastator-Bomber wieder an Höhe zu gewinnen, erschienen 37 Sturzkampfbomber von der *Enterprise* unmittelbar über Nagumos vier Flugzeugträgern am Himmel. Eine Wolkendecke in etwa 1000 Metern Höhe hatte die anfliegenden Amerikaner verhüllt, doch darunter herrschten ideale Sichtverhältnisse für die Angreifer. Mitsuo Fuchida, der Held von Pearl Harbor, bewertete das jetzt folgende Geschehen so: «Mit Recht darf man also sagen, dass der Erfolg der amerikanischen Sturzkampfbomber durch den vorangegangenen Märtyrertod ihrer Kameraden in den T-Flugzeugen möglich wurde»,[8] weil den japanischen Jagdfliegern nach dem Erfolg gegen die erste Angreifergruppe nicht mehr genug Zeit blieb, um wieder auf die nötige Gefechtshöhe zu kommen. Kurz nach der Attacke der *Enterprise*-Sturzkampfbomber trafen weitere Maschinen ein, zunächst von der *Hornet,* dann von der *Yorktown.* Hunderte von Metern unter ihnen waren die Crews immer noch fieberhaft mit der Umrüstung der Bomber beschäftigt, so dass sie der Angriff traf, als die größtmögliche Menge von Sprengstoff sich ungeschützt am denkbar ungünstigsten Ort befand. Überall auf den Flugdecks der Träger befanden sich Bomben, Treibstoffleitungen und Flugzeuge, nur wenige Maschinen waren unter Deck, so dass die Sturzkampfbomber der *Enterprise* bei ihrem Angriff verheerende Treffer landeten. Auf Nagumos Flaggschiff, der *Akagi,* hatte der Start der Zero-Jäger gerade begonnen. Fuchida, der nach einer Blinddarmoperation den Angriff auf Midway nicht hatte fliegen können und nun bei diesem Angriff des Gegners verletzt wurde, erinnerte sich:

> Der Fliegeroffizier schwenkte seine weiße Flagge, und der erste Zero-Jäger fegte mit stetig wachsender Geschwindigkeit übers Deck. In diesem Augenblick schrie ein Ausguck «Hell-divers!». Ich blickte nach oben und sah drei schwarze Feindmaschinen senkrecht auf uns herunterschießen. Ein paar Maschinengewehren glückte es noch, verzweifelt einige Garben auf sie zu feuern, aber es war zu spät. Die plumpen Silhouetten der amerikanischen «Dauntless»-Sturzkampfbomber wuchsen unheimlich schnell, und plötzlich schwebten unheilverkündende schwarze Körper von ihren Flügeln herab. Bomben! Tiefer, tiefer! Genau auf mich zu![9]

Die *Akagi* bekam zwei Volltreffer ab, den ersten an der Achterkante des Aufzugs mittschiffs, den zweiten achtern auf der Backbordseite des Flugdecks. Die Bombentreffer selbst hätte das Schiff wohl verkraften können, doch auf dem Flugdeck standen, Flügelspitze an Flügelspitze nebeneinander aufgereiht, brennende Flugzeuge, die mit explodierenden Torpedos beladen waren. «Der ganze Hallenbereich war ein einziges glühendes Inferno, und die Flammen fraßen sich rasch zur Brücke weiter», schrieb Fuchida später. Nagumo, der eine der schlechtesten Entscheidungen der Seekriegsgeschichte getroffen hatte, wurde um 10.46 Uhr überredet, seine Flagge auf dem Leichten Kreuzer Nagara zu setzen, was er nur widerstrebend tat. Auf der *Akagi* mussten die Überlebenden unter Deck mit Handpumpen arbeiten, und:

Feuerlöschtrupps mit Gasmasken schleppten schwere Geräte herbei und bekämpften todesmutig die Flammen. Aber neue Explosionen oben zogen auch die unteren Decks in Mitleidenschaft, verwundeten ein paar Männer und setzten ihren verzweifelten Anstrengungen ein Ende. Dann stieg über die Leichen gefallener Soldaten ein neuer Trupp zur Fortsetzung des Kampfes, nur um seinerseits wieder durch eine Explosion niedergemäht zu werden.[10]

Kein einziger Mann aus dem Maschinenraum entkam dieser dantesken Hölle. Das Schiff wurde um 18 Uhr aufgegeben, nur Kapitän Taijiro Aoki blieb und kettete sich an einen Anker, um «auf das Ende zu warten».

«Hilflos waren wir in der denkbar verwundbarsten Lage erwischt worden, unsere Decks mit Flugzeugen vollgestopft, die mit Brennstoff und Waffen für einen Angriff ausgerüstet waren»,[11] schrieben Fuchida und Okimiya. Der Flugzeugträger *Kaga* sank um 19.25 Uhr, 800 Besatzungsmitglieder fanden den Tod, und die *Soryu,* ein weiterer Träger, der durch 13 angreifende Flugzeuge innerhalb von drei Minuten drei Treffer erhalten hatte, versank um 21.13 Uhr in den Fluten. Kapitän Ryusaku Yanagimoto blieb an Bord und sang die «Kimigayo», die japanische Nationalhymne. Nagumo befahl dem Kapitän des vierten Trägers, *Hiryu,* sich mit Kurs Nordost aus dem Kampfgebiet zu entfernen und zugleich die *Yorktown* mit 40 Maschinen anzugreifen. Nur 7 von ihnen entgingen der amerikanischen Flak und den Abfangjägern, doch mit «Geschick, Tapferkeit und Entschlossenheit» gelangen ihnen drei Bombentreffer. Die *Yorktown* erhielt später auch noch zwei Torpedotreffer durch von Midway zurückkehrende Flugzeuge, was den jetzt mit Schlagseite fahrenden Träger zwang, sich mit Ziel Pearl Harbor ins Schlepptau nehmen zu lassen. Fletcher musste auf den Kreuzer *Astoria* umsteigen, und Spruance übernahm das taktische Kommando.[12] Die *Hiryu* sollte der Vergeltung jedoch nicht entgehen, denn 24 Maschinen von der *Enterprise* und der *Yorktown* versenkten sie um 17 Uhr mit vier Treffern. Die *Yorktown* und ein Begleitzerstörer wurden auf dem Rückweg nach Pearl Harbor vom japanischen U-Boot *I-168* versenkt, sie waren die einzigen amerikanischen Schiffe, die bei dieser Schlacht verlorengingen.

Die Schlacht von Midway – an einem Ort ausgetragen, der geografisch etwa auf halbem Weg zwischen Japan und dem amerikanischen Festland lag, und das zu einem Zeitpunkt, an dem die Kriegszeit fast zur Hälfte vorüber war (im 33. Monat eines 71 Monate dauernden Krieges) –

machte den japanischen Drei-Phasen-Plan zur Eroberung der Vorherrschaft über ganz Asien auf halbem Weg der zweiten Phase zunichte. Die japanische Flotte hatte bei ihrem Ablenkungsmanöver im Nordpazifik zwar die kleinen Aleuten-Inseln Attu und Kiska besetzt, aber dank der Arbeit der alliierten Codeknacker war es den Japanern nicht gelungen, die amerikanische Flotte von Midway fortzulocken. Die Schlacht um Midway wird zu Recht als eine der wichtigsten Schlachten der Seekriegsgeschichte bezeichnet, denn den amerikanischen Verlusten – ein Flugzeugträger, ein Zerstörer, 307 Tote und 132 zerstörte Flugzeuge – standen auf japanischer Seite der Verlust von 4 Flugzeugträgern, einem Schweren Kreuzer, 3500 Mann – unter den Getöteten waren viele erfahrene Piloten – und 275 Flugzeugen gegenüber.[13] Es traf zwar zu, dass die Japaner nach Midway immer noch über 5 einsatzfähige Flugzeugträger verfügten, während 6 weitere sich noch im Bau befanden oder gerade repariert wurden, aber der direkte Vergleich zeigt, dass die Amerikaner zwar nur 3 große Träger besaßen, aber 13 weitere sich bereits im Bau befanden. Ein Experte für die Entwicklung des Pazifikkriegs beschrieb die Lage so: «Die US-Pazifikflotte besaß bis Ende 1943 zu keinem Zeitpunkt mehr als 4 Flugzeugträger. Danach nahm die amerikanische Stärke rapide zu, während die der Japaner schrumpfte.»[14] Die Vereinigten Staaten konnten jetzt die Randzonen des japanischen Südgebietes nach Belieben angreifen. «Midway war die wichtigste Schlacht des Pazifikkrieges», sollte Nimitz später sagen, «es war das Gefecht, das alles andere ermöglicht hat.»[15]

Auch den Briten gab dieser Sieg große Zuversicht. Kurz nachdem die Nachricht eingetroffen war, sagte Churchill den Protokollnotizen des Sekretariats zufolge im Kriegskabinett:

> Verluste zur See Anzeichen von Furcht auf Seiten der Japse – die Marine ist in Japan eine politische Macht –, die jetzt vielleicht zu einer zurückhaltenderen und vorsichtigeren Politik neigen – diese Politik könnte im Aussenden von U-Boot-Angreifern bestehen – wenn wir davon ausgehen, dass dieses Ereignis sich auf die Kriegslage der Japaner auswirkt – ich denke, sie werden versuchen, China und Tschiang Kai-schek zu besiegen. Ich glaube nicht, dass sie einen Angriff auf Indien oder Australien versuchen werden. Das verschafft uns eine Atempause von zwei oder drei Monaten. Wir müssen China zu Hilfe kommen – würde China aus dem Krieg gedrängt – und eine neue Regierung installiert –, wäre das eine entsetzliche Katastrophe. Der Generalstab muss Angriffe auf Verkehrswege in Burma in Erwägung

ziehen. Wenn Flugzeugträger-Verluste bestätigt werden – Prüfung der Konsequenzen einer Schwächung der feindlichen Streitkräfte. Wenn Japan einen konservativen Kurs einschlägt, ist das eine Chance für uns, dem Gegner zuzusetzen.[16]

Midway ermöglichte die Landung amerikanischer Truppen auf der Insel Guadalcanal in den südlichen Salomonen, es war die erste offensive Operation der Amerikaner zu Lande seit dem Angriff auf Pearl Harbor, der jetzt neun Monate zurücklag. Als klar war, dass die Japaner dort an einem Flugfeld arbeiteten, von dem aus nach der Fertigstellung der Flugverkehr zwischen den Vereinigten Staaten und Australien unterbunden werden konnte, landeten 18 700 Mann der 1. Division der US-Marineinfanterie unter dem Kommando von Generalmajor Alexander A. Vandegrift auf Guadalcanal und den benachbarten Inseln Tulagi und Gavutu. Die von diesem Angriff überraschte japanische Garnison auf Guadalcanal floh in den dichten Dschungel der «dampfenden, malariaverseuchten, vom Regen durchweichten Insel»; auf Tulagi leisteten die 1500 dort stationierten Japaner erbitterten Widerstand, wurden aber fast alle getötet, während die Marines 150 Mann verloren.[17] Die 11 145 Marines auf Guadalcanal eroberten am 8. August das Flugfeld, dem sie nach einem der Helden der Schlacht von Midway den Namen Henderson Field gaben, sicherten dort einen Verteidigungsgürtel von 3 mal 6,5 Kilometern und gruben sich ein. Dieses winzige Stück Land sollte schon wenig später so heftig bombardiert werden wie kaum ein anderes Schlachtfeld von ähnlicher Größe in der amerikanischen Geschichte.

Die Marines waren immer noch mit dem Anlanden der Ausrüstung für Operation Cactus beschäftigt, als über ihre Marine-Eskorte eine Katastrophe hereinbrach. Sie kam in Gestalt des Nachtangriffs einer japanischen Streitmacht, die aus Rabaul anrückte und einen Kampf begann, der als Schlacht von Savo Island in die Geschichte einging. Die Japaner umgingen Kapitän Howard D. Bodes südlich der Insel operierende Patrouille – Bode schlief zu diesem Zeitpunkt in seiner Koje auf dem Schweren Kreuzer *Chicago* – und attackierten die von dem australischen Konteradmiral Victor Crutchley (er befand sich zum Angriffszeitpunkt an Land auf Guadalcanal) befehligten alliierten Kreuzer. Die Angreifer waren mit neu entwickelten Long-Lance-Torpedos bewaffnet, die mit ihrem Flüssigsauerstoffantrieb einen 450 Kilogramm schweren Gefechtskopf mit einer Geschwindigkeit von 37 Knoten bis zu 40 Kilometer weit ins Ziel tragen konnten. Vier Kreuzer der Alliierten wurden versenkt – die amerikanischen Schiffe *Vincennes, Astoria* und *Quincy* und die australische *Canberra* –, japanische Flugzeuge warfen Leuchtfeuer ab, um diese Ziele und die *Chicago* besser zu markieren. (Von Schuldgefühlen gepeinigt, erschoss sich Bode später und bewies so, dass die Japaner kein unangefochtenes Monopol auf die ehrenwerte Tradition des Harakiri besaßen.)[18]

Crutchleys schwer angeschlagene Flottille sah sich nach dem Tod von mehr als tausend Seeleuten der Alliierten gezwungen, das Seegebiet um Guadalcanal zu verlassen, nachdem Fletcher zuvor bereits die Flugzeugträger *Saratoga, Wasp* und *Enterprise* zurückgezogen hatte, als ihm 22 von 98 Maschinen verlorengegangen waren. Das bedeutete, dass die auf Rabaul stationierten Japaner jetzt die Chance hatten, ihrer Garnison auf Guadalcanal Verstärkung zu schicken und die Amerikaner von der Insel zu vertreiben. Der Brückenkopf Henderson Field sah sich bei Tag und Nacht einem ständigen Bombardement ausgesetzt, von See her durch japanische Schiffe und aus der Luft durch von Rabaul aus angreifende Flugzeuge. An einem Tag – am «Dugout Sunday» (etwa: Unterstand-Sonntag) – gab es nicht weniger als sieben Luftangriffe. Die auf der Insel stationierte Cactus Air Force, bestehend aus 19 Kampfflugzeugen und 12 Torpedobombern der 23. Marine Air Group hielt nach Kräften dagegen, konnte die Insel jedoch vor dem Eintreffen von Verstärkung nicht angemessen verteidigen. Generalleutnant Haruyoshi Hyakutake landete am 17. August von Rabaul aus mit 50 000 Mann der 17. Armee, um den Bodenangriff einzuleiten. Konteradmiral Razio Tanaka begann seinerseits mit einer Reihe von Landungsmanövern entlang des sogenannten «Slot» (Schlitz), der zwischen den beiden Inselreihen der Salomonen verlaufenden Meeresstraße, die von Rabaul nach Guadalcanal führt und als Nachschubweg diente. Bei den Marines, ihrerseits in der unangenehmen Rolle der Zielscheibe, hieß diese sechs Monate andauernde Serie von (oft bei Nacht ausgeführten) Operationen «Tokio-Express».

Hyakutake, dem es an Nachschub und Verstärkungen mangelte, griff aufgrund dieser Schwierigkeiten nicht gleichzeitig und mit allen Kräften an, sondern schickte einzelne Sturmkommandos gegen Henderson Field, die von den Marines in verzweifelten Abwehrkämpfen zurückgeschlagen wurden, bis sie schließlich selbst gelegentliche Gegenangriffe unternahmen. Bei der sogenannten Schlacht am Tenaru River (die eigentlich am Ilu River ausgetragen wurde) endete der am 18. August von Oberst Kiyono Ichiki mit 917 Mann vorgetragene Angriff mit dem Tod fast der gesamten Einheit. Ichiki selbst verbrannte die Regimentsfahne und beging Harakiri. Die Japaner kamen am 12. und 13. September während der erbitterten Schlacht am Bloody Ridge, der eineinhalb Kilometer südwestlich des Flugfeldes liegt, bis auf 900 Meter an die Rollbahn heran. Zweitausend Japaner stürmten aus dem Dschungel, brüllten «Banzai!» («Zehntausend Jahre!») und «Marine, you die!» und überwältigten die rechte Flanke der aus zwei Bataillonen bestehenden Provisional Force von Oberstleutnant Merritt A. «Red Mike» Edson. Drei Japaner drangen sogar bis in Vandegrifts Bunker vor, wo sie von dessen Mitarbeitern getötet wurden. Edson wurde für seine tapfere Verteidigung des Flugfeldes mit der Congressional Medal of Honor ausgezeichnet. In diesem Kampf starben 143 Amerikaner und 117 wurden verwundet, aber die Japaner hatten 600 Tote und 500 Verwundete zu beklagen.

Die Marines erhielten am 20. August schließlich Verstärkung aus der Luft, während Hyakutake durch den Tokio-Express über den ganzen September und Oktober hinweg Verstärkungen erhielt. Seine Angriffe wurden in der Zeit vom 23. bis zum 25. Oktober zurückgeschlagen, wobei 2000 Japaner getötet wurden, während die amerikanische Seite 300 Tote und Verwundete verzeichnete. Nach diesen Gefechten gewann Vandegrift den Eindruck, dass er den verteidigten Bereich erweitern und zur Offensive übergehen könnte.[19] Die Malaria setzte den amerikanischen Soldaten in diesem feuchtheißen Klima schwer zu, aber auch die Japaner litten darunter und außerdem unter schlimmen Nahrungsmangel. Als die US Navy am 15. November nach einer vier Tage andauernden Seeschlacht den Sieg davongetragen hatte – es war das letzte von sieben großen Seegefechten in diesem sechs Monate dauernden Feldzug –, blieb den Japanern nur noch übrig, Behälter mit Nachschubgütern von vorüberfahrenden Zerstörern auszusetzen – in der Hoffnung, dass sie an Land getrieben und von den eigenen Leuten geborgen würden.

Am 8. Dezember 1942, ein Jahr und einen Tag nach Pearl Harbor, wurden Vandegrift, «der Held von Guadalcanal», und seine Marines durch Generalmajor Alexander M. Patchs Infanteristen entsetzt: Diese drängten die Japaner in einem «verzweifelten und gut geführten Rückzugsgefecht» bis nach Cape Esperance im Osten der Insel zurück, von wo

13 000 von ihnen, darunter auch Hyakutake, in der Nacht des 9. Februar 1943 von Tanakas Transportgruppe auf wundersame Weise evakuiert wurden.[20] Diese Soldaten hatten Glück; die im Inselinneren von Guadalcanal zurückgelassenen Japaner plünderten die Dörfer der Einheimischen, um zu überleben, deshalb «übten die Inselbewohner schreckliche Vergeltung, und die Köpfe von Japanern schmückten noch jahrelang die Langhäuser der Einheimischen».[21] Im Verlauf des gesamten Landfeldzugs hatten die Japaner 25 000 Gefallene und 600 Flugzeuge verloren, die amerikanischen Verluste betrugen 1490 Tote und 4804 Verwundete.

Beide Seiten verloren jeweils 24 Schiffe, aber die Japaner büßten sehr viel mehr Tonnage ein. Die erste Sprosse der «Salomonen-Leiter» war mit Erfolg genommen worden, und die Amerikaner sollten ab jetzt immer weiter nach Norden vorstoßen. Die wichtigste Lehre lautete jedoch: So wie Midway bewiesen hatte, dass die Kaiserlich-Japanische Marine alles andere als unbesiegbar war, so zeigte sich in Guadalcanal, dass dies auch für die Kaiserlich-Japanische Armee galt. Der Sieg über Japan sollte insgesamt 103 000 Amerikaner das Leben kosten, außerdem noch 30 000 Briten, Inder, Australier und Soldaten aus weiteren Commonwealth-Ländern. Guadalcanal war die erste in einer ganzen Reihe von Stationen auf einer Via dolorosa, deren Namen – etwa Kwajalein, Tarawa, Saipan, Guam, Luzon, Iwo Jima und Okinawa – «mit Blut im amerikanischen Geschichtsbuch eingetragen» sind.[22]

Das Einsetzen des Monsuns hatte im Mai 1942 den japanischen Vormarsch in Richtung Indien gestoppt, und die Versuche der Commonwealth-Truppen, in der burmesischen Provinz Arakan anzugreifen und deren Hauptstadt Akjab zurückzuerobern, scheiterten 1942 und 1943, deshalb verlegten sich die Briten mit ihren Truppen in Burma im Jahr 1943 auf eine neue Art der Kriegführung: weite Vorstöße in Feindesland und Dschungelkämpfe. Diese innovative Strategie hatte sich eine der glamourösesten, unkonventionellsten und umstrittensten Persönlichkeiten dieses Krieges ausgedacht: Brigadier (später: Generalmajor) Orde Wingate. Churchill nannte ihn einen «genialen Mann, der zur Verkörperung des Schicksals hätte werden können», und verglich ihn mit Wingates Verwandtem T. E. Lawrence (Lawrence von Arabien), mit dem Churchill befreundet gewesen war.

Die Chindits, Wingates britische, indische und Gurkha-Soldaten der

77. indischen Brigade, kämpften weit hinter den japanischen Linien im Norden Burmas. Die schweren Verluste, die sie dabei erlitten, wobei sie manchmal ihre Verwundeten einfach zurücklassen mussten, machen Wingates militärisches Vermächtnis bis heute zu einem unter Historikern kontrovers diskutierten Thema.[23] Zunächst einmal besteht Uneinigkeit über die Entstehung des Namens Chindit; manche schreiben ihn Wingate zu, der dabei aber das burmesische Wort «chinthe» (Löwe) nicht richtig gehört und verschriftet habe, andere sagen, er beziehe sich auf eine Gestalt der Hindu-Mythologie, wieder andere sehen eine Ableitung aus dem burmesischen Wort für «Greif». Wo auch immer das Wort herkommen mochte, die Streitmacht, für die es stand, war bei der britischen Bevölkerung schon bald sehr populär, denn die Menschen schätzten den großen Mut, der eine langfristige Operation weit hinter den feindlichen Linien erforderte.

Wingate konnte skrupellos sein, vor allem dann, wenn es galt, vorgesetzte Offiziere zu übergehen, indem er sich seines direkten Drahtes zu seinem Bewunderer Churchill bediente, und in der 14. Armee machte er sich viele Feinde, als er sein Kommando von einer Brigade zu einer Division ausbaute, aber er war zweifellos, aller mitunter erbitterten Kritik zum Trotz, eines der großen Originale. John Kennedy, Director of Military Operations im Kriegsministerium, hielt zu einem gemeinsamen Lunch mit Wingate im Ministerium fest: «Er sagte, er habe Geschmack an gekochtem Python gefunden, der wie Hühnchen schmecke. Seine Männer würden sich bemerkenswert fit halten – seiner Ansicht nach vor allem deshalb, weil sie wüssten, dass sie sonst den Japanern in die Hände fallen würden. Er ist eine große Persönlichkeit, ein guter Gesprächspartner und auch ein sehr guter Autor.»[24] Ein manisch-depressiver Mensch, der nach dem Äthiopien-Feldzug 1941 in einem Hotel in Kairo einen Selbstmordversuch unternahm, indem er sich mit dem Messer in den Hals schnitt; ein Nudist, der im Feldlager oft nur einen Tropenhelm trug und einen Fliegenwedel mitführte; jemand, der niemals badete, sondern seinen Körper durch kräftiges Schrubben mit einer harten Bürste reinigte; jemand der mit Vergnügen rohe Zwiebeln aß – das war Wingate, und manche nannten ihn auch einen «neurotischen Einzelgänger» und «übellaunigen, schmuddelig gekleideten Egomanen».

Als Wingate in Indien geboren wurde, war sein Vater bereits einundfünfzig Jahre alt. Der Junge wuchs in England auf, die Eltern erzogen ihn strikt nach den Grundsätzen einer protestantischen freikirchlichen Gemeinschaft, weshalb er in Charterhouse, der Public School, die er als externer Schüler besuchte, von Gottesdiensten befreit war. In die Royal Military Academy Woolwich nahm man ihn 1921 als 63. in einer Rangfolge von neunundsechzig Kandidaten auf. Er glänzte auch in der Ausbildung dort nicht sehr und schloss als 59. von siebzig Absolventen ab. Aufgrund der eigenen praktischen Erfahrungen mit dem Guerillakrieg in Palästina und Äthiopien war Wingate davon überzeugt, dass eine kleine Streitmacht eine neue Art von weiträumigem Kampfeinsatz hinter der gegnerischen Frontlinie und jenseits des Chindwin River führen konnte. «Wenn man in der Armee ist, muss man etwas Außergewöhnliches tun, um überhaupt bemerkt zu werden», sagte er einmal. Während seines vergleichsweise kurzen Lebens gelang ihm das mit Sicherheit. Bei den Kämpfen gegen die Italiener in Äthiopien und im Sudan, gegen arabische Terroristen in Palästina – Wingate war ein begeisterter Zionist – oder auch gegen die Japaner geriet Wingate oft in Konflikte mit dem britischen militärischen Oberkommando, das seinen unkonventionellen Methoden gründlich misstraute. Im Sudan wie auch in Palästina schlug er seine eigenen Männer, was seiner Beliebtheit kaum dienlich war. Doch der Schriftsteller Wilfred Thesiger, der unter seinem Befehl diente, wies darauf hin, dass der Sieg von nur zwei aus Äthiopiern und Sudanesen bestehenden Bataillonen über 40 000 unter italienischem Oberbefehl stehende Soldaten nur mit dem Kommandeur Wingate hatte gelingen können.

Es gab zwei voneinander unabhängige Chindit-Expeditionen in Burma, und aus dem Einsatz von 1943 zog man viele Lehren, die 1944 dann umgesetzt wurden. Die Ausbildung der Männer in Indien war umfassend: Auf Bajonettübungen um sechs Uhr morgens folgten der waffenlose Kampf, Informationen zum Überleben im Dschungel, Umgang mit dem Kompass, Kartenlesen, zwei Stunden Arbeitsdienst am Nachmittag, Latrinenbau und Dschungel-Roden mit Macheten. Die Gefechtsübungen der Chindits konzentrierten sich auf das Sprengen von Brücken, das Unbrauchbarmachen von Flugplätzen und ganz besonders auf das Legen von Hinterhalten. Brigadier Michael Calvert, einer von Wingates wichtigsten Helfern, sagte später über dieses Ausbildungssystem:

> Die meisten Europäer wissen nicht, wie viel ihr Körper ertragen kann; die Psyche und die Willenskraft geben oft als Erste nach. Die meisten Soldaten

erkannten niemals, dass sie zu den Dingen fähig waren, die sie dann taten. ... Ein Vorteil einer außergewöhnlich harten Ausbildung ist, dass sie einem Menschen zeigt, was er leisten und was er aushalten kann. Wenn man 50 Kilometer an einem Tag marschiert ist, schafft man 40 Kilometer mühelos.[25]

Beim ersten Chindit-Vorstoß, Deckname: Operation Longcloth, überquerte Wingate am Abend des 13. Februar 1943 mit dreitausend Mann den Chindwin und drang in den von Japan besetzten Norden Burmas vor. Diese Streitmacht benutzte Esel als Lasttiere, wurde aus der Luft mit Nachschubgütern versorgt und marschierte 800 Kilometer weit mit dem Ziel, den Japanern nach Kräften zuzusetzen und ihre Eisenbahnverbindungen zu unterbrechen. In Wingates Tagesbefehl hieß es:

> Heute stehen wir unmittelbar vor der Schlacht. Die Zeit der Vorbereitung ist vorbei, und wir rücken gegen den Feind vor, um uns selbst und unsere Methoden zu beweisen. ... Die Schlacht gewinnen nicht immer die Starken, und das Rennen machen nicht immer die Schnellen. Der Sieg im Krieg ist nicht gewiss, aber gewiss ist, dass wir voranschreiten werden mit der Entschlossenheit, alles zu tun, was wir nur können, um diesen Krieg zu beenden. ... Im Wissen um die Vergeblichkeit menschlichen Strebens und die Verworrenheit seiner Ziele lasst uns beten, dass Gott unseren Dienst annehmen und unsere Unternehmungen leiten möge, damit wir, wenn unser Werk getan ist, die Früchte unserer Arbeit sehen und zufrieden sein werden.[26]

Am 18. Februar gelang den Chindits die Unterbrechung der Eisenbahnverbindung zwischen Mandalay und Myitkyina für einen Zeitraum von vier Wochen. Tausende von Japanern wurden von anderen Operationen abgezogen, die sich vor allem gegen China richteten, um diese kleine Streitmacht zu vernichten. Und dann, am 6. März, sprengten die Chindits drei wichtige Eisenbahnbrücken in der Region Bongyaung. Zwei Chindit-Kolonnen unter dem Befehl von Calvert und Major Bernard Fergusson (dem späteren Lord Ballantrae) überquerten den Irawadi mit dem Ziel, den strategisch wichtigen Gokteik-Eisenbahnviadukt zu zerstören. Am Ostufer des Irawadi fehlte es jedoch an geeigneter Deckung, so dass Operationen dort sehr viel schwieriger waren als im Dschungel auf der Westseite des Flusses. Obwohl die Männer gelegentlich erfolgreich aus der Luft versorgt worden waren, blieben Proviant und andere wichtige Güter knapp, und der ständige Druck weiterzumarschieren, kostete viel Energie. Auch die Gefechte waren sehr hart, und fast immer hatte man es mit überlegenen gegnerischen Kräften zu tun. Am 26. März waren nur noch drei Viertel der ursprünglich 3000 Mann starken Streitmacht übriggeblieben, und 600 von ihnen waren völlig ausgezehrt. Von drei gegen sie vorrückenden japanischen Divisionen bedrängt, zogen sie sich nordwärts mit dem Ziel zurück, nach Indien zu entkommen, überquerten den Chindwin abermals, jedoch in Gegenrichtung, in der zweiten Aprilhälfte 1943. Vor der Rückkehr nach Indien legten sie dem Feind allerdings noch einen Hinterhalt, in dem 100 Japaner getötet wurden, während nur ein Chindit ums Leben kam.

Die Kämpfe, die die Chindits ausfochten, und die entsetzlichen Bedingungen, denen sie sich dabei im Dschungel ausgesetzt sahen, sichern ihren beiden Expeditionen einen Platz unter den großen militärischen Leistungen des Zweiten Weltkriegs. Eine auf den 30. März 1943 datierte Passage aus Fergussons Kriegstagebuch, das er für seine Kolonne führte, unterstreicht die Härten der Situation, in der sich diese Männer gegen Ende ihrer ersten Expedition befanden:

> Abteilung besteht jetzt aus 9 Offizieren und 109 Mannschaftsdienstgraden, von denen 3 Offiziere und 2 Mannschaftsdienstgrade verwundet sind. Alle sind in unterschiedlichem Ausmaß geschwächt und hungrig. Sprach mit allen Dienstgraden und sagte ihnen: (a) Nur mit absoluter Disziplin kommen wir hier heraus. Ich werde jeden erschießen, der Kameraden bestiehlt oder Dörfer ausraubt oder murrt. (b) Jeden, der sein Gewehr oder seine Ausrüstung verloren hat, werde ich aus der Abteilung ausschließen, wenn er nicht eine Erklärung liefert, die mir einleuchtet. (c) Die einzige Chance ist absolutes Vertrauen und damit verbundener Gehorsam. (d) Keine Nachzügler.[27]

Wachposten, die einnickten, konnten damit rechnen, mit Schlägen geweckt zu werden.

Für einige der verwundeten oder einfach nur erschöpften Männer waren die letzten 130 Marschkilometer, die sie noch von der sicheren Ausgangsbasis trennten, einfach zu viel. Sergeant Tony Aubrey von der 8. Kolonne erinnerte sich, wie ein Soldat, «dessen Füße in einem sehr schlechten Zustand waren, entschied, dass er nicht mehr weitermarschieren konnte. Er legte sich hin. Seine Kameraden, erschöpft, wie sie waren, versuchten ihn zu tragen. Aber er ließ es gar nicht zu. Er wollte nur zurückgelassen werden, und das mit so vielen Handgranaten, wie wir entbehren konnten. Also gaben wir ihm die Handgranaten und ließen ihn zurück. Es gab sonst nichts mehr zu tun.» Nachzügler schlossen wieder auf, so gut sie nur konnten. «Zunächst machten wir uns Sorgen um ihn», sagte Aubrey über einen solchen Fall. «‹Wie kommt denn der Sowieso zurecht?›, fragten wir einander. Aber nach einiger Zeit vergaßen wir ihn. Er war nur noch ein kleiner Teil der Landschaft. Das mag nach einem unmenschlichen Umgang miteinander klingen, aber dem war nicht so. Wir waren einfach zu erschöpft, um uns noch irgendwelche Sorgen zu machen.»[28] Wingate selbst, der immer noch dieselben Cordhosen trug, die er während der gesamten Expedition getragen hatte und die ihm jetzt in Fetzen um die blutüberströmten Beine baumelten, schwamm zurück über den Chindwin. Nach der Rückkehr zum Stützpunkt erklärte er vor der Presse, er sei «mit den Ergebnissen sehr zufrieden. Die Expedition war ein uneingeschränkter Erfolg.»

Von den 3000 Offizieren und Mannschaftsdienstgraden, die am 13. Februar den Chindwin überquert hatten, kehrten in der ersten Juniwoche 2182 Mann nach Indien zurück. Fast alle Lastesel waren tot, und der größte Teil der Ausrüstung war verlorengegangen oder zerstört worden. Die Japaner hatten 450 Chindits getötet; 120 Burmesen war erlaubt worden, im Dschungel zurückzubleiben, und der größte Teil der übrigen Männer geriet in Gefangenschaft. Das 17. Bataillon des King's Liverpool Regiment verlor mehr als ein Drittel seiner Sollstärke. Fergussons eigene Einschätzung des Erreichten klang so:

> … nicht viel Greifbares. Das tatsächliche Geschehen wurde im Scheinwerferlicht der Öffentlichkeit kurz nach unserer Rückkehr verzerrt dargestellt. Wir sprengten Eisenbahn-Teilstücke, die rasch wieder repariert wurden; wir sammelten ein paar nützliche Informationen; wir lenkten die Japaner von einigen kleineren Operationen ab, vielleicht sogar von ein paar größeren; wir töteten ein paar Hundert Feinde aus einem 80-Millionen-Volk; wir bewiesen, dass man eine Kampfeinheit auch ausschließlich aus der Luft mit dem nötigen Nachschub versorgen kann.[29]

Doch die dreimonatige Expedition bewies auch, dass Soldaten der Alliierten genauso gut im Dschungel überleben konnten wie die Japaner, was ein wichtiger psychologischer Faktor war. Die erste Expedition trug deshalb auch zur Auflösung der Legende vom unbesiegbaren japanischen Superman bei, und das war notwendig für die Kampfmoral, die man für eine siegreiche Beendigung des Krieges brauchte. Die Expedition hatte dennoch einen hohen Preis gehabt, und eine ganze Reihe von regulären Soldaten zweifelte am Wert der Chindit-Angriffe auf die japanischen Festungen Pinbon, Mongmit und Mianyang. Churchill nahm Wingate – gemeinsam mit Wing Commander (Oberstleutnant) Guy Gibson, dem Angriffsführer des unter dem Namen «Operation Chastise» bekannt gewordenen waghalsigen Luftangriffs auf deutsche Talsperren im Juli 1943 – als Vorzeigesoldaten zur Konferenz von Quebec im August 1943 mit. Dort überzeugte Wingate seinen eigenen Premier wie auch Roosevelt davon, dass gut aus der Luft versorgte leichte Infanteriebrigaden Hunderte von Kilometern hinter den feindlichen Linien operieren, Nachrichtenverbindungen unterbrechen, Chaos stiften und außerdem noch dafür sorgen konnten, dass der Gegner ihretwegen Truppen von der Front abziehen musste. Er bezeichnete das ganz allgemein, bündig zusammengefasst, als «Herumstochern in einem Hornissennest». Letztlich wurde beschlossen, dass die Chindits im kommenden Frühjahr zu einer zweiten Expedition aufbrechen sollten, diesmal allerdings mit einer dreimal so starken Streitmacht.

Drei insgesamt mehr als 9000 Mann zählende Chindit-Brigaden brachen am 5. März 1944 mit 1000 Lasteseln zur Operation Thursday auf und drangen an drei verschiedenen Orten nach Burma vor, wobei einige von ihnen weit hinter den japanischen Linien mit Lastenseglern landeten. Diese Operation war mit sehr viel ehrgeizigeren Zielen verbunden als Longcloth noch im Vorjahr, denn mit ihr sollten die japanischen Truppen in der Landesmitte und im Norden Burmas abgeschnitten, ihre Nachschub- und Rückzugswege bedroht werden, während sie auf die Ebene von Imphal vorrückten. Außerdem hoffte man, die Nachschublinien und Verbindungswege der japanischen Streitkräfte unterbrechen zu können, die gegen die in Burma operierenden chinesischen Armeen kämpften. Diese standen unter dem Befehl von Tschiang Kai-scheks Stabschef, dem amerikanischen Generalleutnant Joseph «Vinegar Joe» Stilwell. Eine vierte Chindit-Brigade war bereits im Vormonat aufgebrochen und folgte einer äußerst beschwerlichen Landroute, die von den Nagabergen über den Chindwin hinweg und anschließend durch unwegsames Gelände mit bis zu 1800 Meter hohen Bergen führte.

Calverts 77. Brigade gelang zehn Tage nach dem Beginn der Operation die Einnahme von Mawlu, womit sie japanische Straßen- und Eisenbahnverbindungen unterbrach und die Versorgung der eigenen «Stützpunkte» aus der Luft ermöglichte. Dafür misslang Fergussons 16. Brigade nach einem strapaziösen Überland-Marsch von Ledo aus, für den sie mehr als einen Monat benötigte, die Eroberung der japanischen Nachschubbasis in Indaw. Wingates Tagesbefehl für den 13. März 1944 lautete dennoch:

> Unsere erste Aufgabe ist erfüllt. Wir haben den Feind vollkommen überrascht. Alle unsere Kolonnen sitzen dem Feind im Nacken. Jetzt ist der richtige Zeitpunkt, um den Vorteil zu nutzen, den wir uns verschafft haben. Der Feind wird zurückschlagen. Wir werden ihm entschlossen entgegentreten, um unser Gebiet, den Norden Burmas, zu erobern. Wir wollen Gott für diesen großen Erfolg danken. Er hat seine Hand über uns gehalten, und wir müssen weitermachen, dem Feind das Schwert in die Brust stoßen und ihn aus unserem Gebiet vertreiben. Wenn man sich einen solchen Vorteil erkämpft hat, ist dies nicht der Augenblick, in dem man an Verluste denkt. Dies ist ein Augenblick, in dem man Geschichte macht. Es ist ein Unternehmen, über das jeder daran beteiligte Mann eines Tages mit Stolz sagen kann: «Ich war dabei.»[30]

Tragischerweise starb der erst einundvierzigjährige Wingate am 24. März 1944 bei einem Flugzeugunglück in Imphal. Möglicherweise hatte ihn die RAF zuvor noch gewarnt, der Flugverkehr könnte durch plötzlich einsetzende heftige Stürme zu diesem Zeitpunkt zu gefährlich werden. «Er starb, wie er gelebt hatte», heißt es in einem Bericht über seine Feldzüge, «indem er einen offiziellen Rat ignorierte.» Andere Darstellungen bestreiten dies vehement und vertreten die Ansicht, dass das Wetter und die Bedingungen für den Flugverkehr nicht so unberechenbar waren, wie bisher behauptet wurde. Wingates Tod ist, wie so vieles andere in seinem Leben, mit Rätseln und Kontroversen verbunden.

Die Chindits erhielten am 9. April Verstärkung durch Hunderte weitere Männer, die in einer gewagten Operation mit Lastenseglern eingeflogen wurden. Die Bedingungen, die sie am Einsatzort vorfanden, waren fürchterlich: Monsunregen, der Schützenlöcher binnen Minuten in eine Schlammwüste verwandeln konnte; ständige Anfälle von Durchfall, Malaria und vielen anderen Tropenkrankheiten; ausgeklügelte Sprengfallen und die ständige Furcht vor ihnen; äußerst genaues Granatwerfer- und

Scharfschützenfeuer; ungenaue Karten, schlechte Nachrichtenverbindungen und Dorfgerüchte anstelle von militärischer Aufklärung; kranke und störrische Esel; Mangelernährung, Blutegel und verdorbenes Wasser; es warteten endlose Kilometer dichten Dschungels, in dem man in einer Stunde mitunter nur um 100 Meter vorankam; Verwundete und Nachzügler wurden ihrem Schicksal überlassen. Diese Merkmale der Chindit-Kriegführung tauchen in den Erlebnisberichten der Überlebenden immer wieder auf.[31]

George MacDonald Fraser, der selbst kein Chindit war, aber in Burma kämpfte, erklärte, wie es sich anfühlte, als zwei Männer aus seiner Gruppe bei einem Feuergefecht im Dschungel starben:

> Es gab keinen äußerlich gezeigten Kummer, keine Nachrufe oder Lobreden, keine hollywoodreife Gewissenserforschung und kein philosophisches Geschwafel. … Das war keine Gefühllosigkeit oder Gleichgültigkeit oder fehlendes Gefühl für zwei Kameraden, die am Morgen noch gelebt hatten und jetzt nur noch zwei Namen fürs Kriegerdenkmal waren; es war einfach so, dass es nichts zu sagen gab. Das gehörte zum Krieg; Männer starben, weitere würden sterben, das gehörte der Vergangenheit an, doch jetzt kam es auf das an, was in diesem Augenblick zu tun war; die Überlebenden machten einfach weiter. Was auch immer einen bedrücken mochte, es hatte keinen Sinn, darüber zu reden oder nachzugrübeln, geschweige denn, das eigene Leid, der Form halber, zur Schau zu tragen. Besser und gesünder war es, auf das Morgen zu achten.[32]

Diese Einstellung galt im Wesentlichen wohl auch für die deutschen, sowjetischen, amerikanischen oder japanischen Soldaten. Krieg ist Krieg, und seine menschlichen Akteure haben sich im Lauf der Jahrhunderte bemerkenswert wenig verändert.

Ein Problem der Chindits war – neben dem Feind und den fürchterlichen äußerlichen Bedingungen, unter denen sie kämpfen mussten – die Tatsache, dass General Stilwell, der US-Oberbefehlshaber in China, ihre Expeditionen für ein bloßes «Schattenboxen» und eine Verschwendung von Zeit und Mühe hielt. Doch am 27. Juni nahm Mike Calvert, zu diesem Zeitpunkt im Rang eines Brigadiers, mit seiner 77. Special Force Brigade und der Unterstützung von zwei chinesischen Bataillonen Mogaung ein. Nach einmonatigen Kämpfen um Mogaung gehörten zu Calverts einst 800 Mann zählender Streitmacht noch 230 Gurkhas, 110 Soldaten des 1. Bataillons der Lancashire Fusiliers und des 1. Bataillons des King's

Liverpool Regiments sowie 180 Mann des 1. Bataillons des South Staffordshire Regiments. Sie eroberten dennoch die strategisch wichtige Eisenbahnbrücke und schnitten so die im Kampf gegen Stilwells Armee stehende 18. japanische Division ab.

Beispiele für individuelle Tapferkeit waren an der Tagesordnung. Ein Fall war der von Hauptmann Jim Blaker vom 3. Bataillon der 9. Gurkha Rifles, das nach einem fünfstündigen Aufstieg zum Gipfel von Point 2171 nahe bei Kamaing feststellte, dass die Höhe durch einen Ring von Granatwerfer- und Maschinengewehrstellungen gesichert war, was Blakers kleine Streitmacht zum schnellen Rückzug in den dichten Dschungel zwang. «Los, C-Kompanie», rief Blaker, der wieder voranstürmte, bis ihn eine MG-Garbe in den Bauch traf. «Ich sterbe», rief er seinen Männern noch zu. «Nehmt die Stellung!» Die Gurkhas standen auf wie ein Mann, griffen mit aufgepflanztem Bajonett und Kukri-Messern an und besetzten den Hügel. (Nach dem Kampf hatten sie jedoch nicht mehr die Kraft, Blaker und seine toten Kameraden zu beerdigen und warfen sie über den Rand des steilen Hangs und in den dichten Dschungel. Drei Monate später stieß eine Spezialeinheit zur Registrierung von Gräbern auf zwei Meter hohen Bambus, der bereits «zwischen ihnen und durch sie hindurch gewachsen war». Zu diesem Zeitpunkt war Blaker bereits posthum das Victoria-Kreuz verliehen worden.)[33]

Die Chindit-Operationen führten zu sehr hohen Verlusten, aber nach dem Krieg erklärte Generalleutnant Renya Mutaguchi, der 1943 die japanische 15. Armee im Norden Burmas befehligt hatte: «Die Chindit-Invasionen stoppten unsere Angriffspläne [für Indien] nicht, aber sie hatten entscheidende Auswirkungen auf diese Operationen und sie zogen die gesamte 53. Division und Teile der 15. Division ab, und ein einziges Regiment aus beiden hätte in [der bevorstehenden Schlacht um] Kohima dafür gesorgt, dass sich das Blatt wendet.» Schändlicherweise wird in der *Official History* von Generalmajor S. W. Kirby (er teilte die Abneigung des Oberkommandos gegen Wingate) dieser Satz nur bis zum ersten Komma zitiert.

Die letzten Chindits verließen Burma am 27. August 1944. Die Hälfte der Rückkehrer wurde umgehend ins Krankenhaus eingewiesen, aber nach einer Ruhepause und einer speziellen Diät begann diese Formation – mit frisch aufgefüllten Reihen – mit der Ausbildung für ihre dritte Operation, wurde jedoch im Februar 1945 offiziell aufgelöst. Die Chindits gaben ein Beispiel für menschliche Ausdauer und Durchhaltevermögen, das selbst in einem militärischen Konflikt wie dem Zweiten Weltkrieg außergewöhnlich war.

Westliche Darstellungen des Krieges spielen das Geschehen in China oft herunter, manchmal geht das bis zu einem vollständigen Ignorieren, und das obwohl 15 Millionen Kriegstote – immerhin 30 Prozent der Gesamtzahl – Chinesen waren. Die Chinesen banden während der gesamten Kriegsdauer die Hälfte der japanischen Kampfkraft, etwa 70 Prozent der chinesischen Kriegsanstrengungen gingen auf das Konto der nationalistischen Kuomintang-Streitkräfte unter der Führung von Generalissimus Tschiang Kai-schek, der seine Truppen von Tschungking aus lenkte. Die Kommunisten unter Mao Tse-tung waren dagegen für Japan bestenfalls «ein Ärgernis», wie Max Hastings es ausgedrückt hat.[34] Der Krieg hatte in China furchtbare Auswirkungen: Die chinesische Bevölkerung ging während der von den Japanern ausgelösten Hungersnot «auf die Jagd nach Ameisen, verschlang Baumwurzeln, aß Erde». Nach der Eroberung von Nanking im Dezember 1937 massakrierte die japanische Armee 200 000 Zivilisten, 20 000 Frauen wurden vergewaltigt. Doch die Chinesen hielten sich irgendwie im Krieg, mit dem Ergebnis, dass Japan sehr viele Soldaten für die Kämpfe im Landesinneren Chinas abstellen musste, die es sonst für eine Invasion in Indien oder Australien oder in beiden Ländern hätte einsetzen können.

China hatte bereits seit 1937 gegen Japan Krieg geführt, und in den beiden Jahren nach dem Fall von Nanking, Tschiang Kai-scheks Hauptstadt, erlangten die Japaner die Kontrolle über den größten Teil der ostchinesischen Küstenregion und damit auch über viele industrielle Zentren des Landes. Die sowjetische Unterstützung für die Kuomintang endete mit dem sowjetisch-japanischen Neutralitätsabkommen im April 1941, die Japaner verfügten über eine nahezu uneingeschränkte Luftüberlegenheit, und die Kommunisten machten bei ihren Angriffen keinen Unterschied zwischen Tschiangs Truppen und den Japanern. Die Nationalisten führten deshalb nur einen sehr eingeschränkten Feldzug, bis nach Pearl Harbor eine erhebliche Unterstützung durch die Vereinigten Staaten einsetzte. Und dennoch hatte die Eroberung Burmas durch Japan zur Folge, dass die Überland-Route für den Nachschub unterbrochen war und dieser jetzt über den «Buckel» («the Hump») des Himalaya geflogen werden musste. Nach der Operation Torch, der Invasion der Alliierten in Nordafrika im November 1942, wurden die US-Kampfflugzeuge aus Tschiangs Gebiet abgezogen, obwohl dieser sie unbedingt behalten wollte. Die im Jahr 1943 bis in die Provinz Yunnan zurückgedrängten Kuomintang-Truppen schienen auf jeder Zuteilungsliste der Alliierten an letzter Stelle zu stehen.

Es war, wie so oft und auf so vielen Kriegsschauplätzen, die Luftmacht, die den Ausschlag gab, in diesem Fall war es die China Air Task Force (die 14. US-Luftflotte) unter dem Kommando von Generalmajor Claire L. Chennault. Chennault, der bei Roosevelt Gehör fand, aber mit General Stilwell ständige administrative Auseinandersetzungen führte, erreichte in China viel, und das mit minimalen Ressourcen, die bis an die Leistungsgrenze und manchmal auch darüber hinaus belastet wurden. Tschiang befand sich bei Kriegsende in einer ungünstigen Ausgangsposition für die Auseinandersetzung mit den Kommunisten, aber er hatte den Alliierten einen großen – und weitgehend nicht belohnten – Dienst erwiesen, indem er mehr als eine Million japanische Soldaten gebunden hatte, die deshalb für Einsätze an anderen Fronten nicht verfügbar gewesen waren. Den Chinesen gelang es bis zum August 1945 nicht, die Japaner zu besiegen, aber sie hatten sich auf dem Schlachtfeld gehalten. Mehr brauchte ein Land von der Größe Chinas nicht zu tun, um die Japaner zu nötigen, für den Versuch, den Sieg zu erringen, gewaltige Ressourcen aufzubieten.

Das Hauptquartier der Kaiserlichen Streitkräfte in Tokio billigte im Januar 1944 die Operation U-Go, eine japanische Invasion in Indien unter dem Kommando von Generalleutnant Mutaguchi. Man hoffte, damit einem Einmarsch von General Slim in Burma zuvorzukommen, die Burma Road nach China zu unterbrechen und durch einen Einsatz der Indian National Army von Subhas Chandra Bose vielleicht einen Aufstand gegen die britische Herrschaft in Indien auszulösen. Von den im März 1944 in Burma stationierten 316 700 japanischen Soldaten wurden drei Divisionen – die 33., die 15. und die 31. – ausgewählt, zusammen mit der (antibritisch eingestellten) Indian National Army war das eine Streitmacht von mehr als 100 000 Mann.[35] Mutaguchi setzte angesichts fehlenden Nachschubs und der relativen japanischen Schwäche in der Luft auf den Überraschungseffekt und eine frühzeitige Eroberung der riesigen Waffen-,

Proviant- und Munitionsvorräte in Imphal, der Hauptstadt der Provinz Manipur im Hochland von Assam. Von dort hoffte er über die Ortschaft Kohima bis nach Dimapur vorzudringen, wo es an der Eisenbahnlinie von Ledo nach Kalkutta ein gewaltiges – ein Areal von etwa 18 mal 1,5 Kilometern umfassendes – Vorratslager gab, das genau aus diesem Grund der Schlüssel zu Britisch-Indien war. Ohne die Vorratslager in Dimapur wäre Slim mit Sicherheit nicht mehr in der Lage, Burma zurückzuerobern.

Slims Plan zur Eroberung von Akjab war im Dezember 1942 ebenso gescheitert wie ein Angriff auf Donbaik im März 1943, und auch der große moralische Schub durch die Operation Longcloth änderte nichts am Verlauf der Kämpfe in Burma. Im September 1943 war das Südostasien-Kommando (South-East Asia Command; SEAC) unter dem Oberbefehlshaber Admiral Louis Mountbatten ins Leben gerufen worden, im darauffolgenden Monat wurde auch Slims 14. Armee aufgestellt. Sie bestand aus Briten, Indern, Burmesen, Chinesen, Chins, Gurkhas, Kachins, Karens, Nagas sowie aus Soldaten aus Britisch-Ostafrika und Britisch-Westafrika. Die damit für 1944 verbundene Absicht war: Generalleutnant Philip Christison sollte mit dem XV. Korps Akjab einnehmen, Stilwells Northern Combat Command fiel die Eroberung von Myitkyina zu, und Generalleutnant Geoffrey Scoones Central Front sollte Tiddim besetzen. Doch bevor eines dieser Vorhaben umgesetzt werden konnte, galt es erst einmal, die U-Go-Offensive zurückzuschlagen. Slim hatte zwar mit einem japanischen Angriff gerechnet, aber nicht mit solchem Tempo, solcher Wucht und auch nicht so früh, wie er dann vorgetragen wurde. Die japanische Burma-Armee griff im Februar 1944 in Arakan an, wurde aber von der 5. und 7. Division besiegt, die am 19. März per Luftbrücke nach Imphal gebracht wurden. Beide Divisionen trafen genau rechtzeitig dort ein, denn die Japaner waren, wie sich herausstellte, gerade noch 50 Kilometer von dem Ort entfernt. Die Japaner begannen am 7. März 1944 mit der Operation U-Go: Ihre 33. Division griff im Süden an, eine Woche später überquerte die 15. Division den Chindwin im mittleren Bereich und die 31. Division unter Generalleutnant Sato Kotuku im Norden. Slim befahl der 17. und 20. Division, den Verteidigungsring um Imphal selbst zu halten, während die 5. und 23. Division in der Hochebene von Imphal kämpften.

Slim ging davon aus, dass Sato in der gebirgigen Naga-Region im Norden, wo es nur Dschungelpfade gab und schmale, bis zu 2400 Meter hohe Berge zu überwinden waren, für einen Angriff auf Kohima nur ein Regiment zur Verfügung stehen würde. Tatsächlich stand aber am 5. April die gesamte japanische 31. Division dort bereit, nachdem sie in zwanzig Tagen 260 Kilometer weit marschiert war und mit einer großen Zahl von Lasttieren Proviant, Waffen und Munition über Pässe, durch Schluchten und den dichten Urwald transportiert hatte. Kohima galt als Schlüssel für das 130 Kilometer weiter südlich gelegene Imphal, Imphal wiederum war das Tor nach Dimapur, und Dimapur war der Schlüssel für Britisch-Indien. Deshalb sollte dieser Ort schon bald, wie der Autor Compton Mackenzie es beschrieb, «einen Kampf erleben, der zu den erbittertsten in der überlieferten Geschichte zählt».[36]

Oberst Hugh Richards vom 1. Assam Regiment, das einige Nachhutabteilungen in Kohima stationiert hatte, erfuhr am 5. April um 17 Uhr nachmittags von einem Angehörigen des Naga-Stamms, dass sich die Japaner auf der von Imphal herführenden Straße näherten und keine Zeit mehr zu verlieren sei, falls er den Ort verteidigen wolle. Und tatsächlich rückte Generalmajor Shigesaburo Miyazaki vom 58. Infanterieregiment auf Kohima vor, auf seiner Schulter saß sein zahmer Affe Chibi, und an diesem Morgen hatte er bereits die Straßenverbindung von Dimapur nach Imphal unterbrochen (die Straße von Kohima nach Imphal sollte wenig später blockiert werden).[37] Kohima, ein Städtchen in 1500 Metern Höhe, im Westen von 3000 Meter hohen, im Norden und Osten von 2400 Meter hoch aufragenden Bergen umgeben, ist als «ein Meer von Gipfeln und Bergketten, das von Saumpfaden durchquert wird»,[38] beschrieben worden. Richards hatte einen Monat lang versucht, den Ort zu befestigen, doch ein Quartiermeister in Dimapur hatte das zu verhindern gewusst. Er verweigerte die Herausgabe von Stacheldraht und berief sich dabei auf eine amtliche Bestimmung, die dessen Verwendung in den Nagabergen untersagte.

Verteidigt wurde der an eine Bergkette angelehnte Ort, den schon wenig später mehr als sechstausend Japaner unter Satos Kommando umzingelt hatten, von fünfhundert Mann des 4. Bataillons des Royal West Kent Regiments unter Oberstleutnant John «Danny» Laverty, einigen Zügen des Assam Rifles and Shere Regiments, einer kleinen Abteilung des 1. Assam Regiments und einigen Rekruten der Royal Nepalese Army, insgesamt etwa tausend Mann.[39] Die tausendfünfhundert nicht an Kampfhandlungen beteiligten Zivilisten erwiesen sich als Problem: Das winzige von den Commonwealth-Truppen verteidigte Gebiet – es handelte sich um nicht mehr als ein Dreieck mit Seitenlängen von knapp 650, 800 und 1000 Metern – war zwar gut mit Proviant und Munition ausgestattet, aber die Japaner schnitten es bereits in einer frühen Phase der Belagerung von der Wasserversorgung ab, so dass das Wasser streng rationiert werden musste. Sato glaubte trotz der enormen Überzahl seiner Soldaten in Kohima kaum an einen Erfolg der U-Go-Offensive. Am Vorabend des Angriffs auf den eingeschlossenen Ort genehmigte er sich mit den führenden Offizieren seiner Einheit ein Glas Champagner und sagte zu ihnen:

> Meine Herren, ich nutze diese Gelegenheit, um eine Sache vollkommen klarzustellen. Wenn kein Wunder geschieht, werden Sie bei dieser Operation vermutlich alle Ihr Leben verlieren. Das ist nicht einfach nur eine Frage der Treffsicherheit des Gegners. Sie müssen sich in diesen Bergfestungen auf einen Tod durch Verhungern einstellen.[40]

Die Japaner pflegten bei aufmunternden Reden offensichtlich einen ganz eigenen Stil.

Das darauffolgende Geschehen zählt zu den großen Belagerungskämpfen der britischen Geschichte, ähnlich wie die Schlacht um Rorke's Drift 1879 im Zulu-Krieg. Die Japaner beschossen Kohima ab dem 6. April von Stellungen oberhalb des Ortes aus täglich in der Abenddämmerung, und Abend für Abend versuchten sie dann immer wieder, die Verteidiger zu überrennen. Es kam zu erbitterten Nahkämpfen, und die Japaner eroberten im Verlauf dieser fürchterlichen zwei Wochen immer größere Teile des Ortes. Jedes Gebäude und jeder Berg dort – das Krankenhaus, der Garrison Hill, der Kuki Piquet, das Versorgungs-Depot (Field Supply Depot, FSD) und seine Bäckereien, der Detail Issue Store und der Bungalow des District Commissioners – wurden zu einem Ort des Todes und der Zerstörung, denn manche Verteidiger hielten stand, andere Häuser wurden nach zahllosen entschlossenen japanischen Sturmangriffen eingenommen. Wasser erhielten die Verteidiger nur durch Fallschirmabwürfe, und verzweifelt mussten sie mitansehen, dass die Versorgungsgüter auch in den japanischen Stellungen niedergingen, weil das Zielgebiet für Abwürfe so klein war. Noch schlimmer war es, wenn ursprünglich für sie bestimmte Munition jetzt dafür benutzt wurde, sie zu beschießen.[41]

Beispiele für großen Heldenmut waren auf beiden Seiten an der Tagesordnung. Unübertroffen blieb dabei vielleicht der erst neunzehnjährige Lance Corporal (Obergefreite) John Harman von der D-Kompanie der 4. Royal West Kents, der die Japaner nahezu im Alleingang aus den taktisch wichtigen FSD-Bäckereien vertrieb, an der Tötung von vierundvierzig Japanern direkt beteiligt war und für seine nahezu unglaublichen Leistungen im Gefecht posthum mit dem Victoria-Kreuz ausgezeichnet wurde.[42]

> Die Gefechte waren Nahkämpfe, heftig und rücksichtslos geführt von schmutzigen, durchnässten und erschöpften Männern, deren Lungen selten einmal frei waren vom ekelhaften Gestank verwesender Leichname innerhalb und außerhalb des Verteidigungsgürtels. Sobald der Belagerungsring geschlossen war, konnten die Verwundeten nicht mehr evakuiert werden, und sie wurden oft ein weiteres Mal verwundet, während sie hilflos in dem eng begrenzten Bereich lagen, der den hoffnungslos überarbeiteten Sanitätsoffizieren noch zur Verfügung stand.[43]

Die vordersten Stellungen waren manchmal keine fünfzehn Meter voneinander entfernt, so nah beinander wie einst im Ersten Weltkrieg, und einmal entwickelte sich dabei ein heftiges Gefecht über den Tennisplatz des District Commissioners Charles Pawsey hinweg, der sich zwischen den Trümmern des Kohima Clubs und des zerstörten Bungalows des Commissioners befand.[44] «Wo einst die wenigen Europäer in ruhigeren Zeiten gemächliche Matches ausgetragen hatten», schrieb Louis Allen, der während des Krieges in Südostasien für den militärischen Nachrichtendienst arbeitete, «flogen jetzt Handgranaten über den Court hin und her.» Die 161. Brigade, die zur 5. indischen Division in Jotsama gehörte, erwiderte zwar das Artilleriefeuer der Japaner, die Kohima unter Beschuss nahmen, aber Sato hatte im nur 60 Kilometer von Dimapur entfernten Zubza die Straßenverbindung unterbrochen, so dass Verstärkungen und Entsatz nicht möglich waren. Der gefährlichste Augenblick in dieser ganzen Belagerungszeit kam am 17. April, als die Japaner den Kuki Piquet stürmten und so einen Keil zwischen Garrison Hill und FSD trieben. Das verteidigte Gebiet konnte jetzt jeden Augenblick in zwei Hälften geteilt, die Garnison aufgespalten werden. Richards hatte keine Reserven mehr, er und seine Männer erwarteten mit einer Mischung aus Entschlossenheit und Fatalismus den Todesstoß durch die Japaner. Doch in der indischen *Official History* des Krieges kann man nachlesen: «Der letzte heftige Angriff blieb aus.»[45] Die Japaner, ebenso erschöpft und ausgehungert wie die Verteidiger, versäumten es, ihren Vorteil durch eine solche Attacke zu nutzen.

In diesem entscheidenden Augenblick, am 18. April 1944, gelang es der 161. Brigade, die zum XXXIII. Indian Corps von Generalleutnant Montagu Stopford in Dimapur gehörte, mit einem Punjabi-Bataillon und einer Panzerabteilung bis nach Kohima vorzudringen. Diese Einheit entsetzte die Verteidiger des Krankenhauses und die Stellung der West Kents, die dem Kuki Piquet und Pawseys Bungalow gegenüberlag. «Die meisten Gebäude lagen in Trümmern», beschrieb Allen die Situation in dem zerschossenen Ort Kohima, «die Mauern, die noch standen, waren mit Spuren von Granatsplittern und Einschusslöchern übersät, die Bäume waren vollständig entlaubt, und an ihren wenigen noch verbliebenen Ästen hingen schlaffe Fallschirme.»[46] Die Punjabis gingen in Gefechtsposition und machten sich für einen Angriff auf die sehr gut ausgehobenen Stellungen der Japaner bereit, als sie unter den überlebenden britischen und indischen Belagerten «kleine Gruppen grinsender und bärtiger Schützen in den Bunkereingängen stehen sahen, die mit blutunterlaufenen, völlig übernächtigten Augen auf die hereinkommenden Entsatztruppen starrten. Sie hatten sich seit einer ganzen Woche nicht mehr gewaschen.»[47] Die Verteidiger hatten vom 5. bis zum 20. April 1944 mehr als 300 Mann verloren – auch drei britische Brigadiere waren getötet worden –, aber sie hatten standgehalten.

Das nächste Problem bei der jetzt anstehenden Gegenoffensive war – nach den Worten von Major Geoffrey White von den Dorsets – «einen Panzer mittlerer Größe bis zum Tennisplatz zu schaffen oder ein Geschütz in eine Stellung zu bringen, aus der man zur Unterstützung eines Infanterieangriffs die Teufel aus kürzester Entfernung aus ihren Löchern herausschießen konnte».[48] Die Japaner waren im Ausheben von Stellungen äußerst geschickt und hatten sich in dem terrassierten Gelände so gut eingegraben, dass ihnen durch Luftangriffe kaum etwas anzuhaben war. Im Laufe der folgenden zwei Monate wurde das von Shigesaburo Miyazaki befehligte 58. Infanterie-Regiment aus seinen Stellungen geworfen, musste Terrasse um Terrasse und einen hart umkämpften Bergrücken nach dem anderen aufgeben. Diese Einheit hielt sich am längsten und deckte damit den Rückzug der ganzen Division. Ihr Kommandeur überlebte den Krieg und gelangte später in der japanischen Armee in hohe Ämter.

Unterdessen versorgte die 3. Tactical Air Force die belagerte Stadt Imphal weiterhin aus der Luft, nachdem Mutaguchis Truppen am 12. April die Straßenverbindung nach Kohima unterbrochen hatten. Während der achtundachtzig Tage andauernden Belagerung brachten die Flugzeuge 4,5 Millionen Liter Treibstoff, 12 000 Mann Verstärkung und 6350 Tonnen Provianttrationen heran und flogen 13 000 Kranke, Verwundete und Gefallene aus. Einmal mehr war die alliierte Luftüberlegenheit der Schlüssel zum Sieg. Die gesamte japanische Offensive war wegen schwacher Luftunterstützung und Nachschubmangel in Stocken geraten, und Mutaguchis 15. Armee begann sich allmählich aufzulösen. Sein Plan hatte darauf beruht, dass es gelingen würde, seine Streitmacht mit den erbeuteten Vorräten des Gegners zu versorgen, und als Slims 5. und 23. Division den japanischen Würgegriff lösten, blieb ihm dieser Ausweg verwehrt. Mit Satos Rückzug aus Kohima und mit dem Einsetzen des Monsunregens in jenem Monat war das Vabanque-Spiel offenkundig gescheitert. Mutaguchi tobte, weil Sato so viele Soldaten für den Angriff auf Kohima eingesetzt hatte, anstatt zumindest noch ein Regiment für den Sturm auf Imphal abzustellen. Als Sato in Mutaguchis Hauptquartier eintraf, händigte man ihm mit feierlicher Geste einen Revolver und ein weißes Tuch aus – beides wies er empört zurück. Er rechtfertigte sich mit der Erklärung, er habe seine Männer vor «einer sinnlosen Vernichtung» bewahrt, wurde aber dennoch wegen «vorsätzlichen Verrats» angeklagt.[49]

Am 17. Juni räumten die Japaner am Mao Songsan Ridge erstmals kampflos eine Stellung, und fünf Tage später war die Straße von Imphal nach Dimapur wieder offen. Manche japanischen Einheiten hatten – wie zum Beispiel Generalleutnant Masafumi Yamauchis 15. Division – durch Krankheiten, Gefechtsverluste und Versprengung so viele Männer verloren, dass sie nur noch auf eine Mannschaftsstärke von eineinhalb Bataillonen kamen. (Yamauchi tröstete sich mit dem Verfassen von Haikus darüber hinweg.) «Die Straße verwandelte sich in eine Schlammwüste», erinnerte sich Major Fujiwara Iwaichi, der Offizier, der als Ausbilder der Indian National Army gedient hatte, «die Flüsse traten über die Ufer, man kam selbst zu Fuß kaum mehr voran, von Motorfahrzeugen ganz zu schweigen. ... Nahezu alle Offiziere und Mannschaften waren mit Malaria infiziert, Amöbenruhr und Beri-Beri waren weit verbreitet.»[50]

Für Slim war jetzt die Zeit der fürchterlichen Rache für die U-Go-Offensive gekommen. Die Commonwealth-Truppen hatten insgesamt 12 603 Mann verloren, die Japaner allerdings 54 879 (davon 13 376 Gefallene). Manche amtlichen Stellen sprachen sogar von bis zu 65 000 im Verlauf der U-Go-Offensive getöteten Japanern.[51] Den Japanern gelang auf wundersame Art und Weise ein Rückzug in geschlossener Formation, allen Strapazen zum Trotz hielten sie Disziplin und gingen, auf ihrem Marsch ständig von der RAF bedrängt, über den Chindwin zurück. Allerdings verloren sie ihre gesamte schwere Ausrüstung, Panzer und Artilleriegeschütze mussten ausnahmslos zurückgelassen werden, und auch mehr als 17 000 Esel und Lastponys gingen zugrunde.

Das Scheitern der U-Go-Offensive, die auch als «Japans größte Niederlage in der gesamten Geschichte des Landes» bezeichnet worden ist, führte zu Mutaguchis Entlassung, und gemeinsam mit ihm wurde, mit Ausnahme eines einzigen Offiziers, auch der gesamte Führungsstab der 15. Armee ausgetauscht. Der japanische Ministerpräsident Hideki Tojo trat am 18. Juli 1944 zurück. Bedenkt man die Tatsache, dass man ihn zwei Jahre zuvor über den Ausgang der Schlacht um Midway sechs Wochen lang überhaupt nicht unterrichtet hatte, war er eindeutig nicht der allmächtige Diktator, als den ihn die westliche Legendenbildung immer dargestellt hat; die Macht lag in Japan beim Obersten Kriegsrat. Tojo war jedoch alles andere als nur ein Sündenbock, und seine Hinrichtung im Jahr 1948 war zu erwarten gewesen. Der Rückeroberung Burmas durch die Alliierten stand jetzt nichts mehr im Wege, die britische Armee überschritt am 19. November 1944 den Chindwin. «Imphala und Kohima waren sehr viel folgenreicher als jede andere britische Kriegsleistung in Fernost seit dem Dezember 1941»,[52] lautete das Fazit von Louis Allen zum Ausgang dieser Kämpfe.

Das Britische Empire leistete den Menschen in Indien seinen größten Dienst, indem es den indischen Subkontinent vor den Verheerungen schützte, die mit der japanischen Herrschaft verbunden waren. Aus der Mandschurei und aus China waren seit 1931 scheußliche Grausamkeiten bekanntgeworden, und solche Vorgehensweisen wurden in den Jahren von 1941 bis 1945 auf das gesamte eroberte «Südgebiet» ausgeweitet. Adolf Hitler hatte in *Mein Kampf* geschrieben: «Es ist nur ein böses Zeichen für das unbedingte Nichtlernen aus dem Weltkrieg und für das vollständige Missverstehen und Nichterkennen angelsächsischer Entschlossenheit, wenn man sich einbildet, dass England, ohne den letzten Blutstropfen einzusetzen, Indien fahren lassen würde. Es ist weiter der Beweis für die Ahnungslosigkeit, die der Deutsche von der ganzen Art der britischen Durchdringung und Verwaltung dieses Reiches besitzt.»[53] Hier hatte Hitler Recht, und dennoch zogen sich die Briten nur drei Jahre später kampflos aus Indien zurück. Aber es war ein himmelweiter Unterschied, ob man den Menschen eines beherrschten Gebietes in Friedenszeiten die Unabhängigkeit zugestand oder ob man es sich im Krieg von einer fremden Macht entreißen ließ.

Die fürchterlichen Grausamkeiten, die europäischen Kriegsgefangenen während des Zweiten Weltkriegs von der Kaiserlich-Japanischen Armee zugefügt wurden, verlangen nach einer Betrachtung im Gesamtzusammenhang der Kriegsgräuel überhaupt, etwa der «Vergewaltigung von Nanking».[54] Von den Gefangenen aus Ländern des Britischen Commonwealth starben in den Jahren von 1941 bis 1945 in japanischem Gewahrsam 6,2 Prozent, bei den Niederländern lag die Zahl bei 23 Prozent, bei den Amerikanern waren es 41,6 Prozent und bei den indonesischen Zwangsarbeitern erreichte die Todesrate ungeheuerliche 77 Prozent (230 000 von insgesamt 300 000).[55] Pedro Lopez, der philippinische Anklagevertreter beim 1946 eröffneten Tokioter Kriegsverbrecherprozess, erklärte, von den 131 000 Filipinos – die tatsächliche Zahl lag möglicherweise um ein Vielfaches höher –, deren Ermordung durch die Japaner nach 1941 belegt sei, hätten «Hunderte in dunklen, verschmutzten und von Ungeziefer verseuchten Zellen einen langsamen und qualvollen Tod erlitten».[56]

Zu dem von einem Historiker als «Grauen des Ostens» bezeichneten Geschehen gibt es eine umfangreiche Literatur, und das Todeslager Kanchanaburi am River Kwai, die Anthrax-Experimente der Einheit 731, das Changi-Gefängnis in Singapur, die Behandlung der «Trostfrauen» aus Korea, der Todesmarsch von Bataan und andere Ereignisse auf diesem Kriegsschauplatz bilden besonders widerliche Kapitel in der langen Geschichte der von Menschen an Menschen verübten Unmenschlichkeiten.[57] Es gibt noch viele andere, weniger bekannte Aspekte der Barbarei, die die Kaiserlich-Japanischen Streitkräfte im Umgang mit ihren Gefangenen an den Tag legten, dazu gehörte beispielsweise auch das psychopathisch-sadistische Verhalten der japanischen Marine, insbesondere der

Marineinfanterie. Kaltblütige Folterungen und die routinemäßige Hinrichtung von Gefangenen scheinen bei diesem Truppenteil an der Tagesordnung gewesen zu sein. Nach den Aussagen und Beweisen, die beim Tokioter Kriegsverbrecherprozess vorgelegt wurden, war das, was der Besatzung des Dampfers *Tjisalak* widerfuhr, eine ziemlich gängige Praxis.[58] Nachdem das 5787 BRT große niederländische Handelsschiff auf der Fahrt von Melbourne in Australien nach Colombo auf Ceylon am 26. März 1944 im Indischen Ozean torpediert worden war, gab der Kapitän seiner sechsundsiebzig Mann zählenden Crew den Befehl, von Bord zu gehen. Was die niederländischen Seeleute dabei nicht wissen konnten: Ein offizieller, zu diesem Zeitpunkt ziemlich genau ein Jahr alter Befehl der japanischen Marineführung hatte die eigenen U-Boot-Kommandanten aufgefordert: «Begnügen Sie sich nicht mit der Versenkung feindlicher Schiffe und Frachtgüter. Vernichten Sie dabei auch die gesamte Besatzung des feindlichen Schiffes.» Das weitere Geschehen entsprach also der von höchster Stelle abgesegneten Politik der japanischen Admiralität.

Das japanische U-Boot *I-8* tauchte auf, und sein Kommandant Tatsunosuke Ariizumi befahl, nah an die drei mit Überlebenden besetzten Rettungsboote heranzufahren, die mit Maschinengewehren beschossen wurden. Die Überlebenden dieses Feuerüberfalls wurden aufgefordert, auf das Deck des U-Boots zu steigen, wo man sie entwaffnete und ihnen die Hände fesselte. Innerhalb weniger Minuten war das Vorderdeck voll besetzt mit chinesischen, indischen und europäischen Seeleuten von der *Tjisalak*. Dann begannen die Japaner mit der Enthauptung der Europäer, sie töteten einen nach dem anderen. «Sie kamen her, stießen einen der Jungs in den Rücken, brachten ihn nach vorne, und dann schlug ihm einer der Kerle mit einem Schwert den Kopf ab. Zack!», erinnerte sich der Funker des Schiffes. «Einem schlugen sie den Kopf halb ab und ließen den Jungen auf dem Deck herumplumpsen. Den anderen, bei denen ich zusah, hieben sie einfach mit einem Schlag den Kopf ab und warfen sie über Bord. Sie lachten dabei.» Ein anderer Überlebender, ein einundzwanzig Jahre alter britischer Funker namens Blears, bestätigte diese Schilderung. «Es machte ihnen Spaß, und es gab auch einen Kameramann, der die ganze Sache filmte!» Als Blears selbst zur Hinrichtung geführt wurde, sah er «zwei japanische Offiziere, die auf uns warteten, einer mit einem Schwert, der andere mit einem Vorschlaghammer.» Blears bekam einen seiner gefesselten Arme frei, er sprang ins Wasser und schwamm zu einem

Floß aus den Trümmern der *Tjisalak,* als zwei auf Liegestühlen an Deck sitzende Japaner das Feuer auf ihn eröffneten. Die Angst vor den Haien, die vom Blut seiner Kameraden angelockt wurden, ließ ihn umso schneller schwimmen. An Deck des U-Boots wurden die noch verbliebenen zweiundzwanzig gefangenen Seeleute mit langen Seilen alle zusammengebunden, und dann tauchte die *I-8* und «zog die strampelnden und an ihren Fesseln zerrenden Männer mit in die Tiefe und ertränkte sie». Es grenzt an ein Wunder, dass es einem Inder namens Dhange gelang, seine Fesseln abzustreifen, auch er überlebte und legte gemeinsam mit Blears und dem Funker von diesem Verbrechen Zeugnis ab.[59]

Das Versenken von Rettungsbooten war bei den Japanern eine gängige Praxis, ebenso wie das Erschießen von im Wasser schwimmenden oder treibenden Überlebenden. Das japanische U-Boot *I-26* torpedierte im März 1943 den amerikanischen Liberty-Frachter *Richard Hovey* zwei Tage nachdem dieses Schiff Bombay mit dem Ziel Suezkanal verlassen hatte. Der Angreifer tauchte auf und eröffnete mit einem 2-cm-Flakgeschütz das Feuer auf die Rettungsboote und -flöße des Frachters und rammte sie anschließend noch. Leutnant Harry Goudy erinnerte sich, dass die Japaner an Deck «lachten und an unserer Not ihre helle Freude hatten». Auch diese Verbrechen wurden gefilmt.[60]

Eine ähnliche Behandlung wurde der Besatzung des amerikanischen Liberty-Frachters *Jean Nicolet* zuteil, der im Juli 1944 auf dem Weg von Kalifornien nach Kalkutta war. William Musser, ein siebzehn Jahre alter Messe-Steward, wurde auf das japanische U-Boot gebracht, das soeben sein Schiff versenkt hatte, und dort

> von zwei fest zupackenden japanischen Matrosen sofort in Richtung Bug geführt. Plötzlich wandte sich einer der beiden dem Gefangenen zu und versetzte ihm mit einem Stahlrohr einen harten Schlag auf den Kopf. Die Japaner lachten, als der schwer getroffene und verängstigte Musser umhertaumelte. Dann zielte derselbe Matrose, der zuvor bereits zugeschlagen hatte, sorgfältig mit seiner Pistole und schoss dem jungen Amerikaner in den Kopf. Mussers Leiche beförderten die beiden Mörder dann mit Tritten wie einen Müllsack über Bord.

Dem neunzehn Jahre alten Leichtmatrosen Richard Kean nahm man die Wertsachen und die Schwimmweste ab und band ihm die Hände auf den Rücken. Noch bevor er am Bug des Schiffes angekommen war, stieß ihm ein japanischer Matrose das Bajonett in den Bauch, ein zweiter versetzte ihm mit dem Gewehrkolben einen Schlag auf den Hinterkopf. Auch Keans Leiche wurde über Bord getreten. Die anderen Gefangenen mussten sich dann eine Strafpredigt des Kapitäns anhören, der zu ihnen sagte: «Lasst euch das eine Lehre sein, dass die Amerikaner schwach sind. Ihr müsst begreifen, dass Japan die Welt beherrschen wird», und so weiter. Die Amerikaner wurden anschließend einzeln ins Innere des U-Bootes gebracht. «Nachts war die Luft erfüllt von Schmerzensschreien und den Geräuschen der Gewaltausübung», hörte man vor dem Militärgericht in Tokio, «die verängstigten Überlebenden erlitten unsägliche seelische Qualen, während sie darauf warteten, als nächste abgeführt zu werden, einem ungewissen Schicksal entgegen.» Auf Deck bildeten die Japaner zwei Reihen und zwangen die Amerikaner zum Spießrutenlauf, bei dem diese mit Eisenstangen, Gewehrkolben und Ketten geschlagen und mit Bajonetten und Messern traktiert wurden. Wer am Ende dieser Gasse noch lebte, wurde von einem großgewachsenen Matrosen erwartet, «dessen Aufgabe darin bestand, sein Bajonett tief in die blutenden und misshandelten Amerikaner zu stoßen und sie dann seitwärts über Bord zu werfen, wie ein Bauer, der sein Heu mit der Heugabel bewegt».[61]

Erstaunlicherweise überlebten zwei Mann diese Behandlung. Der 2. Maschinist Pyle erhielt einen Schwerthieb, aber es gelang ihm, sich ins Meer fallen zu lassen, und der Vollmatrose Butler beschrieb später, wie «einer versuchte, mich in den Bauch zu treten, ein zweiter mich mit einem Eisenrohr auf den Kopf schlug und ein dritter mir einen Säbelhieb über das Auge gab», aber auch ihm gelang es, die Hände freizubekommen und über Bord zu springen. Dreißig gefesselte Amerikaner standen noch an Deck, als der Tauchalarm ertönte, worauf die Japaner eilig im Boot verschwanden und die Luken hinter sich schlossen. Ein amerikanischer Matrose, der noch ein Taschenmesser bei sich trug, befreite damit sich selbst und einige seiner Kameraden, bevor das U-Boot tauchte. Alle anderen ertranken.

Es war jedoch das Verhalten der 17 000 Mann zählenden japanischen Manila Naval Defence Force (MNDF) gegenüber unschuldigen Zivilisten in der philippinischen Hauptstadt im Februar 1945, das jedes Fassungsvermögen übersteigt. Vizeadmiral Denshichi Okuchi ließ der MNDF in seiner maßlosen Wut über die Rückeroberung des Inselstaates durch die Amerikaner freie Hand für jede Art von Gewalttaten gegen die einheimische Bevölkerung, von der seine Männer (zutreffenderweise) annahmen, dass sie mit den westlichen Alliierten sympathisierte. In einem Fall wurden zwanzig junge Filipinas zu einem Offiziersklub namens «Kaffekanne», später dann zum nahe gelegenen Bay View Hotel gebracht. Dort wurden sie «in verschiedene Zimmer gesperrt, und in den darauffolgenden vier Tagen und Nächten erhielten japanische Offiziere und Mannschaften ungehinderten Zugang zu den verängstigten Frauen, die aus ihren Zimmern gezerrt und wiederholt vergewaltigt wurden.»[62] In einem schriftlichen Befehl des Oberkommandos der MNDF aus dieser Zeit ist nachzulesen: «Zu tötende Filipinos sollten, so gut es geht, an einem Ort zusammengebracht werden, weil das Munition und Mühe sparen hilft.» Ein Unteroffizier namens Yamaguchi schrieb in sein Tagebuch: «Insgesamt gesehen ist unser Ziel die Vernichtung.» Zivilisten, die im Deutschen Klub in Manila Zuflucht gesucht hatten, verbrannten dort bei lebendigem Leib, nachdem japanische Marinesoldaten an den Ein- und Ausgängen Benzin verschüttet und Feuer gelegt hatten. Ein Historiker, der über dieses grauenhafte Geschehen schrieb, berichtete auch, was den Menschen widerfuhr, die aus dem brennenden Gebäude zu fliehen versuchten. Sie wurden

> mit Bajonetten aufgespießt, einige wurden auch erschossen. Frauen, die ins Freie gelangten, wurden schreiend weggezerrt und in benachbarte zerstörte Gebäude geschleppt, wo japanische Soldaten sie gruppenweise vergewaltigten. Einige der Frauen trugen Kinder bei sich, aber die Japaner erstachen sie mit Bajonetten in den Armen der Mütter, bevor sie diese vergewaltigten. Die japanischen Soldaten schnitten den vielfach vergewaltigten Frauen oft mit Bajonetten die Brüste ab; manchen Frauen schütteten sie Benzin ins Haar und zündeten sie dann an.[63]

Solche ungezügelten Bestialitäten wiederholten sich «bei zahllosen Gelegenheiten» überall in der Stadt.

Vorrückende amerikanische Truppen entdeckten am 7. Februar 1945 die verstümmelten Leichname von neunundvierzig Filipinos an der Ecke der Juan-Luna- und der Moriones-Straße in Manila. Ein Drittel der Toten waren Frauen, ein weiteres Drittel Babys und Kleinkinder. Alle Opfer waren erschossen, erstochen oder enthauptet, die meisten Frauen – nahezu aller Altersgruppen – waren vergewaltigt worden. Eine Schwangerschaft bot natürlich keinen Schutz, wie zahllose zeitgenössische Aussagen beweisen: «In einigen Fällen schnitten die japanischen Soldaten den Fötus aus dem Mutterleib, bevor sie das Opfer töteten.»[64] Einige junge weibliche Überlebende hatten Bajonettwunden davongetragen, außerdem waren «ihnen beide Brustwarzen abgeschnitten worden, und einem zweijährigen Jungen hatten die Japaner beide Arme abgeschnitten. Einige erst fünf Jahre alte Kinder hatten Wunden von Bajonettstichen und schwere Verbrennungen, die ihnen sadistische japanische Marinesoldaten nur deshalb beigebracht hatten, weil ihnen daran gelegen war, kleinen Kindern Schmerzen und Leid zuzufügen.»

Als die MNDF ins Philippinische Rotkreuz-Krankenhaus in Manila eindrang, kam es zu weiteren ekelhaften Szenen mit wahllos verübten Massakern. Eine Überlebende, die amtierende Geschäftsführerin Modesta Farolan, hielt fest: «An unserem Standort konnten wir die Opfer in ihrem Todeskampf hören, die schrillen Schreie der Kinder und das Schluchzen der sterbenden Mütter und Mädchen.» Als Farolan ihr Versteck verließ, entdeckte sie, dass «Frauen vergewaltigt und mit Bajonetten von der Leiste bis zum Hals aufgeschlitzt worden waren, worauf man sie liegen und in der prallen Sonne verbluten ließ. Kinder wurden an den Beinen gepackt und mit dem Kopf gegen die Wand geschlagen. Babys wurden in die Luft geworfen und mit Bajonetten aufgefangen. Ungeborene Föten wurden mit Bajonetten aus dem Mutterleib geschnitten.»[65]

Der gezielte Angriff auf das Rotkreuz-Krankhaus war eine für die Vorgehensweise der japanischen Marine keineswegs untypische Attacke. Es gab viele Fälle, in denen Lazarettschiffe mit eindeutig erkennbaren Rotkreuz-Zeichen bevorzugt angegriffen wurden. Wenn Ärzte und Krankenschwestern den Japanern in die Hände fielen, wie etwa in Hongkong an Weihnachten 1941, wurden sie besonders schlecht behandelt, möglicherweise, weil man sie dafür verantwortlich machte, dass verwundete Männer wieder in den Kampf zurückkehren konnten. Die Japaner hatten noch vor Kriegsbeginn zugesagt, dass sie sich an die Bestimmungen der Genfer Konvention zum Status von Nichtkombattanten halten würden, die seit 1907 das Internationale Rote Kreuz unter ihren ausdrücklichen Schutz stellte; sie ignorierten dies aber nach dem Angriff auf Pearl Harbor vollkommen. Viel zu oft wurden Lazarettschiffe in den Häfen bombardiert und auf See torpediert und beschossen, um dies alles noch als zufällig bezeichnen zu können.

Gelegentlich nahm die japanische Marine einige Anstrengungen auf sich, wenn es galt, sich einfallsreiche Mordmethoden auszudenken. Im St. Paul's College in Manila versammelte man beispielsweise zweihundertfünfzig hungrige und durstige Zivilisten in der Schulaula und erzählte ihnen dort, in einem der Gebäude würden unter drei großen Kronleuchtern Essen und Getränke ausgegeben. Dann zogen sich die Japaner zurück. Die Gefangenen eilten zu den auf Böcke gelegten Tischplatten, auf denen das Essen bereitgestellt war, hatten aber kaum Gelegenheit, auch nur einmal zuzubeißen, ehe der in den Kronleuchtern versteckte Sprengstoff explodierte. Dann warfen die Japaner noch Handgranaten in den Saal, um die Überlebenden zu töten.

Am De La Salle College, einer katholischen Privatuniversität in Manila, endeten die Vergewaltigungen und Massaker damit, wie sich ein Priester später erinnerte, dass «Menschen am Fuß der Treppe auf einen Haufen geworfen wurden. Die Toten warf man auf die Lebenden. Nicht viele starben sofort, bei einigen dauerte es ein oder zwei Stunden, der Rest verblutete langsam. Die Seesoldaten kehrten zurück, und wir hörten, wie sie sich draußen betranken. Sie kamen oft zurück, um über unsere Leiden zu lachen und sich lustig zu machen.» Viele Japaner vergewaltigten auch Frauen, die an Schuss- und Stichwunden verbluteten. Vor dem Tokioter Kriegsverbrechertribunal wurden viele weitere Szenen beschrieben – und von den Tätern nicht geleugnet –, die schlicht zu ekelhaft sind, um hier nacherzählt zu werden. Viele Soldaten der Kaiserlichen Japanischen Marine waren zweifellos ebenso verroht, sadistisch und erbarmungslos wie die Soldaten in der Armee.

9

Mitternacht in den Teufelsgärten

Juli 1942 – Mai 1943

«Rommel, Rommel, Rommel, Rommel!
Zählt denn etwas anderes, als ihn zu schlagen?»

*Winston Churchill zu Brigadier Ian Jacob,
August 1942*[1]

General Claude Auchinlecks Ablösung von seinem Kommandeursposten in Nordafrika im August 1942 war eigentlich unberechtigt. «The Auk» hatte in der ersten Schlacht von El Alamein Anfang Juli verhindert, dass Rommels Panzerarmee seine Verteidigungslinie am Ruweisat Ridge durchbrach, er hatte dabei siebentausend Gefangene gemacht und einen vernünftigen Plan für eine massive Gegenoffensive im Herbst vorgelegt, aber zugleich auch das Oberkommando in London gewarnt, diese Offensive könnte frühestens im September beginnen. Churchill und Brooke flogen daraufhin nach Kairo, und sie belohnten Auchinleck für seine Vorsicht mit dem Angebot, das Kommando über die Streitkräfte im Mittleren Osten zu übernehmen – eine definitive Zurückstufung, die er ablehnte. Nach einem Jahr wurde er zwar zum Oberbefehlshaber der Truppen in Indien ernannt, aber in den aktiven Kriegseinsatz kehrte er nie mehr zurück. Den Oberbefehl im Nahen Osten übernahm jetzt General Harold Alexander, und der brillante Generalleutnant William «Strafer» Gott führte die 8. Armee, den mit Abstand größten Teil der dortigen Gesamtstreitmacht. In der kurzen Zeit ihres Bestehens hatte diese Armee bereits 80 000 Mann durch Tod oder Verwundung verloren.² Im Mai 1941 hatte Gott, damals noch Brigadier, den Panzerangriff bei der Operation Brevity angeführt, dem ersten Versuch, das belagerte Tobruk zu entsetzen. Doch als William Gott aus der Wüste nach Kairo zurückfliegen wollte, um dort mit Churchill zusammenzutreffen, bevor er seinen neuen Posten übernahm, wurde seine langsame, ohne Jäger-Begleitschutz fliegende Bristol-Bombay-Passagiermaschine von sechs Me-109-Maschinen des Jagdgeschwaders 27 angegriffen und ging bei der Bruchlandung in Flammen auf. Vier der einundzwanzig Personen an Bord überlebten, aber nicht William Gott. Die zweite Wahl für den Posten war Brookes Protegé gewesen, der fünfundfünfzigjährige Generalleutnant Bernard Montgomery, der eilends ausgeflogen wurde und am 13. August 1942 um 11 Uhr vormittags am Ruweisat Ridge das Kommando über die 8. Armee übernahm.

Beim Versuch, sich mit einem zeitlichen Abstand von sieben Jahrzehnten in das Denken von Generälen hineinzuversetzen, gibt es eine ganze Reihe von Schwierigkeiten, und die Ergebnisse eines solchen Unterfangens bestehen oft nur aus bedeutungslosem, pseudopsychologischem Geschwätz. Wenn jedoch irgendjemand einen faszinierenden Probanden für die Couch des Psychiaters abgibt, dann ist es Montgomery. Er war das vierte Kind eines Pfarrers, der zum anglikanischen Bischof von Tasmanien ernannt wurde; die Verbindung zu seiner lieblosen Mutter brach er so nachhaltig ab, dass er sogar ihrer Beerdigung fernblieb.³ An der Londoner Tagesschule St. Paul's war Montgomery ein unauffälliger Schüler; anschließend besuchte er das Royal Military College in Sandhurst, wo er beim Drangsalieren eines Kameraden so weit ging, dass er ihm sogar die Rockschöße anzündete, worauf der junge Mann ins Krankenhaus eingeliefert werden musste.⁴ Später diente Montgomery beim Royal Warwickshire Regiment in der Nordwest-Grenzprovinz in Indien. Im Ersten Weltkrieg war er erfolgreich, bei Ypern führte er einen Angriff und nahm dabei einen Deutschen gefangen, indem er ihm ins Gemächt trat. Bei einer anderen Gelegenheit hatte man in einem Feldverbandsplatz bereits ein Grab für ihn ausgehoben, weil man es für äußerst unwahrscheinlich hielt, dass er seine Verwundungen überleben würde, aber anstatt jung begraben zu werden, wurde er mit dem Distinguished Service Order ausgezeichnet und beendete den Krieg als Major im Rang eines

Oberstleutnants. Nach der Heirat im Jahr 1927 und der Geburt eines Sohnes starb Montgomerys Frau Betty tragischerweise an einer durch einen Insektenstich in ihrem Fuß ausgelösten Blutvergiftung, die selbst die Amputation des infizierten Beines nicht mehr stoppen konnte. Nach dem Tod seiner Frau verschloss sich Montgomery allen Gefühlen, und die vollständige Konzentration auf den Soldatenberuf bestimmte sein Leben. Er wurde sogar zum Abstinenzler (eine Eigenschaft, die in der britischen Armee keineswegs zur Tradition gehörte). Hew Strachan, Professor für Militärgeschichte an der Universität Oxford, hat ihn so charakterisiert:

> Montgomerys größte Stärken lagen in der Ausbildung seiner Truppen und in einer sorgfältigen Vorbereitung und Methodik; vor allem integrierte er die Artillerie in ein Gefecht, in dem verschiedene Waffengattungen abgestimmt zum Einsatz kamen. Er akzeptierte die Tatsache, dass das Schlachtenglück gleichermaßen von der Feuerkraft, der Ausnutzung des Geländes und der Beweglichkeit abhängig war, und betonte, dass es dabei ums Töten und um das Bereitsein für den eigenen Tod ging. Das alles drückte er in einer Sprache aus, die direkt, mitunter sogar zermürbend war.[5]

Montgomery war diszipliniert, konzentriert, lernfähig, ein akribischer Planer, schnell bei der Hand mit der Entlassung von Inkompetenten, voller Respekt vor den deutschen Fähigkeiten zur Gegenattacke, und obwohl er jähzornig, rechthaberisch und egoistisch sein konnte, war er zugleich auch der bedeutendste britische Feldkommandeur seit dem Herzog von Wellington. Ein Historiker schrieb kurz und bündig: «Generäle sollte man nicht nach ihren Partymanieren beurteilen.» Wenn Montgomery eitel war, hatte er dazu auch reichlich Anlass.

Beim Rückzug nach Dünkirchen hatte sich Montgomery gut gehalten, und für die anfängliche Planung des im August 1942 so katastrophal gescheiterten Angriffs auf Dieppe war er zwar teilweise verantwortlich gewesen, hatte aber zumindest vorgeschlagen, den Plan aufzugeben, bevor er dann doch verwirklicht wurde. Als er an der westlichen Wüstenfront eintraf, hatte er sich bereits genau überlegt, inwiefern sich sein Duell mit Rommel von der Kampfesweise seiner drei Vorgänger – Alan Cunningham, Neil Ritchie und Claude Auchinleck – unterscheiden sollte. Anders als diese drei würde er nicht versuchen, den «Wüstenfuchs» im nordafrikanischen Küstengebiet zwischen Ägypten und Tunesien hin- und herzujagen. Er würde stattdessen versuchen, das Afrikakorps in eine einzige Entscheidungsschlacht im Clausewitz'schen Sinn zu verwickeln und seine Kampfkraft ein für allemal zu brechen. Vor dem Offizierskorps seiner 8. Armee sagte er in einer kurzen Ansprache am Abend seines ersten Tages als neuer Kommandeur:

> Ich höre, dass Rommel jetzt jederzeit angreifen kann. Ausgezeichnet. Lassen Sie ihn angreifen. Mir wäre es allerdings lieber, wenn es noch eine Woche dauern würde, damit mir noch Zeit bleibt, einige Dinge zu regeln. Wenn wir noch zwei Wochen Vorbereitungszeit haben, werden wir gut dastehen; danach kann Rommel zu jedem beliebigen Zeitpunkt angreifen, und ich hoffe, dass er das auch tut. … Unterdessen werden wir uns selbst an die Planung für eine große Offensive machen; sie wird der Beginn eines Feldzugs sein, mit dem wir Rommel vollständig aus Afrika hinausbefördern werden. … Er ist definitiv ein Quälgeist. Deshalb werden wir ihm einen schweren Schlag versetzen und ihn erledigen.[6]

Eine derartige Motivationsansprache mag heutzutage wie eine absurde Übertreibung klingen, vorgetragen von einem bis dahin zweitrangigen Kommandeur, der über einen strategischen Giganten sprach, der bis dahin noch kein wichtiges Gefecht verloren hatte und außerdem weit auf ägyptisches Gebiet vorgerückt war. Aber das Afrikakorps, das im Jahr 1942 insgesamt 5250 Fahrzeuge verlieren sollte, kapitulierte genau neun Monate später in Tunesien.[7]

Die mit dem Wüstenkrieg verbundenen Entbehrungen wurden im britischen Propagandafilm *Desert Victory* gut beschrieben: glühend heiße Tage und eiskalte Nächte; Waschen in der eigenen Rasierschale wegen Wassermangel; Sandstürme, die viele Tage lang anhielten (nach manchen arabischen Überlieferungen war Mord nach dem fünften Tag ein akzeptables Delikt); Moskitos, Stechmücken und Skorpione; und eine Landschaft, die so trostlos und verlassen war, dass der Kompass als Hilfsmittel ebenso wichtig war wie für einen Seemann. In einer Divisions-Geschichte ist über die einheimische Bevölkerung zu lesen: «Sie hätten die Luft aus den Reifen gestohlen, wenn sie einen Transportbehälter dafür gehabt hätten.»[8]

Rommel griff am 30. August 1942 am Alam el Halfa Ridge an, siebzehn Tage nach Montgomerys erster Ansprache vor seinen Offizieren, und zerstörte 67 britische Panzer, verlor dabei aber 49 eigene Panzer. Aber die Minenfelder, Flugzeuge und die Artillerie der Briten hatten den Vorstoß von Rommels Panzern innerhalb von vierundzwanzig Stunden fast zum Stehen gebracht, an jenem Tag erreichten die Deutschen den östlichsten Punkt ihres gesamten Afrika-Feldzuges. Ihre Verluste waren mit 3000 Toten und Verwundeten fast doppelt so hoch wie die der 8. Armee, die 1750 Mann verlor. Rommel selbst entging nur knapp dem Tod, als die Desert Air Force (DAF) die «Kampfstaffel», sein taktisches Hauptquartier, bombardierte und im Tiefflug unter Feuer nahm.

Den restlichen Sommer hindurch und bis in den Herbst hinein standen sich die beiden Armeen an der entlegenen Eisenbahnstation El Alamein gegenüber, beide Seiten versuchten sich nach besten Kräften aufzurüsten und mit Nachschubgütern zu versorgen. Hier lag der Schlüssel zu Montgomerys Sieg. Weil die Luftwaffe nicht in der Lage war, Bengasi und Tobruk wirksam zu schützen, und beide Städte von den Alliierten schwer bombardiert wurden, schickten die Achsenmächte den größten Teil ihres Nachschubs von Neapel aus über Sizilien nach Tripolis. 1941 hatte die durchschnittliche monatliche Treibstoff-Liefermenge der Achsenmächte bei 4884 Tonnen gelegen, aber jetzt, angesichts einer Wegstrecke von mehr als 3200 Kilometern von Tripolis nach El Alamein und zurück, benötigte das Afrikakorps angesichts der viel längeren Nachschubwege monatlich 5776 Tonnen Treibstoff.[9] Doch die DAF zerstörte viele für Rommels Truppen bestimmte Tankfahrzeuge, die auf der einzigen Straße unterwegs waren, die diese Bezeichnung verdiente. Friedrich von Mellenthin schrieb dazu: «Die Treibstoff-Vorräte waren nahezu erschöpft, und eine Panzerdivision ohne Treibstoff ist nicht viel mehr wert als ein Haufen Schrott.» General Hans Cramer, ein Divisionskommandeur des Afrikakorps, vertrat die Ansicht, dass die Schlacht von El Alamein «verloren war, bevor der Kampf begann. Wir hatten nicht genug Treibstoff.»[10]

Die auf Malta stationierten Flugzeuge und U-Boote waren eine ständige Gefahr für die Nachschubverbindungen der Achsenmächte. Die Insel Malta, ein unsinkbarer Flugzeugträger der Alliierten, wurde jetzt zum am massivsten bombardierten Ort weltweit. Der ganzen Insel wurde in einer symbolischen Geste im April 1942 für ihren unerschütterlichen Mut im Angesicht nahezu pausenloser Angriffe das Georgs-Kreuz verliehen – eine von insgesamt nur hundertsechs Verleihungen in den Jahren von

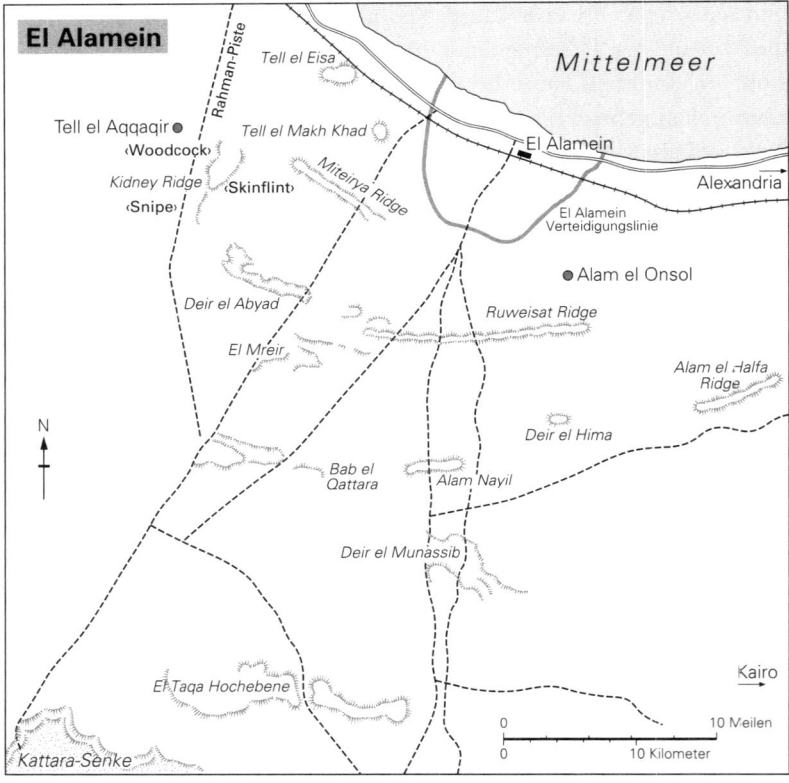

1940 bis 1947. (Der einzige andere kollektive Empfänger dieses Ordens sollte sehr viel später, 1999, die Royal Ulster Constabulary sein.) Ein Problem entstand, als Generalleutnant William Dobbie, der tief religiöse Gouverneur von Malta, der Garnison jegliche Sonntagsarbeit untersagte. Nach der Einschätzung des Militärhistorikers John Keegan war diese Auslegung des Dritten Gebotes letztlich der Grund dafür, dass zwei der wenigen Schiffe, denen es gelang, die Blockade der Achsenmächte zu durchbrechen, samt ihrer Ladung an ihren Liegeplätzen versenkt wurden – eine Tatsache, die in Dobbies Autobiografie *On Active Service with Christ* nicht erwähnt wurde.[11]

Rommels Nachschubweg war angesichts einer einfachen Wegstrecke von mehr als 1600 Kilometern zwar lang, aber Montgomerys Versorgungswege waren zwölfmal so lang. Der größte Teil der alliierten Truppen und Nachschubgüter musste, unter ständiger Bedrohung durch deutsche U-Boote, den Weg um das Kap der Guten Hoffnung nehmen, der Rest nutzte den kürzeren, ebenfalls gefährlichen Luftweg durch Zentralafrika und nordwärts, dem Niltal folgend. Im Film *Desert Victory* wurden diese Routen als längster Versorgungsweg der Kriegsgeschichte bezeichnet. Für die nahe gelegenen Ölfelder des Nahen und Mittleren Ostens galt dies jedoch nicht, sie sorgten dafür, dass die Bodentruppen und die Luftstreitkräfte des Commonwealth in den zwölf Monaten nach August 1941 nicht weniger als 342 000 Tonnen Erdölprodukte erhielten.[12] Die Logistik konnte allerdings kompliziert sein. Die vier verschiedenen Panzermodelle der Alliierten – die *Shermans, Crusaders, Grants* und *Stuarts* – benötigten drei verschiedene Treibstoffsorten. Doch während Churchill noch im August 1942 die 8. Armee inoffiziell als «ruinierte, verwirrte, erbärmliche Armee» bezeichnet hatte, war bis zum Oktober durch gewaltige Verstärkungen und den seltsamen, aber charismatischen neuen Befehlshaber alles anders geworden.

Es wurde die Ansicht vertreten, Rommel hätte in El Alamein, nur 100 Kilometer westlich von Alexandria, niemals den Kampf suchen, sondern sich lieber auf seinen überdehnten Nachschubwegen bis nach Libyen zurückziehen sollen, nachdem deutlich geworden war, dass seine Truppen wegen der ständigen Attacken der Royal Navy und der Desert Air Force nur noch einen Bruchteil der Nachschubmenge erhielten, die seinem Gegenspieler zur Verfügung stand. Aber General Warlimont, Jodls Stellvertreter, hatte vor Rommels Stab noch im Juli erklärt, wie wichtig es sei, in El Alamein zu bleiben. Er sprach von Kleists Plänen, durch den Kaukasus bis nach Persien und in den Irak vorzustoßen, und führte aus, wie wichtig es sei, die alliierten Streitkräfte durch die Verteidigung von Ägypten zu binden, damit keine Truppen in andere Teile des Nahen und Mittleren Ostens verlegt werden konnten.[13] Der mögliche Siegerlohn, der Rommel bei einem Erfolg in Ägypten winkte, war außerdem überwältigend: Alexandria war das Hauptquartier der Mittelmeerflotte der Royal Navy; Suez war das Tor zur britischen Kolonie Indien; Kairo war die größte Stadt Afrikas und das britische Machtzentrum in dieser Region, und das Nildelta und der Suezkanal waren die Route, die zum Iran, Irak und zu den Ölfeldern des Nahen und Mittleren Ostens führte. Die Wehrmacht hatte im Lauf der vergangenen drei Jahre trotz eines zunehmenden Mangels an Soldaten, Ausrüstung und Treibstoff regelmäßig erstaunliche Schläge geführt, deshalb war man auf deutscher Seite der Ansicht, für die Preisgabe eines so schwer erkämpften Bodens sei es noch viel zu früh.

Das Abflauen der Kämpfe nach der Schlacht von Alam el Halfa ermöglichte es Montgomery – der sich mit seinem Faible für mit vielerlei Abzeichen geschmückte Barette und exzentrische Kleidung ganz bewusst zu der äußerst populären Persönlichkeit des öffentlichen Lebens stilisierte, die man als «Monty» kennt –, seine Armee besser zu schulen. Aus seinem Hauptquartier, einem in der Wüste abgestellten Wohnwagen, in dem ein Postkartenbild von Rommel hing, ergingen detaillierte Anweisungen, die alle nur denkbaren Aspekte der Logistik, Fitness, Ausrüstung, Moral, Organisation und Disziplin seiner Armee betrafen. Ein großer Teil der Verstärkungen, die man ihm schickte, hatte keinerlei Erfahrungen mit dem Wüstenkrieg, und seine Vorliebe für eine intensive Ausbildung wurde in den Wochen relativer Ruhe an der Front konsequent umgesetzt. Das führte auch zu einer unerschütterlichen Haltung Montgomerys im Umgang mit Churchill, der auf einen frühen Angriffstermin drängte. Downing Street erhielt von Alexander keine größere Zusage als das Versprechen, man werde, wenn der Großangriff schließlich beginne, ein Codewort schicken: «Zip».[14] Alexanders Entschlossenheit, Montgomery freie Hand zu lassen, mag den Premierminister frustriert haben, aber es war genau die richtige Vorgehensweise. Alexander – der bei Regiments-Talentshows als Stepptänzer auftrat – war ein gelassener Kommandeur, der seine Stabsmesse auf eine Art führte, die Harold Macmillan, der Repräsentant (Minister Resident) der britischen Regierung beim Alliierten Hauptquartier in Algier in Nordwestafrika, mit einer Oxforder Professorentafel verglich, an der man den Krieg «höflich beschwieg» und stattdessen «die Feldzüge Belisars, die Vorteile der klassischen im Vergleich zur gotischen Architektur oder die besten Methoden für Treibjagden auf Fasane in ebenem Gelände» erörterte.[15]

In der Hoffnung, Rommel in dem sehr flachen Gelände zurückdrängen zu können, unternahmen Eliteeinheiten der Alliierten Mitte September Angriffe auf Tobruk (Operation Agreement) und Bengasi (Operation Bigamy). Operation Agreement stand gleich zu Beginn unter einem ungünstigen Stern, nachdem es an einer Straßensperre zu einem Zwischenfall gekommen war; sie kostete das Leben von siebenhundertfünfzig Männern, den Kreuzer *Coventry* und zwei Zerstörer, ohne viel Vorzeigbares hervorzubringen. Operation Bigamy war nach der Papierform eine attraktive Idee, erwies sich letztlich aber als kostspielig und nicht der Mühe wert. Die Long Range Desert Group zerstörte in Barka zwar fünfundzwanzig Flugzeuge des Gegners, aber das war zugleich auch ihr einziger echter Erfolg. Danach stationierten die Deutschen in ihren Bereitstellungsräumen Reserveeinheiten, so dass die besten Truppenteile vor der anstehenden Schlacht entlastet wurden.[16] Rommel litt unterdessen an Magen- und Leberbeschwerden, hohem Blutdruck, einer Nebenhöhlen- und einer Halsentzündung und flog am 23. September zu einem langen Heimataufenthalt nach Deutschland. Für die Zeit seiner Abwesenheit übergab er das Kommando an einen Ostfront-Veteranen, den übergewichtigen und gesundheitlich angeschlagenen General Georg Stumme. Rommel war deshalb gar nicht in Afrika, als Montgomery am 23. Oktober 1942 die Operation Lightfoot begann, die erste Phase der zweiten Schlacht von El Alamein.

Wie wir zuvor bereits gesehen haben, hatte sich Auchinleck nach seinen über eine Entfernung von knapp 650 Kilometern geführten Rückzugsgefechten ursprünglich für den Aufbau einer Verteidigungslinie in El Alamein entschieden, weil es dort eine nur gut 60 Kilometer schmale Lücke zwischen dem Mittelmeer im Norden und den unpassierbaren Salzsümpfen der Kattara-Senke im Süden gab, einem Gebiet etwa von der Größe Nordirlands. Doch diese Engstelle wirkte sich jetzt, als Rommel durch die schiere Übermacht des Gegners in die Defensive gedrängt wurde, zu dessen Gunsten aus. Wer auch immer in El Alamein als Erster angriff, es würde eher zu einer Abnutzungsschlacht als zu einem Bewegungskrieg führen, zu einem Kampf, der eher an die Westfront im Ersten Weltkrieg als an die schnellen Blitzkrieg-Vorstöße in diesem Krieg erinnerte.

Montgomery hoffte darauf, dass sich die Deutschen von einem Ablenkungsmanöver, das vom XIII. Korps unter Generalleutnant Brian Horrock im Süden des Schlachtfeldes ausgeführt wurde, täuschen lassen würden, während frontale Infanterieangriffe des XXX. Korps unter Generalleutnant Oliver Leese in Richtung des Miteiriya und des Kidney Ridge im Norden von der 1. und der 10. Panzerdivision aus dem X. Korps unter Generalleutnant Herbert Lumsden genutzt werden sollten, um durchzubrechen und die gegnerischen Verteidigungsstellungen von hinten aufzurollen.

Die Frontlinie der Achsen-Streitkräfte war durch gewaltige, 1500 bis 3000 Meter tiefe Minenfelder gesichert, in denen eine halbe Million Minen lagen; die Deutschen hatten ihnen den Spitznamen «Teufelsgärten» gegeben.[17] Teller-Panzerabwehrminen mit einer Sprengladung von 4,5 Kilogramm TNT zerstörten Fahrzeuge, wurden aber von Infanteristen nicht ausgelöst, während Springminen bei der Auslösung durch eine Treibladung etwa bis zur Hüfthöhe hochschnellten, bevor sie explodierten und ihre Ladung von 360 Kugellagerkugeln freisetzten. Unter dem Sand versteckt, waren diese Minen selbst bei Tageslicht nur schwer zu entdecken. Die Minenräumung, die der Infanterie die gefahrlose Durchquerung der Minenfelder ermöglichen sollte, übernahmen Pioniereinheiten mit Suchgeräten, deren Entwicklung noch in den Kinderschuhen steckte, weshalb Soldaten mitunter auch nur mit dem blanken Bajonett vorsichtig im Sand stocherten, und das oft unter Beschuss durch Artillerie, Mörser, Maschinenwehre oder Gewehre. Die alliierten Pioniere erledigten ihre Aufgabe in El Alamein mit einzigartiger, ruhiger Gelassenheit.

Stumme befehligte am 23. Oktober 1942 etwa 50 000 deutsche und 54 000 italienische Soldaten, während Montgomery 195 000 Mann aufbieten konnte, die größtenteils aus Ländern des Commonwealth stammten. Die britische 8. Armee zählte 85 Infanteriebataillone, die Streitkräfte der Achsenmächte 71 (davon 31 deutsche), 1451 Panzerabwehrgeschützen der Alliierten standen Rommels 800 gegenüber, und gegen 908 schwere und mittlere Feldgeschüze der Alliierten konnte die Achse nur 500 eigene aufbieten, die 370 italienischen waren allerdings betagte, unzuverlässige Exemplare noch aus dem Ersten Weltkrieg und für den bevorstehenden Einsatz ungeeignet.[18] Lässt man die leichten britischen Panzer, die deutschen Panzer II und die italienischen Panzer, die Rommel als «zu einem großen Teil ausgeleiert und kaum mehr einsatzfähig» bezeichnete, einmal beiseite, betrug das Kräfteverhältnis bei den einsatzfähigen mittelschweren Panzern in El Alamein 910 zu 234 zugunsten der Alliierten, also etwa vier zu eins.[19] Die Ungleichheit ist bemerkenswert und zugleich ein eindeutiger Beleg für das Unterbinden der Nachschubbemühungen der Achsenmächte durch die Alliierten sowie für deren massive Anlandung von Verstärkungen über den Golf von Aden.

Die italienische Luftwaffe, die Panzertruppen, die Artillerie und vor allem die Fallschirmjägereinheiten zeigten allgemein eine hohe Kampfmoral, aber auf die reguläre Infanterie traf dies nicht zu, sie stellte 1942 die überwiegende Mehrheit der 1,2 Millionen im Ausland stationierten italienischen Soldaten. Wie sich bereits zuvor in diesem Krieg gezeigt hatte, konnten die Italiener tapfer kämpfen, wenn sie gut geführt, ausgerüstet, ausgebildet und verpflegt wurden, aber in den späteren Phasen des Wüstenkrieges war dies nur selten der Fall. Einige italienische Einheiten, etwa die kleine, aber ausschließlich aus Freiwilligen bestehende Folgore-(«Blitzstrahl»-)Fallschirmjägerdivision und die Ariete-Panzerdivision, standen ihren Waffengefährten auf dem Schlachtfeld in nichts nach. Rommel schrieb über «unsere ältesten italienischen Kameraden» von der Ariete-Division, die Deutschen hätten von ihnen «wohl immer mehr verlangt, als sie mit ihrer schlechten Ausrüstung zu leisten in der Lage waren». Einige italienische Infanterie-Formationen standen dennoch ein länger anhaltendes Bombardement nicht durch, ohne über eine Kapitulation nachzudenken. Auch der Mangel an Proviant war ein großes Problem für die Italiener, wie einem Bericht über El Alamein zu entnehmen ist: «Als einzige Frischfleischquelle diente gelegentlich ein Kamel, das sich in einen der Teufelsgärten verlaufen hatte und entweder eine Mine auslöste oder nahe genug herankam, um abgeschossen zu werden.»[20] Die Panzer der Italiener waren außerdem generell zu leicht und technisch unzuverlässig, ein großer Teil ihrer Artillerie schoss bei Entfernungen von mehr als 8 Kilometern außerordentlich ungenau, und die Funkgeräte der Panzer funktionierten im Fahrbetrieb kaum noch.[21]

Churchill sagte, nach seinen eigenen Worten «nicht ohne einigen Vorwurf seitens der Öffentlichkeit», am 27. Januar 1942 im Unterhaus: «Wir haben es mit einem äußerst kühnen und geschickten Gegner zu tun, mit einem großen Feldherrn, wenn ich so etwas über die Schrecken des Krieges hinweg sagen darf.»[22] (Churchill hatte bereits im Jahr 1900 bei seiner Jungfernrede im Unterhaus die Buren für ihre Kämpferqualitäten gelobt.) Rommel wollte die Kampfmoral der italienischen Infanterie stärken, indem er sie nahe bei deutschen Eliteeinheiten aufbot, die als «Korsettstangen» dienen sollten. So sollte beispielsweise die italienische Bologna-Division dicht neben den deutschen Ramcke-Fallschirmjägern, einer Eliteeinheit, stationiert werden, während die italienische Trento-Division mit Einheiten der 164. leichten Division durchsetzt wurde. Der Herzog von Wellington war vor der Schlacht von Waterloo sehr ähnlich vorgegangen, als er britische Regimenter den belgischen und niederländischen Regimentern von aus seiner Sicht zweifelhafterem Kampfwert an die Seite gestellt hatte.

Ein entscheidender Aspekt des bevorstehenden Kampfes sollte die Luftüberlegenheit werden, die die Alliierten bereits zum Zeitpunkt von Alam el Halfa über die Luftwaffe erlangt hatten, die sich aber bis zur zweiten Schlacht von El Alamein fast zur uneingeschränkten Luftherrschaft entwickelt hatte. Montgomery gliederte das DAF-Hauptquartier von Air Vice-Marshal Arthur Coningham seiner eigenen Kommandozentrale an, und obwohl er diesem in seinen späteren Schriften nur geringe Verdienste zubilligte, arbeiteten die beiden Kommandostellen effektiv zusammen. Die DAF konnte 530 Maschinen gegen die 350 der Luftwaffe einsetzen, besaß aber einen Vorteil, den der bloße zahlenmäßige Unterschied nicht zu erklären schien, denn im Verlauf der Schlacht flog die Desert Air Force 11 600 Einsätze gegenüber nur 3100 der Luftwaffe.[23] Zu diesem Zeitpunkt bestand die DAF aus neunzehn britischen, neun südafrikanischen, sieben amerikanischen und zwei australischen Staffeln, von denen einige mit Spitfires ausgerüstet waren, die man erstmals im März jenes Jahres in Afrika eingesetzt hatte. Im September 1942 hatten die Vereinigten Staaten außerdem 1500 Flugzeuge auf einen Kriegsschauplatz gebracht, auf dem sie noch keine eigenen Bodentruppen hatten, und vor El Alamein hatte das Verhältnis der Verstärkungen bei den Luftstreitkräften eine Quote von fünf zu eins zugunsten der Alliierten erreicht.[24]

Die enorme Produktionskapazität der Vereinigten Staaten – geweckt und angestachelt durch Pearl Harbor – zeigte so bereits Wirkung. Das angloamerikanische Bündnis schickte im Zeitraum von Dezember 1941 bis September 1942 2370 einmotorige Jagdflugzeuge auf den Kriegsschauplatz im Nahen Osten, während die gesamte deutsche Produktion im gleichen Zeitraum sich nur auf 1340 Maschinen belief (von denen nur 25 Prozent dorthin gebracht werden konnten).[25] Hitler sollte schon sehr bald zu spüren bekommen, wie töricht seine Kriegserklärung gegen die Vereinigten Staaten gewesen war. «Derjenige, der selbst mit modernen Mitteln gegen einen in der Luft völlig überlegenen Gegner ankämpfen muss, kämpft wie ein Buschneger gegen moderne europäische Truppen, mit denselben Chancen und unter den gleichen Bedingungen», schrieb Rommel. «Für die nächste Zeit war die völlige Erringung der Luftherrschaft durch die RAF zu erwarten.» Die Zeiten, in denen die in Libyen stationierten Me-109-Jäger den Luftraum beherrschten und die gegnerischen Tomahawk- und Hurricane-II-Maschinen nach Belieben abschossen, waren vorbei. Rommel erkannte, dass wir nunmehr versuchen mussten, die Verteidigung gegen den zu erwartenden feindlichen Angriff in einer Form durchzuführen, in der die britische Luftüberlegenheit so wenig wie möglich ins Gewicht fallen wird. ... Wir konnten uns nicht mehr in der Abwehrschlacht auf den beweglichen Einsatz unserer motorisierten Kräfte stützen ... Wir mussten vielmehr versuchen, dem Gegner in Erdstellungen zu widerstehen, die in ihrem Ausbau modernsten Anforderungen entsprechen mussten.[26]

Rommel nahm es mit der korrekten Bezeichnung des Gegners nicht so genau, sprach von der RAF statt von der DAF, und die «Engländer» ersetzten ihm die Alliierten, aber den Sieg in der Schlacht von El Alamein errangen nicht die Briten, sondern das Britische Empire (trotz der amerikanischen Flugzeuge und Sherman-Panzer). Leeses XXX. Korps bestand neben der 51. Highland Division unter Generalmajor Douglas Wimberley aus – von der Mittelmeerküste nach Süden fortschreitend – der 9. australischen Division unter Generalmajor Leslie «Ming the Merciless» Morshead, der 2. neuseeländischen Division unter Generalmajor Bernard Freyberg, der 1. südafrikanischen Division unter Generalmajor Dan Pienaar und der 4. indischen Division unter Generalmajor Francis Tuker. Einen besseren Präsenzappell des Empires konnte man sich kaum vorstellen, und die Kanadier fehlten nur, weil 3400 Mann von ihnen nur zwei Monate zuvor in Dieppe sinnlos geopfert worden waren.

Südlich des Ruweisat Ridge befehligte Horrocks ein stärker britisch geprägtes Aufgebot, darunter die im Norden Englands beheimatete 50. Division unter Generalmajor John «Crasher» Nicholl und die von Generalmajor Hector Hughes geführte 44. (Home Counties) Division sowie die 7. Panzerdivision unter dem Kommando von Generalmajor John Harding, deren Spitzname «Desert Rats» – ableitet von der auf die Seiten ihrer Panzer gemalten Springmaus – im allgemeinen Sprachgebrauch nach und nach auf die gesamte 8. Armee ausgeweitet wurde. Doch es gab noch zwei weitere wichtige Einheiten, die keinerlei Verbindung zum Britischen Commonwealth oder zum Empire aufwiesen: Die Freie Griechische Brigade verteidigte den Ruweisat Ridge selbst, und die Freie Französische Brigade unter dem Befehl von Brigadegeneral Marie-Pierre Koenig sicherte die Lücke zwischen der 44. Division und der Kattara-Senke. Betrachtet man dieses Aufgebot, das hier gegen Deutsche und Italiener kämpfte, dann war El Alamein eine Schlacht, wie sie kosmopolitischer kaum hätte sein können, und wer hier einfach nur von «Briten gegen Deutsche» spricht, liefert damit ein nicht zu rechtfertigendes Zerrbild des tatsächlichen Geschehens. Rommel bezeichnete die Neuseeländer beispielsweise immer als die besten Soldaten der 8. Armee.

Nach Montgomerys Plan fiel den Commonwealth-Streitkräften aus Australien, Neuseeland und Südafrika die Aufgabe zu, gemeinsam mit den 51. Highlanders in den ersten beiden Kampftagen die gegnerische Verteidigungslinie zu durchbrechen und Lücken in den Minenfeldern zu schaffen, durch die Generalmajor Raymond Briggs' 1. und Generalmajor Alec Gatehouses 10. Panzerdivision des X. Korps dann vorstoßen würden. Montgomerys «Schwerpunkt» sollte weder auf der Küstenstraße im Norden noch entlang der Kattara-Senke im Süden liegen – wie es sich bei fast allen Gefechten in den letzten beiden Jahren entwickelt hatte –, sondern genau im Zentrum des Schlachtfeldes. In dieser Hinsicht sollte sich Montgomery, wie auch bei seinem Beharren auf einer Entscheidungsschlacht und der Rückkehr zum Abnutzungskrieg, als eigenständiger und weitsichtiger Stratege erweisen. Michael Carver, der in der Western Desert Force unter ihm diente, schrieb später:

> Es mag kostspielig und unromantisch gewesen sein, aber es sicherte den Sieg, und die Gewissheit des Sieges war zu diesem Zeitpunkt von entscheidender Bedeutung. Die 8. Armee hatte die nötigen Ressourcen, um in einer solchen Schlacht bestehen zu können, die Panzerarmee dagegen nicht, und Montgomery hatte die Entschlossenheit, Willenskraft und Rücksichtslosigkeit, die man für eine solche Schlacht brauchte.[27]

Montgomerys Erfolg in El Alamein kann man auch nicht kleinreden, indem man auf seine Zwei-zu-eins-Überlegenheit gegenüber Rommel bei der Artillerie und der Soldatenzahl und auf seine Vier-zu-eins-Überlegenheit bei den einsatzfähigen Panzern verweist. Die gängige Sichtweise im militärischen Denken – schon seit Napoleons Zeiten – war, dass der Angreifer ein Drei-zu-eins-Übergewicht benötigt, wenn er sich seines Sieges sicher sein will. Der Militärhistoriker Peter Young, damals einer von Montgomerys Offizieren, wies auch noch auf den folgenden Punkt hin: «Wenn es einem britischen General ausnahmsweise einmal gelang, seine Armee mit einer zahlenmäßigen Überlegenheit über den Feind ins Gefecht zu schicken, sollte das eher ein Anlass zum Lob als zur Klage sein.»[28]

Montgomery hatte seine Lehren aus dem bisherigen Kriegsverlauf gezogen, bei dem er in Dünkirchen auf der Seite der Belehrten gewesen war, aber er hatte auch nicht vergessen, was aus dem Ersten Weltkrieg zu lernen gewesen war. Er war der Ansicht, dass das, was er «100 % binge» («volle Dosis») nannte, nämlich massive Artillerievorbereitung und der Angriff von Leeses Korps, einen Prozess einleiten könnte, den er als «crumbling» («Zerbröckeln») bezeichnete und durch den die Achsen-Streitkräfte – in erster Linie die italienische Infanterie – demoralisiert werden und zusammenbrechen würden, vor allem, sobald Lumsdens Panzer sie von den Flanken und von hinten angreifen würden. Britische Panzerabwehrgeschütze und Panzer, die durch den Brückenkopf vorstießen, würden, so hoffte er, den unweigerlich folgenden Gegenangriff der deutschen Panzer abwehren, wo immer es zu solchen Durchbrüchen komme.[29] (In der Militärgeschichtsschreibung – wie auch in der allgemeinen Geschichtsschreibung – ist der Gebrauch des Wortes «unweigerlich» eigentlich unzulässig, es sei denn, man schildert die schnellen und aggressiven Gegenattacken der Deutschen gegen alliierte Erfolge.) Panzer, die in Bewegung waren, würden für die DAF wie auch für die britischen Panzer und Panzerabwehr-Artilleristen ein viel besseres Ziel abgeben. Im Unterschied zu früheren Kommandeuren im Wüstenkrieg freute sich Montgomery ausdrücklich auf die Reaktion der Achsenmächte – oder er behauptete das zumindest, um die Kampfmoral zu stärken. «Wenn wir den Feind so schwer zusammengeschossen haben», sagte Montgomery zu seinen Divisionskommandeuren, «ist das Schicksal der Panzerarmee besiegelt. Sie wird der Vernichtung nicht entgehen.» Montgomery rechnete mit «einem etwa zwölf Tage dauernden Nahkampf» und sagte einen Sieg auf ganzer Linie voraus.[30]

Das massive Artilleriefeuer der 8. Armee setzte am Freitag, dem 23. Oktober 1942, um 21.40 Uhr ein und wurde von Luftangriffen durch Wellington- und Halifax-Bomber begleitet. Insgesamt waren rund 6000 Artilleristen an 882 Geschützen im Einsatz, und die Feldgeschütze feuerten im Durchschnitt 102 Schuss pro Tag ab. Die Alliierten verschossen bei dieser Schlacht nach Schätzungen etwa eine Million Granaten.[31] In Kairo telegrafierte Alexander an einen erleichterten und anfangs auch erfreuten Premierminister in London das Codewort «Zip». Nach zwanzigminütigem Feuer auf die Artilleriestellungen der Achsenmächte richtete sich der

Beschuss anschließend gegen die Hauptkampflinie, um sie für den Infanterieangriff bei Vollmondlicht vorzubereiten. «Das Heer der friedlich vom Himmel hernieder leuchtenden Sterne schien zu erzittern, als schlagartig tausend Geschütze gleichzeitig auf unsere Stellungen das Feuer eröffneten», erinnerte sich Oberleutnant Heinz Werner Schmidt, der zu diesem Zeitpunkt in einer Reserve-Panzerabwehrbatterie diente. «Die Erde bebte von der Kattara-Senke bis zum Mittelmeer. Selbst noch weit hinter der Front waren die Männer von der Heftigkeit des Feuers bestürzt.»[32] Das Trommelfeuer war bis ins rund 100 Kilometer entfernte Alexandria zu hören. Es hielt fünf Stunden lang an, wurde um 3 Uhr nachts ausgesetzt, aber um 7 Uhr morgens wieder aufgenommen. Unterdessen rückten Pioniere vor, um für die Infanterie Wege durch die Minenfelder freizuräumen, die mit weißen Bändern markiert wurden. Die Dudelsackspieler stimmten «Highland Laddie» an, während das Highland- und das Commonwealth-Bataillon auf Ziele entlang einer Linie vorrückten, der man den Codenamen «Oxalic»-Linie gegeben hatte. Leeses Korps hatte bis um 8 Uhr etwa die Hälfte davon eingenommen, dabei aber fast zweitausendfünfhundert Mann verloren, die meisten davon durch Minen und Sprengfallen. (Die Achsenmächte hatten allerdings mit Sicherheit kein Monopol für erfindungsreiche Sprengfallen: Das Office of Strategic Services [OSS] der Amerikaner arbeitete in Tunesien mit Sprengstoff, der als Eselkot getarnt war.)

Die «Feuerwalze» der alliierten Artillerie hatte dafür gesorgt, dass das gegnerische Granatwerfer-, Scharfschützen- und Maschinengewehrfeuer auf ein Minimum beschränkt blieb. Doch Lumsdens X. Korps war der Durchbruch weitgehend missglückt, was sich katastrophal auswirken konnte, denn es war weitgehend nicht in der Lage, die Infanterie vor Gegenangriffen zu schützen. Nur die 8. Panzerbrigade kam bis zum Miteiriya Ridge durch, aber der Rest des Korps blieb in gewaltigen Verkehrsstaus entlang der freigeräumten schmalen Durchfahrten durch die Minenfelder stecken. «Sobald ein Weg freigeräumt war, entstand auch das Problem der Überlastung», heißt es in einem Bericht. «Eine übersehene Mine, die einen Weg unterbrach, konnte für eine stundenlange Blockade sorgen, die zahlenmäßige Überlegenheit zur Farce werden lassen» – und der Luftwaffe ein einladendes Ziel bieten.[33] Ein wütender Montgomery machte Lumsden persönlich heftige Vorwürfe «in einem unmissverständlichen Ton», er drohte mit der Absetzung seiner Divisionskommandeure, indirekt vielleicht sogar noch mit Lumsdens eigener Ablösung. Es kann keine angenehme Erfahrung gewesen sein, wenn man die volle Wucht von Montgomerys Zorn zu spüren bekam, und Lumsden ordnete neue Angriffe zur Entlastung der Infanterie an, die es zu diesem Zeitpunkt bereits mit Teilen der Folgore-Division und der Brigade von General Bernhard Ramcke zu tun bekam.

Doch Montgomery kam nicht nur ein günstiger Moment zugute, es waren gleich drei Glücksfälle für ihn, die die Führungsebene auf deutscher Seite betrafen. Nicht allein Rommel war in Deutschland, als die Offensive begann, auch Oberst Fritz Bayerlein, sein tüchtiger Generalstabschef, war auf Heimaturlaub, und Rommels Stellvertreter, der gesundheitlich angeschlagene General Georg Stumme, starb am ersten Tag der Schlacht an einem Herzinfarkt, so dass der Panzergeneral Wilhelm Ritter von Thoma das Kommando übernahm. Erst am 25. Oktober, kurz vor Mitternacht, erhielt das Afrikakorps die Nachricht, dass Rommel zurückgekehrt war und das Kommando wieder übernommen hatte. (Viele Einheiten erhielten diese ermutigende Nachricht zunächst gar nicht, weil das gewaltige Trommelfeuer zu Beginn der Offensive zahlreiche Telefonleitungen unterbrochen hatte.) Rommel kam dennoch sehr schnell zu dem Schluss, dass die Angriffe im Süden des Schlachtfelds bloße Ablenkungsmanöver waren, also zog er seine 21. Panzerdivision von dort zurück und schickte sie nach Norden in Richtung des Kidney Ridge. Der Treibstoffmangel war so groß, dass er sich seiner Sache sicher sein musste, denn wenn sich herausstellte, dass Montgomery nur bluffte, würde der Sprit für eine Umkehr möglicherweise gar nicht mehr reichen. Die Versenkung zweier italienischer Tankschiffe, der *Proserpina* und der *Luisiana,* im Hafen von Tobruk durch die Desert Air Force am 26. und 28. Oktober, noch bevor sie ihre Ladung löschen konnten, sollte sich als besonders schwerer Schlag erweisen.

Montgomery gab am 25. Oktober die Versuche auf, mit der 10. und 7. Panzerdivision die Linie der Achsenmächte zu durchbrechen, und befahl stattdessen der 9. australischen Division, im Norden der Front mit Zermürbungsoperationen zu beginnen. Die 1. Panzerdivision wurde unterdessen in das Gebiet des Kidney Ridge verlegt. In jener Nacht waren die Australier weitgehend erfolgreich, aber die 1. Panzerdivision kam nicht voran. Am nächsten Tag kam es zu heftigen Angriffen der Achsenmächte auf den Kidney Ridge, allerdings ohne großen Erfolg. Die 7. motorisierte

Brigade (zu der auch das 2. Bataillon der Rifle Brigade und das 2. Bataillon des King's Royal Rifle Corps gehörten) trug am 27. Oktober verzweifelte Kämpfe um die Sicherung von Stellungen nördlich und südlich des Kidney Ridge aus, denen man die scherzhaften Codebezeichnungen «Snipe» (Schnepfe) und «Woodcock» (Waldschnepfe) gegeben hatte. Auch heftiger deutscher Artilleriebeschuss, sehr viel versehentliches Feuer aus den eigenen Reihen und energische Gegenangriffe der 15. und 21. Panzer- sowie der Littorio-Division konnten jene Einheiten nicht aus den von ihnen besetzten Schlüsselstellungen vertreiben, und allein vor der Snipe-Stellung wurden dreiunddreißig Panzer der Achsenmächte, fünf Sturmgeschütze und weitere Fahrzeuge zerstört. Oberstleutnant Victor Turner, der das dortige Bataillon der Rifle Brigade befehligte, wurde mit dem Victoria-Kreuz ausgezeichnet und eiferte damit seinem Bruder nach, der diesen Orden für seinen Einsatz in der Schlacht von Loos im Ersten Weltkrieg posthum erhalten hatte. Andere Männer des Bataillons wurden mit dem Distinguished Service Order (DSO), der Distinguished Conduct Medal (DCM) und dem Military Cross (MC) ausgezeichnet, außerdem wurden sieben Military Medals verliehen. Eine aktuelle Geschichte der Schlacht von El Alamein wertet die Tapferkeit der Männer von Snipe als einen der Wendepunkte der ganzen Schlacht, weil sie Rommel davon überzeugte, dass Kidney Ridge der wahre Angriffsschwerpunkt sei, während Montgomery sich auf der Suche nach einem Ort, an dem seine Panzertruppen die Achsen-Front durchbrechen konnten, bereits weiter nach Norden gewandt hatte. Der britische Kommandeur wusste außerdem, dass die im Norden verlaufende Küstenstraße und die Eisenbahnlinie gemeinsam Rommels Versorgungsader und zugleich auch seine einzige Rückzugsmöglichkeit bildeten.

Weit oben im Norden hatte die 9. australische Division bereits mehr als tausend Mann verloren, das war nur die Hälfte der Verluste der 51. Highland Division, aber doppelt so viel, wie das gesamte X. Korps zu beklagen hatte. Doch es war ihr gelungen, einen kleinen Brückenkopf über die Eisenbahnlinie hinweg und in Richtung Meer zu bilden, und deshalb bestand die Aussicht, die 90. leichte Division unter dem Befehl von General Theodor von Sponeck und die 164. leichte Division mit dem Rücken zum Meer abzuschneiden.[34] Es war ein Erfolg, den Montgomery ausnutzen wollte, und Rommel würde sich gezwungen sehen, zum Schutz seiner Front viel zu weit verstreute Panzerverstärkungen aus dem Bereich des Kidney Range abzuziehen und dagegen aufzubieten. Diese Reaktion war notwendig, aber sie verbrauchte wertvollen Treibstoff und setzte die deutschen Panzer – der verwundbarste Teil eines jeden Panzers war die Oberseite des Turms – den Angriffen der gegnerischen Luftwaffe aus, sobald sie von deren Luftaufklärung ausgemacht worden waren. «Niemand kann die Größe der Sorgen ermessen, die uns in dieser Zeit belasteten», schrieb Rommel später.

> Ich schlief die Nacht über kaum und ging bereits gegen 3.30 Uhr auf und ab und überlegte mir den weiteren Verlauf des Kampfes und die eventuell zu fassenden Entschlüsse. Es erschien mir zweifelhaft, ob wir noch einige Zeit Angriffe von der bislang erlebten Wucht, die von den Briten noch um einiges gesteigert werden konnten, aushalten könnten. Es stand für mich fest, dass ich den entscheidenden Durchbruch nicht abwarten, sondern mich vorher nach Westen absetzen werde.[35]

Dennoch beschloss Rommel, dass «nochmals alles versucht werden sollte, um den Gegner durch starren Widerstand zum Abbruch des Angriffes zu bewegen». Für den Fall, dass dieser Versuch scheiterte, würde er einen allgemeinen Rückzug bis zu dem Ort Fuka anordnen, aber Rommel war klar, dass er dabei wohl einen großen Teil der nichtmotorisierten Infanterie verlieren würde, die bereits in heftige Kämpfe verwickelt war und keine Fluchtfahrzeuge hatte. Leese schickte unterdessen den Australiern Sechs-Pfund-Panzerabwehrkanonen der Royal Artillery als Unterstützung gegen einen deutschen Gegenangriff. Von den Reserven konnte nichts erübrigt werden, und 22 der 30 Valentine-Panzer, die den Australiern ebenfalls geschickt worden waren, wurden vergleichsweise mühelos vernichtet. Grant-Panzer und Sherman-Panzer mit ihren 7,5-cm-Kanonen und rundum schwenkbaren Türmen hätten hier vielleicht den Ausschlag gegeben, aber sie waren unabkömmlich.

Montgomery zog stattdessen einige der schweren Panzer vom südlichen Frontbereich ab und beendete den Vorstoß an der Küste, so dass die Operation Lightfoot am 29. Oktober abgeschlossen war. Das löste in London enorme Bestürzung aus, wo Anthony Eden Churchill davon überzeugte, dass Montgomery dabei sei, den Kampf auf halbem Wege aufzugeben. Der Premier ließ General Brooke aus einer Besprechung der Stabschefs holen und tadelte im Gespräch dann «Ihren» Montgomery für «eine halbherzig geführte Schlacht», worauf die Frage folgte: «Haben wir denn nicht einen einzigen General, der auch nur eine einzige Schlacht gewinnen könnte?» Alan Brooke verteidigte seinen Protegé, und der südafrikanische Premier und Feldmarschall Jan Christiaan Smuts unterstützte ihn, als es galt, Montgomery umgehend vor den Strategen in Whitehall zu schützen. Es kam zu einer Auseinandersetzung, in der auf beiden Seiten harte Worte fielen. Seinem Tagebuch vertraute Brooke allerdings an, er habe

> meine eigenen Zweifel und meine eigenen Sorgen [gehabt], was den Gang der Ereignisse betraf, doch ich musste sie gänzlich für mich behalten. Nach der Rückkehr in mein Büro ging ich hektisch auf und ab, mich bedrückte ein verzweifeltes Gefühl der Einsamkeit. ... Es bestand immer noch die Möglichkeit, dass ich mich irrte und dass Monty besiegt war. Die Einsamkeit dieser sorgenvollen Momente, in denen es niemanden gibt, an den man sich wenden kann, muss man durchlebt haben, um die damit verbundene intensive Bitterkeit zu verstehen.[36]

Doch der Kommandeur der 8. Armee war alles andere als «besiegt», er beendete die Operation Lightfoot und den Vorstoß an der Küste und startete am Abend des 1. November die von Freyberg befehligte Operation Supercharge. Montgomery zog aus der 44., 50. und 51. Division je eine Brigade für diesen Angriff ab und ließ sie südlich von Kidney Range hauptsächlich gegen die italienische Infanterie vorrücken. Sobald ein erster Durchbruch geschafft war, sollte die 1. Panzerdivision mit ihren 39 Grant-, 113 Sherman- und 119 Crusader-Panzern durch die Lücke stoßen, die in Nord-Süd-Richtung verlaufende Rahman-Piste überqueren und weiter westlich die 15. und die 21. Panzerdivision der Deutschen zum Kampf stellen. Die 15. Panzerdivision verfügte zu diesem Zeitpunkt nur noch über 51 Kampfwagen, und der 21. waren nur noch 44 Fahrzeuge geblieben. Die Achsenmächte besaßen zu dem Zeitpunkt, an dem die Operation Supercharge begann, nahezu keine Panzer- und motorisierten Reserven mehr, denn General Francesco Arenas Panzerdivision Ariete und General Francesco La Ferlas motorisierte Trieste-Division waren durch die Kämpfe mit Leeses XXX. Korps vollständig gebunden. Der Augenblick des Durchbruchs war schließlich gekommen.

Nach einer kurzen Artillerievorbereitung ab 1.05 Uhr am 2. November geriet Supercharge in Bewegung. Die Durham Brigade der 50. Infanterie-Division, die Bataillone der Seaforth und Cameron Highlanders und ein Bataillon Maoris von der 2. neuseeländischen Division nahmen bis 6.15 Uhr alle ihre Einsatzziele ein und schlugen eine mehr als sechs Kilometer breite Bresche in die Frontlinie der Achsenmächte hinter Kidney Range und fast bis zur Rahman-Piste. Die 9. Panzerbrigade, bestehend aus den 3. Hussars, der Royal Wiltshire Yeomanry und der Warwickshire Yeomanry, stieß anschließend durch diese Lücke hindurch. Nachdem der befehlshabende Offizier der 3. Hussars, Oberstleutnant Peter Farquhar, Supercharge im Gespräch mit Montgomery als «Selbstmord» bezeichnet hatte, widersprach dieser ihm nicht und erklärte: «Wenn es nötig ist, bin ich bereit, hundertprozentige Verluste bei den Männern wie bei den Panzern hinzunehmen», wenn dies den Durchbruch ermögliche. Farquhar, ein Baron in sechster Generation, der in diesem Krieg dreimal verwundet und mit dem DSO samt Spange ausgezeichnet wurde, nahm diesen Kamikaze-Befehl mit lobenswerter Kaltblütigkeit entgegen und erinnerte sich später: «Es gab natürlich nichts weiter zu besprechen.»[37] Insgesamt achtete Montgomery jedoch mit größter Sorgfalt darauf, das Leben seiner Männer zu schonen, und ging dabei so weit, dass er oft als übervorsichtig kritisiert wurde. «Im Krieg sind Verluste unvermeidlich, aber unnötige Verluste sind unverzeihlich», pflegte er zu sagen.[38]

Rommel verlegte deutsche motorisierte und Panzer-Einheiten nach Norden, um dort den Australiern entgegenzutreten und Morsheads Erfolge in Küstennähe einzudämmen, doch das bedeutete zugleich auch, dass das «Korsett»-System allmählich zerfiel, was der Operation Supercharge eine hervorragende Gelegenheit im italienischen Frontabschnitt in der Nähe des Kidney Ridge eröffnete. Über Rommels Sorge, die Kontrolle über die Küstenstraße zu verlieren, schrieb Montgomery 1958: «Da er diesen Stoß fürchtete, hatte er, um ihm entgegenzutreten, seine deutschen Truppen im Norden zusammengezogen und es den Italienern überlassen, seine Südflanke zu halten. Da trieben wir einen harten Schlag zwischen Deutsche und Italiener, dabei ein gutes Stück auf die italienische Front übergreifend.»[39] Montgomery wusste, wie sehr es den Deutschen an Soldaten, Munition, Proviant und vor allem an Treibstoff mangelte, weil er den unschätzbaren Vorteil genoss, Rommels Enigma-Nachrichten mitlesen zu können. Er hängte Rommels Foto in seinem Wohnwagen auf, um den Eindruck zu erwecken, er ringe darum, die Gedanken seines

Gegenspielers lesen zu können. In Wirklichkeit las er nur seine Dienstpost mit. Rommel hätte vielleicht versuchen können, «den Gegner zum Abbruch des Angriffes zu bewegen», aber so weit sollte es niemals kommen, was auch immer er hoffen und Churchill und Eden befürchten mochten. Ansonsten kämpfte Rommel in der Schlacht von El Alamein fehlerlos, sofern er dort überhaupt zum Kämpfen kam. Als der 2. November zu Ende ging, überzeugte Thoma seinen Oberbefehlshaber Rommel davon, dass trotz der kühnen deutschen Gegenangriffe und einer umfassenden Reorganisation neuer Verteidigungsstellungen die ständigen Luftangriffe, der Treibstoffmangel und das Fehlen jeglicher Reserven den Rückzug nach Fuka unumgänglich machten. Rommel bereitete sich darauf vor, den Rückzugsbefehl zu geben.

Das pausenlose Bombardement hatte jetzt schon zehn Tage angedauert, und der Artilleriebeschuss in einem Bereich in der Nähe der Rahman-Piste – Codename «Skinflint» (Geizhals) – war so massiv gewesen, dass der «gesamte Ort» nach Carvers Erinnerung «kniehoch von Staub bedeckt war. Niemand wusste dort mehr, wo sich Menschen oder Gegenstände befanden, wo Minenfelder begannen oder endeten.» Die Granaten erzeugten dort, wo sie einschlugen, «eine Staubwolke, die so dicht war wie eine Nebelwand», die Sichtweite konnte so mitunter auf weniger als 50 Meter schrumpfen.[40] Von den 187 Panzern, die den Achsen-Streitkräften inzwischen noch zur Verfügung standen, waren 155 italienische Kampfwagen, deren Kaliber zu klein war, um es mit den Shermans der Alliierten aufnehmen zu können.

Die 9. Panzerbrigade unter dem Kommando von Brigadier John Currie kam am 2. November im Schutz der Dunkelheit gut voran – nächtliche Panzerattacken waren selten, deshalb kam diese hier überraschend –, aber, wie es in einem Bericht heißt, diese Soldaten «wurden von der Morgendämmerung verraten. Sie zog hinter ihnen auf, lange bevor sie an den Panzerabwehrkanonen vorbei waren, und sie konturierte ihre Panzer so einfach und deutlich wie in einem Bestimmungs-Handbuch.»[41] Von den 90 Panzern der Brigade blieben nur 19 intakt, und die Einheit verlor 270 Mann, aber auf ihrem Weg entlang der Rahman-Piste hatte sie 35 Panzerabwehrgeschütze zerstört, und nachdem sich die 2. Panzerbrigade mit den Resten der 9. vereinigt hatte, um anschließend die 15. und 21. Panzerdivision zum Kampf zu stellen, entwickelte sich, rings um einen kleinen Hügel namens Tell el Aqqaqir, die größte Panzerschlacht auf dem afrikanischen Kontinent. Hätte Thoma, der seine Kampfstaffel dorthin verlegte, um die deutschen Kräfte zu führen, diese kleinere Schlacht im Rahmen einer ganz großen gewonnen, so ist es nicht unvorstellbar, dass die Front der Achsenmächte vielleicht weiterhin standgehalten hätte, was Montgomery nur noch sehr wenige Pfeile in seinem Köcher belassen hätte.

In einem Ablaufmuster, das sich in diesem Krieg von jetzt an – und vor allem in der Sowjetunion – noch sehr oft wiederholen sollte, vernichteten die Deutschen mehr Panzer als ihre Gegner, aber eben nicht genug, um den Gesamtsieg zu erringen. Nach dem Ende der Schlacht von Aqqaqir am 2. November hatten die Streitkräfte der Achsenmächte nur noch 50 einsatzfähige Panzer, denen mehr als 500 Kampfwagen der Alliierten gegenüberstanden, Rommel blieb also nichts anderes übrig, als einen allgemeinen Rückzug anzuordnen, damit er, wie er es in einer von den britischen Abhörspezialisten in Bletchley Park abgefangenen Nachricht formulierte, die Reste seiner Armee vielleicht noch herausziehen konnte. Dieser Rückzug sollte am 3. November um 13.30 Uhr beginnen.

Doch Hitler gab – einem anderen Muster folgend, das sich im weiteren Kriegsverlauf ebenfalls noch oft wiederholen sollte – per Telegramm umgehend einen «Führerbefehl» aus, in dem es hieß:

> Mit mir verfolgt das deutsche Volk in gläubigem Vertrauen auf Ihre Führerpersönlichkeit und auf die Tapferkeit der Ihnen unterstellten deutsch-italienischen Truppen den heldenhaften Abwehrkampf in Ägypten. In der Lage, in der Sie sich befinden, kann es keinen anderen Gedanken geben als auszuharren, keinen Schritt zu weichen und jede Waffe und jeden Kämpfer, die noch freigemacht werden können, in die Schlacht zu werfen. Beträchtliche Verstärkungen an fliegenden Verbänden werden in diesen Tagen dem Oberbefehlshaber Süd zugeführt werden. Auch der Duce und das Commando Supremo werden die äußersten Anstrengungen unternehmen, um Ihnen die Mittel zur Fortführung des Kampfes zuzuführen. Trotz seiner Überlegenheit wird auch der Feind am Ende seiner Kraft sein. Es wäre nicht das erste Mal in der Geschichte, dass der stärkere Wille über die stärkeren Bataillone des Feindes triumphierte. Ihrer Truppe aber können Sie keinen anderen Weg zeigen als den zum Siege oder zum Tode.
>
> Adolf Hitler[42]

Rommel nahm diesen unzweideutigen Durchhaltebefehl mit Verständnislosigkeit entgegen. Der Führer muss verrückt sein, soll er zu einem

Stabsoffizier gesagt haben. Später schrieb er: «In diesem Befehl wurde das Unmöglichste verlangt. Der gläubigste Soldat wird von einer Fliegerbombe totgeschlagen.» Der Befehl wurde offiziell zwar erst am 4. November zurückgezogen, aber das Afrikakorps begann schon in der vorhergehenden Nacht mit dem stückweisen Rückzug. Sollte es irgendeinen Versuch gegeben haben, den «Führerbefehl» umzusetzen, dann, so schätzt es Carver ein, «scheint das erfolglos geblieben zu sein, auch wenn es ernsthaft angegangen wurde».[43] Fünf Tage später, am 9. November, schrieb Rommel in einem Brief: «Aber eine Tapferkeit, die der militärischen Zweckmäßigkeit widerspricht, ist Dummheit, wenn sie vom Truppenführer gefordert wird, Verantwortungslosigkeit.» Seine Kritik richtete sich gegen den folgenden Zustand: «Man pflegte im Führerhauptquartier militärische Belange den propagandistischen unterzuordnen, so paradox dies auch klingt.»[44] Die Verantwortungslosigkeit, die mit Hitlers «Sieg oder Tod»-Forderungen verbunden war, hatte Rundstedt als Erster bemerkt, in Rostow im November 1941, aber sie sollte bis zum Kriegsende zum beherrschenden Leitmotiv der deutschen Kriegführung werden, denn «Führerbefehle» dieser Art wurden an die Truppenkommandeure wie Konfetti verstreut und hinderten sie daran, zurückzuweichen, die Front zu konsolidieren und besser zu verteidigende Stellungen einzunehmen. Interessant ist in diesem Fall jedoch, dass Rommel für das Ignorieren des Befehls nicht zur Rechenschaft gezogen wurde. Seine enorme Popularität in breiten Bevölkerungskreisen und die erst kurz zuvor erfolgte Ernennung zum Generalfeldmarschall hatten ihm einen Status verschafft, der dafür sorgte, dass diese Eigenmächtigkeit folgenlos blieb. Erst als Rommels politische Illoyalität entdeckt wurde – er hatte Hitlers Verhaftung durch die Wehrmacht befürwortet –, zwang man ihn am 14. Oktober 1944 zum Selbstmord. Sein Tod wurde mit Verwundungen erklärt, die er bei einem Tieffliegerangriff in Frankreich erlitten hatte, und er erhielt ein Staatsbegräbnis.

Als Rommel im Süden der Alamein-Front die Umfassung durch die 7. Panzerdivision drohte und große Teile seiner Armee – allen voran die italienische Infanterie – sich in Scharen ergaben, zog er sich am 4. November nach Fuka zurück. Am Abend jenes Tages war der in Gefangenschaft geratene General von Thoma Montgomerys Gast beim Abendessen in dessen Zelt – in einer Szene, die an die Kriege vergangener Jahrhunderte erinnerte. Nach einem «Nahkampf», der tatsächlich die von Montgomery vorhergesagten zwölf Tage gedauert hatte, räumte das Afrikakorps das Feld und rettete dabei noch so viel an Ausrüstung, wie die verbliebenen Treibstoffvorräte zuließen. Es war ein vergleichsweise geordneter Rückzug, allerdings blieb den nicht motorisierten Einheiten, insgesamt 20 000 italienischen und 10 000 deutschen Soldaten – das waren 29 Prozent von Rommels Armee, zu denen auch neun Generäle zählten –, keine andere Wahl, als sich im Feld zu ergeben oder auf dem Rückzug gefangen nehmen zu lassen. Flucht war, anders als auf den europäischen Schlachtfeldern, in der Wüste keine Option, denn die einzigen Alternativen zum Gang in die Gefangenschaft blieben dann, zu verdursten oder zu verhungern.

Es ist auch die Ansicht vertreten worden, die Schlacht von El Alamein wäre gar nicht nötig gewesen: Rommel hätte nach der Landung der Alliierten in Nordwestafrika im darauffolgenden Monat ohnehin den Rückzug antreten müssen, und «anstelle eines sorgfältig geplanten Angriffs auf eine stark befestigte Stellung hätte sich die 8. Armee lieber mit der Organisation und der Ausbildung für eine zügige Verfolgung und Vernichtung der sich zurückziehenden Streitkräfte der Achsenmächte befassen sollen».[45] Eine solche Einschätzung lässt jedoch außer Acht, dass das Britische Commonwealth dringend einen klaren, bedeutenden und die Moral stärkenden Sieg zu Lande über die Deutschen brauchte, um nach drei mit wiederholten Niederlagen und Rückzügen verbundenen Jahren die militärische Selbstachtung wiederzugewinnen und zugleich auch den Mythos von Rommels Unbesiegbarkeit zu zerstören. Das wurde in El Alamein erreicht. Und nicht nur das: Das Afrikakorps war auf dem Schlachtfeld entscheidend besiegt, die Bedrohung Kairos beendet und Rommel zu einer eiligen Flucht gezwungen worden.

Die 8. Armee verlor in dieser Schlacht 13 560 Mann, 8 Prozent ihres Gesamtbestandes, im Vergleich zu 20 000 Getöteten oder Verwundeten (19 Prozent) auf Seiten der Achsenmächte.[46] Die Verluste waren «bei weitem der größte Aderlass, den eine britische Armee in diesem Krieg bislang erlitten hatte».[47] Ein hoher Anteil entfiel auf die Kontingente aus den Commonwealth-Ländern: Ein Fünftel der Verluste betraf die Australier, und von den 16 000 an den Kämpfen beteiligten Neuseeländern wurden 3000 getötet und 5000 verwundet. Doch Rommel musste etwa 1000 Geschütze und 450 Panzer auf dem Schlachtfeld zurücklassen, weitere 75 Panzer wurden auf dem Rückzug aufgegeben. Nach Carvers Schätzung «kann das Afrikakorps beim Rückzug aus Marsa Matruh am 8. November über nicht mehr als 20 Panzer – wenn überhaupt – verfügt haben». Auch Malta war jetzt sicher, spätestens als kurz darauf die Luftwaffenstützpunkte der Achsenmächte in Martuba überrannt wurden. Es war deshalb keine Überraschung, dass Churchill anordnete, zur Feier des Sieges am Sonntag, dem 15. November 1942, in ganz Großbritannien die Kirchenglocken läuten zu lassen – zum ersten Mal, seit sich dreißig Monate zuvor die Invasionsdrohung über das Land gelegt hatte.

Montgomerys relativ langsames und vorsichtiges weiteres Vorgehen nach El Alamein – mit der Rückeroberung Tobruks ließ er sich neun Tage Zeit – ist viel kritisiert worden, aber er wollte sich verständlicherweise nicht übernehmen, vor allem nicht in einem Kampf mit einem solchen Gegner wie Rommel. Heftige Regenfälle in Fuka setzten nach dem 5. November den Hoffnungen der 2. neuseeländischen Division, man könne dem Afrikakorps auf dessen langem Rückzug bis nach Tripolis vielleicht doch noch den Weg abschneiden, ein Ende. «Nur dank den Regenfällen vom 6. und 7. November waren sie der völligen Vernichtung entgangen», schrieb Montgomery später. «Vier deutsche Elitedivisionen und acht italienische Divisionen hatten als kampffähige Verbände zu bestehen aufgehört.» Montgomery verfügte am 5. November zwar über fünfzehnmal so viele Panzer wie Rommel, und für den Rest des Jahres sollte dieses Kräfteverhältnis zwischen 10:1 und 13:1 schwanken, doch er wollte bei diesem Sieg nichts mehr riskieren. «Die Vernichtung der Achsenstreitkräfte in Afrika war unvermeidlich – vorausgesetzt, dass wir nicht neue Fehler machten», schrieb er später.[48]

In der Schlacht waren nicht weniger als fünfhundert alliierte Panzer ausgeschaltet worden, allerdings waren nur hundertfünfzig davon nicht mehr zu reparieren. Die Tatsache, dass Rommel erst drei Monate später wieder versuchte, den alliierten Vormarsch zum Stehen zu bringen – viele Hundert Kilometer weiter westlich, an der Mareth-Linie – zeigt, wie vernichtend die Niederlage von El Alamein für ihn gewesen war. Das Britische Empire mochte zwar seine erste Landschlacht in diesem Krieg gegen Deutschland gewonnen haben, aber es war zugleich die letzte bedeutende Schlacht, die von einer überwiegend von Ländern des Empire gestellten Streitmacht ausgetragen wurde. Denn an dem Tag, an dem Rommel aus Marsa Matruh abzog, landete Tausende von Kilometern weiter westlich, in Marokko und Algerien, eine angloamerikanische Streitmacht. Die

Operation Torch (Fackel) hatte begonnen. Von jetzt an sollten die Alliierten unter einem gemeinsamen Oberkommando kämpfen, und der alliierte Oberbefehlshaber war meist ein Amerikaner.

Montgomerys Sieg in El Alamein hätte den Vichy-Behörden in Afrika eigentlich einen starken Anreiz liefern sollen, bei dieser Invasion in Marokko und Algerien am 8. November 1942 mit den Alliierten zusammenzuarbeiten. Diese Landungen waren die größte amphibische Operation seit der Überquerung des Hellespont durch den persischen Großkönig Xerxes im Jahr 480 vor Christus, ihre Dimensionen übertrafen sogar die Gallipoli-Expedition von 1915, wobei viele fürchteten, dass sie ähnlich enden würde. Bei den folgenden Kämpfen verloren die Franzosen innerhalb von drei Tagen 3000, die Alliierten 2225 Mann. Es verwundert deshalb kaum, dass der «Torch»-Oberbefehlshaber Dwight D. Eisenhower schrieb: «Ich bekomme allmählich eine Mordswut auf diese Frogs.»[49] Zur Operation Torch kam es, weil die Briten sich einer Landung auf dem europäischen Kontinent, genauer: in Nordwestfrankreich, von wo sie im Juni 1940 schimpflich vertrieben worden waren, verweigerten: Erst sollte die Wehrmacht an der Ostfront von der Roten Armee entscheidend geschwächt, Deutschland sturmreif bombardiert, der Nahe Osten gesichert und die Atlantikschlacht mit einem eindeutigen Sieg beendet worden sein. General Marshalls im April 1942 vorgelegte Pläne für eine frühzeitige Rückkehr nach Frankreich – einer sah einen von neun Divisionen vorgetragenen Angriff vor (Codename: Sledgehammer), der andere eine Invasion mit achtundvierzig Divisionen (Codename: Roundup) – stufte General Brooke, seit März 1942 Vorsitzender der britischen Stabschefs wie auch Chef des Empire-Generalstabs, beide als viel zu riskant ein. «Die Pläne sind mit größten Gefahren behaftet», vertraute er seinem Tagebuch an. «Die Erfolgsaussichten sind gering und hängen von zahllosen Unbekannten ab, während die Aussichten auf eine Katastrophe groß sind und von sehr vielen hinreichend bekannten militärischen Fakten abhängen.»[50]

General George C. Marshall, ein eleganter Pennsylvanier, und General Alan Brooke, ein spröder Nordire, waren – neben Roosevelt und Churchill – die führenden militärischen Antriebskräfte hinter der alliierten Gesamtstrategie in diesem Krieg. Sie hatten grundverschiedene Ansichten zu der Frage, wie der Krieg gewonnen werden sollte: Marshall plädierte für einen frühen, mit großer Wucht über den Ärmelkanal hinweg vorgetragenen Angriff, während Brooke eine Lösung vorzog, bei der die Deutschen ihre Streitkräfte aufteilen mussten, so dass man sie zunächst in Nordafrika, Sizilien und Italien schlagen konnte, bevor der Kampf in Nordwestfrankreich versucht wurde. Auf den Konferenzen der anglo-amerikanischen Vereinigten Stabschefs wurden die Argumente für beide Optionen von 1942 bis 1944 in aggressiver Form diskutiert, wobei es gelegentlich zu heftigen Auseinandersetzungen kam. Dennoch war die alliierte Vorgehensweise eines «Sieges durch Gremienentscheidung» dem Arbeitsstil Hitlers als des «obersten Kriegsherrn» weit überlegen, weil sie eine vernunftgeleitete, relativ offene und logischen Argumenten zugängliche Diskussion und letztlich auch eine von gewählten Politikern ausgeübte demokratische Kontrolle ermöglichte. Marshall und Brooke respektierten sich außerdem gegenseitig als Gentlemen, auch wenn es in Fragen der Gesamtstrategie zu tiefen Meinungsverschiedenheiten kam.

Präsident Roosevelt erkannte die politische Bedeutung eines Schlages gegen die Deutschen zu Lande noch im Jahr 1942. Er sollte vorzugsweise noch vor den Kongresswahlen zur Hälfte der Legislaturperiode geführt werden, um die «Deutschland zuerst»-Politik vor jenen amerikanischen Strategen zu schützen, die eine Konzentration auf den pazifischen Kriegsschauplatz bevorzugten. Der Präsident sprach sich am 25. Juli 1942 – Churchill hatte ihn während eines Besuchs in seinem Landhaus Hyde Park überzeugt, und er war vom Fall Tobruks am 20. Juni elektrisiert – entschlossen für die Operation Torch aus. Marshall musste dies akzeptieren und anschließend auch in entsprechende Planungen umsetzen, trotz schwerer eigener Vorbehalte hinsichtlich des praktischen Nutzens.[51] Marshall erkannte, dass eine Landung mit einer großen Streitmacht in Nordafrika Ende 1942 einen Angriff in Frankreich 1943 effektiv unmöglich machen würde. Er lehnte das ab und war später überzeugt davon, dass ein Engagement auf (wie er es nannte) «Nebenschauplätzen» im Mittelmeer den Krieg verlängert hatte, so dass er Brooke bei mehr als einer Gelegenheit sagte, seiner Ansicht nach hätten die Briten die Amerikaner hinters Licht geführt.[52]

Dennoch war es Marshalls eindeutige Pflicht, die Operation Torch in die Hand zu nehmen, und er hoffte, dass die gewaltigen Dimensionen die mit diesem Vorgehen verbundenen massiven Risiken minimieren würden. Eine Armada von 300 Kriegsschiffen sowie 400 weitere Schiffe sollten mehr als 105 000 Soldaten – drei Viertel von ihnen waren Amerikaner, ein Viertel Briten – von der Ostküste der Vereinigten Staaten und der Südküste Großbritanniens zu neun mehr als 1400 Kilometer auseinanderliegenden Landungsorten in Afrika transportieren. Etwa 72 000 Soldaten würden von Großbritannien aus aufbrechen, und weitere 33 843 Mann würden als Task Force 34 unter dem Kommando von Generalleutnant George S. Patton von Hampton Roads in Virginia aus den Atlantik überqueren, mit all den Gefahren, die das mit sich brachte. Konteradmiral Henry Kent Hewitt wollte die Abfahrt der Task Force 34 bis zum letzten Augenblick um eine Woche verschieben, weil für den 8. November bei Tagesanbruch an der marokkanischen Küste eine Ebbe vorhergesagt wurde, und Kent wollte die Landungsfahrzeuge lieber bei Flut auf den Weg bringen. Einzig und allein Pattons energisches Auftreten sorgte dafür, dass es keine Verzögerungen beim vereinbarten Ablauf gab.

George Smith Patton war in Amerika ein bekannter Mann gewesen, seit er bei der Strafexpedition in Mexiko 1916 die Leichen von drei Banditen an sein Fahrzeug gebunden hatte. «Old Blood and Guts»[53] bekannte sich zu dem, was er als «heiße Freude, Menschen das Leben zu nehmen» bezeichnete, war aber auch bereit, sein eigenes Leben zu riskieren. «Lasst keinen lebend zurückkommen, wenn wir nicht gewinnen», rief er vor einer Offensive in Tunesien seinen Männern zu.[54] Bei anderen Appellen an seine Soldaten fielen Sätze wie «Packt diese feigen Hurensöhne an der Nase und tretet sie in die Eier!» und «Tötet diese lausigen Hunnen-Bastarde scharenweise!». Bei einem Abendessen widmete er den Frauen seiner Offiziere den folgenden Trinkspruch: «Ach, sie werden bezaubernde Witwen abgeben!»[55] Mit seinen elfenbeinernen Revolvergriffen, dem blankpolierten Stahlhelm, den Reitstiefeln und scharf gebügelten Hosen, mit seiner extravaganten und gelegentlich auch zotigen Sprache war Patton eindeutig ein Showman, aber er war auch ein Südstaaten-Aristokrat, der fließend Französisch sprach. Sein namensgleicher Großvater fiel im Bürgerkrieg 1864 als Kommandeur einer Konföderierten-Brigade, und Patton war von dem Glauben erfüllt, er sei mehrfach wiedergeboren worden (jedes Mal als Krieger). In seiner letzten Inkarnation kommt Patton, der bereits im Ersten Weltkrieg eine Panzer-Brigade führte, das Verdienst zu, die erste Doktrin der US-Armee für eine Kriegführung mit gepanzerten Fahrzeugen formuliert zu haben. Kurze Zeit nach Pearl Harbor ernannte man ihn zum Kommandeur der 1. US-Panzerdivision, die, obwohl erst

1940 aufgestellt, den Spitznamen «Old Ironsides» erhielt. Von jedem Offizier erwartete dieser Kommandeur, dass er eine Krawatte trug, jeder Soldat musste seinen Helm richtig festgemacht haben. «Ich werde die Militärhistoriker fürchterlich irritieren», sagte General Patton einmal, «weil ich alles mit dem sechsten Sinn erledige. Sie werden das nicht verstehen.»[56]

Der Nachschub für Pattons Angriff bei der Operation Torch war akribisch organisiert, einschließlich der sechs Tonnen Damenstrümpfe und -unterwäsche, Ware, von der man sich erhoffte, dass die amerikanischen Kommandeure damit die einheimische arabische Bevölkerung (und vermutlich auch die Vichy-Beamten) bestechen konnten. Andere wichtige Ausrüstungsgegenstände waren 750 000 Flaschen Insektenschutzmittel, 100 000 Dollar in Gold (für die Patton persönlich verantwortlich zeichnete), über zwei Kilo Rattengift pro Kompanie, 7000 Tonnen Kohle, 3000 Fahrzeuge, sage und schreibe 60 Tonnen Kartenmaterial und die neue 2,36-Zoll-Panzerabwehrwaffe M9 (die Bazooka). In einer geheimen Kiste wurden außerdem tausend Purple-Heart-Orden mitgeführt, die für im Kampf verwundete Soldaten bestimmt waren.[57] Das Expeditionsheer sollte schon bald weitere Exemplare benötigen.

Den Oberbefehl über die Operation Torch führte General Dwight David Eisenhower vom 50 Kilometer langen Tunnelsystem im Felsen von Gibraltar aus. «Ike», wie er überall genannt wurde, pflegte die 800 Meter vom Tunneleingang bis zu seinem Bunkerhauptquartier im Laufschritt zurückzulegen, und in den vergangenen elf Monaten hatte er nur einen einzigen Tag freigenommen, den er auf dem Army-Schießstand in Bisley in der Grafschaft Surrey verbracht hatte. Eisenhower hatte bis zu diesem Zeitpunkt in seiner gesamten militärischen Laufbahn noch keinen scharfen Schuss miterlebt, der im Zorn abgefeuert worden war. In seinem italienischen Hauptquartier schoss er allerdings später einmal im Bad auf eine Ratte, die er beim ersten Versuch verfehlte und mit dem zweiten Schuss verwundete.[58] Dennoch erwarb er sich den Respekt Pattons und Montgomerys, obwohl Patton mit einer gewissen Eifersucht in seinem Tagebuch festhielt, das Kürzel «DD» stehe für «Divine Destiny» («Göttliche Bestimmung»), und Montgomery sich unablässig hinter Eisenhowers Rücken beschwerte.

Bisweilen muss es tatsächlich wie eine göttliche Bestimmung angemutet haben, dass der dritte Sohn eines gescheiterten Kaufmanns aus dem Mittleren Western, der sich nur deshalb für eine militärische Laufbahn entschieden hatte, weil ihm das eine kostenlose Ausbildung ermöglichte, der außerdem bis dahin im Kampf noch nicht einmal einen Zug befehligt hatte, sechzehn Jahre lang Major und dreißig Monate zuvor erst im Rang eines Oberstleutnants gewesen war, jetzt das Oberkommando über die größte amphibische Operation der letzten beiden Jahrtausende übernehmen konnte.[59] Doch die Zeit, die Eisenhower in der Abteilung für Operative Planung (Operations Division) des US-Kriegsministeriums tätig gewesen war, hatte ihn mit einem feinen strategischen Gespür ausgestattet, und die unerschütterliche Unterstützung von General George Marshall, seinem Mentor, gab ihm politische Macht. Dazu verliehen sein eigener Charme und sein zunehmendes Charisma ihm die Fähigkeit, in den mit steigender Erbitterung geführten Auseinandersetzungen zwischen den primadonnenhaft auftretenden Generälen, die die nächsten Phasen des Krieges im Westen dominieren sollten, zu vermitteln, vor allem zwischen Montgomery, Patton, Omar Bradley und Mark Clark. Selbst zankende Schulmädchen konnten sich wohl kaum so kleingeistig und gehässig benehmen wie diese hochrangigen alliierten Kommandeure. (Harold Alexander und William Slim waren von anderem Temperament, und Douglas MacArthur war 8000 Kilometer weit weg.) Ein Patton-Biograf hielt fest, der General sei «besessen gewesen von dem Gedanken, die Briten auf dem Schlachtfeld auszustechen, und das sowohl, um seine persönliche Eitelkeit zu befriedigen, als auch, um zu zeigen, dass der amerikanische Soldat der beste von allen war».[60] Doch Patton ging auch mit amerikanischen Rivalen wie Mark Clark nicht sanfter um, im September 1942 hielt er in seinem Tagebuch über ihn fest: «Eine bessere Zukunft für sich selbst scheint ihn mehr zu beschäftigen als der Sieg in diesem Krieg.»[61] Tröstlich zu wissen, dass die deutschen und sowjetischen Generäle offensichtlich genauso eitel, ehrgeizig, lästerlich und berechnend agierten wie ihre britischen und amerikanischen Kollegen. Die Behauptung vieler Generäle, nur raue Soldaten zu sein, die ihre Pflicht tun, ohne auf Ruhm oder Beförderung zu achten, war größtenteils genau das: bloße Behauptung.

Allen Vorbereitungen in Gibraltar und anderenorts und einer Need-to-know-Liste von achthundert einzuweihenden Personen zum Trotz gelang mit der Operation Torch aus irgendeinem Grund eine operative Überraschung. Sowohl die Vichy-Regierung als auch die deutsche Abwehr gingen davon aus, dass ein solcher Angriff erwogen wurde, und die Italiener sagten den Landungsort sogar zutreffend voraus, trotzdem wurde er nicht rechtzeitig erkannt.[62] Die Task Force 34 hatte außerdem das Glück, dass das vor der marokkanischen Küste lauernde U-Boot-«Wolfsrudel» sich in Bewegung gesetzt hatte, um einen britischen Geleitzug anzugreifen, der in Sierra Leone in See gestochen war, doch zwölf Handelsschiffe hatten Pech.

Insgesamt kam es zu neun Torch-Landungen in drei afrikanischen Häfen, die auf unterschiedlichen Widerstand durch die Streitkräfte des Vichy-Regimes stießen. In Casablanca gab es an den Stränden keinerlei Gegenwehr, was ein Glücksfall war, denn dort war die Anlandung wegen des hohen Wellengangs und des großen Tidenhubs am riskantesten. Unmittelbar danach trafen die Invasionstruppen allerdings dort auf die härteste Gegenwehr von allen drei Orten. Generalmajor Lloyd R. Fredenhalls Streitmacht griff Oran auf einer 80 Kilometer breiten Front an und bekam es nur mit «zaghaftem und unentschlossenem» Widerstand zu tun.[63] Den kürzesten Widerstand überhaupt erlebten die Truppen von Generalmajor Charles W. Ryder in Algier – der Hauptstadt des französischen Kolonialreiches in Nordafrika –, das sie auf einer 40 Kilometer breiten Front angriffen und dabei nur geringe Verluste erlitten. Die französische Marine neigte zu einem sehr viel aggressiveren Vorgehen als die Landstreitkräfte, denn sie erinnerte sich sehr gut und mit unvermindertem Zorn an die Versenkung ihre Flotte in Oran im Juli 1940. Doch ihre Versuche, ernsthaften Widerstand zu leisten, brachen nach drei Tagen zusammen, als der gewaltige Umfang der alliierten Offensive deutlich wurde, vor allem auf See und in der Luft. Marschall Pétain gab zwar den Befehl aus, den Widerstand gegen die Alliierten fortzusetzen, doch Admiral Jean L. X. F. Darlan, der Oberbefehlshaber aller Vichy-Streitkräfte in Afrika – sein Urgroßvater war in der Schlacht bei Trafalgar von den Briten getötet worden, und Churchill sagte von ihm, er sei ein «schlechter Mensch mit begrenzter Auffassungsgabe und unstetem Blick» –, ordnete dennoch am 10. November einen Waffenstillstand an, unmittelbar bevor Patton Casablanca erstürmen wollte.[64] Pétain handelte teilweise aus dem Wissen heraus, dass die Deutschen immer noch 1,5 Millionen französische Soldaten in ihren Kriegsgefangenenlagern festhielten. Damit rettete er jedoch Vichy-Frankreich nicht, denn die Deutschen besetzten es noch im selben Monat, und Hitler beglückwünschte Rundstedt wenig später mit der Erklärung, er habe rechtzeitig improvisierte Gegenmaßnahmen ergriffen, um die territoriale Integrität und Souveränität des Reiches gegenüber französischen Streitkräften zu wahren, die ihr Wort gebrochen hätten.[65] Es hat den Anschein, als hätte die französische Reaktion auf die Operation Torch weder die Alliierten noch die Achsenmächte zufriedengestellt. (Da im Verlauf des Zweiten Weltkriegs mehr Franzosen für die Achsenmächte unter Waffen standen als für die Alliierten, verwundert es nicht, dass bis zum heutigen Tag noch keine offizielle französische Geschichte dieses Zeitraums erschienen ist.)[66]

Am Morgen des 11. November waren Casablanca, Oran und Algier in der Hand der Alliierten. Die Amerikaner führten die Operation aus zwei Gründen an: Zum einen stellten sie mehr Soldaten, und zum anderen ging man davon aus, dass die Franzosen die Briten mehr hassten, also nähten sich alle britischen Soldaten die Stars and Stripes auf den Ärmel. «Solange das Leben rettet, ist es uns völlig egal, ob wir die verdammte chinesische Flagge als Hoheitszeichen tragen», sagte ein britischer Offizier.[67] Auch nach dem Erfolg von Operation Torch gab es in Whitehall weiterhin Kritik an verschiedenen Aspekten von Eisenhowers Oberkommando – moniert wurde etwa die Tatsache, dass die Personalstärke seines Hauptquartiers nach dem Umzug von Gibraltar nach Algier statt der ursprünglich vorgesehenen 150 Offiziere schließlich auf 16 000 Mann anschwoll. Doch sein Sieg in Afrika machte ihn zur ersten Wahl für weitere Oberkommandos, die sich aus dem Kriegsverlauf ergaben, wenn man davon ausging, dass man weder Brooke noch Marshall damit betrauen würde.

Die Entscheidung des französischen Admirals Jean de Laborde, am 27. November 1942 im Hafen von Toulon 3 Schlachtschiffe, 7 Kreuzer, 29 Zerstörer, 17 U-Boote und einen Flugzeugträger zu versenken oder auf Grund zu setzen, anstatt sie nach Algier zu verlegen, war für die Alliierten ein ernster Rückschlag, ebenso wie das Tempo der deutschen Reaktion auf die Operation Torch. Bereits am 9. November landeten zweitausend Mann in Tunis, und schon bald wurde deutlich, dass Hitler trotz Rommels Niederlage 1600 Kilometer weiter östlich die Absicht hatte, um Nordafrika zu kämpfen. Rückblickend betrachtet, wäre es wohl besser gewesen, wenn Eisenhower an seinen ursprünglichen Plänen für weit in den Mittelmeerraum hinein vorstoßende Landungen, die im Osten bis nach Bône an der tunesischen Grenze führten, festgehalten hätte, obwohl dieser Ort außerhalb der Reichweite der in Gibraltar stationierten Flugzeuge lag. Marshall befürchtete jedoch, dass mit einem solchen Vorgehen die Front der amerikanischen Streitkräfte überdehnt würde und Vergeltungsschläge der auf Sizilien stationierten Luftwaffe ausgelöst werden könnten – wenn nicht sogar ein über Spanien vorgetragener deutscher Gegenangriff. Roosevelt ließ Churchill deshalb bereits am 30. August wissen, er wolle noch einmal «betonen, dass eine unserer Landungen unter allen Umständen an der Atlantikküste stattfinden muss».[68] Das bedeutete, dass ein Drittel der Task Force 1600 Kilometer westlich von Tunis landen würde – der deutschen Hauptstadt in Afrika, die letztlich auch das Ziel des Expeditionskorps war –, nur zur Absicherung, falls die beiden anderen Drittel auf dem Weg ins Mittelmeer versenkt oder nach der Landung wieder zurückgeschlagen wurden. «Die Vorsicht überwog, und die Kühnheit schlich sich davon», heißt es zutreffend in einer Geschichte dieses Feldzugs.[69] Der Kommandeur der britischen 1. Armee, Generalleutnant Kenneth Anderson, sollte Bône mit seinen Truppen zwar bereits am 12. November auf dem Landweg erreichen, aber danach setzten die heftigen Winterregenfälle ein, und jetzt waren die Nachschubwege zu lang und die Front – mit 80 Kilometern – zu breit, um Tunis noch einnehmen zu können.[70] Einige Einheiten der 1. Armee kamen Anfang Dezember bis auf 25 Kilometer an Tunis und wenig mehr als 30 Kilometer an Bizerta heran, aber die Deutschen schlugen Anderson, der bei diesen Kämpfen mehr als 1000 Mann und 70 Panzer verlor, wieder zurück. Bis zum Fall von Tunis sollten noch weitere sechs Monate vergehen.

Doch aus zwei Gründen erwies es sich für die Alliierten als Glücksfall, dass die deutsche Gegenwehr in Afrika Ende 1942 nicht über Nacht zusammenbrach, und Eisenhowers Befehl an Anderson, den Vorstoß auf Tunis aufzugeben, erwies sich als richtig, so viel Bestürzung und Zweifel an der Eignung des Oberkommandierenden er damals auch beim britischen Oberkommando ausgelöst haben mag. Der erste Grund lag darin, dass die Soldaten der US-Armee bei ihrer Landung in Afrika zwar «großartige Männer waren, aber noch keine gute Armee», wie es der amerikanische Historiker Rick Atkinson ausdrückte. Für einen Sieg über die Deutschen in Nordwestfrankreich bedurfte es aber beider Eigenschaften, und der Feldzug in Nordafrika erwies sich als das bestmögliche Übungsgelände für diesen Zweck. Patton räumte nach der Einnahme Casablancas ein, es hätte «keinen Sieg zu feiern [gegeben], wenn seine Streitkräfte es mit kampferprobten deutschen Verteidigern zu tun bekommen hätten».[71] Der zweite Grund war, dass Hitlers Entscheidung, weitere Verstärkungen nach Nordafrika verlegen zu lassen, es mit sich brachte, dass die Zahl der gefangengenommenen – oder, wie es im englischen Sprachgebrauch jener Zeit hieß, der «eingesackten» – Soldaten der Achsenmächte sehr viel höher war, als wenn er unmittelbar nach dem Beginn der Operation Torch den Rückzug nach Sizilien angeordnet hätte. Hitler schickte noch nach der Landung der Alliierten in Marokko und Algerien sehr viel mehr Soldaten nach Afrika, als Rommel bei seinem Kampf mit Montgomery anfangs zur Verfügung gestanden hatten. Bei den Kämpfen nach der Landung der Alliierten starben 8500 Deutsche, während die Amerikaner 10 000 und die Briten 17 000 Tote, Verwundete und Vermisste zu beklagen hatten. Doch es waren die 166 000 Deutschen und 64 000 Italiener, welche in Tunesien in Gefangenschaft gerieten, die den Sieg in eine mit Stalingrad vergleichbare Größenordnung erhoben. Goebbels selbst stellte diesen Vergleich insgeheim an. Und dieser Sieg wurde mit einem Bruchteil der Verluste der Sieger von Stalingrad errungen.

Churchill sagte bei einer Sitzung des britischen Kriegskabinetts am 16. November, Eisenhower habe eine «überzeugende» Darstellung der politischen Situation in Nordafrika hinsichtlich der Franzosen gegeben, die nach wie vor vier Divisionen in Marokko unter Waffen hätten, drei in Algerien und eine in Tunesien. Eisenhowers Verhandlungen mit Admiral Darlan hatten zu einem Waffenstillstand geführt, der Preis dafür war die Ernennung des kurz zuvor noch prodeutsch agierenden anglophoben Darlan zum Hochkommissar für Nordafrika mit Amtssitz in Algier. Churchill bezeichnete ihn als eine «verachtenswerte Person» und wies darauf hin, dass «Darlan verhandelte, während die französische Marine kämpfte». Doch genauso verachtete Churchill Darlans Rivalen, den General Henri Giraud, der, wie der britische Premier aufzählte, «1) einen Brief an Pétain unterzeichnete, mit dem er ihm seine Loyalität zusicherte, 2) dann taktierte, um sich selbst die Macht zu sichern, 3) jetzt einen Kampfauftrag von Eisenhower akzeptierte.»[72] Die Diskussion wandte sich dann der amerikanischen Politik gegenüber Darlan zu, die nach Edens Ansicht in der britischen Öffentlichkeit für Empörung sorgen werde; Churchill wies darauf hin, dass Eisenhower «nicht unser Oberbefehlshaber» sei, fügte aber hinzu, dass die Briten es «sich nicht leisten können,

Eisenhower gerade jetzt gegen sich aufzubringen ... Eisenhower ist unser Freund – ein großartiger Kerl – wir wollen keinen Ärger mit ihm.» Der Außenminister meinte dennoch, man müsse Washington «ziemlich bald» mitteilen, dass Darlans Position nicht stabilisiert werden sollte, und «wenn [wir nach] Tunis kommen, sollten [wir] Darlan loswerden.» Er stellte nicht klar, ob er dies in einem politischen oder in einem physischen Sinn verstanden wissen wollte.

Die Ermordung Admiral Darlans durch einen jungen französischen Patrioten in Algier am 24. Dezember 1942 sorgte in einer ohnehin schon instabilen politischen Lage für zusätzlichen Aufruhr, aber sie trug dazu bei, dass es zu einer öffentlichen Versöhnung zwischen Charles de Gaulle, dem (von den Briten unterstützten) Anführer der Freien Franzosen, und Giraud kam, den die Amerikaner favorisierten. Über eine Beteiligung des britischen Auslandsgeheimdienstes SIS an der Ermordung Darlans wird schon seit langem spekuliert, aber es sind noch keine Beweise dafür aufgetaucht, obwohl Lawrence Burgis' wortgetreue Mitschrift der Äußerungen, die Anthony Eden nur sechs Wochen zuvor im Kriegskabinett tätigte, die Spekulationen nur weiter beflügeln kann.

Die ausgeprägte Verachtung, die de Gaulle und Giraud füreinander empfanden, hinderte sie nicht an einem (wenn auch widerwillig erfolgten) Händedruck auf einer im Januar 1943 in Casablanca stattfindenden Konferenz des britischen und des amerikanischen Oberkommandos. Dort gab Roosevelt auch bekannt, dass die Alliierten nur noch eine bedingungslose Kapitulation der Achsenmächte akzeptieren würden. Diese Entscheidung war vorab zwischen den amerikanischen Vereinigten Stabschefs und dem britischen Kriegskabinett abgestimmt worden. Der amerikanische Präsident ist für die Verkündung dieser Position zwar kritisiert worden, weil sie nach Einschätzung der Kritiker die Nazis in ihrer Entschlossenheit, bis zum Tod weiterzukämpfen, bestärkte, aber sie dämpfte die sowjetischen Befürchtungen, die westlichen Alliierten könnten mit Deutschland einen Separatfrieden schließen. Roosevelt und Churchill besprachen in Casablanca außerdem, wo nach der Vertreibung der Deutschen aus Afrika der nächste Angriff erfolgen sollte. Nach zähen Verhandlungen war man sich einig, dass die Deutschen wohl in der Lage gewesen wären, ihre Truppen von Korsika oder Sardinien fernzuhalten, Inseln, die ohnehin von den Stützpunkten der Alliierten in Afrika weiter entfernt waren. Also entschied man sich für Sizilien als den direktesten Weg.

Churchill sprach am 11. Februar 1943 in einer Parlamentsrede öffentlich aus, dass bei Hitler ein für ihn selbst möglicherweise verhängnisvoller blinder Fleck in seinem strategischen Denken wahrnehmbar sei, insofern er nämlich von seiner psychischen Struktur her nicht in der Lage sei, einmal eroberten Boden wieder aufzugeben. Vor dem Unterhaus erklärte Churchill an jenem Tag:

> Es ist ja auch recht merkwürdig, dass die Deutschen sich dazu verstanden, die Gefahr und die Opfer auf sich zu nehmen, die ihnen der Kampf um den Besitz des tunesischen Zipfels auferlegen wird. Wenn ich auch stets zögere, etwas zu äußern, was sich später als übertriebene Zuversicht herausstellen könnte, so kann ich doch mich nicht der Anmerkung enthalten, man dürfe in diesem Vorgehen wieder einen Zug von der Hand jenes Meisters erkennen, der auch den Angriff auf Stalingrad geplant und über die deutschen Heere die größte Niederlage ihrer Geschichte gebracht hat.[73]

«In den letzten Januarwochen 1943 begleiteten Montgomerys Streitkräfte Rommel wachsam in Richtung der tunesischen Grenze», heißt es in einer Geschichte der Operation Torch.[74] Das Afrikakorps, das im Februar über diese Grenze hinweggetrieben wurde, richtete sich darauf ein, Montgomery an der Mareth-Linie zum Stehen zu bringen, es war der erste ernsthafte Versuch dieser Art seit El Alamein. Während sich die dafür vorgesehenen Einheiten noch eingruben, eilte Rommel bereits westwärts, um einen seiner erstaunlichen Gegenangriffe zu unternehmen, eine Serie von fünf Gefechten, die insgesamt als Schlacht am Kasserine-Pass in die Geschichte eingegangen sind. Dieser Kampf zwischen Rommels Afrikakorps und Generalmajor Fredenhalls II. Korps, der vom 14. bis zum 22. Februar 1943 im Bergland der Westlichen Dorsale ausgetragen wurde, ist ein perfektes Beispiel für die eindrucksvolle und scheinbar allgegenwärtige Fähigkeit der Deutschen zum Gegenangriff. Er zeigt auch, warum Marshalls Plan für einen frühen Angriff in Nordwestfrankreich wohl nicht zu verwirklichen war.

Die anfängliche Verteidigung des Passes blieb dem 19. amerikanischen Combat Engineer Battalion – einer Pioniereinheit, deren Ausbildung an der Waffe vor der Einschiffung noch gar nicht abgeschlossen gewesen war und in der nur ein einziger Soldat bis dahin Kampferfahrung gesammelt hatte – sowie einem Infanterie-Bataillon der 1. Division und einer aus vier

Geschützen bestehenden französischen Batterie überlassen, insgesamt etwa zweitausend Mann.[75] «Die Maschinengewehrstellungen waren schlecht postiert, die Schützenlöcher nicht tief genug ausgehoben, und der Stacheldraht blieb größtenteils auf den Rollen. Fast alle Männer hatten sich auf der Passstraße eingegraben, nicht auf den umliegenden Höhen.»[76] Panzerminen waren einfach abgelegt und nicht vergraben worden, und es fehlte an Sandsäcken und Schanzgerätschaften. Man konnte kampfunerfahrene GIs nicht so in die Schlacht schicken, schon gar nicht gegen deutsche Veteranen, die schon in Polen, Frankreich und an der Ostfront gekämpft hatten und jetzt auch noch über den sechsschüssigen 15-cm-«Nebelwerfer 41» verfügten, der 35 Kilogramm schwere Wurfgranaten verschoss.

Generalmajor Orlando Wards 1. Panzerdivision wurde in kleine Einheiten aufgeteilt, ein alliierter Gegenangriff geriet in einen Hinterhalt, und die «fürchterliche» Koordination von Bodentruppen und Luftstreitkräften und die «erbärmliche» Zusammenarbeit zwischen US-Panzertruppen, -Artillerie und -Infanterie führte zu alliierten Verlusten von 6000 Mann (von insgesamt 30 000 eingesetzten Soldaten), während die Deutschen nur 989 Mann verloren (davon 201 Gefallene) und 535 Italiener in Gefangenschaft gerieten. Allein Fredendalls Korps verlor 183 Panzer, 104 Halbkettenfahrzeuge, 200 Geschütze und 500 Lastwagen und Jeeps.[77] Rommels Gegenangriff büßte zwar an der Überlandstraße Nr. 17 nach Thala seine Stoßkraft ein und lief sich tot, aber dazu kam es erst, als er fast bis zu den schnurgeraden Straßen in ebener Landschaft durchgebrochen war, die zu den nur 65 Kilometer entfernten Nachschublagern in Le Kef führten. «Ich hatte strategische Befürchtungen», räumte General Alphonse Juin, der äußerst fähige Kommandeur der französischen Streitkräfte in der Region, später ein, «denn bei einem Durchbruch Rommels wäre ganz Nordafrika dem Untergang geweiht gewesen.»[78] Für eine solche Äußerung bedurfte es mehr als nur eines Anflugs gallischer Neigung zur Übertreibung: Die 50 Panzer, 30 Geschütze und 2500 Infanteristen der 10. Panzerdivision waren keineswegs in der Lage, die Alliierten bis nach Casablanca zurückzudrängen, aber sie hätten für eine Wende des Kriegsgeschehens in Tunesien sorgen können. Brigadier Charles Dunphie von der 26. britischen Panzerbrigade erhielt deshalb die Anweisung, die Stadt «um jeden Preis» zu halten, und befahl seinerseits «jeden Koch, Fahrer und Offiziersburschen in Thala an die Front».[79] Bei Dunkelheit kam es zu einem teilweise auf 20 Meter Entfernung ausgetragenen Panzergefecht, in dem Dunphie noch vor Mitternacht 29 seiner 50 Panzer verlor. Am nächsten Morgen um 8 Uhr traf Brigadegeneral Stafford Le Roy Irwin von der 9. US-Infanteriedivision ein, er brachte «2200 Mann, 48 Geschütze und ein Killerherz» mit, wie ein Historiker es formulierte. Das gab den Ausschlag bei Rommels an jenem Morgen getroffener Entscheidung, nicht weiter vorzustoßen, stattdessen entwickelte sich ein über den ganzen Tag hinweg ausgetragenes Artillerieduell.[80]

Rommel hatte noch Proviant für vier Tage, sein Treibstoff reichte nur für gut 300 Kilometer, er war außerdem über die in Thala eingetroffenen Verstärkungen informiert. Nach dem Eindruck von Feldmarschall Albert Kesselring, der als «Oberbefehlshaber Süd» die Gesamtverantwortung für die Streitkräfte im Mittelmeerraum hatte und am 22. Februar 1943 zu einer Besprechung nach Kasserine gekommen war, befand sich Rommel in einer «sehr gedrückten Stimmung». «Seiner Aufgabe brachte er, innerlich distanziert, wenig Vertrauen entgegen», schrieb Kesselring in seinen Memoiren. «Besonders auffallend war der schlecht verhehlte Drang, so rasch wie möglich, mit möglichst ungeschwächten Kräften, an die Südfront zu kommen, … ein Zeichen, dass er die feldzugsentscheidende Bedeutung der laufenden Operation über Tebessa nicht erkannte oder erkennen wollte.»[81] Die Peripherie von Thala war jedenfalls der Ort, der den weitesten Vorstoß der Achsenmächte in Nordwestafrika markierte, und am Abend des 22. Februar 1943 machte das Afrikakorps kehrt, wobei die 21. Panzerdivision als Nachhut fungierte. Die Amerikaner und Briten brauchten drei Tage, bis sie den Pass erreicht und aus italienischen Kriegsgefangenen bestehende Bestattungstrupps organisiert hatten, die die vielen dort vorgefundenen Gefallenen beerdigen sollten.

Fredendall war innerhalb von sieben Tagen 135 Kilometer weit zurückgeworfen worden, und Eisenhowers Sekretär Harry Butcher hielt fest, dass seine «stolzen und großspurigen» Landsleute «nach einer der größten Niederlagen unserer Geschichte heute erniedrigt dastehen».[82] Die Verantwortung für Kasserine fiel Anderson, Eisenhower und Fredendall gemeinsam zu, und Letzterer wurde umgehend durch Patton ersetzt, aber der deutsche Angriff war dennoch erlahmt, und der Wüstenfuchs ging erschöpft und ausgebrannt aus diesen Gefechten hervor. Die Zusammenarbeit zwischen Briten, Franzosen und Amerikanern war miserabel gewesen, zumindest bis zum Eintreffen von Eisenhowers Stellvertreter Harold

Alexander im darauffolgenden Monat blieb das auch so. Alexander übernahm das Kommando über die 18. Armeegruppe, die aus der britischen 1. und 8. Armee, dem französischen XIX. Korps und dem II. US-Korps bestand. (Die Ankunft Pattons, der das Kommando über das II. Korps übernahm, beschrieb General Omar Bradley später als «Prozession von gepanzerten und Halbkettenfahrzeugen, [die] am späten Morgen des 7. März auf den schmutzigen Platz vor dem Hauptquartier in Djebel Kouif rollten, das in einem Schulhaus untergebracht war. Patton stand wie ein Wagenlenker im Führungsfahrzeug. Er blickte finster gegen den Wind, und der Helmriemen des Zwei-Sterne-Generals saß stramm am Kinn.»)[83]

Die Niederlage am Kasserine-Pass – und der demütigende Anblick von 4026 alliierten Kriegsgefangenen, die vom Kolosseum aus durch Rom geführt wurden – setzte dem übermäßigen Optimismus ein Ende und erinnerte alle Partner des westlichen Bündnisses an die Bedeutung einer engen Zusammenarbeit. «Unsere Leute haben, vom allerhöchsten bis zum allerniedrigsten Rang, gelernt, dass dies kein Kinderspiel ist», berichtete Eisenhower am 24. Februar 1943 an Marshall. Man sollte jedoch nicht vergessen, dass der Kasserine-Pass nur wenige Tage nach dieser Niederlage zurückerobert wurde. Rommel, inzwischen um mehr als 1600 Kilometer zurückgedrängt, erhielt immer noch nicht den erforderlichen Nachschub. Nach seiner eigenen Schätzung benötigte er für die Versorgung seiner Truppen 140 000 Tonnen Nachschubgüter pro Monat, und Anfang 1943 erhielt er nur ein Viertel dieser Menge. Außerdem landete – ohne dass er das wusste – jede Bitte an Kesselring in Rom über «Ultra» auf Eisenhowers Schreibtisch, oft innerhalb von sechs Stunden nach der Übermittlung eines Funkspruchs.

Patton war am 17. März zum Angriff gerüstet, und seine Botschaft an die Soldaten lautete wie folgt:

> Zum Glück für unseren Soldatenruhm treffen wir auf einen würdigen Feind. Der Deutsche ist ein kriegserfahrener Veteran – zuversichtlich, tapfer und rücksichtslos. Wir sind tapfer. Wir sind besser ausgerüstet, besser verpflegt, und anstelle ihres blutgierigen Wotan haben wir den Gott unserer Väter, den wir seit alters kennen, an unserer Seite. ... Wenn wir töten und sterben, ist das schön und gut, aber wenn wir hart und wild genug kämpfen, werden wir töten und leben. Leben, um als Helden und Eroberer zu unserer Familie und unserem Mädchen zurückzukehren – Männer des Kriegsgottes Mars.[84]

Während Patton Rommels Nachhut angriff – und mit vorzüglicher Artillerieunterstützung die kampferprobte deutsche 10. Panzerdivision in El Guettar besiegte –, rückte die 8. Armee am 20. März gegen die Mareth-Linie vor, blieb zunächst aber im Minenfeld hängen. Montgomery nahm dennoch wenig später die Hafenstadt Sfax ein. Der Nussknacker-Effekt – Patton und Montgomery griffen Rommel von verschiedenen Seiten aus an – sollte zu einem grotesken, in offener Feindseligkeit gipfelnden Wettbewerb zwischen beiden Männern führen. «Zum Teufel mit allen Briten und allen sogenannten Amerikanern, die sich von ihnen auf den Arm nehmen lassen», schrieb Patton in sein Tagebuch. «Ich hätte lieber einen Araber als Kommandeur. Von Arabern halte ich weniger als nichts.»[85] Von Montgomerys Eitelkeit war bereits die Rede, aber Patton schrieb dies hier in sein Tagebuch, bevor er zur Operation Torch in See stach:

> Wenn ich an die Großartigkeit meiner Aufgabe denke und mir bewusst werde, dass ich bin, was ich bin, komme ich ins Staunen, aber wenn ich so darüber nachdenke: Wer ist genauso gut wie ich? Mir ist niemand bekannt.[86]

Doch der Raufbold hatte auch eine sentimentale Ader: Patton weinte beim Begräbnis seines persönlichen Adjutanten und legte Blumen auf sein Grab, bevor er den nordafrikanischen Kriegsschauplatz verließ.

Im letzten Teil dieses Feldzugs ab März 1943 griff Mark Clarks II. Korps – Patton hatte das Kommando an ihn weitergereicht, weil er bereits mit der Planung der Invasion auf Sizilien befasst war – den nördlichen Abschnitt der Achsen-Verteidigungsstellung an, und die 34. US-Division hatte besonders heftige Kämpfe um eine als Höhe 609 bezeichnete Verteidigungsstellung auszufechten. Diese Division war erst zwanzig Monate zuvor ausschließlich aus Einheiten der Nationalgarde aus Iowa und Minnesota gebildet worden. Auch Andersons 1. Armee und Montgomerys 8. Armee spielten entscheidende Rollen, beide waren von Alexander umgruppiert worden, um sicherzustellen, dass der Ruhm für die Vertreibung der Achsenmächte aus Afrika Briten und Amerikanern gemeinsam zufiel.

Hitler verweigerte sich hartnäckig Rommels vernünftigen und strategisch einleuchtenden Bitten, seine Streitmacht aus Afrika zu evakuieren, und beging damit im Frühjahr 1943 genau den gleichen Fehler wie schon in Stalingrad Ende 1942: Er machte die Niederlage noch schlimmer und gab Durchhaltebefehle aus, die auf eine Aufforderung zu selbstmörderischem Widerstand ohne erkennbaren Nutzen hinausliefen. Doch Bradley nahm Biserta am 7. Mai ein, am selben Tag, an dem die Briten schließlich in Tunis einmarschierten. Die Briten erlitten in Tunesien schwere Verluste: Mehr als die Hälfte der 70 000 Toten und Verwundeten, die die Alliierten dort zu beklagen hatten, waren Briten, zwei Drittel dieser Verluste erlitt die 1. Armee.[87] Die 8. Armee hat einen großen Teil des Ruhms und der Aufmerksamkeit der Geschichtsschreiber eingeheimst, aber auch die 1. Armee verdient Anerkennung.

Denn am Ende dieses Feldzugs gab es sehr viel Ruhm zu verteilen. Der erkrankte Rommel war am 9. März von Tunis aus nach Deutschland evakuiert worden, doch sein Nachfolger, General Hans-Jürgen von Arnim, geriet am 13. Mai mit 230 000 Mann in Gefangenschaft, und 200 Panzer und 1200 Geschütze gingen verloren. «Pflichtgemäß erstatte ich Meldung, dass der Feldzug in Tunesien beendet ist», telegrafierte Alexander an Churchill. «Jeder feindliche Widerstand hat aufgehört. Wir sind die Herren der Küsten Nordafrikas.» Sechs Tage später nutzte Churchill die Gelegenheit, die ihm eine Rede vor dem amerikanischen Kongress bot, um den Aspekt der «militärischen Intuition des Gefreiten Hitler», auf den er bereits im Februar in London hingewiesen hatte, noch einmal hervorzuheben. Als Auslöser von Furcht und Hass zu dienen war für Hitler vollkommen akzeptabel, aber Churchill wollte ihn zum Gespött und Gegenstand von Heiterkeit machen. Der Meister des parlamentarischen Spotts hatte eine Möglichkeit entdeckt, den «Gefreiten Hitler», wie er ihn immer öfter nannte, der Lächerlichkeit preiszugeben, und er setzte seine Pointen mit unfehlbarer Treffsicherheit. «Wir nehmen hier», sagte er über die deutsche Strategie in Afrika, «den Zug von Meisterhand wahr. Die gleiche sinnlose Halsstarrigkeit, die vor Stalingrad Feldmarschall von [sic] Paulus und seine Armee dem Untergang weihte, hat nun in Tunesien die neue Katastrophe über unsere Feinde gebracht.»[88]

10

Das Mutterland überwältigt das Vaterland

Januar 1942 – Februar 1942

> «Tiere fliehen aus dieser Hölle; die härtesten Steine halten sie nicht lange aus; nur Menschen erdulden sie.»
>
> *Ein Leutnant der 24. Panzerdivision*
> *in Stalingrad, 1942*[1]

In der ursprünglichen Operationsplanung für das Unternehmen Barbarossa war die Stadt Stalingrad (das heutige Wolgograd) nicht einmal erwähnt worden. Hitlers Idee war, eine Frontlinie zu erreichen, die sich von Archangelsk im Norden bis nach Astrachan und ans Kaspische Meer erstreckte, wobei Leningrad, Moskau und die Wolga, an der Stalingrad liegt, deutlich zur von Deutschland besetzten Zone gehören sollten. Leningrad und Moskau hielten allerdings im Sommer und Herbst 1942 immer noch stand, und die Rote Armee war seit Dezember 1941 wiederholt zu Gegenoffensiven angetreten, deshalb sollte Stalingrad in Hitlers Überlegungen jetzt eine bedeutende Rolle spielen. Die sowjetischen Angriffe an der von Finnland bis zur Halbinsel Krim reichenden Front hatten im Januar und Februar 1942 zu einer Reihe von bemerkenswerten Erfolgen geführt. Zwar konnten Leningrad und Sewastopol nicht entsetzt werden, und auch die Rückeroberung von Charkow gelang nicht, aber Rostow wurde der Wehrmacht wieder entrissen, und die unmittelbare Bedrohung Moskaus war mit der Rückeroberung von Kalinin und Kaluga und der Beseitigung der deutschen Frontausbuchtungen, die der Hauptstadt nahegerückt waren, beendet. Als in der Zeit von März bis Mai 1942 das große Tauwetter einsetzte, hatte die Rote Armee ihre Front im Gebiet um Rostow 190 Kilometer nach Westen vorgeschoben, und im Norden war sie bis zu 240 Kilometer vorgerückt, nahe an Smolensk heran.

Die Antwort der Wehrmacht war die zweite deutsche Sommeroffensive, der «Fall Blau», mit dem 1942 das erreicht werden sollte, was 1941 scheinbar so knapp verfehlt worden war. Diese Offensive begann am 8. Mai und wurde mit einundfünfzig Divisionen vorgetragen, von denen viele aus den Satellitenstaaten stammten, aus Italien, Rumänien, Ungarn und der Slowakei, auch eine Freiwilligen-Division aus Spanien war beteiligt. Der Einsatz dieser nichtdeutschen Truppen hatte etwas von einem faustischen Pakt an sich, denn durch sie kam man zwar auf die Anzahl der für eine Kriegführung in der Sowjetunion notwendigen Soldaten, aber sie waren nicht immer so zuverlässig oder kampfstark wie deutsche oder österreichische Truppen. Dennoch führte der «Fall Blau» zu frühen und bedeutenden Erfolgen: Sewastopol fiel nach einem amphibischen Angriff am 2. Juli, die Rote Armee wurde daraufhin vollständig von der Krim vertrieben. Generalfeldmarschall Fedor von Bock, der die Heeresgruppe Mitte bei der Invasion befehligt hatte, war, weil ihm die Einnahme Moskaus nicht gelungen war, im Dezember 1941 entlassen und durch Günther von Kluge ersetzt worden, erhielt aber Ende Januar 1942, nach dem Tod des Feldmarschalls Walter von Reichenau, das Kommando über die Heeresgruppe Süd. Er nahm am 7. Juli Woronesch ein, und die 11. Armee des frisch ernannten Generalfeldmarschalls Erich von Manstein eroberte die Halbinsel Kertsch, von wo aus sie in Richtung des Kaukasus vorstoßen konnte. In diesem entscheidenden Augenblick, am 13. Juli 1942, fällte Hitler den bedeutsamen Entschluss, dass Stalingrad und der Kaukasus zugleich erobert werden sollten. Deshalb entließ er Bock ein zweites Mal, teilte die Heeresgruppe Süd auf und setzte den beiden Teilen unterschiedliche, aber einander ergänzende Ziele. Die Heeresgruppe B unter dem Befehl von General Maximilian von Weichs sollte im Norden die Rote Armee von Don und Donez zurückdrängen und Stalingrad besetzen. Das sollte der Heeresgruppe A im Süden, die unter Generalfeldmarschall Wilhelm List zunächst Rostow und anschließend die gesamte ölreiche Kaukasusregion erobern sollte, für ihre Offensive die nötige Deckung verschaffen. «Wenn ich das Öl von Maikop und Grosny nicht bekomme, dann muss ich diesen Krieg liquidieren», sagte Hitler Anfang Juni 1942 bei einer Besprechung der Oberbefehlshaber. Bereits am 1. April hatte er dem Panzergeneral von Kleist erklärt, «dass wir die Ölfelder bis zum Herbst in Besitz nehmen müssten, weil Deutschland ohne sie den Krieg nicht weiterführen könne».[2] Als schließlich der Herbst kam, erinnerte ihn niemand mehr an diese Bemerkung.

Die 4. Panzerarmee, die fünf Tage zuvor aus der Heeresgruppe B abgezogen und der Heeresgruppe A zugewiesen worden war, überquerte am 22. Juli 1942 östlich von Rostow den Don. Hitler war der Ansicht, die 6. Armee könne Stalingrad alleine einnehmen, also schickte er die 4. Panzerarmee nach Süden. Doch bereits eine Woche später, am 29. Juli, widerrief er diesen Befehl, und die 4. Panzerarmee erhielt stattdessen die Anweisung, Stalingrad von Süden her anzugreifen. Nur wenige Dinge wirken auf Soldaten so verwirrend und demoralisierend wie das Widerrufen eines erst vor kurzem ausgegebenen Befehls, denn die Voraussetzung eines solchen Vorgangs ist ein Durcheinander auf der obersten Kommandoebene. Da Hitlers Macht von seiner mutmaßlichen Allwissenheit abhing, die auch 1600 Kilometer hinter den eigenen Linien zu gelten schien, war eine solche Handlungsweise gefährlich. Ewald von Kleist, dessen 1. Panzerarmee den Vorstoß zum Kaukasus anführte, war der Ansicht, dass Hitler hier einen entscheidenden Fehler beging, und schrieb später über diesen Vorgang:

> Die 4. Panzerarmee war in Richtung Stalingrad im Vormarsch, links von mir. Sie konnte die Stadt ohne Schwertstreich nehmen, aber sie wurde nach Süden abgedreht, um mich beim Übergang über den Don zu unterstützen. Ich brauchte ihre Hilfe nicht, und sie verstopfte nur die Straßen, die ich brauchte. Als sie sich 14 Tage später wieder nach Norden wandte, hatten die Russen gerade genug Truppen bei Stalingrad zusammengebracht, um sie in Schach zu halten.[3]

Franz Halder, der Generalstabschef des Heeres, warnte Hitler immer wieder vor übermäßiger Zuversicht, wies auf die Präsenz sowjetischer Divisionen hin, die es im vergangenen Herbst noch gar nicht gegeben hatte, und sagte der 6. Armee bei ihrem Vorstoß auf Stalingrad eine Katastrophe voraus. Seinem (zu seinem eigenen Glück gut verborgenen) Kriegstagebuch vertraute Halder am 23. Juli 1942 an, wie Hitler reagierte, wenn er ihn mit Tatsachen konfrontierte:

> Nun, wo das Ergebnis mit Händen zu greifen ist, Tobsuchtsanfall mit schwersten Vorwürfen gegen die Führung. Die immer schon vorhandene Unterschätzung der feindlichen Möglichkeiten nimmt allmählich groteske Formen an und wird gefährlich. Es wird immer unerträglicher. Von ernster Arbeit kann nicht mehr die Rede sein. Krankhaftes Reagieren auf Augenblickseindrücke und völliger Mangel in der Beurteilung des Führungsapparates und seiner Möglichkeiten geben dieser sog. «Führung» das Gepräge.[4]

Halder sagte zu Generalleutnant Kurt Dittmar vom OKH, Hitler sei «ein Mystiker, der dazu neigte, die Grundregeln der Strategie gering zu schätzen, soweit er sie nicht einfach verachtete».[5] Eine Woche später, am 30. Juli, hielt Halder fest, dass Jodl «beim Führer-Vortrag … mit großen Tönen verkündet, das Schicksal des Kaukasus werde bei Stalingrad entschieden. Daher Abgabe von Kräften der H.Gr. A zu B notwendig und zwar möglichst südlich des Don.»[6] Das Umdirigieren solcher Kräfte hatte zur Folge, dass keine der Heeresgruppen imstande war, die für den Fall Blau ausgegebenen Ziele zu erreichen. Am 9. September entließ Hitler Feldmarschall List und übernahm selbst den Oberbefehl über die Heeresgruppe A, eine Funktion, für die er gänzlich unqualifiziert war, zumal er auch noch die Absicht hatte, nicht vor Ort zu führen, sondern in Ostpreußen zu bleiben und die Operationen vom Führerhauptquartier Wolfsschanze aus zu leiten.

Der Wunsch, die wichtige Industriestadt Stalingrad einzunehmen, war, bei allem übersteigerten Optimismus, vollkommen verständlich. Mit der Eroberung dieser Stadt wäre der Ölumschlagplatz Astrachan in Reichweite gewesen, und der Gegner hätte die Wolga nicht mehr als Transportweg nutzen können. Außerdem wäre die Heeresgruppe A im Kaukasus dadurch gegen eine weitere sowjetische Winteroffensive abgesichert worden, Angriffe in nördlicher Richtung wären wieder möglich gewesen, und der Fall der nach Stalin benannten Stadt hätte der Moral der Deutschen ebenso sehr genützt, wie er den Sowjets geschadet hätte. Die Einnahme der Stadt schien also zum damaligen Zeitpunkt sinnvoll zu sein. Weniger sinnvoll war dagegen die Art, in der Mansteins 11. Armee, die im südlichen Frontabschnitt dringend gebraucht wurde, wenn beim Fall Blau nicht alles nach Plan verlief, plötzlich auf Leningrad angesetzt wurde.

Die Briten und Amerikaner glaubten anfangs kaum daran, dass die Sowjetunion das Unternehmen Barbarossa überleben könnte, und insgeheim befürchteten sie das Schlimmste, bis die Deutschen im Dezember 1941 vor Moskau zurückgeschlagen wurden. Zur Jahresmitte 1942 erkannten die westlichen Alliierten dann, dass sie der Roten Armee unschätzbar wertvolle Hilfe leisten konnten, indem sie deutsche Einheiten banden. Stalin unterstrich diesen Punkt mit Sicherheit bei seinen Besprechungen mit Churchill in Moskau in der Zeit vom 12. bis 15. August 1942, und er machte kein Hehl aus seinem Zorn darüber, dass die Errichtung einer «zweiten Front» – so lautete damals der (recht ungenaue) Ausdruck für einen groß angelegten Angriff im Westen – in jenem Jahr noch nicht zu erwarten war. General Marshall wollte eine solche Operation zwar beginnen, sobald das praktikabel war, Präsident Roosevelt, Churchill und Brooke waren jedoch alle der Ansicht, eine überstürzte Rückkehr auf den Kontinent könnte sich als selbstmörderisch erweisen. Churchills größtes Zugeständnis war ein mit begrenzten Kräften ausgeführter amphibischer Angriff – den man als «reconnaissance in force» (großen Spähtrupp) anlegte – auf die französische Hafenstadt Dieppe an der Kanalküste.

Dieser am 19. August 1942 unternommene Angriff war nicht groß genug, um den Abzug von deutschen Einheiten von der Ostfront erforderlich zu machen, doch er war eindeutig groß genug, um sein Scheitern zu einem schweren Schlag für die 5100 Kanadier, 1000 britischen Kommandosoldaten und die amerikanischen Ranger zu machen, die ihn auszuführen hatten. Durch die Unterstützung von 252 Schiffen (keines davon war größer als ein Zerstörer, so dass es kein schweres Schiffsartilleriefeuer gab) und 69 Flugzeugstaffeln (die keine durchgehende Luftunterstützung bieten konnten) war die Operation Jubilee außerdem groß genug, um von einem deutschen Küstengeleitzug entdeckt zu werden, und dennoch nicht groß genug, um irgendetwas Bedeutsames zu erreichen, selbst wenn die Landung geglückt wäre. Die vorliegenden Informationen waren unzuverlässig, die Planung – von Lord Louis Mountbatten, dem Chef des für die Kommando-Kriegführung zuständigen Combined Operations Headquarter, verantwortet – äußerst fehlerhaft, und die Ergebnisse waren kaum anders als katastrophal zu nennen. Innerhalb von sechs Stunden nach der Landung waren drei Viertel der kanadischen Soldaten getötet, verwundet oder gefangen genommen worden und alle sieben Bataillonskommandeure verwundet. Auch die Kommandosoldaten und die Rangers erlitten schwere Verluste.

Schon zur damaligen Zeit und seitdem immer wieder wurde versucht, den Angriff auf Dieppe so darzustellen, als hätten die Alliierten daraus wertvolle Erkenntnisse für ein Vorgehen an der französischen Küste gewonnen, die bei der Invasion in der Normandie dann von unschätzbarem Nutzen gewesen seien. Eigentlich aber hätte den Vereinigten Stabschefs allein schon der gesunde Menschenverstand sagen können, dass Mountbattens Plan von Anfang an ungenügend durchdacht war, dass Panzer an Kiesstränden mit hohen Strandpromenaden-Mauern keine Angriffe fahren konnten, dass man eine angemessene Luft- und Seeunterstützung brauchte und der Überraschungseffekt eine Grundvoraussetzung war.

An der Ostfront sollte die von General Friedrich Paulus befehligte 6. Armee Stalingrad einnehmen (sie zählte zu Beginn der Schlacht rund 280 000 Mann), am 23. August hatte die 16. Panzerdivision die Steppenlandschaft durchquert und erreichte unmittelbar nördlich der Stadt die Wolga. Doch die Angreifer konnten, einmal dort angekommen, nur wenig unternehmen, um den Schiffsverkehr auf dem Fluss zu unterbinden, denn sie hatten weder Kanonenboote noch Flussminen. Allerdings hatten sie ihre völkermörderische Ideologie mitgebracht, daher erschoss die Wehrmacht – an der Schlacht um Stalingrad waren keine SS-Einheiten beteiligt –, nachdem sie das Krankenhaus für geistig behinderte Kinder in der Stadt erreicht hatte, sofort alle Patienten dieser Einrichtung: zehn- bis vierzehnjährige Kinder.[7]

Zu Beginn der Offensive war die Heeresgruppe A im Kaukasus erfolgreich. Rostow fiel am 23. Juli, Kleists 1. Panzerarmee besetzte Stawropol am 5. August, und es sah ganz danach aus, als stünden die Deutschen unmittelbar vor der Einnahme der gesamten Region. Beim weitesten Vorstoß erreichten die Spitzen der 1. Panzerarmee fast die Stadt Ordschonikidse (Wladikawkas), standen weniger als 80 Kilometer vor Grosny und gut 100 Kilometer vom Kaspischen Meer entfernt. Der Verlust der Kaukasusregion, aus der die Sowjetunion 90 Prozent des Treibstoffs bezog, den ihre Panzer, Flugzeuge, Schiffe und ihre Industrie benötigten, wäre für die Kriegführung der Alliierten eine Katastrophe gewesen. Eine Rückeroberung durch die Rote Armee wäre erst nach einer Überquerung der mehr als 1100 Meter breiten Wolga möglich gewesen, und im Spätsommer schien Stalingrad, die Stadt am Westufer des Wolgaknies, kurz vor dem Fall zu stehen. «‹Was ist dort los?›, brüllte Stalin General Alexander Wassilewski, den obersten Vertreter des Hauptquartiers des Oberkommandos, der in Stalingrad eintraf, durchs Telefon an. Er war wütend auf die lokalen Kommandeure. ‹Verstehen die denn dort nicht, dass das nicht nur eine Katastrophe von Stalingrad ist? Verstehen die nicht, was es bedeutet, den wichtigsten Wasserweg und bald auch das Erdöl zu verlieren?›»[8] Der Einsatz, um den es bei dieser Schlacht ging, hätte also kaum höher sein können.

Die Schlacht um Stalingrad gilt mit Recht als das verzweifeltste Ringen der menschlichen Geschichte. Die deutsche 6. Armee wurde in einen Kampf hineingezogen, der Haus um Haus, Straße um Straße, Fabrik um Fabrik ausgetragen wurde, es war ein Abnutzungskrieg, der oft zermürbender ausfiel als die Grabenkämpfe im Ersten Weltkrieg. Die Stadt ist 40 Kilometer lang und schmiegt sich an das Westufer der Wolga, das auch als rechtes Ufer bezeichnet wird, weil die Wolga südwärts in Richtung des Kaspischen Meeres fließt. Wer Wolgograd heute besucht und das die Stadt in ihrer ganzen Länge umfassende Schlachtfeld besichtigt, erkennt sofort die Probleme, vor denen die Deutschen bei ihrem Angriff standen. Im Norden liegen drei riesige Fabriken – von Nord nach Süd: das Traktorenwerk «Felix Dserschinski», die Waffenfabrik «Barrikaden» und die Fabrik «Roter Oktober». Im Stadtzentrum liegt der 102 Meter hohe Mamajew-Hügel, die höchste Erhebung der Stadt (der ursprünglich als Grabhügel des Tatarenherrschers Mamajew diente), und alle südlichen Zugänge zum Stadtzentrum werden von einem gewaltigen, aus Beton errichteten Getreidesilo aus beherrscht, der während eines großen Teils der Belagerung in sowjetischer Hand blieb und über Gräben und Abflussrinnen mit der Wolga verbunden war. Die Wehrmacht musste diese beeindruckenden Hindernisse erobern, wenn sie die Stadt einnehmen wollte.

Die Fabrik «Roter Oktober» war auf die Wiederverwertung von Metall spezialisiert, die Fabrik «Barrikaden» stellte Rüstungsgüter her, und die nach dem ungeheuer grausamen «eisernen» Felix Dserschinski – dem Gründer der bolschewistischen Geheimpolizei – benannte Traktorenfabrik produziert bis zum heutigen Tag Traktoren, die an seiner überlebensgroßen Statue vorbeirollen, wenn sie den Herstellungsort verlassen. Im Jahr 1942 war die Fabrik für die Herstellung von Panzerchassis umgewidmet worden. Diese drei aus Ziegelsteinen und Beton errichteten Gebäude – jewels etwa 800 Meter lang und 450 bis 900 Meter breit – wurden eigentlich für die industrielle Produktion und nicht zu Verteidigungszwecken gebaut, aber mit ihrer robusten Bauart könnten sie ohne Weiteres auch eigens zur Abwehr feindlicher Armeen errichtet worden sein. Die drei großen Fabriken und ihre jeweils angegliederten Siedlungen mit Arbeiterwohngebäuden waren zwar geräumig angelegt, aber im Jahr 1942 nur durch nach wie vor unbefestigte Wege verbunden. «Wir haben in Russland keine Straßen, nur Richtungen», lautet das alte Sprichwort.

Die Deutschen erreichten am 23. August nördlich von Stalingrad nicht nur die Wolga, sie bombardierten auch noch die riesigen Öltanks der Stadt, die dabei in Flammen aufgingen. Der Schriftsteller und Journalist Wassili Grossman (1905–1964), der für die Armeezeitung *Krasnaja Swesda (Roter Stern)* schrieb und sich auf Berichte über die Fronttruppen spezialisierte, schilderte diesen Brand:

> Das Feuer rauchte viele hundert Meter in die Höhe und trug Wolken brennenden Dampfes fort, die, detonationsgleich, hoch im Himmel auflodertern. Das Flammenmeer war so groß, dass der Sturm kaum noch Macht darüber hatte, und ein schwarzes, wogendes Gewölbe trennte den herbstlichen Sternenhimmel von der brennenden Erde. Es war grauenhaft, von unten zu diesem strömenden, fettigen schwarzen Firmament aufzuschauen.[9]

Das Öl brannte mehr als eine Woche lang, die dichten Rauchsäulen waren in der ganzen Region zu sehen. Durch auslaufendes brennendes Öl geriet einmal sogar die Wolga in Brand. General Wassili Iwanowitsch Tschuikow, der Kommandeur der Roten Armee in der Stadt, erinnerte sich später: «Über uns hingen über eine Woche dichte, schwarze Rauchwolken, aus denen es ständig Ruß- und Ascheflocken auf uns regnete. Wir waren kohlschwarz.» Die Luftwaffe warf nicht nur herkömmliche Bomben ab, sondern alle Arten von Metallstücken, die Schaden anrichten konnten, zum Beispiel Pflugscharen, Traktorenräder, Eggen und leere Metallbehälter, die nach Tschuikows Erinnerung «unseren Soldaten um die Köpfe flogen».[10] Grossman interviewte viele führende Persönlichkeiten, die an der Verteidigung Stalingrads beteiligt waren, auch Tschuikow. In seinem Roman *Leben und Schicksal*, der zu seinen Lebzeiten in der Sowjetunion nicht erscheinen durfte, hielt Grossman fest: «Der eiserne Wirbelsturm heulte um den Unterstand, mähte alles Lebendige nieder, das auch nur einen Augenblick seinen Kopf über die Erdoberfläche erhob.»[11]

Das Mutterland überwältigt das Vaterland 425

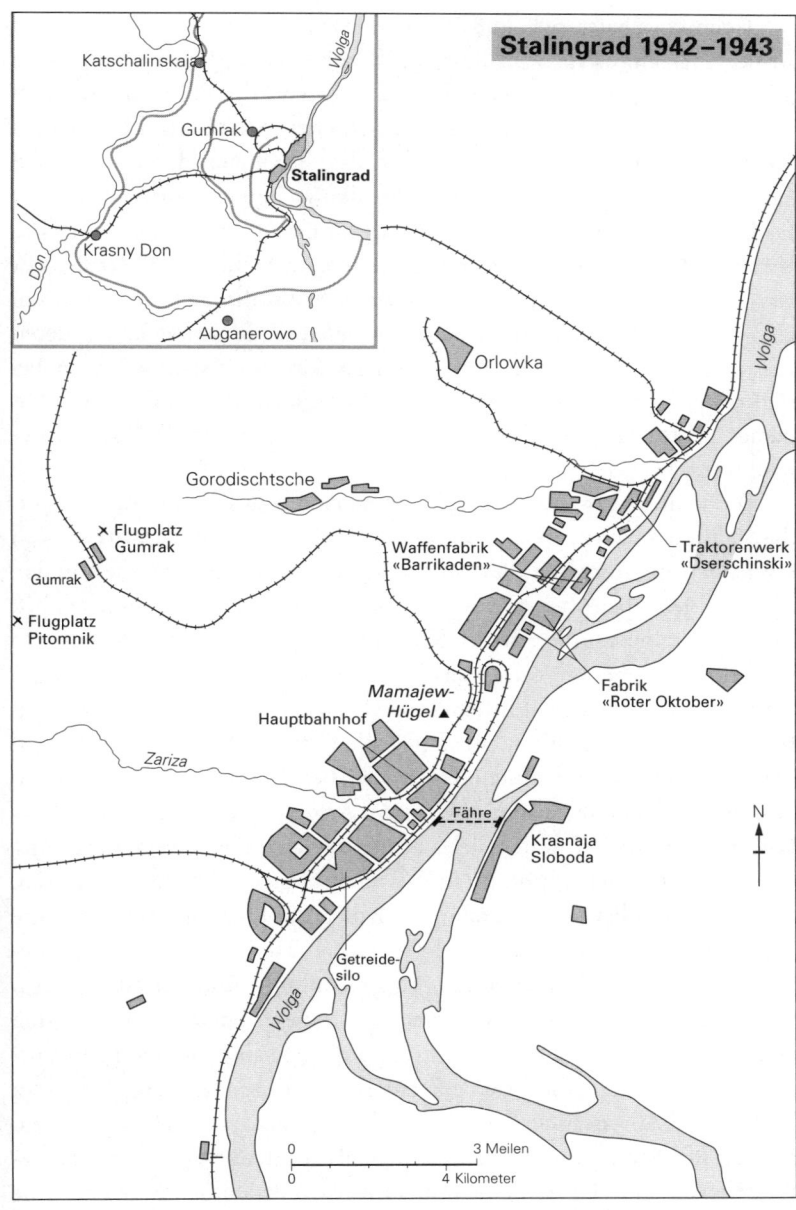

Tschuikow hatte sich 1918 im Alter von achtzehn Jahren der Roten Armee angeschlossen. Er kämpfte im Bürgerkrieg und im Polnisch-Sowjetischen Krieg (1920/21), besuchte anschließend die Elite-Militärakademie Frunse und wurde 1926 zum sowjetischen Militärattaché in China ernannt, wo er elf Jahre lang blieb, so dass er einigen der schlimmsten Säuberungen entging. Als Protegé Schukows hatte er 1939/40 an den Feldzügen in Polen und Finnland teilgenommen, bevor man ihm das Kommando über die 62. sowjetische Armee in Stalingrad übertrug. «Er war ein zäher Straßenkämpfer, einer seiner Stabsoffiziere bezeichnete ihn als ‹groben› Mann, der dafür bekannt gewesen sei, dass er Offiziere, deren Leistungen ihm missfielen, mit einem großen Stock schlug, den er bei sich trug.»[12] Trotz alledem war er eine Führungspersönlichkeit, die alles darauf setzte, dass die Rote Armee sich auf dem rechten Wolgaufer behauptete.

Die schweren Bombenangriffe der Luftwaffe zu Beginn der Schlacht, die Stalingrad nahezu in eine Mondlandschaft verwandelten, wirkten sich schließlich zugunsten der Verteidiger aus. In den Trümmern, die von den Häusern geblieben waren, wurde um jeden Ziegelsteinhaufen gekämpft, und das war genau die Art der Kriegführung, die der zahlenmäßig sehr viel größeren, aber schlechter ausgerüsteten Roten Armee entgegenkam. Stalingrad war vor dem Eintreffen der Deutschen nur unzureichend befestigt gewesen. Tschuikow war aufgefallen, dass sich die Barrikaden vor den Stadtgrenzen mit einem Lastwagen beiseiteschieben ließen. K. A. Gurow, der leitende Kommissar der 62. Armee, und General N. I. Krylow, deren Stabschef, waren sich darin einig, dass die Verteidigungsanlagen «lächerlich» seien, und Tschuikow ließ Grossman zutreffend wissen: «Bei der Verteidigung von Stalingrad haben die Divisionskommandeure mehr auf Blut als auf Stacheldraht gesetzt.»[13] Tschuikow prägte den Begriff «Stalingrader Akademie für Straßenkämpfe», und bei aller Kriegskunst und Tapferkeit, die die Deutschen in dieser Schule zeigten, waren es die Rotarmisten, die sie mit summa cum laude absolvierten. Die Deutschen bezeichneten die brutalen, erbarmungslosen Nahkämpfe, die in Kellern und Abwasserkanälen mit Gewehren, Bajonetten, Handgranaten, ja sogar mit Spaten ausgetragen wurden, als «Rattenkrieg». Grossman berichtete von einer Episode, die ihm Tschuikow erzählt hatte, bei der eine deutsche und eine sowjetische Patrouille sich in ein und demselben Haus aufhielten, ohne von der Anwesenheit der Gegenseite zu wissen. Als die

Deutschen ein Stockwerk tiefer ein Grammophon laufen ließen und so ihre Anwesenheit verrieten, brachen die sowjetischen Soldaten ein Loch in den Fußboden und feuerten mit einem Flammenwerfer hindurch. Die Nahkämpfe waren so erbittert und wurden auf so engem Raum ausgetragen, dass die Soldaten von Generalmajor Wiktor Scholudjews 37. Gardeinfanteriedivision bevorzugt zum Messer griffen, wenn sie in Sturmgruppen in Häuser eindrangen.[14]

Die Deutschen hatten auf dem rechten Wolgaufer den Vorteil, über schwere Waffen zu verfügen, aber wenn die sowjetischen Soldaten Panzerbüchsen besaßen und sie von den Seiten her auf in Stalingrad eindringende Panzer abfeuerten, konnten diese äußerst wirksam sein. Grossman notierte den Bericht eines achtunddreißigjährigen Panzerjägers über die Zerstörung eines deutschen Panzers:

> Wenn du triffst, steht die ganze Panzerung in hellen Flammen. Der Schuss dröhnt furchtbar, man muss den Mund dabei offen haben. Ich lag da. Plötzlich ein Schrei: «Sie kommen!» Beim zweiten Schuss habe ich getroffen. Die Deutschen haben schrecklich gebrüllt, das war gut zu hören. Mir wurde richtig froh ums Herz. Zuerst Rauch, dann ein Krachen und Flammen. Jewtichow hatte ein Fahrzeug getroffen. Der Schuss ging in die Karosserie. Wie die Fritzen da aufgeschrien haben![15]

Sowjetische Verstärkungen, die während der Schlacht an der Bahnstation auf dem linken Wolgaufer eintrafen, wurden mit Fähren über die Wolga gebracht. Die Boote erlitten durch den Beschuss der Luftwaffe fürchterliche Verluste. Grossman beschrieb, warum der sowjetische Oberbefehlshaber Andrei Jeremenko tagelang auf das Übersetzen warten musste: «Die Verbindung zum rechten Ufer war in diesen Tagen fast abgebrochen. Die Panzerboote, denen es gelang, sich zu Tschuikow durchzuschlagen, bekamen auf ihrem wenige Minuten dauernden Weg fünfzig bis siebzig Treffer ab und erreichten das Ufer nur unter schweren Verlusten.»[16] Auf den Journalisten Grossman, der den Fluss selbst unter Beschuss überquert, nachdem er sich mit einem Kollegen zuvor «in einem Sowchos auf dem Ostufer mit Unmengen von Apfelwein Mut angetrunken» hat, «wirkt die ruhige, klare Wolga unheimlich wie ein Schafott».[17] Die meisten Überquerungen wurden erst nach Einbruch der Dunkelheit gewagt, wenn die Stukas keine Einsätze mehr fliegen konnten, und manchmal wurden die kleineren Boote am Ufer tagsüber im Sand eingegraben und am Abend dann für die nächste Fahrt wieder freigelegt. Die 10. Schützendivision des NKWD bewachte die Anlegestellen, erschoss Deserteure und wies fliehende Zivilisten zurück. Stalin glaubte, die Anwesenheit von Zivilisten würde die Kampfmoral der Soldaten stärken, doch nach den Bombenangriffen am 23. August wurden 300 000 Einwohner der Stadt evakuiert, wobei man aber 50 000 Menschen am Westufer zurückließ. Nur 10 000 von ihnen überlebten die Schlacht, darunter 904 Kinder, von denen nur neun ihre Eltern wiedersehen sollten.[18]

Die Gesamtverantwortung für die Verteidigung des Stalingrader Frontabschnitts wurde am 28. August an General Georgi Schukow übergeben, einen Kommandeur, der sich den Untertitel einer aktuellen Biografie ohne Einschränkung verdient hat: *The Man Who Beat Hitler (Der Mann, der Hitler besiegte).*[19] Der Bauernsohn Schukow wurde 1914 zur Armee des Zaren eingezogen und schloss sich im Oktober 1918 der Roten Armee an, wo er zunächst bei der Kavallerie, später dann in gepanzerten mobilen Einheiten diente, bevor er ins Oberkommando aufstieg. Schukow bewies im August 1939 in der Schlacht von Chalchin Gol, dass selbst eine durch Stalins Säuberungen enthauptete Rote Armee die modernen, kampfstarken Japaner besiegen konnte. Der Kommandoposten in der Mongolei hielt Schukow auch vom Winterkrieg gegen Finnland fern, in dem nur wenige sowjetische Generäle sich mit Ruhm bedeckten. Nach dem deutschen Angriff im Juni 1941 unterstützte er Woroschilow bei der Verteidigung von Leningrad, doch Stalin holte ihn nach Moskau zurück, weil er die große, im Dezember 1941 einsetzende Winter-Gegenoffensive koordinieren sollte. Es lag deshalb auch auf der Hand, ihm den Oberbefehl für den Kampf um Stalingrad zu übertragen. Einen großen Teil des Krieges verbrachte Schukow zwar in der Stawka, dem sowjetischen Oberkommando in Moskau, doch sein Fahrer schätzte, dass er bei seinen zahlreichen Frontbesuchen mehr als 80 000 Kilometer auf der Straße zurücklegte und drei Flugzeuge verschliss. Schukow, ein entschlossener, zäher, energiegeladener, persönlich tapferer, manchmal grausamer Mann – er schlug Offiziere und sah sich gelegentlich auch Hinrichtungen von Untergebenen an –, war ein akribischer Planer und verbreitete immer die absolute Zuversicht, dass der Krieg letztlich mit einem Sieg enden würde. Hohe Verluste belasteten ihn nicht im Geringsten, zu keinem Zeitpunkt. Einen solchen Kommandeur sollte man nun immer brauchen – einen

Mann, der das militärische Gegenstück zu Stalins politischer Rücksichtslosigkeit bildete –, um diesen Existenzkampf zu gewinnen.
Unterdessen veranschaulicht Halders Tagebucheintrag vom 30. August 1942 Hitlers hochgradige Nervosität und Reizbarkeit, während er den Kardinalfehler beging, den Kampf an den Stärken des Feindes orientiert zu führen, anstatt auf die eigenen zu setzen:

> Die Besprechungen beim Führer waren heute wieder getragen von schweren Vorwürfen gegen die militärische Führung der obersten Heeresstellen. Geistiger Hochmut, Unbelehrbarkeit und Unfähigkeit, das Wesentliche zu erkennen, werden vorgeworfen.[20]

Am 1. September erklärte Hitler in einer Besprechung mit Feldmarschall von Kluge: «Problem äußerster Zähigkeit! Feind wird seine Kräfte rascher verbrauchen als wir. ... Solange Feind beim Anrennen Verluste hat, muss man ihn anrennen lassen. Einer muss zusammenbrechen; wir nicht. Bei Petersburg [Leningrad] werden 6–8 Div. frei.» Hitler sprach bei dieser Unterredung auch von «Weltkriegsverhältnissen» und «Trommelfeuer», und das bedeutet: von genau der Art von Abnutzungskrieg, die er unbedingt vermeiden musste, und vielleicht von der einzigen Art der Kriegführung, in der die Rote Armee die Wehrmacht besiegen konnte.[21] Hitlers Irrtum, an der Ostfront vom Bewegungskrieg abzugehen und stattdessen bei größtmöglicher gegenseitiger Abnutzung um Städte wie Stalingrad zu kämpfen, wiegt bei einem Befehlshaber, der selbst den Stellungs- und Grabenkrieg des Ersten Weltkriegs erlebt hat, umso schwerer.

Stalin war sich bewusst, welchen propagandistischen Rückschlag der Fall der nach ihm benannten Stadt mit sich bringen würde, und sagte am 12. September in der Stawka, dass Stalingrad – später eine der «Heldenstädte» der Sowjetunion – um jeden Preis gehalten werden müsse.[22] Doch im Morgengrauen des folgenden Tages begann die 6. Armee mit ihrer Großoffensive, bei der die 295. Infanteriedivision direkt auf den Mamajew-Hügel zustrebte, auf dem sich heute die Gräber von 35 000 Soldaten beider Seiten befinden. Am Abend des 13. September war die 71. Infanteriedivision bis ins Stadtzentrum vorgedrungen. Allein am 14. September wechselte der Hauptbahnhof fünfmal den Besitzer, und im Verlauf der folgenden drei Tage sollte sich das noch dreizehnmal wiederholen.[23]

Um die Schlacht von Stalingrad rankt sich eine große Zahl von Legenden. Wie bei allen großen Schlachten werden manche Ereignisse – oft von den Veteranen selbst – übermäßig aufgebauscht, während andere Geschehnisse, die in Wahrheit vielleicht genauso bedeutsam waren, von der Nachwelt kleingeredet werden, manchmal auch, weil es einfach an Überlebenden fehlt. Unvermeidlich waren auch die erbitterten Auseinandersetzungen in der Historikerzunft um die Frage, welche Schlacht denn nun der härteste Kampf der Kriegsgeschichte gewesen sei. Generäle neiden sich gegenseitig den Kriegsruhm, und die Politiker neiden ihn den Militärs, was die Zuverlässigkeit der persönlichen Zeugnisse zusätzlich eintrübt. Schließlich brachte während des Kalten Krieges die politische Ideologie die Geschichtsschreibung in eine schwere Schieflage. Ein unbestreitbar außergewöhnlicher Augenblick in dieser Schlacht war jedoch am 14. September um 17 Uhr gekommen, als die 13. Gardeschützendivision unter dem Befehl von General Alexander Rodimzew, einem Helden des Spanischen Bürgerkriegs, die Wolga überquerte und die steile Uferböschung hinaufstürmte, um sich den Deutschen entgegenzuwerfen, die bis auf knapp 200 Meter an den Fluss herangekommen waren. Am Ende dieser Schlacht blieben von den mehr als zehntausend Mann der Division Rodimzews nur noch dreihundertzwanzig Überlebende.

Grossman berichtete sehr anschaulich über die zahlreichen mit einer Flussüberquerung verbundenen Gefahren:

> «Er kommt im Sturzflug, die Laus!», schrie einer. 50 Meter neben dem Lastkahn stieg plötzlich eine hohe, dünne, bläulich weiße Wassersäule auf. Eine zweite noch näher, und dann eine dritte. Luftminen explodierten an der Wasseroberfläche, und die Wolga war von gezackten, schäumenden Wundern bedeckt. Splitter prasselten gegen die Bordwände, leise schrien Verwundete auf, als ob sie die Treffer verbergen wollten. Und dann pfiffen Maschinengewehrkugeln flach über den Fluss heran.[24]

Die Geschichte von Stalingrad ist auch unauslöschlich mit den Scharfschützen verbunden, und die Erfolgreicheren unter ihnen, Soldaten wie Anatoli Tschechow und Wassili Saizew, wurden in der ganzen Sowjetunion als Helden verehrt. Nachdem die Stadt in eine Trümmerwüste aus nahezu völlig zerstörten Häusern verwandelt worden war, konnten gut verborgene Scharfschützen auf beiden Seiten ihr präzises und zermürbendes Feuer auf nahezu jeden Gegner richten, der sich irgendwo zeigte.

Auch gegen Scharfschützen gerichtete Aktionen gingen in den Stalingrad-Mythos ein, denn ihre Ausschaltung war verlustreich und schwierig. «Ich tötete 40 Fritzen innerhalb von acht Tagen», prahlte Tschechow, der in der 13. Gardeschützendivision diente. Obwohl Saizew erst am 21. Oktober mit seinen Scharfschützen-Einsätzen begann, behaupteten seine Anhänger, er habe 149 Gegner erschossen; und ein weiterer Scharfschütze namens Sikan soll angeblich 224 Deutsche getötet haben.[25] Als die Deutschen hungernde russische Kinder dazu überredeten, ihnen für einen Brotkanten die Wasserflaschen mit Wolgawasser zu füllen, erschossen Scharfschützen der Roten Armee diese «Verräter am Mutterland», wenn sie vom Fluss zurückkamen. Wie stark der (bekanntermaßen nicht der Wahrheit verpflichtete) sowjetische Propaganda-Apparat die Erfolge der Scharfschützen übertrieb, lässt sich heute nicht mehr überprüfen, aber Berichte über Heldentaten im Stil von Saizew waren gut für die Moral, und heute hat er ein Ehrengrab auf dem Mamajew-Hügel. Es gab auch gute Scharfschützinnen, Tanja Tschernowa von der 284. sibirischen Division nahm für sich in Anspruch, innerhalb von drei Monaten 80 Feinde getötet zu haben.

Der NKWD erschoss während der Schlacht von Stalingrad rund 13 500 sowjetische Soldaten – das entsprach der vollen Mannschaftsstärke einer ganzen Division – wegen Verrats, Feigheit, Desertion, Trunkenheit und «antisowjetischer Agitation». Die todgeweihten Männer mussten sich vor der Hinrichtung ausziehen, damit ihre Uniformen «ohne entmutigende Einschusslöcher» an andere Soldaten wieder ausgegeben werden konnten. Stalins Befehl Nr. 227 («Keinen Schritt zurück») vom Juli 1941 enthielt auch eine Anweisung an die Führung einer jeden Armee, «drei bis fünf gut bewaffnete Sonderkommandos (zu je 200 Mann)» zusammenzustellen, deren Aufgabe lautete, «Feigheit zu bekämpfen».[26] Jede geringere Bestrafung hätte unter Begleitumständen, die so fürchterlich waren wie die Verhältnisse in Stalingrad, vielleicht zu Meutereien und massenhafter Fahnenflucht geführt. «Gibt es triftige Gründe für das Verlassen einer Feuerstellung? Antwort: Es gibt nur einen, den Tod», lautete die Mitteilung an kämpfende Komsomolzen.[27]

Beerdigungen wurden während der Schlacht nur nachts abgehalten, und die Salutschüsse wurden nicht in die Luft, sondern in Richtung der Deutschen abgefeuert. Tschuikow ordnete an, das Niemandsland zwischen den beiden Frontlinien so klein wie möglich zu halten. Damit wollte er einerseits Druck auf den Gegner ausüben und andererseits der Luftwaffe möglichst wenig Raum für Tiefliegerangriffe auf die sowjetischen Linien lassen, weil sonst die eigenen Männer gefährdet wurden. (Der allgegenwärtige schwarze Humor in den Reihen der Roten Armee fiel bei «freundlichem Feuer» durch die eigenen Leute besonders drastisch aus, mit Scherzen wie «Endlich haben wir die zweite Front eröffnet!») Weil die Linien so nahe beieinanderlagen, konnten sich die Soldaten ihre Scherze auch direkt zurufen. «Russ», reizte ein Deutscher den Gegner mit einer Frage zu den vermeintlich unzuverlässigen usbekischen Soldaten der Roten Armee, «wollen wir einen Usbeken gegen einen Rumänen tauschen?» Es gab Berichte zu Handgranatenwürfen über so kurze Entfernungen, dass dem Gegner Zeit blieb, sie noch vor der Explosion zurückzuwerfen.

In Stalingrad gibt es zahlreiche tiefe, grabenartige Rinnen im Lössboden, die Balkas («Schluchten»), die oft im rechten Winkel zur Wolga verlaufen und heute noch sichtbar sind. Um sie wurde bei der Schlacht besonders erbittert gekämpft, weil sie Verteidigern wie Angreifern gute Deckung und dazu noch Gelegenheiten zu Flankenangriffen boten, wenn man sie besetzt hielt. «Sie wird von Befehlsständen und Granatwerfereinheiten benutzt», schrieb Grossman über «die Balka». «Sie liegt immer unter Feuer, zahlreiche Menschen sind schon darin umgekommen. Leitungen laufen hindurch, Munition wird herangeschafft.»[28] Tschuikow schilderte den deutschen Angriff vom 27. September 1942 im ersten Band seiner Memoiren, *Stalingrad: Anfang des Weges*. Er beschrieb, wie die Telefonverbindung unterbrochen wurde, ständige Rauchentwicklung eine optische Aufklärung stark beeinträchtigte, wie Stabs- und Funkoffiziere getötet wurden und sein Befehlsstand ständig angegriffen wurde, und schloss mit der Feststellung: «Noch solch ein Gefecht, und wir sind in der Wolga.»[29] Tatsächlich gab es noch viele Angriffe dieser Art, und Tschuikow musste sein Hauptquartier mehrmals verlegen, aber irgendwie gelang es der Roten Armee, zumindest Teile des rechten Wolgaufers während der gesamten Schlacht zu halten.

Dass die vollständige Eroberung Stalingrads misslang, war einer der Gründe für Halders Entlassung als Generalstabschef des Heeres am 24. September. Der Geschasste schrieb:

Nach dem Tagesvortrag: Verabschiedung durch den Führer (meine Nerven verbraucht, auch seine Nerven nicht mehr frisch. – Wir müssen uns trennen. – Notwendigkeit der Erziehung des Gen.Stabs im fanatischen Glauben an die Idee. – Entschlossenheit, auch im Heer seinen Willen restlos durchzusetzen).[30]

Hitler ersetzte Halder durch den erst unlängst beförderten Brigadegeneral Kurt Zeitzler.[31] Dieser General stand im Ruf der Brutalität gegenüber Untergebenen bei gleichzeitiger Unterwürfigkeit gegenüber Vorgesetzten, und im Umgang mit Hitler zeigte er sicherlich speichelleckerische Servilität.

Halder sagte später in Nürnberg im Gespräch mit dem Gefängnispsychiater Goldensohn:

> Den ganzen Sommer lang gab es tägliche Auseinandersetzungen. Der Punkt, bei dem wir unsere letzte Meinungsverschiedenheit hatten, war die Entscheidung für eine Offensive gegen den Kaukasus und Stalingrad – ein Fehler, und Hitler wollte das nicht einsehen. Ich sagte ihm, die Russen würden 1942 eine weitere Million Mann in den Kampf werfen und 1943 noch eine Million. Hitler sagte mir, ich sei ein Idiot – und die Russen seien praktisch bereits erledigt. Als ich Hitler über das russische Rüstungspotenzial berichtete, insbesondere bei den Panzern, fing er an zu toben und drohte mir mit den Fäusten. Hitler erteilte eine Reihe von Befehlen für die Ostfront gegen jeden militärischen Rat. Das verursachte den Rückschlag. Dann machte er die Heeresgruppe für die Niederlage verantwortlich und behauptete, sie hätte sie absichtlich herbeigeführt. An dieser Stelle wurde ich wütend, schlug mit den Fäusten auf den Tisch, machte Szenen und so weiter …, diese Auseinandersetzungen wurden von mir provoziert, weil ich in 20 Jahren Generalstabsarbeit unter vielen vorgesetzten Offizieren gedient habe und dabei ohne böse Streitigkeiten immer zurechtgekommen bin.[32]

Eine Hauptursache für die Niederlage an der Ostfront waren die ständigen Spannungen zwischen dem OKH und dem OKW. Hitler lehnte den vermeintlichen Snobismus seiner Generäle ab, er zweifelte an ihrer Loyalität und verachtete ihre Vorsicht. Unter seiner Führung gab es kein ständiges Beratungsgremium von Fachleuten, die Lageberichte vorbereiteten und Pläne für mögliche künftige Operationen entwickelten – so wie die Stawka in Moskau, die Stabschefs in London und die Vereinigten Stabschefs in Washington –, im Nazi-Deutschland hatte man nur den mittäglichen «Lagevortrag», bei dem Jodl die täglichen Einschätzungen Warlimonts zum Kriegsgeschehen unterbreitete. Hitler setzte auf die Unterstützung durch Jodl und Keitel, denen er vertraute, die aber von den Generälen im OKH wegen ihrer Feigheit vor Hitler verachtet wurden. Mit Brauchitsch, dem Oberbefehlshaber des Heeres, wurden Befehle nicht erörtert, von ihm wurde schlicht erwartet, dass er sie ausführte. In einem System dieser Art gelang es – geradezu vorsätzlich – nicht, sich die Fähigkeiten der besten Köpfe in der Wehrmacht-Hierarchie zunutze zu machen.

Hitler hielt am 30. September eine Radioansprache, in der er dem deutschen Volk versprach, dass Stalingrad fallen werde. Doch ab dem Einbruch der Dunkelheit am Abend jenes Tages setzte die 39. Gardeinfanteriedivision unter dem Befehl von Generalmajor Stepan Gurjew über die Wolga, um die Fabrik «Roter Oktober» zu verteidigen – eine Operation, bei der Gurjew «seinen Operations- und Gefechtsstand selbst dann nicht verließ, wenn am Eingang Handgranaten faschistischer MPi-Schützen detonierten», beobachtete Tschuikow. Am folgenden Tag, dem 1. Oktober, sah die Lage in Tschuikows Hauptquartier so aus:

> Sprengbomben zerwühlten das ganze Ufer und zerstörten die gefüllten Erdöltanks. … Der Gefechtsstand war von einem Flammenmeer umgeben. … Über Funk zu sprechen, … während über uns Bomben und Granaten detonierten, war nicht einfach. Mehrere Funker fielen, während sie unsere Meldungen durchgaben.

Als der Stab der Stalingradfront sich über Funk nach dem Verbleib der Verteidiger erkundigte, antwortete Tschuikows Befehlsstand: «Wir sind dort, wo es am stärksten brennt und qualmt.»[33] Doch all dies spielte sich noch vor Paulus' wuchtigster Offensive ab.

Die drei riesigen Fabriken und die benachbarten Siedlungen verwandelten sich während der Kämpfe Anfang Oktober 1942 in eine Hekatombe. Nach Tschuikows Schätzung schlug die 308. Schützendivision unter Oberst L. N. Gurtjew im Verlauf der Schlacht «über hundert Angriffe zurück».[34] Im nördlich des «Barrikaden»-Komplexes gelegenen Traktorenwerk bestand ein Regiment unter dem Befehl von Oberst Markelow nach vierundzwanzigstündigen pausenlosen Kämpfen nur noch aus elf einsatzfähigen Männern.[35] Doch Artilleristen und Techniker des Traktorenwerks reparierten mit Hilfe von Arbeitern der «Barrikaden»-Fabrik noch bis zu Paulus' großer Offensive am 14. Oktober unbeirrt Panzer und Geschütze. Innerhalb des Fabrikkomplexes selbst wurden einzelne Bereiche wie die Sortierabteilung, die Kalibrierabteilung, das Lagerhaus und die Gießerei zu eigenständigen kleinen Schlachtfeldern, die während der Kämpfe wiederholt den Besitzer wechselten. Die sowjetischen Verteidiger zählten allein am 5. Oktober zweitausend Einsätze des Gegners, wobei das Gemeinschafts-Badehaus der Arbeitersiedlung «Roter Oktober» fünfmal den Besitzer wechselte. Tschuikow fand einen ganzen Monat lang keine Zeit, sich zu waschen. Er betrachtete die furchtbaren Verluste philosophisch und vertrat die Ansicht, die beim Kampf gegen die Deutschen gewonnenen Erfahrungen hätten «die Verluste wieder aufgewogen. Natürlich ist es bitter, wenn man Männer verliert – aber Krieg ist Krieg.»[36]

Am 14. Oktober 1942 begann bei Tagesanbruch der massive Angriff der 6. Armee, mit dem Paulus die gegnerische 62. Armee endlich vom rechten Wolgaufer vertreiben wollte. Drei Infanteriedivisionen und mehr als dreihundert Panzer rückten gegen den Fabrikbezirk vor. Tschuikow ließ alle Frauen und alle Verwundeten über die Wolga bringen, und am Abend des 15. Oktober mussten viele der dreitausendfünfhundert Verwundeten «zum Ufer kriechen, denn es waren nicht genug Sanitäter da».[37] Ein Gebäude an einer der Fähren-Anlegestellen – der Überfahrtsstelle 62 – in der Nähe des Fabrikbezirks ist erhalten geblieben, und es gibt dort kaum einen Stein, der nicht irgendwelche Spuren von Kugeln oder Artilleriebeschuss aufweist. Der Heldenmut der vierzig Tage andauernden Verteidigung der «Barrikaden»-Arbeitersiedlung durch Oberst L. Ljudnikows 138. Schützendivision Rote Fahne, die bis auf einen etwas über 600 Meter breiten Bereich an die Wolga zurückgedrängt und von den Deutschen an dieser Anlegestelle auf drei Seiten umzingelt wurde, war nur ein Epos von vielen in dieser Schlacht.

«Die Frauen haben an der Front und im Hinterland Großes geleistet. Gemeinsam mit den Männern trugen sie die ganze Last des Kampfgeschehens», schrieb Tschuikow. So erbittert die Schlacht geführt wurde, Frauen waren dabei, sie dienten in Stalingrad unmittelbar an der Front oder dicht dahinter. Sie waren Ärztinnen, die Operationen vornahmen, Sanitäterinnen, die in manchen Fällen erst fünfzehn Jahre alt waren und verwundete Männer (und, besonders wichtig, ihre Waffen) vom Schlachtfeld forttrugen, Telefonistinnen (eine von ihnen wurde an einem Kampftag zweimal unter Trümmern verschüttet, arbeitete nach ihrer Rettung aber sofort weiter), Funkerinnen, Matrosinnen der Wolgaflotte, Flakschützinnen und, hier besonders hervorzuheben, Pilotinnen (die von den Deutschen als «Flughexen» bezeichnet wurden). Die meisten von ihnen spendeten auch noch Blut. Stalingrad mag ein Schlachthaus gewesen sein, aber eines, in dem Gleichberechtigung herrschte. Während des Großen Vaterländischen Krieges dienten in den sowjetischen Streitkräften etwa 490 000 Frauen in verschiedenen Bereichen an der Front, und weitere 300 000 erfüllten andere Aufgaben.[38] Die nationalsozialistische Ideologie hätte eine ähnliche Praxis bei der Wehrmacht niemals zugelassen, doch auf sowjetischer Seite trugen die Frauen ganz erheblich zu den Kriegsanstrengungen bei. Rund 40 Prozent der Ärzte an der Front waren Frauen; Absolventinnen der Zentralen Heeresschule für Scharfschützinnen wird die Tötung von insgesamt 12 000 deutschen Soldaten zugeschrieben; drei Regimenter des 221. Fliegerkorps bestanden aus Frauen, und dreiunddreißig Soldatinnen wurden als Heldinnen der Sowjetunion ausgezeichnet.[39]

Zu einem Akt ganz außergewöhnlichen Heldenmuts kam es im Fabrikbezirk, als der Marinesoldat Michail Panikako, der gerade einen Molotow-Cocktail gegen einen Panzer werfen wollte, durch einen Treffer, der die Flasche bersten ließ, mit brennendem Benzin überschüttet wurde. «Panikako brannte wie eine Fackel», berichtete Tschuikow.

> Doch der höllische Schmerz lähmte sein Bewusstsein nicht. Er ergriff die zweite Flasche. Der feindliche Panzer war jetzt an seiner Seite. Alle sahen, wie der in Flammen gehüllte Mann aus dem Graben sprang, dicht an den Panzer heranlief und die Flasche am Gitter der Motorenluke zerschlug. Eine Stichflamme schoss hoch, sie verschlang den Helden und den feindlichen Panzer.[40]

Heute ist Panikakos Selbstaufopferung ein Teil des großartigen, 50 Meter langen Panoramas im Stalingrad-Militärmuseum in Wolgograd. Auf beiden Seiten kam es zu solchen herausragenden Akten der Tapferkeit, auch wenn diese nach Gesichtspunkten der Propaganda in Zeiten des Krieges und, später, des Kalten Krieges wiedergegeben wurden.

Ein weiteres Beispiel für Heldenmut in Stalingrad war die Verteidigung eines vierstöckigen, keine 300 Meter von der Wolga entfernten Hauses durch den Feldwebel Jakow Pawlow und seine Sturmgruppe, die sich achtundfünfzig Tage lang zur Wehr setzten.[41] Dieser Zug des 42. Garderegiments hielt, nachdem der kommandierende Leutnant erblindet war, unter Pawlows Befehl mutig durch, unter Einsatz von Maschinengewehren und Langrohr-Panzerbüchsen und mit einer Taktik, die es konsequent vermied, den angreifenden Panzern ein leichtes Ziel zu bieten. «Die Faschisten erlitten durch solche kleinen Gruppen größere Verluste als bei der Einnahme von Paris», erinnerte sich Tschuikow stolz, etwas bösartig, aber auch zutreffend.[42] Es war dem Nachruhm dieser Männer sehr förderlich, dass sie aus einem breiten geografischen Querschnitt der Sowjetunion stammten – Russen, Ukrainer, Georgier, ein Usbeke, ein Tadschike, ein Tatar und ein Abchase – und deshalb sinnbildlich sowohl für die Einheit der Heimat als auch für deren Mut zu stehen schienen. Das Wenige, was von Pawlows Haus – so wird es bis heute genannt – übrig blieb, hat man erhalten.

Nach Tschuikows Bericht führte der Angriff der 6. Armee vom 14. Oktober zu

> erbitterten Gefechten, wie wir sie aus der Schlacht um Stalingrad noch nicht kannten. ... Wir hatten schon viel in Stalingrad erlebt, aber diesen Angriff der Faschisten werden wir nie vergessen. ... Die feindliche Luftwaffe flog an diesem Tag etwa 3000 Einsätze. ... Zwar schien die Sonne, aber durch den Rauch und Qualm verringerte sich die Sicht auf etwa 100 Meter.

An den deutschen Angriffen auf das Traktorenwerk und die «Barrikaden»-Fabrik waren hundertachtzig Panzer beteiligt, die um 11.30 Uhr die Linien von Scholudjews 37. Division durchbrachen und dann gegen Oberst Wassili Gorischnys 95. und Gurtjews 308. Division und die 84. Panzerbrigade vorrückten. Im Lauf dieses Tages musste Scholudjew aus seinem Schützengraben geborgen werden, in dem er durch einen Volltreffer verschüttet worden war. Gegen Mitternacht hatten die Deutschen das Traktorenwerk auf drei Seiten eingeschlossen und waren in die Fabrikhallen eingedrungen. Das Schicksal Stalingrads hing an einem seidenen Faden.

Wie es den Soldaten der Roten Armee gelang, sich auch bei Paulus' Angriff Mitte Oktober noch auf dem rechten Wolgaufer zu halten, ist eine Geschichte von außergewöhnlichem Heldenmut, von erschütternder Selbstaufopferung und von einem vollständigen Mangel an Alternativen, wenn man sich vor Augen führt, wie der NKWD mit jedem Soldaten verfuhr, der seinen Posten verließ. Doch der Mut war nie größer als zu dem Zeitpunkt, an dem die sechsschüssigen Granatwerfer der Deutschen die Wolga unter ständigem Beschuss hielten. «Hunderte von Verwundeten krochen zur Anlegestelle am Hafen. Oft musste man über Leichen springen. ... Alles – Menschen und Sachen – war mit einer dicken Schicht Staub und Ruß bedeckt», erinnerte sich Tschuikow.[43] Doch die Deutschen nahmen das Traktorenwerk am 16. Oktober ein, und gegen Ende des 18. waren von der ehemals mehrere Tausend Mann starken Arbeiter-Abteilung der «Barrikade»-Fabrik nur noch fünf Männer am Leben. Am 23. Oktober wurden die Sowjets schließlich auch aus der Fabrik «Roter Oktober» vertrieben, aber nur für kurze Zeit. Acht Tage später drangen sie im Umfeld der Nowoselskaja-Straße knapp 100 Meter weit vor und gewannen dabei die Martinsofenhalle, die Kalibrier- und Profilierungs-Abteilung und kurz danach auch das Lagerhaus für Fertigwaren zurück. Tschuikow erhielt starke Unterstützung durch die sowjetische Artillerie auf dem linken Wolgaufer – zweihundertfünfzig 7,62-cm-Geschütze und fünfzig schwere Kanonen –, die die Deutschen ständig unter Feuer hielt und Mitte Oktober durch 20,3- und 28-cm-Geschütze massiv verstärkt wurde.[44] Auf dem rechten Ufer mussten die Lafetten mit den Katjuscha-Raketenwerfern jedoch bis in die Wolga zurückgesetzt werden, um ihnen den notwendigen Abschusswinkel zu verschaffen, so nahe waren die Deutschen schon an den Fluss herangekommen.

Nach dem Krieg gab es viel böses Blut beim Streit darum, welche Einheiten der Roten Armee denn nun am zähesten gekämpft hatten, obwohl es doch reichlich Ruhm zu verteilen gab. Man schickte Tschuikow Verstärkungen, wann immer dies möglich war, im Verlauf der Schlacht wurden die Reihen der 62. Armee durch insgesamt sieben Infanteriedivisionen, eine Infanterie- und eine Artillerie-Brigade aufgefüllt, und sie alle wurden bald nach ihrem Eintreffen in die Knochenmühle geworfen. Der General würdigte die Gegenschläge der Roten Armee außerhalb der Stadt, durch die ein großer Teil der deutschen Truppen gebunden wurde: «Sie hielten Paulus sozusagen an den Ohren fest.» Und über die Wehrmacht sagte er: «Es war, als triebe eine verborgene Kraft den Gegner zu immer neuen Angriffen. Frische Infanteriedivisionen, neue Panzer wurden eingesetzt und stürmten ohne Rücksicht auf Verluste zur Wolga vor. Hitler schien für Stalingrad ganz Deutschland opfern zu wollen.»

Zarizyn (das tatarische Wort bedeutet «gelber Fluss» und hat nichts mit Zaren zu tun) hatte sich 1925 in Stalingrad umbenannt, als Würdigung von Stalins erfolgreicher Verteidigung der Stadt während des Bürgerkriegs. Der Ort war zwar für beide Seiten strategisch wichtig, aber man kann sich der Schlussfolgerung kaum entziehen, dass er keiner von beiden so viele Soldaten und Ressourcen wert gewesen wäre – es gab einen Zeitpunkt im Oktober, da hatten sowohl die Wehrmacht als auch die Rote Armee keinerlei taktische Reserven mehr –, wenn die Stadt Zarizyn oder Wolgograd geheißen hätte, so wie in früheren oder späteren Zeiten. Diese direkte Auseinandersetzung zwischen zwei Diktatoren nahm auch persönliche Züge an, die Hitler öffentlich einräumte, als er sich am 8. November 1942 bei einer Rede im Münchener Löwenbräukeller, in der Geburtsstadt des Nationalsozialismus, erneut über die Einnahme Stalingrads verbreitete: «Ich wollte zur Wolga kommen, und zwar an einer bestimmten Stelle, an einer bestimmten Stadt. Zufälligerweise trägt sie den Namen von Stalin selber.» Die Schlacht hatte eine symbolische Bedeutung angenommen, die sich von ihrer strategischen Funktion weit entfernt hatte.

«Die Zeit spielt dabei gar keine Rolle», behauptete Hitler in dieser Rede, aber der Winter rückte mit großen Schritten näher, wie schon im Vorjahr, als ihm die Eroberung Moskaus missglückt war. Die nächste Offensive der 6. Armee begann am 11. November um 18.30 Uhr – zufällig am Jahrestag des Waffenstillstands im Ersten Weltkrieg. Fünf Infanteriedivisionen sowie die 14. und 24. Panzerdivision griffen an einer fünf Kilometer breiten Front zwischen der Wolchowstrojewskaja-Straße und der unmittelbar südlich des Lagerhauses der «Barrikaden»-Fabrik gelegenen Banny-Schlucht an. «Den ganzen Tag wurde erbittert um jeden Fußbreit Boden gerungen. Der Kampf mit Handgranaten und Bajonetten währte Stunden», heißt es dazu bei Tschuikow.

Gleichzeitig kam es auch zu Angriffen auf den Mamajew-Hügel, dem aufgrund seiner Höhe eine so beherrschende Rolle zukam, dass keine Seite der anderen gestatten konnte, dort Artillerie zu stationieren, und der deshalb so heftig bombardiert wurde, dass auch seine tieferen Schichten im Verlauf der Schlacht in Mitleidenschaft gezogen wurden. Angeblich hat auch das Granatfeuer eine so dauerhafte Hitze erzeugt, dass in jenem Winter auf den Abhängen des Mamajew kein Schnee liegenblieb.[45] Um die riesigen Wassertanks auf dem Hügel wurde ab der zweiten Septemberhälfte 1942 bis zum 12. Januar 1943 einhundertzwölf Tage lang ununterbrochen gekämpft. Die Historiker können weder sagen noch schätzen, wie oft der Hügel den Besitzer wechselte, denn es gab, wie Tschuikow schrieb, keine überlebenden Augenzeugen all dieser Kämpfe, und niemand schrieb den täglichen Verlauf mit. In einer bestimmten Phase der Schlacht betrug die Lebenserwartung der Soldaten nur noch ein bis zwei Tage, wer den dritten Tag erlebte, galt schon als Veteran. Rodimzews, Gorischnys und Batjuks Divisionen zeichneten sich alle bei den Kämpfen dort aus (bis zur nahezu vollständigen Vernichtung). Einmal war die Telefonverbindung zwischen Tschuikows Hauptquartier und Batjuks Divisions-Gefechtsstand am Mamajew-Hügel unterbrochen, und ein Fernmelder namens Titajew wurde losgeschickt, um sie wiederherzustellen. Als man seine Leiche fand, hatte er noch die zwei Drahtenden fest zwischen seinen Zähnen zusammengeklemmt, nachdem er seinen eigenen Schädel als Halbleiter benutzt hatte.

Der deutsche Angriff vom 11. November erreichte auf einer Breite von etwa 550 Metern die Wolga und trennte die sowjetischen Streitkräfte zum dritten Mal in dieser Schlacht in zwei Gruppen. Aber Tschuikow sollte später triumphierend feststellen: «Paulus' Plan war trotz seiner Kräfteüberlegenheit gescheitert. Es gelang ihm nicht, die 62. Armee in die eisige Wolga zu werfen.»[46] Paulus' 6. Armee und die 4. Panzerarmee hatten jetzt drei Viertel der Stadt eingenommen, aber Tschuikows 62. Armee hielt sich immer noch auf dem rechten Wolgaufer und erhielt massive Verstärkungen, so dass die Deutschen beschlossen, noch mehr Truppen von der Donfront und von der Front südlich von Stalingrad abzuziehen und in den Kampf um die Stadt zu werfen. Die so entstandenen Lücken wurden an der Donfront im Nordwesten mit der 3. rumänischen und der 8. italienischen Armee und südlich von Stalingrad mit der 4. rumänischen Armee aufgefüllt. Das sollte der Roten Armee ihre große Chance eröffnen.

Fast drei Monate vor dem Beginn des Unternehmens Barbarossa, am 30. März 1941, hatte Hitler in Berlin eine «Generals-Versammlung» abgehalten, bei der er nach Halders Tagebucheintrag eine «fast zweieinhalbstündige Ansprache» hielt. Hitler redete dabei über die deutschen Kriegsziele in der Sowjetunion, sprach die Mittel an, mit denen sie seiner Ansicht nach zu erreichen waren – «Die Führer müssen von sich das Opfer verlangen, ihre Bedenken zu überwinden» –, und erklärte außerdem: «Keine Illusionen über Verbündete! Finnen werden tapfer kämpfen, sind aber zahlenmäßig schwach ... Mit Rumänen ist gar nichts anzufangen. Vielleicht werden sie hinter einem ganz starken Hindernis (Fluss) zur Sicherung da ausreichen, wo nicht angegriffen wird. ... Das Schicksal großer deutscher Verbände darf nicht abhängig gemacht werden von der Standfestigkeit des rumänischen Verbandes.»[47] Doch er hielt sich nicht an seine eigene Erkenntnis, denn genau dies geschah jetzt in Stalingrad.

Die doppelte Einschließung Stalingrads von Norden und Süden her war Schukows Idee. Sie wurde am 23. November 1942 erfolgreich abgeschlossen, im Dezember gegen Mansteins Gegenangriff verteidigt und im Januar 1943 zu einem nicht mehr zu lösenden Würgegriff ausgebaut, der im darauffolgenden Februar zur deutschen Kapitulation führte. Tschuikow wurde als in Stalingrad angebundene Köder-Ziege in der Stadt belassen, um den deutschen Wolf abzulenken, und Schukow warf ab dem 19. November vier Tage lang vier Armeegruppen (die bei der Roten Armee als Fronten bezeichnet wurden) in den Großangriff, der den Codenamen «Operation Uranus» trug. Die logistische Leistung, die sich mit diesem geheimen Aufmarsch verband, war beeindruckend: In den ersten drei Novemberwochen waren 160 000 Mann, 430 Panzer, 6000 Geschütze und Granatwerfer, 14 000 Fahrzeuge und 10 000 Pferde mit Fähren über die Wolga und den Don gebracht worden. Nach Abschluss dieser Truppenbewegungen standen mehr als 1,1 Millionen Mann bereit für die Operation Uranus (die Umzingelung von Stalingrad) und die Operation Saturn (einen noch weiträumigeren Vorstoß, der bis nach Rostow führen sollte). Bei Uranus griffen die Woronesch-, die Südwest- und die Don-Front nördlich von Stalingrad an, und die Stalingrad-Front kam ihren in einer klassischen Zangenbewegung von Süden her entgegen. Das vorbereitende Artilleriefeuer von 3500 sowjetischen Geschützen, Granat- und Raketenwerfern, das am 19. November um 7.30 Uhr begann, weckte deutsche Soldaten noch bis in über 50 Kilometer Entfernung auf. Ab 1944 wurde dieser Tag in der Sowjetunion zum «Tag der Artillerie» erklärt, in Erinnerung an die Kanonade vor dem Beginn des Infanterieangriffs um 8.50 Uhr. Sowjetische Pioniere hatten vor Beginn der Offensive noch die ganze Nacht hindurch an der Räumung der deutschen Minenfelder gearbeitet.

Die Rumänen kämpften tapfer, aber sowjetische T-34- und KW-1-Panzer der Südwestfront schlugen rasch eine mehr als elf Kilometer breite Bresche in die Linien der 3. rumänischer Armee unter General Petre Dumitrescu, und fünf Divisionen wurden rasch am Donbogen eingeschlossen. Jeder Durchbruch wurde genutzt und erweitert, und passenderweise oblag es dann dem neuen Heeres-Generalstabschef Kurt Zeitzler, Hitler die Nachricht mitzuteilen, denn noch drei Wochen zuvor war es Zeitzler gewesen, der eine ergänzende Weisung zu einem Operationsbefehl Hitlers mit der selbstbewussten Feststellung begonnen hatte, dass «der Russe zur Zeit wohl kaum in der Lage [ist], eine große Offensive mit weiträumigen Zielen zu beginnen».[48] Die südliche Zange grub sich am Freitag, dem 20. November, in die 4. rumänische Armee, kam ebenfalls zu schnellen Erfolgen und öffnete eine mehr als 25 Kilometer breite Lücke, durch die das IV. Kavallerie- und das IV. mechanisierte Korps vorstießen. Weiträumige, zügige, selbstbewusste Panzervorstöße in offenem Gelände prägten die Operation Uranus – so wie auf der Gegenseite einst die Anfangsphase des Unternehmens Barbarossa –, und Weichs' vor Stalingrad stehende Heeresgruppe B wurde nach Westen abgedrängt. Die Rote Armee schloss den Ring um Stalingrad in dem Dorf Sowjetski bei Kalatsch am Don am Abend des 23. November. «In der endlosen Steppe feuerten sie in regelmäßigen Abständen grüne Leuchtkugeln ab, damit sie sich nicht verpassten oder die andere Truppe nicht irrtümlich für Deutsche hielten.»[49] Die sich begegnenden Einheiten trafen in einem solchen Tempo – und dann auch noch bei Dunkelheit – aufeinander, dass die ganze Szene am darauffolgenden Tag mit jubelnden und einander umarmenden Soldaten für die Propagandaberichterstattung nachgestellt werden musste.[50]

In einem gewissen Sinn waren es nicht die Deutschen, die die Schlacht um Stalingrad verloren, denn sie hatten, bis auf einen kleinen, von der Roten Armee auf dem Westufer gehaltenen Teil, die ganze Stadt eingenommen; eigentlich waren es die rumänische 3. Armee und die italienische 8. Armee im Norden und die rumänische 4. Armee im Süden der Stadt, die vollständig geschlagen wurden. Als die Umfassungsbewegung abgeschlossen war, saßen etwa 275 000 Mann von Paulus' Armee in der Falle. Doch die Zangen der Belagerer waren noch dünn, an manchen Stellen nur wenige Kilometer breit, und Hitler hätte Paulus zu diesem Zeitpunkt den sofortigen Ausbruch befehlen sollen. Doch er unterließ es, weil er glaubte, dass der aus Leningrad einfliegende Manstein eine weitere Umgruppierung der Wehrmacht in Südrussland bewerkstelligen und dann von Südwesten aus die Einschließungsfront durchbrechen könnte.

Unterdessen sollte die Luftwaffe Paulus mit Proviant und Nachschubmaterial versorgen.

Göring sagte Hitler zu – gegen den sofortigen Einspruch von Luftwaffengenerälen –, dass pro Tag 550 Tonnen Nachschubgüter nach Stalingrad gebracht werden könnten.[51] Doch diese Zusage beruhte auf einer Zahl von 225 Tag für Tag einsatzfähigen Ju-52-Transportmaschinen, während in Wirklichkeit jeweils nur etwa 80 Maschinen dieses Typs verfügbar waren, unterstützt von zwei Staffeln He 111 mit einer Tragfähigkeit von jeweils nur 1,5 Tonnen.[52] Göring hoffte dabei auf weitere Maschinen, die von anderen Kriegsschauplätzen abgezogen werden sollten, aber insgesamt hätte alles verfügbare Fluggerät niemals ausgereicht, um eine Armee von einer Viertelmillion Mann auf unbestimmte Zeit zu versorgen. Die nüchternen Zahlen ließen der 6. Armee kaum eine Überlebenschance: Paulus verlangte 750 Tonnen Nachschub pro Tag, Göring versprach 550, die Luftwaffengeneräle sagten, 350 seien möglich, aber die verfügbaren Maschinen konnten nur die Hälfte davon befördern, und das, bevor das Wetter sich so verschlechterte, dass die durchschnittliche Tageslieferung nur noch bei 100 Tonnen lag.[53]

Paulus musste sich schnell bewegen, um der riesigen Falle zu entkommen, die ringsherum aufgebaut worden war, und um auf Manstein zu treffen, der zu seiner Unterstützung nach Nordosten vorstieß. Aber Hitler persönlich untersagte ihm den Ausbruch, und Paulus wagte nicht, diesen Befehl zu missachten. «Ich gab der 6. Armee schließlich den Befehl zum Ausbruch», sagte Manstein dem Gefängnispsychiater Goldensohn im Juni 1946 in Nürnberg, «aber dann sagte Paulus, es sei zu spät und nicht möglich. Hitler wollte zu keinem Zeitpunkt, dass die 6. Armee ausbrach, sondern dass sie bis zum letzten Mann kämpfte. Ich glaube, Hitler sagte, ein Ausbruchsversuch wäre der Tod der 6. Armee.»[54] Ein Jahrzehnt nach dem Krieg, also mit dem Vorteil der nachträglichen Einsicht bei gleichzeitig deutlich gesunkener Wahrscheinlichkeit eines Widerspruchs durch Augenzeugen, behauptete Zeitzler über die Situation im November 1942: «Ich hatte zu Hitler gesagt, dass der Verlust von einer Viertelmillion Soldaten in Stalingrad der gesamten Ostfront das Rückgrat brechen würde.»[55] Allerdings musste man Hitler über die Bedeutung von Stalingrad kaum belehren, er selbst wandte sich am 26. November mit einem Aufruf an die Soldaten der 6. Armee und der 4. Panzerarmee:

> Der Kampf um Stalingrad geht seinem Höhepunkt entgegen. ... Mit mir sind in diesen schweren Stunden die Gedanken des ganzen deutschen Volkes bei Euch! Ihr müsst die unter der Führung tatkräftiger Generäle mit so viel Blut eroberte Position – Stalingrad – unter allen Umständen halten! Es muss unser unabänderlicher Entschluss sein, dass, so wie im Frühjahr bei Charkow, auch dieser Durchbruch der Russen am Ende durch die eingeleiteten Maßnahmen zu seiner Vernichtung führt! Was in meiner Macht steht, geschieht alles, um Euch in Eurem heldenhaften Ringen zu unterstützen![56]

Schon zu Beginn dieses Monats hatte Hitler an Rommel in El Alamein einen ähnlichen «Sieg oder Tod»-Befehl geschickt; künftig sollte es noch viele solche Botschaften geben, in denen Hitler auf jegliche strategische Beweglichkeit verzichtete und sie durch eine blinde, unnachgiebige Willenskraft zu ersetzen suchte, die Fleisch und Blut gegen Stahl und Feuer einsetzte.

Stalingrad war ein wichtiger Verkehrsknotenpunkt, eine Industriestadt und Standort einer Ölraffinerie, aber die Stadt war nicht wichtig genug, um die Bedeutung zu rechtfertigen, die die Nazis mit ihrer Einnahme verbanden, und das durch Kämpfe, als deren Folge heute noch in jedem Frühjahr Minen, Granaten und vor allem menschliche Gebeine freigelegt werden. Hitler war allerdings nicht nur größenwahnsinnig, als er Paulus befahl, in Stalingrad durchzuhalten. Er musste auch noch die Heeresgruppe A aus dem Kaukasus zurückziehen, und dieser Rückzug musste durch Stalingrad gedeckt werden.

«Hitlers Veto gegen jeden Ausbruchsversuch mutet unglaublich übereilt an, wenn man bedenkt, um welche Streitmacht es hier ging», schrieb Mellenthin. «In Stalingrad wurde keine gewöhnliche Armee eingesetzt; die 6. Armee war bei einem Feldzug, der in diesem Krieg die Entscheidung bringen sollte, die Speerspitze der Wehrmacht.»[57] Stalingrad war mit Sicherheit entscheidend, allerdings nicht aus dem von Hitler angestrebten Grund, denn Mansteins Rettungsversuch erreichte sein Ziel nicht. Da die Luftflotte 4 von Generaloberst Wolfram von Richthofen mit ihren Ju 52 nur einen Bruchteil der benötigten Nachschubgüter einfliegen (und später nur noch abwerfen) konnte – ihre Maschinen wurden von sowjetischen Kampffliegern, Flak-Geschützen und den Wetterbedingungen ausgeschaltet –, ging Paulus' Armee, die nicht nur mit dem Feind, sondern auch mit Erfrierungen kämpfte, langsam zugrunde. Verluste im Kampf, Krankheiten, Erschöpfung, Hunger und vor allem die zermürbende Kälte machten einen Ausbruch jetzt ohnehin unmöglich. (Richthofen, im Februar 1943 zum Generalfeldmarschall ernannt, erkrankte 1944 an einem Gehirntumor, wurde im Herbst operiert und legte sein Kommando nieder; er starb im Juli 1945.)

Der in Stalingrad ausharrende Tschuikow bekam es unterdessen mit einer neuen Gefahr zu tun, denn die Wolga begann ab dem 12. November zu vereisen. Stalingrad liegt am Rand der windigen, baumlosen Steppenlandschaft und ist deshalb besonders anfällig für eisige Wintertemperaturen, die bis auf minus 45 Grad Celsius absinken können. Für deutsche Soldaten war es nichts Ungewöhnliches, aus steifgefrorenen Leichnamen Schutzwälle aufzutürmen, um sich vor den Naturgewalten zu schützen. Die Vereisung des Flusses schritt immer schneller voran, sobald die Temperatur Ende November auf minus 15 Grad fiel, war aber erst am 17. Dezember abgeschlossen. Vor diesem Zeitpunkt machten treibende Eisschollen eine Flussüberquerung selbst für gepanzerte Boote unmöglich, so dass die 62. Armee von gekürzten Rationen leben musste, bis Lastwagen den Fluss überqueren konnten. «So erwarteten wir einen Kampf an zwei Fronten – auf der einen Seite gegen den Gegner und auf der anderen Seite gegen die Naturgewalten auf der Wolga», schrieb der sowjetische Kommandeur. Munitions- und Lebensmittelvorräte gingen gefährlich zur Neige, und Tschuikow hielt fest: «Auf der Wolga herrschte immer noch starker Eisgang. Knirschend stauten sich die Eisschollen, dass es einem kalt den Rücken hinunterlief. Dieses Geräusch verbitterte uns das Leben noch mehr.»[58] Sobald jedoch das Eis dick genug war, überquerten innerhalb von zwei Monaten 18 000 Lastwagen und über 17 000 andere Fahrzeuge den Fluss, um die im Stadtgebiet immer noch belagerten Rotarmisten zu versorgen.[59] Unterdessen gingen die erbitterten Nahkämpfe im Fabrikbezirk mit unverminderter Härte weiter.

Mitte Dezember konnte die furchtbare Notlage, in der die 6. Armee sich befand, nur noch durch einen rettenden Gegenangriff Mansteins behoben werden. Seine Heeresgruppe Don, die aus zwei Panzerdivisionen, einer Infanteriedivision, Hoths Hauptquartier und einigen versprengten Rumänen bestand, sah auf dem Papier noch schlagkräftig aus und versuchte ab dem 12. Dezember mit dem Unternehmen Wintergewitter die bereits 100 Kilometer breite Strecke bis zum Stalingrader Kessel zu überwinden. Am Nachmittag desselben Tages sagte Hitler bei einer Lagebesprechung in der Wolfsschanze über Stalingrad:

> Ich habe mir, im Großen gesehen, eines überlegt, Zeitzler. Wir dürfen unter keinen Umständen das [= Stalingrad] erst aufgeben. Es wiedergewinnen werden wir nicht mehr ... Aber sich einzubilden, es ein zweites Mal zu machen, wenn man da zurückgeht und das Material liegenbleibt, ist lächerlich. Alles können sie nicht mitnehmen. Die Pferde sind ermattet, sie haben keine Zugkraft mehr. Ich kann ein Pferd nicht durch das andere nähren. Wenn das Russen wären, würde ich sagen: ein Russe frisst den andern auf. Aber ich kann nicht einen Gaul den andern fressen lassen.

Es bleibt unklar, ob er aus praktischen oder humanitären Erwägungen zu dieser Schlussfolgerung kam. Im weiteren Gespräch war auch noch von der großen Menge an Heeresartillerie die Rede, insbesondere von schweren Mörsern, deren Verlust drohte, und Hitler merkte dazu an:

> Das können wir gar nicht ersetzen, was wir drin haben. Wenn wir das preisgeben, geben wir eigentlich den ganzen Sinn dieses Feldzuges preis. Sich einzubilden, dass ich das nächste Mal noch hierherkomme, ist ein Wahnsinn. ... Hier kommen wir also nicht mehr her. Daher dürfen wir hier auch nicht weggehen.[60]

Mansteins Plan sah vor, dass Paulus einen Ausbruchsversuch unternehmen sollte, sobald Hoths Panzerspitzen bis auf 30 Kilometer an den Einschließungsring herangekommen wären. Doch Schukow startete am 16. Dezember die Operation Kleiner Saturn, um Hoth zurückzuschlagen. Abermals waren es die Verbündeten, die der Wehrmacht zum Verhängnis wurden: Die sowjetische Südwest-Front vernichtete die italienische 8. Armee am mittleren Don, was eine 100 Kilometer breite Frontlücke aufriss, die den Sowjets einen Angriff auf Mansteins Flanke in Richtung Rostow ermöglichte. Durch den Verlust von Rostow wäre Kleists gesamte Heeresgruppe A abgeschnitten worden. (Kleist war erst im November zum Befehlshaber der Heeresgruppe A im Kaukasus ernannt worden.) Also wurde Hoths Streitmacht geschwächt, um eine solche Entwicklung zu verhindern, und das wiederum machte die Chance zunichte, nahe genug an Stalingrad heranzukommen, um die 6. Armee aus der Umklammerung befreien zu können.

Manstein befahl Paulus am 19. Dezember, einen Ausbruchsversuch nach Südwesten zu unternehmen, aber Paulus zog es jetzt vor, Hitlers

Durchhaltebefehl zu befolgen. («Hochverehrter Herr Feldmarschall», hatte Paulus bereits am 26. November im Postskriptum zu einer Antwort auf einen zwei Tage zuvor eingegangenen Funkspruch Mansteins geschrieben, «die Formlosigkeit des Papiers und der Handschrift bitte ich der Umstände halber entschuldigen zu wollen.»)[61] Mansteins nicht in voller Kampfstärke angetretene Divisionen kämpften sich dennoch bis auf 55 Kilometer an Stalingrad heran, aber der Schwung des Unternehmens Wintergewitter verpuffte am 23. Dezember, als Hoths Panzer an der Myschkowa, einem Nebenfluss des Don, durch erbitterte sowjetische Gegenwehr und die fürchterlichen Wetterbedingungen zum Stehen gebracht wurden. Die Ironie, die sich mit dem Decknamen dieses Vorstoßes verband, blieb niemandem verborgen. Wenn Stalingrad der Wendepunkt des Krieges war, dann war der Halt an der Myschkowa die Situation, in der eine abermalige Wende verhindert wurde. Manstein musste Hoths Kräfte zurückziehen, um ihre Einschließung zu verhindern.

Doch selbst ein Durchbruch Mansteins bis nach Stalingrad hätte Paulus' Armee möglicherweise nicht mehr retten können. Nur an einem einzigen Tag waren 180 Tonnen Nachschub durchgekommen, aber drei Wochen lang bekam die 6. Armee nur tägliche 120 Tonnen, und nach Weihnachten sank der nächtlich eingehende Durchschnitt auf nur noch 60 Tonnen.[62] Man kann sich wohl nur schwer vorstellen, wie verzweifelt die hungernden deutschen Soldaten gewesen sein müssen, als sie einen Abwurfbehälter öffneten, der am Fallschirm in dem von ihnen noch gehaltenen Stadtgebiet gelandet war, und darin nur ein Kilo gemahlenen Pfeffer und eine Kiste mit Kondomen fanden.[63] Nachdem die Rote Armee an Weihnachten die Flugfelder in Morosowskaja und Tazinskaja am Don eingenommen hatte, lagen die nächsten von der Wehrmacht gehaltenen Flugfelder noch weiter von Stalingrad entfernt, was die Zahl der noch möglichen Versorgungsflüge weiter verringerte.

Den ersten Todesfall durch Verhungern registrierte man bei der im Stalingrader Kessel festsitzenden 6. Armee am 21. Dezember. Die tägliche Brotration der Eingeschlossenen wurde Anfang Dezember auf 200 Gramm herabgesetzt und an Weihnachten noch weiter reduziert. Nach dem Bericht von Oberst H. R. Dingler, einem Überlebenden, erhielten die Soldaten «Wassersuppe, die wir mit den Knochen von Pferden, die wir ausgegraben haben, aufzubessern versuchten». Der Treibstoffmangel hatte zur Folge, dass die Panzer hinter der Infanterie aufgestellt werden mussten, mit dem Ergebnis, dass «bei Einbrüchen der Russen – zu denen es später kam – die Gegenstöße auch nicht den geringsten Schwung entwickelten».[64] Paulus' Armee löste sich auf, vielleicht hätte sie die gut 30 Kilometer, die sie von sicherem Terrain trennten, gar nicht mehr geschafft, selbst wenn Hoth den Würgegriff der Belagerer gelöst hätte.

Läuseinfektionen breiteten sich aus, weil es zum Waschen zu kalt war; überall auf den Straßen lagen steifgefrorene Pferdekadaver; Wachen, die auf ihrem Posten einschliefen, wachten nicht mehr auf; es gab keinen Brennstoff, mit dem sich der überreichlich vorhandene Schnee in dringend benötigtes Wasser hätte verwandeln lassen, weil die Intendantur das noch vorhandene Benzin für einen Ausbruchsversuch zurückhielt; steinhart gefrorenes Brot, das die Soldaten «Eisbrot» nannten, erinnerte sie auf eine höhnische Art daran, wie nahe sie der Rettung wären, wenn es ihnen nur gelänge, Brennstoff aufzutreiben. Ein Chronist berichtet über die Not der 6. Armee an Weihnachten im Kessel von Stalingrad:

> Die Männer waren zu schwach, um neue Stellungen oder Verbindungsgräben auszuheben, wenn sie aus ihren alten Stellungen geworfen wurden, legten sie sich hinter hastig aufgehäuften Schnee-«Brustwehren» einfach auf den Boden, wie betäubt von der Kälte und dem unvermeidlichen Tod. Eine Verwundung konnte ein Glück sein, aber viel häufiger war es, inmitten von Kameraden, die zu erschöpft waren, um einen Mann noch auf eine Tragbahre heben zu können, ein schrecklicher Schicksalsschlag; dort, wo dem Sanitätsdienst kein anderes Narkosemittel mehr zur Verfügung stand als eine absichtlich herbeigeführte Erfrierung.[65]

Am Flughafen Pitomnik kam es zu schrecklichen Szenen, wenn Junkers-Maschinen versuchten, die Verwundeten und andere zum Ausfliegen Berechtigte in Sicherheit zu bringen. Soldaten, die ohne Papiere versuchten, in ein Flugzeug zu gelangen, wurden erschossen, und es gab zwei Fälle von Männern, die sich an den Heckrädern von Flugzeugen festhielten und schon nach kurzer Zeit in den Tod stürzten. Die Selbstdisziplin der Wehrmacht brach in Pitomnik zusammen, wenn der verzweifelte Wunsch zu entkommen stärker war als die hochgerühmte deutsche Tugend der Wehrmacht. Als die von Granattrichtern übersäte Startbahn sich als ungeeignet für weitere Flugbewegungen erwies und zwanzig Männer aus

1 General Werner von Blomberg, der deutsche Reichswehrminister, im Gespräch mit dem neu ernannten Reichskanzler Adolf Hitler, Ulm, September 1933. Der Pakt, den beide Männer im April 1934 an Bord des Panzerschiffes *Deutschland* schlossen, festigte Hitlers Macht nach innen und brachte Deutschland außenpolitisch auf Kriegskurs.

2 Der Hitler-Stalin-Pakt wurde am 24. August 1939 um 2 Uhr morgens im Kreml besiegelt. Unterzeichner waren die Männer, die auf diesem Bild zu beiden Seiten Josef Stalins stehen: Joachim von Ribbentrop, der deutsche Außenminister (links), und sein sowjetischer Amtskollege Wjatscheslaw Molotow (rechts). Friedrich Gaus (ganz links), der Leiter der Rechtsabteilung des Reichsaußenministeriums, schrieb den Vertragsentwurf. Der Vertrag verschaffte Hitler die diplomatische Initiative und war Stalins größter Fehler.

3 Der italienische Diktator Benito Mussolini, Hitler, Generalmajor Alfred Jodl und Generalfeldmarschall Wilhelm Keitel am 25. August 1941 bei einer Lagebesprechung in Hitlers Führerhauptquartier Wolfsschanze in Ostpreußen, drei Tage nachdem Hitler einen Teil seiner Streitmacht vom Angriff auf Moskau abgezogen und in Richtung Kiew umdirigiert hatte.

4 Reichsmarschall Hermann Göring, Keitel und SS-Reichsführer Heinrich Himmler im Gespräch mit Hitler, 10. April 1942.

5 Generalfeldmarschall Gerd von Rundstedt, der das offene Wort nicht scheute, wurde von Hitler viermal in hohe Führungsämter befördert und viermal wieder entlassen. Am 18. April 1944 inspizierte er in seiner Eigenschaft als Oberbefehlshaber West den Atlantikwall.

6 Generalfeldmarschall Erich von Manstein, der Mann, der den «Sichelschnitt»-Plan ersann, mit dem die Niederlage Frankreichs besiegelt wurde, und die Krim und Charkow einnahm. Er war der bedeutendste deutsche Stratege in diesem Krieg, aber auch er konnte die eingeschlossene 6. Armee in Stalingrad nicht entsetzen.

7 General Heinz Guderian, der fähigste deutsche Panzerarmee-Kommandeur, im Dezember 1940.

8 Generalfeldmarschall Walter Model, hier bei der Inspektion eines deutsch-ungarischen Gegenangriffs im Südabschnitt der Ostfront. Er wurde so oft zur Bereinigung kritischer Situationen eingesetzt, dass er den Spitznamen «Hitlers Feuerwehrmann» erhielt.

9 Ein Sturzkampfbomber Junkers Ju 87 («Stuka») greift an, und ein französischer Panzer bekommt die volle Wucht des Blitzkriegs zu spüren. Nordfrankreich, 1940.

10 Die Bevölkerung flieht aus Paris, Juni 1940.

11 Operation Dynamo: Alliierte Soldaten warten Ende Mai 1940 am Strand von Dünkirchen in langen Schlangen auf ihre Evakuierung und hoffen auf das, was Churchill später als «Wunder der Errettung» bezeichnen sollte.

12 Die Alliierten mussten gewaltige Mengen an Fahrzeugen, Waffen, Vorräten und Munition unbrauchbar machen und in Frankreich zurücklassen. So sah es am 27. Mai 1940 in Dünkirchen aus.

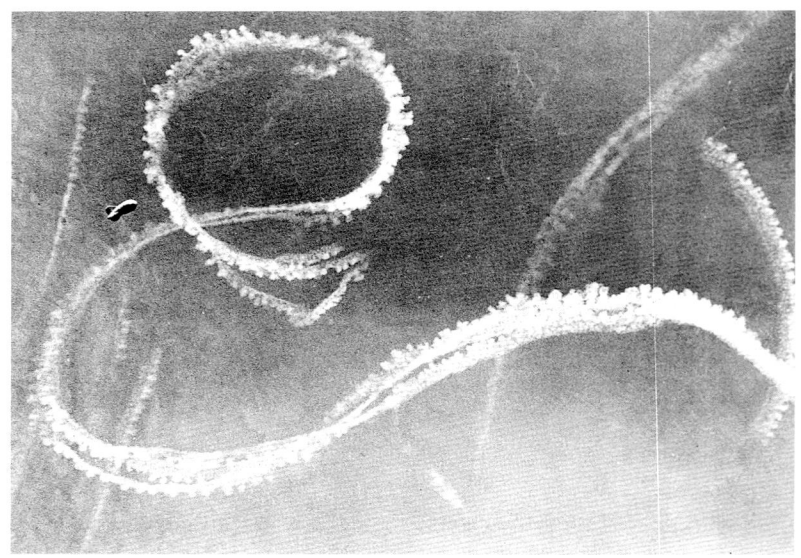

13 Furchtbare Schönheit: Kondensstreifen, von Maschinen der RAF und der Luftwaffe im Luftkampf an den Himmel über der Grafschaft Kent gemalt, 3. September 1940. «Leben und Tod hatten ihre Bedeutung verloren. Der Wille spitzte sich auf einen einzigen, wilden Wunsch zu: den Gegner zu packen und ihn vom Himmel zu holen», schrieb ein britisches Fliegeraß nach dem Krieg.

14 «Alarm!» RAF-Piloten der 87. Staffel eilen zu ihren Hurricanes.

15 Hitler und Goebbels beim vertraulichen Kamingespräch im Berghof auf dem Obersalzberg bei Berchtesgaden, 1940.

16 Unternehmen Barbarossa: die Wehrmacht in der Ukraine im Sommer 1941. Auffällig ist hier ein requirierter Bus, der dem Transport von Nachschubgütern dient.

17 Unternehmen Taifun, der deutsche Angriff auf Moskau, versinkt m Oktober 1941 in bodenlosem Morast. Dieses Sturmgeschütz wird von der Besatzung aufgegeben und zurückgelassen.

18 Erschöpft, unter Erfrierungen leidend, demoralisiert: Ende Dezember 1941 ergeben sich deutsche Soldaten erstmals in größerer Zahl der gut für den Winterkrieg ausgerüsteten Roten Armee.

19 Sturzkampfbomber des Typs Douglas Dauntless der US Navy fügen der japanischen Flotte in der Seeschlacht bei Midway vernichtende Schläge zu. Rechts von der Bildmitte ist ein brennendes japanisches Schiff zu sehen.

20 Der amerikanische Flugzeugträger *Yorktown* brennt nach Treffern von japanischen Sturzkampfbombern des Typs Aichi D34 «Val»: bei Midway, kurz nach 13.30 Uhr, 4. Juni 1942.

21 Die Generäle Claude Auchinleck und Archibald Wavell bei einer Lagebesprechung in Ägypten, 1941. Churchill, immer auf der Suche nach Kommandeuren mit stärker ausgeprägtem Angriffsgeist, setzte beide Männer als Oberbefehlshaber der Streitkräfte im Nahen Osten ab.

22 General Harold Alexander bei einer Ansprache vor Soldaten der 18. Armeegruppe in Tunesien im Frühjahr 1943.

23 General Erwin Rommel, der «Wüstenfuchs», an der Stätte seines größten Triumphes: Bei der Einnahme von Tobruk im Juni 1942 gerieten fast alle Verteidiger der Stadt in Gefangenschaft, und der größte Teil ihrer Ausrüstung fiel in die Hände der Eroberer.

24 Die Schlacht von El Alamein: Soldaten der 9. australischen Division feuern an einem Strand im nördlichen Frontabschnitt mit einer erbeuteten italienischen 4,7-cm-Breda-Panzerabwehrkanone.

25 Der Holocaust: Juden aus der Karpato-Ukraine (Ruthenien) werden hier nach der Ankunft an der Rampe in Auschwitz Ende Mai 1944 einer «Selektion» unterworfen. Die Personengruppe links ist für den «Arbeitseinsatz» bestimmt, die Gruppe rechts wird sofort in die Gaskammer geführt.

26 Ein kleiner Teil der Leichenberge, die von der 7. US-Armee am 1. Mai 1945 bei der Befreiung des Konzentrationslagers Dachau entdeckt wurden.

27 Eine Szene aus Stalingrad, Ende 1942. Bei den erbitterten und oft aus nächster Nähe geführten Kämpfen wechselte der Fabrikbezirk im Norden der Stadt über mehrere Monate hinweg viele Male den Besitzer.

28 Sowjetische Artillerie in der Fabrik «Roter Oktober» in Stalingrad, Anfang 1943.

29 Sieg durch die Zusammenarbeit in Komitees: Hinter Präsident Franklin Roosevelt und Premierminister Winston Churchill stehen bei der Konferenz von Casablanca im Januar 1943 die Vereinigten Stabschefs der westlichen Alliierten: (von links) Admiral Ernest J. King, General George C. Marshall, Admiral Dudley Pound, Air Chief Marshal Charles Portal, General Alan Brooke, Feldmarschall John Dill, Vizeadmiral Louis Mountbatten und General Henry «Hap» Arnold.

30 General Charles de Gaulle (Mitte), der selbsternannte Retter Frankreichs, schreitet bei seiner Ankunft in Algier am 30. Mai 1943 die Front einer Ehrengarde ab. Am darauffolgenden Tag übernahmen er und General Henri Giraud (links) gemeinsam den Vorsitz im Komitee zur Nationalen Befreiung, ohne dass dies an ihrer gegenseitigen Verachtung etwas geändert hätte.

31 Die Atlantikschlacht: Ein Zerstörer, das einsame kleinere Schiff im Hintergrund (rechts), schützt einen Geleitzug von Frachtschiffen im Juni 1943 bei der Fahrt über den Ozean.

32 Der Kapitän eines U-Boots am Sehrohr.

33 Die Schlacht bei Kursk, Juli 1943. Die 3. SS-Panzerdivision Totenkopf, eine Eliteeinheit, zieht bei der größten Panzerschlacht der Geschichte in den Kampf. Dieser Angriff war Teil eines Vorgehens, das später auch als «Todesritt der 4. Panzerarmee» bezeichnet wurde.

34 Deutsche Soldaten lassen während der Schlacht bei Kursk einen brennenden sowjetischen Panzer des Typs T 34/76 hinter sich.

35 General William Slim begutachtet ein erbeutetes japanisches Schwert, Burma 1944.

36 Generalmajor Orde Wingate wurde von Slim als «seltsame, leicht erregbare, launische Kreatur» bezeichnet, «aber er trug ein Feuer in sich, er konnte andere Männer entflammen».

37 General Tomoyuki Yamashita, der brutale, aber brillante Eroberer Malayas.

38 General George S. «Old Blood and Guts» Patton jr.: hart und grob, aber mitunter auch eigentümlich feinfühlig.

39 General Mark Clark (auf dem Beifahrersitz) bekam seinen ruhmreichen Tag als Befreier von Rom am 5. Juni 1944, aber der strategische Preis dafür war hoch.

40 D-Day, die Invasion in der Normandie: Der Dudelsackspieler Bill Millin von der 1. Special Service Brigade der 2. britischen Armee macht sich am 6. Juni 1944 um 8.40 Uhr am Sword Beach zum Ausschiffen bereit. Der Kommandeur der Einheit, Brigadier Lord Lovat, watet hier rechts von der Kolonne seiner Männer an Land.

41 Der längste Tag: Amerikanische Soldaten suchen Deckung hinter Panzersperren am Omaha Beach.

42 Mussolini verabschiedet sich zwei Tage nach Oberst Stauffenbergs Bombenanschlag vom 20. Juli 1944 im Führerhauptquartier Wolfsschanze in Ostpreußen von Hitler, Göring und Ribbentrop. Hitler wurde bei der Explosion leicht am rechten Arm verletzt, deshalb reicht er dem Duce die Linke.

43 General Dwight D. Eisenhower, Oberbefehlshaber der Alliierten Expeditionsstreitkräfte, weist einem amerikanischen Offizier und General Montgomery 1944 den Weg nach vorn. «Ike» wurde von seinen Männern geliebt, aber er hielt auch die Egos seiner Kommandeure im Zaum.

44 Raus aus dem Graben: Sowjetische Infanterie stürmt hier während der Operation Bagration in Weißrussland nach vorn. Der sowjetische Großangriff begann am 22. Juni 1944, kostete die Wehrmacht 381 000 Gefallene und 158 000 Mann, die in Gefangenschaft gerieten, und führte zur Vernichtung der Heeresgruppe Mitte.

45 Die Ardennenoffensive: Amerikanische Soldaten gehen in den verschneiten Wäldern bei Amonines in Belgien im Dezember 1944 in Deckung. Der große deutsche Gegenangriff, der sie dazu zwang, hieß bei den Alliierten «Battle of the Bulge», die Schlacht um den (oder im) Frontvorsprung.

46 Das zerstörte Dresden nach dem in der Nacht vom 13. auf den 14. Februar 1945 in mehreren Wellen vorgetragenen Bombenangriff der Alliierten.

47 Feldmarschall Alan Brooke, der Chef des Empire-Generalstabs (hinter dem MG), General Miles Dempsey, der Kommandeur der 2. Armee, und ein triumphierender Winston Churchill überqueren am 25. März 1945 mit einem Amphibienfahrzeug den Rhein.

48 Soldaten der Roten Armee rücken mit einem T-34/85-Panzer im April 1945 in Richtung Berlin vor.

49 Marshall Georgi Schukow, «der Mann, der Hitler besiegte», zieht im Mai 1945 in Berlin ein.

50 Marschall Iwan Konjew: ein zäher Soldat bäuerlicher Herkunft und fanatischer Kommunist, der einer der großen Kommandeure dieses Krieges wurde.

51 Die ausgelöschte Stadt: Nagasaki nach dem Atombombenabwurf vom 9. August 1945. Die Brücke in der Bildmitte lag unmittelbar unter dem Epizentrum der Explosion.

52 Japans Außenminister Mamoru Shigemitsu und General Yoshijiro Umezu, der Chef des Generalstabs der Kaiserlich-Japanischen Armee, unterzeichnen am 2. September 1945 an Bord des amerikanischen Schlachtschiffes *Missouri* die Kapitulationsurkunde – sechs Jahre und einen Tag nach dem Beginn des Zweiten Weltkriegs.

einer startbereiten Maschine wieder ausgeladen werden mussten, geschah nach dem Bericht eines Leutnants namens Dieter Folgendes:

> Sofort erhob sich ein fürchterlicher Lärm, alle schrien durcheinander, ein Mann behauptete, er sei auf Befehl des Generalstabs unterwegs, ein anderer von der SS beförderte angeblich wichtige Parteidokumente, viele andere riefen irgendetwas von ihren Familien, dass ihre Kinder bei Luftangriffen verletzt worden seien, und so weiter. Nur die Männer auf den Tragbahren blieben ruhig, aber das Grauen war ihnen am Gesicht abzulesen.[66]

Das war verständlich; Verwundete, die auf ihren Tragbahren ausgeladen und zu weit entfernt von den Öfen in den provisorischen Hütten am Rand des Flugfeldes wieder abgesetzt wurden, erfroren einfach.

Am 25. Dezember wurden die Deutschen endgültig aus dem Traktorenwerk vertrieben. Eine Sturmgruppe von Generalleutnant W. P. Sokolows Division bediente sich einer einfallsreichen Methode, um sie aus dem Hauptverwaltungsgebäude der Fabrik «Roter Oktober» hinauszuwerfen. Man brachte eine zerlegte 12,2-cm-Haubitze Stück für Stück in die Fabrik und setzte sie innerhalb der Mauern wieder zusammen. Mit «mehreren Schüssen im direkten Richten ... vernichteten [sie] die faschistische Besatzung» (Tschuikow). Am darauffolgenden Tag erhielt Paulus nur 70 Tonnen Nachschub, weniger als zehn Prozent der Menge, die er zum Überleben brauchte. Ein deutscher Soldat namens Wilhelm Hoffmann vom 267. Regiment der 94. Infanteriedivision schrieb in seinem letzten Tagebucheintrag am 28. Dezember 1942:

> Wir haben längst alle Pferde geschlachtet. Ich könnte sogar eine Katze essen, sie würde mir gut schmecken. Die Soldaten ähneln Toten oder Wahnsinnigen und suchen nur noch nach Essbarem. Sie nehmen keine Deckung mehr, sie haben keine Kraft, fortzulaufen oder sich wenigstens zu bücken. Verflucht sei dieser Krieg![67]

Etwa zu diesem Zeitpunkt begannen Dingler und seine Kameraden sich darüber zu unterhalten,

> was zu tun sei, wenn es zum Schlimmsten kommen sollte. Wir sprachen über die Gefangenschaft, über die Frage, sich ihr und ihren Folgen durch Selbst-

mord zu entziehen. Wir diskutierten die Frage, ob man das, was wir jetzt hielten, bis zur vorletzten Patrone verteidigen solle. Natürlich hatte jeder seine eigene Meinung, und es muss betont werden, dass niemand von oben in bestimmter Richtung beeinflusst wurde. Diese Dinge wurden jedem zur eigenen freien Entscheidung überlassen.[68]

General Konstantin Rokossowski, der Kommandeur der Donfront, ließ am 8. Januar 1943 Flugblätter abwerfen, in denen den Deutschen eine ehrenhafte Kapitulation angeboten wurde, ausreichende Verpflegung, die Versorgung der Verwundeten und eine Rückkehr nach Deutschland nach dem Krieg, alles unter der Bedingung, dass die gesamte militärische Ausrüstung unbeschädigt übergeben werde. Dieses Angebot war zwar verlockend, wurde aber abgelehnt, weil – wie Dingler an Mellenthin berichtete – die Eingeschlossenen «wenig Vertrauen zu russischen Versprechungen hatten», immer noch verzweifelt darauf hofften, vielleicht doch entkommen zu können, und der Heeresgruppe A durch ihren eigenen Widerstand genügend Zeit verschaffen wollten, sich aus dem Kaukasus zurückzuziehen. Rokossowski leitete deshalb am 10. Januar eine Großoffensive (Codename: Operation Ring) gegen den Süd- und Westteil des Kessels ein. «Der Sargdeckel schließt sich über uns», lautete die klarsichtige Einschätzung des deutschen Oberst Herbert Selle zu diesem Zeitpunkt, und so viele deutsche Soldaten begingen jetzt Selbstmord, dass Paulus sich genötigt sah, dies per Befehl als unehrenhaft zu untersagen.[69] Als die «Nase von Marinowka», ein Frontvorsprung am Südwestrand des Kessels, von der Roten Armee angegriffen wurde, stellten einige deutsche Soldaten fest, dass ihre Finger durch Erfrierungen so dick angeschwollen waren, dass sie kaum mehr in die Abzugsbügel ihrer Gewehre passten. Mit dem Mittel der standrechtlichen Erschießung wurde versucht, die Soldaten zum Weiterkämpfen zu bewegen, und das in einer Eiseskälte, in der «Werfergranaten vom gefrorenen Boden zurückprallten und in der Luft explodierten, wodurch sie weit mehr Opfer verursachten».[70] Doch sobald das Gebiet um Marinowka gefallen war, gerieten die Verteidiger in eine noch ungünstigere Position, weil sie jetzt in die offene Landschaft zurückgedrängt wurden. «Es gab keine Gräben und keine Schützenlöcher mehr», heißt es bei Mellenthin, «die dezimierten Soldaten, übermüdet, erschöpft und mit Erfrierungen an Armen und Beinen, lagen einfach im Schnee». Alle schweren Waffen mussten unbrauchbar gemacht – oft einfach mit einer Handgranate, die ins Rohr geworfen wurde – und zurückgelassen werden. Der letzte Kontakt aus dem Kessel zur Außenwelt riss ab, als die Rote Armee am 23. Januar das Flugfeld von Gumrak – «eine verschneite, mit Flugzeugen und Fahrzeugen übersäte Wüste» – eroberte. «Überall lagen die Leichen deutscher Soldaten; zu erschöpft, um sich noch weiter fortbewegen zu können, waren sie an dieser Stelle im Schnee erfroren.»

Hitler schickte Paulus am 23. Januar 1943 per Funkspruch einen Befehl, der auch in dieser Form vorhersehbar war:

> Verbiete Kapitulation. Die Armee hält ihre Position bis zum letzten Soldaten und zur letzten Patrone und leistet durch ihr heldenhaftes Ausharren einen unvergesslichen Beitrag zum Aufbau der Abwehrfront und der Rettung des Abendlandes.[71]

Eine Woche später ernannte Hitler Paulus zum Generalfeldmarschall, eine weitere, indirekte Aufforderung, sich nicht zu ergeben, denn bis dahin hatte noch niemals ein deutscher Feldmarschall mit seiner Truppe im Feld kapituliert. Doch es gibt für alles ein erstes Mal, und am Sonntag, dem 31. Januar 1943, um 7.35 Uhr wurde Paulus in seinem Hauptquartier im Stadtzentrum von Stalingrad gefangen genommen, der südliche Teil des inzwischen in zwei Teile getrennten Kessels brach zusammen. Der Keller des 1937 erbauten Kaufhauses Univermag, in dem Paulus und sein Stabschef, General Arthur Schmidt, ihr provisorisches Hauptquartier eingerichtet hatten, war einer der wenigen Orte, an denen die Deutschen nicht an Frostbeulen und Erfrierungen litten. Heute sind dort Paulus' Zeichnungen aus dem November 1942 ausgestellt, auf denen rote Elefanten zu sehen sind, die auf ihrem Marsch nach Stalingrad auf der deutschen Flagge herumtrampeln – Bilder, die einen erheblichen Mangel an Vertrauen auf den Endsieg offenbaren.

Bei der Lagebesprechung in der Wolfsschanze, die am folgenden Tag, dem 1. Februar, um 12.17 Uhr begann, zeigte Hitler sich empört, verfiel in Sarkasmus und verglich die kommandierenden Generäle der 6. Armee und ihren Oberbefehlshaber Paulus zu ihrem Nachteil mit einer Frau, die ihre Ehre durch einen Selbstmord wiederherstellt. Er sagte zu Zeitzler:

> Die haben sich da absolut formgerecht übergeben. Denn im anderen Falle stellt man sich zusammen, bildet einen Igel und schießt mit der letzten Patrone sich selbst tot. Wenn man sich vorstellt, dass eine Frau den Stolz hat, dass sie, weil sie nur ein paar beleidigende Worte hört, hinausgeht, sich einsperrt und sich sofort totschießt, dann habe ich vor einem Soldaten keine Achtung, der davor zurückschreckt, sondern lieber in Gefangenschaft geht.[72]

Zumindest in diesem Punkt sollte Hitler später dann auch selbst tun, was er anderen predigte. Die Rote Armee führte unterdessen am 15. Januar 1943 wieder Rangabzeichen ein, die durch Epauletten und andere Kennzeichen den Dienstgrad erkennen ließen. Begründet wurde das mit der Stärkung der Disziplin, der Moral und der leichteren Erkennbarkeit auch im Kampf. Manche Kritiker hielten das für eine Maßnahme, die sie an die Zeit des Zarismus erinnerte, allerdings wurde diese Ansicht nicht allzu laut vorgetragen.

Zwei Tage nach Paulus' Gefangennahme ergab sich auch der nördliche Kessel. Paulus, Schmidt, zweiundzwanzig andere Generäle und weitere 91 000 Mann marschierten in die sowjetische Gefangenschaft, die Überlebenden einer einst rund 275 000 Mann (die Schätzungen unterscheiden sich in diesem Punkt) zählenden Streitmacht, die aus Deutschen, Rumänen, Italienern und antisowjetischen russischen Freiwilligen bestanden hatte und am 23. November 1942 im Kessel von Stalingrad eingeschlossen worden war.[73] In den etwas mehr als zwei Jahren bis zum Kriegsende starb ein noch höherer Prozentsatz deutscher Gefangener in sowjetischem Gewahrsam als unter den Soldaten der Roten Armee in den vier Jahren in deutscher Gefangenschaft. Von den mehr als 90 000 Soldaten der Wehrmacht, die sich in Stalingrad ergaben, kehrten nur 9626 nach Deutschland zurück, einige von ihnen erst im Jahr 1955.

Die sowjetische Seite verlor unterdessen in der Zeit der Kämpfe um und in Stalingrad, die vom 17. Juli 1942 bis zum 2. Februar 1943 andauerten, 479 000 Tote oder in Gefangenschaft geratene Personen, hinzu kamen noch 651 000 Kranke oder Verwundete, insgesamt 1,13 Millionen Menschen.[74] «Stalingrad wurde zum Symbol eines Widerstandes, der in der Geschichte nicht seinesgleichen hat», schrieb Tschuikow. Solche hochtrabenden Formulierungen sind in den Schriften alter Soldaten über ihre vergangenen Schlachten häufig zu finden, aber in diesem Fall waren sie zutreffend. Tschuikow schrieb seine Memoiren mit einer gewissen Bitterkeit während des Kalten Krieges, im Jahr 1959. Der sowjetische General war wütend auf die westlichen Historiker, die die Bedeutung dieser Schlacht herunterspielten. Sein besonderer Groll galt Winston Churchill, John F. C. Fuller, Omar Bradley, Heinz Guderian, Kurt von Tippelskirch, Erich von Manstein «und anderen Apologeten des Imperialismus», und er gab sich bei der Ausarbeitung der Unterschiede zwischen El Alamein und Stalingrad große Mühe:

> Während bei El Alamein den Engländern vier deutsche und acht italienische Divisionen gegenüberstanden und es den Hauptkräften der deutschen und einem Teil der italienischen Kräfte gelang, einer Niederlage zu entgehen, wurden bei Stalingrad allein während der sowjetischen Gegenoffensive vom 19. September 1942 bis 2. Februar 1943 sechsunddreißig Divisionen und drei Brigaden des faschistischen Deutschlands und seiner Satelliten völlig zerschlagen. Außerdem wurde sechzehn Divisionen eine ernste Niederlage zugefügt. ... Im Feuer der Stalingrader Schlacht erkannte die Menschheit das Morgenrot des Sieges über den Faschismus.[75]

Tschuikow übertrieb bei diesen Zahlenangaben nur geringfügig, und an dieser Stelle ist der Hinweis angemessen, dass diese Verteidiger der Menschheit selbst nur wenig Menschlichkeit walten ließen, nicht einmal im Umgang mit den eigenen Landsleuten. Wie viele Sowjetbürger – Deserteure oder Gefangene, die kurz auch als «Hiwis» bezeichneten sogenannten «Hilfswilligen» – für die Deutschen kämpften, ist nicht bekannt. Allein in der SS dienten während des Krieges etwa 150 000 von ihnen, und diese Zahl ist möglicherweise nur «die Spitze des Eisbergs».[76] Den sowjetischen Behörden war das Thema in der Nachkriegszeit unangenehm, deshalb liegen über die von diesen Menschen geleisteten Dienste nur bruchstückhafte Informationen vor, aber nach vorliegenden Schätzungen kapitulierten oder ergaben sich in Stalingrad mehr als 20 000 Hilfswillige. Bis heute ist nicht bekannt, was der NKWD diesen Menschen antat, allerdings gibt es Berichte, nach denen sie sich in Straflagern zu Tode arbeiten mussten, und Schilderungen des Schicksals von anderen, die «zu Tode geprügelt und nicht erschossen wurden, da man Munition sparen wollte».[77] Mit Blick auf das übliche Vorgehen des NKWD geht man wohl am ehesten von der allerbrutalsten Seite des Spektrums von Schätzungen aus.

Die Wehrmacht hatte insgesamt zwanzig Divisionen verloren – dreizehn Infanterie-, drei Panzer- (die 14., 16. und 24.), drei motorisierte und eine Flakdivision –, hinzu kamen noch zwei rumänische Divisionen, ein kroatisches Regiment, Versorgungseinheiten und Angehörige der Organisation Todt, einer militärischen Baueinheit. «Von den 1942/43 erlittenen unersetzlichen Verlusten sollte sich die Wehrmacht nie mehr erholen», schrieb Mellenthin mit einer gewissen Untertreibung. Zeitzler stimmte dieser Einschätzung zu, als er 1956 schrieb, dass Stalingrad «der Wendepunkt des gesamten Krieges war».[78] Der Historiker Nigel Nicolson hielt Stalingrad für «noch schlimmer als 1812, denn Napoleons Armee zog sich wenigstens zurück: Aus Stalingrad gab es keinen Rückzug. Ein Vergleich, der dieser Situation am nächsten kommt, wäre vielleicht, wenn das britische Expeditionskorps in Dünkirchen vollständig vernichtet worden wäre.»[79] Nachdem die Überlebenden der 6. Armee in Gefangenschaft geraten waren, war die Kampfstärke der Wehrmacht im Süden Russlands halbiert; außerdem waren die 500 000 Mann, die Schukow für die Einschließung Stalingrads eingesetzt hatte, jetzt wieder für andere Aufgaben freigeworden und sollten gegen Manstein kämpfen, der den Rückzug zu organisieren hatte und dabei die Genehmigung des OKW oft erst dann einholte, wenn er die entsprechenden Befehle bereits erteilt hatte. Manstein hatte einen Dackel, der auf den Befehl «Heil Hitler» die Pfote hob, aber er selbst bewies einen unabhängigeren Geist.

Törichterweise versuchten die Nazis zu behaupten, die 6. Armee habe sich nicht ergeben, sondern sei im Kampf gegen die Bolschewisten umgekommen. In einem Kommuniqué des OKW vom 3. Februar 1943 wurde verlautbart:

> Ihrem Fahneneide bis zum letzten Atemzuge getreu ist die 6. Armee unter der vorbildlichen Führung des Generalfeldmarschalls Paulus der Übermacht des Feindes und der Ungunst der Verhältnisse erlegen. … Generale, Offiziere, Unteroffiziere und Mannschaften fochten Schulter an Schulter bis zur letzten Patrone. … Das Opfer der 6. Armee war nicht umsonst.[80]

Als die Wahrheit allmählich durchsickerte, vor allem, als die Sowjets die Kriegsgefangenen vor den Augen von Korrespondenten aus aller Welt bei ihrem Marsch auf den Straßen Moskaus vorführten, war die Glaubwürdigkeit der deutschen Kommuniqués noch stärker erschüttert.

Superlative sind bei der Schilderung der Schlacht von Stalingrad unvermeidlich. Es war der Kampf von Gog und Magog, die gnadenlose Auseinandersetzung, in der die Bestimmungen des Kriegsrechts nichts mehr galten. Das bloße Überleben war im eisigen Winter 1942/43 schon eine Leistung, aber die beiden gewaltigen Armeen bekämpften einander den ganzen Winter hindurch aus nächster Nähe, von Haus zu Haus, und das mit einer Verzweiflung und in einem Ausmaß, das es bis dahin in den Annalen der Kriegführung noch nicht gegeben hatte. In dieser Schlacht starben auf beiden Seiten etwa 1,1 Millionen Menschen, und von der halben Million Einwohner der Stadt in der Vorkriegszeit lebten am Ende der Kämpfe nur noch wenige Tausend in der Trümmerlandschaft.

Charles de Gaulles (notwendigerweise sehr privater) Kommentar – «Un grand peuple» –, als er Stalingrad im November 1944 auf dem Weg nach Moskau zu einem Treffen mit Stalin besuchte, bezog sich auf die Deutschen, weil sie so weit gekommen waren und dabei so viel erduldet hatten.[81] Heutzutage muss man dem zustimmen, so verheerend die Entscheidungen auch waren, die ihr Oberkommando und insbesondere ihr oberster Kriegsherr getroffen hatten. Doch in den Straßenkämpfen hatten sich die sowjetischen Soldaten durchgesetzt, die ihre Heimat verteidigten. Der unglaublich zähe Widerstand, den der einfache Soldat der Roten Armee leistete, hatte den Sieg gebracht. Das Unternehmen Barbarossa hatte tatsächlich, wie von Hitler vorhergesagt, dafür gesorgt, dass «die Welt den Atem anhielt», und erst nach Stalingrad konnte sie endlich wieder aufatmen.

11

Funk- und Meereswellen

1939–1945

> «So ist der U-Boot-Krieg – hart, weit verteilt und
> erbittert, ein Krieg des Zupackens und Ertränkens,
> ein Krieg der Hinterhalte und der Listen, ein Krieg
> der Wissenschaft und des seemännischen Könnens.»
>
> *Winston Churchill im britischen Unterhaus,*
> *26. September 1939*[1]

Der britische Politiker Quintin Hogg, 2. Viscount Hailsham, sagte einmal: «Der eine Fall, in dem ich einen Fingerzeig Gottes in der Zeitgeschichte zu erkennen meine, ist die Ernennung Churchills zum Premierminister in genau jenem Augenblick im Jahr 1940.»[2] Ein weiterer Kandidat für ein direktes Eingreifen des Allmächtigen in den Zweiten Weltkrieg könnte das Knacken des deutschen Enigma-Codes durch die Alliierten sein, das einen Strom entschlüsselter Dokumente hervorbrachte, die unter ihrer britischen Bezeichnung für dieses hochgeheime Material bekannt sind: «Ultra». Dieser Erfolg ermöglichte es den Alliierten während eines großen Teils der Kriegszeit, viele der Nachrichten mitzulesen, die von OKW und OKH, von Heer, Luftwaffe, Kriegsmarine, Abwehr, SS und Reichsbahn verschickt und empfangen wurden, insgesamt mehrere Millionen Dokumente.[3] Alle Nachrichten wurden von den Alliierten routinemäßig entschlüsselt, von Hitlers eigener Korrespondenz bis hinunter zum Schriftverkehr des Hafenmeisters von Olbia auf Sardinien. Das machte den Zweiten Weltkrieg, wie Michael Howard es ausgedrückt hat, «zu einer Art Pokerspiel mit gezinkten Karten, allerdings mit einem Gegner, der ständig ein besseres Blatt in der Hand hatte als man selbst». Die Bedeutung dieses Materials lässt sich an dem scherzhaften Akronym ablesen, mit dem die Amerikaner Ultra versahen: «BBR», Burn Before Reading (Vor dem Lesen verbrennen).

Für diejenigen unter uns, die der göttlichen Intervention andere Erklärungen vorziehen, ist auch die Geschichte der Entschlüsselung der Enigma-Maschine voller weltlicher Wunder. Das Gerät wurde 1918 von dem deutschen Erfinder Arthur Scherbius[4] zum Patent angemeldet und 1929 von der Reichswehr erworben (die für Heer und Marine verschiedene Versionen des Systems verwendete). Die Maschine glich äußerlich einer gewöhnlichen Schreibmaschine, war aber mit drei, vier oder fünf rotierenden Walzen (mit jeweils sechsundzwanzig Einstellungen), Lampen und einem Steckerbrett ausgestattet, das an das Schaltbrett eines Telefonisten erinnerte, und sie konnte eine getippte Nachricht in einen Code übertragen, der so kompliziert war, dass die deutschen Militärs seine Entzifferung für unmöglich hielten. Der Kommandant Antonio Sarmiento, ein Geheimdienstmann in General Francos Diensten, schrieb 1936 in einem Bericht zum Ankauf von zehn Enigma-Maschinen in Deutschland durch die Nationalisten: «Um eine Vorstellung davon zu geben, wie sicher diese Maschinen sind, genügt wohl der Hinweis, dass sie bemerkenswerte 1 252 962 387 456 mögliche Kombinationen bietet.»[5]

Die technische Seite der Enigma-Geschichte ist ungeheuer kompliziert und gespickt mit Fachbegriffen wie Banburismus-Verfahren, Cäsar-Reflektor, Delphin-, Tümmler-, Hai- und Triton-Netze (das heißt: Untercodes), Eins-Katalog, Cillies, Herivel-Tipp, Spruchschlüsselverdopplung, Gamma-Walzen, Lochblätter und Steckerbrett-Verbindungen, Rodding, Bigramm-Tabellen, Bomben, Cross-Ruffing, Straight-Cribbing, und dann gab es auch noch ein verwandtes Verschlüsselungssystem namens «Geheimschreiber».[6] Die Entschlüsselung von Enigma und ihrer verwandten Codes – etwa des japanischen diplomatischen Chiffriersystems «Purpur», das zu Material dechiffriert wurde, dem man den Codenamen «Magic» gab – war eine echte Gemeinschaftsleistung der Alliierten, daran beteiligt waren die Geheimdienste Polens, Frankreichs, Großbritanniens, Australiens und der Vereinigten Staaten. Diese Arbeit begann bereits am 8. November 1931, als ein in der Berliner Chiffrierstelle – der für die Verschlüsselung des amtlichen Nachrichtenverkehrs zuständigen Einrichtung – beschäftigter Verräter namens Hans-Thilo Schmidt es einem Agenten des französischen Geheimdienstes ermöglichte, die Gebrauchsanweisung und die «Schlüsselanleitung» für die Enigma zu fotografieren, die er für kurze Zeit aus einem Safe im Reichswehr-Ministerium entwendet hatte. Die Franzosen unterrichteten die Briten, die Briten wiederum die Polen über diese Maschine, aber keiner der beteiligten Dienste konnte den Code ohne die Hilfe eines Enigma-Nachbaus entschlüsseln. Dies gelang dem polnischen Kryptoanalytiker Marian Rejewski im Dezember 1932, allerdings informierten die Verantwortlichen in Polen die Franzosen und die Briten zunächst nicht darüber. Ab diesem Zeitpunkt konnten die Polen die Funksprüche des deutschen Heeres und der Kriegsmarine mitlesen, die Marine war jedoch ab 1937 nach einer Änderung des Verfahrens wieder vor Entschlüsselung sicher (die Vorgaben für die wichtige Anfangseinstellung der Walzen für den jeweiligen Tag änderten sich), und das sollte während der folgenden drei wichtigen Jahre auch so bleiben. Technische Veränderungen an der Maschine durch die Deutschen im Dezember 1938 (das Hinzufügen von zwei weiteren Walzen, was deren Gesamtzahl auf fünf erhöhte) und Januar 1939 (die Verdopplung der Zahl der Anschlüsse auf dem Steckerbrett) gaben den Polen weitere Rätsel auf. Erst Ende Juli 1939 teilten sie dem französischen und britischen Geheimdienst schließlich mit, dass sie den deutschen Nachrichtenverkehr bis Ende 1938 mitgehört hatten.

Ultra war natürlich nicht das einzige Mittel, mit dem die Alliierten Informationen sammelten. Man verhörte Kriegsgefangene; einfachere Funkcodes, wie sie etwa an der Front verwendet wurden, hörte man mit und übergab sie dem britischen Y Department (Y für «wireless», Sprechfunk) zur Entschlüsselung; Fotos von Luftaufklärern wurden in Medmenham an der Themse ausgewertet; Widerstandsgruppen in den von der Wehrmacht besetzten Ländern gaben Informationen weiter; der Auslandsgeheimdienst SIS beschaffte Informationen über seine eigenen Agenten, von denen allerdings viele bereits in der Anfangszeit des Krieges enttarnt wurden. Der Grund dafür war der katastrophale Zwischenfall im November 1939 in Venlo, bei dem die beiden SIS-Hauptmänner Stevens und Best von Gestapo-Agenten, die sich als Widerstandskämpfer ausgaben, festgenommen und über die niederländisch-deutsche Grenze verschleppt wurden; in britische Gefangenschaft geratene deutsche Generäle wurden abgehört, während sie sich über wichtige Themen (zum Beispiel über Raketenwaffen) unterhielten. Ultra war dennoch die mit Abstand wichtigste Informationsquelle, die, weil direkt von den Absendern schöpfend, bei der Analyse auch die wenigsten Fehlerquellen enthielt. Die Codeknacker von Bletchley Park waren, wie Churchill das ausdrückte, «die Gans, die goldene Eier legte», und, was genauso wichtig war, «niemals schnatterte». Sie waren außerdem fast ausnahmslos Amateure, die aus dem Zivilleben heraus angeworben worden waren, obwohl der Beitrag, den sie leisteten, die Ergebnisse der professionellen Geheimdienstmitarbeiter der damaligen Zeit bei weitem übertreffen sollte.[7]

Nach dem deutschen Überfall auf Polen im September 1939 flohen mehrere hochrangige polnische Kryptoanalytiker mit ihrem Enigma-Nachbau außer Landes und wurden vom Deuxième Bureau in einem Schloss in der Nähe von Paris untergebracht, wo sie sich – mit britischer und französischer Unterstützung – an das Entschlüsseln von Nachrichten machten. In dieser Phase brauchten sie dazu allerdings noch zwei Monate, was bedeutete, dass die auf diesem Weg gewonnenen Informationen von den aktuellen Ereignissen längst überholt worden waren. Am 12. Februar 1940 wurde jedoch bei einem Angriff auf das deutsche U-Boot *U 33* vor der Westküste Schottlands ein Enigma-Gerät der Kriegsmarine mit den beiden zusätzlichen Walzen erbeutet. Fünf Wochen später konstruierte ein brillanter, exzentrischer, zu Unfällen neigender, homosexueller Mathematik-Professor aus Cambridge namens Alan Turing an der 65 Kilometer nordwestlich von London gelegenen Government Code and Cypher School (GCCS) in Bletchley Park in Buckinghamshire ein als «Bombe» bezeichnetes elektromechanisches Gerät, das innerhalb einer Minute Hunderte von Rechenoperationen ausführen konnte. Zu den anderen Helden in Bletchley Park zählten die Mathematiker Stewart Milner-Barry und Alfred Dilwyn («Dilly») Knox. Im heutigen EDV-Sprachgebrauch könnte man sagen: Die Polen beschafften die Enigma-Hardware, während die handverlesenen zivilen Genies in Bletchley Park die Software beisteuerten, die Ultra hervorbrachte.

Bletchley Park war alles andere als eine Schule, es war eine Abteilung des Auslandsgeheimdienstes SIS, die von einem viktorianischen Landhaus aus arbeitete, in dem 1939 noch hundertfünfzig Mitarbeiter untergebracht waren, bevor man auf dem Anwesen Holzbaracken errichtete, in denen 1942 bereits dreitausendfünfhundert und bei Kriegsende nicht weniger als zehntausend Personen ihrer nachrichtendienstlichen Tätigkeit nachgingen. (Einige dieser Hütten sind bis heute erhalten, einschließlich derjenigen, in denen die wichtigste Arbeit geleistet wurde, mit den erbeuteten Enigma-Maschinen und den «Bomben»-Vorläufern des Computers.) Die Mitarbeiter in den Baracken Nr. 6 und 3 entzifferten, übersetzten und kommentierten die Nachrichten von Heer und Luftwaffe, bevor sie sie weitergaben, während die Baracken Nr. 4 und 8 (unter der Leitung von Turing und später dann von Hugh Alexander, dem Schachmeister) das Kriegsmarine-Material sichteten und ihre Berichte an die Nachrichtendienst-Abteilung der Admiralität schickten. Die Baracke Nr. 4 analysierte auch eine plötzliche Zu- und Abnahme des anfallenden Nachrichtenverkehrs, aus der sich auf eventuelle Absichten des Feindes schließen ließ. Am 4. April 1940, fünf Wochen, bevor Hitler den Blitzkrieg im Westen begann, gelang erstmals eine Entzifferung des deutschen Heeres-Codes noch am Tag der Versendung, aber ab dem 1. Mai blieben die Briten in Bletchley Park und die Polen in Frankreich drei Wochen lang «blind», nachdem die Deutschen ihr «Spruchschlüssel»-System (die Anweisungen für die Ausgangsstellung der Verschlüsselungswalzen) geändert hatten.[8] Insgesamt jedoch wurden Funksprüche des Heeres und der Luftwaffe innerhalb von drei bis sechs Stunden entschlüsselt, und die Funksprüche der Marine konnten während der Schlacht im Atlantik schon innerhalb einer Stunde nach der Übertragung mitgelesen werden.[9]

Vor dem Mai 1940 hing die Entschlüsselung von Codes noch von Zufallsfaktoren ab, zum Beispiel von Fehlern, wie ihn eine deutsche Einheit beging, die Morgenmeldungen regelmäßig mit der gleichen Wortfolge begann: «Verlauf ruhig». Das verschaffte Gordon Welchman, dem Mathematikprofessor aus Cambridge in Baracke Nr. 6, der Turings «Bombe» 1940 verbessert hatte, wichtige Erkenntnisse über mehrere Buchstaben.[10] Der rasche Ausbau der Luftwaffe vor dem Krieg hatte zur Folge, dass die Funker im Allgemeinen nicht mehr so gut ausbildet und diszipliniert waren und nachlässiger arbeiteten als ihre Kameraden bei Heer und Marine. Die wichtigsten Hilfen für die Codeknacker waren einerseits die Tatsache, dass das Alphabet nur sechsundzwanzig Buchstaben hatte, andererseits der größte Mangel der Enigma-Maschine, nämlich dass kein Buchstabe für sich selbst stehen konnte, und schließlich die fehlenden Zifferntasten, weshalb jede Zahl ausbuchstabiert werden musste, ein weiterer Anlass für Wiederholungen. Turings und Welchmans «Bomben» konnten deshalb die gewaltige Zahl von Permutationen, knapp 1,3 Billionen, ganz erheblich reduzieren.

Erst im April 1941 gelang die Entschlüsselung des Enigma-Codes der deutschen Kriegsmarine – abgesehen von einem sehr kurzen Zeitraum im April 1940 –, obwohl es nicht an Plänen für die Erbeutung eines deutschen Verschlüsselungs-Handbuchs gefehlt hatte, um diesen Vorgang zu beschleunigen. (Den abwegigsten dieser Pläne ersann der Nachrichtendienst-Offizier und spätere Bond-Autor Ian Fleming, der ein erbeutetes Flugzeug im Ärmelkanal abstürzen lassen und dann im Hinterhalt dem Rettungsboot auflauern wollte.)[11] Es war schließlich das Aufbringen des deutschen Frachters *Krebs,* bei dem vor der norwegischen Küste die unentbehrliche Voreinstellungs-Liste erbeutet wurde, die man in Bletchley Park brauchte, um Turings Banburismus-Verfahren für die Entzifferung einsetzen zu können. Alle deutschen Schiffskapitäne hatten die strikte Anweisung, ihre Code-Handbücher im Notfall zu zerstören oder über Bord zu werfen. Aber als *U110* unter dem Kommando von Fritz-Julius Lemp am 9. Mai 1941, nach schweren Beschädigungen durch Wasserbomben zum Auftauchen gezwungen, von den britischen Zerstörern *Bulldog* und *Broadway* aufgebracht worden war, erbeutete Sub-Lieutenant David Balme, der Kommandant des Enterkommandos, an Bord eine funktionsfähige Enigma und die durchweichten Verschlüsselungshandbücher, die Leutnant Allon Bacon vom Marine-Nachrichtendienst an Bord eines Zerstörers über einem Ofen trocknete. Nun endlich war man in Bletchley Park in der Lage, künftige Voreinstellungen des Geräts zu ermitteln, das sogenannte Offiziers-Verfahren. Das bedeutete, dass man jetzt die Ankündigungen von Änderungen der Voreinstellung auffangen konnte. Im Herbst 1941 ließen sich die Geleitzüge mit Hilfe der Ultra-Informationen so umlenken, dass die U-Boote sehr viel weniger Versenkungserfolge erzielten. Ein Historiker schrieb dazu: «Bletchley Park hatte eine Entwicklung durchlaufen, die vom Scheitern an entnervenden kryptoanalytischen Problemen bis zu überwältigenden eigenen Erfolgen führte.»[12] Doch dies sollte nicht lange so bleiben.

Die Abwehr überprüfte zwar regelmäßig die Sicherheit von Enigma, und Vizeadmiral Karl Dönitz, der Befehlshaber der U-Boot-Waffe der deutschen Kriegsmarine, wurde auch dazu befragt, ob die Verschlüsselung möglicherweise geknackt worden war, aber die Deutschen begnügten sich letztlich damit, die vorhandene Technik zu verbessern, anstatt ein völlig neues Kommunikationssystem einzurichten. Der T52-«Geheimschreiber» war zum Beispiel ein Verschlüsselungs- und Übertragungsgerät, das mit bis zu zehn Walzen betrieben wurde, im Vergleich zu den maximal fünf Walzen der Enigma-Geräte. Das Ergebnis dieser Technik trug in Bletchley Park den Codenamen «Fish» und war sehr viel schwieriger zu entschlüsseln, aber es wurde nicht überall eingesetzt. Hätten die misstrauischen Deutschen ihre Nachrichtenübermittlung nur noch diesem Gerät anvertraut, anstatt weiterhin auf Enigma zu setzen, wäre die Geschichte des Zweiten Weltkriegs vielleicht ganz anders verlaufen. Sir Harry Hinsley, der Historiker der britischen Nachrichtendienste zu Kriegszeiten, kam zu dem Ergebnis, dass ohne Ultra die Invasion in der Normandie frühestens 1946 hätte gewagt werden können.[13]

Die Alliierten konnten zwar nicht allzu stark auf Ultra-Informationen setzen, weil sie befürchten mussten, dass die Deutschen den Code-Bruch sonst erkennen würden, aber die auf diesem Weg gewonnenen Informationen verschafften ihnen in vielen entscheidenden Augenblicken des Krieges große Vorteile – Ultra führte beispielsweise zur Seeschlacht bei Kap Matapan, ermöglichte die Versenkung der *Bismarck* und der *Scharnhorst,* enthüllte Rommels Schwächen und Nachschubprobleme vor El Alamein, erleichterte Montgomerys Vorrücken nach Tunesien im März 1943, vereinfachte die Planungen für die Invasion auf Sizilien und in Südfrankreich ganz erheblich, gab Auskunft über die Aufstellung deutscher Divisionen vor der Invasion in der Normandie und enthüllte Hitlers Befehle für einen Gegenangriff in Falaise im August 1944. (Am Tag vor der Schlacht bei Kap Matapan im östlichen Mittelmeer ging Admiral Cunningham in Alexandria mit seinen Golfschlägern an Land, um jeden Verdacht des dortigen japanischen Generalkonsuls zu zerstreuen. Am darauffolgenden Tag, dem 28. März 1941, versenkte er mit seiner Streitmacht drei italienische Zerstörer und zwei Kreuzer, deren Standort, Kurs und Absichten er aus entschlüsselten Ultra-Dokumenten kannte, die man ihm geschickt hatte.)[14] Doch es war zweifellos die Atlantikschlacht, in der Ultra den größten Nutzen brachte. In der Baracke Nr. 8 in Bletchley Park gelang die Entschlüsselung von etwa 1,12 Millionen der insgesamt 1,55 Millionen während des Zweiten Weltkriegs abgehörten Funksprüche der Kriegsmarine.

Die Atlantikschlacht ist beschrieben worden als «ein Kampf, der Großbritanniens Überleben mit Sicherheit ebenso stark gefährdete wie Panzerdivisionen, die durch die Home Countys rollen».[15] In seinen Kriegserinnerungen schrieb Churchill: «Das Einzige, was mich während des Krieges wirklich beängstigte, war die Bedrohung durch die U-Boote. ... Diese Schlacht beunruhigte mich stärker als jene ruhmreichen Kämpfe, die als die Schlacht um England bezeichnet wurden.»[16] Großbritannien musste während des Krieges zwei Drittel aller Nahrungsmittel importieren, 30 Prozent des Eisenerzes, 80 Prozent des Weichholz- und Wollebedarfs, 90 Prozent des Kupfers und Bauxits, 95 Prozent aller Erdölprodukte und 100 Prozent des Gummi- und Chromverbrauchs.[17] Es ist ein bis heute strittiger Punkt, ob Großbritanniens Rüstungsindustrie – falls es den U-Booten gelungen wäre, sie vollständig von Importen abzuschneiden – vor oder nach dem Einsetzen von Hungersnöten in allen städtischen Ballungsgebieten zum Stillstand gekommen wäre. Doch eine solche Entwicklung war unwahrscheinlich, denn Hitler erkannte zu spät die potenziell kriegsentscheidende Bedeutung der U-Boot-Waffe, und das, obwohl sie Großbritannien bereits 1917 fast in die Knie gezwungen hätte. Hätten die Nazis bereits zu Kriegsbeginn, im September 1939, über so viele einsatzfähige U-Boote verfügt wie im März 1945 – also über 463 Einheiten anstelle von nur 43 –, hätten sie den Krieg vielleicht gewonnen.

Im tatsächlichen Kriegsverlauf gelang es ihnen jedoch zu keinem Zeitpunkt, Großbritannien in gefährlichem Umfang von Importen abzuschneiden, und nach dem Angriff auf die Sowjetunion (anstatt im Nahen Osten zu attackieren) und der Kriegserklärung an die Vereinigten Staaten war Großbritannien in Sachen Schiffsverkehr und Versorgungslieferungen effektiv auf der sicheren Seite. Dönitz hatte lange den Standpunkt vertreten, dass die Entscheidung im Krieg gegen England durch Angriffe auf die Handelsschiffe im Atlantik herbeigeführt werden könne, aber nach seiner Einschätzung brauchte er mindestens 300 einsatzfähige U-Boote, um sich des Sieges sicher sein zu können, und 1939 verfügte er nicht einmal über ein Sechstel dieser Anzahl.[18] Als Hitler schließlich die Bedeutung dieser Waffe erkannte, wurde die U-Boot-Produktion enorm forciert, aber für einen Sieg in der alles entscheidenden Atlantikschlacht war es bereits zu spät. Da jeweils nur ein Drittel der U-Boot-Flotte zu einem bestimmten Zeitpunkt einsatzfähig war, weil die übrigen Einheiten instandgesetzt und Besatzungen ausgebildet werden mussten, wäre der späteste Zeitpunkt für ein massives U-Boot-Bauprogramm bereits das Jahr 1937 gewesen, aber Hitler hatte diese Gelegenheit verpasst. Churchill stimmte Dönitz' These zu, nach dem Krieg schrieb er: «Von allen Plagen war die U-Bootplage die schlimmste. Die Deutschen hätten gut daran getan, alles auf diese Karte zu setzen.»[19] Doch Dönitz war bei Kriegsbeginn noch nicht die bedeutende Persönlichkeit, zu der er später werden sollte (wenige Tage vor Kriegsende wurde er sogar noch Hitlers Nachfolger als Staatsoberhaupt und Oberbefehlshaber der Wehrmacht). Bei Kriegsbeginn war er zwar «Führer der Unterseeboote», hatte zu diesem Zeitpunkt aber erst den Rang eines Kommodores erreicht.[20] Der am 16. September 1891 in Grünau bei Berlin geborene Dönitz diente im Ersten Weltkrieg unter dem bekannten U-Boot-Kommandanten Walter Forstmann als 1. Wachoffizier, bis er schließlich ein eigenes Kommando im Mittelmeer erhielt, wo er beim Angriff auf einen Geleitzug nach einem erzwungenen Auftauchmanöver in Gefangenschaft geriet. Die Waffenstillstandsfeierlichkeiten erlebte der Oberleutnant Dönitz im November 1918 als Gefangener an Bord eines britischen Kreuzers in Gibraltar, wo er den Kapitän auf die versammelten Flaggen der alliierten Streitkräfte hinwies, die auf den Schiffen ringsum zu sehen waren. Er fragte den Briten, ob er sich eines Sieges freuen könne, wenn «die ganze Welt notwendig war, um uns zu Boden zu zwingen». ««Yes, it's very curious› (Ja, es ist sehr merkwürdig)», antwortete der Kapitän.[21] Und verpasste so die Gelegenheit, Dönitz eine wertvolle Lektion zu der Frage zu erteilen, was Deutschland widerfahren würde, wenn es einem weltweiten Bündnis den Krieg erklärte.

Karl Dönitz wurde zu einem Befürworter des U-Bootes-Krieges, und das schon lange bevor die deutsche Reichsregierung sich über die Bestimmungen des Versailler Vertrags hinwegsetzte, die Deutschland den Besitz von U-Booten gänzlich untersagten. Im Londoner Vertrag von 1935 einigten sich alle Unterzeichnerstaaten, auch Deutschland, auf eine U-Boot-Flotte mit einer Gesamttonnage von maximal 52 700 Tonnen, wobei keine einzelne Einheit größer als 2000 Tonnen sein sollte, aber Deutschland bediente sich spanischer und finnischer Werften, um diese einschränkenden Bestimmungen zu umgehen. Doch Deutschland benötigte eine Tonnage, die noch sehr viel größer war als die ohnehin bereits vertragswidrig im Bau befindliche, wenn es den britischen Frachtverkehr zur See in Kriegszeiten vernichten wollte. Selbst wenn Dönitz in deutschen Kriegsmarinekreisen einen größeren Einfluss gehabt hätte, wäre dadurch vermutlich nur wenig bewirkt worden, denn auch Großadmiral Erich Raeder trug diese Argumente vor, stieß aber bei Hitler nur gelegentlich auf Interesse. «Zu Lande bin ich ein Held, aber zur See bin ich ein Feigling», hatte Hitler im Gespräch mit Raeder einmal bekannt.[22]

Hitler war von den großen Überwasser-Schiffstypen fasziniert, von Schlachtschiffen wie der *Bismarck* und der *Tirpitz*, von den Panzerschiffen *Deutschland*, *Admiral Graf Spee* und *Admiral Scheer*, den Schlachtkreuzern *Scharnhorst* und *Gneisenau* und dem Schweren Kreuzer *Prinz Eugen*, aber er verstand nur sehr wenig von der Strategie des Seekriegs und der Bedeutung militärischer Seemacht. Er verkannte mit Sicherheit das Potenzial eines massiven U-Boot-Feldzugs und ignorierte im Jahr 1940 weitgehend die dringenden Bitten seiner Admiräle um mehr Schiffe und U-Boote, weil er der Konzentration der Ressourcen auf Heer und Luftwaffe den Vorzug gab. Das sollte sich noch als einer seiner größten Fehler in diesem Krieg erweisen.

Der tief religiöse, gut aussehende Erich Raeder wurde in Wandsbek bei Hamburg als Sohn eines Studienrats geboren. Er war Navigationsoffizier auf der kaiserlichen Jacht *Hohenzollern* gewesen und hatte im Ersten Weltkrieg als Stabsoffizier unter Admiral Franz von Hipper gedient. Nach dem Krieg promovierte er *cum laude* an der Universität Kiel, seine Dissertation über die Kriegführung mit Kreuzern erschien auch als Buch. Im Jahr 1928 wurde er Marine-Stabschef, 1935 dann Oberbefehlshaber der Kriegsmarine. Raeders Schiffsbauprogramm, der sogenannte Plan Z, ging von einem Kriegsbeginn im Jahr 1944 aus, was auf eine sehr mangelhafte Abstimmung mit den Plänen Hitlers schließen lässt. Als der Krieg dann in Wirklichkeit fünf Jahre früher begann, war die deutsche Kriegsmarine im direkten Kräftevergleich noch nicht so weit – besonders im Bereich der Flugzeugträger und U-Boote –, um die Royal Navy besiegen zu können. Deutschland hatte bei Kriegsbeginn nur 2 moderne Schlachtkreuzer – *Scharnhorst* und *Gneisenau* –, 3 Panzerschiffe, 2 Schwere und 6 Leichte Kreuzer, 22 Zerstörer und ganze 43 U-Boote, deshalb versuchte Raeder am 24. September 1939 mehrere Stunden lang, Hitler von den Vorteilen eines großen, sofort ins Werk gesetzten U-Boot-Bauprogramms zu überzeugen.[23] Hitler ließ durchblicken, dass ihm der Vorschlag zusage, aber die Kriegsmarine erhielt anschließend auch nicht annähernd die Mengen an Stahl und Personal zugeteilt, die sie eigentlich gebraucht hätte.

Nach einer Reihe von heftigen Gefechten mit der Royal Navy waren der Kriegsmarine Ende 1940 nur noch 22 U-Boote geblieben, und in der Zeit vom Kriegsbeginn bis zum Sommer 1940 wurden nur 20 neue Boote gebaut. Doch die 25 zu dieser Zeit im Atlantik operierenden Boote hatten im März 1940 zusammen 680 000 Bruttoregistertonnen Schiffsraum versenkt.[24] Eine Gruppe von 7 U-Booten griff am 17. Oktober 1940 in der Nähe von Rockall den Geleitzug SC-7 an, der aus 34 Frachtern bestand, aber nur mit 4 Begleitschiffen unterwegs war. Nicht weniger als 17 Frachter wurden versenkt, und die U-Boote blieben unversehrt. Allein der U-Boot-Kommandant Otto Kretschmer und seine Mannschaft versenkten im Atlantik mehr als eine Viertelmillion Tonnen. Jetzt allmählich erkannte Hitler das Potenzial der U-Boot-Waffe, und am 6. Februar 1941 gab er die Weisung Nr. 23 aus, in der hervorgehoben wurde:

> Im Gegensatz zu unseren früheren Auffassungen ist die stärkste Wirkung im Kampf gegen die englische Wehrwirtschaft durch die hohen Verluste an Handelsschiffen durch See- und Luftkrieg eingetreten. … Eine weitere erhebliche Steigerung ist durch den vermehrten Einsatz von Unterseebooten im Laufe dieses Jahres zu erwarten und kann damit in absehbarer Zeit zum Zusammenbruch der englischen Widerstandskraft führen. … Ziel der weiteren Kriegführung gegen das englische Mutterland muss es daher sein, alle Mittel des See- und Luftkrieges in der Bekämpfung der feindlichen Zufuhr zusammenzufassen … Die Versenkung von Handelsschiffen ist wichtiger als die Bekämpfung feindlicher Kriegsschiffe.[25]

Doch zu diesem Zeitpunkt war Hitler bereits intensiv mit der Planung für das Unternehmen Barbarossa befasst, die U-Boot-Offensive sollte durch diese Entwicklung erheblich zu leiden haben. Hätte sich Hitler zunächst auf den Sieg über Großbritannien konzentriert, hätte er sich anschließend in aller Ruhe nach Osten wenden können, ohne Kräfte für die Kriegführung in Nordafrika oder im Mittelmeerraum abziehen zu müssen, und die britische Unterstützung für die Sowjetunion wäre ebenfalls entfallen.

Die Focke-Wulf 200 Condor wurde als Seeaufklärer und Fernbomber eingesetzt und hatte eine Reichweite von bis zu 3500 Kilometern. Sie trug eine Bombenlast von 2100 Kilogramm und flog mit 250 km/h, hatte aber nur eine unzureichende Panzerung. U-Booten konnte sie als Aufklärungsflugzeug unschätzbar wertvolle Dienste leisten, aber als Dönitz bei Göring um mehr Condor-Maschinen bat, stieß er auf Ablehnung, und allen ambitionierten Absichtserklärungen in der Weisung Nr. 23 zum Trotz musste er sich mit den zwölf Condors des Kampfgeschwaders 40 begnügen. Das reichte nicht annähernd aus, und zu einem späteren Zeitpunkt hielt er fest, dass hier die fehlerhafte Kriegführung mit schmerzlicher Klarheit deutlich geworden sei.[26] Die Einberufung von 25 000 Schiffbau-Facharbeitern zum Kampf an der Ostfront war ein weiterer Rückschlag für Raeder und Dönitz. Als Hitler zwei Jahre später die völlige Einstellung des Baus von Großkampfschiffen verkündete, bat Raeder um seinen Abschied, und Dönitz wurde sein Nachfolger.

Die Atlantikschlacht wurde in einer unwirtlichen Umgebung ausgefochten. Einer, der damals mitgekämpft hatte, erinnerte sich: «Haushohe Wellen kamen von allen Seiten, und ob nun einer im Dienst war oder nicht, er konnte sich nur selten ausruhen, musste den Körper immerzu absteifen, Arme und Beine knicken, wie ein erfrorener Skifahrer, um die Bewegungen des Schiffes auszugleichen.»[27] Der Matrose Edward Butler, der auf einem Begleitschiff für einen Geleitzug diente, berichtete, wie kalt es bei diesen Atlantiküberquerungen werden konnte, wenn das Eis «das gesamte Oberdeck überzog und der Kapitän alle Mann einsetzen musste, um es abzuschlagen, weil das Schiff sonst zu kopflastig wurde und eine sehr große Kentergefahr bestand. Also arbeiteten wir nachts, in völliger Dunkelheit, um das Eis zu entfernen.»[28] Die beste fiktionale Darstellung der Schlacht ist Nicholas Monsarrats 1951 erschienener Roman *The Cruel Sea* (dt. 1951: *Grausamer Atlantik)*, der später, mit Jack Hawkins und Denholm Elliott in den Hauptrollen, auf ansprechende Art verfilmt wurde. Das Buch ist die Geschichte der 1000-Tonnen-Korvette *Compass Rose* und ihrer 88-köpfigen Besatzung, von der Indienststellung des Schiffes 1940 bis zu seiner Torpedierung 1942, und der anschließenden Einsätze der Fregatte *Saltash*, es erzählt vom U-Boot-Krieg, von den Geleitzügen nach Murmansk und von der Invasion in der Normandie. Monsarrat macht dabei auch keinen Hehl aus seiner uneingeschränkten Bewunderung für die Männer der Handelsmarine, die auf Öltankern mitfuhren: «Sie lebten während so einer drei oder vier Wochen dauernden Reise ständig wie auf dem Pulverfass. Die Ladung ihrer Schiffe – der Lebenssaft des ganzen Krieges – war die tückischste, die es gab: Ein Torpedo, eine einzige kleine Bombe oder auch nur die versprengte Kugel eines Maschinengewehrs vermochten ihr Schiff in eine Fackel zu verwandeln.»[29] Auch die für die Zusammenstellung eines Geleitzugs benötigte Logistik wird anschaulich beschrieben; zeitweise waren mehr als fünfhundert Schiffe in einem Dutzend oder mehr Geleitzügen auf See, und

> alle mussten bemannt und termingemäß beladen werden, einerlei, welche Schwierigkeiten mit Bahntransport und Lagerung entstanden. ... Ihre Kapitäne mussten an Besprechungen teilnehmen, in denen die letzten Fahrtanweisungen festgelegt wurden, sie mussten genau zur angesetzten Stunde ihr Schiff am bestimmten Ort haben, Lotsen mussten für alle zur Stelle sein und sämtliche Schiffe sich pünktlich mit den ihrem Geleitzug zugeteilten Sicherungsfahrzeugen vereinigen, für die ebenfalls komplizierte Vorbereitungen und sorgsame Planung nötig waren. Jedes Schiff musste seinen Ladeplatz haben, überall mussten genügend Stauer zum Laden und Löschen zur Verfügung stehen. Einhundert Fabriken mussten ein bestimmtes Lieferdatum auf ihrer Terminliste einhalten. Ein in Birmingham oder Clapham beim Dienst schlafender Weichensteller konnte die ganze Organisation durcheinanderbringen, ein Dritter Steuermann, der sich dienstags anstatt montags betrank, konnte ein Dutzend genauer Pläne ruinieren, ein einziger Luftangriff von den Hunderten, die Englands Häfen zusetzten, konnte einen Geleitzug halbieren, so dass es sich nicht lohnte, ihn über den Atlantik zu schicken.[30]

Ein großes Problem der britischen Strategie zu Kriegsbeginn war, dass dem offensiven Vorgehen gegen die U-Boot-Gefahr zu viel Beachtung geschenkt und dabei zu wenig für den Schutz der Geleitzüge getan wurde, die, wie sich bereits im Ersten Weltkrieg gezeigt hatte, die beste Methode für das Offenhalten der Seewege waren. Nach Ansicht des Vizeadmirals Peter Gretton vergeudete die Royal Navy «sehr viel Energie bei der Jagd auf U-Boote auf hoher See, anstatt die größtmögliche Zahl von Schiffen für den Begleitschutz einzusetzen».[31] Edward Fogarty Fegen etwa, der Kapitän des zum Hilfskreuzer umgebauten, aber ungepanzerten ehemaligen Liniendampfers *Jervis Bay*, griff tapfer, aber (angesichts der viel schwächeren Bewaffnung seines Schiffes) mit selbstmörderischem Mut im November 1940 das Panzerschiff *Admiral Scheer* an und ermöglichte es damit dem Geleitzug HX-84, sich in der Abenddämmerung hinter einer Nebelwand zu zerstreuen. Aber sein Schiff war die einzige Eskorte für siebenunddreißig Frachter. (Die *Scheer* versenkte dennoch fünf der Frachter und deren mutigen Begleiter. Fegen wurde posthum mit dem Victoria-Kreuz ausgezeichnet.)

Erst ab dem Mai 1941 erhielten Geleitzüge eine Eskorte für die gesamte Atlantikroute, aber in sehr vielen Fällen wurden sie immer noch völlig unzureichend geschützt. Die Reichweite der britischen Liberator-Bomber genügte zwar, um den Ostatlantik nach aufgetaucht fahrenden deutschen U-Booten absuchen und sie angreifen zu können, bevor sie sich durch einen Alarmtauchgang in Sicherheit brachten, aber das Bomberkommando stellte dem Küstenkommando nur sechs Staffeln zur Verfügung, was für eine durchschlagende Wirkung nicht ausreichte. Der Schutz durch Begleitflugzeuge blieb im Allgemeinen dürftig und fiel auf halber Strecke völlig aus, nämlich dort, wo sich im Zentralatlantik die «Ozean-Lücke» auftat, ein mehrere hundert Kilometer breiter Bereich, den von Großbritannien, Island oder Kanada startende Flugzeuge nicht mehr erreichen konnten. (Diese Lücke wurde 1943 durch die Indienststellung der Liberator-Maschinen mit vergrößerter Reichweite geschlossen.) Das RAF-Küstenkommando war bei Kriegsbeginn völlig unzureichend ausgerüstet und hatte zu wenig und ungenügend ausgebildetes Personal, wenn man bedenkt, dass seine Hauptaufgabe die Bekämpfung von Überwasserschiffen und nicht die Jagd auf U-Boote war. Außerdem bestand eine absurde Rivalität zwischen der Marine- und der Luftwaffenführung, die in der Anfangsphase des Krieges auch auf Kosten der Effizienz ging. Die Amerikaner brauchten noch länger, um ein geeignetes Geleitzug-System einzuführen. An der Ostküste der Vereinigten Staaten führten Versäumnisse bei der Verdunkelung in den Häfen und die Verlegung eines großen Teils der US-Marine in den Pazifik nach Pearl Harbor im Zeitraum bis August 1942 zur Versenkung von sage und schreibe 485 Schiffen mit insgesamt 2,5 Millionen BRT.[32]

Die Atlantikschlacht brachte für die britischen Strategen einige nervenzerreißende Augenblicke mit sich: Allein im März 1941 versenkten die U-Boote 49 Schiffe. Doch im selben Monat wurden auch drei von Dönitz' besten U-Boot-Kommandanten ausgeschaltet. Der erfolgreichste deutsche U-Boot-Kapitän, Otto Kretschmer – er hatte 46 Schiffe mit einer Gesamttonnage von 273 000 BRT versenkt –, geriet in Gefangenschaft, nachdem sein *U 99* durch Wasserbomben zum Auftauchen gezwungen worden war. Bei diesem Geleitzuggefecht unter dem Befehl von

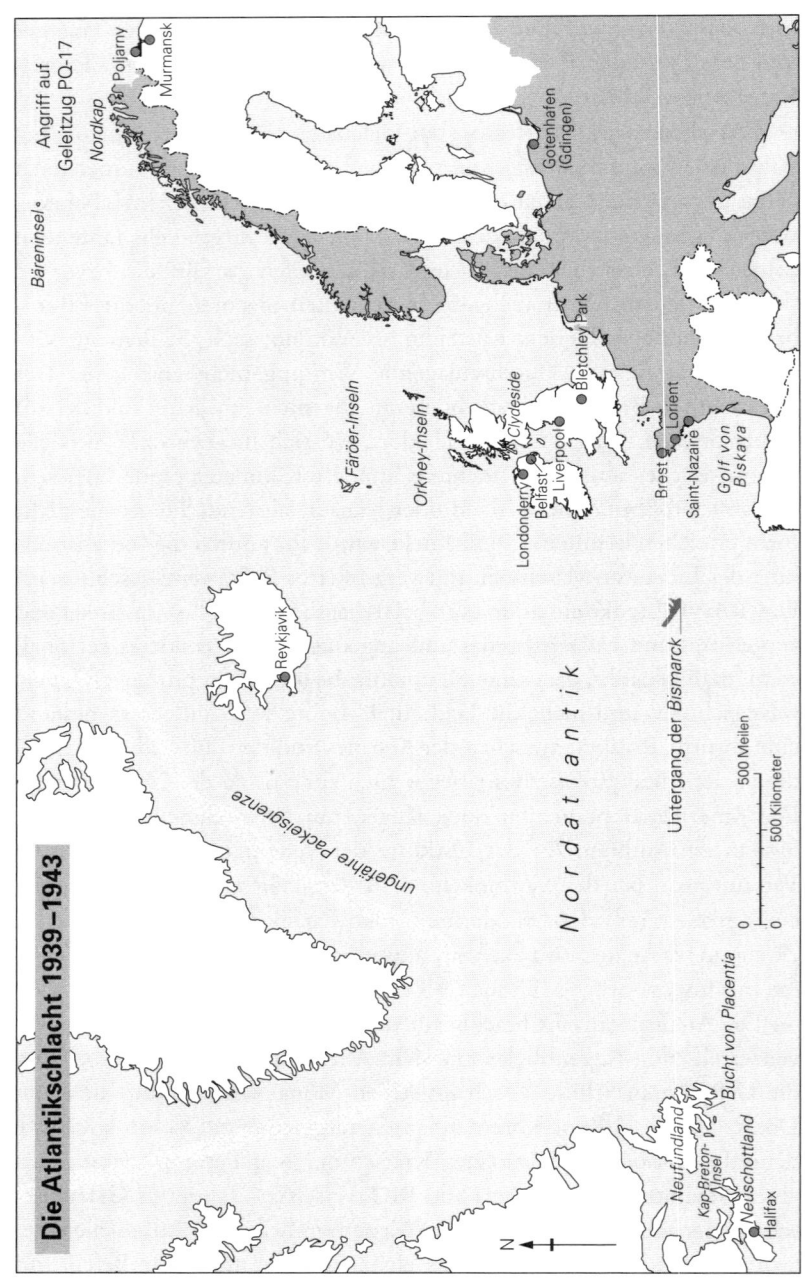

Escort Group Commander Donald MacIntyre wurde außerdem Joachim Schepke, der Kapitän von *U 100*, getötet. Günther Prien, der im Oktober 1939 im Hafen von Scapa Flow das britische Schlachtschiff *Royal Oak* torpediert hatte, starb bei der Versenkung von *U 47* durch den Zerstörer *Wolverine*. Einen noch größeren Schlag für die U-Boote bedeutete in jenem Monat die Ankündigung der Vereinigten Staaten, die Gewässer zwischen Kanada und Island würden ab sofort von der eigenen Marine geschützt, so dass die Royal Navy sich umgehend auf den Schutz von Geleitzügen konzentrieren konnte. Im September 1941 erteilte Roosevelt amerikanischen Schiffen die Erlaubnis, bei jeder Sichtung auf deutsche U-Boote zu feuern – dies kam einer Eskalation der aggressiven Haltung des «neutralen» Amerika gleich. Admiral Harold Stark, Chief of Naval Operations der US-Marine, hielt insgeheim über diese Phase des Schießkriegs fest: «Was den Atlantik betrifft, so sind wir fast, wenn nicht sogar tatsächlich dabei.»

Nach der Entschlüsselung von Enigma im April 1941 wurden die alliierten Geleitzüge im Nordatlantik in der Zeit von Juli bis Dezember 1941 so geschickt umdirigiert, dass kein einziger von ihnen mehr abgefangen wurde.[33] Es kam zwar immer noch zu erheblichen Verlusten – in diesem Zeitraum wurden über 720 000 Tonnen versenkt –, doch nach Schätzungen von Experten wurden auch mehr als 1,6 Millionen Tonnen gerettet. Natürlich hätte kein noch so ausgefeiltes Umdirigieren die Geleitzüge retten können, wenn die Deutschen mit einer genügenden Zahl von U-Booten in diesen Krieg gegangen wären und auf diese Weise die Lücken beim Lauern auf die Konvois geschlossen hätten. Churchill warnte Roosevelt im Mai 1941, die Alliierten würden bei einem Verlust von 4,5 Millionen BRT Schiffsraum im Verlauf des nächsten Jahres – bei Neubauten im Umfang von 3,5 Millionen Tonnen in den USA und einer Million Tonnen in Großbritannien – «nur noch auf der Stelle treten und beim Schwimmen gegen den Strom keinen Meter vorankommen».[34] Doch dies war auch der erste Monat, in dem ein Geleitzug, der den Atlantik von West nach Ost überquerte, eine ständige Eskorte für die gesamte Strecke erhielt. Im September 1941 begann Hitlers verspätet angelaufenes U-Boot-Bauprogramm jedoch Früchte zu tragen, und Dönitz hatte jetzt über einhundertfünfzig einsatzfähige U-Boote zur Verfügung, mit denen er den Sieg in der Atlantikschlacht erzwingen wollte.

Noch bei Kriegsbeginn waren sowohl die britische wie auch die deutsche Marineführung davon ausgegangen, dass den großen deutschen Überwasserschiffen in der Frage, ob Großbritannien überleben oder ausgehungert werden würde, eine entscheidende Bedeutung zukommen würde. In London wie in Berlin dachte man, dass das britische «Weltreich jenseits der Meere», falls die deutschen Großkampfschiffe die «Ozean-Lücke» beherrschen sollten, nicht imstande wäre, sich Churchills Ankündigung am Schluss seiner Dünkirchen-Rede 1940 zu eigen zu machen, nämlich «bewaffnet und beschützt von der britischen Flotte den Kampf fortzuführen, bis ... die Neue Welt, mit all ihrer Kraft und Macht, vortritt zur Rettung und Befreiung der Alten Welt.»[35] Sollte es jedoch der Royal Navy und ihren kanadischen, später auch den amerikanischen Verbündeten gelingen, diese gewaltigen Schiffe zu versenken, hielt man die Gefahr für sehr viel geringer. Bei Kriegsbeginn waren die *Graf Spee* und die *Deutschland* bereits so stationiert, dass sie die Atlantik-Handelsrouten angreifen konnten, und die *Scharnhorst* und die *Gneisenau* unternahmen im November 1939 ihre erste Feindfahrt.

Die erzwungene Selbstversenkung der *Graf Spee* am 17. Dezember 1939 vor dem Hafen von Montevideo – sie fiel, wie bereits im 1. Kapitel geschildert, einem tapfer geführten Seegefecht vor der Mündung des Rio de la Plata, aber auch einem glänzenden britischen Täuschungsmanöver zum Opfer – versetzte der Legende von der Unbesiegbarkeit, die die großen deutschen Kampfschiffe zu umgeben begann, einen herben Schlag. Hinzu kam noch, dass die deutsche Invasion in Norwegen im April 1940 die Kriegsmarine – trotz des Gesamterfolgs – teuer zu stehen kam, denn sie verlor fast die Hälfte ihrer Zerstörerflotte. Aber der Sieg über Frankreich im Juni 1940 ermöglichte ihr die Nutzung der französischen Atlantikhäfen, in Lorient, Brest, La Rochelle und Saint-Nazaire richtete sie große Stützpunkte ein. Im Oktober 1940 gelang der *Admiral Scheer* der Durchbruch in den Atlantischen Ozean, zwei Monate später folgte ihr der Schwere Kreuzer *Admiral Hipper*. Die britische Marineführung schien nicht in der Lage zu sein, die großen deutschen Kampfschiffe an der Fahrt durch die Dänemarkstraße zwischen Grönland und Island zu hindern. Admiral Günther Lütjens wandte sich schließlich im Januar 1941 an die Besatzungen von *Scharnhorst* und *Gneisenau,* mit denen er ebenfalls über die Dänemarkstraße den offenen Atlantik erreichte: «Zum ersten Mal in der Geschichte ist es deutschen Schlachtschiffen heute gelungen, die englische Blockade zu durchbrechen. Nun wollen wir neuen Erfolgen entgegeneilen.»[36] Für kurze Zeit lag er mit dieser Aufforderung richtig: Beide Schiffe versenkten zusammen innerhalb von zwei Monaten 116 000 Tonnen Schiffsraum der Alliierten.

Doch beide Marineführungen irrten sich mit ihrer Annahme, dass die großen Schlachtschiffe die entscheidende Rolle spielen würden. In Wirklichkeit wurde schon sehr bald deutlich, dass die Hauptbedrohung von den U-Booten ausging, vor allem in der Phase, die von den Besatzungen später als «die glücklichen Zeiten» von 1939 bis 1941 bezeichnet wurde. U-Boote waren oft schneller als ihre Beute, aufgetaucht – was nachts gängige Praxis war – liefen sie durchschnittlich etwa 17 Knoten (während sie getaucht nur drei Knoten schafften). Jahrzehnte nach dem Krieg listete Dönitz die Vorteile der U-Boote auf, die manövrierfähiger waren als die Vorgängermodelle im Ersten Weltkrieg, und

> sie hatten nur eine kleine Silhouette, die nur aus dem Kommandoturm bestand, deshalb war ein U-Boot bei einem Nachtangriff sehr schwer auszumachen. Allmähliche Verbesserungen der Funktechnik sorgten dafür, dass die U-Boote nicht mehr gezwungen waren, allein zu kämpfen, sondern gemeinsam angreifen konnten. Das ermöglichte uns die Entwicklung der «Wolfsrudel»-Taktik, die sich als sehr wirksames Mittel gegen die Geleitzüge erwies.[37]

Dönitz führte nach dem April 1941 die «Rudeltaktik» ein, bei der das erste U-Boot, das einen Geleitzug entdeckte, den Schiffen folgte und dabei Funksprüche ans Hauptquartier und andere in diesem Seegebiet operierende U-Boote absetzte, bis schließlich in der Dunkelheit ein gemeinsamer Überwasserangriff gefahren wurde, bei dem alle U-Boote als «Wolfsrudel» aus kurzer Entfernung ihre Torpedos abfeuerten. Monsarrat beschrieb, wie die U-Boote 1941 die Oberhand gewannen:

> Der Feind vermehrte sich nicht nur – er operierte jetzt auch nach genauen taktischen Plänen. Endlich verstanden die U-Boote ihre Attacken zu koordinieren: Sie jagten jetzt in Rudeln zu je sechs oder sieben, die ein gewaltiges Stück des Geleitzugweges kreuz und quer abstreiften und, sobald sie Gefechtsberührung hatten, ihre volle Kraft konzentrierten. Sie konnten sich stützen auf französische, norwegische und baltische Häfen, in denen sie alle Schutzeinrichtungen und Überholungsmöglichkeiten besaßen, sie hatten Langstreckenflugzeuge, die für sie den Feind ausfindig machten und identifi-

zierten; sie waren zahlreich, dauernd im Training, besaßen bessere Waffen und hatten den Ansporn des Erfolges für sich.[38]

Im März 1941 hatten die Alliierten über 350 000 BRT Schiffsraum verloren, im April stiegen die Verluste auf den Höchstwert von 700 000 Tonnen. Die britische Handelsmarine, die größte der Welt, verfügte 1939 über eine Gesamttonnage von 17,5 Millionen, und die Gefahr, die ihr drohte, wenn sie innerhalb von nur zwei Monaten mehr als eine Million Tonnen verlor, war offensichtlich.[39] Churchill rief am 6. März 1941 das Komitee für die Schlacht um den Atlantik (Battle of the Atlantic Committee) ins Leben, das die Arbeit von Ministern, Zivilverwaltung und hochrangigen Vertretern der einzelnen Waffengattungen koordinieren sollte. In seiner auf den gleichen Tag datierten «Weisung für die Schlacht um die Atlantik» heißt es unter anderem:

> Wie aus verschiedenen deutschen Erklärungen hervorzugehen scheint, hat die Schlacht um den Atlantik begonnen. ... Wir müssen die Offensive gegen U-Boot und «Focke-Wulf» ergreifen, wo und wann immer dies möglich ist. Das U-Boot auf See muss gejagt, das U-Boot in der Werft und im Dock bombardiert werden.[40]

Doch zunächst ergriffen die Deutschen die Initiative, sie schickten das Schlachtschiff *Bismarck* und den neuen Schweren Kreuzer *Prinz Eugen* in den Atlantik, wo sie die Geleitzugrouten bedrohen sollten. Damit verband sich die Hoffnung, Großbritannien so wirksam von Versorgungslieferungen abschneiden zu können, dass das Land um Frieden bitten musste. Die *Bismarck* war am 14. Februar 1939 in Hamburg von Dorothea von Löwenfeld, der Enkelin des «Eisernen Kanzlers», getauft worden; Göring, Goebbels, Heß, Ribbentrop, Himmler, Bormann, Keitel und natürlich auch Raeder waren persönlich anwesend. Hitler hielt eine Rede. Das Schiff war 251 Meter lang, erinnerte sich später der britische Autor Ludovic Kennedy, der als Reserveleutnant 1941 an der Verfolgung der *Bismarck* beteiligt gewesen war,

> 36 Meter breit und hatte Raum für acht 38-cm-Geschütze und sechs Flugzeuge. Seiten und Kommando- und Geschütztürme waren mit bis zu 360 Millimeter starkem, besonders gehärtetem Wotan-Stahl gepanzert. Mit

35 000 Tonnen geplant, um dem Londoner Flotten-Vertrag Genüge zu leisten, würde sie in Wirklichkeit auf 41 700 Tonnen Standard-Wasserverdrängung und voll beladen auf über 50 000 Tonnen kommen. Nie zuvor hatte es ein Kriegsschiff wie die *Bismarck* gegeben; sie symbolisierte nicht nur eine neu auferstandene Flotte, sondern die ganze neu auferstandene deutsche Nation. ... Kriegsschiffe verbinden auf einzigartige Weise Anmut mit Kraft, und mit der hohen Rundung ihres Stevens und dem majestätischen Schwung ihrer Linien, mit der Symmetrie ihrer Panzertürme, mit der schnittigen Schornsteinkappe und ihrer ungezwungenen Arroganz auf dem Wasser war die massige und elegante *Bismarck* damals das anmutigste und gewaltigste Kriegsschiff aller Zeiten. Kein Deutscher sah sie ohne Stolz, kein Neutraler und kein Feind ohne Bewunderung.[41]

Die *Bismarck* hatte zwölf Kessel, die vier Geschütztürme – Anton und Bruno vorne, Caesar und Dora achtern – wogen jeweils 1000 Tonnen, das Schiff erreichte eine Höchstgeschwindigkeit von 30 Knoten und hatte 2065 Mann Besatzung. Die *Prinz Eugen* mit einer Wasserverdrängung von 14 000 Tonnen hatte acht 20,3-cm-Geschütze und lief bis zu 32 Knoten.

Diese beiden Kriegsschiffe verließen Gotenhafen (so hieß von 1939 bis 1945 das heutige Gdynia/Gdingen) am Sonntag, dem 18. Mai, um 21.30 Uhr zum Unternehmen Rheinübung mit dem Ziel, in den Atlantik durchzubrechen. Bei der Reinigung der Öltanks der *Bismarck* waren mehrere polnische Arbeiter durch giftige Dämpfe ums Leben gekommen, weshalb nicht ganz vollgetankt, sondern auf 200 Tonnen Treibstoff verzichtet wurde. Das sollte Ernst Lindemann, der Kapitän des Schiffes, später noch bitter bereuen. Die *Bismarck* und die *Prinz Eugen* hielten den größtmöglichen Abstand zum britischen Flottenstützpunkt in Scapa Flow und durchfuhren schließlich die Dänemarkstraße. Dort tauchten sie am Nachmittag des 23. Mai auf den Radarschirmen der beiden Schweren Kreuzer *Norfolk* und *Suffolk* der Royal Navy auf, die sich auf Ortung und Verfolgung beschränkten, bis die Schlachtschiffe *Prince of Wales* und *Hood* bei Anbruch des nächsten Tages zur Stelle sein würden, um diesen Gegner zu stellen. «Wenn man von einem Schiff sagen kann, dass es in der Zeit zwischen den zwei Weltkriegen die britische Seemacht und das britische Empire schlechthin verkörperte, dann war es ‹The mighty Hood›, wie ganz Großbritannien und die Flotte sie nannten.» Mit ihrem Bau war 1916 begonnen worden, und mit 262 Metern Länge war sie sogar noch etwas länger als die *Bismarck*. Wie die *Bismarck* verfügte sie über acht 38,1-cm-Geschütze in vier massiven Doppeltürmen. Wenn sie mit ihrer Höchstgeschwindigkeit von 32 Knoten fuhr – sie war das schnellste Schiff dieser Größenordnung –, kam sie mit einer Tonne Öl nur eine halbe Seemeile weit. Dieses Schiff hatte alles, mit einer Ausnahme: Die Horizontalpanzerung ihrer Decks war ungenügend, denn mit ihrem Bau war noch kurz vor der Skagerrakschlacht begonnen worden, in der drei britische Schlachtkreuzer durch senkrecht auf den Decks einschlagende Granaten verlorengegangen waren. Dennoch war die *Hood* nie entsprechend nachgerüstet worden.

Als das Gefecht der *Hood* und der *Prince of Wales* mit der *Bismarck* und der *Prinz Eugen* am Samstag, dem 24. Mai 1941, um 6 Uhr morgens aus einer Entfernung von 21 Kilometern begann, waren die *Norfolk* und die *Suffolk* nicht nahe genug herangekommen, um Hilfe leisten zu können. Ludovic Kennedy schilderte das Geschehen in seinem ausgezeichneten Bericht *Pursuit: The Sinking of the Bismarck* (dt.: *Versenkt die Bismarck!*) so:

> Einen Augenblick lang stand die Welt still. Dann erhoben die Geschütze ihre gewaltigen, entsetzlichen Stimmen. Die Detonationen nahmen einem fast die Besinnung, dichte Wolken schwarzen, bitter schmeckenden Pulverrauches legten sich an den Gaumen, verätzten einem die Augen – und vier Granaten, jede eine Tonne schwer, schossen mit 2500 Kilometer Stundengeschwindigkeit aus den Rohren.[42]

Norfolk und *Suffolk* waren nicht in der Lage, die *Bismarck* von achtern her zu beschießen, die ihr Feuer deshalb auf die *Hood* konzentrieren konnte, und die geriet auch noch unter den Beschuss der *Prinz Eugen*. Weil die beiden deutschen Schiffe seit der letzten Sichtung die Position getauscht hatten, feuerte die *Hood* auf das falsche Ziel – auf die *Prinz Eugen,* nicht auf die *Bismarck* –, denn die beiden Schiffe sahen sich, trotz ihrer sehr unterschiedlichen Wasserverdrängung, auf diese große Entfernung ähnlich.[43] Die Deutschen hatten außerdem den «Vorteil des Windes» auf ihrer Seite, denn die britischen Schiffe feuerten nach Luv, so dass die Linsen der Entfernungsmesser in den vorderen Geschütztürmen von der Gischt lahmgelegt wurden und andere, weniger genaue Messgeräte im Artillerieleitstand benutzt werden mussten. Außerdem konnten nur die vorderen Geschütztürme eingesetzt werden, denn die britischen Schiffe liefen frontal auf die Deutschen zu, während ihre Gegner alle schweren Geschütze einsetzen konnten, über die sie verfügten.

Und dennoch wäre das, was jetzt folgte, nicht zu verhindern gewesen, es hätte keine Rolle gespielt, welche Art von Entfernungsmesser eingesetzt wurde, was die *Norfolk* und die *Suffolk* taten und wie viele Geschütze die *Hood* selbst einsetzte. Nur eine in der Zwischenkriegszeit eingebaute zusätzliche Deckpanzerung hätte die *Hood* retten können. Nach Kennedys Schilderung stürzte eine Granate der *Bismarck*

> wie eine Rakete herab, traf das alte Schiff voll zwischen Mitte und Heck, durchschnitt Stahl und Holz, durchbohrte das Deck, das hätte verstärkt werden sollen und niemals verstärkt worden war, drang tief unter der Wasserlinie in die Eingeweide des schwimmenden Kolosses ein, explodierte und ließ die 10,2-cm-Munitionskammer detonieren, die ihrerseits die achtere 38,1-cm-Munitionskammer hochgehen ließ. Vor den Augen der entsetzten Briten und der ungläubig zusehenden Deutschen schoss eine riesige Flammensäule aus der Mitte des Schiffes empor.[44]

Niemand, der diese Flammensäule sah, hat sie jemals vergessen. Die *Hood* explodierte und sank, und von über tausendvierhundert Besatzungsmitgliedern überlebten nur drei. Kapitän John Leach von der *Prince of Wales* feuerte weiter auf die *Bismarck,* traf sie zweimal, wenn auch erst mit der siebten Salve, aber wurde selbst auch von deutschen 38,1- und 20,3-cm-Geschossen getroffen, so dass er gezwungen war, sich hinter einem Rauchschleier abzusetzen. In einem nur zwanzig Minuten dauernden Gefecht war es den Deutschen gelungen, den maritimen Stolz des britischen Empires zu versenken. Doch danach wendete sich das Blatt. Eine der beiden 36-cm-Granaten der *Prince of Wales,* die die *Bismarck* trafen, hatte deren Treibstofftanks beschädigt, so dass das Schiff jetzt Öl verlor. Da die *Bismarck* ohnehin nicht voll aufgetankt in See gestochen war und unterwegs noch keinen neuen Treibstoff aufgenommen hatte, wollte der Kapitän jetzt die Versorgungsschiffe treffen und, wie er hoffte, seine Widersacher dabei vor die Torpedorohre eines Wolfsrudels locken.[45] Die *Prinz Eugen* setzte sich unterdessen, gedeckt durch einen Angriff der *Bismarc*k auf *Norfolk* und *Suffolk,* mit westlichem Kurs ab.

Neun Fairey Swordfish-Torpedobomber des Flugzeugträgers *Victorious* trotzten am 24. Mai bei Sonnenuntergang dem Abwehrfeuer aus den achtundsechzig Flakgeschützen der *Bismarck* und landeten mit ihren 45-cm-Torpedos einen Treffer. Das Schlachtschiff, das immer noch eine Ölspur hinter sich herzog, änderte jetzt seinen Kurs und fuhr in Richtung Brest. Dann leistete Enigma den entscheidenden Beitrag, als ein hochrangiger Luftwaffenoffizier in Athen mit Hilfe des Enigma-Codes der Luftwaffe von seinem auf der *Bismarck* dienenden Sohn den Bestimmungsort des Schiffes erfragte und die Antwort «Brest» erhielt. Die *Bismarck* hätte den rettenden Hafen vielleicht noch erreicht, wenn sie die Funkstille nicht unter Benutzung eines Codes aufgehoben hätte, den man in Bletchley Park geknackt hatte. Sie wäre ohnehin fast entkommen, nachdem ihre Position nur ungenau bestimmt worden war, aber am 26. Mai um 10.30 Uhr sichtete sie ein Patrouillenpilot der US Navy namens Leonard Smith, der für das Küstenkommando der Royal Air Force (sieben Monate vor dem Kriegseintritt der USA) mit einem Aufklärungsflugboot des Typs Consolidated Catilina unterwegs war.[46]

Die aus Gibraltar herbeieilende «Force H», der unter anderem der Schlachtkreuzer *Renown* und der Flugzeugträger *Ark Royal* angehörten, griff bereits am Nachmittag dieses Tages an. Maschinen der *Ark Royal* landeten zwei Treffer mit Aufschlagzünder-Torpedos, von denen einer auf der Steuerbordseite achtern unter der Wasserlinie in die Ruderanlage eindrang, explodierte und das Steuerbordruder in der mittleren Schraube verklemmte. Dieser Treffer blockierte die Ruderanlage der *Bismarck* und verhinderte ihre Flucht nach Brest, denn das Schiff ließ sich nicht mehr manövrieren. Die von den französischen Atlantikhäfen aus operierenden deutschen Flugzeuge und U-Boote hätten die *Bismarck* vielleicht noch retten können, aber die am folgenden Morgen um 8.47 Uhr einsetzenden Angriffe verhinderten dies. Die Schlachtschiffe *King George V* und *Rodney* eröffneten das Feuer aus über 14 Kilometern Entfernung, auch die *Norfolk* beteiligte sich an diesem Angriff, und der Kreuzer *Dorsetshire* besiegelte das Schicksal der *Bismarck* mit seinen Torpedos. Die *Bismarck* sank am 27. Mai 1941 um 10.36 Uhr, nur hundertzehn Besatzungsmitglieder überlebten. Als im Jahr 1989 das Wrack des Schiffes 500 Kilometer südwestlich von Irland entdeckt wurde, ergab die Untersuchung, dass die Besatzung wohl auch durch Selbstversenkung zum Untergang beitrug.

Hitler zog seine Konsequenzen aus der Verwundbarkeit der Großkampfschiffe durch Luftangriffe. Am 19. Juni 1943 sagte er bei einem seiner «Tischgespräche»: «Ich hatte früher den Plan, ein Schlachtschiffgeschwader zu bauen. Es sollte das stärkste der Welt werden.» Die beiden schwersten Einheiten sollten nach Hitlers Worten die Namen Ulrich von Hutten und Götz von Berlichingen tragen, aber «heute bin ich froh, dass es zu diesem Bau nicht gekommen ist», denn «es ist doch so, dass heute die Infanterie des Seekrieges die Hauptrolle spielt». Neben den U-Booten seien es heute «die kleinen Einheiten», die «den Kampf führen», «Schnellboote, Zerstörer und dergleichen». Als Beispiel verwies er auf die Japaner, «die haben heute das stärkste Schlachtschiffgeschwader der Welt», aber «der Einsatz solcher Einheiten ist nicht einfach. Die größte Gefahr droht von der Luft. Wir brauchen bloß an den Untergang der *Bismarck* zu denken.»[47]

Die Versenkung der *Bismarck* – die natürlich mit dem Untergang der *Hood* verbunden war – steht auch für die letzte Bedrohung der Schifffahrtsroute über den Atlantik durch ein deutsches Großkampfschiff und war in dieser Hinsicht zugleich ein bedeutender Wendepunkt. Auch die Versorgungsschiffe der *Bismarck* und der *Prinz Eugen* gerieten durch die Entschlüsselung des deutschen Enigma-Codes «Delphin» für Heimatgewässer sofort ins Visier der Verfolger, kaum eines von ihnen erreichte noch den Heimathafen.[48] Das hatte zur Folge, dass sich die Deutschen künftig auf Unterwasser-Tanker und -Versorgungsschiffe stützen mussten, die sehr viel weniger Ladekapazität hatten und deutlich langsamer waren.[49] Es kam zwar noch zu weiteren großen Gefechten mit Schiffen wie dem Schlachtkreuzer *Scharnhorst* (der am 26. Dezember 1943 im Nordmeer versenkt wurde), dem *Bismarck*-Schwesterschiff *Tirpitz* (Lancaster-Bomber versenkten sie am 12. November 1944 mit 5,4 Tonnen schweren «Tallboy»-Bomben), dem Schlachtkreuzer *Gneisenau* (am 28. März 1945 in Gotenhafen auf Grund gesetzt) und der *Prinz Eugen* (sie endete als Atomtest-Ziel im Pazifik), aber von keinem dieser Schiffe ging während der Atlantikschlacht noch eine solche Gefahr aus.

Die *Tirpitz* allerdings spielte eine bedeutende – wenn auch keine operative – Rolle bei der Tragödie, die den Geleitzug PQ-17 im Juli 1942 ereilte. Die Geleitzüge auf der Nordmeer-Route nach Murmansk waren schon bald nach dem Beginn des Unternehmens Barbarossa aufgenommen worden. Bereits am 12. August 1941 – Churchill und Roosevelt konferierten in der Placentia Bay vor der Küste Neufundlands noch über die Frage, wie man die Sowjetunion unterstützen sollte – verließen zwei Staffeln britischer Kampfflugzeuge, insgesamt vierzig Maschinen, Großbritannien an Bord des Flugzeugträgers *Argus* mit dem Ziel Murmansk. Es war der erste Nachschubtransport für die Sowjetunion über die Nordmeer-Route. Unter dem Befehl von Wing Commander (Oberstleutnant) Ramsbottom-Isherwood, einem Neuseeländer, erreichte der Konvoi den sowjetischen Marinestützpunkt Poljarny bei Murmansk, der sich im Verlauf der nächsten vier Jahre zu einem riesigen Anlieferungslager für alliierte Nachschubtransporte entwickeln sollte. Die Royal Air Force benötigte im Sommer 1941 zwar jede nur verfügbare Maschine für die Verteidigung der Heimat und für die Operationen in Nordafrika, lieferte aber dennoch Flugzeuge in die Sowjetunion, um das Land in dieser kritischen Situation zu unterstützen.

Die ersten regulären Geleitzüge – alle mit der Codebezeichnung PQ versehen, auf die eine fortlaufende Nummerierung folgte – fuhren von Island aus über die Bäreninsel nach Murmansk und Archangelsk. PQ-1 lief am 28. September 1941 aus, die Schiffe waren voll beladen mit militärischen Ausrüstungsgütern und großen Mengen wichtiger Rohmaterialien, um die Stalin höchstpersönlich gebeten hatte, unter anderem Gummi, Kupfer und Aluminium. Wenig später kündigte Churchill an, die gesamte britische Panzerproduktion des Monats September werde an die Sowjetunion geliefert. Die Panzer wurden dringend gebraucht, denn am 2. Oktober trat die Wehrmacht zum Unternehmen Taifun an, dem Angriff auf Moskau. Der fürchterliche Winter 1941/42, der so viel zur Zerstörung von Hitlers Träumen von einer Umwandlung des europäischen Teils der Sowjetunion in eine «arische» Kolonie beitrug, setzte auch den Nordmeer-Geleitzügen schwer zu. Die dafür in Frage kommende Route war gefährlich, sie verlangte eine siebzehn Tage dauernde nervenzerreißende Fahrt um das Nordkap herum, durch potenziell tödliches Treibeis, unter ständiger Bedrohung durch deutsche Flugzeuge, U-Boote und Überwasserschiffe und begleitet von eisigen arktischen Stürmen. Monsarrat schrieb: «Ein Mann, der die Handschuhe ausgezogen hatte, um einen Munitionskasten zu öffnen, hatte sich von seiner Handfläche die ganze Haut heruntergerissen, die wie ein blutiger halber Handschuh an dem Eisenkasten klebenblieb, während der Mann sie anstarrte wie einen Gegenstand im Schaufenster. Aber das war nicht so schlimm wie das, was den armen Kerls passierte, die in den ‹Bach› fielen.»[50] Sie erfroren innerhalb von drei Minuten. Monsarrat erinnerte sich, wie solche Erlebnisse auf die Seeleute der Royal Navy bis zum Jahr 1941, also innerhalb von zwei Kriegsjahren, wirkten:

> Sie entwickelten, weil sie es mussten, eine berufsmäßige Unmenschlichkeit bei ihrem Werk, einen Mangel an Mitleid, der die beste Garantie für Leistungen bot: Zeit, die man im Grübeln über diese bösartige Kriegführung verbrachte, war verschwendete Zeit, und Zorn wie Mitleid durften sich nicht zwischen sie und ihr Werk schieben. Abgehärtet gegen Schmerz und Szenen der Zerstörung, alles wie selbstverständlich hinnehmend, sammelten sie alle Kräfte und Mittel nur für den Gegenschlag und retteten Männer nur mit dem einen Gedanken: dass diese so rasch wie möglich wieder am Kampf teilnehmen konnten.[51]

Einen ihrer schwersten Rückschläge im Seekrieg erlitten die Alliierten am 4. Juli 1942, drei Tage nachdem der Geleitzug PQ-17 von deutschen U-Booten und Flugzeugen entdeckt worden war. Er war kaum zu verfehlen, bestand aus 35 Frachtschiffen (22 amerikanischen, 8 britischen, 2 sowjetischen, 2 panamaischen und einem niederländischen) und wurde von 6 Zerstörern und 15 weiteren bewaffneten Schiffen geschützt. Noch in den Morgenstunden jenes Tages versenkten Heinkel-Torpedobomber 4 Frachter, so dass Admiral Dudley Pound, der britische Marineminister, den Geleitzug aus Furcht vor den vier in Reichweite vermuteten kampfstarken deutschen Kriegsschiffen – zu denen auch die *Tirpitz* zählte – anwies, sich zu zerstreuen. Damit setzte er sich über den Oberbefehlshaber der britischen Home Fleet, Admiral John Tovey, und das Operational Intelligence Centre der Marine hinweg. Die Anweisung kam einem Todesurteil gleich.

Die deutschen Kriegsschiffe hatten tatsächlich den Befehl erhalten, den Geleitzug abzufangen, aber was Dudley nicht wissen konnte: Hitler hatte ihnen den Befehl erteilt, wieder umzukehren. Der auseinandergerissene Konvoi wurde stattdessen von Flugzeugen und U-Booten angegriffen. Nur dreizehn Schiffe erreichten Archangelsk; von den 156 500 Tonnen Frachtgut, mit denen der gesamte Geleitzug am 27. Juni in Island beladen worden war, gingen 99 300 Tonnen verloren, darunter waren auch 430 der 594 Panzer und 210 der 297 Flugzeuge. Dass bei diesen Angriffen nur 153 Seeleute ums Leben kamen, war erstaunlich. Drei Tage später kam es zu einer weiteren Tragödie, als der zurückkehrende Geleitzug QP-13 durch einen Navigationsfehler vor Island in ein britisches Minenfeld geriet und weitere 5 Frachter verlorengingen. Zu den noch folgenden schweren Rückschlägen für die Alliierten gehörten auch die Verluste des Geleitzugs PQ-18, von dessen 40 Frachtschiffen im September 1942 13 versenkt wurden, doch gelang es in diesem Fall immerhin, den Angreifern mit der Versenkung von 4 U-Booten und dem Abschuss von 41 Flugzeugen ebenfalls schwere Verluste zuzufügen. Diese Ereignisse führten auch dazu, dass das Kriegskabinett die Entsendung von Geleitzügen in die Sowjetunion zeitweilig aussetzte, eine Entscheidung, die Maxim Litwinow, den sowjetischen Botschafter in Washington, «lautstark protestieren», aber den Botschafter in London, Iwan Maisky, nur «klagen» ließ, wie Churchill dem Kriegskabinett am 14. September berichtete.[52] Erst im Spätjahr 1943 gewannen die Alliierten im Seekrieg im Nordmeer allmählich die Oberhand: Im November und Dezember erreichten drei ostwärts und zwei westwärts durchs Nordmeer fahrende Geleitzüge ohne Verluste ihre Bestimmungsorte.

Bedeutende wissenschaftliche und technische Neuerungen halfen während des Krieges beim Kampf gegen die U-Boote. Die Royal Navy setzte für das Aufspüren von U-Booten das Sonar-Ortungsgerät Asdic ein, insgesamt hundertachtzig Schiffe wurden damit ausgerüstet. Es war allerdings nicht narrensicher, so dass die Schiffe immer wieder einen Zickzack-Kurs fuhren, in der Hoffnung, den U-Booten zu entkommen. Eine ganze Reihe von Einflussfaktoren verhalf den Alliierten in der Atlantikschlacht letztlich zum Sieg, dazu zählten unter anderem die enorme Vergrößerung der kanadischen Escort Force, die in Halifax (Nova Scotia) stationiert war; Wasserbomben, die seitwärts und heckwärts abgeworfen wurden; das neue Kurzwellen-Funkpeilgerät zur U-Boot-Ortung (HF/DF, «Huff-Duff»); das Radargerät gegen Überwasserschiffe, das von den Deutschen erheblich überbewertet und für überraschende Informationsbeschaffung verantwortlich gemacht wurde, die in Wirklichkeit auf Ultra zurückging; Bomber mit stark vergrößerter Reichweite, die U-Boot-Positionen durchgaben, die Boote auch bombardierten und die «Flugzeuglücke» über dem Atlantik schlossen; starke Leigh-Suchscheinwerfer, mit denen sich U-Boot-Türme und Periskope entdecken ließen; hochauflösende und präzise Zentimeterwellen-Radarsysteme für Aufklärungsflugzeuge und schließlich auch die Änderung der Royal-Navy-Codes im Juni 1943, die die deutschen Dechiffrier-Experten verzweifeln ließ (die verschlüsselten Nachrichten der Handelsmarine konnten sie allerdings weiterhin mitlesen).

Wie so oft spielte auch bei diesem Sieg das Commonwealth eine entscheidende, wenn auch weitgehend unbekannte Rolle. Die kanadische Marine wuchs im Verlauf des Konflikts um das Fünfzigfache, und ihre U-Boot-Jäger, die Canadian Escort Force, leisteten einen fast ebenso großen Beitrag zum Sieg wie die Royal Navy. Ihr Begleitschutz für die HX-Schiffskonvois (von Halifax nach Großbritannien) und die SC-Konvois (von Sydney bzw. der Kap-Breton-Insel nach Großbritannien) in östlicher Richtung wie auch für die in Gegenrichtung verkehrenden ONF- («fast outbound-from-Britain») und die ONS-Geleitzüge («slow outbound-from-Britain») war von unschätzbarem Wert.

Ein Grund für die schweren Verluste bei den Atlantik- und den Nordmeer-Geleitzügen war, dass der britische Geleitzugs-Code vom deutschen Nachrichtendienst geknackt worden war, eine Tatsache, die erst nach dem Krieg entdeckt wurde. Im Februar 1942 gelang dem deutschen Funk-«Beobachtungsdienst» die Entschlüsselung von etwa 75 Prozent der «Naval Cipher No. 3», des Codes, mit dem seit Juni 1941 Konvois geleitet worden waren.[53] Die Deutschen lasen verschlüsselte Nachrichten der Royal Navy mit, allerdings waren aufgrund der bis zur Dekodierung vergehenden Zeit nur noch zehn Prozent des abgefangenen Materials verwendbar.[54] Erfuhren die Deutschen jedoch Größe, Zielort und Abfahrtszeit eines Geleitzugs, konnten sie ein genaues Bild der gesamten Operation entwerfen. Wäre den Deutschen – so wie Turing, der kurz vor dem Durchbruch stand – die sofortige Entschlüsselung von Nachrichten gelungen, hätte ihnen das ihrerseits vielleicht einen Vorteil verschafft, der ebenso folgenschwer gewesen wäre wie das Knacken des Enigma-Codes für die Alliierten. Anstatt die tatsächliche Gefahr zu erkennen, erklärte sich die britische Marineführung die bemerkenswerten Erfolge der U-Boote beim Abfangen von Geleitzügen mit den modernen Gruppenhorchgeräten des Gegners, von denen man annahm, dass sie Schraubengeräusche auf Entfernungen von über 130 Kilometern erkennen könnten. Wer also über das unbeirrte Festhalten der Deutschen an der Enigma-Verschlüsselung staunt, sollte nicht vergessen, dass auch die Royal Navy weiterhin auf die eigenen bereits entschlüsselten Codes setzte. Die «Naval Cipher No. 3» wurde erst im Juni 1943 durch die Nr. 5 ersetzt, deren Entschlüsselung den Deutschen nie gelang.

Die schlimmste Phase in der Atlantikschlacht fiel für die Alliierten genau in den Monat, in dem der deutsche Beobachtungsdienst die «Naval Cipher No. 3» entschlüsselte. Das Oberkommando der Kriegsmarine führte am 1. Februar 1942 auf den im Atlantik eingesetzten U-Booten Enigma-Geräte mit einer zusätzlichen Verschlüsselungswalze ein, was die Zahl der möglichen Lösungen für jeden mit der neuen Enigma verschlüsselten Text enorm erhöhte. Der neue Code erhielt in Bletchley Park die Bezeichnung «Shark» (Hai), und man unternahm gewaltige Anstrengungen – zunächst einmal durch die Herstellung von «Bomben» mit vier Walzen –, um ihn zu entschlüsseln.[55] Bis dahin war es der Royal Navy gelungen, Hinterhalte zu umgehen und die Geleitzüge von Gefahrenzonen fernzuhalten. Doch plötzlich tappte man in Bletchley Park mehr als zehn Monate lang – fast bis zum Jahresende 1942 – abermals im Dunkeln, und die «Bomben» produzierten nur Unverständliches. Da es der Navy an Informationen fehlte, mit denen die Konvois auf einen sicheren Kurs gebracht werden konnten, nahmen die Versenkungen dramatisch zu.

Die U-Boote hatten 1940 1345 Schiffe der Alliierten mit einer Gesamttonnage von 4 Millionen versenkt und dabei selbst 24 Einheiten verloren; 1941 stiegen die Verluste auf beiden Seiten etwas an: 1419 versenkten Schiffen mit rund 4,5 Millionen BRT standen 35 versenkte oder gekaperte U-Boote gegenüber. Doch 1942, nach der Einführung der neuen Enigma-Geräte, schickten die U-Boote 1859 Schiffe mit insgesamt mehr als 7 Millionen BRT auf den Meeresgrund, allerdings gingen auch 86 Boote verloren.[56] Allein im November 1942 belief sich die versenkte alliierte Tonnage auf über 860 000 Tonnen, und 84 Prozent davon gingen auf das Konto der mehr als 100 U-Boote, die die Deutschen zu jedem beliebigen Zeitpunkt im Einsatz hatten.[57] In jenem Monat wurden zur Feier des Sieges bei El Alamein in Großbritannien zwar die Kirchenglocken geläutet, aber sie hätten ebenso gut auch an die Nachricht erinnern können, dass die Alliierten jetzt erstmals in diesem Krieg mehr Tanker verloren hatten, als durch Neubauten ersetzt wurden.

Doch die Rettung war nahe. Vier britische Zerstörer zwangen am 30. Oktober 1942 im östlichen Mittelmeer durch den Abwurf von nicht weniger als 288 Wasserbomben *U 559* schließlich zum Auftauchen. Der Kapitän öffnete die Flutventile, um das Boot zu versenken, und die gesamte Mannschaft ging von Bord. Aber Leutnant Francis Fasson, der Matrose Colin Grazier und ein sechzehnjähriger Naafi-Helfer namens Tommy Brown (der ein falsches Alter angegeben hatte, um in der Marine dienen zu können) vom Zerstörer *Petard* legten rasch ihre Kleidung ab und schwammen zu dem Boot.[58] Sie drangen bis zur Kapitänskajüte vor, verschafften sich dort mit Schüssen Zugang zu einem verschlossenen Schrank und bargen daraus die Codebücher und weitere Dokumente. Nachdem Brown dreimal gependelt war, um die Beutestücke einer anderen Prisengruppe des Zerstörers zu übergeben, sank das U-Boot plötzlich und riss Fasson und Grazier mit sich in die Tiefe. Die Tapferkeit, die sie bei dieser Aktion bewiesen hatten, entsprach zwar durchaus den Ansprüchen für eine Auszeichnung mit dem Victoria-Kreuz, aber weil sie nicht «im Angesicht des Feindes» gehandelt hatten, wie es in den Verleihungs-Kriterien heißt, sprach man ihnen posthum das Georgs-Kreuz zu, und Brown erhielt die Georgs-Medaille.

Keine andere Auszeichnung war wohl mehr verdient: Bletchley Park erhielt die Dokumente am 24. November, und die Kryptoanalytiker stellten fest, dass sie jetzt wertvolle Kurzsignalhefte für Wettermeldungen und die Meldung von feindlichen Schiffen und Gefechtsereignissen in Händen hatten, mit deren Hilfe sie den «Shark»-Code am 13. Dezember schließlich entschlüsselten. Die Codeknacker entdeckten, dass bei Wettermeldungen für die vierte Walze dieser Enigma immer eine neutrale Voreinstellung gewählt wurde, so dass diese Texte mit der alten Drei-Walzen-«Bombe» entschlüsselt werden konnten und sich der übrige Code relativ mühelos erschließen ließ.[59] Es war ein entscheidender Durchbruch. «Dönitz erfuhr zwar nichts davon, aber das Blatt hatte sich gewendet – und dieses Mal endgültig», schrieb ein Historiker des geheimen Nachrichtendienst-Krieges.[60] (Unterdessen wurde der mit der Georgs-Medaille ausgezeichnete Tommy Brown aus der Marine entlassen, weil er zu jung gewesen war, als er sich freiwillig gemeldet hatte.)

Es gab andere Phasen des Krieges, in denen einer oder mehrere Codes – unter anderem auch «Shark» – plötzlich nicht mehr mitzulesen waren, weil die Deutschen einzelne Aspekte von Enigma überarbeiteten oder veränderten, aber das war in keinem einzigen Fall von langer Dauer und mit unüberwindlichen Schwierigkeiten verbunden. Selbst als die Abwehr durch einen festgenommenen Agenten des Deuxième Bureau vom Verrat Hans-Thilo Schmidts – er beging im September 1943 Selbstmord – erfuhr, zog man aus den vorliegenden Tatsachen nicht die richtigen Schlüsse und beließ es beim eingeführten Verschlüsselungsverfahren. Die Deutschen erkannten auch nicht, dass die Versenkung der *Scharnhorst* am

26. Dezember 1943 teilweise auf das Mitlesen der Kriegsmarine-Codes durch den Gegner zurückzuführen war. Hätten sie in irgendeiner Phase des Krieges die Wahrheit erkannt, hätte das katastrophale Folgen für die Alliierten nach sich ziehen können, aber die Entschlüsselung von Enigma erwies sich als das bestgehütete Geheimnis des 20. Jahrhunderts.

Auf der Konferenz von Casablanca im Januar 1943 maßen Churchill und Roosevelt der Abwehr der U-Boot-Gefahr eine ebenso hohe Priorität zu wie der Invasion auf Sizilien, ihrem anderen unmittelbar zur Entscheidung anstehenden strategischen Ziel. In dieser Phase des Krieges wurden monatlich 17 neue U-Boote in Dienst gestellt, so dass Dönitz im Frühjahr 1943 über 400 Boote verfügte, von denen allerdings nur jeweils ein Drittel einsatzfähig war. Sie würden auch nicht ausreichen, denn in den ersten vier Monaten des Jahres 1943 sollte sich das Kampfgeschehen in der Atlantikschlacht eindeutig zugunsten der Alliierten wenden. Neue Taktiken bei der U-Boot-Bekämpfung, zum Beispiel Begleitschiffe, die sich von Konvois lösten und U-Boote in Gruppen attackierten, in Verbindung mit wissenschaftlichen und technischen Neuerungen, mehr Begleitflugzeuge und -schiffe, Bomber mit größerer Reichweite, das Schließen der Begleitschutz-Lücke im Mittelatlantik und die erneute Entschlüsselung des Codes der Kriegsmarine im vergangenen Dezember – all dies sorgte für eine Verschiebung des Kräftegleichgewichts. Im ganzen Jahr 1943 versenkten die Deutschen nur noch 812 Schiffe mit insgesamt über drei Millionen BRT, verloren dabei aber 242 U-Boote.[61]

In den ersten fünf Monaten des Jahres 1943 – dem «Schwerpunkt» der Atlantikschlacht – gelang es dem RAF-Küstenkommando und den Begleitflugzeugträgern der Royal Navy, den Geleitzügen den alles entscheidenden Schutz aus der Luft zu gewährleisten; im April wurde die Schlacht mit kombinierten Angriffen aus der Luft und von See her auf die deutschen Marinestützpunkte am Golf von Biskaya ausgeweitet. Seit Jahresbeginn hatte es massive Bombenangriffe auf die Biskaya-Häfen gegeben, trotz der Konsequenzen, die dieses Vorgehen auch für die Zivilbevölkerung hatte. In der Zusammenfassung von Churchills Ausführungen vor dem Kriegskabinett am 11. Januar 1943 erscheint dies als: «Wichtiger grundsätzlicher Punkt. Der Erste Seelord erklärt sein Anliegen. ... Kein Zweifel an der Bedrohlichkeit des U-Boot-Krieges. ... Warnung an die französische Bevölkerung, sich abzusetzen. In Frankreich wird es jetzt ernst.»[62]

Eden sagte, er habe sich mit dem Problem befasst, und «bisher beruhte unsere Politik auf der Wirkung auf die französische Armee, wenn es viele Todesopfer unter den Franzosen geben würde. In diesem Fall können wir uns nicht verweigern. Aber sie müssen drei oder vier Tage Vorwarnung bekommen.» Charles Portal, der RAF-Stabschef, wies darauf hin, dass an die einheimische Bevölkerung gerichtete Warnungen die Risiken für seine Bomberbesatzungen deutlich erhöhen würden, weil dann mit verstärkter Luftabwehr zu rechnen sei, und das würde außerdem «die Wirksamkeit des Angriffs gefährden». Churchill war der Ansicht, eine allgemeine Warnung, «an der Küste gelegene Gebiete zu verlassen», würde genügen, und bat die einzelnen Waffengattungen, sich bei dieser Politik der Kooperation der Vereinigten Staaten zu versichern. Zum Seekrieg sagte er, dass die «Deutschen weglaufen, sobald sie auf unsere Überwasserschiffe treffen, ... das unehrenhafteste Verhalten in der deutschen Geschichte».

Der Sieg in der Atlantikschlacht kündigte sich an durch das Schicksal von Peter Grettons Geleitzug ONS-5, der im Frühjahr 1943 bei fürchterlichen Wetterbedingungen vor der Südküste Islands angegriffen wurde. Der vierzig Schiffe umfassende Konvoi war am 23. April in Londonderry bei schlechtem Wetter gestartet, machte eine Fahrt von sieben Knoten und wurde von zwei Zerstörern, einer Fregatte und vier Korvetten begleitet, die langsamer fuhren als aufgetauchte U-Boote. Der erste Angriff durch ein U-Boot erfolgte am 28. April vor der Küste Islands, und in den nächsten neun Tagen kam es zu ständigen Verfolgungsjagden – in einer einzigen Nacht wurden vierundzwanzig verschiedene Angriffe registriert –, bis Dönitz am 6. Mai um 9.15 Uhr befahl, die Aktion abzubrechen. Insgesamt neunundfünfzig in vier «Wolfsrudeln» – in den Gruppen «Star», «Specht», «Amsel» und «Drossel» – zusammengefasste U-Boote hatten den Geleitzug attackiert, dabei waren acht Boote verlorengegangen und sieben weitere beschädigt worden. Der Konvoi hatte dreizehn Frachter verloren, «fuhr nach wie vor im geschlossenen Verband, und die längste und erbittertste Geleitzugschlacht des Krieges hatte mit einem eindeutigen Sieg geendet.»[63] Der Marine-Historiker Stephen Roskill schrieb in seiner Rezension von Dönitz' Memoiren, der Abwehrkampf dieses Geleitzuges sei «nur durch Längen- und Breitengrad bezeichnet und hat keinen Namen, unter dem er in Erinnerung bleibt; aber er war auf seine Art ebenso entscheidend wie die Seeschlachten von Quiberon Bay oder bei Abukir.»[64] Allein im Mai 1943 verlor die Kriegsmarine «36, wenn nicht 37» U-Boote, «rund 30 Prozent der auf See befindlichen Boote», und eine große Zahl von Seeleuten (unter ihnen war auch Dönitz' jüngster Sohn Peter auf *U 954*).[65]

Dönitz sah sich am 24. Mai gezwungen, seine U-Boote aus dem Nordatlantik abzuziehen und «in den Raum westlich der Azoren» zu schicken, was er Hitler dann am 31. Mai auf dem Obersalzberg berichtete.[66] Dieser hielt ihm beim Lagevortrag, an dem auch Keitel, Warlimont und Kapitän zur See Karl-Jesko von Puttkamer teilnahmen, entgegen: «Es kommt gar nicht in Frage, dass im U-Bootkrieg etwa nachzulassen sei. Der Atlantik ist mein westliches Vorfeld, und wenn ich dort auch in der Defensive kämpfen muss, so ist das besser, als wenn ich mich erst an den Küsten Europas verteidige.»[67] Deutschland sah die Atlantikschlacht jetzt nicht mehr als potenzielles Mittel für die Ausschaltung Großbritanniens; inzwischen ging es eher darum, die zu erwartende Invasion in Nordwesteuropa zu verhindern. Doch Dönitz war nicht in der Lage, den Befehlen Hitlers nachzukommen – obwohl er klug genug war, dies weder zu diesem noch zu einem späteren Zeitpunkt zuzugeben –, und am 24. Juni 1943 erhielten alliierte Schiffe, die eine Geschwindigkeit von fünfzehn Knoten oder mehr erreichten, erstmals seit vier Jahren die Genehmigung, den Atlantik ohne Geleitzugschutz zu überqueren. Der Juni 1943 war der erste Kriegsmonat, in dem im Nordatlantik kein einziger alliierter Geleitzug angegriffen wurde. In diesem Monat führten die Briten außerdem eine neue Verschlüsselung für den Funkverkehr zwischen den Schiffen und dem Festland ein. Die Navy-Chiffre Nr. 5 löste den alten Code ab, den die Deutschen geknackt und seit 1941 abgehört hatten.

Es war eine Ironie der Geschichte, dass genau zu dem Zeitpunkt, als Albert Speer – er war im April 1942 zum Rüstungsminister ernannt worden, nachdem Fritz Todt bei einem Flugzeugabsturz ums Leben gekommen war – durch Rationalisierungsstudien, wie sie in der Vorkriegszeit in der Autoindustrie eingesetzt worden waren, eine Möglichkeit zur Steigerung der U-Boot-Produktion gefunden hatte (statt zweiundvierzig dauerte sie nur noch sechzehn Wochen), immer weniger Einsatzorte in Frage kamen.[68] Im September 1943 kehrten zwar 28 U-Boote in den Nordatlantik zurück, doch sie versenkten in den folgenden beiden Monaten nur neun der 2468 Schiffe, die auf der Transatlantikroute unterwegs waren. Obwohl eine große Zahl von U-Booten neu in Dienst gestellt wurde – ab dem Sommer 1943 bis zum Kriegsende lag ihre Gesamtzahl nie unter 400, von denen jeweils etwa ein Drittel einsatzfähig war –, hatte Deutschland die Atlantikschlacht eindeutig verloren. Die Schiffsverluste der Alliierten im Umfang von mehr als sieben Millionen Tonnen im Jahr 1942 gingen 1943 auf drei Millionen zurück.[69] Das war nicht zu vernachlässigen, aber man konnte es überstehen. Im August 1943 wurden erstmals mehr U-Boote zerstört als Frachtschiffe versenkt, «eine Nachricht, die tausend Herzen auf See und an Land höher schlagen ließ», schrieb Monsarrat. «Zum ersten Mal im Kriege wurde dieser erstaunliche Ausgleich erzielt.»[70]

Die Kriegsmarine verlor von Januar bis März 1944 29 U-Boote und versenkte nur drei Handelsschiffe. Sie war deshalb auch nicht in der Lage, wirksam gegen die Invasion in der Normandie vorzugehen, obwohl die Deutschen inzwischen den «Schnorchel» optimiert hatten, einen ein- und ausfahrbaren Hohlmast, der die U-Boot-Diesel bei einer Tauchfahrt an der Wasseroberfläche mit Frischluft versorgte und die Abgase ableitete. Die Batterien konnten auf diese Weise auch bei einer Fahrt unter Wasser aufgeladen werden, dem Gegner wurde die Ortung erschwert, und das U-Boot erreichte eine Unterwasser-Geschwindigkeit von bis zu acht Knoten.[71] Doch Dönitz gab im August 1944 den Versuch auf, die Nachschubwege der alliierten Invasionsarmeen auf dem europäischen Festland anzugreifen, nachdem mehr als die Hälfte der im Ärmelkanal eingesetzten U-Boote versenkt worden war.

Im Juni 1944, gerade rechtzeitig für die Landung in der Normandie, war Turings größte Erfindung, der Colossus II, betriebsbereit. Der erste digitale elektronische Computer der Welt konnte mit Hilfe der Lorenz-Maschine verschlüsselte «Fisch»- wie auch die Enigma-Nachrichten in Echtzeit ebenso entschlüsseln wie die Korrespondenz zwischen dem OKW und dem Oberbefehlshaber West. Donald Michie, eine der Personen, die mit Colossus arbeiteten, erinnerte sich: «Bei Kriegsende waren neun Colossi neuester Bauart im Einsatz, und insgesamt 63 Millionen Schriftzeichen umfassende deutsche Geheimnachrichten waren entschlüsselt worden.»[72] Turing galt allgemein als Exzentriker, und das schien durch Verhaltensweisen wie Fahrradfahren mit einer Gasmaske und Anketten der eigenen Teetasse an einen Heizkörper bestätigt zu werden, aber Sergeant Gwen Watkins, eine Luftwaffenhelferin, die in Bletchley Park arbeitete, wusste diese Dinge zu erklären: «Wenn man eine Porzellantasse besaß, und die wurde ‹ausgeborgt›, konnte man sie nur durch eine Emailtasse ersetzen, und aus der schmeckte der Tee scheußlich. Und wenn man an Heuschupfen litt, war es eine gute Idee, bei der Fahrradfahrt zur Arbeit eine Gasmaske zu tragen.»[73] Ob Turing nun exzentrisch war oder nicht, er leistete einen gewaltigen Beitrag zum Sieg, sein OBE-Orden war ein kümmerlicher Lohn dafür, und sein Selbstmord 1954, begangen durch einen mit Zyanid präparierten Apfel, war entsprechend tragisch.

Als die Rote Armee entlang der baltischen Küste vorstieß, mussten die Deutschen ihre U-Boot-Flotte nach Norwegen verlegen. Im März 1945 erreichte ihre Zahl mit 463 Einheiten einen eindrucksvollen Höchststand, aber für einen entscheidenden Einfluss auf das Kriegsgeschehen war es jetzt viel zu spät. Deutschland setzte im Verlauf des Krieges insgesamt 1162 U-Boote ein, von denen 785 zerstört wurden (mehr als 500 davon durch britische Schiffe und Flugzeuge). Sie versenkten 145 alliierte Kriegsschiffe und 2828 alliierte und neutrale Handelsschiffe mit einer Gesamttonnage von 14 687 231 BRT.[74] Die Royal Navy hatte im Verlauf des Krieges 51 578 Tote zu beklagen, die Handelsmarine 30 248 Tote, die meisten von ihnen durch U-Boot-Angriffe.[75] Die U-Boot-Mannschaften waren außerordentlich tapfer, mit einer Todesrate von 75 Prozent erlitten sie mit die höchsten Verluste unter allen Waffengattungen und Einsatzbereichen der Wehrmacht, im Einsatz mit einer Waffe, die sie selbst als eiserne Särge bezeichneten. Die Lebenserwartung der U-Boot-Fahrer wurde im Verlauf des Krieges immer kürzer, wie das Buch und der Film *Das Boot* hervorragend beschreiben. Die schweren Luftangriffe der Alliierten auf U-Boot-Werften und Rangier- und Verladebahnhöfe sorgten außerdem dafür, dass der modernste U-Boot-Typ – einst als Wunderwaffe gepriesen – erst am 3. Mai 1945 vom Stapel lief, als Dönitz bereits mit den Alliierten über die Bedingungen für einen Waffenstillstand verhandelte.

Die Atlantikschlacht hätte für Großbritannien einen katastrophalen Verlauf nehmen können, wenn Deutschland bereits bei Kriegsbeginn über eine große U-Boot-Flotte verfügt hätte. Aber eine britische Niederlage wäre dennoch sehr unwahrscheinlich gewesen, aus dem einfachen Grund, weil der Kriegseintritt der Vereinigten Staaten zur Folge hatte, dass die gewaltige amerikanische Produktion von Handelsschiffen – auch nach der deutschen Umstellung auf den monatelang nicht zu entziffernden «Hai»-Code im Februar 1942 – immer ausgereicht hätte, um die Verluste auszugleichen, so schlimm sie auch sein mochten. Die Gesamttonnage der versenkten Schiffe der Alliierten betrug 1940 4,01 Millionen, dem standen 0,78 Millionen Tonnen Neubauten gegenüber. 1941 lag sie bei 4,355 Millionen, bei 1,972 Millionen Tonnen Neubauten, aber bereits 1942 war das Verhältnis mit 7,39 Millionen versenkten Tonnen bei 7,78 Millionen Tonnen Neubauten fast ausgeglichen, und 1943 wurden nur noch 3,22 Millionen Tonnen versenkt und 15,45 Millionen Tonnen neu gebaut. 1944 waren die Zahlen dann 1,04 Millionen im Vergleich zu 12,95 Millionen und 1945 0,437 Millionen gegen 7,592 Millionen Tonnen, jeweils zugunsten der Neubauten.[76] Die überwältigende Mehrheit dieser Schiffe wurde in Amerika gebaut, in einem Verhältnis von mehr als fünf zu eins.

Außerdem hielt die britische Handelsflotte ihren Gesamtbestand während des ganzen Krieges trotz der Verluste nahezu konstant bei einer Tonnage von 16 bis 20 Millionen BRT, Zugewinne ergaben sich auch durch Kauf, Beschlagnahme, Chartern bei neutralen Staaten und auf anderen Wegen. Selbst als die U-Boote in den Jahren von 1939 bis 1941 sehr viele Schiffe und große Tonnagemengen versenkten, wuchs die Kapazität der britischen Handelsflotte um eine Dreiviertelmillion Tonnen. Die Statistik des Anteils der Nettotonnage, die durch U-Boote und andere Angreifer versenkt wurde, an der Gesamtmenge der in Großbritannien angelandeten Güter ist durchgehend aufschlussreich: 1939 und 1940 waren es jeweils 2,0 Prozent; 1941: 3,9 Prozent; 1942: 9,7 Prozent; 1943; 2,7 Prozent; 1944: 0,3 Prozent und 1945: 0,6 Prozent. Natürlich lag die Gesamtimportmenge dramatisch unter den 91,8 Millionen Tonnen des Vorkriegsniveaus – und sank 1942 sogar auf 24,5 Millionen Tonnen –, aber 1944 war sie bereits wieder auf 56,9 Millionen Tonnen angestiegen.[77] Das heißt: Da es 1939 noch keine riesige U-Boot-Flotte gab, wie sie Deutschland 1945 dann zu spät zur Verfügung stand, und nachdem Amerika in den Krieg eingetreten war, bestand an Großbritanniens Überleben niemals ein ernsthafter Zweifel, so heftig und erbittert die Atlantikschlacht auch zweifellos geführt wurde, und obwohl die meisten Menschen auf beiden Seiten damals sicherlich nicht diesen Eindruck hatten.

12

Den Stiefel aufwärts

Juli 1943 – Mai 1945

«Dieses schöne Land erduldet die schlimmsten Schrecken des Krieges, der größere Teil dieses Landes befindet sich noch unter der grausamen und rachsüchtigen Gewalt der Nazis und hat die grässliche Aussicht, dass der glühende Rechen der Kampffront, von einem Meer zum anderen, durch die ganze Halbinsel hinaufgezogen werden wird.»

Winston Churchill im britischen Unterhaus,
24. Mai 1944[1]

Die Invasion auf Sizilien (Codename: Operation Husky) war im Januar 1943 auf der Konferenz von Casablanca beschlossen worden, sobald die Alternativen Sardinien und Korsika verworfen worden waren, und diese Entscheidung wurde bei der Trident-Konferenz in Washington im Mai jenes Jahres bestätigt. Die Amerikaner hatten allerdings einer Invasion auf dem italienischen Festland, die auf die Einnahme Siziliens folgen sollte, noch nicht zugestimmt und sollten das bis zur Quadrant-Konferenz von Quebec im August 1943, während der auf der Insel noch gekämpft wurde, auch nicht tun. Der Feldzug in Italien entwickelte sich also folgerichtig aus der Landung auf Sizilien, doch die Verzögerung beim offiziellen Beschluss hatte die katastrophale Folge, dass eine große Zahl deutscher Soldaten der Gefangennahme auf Sizilien entging, was durch eine frühzeitige Landung auf der italienischen «Stiefelspitze» in Reggio vielleicht verhindert worden wäre.

Die Alliierten wollten zwar Neapel einnehmen und die Flugplätze rings um Foggia besetzen, weil sie sich davon eine Entlastung der Roten Armee vom deutschen Druck an der Ostfront versprachen, aber General Marshall erkannte, dass eine Landung auf dem italienischen Festland die Invasion im Nordwesten Frankreichs, die er selbst immer für den wichtigsten Schritt auf dem Weg zur Beseitigung des Dritten Reiches hielt, letztlich nur verzögern würde. Der deutsche General Fridolin von Senger und Etterlin, der in Oxford studiert hatte, vertrat zwar die Ansicht, die Alliierten hätten nicht auf Sizilien, sondern auf Sardinien und Korsika landen und so das italienische Kerngebiet ganz umgehen sollen, aber damit wäre das Ziel, in Italien so viele deutsche Soldaten wie nur möglich zu binden, nicht erreicht worden. Auf dem deutschen Soldatenfriedhof bei Cassino sind die sterblichen Überreste von 20 057 Männern bestattet, jeweils sechs in einem Grab, und diese Zahl entspricht weniger als 5 Prozent der Verluste, die die Wehrmacht in Italien erleiden sollte.

Die Invasion auf Sizilien begann am 10. Juli 1943 bei Tagesanbruch mit 160 000 Mann von General Alexanders 15. Armeegruppe, zu der Pattons 7. US-Armee und Montgomerys 8. Commonwealth-Armee gehörten. Sie landeten mit 3000 Schiffen bei stürmischem Wetter an der Südküste, hatten dabei aber den Überraschungseffekt und massives Feuer der Schiffsartillerie auf ihrer Seite. Die Achsenmächte hatten auf Sizilien 350 000 Soldaten stationiert, aber nur ein Drittel davon waren Deutsche. Im Verlauf des achtunddreißig Tage dauernden Feldzugs sollten die Alliierten insgesamt 450 000 Mann auf der Insel anlanden. Die italienische 6. Armee kämpfte zwar tapfer, sobald die ersten alliierten Einheiten gelandet waren, und deutsche Divisionen drangen bei ihren Gegenangriffen in Gela und Licata fast bis zu den Landungsstränden vor, doch der Westteil Siziliens fiel in der Woche nach dem 15. Juli trotzdem an die Alliierten.

Weil die 8. Armee durch heftige deutsche Gegenwehr in Catania eine Woche lang aufgehalten wurde, war die 3. US-Division die erste Einheit, die Messina erreichte, sie nahm die Stadt am 17. August ein. Bis dahin waren jedoch bereits 53 545 deutsche Soldaten, 50 Panzer und 9185 Fahrzeuge mit 11 855 Tonnen Ausrüstung und Proviant ungehindert von der Insel evakuiert worden, was, wie Eisenhower später nicht öffentlich einräumte, ein schweres strategisches Versäumnis der Alliierten gewesen war.² Die amerikanischen Verluste auf Sizilien betrugen 7319, die britischen 9353 Mann, aber 132 000 Italiener und 32 000 Deutsche wurden dort getötet, verwundet oder (das galt für die meisten) gefangen genommen.³ Mittelmeer und Suezkanal konnten von den Alliierten jetzt wieder durchgehend als Seeweg genutzt werden, so dass der Umweg um ganz Afrika und das Kap der Guten Hoffnung entfiel. Nach einer Schätzung von General Brooke wurde dadurch mit einem Schlag bis zu einer Million Tonnen alliierten Schiffsraums für andere Zwecke frei.⁴

Die Landung auf Sizilien sorgte auch für den Sturz Mussolinis, dem der Faschistische Großrat zwei Wochen später mit 19 gegen 7 Stimmen das Misstrauen aussprach.⁵ (Graf Ciano, sein Außenminister und Schwiegersohn, stimmte dabei mit der Mehrheit, wofür er und vier andere später mit dem Leben bezahlen sollten.) Es mutet etwas unfaschistisch an, dass der Großrat überhaupt eine solche Abstimmung vornahm, und noch unfaschistischer, dass Mussolini dessen demokratischem Willen irgendwelche Beachtung schenkte, aber als er den König aufsuchte, um ihm zu berichten, was vorgefallen war, wurde er verhaftet. Marschall Pietro Badoglio, vom König zum Ministerpräsidenten ernannt, erklärte öffentlich, Italien werde weiterhin gegen die alliierten Invasoren kämpfen, um Hitler in Sicherheit zu wiegen, trat aber insgeheim in Friedensverhandlungen mit Eisenhower ein. Noch bevor die Kämpfe auf Sizilien beendet waren, entsandte Hitler Rommel als Oberbefehlshaber einer neuen Heeresgruppe B, die Italien mit achteinhalb Divisionen halten sollte. (Als Rommel am 6. November 1943 nach Frankreich ging, wurde diese Heeresgruppe in 14. Armee umbenannt.)

Auf Sizilien waren die gleichermaßen egozentrischen Generäle Patton und Montgomery gemeinsam an ein und demselben Feldzug beteiligt. Ihre Rivalität war so erbärmlich wie möglicherweise unvermeidlich, und als dann auch noch die Egos der Generäle Mark Clark und Omar Bradley zu diesem allzeit leicht entflammbaren Tandem hinzukamen, war das für die alliierten Kriegsanstrengungen alles andere als günstig. Über Montgomerys und Pattons Eitelkeit und unablässige Selbstdarstellung ist schon viel gesagt und geschrieben worden, gemeinhin wird dabei jedoch übersehen, wie Clark, so schildert es ein Historiker,

> von Public Relations besessen war und schon bald fünfzig Mann dafür arbeiten ließ, dass seine Anstrengungen und diejenigen seiner Armee (und ganz

besonders die des amerikanischen Kontingents) maximale Publicity erhielten. Um das abzusichern, verfügte er eine «Drei bis eins»-Regel: In jeder Pressemitteilung musste Clark auf der Titelseite mindestens dreimal und auf jeder weiteren Seite jeweils mindestens einmal erwähnt werden – und der General verfügte außerdem, er dürfe nur von der linken Seite her fotografiert werden. Sein PR-Team ersann sogar ein Lied der 5. Armee: «Steht auf, steht auf für General Clark, wir wollen ein Loblied auf General Clark singen ...» Das Lied gefiel ihm sehr.[6]

Pattons Ambitionen auf einen wichtigen Kommandeursposten in Italien fanden ein vorzeitiges Ende, als er zwei noch unter medizinischer Behandlung stehende und an einem Kriegstrauma leidende Soldaten schlug. Bei zwei getrennten Vorfällen bezeichnete er zunächst den Gefreiten Charles H. Kuhl als «ausgemachten Feigling», eine Woche später dann den Gefreiten Paul G. Bennet als «gelben Bastard», und fügte noch hinzu: «Ich dulde nicht, dass diese feigen Bastarde sich in unseren Krankenhäusern herumdrücken. Irgendwann müssen wir sie vielleicht sowieso erschießen, wenn wir keine Horde von Schwachsinnigen aufziehen wollen.»[7] Eisenhower bestand zwar darauf, dass Patton sich vor seinen Soldaten öffentlich entschuldigte – die meisten von ihnen unterstützten ihn lautstark –, aber der empfand keinerlei echte Reue, vielleicht mit Ausnahme der Tatsache, dass diese Vorfälle seinen bis dahin kometenhaft verlaufenen Aufstieg gestoppt hatten. (In der Wehrmacht wie auch in der Roten Armee wären die beiden Gefreiten natürlich erschossen worden.) Pattons Verbannung durch seinen alten Freund Eisenhower führte dazu, dass Omar Bradley an ihm vorbeizog und bei der Invasion in der Normandie zum Kommandeur der 1. US-Armee ernannt wurde. Als Bradley am 7. September 1943 Patton in seinem Palast in Palermo einen letzten Höflichkeitsbesuch abstattete, fand er diesen «in einem Zustand vor, der einen baldigen Selbstmord erwarten ließ. ... Dieser große, stolze Krieger, mein ehemaliger Chef, war in die Knie gezwungen worden.»

Als Kontrast zum allgemeinen Bild von George Patton lohnt sich ein Blick auf die Aussagen, die General John «Ed» Hull viele Jahre nach dem Krieg gegenüber dem «Senior Officer Oral History Program» der US-Armee machte. Hull, der im Pentagon zu George Marshalls engsten Mitarbeitern gezählt hatte, kannte Patton gut, er hatte in der Planungsphase von drei Feldzügen eng mit ihm zusammengearbeitet:

> General Patton war in gewisser Weise ein Mann mit zwei Gesichtern. Im Grunde seines Herzens war er sehr liebenswürdig, er war bescheiden, sehr freundlich, keineswegs überheblich in seinem Auftreten gegenüber anderen, sondern sehr gütig, sehr rücksichtsvoll. Aber er zeigte das andere Gesicht – nun, wir hatten in unserer Geschichte sehr viele Generäle, die ein solches Verhalten zeigten, … dieses Gesicht war das Gesicht des Raubeins. Da wurde mal ein bisschen geflucht, und er kannte all diese Ausdrücke; aber wenn er von einer Einheit wegging, bei der er gerade jemanden zusammengestaucht hatte, setzte er sich gelegentlich auch einmal nieder und schrieb ein Gebet. … Alles in allem war er also eine sehr markante Persönlichkeit, interessant und sehr liebenswert, wenn man ihn näher kannte.[8]

Generalfeldmarschall Albert Kesselring (Spitzname bei Briten und Amerikanern: «Smiling Albert») war als Oberbefehlshaber Süd, ab November 1943 als Oberbefehlshaber Südwest, der Kommandeur aller deutschen Truppen in Italien und in dieser Eigenschaft auch Rommels Vorgesetzter. Der aus Unterfranken stammende Artillerist bürgerlicher Herkunft, der zur Luftwaffe gewechselt war, galt den unter seinem Befehl stehenden preußisch-aristokratischen Offizieren nicht als gesellschaftlich gleichrangig, doch sie gehorchten ihm. Kesselring vermutete als nächsten Schritt der Alliierten eine amphibische Landung im Golf von Salerno, unmittelbar südlich von Neapel, denn dies entsprach der Reichweite des Luftschirms, der einer alliierten Landungstruppe von Sizilien aus gegeben werden konnte. Und tatsächlich begann dann auch am 9. September 1943 um 3.30 Uhr in der Frühe die 5. Armee unter dem Befehl des siebenundvierzig Jahre alten Mark Clark an diesem Ort mit der Operation Avalanche und grub sich an vier schmalen, nicht miteinander verbundenen Landungsköpfen ein. Dort sah sie sich heftigen Gegenangriffen der 10. deutschen Armee unter General Heinrich von Vietinghoff ausgesetzt, der zuvor eine Panzerdivision in Polen, ein Panzerkorps in Jugoslawien und in der Sowjetunion sowie die 15. Armee in Frankreich befehligt hatte und sich jetzt auch in Italien als schwieriger Widersacher erweisen sollte. Der amerikanische Journalist Jack Belden erinnerte sich:

> Granaten schlugen im Wasser ein, Flammen färbten den Himmel gelb, und Kugeln trafen das Boot. Sie pfiffen über unseren Kopf, prallten wie Hagel gegen die Seitenwände und schlugen gegen die Rampe. Das Boot vibrierte und

die Rampe senkte sich quietschend. ... Ich ging an Land. ... Endlich war ich auf dem europäischen Festland.[9]

Montgomery war bereits fünf Tage zuvor im Rahmen der Operation Baytown an der äußersten Südspitze Italiens gelandet, ohne auf nennenswerten Widerstand zu stoßen. Die Deutschen konzentrierten ihre Gegenwehr weiter nördlich auf Salerno, wo sie Clarks 5. Armee ins Meer zurückzutreiben versuchten; nördlich des Sele-Flusses war Generalmajor Richard McCreerys X. britisches Korps gelandet, im Süden schloss sich Generalmajor Ernest Dawleys VI. US-Korps an. Wäre ihnen das gelungen, und bei den erbitterten Kämpfen am 13. September kam es fast so weit, hätte das schwerwiegende Konsequenzen für die Pläne zur Invasion in der Normandie im darauffolgenden Jahr gehabt. Parallel zu «Avalanche» griff die 1. Luftlandedivision der 8. britischen Armee in Tarent an, auf der Innenseite des italienischen Stiefelabsatzes. In Berlin fand Goebbels unterdessen Zeit, *So grün war mein Tal* zu lesen, Richard Llewellyns 1939 erschienenen Roman über Wales. «Er ist außerordentlich bezeichnend für die englische Mentalität», hielt der Reichspropagandaminister am 20. September 1943 in seinem Tagebuch fest. «Ich glaube nicht, dass England augenblicklich Gefahr läuft, bolschewisiert zu werden.»[10]

Während der Fahrt nach Salerno hatte man die Männer der 5. Armee darüber informiert, dass Italien einen Waffenstillstand unterzeichnet habe und damit offiziell aus dem Krieg ausgeschieden sei. An dem Empfang, der Clarks Männern bei ihrer Landung von den Deutschen zuteil wurde, änderte das natürlich nichts. Kesselring kommentierte später den von Badoglio vollzogenen «Abfall Italiens» so: «Ich sah den Feind und konnte handeln.»[11] Er konnte jetzt auch für jeglichen Bedarf nach eigenem Gutdünken requirieren, ohne mühsam mit den Italienern über Entschädigungsleistungen verhandeln zu müssen. Kesselring war eine gewisse Brutalität zu eigen, die im März 1944 offenbar wurde, als nach der Tötung von dreiunddreißig Männern des Polizeiregiments Bozen[12] in Rom durch Partisanen mit seiner vollständigen Kenntnis 335 Geiseln aus Rom zu den Ardeatinischen Höhlen im Süden der Stadt gebracht wurden. Dort wurden die Männer in Fünfergruppen durch Genickschüsse getötet. Im Kampf gegen Partisanen griff der deutsche Oberbefehlshaber auch zu Kollektivstrafen, die an willkürlich ausgewählten Opfern vollzogen wurden. In einem am 17. Juni 1944 erlassenen Befehl Kesselrings hieß es unter anderem:

> Der Kampf gegen die Banden muss daher mit allen zur Verfügung stehenden Mitteln und mit größter Schärfe durchgeführt werden. Ich werde jeden Führer decken, der in der Wahl und Schärfe des Mittels bei der Bekämpfung der Banden über das bei uns übliche zurückhaltende Maß hinausgeht.

«In Erweiterung» dieses Befehls wies Kesselring seine Kommandeure am 20. Juni 1944 an:

> Wo Banden in größerer Zahl auftreten, ist der in diesem Bezirk wohnende, jeweils zu bestimmende Prozentsatz der männlichen Bevölkerung festzunehmen und bei vorkommenden Gewalttätigkeiten zu erschießen. Dies ist den Einwohnern bekanntzugeben.[13]

Churchill und Alexander setzten sich 1947 dennoch für die Umwandlung des Todesurteils gegen Kesselring in eine Haftstrafe ein, und 1952 wurde er freigelassen.

Die Deutschen entwaffneten und internierten alle italienischen Streitkräfte, derer sie habhaft werden konnten, aber ein großer Teil der italienischen Marine fuhr von La Spezia nach Malta, was Admiral Andrew Cunningham am 11. September 1943 den Anlass zu seinem großartigen Funkspruch an das Marineministerium in London bot: «Bitte überbringen Sie Ihren Lordschaften die freudige Nachricht, dass die italienische Schlachtflotte jetzt unter den Kanonen der Festung Malta vor Anker liegt.»[14] Insgesamt 5 Schlachtschiffe, 8 Kreuzer, 33 Zerstörer, 34 U-Boote und Dutzende weitere Kriegsschiffe ergaben sich, hinzu kamen noch 101 Frachter mit insgesamt 183 591 Tonnen. Weitere 168 Frachtschiffe wurden auf Grund gesetzt, um eine Beschlagnahme durch die Deutschen zu verhindern. Bei ihrer Ankunft in La Spezia erschossen die Deutschen alle italienischen Kapitäne, die für solche Maßnahmen verantwortlich waren. «So behandelt man seine ehemaligen Verbündeten!», lautete Cunninghams Kommentar. Die italienische Marine wurde später gegen die Deutschen eingesetzt, vor allem ihre tapfere Unterwasser-Eliteabteilung, die 10. MAS Flotilla, und eine Autorität wie Admiral Cunningham lobte persönlich ihre «kaltblütige Tapferkeit und Initiative».

General Clark bewies am Landekopf in Salerno zwar persönliche Tapferkeit, aber in einer Geschichte dieses Feldzugs heißt es dennoch: «Er hatte zwischendurch einen Wackler, und man musste ihm den Gedanken ausreden, das VI. Korps wieder einzuschiffen.» Clark selbst bestritt dies allerdings in seinen Memoiren.[15] Auf den die Landeköpfe umgebenden Bergen saßen deutsche Artilleriebeobachter, und die erste Welle der Landungstruppen bekam es mit sechs deutschen Divisionen zu tun. Daher brauchte man drei mit dem Fallschirm hart an der Wasserlinie abgesetzte Bataillone der 82. US-Luftlandedivision, ein Bombardement der deutschen Stellungen durch Langstreckenbomber der North-West African Air Force, weiteren Nahbeschuss durch die 38-cm-Geschütze eigens an diesen Ort gelenkter Schlachtschiffe, vor allem jedoch die feste Entschlossenheit der 5. Armee in den Landeköpfen, um diese Stellungen zu halten. «Wären die Deutschen weiter in Richtung Meer vorgerückt, hätte ihr Eintreffen uns wohl in gewisse Verlegenheit gebracht», kommentierte Alexander mit seiner charakteristischen Selbstbeherrschung.[16] Die Landezone war bis zum 16. September nicht gesichert, erst vier Tage später ließen die Angriffe nach – nachdem die Deutschen ihre Streitkräfte erfolgreich aus Süditalien zurückgezogen hatten –, und erst nach weiteren elf Tagen zogen die Alliierten in das von den Besatzungstruppen geräumte Neapel ein. Zu diesem Zeitpunkt hatte die 5. Armee bereits 170 000 Mann und zweihundert Panzer an Land gesetzt, und Montgomery rückte aus dem Süden heran. Die Alliierten hatten bei der Landeoperation in Salerno 15 000 Mann, die Deutschen 8000 Mann verloren, und über das folgende Resümee eines Historikers lässt sich kaum streiten: «Das herausragende Merkmal der Schlacht war die Weitsicht, das Können und die Tatkraft Kesselrings und die Leistungsfähigkeit seiner Soldaten gewesen.»[17] Dieses Phänomen sollte sich wiederholen, während sich die Kämpfe auf der Apenninenhalbinsel immer weiter nach Norden verlagerten.

Unterdessen nahm die 1. kanadische Division der 8. Armee am 27. September auf der Ostseite der Halbinsel die Flugplätze in der Region Foggia ein und erreichte am 3. Oktober die Adriaküste. Von dieser topfebenen Landschaft aus beherrschte General Ira C. Eakers Mediterranean Allied Air Force anschließend den Luftraum in Südeuropa. Innerhalb von drei Wochen erschien die 15. Air Force der US-Luftstreitkräfte ungehindert über ganz Süddeutschland, Österreich und dem Balkan und, was besonders wichtig war, sie konnte die rumänischen Ölfelder in Ploieşti bombardieren, von wo Deutschland einen großen Teil seines Treibstoffs bezog. Das 12. US Air Support Command griff die deutschen Streitkräfte in Italien selbst an, die sich fast nur noch nachts bewegen konnten, ohne aus

500 Zweiter Teil: Wechseljahre

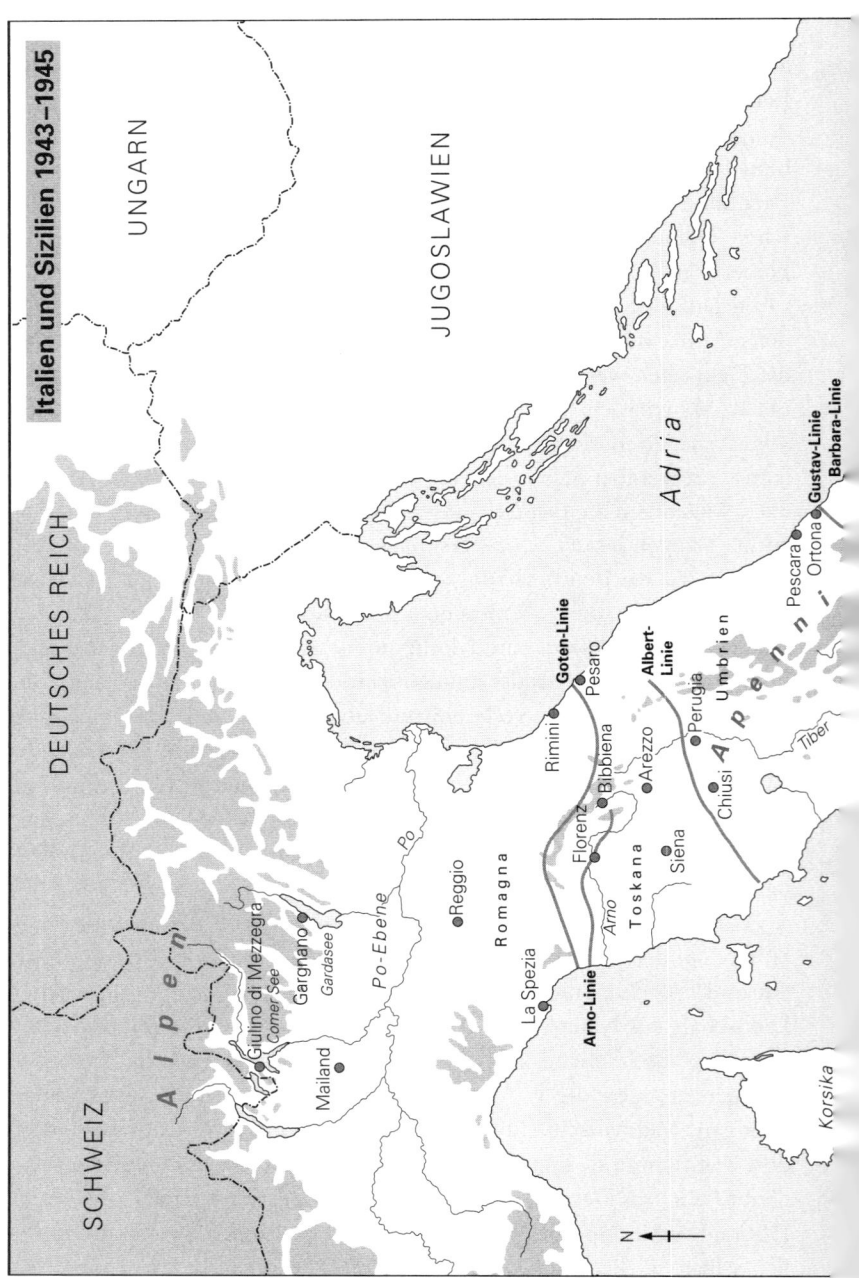

Den Stiefel aufwärts **501**

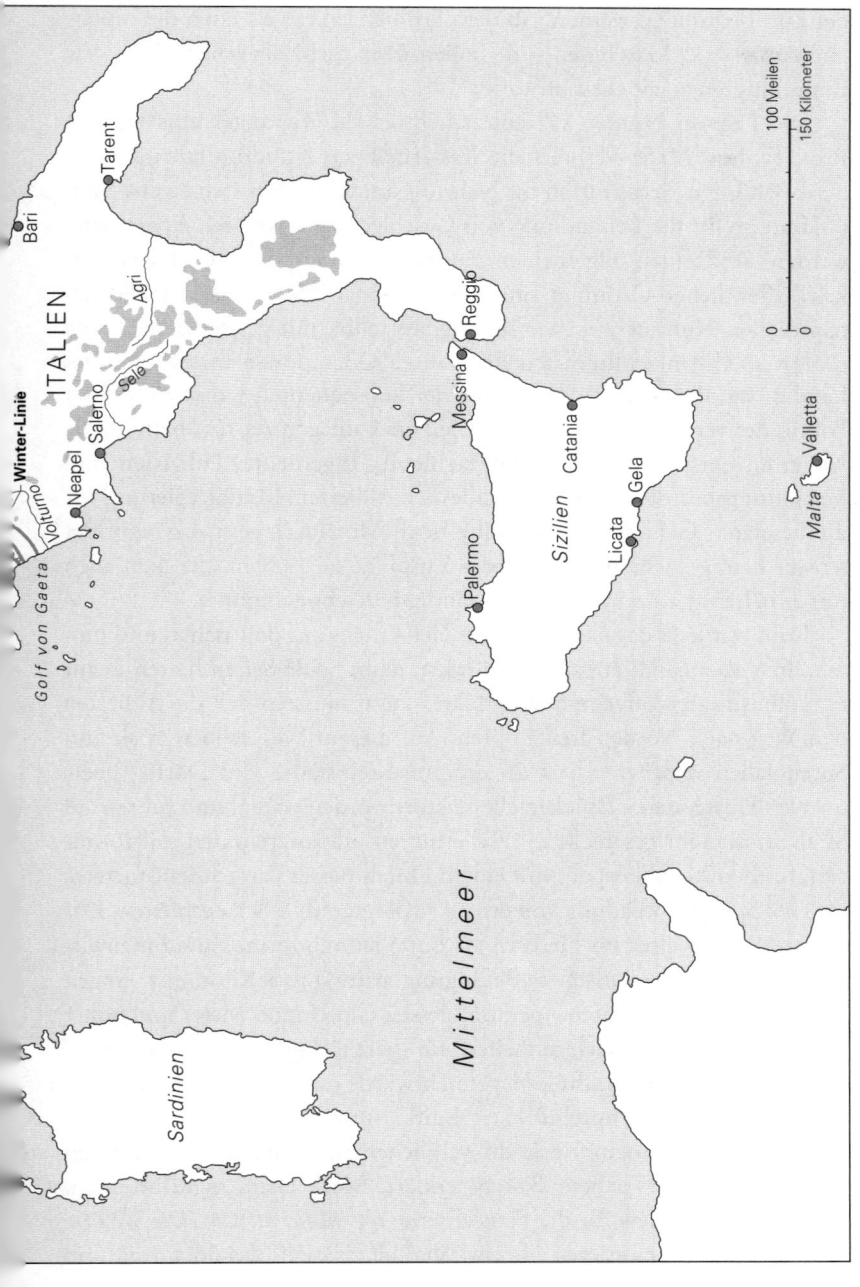

der Luft bedroht zu werden. Ab dem Frühjahr 1944 verfügten die Alliierten – mit 4500 Maschinen – in Italien über mehr als zehnmal so viele Kampfflugzeuge wie die Luftwaffe.[18]

Die Lage in Neapel war entsetzlich, es gab Gerangel ums tägliche Brot, Typhus, Mafia-Verbrechen, Wassermangel[19], rundum korrupte örtliche Behörden, Prostitution für Nahrungsmittel (es mussten eigens Militärlazarette für die Behandlung von Geschlechtskrankheiten eingerichtet werden) und einen allgemeinen Zusammenbruch von Rechtsstaatlichkeit, öffentlicher Ordnung und Moral. Sogar das Dienstfahrzeug des päpstlichen Nuntius war, wie sich herausstellte, mit gestohlenen Reifen unterwegs.[20] Am schlimmsten für weitere Operationen im Norden des Landes war, dass die Deutschen bei der konsequenten Umsetzung ihrer Politik der verbrannten Erde auch die Hafenanlagen zerstört hatten. Die Alliierten entsandten zahlreiche Fachleute, Ingenieure, Polizisten und Verwaltungsbeamte unter der Ägide der Alliierten Militärregierung für die besetzten Gebiete, aber es sollte noch Monate dauern, bevor in der schwer heimgesuchten Stadt wieder Zustände herrschten, die man auch nur annähernd als normal und anständig bezeichnen konnte.

Rom war jetzt das nächste große Ziel – mehr aus politischen und moralischen als aus militärischen Gründen, denn beide Seiten hatten es zur entmilitarisierten offenen Stadt erklärt –, also mussten sich die Alliierten den Weg nach Norden freikämpfen. Auf diesem Weg eroberten sie mit Sprengfallen versehene, hart umkämpfte Kleinstädte und Dörfer, überquerten Flüsse, deren Brücken alle zerstört worden waren, und fuhren auf Straßen, die sehr geschickt mit Tellerminen präpariert waren, pilzförmigen, runden Metallkörpern mit einem Durchmesser von 30 Zentimetern, die eine Sprengstoffladung von etwa 5,5 Kilogramm TNT enthielten. Das fürchterliche Wetter im Herbst 1943 bot Vietinghoff im Zusammenwirken mit den topografischen Bedingungen im 1400 Kilometer langen und 130 Kilometer breiten Apennin, dessen Gipfel 1200 Meter und höher aufragen, unzählige Gelegenheiten für hartnäckig geführte Nachhutgefechte. Die alliierte Luftüberlegenheit wurde durch diese Umstände oft zunichte gemacht. Churchill hatte Europa in einem unüberlegt formulierten Bild mit einem Krokodil verglichen und den Mittelmeerraum dabei zu dessen «weichem Bauch» erklärt. Mark Clark sagte in einem Zeitzeugen-Interview für die Fernsehserie *The World at War (Die Welt im Krieg)*: «Ich dachte oft, was für ein zäher alter Bauch das doch war, und nicht der weiche Bauch, den er uns hatte weismachen wollen.» Montgomery teilte diese Einschätzung: «Ich glaube nicht, dass wir irgendwelche spektakulären Resultate erzielen können, solange es weiterhin regnet; das ganze Land wird zu einem Meer aus Schlamm, und nichts, was mit Rädern fährt, kann von den Straßen abweichen.» Regen, Schneeregen und häufige Schneestürme im Verlauf des Winters 1943/44 führten zu Lungenentzündungen, Durchfall, Atemwegserkrankungen, Fieber, Gelbsucht und der als Fußbrand bekannten zermürbenden Pilzinfektion, die von nassen, tagelang nicht gewechselten Socken herrührt. Die 5. Armee verlor bis zum Jahresende 1943 nicht nur 40 000 Mann im Kampf, sondern auch 50 000 weitere Soldaten ohne jede Kampfeinwirkung und möglicherweise bis zu 20 000 Deserteure.[21]

Zur ersten Begegnung der später als «Die Großen Drei» bezeichneten Staats- und Regierungschefs – Roosevelt, Stalin und Churchill – kam es bei der Konferenz von Teheran (Codename: Heureka) vom 28. November bis zum 1. Dezember 1943. Roosevelt hatte den irrigen, aber überraschend weit verbreiteten Eindruck, der persönliche Umgang könne den sowjetischen Diktator milde stimmen, wenn nötig, indem man Churchill zur Zielscheibe seiner Spötteleien machte. Stalin wiederum hatte darauf bestanden, dass der kranke und auf einen Rollstuhl angewiesene Roosevelt um die halbe Welt flog, damit man sich in der Hauptstadt des Iran treffen konnte, und brachte ihn dann, um ihn von Churchill zu trennen, auch noch in der sowjetischen Gesandtschaft unter. Auf Stalins Drängen hin wurde außerdem Tschiang Kai-schek ganz von der Konferenz ausgeschlossen, um die Japaner nicht zu verstimmen, mit denen Stalin einen Nichtangriffspakt geschlossen hatte. Bei der ersten Sitzung der Teheraner Konferenz zeigte Stalin jedoch seine Bereitschaft, Japan nach der deutschen Kapitulation den Krieg zu erklären, was die westlichen Alliierten mit unverhohlener Freude begrüßten.

Weniger günstig wurde dagegen Churchills Strategie aufgenommen, Italien als Sprungbrett zu benutzen und aus diesem Land heraus die Deutschen im Südosten Frankreichs sowie Österreich und Ungarn über Jugoslawien anzugreifen. Stalin wollte keine kampfstarke alliierte Streitmacht in seinem südosteuropäischen Hinterhof sehen und wurde dabei von Roosevelt unterstützt, also fiel dieser Vorschlag durch, was Churchill sehr verdross. Stalin hätte auch gerne ein früheres Datum für eine Invasion an der französischen Kanalküste gehabt, akzeptierte aber schließlich einen Vorschlag, der als Termin den 1. Mai 1944 festsetzte. (Er musste dann um fünf Wochen verschoben werden, weil es aufgrund der länger als erwartet andauernden Kämpfe in Italien an Landungsfahrzeugen fehlte.)

Andere Diskussionen über die Ostgrenze Polens – es sollte mit deutschen Gebieten jenseits seiner früheren Westgrenze für das im Osten des eigenen Landes an die Sowjetunion verlorene Territorium entschädigt werden –, widersprachen direkt dem in der Atlantik-Charta gegebenen Versprechen, «territoriale Veränderungen, die nicht mit den frei geäußerten Wünschen der beteiligten Völker übereinstimmen», zu missbilligen. Immerhin stimmte Stalin dem Entwurf für eine Organisation der Vereinten Nationen zu, in der Großbritannien, die Sowjetunion, die Vereinigten Staaten und China ein Vetorecht erhalten sollten. Es gab auch eine Einigung über das Vorgehen in Jugoslawien, wo nicht die monarchistischen Tschetniks, sondern Titos kommunistische Partisanen unterstützt werden sollten, denn aus den Ultra-Entschlüsselungen wurde deutlich, dass die Tschetniks mit den Italienern zusammenarbeiteten und dass die Deutschen die Partisanen mehr fürchteten als die Tschetniks. Auf Stalins Drängen hin wurde außerdem beschlossen, dass Deutschland nicht in fünf selbständige Länder aufgeteilt werden sollte, wie Roosevelt und Churchill sich das vorgestellt hatten. Insgesamt wurde in Teheran ein Höchstmaß an Kooperation zwischen den Alliierten in diesem Krieg erreicht, es wurde zwar hart um Entscheidungen gerungen, aber die Stimmung war im Allgemeinen gut. Roosevelts offenkundiges Bestreben, Stalin zu umgarnen, ermöglichte es diesem jedoch, eine Kluft zwischen den beiden Demokratien auszumachen, die er in den kommenden Monaten auszunutzen gedachte. Ihm entging nichts, und an ihm kam niemand vorbei. Jeder der Großen Drei verließ Teheran mit einem erfüllten Wunsch, aber jeder musste auch etwas aufgeben. Man kann sich allerdings der Schlussfolgerung kaum entziehen, dass Churchill am meisten aufgeben musste.

John Harris schrieb in seinem Roman *Swordpoint:*

> Die Armee folgte dem Rückgrat Italiens nach Norden und kämpfte, müde, aber immer noch willensstark, wie ein Stier, mit gesenktem Kopf wurde der

Weg freigerammt, bei einem Angriff nach dem anderen. Die Vorgehensweise hatte sich nur selten geändert. Ebenen waren sehr selten, und kaum war ein Fluss oder Berg überwunden, versperrte schon der nächste den Weg. Sie hatten sich den Übergang über den Creti erkämpft, aber hinter dem Creti lag der Agri, hinter dem Agri der Sele, und hinter dem Sele kam der Volturno. ... Das ganze Land, jeder Fluss, jede Kleinstadt, jeder kleine Berg, hatte ihnen gezeigt, wie nutzlos Maschinen sein konnten, wenn Klima und Gelände sich zu diesem Zweck verschworen. «Oh ja», lautete der aktuelle Witz, «die Deutschen ziehen sich zurück. Leider nehmen sie dabei auch den letzten Bergrücken mit.»[22]

Das Gelände ist als «selbst für Ziegen schwer begehbar» beschrieben worden.[23]

Die 5. Armee überquerte Mitte Oktober den Hochwasser führenden Volturno, dessen Brücken die Deutschen zerstört hatten, und danach ordnete Alexander eine kurze Rast an, die der Umgruppierung und Erholung dienen sollte. Der Weg, der noch vor den Alliierten lag, musste angesichts der scheinbar endlosen Gebirgspässe und des fürchterlichen Wetters auch die enthusiastischsten Gemüter bedrücken. Die Deutschen verfolgten auf ihrem Rückzug eine Taktik der verbrannten Erde, die die gesamte Infrastruktur und alles, was der Versorgung mit Nahrungsmitteln diente, betraf. Diese Praxis wurde noch intensiviert, nachdem die Regierung Badoglio, die klugerweise aus Rom geflüchtet war und nun vom sicheren Bari aus amtierte, Deutschland am 13. Oktober 1943 den Krieg erklärt hatte.

Die ab dem 1. Januar 1944 von Montgomerys Protegé Oliver Leese befehligte 8. Armee rückte östlich des Apennin vor, Clarks 5. Armee auf der Westseite, und beide Flügel gaben sich gegenseitig nur herzlich wenig wirksame Unterstützung. Die Deutschen verfolgten bei ihrem Rückzug nach Norden das Ziel, den weiter nördlich stehenden Einheiten der Wehrmacht möglichst viel Zeit für den Ausbau der Bernhardt-, Barbara-, Winter- und, vor allem, der Gustav-Verteidigungslinie zu verschaffen. Letztere erstreckte sich über die gesamte italienische Halbinsel hinweg, vom Golf von Gaeta im Tyrrhenischen Meer bis zu einem Punkt unmittelbar südlich von Ortona an der Adriaküste.

Eisenhower und Harold Alexander, der Oberbefehlshaber der 15. Armeegruppe, waren durch Ultra über Hitlers am 4. Oktober ausgesprochene Zustimmung zu Kesselrings Plan, den Kampf südlich von Rom zu suchen, informiert und entwickelten einen Plan für die gemeinsame Einnahme von Rom durch die 5. und die 8. Armee. Die 8. Armee sollte Pescara einnehmen und sich dann nach Westen wenden, während die 5. Armee durch das Liri-Tal vorrücken und dabei von einer kühnen amphibischen Landung beim südlich von Rom gelegenen Küstenort Anzio unterstützt werden sollte. Dieser Vorstoß sollte Reserven von der Gustav-Linie abziehen und für die Verlagerung sämtlicher strategischer Reserven des Gegners weiter nach Norden sorgen. Alexander verfügte in Italien im Dezember 1943 zwar über elf Divisionen, aber Kesselring hatte neun Divisionen südlich von Rom stehen und hielt weitere acht im Norden in Reserve. Die Wehrmacht war in Italien eine homogene Armee, doch auf alliierter Seite kämpften nicht weniger als sechzehn Nationalitäten, darunter Polen, Neuseeländer, Algerier, Südafrikaner, Marokkaner, ein jüdisches Kontingent, ja sogar ein brasilianisches Expeditionskorps – und viele von ihnen verständigten sich in unterschiedlichen Sprachen und verwendeten unterschiedliche Waffen und Munition. Außerdem brachen die angloamerikanischen Rivalitäten, die beim – von Patton überzeugend gewonnenen – Wettlauf um die Einnahme von Messina auf Sizilien zutage getreten waren, wieder auf und steigerten sich noch bei dem Versuch, die Ewige Stadt einzunehmen. Die Amerikaner hielten die Briten, die nach den Feldzügen in Nordafrika und auf Sizilien erschöpft waren, generell für langsam und übervorsichtig. Den Briten wiederum, das war die andere Seite der Medaille, kamen die frischen amerikanischen Einheiten unbedarft und naiv vor. Zwischen den hochrangigen Offizieren kam es zweifellos zu Spannungen, unter den übrigen Dienstgraden waren sie weniger häufig. Mark Clark war mehr als alle anderen Kommandeure von der Vorstellung besessen, ihm gebühre der Ruhm, derjenige General zu sein, der die erste Achsenmächte-Hauptstadt einnahm, wie Generalmajor John Harding, Alexanders Stabschef, später erklärte: «Wenn ich es diplomatisch ausdrücken darf: Ich meine, dass General Clark von dem Wunsch überwältigt war, als Erster in Rom zu sein, was er ohnehin [gewesen] wäre.»[24]

Clark beging einen entscheidenden Fehler, als er nicht direkt auf die benachbarte Gustav-Linie vorrückte, nachdem die Winter-Linie Mitte Dezember 1943 durchbrochen worden war. Deshalb erreichte die 5. Armee die Flüsse Sangro, Rapido und Garigliano und die Gustav-Linie erst zwischen dem 5. und 15. Januar 1944. Die Deutschen hatten deshalb fast einen Monat Zeit, die (ohnehin bereits eindrucksvollen) Befestigungsanlagen der Gustav-Linie nach dem Fall des Monte Camino und Monte Lungo und des mittelalterlichen Städtchens San Pietro Infine weiter zu verstärken. Diese Orte waren schwierig einzunehmende Hindernisse gewesen. Die Spuren der Häuserkämpfe in San Pietro während der drei Angriffe der 36. Division der texanischen Nationalgarde, der die 15. Panzergrenadierdivision gegenüberstand, sind bis heute zu sehen, denn diese Kleinstadt wurde auf dem Stand des Jahres 1944 erhalten. «Der Name San Pietro wird in die Militärgeschichte eingehen», heißt es im Einsatzbericht des 143. Infanterieregiments der 36. Division, das den Ort am 18. Dezember 1943 schließlich von der Rückseite her einnahm, nachdem zwei vorhergehende Frontalangriffe zurückgeschlagen worden waren.

> Wir suchten uns einen Weg durch Felder, die von Granatwerfern und Artilleriegeschossen umgewühlt worden waren, vorbei an den reglos daliegenden Körpern von GIs, die in dem blutigen, brutalen Kampf gefallen waren … in diesem grauen kleinen Städtchen, von dem aus man das Tal und die Zugangswege nach Cassino überblickte. Die Soldaten nennen es «Tal des Todes», weil dort der Tod wütete, als sie diese Festung des Feindes stürmten. Sie war von Befestigungsanlagen umgeben, die man in die terrassierten Hänge gegraben hatte. Wer sie beherrschte, beherrschte das ganze Tal.

Die deutsche Garnison in San Pietro konnte nicht einfach nur umgangen, isoliert und eingeschlossen werden, während die 5. Armee weiter auf die Gustav-Linie vorrückte, denn die Beobachtungsposten im Ort hätten ein anhaltendes und sehr präzises Artilleriefeuer auf die vorrückenden Truppen und ihre Versorgungseinheiten lenken können. Wie zuvor schon am Camino und Lungo und später dann beim eindrucksvollen Klosterberg Monte Cassino selbst gab es keine Alternative zur Einnahme dieser Höhen.

In der Zeit vom Angriff auf den Monte Camino am 6. bis zur Vertreibung der Deutschen aus San Pietro am 18. Dezember verbrauchte sich die 5. Armee, und heftiger Schneeregen und Hagel dämpften die Begeisterung für einen Angriff auf die Gustav-Linie an den kürzesten Tagen des Jahres noch mehr. Der Schnee und die tiefhängenden Wolken brachten es auch mit sich, dass in einer Zeit, in der Flugzeuge noch nicht allein mit Hilfe der Bordinstrumente landen konnten, nur wenig Luftunterstützung zu erwarten war. Die Zeitlücke, die sich bis zur Wiederaufnahme der alliierten Offensive auftat, schenkte General Senger einen wichtigen Monat, in dem er sich eingraben, aus Rom Verstärkungen heranführen, seine Einheiten neu aufstellen und seine Notfallpläne ausarbeiten konnte. Senger, ein Nazigegner, hatte den Rückzug der deutschen Truppen aus Sizilien, Sardinien und Korsika befehligt und war ein Meister des Nachhutgefechts. Die Winter-Linie war von Anfang an als Vorposten geplant gewesen, als eine der Gustav-Linie vorgelagerte Verzögerungs-Stellung, so wie diese vor der Hitler-Linie lag.

Der Angriff auf die Stadt Cassino musste von der West- und Südseite her vorgetragen werden, denn man hielt es für unmöglich, dass Soldaten ohne Ausbildung im Gebirgskampf östlich des 1670 Meter hohen Monte Cairo operieren könnten, wo eine durchgehende Kette von Berggipfeln sich über das Zentrum der Halbinsel erstreckte. Heute wie damals gruppiert sich die Stadt hufeisenförmig um den 519 Meter hohen Berg, auf dessen Gipfeln das Kloster steht. Die Abtei, um das Jahr 529 von Benedikt von Nursia selbst gegründet, war das Mutterkloster des Benediktinerordens. Das vom Monte Cairo geschützte Cassino war der am stärksten befestigte Teil der Gustav-Linie. «Der Ort hatte etwas Titanisches an sich», schrieb Harris, «er war furchterregend in seiner Weite, düster unter den tiefhängenden Wolken und dem Nieselregen, der die Umrisse verschwimmen und die Berghänge wie das bedrohliche Böse aussehen ließ.»[25] Als die Alliierten die Gustav-Linie erreichten, erwarteten sie dort tiefe Stahlbeton-Bunker, Panzergräben, Tunnels, Stacheldrahtsperren, Minenfelder, getarnte Geschützstellungen, 6000 Verteidiger und zahlreiche nicht einsehbare Beobachtungsposten, aus denen vernichtendes Artilleriefeuer geleitet werden konnte. Nicht ohne Grund schrieb N. C. Phillips, der offizielle Historiker der neuseeländischen Streitkräfte in Italien:

> Kein Soldat, der sein Handwerk versteht, hätte sich im März 1944 allein aus militärischen Gründen für einen Angriff auf Cassino entschieden. Schon bei der bloßen Vorstellung, im tiefsten Winter den Versuch zu unternehmen, die stärkste Festung Europas mit einem einzigen Korps und ohne Unterstützung durch Ablenkungsmanöver zu stürmen, hätte er höchstens die Nase gerümpft.[26]

Doch mit Blick auf die verfügbaren Kräfte und den Mangel an geografischen Alternativen und angesichts der dringenden Notwendigkeit, Rom noch vor der Landung in der Normandie einzunehmen, sollte genau dies geschehen.

Von Cassino bis zum Tyrrhenischen Meer stößt man auf eine Reihe von Flüssen, die wichtigsten sind hier der Gari, der Garigliano und der einen sehr treffenden Namen tragende Rapido – allesamt bedeutende Hindernisse für die Alliierten. Genau hier in diesem Gebiet, ebenso sehr wie in Cassino, kämpfte und blutete die 5. Armee bei ihrem Versuch, die Gustav-Linie zu durchbrechen, in den vier Monaten, die auf den Januar 1944 folgten. Das X. Korps griff vom 17. bis 21. Januar am Garigliano an, wurde aber von der Reserve der 14. Armee gestoppt, obwohl der Angriff der 46. Division Senger einige Sorgen bereitete. Weiter östlich wurde unterdessen die amerikanische 36. Division vom reißenden, eiskalten Rapido schmählich zurückgedrängt, und das unter so schweren Verlusten, dass der Kongress den Fall später untersuchen ließ. Die britische 46. und 56. sowie die amerikanische 36. Division bemühten sich verzweifelt, auf der Nordseite dieser drei Flüsse einen kleinen Brückenkopf zu gewinnen, hatten aber keinen Erfolg. Die majestätische Topografie von Monte Cassino hat die Historiker tief beeindruckt, so wie sie heute noch die Touristen überwältigt, aber eigentlich waren die Schlachten südlich und westlich dieses Ortes genauso beeindruckend, mit großen Verlusten; die 5. Armee hatte seit der Überquerung des Volturno 26 000 Tote und Verwundete zu verzeichnen. Wäre zur «Italy-Star»-Medaille auch noch eine Spange vergeben worden, hätte darauf eher «Garigliano» stehen müssen, aller symbolischen Bedeutung zum Trotz, die dem Monte Cassino aufgrund seiner geografischen Prominenz zugeschrieben wurde.

Der zu vergebende Siegespreis – er winkte für die Überquerung der Flüsse oder die Einnahme von Cassino oder für beides – war das Liri-Tal, eine ebene, breite und direkte Wegstrecke, die bis nach Rom führte und für die alliierten Panzerkräfte schnell zu durchqueren war. (Als Cassino am 17. Mai schließlich fiel, war die 5. Armee innerhalb von drei Wochen in Rom.) Es könnte sein, dass die Alliierten den Panzerkräften beim Vorrücken auf Rom eine zu große Bedeutung zumaßen, weil ihre Panzer – obwohl in der Überzahl – den deutschen Kampfwagen in diesem Krieg bisher durchgehend unterlegen gewesen waren. Der Sherman-Panzer hatte in den eigenen Reihen den Spitznamen «Ronson» eingefahren, weil dieses Feuerzeug in der zeitgenössischen Werbung mit dem Spruch «It lights first time, every time» angepriesen wurde; bei den Deutschen hieß er «Tommy-Kocher», weil ein Treffer einer 8,8-cm-Granate oft genügend kinetische Energie erzeugte, um den Treibstoff in Brand zu setzen. Bis ins Spätjahr 1944 waren die Deutschen hier gegenüber den Alliierten im Vorteil, weil sie über eine bessere Kombination aus Feuerkraft, Mobilität und Panzerung verfügten. Die alliierten Panzer boten oft nur ein so eingeschränktes Sichtfeld, dass die Fahrer diese Erfahrung mit dem Kutschieren einer Doppelhaushälfte auf Rädern verglichen – mit einem Blick durch den Briefkastenschlitz. Wären die Alliierten nicht so sehr auf das Liri-Tal fixiert gewesen, hätten sie die Gustav-Linie anderswo vielleicht früher durchbrochen.

Kesselring sicherte dem Vatikan am 11. Dezember 1943 zu, dass seine Streitkräfte die Abtei Monte Cassino nicht besetzen würden, aber der größte Teil der beweglichen Schätze wurde dennoch nach Rom gebracht (heute kann man sie im Museum des Klosters besichtigen). Die gesamte Abtei wurde am Dienstag, dem 15. Februar 1944, um 9.30 Uhr in Schutt und Asche gelegt, als 239 Bomber insgesamt 500 Tonnen Bomben abwarfen und dabei die kunsthistorisch bedeutsamen, aber nicht evakuierbaren Fresken des Klosters zerstörten. Den Vandalismus der Alliierten nutzte Goebbels für einen Propagandacoup, aber er war dennoch gut für die Moral der Soldaten, die sich für den Angriff auf das Kloster vorbereiteten, zumindest so lange, bis sie feststellten, dass bei dem Bombardement nur wenige Deutsche umgekommen waren und dass Trümmer fast genauso leicht zu verteidigen waren wie intakte Gebäude.

> Die Bombardierung des Klosters war nicht nur vom Standpunkt unserer Propaganda aus ein psychologischer Fehler, sie war darüber hinaus auch ein militärisch-taktischer Fehler erster Ordnung. Durch ihn wurde unsere Aufgabe nicht nur erschwert, er bedeutete für uns auch ein Plus an Menschen-, Material und Zeitverlusten,

schrieb Mark Clark 1951 in seiner Autobiografie *Calculated Risk* (dt. unter dem Titel: *Mein Weg von Algier nach Rom*). Später bestritt er zwar jede Verantwortung für das Bombardement, doch in der Tat war Clark an Alexanders und Freybergs Entscheidung, die Abtei zu zerstören, persönlich beteiligt und billigte sie auch.[27] Gewiss behauptete General von Senger und Etterlin, der Kommandeur der Verteidiger von Cassino, später:

Den Stiefel aufwärts

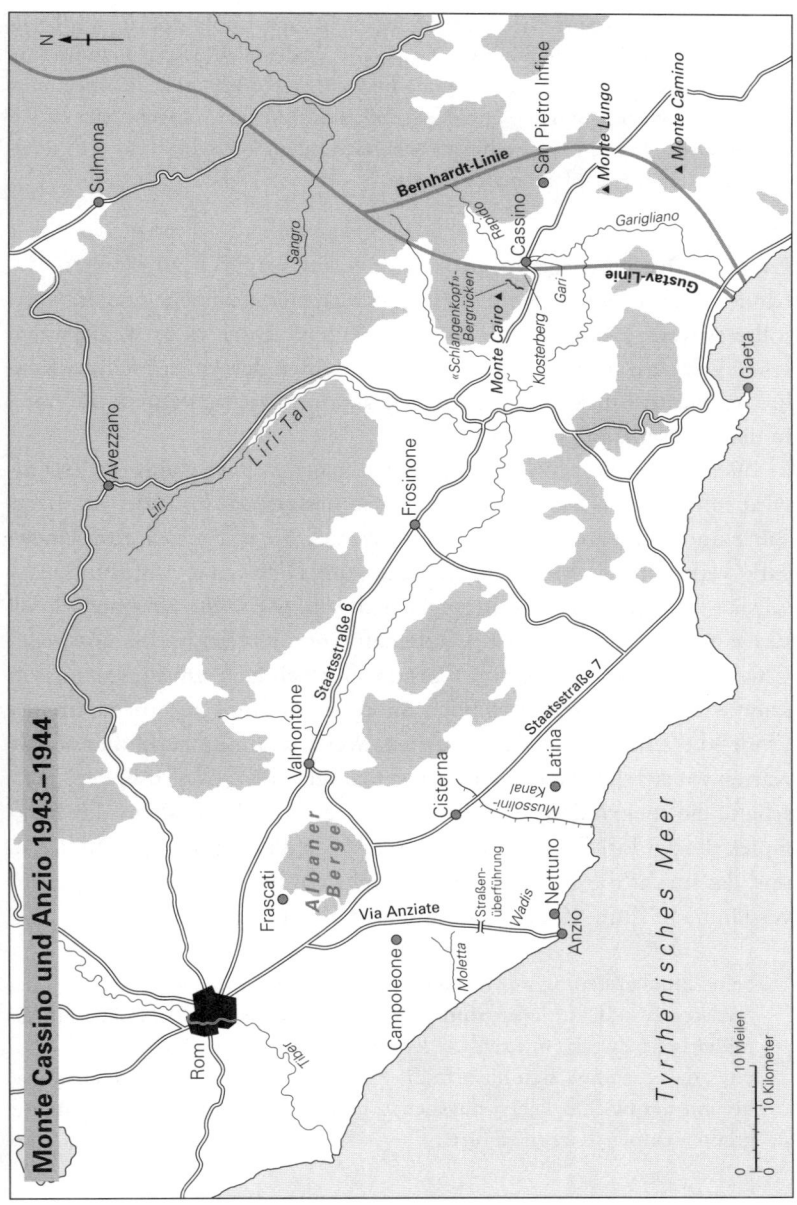

> Die Bombardierung hatte den entgegengesetzten Erfolg dessen, was beabsichtigt war. Nun konnten wir die Abtei unbedenklich besetzen, zumal Gebäudetrümmer für die Verteidigung besser als Gebäude sind. Im Krieg muss man Gebäude, die man verteidigen will, zum Einsturz bringen. Jetzt hatten die Deutschen einen gewaltigen, beherrschenden Stützpunkt, der sich in allen späteren Kämpfen bezahlt machte.[28]

Die defensive Überlegenheit von Ruinen im Vergleich zu intakten Gebäuden war bereits in Stalingrad zu beobachten gewesen, und in Caen sollte es wenige Monate später wieder so sein. Doch es ist wenig wahrscheinlich, dass die Deutschen bei den Angriffen der Alliierten ihre moralischen Skrupel nicht aufgegeben und darauf verzichtet hätten, die Abtei in den Häuserkampf einzubeziehen.

Wer heute die großartige wiederaufgebaute Klosteranlage besucht, wird sofort davon beeindruckt sein, wie umfassend die Abtei die Bergspitze und damit auch das Liri-Tal beherrscht. Sie war jedoch zum Untergang verurteilt, als Kesselring Cassino zum Dreh- und Angelpunkt der Gustav-Linie machte, was unumgänglich war, wie schon ein kurzer Blick südwärts in die Weite der Landschaft von der Bergspitze aus zeigt. Churchill begriff nie, warum Cassino nicht einfach umgangen werden konnte und sich drei Divisionen an einer nur fünf Kilometer breiten Front «die Zähne ausbeißen» mussten. Wenn man nur zweidimensionale Karten vor sich hat, ist das auch schwer zu verstehen. Das Profil der Landschaft, die ineinandergreifenden Flusssysteme und vor allem die Berggipfel, die das Liri-Tal überragen, lassen sich am besten vor Ort studieren, und das macht die taktischen Schwierigkeiten bei diesem Feldzug sofort verständlich. Zum Monte Cassino selbst erklärte Harding:

> Seine Bombardierung war notwendig, um die Moral und die Zuversicht der Soldaten zu stärken. Jedermann ging davon aus, dass die Deutschen ihn für militärische Zwecke nutzten. … Es gehört zu meiner militärischen Philosophie, dass man Soldaten nicht in die Schlacht schicken darf, ohne ihnen dabei mit der bestmöglichen physischen und militärischen Unterstützung die größten Erfolgschancen zu bieten.[29]

Der politische Preis für einen Angriff auf die Klosteranlage, ohne diese zuvor dem Erdboden gleichgemacht zu haben, wurde als zu hoch empfunden, vor allem in Neuseeland, dessen Kontingent die erste Angriffswelle bilden sollte, und Freyberg, Clark und Alexander befürworteten alle die Zerstörung. Natürlich war es paradox, dass bei einem Kreuzzug für die Zivilisation und gegen die Nazibarbarei ein herausragendes Juwel eben dieser Zivilisation ausgerechnet von den Alliierten zerstört werden sollte, aber das waren die Mechanismen des von Hitler entfesselten totalen Krieges, und dessen Verursacher trägt letztlich die Verantwortung für diese ästhetische und kulturelle Tragödie.

Das französische Gebirgsjägerkorps hatte Ende Januar zwischen dem Monte Cairo und dem Monte Cassino erhebliche Geländegewinne erzielt, und die amerikanische 34. «Red-Bulls»-Division hatte die Höhe 593 hinter dem Klosterberg erreicht. Auf dem «Schlangenkopf»-Bergrücken, zu dem die Höhe 593 gehörte, kam es, als die Alliierten versuchten, Cassino von Norden her zu umfassen, zu erbitterten Kämpfen. In ihrer Härte erinnerten sie an den Ersten Weltkrieg; hier kamen ebenso viele Männer ums Leben wie bei den frontalen Sturmangriffen auf den Klosterberg selbst.

In den vier Schlachten von Monte Cassino kämpften Deutsche, Amerikaner, Briten, Franzosen, Polen, Australier, Kanadier, Inder, Nepalesen, Sikhs, Malteser und Neuseeländer, aber nicht die Italiener selbst, die mittlerweile in ihrer Mehrheit eine fatalistische Einstellung zum Schicksal des eigenen Landes entwickelt hatten; nur die (vor allem von Kommunisten dominierten) Partisanen kämpften weiter im Norden gegen die Deutschen. «Wir wollen keine Deutschen oder Amerikaner», lautete ein für diese Haltung repräsentativer italienischer Graffito. «Lasst uns in Frieden weinen.»[30] Die vier Schlachten sind mit den Kämpfen an der Somme verglichen worden: Bei der ersten Schlacht nach dem 12. Februar verlor zum Beispiel die 5. Armee (am härtesten traf es die 34. Division) insgesamt 16 000 Mann. Bei der zweiten, vom 15. bis 18. Februar andauernden Schlacht entrichteten die Neuseeländer den höchsten Blutzoll, und beim dritten Ansturm kam es vom 15. bis zum 23. März zu weiteren Verlusten.

Der Luftwaffe gelangen während der Kämpfe um die Gustav-Linie kaum noch routinemäßige Aufklärungsflüge, so stark war die alliierte Überlegenheit; Ende 1943 verfügte sie in ganz Italien nur noch über vierhundertdreißig Maschinen.[31]

Unterdessen berichtete der britische Botschafter beim Heiligen Stuhl,

Sir D'Arcy Osborne, am 26. Januar 1944 ans Londoner Außenministerium: «Der Kardinalstaatssekretär schickte heute nach mir, um mir mitzuteilen, der Papst hoffe darauf, dass keine farbigen Soldaten sich unter der kleinen Zahl von Militärangehörigen befinden werden, die nach der Einnahme der Stadt vielleicht in Rom stationiert werden. Und er fügte rasch hinzu, der Vatikan betreibe keine Trennung nach der Hautfarbe, hoffe aber darauf, dass es möglich sein werde, der Bitte zu entsprechen.»[32] Die Rolle Pius' XII. im Zweiten Weltkrieg ist bis heute höchst umstritten, weil er sich bewusst dafür entschied, die Verfolgung und Ermordung der Juden durch die Nationalsozialisten nicht öffentlich anzuprangern, obwohl er detaillierte Informationen darüber hatte, wie und in welchem Ausmaß dies geschah (und er wusste auch um den Terror gegen die katholische Kirche in Polen). Diese Entscheidung beruhte auf seiner – mit Blick auf die Erfahrungen der protestantischen Kirchen in den Niederlanden – gut begründeten Annahme, dass die Deutschen alle kirchlichen Würdenträger, die sich für die Juden einsetzten, drakonisch bestrafen und ihnen so weitgehend ihre Möglichkeiten nehmen würden, auf andere, heimlichere Art zu helfen. (Der Papst selbst bot Tausenden von Juden Zuflucht in seinen eigenen Einrichtungen in Rom und auf seinem Landsitz Castel Gandolfo bei Rom.) Eine öffentliche Erklärung des Papstes hätte den Holocaust – der seiner Natur nach nicht von tief gläubigen Menschen betrieben wurde – nicht gestoppt, ja vielleicht noch nicht einmal verzögert, doch gehörte es, im Nachhinein betrachtet, selbstverständlich zu seinen moralischen Pflichten, weltweite Aufmerksamkeit auf das zu richten, was hier vor sich ging. Behauptungen, wonach der Papst selbst Antisemit gewesen sei, irgendwelche Sympathien für die Nazis gehegt habe oder, wie es ein Buch im Titel führte, auf irgendeine Art und Weise «Hitlers Papst» gewesen sei, sind jedoch völlig unzutreffend.[33]

Nach der zweiten Schlacht von Cassino im Februar 1944 wurde General Fridolin von Senger und Etterlin zu Hitler auf den Berghof bestellt, um dort das Eichenlaub zum Ritterkreuz verliehen zu bekommen, eine Ehre, die ihn kaum beeindruckte, «als nun Hunderte die Auszeichnung trugen». Noch weniger beeindruckte ihn der Anblick von Hitler selbst, den er als «geradezu niederschmetternd» empfand und sich dabei fragte, welche Wirkung er wohl auf die anderen Soldaten gehabt haben mochte, die an jenem Tag Auszeichnungen entgegennahmen. Dem Katholiken und einstigen Rhodes-Stipendiaten Senger blieb die Szene so in Erinnerung:

> Er trug eine ästhetisch wenig ansprechende Litewka mit gelbem Schlips, weißem Kragen und dazu eine schwarze Hose! Der unschöne Körper mit dem kurzen Hals schien noch haltungsloser, als er schon immer gewesen war. Die Haut war schlaff, weiß und übernächtig. Die großen blauen Augen, die anscheinend tatsächlich viele Menschen faszinierten, waren verschwommen, vielleicht in Folge der unablässig dem Körper zugeführten stimulierenden Drogen. Der Händedruck war molluskenhaft. Der linke Arm hing zitternd und schlaff herunter. Was allenfalls bestechen mochte, war seine im Gegensatz zu dem Geschrei bei Reden und Wutausbrüchen leise und modulierende Stimme, vielleicht sogar eine mitleiderregende, kaum verborgene Niedergeschlagenheit und Schwäche.[34]

Die zitternde linke Hand ist mit einer beginnenden Parkinson-Erkrankung erklärt worden, an der Hitler möglicherweise gelitten hat. Selbst wenn man bei der Schilderung oben Sengers Nazi-Gegnerschaft und die Tatsache in Rechnung stellt, dass dieser Bericht lange nach dem Krieg geschrieben wurde, scheint Hitler dennoch bereits weit vor der Invasion in der Normandie im Juni 1944, dem Bombenattentat auf ihn am 20. Juli und der Vernichtung der Heeresgruppe Mitte an der Ostfront noch im selben Monat ein kranker Mann gewesen zu sein.

Am 15. März warfen fünfhundert Bomber mehr als 1000 Tonnen Bomben auf Cassino, doch in zu vielen Fällen misslang der US Air Force, die zwei Drittel der Einsätze flog und 70 Prozent der Bomben abwarf, die enge Abstimmung mit den Befehlshabern der Bodentruppen, die oft gar nicht wussten, wann die Bombardements enden sollten. Das hatte zur Folge, dass – unabhängig von der Wucht der Bombenangriffe – den Deutschen, die in den vielen Gewölbekellern des Klosters Schutz suchten, immer genug Zeit blieb, ihre Gefechtspositionen in der Trümmerlandschaft wieder einzunehmen, bevor die ersten Angriffswellen des Gegners ihnen zu nahe kamen. «Ich hatte alle Berge mit weiter Sicht, die mir Einblick in das ganze zerklüftete Gebirgsgelände boten, bestiegen», erinnerte sich Senger an seinen 80 Kilometer breiten Frontabschnitt, dessen Zentrum Cassino bildete, «so erkannte ich den Wandel der Lage schon aus dem Wechsel des Artilleriefeuers und der Fliegertätigkeit.»[35] Den Deutschen gelang es in der ersten Schlacht von Cassino im Februar, einen

Umfassungsangriff abzuwehren. Sie eroberten Höhe 593 zurück, allerdings ging der Berg bei späteren Gefechten im Februar und März dann verloren. Besonders erbittert waren die Kämpfe zwischen der 8. indischen Division und den deutschen Fallschirmjägern. Eine Kompanie Gurkhas klammerte sich zehn Tage lang unter ständigem Beschuss durch deutsche Artillerie und Scharfschützen an einen Felszacken, der als «Galgenberg» in Erinnerung blieb. Wer diesen Ort besucht, empfindet unweigerlich Anerkennung für die außergewöhnlichen Leistungen und den Mut, den beide Einheiten hier bewiesen haben.

«Was alle Erwartungen übertraf, war der Kampfgeist dieser Truppe», schrieb Senger später über seine 1. Fallschirmjäger-Division, die die 90. Panzergrenadier-Division am 15. März nach und nach abgelöst hatte und in der Stadt selbst gegen die Neuseeländer kämpfte.

> Die Soldaten krochen aus den verschütteten Gewölben und Bunkern, in denen so viele umgekommen waren, heraus, um dem Gegner zähesten Widerstand entgegenzusetzen. Dem können Worte nicht gerecht werden. Jeder hatte damit gerechnet, dass die, die das stundenlange Bombardement und die Verluste allenfalls überlebten, physisch und moralisch erschüttert sein müssten. Das Gegenteil trat ein.

Senger erklärte dies mit ihrer Fallschirmjäger-Ausbildung, in der sie gelernt hätten, sich in isolierten, vom Feind umzingelten Kampfgebieten zu behaupten. Ganz besonders beeindruckte Senger, dass diese Männer geringe Geländeverluste gar nicht erst meldeten, «weil sie hofften, das Verlorene bald wiederzugewinnen».[36]

Einen Besuch beim 3. Fallschirmjäger-Regiment im Divisionshauptquartier von General Richard Heidrich, dem Kommandeur des I. Fallschirmjäger-Korps, verband Senger mit der folgenden Erinnerung: «Es gab auf diesem einsamen Marsch nur die klirrende Detonation der Geschosse, das Pfeifen der Splitter, den Geruch frisch aufgeworfener Erde und die bekannte Mischung des Geruchs von glühendem Eisen und verbranntem Pulver», was ihn «plötzlich über 28 Jahre zurückversetzte», auf «das Schlachtfeld an der Somme» im Ersten Weltkrieg. «Hitler hatte Recht, als er mir später sagte, dies sei das einzige Schlachtfeld dieses Krieges, das noch denen des ersten Krieges glich», schrieb er fünfzehn Jahre nach dem zweiten Krieg. In Wirklichkeit gab es zahlreiche solcher

Schlachtfelder, vor allem an der Ostfront, aber «Führer» stehen nicht unter Eid, wenn sie tapfere Kommandeure mit hohen Auszeichnungen belohnen.

Am Klosterberg sind es 500 Meter Höhenunterschied auf 1000 Metern Luftlinie, was 26 Prozent Steigung entspricht, und die anderen Orte, an denen es zu den heftigsten Kämpfen in der Stadt kam – das Hotel Continental (wo ein deutscher Panzer im Foyer verborgen war), der Schlossberg, der botanische Garten und der Bahnhof –, klingen wie eine Aufzählung aus dem Reiseführer, aber sie alle erlebten erbitterte Nahkämpfe. Der Kampf in der Stadt Cassino, heißt es bei Senger, «hatte so sehr Nahkampfcharakter angenommen, dass gelegentlich ein Stockwerk eines Hauses vom Verteidiger, ein anderes vom Angreifer besetzt war. Um ein solches Haus durch Artillerie sturmreif zu machen, musste der Gegner sein Stockwerk erst wieder räumen.» «Der hartnäckige Widerstand der Deutschen im Vorfeld von Cassino [kostete] die Alliierten für einen Vormarsch von 15 Kilometern drei Monate», rühmte sich ein stolzer Senger viele Jahre später.[37]

Im Frühjahr 1944 hatten die Deutschen in Italien noch dreiundzwanzig Divisionen stehen, fünfzehn von ihnen bildeten die 10. Armee, die die Gustav-Linie gegen Alexanders inzwischen achtzehn Divisionen zählende Streitmacht verteidigte. Wenn die Alliierten imstande waren, amphibische Sprünge entlang der italienischen Küste auszuführen – «wie ein Sandfloh», sagte Churchill mit seinem typischen gewinnenden Lächeln –, dann mussten sie auch hinter die deutschen Verteidigungslinien kommen können, die die Halbinsel von Ost nach West durchzogen. Dieses Denken lag der Landung in Anzio, der Operation Shingle, zugrunde, obwohl der damit verbundene Bedarf an Landungsschiffen – in erster Linie wurden LSTs gebraucht, «Landing Ships Tank», mit denen Soldaten, Panzer und andere Fahrzeuge angelandet werden konnten – zur Folge hatte, dass der Termin für die Landung in der Normandie (Codename: Overlord) um fünf Wochen verschoben werden musste, weil das bei der Trident-Konferenz in Washington beschlossene Datum, der 1. Mai 1944, dann nicht mehr zu halten war.

Die amphibischen Angriffe auf Anzio und Nettuno – kleine, 50 Kilometer südlich von Rom gelegene Urlaubsorte an der italienischen Westküste –, vorgetragen vom VI. amerikanischen Korps unter dem Befehl von Generalmajor John Lucas, einem dreiundfünfzigjährigen Maiskolben-Pfeifenraucher, verfolgten das Ziel, die Verbindungen und Nachschublinien zwischen Rom und Cassino zu unterbrechen. Die 10. deutsche Armee sollte außerdem gezwungen werden, den westlichen Teil der Gustav-Linie zu schwächen oder ganz aufzugeben, und man wollte die gegnerischen Stellungen in Cassino umfassen. Die aus 374 Schiffen bestehende Task Force 81 legte die 100 Seemeilen von Neapel aus unter dem Oberbefehl von Konteradmiral Frank Lowry zurück, Konteradmiral Thomas Troubridge war für das Kontingent der Royal Navy zuständig. Wie von Ultra vorhergesagt, erzielte dieses Landemanöver einen vollständigen Überraschungseffekt, und viele Deutsche – «Teds» lautete ihr Spitzname bei den Alliierten auf diesem Kriegsschauplatz, eine Kurzform des italienischen Worts «Tedeschi» für die Deutschen – wurden mit heruntergelassenen Hosen erwischt, in einigen Fällen sogar wortwörtlich. «Als unsere Gruppe in eine düstere, schmale Straße vordrang», erinnerte sich ein amerikanischer Gefreiter, «sah ich ein paar fleischige, helle Hinterbacken, die in die Gegenrichtung entschwanden, und ich rief ‹Halt›, so laut ich konnte. Der Mann hielt an, hob die Hände und kam auf uns zu. … Seine dünnen Beinchen zitterten unter dem Schmerbauch. Das war meine erste Begegnung mit der Herrenrasse.»[38]

Nach den ersten Landungen um 2 Uhr nachts am 22. Januar 1944 wurden innerhalb von zwei Tagen rund 50 000 alliierte Soldaten und 5200 Fahrzeuge an Land gebracht, und eine fünf Kilometer landeinwärts reichende befestigte Landekopflinie wurde eingerichtet. Wäre Lucas sofort weiter vorgerückt, um die Orte Aprilia (Beiname: die Fabrik), Campoleone und Cisterna einzunehmen, hätte er damit die Haupteisenbahnlinie wie auch die Staatsstraße Nr. 7 unterbrochen, die in südlicher Richtung bis zur Gustav-Linie verlief. Stattdessen wartete er noch die Anlandung von Panzern und Artillerie ab und vergab innerhalb von zweiundsiebzig Stunden diese Gelegenheit, die vier qualvolle Monate lang nicht wiederkommen sollte. Noch am 23. Januar gab es in diesem Gebiet nur ein paar Tausend deutsche Soldaten, doch am Abend des folgenden Tages waren es bereits mehr als 40 000. Als Kommandeur der Operation Shingle war Lucas der falsche Mann, nicht zuletzt deshalb, weil er, wie er seinem Tagebuch anvertraute, der Ansicht war, dass «die ganze Angelegenheit stark nach Gallipoli riecht, und offensichtlich saß dabei immer noch der gleiche Amateur auf der Trainerbank.»[39] Churchill wollte mit Anzio einen den ganzen Italien-Feldzug entscheidenden Coup landen, doch stattdessen entwickelte sich diese Schlacht zu einem langwierigen, verlustreichen Fehlschlag. Die deutsche Fähigkeit zu Gegenangriffen war unvermindert, und Kesselring verlegte eilends Truppen von der Gustav-Linie, aus Frankreich, Norditalien sowie vom Balkan an die Landungsfront, um das zu beseitigen, was Hitler als einen «Abszess» bezeichnete. Clark wurde durch Ultra-Meldungen umfassend und rechtzeitig gewarnt, so dass Lucas imstande war, sich an seinem Landekopf einzugraben, wenn auch unter ständigem Artilleriebeschuss von den Albaner Bergen her und unter dem zusätzlichen Druck direkter Angriffe durch die 14. deutsche Armee unter dem Befehl von General Eberhard von Mackensen. Das Eingraben am Landekopf war eine unergiebige Arbeit: Tiefe Schützengräben waren aufgrund des zu hohen Grundwasserspiegels unmöglich, wie sich ein Veteran erinnerte: «Du hebst einen mannshohen Graben aus, wartest eine Stunde, der Boden ist schwarz, und Käfer versuchen dort herauszukommen.»

Anzio war der Ort, an dem Kaiser Nero angeblich musizierte, als Rom im Jahr 64 nach Christus brannte. Der deutsche Oberbefehlshaber Südwest zeigte keinen derartigen Mangel an Tatkraft, als die Landung der Alliierten dort 1944 begann. Kesselring hatte am 22. Januar bereits um 4.30 Uhr an alle Einheiten den Alarmcode «Fall Richard» durchgegeben, und die angeforderten Truppen trafen schnell ein. Die Alliierten hatten ihren Landekopf bis zum 1. Februar an schmalen und ungeschützten Fronten etwas verbreitert, aber ihre weiteren Angriffe in Campoleone und Cisterna wurden vollständig zurückgeschlagen. Churchill hatte kurz nach der Landung auf Alexanders entsprechende Meldung zwar geantwortet: «Ich bin froh, dass Sie Ansprüche abstecken und sich nicht im Landekopf eingraben», aber hier war er voreilig gewesen.[40] Alexander und Clark landeten beide am ersten Tag dieses Angriffs um 9 Uhr in Anzio, aber keiner von beiden gab Lucas den Befehl, Campoleone und Cisterna schnellstens und um jeden Preis einzunehmen. (Bei der Inspektion eines zum 5. Bataillon gehörenden Panzerjäger-Zuges der Grenadier Guards landete vom Einschlag einer 8,8-cm-Granate aufgeworfene Erde auf Alexanders fellgesäumter Jacke. «Er wischte die Erde ab, als wären das Wassertropfen nach einem Regenschauer, ging einfach weiter und plauderte dabei mit seinem Adjutanten, der aussah, als wäre ihm eben ein Gespenst begegnet.»)[41]

«Daddy» Lucas, der bei seinen Männern auch unter dem kaum inspirierenden Spitznamen «Foxy Grandpa» bekannt war, richtete das Hauptquartier des VI. Korps in Nettuno ein, in einem Keller in der Via Romana, ganz in der Nähe der Stelle, an der er selbst an Land gegangen war. Er behielt diesen Standort, der weit entfernt von den britischen Frontabschnitten war, auch bei und ließ einmal sogar eine Evakuierungsübung abhalten. «Er sprach und bewegte sich langsam», heißt es beim Anzio-Chronisten Lloyd Clark, «und der Steuermann von Operation Shingle war vom Idealbild eines dynamischen, charismatischen Anführers so weit weg, wie man sich nur vorstellen konnte.»[42] Der britische Kriegsberichterstatter Wynford Vaughan-Thomas schrieb, dass Lucas «das runde Gesicht und den ergrauenden Schnurrbart eines liebenswürdigen Rechtsanwalts vom Lande» hatte. Da die Fortschritte ausblieben, wurde Lucas am 23. Februar durch den insgesamt etwas wagemutigeren Generalmajor Lucian Truscott abgelöst, der um den Hals einen Seidenschal trug, wie er zur Notausrüstung eines Angehörigen der fliegenden Truppe gehörte. Alexander wie auch Clark, die Lucas' sämtliche Entscheidungen absegneten, selbst aber jedem Tadel entgingen, hingen beide einer Denkweise an, die am Althergebrachten festhielt. Sie trugen die Schlacht von Salerno in Anzio ein zweites Mal aus, ohne dabei die entscheidenden Unterschiede zwischen beiden Operationen zu berücksichtigen, nämlich vor allem die Tatsache, dass in Anzio der unschätzbare Vorteil völliger Überraschung gegeben war. Alexander, der im Umgang mit seiner multinationalen Streitmacht ebenso sehr als Vermittler wie als Befehlshaber auftreten musste, hätte sehr viel genauere Operationsziele festlegen müssen, als er das in Wirklichkeit tat, und er hätte Clark wie auch Lucas dabei weniger Spielraum lassen sollen. Sie handelten dennoch richtig, als sie sich unmittelbar nach der Landung gegen einen sofortigen Vorstoß bis zu den Albaner Bergen südöstlich von Rom entschieden, was heutzutage von manchen kritisiert wird. Hätte Lucas seine Truppen von Anzio bis zu den Bergen auseinandergezogen, wäre es für die Deutschen ein Leichtes gewesen, Lucas bei ihrem Gegenangriff abzuschneiden, und die Berge wären so zum größten Kriegsgefangenenlager in ganz Italien geworden. Und wenn er in nördlicher Richtung auf Rom vorgestoßen wäre, hätte ihm das, um es mit seinen eigenen, bildkräftigen Worten zu sagen, «eine Nacht in Rom und achtzehn Monate in Kriegsgefangenenlagern» eingebracht. Dick Evans, der Adjutant des 1. Bataillons der King's Shropshire Light Infantry, stimmte ihm mit seiner eigenen Einschätzung uneingeschränkt zu: «An den ersten beiden Tagen hätten wir bis nach Rom durchfahren können. Und dann wären wir abgeschlachtet worden.»

Die Häfen von Anzio und Nettuno und die Armada, die den Landekopf mit Nachschub und weiteren Truppen versorgte, gerieten unter schwerem Beschuss, sobald Kesselring über die für den «Fall Richard» abgestellten Flugzeuge verfügte. Innerhalb von zehn Tagen nach der Landung mobilisierte er eine Streitmacht von hundertvierzig von außerhalb Italiens herangeführten Langstreckenbombern, hinzu kamen noch sechzig weitere Maschinen von Stützpunkten in Südfrankreich. Die Schiffe, die den Landekopf von Anzio versorgten, sahen sich Schnellboot-Torpedoangriffen, Bomben und der furchterregenden neuen Erfindung von funkgesteuerten, raketengetriebenen Gleitbomben ausgesetzt, allerdings scheiterten alle Torpedoattacken kläglich. Der Kreuzer *Spartan,* die Zerstörer *Janus, Jervis* und *Plunkett* und der Minenräumer *Prevail* gingen jedoch ebenso verloren wie ein Lazarettschiff und ein Truppentransporter. Dennoch wurden allein in der ersten Woche 68 000 Mann, 237 Panzer und 508 Geschütze angelandet, was eine großartige Gemeinschaftsleistung der Alliierten und der verschiedenen Waffengattungen war. Insgesamt gelangte eine halbe Million Tonnen an Nachschubgütern nach Anzio, das mit diesen Frachtzahlen für einen kurzen Zeitraum zum viertgrößten Hafen der Welt wurde. Der in der ersten Woche angelandeten Streitmacht standen 71 500 Mann der Wehrmacht gegenüber, darunter 7000 Elitesoldaten der 26. Panzerdivision, die Cisterna verteidigten.

Der britische Angriff auf den wichtigen Bahnhof von Campoleone scheiterte. Generalmajor W. R. C. Penneys 1. Infanterie-Division begann ihre Attacke am 28. Januar mit erheblicher Verspätung, weil einige wichtige Offiziere der Grenadier Guards in einen Hinterhalt geraten waren. Nur ein Mann vom 2. Bataillon, den Sherwood Foresters, gelangte über die Eisenbahnlinie, wurde aber kurz darauf ebenso getötet wie 244 seiner Regimentskameraden, die innerhalb von nur zehn Minuten fielen. Campoleone wurde erst drei Monate später eingenommen. Im Verlauf der Landeoperation von Anzio mussten die Amerikaner 23 860 und die verschiedenen Kontingente des britischen Commonwealth 9203 Verwundete von den Stränden aus wieder einschiffen, zusätzlich zu den etwa 7000 Mann, die dort getötet wurden. Die Lebenserwartung eines vorgeschobenen Beobachters betrug nur sechs Wochen.[43] Die Kämpfer von Anzio erlebten das ganze Grauen des Zweiten Weltkriegs aus nächster

Nähe. Ein Armeechirurg namens James A. Ross, der später Präsident des Royal College of Surgeons in Edinburgh wurde, erinnerte sich an das Geschehen in einem Feldlazarett im Landekopf von Anzio:

> Die Verwundeten lagen in zwei Reihen, die meisten waren Briten, aber es waren auch einige Amerikaner darunter, ihre Uniformen waren durchnässt und schmutzig, … triefnass, verklumpt, von Schmutz und Blut förmlich zugedeckt; mit totenbleichen Gesichtern, bibbernd und zitternd in der kalten Februarnacht und wegen ihrer großen Wunden, … manche von ihnen (zu viele, viel zu viele) wurden sterbend hereingetragen, mit grausigen Kombinationen von zerschmetterten Gliedern, hervorquellenden Eingeweiden und Gehirnmasse, die aus gepeinigten Körpern austrat, die von 8,8-cm-Granaten, Granatwerfergeschossen und Splitterbomben aufgerissen worden waren.[44]

Im britischen Kriegskabinett, das wurde am 7. Februar 1944 deutlich, kamen wegen der Art und Weise, in der sich der Feldzug in Italien – und ganz besonders in Anzio – entwickelte, erhebliche Bedenken auf. «Die Schlacht in Italien nähert sich ihrem Höhepunkt», berichtete Churchill nach den Protokollnotizen aus dem Sekretariat des Kriegskabinetts:

> Vor zwei Wochen setzten wir große Hoffnungen auf einen militärischen Erfolg – heute hoffen wir immer noch auf eine harte Schinderei, die aber dennoch zum Erfolg führen kann. … Die 5. Armee noch nicht zum Angriff angetreten – Truppe steht noch nicht im Kampf und rückt möglicherweise jeden Augenblick auf die gegnerischen Linien vor – gegnerische Truppen weit auseinandergezogen, keine Ablösung. Kein Grund zu der Annahme, dass die Möglichkeit eines entscheidenden Sieges dahin ist. Aber die strategischen Grundsätze, auf denen die Operationen beruhten, sind vernünftig und werden weiterhin belohnt, trotz taktischer Enttäuschungen. … Die deutschen Versuche, den Landekopf zu zerstören, scheiterten. … Berater nicht beunruhigt. … Wir haben eine Front, die 19 Divisionen des Feindes bindet. Hitler ließ offensichtlich aus einem schnellen Entschluss heraus 6 oder 7 Divisionen dorthin verlegen. Unsere Pflicht ist es, zu kämpfen und unsere gesamten Streitkräfte im Kampf mit dem Feind einzusetzen. Hitler will nicht, dass seine gesamten Streitkräfte auf der Halbinsel im Kampf stehen. Unser Kampf muss gestärkt werden. Enttäuschend, wenn taktische Erfolge ausbleiben.[45]

Churchill sagte dann etwas, was Lawrence Burgis mit den folgenden Worten festhielt: «USA baten uns um Verständnis. ... In USA heißt es vielleicht, Eisenhower abgesetzt.» Das lässt sich so deuten, dass Eisenhowers Job auf dem Spiel stünde, wenn der Sieg in Italien ausbliebe, und als Arbeitsminister Ernest Bevin sagte, Churchill sollte Alexander eine ermutigende Nachricht zukommen lassen, antwortete der Premier: «Ich werde darüber nachdenken.» Nach begeisterter Zustimmung klang das nicht gerade.

Unternehmen Fischfang, der große deutsche Gegenangriff, begann am 16. Februar 1944. Mackensen wollte über die Via Anziate bis nach Anzio vorstoßen und die Alliierten ins Meer zurücktreiben. Nach einer Artillerievorbereitung mit 452 Geschützen warf Mackensen seine 125 000 Mann in den Kampf gegen 100 000 alliierte Soldaten, aber deren Land- und Schiffsartillerie feuerten allein am ersten Tag 65 000 Schuss auf die Angreifer ab. An der Straßenüberführung in Campo di Carne kam es am 18. Februar zu erbitterten Gefechten, es wurden Krater in die Straße gesprengt, Minen verlegt, und die Durchfahrt unter der Brücke wurde von mit Beton beladenen Lastwagen blockiert. «Köche, Fahrer und Männer aus der Schreibstube kämpften Seite an Seite mit der Infanterie», als die Deutschen einen Punkt erreichten, der die (aus alliierter Sicht) bedrohliche Bezeichnung «the final Beachhead Line» («letzte Verteidigungslinie des Landekopfs») erhielt, berichtet der Chronist der Schlacht.[46] Die enge Zusammenarbeit zwischen alliierter Artillerie und Infanterie – nach Schätzungen verschossen die Verteidiger etwa fünfzehnmal so viele Artilleriegranaten wie die Wehrmacht – sorgte für die Entscheidung in einem Kampf, in den die alliierte Luftwaffe wegen der schlechten Sichtverhältnisse nicht eingreifen konnte. Leichte Aufklärungsflugzeuge wurden jedoch eingesetzt und sorgten für verheerende Wirkungen. Die deutschen Gesamtverluste in Anzio gingen nur zu zehn Prozent auf das Konto der alliierten Infanterie, zu 15 Prozent wurden sie von Luftangriffen, aber zu 75 Prozent von der Artillerie verursacht. Das sind Zahlen, die, wie der Historiker Lloyd Clark von der britischen Militärakademie Sandhurst festgestellt hat, praktisch identisch sind mit der Bilanz an der Westfront im Ersten Weltkrieg.[47]

Mackensens Offensive, gestoppt vom massiven Artilleriebeschuss und erbittertem Widerstand der alliierten Bodentruppen, kam an keiner Stelle näher als elf Kilometer an Anzio heran und erlahmte am Abend des 19. Februar. Die 14. Armee verlor bei diesem Kampf 5400, das VI. Korps 3500 Mann. Daran schlossen sich fast drei Monate andauernde Kämpfe in einem Bereich an, den die Briten als «die Wadis» bezeichneten: das tief gelegene Sumpfland und moskitoverseuchte Einzugsgebiet der Zuflüsse am Oberlauf des Moletta-Flusses. Die Hauptkampflinie in den Frontabschnitten, die bei den alliierten Soldaten so bildkräftige Namen wie Starfish, Bloody Boot, North Lobster Claw, South Lobster Claw, Shell Farm, Mortar Farm und Oh God Wadi trugen, blieb zwar weitgehend statisch, aber es kam immer wieder zu verlustreichen Angriffen auf Grabenstellungen und zu Gegenattacken. Die Bataillone der Verteidiger hatten üblicherweise sechs Tage Dienst an der vordersten Linie und wurden dann für acht Tage abgelöst. In seinem auszeichneten Tagebuch der «Wadi»-Kämpfe berichtete der zwanzigjährige Leutnant Raleigh Trevelyan von den Green Howards unter dem Titel *The Fortress* (dt., 1958: *Die Festung*) über die Erlebnisse seines Bataillons, das sich auf drei Seiten von den Deutschen eingeschlossen sah:

> Ich finde es verwirrend, dass unsere und die feindlichen Stellungen so sehr ineinander verzahnt sind. Es gibt keine gerade, feststehende Trennungslinie. ... Die Leute fragen mich ständig, warum wir nicht vorstoßen und den Feind zurücktreiben – jedes Wagnis wäre besser als der gegenwärtige Zustand. Die Antwort lautet, dass es dahinter weitere Wadis gibt; trotz großer Blutopfer bliebe die Lage gleich schlecht, nur hätten wir längere Nachschublinien.[48]

Geht man heute durch die Wadis – es ist ratsam, dies in Begleitung eines ortskundigen Führers zu tun, weil nach wie vor Artillerie-Blindgänger gefunden werden –, sieht man, auf welch kurze Distanz sich die beiden Seiten gegenüberlagen, mit Schützengräben, die keine 50 Meter voneinander trennten, an Wasserläufen entlang und in Erdwällen ausgehobenen Schützenlöchern, in die gerade ein Mann passte und die als Schutz und provisorische Unterkunft zugleich dienten. Das 1. Bataillon der Irish Guards erlitt bei einem nur fünftägigen Einsatz in den Wadis 94 Prozent Verluste, während von zweihundertfünfzig Offizieren und Mannschaften des 2. Bataillons der Sherwood Foresters nach einem vergleichbaren Zeitraum nur noch dreißig einsatzfähig waren.[49] Doch den Deutschen gelang weder dort noch an der nahe gelegenen Straßenüberführung ein Durchbruch.

«Ich hatte ... gehofft, eine Wildkatze an Land zu setzen, aber alles, was wir nun hatten, war ein gestrandeter Wal», hatte sich Churchill am 31. Januar 1944 bei den Stabschefs beklagt.[50] Es traf zu, dass die Landung in Anzio ihre Ziele nicht erreicht hatte, und das war größtenteils der deutschen Fähigkeit zu Gegenangriffen geschuldet. In seinem Anzio-Roman *Seven Steps Down* beschreibt der Kriegsberichterstatter John Sears Barker den Ranger-Angriff auf Cisterna in der Nacht des 29. Februar, der entlang eines nahe an den Ort heranführenden Hauptentwässerungsgrabens des Mussolini-Kanals ausgeführt wurde:

> Die Rangers hielten das für eine geschützte Gasse. ... Diese gut 700 Meter würden über ein deckungsloses offenes Gelände führen, aber die im Schatten des frühesten Morgengrauens vorrückenden Rangers setzten auf den Überraschungseffekt. Nicht gerechnet hatten sie dabei mit der Division Hermann Göring, die einen ausgeklügelten Hinterhalt gelegt hatte. Maschinengewehrnester, Granatwerfer, Panzerabwehrkanonen, auf direkten Beschuss eingestellte Flakgeschütze und Tiger-Panzer, allesamt in Bauernhäusern, Gräben und Heuhaufen versteckt, umgaben den Entwässerungsgraben auf allen Seiten.[51]

Der Angriff endete in einer Katastrophe: Von den 767 daran beteiligten Männern des 1. und 3. Ranger-Bataillons wurden 12 getötet, 36 verwundet, und fast alle anderen gerieten in Gefangenschaft.

So rettete also nicht das VI. Korps das an der Gustav-Linie festsitzende X. Korps, sondern das X. Korps schuf durch seinen Durchbruch durch diese Verteidigungslinie bei der Mitte Mai gestarteten Operation Diadem die Gelegenheit, das immer noch im Landekopf festsitzende VI. Korps zu retten. Nachdem noch ein Teil der 8. Armee zur Unterstützung über den Apennin hinweg nach Westen verlegt worden war, waren die Alliierten bei «Diadem» zahlenmäßig dreifach überlegen. Der Angriff begann mit einer Artillerievorbereitung durch 1500 Geschütze am 11. Mai 1944 um 23 Uhr.[52] Das Freies-Frankreich-Expeditionskorps unter General Alphonse Juin vollbrachte bei einem Umgehungsmanöver gegen die deutsche Flanke eindrucksvolle Leistungen im Gebirgskampf. Das II. Korps der 5. Armee kam unterdessen gut voran, und am 16. Mai berichtete Alexander einem immens erleichterten Brooke, dass die Gustav-Linie «definitiv» durchbrochen worden sei. Nach anfänglichen Rückschlägen gelang dies dem XIII. Korps der 8. Armee, und die Einnahme des Klosterbergs von Monte Cassino blieb am 18. Mai dem polnischen II. Korps vorbehalten. (Dessen charismatischer Befehlshaber, General Władysław Anders, starb 1970 im Londoner Exil, aber sein Grab kann in Monte Cassino neben den Grabstätten seiner Kameraden auf dem polnischen Friedhof besichtigt werden.)

Als sich die 10. Armee von der Gustav-Linie zurückzog, um die dahinter vorbereiteten Hitler- und Cäsar-Linien zu verteidigen, ergab sich für Alexander die Gelegenheit, mit einem Einsatz des VI. Korps in Anzio den Deutschen den Rückweg zu verlegen. Nachdem auf Sizilien und in Salerno die Gelegenheit verpasst worden war, eine große Zahl von Gefangenen zu machen, ergab sich hier eine dritte Chance, sehr viele deutsche Soldaten, die auf der Staatsstraße 6 in Richtung Valmontone zurückfluteten, «einzusacken», wie es in Tunesien gelungen war. Doch General Clark erklärte bei einer am 22. Mai um 20 Uhr abgehaltenen Pressekonferenz gegenüber den Kriegsberichterstattern: «Ich habe die Absicht, Rom einzunehmen, und zwar bald – nichts wird mich dabei aufhalten.»[53] Damals ging man davon aus, diese Aussage beziehe sich einfach nur auf die Deutschen. Als Alexander jedoch gleich am darauffolgenden Tag – von Ultra über die Absichten der Deutschen informiert – Clark den Befehl gab, aus dem Landekopf von Anzio auszubrechen, die Albaner Berge zu überqueren und dann mit der 5. Armee nach Osten einzuschwenken, um der 10. deutschen Armee, die nordwärts zu entkommen versuchte, in Valmontone den Fluchtweg zu versperren, hatte sein Untergebener keineswegs die Absicht, der Anweisung nachzukommen.

Der Ausbruch aus dem Landekopf von Anzio war allerdings, so viel muss Clark zugestanden werden, nach wie vor keine einfache Aufgabe. Die 3. US-Infanteriedivision des VI. Korps verlor allein am 23. Mai 1944 955 Mann, das waren die höchsten Tagesverluste einer einzelnen US-Division im gesamten Krieg.[54] Die deutschen Verluste waren allerdings genauso schwer. Truscotts VI. Korps kam bis zum Abend des 24. Mai auf dem Weg nach Valmontone gut voran, und es lockte die Aussicht, die 10. Armee in dem Tal, in dem die Staatsstraße 6 verlief, einzuschließen und größtenteils zur Kapitulation zu zwingen. Der erste Kontakt zwischen den beiden vorrückenden alliierten Armeen erfolgte am 25. Mai morgens um 7.30 Uhr, mehr als vier Monate nach der Landung in Anzio, und auch Cisterna fiel noch am gleichen Tag.

Doch anstatt Alexanders Befehl zu befolgen, verringerte Clark am

26. Mai ganz gezielt Truscotts Truppenkontingent, das für die Einnahme von Valmontone – dem eigentlichen «Schwerpunkt» in dieser Phase – gebraucht wurde, was dazu führte, dass es den Deutschen gelang, den eigenen Rückzugsweg vom 26. Mai bis 4. Juni durchgehend offenzuhalten. Und so entkam die 10. Armee. Clark setzte den größeren Teil seiner Streitmacht für einen schnellen Vorstoß nach Rom ein – das Kesselring ohnehin bereits geräumt hatte – und besetzte die Stadt, ohne dabei auf nennenswerte Gegenwehr zu stoßen, am 5. Juni. Das war genau einen Tag vor der Invasion in der Normandie, gerade noch rechtzeitig, um sich für vierundzwanzig Stunden weltweiten Beifall zu sichern, bevor sich die Aufmerksamkeit wieder auf andere Ereignisse richtete. (Clark nahm verständlicherweise ein großes «Roma»-Hinweisschild mit, natürlich mit Durchschussloch, als Souvenir für sein Büro.)

«Alexander gab nie einen Befehl aus, Rom nicht einzunehmen», lautete Clarks nachträgliche Rechtfertigung, in der an doppelten Verneinungen, Ausflüchten und Anglophobie kein Mangel herrschte:

> Ich weiß, dass er sich Sorgen machte, ob ich meinen Vorstoß auf Valmontone auch durchhalten würde, aber, Teufel nochmal, als wir dort an die Tür klopften, hatten wir bereits mehr von der 10. Armee vernichtet, als wir jemals erwarten konnten. ... Bei einer Sache war ich mir sicher, nämlich dass ich Rom einnehmen musste und dass meine amerikanische Armee das erledigen würde. Also musste ich dieses Ziel unter allen Umständen anstreben, bevor die Briten es vermasselten. ... Wir hatten es uns verdient, müssen Sie wissen.[55]

Als Konsequenz von Clarks Befehl vom 26. Mai, «der 3. Division und der Special Force die Abriegelung der Staatsstraße 6 zu überlassen und den Angriff ... in Richtung Norden so früh wie möglich einzuleiten», brachen die 34. und 45. US-Division ihren Vormarsch auf Valmontone ab und machten sich, gedeckt von der 36. Division, auf den Weg nach Rom. Truscott war «verblüfft» und protestierte: «Wir sollten unsere ganze Kraft in Valmontone einsetzen, um die Vernichtung der sich zurückziehenden deutschen Armee sicherzustellen», aber er wurde übergangen.[56] Sein Leben lang blieb er bei seiner Überzeugung, dass, wie er es formulierte, «als Erster in Rom zu sein eine armselige Entschädigung für diese verpasste Gelegenheit war». Clarks Divisionskommandeure – vor allem Generalmajor Ernest N. Harmon von der 1. US-Panzerdivision und Brigadegeneral John W. O'Daniel von der 3. Division – waren über die eigenmächtige Änderung des Gefechtsplans ebenso erbost, und Alexander selbst wurde erst informiert, als sie bereits erfolgt und es für einen Gegenbefehl zu spät war. Der Oberbefehlshaber der 15. Armeegruppe konnte, falls er nicht Clark sofort durch Truscott ablösen wollte, nur wenig tun, ihm blieb nur noch eine Anfrage bei Clarks Stabschef, Generalmajor Alfred M. Gruenther: «Der Armeebefehlshaber wird doch wohl weiterhin auf Valmontone vorstoßen, nicht wahr?»[57] Das tat er auch wirklich, aber er bot dafür nicht annähernd die Kräfte auf, die notwendig gewesen wären, um Vietinghoff einzuschließen, dem es gelang, sieben Divisionen in den Raum nordöstlich von Rom zurückzuziehen.

Die 15. Armeegruppe hatte vom Beginn der Operation Diadem bis zur Einnahme von Rom 44 000 Mann verloren. Dieser Blutzoll wäre vielleicht eher zu rechtfertigen gewesen, wenn es der Wehrmacht verwehrt worden wäre, sich relativ geordnet zurückzuziehen und den Kampf in Mittel- und Norditalien – und dort vor allem an der Goten-Linie – fortzusetzen. General Vietinghoff selbst hatte keine Zweifel, dass, falls die Alliierten, wie an den Tagen zuvor, ihren Angriff gegen Valmontone geführt hätten, die anfangs schwachen Kräfte der Panzerdivision Hermann Göring nicht in der Lage gewesen wären, den Durchbruch zu verhindern. Der Fall Roms, die Trennung der beiden deutschen Armeen und die Gefangennahme des Großteils ihrer Einheiten wären dann unabwendbar gewesen, dachte er.

Alexander beschränkte sich in seinen Memoiren auf den ätzenden Kommentar, er könne «nur annehmen, dass die unmittelbare Verlockung durch Rom und die damit verbundene Publicity Mark Clark dazu brachten, seine Vormarschrichtung zu ändern», und Harding pflichtete ihm bei: «Indem er die Achse seines Vormarschs von nahezu genau ostwärts nach Nordosten verschob, verpasste er eine Gelegenheit zum Einschließen einiger gegnerischer Kräfte, aber meiner Ansicht nach wirkte hier die Anziehungskraft des Magneten Rom.»[58] Clark machte alles noch schlimmer, als er Alexander auch noch wissen ließ, er werde seinen Soldaten befehlen, «auf die 8. Armee zu feuern», falls die Briten versuchen sollten, sich Rom vor den Amerikanern zu nähern. Und sobald Rom gefallen war – oder, besser gesagt, von den sich relativ geordnet zurückziehenden Deutschen geräumt worden war –, verweigerte die amerikanische Militärpolizei den britischen Einheiten die Erlaubnis zum Betreten der Stadt.[59]

Das war, wie sich Harding erinnerte, die Situation, in der die Briten einem «Schlagabtausch» mit General Mark Clark am allernächsten kamen.

Churchill sagte bei der Konferenz von Teheran Ende November 1943 zu Roosevelt und Stalin, dass «derjenige, der Rom besitzt, auch die Besitzurkunde für Italien in Händen hält», aber er irrte sich. Der Fall Roms erwies sich nur als ein weiterer Schritt auf der langen und blutigen Reise die italienische Halbinsel hinauf. Wäre Rom bereits im Herbst 1943 gefallen, so wäre das vielleicht ein bedeutender Augenblick in der Geschichte des Zweiten Weltkriegs gewesen, aber jetzt, so spät und zugleich nur so kurze Zeit vor der Landung in der Normandie, war dieses Ereignis nur wenig mehr als eine Fußnote. Danach wurde der gesamte italienische Feldzug zu einem Nebenkriegsschauplatz, den nur noch Churchills Glaube am Leben erhielt, durch einen Sieg an diesem Ort würden sich Chancen in Jugoslawien, Österreich und Frankreich ergeben, eine Vermutung, der Marshall und die Vereinigten Stabschefs in jedem einzelnen Fall mit massiven Vorbehalten begegneten. Alexanders Verfolgung der nach Norden abziehenden Deutschen, die von La Spezia bis Pesaro die Goten-Linie vorbereitet und befestigt hatten, ist als «hölzern und unentschlossen» bezeichnet worden, was einen Historiker unter Bezug auf Nordafrika und Italien zu folgender Feststellung veranlasst hat: «Dieses Scheitern bei der Verfolgung war das auffälligste Merkmal der westlichen Alliierten im Zweiten Weltkrieg.»[60] Es trifft zu, dass es den Deutschen gelang, ihre Truppen bis hinauf zur Goten-Linie abzuziehen, ohne dabei überholt zu werden, aber nach Hardings Schätzung waren die Deutschen in Italien am 1. Juli 1944 immer noch achtzehn bis einundzwanzig Divisionen stark, denen vierzehn Infanterie- und vier Panzerdivisionen der Alliierten gegenüberstanden, und hatten noch zusätzliche Mini-Verteidigungslinien aufgebaut, etwa die Albert-Linie hinter Perugia und Chiusi sowie die Arezzo und Siena vorgelagerten Linien und die auf Florenz und Bibbiena konzentrierte Arno-Linie. Alle diese Hindernisse mussten überwunden werden, bevor die Alliierten direkt gegen die Goten-Linie vorgehen konnten.

Vor den Angreifern lag eine außergewöhnlich harte Plackerei durch den Apennin, bevor sie die Po-Ebene erreichten. Es liegt deshalb auf der Hand, dass sich die Offizierskollegen des Coldstream-Guards-Leutnants (und späteren Professors) Michael Howard, der für seinen Einsatz in Salerno das Military Cross erhielt, fragten, ob man im Generalstab bei der Planung des Feldzugs wohl Karten mit Höhenlinien benutzt hatte. Alexanders Chancen auf einen ruhmreichen Durchbruch an der Goten-Linie wurden erheblich geschwächt, als man seinem Kommando sechs Divisionen entzog, die bei der Invasion in Südfrankreich am 15. August 1944 eingesetzt werden sollten, während Kesselring zeitgleich Verstärkungen erhielt. Die 5. Armee überquerte den Arno am 2. August, und die 8. Armee nahm am 21. September Rimini ein, aber der Schwerpunkt des Zweiten Weltkriegs war bis dahin schon längst nach Nordwesteuropa verlagert worden, wo sich das Schicksal des Dritten Reiches entscheiden würde – und nicht in Norditalien. Als die Romagna mit Rimini am 20. September 1944 fiel, hatte die 8. Armee bereits ein ganzes Kriegsjahr im italienischen Bergland hinter sich, und der Herbstregen brachte noch mehr fürchterliche Wetterbedingungen mit sich, die heutige Italientouristen, die Umbrien und die Toskana ja nur in den Sommermonaten besuchen, schockieren würden. Auch als die Alliierten bereits den Nordosten Italiens erreicht hatten, war immer noch eine Reihe von Flüssen zu überqueren, wenn sie Alexanders Plan verwirklichen wollten, die zwanzig noch südlich der Alpen stehenden deutschen Divisionen zu vernichten. Hitler war sogar noch im Dezember 1944 in der Lage, einen mit sechsundzwanzig Divisionen vorgetragenen Überraschungsangriff in den Ardennen zu führen, ohne dafür Truppen aus Italien abziehen zu müssen. Allerdings wurde Kesselring im März 1945 abgezogen und als Nachfolger Rundstedts zum Oberbefehlshaber West ernannt, der die Alliierten an der Westfront aufhalten sollte.

Die letzte Phase des Italien-Feldzugs der Alliierten war unter taktischen Gesichtspunkten mit Abstand die beste, denn die Goten-Linie wurde kraftvoll durchbrochen, und es folgte ein Nachsetzen gegen die Deutschen, das als «taktisch hervorragend» bezeichnet wurde.[61] Ein großer Teil der Verdienste in dieser Phase gebührt Clark, der die 15. Armeegruppe befehligte, Truscott von der 5. Armee und Richard McCreery, der im November 1944 von Oliver Leese das Kommando über die 8. Armee übernommen hatte. Hitler verweigerte Vietinghoff einen Rückzug in die Alpen, gab stattdessen einen Durchhaltebefehl aus und verurteilte die in dieser Phase bereits demoralisierten deutschen Truppen zu einem Kampf nördlich des Po, wo sie in der Zeit vom 14. bis 20. April vollständig besiegt wurden. Vietinghoff kapitulierte mit der Heeresgruppe Südwest am 2. Mai 1945 vor Alexander, der zu diesem Zeitpunkt als alliierter Oberbefehlshaber für den Mittelmeerraum fungierte.

Der Abnutzungskrieg auf der schmalen Halbinsel – die für einen langen Rückzug wie geschaffen schien – hatte die 5. Armee zwar 188 746 und die 8. Armee 123 254 Tote und Verwundete gekostet, insgesamt also 312 000 Mann, aber die Deutschen verloren 434 646 Mann.[62] Doch Kesselring und Vietinghoff hatten, obwohl in der Luft durchweg unterlegen und insgesamt ständig in der Defensive, die Alliierten vor dem endgültigen Zusammenbruch volle neunzehn Monate lang aufgehalten. Angesichts der damit verbundenen Verluste ist es schwer zu sagen, was die ständigen Angriffe der Alliierten von Rom bis hinauf in die Po-Ebene tatsächlich bewirkt haben. Sicher ist allerdings, dass sie viele deutsche Divisionen von der Westfront ferngehalten haben, und manche Historiker unterstützen diese Feststellung: «Der alliierte Italien-Feldzug war ein notwendiger Bestandteil des riesigen Einschließungsrings, der das Leben aus dem Nazi-Staat quetschte.»[63]

Der Italien-Feldzug bietet auch perfektes Anschauungsmaterial dafür, wie gut die Deutschen kämpfen konnten, wenn Hitler sich nicht in strategische Fragen einmischte. Kesselring, Vietinghoff, Mackensen und Senger unterlief bei ihren meisterhaften Rückzugsbewegungen, bei denen sie fast ganz Italien von Süden nach Norden durchquerten, kaum ein schwerwiegender Fehler, und wenn Hitler den Rückzug in die Alpen gestattet hätte, dann hätten sie ihre Armeen vielleicht noch weiter zurückgeführt. Ab dem Frühjahr 1944 hatten die Alliierten in Italien zehnmal so viele Kampfflugzeuge wie die Luftwaffe, aber wenn die Nazis die Flugzeug- und Panzerproduktion so effizient organisiert hätten, dass Luftwaffe und Heer den Kampf zu annähernd gleichen Bedingungen hätten aufnehmen können, gäbe es keinen Grund mehr zu der Annahme, dass ihre Vertreibung aus Italien überhaupt gelungen wäre. «Darf ich Ihnen einen Rat geben?», scherzte der weltmännische General Senger zehn Jahre nach Kriegsende im Gespräch mit Michael Howard. «Wenn Sie das nächste Mal in Italien einmarschieren: Fangen Sie nicht am unteren Ende an.»[64]

Mussolini war am 12. September 1943 auf Befehl Hitlers durch eine spektakuläre deutsche Lastensegler-Operation von Fallschirmjägern unter dem Befehl von Major Harald Mors und einem von Hauptsturmführer

Otto Skorzeny angeführten SS-Kommando aus der Haft in einem Berghotel im Gran-Sasso-Massiv befreit werden. «Die Befreiung des Duce ist die große Sensation im In- und Ausland. Die Wirkung des sensationellen Befreiungsaktes auch beim Feinde ist enorm», frohlockte Goebbels am 14. September 1943 in seinem Tagebuch.[65] Nach einem Treffen mit Hitler wurde Mussolini als Diktator der sogenannten «Republik von Salò» eingesetzt. Das war der ihm noch verbliebene, aber ständig schrumpfende Machtbereich, in dem er aus dem kleinen Ort Gargnano am Gardasee bis zum deutschen Zusammenbruch neunzehn Monate später herrschte. Bei einem Fluchtversuch über die Schweizer Grenze wurden Mussolini und seine Geliebte Clara Petacci, deren Bruder Marcello sowie fünfzehn weitere Personen am 26. April 1945 von Partisanen festgenommen. Zwei Tage später richtete man Mussolini und Petacci an einer niedrigen Steinmauer neben dem Tor zu einer Villa am Rand des Dorfes Giulino di Mezzegra am Comer See, an einem der malerischsten Orte Italiens, mit Maschinenpistolen hin. (Die Ermordung einer attraktiven und unpolitischen Frau mutet eher unitalienisch an, aber so geht es im Krieg nun einmal zu.) Die Leichen wurden zu denen der anderen verhafteten Faschisten gelegt, auf einen Möbelwagen geladen und nach Mailand gebracht, an die Geburtsstätte des Faschismus.[66] Dort wurden die Leichname Mussolinis und Petaccis getreten und bespuckt, der Mob schoss auf sie und urinierte auf sie; schließlich hängte man sie kopfunter an ein Eisengitter vor der Tankstelle in der Piazzale Loreto und heftete Zettel, auf die man die Namen geschrieben hatte, an ihre Füße. Die anwesenden Frauen, die bei dieser makabren Szene scherzten und tanzten, stellten überrascht fest, dass Clara Petacci keinen Schlüpfer trug und ihre Strümpfe keine Laufmaschen hatten. (Ersteres konnte man ihr kaum vorhalten. Man hatte ihr keine Zeit gelassen, ihren Schlüpfer anzuziehen, bevor sie weggebracht und erschossen wurde.)

Man vergisst angesichts des Zeitabstands nur allzu leicht, dass jedes bei diesen Feldzügen registrierte Opfer für eine menschliche Tragödie steht. Auf dem fünf Kilometer nördlich von Anzio gelegenen Beach Head Cemetery findet man zum Beispiel das Grab des fünfundzwanzigjährigen Sergeants M. A. W. Rogers vom Wiltshire-Regiment, dem für die Einnahme einer deutschen Stellung auf der Nordseite des Moletta-Flusses mit Handgranate und Bajonett am 3. Juni 1944 das Victoria-Kreuz verliehen wurde. Er war alleine gegen einen Feind vorgegangen, der das höher gelegene Gelände besetzt hielt. Die *London Gazette* beschrieb, wie Rogers unter heftigem Beschuss 30 Meter weit vorangekommen war, bevor er

> von einer Handgranate umgeworfen und dabei an einem Bein verwundet wurde. Furchtlos stürmte er weiter, auf eine feindliche MG-Stellung zu, die er zum Schweigen bringen wollte. Er wurde aus nächster Nähe erschossen. Die unerschrockene Entschlossenheit des Sergeants, die furchtlose Hingabe an die Pflicht und sein überragender Mut führten seinen Zug in einer hartnäckig verteidigten Stellung ans Ziel.[67]

Sein Grabstein berichtet auch, allem Ruhm zum Trotz, der mit der Verleihung der höchsten britischen Tapferkeitsauszeichnung verbunden ist, vom Leid seiner Frau: «Zum Andenken an meinen geliebten Mann. Mögen wir bald vereint sein, Liebster. Am Ende herrscht Friede.»

Dritter Teil
VERGELTUNG

«Der gewonnene Krieg war zu Ende, jetzt begann der verlorene Krieg. Und ich beobachtete, wie in der Tiefe der erloschenen Augen der deutschen Offiziere und Soldaten der weiße Fleck der Angst geboren wurde. … Wenn der Deutsche beginnt, Angst zu haben, wenn sich ihm die geheimnisvolle deutsche Angst ins Gebein schleicht, dann erst erregt er Schrecken und Mitgefühl. Sein Anblick ist mitleiderregend, seine Grausamkeit voll Trauer, sein Mut lautlos und verzweifelt. Und gerade dann wird der Deutsche gefährlich.»

Curzio Malaparte, Kaputt (1948)[1]

13

Eine herausragende Wende

März – August 1943

«Man hat den Gegner, die Weite seines Landes und
die Tücken des Klimas erheblich unterschätzt, und
das rächt sich nun.»

*General Heinz Guderian am 10. Dezember 1941
in einem Brief an seine Frau*[2]

In der Zeit zwischen der Kapitulation von Feldmarschall Paulus in Stalingrad Anfang Februar 1943 und der Schlacht bei Kursk fünf Monate später drang die Rote Armee über den Donez hinweg in Richtung Westen vor. Doch Feldmarschall Erich von Manstein führte vom 18. Februar bis zum 20. März einen Gegenangriff, siegte in der dritten Schlacht von Charkow, nahm die Stadt am 14. März wieder ein und konnte sich so eine der großen militärischen Leistungen dieses Krieges zugute schreiben, obwohl seine Männer zahlenmäßig massiv unterlegen waren, manchmal im Verhältnis sieben zu eins.[3] Die Rote Armee hatte bei ihrer Winteroffensive einen großen Teil des im vergangenen Jahr verlorenen Gebiets zurückerobert und den Deutschen Verluste in der Größenordnung von einer Million Mann zugefügt, doch Manstein hatte ihren Vormarsch gestoppt.

Erich von Manstein, Jahrgang 1887, war der zehnte Sohn des preußischen Artilleriegenerals Eduard von Lewinski, aber seine Mutter gab ihn bei seiner Geburt in die Obhut ihres kinderlosen Schwagers, des preußischen Generalleutnants der Infanterie Georg von Manstein, dessen Nachnamen er annahm. Seine beiden Großväter und ein Onkel waren preußische Generäle gewesen, Paul von Hindenburg war der Ehemann seiner Tante, und so schien der Berufsweg des jungen Erich vorgezeichnet, der mit dreizehn Jahren ins Kadettenkorps und sechs Jahre später ins 3. Garderegiment zu Fuß eintrat. Seine Ausbildung an der Berliner Kriegsakademie wurde nach einem Jahr durch den Beginn des Ersten Weltkriegs unterbrochen, in dem er an beiden Fronten diente und im November 1914 in Polen schwer verwundet wurde. Bis zum Kriegsende wurde er in verschiedenen Stabsstellen eingesetzt und nach dem Friedenschluss als Hauptmann in die Reichswehr übernommen. 1935 wurde er Leiter der Operationsabteilung im Generalstab des Heeres und im Oktober 1936, inzwischen Generalmajor, Oberquartiermeister I und damit Stellvertreter des Generalstabschefs, des Generals Ludwig Beck.

Bei der Säuberung in den Reihen des Heeres nach der Entlassung von General Werner von Fritsch im Februar 1938 wurde Manstein – von dem man wusste, dass er die Nazis, hauptsächlich aus sozialen Gründen, verachtete – von seinem Amt im Generalstab abgelöst und erhielt das Kommando über die 18. Infanteriedivision. Als Stabschef von General von Leeb war er 1938 an der Besetzung des Sudetenlandes beteiligt, und ein Jahr später zeichnete er sich beim Überfall auf Polen erstmals als hervorragender Stratege aus. Zu diesem Zeitpunkt äußerte er auch keinerlei Kritik an den Nationalsozialisten mehr, was bei Beck große Enttäuschung und Verachtung auslöste. Manstein vertrat die Ansicht, Soldaten sollten sich aus der Politik heraushalten – eine Haltung, die seinen Beförderungschancen sehr zugute kam.

Wie bereits in Kapitel 2 gezeigt, war Manstein in seiner Eigenschaft als Stabschef von Rundstedts Heeresgruppe A der Urheber des (auch als Manstein-Plan bekannten) Sichelschnitt-Plans, der zu einem so schnellen Sieg im Westen führte: durch die Konzentration auf einen durch die Ardennen vorgetragenen Angriff, die Überquerung der Maas und den Kampf in den für die Panzerkriegführung ideal geeigneten, sanft gewellten Ebenen Nordfrankreichs. Hitler zeigte seine Dankbarkeit, indem er ihn zum General beförderte und ihm das Ritterkreuz verlieh. Im März 1941 wurde Manstein zum Kommandeur des LVI. Panzerkorps für das Unternehmen Barbarossa ernannt, bei dem er den Angriff auf Leningrad anführte, täglich bis zu 80 Kilometer weit vorstieß und wichtige Brückenköpfe eroberte. Als im September 1941 die Kommandeursstelle der 11. Armee auf der Krim neu zu vergeben war – das Flugzeug des bisherigen Befehlshabers war in ein sowjetisches Minenfeld gestürzt –, war Manstein die naheliegende Wahl, und er eroberte Sewastopol nach einer langen und harten Belagerung am 4. Juli 1942. Hitler rief den «Eroberer von Sewastopol», wie er ihn nannte, persönlich an, um ihm seine Ernennung zum Generalfeldmarschall mitzuteilen.

Als Kommandeur der Heeresgruppe Don scheiterte Manstein im November und Dezember 1942 bei dem Versuch, die 6. Armee im Kessel von Stalingrad zu entsetzen, wurde aber dennoch zum Kommandeur der Heeresgruppe Süd ernannt. «Er war arrogant und zuweilen auch intolerant und hatte etwas von einem Zuchtmeister an sich», schrieb der britische Feldmarschall Michael Carver,

> aber er war hochintelligent und hatte einen klaren, raschen Verstand. Hinter einem kühlen, reservierten Äußeren war er ein emotionaler Mensch, der seine Gefühle streng im Zaum hielt. … Man respektierte ihn aufgrund der Schnelligkeit und des Scharfsinns, mit denen er die Grundzüge eines Problems analysierte, aufgrund der Knappheit und Klarheit seiner Anweisungen und aufgrund der ruhigen, kühlen Berechnung, mit der er zu seinen Entscheidungen gelangte.[4]

Manstein, der bedeutendste Kopf unter allen Strategen des Dritten Reiches, hatte ein besseres Verständnis für mechanisierte Waffensysteme als alle anderen deutschen Generäle außerhalb des Panzerbereichs, und Keitel drängte Hitler dreimal, er solle Manstein an seiner Stelle zum Chef des Oberkommandos der Wehrmacht ernennen.[5] Dieser Rat wurde ignoriert, dabei war dies einer der besten Ratschläge, die Hitler jemals erhielt.

Die Stadt Kursk liegt 500 Kilometer südlich von Moskau an der Eisenbahn-Hauptstrecke von Moskau nach Rostow. Im Frühjahr 1943 bildete sie das Zentrum eines von der Roten Armee gehaltenen Frontbogens – oder Frontvorsprungs –, der 190 Kilometer breit und 145 Kilometer tief in die deutschen Linien hineinragte. Kursk war einst für seine Nachtigallen berühmt gewesen, seit dem 19. Jahrhundert waren in der Stadt Vogelgesang-Wettbewerbe abgehalten worden. Im Juli 1943 war an diesem Ort allerdings nur noch Kriegslärm zu hören. Die Deutschen hatten Kursk am 2. November 1941 eingenommen, danach erschoss die

Wehrmacht 15 000 Menschen, schickte 30 000 weitere zur Zwangsarbeit nach Deutschland, zerstörte 2000 Gebäude und plünderte die Region aus, es wurden sogar Tausende von Tonnen der feuchten, äußerst fruchtbaren Schwarzerde nach Deutschland abtransportiert. Die Rote Armee eroberte Kursk kurze Zeit nach Paulus' Kapitulation zurück.

Nach Stalingrad hatte Manstein die Front der Heeresgruppe Süd stabilisiert, und die Heeresgruppe Mitte unter dem Befehl von Feldmarschall Kluge, der im Dezember 1941 zum Nachfolger Bocks ernannt worden war, hatte im Norden Orel gehalten. Danach waren beide Seiten erschöpft, es folgte eine Phase nur geringer Kampftätigkeit, während jeweils frische Kräfte für die bevorstehende Sommeroffensive herangeführt wurden. Doch die Zeit arbeitete nicht für die Deutschen, denn im Rahmen des Leih-Pacht-Abkommens erhielt die Sowjetunion enorme Materiallieferungen. Bis zum Sommer 1943 brachten die Transporte der Westalliierten rund 2400 Panzer, 3000 Flugzeuge und 80 000 Lastwagen.[6] Ein Chronist des Krieges an der Ostfront schätzt den Anteil der Hilfslieferungen der Westmächte an den Kriegsanstrengungen der Sowjetunion für 1942 auf fünf Prozent und für 1943 und 1944 auf jeweils zehn Prozent – eine unschätzbar wertvolle Hilfe in einem Kampf, bei dem die Entscheidung so knapp ausfiel.[7] Die Amerikaner lieferten der Sowjetunion beispielsweise auch 15 Millionen Paar Stiefel.

Es war der Nachteil der Deutschen, dass selbst ein äußerst flüchtiger Blick auf die Landkarte vollkommen deutlich machte, wo sie angreifen würden. Eine Zangenbewegung unmittelbar nördlich und südlich von Kursk würde den Frontbogen abschneiden und so zur Einschließung von Rokossowskis Zentralfront im Norden und General Nikolai Watutins Woroneschfront im Süden führen. Im Jahr 1941, als die Deutschen noch in der Lage waren, solche schnellen Vorstöße auszuführen, wäre das mit Sicherheit auch so geschehen. Hitler flog am 17. Februar 1943 zu einem Treffen mit Manstein an der Front in Saporoschje, das drei Tage dauern sollte, und kam dabei dem Feind so nahe, dass manche T-34-Panzer sich dem Flugplatz bis auf Schussweite näherten.[8] Doch Hitler war inzwischen ein ganz anderer Mann und keineswegs mehr der Oberste Kriegsherr aus der Zeit vor Stalingrad. Guderian erinnerte sich an eine Begegnung vier Tage später: «Er war in den verflossenen 14 Monaten sehr gealtert. Sein Auftreten war nicht mehr so sicher wie damals, seine Sprache zögernd; seine linke Hand zitterte.»[9] Diese Beschreibung entsprach

Sengers Eindrücken vom Diktator bei der Ordensverleihung auf dem Berghof während der Schlacht um Monte Cassino. Weil der nächste Schachzug für alle Beteiligten so offensichtlich war, wollte Manstein ihn so früh wie möglich unternehmen, idealerweise Anfang März, aber Hitler verschob den Angriffsbefehl für das Unternehmen Zitadelle auf einen Zeitpunkt, an dem der Boden vollständig aufgetaut sein würde. Zeitzler hatte eine Lagebesprechung im OKH anberaumt, bei der am 11. April 1943 ein Plan beschlossen wurde, nach dem die 9. Armee unter General Walter Model von Norden her gleichzeitig mit der von Süden her vorrückenden 4. Armee unter General Hoth den Kursker Frontbogen angreifen sollte. Doch Hitler, der die Rückeroberung Charkows durch Manstein in erster Linie dem Einsatz des neuen Tiger-IE-Panzers zugeschrieben hatte, wollte noch warten, bis eine größere Zahl dieses neuen Panzertyps voll einsatzfähig war, bevor die Offensive eröffnet wurde. Da zu diesem Zeitpunkt wöchentlich nur zwölf Stück davon produziert wurden, war dies ein bedeutendes Hemmnis für ein zeitiges Handeln, auf das Manstein so drängte.

Interne Meinungsverschiedenheiten im OKH wie auch im OKW verschlimmerten das Problem und führten zu weiteren Verschiebungen des Unternehmens Zitadelle. Jodl sprach sich offen dagegen aus, weil er mit einer baldigen Landung der Alliierten im Mittelmeerraum rechnete. Guderian, inzwischen wieder aktiviert und zum Generalinspekteur der Panzerwaffe ernannt, der für deren gründliche Überholung sorgen sollte, war ebenfalls gegen dieses Vorhaben, weil er wusste, dass die Sowjets es erwarteten und sich darauf vorbereiteten. Kluge – der Guderian hasste und Hitler im Mai sogar um die Erlaubnis für eine Forderung zum Duell bat – plädierte stark dafür, ebenso wie Zeitzler, der die Urheberschaft an diesem Plan für sich beanspruchte, zumindest so lange, bis er scheiterte. Model äußerte Zweifel, aber als er sagte, die Stawka wisse, was da auf sie zukomme, erwiderte Zeitzler mit einem seltsamen Zirkelschluss, allein die Tatsache, dass die Sowjets mit dem Angriff rechneten, sei ein Eingeständnis, dass das dafür ausgewählte Gebiet von entscheidender Bedeutung sei, deshalb werde ein erheblicher Teil der sowjetischen Panzerwaffe in den Kampf geworfen werden und könne dann zerstört werden.[10] Im weiteren Verlauf änderte Manstein nach und nach seine Meinung und sprach sich gegen die ganze Operation aus. Friedrich von Mellenthins Einschätzung war nämlich zutreffend: Zu einem früheren Zeitpunkt wäre ein Erfolg möglich gewesen, aber «als die Wochen ins Land gingen, wurde es offenkundig, dass uns eine Operation bevorstand, in der nur wenig zu gewinnen, aber mit Sicherheit ein großer Teil zu verlieren war.»[11]

Bei einer weiteren Lagebesprechung am 3. Mai wandten sich Guderian und Speer gegen das Unternehmen Zitadelle, Zeitzler und Kluge plädierten mit Begeisterung dafür, und Manstein erklärte, es sei schwer zu sagen, ob der günstigste Augenblick nicht bereits verpasst sei. Bis dahin waren erst 100 Panzer des neuen Typs Panther an die Front geliefert worden, obwohl Speer bis Ende Mai die Lieferung von 324 Exemplaren versprochen hatte. Dennoch einigte man sich jetzt auf den 13. Juni als Angriffstermin. Eine Woche später kam es zu einem längst berühmt gewordenen Gespräch zwischen Hitler und Guderian, bei dem der Generalinspekteur fragte: «Warum wollen Sie in diesem Jahre im Osten überhaupt angreifen?», und Hitler erwiderte: «Sie haben ganz recht. Mir ist bei dem Gedanken an diesen Angriff auch immer ganz mulmig im Bauch.» Der ebenfalls anwesende Keitel hatte zwischendurch erklärt: «Wir müssen aus politischen Gründen angreifen» – einen Ort, der mittlerweile zu einer der stärksten Festungen weltweit ausgebaut worden war –, was Guderian mit der Bemerkung konterte: «Glauben Sie, dass ein Mensch weiß, wo Kursk liegt? Es ist der Welt völlig gleichgültig, ob wir Kursk haben oder nicht.»[12] Keitel hätte aus Stalingrad die Lehre ziehen sollen, dass Prestige nur selten ein hinreichender Grund für eine militärische Operation ist.

Bereits Ende April hatte die Stawka Schukow nach Kursk geschickt, der die Schlacht vor Ort persönlich leiten sollte, was immer als Zeichen dafür galt, dass Stalin eine bestimmte Front außerordentlich wichtig war. Schukow hatte am 8. April einen Bericht verfasst, in dem er vor der Gefährdung dieses Frontbogens warnte, aber es war ihm gelungen, Stalin seine instinktive Reaktion auszureden, dass man zuerst zuschlagen müsse. Schukow (Codename: Konstantinow) schrieb an Stalin (Codename: Wasiliew):

> Ich halte es für nicht ratsam, unsere Streitkräfte in naher Zukunft einen Präventivschlag führen zu lassen. Es wird besser sein, aus der Defensivstellung heraus den Feind zu schwächen, seine Panzer zu zerstören und dann, wenn wir ausgeruhte Reserven herangeführt haben, zu einer massiven Offensive überzugehen und die Hauptmacht des Feindes zu vernichten.[13]

Diesen Plan übernahm auch die Stawka, und er entsprach auch im Wesentlichen dem tatsächlichen Geschehen, das sich danach entwickelte.

Marschall Alexander Wassilewski begleitete Schukow nach Kursk, und gemeinsam kamen sie zu dem naheliegenden Ergebnis, dass der Schwerpunkt des deutschen Angriffs genau der von Watutins Woroneschfront verteidigte Bereich zwischen Belgorod und Kursk sein würde. Diesen verstärkten sie mit der 21. und 64. Armee (beide hatten in Stalingrad einen hohen Blutzoll entrichtet und waren inzwischen in 6. und 7. Gardearmee umbenannt worden), dazu kam noch eine der besten sowjetischen Panzerformationen, die 1. Panzerarmee. Im Norden wurde auch Rokossowskis Zentralfront massiv verstärkt, bis sie fünf vollständige Infanteriearmeen umfasste. Schukow überließ nichts dem Zufall und hielt neben den 1,3 Millionen Mann unter Watutins und Rokossowskis Kommando eine Stawka-Reservestreitmacht mit einer weiteren halben Million Mann unter dem Befehl von General Iwan Konjew bereit. Sie wurde später die Steppenfront genannt und bestand aus fünf Panzerarmeen, mehreren Panzer- und mechanisierten Korps und einer Reihe von Infanteriedivisionen.[14] Diese Front war nach der Einschätzung eines Historikers des Krieges an der Ostfront «die kampfstärkste Reserve, die von der Sowjetunion jemals während des Krieges bereitgehalten wurde».[15] Sollte es den Deutschen aus irgendeinem Grund doch gelingen, den Frontvorsprung abzuschneiden, dann könnte diese Streitmacht eine völlig neue Front bilden und so verhindern, dass die Angreifer ihren Sieg in östlicher Richtung ausnutzten.

Nachdem der Angriffstermin vom 13. Juni abermals auf einen späteren Zeitpunkt verschoben worden war, standen die Deutschen Anfang Juli vor einer unlösbaren Aufgabe. In manchen Abschnitten der sowjetischen Verteidigungsstellungen waren die Artillerieregimenter personell fünfmal so stark wie die Infanterie, mehr als 20 000 Geschütze waren auf die vorrückende Wehrmacht gerichtet. Darunter befanden sich mehr als 6000 7,62-cm-Panzerabwehrkanonen und 920 Katjuscha-Raketenwerfer. Auch die Bordkanonen und die panzerbrechenden Bomben der Schturmowik-Erdkampfflugzeuge waren eine tödliche Gefahr für die deutschen Panzer. In einem gemeinsamen Einsatz der gesamten Zivilbevölkerung in der Region Kursk und der Armee wurde eine Gesamtstrecke von 5000 Kilometern Schützengräben ausgehoben und «zahllose Kilometer Stacheldrahtsperren und andere Hindernisse, von denen einige elektrisch geladen waren», eingerichtet, zusammen mit automatischen Flammenwerfern.[16] Insgesamt standen den etwa 2700 deutschen Panzern – sie hatten die stärkere Bewaffnung, meist auch Kanonen mit größerem Kaliber – rund 3800 sowjetische Tanks gegenüber. Aber es waren die deutschen Panzer, denen – ebenso wie den riesigen Ferdinand-Jagdpanzern[17] – die Aufgabe zufiel, die hervorragend befestigten sowjetischen Verteidigungsanlagen zu durchbrechen. Ein Historiker beschrieb dieses Schlachtfeld:

> Die Hauptverteidigungszonen waren fünf bis sechseinhalb Kilometer tief gestaffelt, sie bestanden aus Verteidigungsbereichen des Bataillons, Bereichen zur Panzerbekämpfung und Versorgungsstellen sowie aus in drei Reihen von Gräben aufgegliederten Hindernissystemen (in den wichtigsten Abschnitten waren es sogar bis zu fünf Reihen), die durch Verbindungsgräben miteinander verknüpft waren. Die zweiten Zonen, zehn bis dreizehn Kilometer vom vorderen Rand der Hauptzonen entfernt, waren in ähnlicher Weise angelegt. Die rückwärtigen Verteidigungszonen waren etwa 40 Kilometer vom vorderen Rand der Hauptverteidigungszonen entfernt. … Das ganze System bestand aus insgesamt acht Verteidigungsgürteln mit einer Gesamttiefe von 200 bis 300 Kilometern.[18]

Außerdem waren an jedem Frontkilometer fast 1400 Panzerabwehrminen und knapp 1600 Tretminen verlegt worden, Minen in einer Dichte also, die der vierfachen Zahl des Minengürtels um Stalingrad und dem Sechsfachen der vor Moskau verlegten Minen entsprach. Insgesamt verlegte die Rote Armee vor Beginn der Schlacht von Kursk 503 993 Panzerbekämpfungsminen und 439 348 Tretminen. Leutnant Artur Schütte, ein Panzerkommandant der Division Großdeutschland, beging eine verzeihliche Übertreibung, als er sagte, die Minenfelder, die er habe durchfahren müssen, seien so dicht verlegt gewesen, dass es unmöglich gewesen wäre, auch nur eine Münze dort abzulegen.[19] Mellenthin hielt fest, dass die Rote Armee in der Lage war, «in zwei oder drei Tagen und Nächten … mehr als 30 000 Minen zu verlegen», und «unsere Pioniere hatten umgekehrt an einem Tage im Abschnitt eines einzigen deutschen Armeekorps 40 000 Minen aufzunehmen».[20] Diese Tätigkeit war für die deutschen Pioniere anstrengend, zeitraubend und gefährlich zugleich, aber von entscheidender Bedeutung, auch wenn sie niemals zu 100 Prozent erfolgreich sein konnten.

Die hundert Tage Wartezeit vor dem deutschen Angriff verschafften der Roten Armee auch reichlich Zeit für den Ausbau kleiner Festungen, die Erkundung des Schlachtfeldes, das Vermessen von Furten und der Tragfähigkeit von Brücken sowie für eine pausenlose Gefechtsausbildung. Als diese Arbeit getan war, «hatten sie», wie der Stabschef des deutschen XLVIII. Panzerkorps festhielt, «den Kursker Frontabschnitt in ein zweites Verdun verwandelt».[21] Außerdem beklagte Mellenthin, dass das Terrain im südlichen Frontabschnitt, auf dem seine dreihundert Panzer und sechzig Sturmgeschütze vorrücken mussten, für einen solchen Angriff nicht besonders gut geeignet gewesen sei, mit all seinen «zahlreichen Tälern, kleinen Erhebungen, unregelmäßig verstreuten Dörfern sowie einigen Flüssen und Bächen. Von letzteren lief der Pena-Fluss in schneller Strömung zwischen tiefeingeschnittenen Uferhöhen dahin.» Ein Fußmarsch auf den Schlachtfeldern von Kursk und eine Reise entlang des Vormarschweges, der als «Todesritt der 4. Panzerarmee» bekannt geworden ist, zeigen allerdings, dass Mellenthins Hinweise auf «Täler», die wenig mehr als Bodenwellen sind, doch etwas übertrieben waren. Er selbst räumte auch ein: «Alles in allem war das Angriffsgelände keineswegs panzergünstig, aber es war auch ebenso wenig panzersicher», hielt jedoch zugleich fest: «Der Boden stieg geringfügig nach Norden zu an, wodurch die Verteidiger um Kursk im Vorteil waren.»[22]

Für die sowjetische Seite war es ein ungewöhnlicher Luxus, dass ihr Zeit für so ausgiebige Vorbereitungen gegeben wurde. «Zu Kriegsbeginn wurde alles in größter Eile erledigt», sagte ein sowjetischer Panzerkommandant, «und es herrschte immer Zeitmangel. Jetzt gehen wir ruhig in den Kampf.»[23] Die deutsche Luftaufklärung hätte – allen sowjetischen Tarnbestrebungen zum Trotz – Hitler genügend Anhaltspunkte bieten müssen, um ihn seinem ersten instinktiven Gefühl folgen und sich einen anderen Kampfplatz suchen zu lassen, zumal sich Mansteins ablehnende Haltung verstärkte, je mehr Zeit verging. Doch der allmächtige «größte Feldherr aller Zeiten», wie ihn Goebbels' Propaganda-Apparat nach wie vor titulierte, scheint von Keitel, Zeitzler und Kluge überredet worden zu sein, den Angriffszeitpunkt auf den 4. Juli bei Tagesanbruch festzulegen. «Für Amerika war es der Unabhängigkeitstag und für Deutschland der Anfang vom Ende», klagte Mellenthin nach dem Krieg. Als Panzer-Purist und -Theoretiker konnte er es nicht ertragen, wie die Wehrmacht den Krieg auf eine Art führte, die nicht mehr auf die eigenen Stärken setzte – 1941 hatten diese noch zu überwältigenden Siegen geführt –, sondern der

Roten Armee entgegenkam, und das auf die gleiche Art, die schon zur Niederlage in Stalingrad geführt hatte.

> Anstatt zu versuchen, solche Bedingungen zu schaffen, in denen eine bewegliche Kampfführung möglich war – zum Beispiel durch strategische Rückzüge oder überraschende Angriffe an ruhigen Abschnitten –, fiel dem deutschen Oberkommando nichts anderes ein, als unsere prachtvollen Panzerdivisionen gegen den Raum um Kursk anstürmen zu lassen, das inzwischen die stärkste Festung der Welt geworden war.[24]

Genauso gut hätten sich die Verantwortlichen 1940 bewusst für einen Frontalangriff auf die Maginotlinie entscheiden können, anstatt sie zu umgehen. Wie einst Napoleon, dem zum Zeitpunkt der Schlacht von Borodino das Leben seiner Soldaten gleichgültig war, hatten sich zu viele Entscheidungsträger im OKW – in erster Linie natürlich Hitler selbst – von einem gezielten und schonenden Einsatz ihrer Streitkräfte innerlich verabschiedet. Eine Materialschlacht war genau das, was die Deutschen nach Stalingrad eigentlich vermeiden mussten, aber nach den ständigen Verschiebungen des Angriffstermins für das Unternehmen Zitadelle kam es genau dazu. Vor den von Hitler verordneten ständigen Aufschüben war Kursk eine unbefestigte Stadt, in unberührter Landschaft im Umkreis von Hunderten von Kilometern. Als der Kampf begann, war die Stadt tatsächlich zu einer Zitadelle geworden.

Churchill überbrachte dem britischen Kriegskabinett am 5. Juli 1943 die «schlechte Nachricht» vom Tod des Ministerpräsidenten der polnischen Exilregierung, General Władysław Sikorski, und seines Verbindungsoffiziers, des Tory-Parlamentsabgeordneten Victor Cazalet, die am Vortag bei einem Flugzeugunglück in Gibraltar ums Leben gekommen waren. Air Chief Marshal Portal berichtete, der tschechische Pilot habe überlebt, aber man könne «gegenwärtig unmöglich sagen, was dort geschah», über die Tatsache hinaus, dass dies ein «sehr schwerer Verlust für Polen und für uns ist». Churchill sagte, dies sei der «Augenblick für die Polen, um einen Versuch zu unternehmen, die Dinge mit den Russen wieder ins Lot zu bringen», aber der Repräsentant der britischen Regierung im Nahen Osten, der australische Diplomat Richard Casey, vertrat die Ansicht, General Władysław Anders sei zwar ein guter Soldat, habe aber «kein politisches Gespür», und deshalb sei es unwahrscheinlich, dass er einen solchen Schritt tue. «Ich werde im Parlament etwas ganz Ungewöhnliches sagen», kündigte Churchill daraufhin an.[25] Die Tatsache, dass das Kriegskabinett in nichtöffentlicher und geheimer Sitzung Sikorskis Tod als schweren Schlag bewertete, legt den Schluss nahe, dass die Verschwörungstheorie von einem Mordanschlag des Auslandsgeheimdienstes SIS gegen ihn (und einen konservativen Parlamentsabgeordneten) absurd ist.

«Soldaten des Reiches!», hieß es in einer Proklamation Hitlers an seine Soldaten unmittelbar vor Beginn des Unternehmens Zitadelle am 4. Juli 1943:

> Mit dem heutigen Tage tretet ihr zu einer großen Angriffsschlacht an, deren Ausgang kriegsentscheidende Bedeutung haben kann. Euer Sieg muss in der ganzen Welt mehr noch als früher die Überzeugung verstärken, dass jeder Widerstand gegen die deutsche Wehrmacht am Ende doch vergeblich ist.[26]

Zu ersten Erkundungsvorstößen kam es bereits am Nachmittag des 4. Juli, aber der deutsche Hauptangriff begann im Süden erst um 5 Uhr morgens am folgenden Tag, im nördlichen Frontabschnitt eine halbe Stunde später. Die sowjetische Seite hatte von einem tschechischen Deserteur eines Pionierbataillons des LII. Armeekorps bereits erfahren, dass an alle Dienstgrade eine Fünf-Tage-Ration Schnaps und Proviant ausgegeben worden sei, so dass die Deutschen auch auf den Vorteil des taktischen Überraschungseffekts verzichten mussten. Der von der Schweiz aus operierende Spionagering Lucy hatte der Stawka auch hinreichend genaue Berichte über die deutschen Kräfte und Absichten geliefert, hinzu kamen noch entschlüsselte Ultra-Nachrichten aus Bletchley Park, die der britische Botschafter in Moskau in einer in geeigneter Form bearbeiteten Version übergab. Watutin konnte so die Anfangsphase des Unternehmens Zitadelle durch einen gezielten Artilleriebeschuss der Bereiche stören, in denen sich die deutschen Angriffsverbände unmittelbar vor dem Losschlagen sammelten.

Die deutschen Angriffe wurden von beiden Seiten des Frontbogens aus nahezu spiegelbildlich vorgetragen. Im Norden rückte Models 9. Armee von Orel aus auf einer 55 Kilometer breiten Front südwärts auf Kursk und gegen Rokossowskis Zentralfront vor. Im Süden griff Hoths 4. Pan-

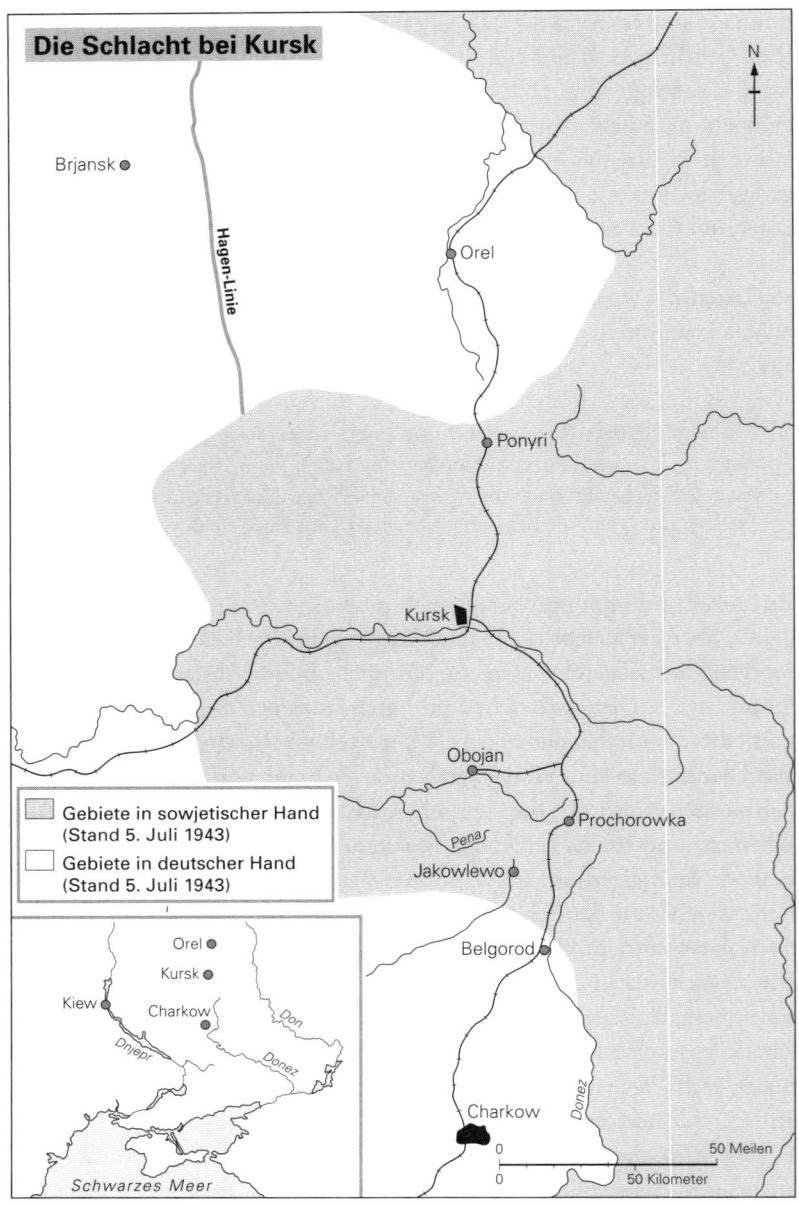

zerarmee von Belgorod aus auf einer 50 Kilometer breiten Front in nördlicher Richtung mit dem Ziel Kursk an und bekam es dabei mit Watutins Woroneschfront zu tun. Schukow wartete ganz bewusst ab, bis der Angriff in vollem Gang war, bevor er die offenen Flanken angreifen ließ. Die Wehrmacht hatte ihre Ostfront an anderen Orten weitgehend von Panzereinheiten entblößt, um für diesen gewaltigen, von fünfzig Divisionen vorgetragenen Angriff die benötigten siebzehn Panzerdivisionen als Speerspitze zusammenzubekommen. So wurde Hoths Panzerarmee zu «stärksten Streitmacht, über die ein einzelner deutscher Heereskommandeur jemals verfügte».[27] Doch die Hoffnung auf einen Sieg, der durch das Zusammenwirken von Stuka-Angriffen und schnellen, von Infanterie direkt unterstützten Panzervorstößen erreicht werden sollte – eine Neuauflage des Blitzkrieg-Konzepts –, ließ die Tatsache außer Acht, dass die Feinde bis zum Juli 1943 genug Zeit gehabt hatten, diese Taktik eingehend zu studieren, die 1939 in Polen, 1940 in Frankreich und 1941/42 in der Sowjetunion selbst den Gegnern so verheerende Niederlagen zugefügt hatte. Außerdem entfiel diesmal einer der grundlegenden Bestandteile des Blitzkriegs – der Überraschungseffekt – vollständig.

Da die Rote Armee inzwischen gelernt hatte, wie sich der Kampf fortführen ließ, selbst wenn man von Panzerformationen überrollt wurde, gingen die Deutschen zu einer Panzerkeil-Taktik über, bei der die schwersten Panzer, zum Beispiel die Tiger und Panther, in der Mitte einer Formation fuhren, während die anderen Kampfwagen, meist waren das die Panzer IV (die zu diesem Zeitpunkt die Mehrzahl des Panzerbestandes stellten), auf den Flügeln vorrückten, unterstützt von Infanterie, Artillerie und Granatwerfern, die hinter dem Zentrum des Angriffskeils angeordnet waren. Die Rotarmisten reagierten auf die Panzerkeil-Taktik mit einer Artillerie-Aufstellung, die bei den Deutschen «Pakfront» genannt wurde: Bis zu zehn sowjetische Panzerabwehrkanonen wurden zu einer Einheit zusammengefasst, die ihr gesamtes Feuer auf einen einzigen Panzer konzentrierte, bis sie sich dem nächsten Ziel zuwandte. «Weder Minenfelder noch Pakfronten waren irgendwo zu entdecken, bevor der erste Panzer auf Minen gelaufen war oder die erste russische Pak überraschend das Feuer eröffnet hatte», erinnerte sich Mellenthin.[28] Besonders gefürchtet waren die Granatwerfer-Bedienungsmannschaften der Roten Armee: Ein geübter Schütze feuerte bereits die dritte Granate ab, noch bevor das erste und zweite Geschoss eingeschlagen hatten.

Die bloßen Zahlen, die hier zu berichten sind, wie auch das für den weiteren Kriegsverlauf entscheidende Ergebnis machen Kursk zu einer bemerkenswerten Schlacht. Die Deutschen warfen etwa 900 000 Mann, 2700 Panzer und Sturmgeschütze, 10 000 Geschütze und 2600 Flugzeuge in die Schlacht.[29] Ihre Gegenspieler Rokossowski, Watutin und Konjew boten rund 1,8 Millionen Mann, 3800 Panzer und Selbstfahrlafetten, 20 000 Geschütze und 2100 Flugzeuge auf.[30] Die gängige Bezeichnung des Kampfes um den Kursker Frontbogen als größte Panzerschlacht der Geschichte ist deshalb völlig berechtigt. Für die Soldaten der Roten Armee war es trotz ihrer zahlenmäßigen 2:1-Überlegenheit ein furchterregender Anblick, als, wie Alan Clark es beschreibt, die deutschen Panzer «aus den Hohlwegen und ausgetrockneten Wasserläufen, in denen sie gelauert hatten, mit geschlossenen Luken hervorrollten und langsam vorrückten, über die wogenden gelbgrünen Getreidefelder des oberen Doneztales hinweg.» (In den Panzern entwickelte sich im russischen Sommer eine erdrückende Hitze.) Hoth setzte neun der besten Panzerdivisionen der Wehrmacht ein – von West nach Ost waren das die 3. Panzerdivision, die Division Großdeutschland, die 11. Panzerdivision, die SS-Leibstandarte Adolf Hitler, die SS-Divisionen Das Reich und Totenkopf sowie die 6., 19. und 7. Panzerdivision –, sie alle traten auf einer nur 50 Kilometer breiten Front an.

«Die gesamte Front war ein Gürtel von Mündungsfeuer-Blitzen», erinnerte sich der Unteroffizier Imboden, der Funker eines Tiger-Panzers war. «Es sah so aus, als würden wir in einen Flammenring hineinfahren. ... Wir dankten den Schicksalsgöttinnen für die Stärke unseres guten Krupp-Stahls.»[31] Die deutschen Panzerbesatzungen hatten für den Fall, dass ihr Fahrzeug durch Minen oder durch in Gräben inmitten von Minenfeldern lauernde sowjetische Panzerjäger-Sondereinheiten zum Stehen gebracht wurde, den strikten Befehl erhalten, im Fahrzeug zu bleiben und den beweglichen Einheiten im weiteren Kampfverlauf Feuerschutz zu geben. Das kam praktisch einem Todesurteil gleich, denn lahmgelegte Panzer erhielten so gut wie immer innerhalb von Minuten einen entscheidenden Treffer. Panzerbesatzungen der Waffen-SS, die noch rechtzeitig aus ihrem Fahrzeug herauskamen, rissen sich die Totenkopf-Abzeichen von den Uniformen, weil sie sonst kaum darauf hoffen konnten, dass sich der Gegner die Mühe machen würde, sie gefangenzunehmen.

Das schmale sowjetische 7,62-cm-Panzerabwehrgeschütz konnte die

Bugpanzerung eines Tigers zwar nur im direkten Beschuss aus kurzer Entfernung durchschlagen, aber es war sehr wirksam bei der Bekämpfung des Panzers IV, und außerdem kam es bei Kursk sehr oft zu Schusswechseln aus nächster Nähe. Viele deutsche Panzer wurden durch Minen ausgeschaltet, und die sie begleitenden Panzergrenadiere – sie waren die ganze erste Angriffsnacht hindurch im Einsatz – wurden nicht mit den gut verschanzten sowjetischen Panzerjägergruppen fertig, die sich anders als in früheren Tagen nicht mehr in die Flucht schlagen ließen. Konstantin Simonow schrieb in seinem Roman *Tage und Nächte,* kampferfahrene Soldaten der Roten Armee hätten aus früheren Gefechten gelernt:

> Sie wussten, dass es unter Granatwerferfeuer keineswegs gefährlicher ist, vorwärtszukriechen, als auf der Stelle liegenzubleiben. Sie wussten, dass die Panzer meist gerade die Davonlaufenden niederwalzen und dass ein deutscher MP-Schütze, der aus 200 Metern Entfernung feuert, stets mehr damit rechnet, zu schrecken, als zu töten.[32]

Hoth durchbrach zwar am ersten Angriffstag die vorderste Verteidigungslinie der Sowjets, doch das Feuer aus der zweiten und stärksten Verteidigungslinie war bereits auf die vorrückenden Einheiten eingestellt, und Selbstfahrlafetten waren eingegraben, gut getarnt und auf direkten Beschuss vorbereitet worden. Hoths Panzerstreitmacht schmolz in den erbittert geführten Kämpfen am 6. und 7. Juli von anfangs 865 auf nur noch 621 einsatzfähige Fahrzeuge zusammen.[33] Leutnant Schütte beklagte sich bei seinem Kommandeur über die schweren Verluste, die seine Einheit nach der Eroberung eines Dorfes durch vorab auf dieses Ziel eingestelltes Abwehrfeuer erlitten hatte: «Nachdem wir den Iwan hinausgeworfen hatten, hätten wir uns selbst zurückziehen und ihn diesen Ort zusammenschießen lassen sollen. Dann hätten wir mit den Panzern relativ sicher vorrücken können.» Schütte praktizierte diese Taktik am darauffolgenden Tag in einem kleinen Dorf mit Erfolg, obwohl er mehrere Panzer durch Minen verlor, weil «keine Zeit für aufwendiges Minenräumen» gewesen war. Schütte verband mit dieser Phase, die in die Zeit vor dem sowjetischen Gegenangriff fiel, ein trostloses Schlachtfeld mit «auf vielen Kilometern verwüsteten Getreidefeldern, Dutzenden zerstörten Panzern und in der Sommerhitze ekelhaft aufgedunsenen Leichen». Einmal entdeckte Schüttes Kompaniechef in einem kleinen Wäldchen ein Gesicht, dachte sofort an einen feindlichen Scharfschützen und schoss seine Pistole auf ein Ziel leer, das sich als «Kopf ohne Körper» erwies, «der von einer Artilleriegranate abgerissen und in den Baum geschleudert worden war, wo er liegenblieb».[34]

Nach einer Woche ununterbrochener Kämpfe hatte Hoth nicht mehr erreicht als einen rechteckigen Einbruch in der Woroneschfront von etwa 15 Kilometern Tiefe und 25 Kilometern Breite, ohne unmittelbare Aussicht auf einen Durchbruch bis nach Kursk, dem eigentlichen Ziel. Alan Clark schrieb über die Waffen-SS: «Diese Männer standen dem ‹Untermenschen› jetzt von Angesicht zu Angesicht gegenüber und stellten zu ihrer Bestürzung fest, dass er genauso gut bewaffnet, genauso schlau und ebenso tapfer war wie sie selbst.»[35]

Die Rote Armee ging am 9. Juli zum Gegenangriff über, nachdem sie die Wehrmacht zuvor auf ganzer Frontbreite unter schweren Verlusten zum Stehen gebracht hatte, und dieser Angriff wurde mit einem Artilleriebeschuss vorbereitet, der so lang anhielt und so massiv war, dass Schütte ihn wie ein «ununterbrochenes Erdbeben» empfand. Models 9. Armee war im Norden des Frontbogens unterdessen nur zehn Kilometer weit bis zu dem Ort Ponyri vorgedrungen und dort am Abend des 11. Juli zum Stehen gekommen. Ein sowjetischer Gegenangriff folgte bereits am nächsten Tag. Ein großes Problem ereilte hier den gewaltigen «Ferdinand»-Jagdpanzer, von dem das XLVII. Panzerkorps sich erhofft hatte, dass er zur siegbringenden Waffe werden würde. Diese Monster verfügten zwar über eine sehr starke Panzerung, hatten aber keine Maschinengewehre und waren deshalb ohne begleitende Infanterie schutzlos den Angriffen mutiger sowjetischer Soldaten ausgesetzt, die sich ihnen mit Flammenwerfern näherten und die Besatzung über das Ventilationssystem des Motors ausschalteten. Guderian schrieb, dass diese Panzer «buchstäblich mit Kanonen auf Spatzen schießen mussten»,[36] wenn sie allein gegen feindliche Infanterie vorgingen, aber die notwendigen Umrüstungen waren ausgeblieben. In den ersten beiden Tagen der Kämpfe bei Kursk wurden vierzig der siebzig eingesetzten Ferdinand-Jagdpanzer vernichtet, und weil es ihnen nicht gelang, die sowjetischen Maschinengewehrstellungen auszuschalten, konnte Generalleutnant Helmuth Weidlings Infanterie die durchbrechenden Kampfwagen nicht unterstützen. Es war ein klassisches Beispiel für einen offensichtlichen Konstruktionsfehler, der in die Katastrophe führte, dieser Panzertyp musste zuerst mit Maschinengewehren nachgerüstet werden, ehe man ihn nach Italien transportieren konnte, wo er gegen die alliierte Landeoperation in Anzio eingesetzt wurde.

Nördlich des Kursker Frontbogens begann jetzt die Operation Kutusow, der sowjetische Angriff auf den Frontvorsprung von Orel, der von General Marian Popows Brjansker Front und General Wassili Sokolowskis Westfront vorgetragen wurde, die beide von Schukow bis zum günstigsten Augenblick zurückgehalten worden waren. Dadurch sah sich Kluge gezwungen, vier Divisionen aus dem Angriffskeil der 9. Panzerarmee zurückzuziehen, was jede Chance auf einen Durchbruch zunichtemachte. Schukow befand sich jetzt, eine Woche nach dem Beginn des Unternehmens Zitadelle, in der beneidenswerten Lage, dass Model im Norden des Kampfgebiets gestoppt und Hoths Vormarsch im Süden verlangsamt worden war. Somit konnte er jetzt eine Eliteeinheit aus seiner bisher in Bereitschaft gehaltenen mobilen Reserve, die 793 Panzer von General Pawel Rotmistrows 5. Garde-Panzerarmee, in den Kampf gegen das XLVIII. Panzerkorps und das II. SS-Panzerkorps von General Paul Hausser schicken, die sich beide noch mühsam über den Donez hinweg in Richtung des Eisenbahnknotenpunktes Prochorowka vorankämpften. Auf diese Weise hofften die Angreifer Watutin umgehen und in Richtung Nordosten auf Kursk vorstoßen zu können. Die Überquerung des Donez durch Generalleutnant Werner Kempfs Kampfverband mit zwei Panzerkorps bezeichnete ein Chronist des Unternehmens Zitadelle als «einziges Überraschungsmoment des gesamten Unternehmens».[37] «Ein Erfolg in Prochorowka würde die Einschließung und Vernichtung der beiden sowjetischen Hauptverbände in der Südhälfte des Frontbogens sicherstellen und einen neuen Weg nach Kursk öffnen, auf dem sich das stark befestigte Obojan im Osten umgehen ließe», heißt es in einer anderen Darstellung des Geschehens.[38]

Doch Rotmistrow war genauso schnell wie die Deutschen in Richtung Prochorowka unterwegs und beschrieb später sehr anschaulich den ersten Tag der 320 Kilometer langen stürmischen Fahrt seiner Armee bis zur vordersten Front:

> Schon um acht Uhr morgens wurde es heiß, und Staubwolken stiegen auf. Zur Mittagszeit bildete der Staub schon dichte Wolken, die sich als dicke Schicht auf dem Gebüsch am Straßenrand, den Getreidefeldern und den Panzern und Lastwagen ablagerten. Die dunkelrote Sonnenscheibe war durch

die grauen Staubfahnen hindurch kaum zu sehen. Panzer, Selbstfahrlafetten und Traktoren (die als Artillerie-Zugmaschinen dienten), gepanzerte Truppentransporter und Lastwagen rückten in einem endlosen Strom vor. Die Gesichter der Soldaten wurden von Staub und Auspuffgasen verdunkelt. Es war unerträglich heiß. Die Soldaten wurden von Durst gequält, und die schweißnassen Hemden klebten ihnen am Leib.[39]

Schon bald sollte es noch sehr viel heißer werden.

Mellenthin bezeichnete die acht Stunden andauernde Panzerschlacht von Prochorowka am 12. Juli 1943 – wie auch das Unternehmen Zitadelle insgesamt – als «richtigen ‹Todesritt› der 4. Panzerarmee». Diese Armee war zum Unternehmen Zitadelle mit 916 einsatzfähigen Kampfwagen angetreten, von denen ihr am 11. Juli nur noch 530 geblieben waren. Beim II. SS-Panzerkorps waren von 470 Panzern noch etwa 250 übriggeblieben. Die Zahl der an der Schlacht von Prochorowka beteiligten Panzer ist ein komplexes historisches Problem, weil es hierzu unterschiedliche Angaben gibt – Politik und Propaganda kommen mit ins Spiel –, auch die räumliche Ausdehnung des Schlachtfeldes ist umstritten, aber nach den zuverlässigsten Schätzungen kämpften bei dieser Schlacht 600 sowjetische gegen 250 deutsche Panzer.[40] Nimmt man die Einheiten in Prochorowka und Jakowlewo zusammen – letztere waren am genannten Tag nicht alle im Einsatz –, steigen die Zahlen auf 900 deutsche (darunter etwa 100 Tiger) und knapp 900 sowjetische Panzer, was diesen Kampf tatsächlich zur größten Panzerschlacht der Geschichte macht.[41] Doch während die Deutschen bereits seit einer Woche im Einsatz gewesen waren und Schwierigkeiten mit dem Nachtanken unter Beschuss und mit der technischen Störanfälligkeit der neuen Panther hatten, gingen die sowjetischen Panzerfahrer ausgeruht in diesen Kampf. Neben den T-34/76-Panzern setzten sie auch die SU-85-Selbstfahrlafette ein, die auf ein T-34-Chassis montiert war und panzerbrechende 8,5-cm-Granaten verschoss. Da die Rote Armee nur dieses eine Grundmodell im Einsatz hatte, war die Versorgung mit Ersatzteilen einfacher, die Wehrmacht verwendete dagegen fünf verschiedene Panzertypen – die Panzer III und IV, den Panther (Panzer V) und Tiger (Panzer VI) sowie den Ferdinand-Jagdpanzer – und hatte auch mit dementsprechenden Nachschubproblem zu kämpfen. Viele Panther-Fahrzeuge gingen in Kursk «mit unausgereiften Motoren, die schnell brannten, in den Kampf», andere blieben aufgrund von Problemen mit der Kraftübertragung liegen.⁴² Insgesamt fielen 160 Kampfwagen der 4. Panzerarmee mit technischen Problemen auf dem Schlachtfeld einfach aus, was bei einer deutschen Monatsproduktion von nur 350 Panzern – deutlich weniger als die 1000 Stück, die Speer Hitler versprochen hatte – eine katastrophale Quote war, weit entfernt vom zu Kriegszeiten viel gepriesenen deutschen Rüstungswunder und von den in der Nachkriegszeit verbreiteten Legenden.

Hunderte von Panzern, Sturmgeschützen und Selbstfahrlafetten beider Kampfparteien wirbelten eine gewaltige Staubwolke auf, als sie am Eisenbahnknotenpunkt Prochorowka auf einem Schlachtfeld mit einer Ausdehnung von nur 50 Quadratkilometern frontal aufeinanderstießen. «Wir gerieten in einen Kampf mit einer scheinbar unerschöpflichen Masse feindlicher Panzerfahrzeuge», erinnerte sich Unteroffizier Imboden,

> niemals sonst habe ich einen so überwältigenden Eindruck von russischer Kampfstärke und Überzahl erhalten wie an jenem Tag. Die Staubwolken erschwerten die Unterstützung durch die Luftwaffe, und schon bald hatten viele der T 34 unsere Reihen durchbrochen und breiteten sich wie die Ratten auf dem gesamten Schlachtfeld aus.⁴³

Die T 34 und einige an diesem Kampf beteiligte KW-Panzer mussten die größeren und stärkeren deutschen Panzer – insbesondere den Tiger mit seiner 8,8-cm-Kanone – so schnell wie möglich in Nahgefechte verwickeln; es gibt Berichte, nach denen die sowjetischen Panzerfahrer ihre deutschen Gegner absichtlich gerammt haben sollen. «Als die Panzer massenweise in einzelne Nahkämpfe verwickelt waren, wurden Front- und Seitenpanzerung leichter durchschlagen. Die Bordmunition explodierte und schleuderte Geschütztürme meterweit durch die Luft oder ließ gewaltige Feuersäulen aufsteigen», berichtet John Erickson.⁴⁴

Der Luftwaffe gelang es nicht, den eigenen Panzern bei dieser erbitterten, unübersichtlichen und über kurze Distanzen ausgetragenen Schlacht genügend Unterstützung zu bieten. Mit Blick auf den gesamten Feldzug hielt Peter Young fest: «Dem Verlust der deutschen Luftüberlegenheit kam die gleiche Bedeutung zu wie dem ebenfalls in Kursk verlorengegangenen Nimbus der Panzerüberlegenheit der Wehrmacht.»⁴⁵ Die sowjetische Luftwaffe zeigte gelegentlich fast irrsinnig anmutende Beispiele von

Tapferkeit: Der Leutnant Alexei Gorowez nahm mit seiner amerikanischen Airacobra-Maschine am 6. Juli ganz allein den Kampf mit zwanzig deutschen Bombern auf und schoss neun von ihnen ab, bevor er selbst von den Begleitjägern abgeschossen wurde.[46] Sein eindrucksvolles Denkmal ist heute in der Nähe des Absturzortes seiner Maschine zu sehen. Die Wehrmacht verlor im Juli und August 1943 über der Ostfront insgesamt 702 Maschinen, es waren Verluste, die in diesem Umfang nicht mehr zu ersetzen waren.

Kursk war die erste große Luftschlacht, bei der die Rote Armee mehr Flugzeuge aufbieten konnte als die Luftwaffe, und das zeigte deutlich, wie so viele andere Aspekte dieser Schlacht auch, die Richtung des weiteren Kriegsverlaufs. Die 2. und 17. Luftarmee flogen von Kursk aus insgesamt 19 263 Einsätze über dem südlichen Kampfgebiet, und das in sehr viel größeren Formationen, als es bis dahin möglich gewesen war. Ein Autor gab seinem Buchkapitel über die Schlacht im Kursker Bogen die Überschrift «Kursk, and a new professionalism» (Kursk und eine neue Professionalität); dieses Kampfgeschehen verdeutlicht in vielerlei Hinsicht beispielhaft, wie umfassend sich die Rote Armee inzwischen auf diesen Krieg eingestellt und wie viel sie aus den Debakeln von 1941 gelernt hatte.[47] Trotz alledem fügte das II. SS-Panzerkorps (bestehend aus der «Leibstandarte» sowie den Divisionen «Totenkopf» und «Das Reich») dem Gegner in dem Kampfgetümmel bei Prochorowka höhere Verluste zu, als es selbst erlitt – die sowjetischen Panzereinheiten verzeichneten mehr als 50 Prozent Verluste –, aber das spielte zu diesem Zeitpunkt keine entscheidende Rolle mehr.[48] Die Rote Armee verlor an diesem Tag etwa 400 Panzer, die deutschen Verluste lagen bei etwa 300 Kampfwagen (darunter 70 Tiger).[49] Was die sowjetische Propaganda später als «Gemetzel von Prochorowka» bezeichnete, betraf beide Seiten gleichermaßen, aber in dieser Phase des Konflikts wurde alles, was weniger war als ein erstaunlicher, entscheidender Durchbruch für die Deutschen zur Katastrophe; Pyrrhussiege nützten ihnen nichts. Die Deutschen hielten das Schlachtfeld so lange, bis der Befehl zum Rückzug kam, aber das Unternehmen Zitadelle war vollständig verpufft, und der Frontbogen geriet keineswegs in die Gefahr, «abgezwackt» zu werden. Die 3., 17. und 19. Panzerdivision waren mit insgesamt 450 Panzern zu diesem Angriff angetreten, und nun verfügten sie gemeinsam noch über gerade einmal 100 einsatzfähige Fahrzeuge.[50] Wie ein Boxer, der seinen letzten Kampf nach Punkten gewonnen hat, aber wegen der dabei erhaltenen Treffer nicht mehr in der Lage ist, zu einer weiteren Begegnung anzutreten, war die Wehrmacht nach Prochorowka zu stark geschwächt, um noch zu einem weiteren Großangriff übergehen zu können.

Hitler zitierte Manstein und Kluge am 13. Juli nach Rastenburg und ordnete den Abbruch des Unternehmens Zitadelle an. Die Alliierten waren drei Tage zuvor auf Sizilien gelandet, und Teile des II. SS-Panzerkorps, darunter auch die Leibstandarte Adolf Hitler, sollten umgehend nach Italien verlegt werden. Doch das war, wie Mellenthin erkannte, leichter anzuordnen als zu verwirklichen: «Jetzt waren wir etwa in der gleichen Lage wie ein Mann, der einen Wolf bei den Ohren gepackt hatte und nun nicht wagte, ihn loszulassen.»[51] Kluge hatte nach der Einschätzung von Liddell Hart «genügend moralischen Mut, seine Meinung vor Hitler unumwunden auszudrücken, aber auch hier zügelte er sich, seine Ansichten so dringend zu empfehlen, dass er sich lästig machte.»[52] Mit dieser Haltung glich er einer ganzen Reihe von deutschen Generälen, denen bewusst war, dass jederzeit viele gut qualifizierte Männer nur darauf warteten, ihren Platz einzunehmen.

Manstein vertrat die Ansicht, dass die Offensive jetzt, da Schukow seine mobilen Reserven in Form der 5. Gardepanzerarmee in die Schlacht geworfen hatte, fortgesetzt werden müsse, aber Hitler lehnte dies ab. Die Heeresgruppe Süd war – durch den Abzug der Kluge zugewiesenen Division Großdeutschland geschwächt – am 23. Juli auf «ihre Ausgangsstellungen» für das Unternehmen Zitadelle «zurückgedrückt» worden.[53] Konjews ausgeruhte Steppenfront übernahm am 3. August die Stellungen, die von der heldenhaft kämpfenden, aber inzwischen erschöpften Woroneschfront gehalten worden waren, und die unübersichtlichen taktischen Gefechte setzten sich bis zum 17. August fort. Die Deutschen zogen sich im Norden entlang der Grundlinie des Frontbogens von Orel auf die Hagen-Stellung zurück. Die Rote Armee stieß im Süden mit dem Ziel nach, Charkow zurückzuerobern – die am heftigsten umkämpfte Stadt der Sowjetunion –, was am 23. August schließlich gelang, als Manstein (gegen Hitlers Befehl) die Stadt aufgab und sich bis zum Dnjepr zurückzog.[54] Vier mit starken Kräften ausgetragene, blutige Schlachten um eine einzige Stadt sagen einiges aus über die Art der Kriegführung an der Ostfront, und zu dem Zeitpunkt, als Charkow schließlich endgültig an die Rote Armee zurückfiel, hatten die Woronesch- und die Steppenfront mehr als 250 000 Mann verloren.⁵⁵ Das ist ein gewaltiger Unterschied zu den Kämpfen, die zur gleichen Zeit in Sizilien ausgefochten wurden und im direkten Vergleich nur eine kleine Zahl von Opfern forderten.

In einem Krieg der Menschen und Maschinen übertraf die Sowjetunion die Deutschen in beiden Bereichen. Die deutschen, ungarischen, italienischen und tschechischen Fabriken produzierten während des gesamten Krieges insgesamt 53 187 Panzer und Sturmgeschütze aller Bauarten – die in Frankreich erbeuteten Panzer hinzugerechnet –, in der UdSSR liefen dagegen von 1941 bis 1945 allein 58 681 T-34-Panzer vom Band, 3500 schwere IS-2-Panzer (mit einer 12,2-cm-Kanone, die über eine Entfernung von 2,5 Kilometern genau ins Ziel traf) und 3500 SU-100 Selbstfahrlafetten, wobei die schweren KW-Panzer in diesen Zahlen noch nicht berücksichtigt sind. Im Jahr 1943 produzierte die Sowjetunion außerdem enorme Stückzahlen der ausgezeichneten 12,2-cm-Haubitzen M-30, und ihre Standard-Handgranate war genauso gut wie die klassische deutsche Stielhandgranate M-24, an der seit 1924 keine wesentlichen Verbesserungen vorgenommen worden waren.

Die Leistung der Roten Armee in Kursk – insbesondere bei der Zusammenarbeit zwischen den verschiedenen Waffengattungen – sorgte dafür, dass die Verluste im erträglichen Bereich blieben (obwohl sie immer noch sehr viel höher waren als die Verluste der Wehrmacht). Sie schuf eine neue militärische Theorie und ein Ethos für die Rote Armee, ein Ethos, das ihr einen kleinen Vorgeschmack des Sieges verschaffte. Die Verlustraten in Kursk waren halb so hoch wie bei den Kämpfen vor Moskau Ende 1941, und 1944 sollten sie nur noch ein Viertel dieses Wertes betragen. «Der Aufbau eines fast völlig neuen Heeres aus den Trümmern des Zusammenbruchs von 1941 – eines Heeres, das in der Lage war, sich gegen die Angreifer zu behaupten – gehört zu den erstaunlichsten Leistungen des Krieges.»⁵⁶ Die Sowjets hatten ihre Waffengattungen aufeinander abgestimmt, neue Techniken für offensive Operationen eingesetzt, ihre Siege rasch genutzt und gelernt, wie die Blitzkrieg-Strategie zu besiegen war. Sie verloren zwar immer noch mehr Soldaten als die Deutschen, aber sie hatten das Verhältnis der Verluste auf drei zu zwei verringert, und dabei sollte es bis zum Kriegsende auch bleiben. In der Konsequenz «wurde die deutsche Niederlage nur noch zu einer Frage von Blut und Zeit».⁵⁷ Die Deutschen hatten von beidem nur noch wenig; auf sowjetischer Seite herrschte jetzt an beidem kein Mangel mehr.

Bei den zweimonatigen Kämpfen in Kursk verloren die Deutschen nach Schätzungen eine halbe Million Mann – Gefallene, Verwundete, in Gefangenschaft Geratene oder Vermisste –, außerdem 3000 Panzer, 1000 Geschütze, 5000 Fahrzeuge und 1400 Flugzeuge.[58] Die sowjetischen Verluste waren mit einer dreiviertel Million Mann auch in diesem Bereich nur noch halb so hoch wie vor Moskau, aber der deutsche Rückzug aus Prochorowka bedeutete für die Angreifer eine Niederlage, denn die sowjetische Überzahl und das höhere Produktionsniveau stellten sicher, dass die Sowjetunion die Verluste auf eine Art ausgleichen konnte, die dem Deutschen Reich nicht mehr möglich war. Konjew hatte deshalb Recht, als er «später die Schlacht um Kursk als den ‹Schwanengesang der deutschen Panzerwaffe›» bezeichnete.[59]

Der Transport von Nachschub an die Front wurde für die Deutschen zu einem immer größeren Problem. Zum Jahresende 1942 schickte die Moskauer Zentrale den prosowjetischen Partisanen – die bis dahin von der Stawka nahezu ignoriert worden waren – Offiziere, Minenexperten und Pioniere, die mit Fallschirmen abgesetzt wurden und Anweisungen mitbrachten, die deutschen Nachschubwege zu unterbrechen. Zwischen den deutschen Fabriken und den immer noch weit im sowjetischen Territorium liegenden Vorratslagern der Wehrmacht lagen Tausende von Eisenbahnkilometern, deshalb boten sich den Partisanen viele Möglichkeiten für massive Störungen der Nachschublieferungen. Sie entwickelten außerdem Geräte, mit denen sie die Läufe sowjetischer Maschinengewehre an das Kaliber erbeuteter deutscher Munition anpassen konnten, und formten spezielle Stahlstangen, die sich auf Eisenbahnschienen aufschweißen ließen, um Züge entgleisen zu lassen. Beispiele für solche Gerätschaften sind heute im Moskauer Zentralmuseum der russischen Streitkräfte zu besichtigen. Partisanen sprengten im Juni 1943 allein im Einsatzbereich der Heeresgruppe Mitte 44 Eisenbahnbrücken, beschädigten 298 Lokomotiven und 1233 Waggons und unterbrachen den Schienenverkehr 746 Mal.[60] Das hatte gerade im Zeitraum unmittelbar vor der Schlacht im Kursker Frontbogen die deutschen Nachschublieferungen und den Transport von Verstärkungen an die Front empfindlich gestört; später sollten die Anschläge trotz der extrem harten Repressalien gegen die einheimische Bevölkerung noch ganz erheblich zunehmen.

Im Gegensatz dazu erhielt die Rote Armee im Jahr 1943 Kriegsmaterial und Nachschub im Überfluss. In jenem Kalenderjahr produzierte die Sowjetunion 24 000 Panzer, doppelt so viele wie Deutschland, und die Feuerkraft, die sie bei der Schlacht um Kursk in jenem Sommer entwickelten, unterstrich ihre enorme Fähigkeit, Verluste nicht nur hinzunehmen, sondern zu überstehen und zugleich zahlenmäßig immer stärker zu werden.[61] Die Rote Armee verfügte zu Beginn des deutschen Angriffs am 5. Juli im Kursker Frontabschnitt über 3800 Panzer, deren Zahl bis zum Abbruch des Unternehmens von deutscher Seite zwar auf 1500 geschrumpft war, doch am 3. August standen in diesem Frontabschnitt bereits wieder 2750 einsatzbereite Kampfwagen.

Der Ausgang der Schlacht im Kursker Frontbogen war hervorragend für die Moral der Roten Armee und dementsprechend schlecht für die Wehrmacht. Schukow und die Stawka hatten Zeitpunkt und Ausführung ihres Gegenschlags perfekt geplant. Die vermeintliche Unbesiegbarkeit der Deutschen hatte sich in Stalingrad als Fantasiegebilde erwiesen, aber in Kursk schlug die Rote Armee einen von fünfzig Divisionen mit großer Wucht vorgetragenen Angriff zurück. Dabei hatte sich nicht nur gezeigt, dass die Deutschen den Krieg verlieren konnten. Genauso entscheidend war die Erkenntnis, dass die Rote Armee – trotz der schweren Verluste an erfahrenen Kampfkommandanten – bewiesen hatte, dass sie dabei war, die für einen solchen Sieg notwendigen taktischen Fähigkeiten zu entwickeln. Die von Schukow unmittelbar im Anschluss an Kursk verfolgte Strategie, einen Gegenangriff nicht so weit zu überdehnen, dass dies den Gegner seinerseits zur Gegenattacke einlud, wird heute noch an Militärakademien als Musterbeispiel gelehrt. «Die drei gewaltigen Schlachten bei Kursk, Orel und Charkow, die innerhalb von zwei Monaten ausgefochten wurden, bedeuteten den Ruin der deutschen Armeen im Osten», schrieb Churchill. Deutschland hatte an der mit Abstand wichtigsten Front des Krieges die Initiative verloren und sollte sie niemals wiedererlangen. Intelligente Deutsche und selbst die nicht so intelligenten, zum Beispiel Keitel, erkannten jetzt, dass der Krieg im Osten nicht mehr zu gewinnen war. An den Wänden der Ruhmeshalle im Museum des Großen Vaterländischen Krieges in Moskau sind die Namen von 11 695 Helden der Sowjetunion zu lesen, die neben diesem Titel auch den Goldenen Stern verliehen bekamen.

Gerüchte über die Behandlung sowjetischer Kriegsgefangener durch die Deutschen hatten auch die Reihen der Roten Armee erreicht, wurden von der sowjetischen Propaganda fleißig verbreitet und sorgten verständlicherweise dafür, dass die sowjetischen Soldaten auch unter ungünstigsten Umständen nicht mehr bereit waren, sich zu ergeben. Dies war ein weiteres Beispiel dafür, wie der nationalsozialistische Fanatismus Deutschlands militärische Lage schwächte.

Ein Besuch in der sanft gewellten Ackerlandschaft des Schlachtfeldes von Prochorowka, wo man einen Blick auf den Ort des weitesten Vordringens der deutschen Panzer bei ihrer letzten großen Offensive an der Ostfront werfen kann – hier tat die Nazi-Aggression ihren letzten Atemzug, bevor das Deutsche Reich in die Defensive gedrängt wurde –, ist ein zutiefst bewegendes Erlebnis.

Weiter sollte Hitler mit seinem Traum von der Weltherrschaft nicht gelangen. Seine Armeen waren vor Moskau zurückgeschlagen, in Stalingrad später dann besiegt worden, und Prochorowka war für den Nationalsozialismus der Anfang vom Ende. Die Glocke auf dem hohen Kirchturm, die heute alle zwanzig Minuten sechs Schläge über diesen weiten windigen Getreidefeldern ertönen lässt, bedeutete damals das Grabgeläut für das Unternehmen Zitadelle. Das Oberkommando der Wehrmacht erhoffte sich von Kursk eine Wende, aber der Gang der Geschichte ließ sich auf dem Schlachtfeld von Prochorowka – obwohl die Rote Armee dort mehr Männer und mehr Kriegsgerät verlor als die Wehrmacht – nicht umkehren.

14

Die grausame Wirklichkeit

1939–1945

> «Die Angriffe auf Berlin boten vom Flakturm aus ein unvergessliches Bild, und es bedurfte eines ständigen Zurückrufens in die grausame Wirklichkeit, um sich nicht von diesem Bild faszinieren zu lassen: die Illumination der Leuchtfallschirme, von den Berlinern ‹Weihnachtsbäume› genannt, gefolgt von Explosionsblitzen, die sich in Brandwolken verfingen, unzählige suchende Scheinwerfer, das aufregende Spiel, wenn ein Flugzeug erfasst war und sich dem Lichtkegel zu entwinden suchte, eine sekundenlange Brandfackel, wenn es getroffen wurde: die Apokalypse bot ein grandioses Schauspiel.»
>
> *Albert Speer, Erinnerungen, 1969* [1]

Die strategischen Bombardements oder – emotionaler ausgedrückt – die Bombenteppiche, Flächen- oder Terror-Bombardements, die sich gegen deutsche Städte und die Zivilbevölkerung richteten, sind, neben der Entscheidung, Atomwaffen gegen Japan einzusetzen, der umstrittenste Aspekt der alliierten Kriegführung. Die meisten Menschen in den westlichen Ländern sahen diese Bombardements damals als ein völlig legitimes Mittel an, um einen teuflischen Feind in die Knie zu zwingen, nachdem Hitler den «totalen Krieg» entfesselt hatte, aber manche hielten dieses Vorgehen – vor allem, nachdem der Krieg gewonnen war – für ein moralisch inakzeptables Kriegsverbrechen. Dieses Kapitel versucht zu klären, ob der Bombenkrieg unter strategischen Gesichtspunkten funktionierte oder nicht, ob er notwendig war und ob es irgendeine Alternative gab.²

Die Befürworter des Luftkriegs in den Bomber-Geschwadern der deutschen, britischen und amerikanischen Luftstreitkräfte in den 1920er- und 1930er-Jahren waren alle der Ansicht, es sei möglich, Kriege allein durch Bombardements zu gewinnen. Der Marine bliebe dann nur noch die Aufgabe, eine Blockade zu errichten, und Heere wären in erster Linie für Säuberungsaktionen und Besatzung zuständig. «Auch für den einfachen Mann auf der Straße ist es gut zu wissen, dass es keine Macht auf Erden gibt, die ihn vor einem Bombenangriff schützen kann», sagte der ehemalige und künftige britische Premierminister Stanley Baldwin, zu diesem Zeitpunkt Lord President of the Council (Präsident des geheimen Staatsrats) in der Koalitionsregierung Ramsay MacDonalds, im November 1932 im Unterhaus. «Was immer ihm die Leute auch erzählen mögen, der Bomber wird immer durchkommen.»³ Baldwin sagte das vor der Erfindung von Radar, der Spitfire und der massenhaften Herstellung der 11,4-cm (4,5-inch)-Flak, aber die Botschaft kam ganz gewiss an, so dass 1939 die Meinung herrschte, umfangreiche Bombardements aus der Luft würden zu Massakern an der Bevölkerung und zum gesellschaftlichen Zusammenbruch führen.

Nach Kriegsbeginn machten die Bombenangriffe der Luftwaffe auf Warschau im September 1939 sowie auf Rotterdam und Löwen im Mai 1940 deutlich, dass Deutschland nicht die Absicht hatte, sich an die «zivilisierte» Auffassung von Kriegführung zu halten, bei der nur militärische Ziele ins Visier genommen wurden, die außerdem bei Tageslicht anzugreifen waren. Weitere Angriffe auf Coventry (am 15. November 1940), Belgrad (im April 1941, bei diesem Angriff gab es 17 000 Tote), Hull und selbst auf unverteidigte Sehenswürdigkeiten wie Bath (wo im April 1942 im Verlauf von drei Nächten 400 Menschen starben) bestätigten dies. Der Luftwaffen-General Werner Baumbach, selbst Bomberpilot, erinnerte sich nach dem Krieg:

> Hitler sprach davon, dass er die englischen Städte «ausradieren» werde, und die Propaganda prägte das neue Schlagwort «coventrisieren», womit die

größtmögliche Art der Zerstörung gemeint war, wie man sie durch die deutschen Bombenangriffe auf Coventry erreicht zu haben glaubte.[4]

Doch wenn die Nazis sich rücksichtsloser Methoden der Kriegführung bedienten, folgte daraus noch lange nicht, dass ihre Gegner das ebenso halten mussten.

Das Bomberkommando (Bomber Command) der Royal Air Force wurde 1936 gegründet, hatte sein Hauptquartier in High Wycombe in Buckinghamshire und bestand bei Kriegsbeginn aus 33 Staffeln mit 488 Flugzeugen. Die Reichweite der verfügbaren Bombenflugzeuge genügte zunächst nicht einmal für Einsätze gegen das Ruhrgebiet – das nächstgelegene lohnende Bombenziel in Deutschland –, und mit der Bombenlast, die diese Maschinen tragen konnten, war kein großer Schaden anzurichten, auch wenn der Aktionsradius für den Hin- und Rückflug genügt hätte. Richard Overy wies noch auf weitere Defizite hin:

> Es fehlte an wirksamen Bombenzielgeräten, und nur wenige Bomben waren schwerer als 110 Kilogramm. Bombardierungsübungen ohne Feindeinwirkung bei klarem Himmel und mit Abwürfen unter 1000 Metern zeigten immer noch eine hohe Trefferungenauigkeit. Nur wenige britische Militärflugplätze besaßen hinreichend lange Pisten für größere Flugzeuge, und Navigationskarten für den Luftraum über Nordwesteuropa waren knapp.[5]

Das war ein nicht besonders vielversprechender Start für den Versuch, das Dritte Reich in die Knie zu zwingen. Angesichts eines allgemeinen Mangels an Navigationshilfen, Zielmarkierungen und Zielgeräten und wegen der geringen Ladefähigkeit sah sich das Bomberkommando, letztlich aufgrund fehlender realistischer Alternativen, zu einer Strategie der Angriffe auf Städte gezwungen. Nach einem Angriff auf Berlin, bei dem die meisten Bomben über Bauernhöfen in der Umgebung der deutschen Hauptstadt abgeworfen worden waren, witzelten die Berliner: «Jetzt versuchen sie uns auszuhungern!»

Nachdem das Bomberkommando zu Kriegsbeginn bei Tagesangriffen auf mehrheitlich küstennahe Ziele wie Helgoland und Wilhelmshaven unerträglich hohe Verluste hatte hinnehmen müssen – manchmal lagen sie bei 50 Prozent –, ging es zu Nachtangriffen über, was schwere Konsequenzen für die Treffgenauigkeit nach sich zog. Die Bomberpiloten waren weder auf Nachtangriffe eingestellt noch intensiv für solche Aufgaben ausgebildet worden, außerdem gab es nur sehr schlichte Navigationshilfen, aber nach dem Sieg der Royal Air Force in der Luftschlacht um England verlagerte sich der Schwerpunkt im Luftkrieg von der Verteidigung durch die Jagdflieger zum Angriff mit Hilfe der Bomber. Zu diesem Zeitpunkt war Chamberlain – dessen Regierung sich sogar gegen die Bombardierung von Zielen im Schwarzwald aussprach, weil «ein so großer Teil in Privatbesitz war»[6] – bereits durch den insgesamt stärker auf Offensive eingestellten Churchill abgelöst worden. Die Bombardierung Deutschlands – selbst wenn sie ungenau war und nachts geschah – stärkte die Moral der Briten enorm, denn dadurch bekamen sie das Gefühl, dass sie den Krieg direkt in das Land des Feindes trugen. Außerdem war da noch ein gewisses Gefühl, dass nach Dünkirchen und der Luftschlacht um England die Bomberoffensive die einzige verbliebene Möglichkeit war, mit der Großbritannien zeigen konnte, dass man sich immer noch im Kriegszustand befand und den Kampf unbedingt fortsetzen wollte.

Das Bomberkommando versuchte zwar den ganzen Krieg hindurch, ganz gezielt ausgewählte Produktionsstätten zu treffen – darauf richteten sich in jeder Phase mindestens 30 Prozent der Angriffe –, doch schon bald erweiterte sich die allgemeine Strategie auf die Zerstörung riesiger, dicht besiedelter Industriegebiete, um die Arbeiterschaft obdachlos zu machen, die Produktion zu stören und die Bevölkerung zu demoralisieren. Der Oberbefehlshaber des Bomberkommandos, Air Chief Marshal (General) Arthur «Bomber», «Bert» oder «Butch» Harris, war überzeugt davon, dass der Krieg mit dieser Strategie, die er geerbt hatte, als er im Februar 1942 das Kommando übernahm, gewonnen werden könne. Ein Historiker schrieb dazu: «Vier Jahre Waffenproduktion hatten Großbritannien die viermotorigen schweren Bomber gegeben ... und ansonsten nur wenig, mit dem man kämpfen konnte. ... Die Strategie der Angriffe auf die Städte war seine einzige Option, wenn Großbritannien überhaupt noch irgendwelche Zeichen von Kampfeswillen geben wollte, denn es konnte die Katastrophe nicht verkraften, die möglicherweise auf eine Invasion mit unzureichenden Kräften gegen ein gut verteidigtes europäisches Festland folgen würde, und in Afrika wurde es angegriffen und im Fernen Osten bedroht.»[7] Harris hielt nicht viel von Präzisionsangriffen gegen bestimmte Industriezweige, etwa gegen Kugellagerfabriken oder Kohleverflüssigungsanlagen, wie sie die Amerikaner bevorzugten. Er bezeichnete solche Ziele als (letztlich wirkungslose) «Allheilmittel», weil er davon überzeugt war, dass die Deutschen die angerichteten Schäden durch eine bessere Verteilung der Produktionsstätten, alternative Technologien, Käufe im Ausland und Vorratshaltung mühelos ausgleichen konnten. Bei Kriegsbeginn lag er mit dieser Einschätzung richtig, denn nur wenige Bomben landeten in dieser Phase zielgenau, aber die gegen Kriegsende immer weiter verbesserte Technik widerlegte sie zunehmend. Doch niemand gebot ihm Einhalt, als er weiterhin seine Strategie verfolgte.

Die Zerstörung von Wohnraum hatte mit Sicherheit Konsequenzen für die deutsche Industrieproduktion, denn in vielen Fällen kamen nach einem Bombenangriff, wie in einer Untersuchung festgestellt wurde, «Arbeiter nicht zur Arbeit, weil sie ihre Familienangehörigen suchten oder physisch nicht in der Lage waren, ihren Arbeitsplatz zu erreichen. Viele verließen die verwüstete Heimatstadt, gingen aufs Land, wo es mehr zu essen gab, und wohnten dort bei Verwandten.»[8] Bei BMW in München zum Beispiel fehlten im Sommer 1944 etwa 20 Prozent der Belegschaft, in den Kölner Ford-Werken erreichten die Arbeitsversäumnisse im gleichen Jahr sogar die 25-Prozent-Marke.[9] Göring hatte 1939 bei einer Rede vor Luftwaffenoffizieren erklärt, kein feindlicher Bomber könne die Ruhr erreichen. Falls dennoch einer so weit komme, wolle er nicht mehr Göring, sondern Meier heißen. (Niemand nannte ihn so, jedenfalls nicht von Angesicht zu Angesicht.)

Die Unterscheidung von Flächen- und Präzisionsbombardement fiel oft schwer, denn deutsche Rüstungsbetriebe, Kugellagerfabriken und Kohleverflüssigungsanlagen standen ebenso wie U-Boot-Werften, Rangierbahnhöfe und andere Ziele, die von Schreibtischstrategen der Nachkriegszeit als moralisch akzeptable Ziele eingestuft wurden, sehr oft in dicht bebauten Gebieten, also auch in der Nähe von Schulen, Krankenhäusern und Wohnsiedlungen der in diesen Betrieben beschäftigten Arbeiter. Ein hochrangiger Offizier der US-Luftwaffe scherzte in einem Seminar in der Nachkriegszeit: «Die Royal Air Force flog Punktzielangriffe auf Flächenziele, und die US Air Force flog Flächenangriffe auf Punktziele.»[10] Der Unterschied war, wie der offizielle Historiker des Luftkriegs Noble Frankland feststellte, oft minimal. Zur Kennzeichnung und Unterscheidung der Ziele wurden Brandbomben mit besonderen Farben eingesetzt, aber Fotos zeigten, dass viele bei Nacht abgeworfene Bomben in den ersten zweieinhalb Kriegsjahren die festgelegten Ziele um Tausende von Metern verfehlten. Die Entwicklung nachttauglicher Fotogerätschaften und die Aufklärungsfotos nach den Einsätzen sorgten hier für Abhilfe, aber in der Anfangszeit schien es kaum eine wirksame Alternative zu geben.

Harris als Person musste lange Zeit für Verleumdungen herhalten, der Labour-Politiker Richard Crossman stellte ihn auf eine Stufe mit Douglas Haig, dem Oberbefehlshaber im Ersten Weltkrieg. Und die Kontroverse sollte weitergehen: Als die Königinmutter 1992 ein Harris-Denkmal vor St. Clement Danes, der Kirche der Royal Air Force in London, enthüllte, kam es zu wütenden Demonstrationen. Der Marshal of the RAF Lord Portal, Oberbefehlshaber der Luftstreitkräfte zu Kriegszeiten und in dieser Eigenschaft auch Harris' unmittelbarer (und einziger) Vorgesetzter, klagte im März 1948 in einem Gespräch mit dem BBC-Korrespondenten Chester Wilmot: «Das Problem mit Harris war – off the record –, dass er ein Schuft war, der nicht zögerte, jemanden zu hintergehen, wenn er etwas haben wollte.» Portal glaubte, dass er selbst, wäre es je zu einem «Showdown» zwischen ihm und Harris gekommen, gewonnen hätte, weil «mein Einfluss auf den Premierminister stärker war als seiner». Er bezeichnete Harris als einen Menschen, der «gerne im Rampenlicht steht», als «Unruhestifter», der «besonders schwer unter Kontrolle zu halten ist», und – vielleicht, mit Blick auf seine eigenen Bemerkungen, unzutreffenderweise – als jemanden, der «sein eigener schlimmster Feind» sei. Portal verachtete die Art, in der ihn Harris morgens anzurufen pflegte, um ihm mitzuteilen: «Gestern Abend hatten wir 800 Bomber über München, heute Morgen haben wir nur fünf Zentimeter Text in der *Times*, und das Küstenkommando bekam zehn. Wenn das so weitergeht, wird die Moral des Bomberkommandos ruiniert.»[11]

Harris war ohne Frage ein harter Mann, aber der Physiker Reginald Victor Jones fragte bei solchen Einschätzungen gerne zurück: «Wer sonst wäre dem gewachsen gewesen, was er tun musste?» Harris war nicht bereit, sich in angenehmen Euphemismen auszudrücken – «töte den Boche, jage ihm Angst ein», sagte er in aller Offenheit –, was in den Nachkriegsjahren zu seiner Verteufelung führte, aber er war auch ein liebevoller Vater und im Privatleben ein warmherziger Mensch, der mit seinem Bullterrier Rastus freundlich umging und bei seinen Männern wie auch bei der britischen Öffentlichkeit beliebt war. Er war ein zielstrebiger und unbeirrbarer Mensch, der dachte, er habe einen Weg zur Verkürzung des Krieges gefunden, und ein Realist, der leeres Gerede über das, was seine Männer

Abend für Abend taten, verachtete. Außerdem hatte er eine spitze Zunge, fragte Verwaltungsbeamte mitunter: «Was tun Sie heute so, um die Kriegsanstrengungen zu verschleppen?», und Air Chief Marshal Sir Trafford Leigh-Mallory, der vor der Landung in der Normandie geklagt hatte, er wolle nicht als der Mörder Tausender von Franzosen in die Geschichte eingehen, erwiderte er: «Warum denken Sie, dass Sie überhaupt in die Geschichte eingehen werden?» Harris empfand mit Sicherheit keinerlei moralische Skrupel wegen der Dinge, die er den Deutschen antat, so sagte er der Wochenschau 1942: «Sie säten den Wind, und jetzt werden sie den Sturmwind ernten. Es gibt sehr viele Menschen, die sagen, dass man mit Bomben niemals einen Krieg gewinnen kann. Nun, darauf antworte ich, dass es bisher noch nie versucht wurde, und wir werden schon sehen.» Doch er war kein Ungeheuer, und zwei Tage nach der deutschen Kapitulation schrieb er an Portal: «Ich bedaure Situationen, in denen ich wirklich mürrisch und ungeduldig war. Ich war den Dringlichkeiten meines Kommandos am nächsten und, offen gesagt, von den furchtbaren Unmenschlichkeiten des Krieges überwältigt.»[12]

Bis zum Jahresende 1941 hatte das Bomberkommando 45 000 Tonnen Bomben auf militärische Ziele in Deutschland abgeworfen, ohne dass große Ergebnisse festzustellen gewesen wären. Ein Grund dafür, warum das britische Oberkommando so viele Ressourcen in die Bomberoffensive investierte, war das Bestreben, der Roten Armee zu helfen. Churchill und Roosevelt waren sich vollkommen darüber im Klaren, dass sie im Westen auf operativem Gebiet nicht genug für die UdSSR taten – ein Empfinden, in dem sie Stalin unablässig bestärkte. Das britische Commonwealth kämpfte in El Alamein, wie wir bereits gesehen haben, gegen zwölf Divisionen der Achsenmächte, während es die Sowjets an der Ostfront mit hundertsechsundachtzig gegnerischen Divisionen aufnahmen. Die Verschiebung des Angriffs, mit dem die sogenannte «zweite Front» in Nordwestfrankreich eröffnet wurde, führte zu einem starken Bestreben, deutsche Streitkräfte an anderer Stelle zu binden; die Bomberoffensive galt als eine Möglichkeit, dies auch ohne eine überhastete Rückkehr mit Bodentruppen nach Frankreich zu erreichen. Ähnlich wie die Nachschubkonvois, die durch das Nordmeer nach Murmansk dampften, wurde die Bomberoffensive fast als eine Art Ersatztherapie ersonnen. Unterm Strich sollte die Hilfe für die Sowjetunion tatsächlich ihr Hauptbeitrag zu den Kriegsanstrengungen sein.

Das Bomberkommando erlitt monströse Verluste. Schon bald nach seiner Ernennung zum Oberbefehlshaber ordnete Harris für März und April 1942 die Bombardierung der Hafenstädte Lübeck und Rostock an, die beide schwer getroffen wurden, wobei nur vierundzwanzig Maschinen verlorengingen, aber insgesamt verlor das Bomberkommando allein in diesem April hundertfünfzig Maschinen. 55 573 Angehörige des Bomberkommandos verloren im Zweiten Weltkrieg ihr Leben, 47 268 davon bei Einsätzen, und weitere 8305 während der Ausbildung und bei anderen, nicht mit Kampfhandlungen verbundenen Aufträgen. Dies machte ein Viertel aller Kriegstoten der britischen Streitkräfte in diesem Konflikt aus. Von den 199 091 Maschinen des Bomberkommandos, die im Verlauf des Krieges zu Einsätzen abhoben, kehrten 6440 (oder 3,2 Prozent) nicht zurück.[13] Der Blutzoll entsprach in etwa der Zahl der im Ersten Weltkrieg getöteten britischen Offiziere oder der im Vietnamkrieg gefallenen amerikanischen Soldaten, aber die Verlustquote war weit höher als in diesen beiden Vergleichsfällen. Die US-Luftwaffe verlor 26 000 Mann oder 12,4 Prozent ihrer Bomberbesatzungen. Der Heldenmut der Männer, die in diesen lauten, dunklen, beengten und eiskalten Bombern, in denen es noch keinen Druckausgleich gab und die mit Kabeln und scharfkantigen Gegenständen vollgestopft waren, über viele Stunden hinweg Hunderte von Kilometern zurücklegten und dabei von Flakgeschützen beschossen und von Jagdflugzeugen angegriffen wurden, war unermesslich. Über dem Zielgebiet gab es oft keine Möglichkeit, dem Flakfeuer auszuweichen, weil die Bombenschützen für genaues Zielen eine ruhige Unterlage brauchten.

Deutschland besaß 50 000 Flakgeschütze zum Schutz des eigenen Territoriums. Explosionen in der Luft, Kollisionen und Bruchlandungen endeten für die Bomberbesatzungen, die ihrer Tätigkeit so dicht neben Hunderten Litern hochwertigen Flugzeugbenzins und in Begleitung von mehreren Tonnen hochexplosiven Sprengstoffs nachgingen, meist tödlich. Jagdflugzeuge konnten aus allen Richtungen anfliegen, waren immer sehr viel schneller als die Bomber und erkannten ihre Beute oft, wenn sie von Suchscheinwerfern von unten erfasst oder durch Leuchtkugeln von oben erhellt wurde. Der RAF-Flieger Cyril March erinnerte sich lebhaft an das Geschehen in seiner Avro Lancaster auf dem Weg zu einem Einsatz gegen das sächsische Städtchen Böhlen bei Leipzig, als

> plötzlich eine Reihe von Lichtsignalen über uns aufflammte und den Himmel
> taghell ausleuchtete, ... das setzte sich so weit fort, dass eine kilometerlange
> Serie von Lichtern unseren Kurs begleitete. Wir wussten, dass sie von Jagdflug-
> zeugen kamen, aber wo waren die, hinter, über oder unter den Lichtern? Un-
> sere Augen weiteten sich gewaltig, als wir nach ihnen Ausschau hielten. Es
> fühlte sich an, als würde man nackt eine hell erleuchtete Straße entlanggehen.[14]

Eines der wenigen Mittel, die dem Piloten eines schweren Bombers blieben, um sich der Aufmerksamkeit eines von der Heckseite her angreifenden Jägers zu entziehen, war, die Maschine bei knapp 500 Stundenkilometern mit einer im Sturzflug ausgeführten Wende herumzureißen, bei der ihm der Jäger nicht folgen konnte, und anschließend in Gegenrichtung steil wieder hochzuziehen.

> Es war ein Beweis für die Stärke und die aerodynamischen Qualitäten der
> schweren Maschinen, dass man mit ihnen so gewaltsam am Himmel herum-
> fuhrwerken konnte, dass sich die kleineren, flinkeren Verfolger mit etwas
> Glück lange genug abschütteln ließen, um dem räumlich begrenzten Bordra-
> dar des Jägers in die Dunkelheit hinaus entkommen zu können.[15]

Einschusslöcher in Treibstofftanks konnten zu katastrophalen Lecks führen, und falls ihnen der Absprung mit dem Fallschirm gelang, wurden die Bomberbesatzungen – Hitler bezeichnete sie als «Luftpiraten» – von deutschen Zivilisten oft gelyncht. Bei der Rückkehr zum Stützpunkt kam der Kugelturmschütze in der in die Bodenwanne eingelassenen MG-Kuppel manchmal ums Leben, wenn er infolge eines mechanischen Problems in seinem Plexiglaskäfig festsaß und das Fahrwerk klemmte, so dass es sich für die Landung nicht ausfahren ließ.[16] Grauen und Heldentum, beides gab es überreichlich, und im Verlauf des Krieges wurden neunzehn Angehörige des Bomberkommandos mit dem Victoria-Kreuz ausgezeichnet.

Ein Hinweis auf die Zeitmenge, die die Bomberbesatzungen bei ihren Einsätzen verbrachten, lässt sich dem Bordbuch des Avro-Lancaster-Heckschützen Bruce Wyllie entnehmen. Er diente in der 57. Staffel des Bomberkommandos, die in East Kirkby in der Grafschaft Lincolnshire stationiert war. Der erste Einsatz des zweiundzwanzigjährigen Wyllie war ausgerechnet der Angriff auf Dresden am 13. Februar 1945, bei dem die Besatzung insgesamt zehneinviertel Stunden in der Luft war. Bereits am nächsten Abend folgte ein Angriff auf Rositz (neun Stunden fünfzig Minuten), am 19. Februar folgte Böhlen (acht Stunden fünfundzwanzig Minuten), am folgenden Abend Mittland (sechs Stunden fünfzig Minuten), und am 24. Februar war Wyllie am Tagangriff auf Ladbergen im Tecklenburger Land beteiligt, einem Einsatz, der vier Stunden fünfzig Minuten dauerte.[17] In einem Zeitraum von nur elf Tagen war also dieser junge «Tail-end Charlie» (so lautete der Spitzname für Heckschützen) des Bomberkommandos – dessen Daten hier gänzlich zufällig ausgewählt wurden – bei fünf Einsätzen dabei und insgesamt mehr als vierzig Stunden in der Luft. Hinzu kamen in der Zeit ab dem 3. Februar 1945 noch Ausbildungsflüge von insgesamt fast sechzehn Stunden Dauer bei Tageslicht und sechs Stunden bei Dunkelheit, so dass Wyllie in einem Zeitraum von drei Wochen Tag für Tag durchschnittlich knapp drei Stunden in der Luft war und sich zwei Drittel dieser Zeit in Lebensgefahr befand. Wyllie und die 125 000 Angehörigen des Bomberkommandos, die sich freiwillig für diesen Dienst meldeten und von denen 44,4 Prozent den Tod fanden, waren echte Helden.

Im Jahr 1942 überlebte weniger als die Hälfte aller Besatzungen der schweren Bomber die dreißig Einsätze, die zur ersten turnusmäßigen Dienstzeit gehörten, nur jede Fünfte überstand auch ihre zweite Einsatzzeit. Ein Jahr später waren die Rückkehrchancen noch geringer: Nur eine von sechs Besatzungen überlebte die erste Einsatzzeit und nur eine von vierzig eine zweite. Die Crews bildeten sich selbständig, knüpften in der Zeit, die sie in den östlichen Grafschaften East Anglia, Yorkshire und Lincolnshire gemeinsam verbrachten, enge kameradschaftliche Bande, und überraschend wenige von ihnen machten mechanische Probleme geltend oder warfen ihre Bomben über Vororten ab, bevor sie das Zielgebiet erreichten (das waren die sogenannten «fringe merchants», die «randständigen Händler»).

Die schweren Verluste des Bomberkommandos führten dazu, dass Churchill am 21. September 1942 im Kriegskabinett die Einführung der Pressezensur verlangte. Nachdem Portal ausführlich über den Verlauf des Luftkriegs berichtet hatte, wurde der Premierminister mit der Feststellung protokolliert, dass «Bomberverluste weiterhin bekanntgegeben werden. Das kommt Deutschland sehr zupass. Wir haben das lange getan, aber weil es ein großer Vorteil für den Feind ist, werden wir das ab einem bestimmten Datum nicht mehr tun.»[18] Er hatte nichts dagegen, wenn die

RAF die Zahlen kannte, und gab sie auch bei geheimen Sitzungen des Unterhauses bekannt, sah aber keinen Grund dafür, dass man die genauen Zahlen nach jedem einzelnen Angriff mitteilte. Doch das Bekenntnis zur Pressefreiheit, zur Unabhängigkeit der BBC und zur freien Meinungsäußerung als Eckpfeiler dessen, wofür Großbritannien kämpfte, war so prägnant, dass es das Kabinett vorzog, sich auf die verantwortungsbewusste Selbstzensur der Medien zu verlassen und keine regierungsamtlichen Zensurvorschriften zu verhängen. Dieses Vertrauen war größtenteils gerechtfertigt, es gelangten in aller Regel keine Informationen an die Öffentlichkeit, die dem Feind moralisch oder im operativen Bereich nützlich waren.

Die Bomberoffensive hatte im britischen Oberkommando auch ihre Gegner, nicht nur wegen der hohen Verluste unter den Besatzungen, sondern auch, weil sie enorme Ressourcen verbrauchte und zahlreiche Strategen der Ansicht waren, dass diese Mittel anderweitig besser einzusetzen wären, und hier ganz besonders bei der direkten Unterstützung militärischer Operationen zu Lande und zu Wasser. Am 15. Februar 1942 – an dem Tag, an dem Singapur fiel – empfahl beispielsweise Generalmajor John Kennedy, der Director of Military Operations im Kriegsministerium, schlicht die Einstellung der Bombenangriffe auf Deutschland und die Verwendung der auf diese Weise freigewordenen Maschinen «für wichtige Verstärkung aus der Luft» in Ceylon, Burma, Australien, Neuseeland, Indien und im östlichen Mittelmeerraum. Er hielt den Bomberfeldzug gegen Deutschland für «ineffektiv und ... unsere Mittel überfordernd».[19] Einen Monat später, am 12. März 1942, kam es im Verteidigungsausschuss des Kriegskabinetts, dessen Vorsitz Churchill selbst führte, zu einer umfassenden Diskussion über Mittelzuweisungen, deren Ergebnis Kennedy (mit offensichtlicher Voreingenommenheit) so zusammenfasste: «Die Luftstreitkräfte wollen ihre Bombardierungsstrategie fortsetzen und die anderen Waffengattungen, und hier in erster Linie das Heer, in ihrem beklagenswerten Zustand belassen.» Weder Kennedy noch Brooke oder irgendein anderer der maßgeblichen Entscheidungsträger im Oberkommando führten in irgendeiner Phase des Krieges humanitäre Überlegungen als einen der Gründe dafür an, warum sie die Strategie der Bombardements aus der Luft für verfehlt hielten. Brookes Befürchtung war, dass die RAF durch einen derart umfangreichen Einsatz von Ressourcen, Rohstoffen (hier vor allem: von Eisen und Stahl), Geld, Treibstoff und Soldaten für die Bomberoffensive gegen Deutschland anderen ebenso wichtigen Bereichen, etwa der Panzerproduktion, die benötigten Mittel entzog. Und Brooke war, wie auch andere maßgebliche Personen, außerdem der Ansicht, dass die Bomber, wenn sie schon in so hohen Stückzahlen produziert werden sollten, häufiger gegen U-Boote in der Atlantikschlacht und gegen Rommel in Nordafrika eingesetzt werden sollten, anstatt Nacht für Nacht deutsche Städte anzugreifen. Immerhin ging jetzt schon fast ein Drittel aller in europäischen Gewässern versenkten deutschen Schiffe durch Minen verloren, die von Flugzeugen gelegt worden waren.

Die beiden ersten schweren Bombertypen, die zu Kriegsbeginn eine bedeutende Rolle spielen, die Short Stirling und die Avro Lancaster, waren von eher unterdurchschnittlicher Qualität; mit Sicherheit war keine von beiden Maschinen der zweimotorigen Vickers Wellington ebenbürtig, einem noch in der Vorkriegszeit in Dienst gestellten Kampfflugzeug, das beim ersten Tausend-Bomber-Angriff dieses Krieges, der sich in der Nacht vom 30. auf den 31. Mai 1942 gegen Köln richtete, das Hauptkontingent stellte. Die Handley Page Halifax leistete gute Dienste, aber die Avro Lancaster erreichte in der zweiten Jahreshälfte 1942 ihre volle Einsatzreife, was die Reichweite und die Bombenlast, die die RAF ins Ziel bringen konnte, gewaltig steigerte. Bei Kriegsende flogen sechzig der insgesamt achtzig Staffeln des Bomberkommandos diese robusten Riesen. In den neunzig Minuten, die dieser Angriff dauerte, warfen 1046 Flugzeuge – manche davon wurden von Flugschüler-Besatzungen bedient, die man für diesen Angriff einteilte, damit die Angriffsflotte die symbolkräftige Zahl 1000 überschritt – 1455 Tonnen Sprengbomben und 915 Tonnen Brandbomben auf Köln ab, zerstörten damit 36 Fabriken, töteten 500 Zivilisten und verwundeten 5000 weitere. Außerdem wurden rund 45 000 Menschen durch diesen Angriff obdachlos.[20] Da nur einundvierzig Maschinen «nicht zurückkehrten» («failed to return»), wie man sich damals ausdrückte, galt dieser Angriff als gewaltiger Erfolg und wurde von der Presse auch als solcher gefeiert. Die Londoner *Times* donnerte mit verzeihlicher Ungenauigkeit: «Größter Luftangriff des Krieges. 2000 Tonnen Bomben innerhalb von 40 Minuten», gleichzeitig produzierte man Plakate mit der Überschrift: «Jetzt fliegen 1000 britische Bomber gleichzeitig Angriffe gegen Deutschland!» – so beliebt war dieser Feldzug bei der Öffentlichkeit. Und er gefiel auch Churchill, der am 1. Juni 1942 im Kriegskabinett erklärte, er gratuliere Portal und Harris zu der Tatsache, dass «mehr als 1000 Bomber von dieser Insel starteten, und fast genauso so viele machen sich heute Abend auf den Weg – eine großartige Demonstration von Luftmacht. Den Vereinigten Staaten gefällt das sehr. Geben Sie uns noch größere Einsätze Anfang des kommenden Monats.»[21] Harris wurde elf Tage nach dem Angriff auf Köln zum Ritter geschlagen.

Albert Speer und Feldmarschall Erhard Milch, der Generalluftzeugmeister, trafen am Morgen nach dem Angriff auf Köln mit Göring auf dessen Landsitz Burg Veldenstein nordöstlich von Nürnberg zusammen. Sie hörten mit, wie Göring am Telefon zu Josef Grohé, dem Gauleiter von Köln, durchgestellt wurde, und ihn anherrschte: «Der Bericht Ihres Polizeipräsidenten ist erstunken und erlogen! Ich sage Ihnen als Reichsmarschall, dass die angegebenen Zahlen einfach zu hoch sind. Wie können Sie dem Führer solche Phantastereien melden!» Göring beharrte darauf, dass die angegebene Zahl der Brandbomben nur auf «Schätzungen» beruhe, die «um ein Vielfaches zu hoch seien». «Alles falsch!», beschied er seinen Gesprächspartner und verlangte: «Berichtigen Sie beim Führer sofort Ihre Zahlen! ... Ich habe beim Führer meinen Bericht mit den richtigen Zahlen abgegeben. Dabei bleibt es!» Nach dieser Tirade zeigte er Speer und Milch – die die Wahrheit so gut kannten wie er selbst – noch das Anwesen und «erklärte uns, welch großartiger Burgbau das schlichte Haus seiner Eltern im Hof der alten Ruine verdrängen müsse. Fürs Erste wollte er aber gleich einen sicheren Bunker bauen lassen. Auch dafür waren die Pläne schon vorhanden», hielt Speer fest.[22] Göring wollte mit Sicherheit nicht selbst so etwas erleben, was offensichtlich nicht nur der Stadt Köln widerfahren war.

Die 8. US-Luftflotte startete am 17. August 1942 zu ihrem ersten großen Tagesangriff, der mit zwölf 1200 PS starken B 17 «Flying Fortress»-Maschinen gegen den Rangierbahnhof von Rouen geflogen wurde. Brigadegeneral Ira C. Eaker führte den Angriff mit der berühmten «Yankee Doodle»[23], und mit dabei war auch Major Paul W. Tibbets jr., der später die B 29 fliegen sollte, die die Atombombe auf Hiroshima warf. Die Maschinen konnten bei Tageslicht in einem viel dichteren Verband fliegen und sich so gegenseitig besser schützen. Das System, nach dem die Briten ihre Bombenangriffe nachts und die Amerikaner bei Tageslicht flogen, brachte es mit sich, dass es für die Deutschen rund um die Uhr keine Pause gab, was die Sorgen, die Furcht, die Erschöpfung und das Trauma, das mit Luftangriffen verbunden ist, enorm steigerte. Ziele in Frankreich, für die es Jäger-Begleitschutz gab, waren einfacher als die weiter entfernten deutschen Zielorte, bei denen die Bomber nicht immer von Kampfflugzeugen geschützt werden konnten. Die «Fliegenden Festungen» hatten zwar eine enorme Feuerkraft, die ständig verbessert wurde – bis zu dreizehn 12,5-mm-Maschinengewehre in der Version B 17 G –, aber ihnen drohte dennoch ständige Gefahr von deutschen Abfangjägern. Immerhin erreichten sie in einer Höhe von 7600 Metern eine Geschwindigkeit von 460 km/h und trugen dabei eine Bombenlast von drei Tonnen bis zu 3200 Kilometer weit. Ihre MG-Schützen waren gegen eisige Temperaturen durch elektrisch beheizbare Stiefel und Handschuhe geschützt und trugen «Flakschürzen» bzw. «-westen», die mit in Segeltuch eingenähten Manganstahlplättchen verstärkt waren.

Nach anfänglichen ernsten Meinungsverschiedenheiten über die Rangfolge der auszuwählenden Ziele wurde bei der Konferenz von Casablanca im Januar 1943 eine gemeinsame Bombenstrategie mit dem unzweideutigen Codenamen «Operation Pointblank» (etwa: Aus nächster Nähe) ins Auge gefasst, mit dem die «schwerstmögliche Bomberoffensive gegen das deutsche Kriegspotenzial» intensiviert werden sollte, die dann unter der Bezeichnung Combined Bomber Offensive (kombinierte Bomberoffensive) bekannt wurde.[24] Dafür wurden als vorrangige Ziele benannt (in absteigender Reihenfolge): die deutschen U-Boot-Bunker, die Flugzeugindustrie, Eisenbahnlinien und Straßen, die Anlagen der Ölindustrie und dann weitere Ziele wie Berlin, die norditalienischen Industrieanlagen und in den Häfen ankernde Kriegsschiffe. General Eaker, der die 8. Luftflotte im Dezember 1942 von General Carl «Tooey» Spaatz übernahm, ging davon aus, diese Liste von Zielen bedeute, dass auch die RAF jetzt zu gezielten Bombardements übergehen würde, aber Portal und Harris blieben bei ihrer Strategie der nächtlichen Flächenbombardements, die sich gegen das Ruhrgebiet, Berlin und andere wichtige Städte richteten. Die Direktive war nicht eindeutig, weil es offensichtlich notwendig war, Städte zu bombardieren, wenn man erreichen wollte, was die Vereinigten Stabschefs als Angriffsziel formuliert hatten, nämlich «die fortschreitende Zerstörung und Erschütterung des deutschen Militär-, Industrie- und Wirtschaftssystems und das Untergraben der Moral des deutschen Volkes bis zu einem Punkt, an dem seine Fähigkeit zu bewaffnetem Widerstand entscheidend geschwächt ist».[25] Das könne durch Punktzielangriffe auf Kugellagerfabriken und Kohleverflüssigungsanlagen nicht erreicht werden, trugen Portal und Harris vor, sondern eindeutig nur durch die Art von Bombardements, die sie bereits betrieben. Die Stabschefs waren bereit, das Ende herbeizuführen und die Mittel dafür bereitzustellen; sie sollten deshalb genauso öffentlich angeprangert werden, anstatt dies fast ausschließlich auf Harris zu konzentrieren.

Angriffe auf die U-Boot-Stützpunkte in Lorient und Brest wurden nach Casablanca regelmäßig und mit starken Kräften geflogen, ohne den durch massive Betonhüllen geschützten Bunkern nennenswerte Schäden zufügen zu können. Nachdem Dönitz seine U-Boote im Mai 1943 aus dem Nordatlantik zurückgezogen hatte, wanderte dieses Ziel mit der anfänglich höchsten Priorität auf der Liste nach unten. Bei der Trident-Konferenz in Washington wurde Pointblank in jenem Monat neu definiert und sollte sich jetzt stärker auf die Vernichtung des Jagdflieger-Arms der Luftwaffe konzentrieren – in der Luft, am Boden wie auch in der Produktion –, weil dies «für unser Fortschreiten zu Angriffen auf andere Grundlagen des gegnerischen Kriegspotenzials unbedingt erforderlich» sei.[26] Doch obwohl die Vereinigten Stabschefs gezielte Angriffe befürworteten, zu denen die 15. Luftflotte von den Flugplätzen bei Foggia ab dem Spätjahr 1943 auch startete, ließ man Harris genügend Spielraum für die Fortsetzung der Strategie der Flächenbombardements, die nach seiner festen Überzeugung am schnellsten zum Sieg führen würden. Hätte das Oberkommando – einschließlich Churchill, Brooke und Portal, die sich alle im nichtöffentlichen Rahmen über Harris beklagten – auf einer Strategie der Präzisionsangriffe bestanden, hätte es dem Chef des Bomberkommandos einfach befehlen können, seine Strategie für die Angriffsziele zu ändern, und das mit der Androhung seiner Entlassung, falls er sich weigerte. Doch man ließ ihn gewähren.

Das Bomberkommando traf natürlich auch Punktziele, zum Beispiel die Einrichtungen der Raketenversuchsanstalt in Peenemünde im August 1943 und das Schlachtschiff *Tirpitz* bei mehreren Angriffen von September bis November 1944, und bei einem Angriff in der Nacht vom 16. auf den 17. Mai 1943 zerstörte die von Oberstleutnant Guy Gibson geführte 617. Staffel zwei Talsperren, die Möhne- und die Edertalsperre, mit Upkeep-Rollbomben, die mit unglaublicher Präzision aus einer Abwurfhöhe von nur 18 Metern über dem Wasser ins Ziel gebracht wurden. Der Schauspieler und Autor Stephen Fry schrieb über diesen Angriff:

> Es ging um Üben, Üben, Üben (einen Angriff dieser Art hatte es noch nicht gegeben). Und dann, am Einsatztag, ging es um die ständige Überprüfung von Daten – Gleitwege, magnetische Kompassabweichungen, ständige, haargenaue Positionsbestimmung, Treibstoffberechnungen in Bezug auf atmosphärische Bedingungen und so weiter. Diese Männer waren nicht einfach nur kräftig gebaute tapfere Burschen; sie hatten wirklich Köpfchen. Lancaster-Besatzungen können nicht bei Dunkelheit in Formation starten, Hunderte von Kilometern im Tiefflug zurücklegen, eine gewaltige Bombe, die mit 500 Umdrehungen pro Minute ins Ziel hüpft, aus genau der richtigen Höhe abwerfen und dann noch ein *weiteres* Ziel anfliegen, bevor sie nach Hause zurückkehren – das alles unter ständigem Beschuss durch feindliche Flakbatterien –, ohne über einen ganz bestimmten unerschütterlichen, unbeirrbaren Mut, eine Hartnäckigkeit und einen Willen zu verfügen, die allesamt ganz außergewöhnlich sind.[27]

Der Verlust von acht (von neunzehn) Bombern und dreiundfünfzig Besatzungsmitgliedern war ein hoher Preis für den «Dambusters»-Angriff, aber Churchill hatte Recht, als er zu Harris sagte: «Die Ausführung der Operationen zeigte den leidenschaftlichen, tapferen Geist, der Ihre Besatzungen erfüllte, und das hohe Pflichtgefühl aller Dienstgrade, die unter Ihrem Befehl stehen.»

Die Bombenangriffe auf das Ruhrgebiet und Hamburg ließen die monatlichen Zuwachsraten der deutschen Rüstungsindustrie – die seit Februar 1942 im Monatsdurchschnitt bei 5,5 Prozent gelegen hatten – von Mai 1943 bis Februar 1944 auf null Prozent fallen.[28] Der führende Experte für die Geschichte der Wirtschaft im Nationalsozialismus schreibt dazu: «1943 gelang es den englischen und amerikanischen Luftverbänden, Speers ‹Rüstungswunder› sechs Monate zum Erliegen zu bringen. Die Stimmung an der deutschen Heimatfront war auf dem Tiefpunkt angelangt.»[29] Die nationalsozialistische Kriegswirtschaft erreichte 1944 zwar einen ebenso hohen Ausstoß wie im Mai 1943, die Produktionsmenge war sogar etwas größer, doch das «Wunder», das für die Verdopplung der Rüstungsproduktion in der Zeit von Februar 1942 bis Mai 1943 gesorgt hatte, war vorüber, und die Zuwachsraten, von denen alles abhing, sollten sich nie mehr erholen.

Die Firma Krupp verzeichnete von März 1943 bis April 1944 Produktionseinbußen von 20 Prozent, «weit weniger» als das, was die zeitgenössische britische Propaganda meldete, aber es war dennoch ein sehr deutlicher Rückgang.[30] Doch das war nur *ein* Standort, insgesamt lagen unterschiedliche Ergebnisse vor: In Essen waren zwar 88 Prozent des Wohnraums zerstört oder schwer beschädigt und 7000 Menschen getötet worden, doch intensive Untersuchungen in der Nachkriegszeit zeigten, dass die Produktion mit Tapferkeit und Einfallsreichtum irgendwie aufrechterhalten worden war, bis die Stadt im März 1945 schließlich eingenommen wurde. Albert Speer und seine wichtigsten Mitarbeiter stellten Ende Januar 1945 fest, dass die Bombenangriffe der Alliierten im Jahr 1944 dafür gesorgt hatten, dass «35 Prozent weniger Panzer, 31 Prozent weniger Flugzeuge und 42 Prozent weniger Transportfahrzeuge als geplant produziert worden [waren]».[31] In gewisser Weise rechtfertigen allein schon diese Zahlen die kombinierte Bomberoffensive der Alliierten, denn wir haben bereits gesehen, was das deutsche Heer und die Luftwaffe bei Gegenangriffen bewirken konnten, wenn sie über genügend Panzer und Flugzeuge verfügten.

Die Debatte über strategische Bombardements hat sich allzu oft darauf konzentriert, dass das Ziel, die deutsche Rüstungsproduktion deutlich zu verringern, nicht erreicht worden sei, aber diese Bewertung beruht auf einer falschen Prämisse. Was die Bombenabwürfe erreichen mussten, war das Stoppen der *Zuwachsraten* in der Rüstungsproduktion, mit deren Hilfe die Deutschen den Krieg hätten verlängern, ja vielleicht sogar gewinnen können, und dieses Ziel wurde glanzvoll erreicht, wie die Grafik auf Seite 580 zeigt. Die tragische Wirklichkeit war, dass Flächen- wie auch Präzisionsbombardements nötig waren, um Speers Wunder Einhalt zu gebieten, auch wenn sich die Royal Air Force ab 1944 stärker auf die Produktionsanlagen für die Luftwaffe hätte konzentrieren sollen, die inzwischen mit einer sehr viel größeren Genauigkeit ins Visier genommen werden konnten als noch 1940. Die Schätzung, dass die gesamte kombinierte Bomberoffensive des Jahres 1944 die deutsche Industrieproduktion nur um zehn Prozent reduzierte, mutet desaströs an, wenn man die Opfer unter den Flugzeugbesatzungen bedenkt, den Einsatz von Ressourcen für den Bau von 21 000 Bombern, die zerstört wurden, und natürlich den durch Bomben verursachten Tod von rund 720 000 deutschen, italienischen und französischen Zivilisten im Verlauf des Krieges.[32] Doch der gesamte Bomberfeldzug beanspruchte nur etwa 7 Prozent der britischen Kriegsanstrengungen und war deshalb aus militärischer Sicht gerechtfertigt.

Ende Juli und Anfang August 1943 führten vier – unter dem Codenamen «Operation Gomorrha» geplante – Bombenangriffe auf Hamburg im Verlauf von zehn Tagen zum Tod von 30 000 bis 50 000 Menschen.[33] Ein Navigationsfehler dirigierte am 27. Juli 787 Maschinen der RAF an einen Ort, der drei Kilometer östlich des ursprünglich vorgesehenen Ziels, der Hamburger Innenstadt, lag, so dass sie ihre Bomben über einem dicht bewohnten Arbeiterviertel abwarfen. Der Abwurf von Tausenden Stanniolpapierstreifen (Codename: Window) irritierte die Ortungssysteme der deutschen Nachtjäger und der Flak, so dass den Angreifern mehr Zeit für ihre Arbeit blieb. In Hamburg hatte vor den Angriffen extreme Hoch-

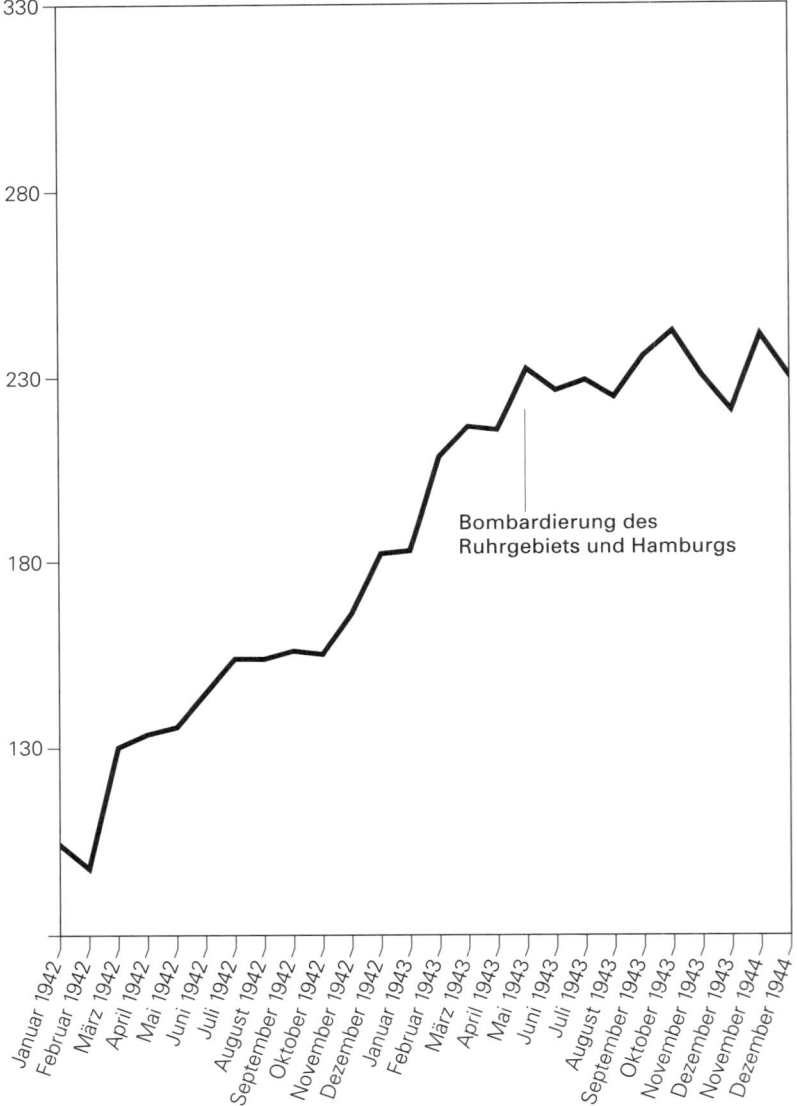

sommerhitze geherrscht, und die von den Spreng- und Brandbomben ausgelösten Brände führten in Verbindung mit dem heißen, trockenen Wetter zu einem Feuersturm-Inferno, das Temperaturen bis zu 1600 Grad Celsius erreichte und alles in Asche verwandelte, was den Flammen im Weg stand. Es hieß, dass der orangerote Schein der ungeheuren Brände, denen die Löschmannschaften kaum etwas entgegenzusetzen hatten, achtundvierzig Stunden lang noch in einer Entfernung von 150 Kilometern zu sehen gewesen sei.

Die überlebende Bevölkerung von 1,8 Millionen Menschen floh aus der Stadt und sorgte mit ihren Berichten in der ganzen Region für Panik. «Hamburg hatte mich auf das höchste alarmiert», räumte Speer später ein, deshalb habe er Hitler erklärt, dass «Angriffsserien dieser Art, auf sechs weitere Großstädte ausgedehnt, Deutschlands Rüstung zum Erliegen bringen müssten». Worauf Hitler nur erwidert habe: «Sie werden das schon wieder in Ordnung bringen.»[34] Goebbels war nicht weniger besorgt als Speer und hielt in seinem Tagebuch über den ersten Großangriff auf Hamburg fest:

> Er ist von den verheerendsten Folgen sowohl für die Zivilbevölkerung als auch für die Hamburger Rüstungsproduktion. Mit diesem Angriff werden die Illusionen, die sich viele bezüglich des weiteren Fortgangs der Luftoperationen des Feindes gemacht hatten, endgültig zerblasen. Leider haben wir nur außerordentlich wenig Abschüsse zu verzeichnen, im ganzen 12. ... Hier ist eine wahre Katastrophe eingetreten. ... Man schätzt die Zahl der Umzuquartierenden auf etwa 150 000 bis 200 000. Ich weiß im Augenblick noch nicht, wie wir mit diesen Problemen fertig werden sollen.[35]

Doch sechs weitere Angriffe dieser Art erwiesen sich als Überforderung der bereits übermäßig belasteten alliierten Bomberflotten. Ein Angriff der 8. US-Luftflotte mit 376 Maschinen, der am 17. August 1943 den Kugellagerfabriken in Schweinfurt galt, lockte im Raum Frankfurt 300 deutsche Jagdflugzeuge an. 21 Fliegende Festungen wurden abgeschossen, noch bevor die Bomberflotte Schweinfurt erreichte. Insgesamt gingen bei diesem Angriff 60 B-17-Maschinen verloren, das waren 16 Prozent der eingesetzten Flugzeuge, 120 weitere (32 Prozent) wurden beschädigt, die meisten von ihnen irreparabel, einige erstmals durch Beschuss mit Luft-Luft-Raketen.[36] Am 14. Oktober beschlossen die Amerikaner mutig, wenn nicht tollkühn, mit fast 300 Bombern nach Schweinfurt zurückzukehren, nur um diesmal durch Raketen, Luftbombardements von oben, heftiges Flak-Abwehrfeuer und schließlich auch durch Jagdfliegerangriffe noch schwerere Verluste zu erleiden, denn es wurden weitere 60 Bomber abgeschossen (20 Prozent) und 138 Maschinen (46 Prozent) beschädigt. Nach dieser Niederlage sah sich die US Air Force gezwungen, die Tagesangriffe auszusetzen, bis ein Langstrecken-Jagdflugzeug einsatzbereit war, das die Bomberflotten begleiten und vor den deutschen Abfangjägern schützen konnte. Die deutsche Kugellagerproduktion wurde dennoch schwer getroffen – nach Speers Schätzungen ging sie nach dem ersten Angriff um 38 Prozent, nach dem zweiten sogar um 67 Prozent zurück –, glich dies aber nach einigen Wochen durch eine Umstellung der Produktion, etwa durch die Verwendung von Gleit- statt Kugellagersystemen, und durch Zukäufe bei den wie immer hilfreichen (und gut bezahlten) Schweden und Schweizern wieder aus.

Ende 1943 hatten die Amerikaner ihren einsatzbereiten Langstreckenjäger und begannen mit der Massenproduktion – insgesamt mehr als 15 500 Maschinen – der einsitzigen, 700 km/h schnellen P-51 B Mustang, die Bomberflotten bis nach Berlin und wieder zurück eskortieren und es mit jedem Flugzeugtyp aufnehmen konnte, der von der Luftwaffe zu diesem Zeitpunkt eingesetzt wurde. Abwurf-Zusatztanks waren der Schlüssel für eine Steigerung der Reichweite, und die schnellste Version dieses Typs, die P-51 H, erreichte eine Spitzengeschwindigkeit von 783 km/h. Mustangs waren bei der RAF zwar schon in der Zeit vor dem Kriegseintritt der USA im Einsatz gewesen, aber erst die ständige Verbesserung des Prototyps (das D-Modell mit seiner blasenförmigen Pilotenkanzel war das auffälligste) hatte bis zum Jahr 1944 ein Flugzeug hervorgebracht, mit dem sich das Kräftegleichgewicht im Luftkrieg über Deutschland entscheidend verschob. Sobald die Mustang-Piloten die Luftherrschaft errungen hatten, indem sie eine große Zahl von Messerschmitt-Maschinen, die von kampferfahrenen Piloten der Luftwaffe gesteuert wurden, vom Himmel holten, und so den alliierten Bomberflotten die Zerstörung von Luftwaffen-Produktionsstätten ermöglichten, folgte der nächste Schritt: die Zerstörung der Kohleverflüssigungsanlagen, die das Flugzeugbenzin herstellten, ohne das die deutschen Nachwuchspiloten nicht einmal ihre Ausbildung abschließen konnten.

Schon das bloße Vorhandensein dieser amerikanischen Superjäger mit vergrößertem Tankvolumen löste eine spontane Auseinandersetzung zwischen Göring und Adolf Galland, dem General der Jagdflieger, aus. Nachdem Galland Hitler darauf aufmerksam gemacht hatte, dass die Mustangs die amerikanischen Bomber durch vergrößerte Zusatztanks viel weiter ins Reichsgebiet hinein geleiten konnten, «fuhr ihn» nach Speers Erinnerung «Göring an»:

> «Wie kommen Sie dazu, dem Führer zu erklären, dass amerikanische Jäger bis ins Reichsgebiet gekommen sind? ... Wie kommen Sie zu solchen Phantastereien? Das ist der reine Schwindel!» Galland schüttelte den Kopf: «Das sind Tatsachen, Herr Reichsmarschall! ... Amerikanische Jäger sind bei Aachen abgeschossen worden. Da gibt es keinen Zweifel!» Göring beharrte eigensinnig: «Das ist einfach nicht wahr, Galland. Es ist unmöglich!» Als ihm Galland vorschlug, die Wracks doch persönlich zu inspizieren, erwiderte Göring, die Maschinen könnten nach dem Abschuss noch «ein ganzes Stück» weitergeflogen sein, bevor sie abstürzten. Galland konterte dies mit dem Hinweis, dass angeschossene Piloten keineswegs freiwillig weiter ins Feindesland hineinfliegen würden, woraufhin Göring, bevor er in seinen Sonderzug stieg, erklärte: «Ich befehle Ihnen dienstlich, dass die amerikanischen Jäger nicht bis Aachen kamen.» Mit einem unvergesslichen Lächeln erwiderte der General: «Zu Befehl, Herr Reichsmarschall!»[37]

Die Mustang hätte es allerdings mit einer mächtigen Konkurrentin zu tun bekommen, wenn Hitler sich auf die Produktion der mit zwei Strahltriebwerken ausgestatteten Messerschmidt Me 262 konzentriert hätte, die als «das Flugzeug» bezeichnet wurde, «mit dem die deutsche Luftwaffe die Luftherrschaft über Deutschland hätte wiedererlangen können».[38] Die Geschwindigkeit dieses Düsenjägers hätte im Zusammenwirken mit seinen Flugeigenschaften wohl am ehesten dafür sorgen können, dass «Deutschland die alliierten Bomber vom Himmel holt». Hitler bekam die Me 262 zum ersten Mal auf dem Flugplatz in Insterburg zu sehen, den er nach den Luftangriffen auf Berlin Ende November 1943 zusammen mit Göring, Milch, Speer, dem Flugzeugentwickler und -hersteller Willy Messerschmitt, Galland, einigen anderen sowie mit seinem Luftwaffen-Adjutanten Nicolaus von Below inspizierte. (Below blieb bis zu seinem Tod im Jahr 1983 ein überzeugter Nazi, und seine Erinnerungen an die eigene Tätigkeit an der Seite Hitlers in den Jahren von 1937 bis 1945 sind für Historiker eine unschätzbar wertvolle und zuverlässige

Quelle. Er war ein christlich geprägter Preuße, der einer alten Junker-Soldatenfamilie entstammte, verkörperte also einen Stand, der Hitler insgesamt ein Gräuel war, aber er selbst und seine Frau Maria liebten den «Führer», und Maria stand auch dessen Freundin Eva Braun nahe.) Below hielt fest, dass Hitler bei dem Treffen in Insterburg «Messerschmitt zu sich [rief] und ihm ganz unvermittelt die Frage [stellte], ob dieses Flugzeug auch als Bombenflugzeug gebaut werden könnte. Messerschmitt bejahte diese Frage und sagte, die Maschine könnte zwei Bomben zu je 250 kg tragen. Hitler antwortete daraufhin nur: ‹Das ist der Schnellbomber› und verlangte, die Me 262 nur so auszulegen», nicht als Jagdflugzeug.[39] Er sah diese Maschine als Teil des Feldzuges gegen London und die Invasionshäfen im Süden Englands, nicht als ein Kampfflugzeug, mit dem man Deutschland vor der Bomberoffensive der Alliierten schützen konnte. Doch die Umwidmung und die Herstellung weiterer Ausstattungen für die Befestigung der Bomben und Zielgeräte nahm wertvolle Produktionszeit in Anspruch, und die zusätzliche Bombenlast verringerte die Höchstgeschwindigkeit des Flugzeugs drastisch. Hitler sah in ihm den neuen Stuka und nicht das völlig neuartige Kampfflugzeug, das es potenziell war.

Wegen der Aufgliederung der deutschen Flugzeugproduktion in kleinere Einheiten und aufgrund der von Hitler verlangten Änderungen an der Konstruktion war die Me 262 erst im März 1944 einsatzbereit, und auch das nur in so kleinen Stückzahlen, dass ihre Einsätze nicht ins Gewicht fielen. Die Zerstörung von Ölraffinerien und Luftwaffeneinrichtungen durch die Amerikaner sorgte dafür, dass die Deutschen nicht einmal mehr genug Flugbenzin für die Ausbildung ihrer Piloten hatten, und viele frisch aus der Produktion gekommene Maschinen wurden ohnehin am Boden zerstört. Ein ähnlich vielversprechendes Kampfflugzeug-Projekt, die Arado 234, die Höchstgeschwindigkeiten von 800 km/h erreichte, führte nur zur Produktion von zweihundert Maschinen, bevor die Rote Armee die Fabrik besetzte, deren Produktion aus Furcht vor Bombardements von Westen her in den Osten verlagert worden war.[40]

Albert Speer inspizierte nach den großen Bombenangriffen Ende 1943 die Industriegebiete Berlins. Manche Gebäude brannten noch, und eine «wohl 6000 Meter hohe Brandwolke» sorgte dafür, dass «selbst noch bei hellem Tageslicht die makabre Szene nächtlich verdunkelt [wurde]». Nach eigener Darstellung versuchte Speer öfters, Hitler diese Beobachtungen zu schildern. Doch der unterbrach ihn jedes Mal und wollte nur wissen: «Übrigens, Speer, wieviele Panzer können Sie nächsten Monat liefern?»[41] Bis zum Jahresende 1943 hatten die Alliierten eine Bombenlast von 200 000 Tonnen über Deutschland abgeworfen.[42] Die Wirkung dieser Angriffe, die zumindest dafür sorgten, dass die Steigerung der Flugzeugproduktion gebremst wurde, ist der Grafik auf Seite 586 zu entnehmen.

Das Wort «Nürnberg» hatte in der relativ kurzen Zeitspanne, die das Nazi-Experiment umfasste, viele Bedeutungen. Ursprünglich stand der Name der Stadt für die gewaltigen «Reichsparteitage» der NSDAP, die dort in den Dreißigerjahren veranstaltet wurden, dann für die antisemitischen «Nürnberger Gesetze», später für eine Stadt, die durch Bombenangriffe der Alliierten verheerende Zerstörungen erlitt, und schließlich für den Ort, an dem der Internationale Militärgerichtshof die schlimmsten überlebenden Naziverbrecher zur Rechenschaft zog.[43] Am Abend des 30. März 1944 hatten 795 Bomber der Alliierten das Stadtzentrum von Nürnberg verwüstet, dabei aber auch schwere Verluste erlitten – darunter 109 kanadische Besatzungsmitglieder –, denn 95 Maschinen wurden abgeschossen und 71 weitere beschädigt. Nach diesem Rückschlag wurden die schweren Nachtangriffe auf deutsches Gebiet erst einmal ausgesetzt, doch eine solche Entscheidung wäre aufgrund der anstehenden Vorbereitungen für die Invasion in der Normandie ohnehin bald getroffen worden.

Der deutschen Flugabwehr gelang es zwar, das im März 1942 eingeführte alliierte Funknavigationssystem «Gee» zu stören, aber verbesserte Navigationssysteme wie «Oboe» («Observer bombing over enemy»), bei denen die Pathfinder-Maschinen mit Radarstrahlen zum Ziel geführt wurden, waren ab November 1942 einsatzbereit, und ab Ende 1943 lenkten H2S-Bordradargeräte («Home Sweet Home») die amerikanischen Tagesbomber bei beliebigen Wetterbedingungen zu den feindlichen Zielen. Die Pathfinder-Zielsuchestaffeln (die spätere Nr. 8 Group), das Elitekorps des Bomber Command, waren im Juli 1942 gegründet worden, und die Aufgabe der handverlesenen Besatzungen bestand im Bestimmen und Markieren der Ziele. Der Einsatzzyklus der Pathfinder-Besatzungen endete erst nach fünfundvierzig «Mittendurch»-Feindflügen, wobei die Tapfersten der Tapferen die Besatzungen der «Master Bombers» waren, die das Flugzeug bedienten, das den gesamten Angriff lenkte. Diese Besatzungen bewerteten die Genauigkeit der Zielmarkierungen, die von den

Alliierte und deutsche Flugzeugproduktion, 1940–1945

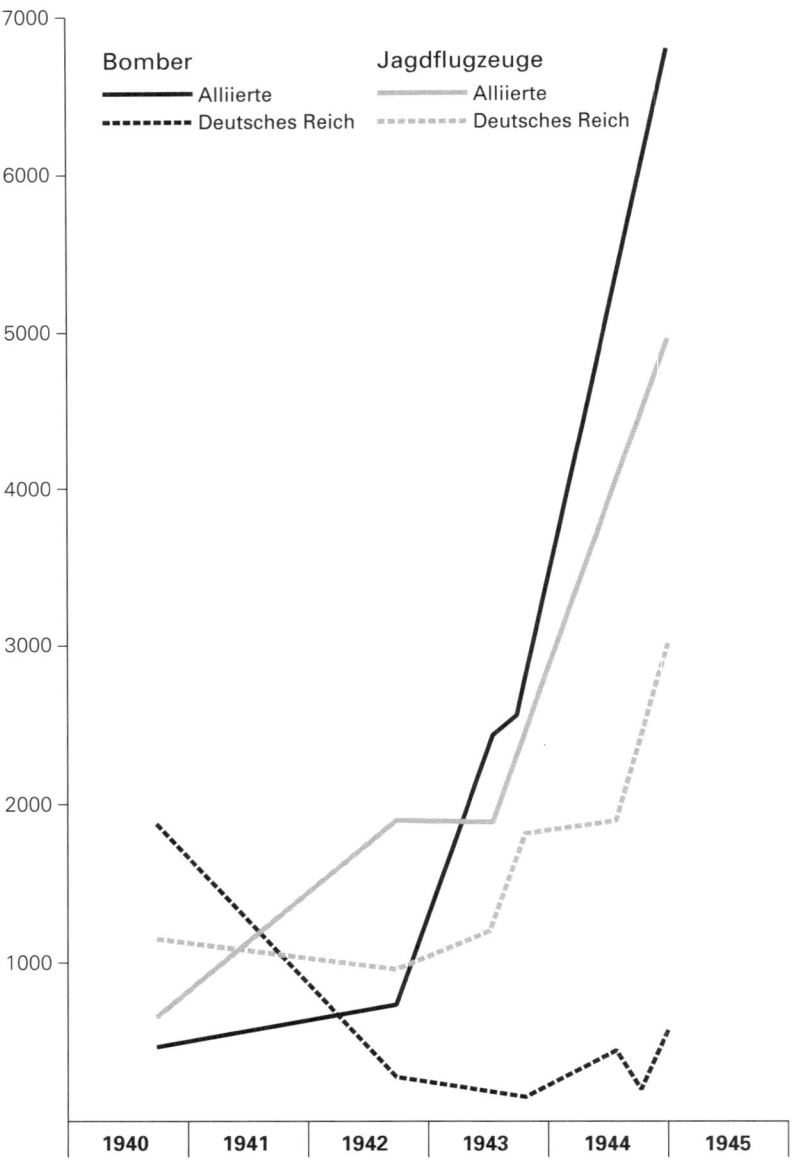

ersten visuellen Zielausleuchtern abgeworfen worden waren, und entschieden, ob noch weitere Leuchtmittel benötigt wurden. Sie instruierten dann die übrige Streitmacht, welche Farbmarkierungen zu bombardieren und welche zu ignorieren waren, und kreisten dabei oft mehr als eine Stunde lang über dem Zielgebiet.[44]

Die Strategie der Bombardierung Deutschlands und seiner Verbündeten wirkte sich auch auf die Gesamtstrategie aus – manche sagen auch: verzerrte sie. Ein Hauptargument für eine Landung auf dem italienischen Festland war – neben der Einnahme von Rom, der Bindung von achtzehn deutschen Divisionen und der Gelegenheit, die alliierten Streitkräfte noch vor der Landung in der Normandie einen erfolgreichen Feldzug zu Lande führen zu lassen – die Einnahme der Flugplätze von Foggia auf der Ostseite der italienischen Halbinsel. Von dort aus ließen sich Ziele in Süd- und Südosteuropa leichter bombardieren als von Großbritannien oder Sizilien aus. General George Marshall schrieb am 28. September 1943 an Präsident Roosevelt:

> Der Fall von Foggia ist genau zum richtigen Zeitpunkt gekommen, an dem er gebraucht wird, um unsere Bomberoffensive zu ergänzen, mit der wir Deutschland von Stützpunkten in Großbritannien aus schwere Schläge versetzen. Wenn in Nordeuropa der Winter einsetzt, werden unsere schweren Bomber, die von dem Dutzend oder mehr (13) Flugplätzen im Gebiet von Foggia aus operieren, das Herz der deutschen Industrieproduktion immer wieder und wieder treffen, und das nicht nur in Deutschland selbst, sondern auch in Österreich, Ungarn und Rumänien. Unseren von England aus operierenden Bombern wird diese «zweite Front» in der Luft eine große Hilfe sein.[45]

Zwischen RAF und US Air Force kam es gelegentlich zu Meinungsverschiedenheiten, aber nicht so, dass es die Operationen beeinträchtigt hätte. Trafford Leigh-Mallory, der unter dem Datum des 1. November 1943 aus Washington berichtete, und das auch noch auf Briefpapier des Hauptquartiers der US-Luftwaffe, informierte Charles Portal über ein gemeinsames Lunch mit Henry «Hap» Arnold, dem Stabschef der US-Luftwaffe. Nachdem Leigh-Mallory den ersten Schock verkraftet hatte, denn «wir wurden von zwei Schwarzen bedient, in deren Gegenwart Fragen der höchsten Geheimhaltungsstufe freimütig erörtert wurden», berichtete er, Arnold habe nicht verstehen können, warum die RAF mit ihrer Luftüberlegenheit die Luftwaffe in Frankreich nicht vernichtet habe. «Es gelang mir, die Fassung zu wahren und General Arnold zu erklären, wie Operationen der Luftstreitkräfte ausgeführt werden und wie die deutsche Luftwaffe kämpft.» Arnold habe behauptet, die britischen Zahlen seien «hoffnungslos ungenau», und habe «außerdem eine Tirade gegen die geringe Reichweite der Spitfire losgelassen, und er schien auch der Ansicht zu sein, uns fehle es bei der Konstruktion unserer Kampfflugzeuge an Fantasie, und wir seien uns der Entwicklungen in diesem Krieg nicht bewusst. Ich tat mein Bestes, um diese vorurteilsbeladene Sichtweise zu überwinden.»[46]

Bereits am Tag darauf schrieb Air Marshal (Generalleutnant) William Welsh ebenfalls an Portal, diesmal aus der britischen Joint Staff Mission in Washington: «Ich bin mir ziemlich sicher, dass das grundlegende Missverständnis zwischen uns und den Amerikanern in dem ständigen Gefühl ihrerseits besteht, dass wir sie ‹austricksen› und nicht anerkennen, wie großartig ihr Land ist.» Harry Hopkins, Roosevelts engster Vertrauter, aß mit Welsh zu Abend und sagte dabei über Arnold, dass dieser «weder ein großartiger Stabsoffizier noch ein bedeutender Stratege und außerdem verloren sei, wenn er es mit den anderen Stabschefs zu tun bekomme, aber er sei ein geborener Anführer und ein fantastischer Kämpfer, und die gesamte Air Force stehe hinter ihm». Arnold empfinde, meinte Hopkins, «Verbitterung gegen die britische Air Force, weil wir alle wichtigen Kommandostellen innehätten – im Vereinigten Königreich, im Mittelmeerraum und in Indien», und er fügte hinzu, Arnold sei «entschlossen, einen dieser Posten für einen Amerikaner zu bekommen, und es sei nur selbstverständlich, dass er den auch bekommen sollte, weil Amerika die größte Luftstreitmacht der Welt aufbaue und … seine Produktion die unsere bei weitem übertreffe. … All diese Dinge schwirrten ständig in Arnolds Kopf herum.» Welsh antwortete Hopkins mit dem Hinweis, die britische Bomberstreitmacht in Großbritannien sei nur 45 Prozent größer als die 8. US-Luftflotte, habe im September aber 237 Prozent mehr Bomben abgeworfen.[47] Doch all diese Dinge gehörten nur zu den unvermeidlichen Revierkämpfen, wie es sie in jedem großen Konflikt gibt, und sind kein Beleg für einen echten Bruch zwischen den britischen und amerikanischen Luftstreitkräften, deren Arbeitsteilung zwischen Tag- und Nachtangriffen eine ganze Reihe von denkbaren operativen Problemen automatisch löste.

Die Amerikaner nahmen am 6. März 1944 die Tagangriffe auf Berlin auf, das jetzt nahezu rund um die Uhr bombardiert wurde. Infolge der starken Luftabwehr waren Angriffe auf die Hauptstadt immer mit hohen Verlusten zu bezahlen, doch am Abend des 24. März 1944 verlor das Bomberkommando fast zehn Prozent seiner Maschinen, und viele von denen, die es noch bis nach Hause schafften, waren schwer beschädigt. Es wurde diskutiert, ob die Entscheidung, sich auf das «Weichklopfen» von Zielen für die Invasion zu konzentrieren, vielleicht ebenso sehr ein Eingeständnis des Scheiterns von Bomber Command beim Ziel der Zerstörung von Berlin war wie von der Notwendigkeit bestimmt, die Invasion zu unterstützen – keine von beiden Annahmen lässt sich letztgültig beweisen, und natürlich hätte wohl beides zutreffen können. Jedenfalls kam es ab der Jahresmitte 1944 zu einer deutlichen Verlagerung der Bombardements weg von den deutschen Städten und hin zu einer Unterstützung der Landemanöver in der Normandie; ganz besonders wichtig war hierbei das Ziel, deutsche Gegenstöße und Transporte auf Straßen und Schienen zu unterbinden. Dieses Vorgehen erhielt den nicht eben schwierig zu deutenden Codenamen «Transportation Plan». Air Chief Marshal Arthur Tedder veröffentlichte nach dem Krieg ein Buch mit dem Titel *Air Superiority in War (Luftüberlegenheit im Krieg)*, in dem eine grafische Darstellung hervorhob (vgl. S. 592), wie die über Deutschland abgeworfene Bombenlast im Verlauf des Krieges exponentiell zunahm.

Bei einer Besprechung am 15. Mai 1944 in der St. Paul's School im Londoner Stadtteil Hammersmith ging die vollständig versammelte militärische Führungsspitze der Alliierten die Planung für die Operation Overlord durch, die Invasion in Frankreich. Admiral Andrew Cunningham, der Erste Seelord und Stabschef der Marine, der zwischen Churchill und Admiral Stark saß, erinnerte daran, dass «Bomber Harris sich beklagte, was für ein Ärgernis diese Operation Overlord sei und wie sehr sie der richtigen Methode, Deutschland zu besiegen, nämlich durch den Bombenkrieg, in die Quere komme».[48] Harris äußerte sich auch auf seine typische, sehr direkte Art über Churchills wissenschaftlichen Berater Solly Zuckerman – der hatte bei einer anderen Gelegenheit einen Plan befürwortet, nach dem die Flächenbombardements drei Monate lang vollständig ausgesetzt werden sollten – und bezeichnete ihn als «einen zivilen Professor, dessen Spezialgebiet in Friedenszeiten das Studium abweichenden sexuellen Verhaltens bei den höheren Affenarten ist».[49]

Die massive Bombardierung von Zielen in Nordfrankreich, die in vielen Fällen weit entfernt von der Normandie waren – ein Täuschungsmanöver, das die Deutschen davon überzeugen sollte, die Invasion werde weiter nördlich erfolgen –, hat nach Schätzungen 80 000 bis 160 000 Tote und Verletzte gefordert (mehrheitlich unter der französischen Zivilbevölkerung). Cunningham schrieb nach einer Sitzung des Kriegskabinetts am 3. April 1944, es habe «viel Geschluchze wegen Kindern mit abgerissenen Beinen und erblindeten alten Damen gegeben, aber nichts war zu hören von der Abwendung von Risiken für unsere Soldaten, die an einem vom Feind besetzten Strand landen. Die damit verbundene Absicht ist natürlich, vorab Warnungen auszusprechen.»[50] Der Verteidigungsausschuss kam zehn Tage später noch einmal auf das Thema zurück, was Cunningham abermals zu einer Tagebuchnotiz veranlasste:

> Die erwarteten Opferzahlen waren stark übertrieben, aber offenbar ist es in Ordnung, pro Woche 1100 Franzosen zu töten. Ich stimme immer noch mit der RAF-Politik überein, denn eine bessere und nützlichere ist bisher noch nicht vorgelegt worden.[51]

Am 30. Mai, weniger als eine Woche vor dem vorgesehenen Landungstermin, sagte Anthony Eden im Kriegskabinett, es gebe besorgniserregende Reaktionen aus Frankreich und Belgien wegen der schweren Bombardements im unmittelbaren Vorfeld von Overlord. Portal berichtete dem Kriegskabinett: «95 Prozent der RAF-Einsätze [sind] abgeschlossen; den USA bleiben noch 50 Prozent zu erledigen.» Lord Cherwell, der wissenschaftliche Berater der Regierung, führte aus, dass die Schweizer Zeitungen, die Großbritannien bisher durchgehend freundlich gesinnt waren, jetzt voller Anschuldigungen seien. «Ich glaube nicht, dass es die richtige Politik war», sagte Churchill bei einer der wenigen Gelegenheiten, bei denen er in einer wörtlichen Niederschrift mit einer Äußerung dieser Art zitiert wurde.[52] Sie scheint für den Beginn einer Entwicklung zu stehen, in deren Verlauf er sich geschickt von einem Vorgehen distanzierte, das viele Menschen als die «Exzesse» des Bomberkommandos bezeichnen. Das Thema muss ihn belastet haben, denn unter normalen Umständen hätten ihn die Ansichten der Schweizer Presse nicht im Geringsten interessiert. Am 30. November 1944 – also an seinem 70. Geburtstag – unterbrach Churchill Portals Bericht, um die Bombardierung der Niederlande zu kritisieren: «800 bis 900 Deutsche [Verluste] im Vergleich zu 20 000 Niederländern – diese Vorgehensweise ist furchtbar.»[53] Richard Casey, der Vertreter Australiens im britischen Kriegskabinett, war über das Wochenende bei Familie Churchill zu Gast, als er am 27. Juni 1943 in sein Tagebuch schrieb:

> Während der Vorführung eines Films über die Bombardierung deutscher Städte aus der Luft, der aus Aufnahmen, welche bei echten Bombenangriffen gemacht wurden, sehr gut und dramatisch zusammengeschnitten war, setzte er [Churchill] sich plötzlich kerzengerade auf und sagte zu mir: «Sind wir Unmenschen? Gehen wir hier zu weit?»

In diesem Stadium des Krieges war das vielleicht nur eine rein rhetorische Frage, aber «Casey war um eine Antwort nicht verlegen. ‹Ich sagte, wir hätten nicht damit angefangen, und es gehe um Sein oder Nichtsein.›»[54]

Nach der Landung in der Normandie bemühten sich die Amerikaner – bei denen jetzt eine große Zahl von B-24-Bombern zu den B-17-Maschinen hinzukam – weiterhin um eine Verlagerung des Angriffsschwerpunkts hin zu einem Vorgehen gegen die deutschen Kohleverflüssigungsanlagen. Harris wandte sich auch gegen diesen Vorschlag, doch zu diesem Zeitpunkt verblieben der Luftwaffe nur noch 10 000 Tonnen hochwertigen Flugzeugbenzins pro Monat, während sie früher 160 000 Tonnen verbraucht hatte.[55]

Harris setzte sich durch, und von Oktober 1944 bis zum Kriegsende fielen mehr als 40 Prozent der von der RAF in dieser Zeit über Deutschland abgeworfenen 344 000 Tonnen Bomben auf Städte und nicht auf rein militärische Ziele, obwohl die Alliierten die uneingeschränkte Luftherrschaft hatten und die RAF ihre Ziele wieder bei Tageslicht anfliegen konnte. Das führte zu einer Auseinandersetzung zwischen Portal und Harris, bei der Letzterer seine Strategie energisch verteidigte. Portal verlangte vom Bomberkommando jetzt eine Konzentration auf Ölraffinerien und Transportwege, während Harris beide Arten von Zielen nach wie vor für unspezifische «Patentrezepte» hielt. Doch die Debatte drehte sich immer nur um die Effizienz der Bomberoffensive, nicht um deren moralische Berechtigung, an der keiner der beiden Männer auch nur die leisesten Zweifel hatte. Portal fühlte sich, solange ihm sein bei den eigenen Männern außerordentlich beliebter Untergebener derart die Stirn bot,

592 Dritter Teil: Vergeltung

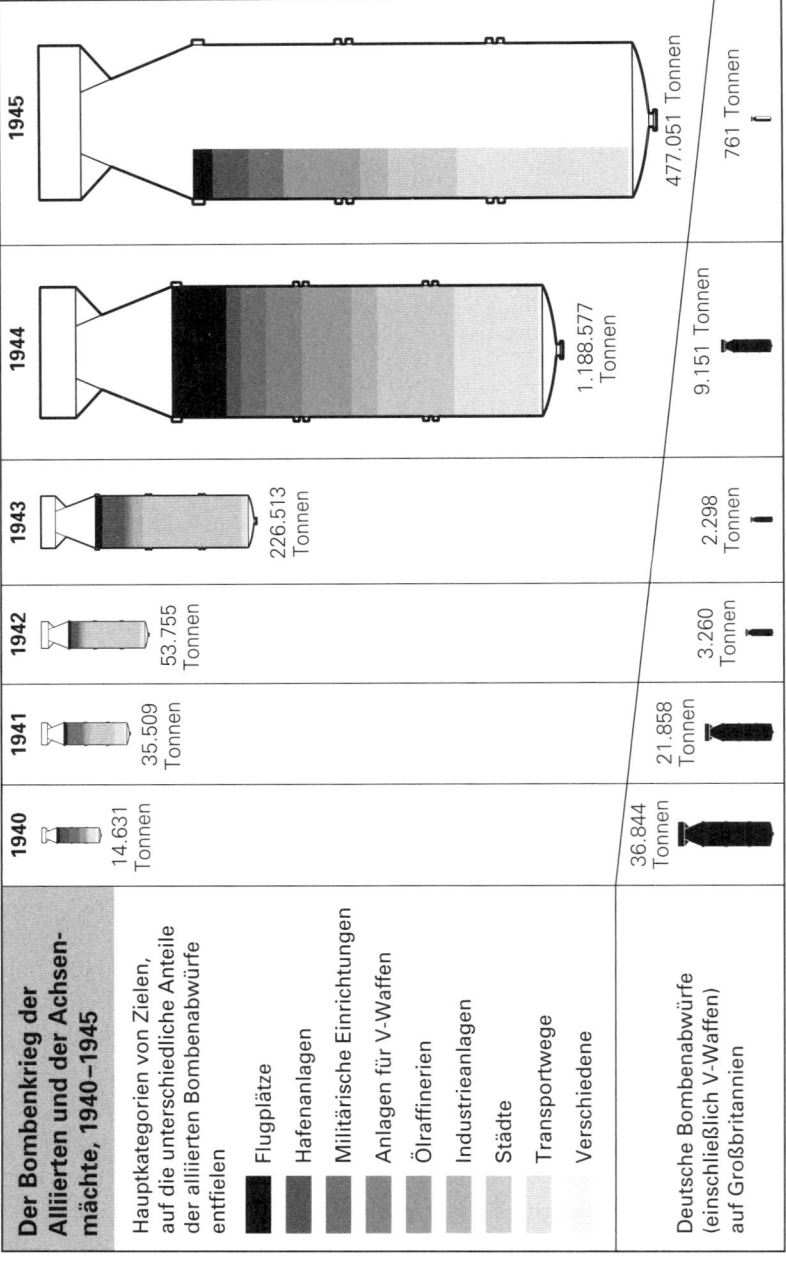

auch nicht stark genug, um Harris einen Zielwechsel einfach zu befehlen. In den letzten Kriegsjahren wurde das Bomberkommando weiterhin erheblich aufgestockt. Aus den 33 Staffeln der Anfangszeit waren trotz aller Verluste bis Kriegsende 95 geworden. Kanada leistete, wie üblich, einen unverhältnismäßig großen Beitrag zu den Kriegsanstrengungen: Die Nr. 6 Bomber Group bestand beispielsweise ausschließlich aus RCAF-Staffeln, 14 an der Zahl, flog 1944 25 353 operative Einsätze, warf 86 503 Tonnen Bomben und Luftminen ab und verzeichnete dabei die geringsten Verluste aller mit viermotorigen Maschinen fliegenden Einheiten des gesamten Bomberkommandos. Jeder vierte Angehörige des Bomber Command kam aus den Übersee-Dominions, 15 661 dieser Männer sahen ihr heimatliches Australien, Kanada, Neuseeland oder Südafrika nicht wieder.

Deutsche Truppentransporte von West nach Ost wurden ab Anfang Februar 1945 auf ein dringendes sowjetisches Ersuchen hin von den westlichen Alliierten durch Bombenangriffe auf Knotenpunkte des deutschen Verkehrssystems gestört, zu denen unter anderem Berlin, Chemnitz, Leipzig und Dresden zählten. Aber es war der am 13. Februar erfolgte Angriff auf Dresden, der die erbittertste Kontroverse im Verlauf der gesamten kombinierten Bomberoffensive auslösen sollte, einen Streit, der bis heute andauert. Bei der Konferenz von Jalta vom 4. bis 11. Februar 1945 fanden die Besprechungen der Stabschefs in Stalins Hauptquartier statt, in der Villa Jusupow in Koreiz, die zehn Kilometer vom Liwadia-Palast in Jalta entfernt war, dem Quartier Roosevelts und Konferenzort für die Vollversammlungen. Die britische Delegation war in der Palastvilla Woronzow untergebracht, die in einem «etwas merkwürdigen, maurisch-schottischen prunkvollen Stil» errichtet war, mit weitem Blick auf das Schwarze Meer in Alupka, 20 Kilometer vom Liwadia-Palast entfernt.[56] Alan Brooke führte den Vorsitz bei der Besprechung der Stabschefs in der Villa Jusupow am Tag nach der Eröffnung der Konferenz, als der stellvertretende sowjetische Stabschef Alexei Antonow und der sowjetische Luftwaffen-General Sergei Chudjakow «beim Thema der [Bombardierung deutscher] Nachschubwege und Verladestationen, insbesondere wegen Transporten über Berlin, Leipzig und Dresden, Druck machten». Nach Ansicht von Hugh Lunghi, einem Teilnehmer der Konferenz von Jalta, der für die britischen Stabschefs bei diesen Besprechungen mit den sowjetischen Militärs dolmetschte, war es dieses dringende Ersuchen, «zu verhindern, dass Hitler Divisionen von der Westfront zur Verstärkung seiner Truppen im Osten nach Schlesien verlegt und damit den sowjetischen Vormarsch auf Berlin blockiert», das zur Bombardierung Dresdens nur zwei Tage nach dem Ende der Konferenz führte.[57] (Das verhinderte natürlich nicht, dass die Sowjets vierzig Jahre später während des Kalten Krieges dieses Bombardement als unmenschliches angloamerikanisches Kriegsverbrechen brandmarkten, bis man ihnen auseinandersetzte, dass sie es gewesen waren, die diesen Angriff verlangt hatten.) Zur damaligen Zeit jedoch war die Bombardierung Dresdens kein großes Thema.

Der Angriff auf Dresden erfolgte kurz nach 22 Uhr am Abend des 13. Februar 1945, ausgeführt von 259 Lancaster-Bombern vom RAF-Stützpunkt Swinderby in Lincolnshire und anderen nahe gelegenen Flugplätzen – die den größten Teil des Weges in dichtem Formationsflug zurücklegten –, denen wenige Stunden später weitere 529 Lancasters und am darauffolgenden Morgen noch einmal 529 Liberators und Fliegende Festungen der US Air Force folgten. Dieser massive Angriff hat sich als besonders umstritten erwiesen, aber möglicherweise aus den falschen Gründen. Lange Zeit ging man davon aus, dass bei einem Vergeltungsangriff, der von geringem oder gar keinem strategischen oder militärischen Wert war, eine unverhältnismäßig große Zahl von Menschen ums Leben kam. Aber wenn auch der Angriff auf das wunderschöne, mit vielen Holzbauten durchsetzte historische Stadtzentrum von «Elbflorenz» eine unbestreitbar verheerende Wirkung hatte, so waren in diesem architektonischen Juwel in Sachsen doch auch zahlreiche kriegswichtige Industriebetriebe konzentriert.[58]

Die 2680 Tonnen Bomben, die über Dresden abgeworfen wurden, verwüsteten mehr als 33 Quadratkilometer des Stadtgebiets, und viele der Getöteten waren Frauen, Kinder und Alte oder gehörten zu den mehreren Hunderttausenden Flüchtlingen vor der Roten Armee, die zu diesem Zeitpunkt nur noch 100 Kilometer weiter östlich stand. «Sie wurden … erstickt, verbrannt, gebacken oder gekocht», schreibt der Militärhistoriker Allan Mallinson.[59] Und das Wort «gekocht» war keine Übertreibung: Zahlreiche Leichen barg man aus einem riesigen Löschwasserbehälter der Feuerwehr, in den die Menschen auf der Flucht vor den Flammen gesprungen waren, doch dort wurden sie bei lebendigem Leib gekocht.

Der amerikanische Schriftsteller Kurt Vonnegut erlebte als zweiundzwanzigjähriger Kriegsgefangener das Bombardement von Dresden mit und musste am darauffolgenden Morgen Leichen aus den Ruinen der zerstörten Stadt bergen. In seinem Roman *Schlachthof 5*, der nur als semiautobiografisch bezeichnet werden kann, weil der Protagonist Billy Pilgrim von Aliens entführt wird und auf eine Zeitreise geht, beschreibt der Erzähler auch Billys Eindrücke von Dresden vor dem Bombardement: «Er war entzückt von dem Baustil der Stadt. Heitere Amoretten wanden Girlanden über Fenster. Schelmische Faune und nackte Nymphen guckten von Gesimsen, die mit Blumengewinden verziert waren, auf Billy herunter. Steinerne Affen tollten zwischen Schnörkelverzierungen, Muscheln und Bambus umher.»[60] Doch als die amerikanischen Gefangenen und ihre Bewacher am «Mittag des nächsten Tages» nach dem Bombardement den Unterstand verließen, «war der Himmel schwarz von Rauch. Die Sonne war wie ein zorniger Stecknadelkopf. Dresden war jetzt wie der Mond, nichts als Mineralien. Die Steine waren heiß. Alle anderen im weiteren Umkreis waren tot.» Pilgrim fällt etwas auf, das aussieht, wie «kleine Holzklötzchen, die umherlagen. Es waren Menschen, die in die Feuersbrunst geraten waren.» Häuser waren jetzt «nichts als Asche und Klumpen geschmolzenen Glases». Die Gefangenen mussten Leichen aus den Trümmern bergen: «Sie rochen zuerst nicht schlecht, waren wie Wachsfigurenmuseen. Aber dann zersetzten sich die Leichen und lösten sich auf, und der Gestank war wie Rosen und Senfgas.» Nach einiger Zeit wurde dann «eine neue Arbeitsmethode eingeführt», man holte die Leichen nicht mehr aus den Trümmern, «sondern sie wurden dort, wo sie waren, von Soldaten mit Flammenwerfern eingeäschert. Die Soldaten standen draußen und warfen einfach das Feuer hinein.»[61]

Vonnegut behauptete, bei der Bombardierung von Dresden seien etwa 130 000 Menschen ums Leben gekommen, aber er entnahm diese – inzwischen längst widerlegte – Zahl dem 1964 erschienenen Buch *Der Untergang Dresdens* des ehemaligen Historikers David Irving. Die tatsächliche Opferzahl lag möglicherweise bei etwa 20 000, wie eine Sonderkommission von dreizehn prominenten deutschen Historikern unter der Leitung des angesehenen Rolf-Dieter Müller festgestellt hat.[62] Auch in der damaligen Zeit von den Nazis aufgestellte und von Neonazis der Nachkriegszeit wiederholte Behauptungen, menschliche Körper hätten sich bei den vom Feuersturm erzeugten enormen Temperaturen vollständig aufgelöst, wurden von der Kommission widerlegt.

Die Alliierten kannten im Februar 1945 die Mittel, mit denen sich ein

Feuersturm erzeugen ließ, auch bei kaltem Wetter, das sich sehr stark von den Bedingungen unterschied, wie sie im Juli und August 1943 in Hamburg geherrscht hatten. Zunächst wurden gewaltige «Luftminen» abgeworfen, die sogenannten «Wohnblockknacker» («blockbusters»), deren Explosionsdruck Türen und Fenster der Gebäude zerstörte, so dass der dadurch entstehende ungehinderte Luftzug die von den Brandbomben verursachten Feuer zusätzlich anfachte. Mächtige Sprengbomben zerstörten Gebäude und hielten, was genauso wirksam war, die Feuerwehren in ihren Unterständen fest. «Die Menschen starben nicht unbedingt in den Flammen», hielt ein Autor fest, «sondern erstickten, weil der Feuersturm der Atemluft den gesamten Sauerstoff entzog».[63] Viele Feuerwehrleute, die nach der ersten Bomberwelle in Dresden an ihre Einsatzorte eilten, gerieten unter freiem Himmel in den zweiten Angriff, weil die Sirenen nicht funktionierten.

Doch diese Fakten allein machen den Angriff noch nicht zum Kriegsverbrechen, von dem der Labour-Parlamentsabgeordnete Richard Stokes und der Bischof George Bell schon damals sprachen, und als das ihn viele Menschen seitdem ebenfalls bezeichnet haben. Frederick Taylor, der führende historische Experte für diese Operation, hat darauf hingewiesen, dass Dresden «nach den damaligen Maßstäben ein legitimes militärisches Ziel war». Die Stadt war als Verkehrsknotenpunkt mit ihren Rangierbahnhöfen und der Ansammlung von kriegswichtigen Industriebetrieben – die Vorkriegsindustrie mit ihren Schwerpunkten in den Bereichen Porzellanherstellung, Schreibmaschinen und Fotoapparate war zu einem umfangreichen Netzwerk von Rüstungswerkstätten umgestaltet worden, die besonders in den wichtigen Branchen optische Geräte, Elektronik und Nachrichtenübermittlung tätig waren – schon ab dem Zeitpunkt in Gefahr gewesen, als die Kombination von Langstreckenbombern und wirksamer, durchgehender Jagdfliegereskorte möglich geworden war. «Warum ist es legitim, jemanden zu töten, der eine Waffe benutzt, und ein Verbrechen, diejenigen zu töten, die die Waffen herstellen?», fragte ein Historiker.[64]

Es war auch nicht die Schuld der Alliierten, dass die Nazi-Behörden in Dresden und allen voran der NSDAP-Gauleiter Martin Mutschmann, der seit 1933 auch als «Reichsstatthalter» in Sachsen fungierte, es versäumt hatten, angemessene Luftschutzmaßnahmen zu ergreifen. Die Luftschutzräume waren unzureichend, die Sirenen funktionierten nicht, und es waren kaum Flakgeschütze vorhanden. Der ins Erzgebirge geflüchtete Mutschmann wurde bei Kriegsende von sowjetischen Soldaten festgenommen und räumte später im Verhör ein: «Ein Bunkerbau für die ganze Stadt wurde nicht durchgeführt. Ich musste zwar mit einem Großangriff auf Dresden rechnen, aber dann hoffte ich doch wieder, dass Dresden nichts geschehen würde.» Sicherheitshalber ließ er jedoch «sowohl unter seinem Amt als auch im Garten seiner eigenen Residenz stabile Bunker ... errichten ..., um sich vor Bomben zu schützen, von denen er immer behauptete, dass sie nie fallen würden.»[65] Obwohl bereits im Oktober 1944 bei einem Angriff von dreißig amerikanischen Bombern zweihundertsiebzig Menschen getötet worden waren, gingen die Deutschen immer noch davon aus, dass Dresden für einen Großangriff zu weit im Osten und außerhalb der Reichweite der Bomberflotten war, weil die Rote Armee die Bombardierung Deutschlands nahezu ausschließlich den Briten und Amerikanern überließ. Warum Mutschmann jedoch dachte, Dresden sei als nahezu einzige unter den deutschen Großstädten gegen Luftangriffe der Alliierten gefeit, bleibt ein Rätsel, weil die Deutschen selbst die Stadt als militärischen Verteidigungsbereich ausgewiesen hatten.

Churchill erkannte mit seinem feinen politischen Gespür, dass die kombinierte Bomberoffensive den Kritikern seiner Kriegführung für die Zukunft Angriffsflächen bot, und ließ seinem Stabschef General Ismay am 28. März 1945 ein Memorandum zukommen, mit dem er Folgendes festhalten wollte:

> Mir scheint jetzt der Moment gekommen zu sein, da man die Frage überprüfen sollte, ob deutsche Städte bombardiert werden sollen, nur um den Terror zu verstärken, wenn auch unter anderen Vorwänden. Sonst werden wir die Kontrolle über ein völlig zerstörtes Land erhalten. Wir werden zum Beispiel kein Baumaterial aus Deutschland für unseren eigenen Bedarf bekommen können, weil eine Zeit lang für die Deutschen selbst gesorgt werden müsste. Die Zerstörung Dresdens hinterlässt ernsthafte Zweifel an der Durchführung des alliierten Bombenkrieges. Ich bin der Meinung, dass man sich künftig stärker auf militärische Ziele konzentrieren sollte, mehr in unserem eigenen Interesse als in dem des Feindes ..., anstelle von bloßen Terrorakten und zügelloser Zerstörung, so eindrucksvoll sie auch sein mögen.[66]

Die Wirkung dieses Dokuments wurde auch als «Donnerschlag auf den Korridoren von Whitehall» bezeichnet. Harris hatte zwar diese Operation aufgrund der weiten Entfernung mit erheblichen Zweifeln begleitet, rechtfertigte die Zerstörung einer Stadt, in der einst Meißner Porzellan hergestellt worden war, aber in seiner typischen unverblümten Ausdrucksweise:

> Ein Psychiater könnte die aktuelle Aufregung wegen Dresden leicht erklären. Sie hat zu tun mit deutschen Symphonieorchestern und Meißner Schäferinnenfigurinen. In Wirklichkeit war Dresden ein Haufen von Rüstungsfabriken, ein intaktes Verwaltungszentrum und ein wichtiger Verkehrsknotenpunkt. Das alles ist es jetzt nicht mehr.[67]

Das seit dem Kriegsende immer wieder vorgebrachte Argument, der Angriff sei unnötig gewesen, weil es nur noch zehn Wochen bis zum Frieden gewesen seien, ist besonders unhistorisch. Angesichts der Gerüchte über Geheimwaffen, eine «Alpenfestung», fanatische «Werwolf»-Kampfgruppen der Hitlerjugend und aufgrund der deutschen Propaganda, die zum Kampf um jeden Meter des eigenen Landes aufrief, konnte niemand wissen, wie fanatisch der deutsche Widerstand tatsächlich ausfallen und wann der Krieg beendet sein würde.

Die deutschen Luftangriffe auf London und andere britische Städte in den Jahren 1940 und 1941 hatten die Moral der Zivilbevölkerung nicht gebrochen, was ein Teilziel dieser Attacken gewesen war – tatsächlich stärkten sie sie sogar –, doch die Bombardements waren längst nicht so massiv und hielten auch nicht so lange an wie die Vergeltungsangriffe gegen Deutschland von 1940 bis 1945, die mit Sicherheit viele Deutsche in die Verzweiflung stürzten. Der Defätismus war allgegenwärtig, vor allem nach der Landung der Alliierten in der Normandie, konnte aber in einem totalitären Staat, in dem seine öffentliche Verbreitung als Kapitalverbrechen galt, nur im privaten Rahmen geäußert werden. Das britische Bomberkommando warf im Verlauf des Krieges 955 044 Tonnen Bomben ab, und das sollte durchaus eine demoralisierende Wirkung haben, aber unter dem Strich war es die allmählich einsetzende Erkenntnis, dass Deutschland den Krieg letztlich nicht nur nicht gewinnen, sondern ihn vielmehr verlieren würde, die die Kampfmoral der Deutschen brach.[68]

Der zweite wichtige Grund, aus dem die kombinierte Bomberoffensive gerechtfertigt wurde – neben den Schäden, die sie der deutschen Rüstungsproduktion zufügte – , war die große Zahl von Jagdflugzeugen, die Hitler dadurch dauerhaft zur Verteidigung des Luftraums über Deutschland einsetzen musste, während diese Maschinen andernorts, vor allem an der kriegsentscheidenden Ostfront, von unschätzbarem Wert gewesen wären. Albert Speer sagte dem Historiker Norman Stone am Abend vor seinem Tod in einem Londoner Hotelzimmer, dass der Bombenkrieg der Alliierten «so viele deutsche Jagdflugzeuge zu Patrouillenflügen gezwungen hatte, dass für die Ostfront nicht mehr genügend Luftmacht übrig blieb».[69] Und das traf zu: Im Frühjahr 1943, just zu dem Zeitpunkt, als die Deutschen jede Waffe dringend brauchten, die für die Offensive gegen Kursk nützlich sein konnte, waren 70 Prozent aller deutschen Jagdflugzeuge auf dem westlichen Kriegsschauplatz stationiert.[70] Der Bombenkrieg der Alliierten zwang die Deutschen, ein Drittel ihrer Flakgeschütze von offensiven Einsätzen abzuziehen und für die Flugabwehr zu verwenden, zwei Millionen Mann waren bei der Luftverteidigung eingesetzt, einschließlich der nötigen Reparaturen, des Wiederaufbaus und der Wiederherstellung, des Baus von Luftschutzbunkern und Flakstellungen, und 20 Prozent aller Munitionsbestände mussten für den Schutz des eigenen Landes gegen Luftangriffe aufgewendet werden.[71] «Die Schlagkraft der deutschen Luftwaffe nahm an der Ostfront zwischen 1943 und 1944, als über zwei Drittel der Jagdflugzeuge im Kampf gegen die Bomber eingesetzt waren, beständig ab», hält Richard Overy fest. «Ende 1943 standen rund 55 000 Flugabwehrgeschütze zur Luftverteidigung bereit, darunter 75 Prozent der berühmten 8,8-cm-Flak, die auch erfolgreich zur Panzerbekämpfung eingesetzt wurde.»[72] Das bedeutete auch, dass die Luftwaffe sich gezwungen sah, weniger Bomber zu produzieren – 1944 machten sie nur noch 18 Prozent der gesamten Flugzeugproduktion aus, im Vergleich zu über 50 Prozent im Jahr 1942 –, obwohl die Bomber zu den deutschen Siegen an der Ostfront in den Jahren 1941/42 mit der Zerstörung von sowjetischen Flugfeldern sowie von Industrieanlagen und militärischen Einrichtungen einen enormen Beitrag geleistet hatten.

Albert Speer bestritt in seinen 1969 erschienenen *Erinnerungen,* dass die Bombenangriffe der Alliierten den «Widerstandswillen» der deutschen Bevölkerung geschwächt hätten, und erklärte es für möglich, dass «der geschätzte Verlust von neun Prozent der Produktion durch vermehrte Anstrengungen reichlich ausgeglichen wurde». Allerdings räumte er ein, dass die «empfindlichste Einbuße durch die umfangreichen Abwehrmaßnahmen [entstand]», denn «10 000 Rohre schwerer Flak waren im Jahr 1943 im Reich oder auf westlichen Kriegsschauplätzen gegen den Himmel gerichtet; sie hätten in Russland gegen Panzer und andere Erdziele eingesetzt werden können».[73] In den Jahren 1941 bis 1943 wurde der größere Anteil der 8,8-cm-Artilleriegranaten oder größerer Kaliber nicht für die Panzerbekämpfung, sondern für andere Zwecke hergestellt, ein Drittel von Deutschlands optischer Industrie «arbeitete für die Zielgeräte der Flakbatterien», und «die Elektrotechnik war mit etwa der Hälfte ihrer Produktion für Funkmess- und Nachrichtenanlagen der Bombenabwehr belegt». Deshalb war die Ausrüstung der deutschen Fronttruppen «mit modernen Geräten», wie die Alliierten sie entwickelten, «trotz des hohen Niveaus der deutschen Elektro- und optischen Industrie weit hinter der der westlichen Armeen zurückgeblieben».[74]

Die Tatsache, dass mehr als zehnmal so viele Deutsche – insgesamt etwa 600 000 – bei Vergeltungsangriffen für den «Blitz» starben, als Briten bei den Attacken der Luftwaffe umgekommen waren, klingt wie ein Widerhall des biblischen Satzes über David, der die Zahl der von Saul Getöteten vervielfachte. (Hinzu kamen noch 120 000 getötete Franzosen und Italiener.) Die Luftwaffe machte etwa 160 Hektar des Londoner Stadtgebiets dem Erdboden gleich, doch die RAF und die US Air Force verwandelten rund 2500 Hektar (25 Quadratkilometer) von Berlin in einen Trümmerhaufen. Der von deutscher Seite ausgerufene «totale Krieg» ließ nicht zu, was man heute als «eine angemessene Reaktion» bezeichnet. Während des Zweiten Weltkriegs erlitten nicht weniger als sechzig große deutsche Industriestädte gewaltige Zerstörungen. Doch dass Deutschland heute eine solche Musterdemokratie ist und eine so friedfertige Außenpolitik betreibt, ist teilweise auf die fürchterliche Vergeltung zurückzuführen, die der letzte Krieg über das Land gebracht hat. Hätte der Zweite Weltkrieg auf deutschem Boden – im Unterschied zum Ersten Weltkrieg – nicht so viele zivile Opfer gefordert, hätte sich dort vielleicht ein neuer Geist des Revanchismus entwickelt. Doch die Deutschen schauten dem Armageddon ins Angesicht, und das hat ihnen eine Abneigung gegen militärische Interventionen im Ausland eingepflanzt, die NATO-Politiker heute gelegentlich frustriert, aber für die Welt insgesamt eine sehr begrüßenswerte Entwicklung ist.

15

Die Eroberung der Normandie

Juni–August 1944

«Mein lieber Freund, das ist bei weitem das größte
Ding, das wir je versucht haben.»

*Winston Churchill an Franklin Roosevelt,
23. Oktober 1943*[1]

«Was ist Ihr wertvollster Besitz?», fragte General Montgomery unmittelbar vor der Landung in der Normandie einen Soldaten. «Mein Gewehr, Sir», lautete die Antwort. «Nein, das stimmt nicht», erwiderte Monty, «das ist Ihr Leben, und ich werde es für Sie retten.»[2] Jede amphibische Landung einer großen Zahl von Soldaten an der massiv verteidigten Küste Nordwesteuropas war mit großen Risiken verbunden, aber die Alliierten taten alles, was in ihren Kräften stand, um eigene Verluste zu minimieren, indem sie eine überwältigende Übermacht aufboten. Das hatte zur Folge, dass sich der ohnehin bereits hohe Einsatz noch einmal gewaltig erhöhte, denn eine schwere Niederlage in der Normandie im Juni 1944 hätte mit großer Sicherheit dazu geführt, dass die Vereinigten Staaten die «Deutschland-zuerst»-Politik wieder aufgegeben und sich dem Krieg im Pazifik zugewandt hätten. Amphibische Operationen waren im Zweiten Weltkrieg bis dahin nicht gerade eine rosige Erfolgsgeschichte gewesen, geschweige denn in früheren Zeiten. Die versuchte Landung in Dakar 1940 und der Angriff auf Dieppe 1942 hatten sich als katastrophale

Fehlschläge erwiesen; Salerno und Anzio hatten beinahe in der Katastrophe geendet; bei der Operation Torch hatte man extremes Glück mit den Gezeiten gehabt, und außerdem war es dabei nicht gegen die Deutschen gegangen. Blickte man noch etwas weiter zurück, dann setzte die Erinnerung an Gallipoli nach wie vor vielen Menschen zu, nicht zuletzt ihrem Haupturheber: Churchill.

Doch die Landung in der Normandie sollte anders verlaufen. Die Planer – anfangs unter der Leitung von Generalleutnant Frederick Morgan im COSSAC (Chief of Staff to the Supreme Allied Commander, der von London aus arbeitenden Organisation des Stabschefs beim Oberbefehlshaber der Alliierten) – stellten eine totale Überlegenheit in der Luft und zur See sicher, unterbanden deutsche Gegenangriffe durch massiven Artilleriebeschuss und Luftangriffe und landeten eine gewaltige Zahl von Soldaten an; bis Ende Juni 1944 waren es bereits fünfundzwanzig Divisionen, und weitere vierzehn waren schon in Marsch gesetzt. Hinzu kam noch ein gewaltiges Übergewicht beim Kriegsgerät. Die amerikanische Rüstungsproduktion zeigte ihre durchschlagende Wirkung. Und dennoch sollte trotz all dieser Vorteile auch noch etwas Glück vonnöten sein. «Wir werden all die Hilfe brauchen, die Gott uns geben kann», schrieb Admiral Bertram Ramsay, der Oberbefehlshaber aller an dieser Operation beteiligten alliierten Seestreitkräfte, am Vorabend der Landung in sein Tagebuch. «Ich kann nicht glauben, dass sie uns verweigert werden wird.»[3] Hitler hatte in seiner Weisung Nr. 51 vom 3. November 1943 erklärt:

> Die Gefahr im Osten ist geblieben, aber eine größere im Westen zeichnet sich ab: die angelsächsische Landung! Im Osten lässt die Größe des Raumes äußersten Falles einen Bodenverlust auch größeren Ausmaßes zu, ohne den deutschen Lebensnerv tödlich zu treffen. Anders der Westen! … Dort muss und wird der Feind angreifen, dort wird – wenn nicht alles täuscht – die entscheidende Landungsschlacht geschlagen werden.[4]

Diese Kämpfe würden, so verkündete Hitler das bei seinen Lagebesprechungen mit den führenden Militärs ab dem Sommer 1943, nicht nur über den Ausgang der Invasion selbst, sondern über den Ausgang des ganzen Krieges entscheiden. «Man muss wie eine Spinne im Netz auf der Hut sein», ließ er seine Gesprächspartner am 20. Mai 1943 wissen, «und Gott sei Dank habe ich immer für alle Dinge eine gute Nase, so dass ich alle Dinge meistens vorher gerochen habe, was losgehen kann.»[5] Die Deutschen hatten in den zurückliegenden achtzehn Monaten bereits enorme Anstrengungen unternommen, um die unter der Bezeichnung «Atlantikwall» bekannten Befestigungsanlagen in Frankreich zu verstärken. Über einen Zeitraum von zwei Jahren hinweg wurden rund zwei Millionen Zwangsarbeiter zu Tätigkeiten herangezogen, bei denen 18 Millionen Tonnen Beton für tiefe Bunker und eindrucksvolle Befestigungsanlagen verbaut wurden, von denen viele bis zum heutigen Tag erhalten sind. In den Küstengewässern und an den Stränden wurden Minen verlegt, und zur Verhinderung von Luftlandungen mit Lastenseglern grub die Wehrmacht an möglichen Landeplätzen vier bis fünf Meter lange Baumstämme ein, den sogenannten «Rommelspargel». Rommel hatte das Kommando über die Heeresgruppe B erhalten, und sein Auftrag lautete, eine Invasion in Frankreich zu verhindern. In dieser Funktion geriet er, weil er eine Konzentration der Verteidigungskräfte in Küstennähe befürwortete, in Konflikt mit Rundstedt, dem Oberbefehlshaber West, der eine grundsätzlich andere Auffassung vertrat.

Hitler selbst schwankte 1944 nur noch selten in seiner festen Überzeugung, dass die Alliierten in der Normandie landen würden. «Aufpassen auf die Normandie», sagte er immer wieder zu Rundstedt, und dieser selbst wie auch sein Stabschef, General Günther Blumentritt, bestätigten gegenüber Basil Liddell Hart nach dem Krieg, Ermahnungen dieser Art erhalten zu haben. Ab März 1944 erhielt Rundstedts Stab nach Blumentritts Erinnerung «wiederholt Warnungen darüber, die mit den Worten begannen: ‹Der Führer befürchtet…›» Weder Rundstedt noch Blumentritt war klar, was Hitler zu dieser Schlussfolgerung geführt hatte, aber «es möchte scheinen, dass Hitlers viel verspottete ‹Intuition› der Wahrheit näher kam als die Berechnungen der fähigsten Berufssoldaten»,[6] wie Liddell Hart nach dem Krieg resümierte.

Den Gegner über die eigenen Absichten, Fähigkeiten und Operationen zu täuschen ist eine Strategie, die so alt ist wie die militärische Theorie selbst. Der chinesische Stratege und Philosoph Sun Tsu lehrte schon vor 2500 Jahren: «Jede Kriegführung beruht auf Täuschung.» Auch wenn ein großer Teil der alliierten Täuschungsversuche gleichermaßen auf sinnvollen Überlegungen wie auf Humbug beruhte, kann doch nichts den triumphalen Erfolg der Operationen «Fortitude North» und «Fortitude South» (Fortitude hier etwa: [innere] Kraft/Stärke) in den Monaten vor

D-Day schmälern, die Hitler dazu veranlassten, Hunderttausende von Soldaten in Norwegen, den Niederlanden, Belgien und am Pas de Calais zu stationieren – und nicht an den Stränden der Normandie, die seit den im Frühjahr 1942 angestellten ersten ernsthaften Überlegungen von Anfang an für diesen Schlag vorgesehen worden waren. Die beiden Fortitude-Operationen stehen für den erfolgreichsten Täuschungsplan, den es in der Geschichte der Kriegführung jemals gab.[7] Die Alliierten hatten diese ausgeklügelten Operationen bereits Jahre zuvor ins Werk gesetzt. Über dem Pas de Calais kam es zu doppelt so vielen Aufklärungsflügen, Abfangmanövern und Bombereinflügen wie über der Normandie. Die 1. US-Armeegruppe (FUSAG), die von General Patton befehligt und von König George VI. besucht wurde, erfand man einfach und stationierte sie direkt am Ärmelkanal, an der Gegenküste von Calais. Sie war vollständig ausgerüstet, verfügte über Panzerattrappen (von Requisiteuren der Shepperton-Filmstudios aus Gummi angefertigt), eine Hauptquartier-Kulisse, Nachbauten von Landungsfahrzeugen, rauchende Feldöfen und unechte Flugplätze mit abgedunkelter Beleuchtung.[8] Die Deutschen konnten einfach nicht glauben, dass die Alliierten einen Kommandeur von Pattons Qualitäten für eine reine Kriegslist abstellten (Patton konnte es ja selbst nicht glauben). Die auf den «Tätlichkeits-Vorfall» in Sizilien zurückgehende Zeit der Schmach sollte für ihn jedoch schon bald beendet sein.

Der deutsche militärische Nachrichtendienst schätzte im Mai 1944 die Zahl der in Großbritannien stationierten Divisionen auf neunundsiebzig, in Wirklichkeit waren es jedoch nur siebenundvierzig. In East Anglia wurde ein fingierter Funkverkehr betrieben. Im Mündungsgebiet der Themse zog man eine Streitmacht von Landungsboot- und Panzerattrappen zusammen. Vor der Landung in der Normandie schickte man noch einen Schauspieler nach Gibraltar, der dort als Montgomery posieren sollte – und dafür vollständig ausgerüstet wurde, Khaki-Taschentücher mit BLM-Monogramm inklusive. Der Darsteller studierte den General, den er verkörpern sollte, eingehend, und dabei fiel ihm auf, was für ein vollendeter Schauspieler Monty selbst war. (Aber einem gut informierten und sehr aufmerksamen deutschen Agenten in Gibraltar wäre möglicherweise aufgefallen, dass Montys Double ein Mittelfinger fehlte.) Am D-Day selbst wurden vor dem Pas de Calais «Window»- Stanniolpapierstreifen so abgeworfen, dass es für die deutsche Radarortung so aussah, als würde sich eine gewaltige Armada auf die Küste zubewegen. Diese zahlreichen, vielfältigen, mitunter überkomplizierten, doch in vielen Fällen brillanten Täuschungsmanöver retteten Zehntausende von Menschenleben.

Die Abwehr ging bei ihren Vermutungen zum möglichen Landungsort davon aus, dass für all die benötigten Nachschub- und Ausrüstungsgüter, etwa für den Treibstoff, ein großer Hafen mit entsprechenden Anlagen erforderlich war, während in Wirklichkeit zwei riesige künstliche Anlegestellen, die sogenannten Mulberry-Häfen, von Devon aus auf den Weg gebracht und vor zwei Invasionsstränden in der Normandie eingerichtet wurden. «Dafür wurden 600 000 Tonnen Beton (was dem Gewicht von mehr als zweitausend zweistöckigen Häusern entspricht) und 1,35 Millionen Meter Stahlarmierung verbraucht», schreibt Martin Gilbert. «Mit dem Bau waren 20 000 Arbeiter in acht Trockendocks beschäftigt.»[9] Außerdem wurde über eine Stahl- und Bleirohr-Leitung mit dem Codenamen PLUTO (für «Pipeline Under The Ocean») von der Isle of Wight aus Treibstoff auf dem Grund des Ärmelkanals über eine Entfernung von 130 Kilometern bis nach Cherbourg geleitet. Insgesamt sollten 780 Millionen Liter Sprit durch diese Leitung fließen.

Die Nachrichtendienste auf beiden Seiten sollten nervenaufreibende Augenblicke erleben. Am 1. Juni 1944 lautete die Antwort auf eine Kreuzworträtsel-Frage im *Daily Telegraph* («Britannia und er halten den gleichen Gegenstand in der Hand») «Neptun», weil die römische Personifizierung Britanniens und der Meeresgott Neptun jeweils mit einem Dreizack dargestellt werden. Doch Neptun war auch der Codename für den die Marine betreffenden Teil von Overlord. Unter den weiteren Antworten auf Rätselfragen in diesem Blatt waren seit dem 2. Mai auch die Wörter «Utah» und «Omaha» (die Codenamen für zwei Landungsstellen der Amerikaner) sowie «Overlord» und «Mulberry» gewesen. Der Mann, der die Kreuzworträtsel stellte, Leonard Dawe, der vierundfünfzig Jahre alte Schulleiter der Strand School, der nach Effingham in Surrey evakuiert worden war, hatte einen Schwager, der im Marineministerium arbeitete, und die Ermittler des Inlandsgeheimdienstes MI5 brauchten einige Zeit, bis sie die überraschende Wahrheit akzeptierten, dass diese Fragen und Antworten reine Zufallstreffer gewesen waren. «Sie nahmen mich gründlich auseinander», erinnerte sich Dawe 1958 in einem BBC-Interview. Mehrere seiner Schüler haben danach behauptet, sie seien die Stichwortgeber für die Rätselfragen gewesen, indem sie Ausdrücke benutzt hätten, die in einem nahe gelegenen kanadischen Militärstützpunkt gefallen und von ihnen aufgeschnappt worden waren.

«Das Blatt hat sich gewendet!», begann Eisenhowers großzügig mit Ausrufezeichen versehener Tagesbefehl am Dienstag, dem 6. Juni 1944, der vom SHAEF (Supreme Headquarters Allied Expeditionary Force; Hauptquartier des Oberbefehlshabers der alliierten Expeditionsstreitkräfte) an alle Truppenteile ausgegeben wurde:

> Die freien Männer der Welt marschieren gemeinsam dem Sieg entgegen! Ich vertraue uneingeschränkt eurem Mut, eurem Pflichtbewusstsein und eurem Geschick im Kampf. Wir akzeptieren nichts anderes als den uneingeschränkten Sieg! Viel Glück! Und lasst uns um den Segen des allmächtigen Gottes für dieses große und edle Unternehmen bitten.[10]

Neben dem gelungenen Überraschungseffekt war die schiere Größenordnung der Landung in der Normandie der Schlüssel zum Erfolg. Obwohl am allerersten Tag – das D im Codenamen D-Day steht einfach nur für Day – weniger Soldaten an Land gingen als bei der Operation Husky auf Sizilien, war dieses Unternehmen die mit Abstand größte amphibische Landung der Weltgeschichte: Insgesamt 6939 Wasserfahrzeuge – darunter waren rund 1200 Kriegsschiffe und 4000 Zehn-Tonnen-Landungsboote aus Holz, die eine Höchstgeschwindigkeit von acht Knoten erreichten –, 11 500 Flugzeuge und zwei Millionen Mann waren beteiligt. Am ersten Tag setzten sich 5000 Schiffe in Bewegung, darunter 5 Schlachtschiffe, 23 Kreuzer, 79 Zerstörer, 38 Fregatten und weitere Kriegsschiffe sowie eine Reserve von 118 Zerstörern und weiteren Kriegsschiffen.[11] Die Luftstreitkräfte flogen 13 000 Einsätze, und allein am ersten Tag gelangten rund 154 000 alliierte Soldaten auf französischen Boden (70 500 Amerikaner sowie 83 115 Briten und Kanadier), 24 000 von ihnen per Fallschirm und Lastensegler.[12]

Der Zeitplan für die Invasion war eines der größten Probleme, vor das sich das Alliierte Oberkommando in diesem Krieg gestellt sah. Für den Transport einer einzigen Panzerdivision über den Atlantik waren nicht weniger als fünfundvierzig Truppentransporter, Fracht- und Begleitschiffe erforderlich, eine Sicherheit vor U-Boot-Angriffen bestand erst ab der Jahresmitte 1943, der Ärmelkanal war für einen amphibischen Angriff von September bis Februar (jeweils einschließlich) ungeeignet, und aus all diesen Gründen waren frühere Gelegenheiten für ein solches Unternehmen ganz erheblich eingeschränkt. Die Planungen waren seit den ersten Besprechungen des Joint Planning Staff (des Gemeinsamen Planungsstabs) im September 1941 regelmäßig überarbeitet und aktualisiert worden. Einer der ersten Planer, die damals mit dem Problem befasst waren, war ein Ein-Stern-General namens Dwight D. Eisenhower aus der Planungsabteilung des US-Kriegsministeriums gewesen. Im Dezember 1943 wurde Eisenhower zum Oberbefehlshaber der Alliierten Expeditionsstreitkräfte in Westeuropa ernannt und begab sich schon bald darauf nach London, um dort sein SHAEF-Hauptquartier für die Leitung der Invasion einzurichten. Montgomery wurde zum Oberbefehlshaber seiner Landstreitmacht ernannt. Für den Posten des Oberbefehlshabers des Gesamtunternehmens waren zunächst sowohl Marshall als auch Brooke im Gespräch gewesen. Aber Marshall hatte diese Aufgabe abgelehnt, indem er sich einfach nicht darum bemühte, und Brooke hatte sich durch seinen Mangel an Begeisterung für das Unternehmen selbst aus dem Rennen genommen, allerdings verband er damit auch das Gefühl, dass die Invasion im Jahr 1944 von einem Amerikaner befehligt werden sollte.

Der Gesamtplan der Strategen – der eine Invasion mit gewaltigen Kräften über die Normandie vorsah – überstand die intensive persönliche Prüfung und die Nachfragen durch George Marshall, Alan Brooke, Franklin Roosevelt und Winston Churchill, obwohl Churchill und Brooke düstere Vorahnungen von einer Katastrophe bei dieser Operation niemals völlig ablegen konnten.[13] Churchill sprach oft davon, dass er als Ergebnis einer Niederlage bei Overlord einen Ärmelkanal voller Leichen alliierter Soldaten sehe, und Brooke vertraute noch am 5. Juni 1944, dem eigentlich für den Beginn des Unternehmens vorgesehenen Termin, seinem Tagebuch an:

> Ich habe ein ungutes Gefühl bei der ganzen Operation. Bestenfalls wird sie die Erwartungen aller derjenigen enttäuschen, die von den wirklichen Schwierigkeiten keine Ahnung haben. Schlimmstenfalls kann sie zur größten Katastrophe des ganzen Krieges werden. Ich wünsche mir bei Gott, dass alles schon vorbei und gut gegangen wäre.[14]

Am gleichen Abend sagte Churchill zu seiner Frau Clementine: «Ist dir bewusst, dass bis morgen früh, wenn du aufwachst, vielleicht 20 000 Männer getötet worden sind?»[15]

Der tiefe Pessimismus, mit dem Churchill und Brooke den Erfolgschancen einer Invasion an der französischen Kanalküste begegneten, war einer der Gründe dafür, warum die Briten eine schnelle Rückkehr auf das europäische Festland zu einem Zeitpunkt verhinderten, den sie für verfrüht hielten. Stattdessen bestanden sie auf einer Serie von Feldzügen, die über Nordafrika und Sizilien auf das italienische Festland führten und die deutschen Streitkräfte zusätzlich schwächen und auseinanderziehen sollten, während die deutschen Armeen an der Ostfront ausbluteten. Doch im Juni 1944 standen die Deutschen an der Ostfront kurz vor einer entscheidenden Niederlage, deshalb gab es für die westlichen Alliierten bei ihrem Angriff auf das Reich keine Zeit mehr zu verlieren. Zu diesem Zeitpunkt waren in Großbritannien bereits 5,3 Millionen Quadratmeter Lagerraum mit Nachschub- und Versorgungsgütern für diese Operation gefüllt, darunter allein eine halbe Million Tonnen Munitionsvorräte, die größtenteils im Rahmen der sofort nach dem Kriegseintritt der USA begonnenen Operation Bolero aus Amerika herbeigeschafft worden waren.

Eisenhower nahm an den COSSAC-Plänen einige wichtige Änderungen vor, nachdem er in London im Frühjahr 1944 das Kommando angetreten hatte, und Montgomery verfuhr ebenso. Eisenhower sagte in der für ihn typischen Art nichts zu seinen Maßnahmen, während Montgomery in unerträglicher Manier mit seinen Beiträgen prahlte, versehen mit einer Prise Selbstmitleid. Montgomery schrieb am 31. Januar 1944 in einem (bisher unveröffentlichten) Brief an Air Vice Marshal (Generalmajor) Harry Broadhurst:

> Seit meiner Rückkehr hierher hatte ich schrecklich viel zu tun. Der gesamte Plan war kompletter Mist und musste geändert werden; ganz ähnlich wie schon bei Husky. Ich werde zu einer Art «enfant terrible», das herumgeht, Dinge umwirft und von allen Seiten mit Dreck beworfen wird! Doch das ist mir egal, solange wir den Krieg gewinnen. Wenn die Party vorbei ist, werde ich mich meinem Garten widmen – und dem Lebensabend.[16]

Die Strände der Halbinsel Cotentin wurden als Angriffsziel beibehalten, aber die erste Landungsstreitmacht wurde von drei auf fünf Divisionen verstärkt und die Invasionsfront von 40 auf 65 Kilometer verbreitert. Montgomery verschob auch das Invasionsdatum vom 1. Mai auf die erste Juniwoche, um die Landungsfahrzeuge für Anzio vorher aus Italien zu-

Die Eroberung der Normandie 609

rückbringen zu können und den Bomberflotten mehr Zeit für die Zerstörung der Straßen, Eisenbahnlinien, Brücken und Tunnels zu geben – aller Verkehrswege, auf denen deutsche Reserven zum Gegenangriff antreten würden.

«In den besseren Tagen, die vor uns liegen, werden die Menschen mit Stolz von unseren Taten sprechen», hieß es in Montgomerys Tagesbefehl für den D-Day. Seine 21. Armeegruppe teilte er in zwei Armeen auf. Bradleys amerikanische 1. Armee, ihrerseits aufgeteilt in Joseph Collins' VII. Korps und Leonard Gerows V. Korps, sollte die im Westteil der Invasionsfront gelegenen Strandabschnitte mit den Codenamen Utah und Omaha einnehmen. Unterdessen würde Miles Dempseys 2. Armee, aufgeteilt in G. C. Bucknalls britisches XXX. Korps und John Crockers anglokanadisches I. Korps, Gold, Juno und Sword Beach angreifen. Die britische 6. Luftlandedivision würde an der östlichsten Stelle des Schlachtfeldes abgesetzt werden und hatte den Auftrag, den deutschen Gegenangriff zu unterbinden und die deutschen Geschützbatterien auf der Anhöhe über der Orne-Mündung zum Schweigen zu bringen. Die beiden amerikanischen Luftlandedivisionen, die 82. und die 101., sollten dagegen im äußersten Westen, hinter Utah Beach, landen, um die Straßen durch das Marschland hinter den Dünen zu sichern, das von den Deutschen in Erwartung der Invasion unter Wasser gesetzt worden war. Die amerikanischen Fallschirmjäger landeten in der Normandie mit noch schwererem Gepäck als die Infanterie. Jeder Mann führte eine Ausrüstung mit sich, deren Gewicht fast sein eigenes Körpergewicht erreichte, inklusive Springeranzug, Tarnhelm, Haupt- und Reservefallschirm, Stiefeln, Handschuhen, Kampfuniform, Schwimmweste, 45-er Pistole, Browning-Automatikgewehr mit Munition, Messer, Erste-Hilfe-Päckchen, Decke, Proviant sowie Socken und Unterwäsche zum Wechseln. Unteroffizier Dan Harrington von der C-Kompanie des 1. kanadischen Fallschirmjägerbataillons in der britischen 6. Luftlandedivision erinnerte sich:

> Wir waren bis obenhin bepackt mit Handgranaten, Gammon-Granaten, zerlegbaren Bangalore-Sprengrohren, die wir um den Hals trugen, Zwei-Zoll-Granatwerfergeschossen, Munition, Waffen und Wasserflaschen. Die noch sichtbare Hautfläche war mit Holzkohle geschwärzt, das Tarnnetz auf dem Helm mit Sackleinenstreifen verstärkt und der Platz über dem Helmrand mit Zigaretten oder Plastiksprengstoff vollgestopft.[17]

Sobald die Landeköpfe gesichert waren, sollten die Soldaten in die Normandie vordringen, vorneweg Pattons 3. US-Armee und Generalleutnant Henry Crerars 1. kanadische Armee. Der Plan sah vor, dass die 21. Armeegruppe zunächst den Raum von der Loire bis zur Seine einnehmen, Cherbourg und Brest erobern, anschließend ganz Frankreich befreien und dann nach Deutschland marschieren sollte. Es war ein kühner und einfallsreicher Plan, der von einer gewaltigen Luftstreitmacht unterstützt wurde, die Air Chief Marshal (General) Arthur Tedder koordinierte, Eisenhowers Stellvertreter im Oberkommando. Die Lufthoheit war einer der Schlüssel für den Sieg: Die Luftwaffe flog am D-Day nur 309 Einsätze, die Alliierten dagegen 13 688. «Im Ärmelkanal bot sich ein äußerst eindrucksvolles Bild», erinnerte sich Lieutenant-Commander (Korvettenkapitän) Cromwell Lloyd-Davies vom britischen Leichten Kreuzer *Glasgow*.

> Es ging fast zu wie am Piccadilly Circus – es waren so viele Schiffe unterwegs, und uns kam es unglaublich vor, dass all dies geschehen konnte, ohne dass die Deutschen irgendetwas davon wussten. Aber wir bekamen die ganze Zeit über kein einziges deutsches Flugzeug zu sehen.[18]

Nur ein Dutzend deutsche Kampfbomber drang überhaupt bis zu den Invasionsstränden vor, und diesen Maschinen blieb nur Zeit für einen einzigen Tieffliegerangriff, bevor sie wieder vertrieben wurden. Auch die deutsche Kriegsmarine war so gut wie keine Gefahr mehr für die Invasionsflotte, anders als zu jedem anderen beliebigen Zeitpunkt vor dem 24. Mai 1943, dem Tag, an dem Dönitz seine U-Boote aus den Atlantikhäfen zurückzog. Der Seekrieg der Alliierten im Atlantik war so erfolgreich gewesen, dass die Kriegsmarine am D-Day völlig außerstande war, der Invasions-Armada wirksamen Schaden zuzufügen. Die den Deutschen noch verbliebenen Überwasserschiffe konzentrierten sich auf die Sicherung des Pas de Calais, es gab auch keine U-Boot-Angriffe auf alliierte Schiffe mehr. Vier deutsche Zerstörer versuchten am 4. Juli einen Ausfall von Brest aus, wurden aber alle versenkt oder in den Hafen zurückgetrieben. Die britische Home Fleet stand unterdessen jeder von skandinavischen oder Ostseehäfen ausgehenden Bedrohung im Weg, und der Nord-Ostsee-Kanal wurde durch Operation Bravado vorsichtshalber vermint.[19] Nur drei in Le Havre stationierte Schnellboote durchdrangen unter dem Kommando von Leutnant Heinrich Hoffmann die von den alliierten Schiffen gelegte Nebelwand und feuerten insgesamt achtzehn Torpedos ab, aber ein norwegischer Begleitzerstörer blieb ihr einziges Opfer.

Ein großes Problem war der Mangel an Landungsbooten. Davon gab es nur so wenige, dass die Operation Anvil, der Angriff in Südfrankreich, der eigentlich am selben Tag wie Overlord beginnen sollte, bis zum 15. August verschoben werden musste, und zu diesem Zeitpunkt hatten die Deutschen ihre Truppen schon weitgehend aus Südfrankreich abgezogen. Warum die US Maritime Commission zwar einerseits in der Lage war, ein 10 500-Tonnen-Liberty-Frachtschiff in weniger als einer Woche (und insgesamt 2700 Schiffe dieses Typs) fertigzustellen, dafür aber keine ausreichende Zahl von schlicht ausgestatteten hölzernen Zehn-Tonnen-Landungsbooten, gehört zu den bis heute ungelösten Rätseln dieses Krieges. Marshall vermutete eine Verschwörung bei der Navy in der Werften- und Schiffbau-Abteilung. Für die Operation Overlord kam letztlich doch noch die benötigte Zahl von Landungsfahrzeugen zusammen, aber nur auf Kosten eines Ablenkungsmanövers, das sich Anfang Juni vielleicht noch als strategisch nützlich erwiesen hätte, aber Mitte August weitgehend überflüssig war.

Die Meteorologie steckte in den Vierzigerjahren noch in den Kinderschuhen, und weil die Wetterbedingungen im Ärmelkanal niemals mit Sicherheit vorhersagbar waren, musste Eisenhower eine Verschiebung des Angriffs um einen Tag vom 5. auf den 6. Juni anordnen. Das geschah auf Anraten von Eisenhowers Chef-Meteorologen, einem neunundzwanzigjährigen Zivilisten namens James Stagg, dem man den Rang eines Group Captain (Oberst) verliehen hatte, um seinem Wort unter diesen sehr viel höherrangigen Offizieren etwas mehr Gewicht zu verleihen. Angesichts der starken Bewölkung und des zu heftigen Windes hätte der entscheidende Beitrag, den die Luftstreitkräfte bei dieser Operation leisteten, beeinträchtigt werden können, und das mit katastrophalen Folgen. Stagg berichtete später, die Navy habe auflandige Winde mit einer Stärke von nicht mehr als 3 oder 4 angestrebt, außerdem gute Sichtverhältnisse für den Beschuss der Küstenbatterien durch die Schiffsartillerie, und auch die Luftwaffe wollte eine bestimmte schützende Wolkendecke und -höhe haben: «Als ich diese Bedingungen zusammennahm, stellte ich fest: Dafür müssten sie 120 bis 150 Jahre herumsitzen, bevor sie die Operation in Gang brächten.»[20]

Wäre Overlord nicht am 6. Juni in Marsch gesetzt worden, hätte die gesamte Invasion mit Blick auf Treibstoffversorgung, Mondlicht und Gezeitenwechsel um volle zwei Wochen verschoben werden müssen, mit allen damit einhergehenden Problemen bei der Aufrechterhaltung der Kampfmoral der Soldaten und der Geheimhaltung einer so gewaltigen Operation. Zum Glück konnte Stagg am 5. Juni um 4.15 Uhr morgens den Anzug einer neuen, günstigen Wetterfront melden. Eisenhower hielt nur kurz inne, um für den Fall einer Niederlage seine Rücktrittserklärung niederzuschreiben – «Wenn irgendeine Schuld oder ein Fehler mit diesem Versuch verbunden ist, fällt das allein auf mich zurück» –, und erteilte seinem Stab später am Tag das endgültige Startsignal, das er mit einer Bemerkung verband, die kaum geeignet war, die Kampfmoral zu stärken: «Ich hoffe bei Gott, dass ich weiß, was ich tue.»[21]

Der Pas de Calais, der kürzeste Weg für eine Kanalüberquerung, hätte die besten Möglichkeiten für Begleitschutz durch Kampfflugzeuge geboten, die von den RAF-Flugplätzen in der Grafschaft Kent aus operieren konnten. Der deutsche Nachrichtendienst glaubte auch den Informationen, die sein eigenes Spionagenetzwerk in Großbritannien lieferte. In dessen Mittelpunkt saß ein antifaschistisch gesinnter Katalane namens Juan Pujol García, der in einem «sicheren Haus» in Hendon lebte, bei den Alliierten (die ihm den MBE-Orden verliehen) unter dem Codenamen «Garbo» und bei den Deutschen (die ihm das Eiserne Kreuz zusprachen) als «Arabel» geführt wurde. Er arbeitete mit vierundzwanzig fiktiven Agenten-Zuträgern und mit anderen deutschen Spionen zusammen, die nach Großbritannien eingeschleust, anschließend aber einer nach dem anderen vom britischen Inlandsgeheimdienst MI5 «umgedreht» worden waren. Zu diesem Personenkreis zählten die real existierenden und erdachten Agenten Gelatine, Hamlet, Meteor, Brutus (Roman Garby-Czerniawski), Cobweb (Ib Riis), Beetle (Petur Thomsen), Bronx (Elvira Chaudoir), Tricycle, Artist, Freak, Tate, Mullet, Puppet und Treasure.[22] Dieses Spionage-Netzwerk lieferte der Abwehr von Garbo koordinierte Berichte (der Koordinator verdankte seinen Decknamen der Tatsache, dass er ein so ausgezeichneter Schauspieler war) über die Tätigkeit der FUSAG und erwarb sich auf diese Weise schließlich das uneingeschränkte Vertrauen der Deutschen.[23] Ultra erarbeitete derweil ein Bild von der Aufstellung und der Kommandostruktur der Deutschen in Frankreich und wurde dabei von der französischen Résistance unterstützt, die kabelgebundene

Nachrichtenleitungen zerstörte und die Deutschen so zu vermehrtem Funkverkehr zwang. Diese brauchten nach der Landung in der Normandie fast eine Woche für die Erkenntnis, dass dies keine in südlicher Richtung vom eigentlichen Ziel wegführende List, sondern die tatsächliche Invasion selbst war. Eine halbe Million deutsche Soldaten der 15. Armee blieben dennoch bis zum 26. Juni im Bereich des Pas de Calais stationiert – in Erwartung einer Invasion, die dort niemals stattfinden sollte.

Stabsunteroffizier Jim Wallwork landete seinen Horsa-Lastensegler am D-Day um 0.16 Uhr nur knapp 50 Meter von der Straßenbrücke über den Seekanal von Caen, die heute als Pegasus-Brücke bekannt ist, und nur 450 Meter von der Brücke über die Orne entfernt. Diese beiden Küstenstraßen-Brücken waren von enormer strategischer Bedeutung, weil sie für jeden deutschen Gegenangriff von Osten her ebenso gebraucht wurden wie von den Alliierten, wenn sie aus dem Landungskopf in Richtung der Ebene östlich von Caen ausbrechen wollten. «Die Horsa schien über die hohen Baumwipfel am Ende des Feldes zu streifen», erinnerte sich einer der Passagiere, «und landete dann mit einem ohrenbetäubenden Krachen, das uns bis ins Mark erschütterte.»[24] Eine Minute später, um 0.17 Uhr, landete ein zweiter Lastensegler, um 0.18 Uhr schließlich ein dritter. Die Piloten hatten bei Mondlicht acht Kilometer zurückgelegt, ihre einzigen Hilfsmittel für die Orientierung waren dabei eine Stoppuhr und eine an einem Finger befestigte Taschenlampe gewesen, dennoch landeten sie punktgenau, durch die zur Brückensicherung angebrachten Drahtverhaue hindurch, an dem von der französischen Résistance bezeichneten Ort.

Neunzig Männer der D-Kompanie des 2. Bataillons der Oxford and Buckinghamshire Light Infantry, die von Major John Howard befehligt wurden, stiegen aus den Lastenseglern und nahmen die Pegasus-Brücke ohne Schwierigkeiten ein, so vollständig waren die Deutschen überrascht worden. Und sie hielten sie, bis sie von Lord Lovats Kommandos Verstärkung erhielten, die vom Strand aus um 13 Uhr den Treidelpfad des Kanals entlangmarschierten, begleitet von Lovats Dudelsackpfeifer Bill Millin, «der alles aus seinem Instrument herausholte».[25] Weniger genaue Landemanöver legten die 82. und die 101. amerikanische Luftlandedivision hin, bei denen einige Einheiten bis zu 55 Kilometer vom eigentlichen Zielort entfernt niedergingen. Immerhin stifteten diese Landungen und der Trick,

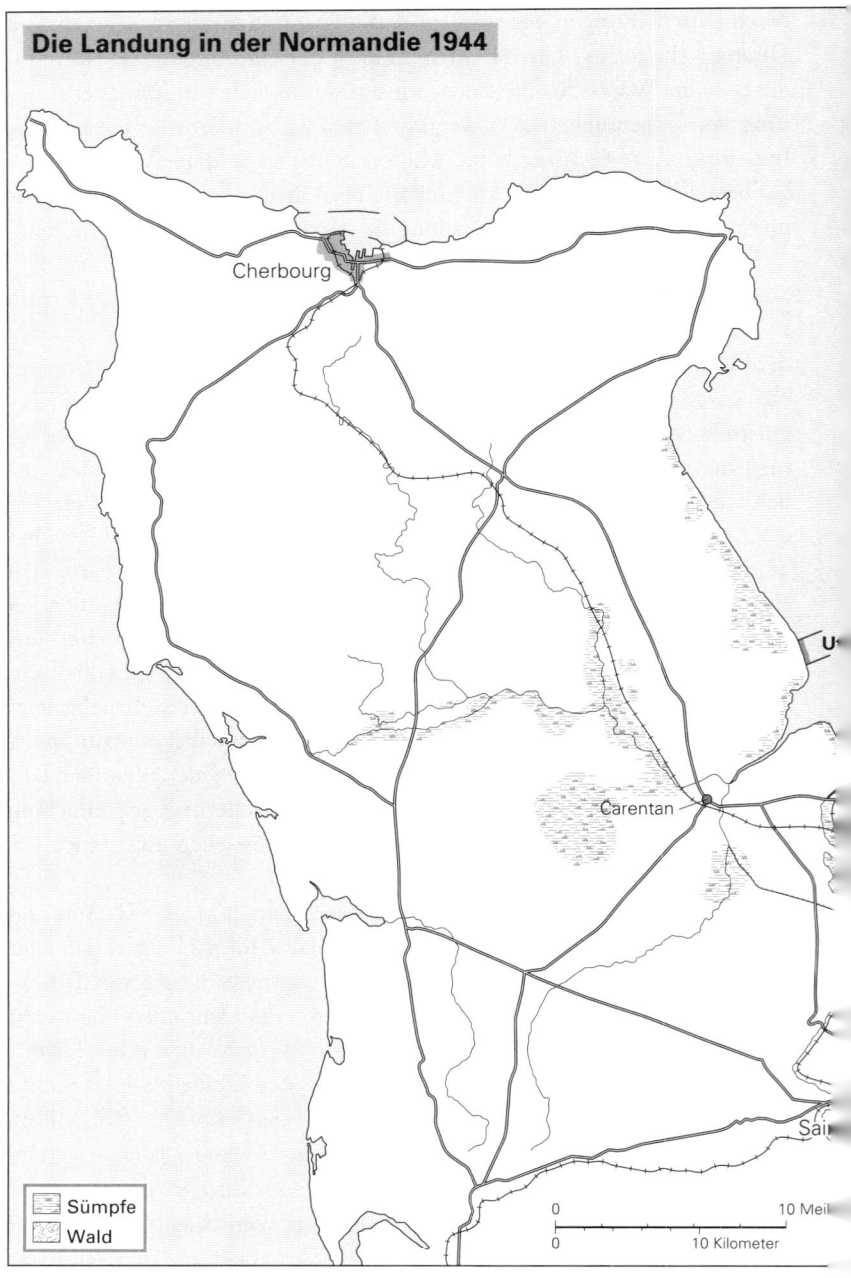

Die Eroberung der Normandie 615

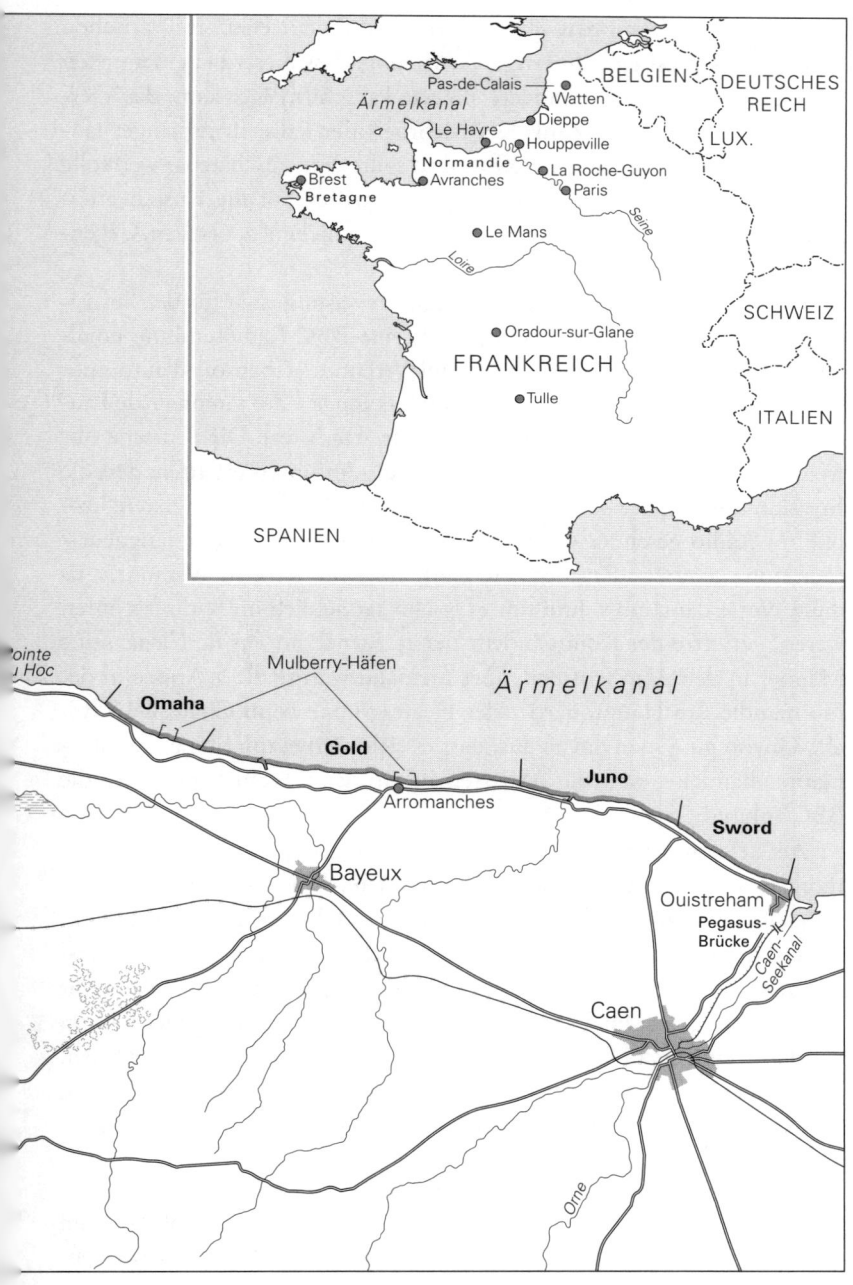

Fallschirmjäger-Attrappen abzuwerfen, beim deutschen militärischen Nachrichtendienst eine derartige Verwirrung, dass dieser bei einer ersten Schätzung auf 100 000 gelandete alliierte Fallschirmjäger kam, das Vierfache der tatsächlichen Zahl. Die Mehrheit der Fallschirmspringer landete auch in der vorgesehenen Zone und sollte eine unschätzbar wertvolle Rolle spielen, sowohl bei rückwärtigen Angriffen auf die Küstenverteidiger wie auch bei der Abwehr des unvermeidlichen deutschen Gegenangriffs.

Die französische Résistance hatte die Anweisung, sich für den Invasionstag bereitzuhalten, am 1. Juni durch eine BBC-Radiosendung erhalten, bei der die ersten Worte von Paul Verlaines «Chanson d'automne» (Herbstlied) rezitiert wurden: «Les sanglots longs / des violons / de l'automne (Die langen Seufzer der Violinen des Herbstes). Die deutsche Abwehr hatte durch die Folterung eines Maquis-Anführers erfahren, dass die Invasion unmittelbar bevorstehe, sobald der zweite Teil dieser ersten Strophe im Radio gesendet werde: «Blessent mon cœur / d'une langueur / monotone» (verwunden mein Herz mit einer monotonen Wehmut). Als diese Worte dann am 5. Juni um 23.15 Uhr tatsächlich im Radio zu hören waren, versetzte der Kommandeur der 15. Armee im Pas de Calais seine Männer in den Alarmzustand, aber niemand warnte die 7. Armee in der Normandie. Im Hauptquartier der Heeresgruppe B im Château La Roche-Guyon ging man davon aus, dass es sich hierbei um bloße Desinformation handelte, weil die Alliierten die Invasion wohl kaum über die BBC ankündigen würden.[26]

Als der Stabschef der 7. Armee die Heeresgruppe B kurz vor 5 Uhr morgens informierte, dass der Angriff tatsächlich bereits angelaufen war, stand Rommel nicht direkt zur Verfügung, weil er in Deutschland mit seiner Frau Lucie ihren Geburtstag feierte, der auf diesen Tag fiel. Er traf erst abends um 18 Uhr wieder in La Roche-Guyon ein. Generalleutnant Hans Speidel, Rommels Stabschef, beorderte die 12. SS-Panzerdivision «Hitlerjugend» beim ersten Tageslicht zu einem Gegenangriff nach Caen, aber einige der 4500 Bomber, die die Alliierten an jenem Tag aufboten, fügten ihr schwere Verluste zu. Rommel schrieb später:

> Die Bewegung auch kleinerer Verbände auf dem Gefechtsfeld, in Stellung gehen [sic, d. Ü.] der Artillerie, Bereitstellung von Panzern und ähnliches, wird unverzüglich aus der Luft bis zu vernichtender Wirkung bombardiert. Truppe

und Stäbe müssen sich tagsüber in bedecktem Gelände verstecken, um der dauernden Bekämpfung aus der Luft zu entgehen. ... Es waren bis zu 640 schwere Rohre [Schiffsartillerie] eingesetzt. Die Wirkung dieser schnell feuernden Geschütze ist derart stark, dass ein Operieren in dem (von ihnen) beherrschten Raum weder mit Infanterie noch mit Panzerverbänden möglich ist.[27]

Nach dem Krieg schilderte Speidel in seinem Buch *Invasion 1944*, wie Rommel die Situation scharfsichtig kommentierte:

> Der Feldmarschall äußerte bei einer Besprechung: «Wer bei der ersten Landungsphase nicht unverzüglich am Feind ist, kommt bei der enormen Luftüberlegenheit des Gegners niemals mehr zum Zuge. ... Wenn es bei unserem Kampfauftrag nicht gelingt, die Alliierten auf See abzuwehren oder in den ersten 48 Stunden vom Festlande zu werfen, ist die Invasion geglückt und der Krieg beim Fehlen operativer Reserven und dem totalen Ausfall unserer Kriegsmarine und Luftwaffe verloren.[28]

Hitler wurde in Berchtesgaden nicht geweckt, als die Nachricht von der Landung in der Normandie einging; er hatte mit Goebbels «bis nachts um 2 Uhr am Kamin» gesessen, und der Propagandaminister hielt in seinem Tagebuch fest: «Wir ... tauschen Erinnerungen aus, freuen uns über die vielen schönen Tage und Wochen, die wir zusammen erlebt haben. ... Kurz und gut, es herrscht eine Stimmung wie in den guten alten Zeiten.» Aber das war jetzt nicht weiter wichtig. Noch bei der mittäglichen Lagebesprechung war man sich im OKW nicht sicher, ob dies tatsächlich der Hauptangriff oder nicht doch nur ein Ablenkungsmanöver war. Auch Rundstedt tat sich mit einer Einschätzung schwer. Als man schließlich zwei Panzerdivisionen auf einen 160 Kilometer entfernten Landekopf ansetzte, war bereits viel wertvolle Zeit verloren worden.[29] Das war nicht der Fehler der Adjutanten, die Hitler nicht geweckt hatten, sondern eher ein Beleg für die Wirksamkeit des Täuschungsmanövers der Alliierten, das bei OKW und OKH bei der Frage nach dem Hauptangriffsort Verwirrung gestiftet hatte. Es zeigte auch die Meinungsverschiedenheiten zwischen Rundstedt und Rommel auf, als es darum ging, was denn jetzt zu tun sei. Rundstedt war der Ansicht, es werde nicht möglich sein, die Alliierten an einer Landung zu hindern, deshalb müsse man sie mit einem starken Gegenangriff ins Meer zurücktreiben; Rommel wollte den Gegner direkt an der Küste bekämpfen und die Landung verhindern: «‹Die ersten 24 Stunden werden entscheidend sein›, sagte er oft zu seinem Stab.» Insgesamt neunundfünfzig deutsche Divisionen standen Anfang Juni 1944 im Westen, davon acht in den Niederlanden und Belgien. Mehr als die Hälfte des Gesamtkontingents bestand aus Einheiten für die Küstenverteidigung und Ausbildungsdivisionen, und unter den siebenundzwanzig Felddivisionen befanden sich nur zehn Panzerdivisionen, von denen drei im Süden und eine bei Antwerpen standen. Die mehr als 300 Kilometer lange Küste der Normandie westlich der Seinemündung, an der die Alliierten angriffen, wurde nur von sechs Divisionen geschützt, darunter vier Stellungsdivisionen für die Küstenverteidigung. Blumentritt erklärte später dazu: «Die Kräfteverteilung muss wahrheitsgemäß als ‹Küstenschutz› und nicht als ‹Küstenverteidigung› bezeichnet werden.»[30]

Um 5.50 Uhr begann ein massiver Beschuss der deutschen Befestigungsanlagen und der Ortschaften an der Küste der Normandie durch die alliierte Schiffsartillerie. Die Hauptlandung der Amerikaner erfolgte zur «H-hour» um 6.30 Uhr an Omaha und Utah Beach, während die Briten und Kanadier eine Stunde später an ihren Landungsstellen eintrafen. Weil man befürchtet hatte, dass die Deutschen die Invasionstruppen mit Giftgas empfangen würden, waren die Uniformen mit einem übelriechenden Gegenmittel besprüht worden, und die Folge war, dass viele Soldaten, die bis dahin noch nicht seekrank geworden waren, sich übergeben mussten, als zu diesem Geruch auch noch das heftige Schaukeln der Landungsboote in der Brandung hinzukam.

Am Utah Beach gingen 23 000 Mann an Land, von denen nur 210 getötet oder verwundet wurden. Das lag zum Teil auch daran, dass die Strömung die Landungsfahrzeuge der 4. Division fast 2000 Meter in südlicher Richtung von der ursprünglich vorgesehenen Angriffszone wegtrieb, bis zu einem nur relativ schwach verteidigten Küstenstreifen, und 28 der 32 Sherman Duplex-Drive-Schwimmpanzer (DD = zwei Antriebsarten) schafften es ebenfalls an Land. Dieser Streitmacht stand nur ein Regiment der 709. deutschen Division gegenüber, dessen Soldaten sich in großer Zahl ergaben, sobald die 101. Luftlandedivision mindestens vier vom Strand wegführende Ausgänge gesichert hatte.

Am Omaha Beach jedoch, wo an jenem Tag zwei Drittel des amerikanischen Kontingents an Land gehen sollten, entwickelten sich die Dinge ganz anders. Die kampferfahrene 1. US-Division (ihren Beinamen «The

Big Red One» verdankte sie ihren Schulterstücken) und die 29. Division, die bis dahin noch nie im Gefecht gestanden hatte, sollten zehnmal so hohe Verluste erleiden wie die 4. Division am Utah Beach.[31] Trotz der intensiven Vorbereitungen, bei denen Stabsoffiziere schon seit Jahren auch die Fotoalben von Touristen studiert hatten, erwies sich dieser Geländeabschnitt offenbar als ungünstige Wahl für einen Angriff. Nachdem jedoch entschieden worden war, die Landeköpfe für ein erstes «Festsetzen» (also das im Verlauf von Overlord zu sichernde Gebiet, von dem aus die weiteren Vorstöße geführt werden sollten) bis nach Utah Beach im Westen zu erweitern, wurde Omaha Beach zum einzigen geeigneten Landebereich zwischen Utah Beach und den Landeorten der Briten und Kanadier. Die Klippen und Steilhänge erhoben sich mancherorts fast 50 Meter hoch über den Wall am Ende der Dünen; die konkave Wölbung dieses Küstenstreifens ermöglichte den Verteidigern ein Überlappen der einzelnen Schussfelder; Unterwasser-Sandbänke und Untiefen behinderten die Landungsboote; die starken und gut platzierten Befestigungsanlagen (die heute noch zu sehen sind) hatten der Schiffsartillerie standgehalten; Tretminen, Stacheldraht und riesige stählerne Panzersperren erwiesen sich als mörderische Hindernisse; das präzise deutsche Artilleriefeuer und vor allem ein Regiment der 716. Infanteriedivision und Eliteeinheiten aus der 352. Infanteriedivision fügten den Angreifern schwere Verluste zu. Aus Ultra-Dokumenten hatte man kurz zuvor entnommen, dass am Omaha Beach acht deutsche Bataillone standen, nicht etwa nur die im Invasionsplan ausgewiesenen vier, aber für Änderungen am Gesamtplan wegen der zusätzlichen Gegner an dieser Stelle war es zu spät gewesen. Nach den Worten des Overlord-Chronisten Max Hastings waren diese Bataillone «die bei weitem größte Feuerzusammenfassung der deutschen Verteidigungstruppen auf der gesamten Invasionsfront».[32] Und das führte für die Amerikaner am Omaha Beach beinahe in eine Katastrophe.

«Mit ungläubigem Staunen konnten wir einzelne Landungsboote ausmachen», erinnerte sich Franz Gockel vom 726. Infanterieregiment der 716. Division. «Der auf uns niedergehende Granatenhagel wurde dichter und schleuderte Fontänen aus Sand und Trümmern in die Luft.»[33] Die Anfangsszene des Spielfilms *Saving Private Ryan* (1998; dt.: *Der Soldat James Ryan*) ist die beste filmische Darstellung der ersten schrecklichen Minuten der amerikanischen Landung am Omaha Beach, aber auch sie kann das Ausmaß des Chaos und des Gemetzels an diesem Küstenstreifen nicht einmal annähernd vermitteln. Und alles wäre noch viel schlimmer geworden, wenn Rommel mit seiner Einschätzung, dass die Alliierten bei Flut landen würden, richtig gelegen hätte, denn die gesamte deutsche Artillerie war auf diesen Fall eingestellt. Tatsächlich aber landeten die Alliierten bei Ebbe, weil die Hindernisse so besser zu sehen und zu umgehen waren.[34] Doch das hatte auch Nachteile, berichtete der Signal Sergeant James Bellows vom 1. Bataillon des Hampshire Regiments über die Erfahrungen seiner Einheit bei der Landung an Sword Beach: «Viele der Männer waren beim Aussteigen von ihren Landiungsbooten überfahren worden. Das Landungsboot wurde leichter, wenn die Männer von Bord sprangen, und wenn das Boot von der Brandung auf den Strand geschoben wurde, drückte es viele Soldaten, die dabei im Weg waren, unter Wasser.»[35]

Die fünfeinhalb Kilometer lange Landezone der Amerikaner am Omaha Beach bot schon nach kurzer Zeit ein Bild des Durcheinanders und der Zerstörung. Die amerikanischen Soldaten – ihr Durchschnittsalter war zwanzigeinhalb Jahre, sie waren viel jünger als die Briten (vierundzwanzig) oder die Kanadier (neunundzwanzig) – sprangen aus ihren Landungsbooten direkt in das Maschinengewehr- und Granatwerferfeuer der Verteidiger und waren dabei noch mit 30 Kilogramm Ausrüstung beladen, mit Gasmaske, Handgranaten, TNT-Blöcken, zwei Patronengurten, Proviantpackungen, Wasserflasche und weiterem Material. Viele von ihnen ertranken einfach, weil das Wasser, in das sie sprangen, tiefer war als erwartet.

Die Landungsstrände der Briten wurden zwar teilweise durch einfallsreich umgerüstete Spezialpanzer, die nach Generalmajor Percy Hobart von der 79. Panzerdivision benannten «Hobart's Funnies», von Hindernissen und Minen geräumt – die «Dreschflegelpanzer» etwa brachten Minen mit mächtigen rotierenden Ketten zur Explosion –, aber die Generäle Bradley und Gerow bevorzugten dennoch den massiven Frontalangriff. Wegen des hohen Seegangs und weil sie von den Transportschiffen bereits 18 Kilometer vor der Küste zu Wasser gelassen wurden, versanken auf dem Weg zu den Stränden 10 Landungsboote und 26 Geschütze in den Fluten. «Ich habe nie zuvor ein so unruhiges Meer erlebt», erinnerte sich Sergeant Roy Stevens, «die Wellen nahmen kein Ende, und schon dort draußen, wo wir waren, fast 20 Kilometer von der Küste entfernt, hatten sie Schaumkronen.»[36] Die meisten Soldaten waren schon während der dreistündigen Überfahrt durch den kabbeligen Ärmelkanal seekrank geworden. Die Briten setzten die Landungsboote erst 10 Kilometer vor der Küste aus und verloren deshalb in weniger unruhigen Gewässern nicht so viele Boote. Durch den Verlust von 27 der 29 DD-Schwimmpanzer, die fast 5500 Meter vom Omaha-Strand entfernt zu Wasser gebracht wurden, aber untergingen, als ihre Schutzhüllen sich bei zu hohem Wellengang mit Wasser füllten, fehlte den Amerikanern die für einen schnellen Durchbruch gleich nach der Landung notwendige Feuerkraft. «Wir konnten vor uns auf dem Strand ein wüstes Durcheinander sehen – brennende Panzer, Jeeps, verlassene Fahrzeuge, ein wahnsinniges Kreuzfeuer», erinnerte sich der Leading Aircraftman (Gefreite) Norman Phillips, der zu einer Gruppe von RAF-Soldaten gehörte, die bei Omaha an Land gingen.[37]

Der offizielle Bericht über das, was der Able-Kompanie vom 116. Infanterieregiment der 29. Division widerfuhr, nachdem ihr Landungsboot um 6.36 Uhr Omaha Beach erreichte, vermittelt einen Eindruck von dem grauenhaften Geschehen, das sich in den nächsten Minuten entwickelte:

> Die Rampen werden heruntergelassen, und die Männer springen in Wasser, das hüfthoch bis übermannshoch ist. Auf dieses Signal haben die Deutschen oben auf den Felsen gewartet. Der Landebereich, vorher schon unter Granatwerferbeschuss, gerät sofort in ein Kreuzfeuer von Maschinengewehren, die an beiden Enden des Strandes postiert sind. ... Die ersten Männer draußen ... werden zerfetzt, bevor sie fünf Meter weit gekommen sind. Auch die nur leicht Verwundeten sterben durch Ertrinken, ihre überladenen Rucksäcke sind ihr Verhängnis. ... Das Wasser färbt sich bereits rot. ... Ein paar Männer schaffen es unversehrt durch den Kugelhagel bis an den Strand, sehen dort aber, dass sie sich nicht halten können. Sie gehen ins Wasser zurück, um dort Deckung zu suchen. Die Gesichter nach oben, damit die Nasenlöcher aus dem Wasser ragen, kriechen sie mit der Brandung in Richtung Land. So schaffen es die meisten der Überlebenden. ... Die Able-Kompanie ist innerhalb von sieben Minuten nach dem Herunterlassen der Rampen bewegungsunfähig und führungslos.[38]

Erst um 13.30 Uhr, nachdem die Landungstruppen sieben Stunden lang vom Abwehrfeuer an den Stränden festgehalten worden waren, meldete Gerow schließlich an Omar Bradley, der an Bord eines Schiffes mit dem Fernglas auszumachen versuchte, was an Land vor sich ging: «Soldaten, die bisher an Stränden festsaßen, rücken auf Höhen dahinter vor.» Am Omaha Beach wurden 2000 Amerikaner getötet, doch als die Dunkelheit hereinbrach, hatten es insgesamt 34 000 Mann an Land geschafft, darunter auch zwei Ranger-Bataillone, denen es gelungen war, die deutsche Küstenbatterie in Pointe du Hoc westlich von Omaha Beach auszuschalten, nachdem sie die Klippen mit Strickleitern überwunden hatten.[39] Einmal mussten die 5. Rangers sogar bei einem Angriff durch den dichten Rauch, der von brennendem Gestrüpp auf einem Hügel ausging, ihre Gasmasken anlegen.

Am Gold, Juno und Sword Beach gab es keine hohen Felsen, und es blieb mehr Zeit für den Beschuss durch Schiffsgeschütze, die die deutschen Befestigungsanlagen schwächen sollten. Teile der 21. Panzerdivision griffen dennoch am Spätnachmittag in der Lücke zwischen Juno und Sword Beach an und drangen fast bis zur Kanalküste vor, bevor sie von der Schiffsartillerie wieder vertrieben wurden. Die Briten verloren mehr als 3000 Mann, aber die Kanadier, die 1074 Tote und Verwundete zu beklagen hatten, drangen am ersten Invasionstag am weitesten ins Landesinnere vor, ihre 9. Brigade kam bis auf fünf Kilometer Entfernung an den Stadtrand von Caen heran.

Hitler, der geschwankt hatte, wie am besten auf einen Angriff zu reagieren war, den er immer noch für ein Ablenkungsmanöver hielt, stimmte schließlich um 16 Uhr Rundstedts Vorschlag zu, zwei Panzerdivisionen in die Schlacht zu schicken, zusätzlich zur 12. und 21. SS-Panzerdivision, die bereits im Einsatz waren. Der Historiker Gerhard Weinberg führte dazu aus:

> Die Verstärkungen, die an die Invasionsfront tröpfelten, reichten nie aus, denn der Anmarsch sämtlicher Truppen wurde sowohl durch die alliierten Luftstreitkräfte als auch durch Sabotageakte der französischen Résistance und alliierter Spezialkommandos stark behindert. Die deutschen Panzerdivisionen erreichten nur langsam und eine nach der anderen die Front; in keinem Abschnitt gelang ihnen der Durchbruch, und zuletzt blieben sie im Stellungskrieg stecken, da keine Infanteriedivisionen präsent waren, die an ihre Stelle hätten treten können.[40]

Die alliierte Luftherrschaft über dem Kampfgebiet ließ bei Tageslicht nur noch sporadische Einsätze der deutschen Panzer zu. Doch 5 Panzerdivisionen der Reserve in Frankreich und 19 weitere Divisionen der 15. Armee, die 200 Kilometer weiter nordöstlich stationiert waren, harrten an

Ort und Stelle aus, um dort auf den «eigentlichen» Angriff am Pas de Calais zu warten. Bei Rundstedt und Rommel verstärkte sich allerdings die Gewissheit, dass die Normandie der wahre Schwerpunkt der Invasion war, während Hitler dies immer noch bezweifelte.

Die Invasionstruppen verloren am D-Day etwa 9000 Mann, von denen – was sehr ungewöhnlich war – mehr als die Hälfte getötet wurden. Unter den Gefallenen waren 2500 Amerikaner, 1641 Briten, 359 Kanadier, 37 Norweger, 19 «Freie» Franzosen, 13 Australier, zwei Neuseeländer und ein Belgier: insgesamt 4572 Soldaten. Air Chief Marshal Tedder hatte für die Fallschirmjägertruppen Verluste von 80 Prozent vorausgesagt, aber die tatsächlichen Verluste lagen bei 15 Prozent; das waren immer noch hohe, aber keine katastrophalen Verluste.[41] Der amerikanische Soldatenfriedhof in Colleville-sur-Mer oberhalb von Omaha Beach legt ein edles Zeugnis für diesen Opfergang ab.

Von entscheidender Bedeutung war, dass die deutschen Truppen in der Normandie zu wenig Verstärkung erhielten, was wiederum teilweise ein Erfolg der ausgeklügelten, aber niemals verdächtig einheitlichen Täuschungspläne war. «Die 7. Armee hatte alle größeren Einheiten ins Gefecht geworfen, die auf der Halbinsel Cotentin stationiert waren, und die Heranführung weiterer Einheiten aus der Bretagne und von anderswoher sollte Zeit benötigen», heißt es in einer Überblicksdarstellung.[42] Doch die Zeit war ein Gut, das auf deutscher Seite schnell aufgebraucht war: Falls man die Invasion nicht sofort ins Meer zurückdrängte, würden im Mulberry-Hafen von Arromanches – nur dieser eine war übriggeblieben, denn der andere, vor Omaha Beach liegende, war durch einen Sturm am 19. Juni weitgehend unbrauchbar geworden – bis zum 1. Juli gewaltige Verstärkungen an Land gehen, mehr als eine Million Mann, 150 000 Fahrzeuge und 500 000 Tonnen Nachschubgüter.[43]

Auch am D-Day kam es zu einem entschlossenen, von Bodentruppen vorgetragenen deutschen Gegenangriff, der aber von der alliierten Luftstreitmacht zurückgeschlagen wurde. Dem deutschen Heer fehlte es nach wie vor weder an der Fähigkeit noch am Willen, die Alliierten ins Meer zurückzutreiben, aber es wurde überwältigt von der Angriffswucht der britischen und amerikanischen Luftstreitkräfte, die die ohne Luftunterstützung operierenden Panzer von oben angriffen, wo sie am verwundbarsten waren. Der Bomberfeldzug gegen die Produktionsstätten der Luftwaffe und der Abnutzungskrieg gegen die dennoch fertiggestellten deutschen Kampfflugzeuge hatten sich in spektakulärer Manier ausgezahlt. (Noch vor dem Krieg hatte es Bestrebungen zur Errichtung unterirdischer deutscher Flugzeugfabriken gegeben, doch für dieses Vorhaben waren keine hinreichenden Mittel bereitgestellt worden.)

Die Nachricht von der Landung in der Normandie ließ bei den Menschen in den besetzten Ländern Europas eine plötzliche, überschießende Hoffnung aufkeimen. «Die Invasion hat begonnen!», schrieb Anne Frank kurz vor ihrem fünfzehnten Geburtstag im Dachboden-Versteck ihrer Familie in der Amsterdamer Prinsengracht in ihr Tagebuch.

> Das Hinterhaus ist in Aufruhr. Sollte denn nun wirklich die lang ersehnte Befreiung nahen, die Befreiung, über die so viel gesprochen wurde, die aber zu schön, zu märchenhaft ist, um je wirklich werden zu können? Sollte dieses Jahr, dieses 1944, uns den Sieg schenken? Wir wissen es noch nicht, aber die Hoffnung belebt uns, gibt uns wieder Mut, macht uns wieder stark.

In ihrem Fall erfüllte sich die Hoffnung nicht: Die Familie Frank wurde im August 1944 an die Gestapo verraten, und Anne starb Anfang März 1945 in Bergen-Belsen.

Nachdem die Landungstruppen die Strände hinter sich gelassen hatten und ins Hinterland vorgedrungen waren, fanden sich vor allem die Amerikaner zu ihrer Bestürzung inmitten des «Bocage» wieder: zwischen hohen, breiten, uralten (in manchen Fällen schon von den Wikingern angelegten) und dichten Reihen von Hecken auf Erdwällen, die den Verteidigern eine ideale Deckung boten. Der deutsche Widerstand vor allem rund um Caen (am 18. Juni) verhinderte die Einnahme durch Montgomerys Truppen, aber das amerikanische VII. Korps unter Generalmajor J. Lawton Collins nahm am 27. Juni nach fünftägigen schweren Kämpfen Cherbourg ein. Allerdings hatten die Deutschen dort zuvor die Hafenanlagen zerstört, sie konnten erst ab dem 7. August wieder genutzt werden. Die deutschen Truppen in Caen hielten die Stadt, die Montgomery als «Feuerprobe» dieser Schlacht bezeichnete, bis zum 9. Juli, und als sie schließlich fiel, war sie kaum mehr als ein Trümmerhaufen. (Was die Londoner *Evening News* nicht daran gehindert hatte, ihre Einnahme bereits am zweiten Tag der Invasion zu verkünden.) Basil Liddell Hart hatte deshalb Recht mit seiner Einschätzung des Unternehmens Overlord, als er schrieb: «Es war eine Operation, die zwar schließlich nach Plan verlief, aber nicht nach Zeitplan.»[44]

Aus deutscher Perspektive schrieb General Günther Blumentritt 1965 an einen Briefpartner, dass der deutsche Soldat «aufgrund der falschen Politik und dilettantischen Führerschaft Hitlers verblutet» sei. Gerade die Normandie sei verlorengegangen, weil «Hitler eine sture Verteidigung der Küste befahl. Das war auf einer Länge von 2000 Kilometern unmöglich», vor allem wenn man «die Luftüberlegenheit der Alliierten, die Materialmengen der Alliierten und die geschwächte deutsche Kampfkraft nach fünf Jahren Krieg» berücksichtige. Rundstedt, meinte Blumentritt, sei «ein Kavalier, ein Gentleman und Grandseigneur» mit einem weiteren Überblick als Hitler und Rommel gewesen. Rundstedt habe vorgehabt, alle französischen Gebiete südlich der Loire aufzugeben und eine Panzerschlacht mit sehr beweglichen Kräften rund um Paris auszutragen, aber Hitler und Rommel hätten dies verhindert, denn sie wollten «die Verteidigung mit allen Kräften am Strand und den Einsatz aller Panzertruppen an vorderster Front, an der Küste».[45]

Zeitpläne waren auch für die Deutschen von entscheidender Bedeutung, aber die schnellstmögliche Verstärkung der Verteidigungskräfte in der Normandie wurde massiv gestört, einerseits durch die Bomber der Alliierten, aber auch durch heldenhafte Widerstandsaktionen des französischen Maquis, der die Deutschen angriff und Brücken und Eisenbahnverbindungen auf dem Anmarschweg der Panzer zerstörte. Das führte zu fürchterlichen Repressalien. Die bekannteste Einzelmaßnahme ging auf das Konto der 15000 Mann starken 2. SS-Panzerdivision «Das Reich», einer Einheit, die durch Verluste und Verzögerungen bereits frustriert worden war, die sie bisher auf ihrem Weg von Montauban in Südfrankreich in die Normandie, wo es gegen die Invasoren gehen sollte, hatte hinnehmen müssen. Der 680 Kilometer lange, am 8. Juni begonnene Anmarsch dauerte drei volle Wochen, anstatt, wie erwartet, nach wenigen Tagen abgeschlossen zu sein, wenn die Division unbehelligt geblieben wäre. Für die Tötung von vierzig deutschen Soldaten in Kämpfen gegen französische Partisanen übte die Division «Das Reich» massive Vergeltung gegen die Zivilbevölkerung in der Kleinstadt Tulle, dem Verwaltungssitz des Departements Corrèze. «Als ich am 9. Juni 1944 vom Einkaufen nach Hause kam, fand ich meinen Mann und meinen Sohn tot vor, erhängt am Balkon unseres Hauses», berichtete eine Frau aus diesem Ort. «Sie waren zwei von hundert Männern, die die SS willkürlich herausgegriffen und kaltblütig ermordet hatte. Die Kinder und Ehefrauen wurden gezwungen zuzusehen, wie die Männer an den Lichtmasten und Balkonen vor ihren eigenen Häusern erhängt wurden. Was soll ich noch sagen?»[46]

Doch am nächsten Morgen sollte in dem kleinen Dorf Oradour-sur-Glane noch Schlimmeres geschehen. Eine Einheit unter dem Befehl von Major Adolf Diekmann ermordete 642 Menschen, darunter 190 Schulkinder; die Männer wurden erschossen, die Frauen und Kinder bei lebendigem Leib in der Kirche verbrannt, und das Dorf wurde dem Erdboden gleichgemacht. Max Hastings ist sich bei Berichten, nach denen die SS angeblich ein Baby lebendig in einem Ofen verbrannt haben soll, keineswegs ganz sicher, dass es sich um makabre Übertreibungen handelt. Das zerstörte alte Dorf kann heute besichtigt werden, als eindrückliche Erinnerung an unmenschliches Handeln von Menschen gegenüber Menschen. Doch Hastings betonte auch: «Es ist wichtig, sich daran zu erinnern, dass Oradour, auch wenn es ein außergewöhnlich schreckliches Ereignis während des Krieges im Westen war, in der Gesamtsicht nur ein unbedeutendes Beispiel für das war, was die Wehrmacht seit 1941 überall in Osteuropa getan hatte.» Einer von Diekmanns Offizieren – ein «Ostkämpfer» (Ostfront-Veteran) – vertraute sich einem ehemaligen Offizier der SS-Totenkopf-Division an: «In unseren Kreisen, Herr Müller, war das gar nichts.»[47]

«Ich bin sicherlich nicht brutal veranlagt», erklärte Hitler am 20. August 1942 in einem seiner Monologe bei Tisch, «aber in dem Punkt bin ich Vernunftsmensch. Ich habe mein eigenes Leben tausendmal eingesetzt; dass ich davongekommen bin, ist Glück.»[48] Der schwarze Engel, der über ihn wachte, leistete ihm mit Sicherheit niemals sonst einen besseren Schutzdienst als am Nachmittag des 20. Juli 1944. Bis dahin hatte Hitler behauptet, er sei «bei den beiden Attentaten, die sein Leben wirklich ernsthaft gefährdet hätten, nicht durch die Polizei, sondern durch ausgesprochene Zufälle gerettet worden». Beim ersten Mal hatte er am 9. November 1939 den Münchner Bürgerbräukeller zehn Minuten vor der eigentlich vorgesehenen Zeit verlassen, und beim zweiten Mal habe ihm ein Schweizer «drei Monate lang auf dem Berghof nachgestellt», ihn aber «bei seinen Spaziergängen zeitlich regelmäßig verfehlt». Hitler traf alle üblichen Sicherheitsvorkehrungen gegen Mordanschläge und sagte, er «halte es deshalb mit all seinen Ausfahrten so, dass er sie überraschend ausführe und die Polizei nicht verständige». Der Leiter seines Sicherheitskommandos, SS-Standartenführer Hans Rattenhuber, und sein Fahrer Erich Kempka hätten deshalb auch «die strikte Anweisung ..., seine Fahrten absolut geheimzuhalten ..., auch wenn noch so hohe Vorgesetzte von ihnen sie um Auskunft angingen».[49] Wenn er sich dennoch irgendwo sicher fühlte, galt das am ehesten für sein tief in den Wäldern Ostpreußens verstecktes Führerhauptquartier «Wolfsschanze» bei Rastenburg, das seinen Namen dem früheren parteiinternen Hitler-Decknamen «Wolf» verdankte.

Über die «Wolfsschanze» sagte Hitler am Abend des 26. Februar 1942: «Hier fühle ich mich gefangen, in diesen Löchern, schrecklich, kann ich gar nicht denken.»[50] Das mag erklären, warum man heute, wenn man die Überreste dieser Anlage besichtigt, überall drohende Echos hört. Jodl bezeichnete das Leben in der Wolfsschanze als «eine Mischung zwischen einem Kloster und einem Konzentrationslager». In dieser Kommandozentrale mit einer Fläche, die einundzwanzig Fußballfeldern entsprach und in der zweitausend Menschen arbeiteten, verbrachte Hitler mehr als 800 Tage seines 2067 Tage dauernden Krieges. Der «Führerbunker», Hitlers eigene Unterkunft, in deren Kartenraum er beständig hin und her hastete – «auf diese Weise komme ich zu meinen Ideen» –, hatte knapp zwei Meter dicke Betonwände, ein ausgefeiltes Lüftungssystem, ein elektrisches Heizungssystem, fließendes Warm- und Kaltwasser und eine Klimaanlage. In diesem Hauptquartier gab es neben zwei Flugfeldern, einem Kraftwerk, einem Eisenbahn-Haltepunkt, Garagen, Werkstätten und einem modernen Kommunikationssystem auch noch Saunen, Kinosäle und Teesalons.

Dönitz sagte viele Jahre nach dem Krieg:

> Als Konsequenz der Niederlage der U-Boote war die angloamerikanische Invasion in der Normandie im Juli [sic] 1944 ein Erfolg, und heute wissen wir eindeutig, dass wir keine Chance mehr hatten, den Krieg zu gewinnen. Aber was konnten wir tun?[51]

Die Antwort bestand für einige Angehörige des deutschen Oberkommandos – allerdings mit Sicherheit nicht für den unerschütterlich loyalen Dönitz – aus dem Versuch, Hitler zu ermorden. Zwischen Hitler und seinen Generälen hatte es eine gewisse latente Feindseligkeit gegeben, mit Ausnahme jener Phasen zu Kriegsbeginn, in denen Siege ebenso mühelos errungen wurden, wie die gegenseitige Bewunderung leichtfiel. «Der Generalstab ist der einzige Freimaurerorden, den ich noch nicht aufgelöst habe», sagte Hitler einmal, und bei anderer Gelegenheit: «Diese Herren mit den Purpurstreifen an den Uniformhosen sind mir manchmal sogar noch widerwärtiger als die Juden.»[52] Ab dem Zeitpunkt der gescheiterten Einnahme von Moskau im Dezember 1941 traten diese Antipathien wieder zutage, und als es dann endgültig so aussah, als sei der Krieg verloren, beschlossen einige der mutigeren Generäle, dass die Zeit zum Handeln jetzt gekommen war. Die Mehrheit der Verschwörer war jedoch von demokratischen Werten weit entfernt und versuchte einfach, einen inkompetenten Gefreiten zu beseitigen. Nach ihrer Einschätzung war dieser Mann das Haupthindernis für einen Verhandlungsfrieden, der wiederum Deutschlands einzige Hoffnung war, einer sowjetischen Besatzung zu entgehen.

Am 20. Juli 1944 um 12.42 Uhr detonierte eine von Oberst Claus Graf Schenk von Stauffenberg bei einer Lagebesprechung in einer der Baracken der Wolfsschanze abgestellte, knapp ein Kilo Sprengstoff enthaltende Bombe nur zwei Meter von Hitler entfernt, der gerade mit seinem Vergrößerungsglas einen Bericht der Luftaufklärung studierte. Stauffenberg benutzte dabei britische Zünder, weil sie ohne verräterisches Zischen funktionierten. Durch eine Reihe unvorhergesehener Zwischenfälle und Pannen war die Besprechung zunächst aus dem betonierten Führerbunker in eine Holzbaracke verlegt worden, die Bombe war nicht mehr direkt neben Hitler, sondern hinter einem massiven Tischbein platziert, und der Attentäter konnte aus Zeitnot nur einen von zwei Sprengsätzen scharfmachen, sonst hätte der Mordanschlag – einer von insgesamt siebzehn gegen Hitler gerichteten – vielleicht Erfolg gehabt. «Nun werfen die Schweine mit Bomben nach uns!», berichtete Hitler selbst über seine ersten Gedanken nach der Explosion, die seine Trommelfelle platzen ließ, den rechten Ellenbogen verletzte, ihm Schrammen und Schnittwunden an der Stirn und im Gesicht zufügte, seine Haare und Kleidung in Flammen setzte, seine Hose zerfetzte und im unteren Drittel beider Oberschenkel mehr als hundert Splitter, dafür aber keine schwereren Verletzungen hinterließ. Zu seiner Sekretärin Christa Schroeder sagte Hitler beim Mittagessen an jenem Tag: «Glauben Sie mir, das ist die Wende für Deutschland, jetzt wird es wieder bergauf gehen; ich bin froh, dass sich die Schweinehunde selbst entlarvt haben.»[53]

Um 14.30 Uhr erwarteten Hitler, Himmler, Keitel, Göring, Ribbentrop und Bormann am Bahnhof die Ankunft Mussolinis, dem Hitler zur Begrüßung die linke Hand reichte. Zu diesem Zeitpunkt hatte ein Feldwebel bereits über den eiligen Weggang des einarmigen Obersts aus der Konferenzbaracke berichtet – ohne seine gelbe Aktentasche, deren zerfetzte Reste in den Trümmern gefunden wurden. Generalmajor Rudolf Schmundt, der Chefadjutant der Wehrmacht bei Hitler und Chef des Heerespersonalamts, verlor das Augenlicht und erlitt schwere Verbrennungen; noch am 27. Juli zum General der Infanterie befördert, erlag er am 1. Oktober seinen Verletzungen. Seine Witwe bekam von Hitler eine angesichts der Begleitumstände etwas unsensible Beileidsbezeigung zu hören: «Sie erwarten wohl, dass ich Sie tröste. Aber Sie müssen mich trösten, denn es ist mein Verlust.»[54] Der Besprechungsraum, in dem die Bombe detonierte, ist nicht erhalten, aber am einstigen Standort der Baracke befindet sich heute ein Gedenkstein für Stauffenberg. (Die SS grub seinen nach der standrechtlichen Erschießung am 21. Juli um 1 Uhr nachts auf einem Friedhof in Schöneberg beerdigten Leichnam auf Himmlers Befehl wieder aus, und seine letzte Ruhestätte ist unbekannt.[55])

Churchill bezeichnete die Verschwörer des 20. Juli als «die Tapfersten der Tapferen», aber sie waren nicht viele, und die meisten von ihnen waren eher extreme deutsche Nationalisten als idealistische Demokraten, als die sie in Hollywood-Filmen dargestellt werden.[56] Zwar wurden 5764 Personen als Mitverschwörer der Attentäter vom 20. Juli verhaftet – und im darauffolgenden Jahr noch einmal eine fast ebenso große Zahl –, aber weniger als hundert von ihnen waren in einem solchen Umfang beteiligt, dass sie wussten, was unmittelbar bevorstand, obwohl so hochrangige Militärs zu ihrem Kreis zählten wie Generalfeldmarschall Erwin von Witzleben, General Erich Hoepner, General Friedrich Olbricht und Generalfeldmarschall Günther von Kluge.[57] Es ist eine Legende, dass die Verschwörer mit Klaviersaiten erhängt wurden, aber es trifft zu, dass die Hinrichtung (durch Strangulierung mit an Fleischerhaken aufgehängten Schlingen) gefilmt und der Film zu Hitlers Erbauung nach Rastenburg zur Wolfsschanze geschickt wurde.

Unklar ist nach wie vor, ob die Verschwörer wirklich auch für viele andere Menschen und nicht nur für sich selbst sprachen. Die politischen

Vorstellungen Helmuth James Graf von Moltkes für eine Nachkriegsdemokratie sahen Wahlen nur auf kommunaler Ebene vor. Claus von Stauffenberg und Carl Goerdeler wollten Deutschland in den Grenzen von 1939 wiederhergestellt sehen, die neben dem remilitarisierten Rheinland auch das Sudetenland umfassten. (Stauffenberg war alles andere als ein Musterdemokrat: Er hielt nichts von der «Gleichheitslüge», glaubte an «naturgegebene Ränge» und lehnte es deshalb auch ab, dass man ihn zwang, einen Eid auf den «Kleinbürger» Hitler abzulegen, den er schon aufgrund seiner Herkunft verachtete. Als Stabsoffizier einer leichten Panzerdivision 1939 in Polen im Einsatz, soll er die Polen als Pöbel von Juden und Mischlingen bezeichnet haben, die sich nur unter der Knute wohlfühlten. Er trug sogar bei seiner Hochzeit einen Stahlhelm.)[58] Andere Verschwörer wie zum Beispiel Ulrich von Hassell hielten eine Rückkehr zu den Grenzen des deutschen Kaiserreichs von 1914 für erstrebenswert, doch dazu zählten einst auch Gebiete, die inzwischen zu Polen und damit eben genau zum jenem Land gehörten, für das Großbritannien und Frankreich vorgeblich in den Krieg gezogen waren. Die künftige territoriale Zugehörigkeit von Elsass-Lothringen war ein weiterer umstrittener Punkt.

Die Hoffnungen der Verschwörer auf einen Friedensschluss mit Großbritannien litten unter einer Fehleinschätzung, denn Großbritannien konnte solche Entscheidungen inzwischen gar nicht mehr allein treffen. Der Krieg wurde jetzt von einer britisch-sowjetisch-amerikanischen Dreierkoalition geführt, und vor allem nach Präsident Roosevelts im Januar 1943 in Casablanca vorgetragener Forderung nach einer bedingungslosen Kapitulation Deutschlands war es undenkbar, dass Großbritannien hinter dem Rücken seiner Verbündeten in Verhandlungen mit irgendwelchen Deutschen eintreten könnte. Frank Roberts, ein hochrangiger Beamter in der Deutschland-Abteilung des britischen Außenministeriums, schrieb dazu in seiner Autobiografie: «Hätte Stalin den Eindruck gewonnen, dass wir Kontakte zu den deutschen Generälen unterhielten, deren wichtigstes Ziel es war, Deutschland vor Russland zu schützen, hätte er ohne Weiteres versucht sein können, sich um eine erneute Einigung mit Hitler zu bemühen.»[59]

Eine prägnante Zusammenfassung der Haltung der britischen Regierung hatte Sir D'Arcy Osborne beigesteuert. Als Papst Pius XII. ihm sagte, dass die deutschen Widerstandsgruppen «ihre Absicht, oder ihren

Wunsch, bestätigten, einen Regierungswechsel herbeizuführen», antwortete er: «Warum tun sie es dann nicht?» Dennoch bleibt auch fraglich, welche echte Unterstützung die Alliierten den Verschwörern tatsächlich hätten zukommen lassen können. Für logistische Unterstützung gab es kaum Bedarf, und moralische Unterstützung hatte nur einen geringen praktischen Nutzen. Alle Versprechungen hinsichtlich ihrer Einstellung zu einem Deutschland nach Hitler wären zwangsläufig von dessen innerer Verfasstheit abhängig gewesen, und britische Entscheidungsträger hatten die preußische Offizierskaste in den Jahren von 1914 bis 1918 gut genug kennengelernt und deshalb nicht allzu viel Vertrauen zu deren Bekenntnissen zur Demokratie. Der preußische Militarismus war für die Briten fast so unattraktiv wie der fanatische Nationalsozialismus, und nationalkonservative Deutsche waren für sie von Nationalsozialisten kaum zu unterscheiden. Man kann durchaus verstehen, warum Anthony Eden die Aussage zugeschrieben wird, dass die Verschwörer des 20. Juli «ihre eigenen Gründe für ihre Handlungsweise hatten und sicherlich nicht in erster Linie von dem Wunsch angetrieben wurden, unsere Sache zu unterstützen», so hart das im Rückblick auch klingen mag.

In diesem Licht betrachtet, wird die eher gleichgültige Haltung des Permanent Under-Secretary at the Foreign Office Alec Cadogan, des zweiten Mannes im britischen Außenministerium und Chefberaters des Ministers, erklärbar: «Die Deutschen vertrauen uns, wie üblich, die Aufgabe an, sie vor dem Nazi-Regime zu retten». Ähnlich vernichtend hatte er schon resümiert, als Goerdeler als Vorleistungen für eine Absetzung Hitlers im Dezember 1938 Danzig, Zugeständnisse bei den Kolonien und einen zinslosen Kredit in Höhe von 500 Millionen Pfund verlangt hatte. In sein Tagebuch hatte er damals geschrieben: «Wir sollen die Waren liefern, und Deutschland steuert die Schuldscheine bei.»[60] Im britischen Außenministerium teilte man damals diese Ansicht. Zu dem Thema, das Neville Chamberlain von «Hitlers Jakobiten» sprechen ließ, klagte Lord Halifax: «Die Deutschen wollen immer, dass wir ihre Revolutionen für sie machen.»

Eine Ermordung Hitlers hätte außerdem die Vorlage für eine perfekte Dolchstoßlegende geliefert, sobald Deutschland 1945 – oder später, wenn die Wehrmachtsspitze selbst den Krieg geführt hätte – besiegt war. Wie einst die falsche Legende von 1918, die die Schuld an der Niederlage im Ersten Weltkrieg nicht beim militärischen Zusammenbruch sah, sondern den Defätisten, Kapitalisten, Juden, Sozialisten, Aristokraten und Verrätern in der Heimat zuschrieb, hätte sich auch jetzt eine neue Legende entwickelt: Hitler sei genau zu dem Zeitpunkt ermordet worden, als er kurz davor stand, seine kriegsentscheidenden «Wunderwaffen» zur Vernichtung der alliierten Armeen einzusetzen, die er zuvor sechs Monate lang absichtlich gegen Deutschland habe vorrücken lassen, und die Täter seien eine Clique von Aristokraten, Liberalen, Christen und Kosmopoliten, deren Verrat offensichtlich sei, weil sie Hand in Hand mit dem britischen Geheimdienst zusammenarbeiteten. Es wäre eine Steilvorlage für revanchistische Bestrebungen gewesen, die in Deutschland möglicherweise auf lange Sicht erhebliche Wirkung erzielt hätte.

Die Alliierten mussten den Krieg natürlich erst noch gewinnen, aber er musste auch verloren werden, umfassend, an allen Fronten und von Hitler selbst. Sein Selbstmord im Bunker nach dem vollständigen Scheitern seiner Träume musste das letzte Kapitel dieser Geschichte werden, er war die entscheidende Voraussetzung für das anständige, friedliebende Deutschland, das wir heute kennen.[61] Wäre Hitler von den Verschwörern im Juli 1944 getötet worden – mit oder ohne britische Hilfe – und wäre danach ein Verständigungsfrieden geschlossen worden, dann hätten sich die Deutschen bis heute immer wieder gefragt, ob Hitler den Krieg wohl gewonnen hätte. Es wäre immer ein nagender Zweifel geblieben, ob Hitler nicht kurz vor seinem größten Meisterstück gestanden hatte – in einer Laufbahn, in der ihm so viele überraschende Erfolge gelungen waren. Weiterhin ist zu bedenken: Wäre einer deutschen Regierung nach Hitler als Teil eines Friedensabkommens die Besatzungsherrschaft der Alliierten erspart geblieben, ist nicht gesichert, ob die volle Wahrheit über den Holocaust jemals auf die dramatische, unleugbare Art enthüllt worden wäre, wie es dann geschah.

Außerdem bleibt zweifelhaft, ob Hitlers Tod im Sommer 1944 den Krieg zwangsläufig verkürzt hätte. Der Historiker Peter Hoffmann schrieb dazu: «Göring hätte versucht, alle Kräfte des Staates zu mobilisieren – durch einen Appell an die völkischen und nationalsozialistischen Ideale, durch einen Schwur, das Vermächtnis des Führers zu erfüllen, und mit einer Verdopplung der Anstrengungen, den Gegner im Kampf zum Stehen zu bringen.» Hätte Göring oder, was wahrscheinlicher gewesen wäre, Himmler, der die SS kontrollierte, die Macht übernommen und die zahlreichen strategischen Fehler nicht begangen, die Hitler in den letzten

Kriegsmonaten unterliefen, hätte Deutschland vielleicht sogar noch länger weitergekämpft. Vor dem Juni 1944 hatte Deutschland den Alliierten sehr viel größeren Schaden zugefügt als umgekehrt. Ein Verhandlungsfrieden hätte das deutsche Volk davonkommen lassen, er hätte allerdings auch Millionen von Menschenleben in Europa und, weil er vermutlich den Krieg gegen Japan verkürzt hätte, auch im Fernen Osten gerettet. Doch der Abschluss eines Waffenstillstands, der auf dem nachweislichen Trugschluss beruhte, der Krieg sei vom Willen eines einzigen Mannes ausgelöst und geführt worden und nicht mit der uneingeschränkten Unterstützung und Begeisterung des deutschen Volkes, hätte wohl kaum zur dauerhaftesten und stabilsten Friedenszeit geführt, die es in Europa je gegeben hat.

Churchill warnte das britische Kriegskabinett am 24. Juli 1944, dass «jederzeit Raketen starten können», und bezog sich damit auf die deutsche «Wunderwaffe», die überschallschnelle V-2-Rakete. Deren Vorläufer, die V1, hatte den Süden Englands sechs Wochen lang in Furcht und Schrecken versetzt, obwohl 58 der insgesamt 92 Abschussvorrichtungen beschädigt worden waren. Nach Brookes ermutigendem Überblick zum Feldzug in der Normandie berichtete Churchill über seine Reise nach Cherbourg, Arromanches und Caen in den zurückliegenden drei Tagen, wie in den stichwortartigen Protokollnotizen festgehalten ist: «Sah sehr viele Soldaten – noch nie eine so glückliche Armee gesehen – großartig aussehende Armee – wollen nur gutes Wetter. Führte lange Gespräche mit M[ontgomery] – ist in Gesellschaft von Kanarienvögeln – zwei Hunden – sechs zahmen Kaninchen – spielt mit Hunden – fürchterliche Bombardierung von Caen ... bemerkenswerte Minenräumung im Hafen von Cherbourg.»[62] Nach all diesen Details über Montgomerys Privatzoo hielt Admiral Cunningham in seinem Tagebuch fest: «PM war von seinem Besuch in Frankreich sehr angetan und wollte lieber reden als zuhören.»[63] Aber ein Unterschied zwischen Churchill und Hitler war, dass Churchill zuhören konnte und tatsächlich auch um Neuigkeiten und Ratschläge bat, die ihm nicht gefielen. Nach dem Bombenanschlag neigte Hitler noch mehr dazu, den Wahrheitsgehalt dessen, was ihm seine Generäle vortrugen, anzuzweifeln, weil er den Verdacht hegte, dass sehr viel mehr von ihnen in die Verschwörung verwickelt gewesen waren, als in Wirklichkeit der Fall gewesen war.

Bis zum 24. Juli 1944 hatten die Alliierten in Frankreich 122 000 Tote,

Verwundete oder Gefangene zu verzeichnen, während die deutschen Verluste sich auf 114 000 Mann beliefen (einschließlich der 41 000 in Gefangenschaft geratenen Soldaten). Den Oberbefehl über die Verteidiger übernahm der äußerst kompetente, robuste und aggressive Generalfeldmarschall Günther von Kluge. Er hatte sich bis zum Sommer 1944 von einem schweren Autounfall an der Ostfront erholt, jetzt hatte er von Hitler Rundstedts Posten übertragen bekommen und zeitweise auch Rommels Aufgaben übernommen, als dieser am 17. Juli nach einem Tieffliegerangriff auf sein Fahrzeug mit einem Schädelbruch ausfiel. Die Operation Overlord war jetzt beendet, die nächste Phase der Invasion erhielt den Codenamen «Operation Cobra» und sollte den Ausbruch aus den inzwischen miteinander verbundenen Landeköpfen in südlicher und östlicher Richtung nach Zentralfrankreich bringen. Den Dreh- und Angelpunkt würden dabei die 2. britische und die 1. kanadische Armee östlich von Caen bilden, die die deutsche Hauptstreitmacht binden sollten, während der Auftrag für Omar Bradleys 1. und Pattons 3. US-Armee lautete, kühne Vorstöße weit ins Land hinein zu unternehmen.

Die Offensive der Alliierten begann mit einem Flächenbombardement von Saint-Lô und Gebieten westlich dieser Kleinstadt, bei dem Spaatz' schwere Bomber 4200 Tonnen Sprengbomben abwarfen. (Zu früh abgeworfene Bomben töteten rund 500 Amerikaner, unter anderem auch Generalleutnant Lesley J. McNair, den Oberbefehlshaber der US-Bodentruppen, dessen Leichnam nur anhand der drei Sterne auf dem Kragenspiegel identifiziert werden konnte.) Hitler gab Kluge am 27. Juli zwar einige Divisionen der 15. Armee frei, aber die Amerikaner stießen durch Lücken vor, die das Bombardement in die deutschen Verteidigungslinien gerissen hatte, und Collins' VII. Korps nahm zum Monatsende Avranches ein. Das ermöglichte den Amerikanern Vorstöße nach Westen in die Bretagne hinein und nach Osten in Richtung Le Mans; hier zeigte sich, wie richtig Pattons Feststellung vor Soldaten der 3. Armee am Vorabend der Schlacht war, dass «Flanken etwas sind, um das sich der Feind Sorgen macht, wir nicht».[64] Ein Gegenangriff in Mortain, den Hitler von Kluge verlangte und auf dessen Fortsetzung er auch noch zwei volle Tage lang bestand, nachdem er durch die Royal Air Force am 8. August vereitelt worden war, kam zum Erliegen. Dies brachte einen großen Truppenverband in die Gefahr, von den Amerikanern aus Richtung Südwesten und von den Briten und Kanadiern von Norden her umzingelt zu werden. Ort des Geschehens war ein etwa 30 Kilometer breiter und 15 Kilometer tiefer Bereich, der sogenannte Kessel von Falaise, der noch eine Öffnung, einen Korridor hatte.

Eine bessere Kommunikation – und ein besseres persönliches Verhältnis – hätte vielleicht zu einem noch größeren Sieg an diesem Korridor geführt, als ihn die Truppen von Montgomery, Bradley und Patton in den Tagen vom 13. bis 19. August erkämpften. Kluge hatte am 16. August einen vollständigen Rückzug aus dem Kessel befohlen und Jodl im OKW gewarnt: «Es wäre ein katastrophaler Fehler, Hoffnungen zu pflegen, die nicht erfüllt werden können. Keine Macht der Welt kann sie verwirklichen, auch keine Befehle, die man ausgibt.»[65] Die Panzergruppe West, bestehend aus der 7. und 5. Panzerarmee, verlor etwa 50 000 Mann (Gefallene, Verwundete und Gefangene), die Verluste der Alliierten in Falaise betrugen 29 000 Mann.[66] Eisenhower inspizierte den Kessel achtundvierzig Stunden nach dem Ende der Schlacht und beschrieb das Gesehene später so:

> Das Schlachtfeld von Falaise war fraglos einer der größten «Vertilgungsplätze» aller Kriegsgebiete. Straßen, Chausseen und Felder waren dermaßen mit zerstörtem Material, mit Gefallenen und Tierkadavern übersät, dass man sich durch dieses Gebiet nur unter äußersten Schwierigkeiten einen Weg bahnen konnte. ... Ich sah Bilder, die nur ein Dante schildern könnte. Man ging stellenweise buchstäblich Hunderte von Metern weit nur auf abgestorbenem und verwesendem Fleisch.[67]

Die Kampfbomber der Alliierten flogen täglich dreitausend Einsätze, und aus dem Kessel entkamen nur noch die schlimm zugerichteten Überreste der bis dahin so kampfstarken deutschen 5. und 7. Panzerarmee und der Panzergruppe Eberbach.

Immerhin 20 000 deutschen Soldaten gelang der Rückzug mitsamt ihren 8,8-cm-Geschützen, was jedoch die Ablösung Kluges durch Generalfeldmarschall Model am 17. August nicht verhinderte. Montgomery und Bradley beschuldigten sich nach dem Krieg im Zusammenhang mit Falaise wechselseitig der übermäßigen Vorsicht, aber Kluges Niederlage dort ermöglichte den Alliierten den Durchbruch bis zur Seine und die Befreiung von Paris – wo am 23. August ein Aufstand begonnen hatte – bereits am 25. August. Nur eine der neunundvierzig an der Invasion in der Normandie beteiligten Divisionen bestand aus Franzosen, die 2e Division Blindée (2. Panzerdivision) unter dem Befehl von General Leclerc (so lautete der *nom de guerre* von Vicomte Jacques Philippe de Hautecloque). Beim Kampf um die Schließung des deutschen Fluchtkorridors aus dem Kessel schlug sich die Division sehr tapfer, und als Teil der 5. US-Armee überließ man ihr die Ehre, als erste Einheit der Befreier in Paris einziehen zu dürfen, was allerdings beim politischen Führer des Freien Frankreich, General de Gaulle, keinerlei wahrnehmbare Geste der Dankbarkeit auslöste.

De Gaulle begab sich 1956 mit seiner Frau auf eine Pazifik-Kreuzfahrt, und mit dabei war auch eine Entourage, zu der neben anderen der AFP-Journalist Jean Mauriac gehörte, der Sohn des katholischen Romanciers und Literatur-Nobelpreisträgers von 1952, François Mauriac. Als der Mauriac-Sohn fragte, ob de Gaulle das schönste Lied von Charles Trenet kenne, «Douce France», erwiderte dieser: «‹Douce France›? An *la France* ist nichts *douce!*»[68] De Gaulles eigene leidenschaftliche Reden zur Verteidigung Frankreichs, eines Landes, das er durch seinen Mut und seine Entschlossenheit praktisch im Alleingang rettete, hatten sicherlich nichts Freundliches oder Sanftes an sich gehabt. Es traf ohne jede Einschränkung zu, dass er den *Anglo-Saxons* mitunter wie ein Ungeheuer an Kompromisslosigkeit und Undankbarkeit vorkam, aber er hatte die Selbstachtung seines Landes zu verteidigen, was ihm vorzüglich gelang. Das Churchill zugeschriebene Zitat, das schwerste Kreuz, das er während des Krieges zu tragen gehabt habe, sei das Lothringerkreuz gewesen, stammt nicht von ihm selbst, sondern von de Gaulles Verbindungsoffizier, General Louis Spears, der de Gaulle besser kannte als jeder andere Engländer.[69] Doch selbst Spears empfand große Bewunderung für de Gaulle, die allerdings durch ständige Irritationen gedämpft wurde.

Die Beispiele für de Gaulles Undankbarkeit gegenüber den Briten, seinen Gastgebern in Kriegszeiten, sind Legion. «Sie denken, ich hätte ein Interesse daran, dass England den Krieg gewinnt?», sagte er einmal zu Spears. «Das habe ich nicht. Mich interessiert nur ein Sieg Frankreichs.» Als Spears den logischen Einwand «Das ist dasselbe» vorbrachte, erwiderte de Gaulle: «Überhaupt nicht; meiner Ansicht nach überhaupt nicht.» Einen kanadischen Offizier, der ihn kurz vor der Invasion in der Normandie gefragt hatte, ob er sich den Freien Franzosen anschließen könne, sich dabei aber auch als probritisch bekannt hatte, schnauzte de

Gaulle an: «Ich verachte die Engländer und die Amerikaner, verstehen Sie, ich verachte die Engländer und die Amerikaner. Hinaus!»[70] De Gaulle biss in den Jahren von 1940 bis 1944 immer wieder gerne die Hand, die ihn nährte. Am 14. Juni 1944, über eine Woche nach dem D-Day, betrat er erstmals seit 1940 wieder französischen Boden, und auch das nur für einen eintägigen Besuch in Bayeux, von wo aus er nach Algier flog, um erst am 20. August wieder nach Frankreich zurückzukehren. Unterdessen war Pattons 3. Armee Ende Juli aus Avranches ausgebrochen und durch die Bretagne vorgestoßen. Die französische Résistance, die Résistants und Maquisards – eine unabhängig von de Gaulles Freien Französischen Streitkräften gebildete Organisation –, leistete tapfere und wichtige Unterstützungsarbeit für die Alliierten, vor allem bei der Störung deutscher Gegenangriffe, aber de Gaulle war daran von seinem nordafrikanischen Stützpunkt aus kaum beteiligt.

Generalleutnant Dietrich von Choltitz, der Wehrmachtsbefehlshaber von Paris, traf unterdessen die historische und humane Entscheidung, Paris nicht in Brand zu stecken. «Die Seine-Brücken sind zur Sprengung vorzubereiten. Paris darf nicht oder nur als Trümmerfeld in die Hand des Feindes fallen»,[71] hatte Hitler dem Stadtkommandanten Choltitz befohlen, keine einzige Kirche und kein Kulturdenkmal dürfe übrigbleiben. Das deutsche Oberkommando stellte eine Liste mit siebzig Brücken, Fabriken und Bauwerken von nationaler Bedeutung zusammen – dazu gehörten unter anderem auch der Eiffelturm, der Arc de Triomphe und die Kathedrale Notre-Dame –, die zerstört werden sollten. Hitler fragte später wiederholt bei seinem Stabschef nach: «Brennt Paris?» Doch Choltitz ignorierte diese barbarischen Anweisungen ganz bewusst, und die Deutschen führten deshalb in der französischen Hauptstadt nicht die Vernichtungsschlacht, die sie zu dieser Zeit noch in Warschau begannen, wodurch 200 000 Polen umkamen und die Stadt völlig zerstört wurde. Choltitz dagegen kapitulierte und begab sich mit seinen Männern in die Gefangenschaft, sobald er das nach dem Eintreffen regulärer alliierter Truppen unter würdevollen Bedingungen tun konnte. Dem schwedischen Diplomaten, der das Abkommen aushandelte, sagte er, er wolle nicht als der Mann in die Geschichte eingehen, «der Paris zerstörte».

General Leclercs Einheit hatte bei der Befreiung von Paris nur 76 Gefallene zu beklagen, beim Aufstand waren allerdings 1600 Einwohner der Stadt getötet worden, darunter auch 600 an den Kämpfen nicht beteiligte

Personen. Heute sind die Orte, an denen einzelne Soldaten und Résistants fielen, überall in der Stadt gekennzeichnet, und niemand möchte ihre große Tapferkeit und Selbstaufopferung herabsetzen. Es bleibt jedoch die Tatsache, dass Leclercs Einheit nur deshalb für die Befreiung der französischen Hauptstadt eingesetzt wurde, weil Eisenhower die 2. französische Panzerdivision bei den sehr viel größeren Schlachten entbehren konnte, die sich zur gleichen Zeit überall in Nord- und Südfrankreich entwickelten, Schlachten, die von britischen, amerikanischen und kanadischen Divisionen gegen deutsche Eliteeinheiten ausgetragen wurden. De Gaulle hatte Eisenhower darum gebeten, den französischen Truppen aus politischen und aus Prestigegründen zu gestatten, als Erste in die Stadt einzuziehen; der alliierte Oberbefehlshaber stand zu seinem Wort und gab Leclerc am 22. August den Befehl, auf Paris vorzurücken. De Gaulle wies Leclerc an, vor den Amerikanern dort zu sein, und Eisenhower kam erst am 27. August in die Hauptstadt, weil er de Gaulle nichts von seinem frischen Ruhm wegnehmen wollte.

Der Hinweis, dass Paris, wie zuvor bereits Rom, für die Alliierten kein vorrangiges militärisches Ziel war, während es auf politischer Ebene anders aussah, hat eine gewisse Berechtigung, und damit lagen die Verantwortlichen richtig. Der Historiker Ian Ousby schrieb in seiner Geschichte der Besatzungszeit: «Die Zusammenballung von Menschen wie auch von Kulturdenkmälern in Paris schloss Bombardements aus der Luft und schweren Artilleriebeschuss aus, deshalb würde die Einnahme der Stadt Zeit und Leben kosten, und das bei einem Feldzug, der bereits hinter dem Zeitplan zurücklag und hohe Verluste gefordert hatte. Außerdem war die Einnahme von Paris unter taktischen Gesichtspunkten nicht dringend erforderlich.» General Omar Bradley tat Paris in seinen Kriegserinnerungen als «Bleistift-und-Tinte-Angelegenheit auf der Landkarte» ab.

Die ersten von Leclercs Panzern (es waren von Amerika gespendete Shermans) rollten am Freitag, dem 25. August, um 9.30 Uhr die Rue de Tivoli hinunter. In der von Leclerc und Choltitz noch am Nachmittag jenes Tages unterzeichneten Kapitulationsurkunde wurden Großbritannien und die Vereinigten Staaten nicht erwähnt; die deutschen Streitkräfte ergaben sich offiziell allein den Franzosen. De Gaulle hielt bald nach seiner Ankunft in Paris im Rathaus eine Rede, bei der er proklamierte, Paris sei «von seiner eigenen Bevölkerung befreit worden, mit Hilfe der Armeen

Frankreichs, mit Hilfe und Unterstützung ganz Frankreichs, das heißt: des kämpfenden Frankreich, das heißt: des wahren Frankreich, des ewigen Frankreich.» Der Beitrag der Alliierten wurde in einem Nebensatz abgehandelt. Am nächsten Morgen, am 26. August 1944, führte de Gaulle eine Siegesparade an, die vom Arc de Triomphe über die Champs-Elysées zu einem Dankgottesdienst in der Kathedrale Notre-Dame führte. Als sich Georges Bidault, der Vorsitzende des Widerstandsparlaments Conseil National de la Résistance (CNR), bei der Parade neben de Gaulle stellen wollte, zischte dieser ungehalten: «Etwas weiter nach hinten, bitte.»[72] Der Ruhm sollte de Gaulle allein gehören.

16

Von Westen her

August 1944 – März 1945

> «Herr Hitler schrieb es der Vorsehung zu, dass er der Bombe am 20. Juli entging. Ich glaube, vom rein militärischen Standpunkt aus betrachtet, können wir alle seiner Meinung sein, denn es wäre für die Alliierten höchst fatal gewesen, wenn sie in den abschließenden Phasen des Kampfes dieser Art militärischer Genialität beraubt worden wären, durch die Korporal Schickelgruber so merklich zu unseren Siegen beigetragen hat.»
>
> *Winston Churchill im britischen Unterhaus,*
> *28. September 1944*[1]

Die westlichen Alliierten benötigten nach der Landung in der Normandie noch elf Monate, bis es gelang, die Wehrmacht zur Kapitulation im Westen zu zwingen, sie hatten dabei oft einen fanatischen Widerstand zu überwinden und bekamen es mindestens bei einer Gelegenheit – bei der Ardennenoffensive – mit einem energischen und ernstzunehmenden Gegenangriff zu tun. Doch allen Deutschen, die ihren Verstand zu gebrauchen wussten, war spätestens nach der Vernichtung der Heeresgruppe Mitte im Osten und dem Fall von Paris im Westen klar, dass der Krieg verloren war. Einige hochrangige deutsche Offiziere hatten ihre Einschätzung zur weiteren Entwicklung des Krieges deutlich gemacht, indem sie ein Bombenattentat auf Hitler verübten, während sie in den Zeiten, in denen Deutschland Siege gelangen, wenig Neigung zur Verschwörung erkennen ließen. Es war die Nachricht von der großen Invasion der Alliierten in Südfrankreich, Operation Anvil, am 15. August 1944, bei der allein am ersten Tag 86 000 Soldaten an Land gingen, die Generalfeldmarschall Günther von Kluge davon überzeugt hatte, dass er seine Soldaten aus dem Kessel von Falaise zurückziehen musste. Die Gerüchte von geheimen «Wunderwaffen» mochten in manchen Fällen jetzt noch die einfachen Soldaten begeistern, doch das Offizierskorps wusste im Allgemeinen zu gut Bescheid, um auf solche Dinge zu vertrauen. Der Glaube an den «Führer» und den «Endsieg» schien in der Wehrmacht sogar kontinuierlich abzunehmen, je weiter es in der Rangordnung nach oben ging, eine Ausnahme bildete dabei nur eine sehr kleine Gruppe von fanatischen Nazi-Generälen wie Walter Model, Ferdinand Schörner und Lothar Rendulic.

Das Argument der Nazis, sie hätten weiterkämpfen müssen, um barbarische sowjetische Übergriffe gegen ihre Frauen und Töchter zu verhindern, traf in einem gewissen Umfang zu, aber eben nur für den Osten. Warum das Oberkommando der Wehrmacht auch nach Overlord so erbittert an beiden Fronten weiterkämpfen ließ, versucht Max Hastings damit zu erklären, dass die deutschen Generäle – ob sie nun SS-Offiziere, preußische Aristokraten, Berufssoldaten oder bloße Funktionäre waren – «jedes zusammenhängende Nachdenken über die Zukunft aufgaben und nur noch die unmittelbaren militärischen Tätigkeiten ausführten, die ihnen so vertraut waren».[2] Das war mit Sicherheit sehr viel einfacher, als selbständig zu handeln, zumindest in der Zeit, als sie nach dem Attentat vom 20. Juli alle unter Verdacht gerieten und als das Scheitern der Verschwörung Hitlers Unverwundbarkeit zu bestätigen schien. Außerdem war ihnen bewusst, wie tief sie selbst in die Verbrechen des Naziregimes verstrickt waren.

Wie gut die deutschen Generäle über Kriegsverbrechen vor allem an der Ostfront informiert und inwieweit sie selbst daran beteiligt waren, wurde durch eine umfangreiche Abhöraktion enthüllt, die der britische Secret Intelligence Service (SIS) in den Jahren von 1942 bis 1945 unternahm. Eine Abteilung des SIS mit der Bezeichnung MI19 schnitt insgeheim die erstaunliche Zahl von 64 427 Gesprächen zwischen gefangenen deutschen Generälen und anderen hochrangigen Offizieren mit, ohne dass die Betroffenen davon wussten – ja sogar, ohne dass sie jemals einen entsprechenden Verdacht schöpften. Aus diesen Gesprächen erschließt sich, was hochrangige Militärs im Oberkommando der Wehrmacht insgeheim über den Krieg, Hitler, die Nazis und übereinander dachten. Sie widerlegen außerdem umfassend die in der Nachkriegszeit aufgestellten Behauptungen hochrangiger Wehrmachtsoffiziere, sie hätten nicht gewusst, was mit den Juden, Slawen, Zigeunern, geistig Behinderten und anderen als «lebensunwertes Leben» oder «Untermenschen» bezeichneten Gruppen geschah, denn solche Verbrechen seien ausschließlich von der SS begangen worden.

Das Combined Services Detailed Interrogation Centre (CSDIC) war in Trent Park untergebracht, einem wunderschönen, einst im Besitz der Familie Sassoon befindlichen Anwesen in der Nähe von Cockfosters im Norden von London. Gefangene deutsche Generäle wurden zur Internierung dorthin gebracht, unter anderen auch General Wilhelm von Thoma, der bei El Alamein gefangen genommen worden war, General Hans-Jürgen von Arnim, den man in Tunesien «eingesackt» hatte, und General Dietrich von Choltitz aus Paris. Es war eine riesige, hochgeheime Operation, an der mehrere Hundert Personen als Stenografen, Transkriptoren, Übersetzer und Aufnahmetechniker beteiligt waren, ganz zu schweigen von Lockvögeln und Agents Provocateurs, deren Aufgabe darin bestand, Gespräche zwischen den gefangenen Generälen und Obersts anzuregen oder zu beleben.[3]

Man gab sich die größte Mühe, um die Deutschen in einem der zwölf Räume im Gemeinschaftsbereich des Hauses, die sehr geschickt mit Abhöreinrichtungen ausgestattet worden waren, miteinander ins Gespräch zu bringen. Luftwaffenkommandeure wurden mit Heeresgenerälen zusammengebracht; Zeitungen und Radios lieferten Nachrichtenschnipsel vom Kriegsgeschehen; gelegentlich sprach Lord Aberfaldy – ein CSDIC-Agent, der sich als Sozialdienstbeamter von Trent Park ausgab – Themen an, von denen sich der britische Geheimdienst erhoffte, dass sie Debatten auslösen würden, sobald der eigene Mann den Raum verließ. Der erstaunliche Erfolg der Operation lässt sich an der bloßen Zahl der Aufzeichnungen ebenso ermessen wie an der extremen Freimütigkeit, mit der diese Gespräche geführt wurden. Der britische Geheimdienst hoffte natürlich, dass man durch die Abhöraktion operative Geheimnisse entdecken würde, die durch persönliche Verhöre nicht aufzudecken waren, aber die

Lauscher bekamen auch Beweise für systematisch – vor allem im Osten – begangene Kriegsverbrechen zu hören. Die meisten der in Trent Park festgehaltenen Generäle waren zwar in Nordafrika, Italien und Frankreich gefangen genommen worden, aber es wurde dennoch deutlich, dass sie sehr gut über das gesamte Geschehen im Reichsgebiet wie auch in den vom Reich besetzten Gebieten informiert waren.

In Trent Park und den beiden damit verbundenen Abhörzentren waren insgesamt 10 191 deutsche und 567 italienische Kriegsgefangene untergebracht. Einige der ursprünglich auf Grammophonplatten aufgezeichneten Gespräche füllten in transkribierter Form nur eine halbe Seite – das längste umfasste dagegen einundzwanzig Seiten –, aber diese Offiziere sprachen sich mit ihren Äußerungen selbst ihr Urteil. Selbst Choltitz, der zuvor noch als «guter» Deutscher galt, seit er sich Hitlers Befehl verweigert hatte, Paris zu zerstören, war auf der Krim in die Ermordung von Juden verstrickt gewesen.[4] Ein paar Generäle hatten eine recht akzeptable, wenn auch alles andere als heldenhafte Bilanz vorzuweisen. Thoma beispielsweise hatte an der Ostfront eine Panzerdivision befehligt, bevor er nach Nordafrika versetzt wurde und dort in Gefangenschaft geriet. Er erzählte im Januar 1943 dem nazifreundlichen General Ludwig Crüwell, der hinter den britischen Linien abgeschossen worden war, von einem Gespräch mit Stabschef Halder, in dem es um Grausamkeiten ging. Dabei habe er gesagt «... dass ich mich schäme, überhaupt Offizier zu sein», worauf Halder erklärt habe: «Das ist eine politische Sache, die geht mich gar nichts an.» Worauf er seine Beschwerde schriftlich beim Oberbefehlshaber des Heeres, Generalfeldmarschall Walther von Brauchitsch, vorlegte: «In seinen Augen habe ich gleich gewusst, was los ist – ... ‹Wollen Sie das weitergeben?› Also hat er gesagt: ‹Pass auf, wenn du das weitergibst, dann weiß man nicht, wie es passiert.›» Über diejenigen, die der Ansicht waren, Hitler habe von solchen Dingen nichts gewusst, sagte Thoma: «Selbstverständlich weiß er es – genau. Der freut sich innerlich. ... Natürlich können die Leute nicht krawallisieren, dann werden sie bloß eingesteckt und geschlagen.»[5] Das wäre nicht geschehen, wenn sie einfach ihr Offizierspatent zurückgegeben hätten, doch das tat weder Thoma noch irgendein anderer seiner Generalskollegen.

Die Wahrheit über das, was den Polen, Russen und insbesondere den Juden widerfuhr, war in den «privaten» Gesprächen, die in Trent Park geführt wurden, allgemein bekannt. Um nur ein beliebiges Beispiel herauszugreifen: Generalleutnant Heinrich Kittel, der ehemalige Kommandant von Metz und Kommandeur der 462. Volksgrenadier-Division, sagte im Dezember 1944 zu Generalmajor Paul von Felbert, dem ehemaligen Kommandanten der Feldkommandantur 560 Besançon: «Ich habe Sachen erlebt! ... Also zum Beispiel in Lettland, bei Dünaburg, da sind also Massenerschießungen von Juden gewesen. Das waren SS oder SD. Der SD war mit ungefähr fünfzehn Mann da, und da waren, sagen wir mal, sechzig Letten da, die ja bekanntlich als die rohesten Menschen der Welt gelten. Da liege ich in der Früh am Sonntag im Bett, und da höre ich immer zwei Salven und dann noch hinterher so Kleingewehrfeuer.» Als Kittel nachforschte, sah er «Männer, Frauen und Kinder, abgezählt, die wurden splitternackt ausgezogen, dann haben die Henker erst mal die ganzen Kleider auf einen Haufen gelegt. Dann mussten sich zwanzig Frauen an den Grubenrand hinstellen, nackend, wurden abgeschossen und fielen hinunter.» Auf Felberts Nachfrage: «Wie wurde das gemacht?» antwortete Kittel: «Mit dem Gesicht zur Grube, und da traten zwanzig Letten dahinter an und schossen einmal mit dem Gewehr denen einfach in den Hinterkopf rein, ... und dann fielen die vorne runter, in die Grube hinein.»[6]

Kittel gab nach seinen eigenen Worten einen Befehl aus, mit dem er «ein für alle Male» verbot, «dass da draußen diese Erschießungen sind, wo man zuschauen kann». Einen SD-Mann ließ er wissen: «Wenn ihr die Leute im Wald erschießt oder irgendwo, wo es niemand sieht, das ist eure Sache. Aber das verbiete ich einfach, dass da noch ein Tag geschossen wird. Wir beziehen das Trinkwasser aus Tiefbrunnen, wir kriegen lauter Leichenwasser dort.» «Was haben sie mit den Kindern gemacht?», wollte Felbert wissen, worauf Kittel «sehr erregt», wie es in der Mitschrift heißt, antwortete: «Kinder, dreijährige Kinder, so oben am Schopf genommen, so hochgehalten und mit der Pistole abgeschossen, und dann haben sie sie hineingeworfen. Das habe ich selbst gesehen. Da konnte man zusehen.» Ein weiterer Gesprächsteilnehmer, Generalleutnant Hans Schaefer, ehemaliger Kommandeur der 244. Infanteriedivison (und Ende August 1944 in Marseille gefangen genommen), fragte Kittel: «Weinten die also? ... Ahnen die Leute, was ihnen bevorsteht?» «Die wissen genau, die sind apathisch», antwortete Kittel. «Ich habe keine feinen Nerven, aber solche Dinge, da dreht es mir ja auch den Magen um.» Später jedoch sinnierte er: «Wenn man alle Juden der Welt gleichzeitig umbringen würde, dann würde kein Ankläger mehr auftreten» und «Na ja, diese Juden sind ja die

Pest des Ostens gewesen! Man hätte sie auf ein Territorium zusammentreiben und einer nützlichen Beschäftigung zuführen sollen». «Was wurde aus den jungen hübschen Mädchen? Wurden die zu einem Harem zusammengestellt?», fragte Felbert, als sich das Gespräch den Konzentrationslagern zuwandte. «Ich habe mich nicht darum gekümmert. Ich habe nur gefunden, sie sind dann schon vernünftiger geworden. ... Die Weibersache, das ist ein ganz düsteres Kapitel. ... Sie ahnen nicht, was an Gemeinheit und Dummheit geleistet wird.»[7] In einem weiteren Gespräch, das zu einem späteren Zeitpunkt am gleichen Tag geführt wurde, sagte Kittel zu Schaefer über das Thema Auschwitz: «In Oberschlesien haben sie Leute einfach fabrikmäßig abgeschlachtet. In einer großen Halle sind die vergast worden. ... Über diesen Dingen schwebt tiefes Geheimnis.» Zu einem späteren Zeitpunkt ließ er dennoch keinen Willen zu dessen Aufklärung erkennen: «Im Übrigen, soweit mir überhaupt bekannt ist von diesen Dingen, halte ich die Schnauze, so lange, bis sie mich herausziehen.»

Generalmajor Johannes Bruhn, ehemaliger Kommandeur der 553. Volksgrenadier-Division, sprach im Februar 1945 mit Felbert über den Holocaust und sagte dabei: «Ich muss annehmen, nach dem, was ich jetzt so gelesen habe über den Führer, dass der das alles auch gewusst hat.» Felbert erwiderte: «Natürlich hat er das gewusst. Der hat es ja gemacht, der Mann. Er hat das ja sogar besprochen mit Himmler.» Bruhn sagte: «Ja, dem Mann ist das auch ganz egal, ob Ihre Angehörigen kaputtgehen.» «Völlig gleichgültig ist das dem Mann», stimmte ihm Felbert zu.» Sie betrachteten den Holocaust also vorrangig unter dem Aspekt der Vergeltung, die die Alliierten am Vaterland üben würden, sobald der Holocaust aufgedeckt wurde. Im März 1945 sagte Bruhn, einer der ganz wenigen Generäle, die in diesen Gesprächen den Eindruck der Anständigkeit vermittelten, Deutschland verdiene in diesem Krieg den Sieg nicht mehr, «nach dem, was wir bewusst und in Verblendung und teilweise auch im Blutrausch und sonstigen Eigenschaften vergossen haben an Menschenblut, so wie ich das jetzt sehe, haben wir die Niederlage verdient, also dieses Schicksal, obgleich ich damit mich selbst anklagen muss.»[8] Generalleutnant Fritz von Broich sagte in diesem Gespräch:

> Wir haben Frauen erschossen wie Tiere. Ich bin in Schitomir gewesen, einen Tag nachdem das gewesen ist, auf dem Vormarsch, als die zweite Offensive losging. Da war zufällig der Kommandant, ... der kam zu mir und sagte –

also entsetzt: «Wir können nachher einmal herausfahren; hier ist eine große Grube, da haben sie gestern 10 000 Frauen, Männer und Kinder erschossen.» Die lagen alle noch in der Grube drin. Wir sind extra herausgefahren. Das Tierischste, was ich je gesehen habe.

Choltitz berichtete bei diesem Gespräch von einem Erlebnis auf der Krim, als er «nach dem Fall von Sewastopol ... nach Berlin geschafft worden war». Der Kommandant des Flugplatzes, von dem er abfliegen sollte, kam auf ihn zu und antwortete auf die Frage, warum an diesem Ort Schüsse zu hören seien («Was, macht ihr etwa eine Übung?»): «Um Gottes Willen, ich darf ja nicht reden. Hier werden seit Tagen Juden erschossen.» Nach Choltitz' Schätzung waren allein in Sewastopol 36 000 Juden erschossen worden.

General Edwin Graf von Rothkirch und Trach sagte am 13. März 1945 zu General Bernhard Ramcke: «Sehen Sie einmal, die Vergasungen sind noch nicht das Schlimmste.» Als Rothkirch von Erschießungen bei Lemberg berichtete, fragte Ramcke: «Was war denn?» und erhielt zur Antwort:

Erstmal gruben die Leute Gruben selbst, dann stellten sich zehn Juden hin, dann kamen die Leute mit der Maschinenpistole und schossen die um, und dann fielen die in die Grube. ... Da wurden Tausende von Leuten erschossen. ... Da waren doch manche nicht tot, und dann wurde Erde zwischendurch überschüttet, eine Schicht. Dann waren Packer da, die packten die Leute, weil sie vorher abklappten. Das machte die SS, das waren Leute, die packten die Leichen. ... Da kannte ich auch einen SS-Führer ganz gut und spreche so über dieses und jenes, und da sagt er: «Gott, wenn Sie einmal so eine Erschießung filmen wollen?» Ich sage: «Nein, also, das ist mir zu widerlich.» «Ja, ich meine, es spielt gar keine Rolle, die Leute werden immer morgens erschossen; wenn Sie wollen, wir haben noch welche, wir können sie nachmittags mal erschießen.»

Drei Tage später berichtete Oberstleutnant Friedrich August von der Heydte in Trent Park Oberst Eberhard Wildermuth über das Konzentrationslager Theresienstadt: «Da sind also bestimmt eine halbe Million umgebracht worden. Ich weiß, dass sämtliche Juden aus Bayern dorthin gebracht worden sind. Das Lager wurde nie zu groß.» «Ja, ich weiß», antwortete Wildermuth. «Von Nürnberg weiß ich ganz genau Bescheid; mein Bruder ist ja Arzt an einer Anstalt. Ich habe selber so einen Transport gesehen. Die Leute wussten, wo es hinging.»[9] In einem Gespräch Ende März 1945 schlug Generalleutnant Ferdinand Heim vor: «Da müssen wir uns, meiner Ansicht nach, auf den einheitlichen Standpunkt stellen, das Prinzip muss gewahrt werden: Es gibt nur den Befehl [auszuführen]. ... Ich würde aber heute den Standpunkt vertreten, wenn man eine einheitliche Basis schaffen will, die einem eine einigermaßen anständige Verteidigung erlaubt ...»

Im weiteren Kriegsverlauf kam es unter den in Trent Park Internierten zu einer Spaltung zwischen den echten Nazis, die immer noch den Hitlergruß praktizierten, und denjenigen, die Gegner des Nationalsozialismus waren oder diese Weltanschauung zumindest nicht teilten. Der Fanatismus der Nazis wurde vom Kriegsverlauf keineswegs abgeschwächt. Dem Generalmajor Wilhelm Ullersperger wurde aus zweiter Hand folgendes Zitat nachgesagt: «Was kümmert mich Karfreitag? Weil vor -zig Jahren ein alter, dreckiger Jude aufgehängt worden ist?» Generalmajor Walter Bruns erinnerte sich an das Verhalten des Erschießungskommandos, das in Riga Tausende von Juden tötete:

Dann diese zynischen Bemerkungen! Wenn ich noch gesehen hätte, dass diese Maschinenpistolenschützen, die wegen Überanstrengung alle Stunden abgelöst wurden, es widerwillig gemacht hätten! Nein, dreckige Bemerkungen: «Da kommt ja so eine jüdische Schönheit.» Das sehe ich noch vor meinem geistigen Auge. Ein hübsches Frauenzimmer in so einem feuerroten Hemd. Und von wegen Rassenreinheit: In Riga haben sie sie zuerst rumgevögelt und dann totgeschossen, dass sie nicht mehr reden konnten.

Der Luftwaffen-Oberst Ernst Josting erinnerte sich, wie ein österreichischer Freund, «auf den ich mich hundertprozentig verlassen kann», in Odessa von einem «Oberleutnant oder Hauptmann» gefragt wurde: «Wollen Sie sich mal ansehen da unten, da ist ein schönes Schauspiel, da werden gerade so viele Juden umgebracht.» Der Gefragte wollte nicht, «musste aber da vorbei, war er Zeuge, hat er es mir selbst erzählt, vollgepfropft die Scheune mit Frauen und Kindern. Mit Benzin übergossen, werden die bei lebendigem Leibe verbrannt. ... Sagt er: ‹Die schreien, also du machst dir keinen Begriff, ist das denn nun richtig?›»[10]

Als Gefangene in Nürnberg und an anderen Orten und später dann in ihren in den Fünfziger- und Sechzigerjahren erschienenen Autobiografien gaben die Generäle Hitler die Alleinschuld und bedienten sich der mittlerweile notorischen Ausrede, sie hätten nur Befehle befolgt. «Das ist interessant, aber es war tragisch», sagte der frühere Feldmarschall Ewald von Kleist im Juni 1946 in Nürnberg dem US-Armeepsychiater Leon Goldensohn.

> Wenn man einen militärischen Befehl erhält, muss man gehorchen. Darin besteht der große Unterschied zwischen einem militärischen und einem politischen Befehl. Eine politische Anordnung kann man sabotieren, aber einen militärischen Befehl zu missachten ist Hochverrat.

Kesselring formulierte es im Gespräch mit Goldensohn ähnlich prägnant:

> Die erste Pflicht eines Soldaten ist es, zu gehorchen, sonst könnte man das Soldatentum genauso gut abschaffen. ... Ein militärischer Führer steht oft vor einer Situation, die er bewältigen muss, aber weil es seine Pflicht ist, kann ihn kein Gericht dafür verurteilen.[11]

Die Gesprächsmitschriften von Trent Park legen den Schluss nahe, dass nicht nur die soldatischen Tugenden Loyalität und Gehorsam dafür sorgten, dass das Offizierskorps der Wehrmacht mit solcher Zähigkeit weiterkämpfte, selbst nachdem der Krieg offensichtlich verloren war. Diese Männer gaben auch die Hoffnung nicht auf, der juristischen Vergeltung nach dem Krieg entrinnen zu können.

Eisenhower übernahm am 1. September 1944 von Montgomery – sehr zu dessen Missvergnügen – die tagesaktuelle operative Kontrolle über alle Bodentruppen. Eisenhowers Plan sah einen Vorstoß gegen Deutschland auf breiter Front vor, während Montgomery ein schmalerer «Einzelvorstoß» ins Herz des Reiches vorschwebte, der von seiner 21. Armeegruppe angeführt werden sollte. Am selben Tag, an dem Montgomery diesen Plan vorschlug, legte Patton einen eigenen Vorschlag auf den Tisch, in dem stattdessen seine 3. Armee die Führungsrolle übernahm und den er mit der für ihn typischen Unbescheidenheit als «die beste strategische Idee, die ich je hatte», bezeichnete.[12] General Günther Blumentritt, der ab Dezember 1944 die 15. Armee auf deutscher Seite befehligte, räumte zwanzig Jahre nach dem Krieg ein, dass sie den größten Respekt vor General

Patton gehabt hätten. Er sei für sie eine Art amerikanischer Guderian gewesen, ein ausgezeichneter und kühner Panzerkorps-Kommandant.¹³ Omar Bradley war unterdessen der Ansicht, dass sein Vorstoß auf Frankfurt das Zentrum der Gesamtoperation bilden sollte. Man kann leider nicht davon ausgehen, dass die besten Überlegungen zur Gesamtstrategie diese hohen Militärs antrieben, sondern eher ihr Ego, und Eisenhower fiel die schwierige Aufgabe zu, für einen Ausgleich zwischen ihnen zu sorgen und dabei gleichzeitig seine eigene Auffassung durchzusetzen. Seine Größe – die von manchen, etwa von Brooke und Montgomery, angezweifelt wurde – wurzelt auch darin, dass ihm dies gelungen ist.

Mit Montgomerys Plan war eine ganze Reihe großer Probleme verbunden, zum Beispiel Flankenschutz gegen die noch weitgehend intakte 15. Armee der Wehrmacht im Norden, und das Mündungsgebiet der Schelde wäre als direkter Nachschubweg gebraucht worden, obwohl die Deutschen es auch nach der Einnahme von Antwerpen im September noch lange kontrollierten. Montgomerys Plan, durch die Norddeutsche Tiefebene in Richtung Berlin vorzustoßen, wobei große Flüsse wie die Weser und die Elbe zu überqueren waren, war unter militärischen Gesichtspunkten wenig sinnvoll, wenn man bedachte, wie heftig der deutsche Widerstand auch vergleichsweise spät in diesem Krieg immer noch war. Die tausendfünfhundert Gräber auf dem britischen Soldatenfriedhof im zwischen Bergen-Belsen und Soltau gelegenen Ort Becklingen zeugen davon, wie hart die Kämpfe zwischen Weser und Elbe sogar noch im April 1945 waren. Außerdem wäre den amerikanischen Streitkräften, und hier vor allem der 3. Armee, nur noch die untergeordnete Aufgabe des Flankenschutzes zugefallen. Eisenhower musste dafür sorgen, dass der Ruhm zumindest in etwa gleich verteilt wurde, um das westliche Bündnis in der Spur zu halten. Einer der Gründe, die Montgomery diesen Plan nahelegten, war vermutlich, dass Pattons Rolle damit auf eine rein taktische Unterstützung für ihn selbst zurückgestuft worden wäre, aber Eisenhower sollte das Vorhaben später sanft abtun, indem er es als bloßen «Bleistiftstoß» nach Deutschland hinein bezeichnete.¹⁴

Der Oberbefehlshaber entschied sich stattdessen beim Vordringen auf das Reichsgebiet für den weniger riskanten «Durchbruch auf breiter Front», denn: «Wir wollten unsere gesamten Kräfte gegen [den Feind] zur Wirkung bringen, wollten alle beweglich halten und unmittelbar ihren Beitrag zur vollständigen Vernichtung des feindlichen Feldheeres

Frankreich und das Deutsche Reich 1944–1945

leisten lassen.»[15] Auch wegen der großen Schäden, die der Beschuss mit V-Waffen in Großbritannien anrichtete – und die nur durch die Beseitigung der Abschussvorrichtungen zu verhindern waren –, sollte der Hauptteil des Feldzugs nach wie vor der Vormarsch der 21. Armeegruppe durch Belgien nördlich der Ardennen und bis ins Ruhrgebiet sein, denn dadurch würde das Kernland der deutschen Industrieproduktion ausgeschaltet, und Hitler hätte keine Mittel für die Fortsetzung des Kampfes mehr.

Eisenhower teilte die 12. Armeegruppe auf, die seit August von Omar Bradley befehligt worden war, die größte jemals von einem amerikanischen General angeführte Streitmacht. Der Großteil von Generalleutnant Courtney Hodges' 1. Armee sollte jetzt nördlich der Ardennen Montgomery unterstützen, während Pattons 3. Armee das Saargebiet zum Ziel hatte, im Süden gedeckt von Generalleutnant Jacob Devers' 6. Armeegruppe, die nach der «Anvil»-Landung in Südfrankreich zügig nach Norden vorgestoßen war. Patton hatte die Marne am 30. August 1944 überquert und bedrohte wenig später Metz und den Westwall, aber der Treibstoffmangel auf seinem jetzt 650 Kilometer langen Nachschubweg bis nach Cherbourg – er hatte nur 145 000 Liter zur Verfügung, brauchte für seinen geplanten Vorstoß aber mehr als das Zwölffache – hielt ihn zu seiner großen Frustration auf. Patton verfügte über ein immenses Ego, aber seine Leistungen auf dem Schlachtfeld waren auch entsprechend. Zu seinen Soldaten sagte er:

> Ich will, dass ihr Männer immer daran denkt, dass kein Scheißkerl jemals einen Krieg gewonnen hat, indem er für sein Land starb. Er gewann ihn, indem er den anderen blöden Scheißkerl für sein Land sterben ließ. ... Dankt Gott dafür, dass ihr, wenn ihr in dreißig Jahren vor dem Kaminfeuer sitzt, dem Enkel, der auf eurem Knie sitzt und fragt, was ihr denn im großen Zweiten Weltkrieg getan habt, wenigstens nicht antworten müsst: «Ich habe in Louisiana Scheiße geschaufelt.»[16]

Der Witwe des Leutnants Neil N. Clothier, der am 16. November 1944 durch einen Schuss ins Herz starb, als er seinen Zug gegen eine deutsche Maschinengewehrstellung führte, schrieb er: «Ich weiß nicht, wie ich Ihre Trauer lindern kann, aber vielleicht gelingt es mit dem Hinweis, dass, weil wir ja alle sterben müssen, ein Trost in der Tatsache liegt, dass Ihr Mann ruhmreich starb, indem er seine Pflicht als Mann und Soldat erfüllte.»[17]

Kanadische Truppen der 21. Armeegruppe nahmen am 3. September Brüssel ein, und Antwerpen fiel am darauffolgenden Tag, aber hier beging Montgomery einen großen Fehler. Antwerpen war für die Alliierten als Nachschubhafen nahezu nutzlos, solange die Deutschen nicht völlig aus dem Mündungsbereich der Schelde vertrieben waren, aber dessen Einnahme sollte die Alliierten – und hier vor allem Crerars 1. kanadische Armee – 13 000 Tote und Verwundete kosten, weil sie nicht sofort energisch betrieben wurde. Die Schiffe der Alliierten kamen erst ab dem 28. November 1944 nach Antwerpen durch. Bis zu diesem Zeitpunkt musste der Nachschub für die 21. Armeegruppe immer noch über die Normandie und auf einer absurd langen Überlandstrecke herangeschafft werden. (Dünkirchen wurde erst am 9. Mai 1945 befreit.) Churchill hatte ja schon im Ersten Weltkrieg die entscheidende Bedeutung von Antwerpen so klar gesehen, dass er im Oktober 1914 in seiner Eigenschaft als Marineminister persönlich ein kleines britisches Truppenkontingent dorthin geführt hatte. Dass er, wie auch Brooke, Montgomery, Eisenhower und andere, dennoch den strategischen Wert dieses gut geschützten Seehafens so stark unterschätzten, ist heute noch kaum zu verstehen.

Die Vertreibung des Gegners aus dem Mündungsgebiet der Schelde war zu jedem Zeitpunkt ein hartes Stück Arbeit. Wir haben John Keegans Schilderung eines Tages im Leben von Peter Whites Zug, der zum 4. Bataillon der King's Own Scottish Borderers, einer Einheit der 52. Lowland-Division, gehörte. Ihr Auftrag lautete im Spätjahr 1944, die Scheldemündung freizukämpfen:

> Jeden Morgen wieder aufstehen, nach einem Vortag, an dem man dem Tod entkommen war, dann Bacon aus der Dose, Zwieback und Tee mit Chlorgeschmack, ein mühsamer Marsch über durchweichte Felder, bei dem man mit jedem Schritt eine tödliche Sprengladung auslösen kann, stundenlanges Liegen im eiskalten Wasser, während ringsum Granaten den Boden umpflügen, um dann nach Einbruch der Dunkelheit in der Hoffnung aufzustehen, ein trockenes, geschütztes Plätzchen für die Nacht zu finden, nach einem Happen Cornedbeef und harten Keksen.[18]

Anders als im Falle Antwerpens war es verständlich, dass Churchill es mit der Befreiung der britischen Kanalinseln nicht eilig hatte – am 26. November 1944 sagte er im Kriegskabinett, jetzt, wo es «hart auf hart» komme, sei das Problem die Versorgung mit «Nahrung». Auf den Inseln seien 28 000 Deutsche stationiert, die dort «nicht wegkönnen», aber «wenn [sie] hierher [kämen], müssten [wir] sie ernähren».[19]

Die Ernährungslage im befreiten Teil Europas war kritisch, vor allem in den Niederlanden, wo die Zerstörung von Transportsystemen, die Flutung mehrerer Deiche und das anhaltende Durcheinander aufgrund der noch nicht abgeschlossenen Kampfhandlungen die Angst vor einer großen Hungersnot weckten. Churchill erklärte noch am 12. März 1945 im Kriegskabinett: «Einige der Bewohner werden ihre Nahrung intravenös erhalten müssen.» Als man ihm einen Bericht vorgelesen hatte, nach dem die Amerikaner erwarteten, dass die Niederlande vor allem mit britischen Nahrungsmittelreserven gerettet werden sollten, hatte der Premierminister einen Wutausbruch und gab folgende (bisher unveröffentlichte) Tirade zum besten:

> Die Vereinigten Staaten mästen sich an unseren Reserven, die wir durch jahrelange Selbstbeschränkung angelegt haben. Dagegen wehre ich mich: aber in einer akuten Notlage können und sollten wir unsere Reserven einsetzen. ... Jetzt ist die Zeit gekommen, mit fester Stimme zu sagen, dass der amerikanische Soldat fünfmal so viel isst wie unsere eigenen. Amerikanische Zivilisten essen so viel wie nie zuvor. Wir werden niemals hinter ihnen zurückstehen, wenn es um Opfer geht: aber sie sollen sich jetzt selbst einschränken, bevor sie meinen, sich an uns wenden zu müssen.[20]

Rundstedt wurde im September 1944 – zwei Monate nach seiner Entlassung – wieder zum Oberbefehlshaber West ernannt und sollte diesen Posten bis zum März 1945 innehaben, als ihm sein dringender Appell an Hitler, Frieden zu schließen, seine dritte Entlassung einbrachte. Bei seiner letzten Ernennung war «der alte Herr», wie er auch genannt wurde, achtundsechzig Jahre alt. Rundstedt beobachtete am 4. September bei Yvoir den Rückzug der Waffen-SS-Division «Hitlerjugend» über die Maas und sagte bei dieser Gelegenheit, was viele andere deutsche Offiziere ebenfalls dachten, aber nicht auszusprechen wagten: «Es ist ein Jammer, dass diese gläubige Jugend in hoffnungsloser Lage geopfert wird.»[21] Eine Woche später, am 11. September, betraten die Alliierten erstmals deutschen Boden, als amerikanische Truppen in der Nähe von Trier die Grenze überschritten, aber Hitlers Armeen zählten immer noch mehrere Millionen Mann, auch wenn diese viel zu weit verstreut waren. Der Westwall – im englischsprachigen Raum auch als «Siegfried Line» bezeichnet – schien unüberwindlich, und die abermalige Ernennung von Rundstedt zum Oberbefehlshaber West war gut für die Kampfmoral der Wehrmacht.

Feldmarschall Model befehligte weiterhin die Heeresgruppe B, Rommel und Kluge, die nur ganz am Rand mit den Planungen zum Bombenanschlag auf Hitler in Berührung gekommen waren, hatten beide Selbstmord begangen. Ende September machte sich Churchill, inzwischen davon überzeugt, dass Hitler als Stratege eine hoffnungslose Fehlbesetzung war, bei einer Rede im Unterhaus über seinen Gegenspieler lustig:

> Dabei dürfen wir nicht vergessen, dass wir den Schnitzern – den außerordentlichen Schnitzern – der Deutschen viel zu verdanken haben. Ich kann es absolut nicht leiden, wenn man Napoleon mit Hitler vergleicht, denn es scheint mir eine Beleidigung für den großen Kaiser und Krieger zu sein, ihn irgendwie mit diesem armseligen Leiter von Wahlversammlungen und Schlächter in Zusammenhang zu bringen. In einer Hinsicht aber muss ich eine Parallele ziehen. Beide waren nach ihrem ganzen Temperament unfähig, das kleinste Stückchen Land aufzugeben, auf das sie ihr sprunghaftes Geschick in den Zeiten der großen Erfolge geführt hatte.

Er verglich dann Napoleons Strategie in den Jahren 1813/14 mit dem Vorgehen Hitlers, der «die deutschen Armeen mit Erfolg über ganz Europa zerstreut hat, und durch die Hartnäckigkeit, die er überall, von Stalingrad und Tunis bis zum gegenwärtigen Augenblick, zeigte, hat er sich selbst der Möglichkeit beraubt, die Hauptmacht für den Endkampf aufzusparen».[22] Doch während man im Unterhaus über Hitlers strategischen Dilettantismus lachte, plante dieser eine Konzentration deutscher Angriffskräfte in den Ardennen, über die die Welt abermals staunen sollte – allerdings zum letzten Mal.

Montgomerys kühner Plan, mit der britischen 1. und der amerikanischen 82. und 101. Luftlande-Division die Brücken über die Maas, die Waal und den Niederrhein zu besetzen und auf diesem Weg mit den nachrückenden Landstreitkräften das Ruhrgebiet von Norden her zu umfassen, scheiterte Mitte September in und vor den niederländischen Städten Eindhoven, Nimwegen und Arnheim. Heldenhafter Kampfeinsatz konnte die Planungsfehler nicht ausgleichen – sie gingen in erster Linie auf das Konto von Generalleutnant F. A. M. «Boy» Browning und dessen nachrichtendienstlicher Arbeit –, und deshalb war das ganze Unternehmen von Anfang an zum Scheitern verurteilt. Es war das größte Luftlandeunternehmen der Kriegsgeschichte, aber einer als Warnung für die 1. Luftlande-Division gedachten Information des militärischen Nachrichtendienstes, nach der sich zwei deutsche Panzerdivisionen im Raum Arnheim wieder auffrischten, wurde nicht genügend Bedeutung beigemessen, deshalb wurden in den Absprungzonen nicht genügend panzerbrechende Waffen abgesetzt.[23]

Die Operation Market, das Luftlandeunternehmen am 17. September, verlief zunächst erfolgreich, der gleichzeitig mit Bodentruppen vorgetragene Angriff von General Dempseys 2. britischer Armee und dem XXX. Korps (Codebezeichnung: Operation Garden) erreichte Eindhoven am 18. und Nimwegen am 19. September. Die Angreifer konnten jedoch den entschlossenen deutschen Widerstand nicht rechtzeitig genug brechen, um die Fallschirmjäger in Arnheim zu entsetzen. Dempsey schien sich Montgomerys Befehl, «schnell und wuchtig» vorzugehen, «ohne auf das Geschehen an den Flanken zu achten», nicht ausreichend zu Herzen genommen zu haben.[24] Das XXX. Korps verlor 1500 Mann, die Briten und Polen in Arnheim dagegen fünfmal so viele Soldaten; sie wurden am Niederrhein mit Panzer-, Granatwerfer- und Artilleriefeuer zusammengeschossen, nachdem ihr Proviant und ihre Munitionsvorräte erschöpft waren. Schlechtes Flugwetter verhinderte Verstärkungen und Nachschublieferungen auf dem Luftweg. Am Abend des 25. September gelang 3910 der insgesamt 11 920 Mann der 1. Luftlande-Division und der polnischen unabhängigen Brigade der Rückzug auf das südliche Flussufer, die übrigen wurden getötet, verwundet oder gerieten in Gefangenschaft.[25] Die Verluste der 1. Luftlande-Division waren doppelt so hoch wie die Gesamtverluste der 82. und der 101. amerikanischen Division. Dies sollte allerdings die letzte Niederlage der britischen Armee sein.

Bei diesem Vorstoß, der unter dem gemeinsamen Codenamen «Operation Market Garden» in die Kriegsgeschichte einging, wurden Soldaten geopfert und knappe alliierte Ressourcen und Treibstoff verbraucht, und das genau in dem Augenblick, in dem Patton sich dem Rhein näherte, ohne dabei auf unüberwindlichen Widerstand zu stoßen. Nachdem jedoch die Armeen der Alliierten wegen des Nachschubmangels zum Stehen gekommen waren, sollte es ihnen erst sechs Monate später gelingen, die deutsche Westgrenze auf breiter Front zu überwinden. Die Deutschen nutzten unterdessen die Atempause, die ihnen ihr kurzfristig wirksamer Sieg in den Niederlanden verschafft hatte, um zusätzliche Truppen an den

Westwall zu verlegen, der zuvor nur unzureichend verteidigt worden war. Eisenhowers Streitkräfte mussten sich in der Zeit von Ende September bis Mitte November in den Vogesen, an Mosel und Schelde sowie in Metz und Aachen gegen entschlossene deutsche Gegenangriffe behaupten. Eisenhower wollte den Rhein noch vor dem Einsetzen des Winters überqueren – der 1944/45 eine außerordentliche Kälte mit sich bringen sollte – und eröffnete am 16. November eine massive Offensive, begleitet von den bis dahin schwersten Luftangriffen des gesamten Krieges: 2807 Flugzeuge warfen bei der Operation Queen 10 097 Bomben ab. Doch selbst mit dieser Unterstützung kamen die 1. und die 9. US-Armee nur wenige Kilometer voran, sie rückten zwar bis zur Rur (Roer) vor, schafften es aber nicht, den Fluss zu überqueren.

Hoffnungen auf ein Ende des Krieges noch im Jahr 1944, die in einer früheren Phase des Feldzugs überraschend weite Verbreitung gefunden hatten – Admiral Ramsay wettete mit Montgomery um fünf Pfund, dass es so kommen würde –, wurden kurz vor Tagesanbruch am 16. Dezember 1944 endgültig zunichte gemacht, als Feldmarschall von Rundstedt den größten Überraschungsangriff dieses Krieges seit Pearl Harbor eröffnete. Das Unternehmen Herbstnebel war der verzweifelte Versuch, mit siebzehn Divisionen – fünf Panzer- und zwölf motorisierten Infanteriedivisionen – zunächst bis zur Maas und anschließend bis zum Ärmelkanal vorzustoßen. Nicht der sanfte Herbstnebel, sondern dichter Winternebel, Schnee-, Graupel- und starke Regenschauer legten die alliierte Luftaufklärung lahm und verhinderten eine rechtzeitige Warnung vor diesem Angriff. Auch Ultra war in der Anfangsphase kaum eine Hilfe, denn auf deutscher Seite herrschte striktes Funkverbot, und die Korpskommandeure erhielten ihre Befehle wenige Tage vor dem Angriffsbeginn nur durch Melder.

Drei vollständige deutsche Armeen mit zweihunderttausend Mann rückten am 16. Dezember plötzlich durch die Täler und Wälder der Ardennen vor. Rundstedt und Model hatten sich gegen die Operation ausgesprochen, die ihrer Ansicht nach mit Blick auf die noch verbliebenen Ressourcen der Wehrmacht zu ehrgeizig war. Hitler meinte jedoch, er könne die alliierten Armeen nördlich und südlich der Ardennen voneinander trennen, das Ruhrgebiet schützen, Antwerpen zurückerobern, zur Kanalküste vorstoßen und, so hoffte er, den Sieg von 1940 ein zweites Mal erleben, und das alles vom gleichen Ausgangspunkt aus. «Die Kampfmoral der eingesetzten Soldaten war zu Beginn der Offensive erstaunlich hoch», erinnerte sich Rundstedt später. «Sie glaubten wirklich, ein Sieg sei möglich. Im Gegensatz zu den Oberkommandierenden, die über die Tatsachen Bescheid wussten.»[26] Der oberste aller Befehlshaber war jedoch der Ansicht, die Ardennenoffensive könnte die ersehnte Entscheidungsschlacht sein, die Clausewitz vorgeschrieben hatte.

Hinter den Meinungsverschiedenheiten zur Ardennenoffensive standen auf deutscher Seite in Wirklichkeit drei unterschiedliche Strategien, und sie waren komplexer, als Rundstedt und andere sie nach dem Krieg darstellten. Guderian, der an der Ostfront die bevorstehende Winteroffensive der Roten Armee abwehren sollte, war gegen jede Offensive im Westen und wollte stattdessen die Ostfront verstärkt sehen, bis hinunter nach Ungarn. Rundstedt, Model, Manteuffel und andere Generäle im Westen forderten eine im Umfang begrenzte Ardennenoffensive, die die Alliierten aus dem Gleichgewicht bringen und den Deutschen die Chance bieten sollte, die Westfront durchzuorganisieren und das Ruhrgebiet zu schützen. Hitler wollte dagegen die noch verbliebenen deutschen Reserven für einen verzweifelten Versuch einsetzen, Antwerpen zurückzuerobern und Eisenhowers Streitmacht im Westen zu vernichten. Er wählte, wie üblich, den extremsten und deshalb auch riskantesten Weg und setzte seinen Willen wie immer durch.

Eisenhower hatte in der hügeligen und dicht bewaldeten, auf Belgien und Luxemburg verteilten Ardennenregion nur relativ schwache Kräfte stationiert. Die Verantwortung dafür fällt nicht ihm alleine zu, denn von Bradley erhielt er Berichte des Nachrichtendienstes, in denen zu lesen war, es bestehe «nur eine geringe Wahrscheinlichkeit» für einen deutschen Angriff, und von Montgomery kam am 15. Dezember ein Bericht, in dem es hieß, dass der Feind «zu großen Offensiv-Operationen nicht in der Lage ist».[27] Noch am 17. Dezember, als die Offensive bereits begonnen hatte, verfasste Generalmajor Kenneth Strong, der stellvertretende Stabschef (Nachrichtendienst) beim Hauptquartier des Oberbefehlshabers der Alliierten SHAEF, seine wöchentliche Nachrichtendienst-Zusammenfassung Nr. 39, einschließlich der folgenden unbekümmerten Einschätzung: «Das Hauptergebnis muss nach der Zahl der alliierten Divisionen bewertet werden, die durch sie von den wichtigen Frontabschnitten abgezogen werden, nicht nach den dabei erzielten Geländegewinnen.»[28] Trotz des Debakels, das die Verteidiger 1940 erlitten hatten, galten die Ardennen als für den Panzerkrieg weniger geeignet, und wichtige Kampfhandlungen waren gerade nördlich und südlich dieser Landschaft im Gange.

Da die Wehrmacht sich nur bei Dunkelheit bewegen konnte und die Deutschen sich ausgeklügelte Täuschungsmanöver ausgedacht hatten, war die Überraschung vollkommen. Vier deutsche Kriegsgefangene berichteten zwar von einer großen Offensive, die noch vor Weihnachten beginnen sollte, aber die alliierten Nachrichtendienstler glaubten ihnen nicht. Nur sechs amerikanische Divisionen mit insgesamt 83 000 Mann sicherten die 100 Kilometer breite Front von Monschau im Norden bis nach Echternach im Süden, die meisten dieser Einheiten standen unter dem Befehl von Generalmajor Troy Middleton vom VIII. Korps. Zu diesem Aufgebot gehörten auch unerfahrene Einheiten wie die 106. Infanteriedivision, die noch kein Gefecht mitgemacht hatte, sowie die 4. und 28. Infanteriedivision, die beide in den unmittelbar zurückliegenden Kämpfen schwer in Mitleidenschaft gezogen worden waren und sich noch in der Wiederauffrischungsphase befanden.

Der Angriff wurde durch knietiefen Schnee vorgetragen, und auf die tiefhängende Wolkendecke gerichtete Suchscheinwerfer, deren Strahlen zurückgeworfen wurden, boten den Soldaten ein künstliches Licht. Zweiunddreißig Englisch sprechende deutsche Soldaten unter dem Befehl des aus Österreich stammenden SS-Offiziers Otto Skorzeny wurden mit amerikanischen Uniformen ausgestattet, um die Verwirrung hinter den gegnerischen Linien zu erhöhen. Zwei der besten deutschen Generäle, der Generaloberst der Waffen-SS Sepp Dietrich und der General der Panzertruppen Hasso-Eccard von Manteuffel, leiteten die Angriffe im Norden und im Zentrum, während die 7. Armee im Süden für den Flankenschutz sorgte. Doch selbst siebzehn Divisionen sollten nicht genügen, um die gewaltige Zahl alliierter Soldaten, die seit dem D-Day in Nordfrankreich gelandet waren, aus ihren Stellungen zu werfen. «Er war einfach unfähig zu begreifen, dass er nicht mehr die Armee befehligte, die ihm 1939 oder 1940 zur Verfügung stand», klagte Manteuffel später über Hitler.[29]

Die 106. und die 28. US-Division waren dem deutschen Angriff nicht gewachsen – einige Einheiten lösten sich auf und suchten das Weite –, aber das V. US-Korps im Norden und die 4. Division im Süden hielten ihre Stellungen, so dass der deutsche Vorstoß auf eine 65 Kilometer breite und 90 Kilometer tiefe Ausbuchtung in der alliierten Frontlinie eingeengt wurde, die diesem Kampf bei Amerikanern und Briten seinen Namen gab: Battle of the Bulge, die Schlacht um die Frontausbuchtung. Der 6. SS-Panzerarmee gelangen gegen die 2. und 99. Infanteriedivision von Gerows V. Korps im Norden keine großen Geländegewinne, sie kam zwar nahe an ein riesiges Treibstofflager in der Nähe von Spa heran, erreichte es aber nicht. Doch sie beging die schlimmste gegen amerikanische Soldaten an der Westfront gerichtete Gräueltat dieses Krieges, als sie auf einem Feld bei Malmedy sechsundachtzig unbewaffnete Gefangene mit Maschinengewehren niedermähte; am Tag davor hatte man bereits fünfzehn Gefangene hingerichtet. Der verantwortliche SS-Offizier, General Wilhelm Mohnke, wurde für dieses Kriegsverbrechen nie zur Verantwortung gezogen, obwohl er bereits beim Frankreichfeldzug 1940 in zwei weitere kaltblütig verübte Massaker dieser Art verwickelt gewesen war.[30]

Im Angriffszentrum umzingelte Manteuffels 5. Panzerarmee vor St. Vith die 106. Division und zwang ihre 8000 Mann am 19. Dezember, sich zu ergeben – die größte Kapitulation amerikanischer Soldaten seit dem Bürgerkrieg im eigenen Land. St. Vith selbst wurde von der 7. US-Panzerdivision bis zum 21. Dezember verteidigt, dann nahm Manteuffel den Ort ein. Die amerikanische Frontlinie war zwar nur dünn besetzt und wurde völlig überrascht, aber einzelne Widerstandsnester hielten lange genug durch, um das Unternehmen Herbstnebel ins Stocken zu bringen, und verschafften Eisenhower genügend Zeit für die Organisation eines massiven Gegenangriffs. Bereits um Mitternacht des zweiten Tages waren 60 000 Mann und 11 000 Fahrzeuge zur Verstärkung in Marsch gesetzt, und im Lauf der nächsten acht Tage wurden weitere 180 000 Mann verlegt, um die Bedrohung einzudämmen.[31] Weil die 12. Armeegruppe in eine Nord- und Südgruppe aufgeteilt worden war, wies Eisenhower am 20. Dezember Bradleys 1. und 9. US-Armee Montgomerys 21. Armeegruppe zu, die erstere für einen Zeitraum von vier Wochen, die letztere bis zur Rheinüberquerung. Es war eine vernünftige Entscheidung, die aber dennoch für anhaltende Verstimmung sorgte. «General Eisenhower gibt zu, dass die große deutsche Offensive, die am 16. Dezember begann, größer als seine eigene ist», schallte es aus deutschen Lautsprechern den Soldaten des 310. US-Infanterie-Regiments entgegen. «Wie würdet ihr zu Weihnachten gerne sterben?»

Die Ultra-Nachrichten gingen nach dem Beginn der Offensive nach und nach wieder ein und bestätigten die Maas als deutsches Angriffsziel. So konnte der alliierte Oberbefehlshaber seine Kräfte entsprechend disponieren und damit verhindern, dass seine Front in zwei Teile aufgespalten wurde. Der 3. Armee unter Patton im Süden fiel die Aufgabe zu, die Linie der von General Erich Brandenberger geführten 7. Armee zu durchbrechen. «Herr, hier spricht Patton», sprach der General den allmächtigen Gott in der Kapelle der Fondation Pescatore in Luxemburg am 23. Dezember sehr bestimmt an. «Du musst dich jetzt einfach entscheiden, auf welcher Seite du stehen willst. Du musst mir zu Hilfe kommen, damit ich deinem Friedensfürsten die gesamte deutsche Armee als Geburtstagsgeschenk übergeben kann.»[32] Die 101. Luftlande-Division war bereits im Handumdrehen – entweder durch göttliches Eingreifen oder durch menschliche Tüchtigkeit – im Städtchen Bastogne eingetroffen, und das nur wenige Stunden, bevor die Deutschen den wichtigen Verkehrsknotenpunkt dort erreichten. In Bastogne waren am 20. Dezember 18 000 amerikanische Soldaten vollständig umzingelt worden; General Heinrich von Lüttwitz, der Kommandeur des 47. Panzerkorps, hatte Brigadegeneral Anthony C. McAuliffe, einen kampferprobten Mann, der sowohl an Overlord wie auch an Market Garden beteiligt gewesen war, zur Kapitulation aufgefordert. McAuliffes Antwort bestand nur aus einem Wort: «Nuts!» (Quatsch!) – ein Slang-Ausdruck, den die Deutschen dennoch sehr genau verstanden. Am 25. Dezember kam es deshalb zu einem massiven deutschen Angriff auf Bastogne, dessen Verteidiger durchhalten mussten, bis die von Süden her vorstoßende 3. US-Armee sie retten würde. «Ein klares, kaltes Weihnachten, ein wunderbares Wetter, um Deutsche zu töten, was ein bisschen seltsam anmutet, wenn man bedenkt, wessen Geburtstag das ist», witzelte Patton.

Am 22. und 23. Dezember war es ihm gelungen, mit der 3. Armee einen 90-Grad-Schwenk zu vollziehen, von der Marschrichtung ostwärts mit dem Ziel Saar auf einen Vorstoß nach Norden einzudrehen und an einer 40 Kilometer breiten Front über schmale, vereiste Straßen mitten im Winter durch die Südflanke der Frontausbuchtung vorzustoßen. «Brad», hatte der stets für einen markigen Spruch gute Patton zu seinem Kommandeur gesagt, «der Kraut hat seinen Kopf in einen Fleischwolf gesteckt. Und dieses Mal habe ich die Kurbel in der Hand.»[33] Selbst Bradley musste in seinen Memoiren einräumen, dass Pattons «schwieriges Manöver ... eine der glänzendsten Kommandeurleistungen auf beiden Seiten des Zweiten Weltkriegs» gewesen war.[34] Weniger glanzvoll waren die Nachlässigkeiten von Pattons Funkern und Telefonisten, durch die

Model Informationen über die amerikanischen Ziele und Absichten erhielt.

Nachdem die Verteidiger von Bastogne einen energischen deutschen Angriff überlebt hatten, der am 25. Dezember ihre Verteidigungslinie durchbrach, wurde die Stadt einen Tag später durch Pattons 4. Panzerdivision entsetzt. Zu diesem Zeitpunkt war bei Manteuffels 5. Panzerarmee bereits der Treibstoff knapp geworden, und ihre 2. Panzerdivision kam zwar bis auf acht Kilometer an den an der Maas gelegenen Ort Dinant heran, aber Dietrich hatte seine mechanisierte Infanteriereserve nicht zur Unterstützung Manteuffels eingesetzt, «weil ein solches Manöver in Hitlers Befehlen nicht vorgesehen und er selbst angewiesen worden war, seine Befehle buchstabengetreu zu befolgen».[35] Das stimmte: Gegen Models Rat hatte Hitler darauf bestanden, dass Dietrich, den ein Historiker als «Hitlers SS-Liebling» bezeichnete, den entscheidenden Schlag führen sollte, obwohl seine Truppen nicht einmal ein Viertel der Geländegewinne erzielt hatten, die Manteuffels 5. Panzerarmee vorweisen konnte.[36] Doch zu diesem Zeitpunkt war den Deutschen auch noch eine weitere Ressource abhanden gekommen – die Zeit –, denn besseres Flugwetter ermöglichte es den Alliierten jetzt, den Panzerkolonnen aus der Luft hart zuzusetzen. Allein in den ersten vier Tagen nachdem der Himmel aufgeklart hatte, flogen ihre Luftstreitkräfte fünfzehntausend Einsätze. Rundstedt führte die deutsche Niederlage bei einer Vernehmung durch alliierte Spezialisten nach Kriegsende auf drei Faktoren zurück: «Erstens auf die in dieser Form noch nie dagewesene Überlegenheit Ihrer Luftwaffe, die keine Bewegung bei Tageslicht mehr zuließ. Zweitens auf den Treibstoffmangel – Öl und Benzin –, so dass die Panzer und sogar die Luftwaffe bewegungsunfähig waren. Drittens auf die systematische Zerstörung aller Eisenbahnlinien, die es unmöglich machte, auch nur einen einzigen Zug über den Rhein zu bringen.»[37] Alle drei hier genannten Faktoren waren in einem unterschiedlichen Ausmaß mit der Luftmacht verbunden.

Die große Offensive verpuffte bis zum 8. Januar 1945, die 1. und 3. US-Armee vereinigten sich am 16. Januar, und der Rückzugsbefehl auf deutscher Seite erging schließlich am 22. Januar. Die Beule in der alliierten Frontlinie war bis zum 28. Januar bereinigt, stattdessen entwickelte sich auf deutscher Seite eine große Ausbuchtung dieser Art. «Ich widerspreche energisch der Tatsache, dass diese dumme Operation in den Ardennen mitunter als ‹Rundstedt-Offensive› bezeichnet wird», beklagte sich der ehemalige Oberbefehlshaber West nach dem Krieg. «Das ist eine vollkommen falsche Bezeichnung. Ich hatte mit dieser Sache nichts zu tun. Sie trat an mich in Form eines Befehls heran, der bis ins letzte Detail ausformuliert war. Hitler hatte auf dem Plan sogar handschriftlich vermerkt: ‹Darf nicht verändert werden›.»[38] Rundstedt hatte, wie Keitel in Nürnberg seinem Gesprächspartner Goldensohn bestätigte, gesagt, der Vorstoß sollte eher als «Hitler-Offensive» bezeichnet werden.[39] Letztlich wurde diese Offensive jedoch mit keinem der beiden Namen verbunden.

«Ich grüße den tapferen amerikanischen Kämpfer; ich könnte mir keine besseren Kämpfer an meiner Seite wünschen», sagte Montgomery am 7. Januar bei einer Pressekonferenz in seinem Hauptquartier in der belgischen Kleinstadt Zonhoven. «Ich habe versucht, mich selbst fast schon wie ein amerikanischer Soldat zu fühlen, damit ich nichts Unangemessenes tue, was sie irgendwie vor den Kopf stoßen könnte.»[40] Bei dieser Lobrede ließ er jedoch seine Generalskollegen unerwähnt, und die Pressekonferenz schürte die Spannungen im angloamerikanischen Oberkommando. Patton und Montgomery waren sich schon seit langem mit wechselseitiger Verachtung begegnet – Patton bezeichnete Monty als «dieses aufgeblasene kleine englische Arschloch», Monty hielt Patton für einen «unflätigen Kerl, der den Krieg liebte». Während nun die USA Großbritannien bei den Kriegsanstrengungen in fast jeder Hinsicht überflügelten, kam Montgomery mit dieser neuen Situation nicht zurecht und nahm, als das amerikanische Übergewicht offenkundig wurde, eine zunehmend antiamerikanische Haltung ein. Am 7. Januar 1945 hob das SHAEF seine drei Wochen zuvor verfügten Zensurbestimmungen wieder auf, was Montgomery für eine ausführliche Pressekonferenz vor einer handverlesenen Gruppe von Kriegsberichterstattern nutzte. Nach Einschätzung sämtlicher Beteiligter war es ein beschämender Auftritt, und diese Auffassung teilten selbst seine eigenen Mitarbeiter, die er mit seiner Ungeschicklichkeit oder, wie manche dachten, mit seiner Bosheit schockierte. «General Eisenhower hat mich zum Kommandeur der gesamten Nordfront ernannt», prahlte Monty. «Ich setzte die gesamte verfügbare Schlagkraft der britischen Armeegruppe ein. Sie haben dieses Bild von britischen Truppen, die auf beiden Seiten der amerikanischen Streitkräfte kämpften, denen ein harter Schlag zugefügt worden war. Das ist ein sehr gutes Bild von den Alliierten.» Die einfachen amerikanischen GIs bezeichnete er zwar mit gespielter Unbekümmertheit als «ganz schön tapfer» in Kämpfen, die für ihn «eine interessante kleine Schlacht» waren, behauptete zugleich aber, er sei «mit einem Paukenschlag» ins Gefecht eingetreten, und hinterließ so den Eindruck, er habe die amerikanischen Generäle vor einer Niederlage bewahrt.

Bradley sagte zu Eisenhower, Montgomery sei «von Kopf bis Fuß vollkommen verrückt», mit diesem Mann könne er nicht zusammenarbeiten, da ziehe er es vor, in die Vereinigten Staaten zurückzugehen. Patton gab umgehend eine gleichlautende Erklärung ab. Dann fing Bradley seinerseits damit an, die Presse zu umwerben, und er selbst wie auch Patton gaben Informationen an amerikanische Journalisten weiter, die Montgomery schadeten. Der vormalige Journalist Ralph Ingersoll, einer von Bradleys (zahlreichen) Presseoffizieren, schilderte diese Entwicklung so: Bradley, Hodges und Generalleutnant William Simpson von der 9. Armee fingen an, «ohne die Unterstützung der offiziellen Kanäle Pläne zu entwickeln und auszuführen, und das auf einer neuen Grundlage, über die sie nur untereinander offen diskutierten. Um so vorgehen zu können, mussten sie ihre Pläne vor den Briten geheim halten und nahezu im Wortsinn Eisenhowers Oberkommando überlisten, das zur Hälfte aus Briten bestand.»[41] Die britischen und amerikanischen Generäle im Westen hatten von 1943 bis 1945 tatsächlich eine ganz besondere Beziehung zueinander – sie war besonders miserabel.

Montgomery hätte zweifellos Pattons Leistung, den Vorstoß durch die Südflanke der Ardennenoffensive, umfassend würdigen sollen, aber Patton war auch kein uneingeschränkt anziehender Mensch. Die Kehrseite seines intensiven rassischen Stolzes in eigener Sache war sein Antisemitismus, und sein Glaube an die bolschewistisch-zionistische Verschwörung wurde auch nach der Befreiung der Konzentrationslager in keinerlei Weise abgemildert. Die US-Armee hatte am Ende seiner Laufbahn einen Psychiater, der ein Auge auf ihn haben sollte, in seinen Stab eingeschleust und überwachte seinen Telefonverkehr. Patton starb am 21. Dezember 1945 im Schlaf, zwölf Tage nachdem er sich bei einem Zusammenstoß seines Fahrzeugs mit einem Lastwagen in Mannheim – keine der beiden Unfallparteien war zu schnell unterwegs gewesen –, einen Halswirbel gebrochen hatte, was zu einer Querschnittslähmung führte. «Der Gott des Krieges, dem Patton so hingebungsvoll huldigte, hat eindeutig einen trockenen Humor», schrieb ein Rezensent seiner Biografie, und Patton selbst sagte noch, dies sei «eine verrückte Art zu sterben».[42] Vielleicht hatte dem

Allmächtigen auch die Unverschämtheit missfallen, mit der ihn Patton aufgefordert hatte, sich zu entscheiden und im Kampf zwischen Zivilisation und Barbarei Partei zu ergreifen.

Die Deutschen verloren bei der Ardennenoffensive 98 024 Mann, darunter mehr als 12 000 Gefallene, aber auch 700 Panzer und Sturmgeschütze und 1600 Kampfflugzeuge, während die Alliierten (und hier mit deutlicher Mehrheit die Amerikaner) 80 987 Mann Verluste zu beklagen hatten, davon 10 276 Gefallene, aber eine etwas größere Zahl von Panzern und Panzerjägern einbüßten.[43] Der große Unterschied bestand darin, dass die Alliierten diese starken Materialverluste ausgleichen konnten, während das auf deutscher Seite nicht mehr möglich war. Das hatte eine nachhaltige Wirkung auf die Kampfmoral auf alliierter Seite. «Die Deutschen werden verlieren», schloss ein britischer Panzerkommandant, der an der Schlacht teilgenommen hatte, aus seinen Kampferfahrungen, «und das nicht nur bei ihrem Abenteuer in den Ardennen, sondern bei ihrem ganzen verrückten Versuch, die Welt zu beherrschen.»[44] Der dafür benötigte Zeitrahmen war eine andere Frage: Generalleutnant Brian Horrocks wettete mit Montgomery um 10 Pfund, «dass der Krieg gegen Deutschland bis zum 1. Mai 1945 beendet sein wird». Er verlor die Wette um eine Woche.

Rundstedt und Model hatten Hitler gewarnt, dass die Offensive nur zu einer drastischen Schwächung der deutschen Widerstandskraft an der Ostfront führen würde, ohne im Westen einen damit einhergehenden Vorteil bewirken zu können. Dennoch war Hitler entschlossen, alles aufs Spiel zu setzen, wie so oft in seiner bisherigen Laufbahn. Die Hoffnungen vieler Deutscher, dass die Rote Armee gestoppt werden könnte, wurden so für eine Offensive im Westen geopfert, die sich gegen einen Feind richtete, der bei weitem nicht so grausam und plünderungswillig war wie der Gegner, der dem Reich von Osten her näher rückte. «Nur Hitlers persönliche Torheit bewirkte ein Festhalten an der Ardennenoffensive, ermutigt von Jodl, der ihm einredete, ein fortgesetzter Druck im Westen vereitele die angloamerikanischen Offensivplanungen», schreibt Max Hastings.[45] Das stimmte ja auch, aber nur um den Preis noch größerer Verluste für die deutschen Defensivplanungen, und Hitler sollte danach zu keiner größeren Offensive mehr imstande sein.

Es war ungewöhnlich für Hitler, dass er sich von Jodl beeinflussen ließ, dem Chef des Wehrmachtsführungsstabes während der gesamten

Kriegszeit. Jodls Einstellung zu Hitler lässt sich einem Vortrag über «Die strategische Lage am Anfang des 5. Kriegsjahres» entnehmen, den er am 7. November 1943 vor den Reichs- und Gauleitern in München hielt und in dessen abschließendem Teil über «Die Grundlagen unserer Haltung und unserer Siegeszuversicht» er über seinen Führer mitzuteilen wusste: «Meine tiefste Zuversicht gründet sich aber darauf, dass an der Spitze Deutschlands ein Mann steht, der nach seiner ganzen Entwicklung, seinem Wollen und Streben vom Schicksal nur dazu ausersehen sein kann, unser Volk in eine hellere Zukunft zu führen.»[46] Göring sagte in Nürnberg zu Leon Goldensohn, Wilhelm Keitel sollte seiner Ansicht nach hier nicht vor Gericht stehen, denn er «trug zwar den Titel eines Feldmarschalls, war aber unbedeutend und tat, was Hitler ihm befahl».[47]

Keitel, der Chef des Oberkommandos der Wehrmacht, war nach der Einschätzung des britischen Historikers John Wheeler-Bennett, der sich in der Nachkriegszeit mit dem deutschen Oberkommando befasste, «ehrgeizig, aber talentlos, treu, aber charakterlos, besaß eine gewisse natürliche Schlauheit und Charme, aber keine Intelligenz, noch war er eine Persönlichkeit».[48] Die Neigung zur Speichelleckerei – Hitler hielt ihn für so loyal wie einen Hund – war bei ihm noch sehr viel ausgeprägter als bei Jodl. Dennoch hat er sein Nürnberger Urteil mit Sicherheit verdient: Er war Vorsitzender des sogenannten «Ehrenhofs» der Wehrmacht, der die Verschwörer des 20. Juli aus der Wehrmacht ausstieß und der Gestapo und dem «Volksgerichtshof» als Zivilisten übergab; er unterzeichnete am 6. Juni 1941 den «Kommissarbefehl», nach dem politische Kommissare der Roten Armee bei einer Gefangennahme ausnahmslos sofort zu erschießen waren; und auch der berüchtigte «Nacht-und-Nebel-Erlass» vom 7. Dezember 1941, die bürokratische Vorlage für die Entführung und Ermordung von über achttausend nichtdeutschen Zivilisten, die des «Widerstands gegen die Besatzungsmacht» verdächtigt wurden, trug seine Unterschrift; er befürwortete Lynchmorde an alliierten Fliegern durch Zivilisten und zeichnete auch verantwortlich für den Befehl vom 16. Dezember 1942, nach dem an der Ostfront und auf dem Balkan «alle erfolgversprechenden Mittel rücksichtslos anzuwenden» waren, auch «gegen Frauen und Kinder», und jegliche «Rücksicht» gegenüber Partisanen als «Verbrechen gegen das deutsche Volk» bewertet wurde.[49] Keitel missfiel dennoch das Wortspiel mit seinem Namen, das ihn zu «Hitlers Lakeitel» machte. «Warum haben die Generäle, die mich so gerne als zuvorkommenden und unfähigen Jasager bezeichneten, nicht für meine Absetzung gesorgt»?, schrieb Keitel in seinen von Selbstmitleid geprägten Erinnerungen, bevor er in Nürnberg gehängt wurde. «War das denn so schwer? Nein, das war es nicht. In Wahrheit wäre niemand bereit gewesen, mich zu ersetzen, weil jeder von ihnen wusste, dass er sich dabei genauso ruinieren würde wie ich.» Diese Sichtweise ist in gewisser Weise berechtigt. Der ehemalige Feldmarschall Ewald von Kleist sagte in Nürnberg zu seinem Gesprächspartner Goldensohn: «Es ging einfach darum, dass Hitler in dieser Machtposition einen schwachen General brauchte, um ihn vollständig kontrollieren zu können. Wenn ich unter Hitler Keitels Stellung innegehabt hätte, hätte ich mich keine zwei Wochen gehalten.»[50] Hätten Keitel und Jodl jedoch im Umgang mit Hitler mehr Rückgrat gezeigt – wie etwa Guderian –, dann hätten sie seinem strategischen Denken vielleicht ein Gespür für ein angemessenes Vorgehen hinzufügen können. Aber Keitel fasste seine Haltung in einem Gespräch mit seinem Nürnberger Psychiater im Mai 1946 bündig zusammen: «Es ist nicht recht, nur dann zu gehorchen, wenn alles gut geht; es ist viel schwieriger, ein guter, gehorsamer Soldat zu sein, wenn es schwierig wird und die Zeiten hart sind. Gehorsam und Glauben in solchen Zeiten sind eine Tugend.»[51] Hitler hatte zahlreiche Leute um sich – mit der menschlichen Null Wilhelm Keitel an ihrer Spitze –, die nach wie vor willig waren, ihm Gehorsam zu erweisen und Glauben zu schenken, und das zu einer Zeit, in der er konstruktive Kritik und vernünftigen Rat am dringendsten gebraucht hätte.

Im Spätjahr 1942 beschloss Hitler, dass jedes bei seinen militärischen Lagebesprechungen gefallene Wort für die Nachwelt festgehalten werden sollte. Deshalb ordnete er an, dass sechs (schließlich sogar acht) Parlaments-Stenografen, die seit der Aufhebung des Reichstags im April jenes Jahres beschäftigungslos gewesen waren, alles, was bei diesen Besprechungen geäußert wurde, in Kurzschrift festhalten und anschließend transkribieren sollten. Hätte Deutschland den Krieg gewonnen, wäre dieses Buch heute wohl so etwas wie die Heilige Schrift des Nationalsozialismus. Diese Protokolle, Wort für Wort, ungeschminkt und von Augenzeugen festgehalten, unverfälschtes Rohmaterial für die Geschichtsschreibung, zeigen Hitler als einen sorgfältigen, berechnenden, wissbegierigen Diktator mit phänomenalem Gedächtnis und großem Interesse an der Funktionsweise von Waffensystemen, ja sogar als einen recht guten Zuhörer. Mindestens drei Viertel der Besprechungen machen die Antworten aus, die er auf seine prägnant formulierten Fragen von führenden Personen wie Rundstedt, Rommel, Guderian, Keitel, Jodl, Zeitzler, Dönitz, Göring und Goebbels erhält.

Die Wortprotokolle beginnen am 1. Dezember 1942, als der Kampf um Stalingrad bereits so gut wie verloren ist, und enden am 27. April 1945, drei Tage vor Hitlers Selbstmord, deshalb zeigt das Bild, das hier gezeichnet wird, Deutschland auf dem Rückzug und schließlich in der Niederlage. Aus Hitlers eigenen Bemerkungen lässt sich allerdings unmöglich schließen, wann ihm klar wurde, dass er den Krieg – und damit auch sein eigenes Leben – verlieren würde. Vielleicht kam dieser Augenblick nach dem Scheitern der Ardennenoffensive Ende 1944, denn am 10. Januar 1945 führte er mit Göring das folgende Gespräch über die Probleme bei der Herstellung geheimer Waffensysteme:

> Hitler: Hätte der Hannibal, wie gesagt, statt seiner sieben oder dreizehn Elefanten, die er insgesamt noch gehabt hat, als er über die Alpen herüberging, ... 50 gehabt oder 250, so hätte das letzten Endes genügt, um ihn Italien erobern zu lassen.
> Göring: Aber wir haben schließlich die Strahlflugzeuge herausgebracht; die haben *wir* herausgebracht. Und sie müssen in Massen kommen, damit wir den Vorsprung halten. ...
> Hitler: Die V 1 kann den Krieg leider nicht entscheiden.
> Göring: ... Aber genauso, wie ein zunächst schwaches Projekt endlich doch gelingt, kommt dann auch der Bomber, wenn er auch ...
> Hitler: Das sind aber lauter Zukunftsmusiken!
> Göring: Nein!
> Hitler: Göring, die Kanone ist da, das andere ist eine Zukunftsmusik![52]

Die Verwendung des Nachnamens bei einem Gespräch zwischen Personen, die einen vertrauten Umgang miteinander pflegen, ist ein sicheres Zeichen für die besondere Bedeutung des Gesagten. Hitler wusste, was auf ihn zukam.

Bei diesen Lagebesprechungen waren zwar oft bis zu fünfundzwanzig Personen im Raum, aber Hitler ließ zwischen seinen eigenen Äußerungen meist nur zwei oder drei andere Beiträge zu. In den Antworten auf seine unablässigen, bohrenden Fragen ist keine auffällige Speichelleckerei zu erkennen. Geschützkaliber, Ölfelder, Plastik- oder Metallminen, die Ausbildung von Panzerfahrern, Einkreisungsstrategien: kaum etwas entging seiner Aufmerksamkeit. Im Dezember 1943 fragte er, bereits in Erwartung einer Invasion der Alliierten: «Können wir für den Westen nicht eine Sonderzuteilung an Flammenwerfern machen? Flammenwerfer sind in der Verteidigung doch das Beste, das ist eine furchtbare Waffe.» Anschließend führte er ein Telefongespräch, bei dem er eine Verdreifachung der monatlichen Produktion von Flammenwerfern verlangte, und beendete diese Unterhaltung so: «Wir brauchen es ganz dringend. Danke schön! Heil! Gute Feiertage!»

Es gibt einige Augenblicke mit unbeabsichtigt humoristischen Elementen – «Man rechnet immer mit der Anständigkeit der anderen. Wir sind so anständig», sagte Hitler einmal –, aber die Gespräche verliefen üblicherweise in einem geschäftsmäßigen Ton, selbst als es bereits dem Ende zuging. Vom Holocaust wurde in Gegenwart der Stenografen natürlich nicht gesprochen. Manche Dinge wurden gar nicht transkribiert, etwa die Lobeshymnen auf Hitlers Schäferhündin Blondi oder seine ständigen Fragen nach der Uhrzeit – Hitler trug nie eine Armbanduhr –, aber ansonsten wurde jedes Wort mitgeschrieben. Erst gegen Ende, als die Rote Armee bereits seinem Bunker näher rückte, fielen Hitlers Äußerungen unzusammenhängend aus und er flüchtete sich in Nostalgie, Schadenfreude, Vorwürfe des Verrats (viele davon waren vollkommen berechtigt) und blinden Optimismus.

Albert Speer versuchte Dönitz nach einer Lagebesprechung mit Hitler Anfang Februar 1945 klarzumachen, dass der Krieg unweigerlich verloren war, weil «die Karten das katastrophale Bild unzähliger Durchbrüche und Kesselbildungen zeigten», doch der Großadmiral gab «auffallend kurz» zurück: «Ich habe hier nur die Marine zu vertreten. Alles andere ist nicht meine Sache. Der Führer wird wissen, was er tut.»[53] Speer kommentierte die Szene in seinen *Erinnerungen* so:

> Wenn Göring, als der zweite Mann im Staate, zusammen mit Keitel, Jodl, Dönitz, Guderian und mir Hitler ultimativ aufgefordert hätte, uns seine Vorstellungen zu entwickeln, wie er den Krieg zu Ende bringen wolle, wäre Hitler gezwungen gewesen, sich zu erklären.

Doch dazu sollte es nie kommen, weil die genannten Personen – und die Hälfte dieser Gruppe zu Recht – befürchteten, dass schon bald nur noch der Strick auf sie warten würde. Wenige Tage nach diesem kurzen Wortwechsel mit Dönitz suchte Speer nach seiner eigenen Darstellung Göring in Carinhall auf, und der Gastgeber räumte bereitwillig ein, dass das Reich dem Untergang geweiht sei, fügte aber hinzu, im Unterschied zu Speer «sei er viel enger an Hitler gebunden, viele Jahre gemeinsamer Erlebnisse und Sorgen hätten sie aneinandergekettet – er käme nicht mehr los».[54]

Auch Hitler wusste Bescheid. Bei einer Lagebesprechung am 2. März 1945 kritisierte er einen Vorschlag Rundstedts, Truppen südlich des von der 21. Armeegruppe der Alliierten besetzten Sektors zu verschieben, mit der scharfsinnigen Bemerkung: «Das heißt nur: die Katastrophe von einem Platz zum anderen hin zu verschieben.»[55]

Fünf Tage später eroberte eine Panzereinheit unter dem Befehl von Brigadegeneral William M. Hoge, die zur 9. Panzerdivision in Hodges' 1. US-Armee gehörte, die noch funktionsfähige Ludendorff-Eisenbahnbrücke über den Rhein in Remagen, und Eisenhower gelang die Einrichtung eines Brückenkopfes auf dem Ostufer des Rheins, worauf Hitler mit der Entlassung Rundstedts als Oberbefehlshaber West reagierte, den er durch Kesselring ersetzte. Zu diesem Zeitpunkt hätten wohl kaum Kelche mit giftigerem Inhalt gereicht werden können, denn amerikanische Truppen schwärmten bereits über die eroberte Brücke ins deutsche Kernland aus. Patton setzte am 22. März über den Rhein und telegrafierte an Bradley: «Lasst um Gottes willen die ganze Welt wissen, dass wir drüben sind. Ich will, dass die Welt erfährt: Die 3. Armee schaffte es vor Monty.»[56] Montgomerys Rheinüberquerung am darauffolgenden Tag (Codename: Operation Plunder) wurde von Churchill und Brooke beobachtet und führte innerhalb von achtundvierzig Stunden zur Errichtung eines zehn Kilometer tiefen Brückenkopfes. Als 325 000 Mann der Heeresgruppe B im Ruhrkessel eingeschlossen und zur Kapitulation gezwungen wurden, löste Model seine Heeresgruppe auf und zog sich in einen Wald zurück. Er hatte erst kurz zuvor erfahren, dass man ihn im Zusammenhang mit dem Tod von 577 000 Menschen in lettischen Konzentrationslagern wegen Kriegsverbrechen anklagen wollte, und nachdem er eine Radiosendung gehört hatte, in der Goebbels an Hitlers Geburtstag einen irrsinnigen Optimismus verbreitete, erschoss er sich am 21. April.

Einige Tage zuvor hatte Churchill eine Dreifach-Proklamation der Großen Drei vorgeschlagen, mit der «Deutschland vor weiterem Widerstand gewarnt werden soll. Wenn [die Deutschen] den Widerstand über die Zeit der Aussaat hinweg fortsetzen, wird es [dort] im nächsten Winter eine Hungersnot geben. ... Wir übernehmen keine Verantwortung für die Ernährung Deutschlands.»[57] Churchill war wie wie üblich für die extremsten Maßnahmen, aber auch dieser Vorschlag wurde, wie schon einige andere von ihm vorgelegte, nicht angenommen. Die Alliierten stießen zwar noch auf erbitterten Widerstand fanatisierter deutscher Einheiten, aber die von Goebbels' Propaganda-Apparat angekündigten, ohne Rücksicht auf das eigene Leben kämpfenden «Werwolf»-Bataillone traten nicht in Erscheinung. Am Ausgang des Krieges im Westen bestand bei vernünftig denkenden Deutschen kein Zweifel. Die Propaganda um die vermeintlichen «Wunderwaffen» hielt den Glauben an den Sieg unter den optimistischeren Anhängern Hitlers zwar immer noch aufrecht, aber am 29. März 1945, sechs Tage nachdem Montgomerys 2. Armee und die 9. US-Armee den Rhein überquert hatten, schossen Flakkanoniere in Suffolk die letzte V-1-Rakete ab, die im Zweiten Weltkrieg auf Großbritannien abgefeuert worden war. Die deutsche Kurzbezeichnung der fliegenden Bomben stand für «Vergeltung» (für alliierte Luftangriffe), während die Briten, die mit dieser Waffe getötet, verstümmelt und terrorisiert werden sollten, aufgrund des charakteristischen Fluggeräuschs von «doodlebugs» oder «buzz bombs» sprachen.

Die V1, mit der Hitler bei ihrer Einführung an Heiligabend 1943 große Hoffnungen verbunden hatte, war ganz gewiss eine fürchterliche Waffe. Das Geschoss wurde von einem Strahltriebwerk angetrieben, das mit einem Benzin-Luftgemisch arbeitete, war 7,7 Meter lang, hatte eine Flügelspannweite von knapp 5 Metern und wog 2160 Kilogramm. Der Gefechtskopf bestand aus 850 Kilogramm Amatol, einer Mischung von TNT und Ammoniumnitrat. Die Geschosse wurden von 38 Meter hohen Betonrampen aus abgefeuert, die an einer Reihe von Orten im besetzten Frankreich stationiert waren, von Watten im Norden bis nach Houppeville im Süden. Sie flogen mit einer Geschwindigkeit von bis zu 580 Kilometern pro Stunde, was langsam genug war, um dem Gefechtskopf eine im Verhältnis zu seiner Größe stärkere Sprengwirkung zu verschaffen, als dies bei der genauso teuflischen Schwesterwaffe, der V-2-Rakete (Entwicklungsbezeichnung in Deutschland: A4), der Fall war. «Aufhören wird der Engländer nur, wenn seine Städte kaputtgehen, durch sonst nichts», sagte Hitler bei einer Lagebesprechung am 25. Juli 1943.

Aufhören wird er, wenn seine Städte kaputtgehen, ganz klar. Den Krieg gewinnen kann ich nur dadurch, dass ich beim Gegner mehr vernichte als der Gegner bei uns, dadurch dass ich selber ihm jedenfalls die Schrecken des Krieges beibringe; das ist zu allen Zeiten so gewesen und ist bei der Luft genauso.[58]

Da die Luftwaffe nicht in der Lage war, den eigenen Bombern gegen die britischen Jäger wirksamen Begleitschutz zu bieten, waren die V-1-Raketen eher ein Anzeichen für Hitlers Verzweiflung als für seine Stärke.

Da die V 1 nur eine maximale Reichweite von 210 Kilometern hatte, waren London und der Südosten Englands die Hauptzielgebiete, die unter dem Beschuss schwer zu leiden hatten. Die Bombe flog mit automatischer Kurskorrektur durch einen Kreiselkompass, und an der Spitze trieb ein kleiner Propeller ein Zählwerk an, das die vorab eingestellte Flugstrecke maß. War diese Entfernung erreicht, wurden die Höhenruder abgekippt, was den Absturz einleitete und den Antrieb ausschaltete. Ein Teil des Schreckens, den die V 1 verbreitete, ging auf das plötzliche Aussetzen des lauten Antriebsgeräusches zurück, wenn dieser Punkt erreicht war – das bedeutete, dass die Bombe an dieser Stelle niedergehen würde. Hielt das Geräusch an, so hieß das, dass die V 1 weiterfliegen würde, hörte man es jedoch aussetzen, stand mit Sicherheit eine verheerende Explosion an dieser Stelle unmittelbar bevor. Nach Schätzungen schlugen etwa 80 Prozent der V-1-Geschosse innerhalb eines 13-Kilometer-Radius um das festgelegte Ziel ein.

In der Zeit vom 13. Juni 1944 – eine Woche nach der Landung in der Normandie – bis zum 29. März 1945 wurden 13 000 V-1-Geschosse auf britische Ziele abgefeuert. Ihre Flughöhe von 1060 bis 1200 Metern war für häufige Treffer durch schwere Flakgeschütze zu gering und lag außerhalb der Reichweite der leichten Flak, also mussten sich häufig die Piloten der RAF dieser schlimmen neuen Bedrohung annehmen. Durch Radar gelenkte Kampfflugzeuge versuchten sie entweder abzuschießen oder durch leichte Berührung der Flügelspitzen ins Trudeln und zum Absturz zu bringen. Es bedurfte eines außergewöhnlichen Mutes, um so nahe an eine Tonne Sprengstoff heranzufliegen, und dennoch wurde diese Angriffsmethode häufig gewählt. Häufig wurden auch Sperrballons eingesetzt, an denen Ketten befestigt waren, um die V 1 zu stoppen.

«Ich war elf oder zwölf Jahre alt, als ich zum ersten Mal einen Doodlebug-Angriff erlebte», berichtete Thomas Smith, der mit seiner Mutter und acht Geschwistern in den beiden letzten Kriegsjahren in Russell Gardens im Norden Londons lebte. «Es war um 6.30 Uhr am Freitag, dem 13. Oktober 1944. Wir lagen alle noch im Bett, als wir die fliegende Bombe kommen hörten. Wir hatten schreckliche Angst. Ich lag zusammen mit meinen vier Brüdern in einem Bett, und wir kuschelten uns unter der Bettdecke aneinander.» Sein Vater war im Ausland, als Soldat in der Armee, die zu jener Zeit in Nordfrankreich, nach der Invasion in der Normandie, Abschussanlagen angriff und ausschaltete. (Damit waren die Angriffe jedoch noch nicht beendet, denn nach dem Verlust der Abschussrampen in Nordfrankreich wurden von speziell für diesen Zweck umgerüsteten He-111-Maschinen aus der Luft weiterhin V1 abgefeuert.) «Die Bombe verfehlte unser Haus», erinnerte sich Smith, «aber sie schlug wenig mehr als 100 Meter entfernt in Russell Gardens ein. Die Explosionswucht der Bombe ließ das Dach und die Decken unseres Hauses einstürzen, und auch die Fenster gingen zu Bruch. Meine Mutter schickte mich trotz der Bombe in die Schule.» Es war eine zähe Generation, und die Familie Smith hatte Glück; insgesamt fielen mehr als 24 000 Briten Hitlers tückischen «Geheimwaffen» zum Opfer, 5475 von ihnen starben. Mit die stärkste Nervenbelastung dieses Feldzugs verband sich für die Briten damit, dass diese Angriffe rund um die Uhr erfolgten und keine Verschnaufpause zuließen. Die Luftwaffe flog ihre Angriffe schon seit langem nur noch nachts, zu einer Zeit, in der ihre Bomber in den Schutz der Dunkelheit gehüllt waren und den RAF-Jägern verborgen blieben, aber die unbemannten Flugbomben konnten zu jeder beliebigen Tages- und Nachtzeit einfliegen. In der Anfangszeit dieser Angriffe wurden im Juli und August 1944 in einer bestimmten Phase täglich 10 000 Häuser und Wohnungen beschädigt. Bis Ende August wurden mehr als 1,5 Millionen Kinder aus dem Süden des Landes evakuiert.

Die gewaltigen Flächen, die eine V1 verwüsten konnte – eine einzige fliegende Bombe konnte auf mehr als einem halben Quadratkilometer Schäden anrichten –, machten sie zu einer besonders gefährlichen Waffe, obwohl sich die Verteidiger schnell auf sie einstellten. Von Juni bis September 1944 holten die Flak, RAF-Abfangjäger und Sperrballone 3912 V1 vom Himmel. Schon bald war klar, dass Hitler, der darauf gehofft hatte, dass die V1 die Kampfmoral der Briten brechen und ihre Regierung zu einem Friedensschluss zwingen würde, das Potenzial dieser Waffe falsch einschätzte. Deshalb setzte er seine Hoffnungen jetzt auf die V2, eine von der Heeresversuchsanstalt Peenemünde auf der Insel Usedom in Pommern entwickelte Waffe, die auf bahnbrechender Raketentechnologie beruhte. Es handelte sich hier um eine ballistische Rakete, die überschallschnell flog, so dass die Detonation das erste war, was die Opfer zu hören bekamen. Es gab keine Vorwarnungen durch Sirenen oder andere Alarmsignale, was den Schrecken nur noch steigerte, und es gab auch keine Abfangmöglichkeit, denn dieses Geschoss erreichte eine Geschwindigkeit von 5800 Stundenkilometern, das zehnfache Tempo der Spitfire.

Von Gyroskopen stabilisierte Flossen lenkten dieses gewaltige, 13 Tonnen schwere Fluggerät über Entfernungen von bis zu 320 Kilometern hinweg. Ursprünglich sollte es mit einer Giftgasladung bestückt werden, der Gefechtskopf mit einer Tonne Sprengstoff wurde erst zu einem späteren Zeitpunkt eingebaut. Ihre erstaunliche Geschwindigkeit entwickelte die V 2 durch ein Gemisch aus Ethanol und Flüssigsauerstoff, das durch eine von einer Dampfturbine angetriebene Doppelpumpe in die Brennkammer befördert und dort auf 2700 Grad Celsius erhitzt wurde. Die Rakete erreichte eine maximale Flughöhe von 30 Kilometern. Die V 2 hatte enorme Maße: Mit einer Höhe von 14 Metern und einem Durchmesser von 1,50 Meter in der Mitte und 3,60 Meter im Bereich der Stabilisierungsflossen war sie mit Abstand die größte Waffe dieser Art. Sie konnte im Senkrechtstart von Fahrzeugen abgeschossen werden, die nach dem Start einfach davonfuhren, kam also ohne feste Startvorrichtungen aus – wie sie die meisten V-1-Geschosse benötigten –, die von den Alliierten bombardiert und eingenommen werden konnten. (Beide V-Waffen können heute im Imperial War Museum im Londoner Stadtteil Lambeth besichtigt werden, die Versuchsanstalten Peenemünde wurden zum Historisch-Technischen Museum umgestaltet.)

Die V-Waffen-Produktion erreichte im Herbst 1944 einen Höchststand, denn Hitler hoffte, London durch ein Bombardement mit diesen Geschossen zur Aufgabe zwingen zu können, bevor die Alliierten das deutsche Staatsgebiet erreichen und das Dritte Reich zerstören würden. Doch es war in erster Linie sein eigener Fehler, dass die V 2 erst so spät einsatzfähig war. Hätte er dieser Waffe bereits 1942 den Vorrang gegeben, wären ihre Kinderkrankheiten vielleicht rechtzeitig behoben worden, und die Fertigung in größerer Zahl hätte bereits 1943 – und nicht erst 1944 – beginnen können.[59] Eine Aufstockung der Mittel für die Raketenproduktion wäre natürlich auf Kosten der Mittel für einige andere Waffenprogramme gegangen, ob das nun Kampfflugzeuge, Panzer oder U-Boote gewesen wären. Es gab einen hohen Anteil von Fehlstarts, und die Hälfte der fertiggestellten Raketen wies technische Fehler auf, aber das wäre vielleicht gar nicht der Fall gewesen, wenn Hitler das Projekt viel früher und mit mehr Begeisterung unterstützt hätte.

Die erste V-2-Rakete schlug am 8. September 1944 um 6.40 Uhr in Großbritannien ein. Nur fünf Minuten zuvor war sie abgefeuert worden, nachdem man sie in einer Vorortstraße von Den Haag von einem für diesen Zweck umgebauten Lastwagen abgeladen hatte. Die Staveley Road in Chiswick im Westen von London war eine ähnlich ruhige Wohnstraße, bevor dort der Sprengkopf explodierte, der drei Menschen tötete und sechs weitere verletzte. Wo einst sechs Vorort-Häuser gestanden hatten, klaffte jetzt nur noch ein gewaltiger Krater. Um jede Panik zu vermeiden, gaben die Behörden zunächst keinerlei Informationen über die V 2 heraus und ließen die Menschen in dem Glauben, die gewaltige Explosion, die in ganz West-London zu hören gewesen war, sei eine «Gaswerk-Explosion» gewesen, aber im November wurde deutlich, dass die Regierung ehrlicher mit dieser neuen Bedrohung umgehen musste.

In den fünf Monaten des Beschusses wurden insgesamt 1359 Raketen auf London abgefeuert, die 2754 Menschen töteten und 6523 Verletzte forderten. Als Antwort auf Behauptungen der deutschen Propaganda, London werde gegenwärtig «verwüstet», erklärte Winston Churchill am 10. November 1944 im Unterhaus: «Die Schäden und die Zahl der Opfer sind bisher nicht schlimm gewesen. Es besteht keine Notwendigkeit, die Gefahr zu übertreiben.» Doch ein einziger Raketentreffer in einem Woolworth-Geschäft tötete am 25. November in New Cross im Londoner Südosten 160 Menschen und verletzte 200 weitere, und vier Raketen, die am 29. Dezember in Croydon, Surrey, niedergingen, machten 2000 Häuser unbewohnbar.

«Es fielen immer noch Gegenstände vom Himmel», erinnerte sich ein junges Mädchen, das den Raketeneinschlag in New Cross überlebte,

> Stücke von Gegenständen und Stücke von Menschen. Ein Pferdekopf lag im Rinnstein. Da war eine verbogene und zerfetzte Kinderwagen-Abdeckung und da eine kleine Babyhand, die immer noch in ihrem Wollärmel steckte. Vor dem Pub stand ein zertrümmerter Bus, auf dessen Sitzreihen immer noch Menschen saßen, staubbedeckt und tot. Dort, wo das Woolworth-Geschäft

gewesen war, war jetzt gar nichts mehr, nur noch ein gewaltiges, von Staubwolken eingehülltes Loch. Kein Gebäude, nur Trümmer- und Backsteinhaufen, und darunter lagen schreiende Menschen.

Insgesamt wurden 3225 V-2-Raketen (Stückpreis: 100 000 Reichsmark) abgefeuert. Auch Antwerpen wurde von dieser Waffe schwer getroffen, dort allein gab es 30 000 Tote und Verwundete. Die Deutschen planten sogar, V-2-Raketen von zu Abschussrampen umgebauten U-Booten aus auf die Vereinigten Staaten abzuschießen. Die letzte V 2, die in Großbritannien einschlug, wurde, wie schon das erste Geschoss dieser Art, in Den Haag gestartet. Sie landete am 27. März 1945 um 19.21 Uhr auf einem Wohnblock in Whitechapel und tötete 134 Menschen. Gegen diese Waffe gab es keine Abwehrmöglichkeit, und ihre Wirkung reichte bis in tief gelegene Luftschutzräume. Die V 2 tötete die Menschen nicht nur dort, wo sie einschlug, sondern bereits bei ihrer Herstellung. Nach Schätzungen starben bis zu 20 000 Menschen bei der fürchterlichen Sklavenarbeit, die mit der Produktion der Raketen verbunden war. Die Lebens- und Arbeitsbedingungen in den über das ganze Reichsgebiet verstreuten Fabriken waren entsetzlich und von Hunger, Krankheiten, grausamer Behandlung und Unfällen geprägt.

Die V-Waffen, die fliegende Bombe V 1 und die Rakete V 2, sollten in Großbritannien zwar Tausende von Opfern fordern – und in den Niederlanden und in Belgien noch viele weitere –, aber sie hätten, selbst wenn sie zehnmal so viele Opfer gefordert und entsprechende Zerstörungen verursacht hätten, den Kriegsverlauf nicht entscheidend beeinflussen können, denn Hitler ließ sie erst eine Woche nach der Landung in der Normandie erstmals einsetzen. Zu diesem Zeitpunkt hatten sich Amerikaner, Briten und Kanadier an der Invasionsküste bereits festgesetzt, und es gab, ganz gleich, wie erfolgreich der Einsatz von V-Waffen auch verlaufen mochte, keinerlei Aussicht mehr auf eine Einigung mit Hitler. Die Konzentration von technologischer Forschung, Geldmitteln, Rohstoffen, qualifizierter Arbeitskraft und allgemeinen Anstrengungen und die kaltblütige Opferung von so vielen KZ-Häftlingen und Sklavenarbeitern, die bei der Herstellung umkamen, waren durch die Ergebnisse keineswegs gerechtfertigt. Das Wort von den «Vergeltungswaffen» hörte sich in Reden zwar gut an, aber diese Waffen erzielten wenig Wirkung und erwiesen sich als weiterer Irrtum in Hitlers strategischen Überlegungen.

17

Von Osten her

August 1943 – Mai 1945

«Wir kämpften nicht mehr für Hitler, für den Nationalsozialismus oder für das Dritte Reich, nicht einmal für unsere Bräute, Mütter oder Familien, auf die in deutschen Städten Bomben fielen. Wir kämpften aus purer Angst. ... Wir kämpften für uns selbst, um nicht in Löchern voller Schlamm und Schnee wie Ratten verrecken zu müssen.»

Ein Veteran der Division «Großdeutschland»
über das Geschehen im Jahr 1945[1]

Der Krieg gegen Deutschland wurde an der Ostfront gewonnen, trotz des Vormarschs der Westalliierten zwischen dem D-Day am 6. Juni 1944 und der Überquerung des Rheins im März 1945, die sich durch den katastrophalen Rückschlag in Arnheim Mitte September 1944 und die Gegenoffensive in den Ardennen im Winter verzögerte. Vom Beginn des Unternehmens Barbarossa im Juni 1941 bis zum Dezember 1944 verlor die Wehrmacht an der Ostfront 2,4 Millionen Mann, im Kampf gegen die westlichen Alliierten waren es 202 000 Gefallene.[2] Die Verluste der späteren Sieger waren ebenfalls ungleich verteilt: Die Rote Armee verlor zwischen dem Tag der Landung in der Normandie und der deutschen Kapitulation am 8. Mai 1945 mehr als zwei Millionen Mann, das war das

Dreifache der gemeinsamen Verluste der britischen, amerikanischen, kanadischen und französischen Streitkräfte. An dieser Stelle lohnt sich ein Nachdenken über die Frage, ob Demokratien so hohe Zahlen von Kriegsopfern wohl jemals ertragen hätten, oder ob es – wahrscheinlich eben doch – des ganzen fürchterlichen Einschüchterungsapparats des NKWD und des innenpolitischen Terrors bedurfte, um die Sowjetunion im Krieg zu halten.

Nach der vernichtenden Niederlage der Wehrmacht in Stalingrad und der Gefangennahme der Überlebenden von General Paulus' 6. Armee im Februar 1943, dem knapp sechs Monate später der Abbruch und der mit nicht auszugleichenden Verlusten verbundene Rückzug aus der Schlacht im Kursker Frontbogen folgte, war der Boden bereitet für eine Serie gewaltiger sowjetischer Offensiven entlang der ganzen Ostfront. Sie sollte erst mit der deutschen Kapitulation in Berlin Anfang Mai 1945 enden, nachdem Hitler dort am 30. April Selbstmord begangen hatte. Bei ihrer Sommeroffensive nach der erfolgreichen Verteidigung des Kursker Frontbogens eroberte die Rote Armee Orel, Charkow, Taganrog und Smolensk zurück, drängte die Wehrmacht über den Dnjepr zurück und schnitt die 17. Armee auf der Krim ab. Feldmarschall Erich von Manstein und der rumänische Diktator Ion Antonescu drängten Hitler, die deutschen und rumänischen Streitkräfte von der Krim evakuieren zu lassen, weil sie für die Verteidigung Rumäniens und Bulgariens gebraucht würden, aber Hitlers hartnäckige Weigerung, diesem Ersuchen nachzukommen, führte kurz hintereinander zum Verlust beider Länder und zur letztlichen Vernichtung der dort eingesetzten Heeresgruppe. Hitler hatte vorgehabt, die Krim zu einer rein arischen Kolonie zu machen, von der alle Fremden dauerhaft ausgeschlossen bleiben sollten, und er hielt an seinem Traum auch noch fest, als militärische Überlegungen es schon längst zwingend erforderten, dass seine Verwirklichung zumindest verschoben werden musste.

Nicolaus von Below schrieb über diese Phase:

> Hitler sah die künftigen bedrohlichen Entwicklungen an der Ostfront eher und deutlicher auf sich zukommen als seine Berater. Aber er war so starrsinnig, den Forderungen der Armee- und Heeresgruppen-Oberbefehlshaber nach Zurücknahme der Fronten nicht nachzugeben oder nur ausnahmsweise dann im letzten Augenblick. Hitler bestand vor allem darauf, unbedingt die

Krim zu halten, und lehnte deshalb die betreffenden Wünsche des Feldmarschalls v. Manstein unerbittlich ab.[3]

Die Wehrmacht verlor aus diesem Grund eine Viertelmillion Mann. Das beeinflusste den Kriegsausgang natürlich nicht entscheidend, und vielleicht bedeutete es auch nur, wie ein Historiker schrieb, «dass eine große Zahl deutscher Soldaten in sowjetische Gefangenschaft geriet, anstatt in den Kämpfen getötet zu werden».[4] Dennoch lag hier nach objektiven Gesichtspunkten ein strategischer Irrtum vor. Wie schon die Entscheidung, deutsche Truppen auf der Halbinsel Kertsch zurückzulassen, um sich die Möglichkeit einer Rückeroberung des Kaukasus offenzuhalten, wurde er von Hitlers Hoffnung auf einen erneuten eigenen Angriff auf den Süden der Sowjetunion ausgelöst, und das lange Zeit, nachdem ein solcher Angriff unter rationalen Gesichtspunkten noch möglich war.

Für die deutschen Frontsoldaten wurde das bloße Überleben auf ihrem langen, bitteren Rückzug vom Punkt des weitesten Vordringens im Juli 1943 bei Kursk wichtiger als alle verbliebenen Siegeshoffnungen. Für die sowjetischen Soldaten verband sich die Befreiung ihrer Städte und Ortschaften mit der Entdeckung des grauenhaften Geschehens während der deutschen Besatzung. In Orel, einem typischen Beispiel, waren die Hälfte der Gebäude und alle Brücken zerstört worden, von einer Vorkriegsbevölkerung von 114 000 Menschen waren noch 30 000 Überlebende geblieben, die anderen waren als Zwangsarbeiter nach Deutschland gebracht oder erschossen worden, oder sie waren an Seuchen oder Unterernährung gestorben.[5] Kaum ein Anblick konnte jedoch makabrer sein als die Entdeckung der zweiundachtzig kopflosen Leichname und der neunundachtzig menschlichen Köpfe im Anatomischen Institut in Danzig, wo aus den Leichen ermordeter Sowjetbürger, Polen und Juden Seife und Leder hergestellt worden waren. Das nahe gelegene Konzentrationslager Stutthof lieferte problemlos die dafür benötigten Leichen – allein 16 000 Gefangene starben dort beispielsweise innerhalb von sechs Wochen an Typhus –, und aus Menschen gewonnene Seife wurde dort produziert, als das Institut offizielle Besucher aus den Reichsministerien für Bildung und Gesundheit empfing.[6] Deshalb kann es kaum überraschen, dass die Rote Armee ihr ohnehin fast schon steinernes Herz weiter gegen den Feind verhärtete, ihn ihrerseits für einen Untermenschen hielt und die Entschlossenheit entwickelte, alle Deutschen – Zivilisten wie

Militärs – zu bestrafen, jetzt, wo sie an der Reihe waren, unterdrückt zu werden. Dabei war es unerheblich, ob einzelne Deutsche unschuldig waren oder nicht, weil es weniger darum ging, sie zu bestrafen, als ihre Ehemänner, Väter und Söhne. Mitleid war jetzt nicht gefragt.

> Eine Reihe von Rückzügen, jedesmal über angemessen große Strecken, hätte die russische Kampfkraft verbraucht, abgesehen davon, dass sie Gelegenheit zu Gegenstößen boten, zu einer Zeit, da die deutschen Kräfte noch stark genug waren, sie wirkungsvoll zu führen. ... Die tiefste Ursache von Deutschlands Niederlage war die Art, wie seine Kampfkraft in nutzlosen Anstrengungen verschwendet wurde, vor allem der unnütze Widerstand am unrechten Platz und zur unrechten Zeit,

sagte der deutsche General Kurt von Tippelskirch über die Zeit unmittelbar nach Kursk.[7] Manstein tat mit einer beweglichen Verteidigung in ganz Südrussland sein Bestes, oft bei einer zahlenmäßigen Überlegenheit des Gegners von sieben zu eins. Für Hitler war dies wohl zu anspruchsvoll, denn er gab immer wieder nur Durchhaltebefehle aus, nach denen die Verteidigungsstellungen unbedingt zu halten seien, wie zum Beispiel in Charkow nach einem sowjetischen Durchbruch am 3. August 1943.[8]

Manstein musste nicht weniger als sieben Gespräche führen – oft von Angesicht zu Angesicht nach langen Flügen –, um Hitlers Erlaubnis für einen Rückzug auf die Dnjepr-Linie zu erhalten.[9] Nachdem diese Linie erreicht war, ignorierte Manstein Hitlers Befehle und ließ den Fall Charkows am 23. August zu, weil ihm die Loyalität zu seinen Soldaten und dem deutschen Volk wichtiger war als diejenige gegenüber dem OKW und Hitler. Solche Empfindungen gab es auch auf den tieferen Rängen der Befehlskette: Generalmajor Friedrich von Mellenthin, der Stabschef der 48. Panzerdivision, die sich auf die Dnjepr-Linie zurückzog, beklagte sich bitterlich:

> Das deutsche Oberkommando konnte sich während des Zweiten Weltkriegs niemals für einen Rückzug entscheiden, solange noch Zeit dafür war. Es entschloss sich entweder zu spät oder erst dann, wenn unsere Armeen zum Rückzug gezwungen worden waren und dieser bereits in vollem Gang war.[10]

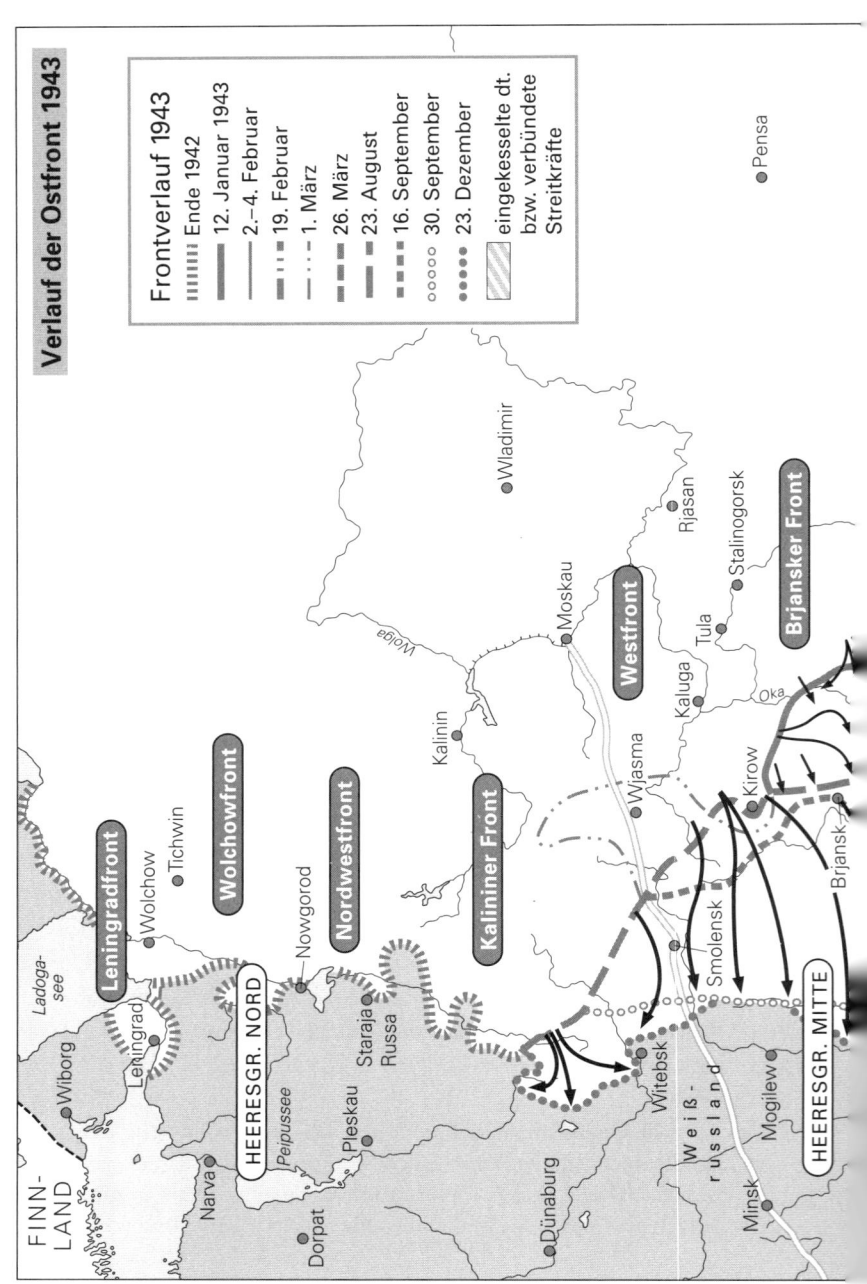

Von Osten her **681**

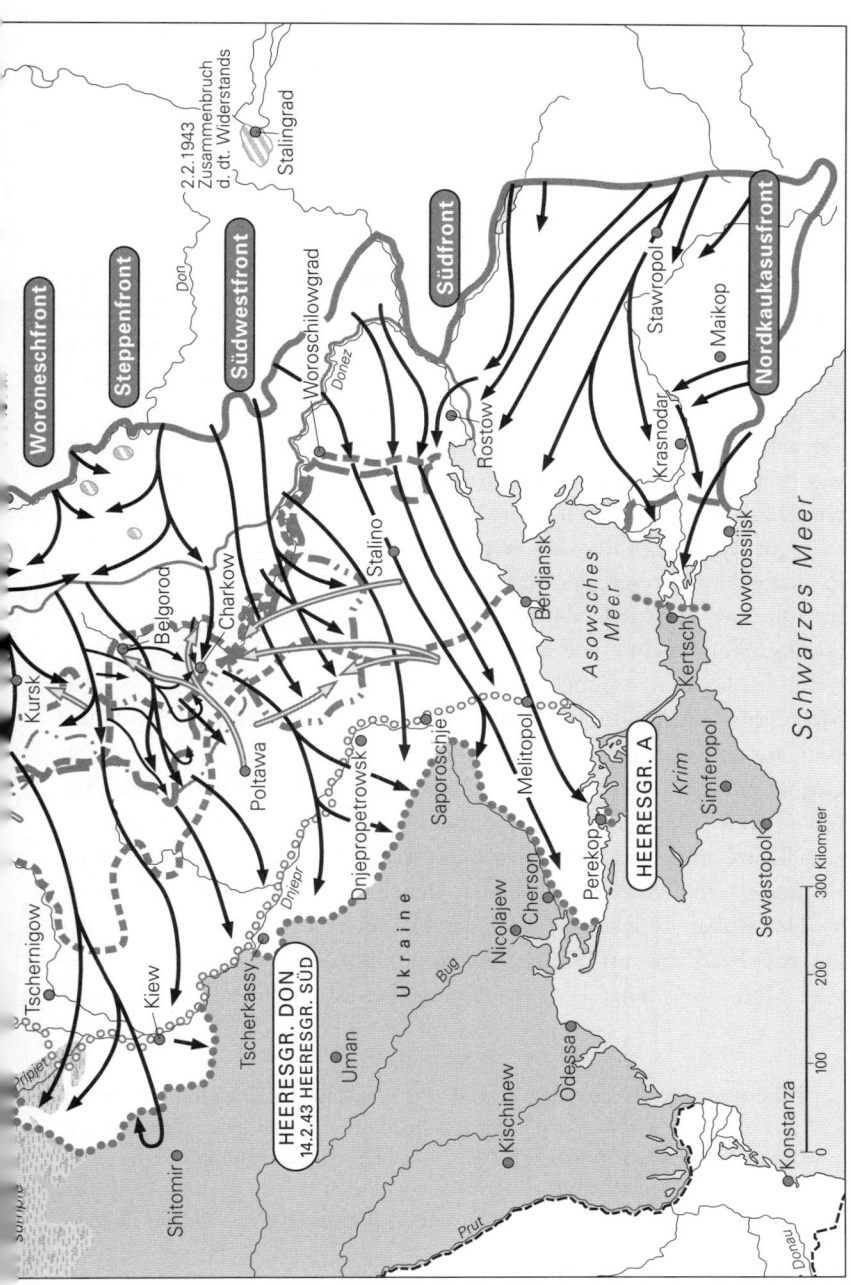

Bei ausreichender Vorwarnzeit erwies sich das deutsche Heer als äußerst geschickt in der Kunst des strategischen Rückzugs. Es traf gründliche Vorbereitungen durch die Ausbesserung von Straßen, Brücken und Flussübergängen; es tarnte Bereitstellungsräume und stellte präzise Berechnungen zur benötigten Ausrüstung sowie zu den dafür erforderlichen Transportmitteln an und legte fest, was zurückgelassen und unbrauchbar gemacht werden musste; dann wurden in der Etappe Gefechtsstände, Hauptquartiere, Lazarette und Veterinärposten eingerichtet, bevor der Rückzug begann; Telefonverbindungen wurden abgebaut; Nachschub, Verpflegung und nächtliche Verkehrskontrollen wurden organisiert; Sprengungen, Straßensperren und Verminungen wurden vorbereitet und Verteidigungslinien festgelegt. (Die Probleme wurden natürlich immer größer, sobald die Wehrmacht auf deutschen Boden zurückgedrängt worden war, weil zugleich auch Millionen in Panik geratene Flüchtlinge der Roten Armee zu entkommen suchten.) Die Wehrmacht verstand sich auch sehr gut auf die Politik der «verbrannten Erde». Typisch war hier der Rückzug der Heeresgruppe Süd zum Dnjepr in der Zeit von Ende August bis Oktober 1943, der Manstein eine Verurteilung zu achtzehn Jahren Gefängnis einbrachte (von denen er nur vier Jahre absitzen musste). «Der weite russische Raum begünstigt gut organisierte Rückzüge», schrieb Mellenthin. «Wenn die Soldaten diszipliniert genug und gut ausgebildet sind, ist ein strategischer Rückzug ein ausgezeichnetes Mittel, um den Gegner aus dem Gleichgewicht zu bringen und die Initiative zurückzugewinnen.»[11] Doch Hitler ließ der Wehrmacht, all ihren Kenntnissen zum Trotz, immer nur möglichst wenig Zeit für die Organisation solcher Rückzüge – in den seltenen Fällen, in denen er sie überhaupt genehmigte.

Der Kuban-Brückenkopf auf der Halbinsel Taman fiel im Oktober 1943, der Kaukasus war für die Sowjetunion jetzt gesichert, und das Asowsche Meer war wieder ein sowjetisches Gewässer. General Halder hielt fest:

> Spätestens gegen Ende 1943 war eindeutig klar, dass der Krieg militärisch verloren war. Hätte aber nicht doch die Invasion abgeschlagen und damit die Basis für einen erträglichen Frieden geschaffen werden können? Hatte nicht die «Festung Deutschland» Aussicht, die Kraft der Feinde an ihren Wällen zu verbrauchen? Nein. Wir müssen uns endlich entschließen, mit diesen Märchen aufzuräumen.[12]

Halder hatte Recht. Deutschland war, nachdem es vier der sechs stärksten Militärmächte der Welt zu seinen Gegnern gemacht hatte, zum Untergang verurteilt. Doch es sollte noch weitere achtzehn, mit unvorstellbarem Grauen und Gemetzel angefüllte Monate dauern, bis der Krieg endlich zu Ende war. Die Erklärung dafür ist weitgehend in der Kampfkraft, Entschlossenheit und im Gehorsam der Wehrmacht zu suchen. Hätte Hitler die letzte Entscheidungsgewalt an ein Gremium seiner besten militärischen Köpfe abgegeben und Manstein zum Oberbefehlshaber an der Ostfront gemacht, hätte das in dieser Phase des Krieges nur bedeutet, dass sich die Niederlage verzögert hätte und noch viel mehr deutsche und sowjetische Leben ausgelöscht worden wären.

Die Deutschen fügten der Roten Armee fast während dieses gesamten Zeitraums höhere Verluste zu, als sie selbst erlitten, aber entscheidend war dabei, dass diese Verluste niemals höher waren, als die Sowjets ausgleichen konnten. Die Generäle der Roten Armee ließen ihre Männer ohne Rücksicht auf Verluste angreifen, während deutsche Generäle nicht so vorgehen konnten, weil es ihnen an entsprechenden Reserven mangelte. «Die Russen waren uns armen, aber tapferen Deutschen fünffach überlegen, sowohl an Truppenstärke als auch in der Qualität ihrer Ausrüstung. Ich war unmittelbar dem Befehl Hitlers unterstellt. Leider wurde Hitler in diesen kritischen Phasen durchweg mies beraten»,[13] sagte Feldmarschall Kleist im Juni 1946 in Nürnberg aus. Alan Clark hat zu Hitlers Verteidigung darauf hingewiesen, dass dieser seit Dezember 1943 versucht habe, das Bündnis der Alliierten aufzubrechen, indem er «die offensichtliche Unlösbarkeit seiner Aufgabe und die Unvereinbarkeit seiner Mitglieder» hervorgehoben habe, und dass in diesem Zusammenhang die Verteidigung eines jeden Meters des im Osten eroberten Bodens vollkommen erklärbar sei.[14] Doch Stalin hatte seit November 1941 immer wieder Reden über Hitlers Ziel gehalten, die Angst vor dem Kommunismus für die Spaltung der Großen Allianz gegen Deutschland zu nutzen. Das Sowjetische Informationsbüro (Sowinform) hatte seit Juni 1942 Erklärungen herausgegeben, in denen das Bündnis der Sowjetunion mit den Westalliierten gepriesen wurde, und es mangelt nicht an Belegen dafür, wie umfassend diese Einschätzung in Großbritannien und Amerika erwidert wurde.[15] Hätte Hitler die wahre Natur der gegen ihn gerichteten Allianz besser verstanden, dann hätte er erkannt, dass deren Bestreben, ihn und seine «Neue Ordnung» zu vernichten, in jedem Fall stärker sein würde als jegliches gegenseitige Misstrauen und die Antipathien innerhalb des Bündnisses. Etwas anderes konnte man nur aus reiner Verzweiflung glauben, hatte doch Hitler selbst in *Mein Kampf* geschrieben: «Ein Bündnis, dessen Ziel nicht die Absicht zu einem Kriege umfasst, ist sinn- und wertlos.»[16]

Allen anderen berechtigten Klagen zum Trotz, die Kleist gegen seinen Oberbefehlshaber vorbrachte, stimmte es jedoch nicht, dass die deutsche Ausrüstung schlechter war, es ging nur um die bloße Zahl. Guderian, dessen Buch *Achtung Panzer!* 1936 erschienen war, vertrat die Ansicht, dass bei jedem Angriff zwei verschiedene Panzertypen benötigt wurden: einer für die Bekämpfung gegnerischer Panzer, der andere für den Kampf gegen die Infanterie. Der deutsche Panzer III, dessen Produktion 1936 begann, wurde gegen andere Panzer eingesetzt, aber seine 3,7-cm-Kanone war gegen die britischen Matilda-Panzer in Nordafrika nicht durchschlagskräftig genug, weshalb Rommel das 8,8-cm-Flakgeschütz für diesen Zweck einsetzte. Hitler ordnete 1940 die Produktion eines 350 PS starken Panzer III mit einer 5-cm-Kanone an, die von den Herstellern jedoch auf ein Kaliber von 4,7 Zentimetern zurückgenommen wurde. Diese Panzer wurden neben den Sturmgeschützen beim Unternehmen Barbarossa eingesetzt. Bis zum Jahr 1944 wurden bei verschiedenen Herstellern rund 6000 Panzer III gebaut. Von dem mit einer 7,6-cm-Kanone ausgerüsteten Panzer IV wurden 12 000 Stück gebaut, und diesen Panzertyp befanden die Sowjets für «gut für schlechtes europäisches Wetter, aber nicht für schlechtes russisches Wetter».[17] Im Jahr 1942 begannen die Deutschen mit der Produktion des Panzers VI (Tiger), 1943 dann auch mit der Herstellung des Panzers V (Panther).

Alle sowjetischen Panzer und Selbstfahrlafetten fuhren mit Diesel, während auf deutscher Seite nur ein Panzertyp mit Diesel betrieben wurde, alle anderen hatten Benzinmotoren. Benzin war sehr viel teurer, leichter entflammbar und sorgte für höheren Verbrauch, doch die Verantwortlichen in Deutschland – das natürlich auch Dieselmotoren besaß, beispielsweise in den Messerschmidt-Maschinen – hielten aus irgendeinem Grund am mit Benzin betriebenen Panzermotor fest. Der Panther war eine größere und schwerere Kopie des sowjetischen T 34, er hatte geneigte Seitenflächen und eine schräge Panzerung, an der feindliche Geschosse leichter abprallten. Dieser Panzertyp kam im Juli 1943 bei Kursk erstmals in den Fronteinsatz, litt aber noch unter einer Reihe von Problemen, vor allem bei der Elektrik und Hydraulik. Er wog 45,5 Tonnen, hatte fünf Mann Besatzung und erreichte eine Höchstgeschwindigkeit von 55 km/h. Der Panther hatte eine 110 Millimeter starke Panzerung (sie war zusätzlich mit Zimmerit-Paste beschichtet, die Magnetminen und -granaten abweisen sollte) und eine 4,50 Meter lange 7,5-cm-Kanone, und er fuhr mit einem Daimler-Benz-Nachbau des T-34-Motors. Von diesem Panzertyp wurden rund 6400 Stück produziert; zusammen mit dem Panzer VI, der unter der Bezeichnung Tiger I bekannt ist und von dem die Henschel-Werke 1355 Stück herstellten, war er eine hervorragende Waffe.

Der Tiger I wog 58,9 Tonnen, war mit einer 8,8-cm-Kanone ausgestattet, hatte fünf Mann Besatzung und erreichte eine Marschgeschwindigkeit von 38 km/h. Im 65 Kilometer südlich von Moskau gelegenen Panzermuseum von Kubinka ist ein Tiger-Panzer zu besichtigen: Er erhielt von einem T 34 aus einer Entfernung von etwa 270 Metern einen Treffer, der nur eine 5 Zentimeter tiefe Delle in der Frontpanzerung hinterließ. Der Tiger war für den T 34 ein mehr als ebenbürtiger Gegner und nur durch Beschuss aus kurzer Entfernung oder von der Seite (und ins Kettenlaufwerk) oder durch einen Glückstreffer in den Turmdrehkranz auszuschalten.

Der schwerste jemals im Zweiten Weltkrieg eingesetzte Kampfpanzer war mit einem Gewicht von 68 Tonnen der Tiger II. Dieses Fahrzeug hatte fünf Mann Besatzung, erreichte eine Höchstgeschwindigkeit von 35 km/h, verfügte über eine 150 Millimeter starke Panzerung (an der Vorderseite waren es sogar 180 Millimeter) und eine 8,8-cm-Kanone. Bis zum Januar 1944 waren 487 Tiger II (oder «Königstiger») fertiggestellt worden, die dasselbe Chassis wie die Panther nutzten. Zum Nachteil der Deutschen erbte dieser Panzertyp damit auch viele technische Probleme der Panther. Eine 8,8-cm-Kanone besaß auch der «Elefant»- oder «Ferdinand»-Jagdpanzer, der ebenfalls in Kursk zum ersten Mal eingesetzt worden war. Zum Glück für die Rote Armee wurden nur neunzig Exemplare dieses Typs gebaut. Als Antwort auf die Panther und Tiger produzierten die Sowjets den überschweren Panzertyp KW-85, der mit dem KW-1 weitgehend baugleich war, aber eine 8,5-cm-Kanone besaß. Geschosse aus dieser Waffe durchschlugen die Panzerung der mittelgroßen deutschen Panzer III und IV, zerstörten aber auch Tiger und Panther.

Bei einer Besprechung mit General von Thoma wurde dem Heeres-Stabschef Halder am 23. Dezember 1940 mitgeteilt, das OKH habe «über

Russenpanzer spärliche Grundlagen [= Nachrichten]», gleichwohl gehe man von davon aus, dass sie den eigenen Panzerfahrzeugen «an Panzerstärke und Schnelligkeit unterlegen» seien: «Höchstpanzerung 30 mm. 4,5 cm Erhard Kanone durchschlägt unsere Panzer auf 300 m; Grenze 500 m; über 800 m Sicherheit. Optik sehr schlecht. Trüb, kleiner Gesichtswinkel. Befehlsmechanismus schlecht.»[18] Aber nichts von alledem traf auf den neuen T-34-Panzer zu. So wie man von den Spitfire- und Hurricane-Maschinen sagen kann, dass sie 1940 Großbritannien retteten, lässt sich vom T 34 sagen, dass er die Sowjetunion in Kursk und im weiteren Kriegsverlauf gerettet hat. Die ersten Exemplare rollten 1938 vom Fließband, der T 34/76 war bequem herzustellen, weil der Konstrukteur für die Panzerplatten ein Schweißgerät entwickelt hatte, mit dem auch Frauen und Kinder arbeiten konnten. Die 6000 Einzelteile, aus denen das erste Modell bestand, wurden im Lauf der nächsten Jahre auf 4500 reduziert. Vor 1943 musste der T 34/76, der mittelschwere sowjetische Standardpanzer, bis auf etwa 230 Meter an einen deutschen Panzer mit 7,6-cm-Kanone heranrücken und ihn seitlich treffen, während ein deutscher Tiger-Panzer einen T 34 auf eine Entfernung von mehr als 1600 Metern zerstören konnte. (Das T steht übrigens, recht phantasielos, für «Tank». Inzwischen sind die russischen Panzerstreitkräfte beim T 90 angekommen.)

Nach Kursk jedoch, wo die Sowjetarmee schwere Verluste erlitt, bevor sie auf eine günstige Schussweite an den Gegner herankam, wurde das Kaliber der Kanone des T 34 (bis dahin: 7,6 cm) auf 8,5 cm erhöht. Das sorgte für eine erhebliche Steigerung der Kampfkraft, denn die 7,6-cm-Kanone durchschlug auf eine Entfernung von 540 Metern nur eine Panzerung von 50 Millimetern, während die 8,5-cm-Kanone auf die gleiche Entfernung Panzerplatten von 90 Millimeter Stärke zerstörte. Das Chassis blieb ebenso unverändert wie der kräftige 500-PS-Motor und der größte Teil der bisher verwendeten Einzelteile, der T 34/85 hatte allerdings fünf gummibandagierte Laufräder auf jeder Seite (bis dahin: zwei), und besonders wichtig war der vergrößerte Turm, mit dem sich die Zahl der Besatzungsmitglieder auf fünf erhöhte. Das ermöglichte es dem Kommandanten, den Einsatz zu leiten, ohne nebenbei noch, wie im T 34/76, als Ladeschütze dienen zu müssen. Die Schussfolge der T 34/85 erhöhte sich damit auch von sechs auf acht pro Minute. Länge und Höhe des T 34 veränderten sich mit dem neuen Modell nicht, aber jeder T 34/85 war jetzt mit einem Funkgerät ausgerüstet, während bei der Ursprungsversion nur die Kommandopanzer ein Funkgerät besaßen. Die Verstärkung der Panzerung auf 45 Millimeter an der Seite und 90 Millimeter auf der Vorderseite erhöhten das Gewicht des T 34/85 auf 32 Tonnen, was eine Erhöhung um dreieinhalb Tonnen im Vergleich zum Vorgängermodell bedeutete, aber mit dem starken Motor erreichte der Kampfwagen immer noch eine Höchstgeschwindigkeit von 32 km/h und war damit nur unwesentlich langsamer als das 34 km/h schnelle Modell T 34/76. Das verbesserte Modell war außerdem mit zwei 7,62-mm-Maschinengewehren ausgestattet und hatte, vollgetankt mit 690 Litern Diesel (einschließlich der außen befestigten Behälter), eine Reichweite von rund 380 Kilometern. Es führte 84 Schuss für die Kanone und 2500 Schuss für die Maschinengewehre mit, nur unwesentlich weniger als die 92 Granaten, die ins Magazin des T 34/76 passten.[19] Als dieser Panzer in ausreichender Stückzahl produziert wurde, hatte Stalin 1944 damit endlich eine kriegsentscheidende Waffe in der Hand.

Die unzureichende Panzerung an der Oberseite – selbst beim Tiger waren es nur 18 Millimeter – machten die Panzer sehr anfällig für Luftangriffe oder für Beschuss in geschlossenen Ortschaften, wo man sie von Dächern oder höheren Gebäuden aus unter Feuer nehmen konnte, wie die Deutschen in Stalingrad und die Rote Armee in Berlin 1945 (und 50 Jahre später in Grosny) feststellen mussten. Die Geschosse der 20-mm-Maschinenkanone SchWAK,[20] mit der die sowjetischen Kampfflugzeuge ausgerüstet waren, konnten die Oberseite von Panzern durchschlagen, allerdings musste ein solcher Angriff fast im senkrechten Sturzflug ausgeführt werden. Da die Luftwaffe im Spätjahr 1943 am Himmel über Weißrussland kaum mehr präsent war, machte das die deutschen Panzer für Luftangriffe außerordentlich verwundbar. Sie waren jedoch nach wie vor die besten Panzer weltweit. Hätte Hitler den Krieg sehr viel später begonnen, 1943 oder 1944, und wären die Fabriken für die Panzer- und Flugzeugproduktion besser geschützt und so im Reichsgebiet verstreut gewesen, dass ihre Zerstörung für die Alliierten schwieriger gewesen wäre – vor allem, wenn Düsenjäger des Typs Me 262 sie gegen die kombinierte Bomberoffensive der Alliierten verteidigten –, dann hätte die Wehrmacht eine sehr viel größere Chance gehabt, den Krieg zu gewinnen.

Sowjetische Streitkräfte überquerten den Dnjepr in der Zeit vom 22. bis zum 30. Oktober 1943 an einer Reihe von Orten auf einer fast 500 Kilometer breiten Front von den Pripjetsümpfen bis nach Saporoschje, und als Kiew am 6. November fiel, war auch die Nordflanke der Verteidigungslinie der Heeresgruppe Süd am großen Dnjepr-Bogen gefährdet. Manstein bat Hitler am 27. und 28. Dezember inständig, den Flussbogen aufzugeben und die Frontlinie dadurch um mehr als 200 Kilometer zu verkürzen, erhielt jedoch die Erlaubnis für diesen Rückzug nicht. «Ich lese die ganzen Berichte über diese Rückzüge. Ich könnte mich heute krank ärgern, dass ich die Erlaubnis gegeben habe. Schlimmer hätte es vorn auch nicht sein können, im Gegenteil», sagte Hitler am 28. Dezember 1943 bei einer Lagebesprechung zu seinen Gesprächspartnern Zeitzler und Jodl.[21] Am 2. Januar 1944 stieß die Rote Armee nördlich von Kiew vor und stand unmittelbar vor der Überschreitung der Vorkriegsgrenze zu Polen.

Weit im Norden des Landes begann die Rote Armee südlich von Leningrad am 15. Januar 1944 eine Großoffensive zur Sprengung des Belagerungsrings um die Stadt. General L. A. Goworows Leningrad-Front und General Kirill A. Merezkows Wolchow-Front nutzten dabei das eisige Winterwetter für die Überquerung des Finnischen Meerbusens und der vereisten Seen- und Sumpflandschaft, so dass sie die deutsche 18. Armee von beiden Flanken her angreifen konnten. Nach der blutigsten Belagerung der Menschheitsgeschichte, die neunhundert Tage andauerte und bei der 150 000 Artilleriegranaten und 100 000 Fliegerbomben auf die Stadt niedergegangen waren und mehr als 1,1 Millionen ihrer Einwohner den Tod gefunden hatten, wurde Leningrad schließlich am 17. Januar 1944 befreit. Nowgorod fiel zwei Tage später, nachdem sich die Deutschen sehr schnell zurückgezogen hatten. Als General Georg von Küchler die Heeresgruppe Nord von ihren vorgeschobenen Stellungen zurückzog, ersetzte ihn Hitler durch Model, der seinen Oberbefehlshaber davon überzeugen konnte, dass eine «Schild-und-Schwert-Strategie» kleinere Rückzüge als Teil einer größeren, geplanten Gegenoffensive zulassen sollte. Dennoch erreichte die Rote Armee bis zum 1. März 1944 eine Linie, die von Narwa über Pskow bis nach Polozk reichte. (Goworow griff im Juni 1944 Finnland an, das im September mit der Sowjetunion einen Waffenstillstand schloss und sich dabei unter anderem verpflichten musste, die bedrängte deutsche Kriegswirtschaft nicht weiter zu unterstützen.)

Model konnte Hitler von Dingen überzeugen, etwa wenn es um Rückzüge ging, die er sich von anderen Generälen nicht sagen ließ, weil Hitler ihn bewunderte und von seiner Loyalität vollkommen überzeugt war. Er stritt mit Hitler von Angesicht zu Angesicht, aber nur über militärpolitische Fragen, und ließ in seinem Hauptquartier keinerlei Kritik an Hitler zu. Model führte «von vorne», er war ständig an vorderster Front zu sehen und deshalb bei den Soldaten auf eine Art beliebt, wie es zahlreichen anderen Generälen, die ihre Hauptquartiere gerne in Schlössern aufschlugen, nicht möglich war.

Hitler stellte die Planer des OKH im Januar 1944 vor ein Problem, das schlaglichtartig erhellte, wie sehr es der deutschen Kriegführung mittlerweile an Soldaten mangelte. In der Zeit von Kriegsbeginn bis Ende 1943 hatte eine deutsche Infanteriedivision in voller Kampfstärke aus drei Schützenregimentern mit insgesamt neun Bataillonen bestanden. Jedes Regiment umfasste zwölf Schützen- und Artillerie-Kompanien, eine Haubitzen- und eine Panzerjäger-Kompanie, und zur Division selbst gehörte noch ein besonderes Panzerjäger- und Aufklärungsbataillon, was die durchschnittliche Kampfstärke einer Division auf 17 000 Mann erhöhte. Im Oktober 1943 wurden die Divisionen jedoch neu aufgeteilt und bestanden jetzt nur noch aus drei Regimentern mit jeweils zwei Bataillonen, was die durchschnittliche Stärke auf 13 656 Mann verringerte. Doch nur drei Monate später sah sich Hitler gezwungen, beim OKH nachzufragen, wie die Divisionen auf 11 000 Mann verkleinert werden könnten, ohne die Feuerkraft und den allgemeinen Kampfwert zu beeinträchtigen. Die Planer kamen zu dem Ergebnis, dass dies unmöglich war, und schlugen deshalb als Kompromisslösung Divisionen mit einer Sollstärke von 12 769 Mann vor. Diese «1944er»-Infanteriedivision hatte einen höheren Anteil von Kampftruppen – bis zu 80 Prozent – im Verhältnis zu Versorgungseinheiten, aber die extremen Einsparungen bei Nachschub- und anderen Versorgungseinheiten machten sich schmerzlich bemerkbar. Deutschland gingen im Januar 1944 einfach die Soldaten aus, wobei die kleiner werdenden Divisionen immer noch ihre Kampfabschnitte an überdehnten, bröckelnden Fronten halten sollten, und demoralisierende Umverteilungen dieser Art gaben einen deutlichen Vorgeschmack auf die bevorstehende Katastrophe.

Mansteins Heeresgruppe am Dnjepr wurde am 29. Januar 1944 von der 1. ukrainischen Front unter Schukow und der 2. ukrainischen Front unter Konjew angegriffen, den beiden vielleicht fähigsten sowjetischen Generälen, seit Watutin von nationalistisch gesinnten ukrainischen Partisanen ermordet worden war. Es entwickelte sich ein erbitterter Kampf, die «Schlacht von Korsun», die in Westeuropa bis heute wenig bekannt ist; sie dauerte drei Wochen, in deren Verlauf zwei deutsche Armeekorps in einem Frontvorsprung abgeschnitten wurden und von Manstein nur um den Preis des Verlustes von 100 000 Mann entsetzt werden konnten.[22] Die sowjetischen Armeen stießen anschließend einfach weiter vor und überquerten den Bug und den Dnjestr. Die Übermacht der Roten Armee an Menschen und Material war so gewaltig, dass sie es sich leisten konnte, die gesamte deutsche Streitmacht auf breiter Front anzugreifen und darauf zu warten, wo sich Lücken auftaten, bevor sie immer wieder zuschlug. Doch während dieser ganzen Rückzugsgefechte ermöglichten der ungebrochene Zusammenhalt und der Kampfgeist den deutschen Truppen immer wieder Gegenangriffe (auch wenn diese immer schwächer wurden), denen weniger zähe Soldaten, als die Rote Armee aufzubieten hatte, möglicherweise nicht standgehalten hätten. Hätten die sowjetischen Soldaten ihren Kampfesmut verloren und wären davongelaufen, wie das bei den Westalliierten manchmal der Fall war, etwa in der Anfangsphase der Ardennenoffensive, wären sie von NKWD-Einheiten erschossen worden. «Wer außer uns hätte es mit den Deutschen aufnehmen können?», fragte Konstantin Mamerdow, damals Soldat der Roten Armee.[23] Eine rhetorische Frage, denn die Antwort lautete: wahrscheinlich niemand.

Die Heeresgruppe Süd musste im März 1944 eine Reihe von Rückschlägen hinnehmen, die allerdings nicht Manstein anzulasten waren, denn der Kommandeur tat unter den durchweg widrigen Umständen sein Bestes. Aber Schukow durchbrach am 4. März seine nördliche Flanke und rückte im Lauf der nächsten drei Tage 160 Kilometer weit in Richtung der Eisenbahnlinie vor, die Warschau mit Odessa verband. Nikolajew am Bug fiel am 28. März, und zwei Tage später, am 30. März, entließ Hitler Manstein, der nach der Einschätzung Basil Liddell Harts und vieler weiterer Militärhistoriker der beste strategische Kopf auf deutscher Seite – vielleicht sogar unter allen Kriegsparteien – war. «Man kann den deutsch-sowjetischen Krieg in der Zeit von 1942 bis 1944 fast als Duell zwischen Manstein und Schukow bezeichnen», schrieb John Erickson, ein ausgewiesener Experte für diesen Kriegsschauplatz. «Das schließt Stalingrad ein, danach Kursk, und es findet einen Höhepunkt im Januar und

März 1944, als Manstein und Schukow in der Ostukraine erneut aufeinandertreffen. ... Wir haben es hier mit zwei bemerkenswerten, herausragenden strategischen Denkern, strategischen Planern und strategischen Kommandeuren erster Güte zu tun.»[24] Aber während Stalin vernünftig genug war, an Schukow festzuhalten, entließ Hitler Manstein, der auf die Ernennung eines Oberbefehlshabers für die Ostfront gedrängt hatte und selbst diesen Posten hätte erhalten müssen. Aber Manstein sollte nie wieder eine aktive Kommandeursfunktion ausüben. «Ich lag mit Hitler ständig im Streit über Führungsfragen, und das ab dem Zeitpunkt, an dem ich den Befehl über die Heeresgruppe übernahm, bis zum Ende», sagte Manstein später in Nürnberg zu seinem Gesprächspartner Goldensohn, sprach dabei aber von einem ungünstigen Einfluss Himmlers und Görings auf Hitler, um praktisch gleich im nächsten Satz über Hitler zu Protokoll zu geben: «Er war eine außergewöhnliche Persönlichkeit. Er verfügte über eine enorm hohe Intelligenz und eine außerordentliche Willenskraft.»[25]

Der Oberbefehl über die Heeresgruppe Süd – die Anfang April 1944 in Heeresgruppe Nordukraine umbenannt wurde – ging von Manstein auf Model über. Der hatte erst im Januar das Kommando über die Heeresgruppe Nord übernommen, wurde jetzt gleichzeitig zum Generalfeldmarschall befördert und war mit dreiundfünfzig Jahren nach Rommel der zweitjüngste Wehrmachtsoffizier in diesem Rang. Kleist, der von Konjew und General Rodion Malinowskis 2. ukrainischer Front nach Rumänien zurückgedrängt worden war, wurde am Tag von Mansteins Entlassung seinerseits als Kommandeur der Heeresgruppe Südukraine abgesetzt, sein Nachfolger wurde der brutale und bei den Soldaten unbeliebte General Ferdinand Schörner. Kleist bewertete Hitlers geistige Verfassung in jener Zeit später so: «Ich glaube, dass Hitler eher ein Fall für den Psychiater war als für einen General.» Gleichzeitig gab er seinem mit psychiatrischem Fachwissen ausgestatteten Gesprächspartner in Nürnberg aber auch Standardsätze zu Protokoll: «Ich bin nur ein einfacher Soldat und verstehe mich nicht darauf, Temperamente zu analysieren. Er war der Staatschef, und damit gab ich mich zufrieden.»[26] Er behauptete, er habe bereits im Dezember 1943 vorgeschlagen, Hitler solle den Oberbefehl über die Streitkräfte aufgeben, und sei nach «einer sehr ernsten Auseinandersetzung» am 29. März entlassen worden, und «wenn Hitler mich anschrie, schrie ich doppelt so laut zurück». Ob das nun stimmte oder nicht, Kleist stellte einen interessanten Charakterzug Hitlers fest, der auch von anderen erwähnt wurde und entmutigend auf diejenigen gewirkt haben muss, die eng mit ihm zusammenarbeiteten, nämlich:

> Wenn man ihm etwas endgültig klargemacht hatte, dann wurde er leise, sogar schweigsam. Wenn man zwei Stunden lang geredet hatte und meinte, man hätte ihn endlich überzeugt, dann fing er wieder von vorn an, als hätte man kein Wort gesagt.[27]

Ein derart egozentrisches Verhalten und eine solche Selbstsicherheit, was den eigenen Willen und die eigene Bestimmung betraf, mochten für Hitler notwendig gewesen sein, um zum «Führer» aufzusteigen, aber beides schadete dem Land – und letztlich auch ihm selbst – in einem Weltkrieg, in dem seine Feinde unter Beweis stellten, dass ein solcher Konflikt in einem kollegialen Rahmen besser bewältigt wurde als mit diktatorischem Auftreten.

Ein klassisches Beispiel für dieses Phänomen bietet der 8. März 1944, an dem Hitler eine Weisung verkündete, in der er sein Konzept der «festen Plätze» vorstellte. Er ordnete an, vom Gegner bedrängte Einheiten der Wehrmacht sollten sich, anstatt den Rückzug anzutreten und in der Frontlinie zu verbleiben, in Städten aller Größenordnungen verschanzen und dort von der Luftwaffe versorgt werden, bis sie aus der Einkreisung befreit werden konnten:

> Die «festen Plätze» sollen die gleichen Aufgaben wie die früheren Festungen erfüllen. Sie haben zu verhindern, dass der Feind diese operativ entscheidenden Plätze in Besitz nimmt. Sie haben sich einschließen zu lassen und dadurch möglichst starke Feindkräfte zu binden. Sie haben dadurch mit die Voraussetzung für erfolgreiche Gegenoperationen zu schaffen. ... Der «Kommandant des festen Platzes» soll ein besonders ausgesuchter, harter Soldat sein und möglichst im Generalsrang stehen.[28]

Diese Strategie war der Versuch, aus der Not eine Tugend zu machen, zumindest an manchen Orten, doch die Hauptwirkung bestand einfach darin, Soldaten daran zu hindern, Gebiete aufzugeben, die nicht mehr zu halten waren, und bei der eigenen Hauptstreitmacht zu bleiben, wenn eine Frontlinie zusammenbrach. Im Mittelalter mochte so etwas als eine aus der Verzweiflung entstandene Maßnahme noch funktioniert haben, aber in der modernen Kriegführung ermöglichte es genau die massenhafte Einkesselung, die auf Seiten der Roten Armee bei der deutschen Invasion drei Jahre zuvor zu einer solchen Serie von Katastrophen geführt hatte. Eine sowjetische Desinformationskampagne hätte keine der eigenen Sache dienlicheren Anweisungen verbreiten können als dieser «Führerbefehl».

Im April 1944 – in diesem Monat hatte die Luftwaffe an der Ostfront den 13 000 sowjetischen Kampfflugzeugen nur noch 500 eigene Maschinen entgegenzusetzen – vertrieb Marschall Fedor Tolbuchin die Deutschen von der Krim. Sewastopol fiel am 19. Mai, und die Deutschen verloren fast 100 000 Mann.[29] Die sowjetischen Truppen hatten im Januar den Dnjepr erreicht, im April überschritten sie bereits den Dnjestr und den Pruth, drangen nach Rumänien und Polen vor und bedrohten bald die ungarischen Grenzen. Odessa wurde am 10. April evakuiert. Im Frühjahr 1944 und ganz besonders nach der Invasion in der Normandie versäumte es Hitler vollständig, seine Strategie an der Ostfront nach vernünftigen Gesichtspunkten festzulegen, stattdessen zog er es vor, an seine Feldkommandeure Durchhaltebefehle auszugeben. «Seine kleiner werdenden Armeen waren auf eine 2600 Kilometer lange Front verteilt», schreibt Max Hastings. «In der Mitte hielten Divisionen, die im Durchschnitt nur noch 2000 Mann zählten, 25 Kilometer lange Frontabschnitte. Deutschland verlor in der Zeit von Juli 1943 bis Mai 1944 an der Ostfront einundvierzig Divisionen – allein von Juli bis Oktober 1943 betrugen die Verluste fast eine Million Mann, von März bis Mai 1944 waren es 341 950 Mann.»[30] Doch all das war nicht mehr als ein Vorspiel für die Katastrophe, die im Verlauf der Operation Bagration, einer Offensive, die mit Fug und Recht als einer der bedeutendsten Feldzüge der Kriegsgeschichte bezeichnet werden kann, über die Heeresgruppe Mitte hereinbrechen sollte.

Diese gewaltige sowjetische Sommeroffensive, die zeitlich auf den Augenblick abgestimmt war, an dem die Aufmerksamkeit in Deutschland besonders intensiv auf das Geschehen in der Normandie gerichtet sein würde, begann am 22. Juni 1944, genau am dritten Jahrestag des Unternehmens Barbarossa. Stalin selbst hatte den Codenamen ausgewählt, um damit an Pjotr Bagration (1765–1812) zu erinnern, seinen georgischen Landsmann und bedeutenden General des Krieges von 1812. Der Angriff wurde von nicht weniger als 250 Geschützen pro Kilometer an einer 550 Kilometer langen Frontlinie unterstützt. Das Ziel der Operation

Bagration war die völlige Vernichtung der deutschen Heeresgruppe Mitte, wodurch der Weg nach Berlin freigemacht werden sollte. Die 3. und 2. russische und die 1. weißrussische Front hatten jetzt die nahezu uneingeschränkte Luftherrschaft, denn ein großer Teil der Luftwaffe war nach Westen abgezogen worden, um dort die Invasionstruppen in Frankreich und die kombinierte Bomberoffensive der Westalliierten zu bekämpfen. Rokossowski erzielte am 24. Juni einen Überraschungserfolg, als die Panzer und Geschütze seiner 1. weißrussischen Front plötzlich aus der Morastlandschaft der nördlichen Pripjetsümpfe auftauchten. Sie hatte bis dahin als für schwere Fahrzeuge unpassierbar gegolten, aber die sowjetischen Pioniere hatten tragfähige Knüppeldämme gelegt.[31]

Ein großer Teil der 3. Panzerarmee wurde innerhalb weniger Tage vernichtet. Die Lücke, die dadurch in der bereits weit überdehnten deutschen Frontlinie entstand, war bald 400 Kilometer breit und mehr als 150 Kilometer tief, was die Rückeroberung wichtiger Städte wie Witebsk am 25. Juni und Minsk – wo 300 000 deutsche Soldaten eingeschlossen und gefangen genommen wurden – am 3. Juli ermöglichte. Hitlers Strategie der «festen Plätze» musste in Mogilew, Bobrujsk und an anderen Orten sofort umgesetzt werden, mit dem vorhersagbaren Ergebnis, dass die Sowjets sie einfach umgingen und von Reserveeinheiten belagern ließen, ähnlich wie die Amerikaner im Pazifik bei ihrem «Inselspringen» vorgingen. Bis zum 3. Juli war die Rote Armee aus ihren Ausgangsstellungen um mehr als 300 Kilometer vorgerückt. Die Heeresgruppe Mitte gab es nicht mehr, sie bestand nur noch auf dem Papier, und an ihrer Stelle tat sich zwischen den Heeresgruppen Süd und Nord ein gewaltiges Loch auf. Bagration ist, was die deutsche Seite betraf, zutreffend beschrieben worden als «eine der schnellsten und umfassendsten militärischen Katastrophen der Geschichte».[32] Die Bedeutung dieser Operation kann gar nicht überschätzt werden. «Selbst in den Monaten nach der Invasion in der Normandie waren die deutschen Verluste in Russland konstant viermal so hoch wie im Westen», schreibt ein Historiker.[33]

Die Heeresgruppe Mitte wäre vielleicht intakt geblieben, trotz der Erschöpfung nach monatelangen ununterbrochenen Kämpfen, trotz der unzureichenden Ausrüstung, zahlenmäßigen Unterlegenheit und trotz des weitgehenden Fehlens jeglicher Luftunterstützung, wenn sie nicht mit taktischen Ideen belastet worden wäre, die so unlogisch und so unqualifiziert waren wie das Konzept der «festen Plätze» und ähnlich gelagerte

Dinge, die Hitler sich ausdachte. Hätte der Oberbefehlshaber der Wehrmacht mehr Frontbesuche absolviert, dann hätte er selbst sehen können, wie sein «Führerbefehl Nr. 11» vom 8. März 1944, der «bei feindlichen Durchbrüchen zäh verteidigte Stützpunkte in der Tiefe der Kampfzone» verlangte, nur dazu diente, die deutschen Linien noch stärker zu entblößen und weitere Durchbrüche dieser Art zu ermöglichen.

Feldmarschall Walter Model, der zu diesem Zeitpunkt bereits den Spitznamen «Hitlers Feuerwehrmann» trug, übernahm von dem seines Kommandos enthobenen Feldmarschall Ernst Busch den Oberbefehl über die (auf dem Papier) 1,2 Millionen Mann zählende Heeresgruppe Mitte zusätzlich zu seiner Verantwortung für die Heeresgruppe Nordukraine, konnte aber nur wenig tun, um die Rote Armee aufzuhalten. Am 10. Juli waren bereits 25 der 33 Divisionen der Heeresgruppe Mitte eingeschlossen, und nur einer kleinen Minderheit gelang es, sich aus der Umklammerung zu befreien. Die Entscheidung für den dritten Jahrestag des Unternehmens Barbarossa als Beginn der Offensive war aufschlussreich: Die Vernichtung der Heeresgruppe Mitte war in vielerlei Hinsicht ein Spiegelbild des Geschehens in der Anfangsphase von Barbarossa, als stark befestigte Stützpunkte von Schwärmen höchst beweglicher Gegner in einem verwirrenden Tempo eingekreist wurden. Die Operation Bagration dauerte achtundsechzig Tage und brachte den Deutschen tägliche Verluste von durchschnittlich 11 000 Mann bei. Im Verlauf dieser gewaltigen Kesselschlacht versetzte die Rote Armee der Wehrmacht Schläge, von denen sie sich nicht mehr erholen sollte. Sie eroberte Weißrussland zurück und machte den Weg für den Angriff auf Ostpreußen und die baltischen Staaten frei. Es kann nicht überraschen, dass das Kriegsjahr 1944 im heutigen Russland als außerordentlich erfolgreiches Jahr gilt. Nach sowjetischen Angaben wurden im Verlauf von Bagration 381 000 deutsche Soldaten getötet, 384 000 verwundet und 158 000 gefangen genommen. Zerstört oder erbeutet wurden 2000 Panzer, 10 000 Geschütze und 57 000 Kraftfahrzeuge.[34] Bei allem Ruhm, der mit dem angloamerikanischen Sieg im Kessel von Falaise verbunden wird: Dieser Sieg an der Ostfront war mehr als zehnmal so hoch und ist doch im Westen, mit Ausnahme von Kennern der Militärgeschichte, kaum bekannt.

Die Rote Armee griff am 14. Juli 1944 auch südlich der Pripjetsümpfe an und nahm bereits am 27. Juli Lemberg ein. Die Deutschen waren jetzt auf die Ausgangsstellungen des drei Jahre zuvor begonnenen Unternehmens Barbarossa zurückgedrängt. Die Offensiven nördlich und südlich der Pripjetsümpfe hatten zur Folge, dass die Rote Armee jetzt in der Lage war, die Vorkriegsgrenze zu Polen zu überschreiten und Kaunas, Minsk, Białystok und Lublin zurückzuerobern, und im August überschritt sie den Bug. Sie hielt an der Weichsel, noch vor Warschau, an, weil es Model gelang, Rokossowskis 1. weißrussische Front östlich der polnischen Hauptstadt zum Stehen zu bringen. Es ist oft vermutet worden, dass die Rote Armee am 7. August aus rein politischen Gründen an der Weichsel stehen blieb, um den Deutschen die Niederschlagung des Warschauer Aufstands zu ermöglichen. Aber sie hatte eine gute Entschuldigung für dieses Verhalten, denn ihr seit dem 22. Juni anhaltender Vormarsch um mehr als 700 Kilometer hatte ihre Nachschub- und Verkehrsverbindungen bis an die Grenze überdehnt.

Bei der Siegesfeier in Moskau wurden bald darauf 57 000 deutsche Kriegsgefangene durch Moskau geführt, und viele der fünfundzwanzig gefangen genommenen Generäle mussten dabei vorneweg gehen. Der Kriegsberichterstatter Alexander Werth schrieb:

> Die Einwohner von Moskau sahen schweigend zu, ohne Buhrufe und ohne zu zischen, nur von einigen jungen Leuten waren Zurufe zu hören wie: «He, schaut euch die Fritzen mit ihren hässlichen Schnauzen an», aber die meisten Menschen tauschten nur mit gedämpften Stimmen Bemerkungen aus. Ich hörte ein kleines Mädchen, das auf den Schultern seiner Mutter saß, sagen: «Mama, sind das die Menschen, die Papa getötet haben?» Und die Mutter umarmte ihr Kind und weinte. Die Deutschen waren endlich in Moskau angekommen. Als die Parade vorbei war, desinfizierten Lastwagen der Stadtreinigung die Straßen.[35]

Churchill nutzte die Nachricht von der Vernichtung der Heeresgruppe Mitte bei einer Rede im Unterhaus am 2. August 1944, am zehnten Jahrestag von Hindenburgs Tod, dem Datum, das für Hitlers Aufstieg zum uneingeschränkten Diktator über Deutschland stand, zu einem weiteren Bonmot auf Hitlers Kosten: «Es könnte vielleicht sein, dass zu dem russischen Erfolg auch Herrn Hitlers – des Korporals Hitler – Strategie etwas beigetragen hat. Sogar militärischen Idioten fällt es schwer, einige Fehler in seinen Dispositionen zu übersehen. ... Alles in allem finde ich es viel besser, wenn Offiziere die normale Karriere machen.»[36]

Dennoch gab es für Hitler noch ein paar kurze Augenblicke des Trostes. Die Rote Armee stand am 1. August nur noch 25 Kilometer vor der ostpreußischen Grenze, als es Models Männern – zahlenmäßig und an Bewaffnung, vor allem in der Luft, unterlegen – gelang, der 2. sowjetischen Panzerarmee schwere Verluste zuzufügen und den Gegner 50 Kilometer weit zurückzudrängen. Die deutsche Abwehr fing während des von den eigenen Sturmgeschützen entfachten «Feuersturms» das folgende gegnerische Funkgespräch auf:

> A: Halten Sie Ihren Stützpunkt!
> B: Ich bin fertig!
> A: Verstärkungen sind auf dem Wege!
> B: Zum Teufel mit euren Verstärkungen! Ich bin abgeschnitten! Eure feinen Verstärkungen werden hier niemand mehr vorfinden!
> A: Zum letzten Mal – ich verbiete Ihnen, offen zu funken! Mir wäre lieber, Sie würden Ihre eigenen Leute erschießen, als dass Sie dem Gegner erlauben, das zu tun!
> B: Genosse Nr. 54: Vielleicht erfassen Sie meine Situation, wenn ich Ihnen melde, dass hier niemand übriggeblieben ist zum Erschießen, ausgenommen mein Funker![37]

Models Sieg, der im Kontext der Gesamtlage nur von relativ begrenzter Bedeutung war, brachte ihm dennoch ein Lob Hitlers als «Retter der Ostfront» ein.[38] Hitler sagte am 31. August bei einer Lagebesprechung: «Ich darf wohl sagen: Eine größere Krise als die, die wir in diesem Jahr schon einmal im Osten erlebten, kann man sich nicht vorstellen. Als Feldmarschall Model kam, war tatsächlich die Heeresgruppe Mitte nur ein Loch.»[39] Anstatt Model jedoch einen größeren Verantwortungsbereich, vielleicht sogar die Befehlsgewalt über die gesamte Ostfront zu übertragen, schickte ihn Hitler wenig später an die Westfront, wo es einen weiteren Wechsel von Heeresgruppen-Befehlshabern gab.

Der Vormarsch der Roten Armee ermutigte die antikommunistische polnische Heimatarmee (Armia Krajowa) in Warschau zu einem Aufstand, der am Dienstag, dem 1. August 1944, um 17 Uhr nachmittags unter dem Befehl der unbeugsamen Generäle Tadeusz Bór-Komorowski und Antoni Chruściel begann. Die Polen wollten der deutschen Besatzungsmacht verständlicherweise die Kontrolle über ihre Hauptstadt entreißen und damit zugleich, wie sie hofften, die Souveränität ihres Landes wiedererlangen, bevor die sowjetischen Truppen die Stadt einnahmen. Deren politische Führung, so vermuteten die polnischen Aufständischen richtig, hatten an einer echten polnischen Unabhängigkeit keineswegs mehr Interesse als die Nationalsozialisten. Der Aufstand richtete sich deshalb zwar militärisch gegen die deutschen Besatzer, auf der politischen Ebene aber gegen die Sowjetunion, was Stalin vollkommen bewusst war.[40] Das Ergebnis dieser Entwicklung war ein Aufstand, der für die polnische Bevölkerung Warschaus mit ebenso viel Verzweiflung und Tragik verbunden war wie der Aufstand im Warschauer Ghetto im April 1943 für die polnischen Juden. Die SS schlug den Aufstand der Heimatarmee mit äußerster Grausamkeit innerhalb von dreiundsechzig Tagen nieder. Im 2004 eröffneten Museum des Warschauer Aufstandes kann man sich heute auch mit Hilfe eindrucksvoller zeitgenössischer Filmaufnahmen über das damalige Geschehen informieren. Beim Beginn des Aufstandes waren nur 14 Prozent der Soldaten der polnischen Heimatarmee bewaffnet, insgesamt hatten sie nur 108 Maschinengewehre, 844 Maschinenpistolen und 1386 Gewehre.[41]

Churchill traf sich am 26. August 1944 mit dem polnischen Oberbefehlshaber, General Władysław Anders, in dessen Hauptquartier in Italien. Anders war bei der Besetzung Polens im September 1939 in sowjetische Gefangenschaft geraten, später unter anderem im Moskauer Lubjanka-Gefängnis festgehalten worden, und er machte sich keine Illusionen. Zu Churchill sagte er: «Stalins Erklärungen, dass er ein freies und starkes Polen wolle, sind Lügen und vollkommen unaufrichtig.» Anders sprach dann über die Behandlung Polens durch die Sowjetunion im Jahr 1939 und das Massaker von Katyn, bevor er ausrief: «Unsere Frauen und Kinder sind in Warschau, aber uns wäre es lieber, wenn sie zugrundegingen, anstatt unter der Herrschaft der Bolschewisten leben zu müssen.» Nach dem Protokoll, das Anders' Adjutant, Leutnant Prinz Eugene Lubomirski, führte, erwiderte Churchill darauf: «Sie haben meine tief empfundene Sympathie. Aber Sie müssen [uns] vertrauen. Wir werden Sie nicht im Stich lassen, und Polen wird glücklich sein.»[42] Vielleicht meinte er das zu diesem Zeitpunkt tatsächlich ernst, aber er war zur Abgabe eines solchen Versprechens eigentlich gar nicht mehr in der Lage, wenn man bedenkt, dass eine 6,7 Millionen Mann starke Rote Armee kurz davor stand, durch Polen hindurchzumarschieren.

Der Mut und der Einfallsreichtum der an diesem Aufstand beteiligten Polen waren wirklich bemerkenswert. Als die Deutschen die Stadt von der Wasserversorgung abschnitten, bohrten die Polen in Handarbeit neue Brunnen. Am 1. September mussten sich 1500 Verteidiger aus einer bis dahin in der Altstadt gehaltenen Stellung zurückziehen und nutzten dafür das Abwasserkanalsystem, in das sie über einen einzigen Einstiegsschacht auf dem Krasinski-Platz gelangten. «Ein paar Gasgranaten, die durch die Einstiegsschächte hinuntergeworfen werden, oder der Ausbruch einer Panik in den Tunnels hätten gereicht, und niemand wäre dort lebend wieder herausgekommen», schrieb Bór-Komorowski. «Und außerdem: Wie konnte man verbergen, dass tausendfünfhundert Menschen in das Kanalsystem hinabstiegen, wenn doch der eine Einstiegsschacht, den sie dafür benutzen mussten, nur etwa 200 Meter von den feindlichen Stellungen entfernt war?»[43] Er gab dennoch den Befehl dazu, weil die Verteidiger «nichts mehr zu verlieren hatten». Also verschwand die gesamte Einheit der Verteidiger, zusammen mit ihren Verwundeten, fünfhundert Zivilisten und hundert deutschen Gefangenen, in diesem Einstiegsschacht und ließ dabei die Altstadt, sollte es noch zu einem deutschen Überraschungsangriff kommen, vollkommen unverteidigt zurück. «Langsam, sehr langsam, verschwand die Schlange der wartenden Menschen», schrieb Bór-Komorowski:

> Alle hielten sich jeweils an der Person fest, die vor einem ging. Die Menschenschlange war etwa zweieinhalb Kilometer lang. Sie bewegte sich nur langsam. Es blieb keine Zeit für Ruhepausen, weil Platz geschaffen werden musste für diejenigen, die oben neben dem Einstiegsschacht noch warteten. Nur unter größten Schwierigkeiten kamen die Menschen überhaupt voran, denn das Wasser war jetzt fast völlig abgeflossen, und an die Stelle des Schmutzes war eine dicke Schlammschicht getreten, die ihnen bis weit über die Waden reichte. Die Soldaten hatten schon mehrere Tage lang überhaupt nicht mehr geschlafen und sich nur noch von getrockneten Kartoffelflocken ernährt. Die Gewehre, die sie sich um den Hals gehängt hatten, wurden unerträglich schwer und stießen immer wieder gegen die Tunnelwände. ... Der letzte Soldat in der Schlange stieg erst kurz vor Tagesanbruch in den Schacht.[44]

Als am nächsten Morgen Stukas, Artillerie und Panzer die Stellungen beschossen und schließlich auch die Infanterie angriff, die glaubte, die Stille auf polnischer Seite sei nur eine List, um Munition zu sparen, stellten die

Deutschen fest, dass ihre Beute verschwunden war. Die Polen waren entkommen, zumindest für den Augenblick.

Der Aufstand führte zur systematischen Zerstörung von 83 Prozent der Stadt Warschau durch die Waffen-SS, doch als durch Vermittlung des Roten Kreuzes Anfang September eine Evakuierungsaktion zustande kam, entschieden sich nur zehn Prozent der immer noch eine Million Menschen zählenden Bevölkerung dafür, die Stadt zu verlassen. Obwohl die Heimatarmee zu Beginn des Aufstands nur einen Munitionsvorrat für sieben Tage hatte, kämpfte sie mehr als neun Wochen lang, bis zum 5. Oktober. Da Stalin die Vernichtung jeglicher künftigen Opposition gegen ein kommunistisches Regime in Polen sehr zupass kam, verweigerte er den amerikanischen und britischen Luftstreitkräften die Landeerlaubnis für sowjetisch besetztes Gebiet und schränkte so ihre Möglichkeiten, Nahrung und Waffen für die belagerten Polen abzuwerfen, ganz erheblich ein, und dennoch gab es solche Versorgungsflüge. Insgesamt wurden 15 200 Aufständische getötet und 7200 verwundet, bevor sich Bór-Komorowski zur Kapitulation gezwungen sah. Doch auch die deutschen Verluste waren hoch: Einige Berichte sprechen von bis zu 17 000 Toten.[45] Himmler rächte sich, indem er 167 752 polnische Männer, Frauen und Kinder in Konzentrationslager bringen ließ, wo nur sehr wenige von ihnen überlebten.[46]

Die SS zog sich erst nach der vollständigen Niederschlagung des Aufstandes aus Warschau zurück, die Rote Armee setzte erst Mitte Januar 1945 über die Weichsel und übernahm die rauchenden Trümmer der Stadt. Die Aufständischen hatten einen heroischen Kampf geführt, der in angloamerikanischen Gesamtdarstellungen des Krieges zuweilen übergangen wird. Norman Davies, ein Experte für polnische Geschichte, hat jedoch darauf hingewiesen, dass im Warschauer Aufstand «doppelt so viele [Soldaten] kämpften wie beim Angriff auf Arnheim; er dauerte zehnmal so lange und forderte fünfmal so viele Opfer. Und was noch wichtiger ist: Das Schicksal einer Hauptstadt der Alliierten stand auf dem Spiel. Und es wurden dreimal so viele Zivilisten getötet wie bei allen deutschen Luftangriffen auf London.»[47]

Stalin beklagte sich am 27. Dezember 1944 in einem Schreiben an Roosevelt über die Westalliierten, die polnische Demokraten unterstützten, die er selbst so beschrieb:

... ein kriminelles terroristisches Netzwerk, das sich gegen sowjetische Offiziere und Soldaten auf polnischem Territorium richtet. Wir können uns nicht mit einer Situation abfinden, in der von polnischen Emigranten angestiftete Terroristen in Polen Soldaten und Offiziere der Roten Armee töten, einen kriminellen Kampf gegen sowjetische Truppen führen, die Polen befreien, und unsere Feinde direkt unterstützen, deren Verbündete sie in Wirklichkeit sind.

Polnische Demokraten als Verbündete der Nazis zu bezeichnen ist ein Beleg für Stalins Haltung gegenüber Polen zum damaligen Zeitpunkt, und das nur zwei Monate vor der Konferenz von Jalta, auf der Roosevelt und Churchill Stalins Versprechungen, Polen werde sein Schicksal selbst bestimmen können, für bare Münze nahmen.[48] Stalin führte diesen Krieg natürlich nicht für die Demokratie. Richard Overy schrieb dazu: «Das große Paradoxon des Zweiten Weltkriegs liegt darin, dass die Demokratie mit Hilfe des Kommunismus gerettet wurde.»[49] Stalin führte den «Großen Vaterländischen Krieg» für die Bewahrung der Errungenschaften der Oktoberrevolution und für «Mutter Heimat» und verlor dabei 27 Millionen Sowjetbürger. Doch bevor hier zur Sympathie für die UdSSR aufgerufen wird – damit sind nicht die Völker der Sowjetunion mit ihrer langen Leidenszeit gemeint –, sollte man sich die von der Staatsführung begangenen furchtbaren Kardinalfehler in Erinnerung rufen. Der Hitler-Stalin-Pakt selbst, die Aufstellung der eigenen Truppen, die viel zu nahe an der neuen Grenze stationiert wurden, das Ignorieren der aus den unterschiedlichsten Informationsquellen stammenden zahllosen Warnungen vor dem Unternehmen Barbarossa – all diese katastrophalen Fehler und viele weitere Irrtümer gehen unmittelbar auf das Konto von Stalin und seinem Politbüro. Hitler hatte in seiner Laufbahn oft genug – und schon lange vor der Unterzeichnung des Hitler-Stalin-Pakts im August 1939 – bewiesen, dass man ihm keinesfalls vertrauen konnte. Aber von Alexander Solschenizyn stammt der Hinweis: «Das Misstrauen anderen Menschen gegenüber war ein hervorstechender Charakterzug Jossif Dschugaschwilis. ... Er hatte in seinem ganzen, von Misstrauen erfüllten Leben nur einem einzigen Menschen getraut. ... Dieser Mensch war Adolf Hitler gewesen.»[50]

Während die Polen in Warschau gekreuzigt wurden, begann Marschall A. M. Wassilewski am 20. August 1944 seine Offensive, mit der die Deutschen vom Balkan vertrieben werden sollten. Sie führte zu spektakulären

Erfolgen, als die 2. und 3. ukrainische Front den Pruth überquerten und die Heeresgruppe Südukraine in Rumänien angriffen. Hitler verweigerte im verzweifelten Bestreben, die Kontrolle über die rumänischen Ölquellen zu behalten – ohne die für seine Panzer und Flugzeuge nur noch die stark gefährdete heimische Produktion von Benzin durch Kohleverflüssigung übrig blieb –, der (nach Stalingrad neu aufgestellten) 6. Armee den Rückzug. So wurden bis zum 23. August schließlich zwanzig Divisionen dieser Armee in einem riesigen Kessel zwischen Dnjepr und Pruth eingeschlossen. An diesem Tag kapitulierte Rumänien, wechselte wenig später die Seiten und erklärte Deutschland den Krieg: 100 000 deutsche Soldaten gerieten in Gefangenschaft, sehr viel Kriegsmaterial ging verloren, und die Rote Armee zog am 31. August in Bukarest ein. Sie war innerhalb von zehn Tagen 400 Kilometer weit vorgerückt, beschleunigte jetzt ihren Vormarsch noch, stieß innerhalb der nächsten sechs Tage um weitere 320 Kilometer bis zur jugoslawischen Grenze vor und bedrohte am 24. September bereits Budapest.

Model wurde am 25. August an die Westfront beordert, um dort Kluge sowohl als Kommandeur der Heeresgruppe B wie auch als Oberbefehlshaber West zu ersetzen, also die beiden Funktionen auszufüllen, die zum Zeitpunkt der Invasion in der Normandie Rommel und Rundstedt innegehabt hatten. Im Kalenderjahr 1944 hatte Hitler seinem «Feuerwehrmann» somit das Kommando über alle drei großen Heeresgruppen an der Ostfront übertragen, für kurze Zeit auch noch den Oberbefehl über die Heeresgruppe Nordukraine, um ihm dann die beiden ranghöchsten Positionen im Westen anzuvertrauen. Es war ein extremes Beispiel für Hitlers Neigung, seine Generäle nur so lange auf Kommandostellen zu belassen, dass sie sich nicht mehr als die Grundlagen ihres Aufgabenfeldes aneignen konnten. Model blieb nur einen Monat lang Oberbefehlshaber im Westen, dann wurde Rundstedt aus der Verbannung zurückgeholt, allerdings behielt Model das Kommando über die Heeresgruppe B, und in dieser Funktion war er verantwortlich für die fünfundachtzig Tage andauernde Verteidigung der Scheldemündung sowie den Sieg über die Briten und Polen in Arnheim, außerdem befehligte er die Ardennenoffensive.

Auch Rundstedts Laufbahn war geprägt von zahlreichen Beispielen für Hitlers Launen. Den ersten erzwungenen Ruhestand hatte er bereits vor Kriegsbeginn erlebt, im Oktober 1938, nachdem er beim Aufrüstungsprogramm der Wehrmacht, das er leitete, die nicht nazistisch gesinnten

Generäle unterstützt hatte. Nachdem er im Juni 1939 reaktiviert worden war, um den Oberbefehl über die Heeresgruppe Süd zu übernehmen, gehörte er zu den am 19. Juli 1940 ernannten Generalfeldmarschällen. Als er sich im Dezember 1941 weigerte, Hitlers Durchhaltebefehl für Rostow zu befolgen, wurde er entlassen. Vier Monate später wurde er zum Oberbefehlshaber West ernannt, aber am 6. Juli 1944 seines Kommandos enthoben, nachdem er versucht hatte, Hitler von einer Strategie der beweglichen Verteidigung zu überzeugen, anstatt in Frankreich um jede Kleinstadt und jedes Dorf zu kämpfen. Am 1. Juli hatte er zudem am Telefon Keitel auf dessen Frage: «Was sollen wir tun?» geantwortet: «Frieden schließen, ihr Idioten. Was könnt ihr sonst tun?»[51] Im September wurde er dann in alter Funktion wieder zurückgerufen, um im März 1945 erneut entlassen zu werden. Rundstedts vier Entlassungen waren eine Ausnahme, aber auch Guderian wurde zweimal entlassen, im Dezember 1941 und im März 1945, und die Verschiebung hochrangiger Offiziere an der Ostfront glich einem Personalkarussell, das sich durch die wiederholte – durch anhaltende Gebietsverluste und entsprechende Veränderung der Lagekarten motivierte – Umbenennung von Heeresgruppen noch verkomplizierte.

Bulgarien hatte bis zu diesem Zeitpunkt versucht, nicht mehr als einen nominellen Krieg gegen die Sowjetunion zu führen. Am 5. September 1944 sah sich das Land dennoch mit einer Kriegserklärung konfrontiert und brach innerhalb von vierundzwanzig Stunden zusammen, nachdem die Rote Armee die Donau überquert hatte. Das Land schloss sich am 8. September den Alliierten an. Marschall Tolbuchins 3. ukrainische Front rückte unterdessen auf Belgrad vor und nahm, unterstützt von Marschall Titos jugoslawischen Partisanen, die Stadt am 20. Oktober ein. «Die Hinterlassenschaften der Nazi-Barbarei, mittlerweile bereits entsetzlich vertraut, begrüßten die sowjetischen Befreier, und mehr als 200 Massengräber waren gefüllt worden.»[52]

Hitler bestand darauf, dass die Heeresgruppe F so lange wie möglich in Griechenland blieb, was zur Folge hatte, dass sie zur Verteidigung Jugoslawiens nicht viel beitragen konnte. Dort musste Feldmarschall Maximilian von Weichs, der deutsche Oberbefehlshaber in Südosteuropa, über Sarajevo nach Westen ausweichen, um nicht abgeschnitten zu werden, da die Rote Armee am 24. November einen Brückenkopf westlich der Donau einrichtete, rasch ausbaute und bereits am 24. Dezember Budapest einschloss. Die ungarische Hauptstadt wurde tapfer, aber letztlich vergeblich und unter schrecklichen Entbehrungen bis Mitte Februar 1945 verteidigt. Die sowjetischen Belagerer ließen ihre Frustrationen an den Frauen von Budapest aus, es kam zu Massenvergewaltigungen mit Szenen, die sich in ganz Osteuropa und schließlich vor allem in Deutschland wiederholen sollten.

Estland, Lettland und Litauen wurden in der Zeit vom 10. Oktober bis Weihnachten 1944 von Hitlers Joch befreit, nur um für die nächsten vierundvierzig Jahre unter sowjetische Herrschaft gezwungen zu werden. Guderian, der im Juli 1944 zum Generalstabschef des Heeres ernannt worden war, versuchte die zwanzig kampferprobten Divisionen der Heeresgruppe Nord – eine schlagkräftige, bewegliche Streitmacht – aus dem Westen Lettlands herauszubekommen, um so weiter südlich die hart bedrängten deutschen Einheiten, die Ostpreußen verteidigten, zu verstärken, aber Hitler persönlich hinderte ihn daran. Als die sowjetische 1. baltische Front die Ostsee erreichte und Memel (Klaipėda) einnahm, saß die Heeresgruppe Nord in der Falle, denn der Landweg zurück nach Ostpreußen war jetzt abgeschnitten. Hitler hatte auf diese Weise den gesamten Westteil Lettlands in einen «festen Platz» verwandelt. In der Zeit von September bis November 1944 wurden die deutsche 16. und 18. Armee zum Rückzug in die baltischen Enklaven Memel und Kurland gezwungen, aber Hitler verweigerte ihre Evakuierung. Er behauptete, die baltischen Häfen würden für den weiteren Import schwedischen Eisenerzes und für Tests mit einer neuen Generation nicht zu ortender und zeitlich unbegrenzt tauchfähiger U-Boote gebraucht, die auch bei Unterwasserfahrt schneller seien als die alliierten Geleitzüge. Hitler hoffte jetzt darauf, den Krieg gewinnen zu können, indem er die angloamerikanischen Armeen auf dem europäischen Festland von Nachschublieferungen abschnitt. Später erklärte er dann, einige Divisionen könnten zwar evakuiert werden, aber der Kurland-Brückenkopf müsse dennoch von einer ganzen Armee gehalten werden. Die gesamte deutsche Streitmacht saß so im Kurland-Kessel fest, den die Rote Armee mit Umsicht einfach als ein gewaltiges Kriegsgefangenenlager für die Soldaten der Wehrmacht betrachtete und bis zum Kriegsende nicht zur Kapitulation zwang.[53] (Und auch die neuen U-Boote wurden nicht mehr in genügender Stückzahl fertiggestellt.) Zum Jahresende 1944 jubelten die Sowjets verständlicherweise über «das Jahr der zehn Siege», denn ihnen war seit der Sprengung des Belagerungsrings um Leningrad im Januar jenes Jahres ein ununterbrochener Siegeszug gelungen.

Die Rote Armee eröffnete am 12. Januar 1945 eine gewaltige Offensive entlang der gesamten Ostfront, von der Ostseeküste im Norden bis zu den Karpaten im Süden, die sich gegen das richtete, was von der deutschen Frontmitte noch übriggeblieben war: insgesamt siebzig Divisionen der Heeresgruppe Mitte und der Heeresgruppe A. Bei diesem Großangriff, der von Stalin und der Stawka, vor allem aber von Schukow geplant wurde, führten die Hauptschläge, von Süd nach Nord aufgereiht: Konjews 1. ukrainische, Schukows 1. weißrussische, Rokossowskis 2. weißrussische, Iwan Tschernjakowskis 3. weißrussische, Iwan Bagrajans 1. baltische und Andrei Jeremenkos 2. baltische Front, insgesamt zweihundert Divisionen.[54] Die Deutschen führten, konfrontiert mit einem Angriff dieser Art, dabei zahlenmäßig und an Feuerkraft weit unterlegen, beeindruckende Rückzugsgefechte über eine Entfernung von fast 500 Kilometern hinweg, verloren Warschau am 17. Januar und ließen in Thorn, Posen und Breslau isolierte Stützpunkte zurück, für die keine echte Hoffnung auf Entsatz mehr bestand.

Fast eine Million Deutsche suchten Schutz in Breslau oder in der unmittelbaren Umgebung dieser schönen Stadt in Niederschlesien, die keine Festung im herkömmlichen Sinn war, trotz der ab dem August 1944 unternommenen Versuche, in einem 15-Kilometer-Radius um das Stadtzentrum einen Verteidigungsring zu errichten. «Frauen und Kinder verlassen die Stadt zu Fuß in Richtung Opperau – Kanth», wurde am 20. und 21. Januar 1945 mit Hilfe von Lautsprecherwagen angeordnet, und damit wurde die Zivilbevölkerung bei Temperaturen von minus 20 Grad ins Umland hinausgeschickt, wo der Schnee einen halben Meter hoch lag. «Die ersten, die starben, waren für gewöhnlich die Kleinkinder», schreibt Christopher Duffy, der Chronist des «Sturms auf das Reich» an der Ostfront, der auch über die siebenundsiebzig Tage andauernde Belagerung Breslaus berichtete.[55] Allen Schrecken der Belagerung zum Trotz – die Breslauer Feuerwehr verlor in diesen Tagen beispielsweise 26 Prozent ihrer Männer – stellte die Zigarettenfabrik «Aviatik» täglich weiterhin 600 000 Zigaretten her, was für die Moral der Eingeschlossenen sehr gut war. Die Luftwaffe warf Munition und Versorgungsgüter an Fallschirmen ab, aber die Behälter landeten oft in der Oder, mitunter auch hinter den sowjetischen Linien. Karl Hanke, der für seine Brutalität bekannte Gauleiter Niederschlesiens – den Zweiten Bürgermeister Breslaus ließ er wegen dessen vermeintlichen Defätismus hinrichten –, wählte die Kellerräume unter der Universitätsbibliothek als Schutzbunker für seinen Befehlsstand. Er dachte zunächst daran, das Bibliotheksgebäude sprengen zu lassen, um die Decken der Kellerräume durch Trümmer zu verstärken, befürchtete dann aber, dass sich die von den 550 000 Bänden der Bibliothek genährten Flammen gefährlich ausbreiten könnten, und ließ den Plan fallen.[56] (Ein Gauleiter, der beim Verbrennen von Büchern selbst ums Leben kam, wäre eine Kulturbarbarei mit einem angenehmen ironischen Beiklang gewesen.) Breslau ergab sich letztlich erst am 6. Mai 1945, die überlebenden Verteidiger warfen ihre Waffen in die Oder und schlüpften in Zivilkleidung. Die Belagerung hatte unter den 130 000 in der Stadt verbliebenen Soldaten und Zivilisten 28 600 Todesopfer gefordert (22 Prozent). Gauleiter Hanke, den Hitler durch testamentarische Verfügung zum Nachfolger Himmlers als Reichsführer-SS, Innenminister und Chef der Deutschen Polizei ernannt hatte, legte wenige Tage vor der Kapitulation Breslaus die Uniform eines Unteroffiziers der Waffen-SS an und hob mit einem Fieseler Storch von der Start- und Landebahn in der Kaiserstraße ab. Tschechische Partisanen erschossen ihn im Juni 1945 bei einem Fluchtversuch nahe Neudorf im Sudetenland.

Schukow erreichte die Oder am 31. Januar 1945, Konjew stand vierzehn Tage später an der Oder-Neiße-Linie, wo sie beide aufgrund ihrer überdehnten Nachschub- und Verkehrswege schließlich Halt machten. Die Logistik sei das A und O der Kriegführung mit Panzern, pflegte Guderian zu sagen, und die langen Nachschubwege, die lange Zeit ein Vorteil für die Rote Armee gewesen waren, wirkten sich jetzt gelegentlich zu ihrem Nachteil aus. Doch Hitlers Anordnungen verschlimmerten die strategische Lage für Deutschland immer wieder. Guderian erinnerte sich nach dem Krieg, dass Hitler seinen von «Forderungen der Front» inspirierten Rat ablehnte, beim Stellungsbau an der Ostfront «etwa 20 Kilometer hinter der Hauptkampflinie eine für den Großkampf ausgebaute Stellung zu errichten», außerhalb der Reichweite der sowjetischen Artillerie.[57] Hitlers Befehle hatten die katastrophale Folge, dass die neuen, auf seine Anweisung hin nur drei Kilometer hinter der Front liegenden Verteidigungslinien von der sowjetischen Artillerie schwer getroffen wurden, was alle Hoffnungen auf die Entwicklung eines klassischen deutschen Gegenstoßes zunichtemachte. «Das stand in absolutem Gegensatz zur deutschen Militärdoktrin», schreibt ein Historiker dieses Feldzugs.[58] Hitler rechtfertigte seinen strikten Befehl, dass er alle Maßnahmen des Generalstabs persönlich genehmigen müsse, gegenüber Guderian mit Worten, die so überheblich klangen, als wolle er damit die Götter selbst zur Vergeltung auffordern:

> Sie brauchen mich nicht zu belehren! Ich führe seit fünf Jahren die deutschen Heere im Felde und habe in dieser Zeit so viel praktische Erfahrungen gesammelt, wie die Herren vom Generalstabe sie nie sammeln können. Ich habe Clausewitz und Moltke studiert und alle Aufmarschpläne Schlieffens gelesen. Ich bin besser im Bilde als Sie![59]

Wenige Tage nach Beginn der sowjetischen Großoffensive entwickelte sich zwischen Guderian und Hitler ein aggressiver Wortwechsel wegen dessen Weigerung, die Kurland-Armee zu evakuieren, die im Baltikum vollständig abgeschnitten worden war. Speer erinnerte sich lebhaft daran, wie er sich mit Guderian in Hitlers Arbeitssaal «über den dicken, handgewobenen Teppich ... zu dem Kartentisch an den Fenstern» begab, und die riesige, aus Österreich stammende Marmorplatte «zeigte auf hellrotem Grund in einem gelblichen Weiß Schnitte durch eine Korallenbank». Als Hitler sich Guderians Ersuchen um eine Evakuierung der abgeschnittenen Armee über die Ostsee verweigerte, «wie immer, wenn es sich darum handelte, einem Rückzug zuzustimmen», ließ der Heeres-Stabschef alle Zurückhaltung fahren und «stellte sich ... Hitler mit einer Deutlichkeit entgegen, wie sie in diesem Kreis gänzlich ungewohnt war». Speer mutmaßte, Guderian sei nach einem vorausgegangenen Treffen mit dem japanischen Botschafter «wahrscheinlich von den Wirkungen des Alkohols befeuert» gewesen, «den er bei Oshima zu sich genommen hatte». Doch was immer nun der Grund für sein Handeln war: er stand Hitler «mit großen Augen und wahrhaft gesträubtem Schnurrbart ... am großen Marmortisch gegenüber» und sagte «herausfordernd»: «Es ist einfach unsere Pflicht, diese Menschen zu retten! Noch haben wir Zeit, sie abzutransportieren.» Hitler hielt dagegen: «Sie werden dort weiterkämpfen! Diese Gebiete können wir nicht aufgeben!» Guderian war nicht überzeugt: «Aber es ist sinnlos, dort in dieser sinnlosen Weise Menschen zu opfern. Es ist höchste Zeit! Wir müssen diese Soldaten sofort einschiffen!» Nach Speers Erinnerung «zeigte sich Hitler durch diesen vehementen Angriff sichtlich eingeschüchtert», eher durch den Tonfall als durch die

Argumente selbst, und obwohl Hitler schließlich doch seinen Willen bekam, «war die Distanz geradezu greifbar geworden, Welten hatten sich aufgetan».[60]

Im Januar 1945, die Oder-Weichsel-Operation der Roten Armee war bereits im Gang und Warschau stand kurz vor dem Fall, verhaftete die Gestapo drei hochrangige Offiziere aus Guderians Planungsstab im Oberkommando des Heeres – einen Oberst und zwei Oberstleutnante – und verhörte sie zu dem Vorwurf, sie würden Befehle des OKW infrage stellen. Die beiden Oberstleutnante kamen nach einer mit großem Zeit- und Energieaufwand verbundenen Intervention Guderians wieder frei, der Oberst jedoch wurde in ein Konzentrationslager interniert. Guderian meinte dazu:

> Der Kern des Problems lag einerseits in dem Widerspruch zwischen Hitlers Führerprinzip, das heißt seinem Anspruch auf blinden Gehorsam gegenüber seinen Befehlen, und dem im Generalstab üblichen Prinzip des gegenseitigen Vertrauens und Ideenaustauschs, andererseits aber auch in Hitlers Klassenbewusstsein und – als Folge des misslungenen Putsches – ausgeprägtem Misstrauen gegenüber dem Generalstab.[61]

Bei einer zweieinhalbstündigen Lagebesprechung am 27. Januar 1945, die um 16.20 Uhr begann, führte Hitler seine Gedanken zum Kriegsgeschehen auf dem Balkan aus, insbesondere zu den Ölfeldern in der Plattensee-Region in Ungarn. Bei dieser Besprechung, an der auch Göring, Keitel, Jodl, Guderian, fünf weitere Generäle sowie vierzehn andere Offiziere und Beamte teilnahmen, ging Hitler jede einzelne Front des aktuellen Kriegsgeschehens durch, wobei sich der größte Teil seiner Äußerungen mit den Wetterbedingungen, der Heeresgruppe Süd in Ungarn, der Heeresgruppe Mitte in Schlesien, der Heeresgruppe Weichsel in Pommern, der Heeresgruppe Kurland, der Ostfront im Allgemeinen, mit dem Westen, Munitionszuteilungen, dem Vormarsch der Alliierten in Italien, der Lage auf den Meeren sowie mit politischen und personellen Fragen beschäftigte.[62]

«Bei uns ist das Haupthemmnis im Augenblick eigentlich die Brennstofffrage», sagte Guderian zu Hitler, worauf dieser erwiderte: «Deswegen meine Sorge, Guderian, dass da unten nicht noch etwas passiert; sonst ist es aus.» Er meinte damit das kleine ungarische Erdölvorkommen unweit des Plattensees und fügte noch hinzu: «Das ist der gefährlichste Punkt. Überall kann man noch improvisieren, dort unten nicht. Mit Brennstoff kann man nicht improvisieren.»[63] Schon seit der Jahresmitte 1943 hatte er davon geredet, wie wichtig es sei, die Kontrolle über den Balkan zu behalten, hauptsächlich wegen der Kupfer-, Bauxit- und Chromvorkommen dort, aber auch wegen des Erdöls.[64] Die 6. Panzerarmee, nach den Verlusten bei der Ardennenoffensive neu aufgestellt, wurde nach Ungarn verlegt, von wo sie nicht mehr abgezogen werden konnte.

Für die Verteidigung Ungarns wurden sieben der achtzehn Panzerdivisionen aufgeboten, über die Hitler an der Ostfront noch verfügte. Es war ein massives, aber notwendiges Engagement. Im Januar 1945, dem Monat, in dem die Ardennenoffensive mit einer Niederlage endete, waren Hitler an der Ostfront nur noch 4800 Panzer und 1500 Kampfflugzeuge geblieben, denen Stalins 14 000 Panzer und 15 000 Flugzeuge gegenüberstanden.[65] Die am 12. Januar begonnene Offensive der Roten Armee endete einen Monat später im Oder-Tiefland, nur noch 70 Kilometer von den Vororten Berlins entfernt. Es war ein heroischer Vormarsch gewesen, aber er hatte die Kräfte der Sowjetunion vorübergehend erschöpft. Doch die Tatsache, dass seine Truppen der deutschen Hauptstadt bereits so nahe gerückt waren, gab Stalins Stimme bei der Konferenz von Jalta besonderes Gewicht, die einberufen worden war, um über die Schlussphase des Krieges in Europa zu sprechen. Außerdem sollten – aus der Sicht der Westalliierten – die Sowjets dazu bewogen werden, sich mit einem großen Kontingent am Krieg gegen Japan zu beteiligen.

Franklin Roosevelt und Josef Stalin begegneten sich nur zweimal persönlich – bei den Konferenzen von Teheran im November 1943 und in Jalta auf der Krim im Februar 1945 –, doch sie pflegten eine sehr regelmäßige Korrespondenz miteinander. Den ersten Brief schickte Roosevelt kurz nach dem deutschen Überfall auf die Sowjetunion im Sommer 1941, und das 304. Schreiben, ebenfalls von ihm auf den Weg gebracht, war auf den 11. April 1945 datiert, den Tag vor Roosevelts Tod. Zum Zeitpunkt der Konferenz von Jalta gingen alle Bemühungen um den Zusammenhalt des Bündnisses von Roosevelt aus. Die Rote Armee hielt Polen bereits fest in ihrem Griff, und die sowjetischen Divisionen bedrohten bei Konferenzbeginn schon Berlin selbst, so dass FDR und Churchill effektiv keine Möglichkeit mehr blieb, die politische Freiheit in Osteuropa sicherzustellen, und beide wussten das auch. Roosevelt versuchte mit Sicherheit alles, einschließlich offenkundiger Schmeicheleien, um Stalin bei einigen wichtigen die Zeit nach dem Krieg betreffenden Fragen zu einer vernünftigen Haltung zu bewegen – etwa bei der Schaffung einer handlungsfähigen Organisation Vereinter Nationen –, aber er überschätzte die Wirkung seines unbestrittenen aristokratischen Charmes auf den mörderischen Sohn eines dem Alkohol verfallenen georgischen Schusters.

Dem Kongress berichtete Roosevelt im März 1945, dass Jalta «das Ende des Systems unilateralen Handelns, der exklusiven Bündnisse, der Einflusssphären, des Machtgleichgewichts und all der anderen Hilfsmittel bedeutet, mit denen seit Jahrhunderten hantiert wurde – und die immer zu Misserfolgen führten.» Das war eine außerordentlich idealistische – um nicht zu sagen naive – Auslegung der Ergebnisse von Jalta, aber es ist durchaus möglich, dass Roosevelt glaubte, was er sagte, als er es sagte. Churchill hatte sich bei seinem Moskaubesuch im Oktober 1944 für eine sehr viel realistischere Art des Umgangs mit Stalin entschieden. Er legte etwas vor, was er selbst als «naughty document» («schamloses Dokument») bezeichnete: eine Liste, die den «Grad des Interesses ..., das jeder von uns unter voller Billigung des anderen an diesen Ländern nimmt», bei fünf südosteuropäischen Staaten in Prozentzahlen ausdrückte. Griechenland sollte, wie in allen anderen Fällen «vorbehaltlich der Zustimmung der Vereinigten Staaten», zu 90 Prozent unter britischem und zu zehn Prozent unter sowjetischen Einfluss stehen; in Jugoslawien und Ungarn sollte ein 50:50-Verhältnis angestrebt werden; Rumänien sollte zu 90 Prozent dem sowjetischen Machtbereich und zu zehn Prozent den Briten zufallen, und für Bulgarien sah dieses Konzept 75 Prozent für die Sowjetunion und 25 Prozent für «die anderen» vor. Stalin gab seine Zustimmung mit dem Blaustift und einem großen Haken, den er an die Liste machte, sagte zu Churchill, er könne sie behalten, und hielt sich im Wesentlichen an diese Abmachungen.[66]

Roosevelt konnte aber, im Gegensatz zu den in Jalta unternommenen Versuchen, Stalin zu umwerben, im Umgang mit dem sowjetischen Diktator auch einen scharfen Ton anschlagen, wenn es nötig war. Am 4. April 1945 schrieb er an Stalin: «Mit Erstaunen habe ich Ihre Nachricht vom 3. April zur Kenntnis genommen, die eine Behauptung enthält, nach der zwischen den Feldmarschällen Alexander und Kesselring in Bern eine Vereinbarung getroffen worden sei, ‹die es den angloamerikanischen

Truppen gestattet, nach Osten vorzurücken, und in der die Angloamerikaner im Gegenzug den Deutschen mildere Friedensbedingungen zusagten›.» Roosevelt erklärte zunächst, dass es keine Verhandlungen dieser Art gegeben habe, und schloss dann: «Ich kann, offen gesagt, angesichts einer so nichtswürdigen Verdrehung meiner Handlungen oder derer meiner Untergebenen, die mein Vertrauen genießen, ein Gefühl bitteren Grolls gegen Ihre Informanten, wer immer sie sein mögen, nicht unterdrücken.»[67] (Doch Abgesandte Alexanders und Kesselrings trafen sich tatsächlich in Bern, und am 12. April kam das britische Kriegskabinett zu einer Sitzung zusammen, deren erster Tagesordnungspunkt Vorschläge aus Bern zum Thema britische Kriegsgefangene waren.[68] Es war verständlich, wenn Stalin, der keine Vertreter vor Ort hatte, auf mögliche Abmachungen, die Deutsche und Angloamerikaner hinter seinem Rücken trafen, empfindlich reagierte.) Zwei Wochen später war Roosevelt tot, und Harry S. Truman übernahm die Bürde der Kriegspräsidentschaft, aber sämtliche Hoffnungen, die dieser Wechsel bei den Deutschen – und vor allem bei Goebbels – aufkeimen ließ, wurden rasch zunichte gemacht, nachdem schon bald deutlich war, dass Truman sich beim gleichen Mann Rat holen würde, der bereits seit 1939 die amerikanische Militärstrategie geprägt hatte: bei General George C. Marshall.

Mitte März 1945 hatte Hitler einen neuen Sündenbock für den unmittelbar bevorstehenden Sieg der «jüdisch-bolschewistischen Horden» ausgemacht: Das deutsche Volk selbst war an allem schuld. In dieser Phase begrüßte er bereits die Vergeltung, die der arischen Rasse durch die Rote Armee bevorstand, denn er glaubte, nicht etwa die eigenen strategischen Fehler, sondern die menschliche Schwäche des deutschen Volkes habe zur Katastrophe geführt. Zumindest nach Albert Speers späterem Bekenntnis verstieg er sich am 18. März sogar zu einer von vollendetem Nihilismus geprägten Äußerung:

> Wenn der Krieg verlorengeht, wird auch das Volk verloren sein. Dieses Schicksal ist unabwendbar. Es ist nicht notwendig, auf die Grundlagen, die das Volk zu seinem primitivsten Weiterleben braucht, Rücksicht zu nehmen. Im Gegenteil ist es besser, selbst diese Dinge zu zerstören. Denn das Volk hat sich als das schwächere erwiesen, und dem stärkeren Ostvolk gehört ausschließlich die Zukunft. Was nach diesem Kampf übrigbleibt, sind ohnehin nur die Minderwertigen, denn die Guten sind gefallen.[69]

Das bloße Überleben war zu diesem Zeitpunkt, jedenfalls für Hitler, ein darwinistischer A-priori-Beweis für den «Untermenschen»-Status, und die vollständige Zerstörung Deutschlands sei einer Herrschaft Stalins über das Land vorzuziehen. Es muss zwar ein gewisser Zweifel angemeldet werden, ob Speer die Einschätzung Hitlers zu den Sowjets, die dieser sonst immer nur verächtlich als «Barbaren» und «Primitive» bezeichnet hatte, korrekt wiedergab, aber keinerlei Zweifel bestehen bei dem Befehl, den er am darauffolgenden Tag, am 19. März 1945, seinen Gauleitern, Reichskommissaren und hochrangigen Kommandeuren unter dem Betreff «Zerstörungsmaßnahmen im Reichsgebiet» gab (dem sogenannten «Nerobefehl»). Darin verlangte er unter anderem:

> Alle militärischen Verkehrs-, Nachrichten-, Industrie- und Versorgungsanlagen sowie Sachwerte innerhalb des Reichsgebietes, die sich der Feind für die Fortsetzung seines Kampfes irgendwie sofort oder in absehbarer Zeit nutzbar machen kann, sind zu zerstören.[70]

Glücklicherweise befolgte Speer diesen Befehl nicht, und selbst Nazi-Funktionäre kamen ihm, je nach Ausmaß des persönlichen Fanatismus, nur ansatzweise nach. Wäre er buchstabengetreu befolgt worden, hätte das deutsche Volk den Winter 1945/46 kaum überleben können, einen Winter, der für die Menschen auch ohne zusätzliche Zerstörungen hart genug war. «Ich glaube, dass Wagners Ideologie der Götterdämmerung Hitler in den letzten Monaten sehr beeinflusst hat; alles sollte mit Hitler in Trümmer gehen, als eine Art falsche Götterdämmerung», sagte der ehemalige Reichswirtschaftsminister Walther Funk in Nürnberg im psychiatrischen Verhör.[71] Doch Speer sollte für diese eine Handlung (oder: für dieses Nichthandeln) nicht allzu viel Lob bekommen. Er war der Befehlshaber der riesigen Armee von Sklavenarbeitern gewesen, die unter barbarischen Arbeitsbedingungen Deutschlands Waffen herstellen mussten. Alan Clark schrieb dazu: «So wie der Nazi-Staat auf einer Grundlage hemmungsloser Brutalität und Korruption beruhte, so kamen die Teile der Kriegsmaschinerie, die Waffen, mit denen die Soldaten kämpften, die Tiger- und anderen Panzer, die Nebelwerfer, Panzerfäuste, Maschinenpistolen, aus den verdunkelten Fabrikhallen von Krupp und Daimler-Benz; dort schufteten die Sklavenarbeiter 18 Stunden am Tag, duckten sich unter der Peitsche, schliefen zu sechst in einem ‹Hundezwinger›, der nur

2,40 Meter im Quadrat maß, verhungerten oder erfroren, je nach der Laune ihrer Bewacher.»[72] Speers Stellvertreter Fritz Sauckel wurde in Nürnberg gehängt, aber das Leben des weltmännischen, der wohlhabenden Mittelschicht angehörenden und, was am wichtigsten war, scheinbar reumütigen Speer wurde geschont.[73]

Wenn man bedenkt, dass am Ausgang des Krieges seit dem Erfolg der Invasion in der Normandie und der Vernichtung der Heeresgruppe Mitte im Sommer 1944 keinerlei Zweifel mehr bestand, war es außergewöhnlich, dass die Wehrmacht bis weit ins Frühjahr 1945 hinein als kampfstarke und disziplinierte Streitmacht operierte. In den ersten fünf Monaten des Jahres 1945 wurden 400 000 Deutsche getötet – völlig unnötig, denn die deutschen Siegeschancen in diesem Krieg waren in diesem gesamten Zeitraum gleich null.[74] General Schörners neu aufgestellte «Heeresgruppe Mitte» kämpfte zum Beispiel im April 1945 immer noch um die Stadt Küstrin an der Oder. In ähnlicher Manier kämpften die 203 000 Mann, die von der Heeresgruppe Nord übriggeblieben waren, seit Ende Januar aber als Heeresgruppe Kurland bezeichnet wurden, bis zum Mai. Dabei zeigten sie in vollkommen aussichtsloser Lage eine erstaunliche Beharrlichkeit und wahrten den militärischen Zusammenhalt bis zu dem Augenblick, in dem sie in eine zehn Jahre dauernde Gefangenschaft geführt wurden, die sie mit dem Wiederaufbau der Infrastruktur der Sowjetunion zubrachten, die sie zuvor zerstört hatten. Besichtigt man heute die Bahnhöfe von Kursk, Wolgograd und anderer vom Krieg heimgesuchter Ortschaften und «Heldenstädte», kann man das Ergebnis ihrer Arbeit noch sehen.

Die 6. Panzerarmee hielt den sowjetischen Vormarsch entlang der ungarischen Flussläufe und bis nach Österreich hinein so lange auf, wie im März 1945 ihre Treibstoffvorräte noch reichten, doch am 13. April nahm Malinowskis 2. ukrainische Front schließlich Wien ein. Hitlers Hauptquartier hatte sich zu diesem Zeitpunkt bereits darauf verlegt, die Oberbefehlshaber der Heeresgruppen einfach anzulügen, wie General Lothar Rendulic, der letzte Kommandeur der Heeresgruppe Süd (eine Bezeichnung, die im vorangegangenen September wieder eingeführt worden war), feststellte, als er am 6. April den Befehl erhielt, Wien um jeden Preis zu halten. Rendulic war ein Kommandeur, der dazu neigte, seinen Soldaten zuzurufen: «Wenn ihr nicht mehr ein und aus wisst und wenn es ganz schlecht aussieht, dann schlagt euch an die Brust und sagt euch: Ich bin

Nationalsozialist – das versetzt Berge!»[75] In diesem Fall funktionierte das allerdings eindeutig nicht, deshalb fragte er beim OKW nach, wie man sich dort die Fortsetzung oder Beendigung des Krieges vorstelle, und «erhielt die Antwort, dass der Krieg durch politische Maßnahmen beendet werden müsse».[76] Das war eindeutig unwahr, und Rendulic kapitulierte im Mai unweit von Wien. (Rendulic war ein weiteres Beispiel dafür, wie Hitler seine hochrangigen Offiziere hin- und herschob, denn im letzten Kriegsjahr 1945 kommandierte Rendulic im Januar zunächst die Heeresgruppe Nord in Ostpreußen, die Heeresgruppe Mitte noch im gleichen Monat, die Heeresgruppe Kurland im März und schließlich im April die Heeresgruppe Süd in Österreich.)

Die Deutschen an der Ostseeküste waren in einer verzweifelten Lage, weil Hitler sich weigerte, Guderians Bitten um eine Rettung der Heeresgruppe Mitte in Ostpreußen und der Heeresgruppe Kurland (der ehemaligen Heeresgruppe Nord) in Lettland nachzukommen. Doch als Schukows und Rokossowskis Armeen ab dem 16. Februar 1945 die mehr als 500 000 eingeschlossenen Deutschen bedrängten, begann die deutsche Kriegsmarine – unter enormen Verlusten – mit einer Evakuierung, die noch sehr viel umfangreicher war als die Rettung aus Dünkirchen von 1940. Aus den Ostseehäfen Danzig, Gotenhafen, Königsberg, Pillau und Kolberg brachte die Kriegsmarine vier Heeresdivisionen und 1,5 Millionen zivile Flüchtlinge nach Westen ins Kerngebiet des Reiches. Unter ständigen Luftangriffen, denen alle größeren Schiffe mit Ausnahme der Kreuzer *Prinz Eugen* und *Nürnberg* zum Opfer fielen, war der Kriegsmarine damit ein enormes Bravourstück gelungen. Die sowjetische Marine zeigte überraschenderweise im gesamten Kriegsverlauf nur stark enttäuschende Leistungen, aber eines ihrer U-Boote, *S-13*, versenkte am 30. Januar 1945 in der Ostsee das deutsche Motorpassagierschiff *Wilhelm Gustloff*, rund 9000 Menschen – fast die Hälfte davon Kinder – kamen ums Leben. Es war die höchste Zahl von Todesopfern beim Untergang eines einzelnen Schiffes in der Geschichte der Seefahrt.

Das Oberkommando über die große Schlussoffensive gegen Berlin wurde Marschall Schukow übertragen, der die 1. weißrussische Front an Wassili Sokolowski übergab und dafür eine Armeegruppe übernahm, die diese und Konjews Front zusammenführte, am 22. April Berlin erreichte und die Stadt drei Tage später vollständig einschloss. Einheiten der 1. US-Armee, die zu Bradleys 12. Armeegruppe gehörte, und der 1. ukrainischen Front trafen am 25. April in Torgau an der Elbe zusammen. Die Demarkationslinien zwischen den Alliierten im besiegten Deutschland, die schon vor der Konferenz von Jalta beschlossen worden waren, wurden auf diese Weise bestätigt, und so fiel die Schlacht um Berlin der Roten Armee zu. Es ist ohne Weiteres denkbar, dass Simpsons 9. US-Armee die bereits am 11. April nur 100 Kilometer westlich von Berlin die Elbe erreichte, die deutsche Hauptstadt zuerst hätte angreifen können. In den vorhergehenden zehn Tagen war sie 190 Kilometer weit vorgestoßen, der deutsche Widerstand war im Westen nicht so stark wie im Osten.[77] Aber trotz aller theoretischen Überlegungen in der Nachkriegszeit – und Montgomerys und Pattons Klagen noch während des Krieges –, die Westalliierten und nicht die Rote Armee hätten Berlin einnehmen sollen, bleibt festzuhalten: Briten, Amerikaner, Kanadier und Franzosen hatten dafür nicht eine so hohe Zahl von Verlusten zu beklagen, zu denen es bei diesem letzten Verzweiflungskampf noch kam (allerdings hätten sie, wenn es dazu gekommen wäre, diesen Kampf wohl auf weniger verlustreiche Art geführt).

Bradleys an Eisenhower weitergegebene Einschätzung lautete, ein Angriff der Westalliierten auf Berlin würde 100 000 Mann kosten, was er für «einen ziemlich hohen Preis für ein Prestigeobjekt hielt».[78] Diese Zahl war mit Sicherheit zu hoch angesetzt. Konjew erklärte später, die Rote Armee habe in der Schlacht um Berlin 800 Panzer verloren, und man setzt inzwischen die sowjetischen Verluste mit 78 291 Toten und 274 184 Verwundeten an. Allerdings hätten diese Zahlen vielleicht geringer ausfallen können – nicht zuletzt durch weniger Vorfälle von Beschuss aus den eigenen Reihen –, wenn Stalin es nicht so eilig gehabt hätte, die deutsche Hauptstadt so früh wie möglich einzunehmen, und das ohne Rücksicht auf Verluste.[79] Außerdem sind in diesen Zahlen auch alle Verluste in den Kämpfen von der Ostsee bis zur tschechischen Grenze enthalten, einschließlich der Überquerung von Oder und Neiße.[80] Einer der Hauptgründe für Stalins Eile war, dass sein Geheimdienstchef Lawrenti Berija «von sowjetischen Wissenschaftlern, die in Berlin tätig gewesen waren», erfahren hatte, dass das Kaiser-Wilhelm-Institut für Physik in Dahlem das deutsche Atomforschungsprogramm betrieb. Deshalb hofften die Sowjets, dort sowohl Wissenschaftler als auch Laborausrüstungen, Schweres Wasser und Uranoxid vorzufinden.[81] Stalin förderte deshalb ein nur unzureichend getarntes Wettrennen zwischen den Rivalen Schukow und Konjew um das Ziel, wer denn nun als Erster den Südwesten Berlins erreichen würde.

Die Berliner haben einen ausgeprägten Sinn für schwarzen Humor. In der von schrecklicher Not und Gefahr geprägten Weihnachtszeit 1944 lautete ein Rat: «Denken Sie praktisch – verschenken Sie einen Sarg», und eine weitere Empfehlung war: «Genießen Sie den Krieg, solange Sie können, der Frieden wird schrecklich sein.» Die ständigen Luftangriffe der Alliierten waren schon schlimm genug, aber noch schlimmer war das Wissen darum, dass eine 6,7 Millionen Mann starke Rote Armee an der Reichsgrenze stand, von der Ostsee bis zur Adria, deren Endziel ihre Stadt war. Diese Streitmacht war erheblich größer als die Invasionsarmee, mit der Hitler 1941 die Sowjetunion überfallen hatte. Das war eine erstaunliche Leistung der Stawka, wenn auch mit starker Unterstützung durch das Leih-Pacht-Abkommen, unter dessen Bestimmungen mehr als 5000 Flugzeuge, 7000 Panzer, Zigtausende von Lastwagen, 15 Millionen Paar Stiefel und gewaltige Mengen an Nahrungsmitteln, Nachschubgütern, Waffen und Munition an die Sowjetunion geliefert wurden. Der Gesamtwert der Lieferungen lag bei zehn Milliarden Dollar, das entsprach sieben Prozent der gesamten sowjetischen Industrieproduktion; und dieses System ermöglichte es den Sowjets, die eigene Produktion auf die Bereiche zu konzentrieren, in denen sie am effizientesten waren. (Die Rückzahlung der Schulden wurde schließlich im Jahr 1990 abgeschlossen.)[82] In Berlin wiederum stießen nur wenige Bewohner der Hauptstadt mit einem «Prosit Neujahr» auf 1945 an. Die Ironie des Schicksals entging ihnen nicht, die darin bestand, dass ihrer liberalen Stadt, die antinazistischer eingestellt gewesen war als jeder andere Ort in Deutschland, jetzt wegen ihres prominentesten Einwohners die Zerstörung bevorstand. Hitler war am 20. November 1944 aus der Wolfsschanze zurückgekehrt und lebte seit dem 16. Januar in dem Bunker unter der Alten Reichskanzlei in der Wilhelmstraße. (Das Bunkersystem unter der Neuen Reichskanzlei war zwar geräumiger, aber die 15 Meter unter der Erde angelegten Schutzräume unter der Alten Reichskanzlei waren für sicherer befunden worden.) Er erging sich, sobald er sich dort eingerichtet hatte, in Phantasien über einen bevorstehenden Bruch zwischen den westlichen und östlichen Alliierten, sobald ihre Streitkräfte erst einmal zusammentreffen würden.[83] Man hat ihm zwar oft vorgeworfen, er habe im Bunker Phantomarmeen auf Lagekarten hin- und hergeschoben und hohl klingende Erklärungen zum

Endsieg von sich gegeben, doch die Informationslücken waren teilweise auch auf die unzureichenden Nachrichtenverbindungen zurückzuführen. Hitlers Berliner Bunker verfügte, im Unterschied zur gut ausgestatteten Wolfsschanze, nur über eine Ein-Mann-Telefonvermittlung, einen Funksender und ein Funktelefon, und selbst das hing von einem Ballon ab, der über der Alten Reichskanzlei stand.[84] Den Offizieren blieb keine andere Wahl, als auf gut Glück Nummern anzurufen, die sie willkürlich dem Berliner Telefonbuch entnommen hatten, und der Stand des sowjetischen Vormarsches wurde danach ermittelt, wie oft die Anrufe nicht mehr auf Deutsch, sondern auf Russisch beantwortet wurden.

«Soldaten und untergeordnete Kommandeure schätzen es, wenn ein General ständig in persönlichem Kontakt mit ihnen steht und nicht einfach alles aus der Perspektive seines Stabes betrachtet», schrieb Wavell 1941 in seinem Buch *Generals and Generalship*. «Je weniger Zeit ein General in seinem Büro verbringt und je länger er bei seinen Soldaten ist, desto besser.» Hitler war natürlich das Staatsoberhaupt und kein General, sondern nur der selbsternannte Oberbefehlshaber der Wehrmacht; aber in den letzten zweieinhalb Kriegsjahren, in der Zeit nach Stalingrad, hatte ihn das deutsche Volk fast nicht mehr zu sehen bekommen. Den größten Teil seiner Informationen erhielt er von seinem Stab und aus persönlichen Besprechungen mit unter starkem Druck stehenden Generälen, die fast immer *ihn* aufsuchen mussten, nicht umgekehrt, im Gegensatz zu Churchill und Brooke, die sich oft auf den Weg machten, um mit alliierten Kommandeuren an ihrem Einsatzort zu sprechen. Hitler besuchte auch niemals – ein ebenso deutlicher Gegensatz zu Churchill – den Ort eines Bombenangriffs. Die Vorhänge seiner Mercedes-Limousine blieben zugezogen, wenn er an solchen Orten vorbeikam. Der letzte Auftritt Hitlers in einem halböffentlichen Rahmen fiel auf den 20. April 1945, seinen 56. und letzten Geburtstag, als er ein Aufgebot von Hitlerjungen beglückwünschte, die sich im Kampf ausgezeichnet hatten. Armin Lehmann, einer dieser Jungen, erinnerte sich an Hitlers dünne Stimme und wässrige Augen bei diesem Auftritt, bei dem er den Kindersoldaten in die Ohren kniff und ihnen sagte, wie tapfer sie seien. Eine Analyse der Filmaufnahmen mit modernen, computergestützten Lippenlesetechniken für Spracherkennung bestätigt, dass er die angetretene Reihe abschritt und dabei die meisten der blutjungen Kämpfer, die auf den ersten Blick nicht viel älter als zehn Jahre wirken, mit Äußerungen wie «gut gemacht», «gut» und «tapferer Junge» ermunterte.

«Ich habe den Eindruck, dass eine sehr schwere Schlacht vor uns liegt», sagte Stalin, als er die letzte Planungssitzung für die Einnahme von Berlin eröffnete, und damit hatte er Recht. Doch er hatte 2,5 Millionen Soldaten, 6250 Panzer und 7500 Flugzeuge, die er in diesen gewaltigen letzten Ansturm werfen konnte, und am 16. April 1945 feuerten rund 22 000 Geschütze und Granatwerfer 2450 Güterwagenladungen Granaten auf die deutschen Linien, deren Besatzungen auch noch durch eine große Zahl auf sie gerichteter Suchscheinwerfer geblendet wurden.[85] Die sowjetischen Artilleristen mussten beim Feuern den Mund offenhalten, damit ihnen nicht die Trommelfelle platzten. Die Rote Armee überschritt innerhalb von sechs Tagen die Stadtgrenze von Berlin, aber bei den verzweifelten Kämpfen in den Straßen und Trümmern der Hauptstadt verringerten sich ihre Vorteile, und die Deutschen wurden begünstigt. Dass es der Wehrmacht an Panzern mangelte, war in diesem dicht bebauten Gebiet weniger wichtig, Hunderte von sowjetischen Panzern wurden im Nahkampf mit der Panzerfaust vernichtet, einer panzerbrechenden Waffe, die auf kurze Entfernungen sehr wirksam war. Die deutsche 9. Armee unter dem Befehl von General Theodor Busse, die südlich von Berlin stand, und die 11. Armee unter General Felix Steiner im Norden sollten jetzt versuchen, eine Stadt zu verteidigen, in der es keine Gas-, Wasser- und Stromversorgung mehr gab. Als Steiner, dessen Soldaten gegen eine zehnfache Übermacht antraten, ein Gegenangriff misslang, mit dem die Einschließung Berlins verhindert werden sollte, musste er eine Tirade Hitlers über sich ergehen lassen.

Der letzte direkte und von Hitler selbst unterzeichnete Befehl, der aus dem «Führerbunker» kam, richtete sich am 24. April um 4.50 Uhr an Feldmarschall Ferdinand Schörner. Das Dokument befindet sich heute in Privatbesitz. Hitler teilt darin mit, er werde in Berlin bleiben, um so auf ehrenhafte Art an der Entscheidungsschlacht um Deutschland teilzuhaben und allen anderen ein gutes Beispiel zu geben. Er glaube, dass er Deutschland so den besten Dienst erweise. Ansonsten müsse jede Anstrengung unternommen werden, um den Kampf um Berlin zu gewinnen. Schörner könne eine entscheidende Hilfe leisten, indem er so früh wie möglich nach Norden vorstoße.[86] Die nach abschließenden freundlichen Grüßen mit Rotstift geschriebene Unterschrift «Adolf Hitler» wirkt angesichts der Begleitumstände bemerkenswert normal.

Vier Tage vor Hitlers Geburtstag hatte Schörner – den sein Oberbefehlshaber als «politischen Soldaten» bewunderte – in seinem Hauptquartier, das in einem tschechischen Hotel namens Masarykův dům bei Königgrätz untergebracht war, vor einer Gruppe von Offizieren darüber schwadroniert, wie diese Männer sich des großen Vertrauens des Führers würdig erweisen könnten. Schörner, der eine große Zahl von Soldaten wegen Feigheit vor dem Feind hatte hinrichten lassen, wurde von Hitler testamentarisch zum neuen Oberbefehlshaber des Heeres bestimmt, aber neun Tage später ließ er seine Heeresgruppe im Stich und flüchtete in Zivilkleidern mit einem Kleinflugzeug, um sich den Amerikanern zu ergeben. Die lieferten ihn jedoch an die Sowjetunion aus, die ihn bis 1955 in Haft hielt. Die Wehrmachtsbehörden verhängten im letzten Kriegsjahr an der Ostfront rund 30 000 Todesurteile wegen Feigheit vor dem Feind und Fahnenflucht; zwei Drittel dieser Urteile wurden vollstreckt.

Die Rote Armee hatte schon seit langem jeden Gefangenen erschossen, der eine SS-Uniform trug, und diejenigen SS-Männer, die sie ablegten, konnten dennoch nicht verbergen, dass ihre Blutgruppe am linken Oberarm eintätowiert war, kurz unterhalb der Achselhöhle.[87] John Erickson mutmaßt, dass es dieses Wissen um den sicheren Tod war, «das viele Einheiten in den finsteren Tagen der Kämpfe um Berlin auf ihrem Posten hielt, aber die Feldgendarmen blieben dennoch bis zum Schluss wachsam und bereit, mutmaßliche Deserteure zu erschießen oder zu erhängen».[88] Auch die Äußerung defätistischer Ansichten wurde als Kapitalverbrechen geahndet: Nach einem kurzen, von der SS oder der Gestapo veranstalteten Scheinverfahren wurden diejenigen, die man, aus welchem Grund auch immer, solcher Dinge verdächtigte, kurzerhand am nächsten Laternenpfahl aufgehängt, mit einem Schild um den Hals, auf dem beispielsweise zu lesen war: «Ich bin aufgehängt worden, weil ich zu feige war, die Reichshauptstadt zu verteidigen», «Ich war ein Deserteur, deshalb werde ich die Schicksalswende nicht miterleben» oder «So sterben alle Verräter».[89] Nach Schätzungen kamen bei den Kämpfen um Berlin mindestens 10 000 Menschen auf diese Art zu Tode – und ebenso viele Frauen starben dort (oft durch Selbstmord) nach Vergewaltigungen durch Soldaten der Roten Armee.[90]

Diese grauenhaften Ereignisse ließen die Deutschen mit einer Hartnäckigkeit weiterkämpfen, die angesichts der Hoffnungslosigkeit der Situation mehr als bemerkenswert war. Doch in Berlin schufen der wahllose Artilleriebeschuss und die Bombardements aus der Luft, so wie zuvor in Stalingrad und in Monte Cassino, ein günstiges Kampffeld für die insgesamt etwa 85 000 bunt zusammengewürfelten Verteidiger der Stadt. Neben den Kontingenten der Wehrmacht, der Waffen-SS und der Gestapo gehörten dazu noch verschiedene Gruppen von ausländischen Freiwilligen (vor allem französische Faschisten) und hoffnungslos unzureichend bewaffnete «Volkssturm»-Bataillone, die aus Männern über fünfundvierzig und Kindern und Jugendlichen unter siebzehn Jahren bestanden. Viele der 3000 Hitlerjungen, die in diesen Kampf geschickt wurden, waren erst vierzehn Jahre alt, und einige von ihnen konnten den Feind gar nicht richtig sehen, weil der zu tief sitzende, für einen erwachsenen Kopf vorgesehene Helmrand dies verhinderte.

Zügellose Plünderungen, Alkoholexzesse, Mord und Raub, in denen sich die Rote Armee in Ostpreußen, Schlesien und anderswo im Reich – und vor allem in Berlin – erging, waren die zwangsläufige Reaktion von Soldaten, die in den zurückliegenden zwanzig Monaten durch verwüstete sowjetische Städte und Ortschaften gekommen waren. «Die Soldaten der Roten Armee reagierten mit Hass auf die Ordentlichkeit, die sie auf den Bauernhöfen und in den Kleinstädten Ostpreußens antrafen: das in den Küchenschränken aufgereihte Geschirr, die makellose Haushaltsführung, die akkurat eingezäunten Felder und das gepflegte Vieh.»[91] Auch die deutschen Frauen sollten schon bald einen hohen persönlichen Preis für die vier Jahre andauernde Verwüstung der Sowjetunion durch die Wehrmacht zahlen. «Insgesamt wurden etwa zwei Millionen deutsche Frauen vergewaltigt – eine beträchtliche Minderheit unter ihnen, vielleicht auch die Mehrheit, nicht nur einmal», schreibt Antony Beevor über das Geschehen bei den Kämpfen um Berlin.[92] Allein in Berlin wurden in den letzten Tagen vor der Kapitulation der Verteidiger 90 000 Frauen vergewaltigt.[93] Ein Veteran der Roten Armee kommentierte das später mit der Bemerkung, er und seine Kameraden hätten «auf gemeinschaftlicher Basis vergewaltigt».

Nicht nur die deutschen Frauen hatten zu leiden. Polnische Frauen, jüdische Überlebende von Konzentrationslagern, sogar befreite sowjetische weibliche Kriegsgefangene wurden mit vorgehaltener Waffe vergewaltigt, oft von bis zu einem Dutzend Soldaten. Weil mit dem Armeebefehl Nr. 227 verfügt worden war, sowjetische Staatsbürger, die sich den Deutschen ergeben hätten, seien als Verräter zu behandeln, waren Gruppenvergewaltigungen weiblicher sowjetischer Gefangener erlaubt, ja sie wurden sogar arrangiert.[94] Alter, persönliche Attraktivität oder irgendwelche andere Kriterien spielten dabei praktisch keine Rolle. In Dahlem beispielsweise wurden «Nonnen, junge Mädchen, alte Frauen, Schwangere und Mütter, die eben erst ein Kind zur Welt gebracht hatten, mitleidlos vergewaltigt». Die dokumentarischen und durch persönliche Berichte vorliegenden Beweise sind überwältigend und unwiderlegbar; die Rote Armee, die sich auf dem Schlachtfeld so heldenhaft verhalten hatte, vergewaltigte die deutschen Frauen als Teil ihrer Belohnung, und das mit stillschweigender Billigung ihrer vorgesetzten Offiziere bis hinauf zu und einschließlich Stalins. Er rechtfertigte ihr Verhalten sogar bei mehr als einer Gelegenheit und deutete es als Teil der Rechte des Eroberers. «Was ist daran so schrecklich, nach all dem Elend Spaß mit einer Frau haben zu wollen? Sie haben sich die Rote Armee vollkommen vorgestellt. Aber sie ist nicht vollkommen und kann es auch nicht sein. … Das Wichtigste ist, dass sie die Deutschen bekämpft.»[95] Neben der sexuellen Belohnung für die Soldaten sollten die Massenvergewaltigungen auch der Erniedrigung und der Rache an Deutschland dienen. Nachdem die Männer der Wehrmacht beim Unternehmen Barbarossa Wind gesät hatten, sollten ihre Mütter, Schwestern und Töchter jetzt den Sturm ernten müssen. Doch es ist absolut denkbar, dass die Soldaten der Roten Armee in Deutschland genauso brutal vorgegangen wären, wenn sie ihre Feinde weder wegen ihres Wohlstands beneidet noch nach Rache gestrebt hätten. Als die Rote Armee im August 1945 in die Mandschurei vorstieß, waren Vergewaltigungen, die sich gegen Japanerinnen, aber auch gegen Frauen anderer Nationalitäten richteten, weit verbreitet, obwohl die Sowjetunion keinen Krieg gegen Japan geführt hatte und von Japan auch nicht überfallen worden war.[96]

Nicht nur Soldaten der Roten Armee ergingen sich in dieser Art der Kriegführung gegen Unschuldige. Angehörige der US-Armee werden nach Schätzungen beschuldigt, in Nordafrika und Westeuropa in den Jahren von 1942 bis 1945 insgesamt 14 000 Zivilistinnen vergewaltigt zu haben, und obwohl es Verhaftungen und auch Verurteilungen gab, kam es zu keiner einzigen Hinrichtung wegen der Vergewaltigung einer deutschen Frau. Bei den tatsächlich verhängten Strafen für solche Vergehen scheint es auch einen Zusammenhang mit der Hautfarbe gegeben zu haben; nur 8,5 Prozent der US-Soldaten auf dem europäischen Kriegsschauplatz waren Afroamerikaner, aber bei den wegen Vergewaltigung hingerichteten Soldaten lag ihr Anteil bei 79 Prozent. Doch in der Gesamtschau lässt sich festhalten: Soldaten der Roten Armee wurden für Vergewaltigungen nicht bestraft, und 14 000 Vergewaltigungen im Verlauf von drei Jahren sind wohl kaum mit zwei Millionen Verbrechen dieser Art bei einem einzigen Feldzug gleichzusetzen.[97]

Die Frage, wie viele sowjetische Staatsangehörige – Angehörige des Militärs und Zivilisten – im Großen Vaterländischen Krieg ums Leben gekommen waren, war hochpolitisch, die tatsächliche Zahl galt bis zum Fall der Berliner Mauer als Staatsgeheimnis. Stalin griff nicht zum Mittel der Übertreibung, um damit im Westen Sympathie zu wecken, wie man vielleicht von einem Menschen, der so intensiv auf die Wirkung von Propaganda setzte, erwarten könnte, sondern er spielte die Zahlen sogar herunter, um die Schwäche der Sowjetunion in der Nachkriegszeit ebenso zu verbergen wie die eigene extreme Rücksichtslosigkeit im Umgang mit Menschen. Letzteres war ihm nach den monströsen Fehlern, die ihm in den früheren Phasen dieses Konfliktes unterlaufen waren, besonders wichtig. Im Jahr 1946 bezifferte er die Zahl der Kriegstoten auf nur 7 Millionen. Nikita Chruschtschow räumte in den Sechzigerjahren im Rahmen der von ihm eingeleiteten Entstalinisierung eine Zahl von «über 20 Millionen» ein. Eine Kommission des sowjetischen Generalstabs kam in einem 1988/89 erarbeiteten Bericht zu dem Schluss, dass die allein bei der Roten Armee verzeichneten «nicht wiederherstellbaren Verluste» – das heißt: im Kampf Getötete oder an Verwundungen oder durch Unfälle Verstorbene, als Gefangene Umgekommene oder wegen Feigheit Erschossene – eine Gesamtzahl von 8 668 400 erreichten, hinzu kamen noch 18 Millionen weitere Todesfälle durch Wunden, Krankheiten, Erfrierungen und andere Ursachen. Doch John Erickson, der führende Historiker des Krieges in der Sowjetunion, hat selbst diese Zahl infrage gestellt, und zwar wegen der «Methodologie, der Authentizität und Objektivität der Daten, der Art, in der sie interpretiert wurden, und wegen vieler anderer Dinge». Die von General G. F. Kriwoschejew (Krivosheev) zusammengestellten und 1997 veröffentlichten Zahlen machen einen sehr viel zuverlässigeren Eindruck. Sie zeigen, dass die Sowjetunion in den Jahren 1941 bis 1945 insgesamt 34,476 Millionen Menschen mobilisierte, einschließlich derjenigen, die bereits im Juni 1941 unter Waffen standen. Von dieser gewaltigen Gesamtzahl der Mobilisierten starben 11,444 Millionen.[98]

Im Chaos des Juni 1941 wurden viele Menschen niedergemetzelt, aber es gibt nur wenige Unterlagen dazu. Die Evakuierung und Vertreibung einer so gewaltigen Bevölkerungszahl hatte zur Folge, dass die örtlichen Militärkommissariate ihre Karteien nicht auf einem aktuellen Stand halten konnten, und angesichts nicht registrierter Partisanenaktivitäten, wegen Mehrfachzählungen aus vielfältigen verwaltungstechnischen Gründen und weil viele Menschen schon bald nach dem Ende der Kämpfe ihren Verwundungen erlagen, ist es – selbst ohne jeden politischen Druck – so lange nach Kriegsende nahezu unmöglich, eine abschließend festgestellte, genaue Zahl zu ermitteln. Die von Richard Overy genannten Zahlen, 11 Millionen tote Soldaten, 18 Millionen weitere Kriegsopfer beim Militär und zivile Verluste in Höhe von rund 16 Millionen Toten, sind möglicherweise genauso gut wie Kriwoschejews Ergebnisse und besser fundiert als die meisten anderen bisher genannten Zahlen. Die Gesamtzahl von rund 27 Millionen getöteten Bürgerinnen und Bürgern der Sowjetunion ist deshalb möglicherweise die genaueste, und das bedeutet in einem Krieg, der 50 Millionen Menschenleben forderte, dass die Sowjetunion mehr Menschen durch Kriegshandlungen verlor als alle anderen weltweit beteiligten Staaten zusammen.

Wie sollte ein solcher Völkermord bestraft werden? Das britische Kriegskabinett diskutierte am 12. April 1945 bei einer Nachmittagssitzung ab 15.30 Uhr, wie mit deutschen Kriegsverbrechern umzugehen sei. Die (bisher unveröffentlichten) Notizen, die der Additional Cabinet Secretary Norman Brook von dieser Sitzung anfertigte, wurden 2008 zugänglich gemacht und zeigen, dass der Labour-Politiker Stafford Cripps, der Minister für die Flugzeugproduktion, nicht mit der Politik einverstanden war, die Außenminister Anthony Eden für einen groß angelegten Prozess darlegte. Cripps sagte, dass ein solches Verfahren «Politik und richterliche Entscheidung vermischt, mit Nachteilen für beide». Er bevorzugte die rasche Hinrichtung hochrangiger Nazis ohne Gerichtsverfahren und begründete das damit, dass die Alliierten entweder kritisiert werden würden, weil sie Hitler kein richtiges Verfahren zugestanden, oder sie würden «ihm eine Gelegenheit für flammende Reden geben», und das Ergebnis wäre dann «weder ein regulärer Prozess noch politisches Handeln», sondern das «Schlechteste aus beiden Welten». Kriegsminister P. J. Grigg verwies auf die «sehr große Zahl, Hunderttausende» wegen Kriegsverbrechen verdächtigte Personen, die den Briten in die Hände gefallen seien, worauf

Churchill «zunächst einen Prozess gegen die Gestapo als Organisation» vorschlug, «danach ein Verfahren gegen ausgewählte Mitglieder», und hinzufügte, es werde «nicht vorgeschlagen, sie alle vor Gericht zu stellen». Lord Simon, der Lordkanzler, sagte dann, Samuel Rosenman, Roosevelts Sonderberater, habe deutlich gemacht, dass die USA «keinen Strafen ohne vorherigen Prozess zustimmen werden», was Churchill zu der Bemerkung veranlasste: «Und Stalin besteht auf einem Prozess.» Der Historiker Churchill war davon jedoch nicht überzeugt und brachte eine «Bill of Attainder not an impeachment» ins Gespräch, einen parlamentarischen Strafbeschluss ohne vorheriges Gerichtsverfahren, wie 1640 gegen Thomas Wentworth, den 1. Earl of Stafford und Berater König Karls I., zu dessen Entmachtung und späterer Hinrichtung praktiziert, ohne dass es eines Gerichtsverfahrens bedurft hätte.

Innenminister Herbert Morrison vertrat die Ansicht, dass «dieser Scheinprozess anstößig ist. Er ist in Wirklichkeit ein politischer Akt: Es ist besser zu erklären, dass wir sie zum Tod verurteilen.» Churchill stimmte zu und ließ sich nicht davon abbringen, dass «der Prozess eine Farce sein wird». Zur Frage des Wortlauts der Anklageschriften und des Rechtes der Angeklagten auf Hinzuziehung eines Verteidigers brachte der Premierminister vor: «Sobald man einen regulären Prozess zulässt, ergeben sich alle möglichen Komplikationen. Ich stimme der Ansicht des Innenministers zu, dass sie wie Gesetzlose behandelt werden sollten. Wir sollten uns jedoch um die Zustimmung unserer Verbündeten bemühen. ... Ich würde keine Verantwortung für einen Prozess übernehmen – auch wenn die Vereinigten Staaten so etwas wollen. Die Hauptverbrecher sollen als Gesetzlose hingerichtet werden – falls kein Alliierter sie haben will.»[99] Feldmarschall Smuts war der Ansicht, eine Hinrichtung Hitlers im Schnellverfahren könnte «einen gefährlichen Präzedenzfall schaffen», und es sei «ein Akt staatlichen Handelns vonnöten, um Hitlers Hinrichtung rechtlich zu legitimieren». Churchill fügte hinzu, wenn man Hitler das Recht zugestehe, juristische Argumente gegen seine eigene Hinrichtung vorzubringen, «ahmt das ein Gerichtsverfahren nach, setzt es aber der Verachtung aus», worauf Morrison einwarf: «Und es stellt sicher, dass er in Deutschland zum Märtyrer werden wird.»

Lord Simon führte dann aus, weil die Amerikaner und die Sowjets einen Prozess wollten, «müssen wir deshalb einen Kompromiss schließen oder unilateral vorgehen». In dieser Phase des Krieges war die letztere

Option nahezu undenkbar, doch Simon schlug die Veröffentlichung eines Dokuments vor, in dem die britische Anklage gegen Hitler dargelegt werde, anschließend könne man ihn «ohne Gelegenheit zu einer Erwiderung» hinrichten. Ein solches Vorgehen würde sich auf die Erklärung der Verbündeten vom 13. März 1815 beziehen, mit der Napoleon außerhalb der geltenden Gesetze gestellt wurde, was aber, woran der Lordkanzler noch erinnerte, erst nach der Schlacht bei Waterloo erfolgt sei und nicht drei Monate vorher. Churchill erklärte dann, er werde «[einem] Prozess nicht zustimmen, der nur ein Scheinprozess sein kann», und Luftfahrtminister Archibald Sinclair fragte: «Wenn Hitler ein Soldat ist, können wir ihm dann Pardon verweigern?» Churchill beendete die Diskussion, indem er sagte, Simon solle sich mit den Amerikanern und Russen in Verbindung setzen, «um eine Liste von Hauptverbrechern zu erstellen und ihre Zustimmung zu erlangen, dass diese Personen erschossen werden können, wenn sie im Feld gefangen genommen werden.»[100] Doch schließlich wurde nicht dieses Vorgehen gewählt, sondern es kam zu dem langwierigen Verfahren, bei dem hochrangige überlebende Vertreter der nationalsozialistischen Herrschaft vor den Internationalen Militärgerichtshof in Nürnberg gestellt wurden, der trotz all seiner Nachteile dazu führte, dass der Gerechtigkeit Genüge getan werden konnte.

Die Begleitumstände und die makabre Atmosphäre bei Hitlers Tod im Bunker waren wahrhaft seltsam, und noch seltsamer war seine Entscheidung, seine Geliebte noch kurz vor dem gemeinsamen Selbstmord zu heiraten.[101] «Es ist ein Glück für mich, dass ich nicht geheiratet habe», hatte Hitler am Abend des 25. Januar 1942 bei einem seiner «Tischgespräche» gesagt. «Das wäre eine Katastrophe geworden! ... Für mich hätte es stets nur ein vergrämtes, verkümmertes Gesicht gegeben, oder ich hätte meine Pflichten versäumen müssen!»[102] Eva Braun hegte ähnliche Gefühle, noch vor dem Krieg hatte sie sich beim Berlin-Korrespondenten des *Daily Telegraph* beklagt: «Schade, dass Hitler Reichskanzler geworden ist, sonst hätte er mich vielleicht geheiratet.»[103] Der Standesbeamte, der die Trauung am Sonntag, dem 29. April 1945, vornahm, war Walter Wagner, der stellvertretende Inspektor der Müllabfuhr im Berliner Stadtbezirk Pankow.[104] Einer der vielen bizarren Aspekte dieser Zeremonie war Wagners von den Nazi-Ehegesetzen inspirierte Frage, ob die Brautleute rein arischer Abstammung seien. (Beide bejahten dies.)[105] Als Braun die Urkunde unterschrieb, setzte sie beim Nachnamen zunächst zu einem B an, ehe man sie darauf aufmerksam machte, «dass ihr neuer Name mit H beginnt». Es war in mehr als einer Hinsicht eine Mussheirat: Eva Braun sorgte sich um ihr Ansehen bei der Nachwelt, falls Hitler sie nicht heiraten würde, also bekam sie, um ihrem bürgerlichen Ehrgefühl zu genügen, doch noch ihren Mann. Kurz vor der Trauung hatte der Bräutigam seiner Sekretärin Traudl Junge noch sein politisches wie auch sein privates Testament diktiert, ersteres in Form eines sattsam bekannten Auswurfs, der aus Antisemitismus und Selbstrechtfertigung bestand. Junge schrieb in einem Aufenthaltsraum «das letzte Blatt der Geschichte des Dritten Reiches» und dachte nach eigener Erinnerung über die Hochzeitsgesellschaft nach, die später in Hitlers Zimmer beisammensitzen würde: «Worauf werden sie ihre Sektgläser erheben? Um dem jungvermählten Paar Glück zu wünschen?»[106]

Nachdem die beiden eine Zyankalikapsel an ihrer Schäferhündin Blondi getestet hatten – vor der sie offensichtlich annahmen, dass sie in einem Deutschland nach dem Sturz des Nationalsozialismus auch nicht mehr leben wollte –, schluckte Eva am 30. April 1945 gegen 15.30 Uhr ebenfalls Gift und Hitler erschoss sich. Die Bunker-Wachposten deuteten den von den Mitarbeitern seines Stabes produzierten Zigarettenrauch, der aus den Lüftungsschächten quoll, als ersten Hinweis auf Hitlers Tod; er war ein fanatischer Nichtraucher gewesen.[107] Als Winston Churchill am nächsten Tag erfuhr, der deutsche Rundfunk habe gerade Hitlers Tod gemeldet und dazu erklärt, dieser habe «bis zum letzten Atemzug gegen den Bolschewismus gekämpft», kommentierte er das so: «Nun, ich muss sagen, dass er sehr gut daran getan hat, so zu sterben.» Lord Beaverbrook, zu diesem Zeitpunkt sein Abendessensgast, «war anderer Meinung» und hielt den Bericht für offensichtlich unwahr.[108] Die Ausgabe der Londoner Tageszeitung *The Times* vom 1. Mai 1945, in der Hitlers Tod gemeldet wurde, brachte zufälligerweise auch einen kurzen Bericht, in dem erwähnt wurde, dass die Amerikaner inzwischen den kleinen österreichischen Grenzort Braunau erreicht hatten, das Städtchen, in dem Hitlers Geschichte sechsundfünfzig Jahre zuvor ihren Anfang genommen hatte.

Um in die Hauptstadt des Dritten Reiches vorzudringen, in der jeder Straßenzug bis zum Reichstag und zur Reichskanzlei verteidigt wurde, brauchte es Einheiten, die so kampferprobt waren wie Schukows 1. weißrussische Front. Wassili Iwanowitsch Tschuikow – der Held von Stalingrad, Kommandeur der 8. Gardearmee und jetzige Befehlshaber der sowjetischen Streitkräfte im Stadtzentrum von Berlin – erinnerte sich an den Kapitulationsversuch der Deutschen, der sich am 1. Mai in seinem Gefechtsstand abspielte. «Endlich, um 3 Uhr 50 Minuten, wurde an die Tür geklopft, und ein deutscher General mit einem Ritterkreuz um den Hals und einem Hakenkreuz auf dem Ärmel betrat den Raum.»[109] General Hans Krebs, den Hitler Ende März als Nachfolger Guderians zum Chef des Heeres-Generalstabs ernannt hatte, war ein Nazi wie aus dem Bilderbuch. «Mittelgroß, stämmig, mit glattrasiertem Kopf, Schmissen im Gesicht und einer Portweinnase. Mit der rechten Hand erwies er den Hitlergruß und mit der Linken reichte er mir ein Soldbuch», erinnerte sich Tschuikow. Krebs bediente sich eines Dolmetschers, obwohl sich später herausstellte, dass er, nach drei Stationierungen als Militärattaché in Moskau (einmal war er sogar von Stalin umarmt worden), selbst fließend Russisch sprach. Krebs sagte: «Die Unterredung ist streng vertraulich. Sie sind der erste Ausländer, dem ich mitteile, dass Hitler am 30. April freiwillig von uns gegangen ist und Selbstmord begangen hat.» Nach Tschuikows Erinnerung hielt Krebs dann inne, denn «er hatte wahrscheinlich erwartet, dass wir … ein brennendes Interesse bekunden würden». Stattdessen antwortete Tschuikow ruhig: «Das wissen wir bereits.» In Wirklichkeit hatte er das keineswegs gewusst, war aber darauf eingestellt, «jeder Überraschung mit Ruhe zu begegnen, ohne dabei das geringste Erstaunen zu zeigen, vor allem aber keine voreiligen Schlussfolgerungen zu ziehen». Krebs hatte nur ein Angebot zu Friedensverhandlungen nach einem vorherigen Waffenstillstand mitgebracht, Verhandlungen, die mit einer neuen Regierung geführt werden sollten, der Dönitz als Reichspräsident und Goebbels als Reichskanzler vorstanden, doch Tschuikow lehnte dies – nach telefonischer Rücksprache und auf Anweisung von Schukow und der Stawka – ab und verlangte eine bedingungslose Kapitulation. Krebs verließ dann Tschuikows Befehlsstand, um Goebbels zu berichten, doch bevor er ging, sagte er noch: «Der 1. Mai ist bei Ihnen ein großer Festtag?», worauf Tschuikow antwortete: «Um so mehr Grund, das Ende des Krieges und die Tatsache, dass wir endlich in Berlin stehen, zu feiern.»[110] Nachdem Krebs Goebbels über das Verhandlungsergebnis informiert hatte, begingen beide Selbstmord, ihre Überreste wurden mit denen von Herrn und Frau Hitler zusammengeworfen. (Goebbels' Leiche identifizierten die Sowjets später anhand des Spezialschuhs, den er an seinem Klumpfuß trug.) Am nächsten Tag, dem 2. Mai, kapitulierte Berlin, und sechs Tage später auch alle Streitkräfte des jetzt zerschlagenen Dritten Reichs.

Das berühmte Foto von der Roten Fahne, die über dem Reichstag geschwenkt wird, nahm der achtundzwanzigjährige Jewgeni Chaldei, ein Jude aus der Ukraine, mit einer Leica auf. Die Fahne war eigentlich eines von drei roten Tischtüchern, die der Fotograf nach seinen eigenen Worten «von Grischa bekommen hatte, dem diensthabenden Lagerverwalter. Er nahm mir das Versprechen ab, dass ich sie zurückbringe.» Vor seinem Abflug aus Moskau mit dem Ziel Berlin hatten er und ein mit seinem Vater befreundeter Schneider «die ganze Nacht damit zugebracht, Hämmer und Sicheln auszuschneiden und auf die Tischtücher aufzunähen, damit sie wie sowjetische Fahnen aussahen». So kam es, dass an jenem Tag ein Tischtuch, ein etwas fragwürdiges Symbol, über dem zerstörten Berlin wehte. «Was meinst du damit: Du hast es auf dem Reichstag zurückgelassen?», schimpfte Grischa, als Chaldei ihm erklärte, was geschehen war. «Jetzt bringst du mich wirklich in Schwierigkeiten!» Der TASS-Bildredakteur entdeckte, dass der Soldat, «ein Junge aus Dagestan», der seinen flaggenschwenkenden Kameraden sicherte, an beiden Handgelenken Armbanduhren trug, ein deutliches Zeichen dafür, dass die Rote Armee plünderte, und ließ Chaldei dieses Detail aus dem Bild wegretuschieren.[111]

Der misstrauische und eifersüchtige Stalin sorgte dafür, dass Schukow nach dem Krieg auf eine Reihe weniger bedeutender Kommandeursposten abgeschoben wurde, aber der Ruhm des Marschalls und seine Popularität im Westen sorgten zumindest dafür, dass ihm das Schicksal von 135 056 anderen unschuldigen Soldaten und Offizieren der Roten Armee erspart blieb, die von Militärgerichten wegen «konterrevolutionärer Verbrechen» verurteilt wurden. Weitere 1,5 Millionen sowjetische Soldaten, die sich den Deutschen ergeben hatten, landeten im Gulag oder in Arbeitsbataillonen in Sibirien.

Am 24. Juni 1945 wurde auf dem Roten Platz in Moskau eine gewaltige Siegesparade abgehalten, bei der mehr als zweihundert erbeutete Wehrmachts-Feldzeichen vor dem Lenin-Mausoleum niedergelegt wurden, von wo Stalin, auf dem Balkon stehend, die Parade abnahm. Das Schauspiel übertraf alles, was es im Alten Rom gegeben hatte; eine Unmenge feindlicher Feldzeichen – heute sind sie im Museum des Großen Vaterländischen Krieges in Moskau zu besichtigen – wurden dem allmächtigen Eroberer zu Füßen gelegt. Der Zahl der Toten zum Trotz kann es keinen Zweifel daran geben, wer der größte territoriale Sieger des Zweiten Weltkriegs war. Für Großbritannien brachte der Sieg fast den Staatsbankrott, nationale Erschöpfung und eine jahrelange, harte Sparpolitik mit sich. Das britische Empire, für das Churchill ausdrücklich gekämpft hatte, bis dahin das stolzeste Reich auf Erden seit den Tagen des Alten Rom, musste aufgelöst werden, und Indien erhielt exakt zwei Jahre nach dem Ende des Krieges gegen Japan die Unabhängigkeit. Auch Frankreich lag über ein Jahrzehnt lang im Staub. Der Krieg brachte auch den Vereinigten Staaten keinerlei territorialen Zugewinn, sie strebten so etwas auch gar nicht an. Doch der schwer in Mitleidenschaft gezogenen Sowjetunion verschaffte der Krieg eine führende militärische Rolle und die Kontrolle nicht nur über ihr gesamtes Vorkriegs-Territorium, sondern auch über Estland, Lettland, Litauen, Polen, Ungarn, die Tschechoslowakei, Bulgarien, Rumänien, die Osthälfte Deutschlands und große Teile Österreichs, einschließlich der Hauptstadt Wien. Jugoslawien und Finnland waren faktisch zu Satellitenstaaten geworden, und ein kommunistischer Aufstand in Griechenland hätte diesem Land ohne Weiteres einen ähnlichen Status einbringen können. Als Stalin im Juli 1945 während der Konferenz von Potsdam die langjährige Grabstätte von Friedrich dem Großen besuchte, die in der sowjetischen Besatzungszone lag, wurde ihm bedeutet, dass kein Zar das Russische Reich jemals so weit nach Westen ausgedehnt habe. Seine schroffe Antwort war: «Alexander I. ritt durch Paris.»

Deutschland, einer Nation, die in den fünfundsiebzig Jahren nach 1864 nicht weniger als fünf Angriffskriege begonnen hatte, musste der kriegerische Instinkt aus der Volksseele geradezu ausgebrannt werden. Nur das Grauen und die Erniedrigungen des Jahres 1945 – Deutschlands «Stunde Null» – konnten das bewerkstelligen. Die makabren Schlussszenen mussten ausgespielt werden, mit einem Goebbels, der Hitler aus Thomas Carlyles *Geschichte Friedrichs II. von Preußen, genannt Friedrich der Große* vorlas, im Führerbunker, während die Rote Armee näher rückte. Joachim von Ribbentrop, Heydrichs Nachfolger Ernst Kaltenbrunner, der Propagandist Julius Streicher, Alfred Rosenberg und sechs weitere Verurteilte konnten in Nürnberg gehängt werden, aber Hitler konnte nur von einer Hand sterben, um seine Niederlage zu vollenden: von seiner eigenen. «Die Zerstörung und das menschliche Elend, die

1945 in Deutschland herrschten, sind in ihren Ausmaßen kaum zu beschreiben», schreibt Adam Tooze, der Historiker der Wirtschaftsgeschichte des Nationalsozialismus.[112] Von den Männern der Jahrgänge 1920 bis 1925 waren bei Kriegsende 40 Prozent tot oder vermisst; elf Millionen Soldaten der Wehrmacht waren in Kriegsgefangenenlagern, und ein Teil der in der Sowjetunion festgehaltenen Männer sollte erst bis zu zwölf Jahre später zurückkehren; 14,16 Millionen «Volksdeutsche» wurden aus ihren Heimatregionen in Mittel- und Osteuropa vertrieben, und 1,71 Millionen Menschen kamen bei diesen Vertreibungen ums Leben. «In den Städten, die am schwersten von den Bomben getroffen worden waren, belief sich der Wohnraumverlust auf 50 Prozent. Die deutsche Bevölkerung, die bis zum Herbst 1944 noch einigermaßen gut ernährt worden war, drängte sich in überfüllten Räumen zusammen, hungerte und fror.»[113] Hitler wäre dies natürlich völlig gleichgültig gewesen, denn das deutsche Volk hatte durch seine Niederlage gezeigt, dass es der Führung durch ihn nicht würdig war. Hatte er dieses Volk nicht am 24. Februar 1945 in seiner Proklamation zum 25. Jahrestag der NSDAP-Gründung gewarnt: «Die Vorsehung kennt keine Barmherzigkeit dem Schwachen gegenüber, sondern nur die Anerkennung des Rechts des Lebens für den Gesunden und Starken»?[114]

Die sterblichen Überreste Hitlers, Eva Brauns und der Familie Goebbels (das Ehepaar Goebbels hatte seine sechs Kinder mit Gift ermordet) wurden schließlich in den Nachtstunden des 4. April 1970 endgültig beseitigt. Sie waren im Februar 1946 auf dem Gelände eines Stützpunktes des sowjetischen militärischen Nachrichtendienstes Smersch beerdigt worden, das vierundzwanzig Jahre später außerplanmäßig an die DDR-Behörden übergeben werden sollte, und an diesem Ort waren Baumaßnahmen vorgesehen. Auf sowjetischer Seite hielt man diese Überreste immer noch für ein auf Neonazi-Revanchisten so machtvoll wirkendes Symbol – obwohl die «Schädel, Schienbeinknochen, Rippen, Wirbel und so weiter» sich bereits in «einem fortgeschrittenen Stadium des Zerfalls» befanden, «vor allen diejenigen der Kinder» –, dass der damalige KGB-Chef Juri Andropow anordnete, sie mit Holzkohle zu verbrennen, zu Staub zu zermahlen, aufzusammeln und dann in einen Fluss zu streuen.[115] Also wurden sie ein zweites Mal verbrannt, und die Asche verstaute man in einem Segeltuch-Rucksack. «Wir gingen auf einen nahe gelegenen Hügel», berichtete Wladimir Gumenjuk, der Leiter des mit dieser Aufgabe betrauten und aus drei Mann bestehenden Sonderkommandos, Jahre später dem russischen Fernsehsender NTV. «Es war im Nu vorbei. Ich öffnete den Rucksack, der Wind wirbelte die Asche in einer kleinen, braunen Wolke hoch, und nach einer Sekunde waren sie fort.»[116]

18

Das Land der untergehenden Sonne

Oktober 1944 – September 1945

> «Stammtischstrategen können die letzten Stationen eines Feldzugs betrachten und sagen, es bliebe jetzt nur noch Säuberungsaktionen übrig, aber wenn man selbst mit dem Putztrupp unterwegs ist, sieht die Sache anders aus. Der letzte Japs im letzten Bunker am letzten Kriegstag kann für dich persönlich so tödlich sein wie die größte Schlacht auf dem Höhepunkt des Feldzugs, und du siehst oder denkst nicht weit über ihn hinaus – wo immer er sich befindet.»
>
> *George MacDonald Fraser,*
> *Quartered Safe Out Here, 1992*[1]

Der Zusammenbruch Japans innerhalb von vier Monaten nach Hitlers Tod war eine nachdrückliche Rechtfertigung für die «Deutschland zuerst»-Politik, die die Alliierten nach Pearl Harbor verfolgten. Hätten sie eine «Pazifik zuerst»-Politik betrieben – wie von der US-Marine als Konsequenz aus Pearl Harbor befürwortet –, hätte das Hitler erheblich mehr Zeit und Ressourcen verschafft, mit denen er die Sowjetunion besiegen und sich selbst zum Herrn eines großeuropäischen Landreichs hätte aufschwingen können. Durchweg hatte es Spannungen zwischen der US-Armee (die an die «Deutschland zuerst»-Politik glaubte) und der US-Marine gegeben (die der «Pazifik zuerst»-Politik und damit dem Kriegsschauplatz den Vorzug gab, an dem sie eine weit größere Rolle spielen sollte). Es bedurfte des salomonischen Urteilsvermögens von General Marshall, um die Vereinigten Staaten weiterhin auf die erstgenannte Politik zu verpflichten, bei der ihn auch Präsident Roosevelt und die Briten unterstützten.

Die Vereinigten Staaten hatten dennoch einen erheblichen Teil ihrer Streitkräfte für das Ziel abgestellt, Japan an der Konsolidierung seines jüngst eroberten Großreiches zu hindern. Besonders mit ihrer massiven Luftüberlegenheit fügten die Amerikaner den japanischen Streitkräften fürchterliche Verluste zu. Die Schläge, die auf die japanische Armee, Marine, Luftwaffe und die Städte des Landes niedersausten, zertrümmerten alles, was ihnen im Weg stand, bevor die Atombomben für den Todesstoß sorgten. Die Task Force 38 zum Beispiel eröffnete am 12. Oktober 1944 den Angriff auf Formosa, bei dem die Amerikaner mehr als zweitausenddreihundert Einsätze flogen, während die wenigen Flugzeuge, die die Japaner noch in die Luft brachten, meist abgefangen und zerstört wurden. Nur wenig später brachte Admiral Thomas Kinkaids 7. Flotte die 6. US-Armee unter dem Befehl von General Walter Krueger zur philippinischen Insel Leyte, wo an einem einzigen Tag mehr als 130 000 Soldaten an Land gingen, fast so viele wie am D-Day in der Normandie. General MacArthur löste damit das Versprechen ein, das er dem philippinischen Volk am 11. März 1942 mit der Ankündigung «Ich werde zurückkehren» gegeben hatte.

Während die Amerikaner den japanischen Hauptinseln unaufhaltsam näher rückten, praktizierten sie – wie im Fall der Palau-Inseln im Oktober 1944 – oft eine Strategie des «Island Hopping», bei der sie Kämpfe gegen japanische Streitkräfte auf abgeschnittenen, isolierten Inseln vermieden, von denen aus keine Möglichkeit zu Gegenangriffen bestand, um die Kampfkraft der eigenen Soldaten für Angriffe auf Inselstützpunkte zu erhalten, von denen Gegenschläge drohten. Der Gegenangriff im Golf von Leyte Ende Oktober 1944, der von einer Flugzeugträgergruppe aus Japan und von Brunei aus anlaufenden Kampfverbänden vorgetragen wurde, entwickelte sich zur größten Seeschlacht der Kriegsgeschichte, bei der 216 Schiffe der US-Marine (und zwei australische Kriegsschiffe) mit insgesamt 143 668 Mann Besatzung gegen 64 japanische Schiffe und 42 800 gegnerische Seeleute und Flieger antraten. Es war der letzte Kampf zwischen Schlachtschiffen, und er endete mit einem entscheidenden Sieg der Amerikaner, die sich nach vier voneinander unabhängigen Gefechten innerhalb von drei Tagen erstmals seit Pearl Harbor die uneingeschränkte Seeherrschaft im Pazifik erkämpft hatten. Vier japanische Flugzeugträger, drei Schlachtschiffe, sechs Schwere und vier Leichte Kreuzer sowie ein U-Boot wurden versenkt, und kaum eines der japanischen Schiffe, die diese Gefechte überstanden, ging unbeschädigt daraus hervor; die Japaner verloren über 10 500 Seeleute und Flieger sowie 500 Flugzeuge. Auf der Verlustliste der Armada von Admiral William Halsey standen dagegen nur ein Leichter Flugzeugträger, zwei Zerstörer, 200 Flugzeuge sowie rund 2800 Tote und 1000 Verwundete.[2] Es folgte am 5. November der Angriff der Träger-Task-Force 38 der 3. US-Flotte unter dem Befehl von Vizeadmiral John McCain auf Luzon, bei dem die Japaner weitere 400 Flugzeuge und einen Flugzeugträger einbüßten, während die amerikanischen Verluste sich auf 25 Flugzeuge beschränkten, außerdem wurde der Flugzeugträger *Lexington* durch Treffer von Kamikaze-Selbstmordpiloten beschädigt. Die Kamikaze waren ein Zeichen für den japanischen Fanatismus in dieser Phase des Krieges, aber auch ein Ausdruck der Verzweiflung. (Die Japaner setzten außerdem zu einem späteren Zeitpunkt in jenem Monat bemannte Kaiten-Torpedos ein.) John McCain war ein außerordentlich erfolgreicher Befehlshaber von Luftstreitkräften, dessen Piloten einmal an einem einzigen Tag 49 japanische Schiffe versenkten und in den letzten fünf Kriegswochen nach dem 10. Juli 1945 3000 japanische Maschinen am Boden zerstörten.[3]

Die Kaiserliche Marine erlitt Mitte November 1944 katastrophale Verluste – vier Zerstörer, ein Minenräumer und vier Truppentransporter mit insgesamt 10 000 Soldaten an Bord wurden am 11. November versenkt, ein Kreuzer und vier Zerstörer am 13., der Flugzeugträger *Junyo* am 17., weitere Schiffe am 19. November – und kämpfte dennoch weiter. Es gab auch keinerlei Anzeichen dafür, dass die Philippinen ohne lange und verlustreiche Kämpfe mit Bodentruppen zurückerobert werden konnten. Der japanische Stoizismus trotzte der halben Welt, mag strategisch irrsinnig gewesen sein, nötigt dem Betrachter aber dennoch Bewunderung ab. Ende November 1944 hatten 35 B-29-Bomber einen Nachtangriff auf Tokio geflogen, es war der Auftakt zu einer Zerstörung der Städte auf den japanischen Hauptinseln, die den Schlägen gegen Japans Marine, Heer und Luftstreitkräfte entsprechen sollte. (Mitte Februar 1945 flogen Maschinen der amerikanischen Task Force 38 insgesamt 2700 Einsätze gegen Tokio und Yokohama, bei denen nur 88 Flugzeuge verlorengingen, drei Prozent der Angreifer.) Doch die Japaner wehrten sich nach wie vor – auch ganz ohne Verbündete und mit der sicheren Niederlage vor Augen – mit scheinbar unvermindertem Kampfgeist, wobei echter Gehorsam gegenüber den vermeintlichen Wünschen des Kaisers eine wichtige Rolle spielte. Was auch immer der Grund für dieses Verhalten war, es führte unmittelbar zum Tod von mehr als 1,5 Millionen japanischen Soldaten und 300 000 Zivilisten im Zweiten Weltkrieg.[4]

Die Alliierten begingen einige Kriegsverbrechen an den Japanern, auch wenn die Bombardierung von Hiroshima und Nagasaki nicht dazu zählten. George MacDonald Fraser, der bei der Belagerung von Meiktila und in der Schlacht von Pyawbwe in Burma in den Reihen der 17. (Black Cat) indischen Division kämpfte, schilderte in seiner Autobiografie *Quartered Safe Out Here*, wie kaltblütig eine indische Einheit eine Gruppe von zwanzig bis fünfzig verwundeten japanischen Gefangenen gesteinigt hatte, und erklärte dabei sein eigenes Gefühl, dass «die Vorstellung eines Rufs nach Wiedergutmachung zum Nachteil der Täter (meiner eigenen Kameraden, indischer Soldaten, die alles für uns getan hatten und wir auch für sie), und das wegen einer Horde von Japsen, widerwärtig, ja sogar unehrenhaft gewesen wäre.»[5] Amerikanische Marineinfanteristen mussten den Anblick toter Kameraden ertragen, denen die Japaner die Penisse abgeschnitten und in den Mund gestopft hatten. Diese Art von Kriegsgräueln führte gelegentlich zu barbarischen Repressalien, denn auch diejenigen, die für eine gute Sache kämpfen, können im Krieg verrohen, aber aus der Sicht des Militärhistorikers Victor Davis Hanson waren von Amerikanern verübte Gräuel «eher die Ausnahme und nicht die Norm – ganz anders als bei den Japanern».[6]

Der amerikanische Schwere Kreuzer *Nashville* wurde am 13. Dezember 1944 auf dem Weg zur Landung auf der Philippinen-Insel Mindanao durch einen japanischen Luftangriff schwer beschädigt. Dieses Ereignis hatte jedoch keinerlei Einfluss auf die gewaltige und erfolgreiche Landeoperation am Kap San Augustin im Nordwesten von Luzon zwei Tage später, an der dreizehn Flugzeugträger und acht Schlachtschiffe sowie Kreuzer und Zerstörer beteiligt waren. Weitere Landeköpfe bildeten die Amerikaner am 9. Januar 1945 im Golf von Lingayen auf Luzon.

Während diese großen Land- und Seeschlachten weiter östlich noch im Gang waren, erzielte General William Slims britisch-indische Armee stetige Fortschritte bei der Vertreibung der Japaner aus Burma. Eine Landung auf der Insel Akjab in der gebirgigen Küstenprovinz Arakan stieß am 3. Januar 1945 kaum auf Gegenwehr, und im Binnenland marschierte das XXXIII. Korps auf den Irawadi zu, während des IV. Korps westlich des Chindwin operierte. Die Briten überquerten am 23. Januar den Irawadi – einen Fluss, der mancherorts dreimal so breit wie der Rhein ist –, und Slim täuschte einen Angriff auf Mandalay vor, während sein eigentliches Hauptziel die ganze Zeit das viel weiter südlich liegende Rangun war. Vier Tage später wurde die Burma Road, die Verbindung nach China, freigekämpft. Die Einnahme von Meiktila gelang der 17. indischen Division erst Anfang März, aber als es dann so weit war, bedeutete das, dass die weiter nördlich verbliebenen japanischen Truppen abgeschnitten waren. Die 17. Division – der mit einer Einsatzdauer von mehr als drei Jahren am längsten ununterbrochen in Gefechten stehende britische Kampfverband im Zweiten Weltkrieg – wurde in Meiktila durch japanische Gegenangriffe ihrerseits fast abgeschnitten, erhielt aber auf dem Luftweg Verstärkung. Das Ausmaß der japanischen Niederlage lässt sich anhand der Tatsache ermessen, dass die 14. Armee für die 160 Kilometer vom Irawadi nach Pyawbwe zwei Monate gebraucht hatte, für weitere 420 Kilometer auf der Straße nach Rangun aber nur noch zwölf Tage.

Mandalay fiel am 20. März an die 19. indische Division, nachdem Slim die Japaner mit seiner brillanten Strategie mehrmals auf dem falschen Fuß erwischt hatte. «Onkel Bill» Slim war, nach den Worten eines seiner Veteranen, «groß, kräftig gebaut, hatte einen grimmigen Gesichtsausdruck mit diesem harten Mund und dem Bulldoggenkinn; der kecke Gurkha-Hut passte nicht zum geschulterten Karabiner und den schmutzigen Hosen. … Sein Vortragsstil war direkt, sachlich, frei von Gesten oder Marotten, er kam ganz ohne so etwas aus.»[7] Als ein britischer Soldat gedankenlos seinen Jeep mit einem Schädel schmückte, den er gefunden hatte – er nahm an, dass es der Schädel eines Japaners war –, wies Slim ihn streng an, diesen zu entfernen, um dann freundlich nachzulegen: «Er könnte von einem unserer Kameraden stammen, der auf dem Rückzug getötet wurde.» Slims 1000 Kilometer langer Rückzug aus Burma 1942, der Sieg über die japanische Operation U-Go in den Kämpfen um Imphal, die von April bis Juni 1944 anhielten, und anschließend der Vormarsch durch Burma, bei dem er die Japaner immer wieder ausmanövrierte, waren allesamt militärische Meisterstücke. In der endlosen Debatte um die Frage, wer denn nun der beste Befehlshaber der westlichen Alliierten auf dem Schlachtfeld war, bei der immer wieder die Namen Patton, Bradley, Montgomery und MacArthur fallen, sollte der bescheidene, aber außerordentlich begabte William Slim sehr viel öfter vorkommen, als dies bislang der Fall gewesen ist. Rangun fiel schließlich am 3. Mai, und das ermöglichte den Briten, über Burma hinaus auf Malaya zu blicken.

Bei der amerikanischen Landung auf der kleinen, aber strategisch wichtigen Insel Iwo Jima, die am 19. Februar 1945 begann, zeigte sich auch, dass die Japaner keineswegs die Absicht hatten, einfach aufzugeben, weil sie diesen Konflikt nicht mehr gewinnen konnten. Die Amerikaner brauchten Iwo Jima als Stützpunkt, von dem aus der Jagdflieger-Begleitschutz für Bomber operieren konnte, und als Ausweich-Landemöglichkeit für Bomber, die bei einem Angriff auf das japanische Kernland beschädigt wurden. Die 21 000 Verteidiger der Insel ließen – in der Absicht, den Amerikanern möglichst hohe Verluste zuzufügen – die Landung von 30 000 US-Marineinfanteristen im Südosten der Insel ohne Gegenwehr zu, bevor sie plötzlich das Feuer eröffneten. Bis zur vollständigen Einnahme der Insel, die erst am 26. März abgeschlossen war, kam es an diesem Ort zu einigen der am erbittertsten geführten Nahkampfgefechte des gesamten Pazifikkrieges. Hier wurde einerseits keinerlei Pardon gewährt oder erhalten, andererseits unternahmen die Japaner eine Reihe von Selbstmordangriffen zu Land, zu Wasser und in der Luft. Die angloamerikanische Lethbridge-Kommission, deren Auftrag lautete, die für einen Sieg über Japan erforderliche Taktik und Ausrüstung zu studieren, empfahl sogar den Einsatz von Senfgas und Phosgen gegen unterirdisch angelegte Feindstellungen. Sie fand dabei auch Unterstützung beim Armee-Stabschef George Marshall und bei General MacArthur, dem Oberbefehlshaber der amerikanischen Streitkräfte im Pazifik, aber Präsident Roosevelt legte sein Veto ein.

Als die Schlacht um Iwo Jima beendet war, waren nur noch 212 Verteidiger am Leben, die sich ergeben konnten – das heißt: nur noch ein Prozent der zu Beginn der Kämpfe dort stationierten Soldaten. Die 3., 4. und 5. Marineinfanterie-Division hatten 6891 Tote und 18 070 Verwundete zu beklagen. Doch diese fürchterlichen Zahlen müssen durch die Tatsache ergänzt werden, dass die Einnahme der Insel durch US-Truppen bis zum Kriegsende insgesamt 24 761 Angehörigen der eigenen Luftstreitkräfte das Leben rettete, denn 2251 B-29-Maschinen mussten auf Iwo Jima, am einzigen Ort in der gesamten Region, der über ein für Maschinen dieser Größe geeignetes Flugfeld verfügte, not- und gelegentlich auch bruchlanden.[8] Doch selbst das Blutvergießen auf Iwo Jima forderte nur einen Bruchteil der japanischen Todesopfer auf Okinawa, wo die Amerikaner bereits fünf Tage nach der endgültigen Einnahme von Iwo Jima landeten.

Okinawa ist die größte Insel der Ryuku-Inselgruppe, die auf halbem Weg zwischen Taiwan und Kyushu, der südlichsten der japanischen Hauptinseln, liegt. Okinawa war deshalb ein wichtiges Sprungbrett für den Angriff auf das japanische Kerngebiet, und die Japaner beschlossen, diese Insel bis zum letzten Mann zu verteidigen. Am Ostersonntag, dem 1. April 1945, begann unter Beteiligung einer Armada von 1300 Schiffen der Alliierten die Invasion auf Okinawa. Nach einem gewaltigen vorbereitenden Bombardement gingen 60 000 Mann an Land, das war der erste Teil von Generalleutnant Simon Bolivar Buckners 10. Armee, die 180 000 Mann stark war (weitere Reserven warteten in Neukaledonien auf ihren Einsatz) und aus dem XXIV. Korps und dem III. Marineinfanterie-Korps bestand. Die Marineinfanteristen schafften es zwar an Land und richteten innerhalb der ersten drei Tage sichere Landeköpfe ein, doch das Niederkämpfen der japanischen Truppen, bei dem auch die stark befestigten und verteidigten Machinato- und Shuri-Linien durchbrochen werden mussten, zwei ineinandergreifende, auf Bergrücken angelegte Verteidigungssysteme, erwies sich als eine der gewaltigen Aufgaben des amerikanischen Pazifikkrieges. Buckners Widerpart, Generalleutnant Mitsuru Ushijima, der Kommandeur der 32. Armee, hatte rund 135 000 gut bewaffnete und gut getarnte und versteckte Männer unter seinem Befehl.

Der Marineinfanterist E. B. «Sledgehammer» Sledge, ein Gefreiter der K-Kompanie im 3. Bataillon des 5. Regiments der 1. Marineinfanterie-Division, hat ein ausgezeichnetes Erinnerungsbuch über seine Zeit auf Okinawa geschrieben, *With the Old Breed* (dt., 2014: *Vom alten Schlag*), in dem er über die wochenlangen ununterbrochenen Kämpfe berichtet. Über einen typischen Angriff in diesen Tagen ist dort zu lesen:

> Als es beinahe 9 Uhr war, erhöhten die Geschütze unserer Schiffe und Artilleriestellungen ihre Schussfrequenz. Es goss in Strömen, und die Japaner nahmen die Herausforderung unserer Artillerie an. Auch sie schossen jetzt häufi-

ger in unsere Richtung ... Die Geschosse pfiffen, heulten und donnerten über unsere Köpfe hinweg, unsere eigenen Granaten schlugen vorne am Kamm ein, während die japanischen in unserem Bereich und weiter hinten explodierten. Der Lärm entlang der gesamten Linie wurde immer infernalischer. Es regnete in Strömen, und die Erde wurde schlammig und rutschig, was das Bereitstellen und den Umgang mit unserer Munition deutlich erschwerte. Ich sah auf meine Uhr. Jetzt war es genau 9 Uhr. Ich schluckte und betete für meine Kameraden in den Schützenzügen.

Der Angriff von Sledges Kompanie wurde von einem «feindlichen Feuersturm» vor ihr und zu ihrer Linken zurückgeschlagen, und die Soldaten «trugen alle den entsetzten, vor Angst starren Gesichtsausdruck, der überdeutlich zeigte, dass diese Männer soeben dem Tod um Haaresbreite entronnen waren. Sie klammerten sich an ihre Gewehre, MGs oder MPs und ließen sich in den Schlamm fallen, wo sie nach Luft rangen, bevor sie sich wieder aufrappelten und hinter dem Kamm verschwanden, um sich in ihren alten Löchern zu verschanzen. Die Regengüsse ließen die ganze Szenerie noch viel unwirtlicher und grausiger wirken.»[9] Die K-Kompanie hatte bereits im vergangenen Herbst bei der Einnahme von Peleliu, einer der Palau-Inseln, hundertfünfzig Tote, Verwundete und Vermisste zu beklagen gehabt, und auf Okinawa sollte sie noch viele weitere Männer verlieren.

Wütende Kamikaze-Angriffe führten zur Versenkung von zwei Zerstörern und zwei Munitionsschiffen, und 24 Schiffe der Invasionsflotte wurden am 7. April vor Okinawa beschädigt, während die Japaner 383 Flugzeuge einbüßten. Fünf Tage später kehrten die Kamikaze-Flieger zurück und versenkten im Verlauf von achtundvierzig Stunden 21 Schiffe, beschädigten 23 und außerdem 43 weitere so schwer, dass sie dauerhaft nicht mehr einsatzfähig waren, bezahlten diese Angriffe allerdings mit 3000 eigenen Toten.[10] Die Kaiserliche Marine erhielt während der Kämpfe um Okinawa ebenfalls einen nahezu tödlichen Schlag versetzt, als am 7. April um 16.23 Uhr das 72 000-Tonnen-Schlachtschiff *Yamato* mit seinen neun 46-cm-Geschützen, das allgemein als das kampfstärkste Schlachtschiff gilt, das jemals gebaut wurde, bereits bei der Annäherung an die Insel von 380 amerikanischen Flugzeugen versenkt wurde und 2488 Besatzungsmitglieder mit in die Tiefe riss.[11] Bei diesem Gefecht wurden außerdem ein japanischer Kreuzer und vier Zerstörer versenkt, und japanischen Gesamtverlusten von 3655 Toten standen 84 getötete amerikanische Seeleute und Flieger gegenüber.

Doch Japan kämpfte, allen schweren Rückschlägen zum Trotz, immer noch weiter, auf Luzon, in Burma, auf Borneo und ganz besonders auf Okinawa, wo die Amerikaner auch mit Flammenwerfern und schweren Panzern bei energischen japanischen Gegenangriffen nur langsam vorankamen. «Niemand unterschätzte den Japs», schrieb George MacDonald Fraser mit feiner und charakteristischer Geringschätzung für politische Korrektheit; «er mochte eine unter dem Menschen stehende Kreatur sein, die Kriegsgefangene folterte und verhungern ließ, gefangene Frauen vergewaltigte und Zivilisten für Bajonettübungen benutzte, aber in der gesamten Kriegsgeschichte hat es niemals einen tapfereren Soldaten gegeben.»[12]

Deutschlands Kapitulation scheint auf die Japaner nur eine geringe oder gar keine Wirkung ausgeübt zu haben, obwohl dieses Ereignis bedeutete, dass sie es schon bald mit dem versammelten Zorn der Alliierten zu tun bekommen würden. (Stalin hatte in Jalta zugesagt, er werde Japan auf den Tag genau drei Monate nach dem Sieg in Europa den Krieg erklären, und er hielt sein Wort.) Ende 1944 ergaben sich pro Monat etwa 50 000 Soldaten der deutschen Wehrmacht, doch die Japaner kämpften weiter, und das oft buchstäblich bis zum letzten Mann. Generalmajor Douglas Gracey, der Kommandeur der indischen 20. Division in Burma, hielt dazu fest:

> Selbst unter den aussichtslosesten Begleitumständen ziehen 99 Prozent der Japse den Tod oder den Selbstmord der Gefangenschaft vor. Der Krieg hier ist totaler als der Krieg in Europa. Der Japs lässt sich mit den fanatischsten jungen Nazis vergleichen, und dementsprechend muss man mit ihm umgehen.[13]

Das letzte größere Seegefecht des Krieges entwickelte sich am 15. Mai 1945 in der Malakkastraße, wo fünf Zerstörer der Royal Navy den japanischen Kreuzer *Haguro* mit Torpedos versenkten. Die japanische Regierung verfügte zwar über keine Flotte mehr, mit der sie die Hauptinseln des eigenen Landes verteidigen konnte, doch sie beschloss, weiterzukämpfen.[14]

Die strategische Luftoffensive gegen Japan war ein ebenso mitleidloses Geschehen wie die Angriffe auf Deutschland. Hier ist vor allem der Feuersturm zu erwähnen, der sich bei dem großen Angriff auf Tokio am

10. März 1945 entwickelte, bei dem 334 B-29-Bomber 25 Quadratkilometer des Hauptstadtgebiets in Schutt und Asche legten, 83 000 Menschen töteten, 100 000 weitere verletzten und 1,5 Millionen Menschen obdachlos machten. Dieser Angriff gilt als das zerstörerischste konventionelle Bombardement der Geschichte, und es lassen sich sogar gewisse Vergleiche zu den Atombombenabwürfen ziehen, die noch folgen sollten, obwohl in diesem Fall auch nicht annähernd so viel moralisiert wurde.[15] Wenn die B-29-Bomber ab Iwo Jima von Mustang P-51-Jägern begleitet wurden, erreichte die US-Luftstreitmacht in den letzten drei Kriegsmonaten am Himmel über Japan die nahezu uneingeschränkte Luftherrschaft; von Iwo Jima aus wurden bereits große Angriffe geflogen, während sich in verschiedenen Teilen der Insel noch einige versprengte Japaner hielten. Doch obwohl die Bombardements die einfache japanische Zivilbevölkerung – und natürlich vor allem die Städtebewohner – in Furcht und Schrecken versetzten und demoralisierten, wurde kein nennenswerter Druck auf die Regierung ausgeübt, den Krieg zu beenden, der, wie alle vernünftig denkenden Japaner (und angeblich auch Kaiser Hirohito selbst) erkennen konnten, selbstmörderisch und nicht zu gewinnen war. Die regierende Militärclique verspürte keine Neigung zur Kapitulation, zu einer Handlungsweise also, die in ihren Kreisen als unehrenhaft galt.

Bei Kriegsende war fast die Hälfte der Wohngebiete Tokios zerstört, was durch die hohe Brennbarkeit vieler der aus Papier und Holz errichteten Häuser begünstigt worden war. Bei einem einzigen Nachtangriff warfen am 23. Mai 500 US-Bomber aus geringer Höhe 750 000 Brandbomben ab, und am nächsten Abend ließen die Angreifer eine ähnliche hohe Zahl folgen. Doch Japans Reaktion, oder zumindest die Reaktion der Regierung, bestand aus der Fortsetzung des Kampfes, und eine resignierte, aber folgsame Bevölkerung, die kaum eine praktikable Alternative hatte, trug diese Entscheidung mit. Der Widerstand auf Okinawa endete erst am 22. Juni 1945, fast drei Monate nach der Landung amerikanischer Streitkräfte auf dieser Insel, die 100 Kilometer lang, aber kaum irgendwo breiter als 13 Kilometer war. Generalleutnant Buckner wurde am 18. Juni, kurz vor dem Sieg, in einem Beobachtungsposten an der Front von einer japanischen Artilleriegranate getötet, er war der ranghöchste alliierte Offizier, der in diesem Krieg durch Feindfeuer ums Leben kam. Generalleutnant Ushijima beging vier Tage später Harakiri, als sein Gefechtsstand schließlich überrannt wurde. Eine Gesamtzahl von 107 500 im Kampf getöteten Japanern ist bestätigt, weitere 20 000 wurden bei den Gefechten in ihren Höhlen unter der Erde begraben, und nur 7400 Verteidiger der Insel ergaben sich. Im Vergleich dazu hatte die 10. US-Armee 7373 Tote und 32 056 Verwundete zu beklagen, die amerikanische Marine meldete 5000 Tote und 4600 Verwundete. Die Gesamtzahl der amerikanischen Opfer betrug also fast 50 000, und das für eine einzige Insel im Pazifik.[16] Bei den Luftstreitkräften fiel der Vergleich der Verluste ähnlich aus: Etwa 8000 im Luftkampf und am Boden zerstörten japanischen Maschinen standen 783 vernichtete Maschinen der US-Marine gegenüber.[17] Japans Marine und Luftstreitkräfte konnten eine amerikanische Landung auf den Hauptinseln des eigenen Landes nicht mehr verhindern, aber die japanische Armee hatte gezeigt, dass bei einer Invasion beide Seiten mit einem Blutbad rechnen mussten.

Der Zusammenbruch der Kaiserlichen Marine und die Verminung der japanischen Häfen durch B-29-Bomber bedeuteten, dass die amerikanische Seeblockade, die seit 1943 bestand, die dicht bevölkerten Inseln letztlich aushungern und zur Kapitulation zwingen würde, allerdings konnte dies viele Monate und vielleicht sogar noch länger dauern. Amerikanische U-Boote versenkten in der gesamten Kriegszeit japanische Frachtschiffe mit einer Gesamttonnage von 4,8 Millionen, 56 Prozent der Handelsflotte des Landes, hinzu kamen noch 201 Kriegsschiffe mit weiteren 540 000 Tonnen.[18] Bezahlt wurde dies jedoch mit dem schmerzlichen Verlust von 52 amerikanischen U-Booten, somit hatte diese Teilstreitkraft die höchste Todesrate der gesamten amerikanischen Streitkräfte zu verzeichnen, die sogar noch höher war als die der Bomberbesatzungen der 8. Luftflotte.[19]

General MacArthur, Admiral Nimitz und General Marshalls operativer Planungsstab waren um die Lage, vor der sie im Sommer 1945 standen, nicht zu beneiden. Sie mussten sich auf einen Gegner Japan einstellen, der nach allen vernünftigen Kriterien zwar bereits besiegt war, andererseits aber nicht nur die Kapitulation verweigerte, sondern sich darauf vorzubereiten schien, die geheiligte Erde des Mutterlandes mit dem gleichen Grad an Fanatismus zu verteidigen, den man bereits auf Saipan, Luzon, Peleliu, Iwo Jima, Okinawa und an vielen anderen Orten erlebt hatte. Nur wenige amerikanische Entscheidungsträger zweifelten daran, dass die Operation Olympic, ein für November 1945 geplanter Schlag gegen die Insel Kyushu, und die Operation Coronet, ein für März 1946 vorgesehener amphibischer Angriff auf die Ebene von Tokio auf Honshu, mit fürchterlichen Verlusten der eigenen Bodentruppen verbunden sein würden, so gründlich die B-29-Maschinen der 20. Luftflotte und die von Trägern startenden Task Forces diese Invasion gegen das japanische Kerngebiet auch vorbereiten mochten. Die Schätzungen der zu erwartenden Verlustraten unterschieden sich von einem Planungsstab zum anderen, aber im Verlauf der nächsten Kampfmonate – vielleicht sogar -jahre – hielt man allgemein amerikanische Verluste im Bereich von 250 000 Mann für möglich. Max Hastings meint hierzu: «Wäre der Konflikt auch nur einige Wochen weitergegangen, so hätten mehr Menschen aller Kriegsnationen – und vor allem Japaner – ihr Leben verloren, als in Hiroshima und Nagasaki umgekommen sind.»[20]

Vor diesem furchterregenden Hintergrund berichtete General Leslie Groves, der Leiter des «Manhattan-Projekts», bereits am 30. Dezember 1944, dass die ersten beiden Atombomben am 1. August 1945 einsatzbereit sein würden. Zumindest war jetzt ein Ende des Krieges absehbar, und zwar eines, bei dem zuvor nicht erst noch das japanische Kerngebiet unterworfen werden musste. Die dabei einzusetzenden Mittel hatte es bisher noch nicht gegeben, die Wissenschaft hatte sie hervorgebracht, aber man hoffte, dass die Neuartigkeit dieser Technologie den Befürwortern eines Friedensschlusses in Tokio – vorausgesetzt, dass es eine solche Fraktion überhaupt gab – ein Argument dafür an die Hand geben würde, warum Japan nicht mehr weiterkämpfen konnte. «Der Beginn der Kriege lässt sich nach Wunsch bestimmen, nicht aber ihr Ende», schrieb Niccolò Machiavelli im 3. Buch seiner *Geschichte von Florenz*.[21]

Winston Churchill beschwor am Schluss seiner «Größten Stunde»-Rede vom 18. Juni 1940 die alptraumhafte Vision herauf, in der ein Sieg Nazideutschlands «die ganze Welt ... in den Abgrund eines neuen Mittelalters versinken [lässt], den das Licht einer missbrauchten Wissenschaft nur noch dunkler und vielleicht tiefer macht».[22] Die Nazis missbrauchten tatsächlich die Wissenschaft für ihre ideologischen Ziele, aber natürlich versuchten beide Seiten, wissenschaftliche Neuentwicklungen für den Sieg einzuspannen. Generalleutnant Ian Jacob, militärischer Sekretär von Churchills Kriegskabinett, bemerkte einmal im Gespräch mit dem Autor dieses Buches, die Alliierten hätten den Krieg in erster Linie gewonnen, «weil unsere deutschen Wissenschaftler besser waren als ihre deutschen Wissenschaftler», und auf dem Gebiet der Nuklearforschung und -entwicklung lag er mit dieser Feststellung zweifellos richtig. Werner Heisenbergs Atomprogramm für Hitler lag dankenswerterweise weit hinter dem Programm der Alliierten zurück, dem in Los Alamos in New Mexico angesiedelten «Manhattan-Projekt». Weil Hitler ein Nazi war, war es ihm auch nicht möglich, die besten wissenschaftlichen Köpfe für die Entwicklung einer Atombombe in seinem Machtbereich zu versammeln. Deutschland brachte in den Jahren von 1901 bis 1932 fünfundzwanzig Nobelpreisträger für Physik und Chemie hervor, die Vereinigten Staaten dagegen nur fünf. Dann kam der Nationalsozialismus an die Macht. In den fünfzig Jahren nach dem Zweiten Weltkrieg gingen nur dreizehn Nobelpreise nach Deutschland, nach Amerika dagegen siebenundsechzig. Die Liste der vor dem Faschismus geflohenen Emigranten – nicht alle von ihnen waren Juden –, die später dann an der Entwicklung der Atombombe mitwirkten, entweder direkt in Los Alamos oder in irgendeiner anderen wichtigen Eigenschaft, ist sehr lang. Auf dieser Liste finden sich unter anderem Albert Einstein, Leo Szilard und Hans Bethe (die alle Deutschland verließen, als Hitler 1933 an die Macht kam), Edward Teller und Eugene Wigner (die 1935 und 1937 aus Ungarn weggingen), Emilio Segré und Enrico Fermi (beide verließen Italien 1938), Stanisław Ulam (1939 aus Polen ausgereist) und Niels Bohr (er flüchtete 1943 aus Dänemark). Hitlers Nationalsozialismus verzichtete auf die wissenschaftlichen Köpfe, die für den Bau einer eigenen Atombombe gebraucht wurden, und das bedeutete: Er hatte genau die Menschen verfolgt, die seinen Sturz hätten verhindern können.

Hitlers Wissenschaftlern gelang im Verlauf des Krieges dennoch eine eindrucksvolle Reihe von nichtnuklearen wissenschaftlichen Entdeckungen wie zum Beispiel Annäherungszünder, synthetische Treibstoffe, ballistische Raketen, ein U-Boot-Antrieb auf der Basis von Wasserstoffperoxid sowie Synthesekautschuk. François Rabelais schrieb: «Wissen ohne Gewissen ist nur der Seele Verderb»,[23] und allzu oft ignorierten Wissenschaftler in Hitlers Diensten – wie zum Beispiel der Raketeningenieur Wernher von Braun – die durch ihre Arbeit verursachten Leiden, wie etwa in Brauns Fall das Schicksal der Zehntausenden von Menschen, die als Sklavenarbeiter die Anlagen für seine Waffenproduktion errichten mussten. (Nach dem Krieg leitete von Braun Präsident Kennedys Raumfahrtprogramm, und seine Karriere als Raketenkonstrukteur rettete ihm die Tatsache, dass er einmal für kurze Zeit von der SS eingesperrt worden war, als Himmler eines seiner Raketenprojekte übernehmen wollte.)

Einstein hatte im August 1939 an Präsident Roosevelt geschrieben, um ihn über das ungeheure Potenzial von Uran zu informieren, und die instinktive Reaktion des Präsidenten lautete: «Das erfordert Handeln.» Tatsächlich entwickelten die Alliierten, mit Hilfe von gewaltigen Investitionen in Personen und Ressourcen und unter enger Zusammenarbeit von antinazistisch gesinnten Wissenschaftlern aus den Vereinigten Staaten, Kanada, Großbritannien und weiteren europäischen Ländern, zwei Atombomben, die die Codebezeichnungen «Little Boy» und «Fat Man» erhielten (angeblich unter Anspielung auf Roosevelt und Churchill, doch warum mit «klein» oder «Junge» ausgerechnet Roosevelt gemeint sein soll, erschließt sich nicht unbedingt). Diese Wissenschaftler hatten das Geheimnis der gewaltigen Kraft entdeckt, die die Bauteile des Atoms zusammenhält, und arbeiteten an ihrer Nutzung für militärische Zwecke. Präsident Truman hatte kaum Bedenken gegen den Einsatz einer Bombe, die zweifellos Zehntausende japanische Zivilisten töten, aber zugleich auch, so hoffte man, den Krieg sofort beenden würde.

Am Sonntag, dem 6. August 1945, um 8.15 Uhr Ortszeit wurde die drei Meter lange und rund vier Tonnen schwere Bombe «Little Boy» in 9500 Metern Höhe über der rund 800 Kilometer südlich von Tokio gelegenen Stadt Hiroshima abgeworfen. Mit der B 29 Superfortress «Enola Gay», benannt nach der Mutter des Piloten – Oberstleutnant Paul W. Tibbets jr., Kommandeur der 509. Composite Group der US-Luftstreitkräfte –, war sie von der Marianen-Insel Tinian an den Zielort gebracht worden. Die gigantische Bombe detonierte siebenundvierzig Sekunden nach dem Abwurf in 580 Metern Höhe über dem Zentrum der 250 000-Einwohner-Stadt und erzeugte eine Druckwelle, die eine Zehntausendstelsekunde lang eine Temperatur von 300 000 Grad Celsius erreichte. Sämtliche Häuser in einem Radius von 1800 Metern um den Explosionsort wurden verdampft, ebenso alle Holzhäuser innerhalb eines Radius von mehr als 1900 Metern. Insgesamt 13 Quadratkilometer des Stadtgebiets wurden zerstört, was 63 Prozent des Gesamtbestands von 76 000 Gebäuden entspricht.[24] Eine gewaltige pilzförmige Wolke stieg 15 Kilometer hoch über der Stadt auf. Insgesamt tötete diese Bombe rund

140 000 Menschen: 118 661 Zivilisten, vermutlich 20 000 Soldaten und viele Menschen, die später an der Strahlenkrankheit starben.

Nach der Explosion spielten sich in Hiroshima wahrlich höllenhafte Szenen ab. Reverend Kiyoshi Tanimoto, der Pastor der Hiroshima Methodist Church, schilderte einem Korrespondenten der Zeitschrift *New Yorker*, wie er versuchte, einige Überlebende über den Fluss hinweg ins Krankenhaus zu bringen:

> Er steuerte das Boot ans Ufer und drängte sie einzusteigen. Sie rührten sich nicht, und er begriff, dass sie zu schwach dazu waren. Er streckte die Arme nach unten und fasste eine Frau an den Händen, aber ihre Haut löste sich in riesigen, handschuhähnlichen Stücken. Ihm wurde davon so schlecht, dass er sich einen Augenblick lang setzen musste. Dann stieg er ins Wasser und hob, obwohl selbst ein kleiner Mann, mehrere der Männer und Frauen, die alle nackt waren, in sein Boot hinein. Ihr Rücken und ihre Brust waren schweißnass, und er erinnerte sich mit Unbehagen, wie sich die großen Verbrennungen verändert hatten, die er den Tag über zu sehen bekommen hatte: zuerst waren sie gelb, dann rot und angeschwollen, die Haut löste sich ab, und schließlich, am Abend, waren sie eitrig und übelriechend. ... Er musste immer wieder zu sich selbst sagen: «Das sind menschliche Wesen.»[25]

General Marshall erwiderte denen, die meinten, der Feind hätte vor der zerstörerischen Kraft der Atombomben gewarnt werden müssen, kurz und bündig: «Es hat keinen Sinn, den Feind zu warnen. Tut man das, entfällt die Überraschung. Und die einzige Möglichkeit, einen Schock auszulösen, besteht in der Überraschung.»[26] Da nur zwei Bomben zur Verfügung standen, kam es nicht infrage, eine davon zu verschwenden, ohne eine Wirkung zu erzielen. Präsident Truman erklärte in einer Radioansprache kurz nach dem ersten Abwurf, es habe sich um eine Atombombe gehandelt, also um eine bisher völlig unbekannte Waffe. «Diese Bombe hatte mehr Sprengkraft als 20 000 Tonnen TNT», teilte er seinen Zuhörern mit, zu denen auch die japanische Regierung gehörte. «Sie hatte eine mehr als 2000-mal so große Sprengkraft wie die [zehn Tonnen schwere] britische ‹Grand Slam›, die größte bisher in der Kriegsgeschichte gebaute Bombe.»[27] (Man ging lange davon aus, dass Trumans Angaben genau waren, aber der britische Atom-Pionier Lord Penney wies 1970 nach, dass die Hiroshima-Bombe in Wirklichkeit eine Sprengkraft von etwa 12 Kilotonnen hatte, die auf Nagasaki abgeworfene Bombe dagegen eine von 22 Kilotonnen.)[28]

George MacDonald Frasers Ansicht über die Moral des Geschehens von Hiroshima entsprach der Sichtweise der überwiegenden Mehrheit seiner – zivilen und militärischen – britischen und amerikanischen Zeitgenossen. Er schrieb:

> Wir waren eine Generation, für die Coventry und der London Blitz und Clydebank und Liverpool und Plymouth mehr bedeuteten als bloße Ortsnamen; unser Land war gnadenlos aus der Luft bombardiert worden, ebenso wie Deutschland; wir hatten die Bilder von Bergen-Belsen und vom eisigen Grauen der russischen Front gesehen; ein Teil unserer höheren Bildung war Techniken des Tötens und der Zerstörung gewidmet gewesen; es kostete uns keinen Schlaf, weil jetzt das japanische Heimatland an die Reihe gekommen war. Wenn wir damals überhaupt etwas empfanden, angesichts der Erinnerung, wie dieser Krieg gewesen war und mit welcher Art von Menschen wir persönlich es dabei zu tun bekommen hatten, dann vielleicht das Gefühl, dass Gerechtigkeit geübt worden war. Aber das war von geringer Bedeutung, verglichen mit der grandiosen Tatsache, dass der Krieg endlich vorbei war.[29]

Beinahe, aber noch nicht ganz. Die japanische Regierung beschloss zunächst einmal, weiterzukämpfen, in der Hoffnung, dass der Feind nur eine Waffe dieser Art besaß, und im Glauben, dass das eigene Kernland erfolgreich gegen eine Invasion verteidigt und vor der Schande der Besatzung bewahrt werden könne.[30] Drei Tage nach Hiroshima wurde dann die Stadt Nagasaki durch «Fat Man», die zweite Atombombe, auf ähnliche Weise verwüstet, 73 884 Menschen wurden getötet, 74 909 verwundet, und die Bewohner der Stadt erlitten durch die freigesetzte radioaktive Strahlung ähnlich zermürbende, langfristig wirksame körperliche und psychische Schädigungen wie die Menschen in Hiroshima.[31] (Fast wäre es gar nicht dazu gekommen; Major Charles «Chuck» Sweeney, der B-29-Pilot, hatte Mühe, mit seiner fünf Tonnen schweren Bombe von der Startbahn in Tinian abzuheben, und bei einem Unglück beim Start wäre ein großer Teil der Insel ausgelöscht worden.)[32]

Die Japaner, die nicht wussten, dass die Amerikaner keine weitere einsatzbereite Atombombe mehr hatten, und die schockiert waren von der sowjetischen Intervention im Pazifikkrieg am 8. August, der sie nichts Wirksames mehr entgegenzusetzen hatten, kapitulierten schließlich am 14. August 1945. Kaiser Hirohito erklärte am darauffolgenden Tag in einer Radioansprache an sein Volk, die zur Mittagszeit ausgestrahlt wurde, dass der Krieg «nicht unbedingt zu Japans Vorteil ausgegangen» sei, vor allem angesichts «einer neuen, äußerst grausamen Bombe».[33] Noch während der Vorbereitungen zu dieser Sendung kam es zu einem Putschversuch einer Gruppe junger Offiziere, die in die Palastanlage eindrangen, weil sie verhindern wollten, dass der Tenno diese Rede verlas.[34]

Vierzehn Tage später, am 2. September 1945, sechs Jahre und einen Tag nach dem deutschen Überfall auf Polen, nahmen General Douglas MacArthur, die Admiräle Chester Nimitz und Bruce Fraser sowie Vertreter der anderen alliierten Nationen die offizielle japanische Kapitulation entgegen, die der einbeinige Außenminister Mamoru Shigemitsu und der Stabschef des Heeres, General Yoshijiro Umezu, an Bord des amerikanischen Schlachtschiffes *Missouri* unterzeichneten, das aus diesem Anlass in der Bucht von Tokio vor Anker lag (Die *Missouri* wurde ausgewählt, weil sie an den Kämpfen um Iwo Jima und Okinawa beteiligt gewesen und außerdem Nimitz' Flaggschiff war; dass sie den Namen von Präsident Trumans Herkunftsstaat trug, war ein bloßer Zufall.) MacArthur beschloss die Zeremonie mit den folgenden Worten: «Lassen Sie uns dafür beten, dass jetzt der Friede auf der Welt wiederhergestellt wird und dass Gott ihn für immer bewahren möge. Diese Zusammenkunft ist beendet.»

Schluss

Warum haben die Achsenmächte
den Zweiten Weltkrieg verloren?

«Trotz allem», fuhr Lockhart fort, «wir *sind* nun einmal beteiligt, und wir kämpfen ja auch, und selbst wenn wir unserem Handeln kein melodramatisches Mäntelchen umhängen, wie ‹Kampf für die Demokratie› oder ‹Ein Ende der faschistischen Tyrannei!›, so bleibt es dabei: Wir kämpfen mit, und damit ist alles gesagt.»

Nicholas Monsarrat,
Grausamer Atlantik, 1951

«Mit Blick auf die umfangreiche Militärgeschichtsschreibung ist es notwendig, daran zu erinnern, dass der Krieg nicht mit Karten geführt wird, auf denen rote und blaue Pfeile und Rechtecke eingezeichnet sind, sondern von erschöpften, durstigen Männern mit wunden Füßen und schmerzenden Schultern, von Männern, die sich fragen, wo sie eigentlich sind.»

George MacDonald Fraser,
Quartered Safe Out Here, 1992[1]

«Andere blieben ohne Nachruhm; /
sie sind erloschen, sobald sie starben.»

Jesus Sirach, 44,9

Hitler erklärte am 26. April 1942 in der Berliner Kroll-Oper bei der sechsten und letzten Sitzung des «Großdeutschen Reichstags»: «Dieser Krieg trägt nicht mehr die Merkmale der von früher her gewohnten innereuropäischen Auseinandersetzungen in sich …, sondern … es [handelt] sich dabei um eine jener elementaren Auseinandersetzungen, die – indem sie die Welt oft in Jahrtausenden einmal erschüttern – das Jahrtausend eines neuen Zeitabschnittes einleiten.»[2] Damit lag er natürlich richtig.

Deutschland ist heute, weit entfernt von einem Tausendjährigen Reich, ebenso wie Italien eine friedliche, rechtsstaatlich verfasste, liberale Demokratie. Polen und Russland sind stolze und unabhängige slawische Staaten. Frankreich ist in seinen Vorkriegsgrenzen wiederhergestellt und nimmt in Europa eine führende Rolle ein. Das jüdische Volk hat nicht nur überlebt und sich vermehrt, sondern hat heute, nicht zuletzt wegen des Holocaust, seinen eigenen Staat. Die Vereinigten Staaten, die Hitler verachtete, weil sie seiner Ansicht nach von Schwarzen und Juden beherrscht wurden, sind die stärkste Weltmacht, deren Präsident zum Zeitpunkt der Niederschrift dieses Buches ein Afroamerikaner war. China ist ein mächtiger, unabhängiger Staat, und Japan ist eine neutrale Demokratie mit antimilitaristischer Verfassung. Das britische Empire ist Geschichte, aber das aus ihm hervorgegangene Commonwealth gedeiht auf allen Kontinenten. Die Verwirklichung von Hitlers Hoffnungen auf einen «gesamteuropäischen Wirtschaftsraum» entspricht nicht seinen Vorstellungen für ein riesiges, lebenserhaltendes System zum Nutzen der arischen Rasse, die den ihr vermeintlich zustehenden «Lebensraum» niemals eroberte. Hitlers Krieg war deshalb tatsächlich «eine jener elementaren Auseinandersetzungen, die das Jahrtausend eines neuen Zeitabschnittes einleiten», aber daraus folgte das genaue Gegenteil des Jahrtausends, das dem Reichstagsredner vorschwebte.

Der Zweite Weltkrieg dauerte 2174 Tage, kostete 1,5 Billionen Dollar und forderte – je nach Quelle – 46 oder gar mehr als 50 Millionen Tote.[3] Das bedeutet 23 000 Tote pro Tag oder über 15 Tote pro Minute, und das über sechs lange Jahre hinweg.[4] Auf dem unmittelbar nördlich von Anzio angelegten Commonwealth Beach Head Cemetery liegen viele der Männer begraben, die in jenem Feldzug fielen, man geht dort durch viele Reihen perfekt gepflegter Gräber. Den trauernden Familien gestattete man, auf den Grabsteinen persönliche Botschaften anzubringen, unter den nackten Angaben von Name, Dienstgrad, Kennnummer, Alter, Einheit und Todesdatum. So kann man auf dem Grab von Corporal J. J. Griffin von den Sherwood Foresters, gestorben am 21. März 1944 im Alter von siebenundzwanzig Jahren, lesen: «Möge der Sonnenschein, der Dir nicht auf einem langen Lebensweg vergönnt war, in Gottes Ruhehafen zu finden sein.» Der Kanonier A. W. J. Johnson von der Royal Artillery starb am darauffolgenden Tag, und auf seinem Grabstein steht: «In liebevoller Erinnerung an unseren geliebten Sohn. Er ist für immer in unseren Gedanken, Mutter, Joyce und Dennis.» Dem zweiundzwanzigjährigen Obergefreiten R. Gore vom Loyal Regiment, der am 24. Februar 1944 starb, ist gewidmet: «Von uns gegangen, aber nicht vergessen, von Dad und Mam, Bruder Herbert und Schwester Annie.» Der Grabstein des Gefreiten J. R. G. Gains von den Buffs (Royal East Kent Regiment), getötet am 31. Mai 1944 im Alter von dreißig Jahren, trägt diese Inschrift: «Wunderbare Erinnerungen, ein liebevoller Ehemann und Daddy, der ewige Liebe verdient hat, Seine Ehefrau mit dem Baby Rita.» Selbst mehr als siebzig Jahre später ist es unmöglich, keine Wut auf Hitler und die Nazis zu empfinden, deretwegen die kleine Rita Gains ohne ihren Vater und Annie und Herbert Gore ohne ihren Bruder aufwachsen mussten und Mrs. Johnson ihr neunzehnjähriger Sohn genommen wurde. Wenn man dann jede einzelne dieser Tragödien um den Faktor 50 000 000 vervielfacht, entwickelt man allmählich eine Vorstellung vom gewaltigen Ausmaß der menschlichen Seite dieser komplexen welthistorischen und weltweiten Katastrophe, die der Zweite Weltkrieg war.

Generaloberst Alfred Jodl sprach in Nürnberg am Nachmittag des 31. August 1946, einem Samstag, in seinem Schlusswort am 216. Verhandlungstag zu seinen Richtern und zur Nachwelt zugleich. Der ehemalige Chef des Wehrmachtsführungsstabes wusste, dass sein Schicksal der Tod durch den Strang sein würde, und seine Worte richteten sich gleichermaßen an «eine spätere Geschichtsschreibung» wie an den Vorsitzenden Richter und seine Kollegen vom Internationalen Militärgerichtshof. Jodl sprach in Namen des deutschen Oberkommandos – oder der «hohen militärischen Führer» und ihrer «Gehilfen», wie er sich ausdrückte – und vertrat die Ansicht, dass

> sie und mit ihnen die ganze deutsche Wehrmacht vor einer unlösbaren Aufgabe [standen], nämlich einen Krieg zu führen, den sie nicht gewollt [hat-

ten], unter einem Oberbefehlshaber, dessen Vertrauen sie nicht besaßen und dem sie selbst nur beschränkt vertrauten, mit Methoden, die oft ihren Führungsgrundsätzen und ihren überkommenen erprobten Anschauungen widersprachen, mit Truppen und Polizeikräften, die nicht ihrer vollen Befehlsgewalt unterstanden, und mit einem Nachrichtendienst, der teilweise für den Gegner arbeitete. Und dies alles in der vollen und klaren Erkenntnis, dass dieser Krieg entschied über Sein oder Nichtsein des geliebten Vaterlandes. Sie haben nicht der Hölle gedient und nicht einem Verbrecher, sondern ihrem Volke und ihrem Vaterlande.[5]

Inwieweit hatte Jodl Recht? Es traf mit Sicherheit zu, dass nur wenige Offiziere im deutschen Oberkommando im Jahr 1939 den Krieg mit Großbritannien und Frankreich wollten, den Krieg gegen Polen führten sie allerdings bereitwillig, und dieser Krieg weitete sich, angesichts der im April 1939 erfolgten britischen Garantieerklärung für Polen, zum umfassenderen Konflikt. Außerdem traf zu, dass die Generäle Hitlers Vertrauen nicht besaßen, was allerdings auch verständlich war, wenn man bedenkt, dass einige von ihnen Hitler am 20. Juli 1944 zu töten versuchten. Die «Methoden», die das deutsche Offizierskorps beim Umgang mit der Zivilbevölkerung zuließ, vor allem an der Ostfront, waren sehr viel schlimmer, als Jodls gewundene Worte offenbarten, und diese Offiziere waren fast durchweg zutiefst in monströse Verstöße gegen jede Art von – geschriebenen wie ungeschriebenen – Regeln der Kriegführung verstrickt. Jodls Erklärung, dass die Partisanen «jedes, aber auch jedes Gewaltmittel anwandten, das ihnen zweckmäßig erschien», und dass die Alliierten «Hunderttausende von Kindern und Frauen durch Bombenteppiche vernichtet oder durch Tiefflieger getötet» hätten, kann die von den Achsenmächten praktizierten Methoden der Kriegführung nicht entschuldigen. Jeder deutsche General wusste, dass der Krieg im Osten nicht als konventioneller militärischer Konflikt, sondern als Vernichtungskrieg geführt werden sollte; die mündlich erteilten und in einigen Fällen auch in schriftlicher Form erhaltenen Befehle ließen, im Zusammenwirken mit der Vorstellung vom «Lebensraum», gar keine andere Erklärung zu.

Jodl hatte auch Recht mit der Feststellung, dass die Zersplitterung der Befehlsgewalt im nationalsozialistischen Staat – in dem besonders die SS und andere staatliche Institutionen absichtlich von der Wehrmacht getrennt betrieben wurden – unter operativen Gesichtspunkten für die

Generäle frustrierend sein konnte. Es traf auch zu, dass Admiral Wilhelm Canaris, der Chef der Abwehr, Hitler für einen «Verrückten» hielt und, als der Krieg sich seinem Ende näherte, Kontakte zu den Alliierten unterhalten hatte, allerdings unterstützte seine Organisation, im Gegensatz zu Jodls Behauptungen, nicht systematisch «den Gegner».[6] Hätte Jodl den wahren Grund gekannt, warum der alliierte Nachrichtendienst das OKW so regelmäßig überlistete – durch die Ultra-Informationen, die durch die Entschlüsselung des Enigma-Codes gewonnen wurden –, dann hätte er die Verteidigungsstrategie des deutschen Oberkommandos zweifellos durch eine weitere Linie ergänzt. Doch Jodls Rechtfertigungen überzeugen letztlich nicht: Die deutschen Generäle dienten in der Tat ebenso sehr «der Hölle» und «einem Verbrecher» wie «ihrem Volke und ihrem Vaterlande».

Dass so viele nach außen hin gediegene Berufsoffiziere den Nazis so effizient und anscheinend mit Begeisterung dienten, hat ebenso zahlreiche wie komplizierte Gründe. Ihre Väter und Großväter hatten im Deutsch-Französischen Krieg von 1870/71 französische Freischärler ohne Gnade erschossen und die belgische und französische Zivilbevölkerung im Ersten Weltkrieg sehr rücksichtslos behandelt; die vermeintlich so edle preußische Militärtradition war also schon immer eine Art Legende. Der Eid, den die Angehörigen der Wehrmacht jetzt auf Hitler persönlich zu schwören hatten, konnte die hochrangigen Militärs nicht entschuldigen. Zu ihrem Motivspektrum gehörten persönlicher Ehrgeiz, kriminelle Komplizenschaft, echter Patriotismus, Mangel an Alternativen, Berufsstolz, ein verständliches Bestreben, die nächsten Angehörigen vor bolschewistischer Vergeltung zu beschützen, eine verzweifelte Hoffnung auf einen unerwarteten Sieg, in vielen Fällen auch der Glaube an die nationalsozialistische Ideologie, aber vielleicht vor allen anderen Gründen schlichte Loyalität gegenüber ihren Männern und Offizierskollegen.

Doch die deutschen Generäle, die mit Hitler stritten, ihm die Stirn boten oder sogar seine Befehle nicht befolgten, wurden nicht besonders schlecht behandelt – natürlich nur, sofern sie nicht in den Bombenanschlag vom 20. Juli verwickelt waren. Sie wurden entlassen, erhielten eine andere Aufgabe oder wurden für einige Zeit in die «Führerreserve» versetzt, mussten aber nicht, wie alle sowjetischen Militärs (und nicht nur die), die Stalins Missfallen erregten, mit der schlimmsten aller Sanktionen rechnen. Albert Speer schrieb am 21. Februar 1945 an Otto Thierack, den NS-Justizminister, er wolle als Leumundszeuge für General Friedrich Fromm aussagen, der eine passive Haltung gegenüber dem Bombenattentat eingenommen und die Behörden nicht gewarnt habe.[7] Unvorstellbar, dass irgendwer – außer jemand mit Todessehnsucht – so etwas in der Sowjetunion getan hätte. (Es nützte allerdings nichts: Fromm wurde im März 1945 durch ein Erschießungskommando hingerichtet.) So wie niemand erschossen wurde, der sich weigerte, einen Juden hinzurichten, so setzten die deutschen Generäle allenfalls ihr Amt, keineswegs aber ihr Leben aufs Spiel, wenn sie Hitler in irgendeiner militärischen Grundsatzfrage gegen sich aufbrachten. Sehr oft wurden sie aus dem verordneten Ruhestand zurückgeholt, um erneut eine Kommandeursstelle übertragen zu bekommen, wie es Rundstedt dreimal widerfuhr. Deshalb mochten sie zwar durchaus «nur Befehle befolgt» haben, hatten das aber keineswegs aus wohlbegründeter Angst um ihr eigenes Leben getan.

Bei den Nürnberger Prozessen war natürlich sehr viel unaufrichtiges Getöse im Spiel, mit dem manche Angeklagte sich von Hitler und dem Nationalsozialismus distanzierten. Man kann von keinem Menschen verlangen, dass er die Wahrheit sagt, wenn er mit seiner Aussage sein Leben zu retten versucht. Walther Funk behauptete, er habe sich der Politik der verbrannten Erde aktiv widersetzt; Ribbentrop berief sich auf seine Arbeit für die deutsch-englische Freundschaft und gab an, er habe zu Hitler gesagt, dass Kriegsgefangene nach den Bestimmungen der Genfer Konvention behandelt werden müssten; Göring sagte: «Ich war nie Antisemit. Antisemitismus spielte in meinem Leben keine Rolle», «wann immer Juden sich an mich wandten, half ich», und er erklärte, dass er zwar «die volle Verantwortung für das, was im nationalsozialistischen Deutschland geschah», übernehme, «aber nicht für die Dinge, von denen ich nichts wusste, wie die Konzentrationslager und die Gräueltaten»; der Lagerkommandant Rudolf Höß sagte: «Ich dachte, ich handle richtig, ich gehorchte Befehlen, und jetzt sehe ich natürlich, dass es unnötig und falsch war. Aber ... ich persönlich habe niemanden ermordet. Ich war lediglich der Leiter des Vernichtungsprogramms in Auschwitz. Es war Hitler, der es durch Himmler angeordnet hat, und es war Eichmann, der mir die Befehle hinsichtlich der Transporte erteilte»; Sepp Dietrich behauptete sogar, nach der Behandlung von Kriegsgefangenen an der Ostfront gefragt: «Wir haben keine Russen erschossen»; Alfred Rosenberg, der Reichsminister für die besetzten Ostgebiete, wollte aus irgendeinem bizarren Grund das Landwirtschafts-Reformgesetz vom Februar 1942 im Prozess berücksichtigt wissen, weil es Erleichterungen für die Landarbeiter gebracht habe; Albert Speer versuchte sich mit dem Argument zu entlasten, «die Tätigkeit des Angeklagten als Architekt sei unpolitischer Natur gewesen» (obwohl er ab Februar 1942 auch Reichsminister für Bewaffnung und Munition, ab September 1943 dann, mit neuer Amtsbezeichnung, Reichsminister für Rüstung und Kriegsproduktion gewesen war); Erhard Milch beklagte das Fehlen einer freien Presse im nationalsozialistischen Deutschland und erklärte, er habe den Nationalsozialismus «nie gebilligt»; Ernst Kaltenbrunner verkündete stolz: «Ich habe nie jemanden umgebracht», was in seinem Fall zwar zutraf, aber gar nicht Gegenstand der Verhandlung war; Wilhelm Keitel erklärte: «Ich stand dem Führer nie sehr nahe», einem Mann, mit dem er auf engstem Raum zusammenlebte und den er sechs Jahre lang nahezu täglich sah; Karl Dönitz hatte offensichtlich «nichts von Plänen eines Angriffskriegs gewusst», auch nicht für die U-Boot-Waffe, die er befehligte; Hans Fritzsche, Ministerialdirektor, Leiter der Rundfunkabteilung in Goebbels' Propagandaministerium und Rundfunkkommentator, erklärte, er habe in den Jahren 1923 bis 1925 Männer wie Mussolini und Hitler kennengelernt und Abstand zu ihnen gehalten; Ewald von Kleist verstieg sich sogar zu dem klassischen Satz: «Was die Juden betrifft, kann ich nur sagen, dass einige meiner besten Freunde Juden waren»; Julius Streicher konnte so etwas kaum von sich behaupten, war aber der Ansicht, sein Vorschlag, «einen separaten Judenstaat in Madagaskar oder Palästina oder irgendwo zu gründen», sollte zu seinen Gunsten berücksichtigt werden; Hjalmar Schacht sprach davon, dass er, als das «Amoralische» in Hitlers Politik «offenkundig war», «jede Gelegenheit nutzte, mich ihm bei allen diesen unrechtmäßigen Angelegenheiten entgegenzustellen», allerdings blieb er bis 1943 «Reichsminister ohne Geschäftsbereich»; Arthur Seyß-Inquart, der für Massendeportationen, Hinrichtungen im Schnellverfahren und die Organisation der Sklavenarbeit in den Niederlanden verantwortlich gewesen war, behauptete, er habe alles versucht, um Verletzungen der völkerrechtlichen Bestimmungen zu verhindern, und vertrat die Ansicht, einen Krieg ohne Kriegserklärung zu beginnen bedeute noch nicht, dass man damit einen Angriffskrieg führe.[8]

Aussagen in Nürnberg müssen deshalb mit äußerster Vorsicht behandelt werden, vor allem solche Behauptungen wie die von Dönitz: «Nach einem deutschen Sieg wäre die nationalsozialistische Regierung vermutlich bald zu Fall gekommen.»[9] Es war vielleicht unvermeidlich, dass die überlebenden Angeklagten die ganze Schuld bei Hitler, Goebbels, Himmler, Bormann, Heydrich und Ley abluden, die bei Prozessbeginn praktischerweise alle tot waren. Einige der führenden Nazis, zum Beispiel Julius Streicher, der die Ansicht vertrat, dass «der Jude Christus von einer Mutter geboren wurde, die eine jüdische Hure war», entsprachen auch genau dem, was man von ihnen erwartete.[10] Die meisten jedoch behaupteten energisch, sie hätten nichts vom Holocaust gewusst, wären zurückgetreten, wenn sie gewusst hätten, dass Hitler Krieg im Sinn hatte, hätten das nach Kriegsbeginn – aus moralischen oder patriotischen Gründen – aber nicht mehr tun können. Allen Lügen und Behauptungen zum Trotz, dass man Hitler immer wieder die Stirn geboten habe – wie wir bereits gesehen haben, behauptete Kleist sogar, er habe Hitlers Geschrei «doppelt so laut» erwidert –, bleibt doch die Tatsache, dass praktisch niemand eine Machtposition freiwillig aufgab, auch dann noch nicht, als der Krieg eindeutig verloren war.

So wie die Angeklagten in Nürnberg versuchten, die Schuld für alle Verbrechen des Nazi-Staates dem toten Hitler zuzuschieben, unternahmen deutsche Generäle in einer ganzen Reihe von Büchern, die in den Fünfziger- und Sechzigerjahren erschienen, den Versuch, die militärische Niederlage allein Hitler und seinen engsten Gefolgsleuten Keitel und Jodl zuzuschreiben. Manstein verwendete den Ausdruck *Verlorene Siege* sogar als Titel für seine 1955 erschienene Autobiografie, ein Buch, das – ebenso wie Guderians *Erinnerungen eines Soldaten* (1951) – zu Recht als «arrogant» und «selbstsüchtig» kritisiert wurde.[11] Der ehemalige General Günther Blumentritt, der im September 1944 aus dem Amt des Generalstabschefs beim Oberbefehlshaber West entfernt und in die Führerreserve versetzt worden war, obwohl er mit dem Stauffenberg-Attentat nichts zu tun gehabt hatte, fasste in einem 1965 geschriebenen Brief die allgemeine Stoßrichtung dieses historisch-autobiografischen Genres prägnant zusammen:

> Hitler war in militärischer Hinsicht kein Genie. Er war ein Dilettant, der sich für kleine Details interessierte, und wollte immer jede Stellung halten, stur und eigensinnig, «halten bis zum Letzten». Er hatte zweifellos auch gute mili-

täre Ideen. *Manchmal* hatte sogar *er* Recht! Dennoch war er letzten Endes ein Laie und handelte nach Gefühl oder Eingebung, nicht nach Vernunftgründen. Er wusste nicht, was nach realistischen Gesichtspunkten möglich und was unmöglich war.[12]

Stalin bezeichnete Hitler einmal im Gespräch mit Harry Hopkins als «einen sehr fähigen Mann», aber genau das bestritten die deutschen Generäle in einer umfangreichen einschlägigen Literatur, die in der Nachkriegszeit erschien.[13] Es wurde die Vermutung ausgesprochen, dass die Kritik, die Franz Halder und Walter Warlimont an Hitlers Strategie übten, «der professionellen Missgunst gegenüber einem erfolgreichen Amateur» entsprang, und dass die Memoiren der Generäle insgesamt «das Alibi vom inkompetenten Gefreiten» begründen, «der sich in militärische Angelegenheiten einmischte, von denen er nichts verstand, und sie so daran hinderte, den Krieg zu gewinnen».[14]

Obwohl die deutschen Generäle nach dem Krieg viel von ihrer Pflicht und ihrer Ehre sprachen, unternahm, als es darauf ankam, nur eine sehr kleine Zahl von ihnen einen Versuch, Hitler mit einer Ein-Kilo-Bombe zu beseitigen, während die überwältigende Mehrheit ihm mit bemerkenswerter Loyalität diente. Selbst die Verschwörung des Grafen Stauffenberg schien sich eher darauf zu richten, einen unfähigen Strategen zu beseitigen, als einen kühnen Vorstoß zur Durchsetzung von Demokratie, Gleichheit und Frieden in Deutschland zu unternehmen. Ganz persönlich hatten die Generäle gute Gründe dafür, den Kampf bis zum Ende fortzusetzen: Manstein ordnete Massaker an Zivilisten, Juden und Kriegsgefangenen an; Rundstedt führte den Vorsitz im «Ehrenhof» der Wehrmacht; Guderian nahm von Hitler Geldgeschenke und ein attraktives polnischen Landgut an – und so weiter. Die Deutschen bezeichneten die hochrangigen Parteifunktionäre als «Goldfasane», aber niemand trug mehr Gold auf der Dienstkleidung als die Generäle der Wehrmacht. «Sie konnten sich auch nicht darauf berufen, über die umfassenden Konsequenzen nicht Bescheid gewusst zu haben», sagt David Cesarani unter Verweis auf ihre Weigerung, die Bestimmungen der Genfer Konvention an der Ostfront und anderswo zu beachten, weil Hitler «seine Parteifunktionäre, Minister und Militärs regelmäßig über seine rassepolitischen Ziele unterrichtete. Gelegentlich äußerten einige Personen Bedenken, ... Aber die meisten kooperierten. Im Jahr 1939 gab es, dank Hitlers Erfolgen, seiner Popularität und seines Herrschaftsstils, keine alternativen Machtzentren mehr, die ihn aufhalten konnten oder zumindest gewillt waren, es zu versuchen.«[15]

Viele deutsche Generäle waren korrupt, moralisch verkommen, opportunistisch und meilenweit weg vom Idealbild der unideologischen Ritterlichkeit, das sie so gern von sich selbst zeichneten. Kostproben ihrer privaten Gespräche, bei denen sie sich unbelauscht glaubten, finden sich in diesem Buch am Anfang des 16. Kapitels. Das bedeutet jedoch nicht, dass sie unbedingt falsch lagen, wenn sie sich über die unaufhörlichen Einmischungen eines militärischen Amateurs beklagten, dem Keitel und Jodl unermüdlich zur Seite standen. Ihre Gesamtanalyse ist nicht vollständig unkorrekt, auch wenn sie arrogant, selbstsüchtig und unaufrichtig waren, was ihre Lobhudeleien für Hitler betraf, solange alles gut lief. Die Strategie der Achsenmächte lässt sich unmöglich von der Zentralgestalt Hitler trennen: Unter den sechshundertfünfzig wichtigen Erlassen mit Gesetzeskraft, die während des Krieges zusammenkamen, waren nur zweiundsiebzig, die nicht in seinem Namen erfolgten oder seine Unterschrift trugen.[16]

Man sagt, das Wissen darum, in vierzehn Tagen gehängt zu werden, helfe einem Menschen auf wunderbare Weise, sich auf die wesentlichen Dinge zu konzentrieren, aber bei Adolf Hitler trug die allmählich dämmernde Gewissheit, dass dies zu irgendeinem noch ungewissen Zeitpunkt in der (näheren) Zukunft geschehen würde, sicherlich dazu bei, ihn psychisch zu zerrütten. Das wäre wohl fast jedem Menschen so ergangen, weshalb man es ihm kaum zum Vorwurf machen kann. Doch man sollte Hitler nicht in erster Linie wegen des irrsinnigen Umgangs mit seinen Soldaten in seinen eigenen letzten zehn Lebensmonaten anklagen, sondern wegen der katastrophalen Entscheidungen, die er traf, als er noch (relativ gesehen) rational handelte. Diese Fehler waren so schrecklich, dass er schon aus schierer Verlegenheit wegen seiner unzähligen Irrtümer hätte Selbstmord begehen müssen und nicht erst aus Furcht vor der Demütigung durch die sowjetischen Sieger noch vor seiner Hinrichtung.

Der Krieg hätte 1939 überhaupt nicht begonnen werden dürfen, sondern frühestens drei oder vier Jahre später, was Hitler den führenden Vertretern von Heer, Luftwaffe und Kriegsmarine ursprünglich auch zugesagt hatte. Hätte er den Krieg mit der Zahl von U-Booten begonnen, mit der er ihn beendete (463), und nicht mit nur 26 einsatzfähigen Booten, wie sie 1939 zur Verfügung standen, hätte Deutschland vielleicht eine Chance gehabt, Großbritannien von der Versorgung übers Meer abzuschneiden, vor allem, wenn die Entwicklung von Walther-U-Booten (ausgerüstet mit Wasserstoffperoxid-Antrieb und selbststeuernden Torpedos) und Schnorchel-Systemen so früh wie möglich und mit allen verfügbaren Mitteln betrieben worden wäre.

Der Luftkrieg hätte sich anders entwickeln können, wenn die Luftwaffe-Produktionsbetriebe aus den großen Industriegebieten abgezogen und unter die Erde verlegt worden wären oder wenn der Düsenjäger Me 262, der den amerikanischen Mustangs überlegen war, bereits zu einem frühen Zeitpunkt in Großserie hergestellt worden wäre. Die Me 262 wurde erst im Oktober 1944 als Jagdflugzeug eingesetzt. Sie sollte den Kriegsverlauf nicht mehr entscheidend beeinflussen, weil sie bei Start und Landung zu unhandlich und ihr Treibstoffverbrauch zu hoch war, aber diese Anfangsschwierigkeiten wären vielleicht behebbar gewesen, wenn Hitler nicht viel zu lange und gegen den Rat des Generals und Inspekteurs der Jagdflieger, Adolf Galland, darauf bestanden hätte, die Maschine als «Schnellbomber» einzusetzen. Eine Niederlage des alliierten Bomber-Feldzugs gegen Me-262-Maschinen hätte einen großen Teil der Luftwaffe-Kampfflieger für einen Einsatz an der Ostfront freigestellt, während so 70 Prozent der deutschen Jagdwaffe zum Schutz des eigenen Landes im Westen gebunden blieben.

Im November 1939 stoppte Hitler das V-Waffen-Entwicklungsprogramm in Peenemünde, weil seiner Ansicht nach der Sieg über Polen gezeigt hatte, dass es nicht gebraucht wurde. Es wurde erst im September 1941 wieder aufgenommen und erst im Juli 1943 als vorrangig eingestuft, nachdem Speer Hitler gewarnt hatte, sechs weitere Angriffe im Stil der Bombardierung von Hamburg würden Deutschlands Niederlage bedeuten. (Hitler weigerte sich, Hamburg zu besichtigen oder auch nur eine Abordnung aus der Hansestadt zu empfangen.) Das Raketenprogramm hätte entweder fortgesetzt werden müssen oder, später dann, nicht mehr reaktiviert werden sollen, weil es enorme Ressourcen für die Entwicklung einer Waffe verschlang, die letztlich zu spät einsatzfähig war, um noch eine größere Wirkung auf den Gang der Ereignisse ausüben zu können.

Im Mai 1940 hätte Hitler diejenigen Generäle unterstützen sollen, die sich über Rundstedts Anhaltebefehl vor Dünkirchen hinwegsetzen wollten, so dass man einen großen Teil des Britischen Expeditionskorps gefangen nehmen und seine Evakuierung vom französischen Festland hätte verhindern können. Die Friedrich dem Großen zugeschriebene militärische Maxime «L'audace, l'audace, toujours l'audace»[17] traf mit Sicherheit auf Hitlers gesamte Laufbahn zu, vom Putschversuch in München im November 1923 bis zur Niederlage in Stalingrad knapp zwanzig Jahre später. Er war ein Spieler, der im Verlauf seiner gesamten Karriere immer größere Risiken einging; doch bei der Besprechung mit Rundstedt in der Maison Blairon wurde er plötzlich vorsichtig – mit letztlich katastrophalem Ergebnis. Nachdem es Göring Ende Mai 1940, entgegen seiner Zusage, nicht gelungen war, das Britische Expeditionskorps mit seiner Luftwaffe zu vernichten, hätte er auf einen weniger wichtigen Posten abgeschoben werden müssen. Stattdessen beließ man ihn im Amt des Oberbefehlshabers einer so wichtigen Waffengattung, wie es die Luftwaffe war. Danach gelang es ihm auch nicht, die Bombardierung Berlins noch im Jahr 1940 zu verhindern, obwohl er das vor aller Welt angekündigt hatte, und er scheiterte auch an der Versorgung der eingeschlossenen 6. Armee in Stalingrad mit einer auch nur halbwegs ausreichenden Menge an Nachschubgütern. Der Reichsmarschall blieb Hitler fast bis zum letzten Tag in bedingungsloser Loyalität ergeben, und Görings Treue zu den Nazi-Idealen zählte für Hitler mehr als seine Kompetenz als Befehlshaber der Luftwaffe. Außerdem galt nach Rudolf Heß' Schottlandflug der Verlust eines «Stellvertreters des Führers» vielleicht noch als unglückliches Ereignis, aber der Verlust eines zweiten wäre wohl als Fahrlässigkeit empfunden worden. Hitler hielt wiederholt an erwiesenermaßen inkompetenten Personen fest, wenn sie ihm nur das sagten, was er hören wollte. Ein Beispiel war Oberst «Beppo» Schmid, der Leiter des Luftwaffen-Nachrichtendienstes, dessen von grotesk übertriebenem Optimismus geprägte Berichte über die Stärke der RAF zum Scheitern bei der Luftschlacht um England beitrugen. Hitler zog die falschen Lehren aus dem Winterkrieg der Sowjetunion gegen Finnland; er meinte, die Rote Armee sei schwach, anstatt zu bedenken, dass die Verteidiger bei extremen Wetterbedingungen und in einer Landschaft, die von Seen, Wäldern und schlechten Straßen geprägt ist, in einer starken Position sein können. Bei seinem Überfall auf die Sowjetunion versäumte er es, dem eklatanten Beispiel des finnischen Winterkriegs zum Trotz, seine Soldaten in geeigneter Form für einen Winterfeldzug auszurüsten. Auch die am häufigsten für dieses Versäumnis bemühte Erklärung – Hitler dachte, der Feldzug würde nach vier

Monaten abgeschlossen sein – überzeugt nicht: Vier Monate nach dem 22. Juni schrieb man den 22. Oktober, an dem die Schlamm-Saison bereits in die Schnee-Saison übergegangen war. Im April 1941 verschob Hitler den Überfall auf die Sowjetunion um sechs Wochen, weil jetzt noch das vergleichsweise unbedeutende Jugoslawien besetzt werden sollte, ein Land, dessen auf der Seite der Alliierten stehende Regierung nur sein Prestige, nicht aber auf nennenswerte Art seine Südfront bedrohte. Selbst aus diesem enorm erfolgreichen Feldzug – Jugoslawien fiel noch schneller als Frankreich, und Griechenland einschließlich der Insel Kreta folgten schon wenig später – zog Hitler die falschen Lehren aus dem Einsatz von Fallschirmjägern. Der Angriff von General Kurt Students Fallschirmjägern auf Kreta war – mit mehr als 4000 Gefallenen bei insgesamt 22 000 abgesetzten Fallschirmjägern – relativ verlustreich gewesen, weshalb Hitler ihren Kommandeur wissen ließ: «Die Tage der Fallschirmtruppen sind vorbei.»[18] Weil bei den Angriffen auf Saint-Nazaire und Dieppe keine Fallschirmjäger eingesetzt worden waren, redete Hitler sich ein, die Alliierten würden gar keine Truppen dieser Art aufbauen, und er selbst versäumte es, sie gegen Malta, Gibraltar, Zypern oder gar Suez einzusetzen, worauf Student wiederholt drängte. Stattdessen wurden die deutschen Fallschirmjäger als Elite-Infanterieeinheiten verwendet, und so erlebte Hitler bei der Landung in der Normandie die Überraschung, dass die Alliierten eine Waffe, die zunächst von den Achsenmächten sehr wirkungsvoll eingesetzt worden war, mittlerweile perfektioniert hatten.

Im Juni 1941 begann Hitler das Unternehmen Barbarossa und beging damit seinen Kardinalfehler in diesem Krieg. Wenn man bedenkt, dass Rommel Tobruk einnahm und bis zum Oktober 1942 mit dem nur zwölf Divisionen starken Afrikakorps bis auf 100 Kilometer an Alexandria heranrückte, hätte wohl ein Bruchteil der gegen die Sowjetunion eingesetzten Streitmacht bereits lange zuvor genügt, um die Briten aus Ägypten, Palästina, dem Irak und dem Iran zu vertreiben. Die Einnahme Kairos hätte vier glänzende Möglichkeiten eröffnet, nämlich die Eroberung der nahezu unverteidigten Ölfelder des Irak und Iran, die Vertreibung der Royal Navy aus ihrem wichtigsten Mittelmeerstützpunkt in Alexandria, die Sperrung des Suezkanals für den alliierten Schiffsverkehr und die Aussicht auf einen Angriff gegen Indien von Nordwesten her, als Ergänzung der Bedrohung durch Japan im Nordosten. Durch die Eroberung des Nahen Ostens hätten die Deutschen Großbritannien von seiner Ölversorgung abgeschnitten und Britisch-Indien von Westen her, aber außerdem auch noch die Sowjetunion und die Kaukasusregion von Süden her bedroht. Selbst wenn Großbritannien vom Vereinigten Königreich, Kanada und Indien aus weitergekämpft und sein Öl aus den USA importiert hätte, wäre die britische Bedrohung der deutschen Südflanke damit beendet gewesen.

Hitler hätte dann die Invasion in die Sowjetunion zu einem von ihm selbst bestimmten Zeitpunkt wagen können, und die Heeresgruppe Süd hätte dabei vom Irak bis nach Astrachan nur wenige Hundert Kilometer zurückzulegen gehabt, anstatt, wie 1941 und 1942 geschehen, sich mehr als 1600 Kilometer weit vorankämpfen zu müssen. Bedenkt man, wie energisch Stalin den Gedanken zurückwies, dass Hitler ihn bereits im Jahr 1941 angreifen würde – trotz der achtzig Geheimdienstberichte von Dutzenden, nicht miteinander verbundenen Quellen aus aller Welt, die warnten, dass Barbarossa unmittelbar bevorstehe, und in einigen Fällen sogar das genaue Datum dafür benannten –, besteht kein ernsthafter Grund für die Annahme, dass die UdSSR im Sommer 1942 oder 1943 besser auf den Krieg vorbereitet gewesen wäre als im Jahr 1941. Die Heeresgruppe Süd hätte die Kaukasusregion von Süden her einnehmen sollen, nicht von Westen her. Eine deutsche Besetzung des Kaukasusgebiets und des südlichen Teils von Russland, mit einem Vorstoß auf ganzer Breite zwischen Schwarzem und Kaspischem Meer, hätte die UdSSR vom größten Teil ihrer nicht aus Sibirien kommenden Ölversorgung abgeschnitten, und, wie Friedrich-Wilhelm von Mellenthin im Zusammenhang mit El Alamein festhielt: Eine motorisierte Division ohne Treibstoff ist nur noch Schrott.

Die Alliierten hatten das unglaubliche Glück, dass die Achsenmächte ihre Kriegsanstrengungen niemals koordinierten und nicht einmal Informationen über unentbehrliche Waffensysteme und Ausrüstungsgegenstände austauschten, zum Beispiel über panzerbrechende Waffen. Der japanische Außenminister Yosuke Matsuoka trat im Juli 1941 zurück, weil er die Sowjetunion zum gleichen Zeitpunkt, zu dem Hitler im Westen das Unternehmen Barbarossa begann, von Osten her angreifen wollte. Als Stalingrad fiel und Hitler einen solchen Angriff unbedingt brauchte, war Japan bereits auf dem Rückzug von dem Punkt, den das Land im Frühjahr zuvor erreicht hatte, als es eine Fläche von mehr als 50 Millionen Quadratkilometern unter seine Kontrolle gebracht hatte. Eine enge militärische Absprache zwischen Berlin, Rom und Tokio hätte dafür sorgen sollen, dass die Japaner nicht die Amerikaner, sondern ebenfalls die Sowjetunion angriffen, sobald Deutschlands eigene Vorbereitungen für die Invasion abgeschlossen waren. Das Öl, das Japan für seine Kriegsmaschinerie dringend brauchte, wäre auch in Sibirien zu holen gewesen statt in Niederländisch-Indien. Doch Hitler zeigte keinerlei Interesse, Japan am Unternehmen Barbarossa teilhaben zu lassen, und Japans politische und militärische Führung informierte Hitler ihrerseits nicht einmal über den bevorstehenden Angriff auf Pearl Harbor, so wie auch Mussolini Hitler nicht vorab von seinem geplanten Angriff auf Griechenland unterrichtete und Hitler seinem Bündnispartner Mussolini nichts über die Invasion in Jugoslawien mitteilte.

Hitler hätte außerdem alle Provokationen von Seiten Franklin Roosevelts – vor allem auf dem Atlantik – beharrlich ignorieren sollen, und das in dem Wissen, dass der Präsident nicht die politische Macht hatte, einem Deutschland den Krieg zu erklären, das Freundschaft und Sympathie gegenüber den Vereinigten Staaten bekundete. Ohne eine Kriegserklärung gegen Amerika, zu der Hitler durch keinerlei Vertragsbestimmung verpflichtet war – für die Einhaltung vertraglicher Verpflichtungen war er ohnehin nicht bekannt –, wäre es Roosevelt nahezu unmöglich gewesen, die Vereinigten Staaten im Herbst 1942 zu einer Invasion in Nordafrika zu bringen. Stattdessen erklärte Hitler den für eine Invasion durch Deutschland nicht in Frage kommenden Vereinigten Staaten unnötigerweise den Krieg und lieferte Roosevelt so die Rechtfertigung für seine «Deutschland zuerst»-Politik. Das war der zweitgrößte Fehler seines Lebens, nur sechs Monate nach dem ersten. Doch er löste keinerlei Opposition von Seiten der deutschen Generäle aus, die diesen selbstmörderischen Akt sogar begrüßten. Hitler hätte nach Pearl Harbor stattdessen den Dreimächtepakt, der ihm bis dahin so wenig genützt hatte, aufkündigen und außerdem Ribbentrop entlassen sollen, dessen absurde Fehleinschätzung des amerikanischen Potenzials und der amerikanischen Absichten im 6. Kapitel ausführlich erläutert werden. Erst nachdem Großbritannien effektiv neutralisiert oder sogar ganz aus dem Krieg ausgeschieden und Amerika vollständig mit dem Krieg gegen Japan im Pazifik beschäftigt gewesen wäre, hätte das Unternehmen Barbarossa ins Werk gesetzt werden dürfen; damit hätte Deutschland nur an einer Front zu kämpfen gehabt, anstatt den herkömmlichen selbstmörderischen Zweifrontenkrieg zu führen.

Die Verachtung, mit der die Nazis allen slawischen Völkern begegneten, machte es ihnen unmöglich, die für Barbarossa naheliegende und nützliche Vorgehensweise einzuschlagen. Die Deutschen hätten das «Lebensraum»-Konzept und die ethnischen Säuberungen zurückstellen müssen – als Ziele, die erst nach dem Sieg zu verfolgen waren –, dazu die Völker im Herrschaftsbereich Großrusslands zu Verbündeten gegen ihre bolschewistischen Unterdrücker machen und der Ukraine, Weißrussland, den baltischen Staaten, der Krim, den Kaukasusrepubliken und allen anderen Landesteilen die weitestgehende Autonomie einräumen sollen, die mit der deutschen Hegemonie in Europa vereinbar war und dem Status, den Vichy-Frankreich genoss, in etwa entsprach. Die von Moskau in den Zwanziger- und Dreißigerjahren betriebene Politik, die in der Ukraine zu Hungersnöten und einem Massensterben geführt hatte, sorgte für einen bleibenden Hass gegen die sowjetische Zentralregierung, und die anfängliche Begrüßung der vordringenden Wehrmacht zeigte 1941 dort, dass viele Nationalisten mit Begeisterung die Chance einer begrenzten Unabhängigkeit innerhalb des Dritten Reiches ergriffen hätten.

Ein einziger, von Anfang an in dieser Funktion tätiger Oberbefehlshaber an der Ostfront – mit Manstein als naheliegender erster Wahl, aber es kamen noch einige andere Personen in Frage – hätte sehr viel bessere Ergebnisse erzielt als Hitler, der im Dezember 1941 Walther von Brauchitsch, den Oberbefehlshaber des Heeres, durch sich selbst ersetzte. Hitler hörte danach immer weniger auf den Rat seiner ranghöchsten Generäle. (Das gab er sogar im Gespräch mit seiner Sekretärin Christa Schroeder zu. Sie erinnerte sich später, dass sie Hitler einmal gesagt habe, dass ihr «eine seiner Formulierungen gar nicht gefiel, … worauf er mich anschaute und gar nicht böse oder beleidigt sagte: ‹Sie sind der einzige Mensch, von dem ich mich korrigieren lasse!›»)[19] Stattdessen nutzte er das von ihm so wahrgenommene Versagen seiner Generäle, um die Einheiten der Waffen-SS bei Ausrüstung und personellem Ersatz noch stärker zu bevorzugen, was zu einer Schwächung der regulären Heereseinheiten führte. Anstatt Strategie und Personal ständig zu wechseln, hätte ein einziger strategischer Kopf – von Hitler beraten und unterstützt, aber eben nicht Hitler selbst – sich vielleicht auf eine Hauptrichtung für den weiteren Vorstoß festgelegt. Und die hätte mit Sicherheit die Kiew-Operation ignoriert, durch die zu viele Panzer der Heeresgruppe Mitte im August 1941 nach Süden umgelenkt wurden und die vergleichsweise unbedeutende ukrainische Hauptstadt einnahmen, anstatt die sowjetische Hauptstadt zu erobern, die wichtiger als alle anderen Orte war.

Sobald klar war, dass die Rote Armee nicht nur nicht zusammenbrechen würde, sondern, ab Schukows Offensive vom 6. Dezember 1941, zu Gegenangriffen überging, begann Hitler, «Durchhaltebefehle» auszugeben und somit eine durchdachte Strategie durch seine eigene Willenskraft zu ersetzen – oder zumindest durch die Bereitschaft seiner Soldaten, für ihn zu sterben. «Es ist das Blut des einfachen Soldaten, das den General zu einem großen Mann macht», lautete ein Spruch aus dem 18. Jahrhundert. Manche Betrachter, zum Beispiel Wilhelm Keitel und Alan Clark, haben die Ansicht vertreten, dass diese Befehle bei den extrem schlechten Wetterbedingungen, bei denen Rückzüge nur mit fünf bis sechs Stundenkilometern abliefen und schweres Gerät nicht gerettet werden konnte, militärisch durchaus sinnvoll waren. Gelegentlich mag das auch richtig gewesen sein, aber schon bald stellte sich heraus, dass Hitler von seiner Grundeinstellung her nicht in der Lage war, einmal erobertes Territorium jemals wieder preiszugeben. Das verriet die den eigenen Erfahrungen im Ersten Weltkrieg entspringende Grabenkampf-Mentalität des Gefreiten, der nie einen Stabsoffiziers-Lehrgang besucht hatte, in Verbindung mit der Angst eines Ideologen, der glaubte, Rückzüge offenbarten einen Mangel an Willenskraft, und hinzu kam noch der Zorn des professionellen Spielers, der mit dem unwiderlegbaren Beweis dafür konfrontiert wird, dass sich sein Schicksal nach einer fast zwanzig Jahre anhaltenden Siegesserie letztlich gewendet hatte.

Anstatt den Rückzug als geografisches und strategisches Konzept zu sehen, das, wie hier von Friedrich Mellenthin im 10. Kapitel erläutert, oft gute Gelegenheiten für Gegenangriffe schuf, betrachtete Hitler ihn lediglich unter den Gesichtspunkten Propaganda und Moral – also politisch –, als Symptom für eine Niederlage und so als eine dialektische Widerlegung seiner Ansichten. Hitler, stets der Revolutionär, setzte den Rückzug von einer militärischen Stellung mit dem Abrücken von einer politischen Einstellung gleich, als etwas, was sein Stolz und sein Bedürfnis nach Prestige und vorwärtsweisendem Schwung nicht zulassen konnten. Er ertrug nicht einmal taktisch gerechtfertigte Rückzüge, sah sie als Verstoß gegen den Geist des ewigen Vormarschs, auf den er seine politische Bewegung aufgebaut hatte. Norman Stone schrieb dazu: «Mit seinen ‹Durchhaltebefehlen› schlug Hitler auf dem Klavier immer den gleichen Ton an, und das immer schriller und mit zunehmender Hartnäckigkeit, vom Anfang bis zum grauenhaften Ende.»[20] Diese Haltung war umso mehr zu tadeln angesichts der Tatsache, dass die Wehrmacht bei Gegenangriffen manchmal sogar noch bessere Leistungen zeigte als bei Angriffen – wie Rommel am Kasserine-Pass bewies, Manstein mit der Einnahme von Charkow nach Stalingrad, Vietinghoff in Anzio, Senger in Cassino, Model in Weißrussland und Manteuffel noch bei der Ardennenoffensive, bei der er fast die Maas erreichte.

In der Seekriegführung brachte Hitler es fertig, Großadmiral Erich Raeder, den besten deutschen Strategen auf diesem Gebiet seit Tirpitz, aus dem Amt zu treiben. Im Februar 1942 war er so sehr davon überzeugt, dass die Alliierten kurz vor einem Angriff auf Norwegen standen, dass er Raeder damit drohte, die Geschütze der *Prinz Eugen, Scharnhorst* und *Gneisenau* zur Nutzung durch die Küstenartillerie ausbauen zu lassen, falls diese Schiffe nicht von Brest aus dorthin zu gelangen versuchten. Zu diesem Zeitpunkt gab es keine plausible Bedrohung Norwegens durch die Alliierten. Den Großkampfschiffen gelang zwar ein unbeschadeter Durchbruch durch den Ärmelkanal, aber sie brachten jetzt keinen großen Nutzen mehr, ganz gewiss nicht mehr als Bedrohung für Geleitzüge im Atlantik, die sie bei Einsätzen von Brest aus schon immer hätten sein können. Hitler gab zu, «zur See ein Feigling» zu sein, aber er gestattete Raeder auch nie, ein Löwe zu sein. Als Dönitz die Marine übernahm, war sie bereits aus den unentbehrlichen Atlantikhäfen verjagt worden.

In seiner Rede zum «Heldengedenktag» am 15. März 1942 bei einem Staatsakt in Berlin versprach Hitler seinen Zuhörern, die Rote Armee werde bis zum Sommer 1942 vernichtet sein – ein weiteres größenwahnsinniges Versprechen, das er, wie sich schon bald herausstellte, nicht einhalten konnte. Ab dem 13. Juli, an dem er die Heeresgruppe B auf Stalingrad einschwenken ließ, begann eine Serie absurder Änderungen der Einsatzziele – besonders bei der 4. Panzerarmee, wie im 10. Kapitel gezeigt –, die jedem Planer Albträume verursachten. Die kumulative Wirkung dieser ständigen Umstellungen in der Denkweise und Angriffsrichtung bestand aus einer verhängnisvollen Schwächung des Vorstoßes in Richtung Stalingrad, einer Stadt, die es ohnehin nie wert gewesen war, so viele Soldaten dorthin zu schicken, und die vielleicht für keinen der beiden Diktatoren eine so hohe symbolische Bedeutung gehabt hätte, wenn das vormalige Zarizyn 1925 nicht diesen unglückseligen Namenswechsel zu Stalins Stadt erlebt hätte.

Hitlers wahre Krisen im Umgang mit den Generälen begannen natürlich erst, nachdem der Kriegsverlauf im September 1942, kurz nach dem Beginn der Schlacht um Stalingrad, endgültig eine ungünstige Wendung genommen hatte. Die deutschen Generäle waren ebenso schuldig wie ihr «Führer», weil auch sie diesen Kampf zum Fetisch erhoben und deshalb die Gelegenheit zu einem kontrollierten Rückzug ausließen, der für die 6. Armee die einzige Hoffnung gewesen wäre. Hitler entließ am 24. September 1942 General Halder, wie wir im 10. Kapitel gesehen haben, weil dieser seine persönliche Einmischung an der Ostfront kritisiert hatte, und ersetzte ihn durch den unterwürfigeren General Zeitzler. Dann entließ er auch noch Feldmarschall Wilhelm List und übernahm selbst das Kommando über die Heeresgruppe B, ohne sich vorher die Mühe zu machen, die Wolfsschanze zu verlassen und sich in das Hauptquartier der Heeresgruppe zu begeben. Für einen Diktator, dessen Wort Gesetzeskraft hatte, sollte es zu allen Zeiten schwierig sein, einen objektiven Rat zu bekommen, aber ausgerechnet diejenigen Personen zu entlassen, die solchen Rat dennoch erteilten, war ein weiterer schwerer Fehler. Keitel und Jodl behielten ihre Schlüsselstellungen im Oberkommando der Wehrmacht, und das Letzte, was Hitler Ende 1942 brauchte, war noch mehr Speichelleckerei.

Nachdem Rommel während der Schlacht von El Alamein mitgeteilt hatte, seine Panzer könnten einen Durchbruch von Montgomerys Truppen nicht verhindern, gab Hitler einen weiteren «Durchhaltebefehl» aus, der von Rommel – der an Hitlers Verstand zweifelte, als er ihn erhielt – weitgehend missachtet wurde. Dennoch offenbarte dieser Befehl Hitlers Denkweise, dessen Beziehung zum menschlichen Leben sich in der nationalsozialistischen Ideologie spiegelte, nach der die Nation alles, ein einzelner Mensch dagegen wertlos war – mit Ausnahme des «Führers» selbst. Die gesamte Schlacht um Stalingrad wurde auf dieser Grundlage geführt.

In Hitlers Meinungsverschiedenheiten mit den Generälen – und besonders mit Manstein – wegen des Rückzugs der 17. Armee aus dem Kuban-Brückenkopf über die Straße von Kertsch Ende 1942 und Anfang 1943 zeigte sich ein tieferer Gegensatz bei der Festlegung der zukünftigen Strategie. Hitler wollte die gesamte Streitmacht an Ort und Stelle belassen, damit die Kaukasusregion zurückerobert werden konnte, wenn sich das Kriegsglück wendete; die Generäle hatten dagegen die ölreiche Region bereits abgeschrieben und wollten mit der geretteten 17. Armee die sich vergrößernden Lücken in der Ukrainefront auffüllen. Wenn es nicht gelungen war, den Kaukasus 1941 oder 1942 zu besetzen, war es ihrer Einschätzung nach kaum wahrscheinlich, dass dies 1943 geschehen würde. Die Rückeroberung der Halbinsel Taman und des Kuban-Brückenkopfes östlich der Krim wäre mit schweren Verlusten verbunden. Hitler wollte auch große deutsche und rumänische Truppenkontingente auf der Krim zurücklassen, anstatt sie zu evakuieren, solange noch Zeit dafür war, weil er darauf hoffte, dass die Landverbindung auch nach einem Abschneiden der Halbinsel durch die Rote Armee wieder hergestellt werden konnte.

Hitlers strategische Argumente waren nicht unvernünftig – die Krim würde für die Bombardierung der rumänischen Ölförderanlagen genutzt werden, die Türkei könnte sich, falls sie fiel, den Alliierten anschließen –, doch in diesem Fall ging es nicht um Hitlers Optimismus, der im Konflikt mit dem Realismus der Generäle stand.[21] Der Streit ergab sich aus völlig verschiedenen Weltanschauungen. Nach Hitlers Empfinden musste jedes nur erdenkliche Risiko eingegangen werden, um den Krieg zu gewinnen, weil eine Niederlage für ihn den sicheren Tod bedeutete, während ein geordneter Rückzug, der letztlich in die Niederlage führte, nur lange Haftzeiten für seine Generäle nach sich ziehen würde, selbst für diejenigen, die, wie Manstein, direkt in Kriegsverbrechen verstrickt waren. Deshalb spielten beide Seiten um drastisch unterschiedliche Einsätze. (Tatsächlich kam es dann so, dass trotz der langen Haftstrafen, zu denen die Generäle verurteilt wurden, Kesselring nur fünf Jahre davon absitzen musste, Manstein und List vier Jahre, Guderian, Blumentritt und Milch drei Jahre und Zeitzler achtzehn Monate.)

Natürlich verlief die Konfliktlinie bei strategischen Entscheidungen sehr oft keineswegs eindeutig zwischen Hitler auf der einen und den Generälen auf der anderen Seite, sondern zwischen den Generälen auf beiden Seiten der jeweiligen Streitfrage, und Hitler traf letztlich die Entscheidung. Aber obwohl sich Hitler dabei sehr oft auf die falsche Seite schlug, erinnerte ihn danach kaum einmal jemand daran. Im September 1942 hatte Jodl Hitler darauf hingewiesen, dass er den Fehler begangen habe, Generalfeldmarschall List und der Heeresgruppe A im Kaukasus einen zu breiten Frontabschnitt zuzuteilen, und wurde von seinem Oberbefehlshaber daraufhin eine Zeitlang brüskiert. Hitler vermied es, Jodl bei den Mahlzeiten zu begegnen, verweigerte demonstrativ den Handschlag und gab Befehl, ihn abzulösen, was dann aber nicht geschah. «Man dürfe einem Diktator keine von ihm verschuldeten Irrtümer nachweisen, da man sonst das Selbstvertrauen, die stärkste Stütze seiner Person und seines Handelns, beeinträchtige»,[22] berichtete Warlimont über eine Äußerung Jodls in einem Vier-Augen-Gespräch mit Keitel, die ihm zu Ohren kam. Da Hitler außerdem der höchste – und letztlich der einzige – Garant für ihre Macht und ihr Prestige war, lag es weder in Keitels noch in Jodls Interesse, dieses Selbstvertrauen zu untergraben, und es scheint keinen weiteren Vorfall dieser Art gegeben zu haben. Deshalb lernte Hitler auch nichts aus seinen Fehlern und wiederholte sie in den zweieinhalb Jahren, die auf Stalingrad noch folgten, immer und immer wieder. Bei den westlichen Alliierten wäre so etwas unmöglich gewesen, dort taten sich die Generäle Brooke und Marshall keinen Zwang an und wiesen ohne Scheu auf frühere Irrtümer hin, die Churchill und Roosevelt begangen hatten, und umgekehrt verhielt es sich genauso.

Hitler verschob das Unternehmen Zitadelle, den Angriff auf Kursk, im Zeitraum von März bis Juli 1943 mehrfach um insgesamt hundert Tage. Ein Grund dafür war Speers Versprechen, die neuen Panther-Panzer würden bis dahin in hoher Stückzahl produziert werden. Der vollständige Verlust des Überraschungsmoments, der besten Waffe der Deutschen in der Phase der Blitzkriege, hatte katastrophale Folgen. Die Rote Armee wusste, wo und ungefähr wann der Gegner angreifen würde, und bereitete sich entsprechend vor.

Man kann Hitler zwar kaum zum Vorwurf machen, dass er im Juni 1944 den Angriffsbeginn bei der Invasion in der Normandie verschlief, aber Rundstedts Verteidigungsmaßnahmen behinderte er massiv. Er hätte die Alliierten kaum besser unterstützen können, wenn er direkt für sie gearbeitet hätte. Der von ihm bewirkte Kompromiss zwischen Rundstedts Bestreben, im Landesinneren zu kämpfen, und Rommels Vorstellung, direkt an der Landungsküste die Entscheidung zu suchen, führte zur schlechtesten aller denkbaren Varianten, indem die Reaktion verworren ausfiel und die Kommandofunktionen auf katastrophale Weise voneinander getrennt wurden. Hitler war selbst Mitte Juli 1944 immer noch davon überzeugt, der Hauptangriff der Alliierten sei am Pas de Calais zu erwarten, und untersagte die Verlegung der dort stationierten kampfstarken Einheiten nach Süden an die Invasionsküste. Er fiel deshalb auch vollständig auf den norwegischen und den Calais-Teil des alliierten Täuschungsmanövers herein, auf Operation Fortitude North und Fortitude South.

Bei einer Lagebesprechung mit Rommel und Rundstedt warf Hitler am 17. Juni 1944 seinen Soldaten Schwäche und Feigheit vor, verweigerte die Genehmigung von Rückzügen und kündigte an, mit den Geheimwaffen werde der Krieg gewonnen werden. Doch er hatte während des gesamten Kriegsverlaufs die Entwicklung der Geheimwaffen untergraben, indem er anordnete, das Düsenjäger-Programm auf die Produktion von Bombern und nicht auf Jagdflugzeuge zu konzentrieren, und indem er die V-Waffen-Programme zwischenzeitlich einstellen und erst spät wieder aufnehmen ließ.

Hitlers sich stetig drehendes Personalkarussell mit häufigen Entlassungen und Wiedereinsetzungen hochrangiger Generäle war für das Oberkommando verwirrend und für die Soldaten demoralisierend, denn sie konnten aus solchen Vorgängen nur schließen, dass sie von ihren Generälen schlecht geführt wurden, was keineswegs allgemein der Fall war. Manstein zu entlassen, anstatt ihm das Oberkommando über die Ostfront zu übertragen, war ein schwerwiegender Fehler. Doch selbst eine unterwürfige Haltung konnte manche Kommandeure nicht schützen: Hitler entließ am 28. Juni 1944 Feldmarschall Ernst Busch als Oberbefehlshaber der Heeresgruppe Mitte und ersetzte ihn durch Model. Eine Woche später ersetzte er Rundstedt durch Feldmarschall von Kluge, der sich noch von den Folgen eines Autounfalls erholte. Am 10. Juli verweigerte er Model dann eine Unterstützung durch die Heeresgruppe Nord, mit der dieser seine Versuche verstärken wollte, die Rote Armee vom Baltikum fernzuhalten, und am 5. September, nur wenige Wochen nach der zwischenzeitlichen Ablösung durch Kluge, machte er Rundstedt abermals zum Oberbefehlshaber West. Einige Feldmarschälle befehligten an der Ostfront im Verlauf weniger Monate nacheinander alle drei dort eingesetzten Heeresgruppen. Obwohl Hitler sich mit seinem «unabänderlichen Willen» brüstete, änderte er ständig seine Meinung.

Die Verschwörung des 20. Juli ließ Hitler verständlicherweise an der Loyalität seiner Generäle zweifeln, aber sie erzeugte in ihm auch eine ungerechtfertigte Sicherheit bezüglich seines eigenes Schicksals und seiner Unverwundbarkeit – eine katastrophale Kombination. An Weihnachten 1944 war es, trotz der Geländegewinne von mehr als 1000 Quadratkilometern durch die Ardennenoffensive, offensichtlich, dass Antwerpen nicht fallen und der Angriff nicht viel weiter vordringen würde. In einem weiteren «Durchhaltebefehl» behauptete Hitler, im neuen Jahr werde es eine Offensive im Elsass geben, die allerdings nie zustande kam. Indem er Model einen Rückzug aus dem Gebiet um Houffalize verweigerte, nahm er den eigenen Truppen abermals die Möglichkeit, sich in einer rückwärtigen Stellung neu zu ordnen. Am Ende der Offensive überschritt die US-Armee östlich von St. Vith sogar die deutsche Grenze.

Nachdem das III. US-Korps im März 1945 in Remagen mit Hilfe der unzerstörten Ludendorff-Brücke den Rhein überquert hatte, entließ Hitler Rundstedt abermals als Oberbefehlshaber West. Am 12. März inspizierte er dann die Ostfront und sagte im Schloss Freienwalde an der Oder zu seinen Kommandeuren, jeder Tag und jede Stunde seien kostbar, weil der Einsatz einer neuen Geheimwaffe unmittelbar bevorstehe, ohne dazu nähere Angaben zu machen.[23] Der Grund dafür war, dass ihm diese Waffen ausgegangen waren – die letzte V 2 ging vierzehn Tage später in London nieder –, falls er nicht die neuen U-Boote meinte, die noch lange nicht einsatzfähig waren. (Es war aber vermutlich nur eine weitere Lüge zur Stärkung der Kampfmoral.) Zu dieser Zeit hatte er in der Tat beschlossen, eine neue Geheimwaffe einzusetzen, und zwar gegen das deutsche Volk selbst, weil es ihn verraten hatte, indem es den Krieg verlor: Am 19. März befahl er die Zerstörung sämtlicher Fabriken und Nahrungsmittelvorräte an allen Fronten – eine Politik, die von Albert Speer dankenswerterweise ignoriert wurde und der nur die allerfanatischsten Nazis folgen wollten. Neun Tage später entließ Hitler abermals seinen vielleicht besten Feldkommandeur, Heinz Guderian, und ersetzte ihn durch den vollkommen unbedeutenden General Hans Krebs. Charlie Chaplins «Großer Diktator» hätte das kaum besser machen können. Gegen Kriegsende wurden fanatische Nazi-Generäle wie Krebs, Schörner und Rendulic befördert, weniger aufgrund ihrer militärischen Kompetenz, sondern wegen ihrer ideologischen Loyalität.

Wäre Hitler kein Nationalsozialist gewesen, hätte er vielleicht den Zweiten Weltkrieg gar nicht entfesselt, aber wenn doch, hätte er ihn vielleicht gewonnen. Der Sieg der Alliierten in diesem von 1939 bis 1945 dauernden Konflikt war keineswegs unvermeidlich. John Stuart Mill stellte bereits 1859 in seiner Abhandlung *On Liberty (Über die Freiheit)* fest: «Es ist ein Stück eitler Sentimentalität, zu glauben, dass der Wahrheit als solcher eine angeborene Kraft innewohne, die dem Irrtum versagt bliebe und die gegen Kerker und Scheiterhaufen die Oberhand gewinne.»[24] Viele von Hitlers schlimmsten strategischen Fehlern waren das Ergebnis seiner ideologischen Überzeugungen, nicht von militärischen Notwendigkeiten. «Tatsächlich waren wir unter den Nazis drauf und dran, die Clausewitzsche Lehre in ihr Gegenteil zu verkehren und den Frieden als eine Fortsetzung des Krieges anzusehen», sagte Ewald von Kleist nach dem Krieg zu Liddell Hart.[25] Es fällt nicht schwer, eine Geschichte des Zweiten Weltkriegs zu konstruieren, in der ein aus deutschen Generälen bestehendes Oberkommando der gleichberechtigten vereinigten Stabschefs nicht die Fehler beging, die Hitler unterliefen, und dabei läuft es einem dann kalt den Rücken hinunter.

Natürlich ist es heute einfach, den Zweiten Weltkrieg auf der Grundlage umfassender nachträglicher Einsichten auszutragen und Hitler für Irrtümer, die damals – vor allem bei vollständigem Fehlen kritischer Ratschläge – wie die besten verfügbaren Optionen wirkten, dem Gespött preiszugeben. Er hatte nicht die vielen Geheimdienstberichte und Informationen zur Hand, über die wir heute verfügen; er war, anders als wir heute, nicht ins Denken des Feindes eingeweiht. Aber selbst Stalin ließ sich in der Stawka mitunter überzeugen, solange es nicht danach aussah, als würde er damit übergangen. Deutschlands Strategie hätte nach 1939 von einem Komitee der Stabschefs festgelegt werden müssen, auf das Hitler und Göring nur wenig Einfluss nehmen konnten und das stattdessen auf die kollektiven Begabungen von Generälen wie Manstein, Halder, Brauchitsch, Rundstedt, Rommel, Guderian, Student, Senger, Vietinghoff, Bock und Kesselring setzte. Raeder und Dönitz hätten die Seekriegs-Strategie bestimmen und Hitler sich mit Besuchen an der Front, in Lazaretten und an Stätten von Bombenangriffen begnügen sollen. Weitere geeignete Aufgaben für ihn wären Drohungen an die Adresse der Neutralen, Ansprachen zur Stärkung der Moral und alle nur erdenklichen diplomatischen Bemühungen gewesen, die verhinderten, dass Amerika Deutschland den Krieg erklärte.

Es lässt sich unmöglich sagen, ob die deutschen Generäle die gleichen oder vielleicht einige ganz andere, aber nicht weniger katastrophale Fehler begangen hätten. Vielleicht war die Unterjochung von 193 Millionen Sowjetbürgern durch 79 Millionen Deutsche einfach eine mathematische Unmöglichkeit, und Deutschland hätte den Krieg deshalb unter keinen Umständen gewinnen können. Hätte Hitler sich nach Barbarossa aus der Kriegführung weitgehend herausgehalten, hätte das vermutlich nicht mehr bewirkt, als dass der Krieg noch länger gedauert und noch mehr

Menschenleben gefordert hätte. Hitlers Niederlage war mit der politischen Natur des Hitlerismus eng verbunden, insbesondere mit seiner Verweigerung einer jeden Art von Rückzug, dem Glauben an die Kraft seines unbändigen Willens und der konstanten Erhöhung seines Spieleinsatzes, was für ihn in der Innenpolitik der Weimarer Republik in den Zwanziger- und bei seinem internationalen Vabanquespiel in den Dreißigerjahren gut funktioniert hatte. Kühnheit, Unberechenbarkeit und der Blitzkrieg hatten ihm bis Ende 1941 hervorragende Dienste geleistet, aber sie reichten nicht aus, vor allem nachdem seine größten Fehler dafür gesorgt hatten, dass seine Willenskraft es mit der alliierten Luftstreitmacht und mit der sowjetischen Panzermacht zu tun bekam. Die alliierte Luftmacht sei der wichtigste einzelne Grund für die deutsche Niederlage gewesen, behauptete Albert Kesselring, und Blumentritt und andere stimmten ihm zu.[26] Damit lagen sie natürlich falsch, denn es war die sowjetische Landstreitmacht, die dem Nationalsozialismus die Totenglocke läutete. Aber diese beiden Faktoren setzten gemeinsam die Grenzen dafür, wie weit Fanatismus und der Blitzkrieg eine Nation bringen konnten. Und die Antwort fand sich, wie wir im 13. Kapitel gesehen haben, auf den windumbrausten Getreidefeldern bei Prochorowka: Ab hier ging es nicht mehr weiter.

Natürlich konnte Hitler nach der Kriegserklärung an die Vereinigten Staaten im Dezember 1941 ohnehin nicht mehr darauf hoffen, den Krieg zu gewinnen, weil in New Mexico bereits eine Atombombe zur Entwicklungsreife gebracht wurde und Deutschland von einer solchen Waffe noch weit entfernt war. Da die Vereinigten Staaten nicht zu erobern waren, musste zwangsläufig, wie lange der Krieg auch dauern mochte, die Seite gewinnen, die zuerst über Atomwaffen verfügte, und das würden auf jeden Fall die Alliierten sein. Wäre die Invasion in der Normandie gescheitert, was ohne Weiteres denkbar gewesen wäre, eröffnet sich die grauenhafte Vision, dass sich die Alliierten gezwungen gesehen hätten, den Krieg in Europa auf die gleiche Art zu gewinnen, wie sie das in Japan taten, so dass deutsche Städte so schnell dem Erdboden gleichgemacht worden wären, wie neue Bomben hergestellt werden konnten, bis die Nazis – oder ihre Nachfolger – schließlich kapituliert hätten.

Auf den beiden Gebieten, wo der reine Intellekt einen beträchtlichen Einfluss auf den Kriegsausgang hatte – beim Knacken von Codes in Bletchley Park und im Fernen Osten und beim Bau der Atombombe in Los Alamos –, gewannen die Alliierten die Schlacht der Superhirne. «Es ist beruhigend, wenn einem versichert wird, dass unsere Leute schlauer waren als die anderen», hat John Keegan das zusammengefasst.[27]

Im Dezember 1941 standen Deutschland mit einer Bevölkerung von 79 Millionen Menschen, Japan (73 Millionen), Italien (45 Millionen), Rumänien (13,6 Millionen) und Ungarn (9,1 Millionen) der vereinigten militärischen Macht der UdSSR (193 Millionen), der USA (132 Millionen), Großbritanniens (48 Millionen), Kanadas (11,5 Millionen), Südafrikas (10,5 Millionen), Australiens (7,1 Millionen) und Neuseelands (1,6 Millionen) gegenüber. Diese Zahlen berücksichtigen Indien und China nicht, zwei Länder, die erhebliche Beiträge zum Sieg der Alliierten leisteten, ebenso wenig wie Frankreich, für das diese Feststellung nicht gilt.[28] Nachdem Italien im September 1943 die Seiten gewechselt hatte, stand einer Gesamtbevölkerungszahl von rund 175 Millionen bei den Achsenmächten eine Zahl von 449 Millionen auf Seiten der Alliierten gegenüber, mehr als zweieinhalbmal so viele Menschen. Da die Alliierten außerdem ab 1941 zwei Drittel der weltweiten Vorkommen und der Produktion von Eisen, Stahl, Öl und Kohle kontrollierten, hätte ihr Sieg gesichert sein müssen. Doch Deutschland ergab sich erst im Mai 1945 den Eroberern, und drei Monate später waren zwei Atombomben nötig, um Japan in die gleiche Haltung zu zwingen. Die unbeirrbare, sture Entschlossenheit beider Nationen war ein Grund dafür, warum sie so lange gegen die Alliierten durchhalten konnten, aber die hohe Kampfkraft ihrer Soldaten, vor allem der Deutschen, war der andere Grund. Die Statistiken sind eindeutig: Bis zum Jahresende 1944 fügten die Deutschen den Briten und Amerikanern im direkten Vergleich um 20 bis 50 Prozent höhere Verluste zu, als sie selbst erlitten, und die sowjetischen Truppen verzeichneten unter nahezu allen militärischen Bedingungen viel höhere Verluste.[29] Die Deutschen verloren zwar den Krieg, weil einerseits Hitler die Gesamtstrategie bestimmte, andererseits die Gesamtzahl der Menschen und die Leistungsfähigkeit der Volkswirtschaften, denen sie sich gegenübersahen, so viel größer waren, aber es ist unbestreitbar, dass sie die besten Kämpfer des Zweiten Weltkriegs waren, mit Ausnahme der letzten paar Monate dieses Ringens, in denen es ihnen massiv an Ausrüstung, Treibstoff, Verstärkungen und Luftunterstützung mangelte.

Die mit dem Überfall auf die Sowjetunion verbundenen Probleme für die Angreifer sollten stets sowohl logistischer wie militärischer Art sein. In der Anfangsphase von Barbarossa besiegten die Deutschen die Rote Armee praktisch überall, wo es zu Kämpfen kam, dabei spielte die Zahl der beteiligten Soldaten fast keine Rolle. Doch das Problem, die Infanterie schnell genug hinter den Panzerspitzen heranzuführen, vor allem im Herbst 1941, als die Straßen und Wege sich in Morast verwandelten, war beängstigend. Ein über zwei Jahre hinweg geführter Krieg, bei dem Moskau und Leningrad 1942 eingenommen wurden, riskierte die Konfrontation mit einer vollständigen sowjetischen Mobilisierung von letztlich fünfhundert Divisionen. Der kühne Vorstoß auf Moskau – das politische, logistische und nachrichtentechnische Zentrum des europäischen Teils der Sowjetunion – war für Hitler deshalb nach wie vor die beste Option. Hätte im September 1941 eine ganze Panzergruppe Moskau auf der Ostseite umgangen, wäre die Stadt vielleicht gefallen, obwohl natürlich jeder Straßenzug verteidigt worden wäre, wie das in Stalingrad tatsächlich und wie es in Leningrad um ein Haar geschah. Der Hauptunterschied bestand darin, dass die Sowjets Stalingrad über die Wolga hinweg immer wieder aufs Neue versorgen konnten, was in der Hauptstadt bei einer Umzingelung durch Guderians und Hoths Panzertruppen nicht möglich gewesen wäre.

Neben den schlimmen Folgen für die sowjetische Kampfmoral hätte ein Fall Moskaus auch die Fähigkeit der Sowjets beeinträchtigt, ihre Reserven zu konzentrieren und andere Städte in der Region zu versorgen. Die weiten Entfernungen, die (ständig durch Partisanen gefährdeten) Transportwege, Logistik, Schlamm und Schnee sowie die Aufstellung und der – wenn auch mit ungeheuren Verlusten verbundene – Einsatz einer überwältigenden Zahl sowjetischer Soldaten waren die Gründe, warum die Deutschen scheiterten. Wäre jedoch Anfang August 1941 Fedor von Bocks Heeresgruppe Mitte die Fortsetzung des Vormarschs auf Moskau mit ihrer ganzen Schlagkraft gestattet worden, hätte man vielleicht sogar diese Schwierigkeiten überwunden. Es bestand immer die Möglichkeit eines politischen Zusammenbruchs, vor allem, wenn Stalin tatsächlich gezwungen gewesen wäre, mit dem Sonderzug, den er am 16. Oktober 1941 vorsorglich für sich hatte bereitstellen lassen, aus Moskau zu fliehen und hinter dem Ural Zuflucht zu suchen. Berija schlug damals im privaten Rahmen einen solchen Schritt vor, aber in der Stawka unterließ er es. Da Japans Invasion im Osten ausblieb, hätte Hitler einem poststalinistischen Regime möglicherweise Friedensbedingungen angeboten, die ihm die Herrschaft über das Gebiet östlich des Urals beließen, Bedingungen also, die sehr viel härter ausgefallen wären als die Vereinbarungen im Friedensvertrag von Brest-Litowsk, den die Bolschewiki 1918 mit dem deutschen Kaiserreich abgeschlossen hatten. In Wirklichkeit war natürlich die Fähigkeit der Sowjetunion – auch nach dem Verlust von rund der Hälfte ihrer Schwerindustrie –, eine gewaltige Zahl von T-34-Panzern zu produzieren und fast 25 Millionen Soldaten zu mobilisieren, die innerhalb kurzer Zeit auch besser geführt und ausgerüstet waren, entscheidend, vor allem wenn man bedenkt, dass 70 Prozent der Luftwaffe für die Bekämpfung der kombinierten Bomberoffensive von Royal Air Force und US Air Force im Westen abgestellt werden mussten.

Hätten sich bei den Lagebesprechungen im Führerhauptquartier andere Ratgeber durchgesetzt, zum Beispiel Brauchitsch vor Dünkirchen, Galland während der Luftschlacht um England, Manstein in Stalingrad, Rommel vor El Alamein, Guderian vor Kursk und eine beliebige Zahl anderer Generäle bei einer beliebigen Zahl anderer Gelegenheiten, wäre die Wehrmacht bei ihrer Kriegführung in einer günstigeren Position gewesen. Aber Hitler konnte das Soldatenhandwerk einfach nicht den Soldaten überlassen. Ein Führer hatte ein Übermensch zu sein, der jeder Berufung gewachsen war, und für einen derart spektakulären Besserwisser wie Hitler – der zu allem und jedem eine Ansicht hatte, sich für Militärgeschichte begeisterte und über ein eindrucksvolles Gedächtnis für militärische Fakten verfügte – war es in emotionaler und psychologischer Hinsicht ein Ding der Unmöglichkeit, sich wie die Könige George VI. und Viktor Emmanuel III. in einem Weltkrieg mit der Beobachterrolle zu begnügen. Die Nazi-Philosophie trug glücklicherweise, wenn man sie erst einmal auf die militärische Ebene übertrug, den Keim zu ihrer eigenen Zerstörung in sich. Ein auf Expansion abzielender nationalistisch gesinnter Deutscher ohne nationalsozialistische Weltanschauung – etwa ein neuer Bismarck oder ein Moltke – hätte die UdSSR vielleicht ebenfalls nicht bezwungen, aber er hätte noch länger Krieg geführt und damit noch mehr Menschenleben ausgelöscht.

Bei der Betrachtung zahlreicher von Hitler begangener Fehler sei natürlich auch daran erinnert, dass es üblicherweise auch Generäle gab – und damit sind nicht nur Keitel und Jodl gemeint –, die ihn voll und ganz unterstützten und ihm wirkungsvolle Argumente zulieferten. Es gab keine simple Konstellation à la Hitler gegen das Oberkommando, wie das schreibende hohe Militärs wie Manstein, Guderian und Blumentritt in der Nachkriegszeit nur allzu oft darstellten. Es gab auch keinen deutschen General, der immer Recht hatte, ebenso wenig wie Hitler immer falsch lag, und die Feldzüge, die zu den Siegen über Polen, Norwegen, Frankreich, Jugoslawien und Griechenland (einschließlich Kretas) führten, wurden alle von Hitler geprüft und gutgeheißen. (All diese Feldzüge waren sehr erfolgreich, sieht man einmal von ihrer zeitlichen Anordnung im größeren Welteroberungsplan ab.) Es sei ebenfalls daran erinnert, dass kein General sich offen gegen das Konzept des Unternehmens Barbarossa aussprach, bei dem Halder wie auch Brauchitsch die überaus optimistischen nachrichtendienstlichen Einschätzungen ebenso teilten wie alle anderen, und dass Hitlers «Weisung Nr. 21» – «Die deutsche Wehrmacht muss darauf vorbereitet sein, auch vor Beendigung des Krieges gegen England Sowjetrussland in einem schnellen Feldzug niederzuwerfen» – bereits am 18. Dezember 1940, volle sechs Monate bevor der Schlag geführt wurde, das Konzept eines Zweifrontenkriegs entwarf. Manstein war beispielsweise zunächst auch dafür, dass Paulus versuchte, in Stalingrad durchzuhalten, Kluge war gegen den zentralen Vorstoß auf Moskau, und Bock unterstützte im Allgemeinen Hitlers Strategie an der Ostfront. Die Tatsache, dass die Generäle nur so selten ihre eigene Meinung vertraten, zeigt einfach, dass sie, all ihren Orden und Ehrenzeichen zum Trotz, im Allgemeinen genauso feige waren wie viele andere Menschen im nationalsozialistischen Deutschland. Außerdem waren sie alle auch ehrgeizige Berufsoffiziere, die wussten, dass Widerworte gegen Hitler kein guter Weg zu weiteren Beförderungen waren.

Natürlich bedeutet die Tatsache, dass die deutschen Generäle einander oft spinnefeind waren, nicht, dass sie nicht fähig gewesen wären, einen von vernünftigeren Überlegungen geprägten Krieg zu führen, als dies unter Hitler geschah. Vorausgesetzt, dass ein Stabschef amtierte, der mehr respektiert wurde – oder weniger speichelleckerisch veranlagt war – als Wilhelm Keitel. Wie in jeder anderen Armee auch, spielte der Ehrgeiz eine Rolle sowie Konflikte auf der rein persönlichen Ebene. Die überlieferten persönlichen Antipathien, die vor der Schlacht von Kursk zwischen Zeitzler, Manstein, Kluge und Guderian bestanden – den beiden Letztgenannten musste man sogar die Austragung eines Duells ausreden –, sind nur ein Beispiel für ein Phänomen, das dem deutschen Oberkommando zusetzen sollte. Man kann sich die Generäle nicht als eine einheitliche Stimme vorstellen, und so wie Schukow, Konjew und Rokossowski oder, noch offensichtlicher, Patton, Montgomery und Bradley Rivalen waren, so sahen die deutschen Generäle üblicherweise die Entlassung eines ihrer Kollegen als Chance für die eigene Karriere.

Von Alan Clark kam folgender Hinweis: «Es gibt keinen Beleg dafür, dass Hitler in Strategiefragen jemals seine Meinung änderte, weil ihn seine engsten Weggefährten in der Partei oder die ranghöchsten Offiziere der Wehrmacht überzeugt hatten.»[30] Waren Hitler und bestimmte Generäle in irgendeinem Punkt einer Meinung, geschah das fast immer, weil sie ihm zustimmten – und nicht umgekehrt. Der Krieg war für Deutschland nach der Schlacht von Kursk effektiv verloren, und dabei war es ein glücklicher Umstand, dass Hitler nur so wenigen seiner guten Generäle Gehör schenkte und außerdem dazu neigte, die besten von ihnen zu entlassen, sonst hätte sich der Krieg bis 1946 oder noch länger hinziehen können. Churchills abschätzige Bemerkungen über das militärische Genie und die «Meisterhand» des Gefreiten Hitler waren deshalb vollkommen gerechtfertigt. Die Westalliierten führten diesen Krieg dagegen im Wesentlichen durch Komitees, wobei die amerikanischen Vereinigten Stabschefs und das britische Komitee der Stabschefs die Gesamtstrategie entwickelten und dabei auch die Informationen mit einbezogen, die von den Politikern kamen. Dieses System führte zu heftigen Konflikten zwischen Politikern und Stabsoffizieren wie auch zwischen Briten und Amerikanern, aber die Traditionen des Umgangs zwischen Gentlemen, die offene Debatte (im Rahmen der gebotenen Sicherheitsvorschriften), die Freiheit von Furcht und die Annahme, dass die Synthese verschiedener Ansichten mit einiger Wahrscheinlichkeit bessere Ergebnisse hervorbringen würde, hatten zur Folge, dass die Spannungen, die sich zweifellos ergaben, im Allgemeinen eher kreativ waren.[31] Selbst in der Stawka, wo keine dieser Voraussetzungen zutraf, ließ Stalin ein vernünftiges Maß an freier Diskussion über militärische Fragen zu, solange diese nicht in den politischen Bereich abschweifte, der ausschließlich ihm selbst vorbehalten war. Die Katastrophe von 1941 ernüchterte ihn zweifellos und zeigte ihm, dass man auf Männer wie Schukow, Konjew und Rokossowski hören musste, wenn die Sowjetunion überleben sollte. Hitler stufte dagegen seine eigene Allwissenheit höher ein als die Notwendigkeit, seinen Beratern aufmerksam zuzuhören, wie hoch der Einsatz auch immer sein mochte.

Die drei wichtigsten alliierten Nationen hatten sehr unterschiedliche Stärken, aber jede von ihnen trug etwas ganz Entscheidendes zum Gesamtsieg bei. Ohne die Mischung, die sich aus diesen drei Beiträgen ergab, wäre dieser Sieg vielleicht erst sehr viel später in den Vierzigerjahren erreicht worden – wenn überhaupt.

Großbritannien wies 1940 Hitlers Friedensangebote zurück, siegte in der Luftschlacht um England, knackte den Enigma-Code, hielt im Verlauf der Atlantikschlacht die Seewege offen, bombardierte Deutschlands Industriebetriebe schwer genug, um Speers Rüstungswunder einen Dämpfer zu versetzen, und stellte einen unsinkbaren Flugzeugträger zur Verfügung (eine Riesenversion von Midway oder Malta), von dem aus nach der Invasion in der Normandie die Befreiung Westeuropas erreicht wurde. Es zwang Deutschland in einen Zweifrontenkrieg, auch wenn die westliche dieser Fronten während eines großen Teils dieses Krieges vor allem an den Mittelmeerküsten zu finden war und nicht in den Niederlanden, Belgien und Luxemburg. Die britische Armee hatte weniger Kriegsglück als die Royal Navy und die RAF, vor allem in den Anfangsphasen, mit ihrer unzureichenden Taktik beim Fall von Frankreich und Malaya und ihrer schlechten Strategie bei den Debakeln auf dem griechischen Festland und auf Kreta, mit unzureichender Ausrüstung bei den frühen Feldzügen in Nordafrika, fehlerhafter Nachrichtendienstarbeit in Dieppe und Arnheim und schlechtem Wetter in Italien. Richtig in Schwung kam sie erst bei der Schlacht von El Alamein – sehr gut unterstützt von ausgezeichneten Commonwealth-Kontingenten –, die in diesem Krieg der erste bedeutende Sieg des britischen Empires über die Deutschen zu Lande war, zugleich auch der letzte. Ab der Landung in der Normandie und ganz gewiss bei Slims Feldzügen in Burma in den Jahren 1944/45 schlug sich die britische Armee gut, aber ihre Soldaten hatten bis dahin schon fünf Kriegsjahre hinter sich. Es ist schwer, sich Alan Brookes Schlussfolgerung zu entziehen, dass die intelligentesten und besten britischen Soldaten im Ersten Weltkrieg getötet worden waren, obwohl das keineswegs erklärt, warum die Deutschen im Zweiten Weltkrieg dann so gut waren. Insgesamt hatte das Vereinigte Königreich 379 762 getötete und 475 000 verwundete Soldaten zu beklagen, außerdem kamen etwa 65 000 Zivilisten ums Leben.[32] Für jeden Amerikaner, der starb, verloren die Japaner sechs Menschen, die Deutschen elf und die Völker der Sowjetunion zweiundneunzig. Für jeden getöteten Briten starben vier Japaner, sieben Deutsche und sechzig Menschen in der Sowjetunion.[33] Das ist nun keineswegs ein Anlass zur Verlegenheit, es sollte vielmehr ein Anlass sein,

Roosevelt, Churchill, Marshall und Brooke dafür zu gratulieren, dass sie den Krieg mit so (vergleichsweise) geringen Opfern unter den eigenen Landsleuten zu Ende brachten.

Es war die Sowjetunion, die die Ströme von Blut vergoss, die notwendig waren, um Deutschland zu besiegen, und es kann nicht oft genug wiederholt werden, dass von jeweils fünf im Kampf getöteten Deutschen – das heißt: auf dem Schlachtfeld und nicht durch Bombardements aus der Luft oder durch andere Mittel – vier an der Ostfront starben. Das ist die zentrale statistische Zahl des Zweiten Weltkriegs. Die sowjetischen Gesamtverluste beliefen sich auf die wahrhaft ungeheuerliche Zahl von rund 27 Millionen getöteten Soldaten und Zivilisten, auch wenn dabei nicht vergessen werden darf, dass ein großer Teil der Verantwortung für die Katastrophe bei Stalin selbst lag. Hätte er nicht den Pakt mit Hitler geschlossen, Hitler nicht so vollständig vertraut, bei den Säuberungen der Jahre 1937/38 nicht einen großen Teil des Offizierskorps der Roten Armee ausgelöscht, den Krieg gegen Finnland nicht begonnen, seine Truppen nach dem hyänenartigen Vorstoß gegen Ostpolen nicht so weit nach vorne verlegt und nach dem Beginn von Unternehmen Barbarossa strategische Rückzüge nicht untersagt … – die Liste von Stalins schweren Fehlern ist lang und bitter, und diese Fehler kosteten Millionen von Menschenleben. Außerdem gilt: Die Sowjetunion entrichtete zwar den mit Abstand höchsten Blutzoll, doch bei einer umfassenderen Betrachtung der Kriegsanstrengungen, die auch den Seekrieg und den Luftkrieg gegen Deutschland berücksichtigt, zeigt sich, dass die Westalliierten dafür sorgten, dass Deutschland niemals in der Lage war, auch nur 60 Prozent seines gesamten Kriegspotenzials gegen die Sowjetunion aufzubieten, nicht einmal in den alles entscheidenden Monaten Ende 1941.[34]

Es trifft durchaus zu, dass der amerikanische Beitrag nicht in erster Linie aus dem Blut der eigenen Soldaten bestand – die USA beklagten 292 100 Gefallene, 571 822 Verwundete und eine geringe Zahl von zivilen Opfern –, sondern in der Produktion und der Weitergabe von Rüstungsgütern, der Gesamtfinanzierung des Konflikts, der Größe der mobilisierten Streitkräfte und aus den erfolgreich geführten Feldzügen, die die amerikanischen Strategen oft an Orte führten, an denen sie eigentlich gar nicht sein wollten. Die USA gaben 350 Milliarden Dollar für diesen Krieg aus, sogar noch mehr als Deutschland und ebenso viel wie die Sowjetunion und Großbritannien zusammen. Sie mobilisierten außerdem

14,9 Millionen Amerikaner, mehr eigene Staatsbürger als Deutschland (12,9 Millionen) und doppelt so viele wie Japan (7,4 Millionen). Die USA trugen den Löwenanteil zur alliierten Kriegführung im Pazifik bei, stellten zwei Drittel der Soldaten für die Operation Overlord und die anschließenden Kämpfe an der Westfront. Die 8. US-Luftflotte bombardierte Deutschland pausenlos, während die USA einen großen Teil der Stiefel, Lastwagen und anderen Rüstungsgüter lieferten, mit denen die Sowjetunion den Deutschen standhielt und sie schließlich besiegte. Nationalistisch gesinnte Historiker präsentieren das eigene Land zwar gern als entscheidenden Faktor für den Sieg und reden dabei die Beiträge der anderen Nationen klein, doch der Zweite Weltkrieg war eine wahrhaft gemeinsame Anstrengung, die den drei wichtigsten Partnern für den Sieg alles abverlangte, jedem dieser Länder auf unterschiedliche, aber letztlich sich ergänzende Art.

Churchill wies im April 1943 das Kriegskabinett an, den Ausdruck «British Commonwealth and Empire» «populär zu machen», eine Umkehrung des bis dahin gebräuchlichen «British Empire and Commonwealth», die jedoch zumindest am Wort «Empire» festhielt.[35] Doch während Churchill sich noch für ein Empire einsetzte, an das 1945 viele hochrangige britische Entscheidungsträger – außer ihm selbst – nicht mehr glaubten, und Stalin für ein ebenso dem Untergang geweihtes System kämpfte, bevor er gezielt einen Kalten Krieg einleitete, den sein Land letztlich verlieren sollte, arbeitete Roosevelt an einer Zukunft, die dann auch Wirklichkeit wurde: an einer «sanften» Hegemonie der Vereinigten Staaten, mit Militärstützpunkten in aller Welt, einem im Allgemeinen uneingeschränkten Zugang zu den weltweiten Märkten und einer «Pax Americana», die bis in die Gegenwart angedauert hat. Als Churchill am Tag des Sieges in Europa den in London versammelten Menschenmengen zurief: «Das ist euer Sieg!» und die Menschen zurückriefen: «Nein, das ist *Ihr* Sieg!», sollten sie beide widerlegt werden: In Wirklichkeit stellte sich heraus, dass es der Sieg des nur wenige Wochen zuvor verstorbenen Roosevelt war.

Die Welt hatte das Glück, dass sie, von Adolf Hitler bedroht, über Männer vom Format eines Roosevelt und Churchill verfügte, ja sogar eines Stalin, ungeachtet all seiner Fehler. Wäre es Deutschland gelungen, alle bis zum Sommer 1941 besetzten Gebiete zu halten, und hätte es auf den Überfall auf die Sowjetunion verzichtet, dann hätte es ebenso viele

Einwohner gehabt wie die Vereinigten Staaten – selbst wenn, zumindest in der ersten Generation, nur 60 Prozent dieser Menschen Deutsch als Muttersprache gesprochen hätten. Wenn Hitler diese enorme Zahl von hart arbeitenden, gut ausgebildeten Europäern für die Ziele des Dritten Reiches eingespannt hätte, dann hätte er auf dieser Grundlage die mächtigste Supermacht der Welt schaffen können. Zum Glück für die Menschheit war er zu ungeduldig und ein zu überzeugter Nazi – das Unternehmen Barbarossa entsprang in erster Linie ideologischen Erfordernissen und nicht militärischen Sachzwängen –, als dass er bereit gewesen wäre, die mit harter Arbeit ausgefüllten Jahre zu investieren, die nötig gewesen werden, um die in diesem Ausmaß überraschenden Erfolge von 1940 zu konsolidieren. Auf der persönlichen Ebene war es Hitler bis dahin zwar leichtgefallen, ängstliche und naive Männer wie Schuschnigg, Hácha, Chamberlain und Daladier zu drangsalieren und anzulügen, aber als er es mit Widersachern wie Franklin Roosevelt, Winston Churchill und Josef Stalin zu tun bekam, stellte er fest, dass er mehr als nur ebenbürtige Gegenspieler vor sich hatte.

Die alliierte Gesamtstrategie wurde den drei Trägern der Hauptlasten ebenso sehr von den Begleitumständen aufgezwungen wie durch freie Entscheidung gestaltet. Die Sowjets mussten bei Kriegsbeginn einfach nur so gut wie möglich überleben, und erst nach den deutschen Rückschlägen in Stalingrad im Januar 1943 und bei Kursk im Juli jenes Jahres konnten sie die Initiative auf dem Schlachtfeld ergreifen, die sie schließlich mit großer Tatkraft ausübten, vor allem in ihrem *annus mirabilis* 1944. Die Vernichtung der deutschen Heeresgruppe Mitte durch die Operation Bagration im Sommer jenes Jahres war ein entscheidender Erfolg von herausragender Bedeutung in der gesamten Kriegsgeschichte, der die kurz zuvor angelaufene Operation Overlord eindeutig in den Schatten stellte. Der sowjetische Vormarsch an der Ostfront war aber immer noch mit hohen Verlusten verbunden, denn auch im Jahr 1945 fügten die Deutschen dort – im Unterschied zur Westfront – ihren Gegnern nach wie vor höhere Verluste zu, als sie selbst erlitten.

Den Amerikanern blieb keine echte Wahl, selbst nachdem Japan sie am 7. Dezember 1941 mit Krieg überzog und Hitler vier Tage später seine Kriegserklärung folgen ließ. Theoretisch hätten sie auch eine «Pazifik zuerst»-Politik betreiben können, aber General George C. Marshall lag mit seiner Einschätzung richtig, dass es relativ leicht sein würde, nach einer deutschen Kapitulation auch Japan zu besiegen, während dies umgekehrt nicht unbedingt zutraf. Ebenso wurde die Strategie, nach der die amerikanischen Streitkräfte zunächst in Nordafrika gegen die Deutschen kämpften, dann in Sizilien und auf dem italienischen Festland, bis sie schließlich in Nordwestfrankreich in die Offensive gingen, den amerikanischen Vereinigten Stabschefs von den Briten aufgenötigt, die jedes Vorgehen über den Ärmelkanal vor dem 1. Mai 1944 ablehnten. Aus operativen Gründen kam es dann zu weiteren Verschiebungen bis zum 6. Juni. Die Konflikte, die sich zwischen den britischen und amerikanischen politischen Entscheidungsträgern wegen der Zeitplanung für die Operation Overlord auftaten, waren gewaltig, aber beide Seiten wussten, dass ohne britische Zustimmung die Landung in der Normandie zu keinem früheren Zeitpunkt hätte stattfinden können.

Und man hätte auch nicht früher landen sollen. Nachdem die Deutschen ihrer Enigma-Verschlüsselungsmaschine im Februar 1942 eine weitere Walze hinzugefügt hatten, tappten die Alliierten bei den Bewegungen der Kriegsmarine in der Atlantikschlacht fast ein Jahr lang abermals im Dunkeln. Im Nordwesten Europas konnte jedoch kein Landungsversuch unternommen werden, solange die Nachschubwege von der U-Boot-Flotte bedroht wurden. Diese Schlacht war erst im Mai 1943 entschieden, zu diesem Zeitpunkt hatten sich auch eine Viertelmillion Deutsche in Nordafrika ergeben, und die Planung für die Invasion auf Sizilien war bereits weit fortgeschritten. Marshall hätte sich darüber beklagen können, von Brooke und Churchill «hinters Licht geführt» zu werden. Aber zum Zeitpunkt der Konferenz von Casablanca im Januar 1943 bestand keine Möglichkeit, eine bedeutende Zahl von Soldaten noch im selben Jahr über den Kanal zu bringen, wie Marshall selbst einräumen musste, und der Krieg konnte nicht einfach ausgesetzt werden, bis man in Südengland genug Männer für Overlord beisammen hatte. Sizilien folgte auf Nordafrika ebenso logisch, wie anschließend das italienische Festland auf Sizilien folgte. Nicht nötig waren dagegen die langen und verlustreichen Feldzüge nördlich von Rom, nachdem Overlord gelungen war, vom überflüssigen Angriff auf den Süden Frankreichs Mitte August 1944 ganz zu schweigen.

Ohne vollständige Luftüberlegenheit und ohne massive Bombardements aus der Luft, die nahezu unmöglich waren, bis die Mustang-Begleitjäger im Frühjahr 1944 in ausreichend großer Zahl zur Verfügung standen, hätte die Landung in der Normandie vielleicht mit einer Katastrophe geendet. Außerdem war noch sehr viel Arbeit an den künstlichen Mulberry-Häfen und an der vorgesehenen Unterwasser-Pipeline durch den Ärmelkanal («Pipeline under the Ocean», PLUTO) zu leisten, und beides wurde ebenfalls erst 1944 fertiggestellt. Die Täuschungsmanöver Fortitude North und South mussten noch verfeinert werden, was in jenem Jahr auch mit triumphalem Ergebnis gelang. Vor allem musste die Wehrmacht an der Ostfront ausbluten, was vor 1944 noch nicht der Fall war. (Und eine Invasion in Frankreich war nicht mehr möglich, sobald das Wetter ab Mitte September unvorhersagbar wurde.) Eine Niederlage im Westen, bei der die alliierten Landungstruppen ins Meer zurückgetrieben worden wären – was selbst am 6. Juni 1944 durch einen schneller ausgeführten, von einem einheitlichen deutschen Oberkommando geleiteten Panzerangriff noch hätte geschehen können –, hätte die Befreiung Europas, zumindest von Westen her, möglicherweise um Jahre verzögert. Hätten die Alliierten Westeuropa nicht Mitte der Vierzigerjahre befreit, wäre dort die gleiche Form einer sowjetischen totalitären Tyrannei installiert worden, wie die unterdrückten Völker Osteuropas sie bis 1989 erlebten.

Die Armeen der Alliierten mussten außerdem bei einer Reihe von Siegen Kampferfahrungen sammeln, bevor sie der deutschen Hauptstreitmacht in offener Schlacht gegenübertreten konnten, die ein ganz anderer Gegner war als das unzureichend ausgerüstete Afrikakorps, das sich dennoch in Tobruk, am Kasserine-Pass und an anderen Orten so gut geschlagen hatte. Ein wuchtiger Vorstoß wie die Ardennenoffensive, bereits 1942 oder 1943 gegen unerfahrene alliierte Truppen geführt, hätte ohne Weiteres erfolgreich sein können, besonders mit dem Treibstoff und der Luftunterstützung, die den Deutschen damals noch zur Verfügung standen. Die Alliierten verfolgten deshalb bis weit in den Krieg hinein im Wesentlichen reaktive Strategien, die ihnen Hitler mit seiner militärischen Überlegenheit aufzwang, und reagierten immerzu auf Hitlers mit Starrsinn verfolgte Launen. Es ist deshalb kein Zufall, dass auch dieses Buch dazu neigte, sich auf seine Gedanken, seine Handlungen und seine regelmäßigen, kolossalen Fehler zu konzentrieren.

Hitlers Antisemitismus, der im Holocaust gipfelte, war von zentraler Bedeutung für seine nationalsozialistische Ideologie, aber er trug nichts zur Verbesserung von Deutschlands Siegeschancen im Krieg bei, möglicherweise aber sehr viel zu deren Verminderung. Das Deutsche Reich unternahm große Anstrengungen, vor allem im Bereich des Transportwesens, um Europa «judenfrei» zu machen. Abgesehen von den rein moralischen Fragen, die Hitler offensichtlich überhaupt nicht beschäftigten, war der Holocaust auch ein militärischer Fehler, denn er band Transportkapazitäten der Eisenbahn und (wenn auch nur wenige) SS-Männer, vor allem aber nahm er Deutschland Millionen von potenziell produktiven Arbeitskräften und potenziellen Soldaten. Deutsche Juden, die tapfer für den Kaiser gekämpft hatten – Hitler selbst hatte das Eiserne Kreuz 1. Klasse erhalten, weil sich sein jüdischer Regimentsadjutant[36] beim Hauptquartier sehr dafür eingesetzt hatte –, wurden nicht nur nicht zum Volkssturm eingezogen, sie wurden vergast. Die Zahl der in Deutschland verfügbaren Arbeitskräfte sank in den Jahren von 1939 bis 1944 von 39 Millionen auf 29 Millionen – ein katastrophaler Rückgang um 26 Prozent in einer Zeit, in der eine massive Produktionssteigerung von entscheidender Bedeutung für den Sieg war.[37] Während die Produktion durch einen Mangel an intelligenten, gut ausgebildeten und hart arbeitenden Menschen schwer beeinträchtigt wurde, ließ Hitler rund 5,7 Millionen europäische Juden ermorden – ein Vorgehen, das ganz offensichtlich zur eigenen Niederlage beitrug, nur nicht nach der kranken Denkweise eines Nazi-Fanatikers. Die Wehrmacht nahm aus ideologischen Gründen auch keine Frauen in ihre Reihen auf, die Rote Armee dagegen berief ein bis eineinhalb Millionen Frauen ein, wobei die einzige Vergünstigung für diese Soldatinnen war, dass man ihnen 100 Gramm mehr Seife zugestand als den Männern.

Trotz aller Niederlagen auf dem europäischen Festland an der Ost- wie an der Westfront im Jahr 1945 gab es noch eine Sache, die Hitler in diesem Krieg zu einer Pattsituation, vielleicht sogar noch zum Sieg hätte verhelfen können. Der deutsche Physiker Werner Heisenberg berichtete Hitler im Juni 1942, dass eine Uranmenge von der Größe einer Ananas ausreichen würde, um eine ganze Stadt zu zerstören.[38] Doch die jüdischen und deutschen emigrierten Wissenschaftler, die über das Wissen und die Genialität verfügten, die man brauchte, um das Atom zu spalten, arbeiteten zu diesem Zeitpunkt bereits in New Mexico und nicht für Heisenberg im Kaiser-Wilhelm-Institut in Dahlem. Hitlers Nationalsozialismus hatte ihn ebenfalls dieser letzten, wenn auch durchweg vagen Siegeschance beraubt. Über Kaiser Napoleon III. sagte man, sein Name sei für ihn Glück und Unglück zugleich gewesen. Ähnlich war Hitler mit seiner Revolution erfolgreich, weil er über Elan, Willenskraft, eine Weltanschauung und politische Vorstellungen verfügte, die – wie unberechtigt auch immer – Deutschland in den Dreißigerjahren Hoffnung zu geben schienen. Doch genau diese Phänomene führten im darauffolgenden Jahrzehnt zu seinem Untergang.

Adolf Hitler hatte am Abend des 4. Februar 1942 auf dem Berghof Heinrich Himmler zu Gast, als das Gespräch auf Shakespeare kam. Der Gastgeber bezog sich möglicherweise auf *Hamlet* oder *König Lear*, als er Folgendes zum Besten gab:

> Wir haben nur ein Unglück: dass wir bisher den Dramatiker nicht gefunden haben, der in die deutsche Kaisergeschichte hineingeht. Ausgerechnet Schiller musste diesen Schweizer Heckenschützen verherrlichen. Die Engländer haben ihren Shakespeare, dabei haben sie in ihrer Geschichte doch zumeist Wüteriche oder Nullen.[39]

Die Analysen von Hitlers Niederlage neigen dazu, den «Gefreiten Hitler» als strategischen Irren oder auf andere Art Verrückten darzustellen, aber diese Erklärungen sind eindeutig unzureichend. Der wahre Grund dafür, warum Hitler den Zweiten Weltkrieg verlor, war genau derjenige, der ihn diesen Krieg überhaupt erst entfesseln ließ: Er war ein Nazi.

Abkürzungen

ALAB	Papers of Field Marshal Lord Alanbrooke im Liddell Hart Centre for Military Archives, King's College, London
BRGS	Lawrence Burgis Papers im Churchill Archives Centre, Churchill College, Cambridge
Cunningham	Papers of Admiral Lord Cunningham in der British Library
Ian Sayer Archive	Privatsammlung von Mr. Ian Sayer
KENN	Papers of Major-General Sir John Kennedy im Liddle Hart Centre for Military Archives, King's College, London
LH	Papers of Captain Basil Liddell Hart im Liddle Hart Centre for Military Archives, King's College, London
MARS	George C. Marshall Papers bei der George C. Marshall Foundation, Lexington, Virginia
MHI	US Army Military History Institute, Carlisle, Pennsylvania
NA	British National Archives in Kew, dort: CAB (Cabinet Papers), FO (Dokumente des Foreign Office), PREM (Dokumente des Premierministers)
Portal	Papers of Sir Charles Portal in Christ Church, Oxford
TLS	*Times Literary Supplement*
Wyllie Archive	Papers of the late Mr. Bruce Wyllie, in Privatbesitz

Anmerkungen

Das Churchill-Zitat auf Seite 6 stammt aus seiner «Dünkirchen»-Rede, vgl. Churchill, *Reden in Zeiten des Krieges*, Zürich 2014, S. 83.

Präludium: Der Pakt

1 Kershaw, *Hitler: 1889–1936*, S. 651, S. 659 f.; Domarus, *Hitler: Reden und Proklamationen*, Bd. 1, S. 405.
2 Ian Sayer Archive.
3 Wheeler-Bennett, *Die Nemesis der Macht*, S. 362.
4 «Hindenburgs politisches Testament vom 11. Mai 1934», hier zitiert nach Maser, *Hindenburg*, S. 380.
5 Domarus, *Hitler: Reden und Proklamationen*, Bd. 1, S. 444; zum Interview mit W. Price: S. 476.
6 Kershaw, *Hitler: 1889–1936*, S. 688 f.
7 Anm. d. Ü.: Vgl. hierzu die Abschrift des Hoßbach-Protokolls (Nürnberger Dokument 386-PS) in Hoßbach, *Zwischen Wehrmacht und Hitler*, S. 207: «Die Besprechung begann um 16.15 Uhr und endete um 20.30 Uhr.»
8 Hoßbach, *Zwischen Wehrmacht und Hitler*, S. 207; Domarus, *Hitler: Reden und Proklamationen*, Bd. 1, S. 749.
9 Hoßbach, *Zwischen Wehrmacht und Hitler*, S. 210–216; Domarus, *Hitler: Reden und Proklamationen*, Bd. 1, S. 750–754.
10 Kershaw, *Hitler: 1936–1945*, S. 91–102 (Zitat: S. 91).
11 Liddell Hart, *Deutsche Generale*, S. 14, S. 34 f.
12 Goldensohn, *Die Nürnberger Interviews*, S. 222.
13 Kershaw, *Hitler: 1936–1945*, S. 101.
14 Self (Hg.), *Neville Chamberlain Diary Letters*, S. 348; Kershaw, *Hitler: 1936–1945*, S. 167.
15 Cowling, *The Impact of Hitler*, S. 197.
16 Hansard, Bd. 339.
17 Liddell Hart, *Deutsche Generale*, S. 13.
18 Anm. d. Ü.: Inskip war von März 1936 bis Ende Januar 1939 in diesem Amt.

Sein Nachfolger war Lord Ernle Chatfield, auf den am 10. Mai 1940 Winston Churchill persönlich als Minister of Defence folgte (dieses Amt schuf er für sich selbst mit dem Amtsantritt als Premierminister).
19 Liddell Hart, *Deutsche Generale*, S. 15.

1
Vier Invasionen
September 1939 – April 1940

1 Mellenthin, *Panzer Battles*, S. 236; Anm. d. Ü.: Der Passus fehlt in der deutschen Übersetzung.
2 Schmidt, *Statist auf diplomatischer Bühne*, S. 464.
3 Anm. d. Ü.: Nach seinem ersten Kommandeur Julius List auch «List-Regiment» genannt; vgl. hierzu neben Fest, Kershaw und anderen vor allem Thomas Weber, *Hitlers erster Krieg*, Berlin 2011.
4 Wiedemann, *Der Mann, der Feldherr werden wollte*, S. 29.
5 Hitler, *Mein Kampf*, Bd. 1, 3. Kap., S. 237; Jablonsky, *Churchill and Hitler*, S. 131.
6 Heitmann, «Incident at Mosty», S. 47–54; Whiting, «Man Who Invaded Poland», S. 2–8.
7 Heitmann, «Incident at Mosty», S. 52.
8 Mellenthin, *Panzerschlachten*, S. 8.
9 Domarus, *Hitler: Reden und Proklamationen*, Bd. 2, S. 1197; Michel, *The Second World War*, S. 32.
10 Winston Churchill, *Der Zweite Weltkrieg* S. 171 (gekürzte einbändige Fassung).
11 Calvocoressi/Wint, *Total War*, S. 100.
12 Brief von Allan Mallinson, 18. Dezember 2008.
13 Keitels Nürnberger Dokumente im Archiv von Ian Sayer.
14 Calvocoressi/Wint, *Total War*, S. 100.
15 Mellenthin, *Panzerschlachten*, S. 8; Michel, *Second World War*, S. 33.
16 Howard, *Captain Professor*, S. 89.
17 Calvocoressi/Wint, *Total War*, S. 101.
18 Braithwaite, *Moscow 1941*, S. 49.
19 Hitler, *Mein Kampf*, Bd. 2, 14. Kap., S. 1673.
20 Mellenthin, *Panzerschlachten*, S. 12; Gilbert, *Der Zweite Weltkrieg*, S. 18.
21 Gilbert, ebenda, S. 4, S. 2.
22 Nicholas Stargardt, in: *TLS*, 10. Oktober 2008, S. 9.
23 Himmler, *Die Schutzstaffel als antibolschewistische Kampforganisation*, S. 29.
24 Anm. d. Ü.: Der SD wurde ursprünglich als Teil der SS und eigener Nachrichtendienst gegründet.

25 Sayer (Hg.), *Allgemeine SS*, S. 1–47.
26 Anm. d. Ü.: Tanner (1881–1966) war 1918–1926 und dann 1957–1963 Parteivorsitzender der Sozialdemokraten, 1926–1927 Ministerpräsident Finnlands.
27 Calvocoressi/Wint, *Total War*, S. 103.
28 Dear (Hg.), *Oxford Companion*, S. 374.
29 Willmott, *Great Crusade*, S. 67.
30 Edwards, *White Death*, S. 157.
31 Ebenda, S. 161.
32 Ebenda, S. 185.
33 Clark, *Barbarossa*, S. 60; Braithwaite, *Moscow 1941*, S. 49.
34 Overy, *Russlands Krieg*, S. 60.
35 Braithwaite, *Moscow 1941*, S. 43.
36 Anm. d. Ü.: Aus der Rede «Ein Haus mit vielen Wohnungen», Churchill, *Reden*, Bd. 1, Zitat S. 249.
37 Dear (Hg.), *Oxford Companion*, S. 375.
38 Nigel Nicolson (Hg.), *Harold Nicolson*, S. 32.
39 Spears, *Prelude to Dunkirk*, S. 32.
40 Anm. d. Ü.: Die *Courageous* war ein bereits 1916 in Dienst gestellter großer Leichter Kreuzer, der später zum Flugzeugträger umgebaut worden war.
41 Liddell Hart, *Geschichte des Zweiten Weltkriegs*, Bd. 1, S. 80, S. 84.
42 Moulton, *Norwegian Campaign*, S. 123.
43 Anm. d. Ü.: Die *Eidsvold* und die *Norge*, beide vierzig Jahre alt.
44 Michel, *Second World War*, S. 76.
45 Liddell Hart, *Geschichte des Zweiten Weltkriegs*, Bd. 1, S. 85.
46 Michel, *Second World War*, S. 75.
47 Ebenda, S. 72.
48 Ash, *Norway*, S. 133.
49 Calvocoressi/Wint, *Total War*, S. 109.
50 Ash, *Norway*, S. 113.
51 Anm. d. Ü.: Er war Mitarbeiter Fridtjof Nansens, des Hochkommissars für Flüchtlingsfragen im Völkerbund.
52 Dahl, *Quisling*, passim.
53 Anm. d. Ü.: Der Rang entspricht etwa einem Stabsgefreiten.
54 Adams, *Doomed Expedition*, S. 168.
55 Ebenda, S. 171.
56 Willmott, *Great Crusade*, S. 80; Adams, *Doomed Expedition*, S. 176.
57 Churchill, *Reden*, Bd. 1, S. 302;
58 Smith (Hg.), *Hostage to Fortune*, S. 476.
59 Langworth (Hg.), *Churchill by Himself*, S. 56; Manchester, *Churchill: Allein gegen Hitler 1932–1940*, S. 290; erster Satz Übersetzung Roller.

2
Imperator Hitler
Mai – Juni 1940

1. Guderian, *Erinnerungen*, S. 107.
2. Bond, *France and Belgium*, S. 63 ff.
3. Sebag Montefiore, *Dunkirk*, S. 32 (Rückübersetzung).
4. Goldensohn, *Die Nürnberger Interviews*, S. 223 f.
5. Clark, *Barbarossa*, S. xx.
6. Ryback, *Hitlers Bücher*, S. 234 f.
7. Ebenda, Anhang A, S. 303 f.
8. Ebenda, S. 243; letzter Satz Übersetzung Roller.
9. Heiber (Hg.), *Hitlers Lagebesprechungen*, S. 95 f., S. 162, S. 166 f., S. 166 (Fn. 3), S. 167 (Fn. 1), S. 192, S. 228 f., S. 245, S. 298, S. 433 f., S. 449, S. 454.
10. BRGS 2/21.
11. Allan Mallinson, in: *Literary Review* 7/2008, S. 16 f.
12. Mellenthin, *Panzer Battles*, S. 22.
13. Beaufre, *1940*, S. 214.
14. Mellenthin, *Panzerschlachten*, S. 19.
15. Willmott, *Great Crusade*, S. 82.
16. Mellenthin, *Panzerschlachten*, S. 21.
17. Parrish (Hg.), *Simon & Schuster Encyclopedia*, S. 202.
18. Sebag Montefiore, *Dunkirk*, S. 59.
19. Mellenthin, *Panzerschlachten*, S. 18 f.; Domarus, *Hitler: Reden und Proklamationen*, Bd. 2, S. 1503; Kaufmann/Kaufmann, *Hitler's Blitzkrieg*, S. 173.
20. Mellenthin, *Panzerschlachten*, S. 20.
21. Bond, *France and Belgium*, S. 97.
22. Mellenthin, *Panzerschlachten*, S. 39.
23. Holmes, *World at War*, S. 100 (Rückübersetzung).
24. Beaufre, *1940*, S. 183.
25. McCarthy/Syron, *Panzerkrieg*, S. 83.
26. Liddell Hart, *Geschichte des Zweiten Weltkriegs*, Bd. 1, S. 93.
27. Churchill, *Der Zweite Weltkrieg*, Bd. I, *Der Sturm zieht auf*, 2. Buch, *Drôle de Guerre*, S. 337; Churchill, *Reden in Zeiten des Krieges*, S. 62.
28. Howard, *Captain Professor*, S. 43.
29. Parrish (Hg.), *Simon & Schuster Encyclopedia*, S. 202.
30. Beaufre, *1940*, S. 215.
31. Max Hastings, in: *Night and Day*, 18. Januar 2004, S. 14.
32. Mellenthin, *Panzerschlachten*, S. 32.
33. Kershaw, *Hitler: 1936–1945*, S. 400 f.
34. Liddell Hart, *Deutsche Generale*, S. 131.

35 Churchill, *Reden in Zeiten des Krieges*, S. 76; Goldensohn, *Die Nürnberger Interviews*, S. 377.
36 Liddell Hart, *Deutsche Generale*, S. 131 f.
37 *Finest Hour*, Nr. 136, Herbst 2006, S. 51.
38 Halder, *Kriegstagebuch*, Bd. I, S. 302.
39 Holmes, *World at War*, S. 107 f. (Rückübersetzung).
40 Barnett (Hg.), *Hitler's Generals*, S. 191 (Rückübersetzung).
41 Below, *Als Hitlers Adjutant*, S. 232.
42 Ian Sayer Archive (Rückübersetzung); Sayer/Botting, *Hitler's Last General*, S. 22 f.
43 Goldensohn, *Die Nürnberger Interviews*, S. 378.
44 Atkin, *Pillar of Fire*, S. 152 f.; Sebag Montefiore, *Dunkirk*, S. 292–302, S. 345–361.
45 Sayer/Botting, *Hitler's Last General*, passim.
46 Barker, *Dunkirk*, S. 108.
47 Bridgeman, *Memoirs*, S. 183.
48 Kaufmann/Kaufmann, *Hitler's Blitzkrieg*, S. 259.
49 Lombard-Hobson, *Sailor's War*, S. 86 f.
50 Anm. d. Ü.: «China», hier klein geschrieben, schließt das gleichnamige Land aus und legt dafür folgenden Zusammenhang nahe: «china plate», Kurzform «china», im «Cockney rhyming slang», um den es ja an dieser Stelle geht, heute noch gebräuchlich für «mate» (Kumpel).
51 Barker, *Dunkirk*, S. 108.
52 Atkin, *Pillar of Fire*, S. 87.
53 Levine, *Forgotten Voices*, S. 27.
54 Longden, *Dunkirk*, S. 10.
55 Atkinson, *Army at Dawn*, S. 376.
56 Churchill, *Reden in Zeiten des Krieges*, S. 77, S. 80, S. 84; KENN 4/2/4, S. 266.
57 Roberts, *Holy Fox*, S. 221–224. Anm. d. Ü.: Dieses ganze Geschehen wird auch ausführlich beschrieben im 1. Kapitel von Ian Kershaws Buch *Wendepunkte*, S. 25–75, «Großbritannien beschließt, weiterzukämpfen».
58 Chapman, *Why France Collapsed*, S. 237.
59 Calvocoressi/Wint, *Total War*, S. 126.
60 Davidson/Manning, *Chronology*, S. 38.
61 David Pryce-Jones, «Paris unter der deutschen Besatzung», in: Hirschfeld/Marsh (Hg.), *Kollaboration in Frankreich*, S. 24.
62 Spears, *Fall of France*, S. 139.
63 Holmes, *World at War*, S. 97.
64 Willmott, *Great Crusade*, S. 102; Calvocoressi/Wint, *Total War*, S. 232.
65 Looseley, «Paradise after Hell», S. 33–38.
66 Mellenthin, *Panzerschlachten*, S. 40.

67 Alan Judd, in: *Sunday Times*, 12. Oktober 1997, Literaturbeilage, S. 5.
68 Domarus, *Hitler: Reden und Proklamationen*, Bd. 2, S. 1528–1532 (Zitate: S. 1529); Holmes, *World at War*, S. 102.
69 Pryce-Jones, in: Hirschfeld/Marsh (Hg.), *Kollaboration in Frankreich*, S. 25
70 Anm. d. Ü.: Hitler hielt aus diesem Anlass eine Rede vor dem Reichstag, u. a. dokumentiert in Domarus, *Hitler: Reden und Proklamationen*, Bd. 2, S. 1552 ff.
71 Goldensohn, *Die Nürnberger Interviews*, S. 222.
72 Liddell Hart, *Deutsche Generale*, S. 16.
73 Holmes, *World at War*, S. 97.
74 Beaufre, *1940*, S. 214; Dupuy/Dupuy, *Encyclopedia*, S. 1083.
75 Holmes, *World at War*, S. 97.
76 Ebenda, S. 98.
77 KENN 4/2/4, 1/6/1942.
78 Kitson, *Hunt for Nazi Spies*, passim.
79 Hirschfeld, «Einführung», in: Hirschfeld/Marsh (Hg.), *Kollaboration in Frankreich*, S. 20.
80 David Pryce-Jones, in: *Literary Review* 4/2001, S. 22.
81 Hirschfeld, «Einführung», in: Hirschfeld/Marsh (Hg.), *Kollaboration in Frankreich*, S. 20 f.
82 Alan Judd, in: *Sunday Times*, 12. Oktober 1997, Literaturbeilage, S. 5.
83 Ousby, *Occupation*, S. 109.
84 *TLS*, 31. August 2001, S. 9.
85 Anm. d. Ü.: Georges Mandel (*1885) hatte mehrere Ministerämter inne; zuletzt war er Minister für die Kolonien und (vom 18. Mai bis 16. Juni 1940) Innenminister im Kabinett Reynaud. Auf Befehl von Laval wurde er später erneut verhaftet, in Vichy-Frankreich inhaftiert und später an die Besatzungsmacht ausgeliefert. Nach KZ-Haft in Deutschland (Oranienburg und Buchenwald) wurde er im Juli 1944 wieder an die Behörden von Vichy-Frankreich ausgeliefert und von der Milice Française bei Fontainebleau ermordet.
86 Hirschfeld, «Einführung», in: Hirschfeld/Marsh (Hg.), *Kollaboration in Frankreich*, S. 21.
87 Williams, *Pétain*, S. 441 f.
88 Hirschfeld, «Einführung», in: Hirschfeld/Marsh (Hg.), *Kollaboration in Frankreich*, S. 22.
89 Alan Judd, in: *Sunday Times*, 12. Oktober 1997, S. 5.
90 Anm. d. Ü.: Gemeint ist die Juristin und Politikerin Simone Veil (1927–2017), die mehrere Ministerämter innehatte und 1979–1982 Präsidentin des Europaparlaments war. 2007 erschien ihre Autobiografie *Une Vie* (2007; dt., 2009: *Und dennoch leben*).
91 Marnham, *The Death of Jean Moulin*, passim.
92 *Sunday Times*, 18. Januar 1999.

93 Robert O. Paxton, in: *TLS*, 1. Mai 1998, S. 11.
94 *The Economist*, 15. April 2006, S. 91.
95 Conway, *Collaboration in Belgium*, S. 287.
96 Ebenda, S. 286.
97 David Cesarani, in: *Guardian*, 13. Januar 2008.
98 Churchill, *Reden*, Bd. 1, S. 359; ders., *Reden in Zeiten des Krieges*, S. 101.

3
Insel der letzten Hoffnung
Juni 1940 – Juni 1941

1 Anm. d. Ü.: T. S. Eliot, *Gesammelte Gedichte: Englisch und deutsch*, Frankfurt a. M. 1988, S. 334. «… for history is a pattern/Of timeless moments. So, while the light fails/On a winter's afternoon, in a secluded chapel/History is now and England.»; «… denn die Geschichte ist ein Muster/Aus zeitlosen Augenblicken. Drum, dieweil es dämmert,/An einem Winternachmittag in einer abgelegenen Kapelle/Ist Geschichte jetzt und England.» (Deutsch von Nora Wydenfeld.)
2 Bess, *Choices under Fire*, S. 323.
3 Hudson, *Soldier, Poet, Rebel*, S. 178–180.
4 Colville, *Downing-Street-Tagebücher 1939–1945*, S. 109.
5 Leighton/Coakley, *Global Logistics*, S. 33 f.
6 Hitler, *Mein Kampf*, Bd. 2, 14. Kap., S. 1667.
7 Liddell Hart, *Deutsche Generale*, S. 132.
8 Ebenda, S. 133, S. 150.
9 Anm. d. Ü.: Im Nürnberger Einsatzgruppenprozess erhielt Six am 18. April 1948 eine Haftstrafe von 20 Jahren, die später auf 10 Jahre reduziert wurde. Vorzeitige Entlassung am 30. September 1952.
10 Holmes, *World at War*, S. 133.
11 Ray, *Battle of Britain*, S. 40 f.
12 Liddell Hart, *Deutsche Generale*, S. 145 und 146.
13 Deighton, *Fighter*, S. XIX; Hubatsch (Hg.), *Hitlers Weisungen*, S. 62.
14 Ray, *Battle of Britain*, S. 43.
15 Dupuy/Dupuy, *Encyclopedia*, S. 1166; Parrish (Hg.), *Simon & Schuster Encyclopedia*, S. 81.
16 Ray, *Battle of Britain*, S. 29.
17 Anm. d. Ü.: Das Zitat ist Punkt 1 dieser Weisung. Unter Punkt 5 heißt es: «Terrorangriffe als Vergeltung behalte ich mir vor». Hubatsch (Hg.), *Hitlers Weisungen*, S. 65 f.; Domarus, *Hitler, Reden und Proklamationen*, Bd. 2, S. 1566.
18 Anm. d. Ü.: Sie übertrugen eingehende Kursdaten mit Markierungen auf große Kartentische.

19 Galland, *Die Ersten und die Letzten,* S. 89; Young (Hg.), *Decisive Battles,* S. 57–59.
20 Galland, *Die Ersten und die Letzten,* S. 87, S. 88; Holmes, *World at War,* S. 134.
21 Ray, *Battle of Britain,* S. 29.
22 Galland, *Die Ersten und die Letzten,* S. 87; Kershaw, *The Few,* S. 65.
23 Bridgeman, *Memoirs,* S. 184.
24 Parrish (Hg.), *Simon & Schuster Encyclopedia,* S. 290.
25 Richard Overy, in: *Literary Review* 11/2006, S. 46; McKinstry, *Spitfire,* passim.
26 Kershaw, *The Few,* S. 67, S. 253 (Anm. 57).
27 Townsend, *Duell der Adler,* S. 433.
28 Ray, *Battle of Britain,* S. 46.
29 Price, *Spitfire Story,* S. 192 f.
30 Ebenda, S. 192 f.; Ray, *Battle of Britain,* S. 105.
31 Ray, *Battle of Britain,* S. 82.
32 McKinstry, *Spitfire,* S. 195.
33 Ian Sayer Archive.
34 Domarus, *Hitler: Reden und Proklamationen,* Bd. 2, S. 1580.
35 Nigel Jones, in: *Sunday Telegraph,* 23. September 2007, Literaturbeilage, S. 53.
36 Galland, *Die Ersten und die Letzten,* S. 100; Holmes, *World at War,* S. 133 f.
37 Anm. d. Ü.: Das CCH war die Zentrale der (in zwölf Regionen unterteilten) Behörde für den Zivilschutz im Verteidigungsfall.
38 Leutze (Hg.), *London Observer,* S. 51.
39 Halder, *Kriegstagebuch,* Bd. II, S. 98.
40 Ray, *Blitz,* S. 264.
41 Allan Mallinson, in: *The Times,* 7. Februar 2004, Literaturbeilage, S. 13.
42 Holmes, *World at War,* S. 132.
43 Vgl. Harrisson, *Living through the Blitz.*
44 Speer, *Erinnerungen,* S. 296 f.
45 Holmes, *World at War,* S. 111.
46 Ebenda.
47 Bradford, *King George VI,* S. 320.
48 Overy, *Wurzeln des Sieges,* S. 145 f.
49 Dupuy/Dupuy, *Encyclopedia,* S. 1166.
50 Galland, *Die Ersten und die Letzten,* S. 92. Anm. d. Ü.: Mit Zerstörern sind Maschinen des Typs Me 110 gemeint.
51 Anm. d. Ü.: Nach Görings erster Ehefrau Carin v. Kantzow.
52 Galland, *Die Ersten und die Letzten,* S. 97, S. 103; *London Gazette,* 15. November 1940.
53 Kershaw, *The Few,* S. 76.
54 Ebenda.
55 Vgl. hierzu Domarus, *Hitler: Reden und Proklamationen,* Bd. 2, S. 1586, Fn. 505.

56 Dupuy/Dupuy, *Encyclopedia,* S. 1167.
57 Hubatsch (Hg.), *Hitlers Weisungen,* S. 61 f.; Churchill, *Reden,* Bd. 1, S. 397; ·ders., *Reden in Zeiten des Krieges,* S. 115.
58 Ministry of Information, *What Britain Has Done,* S. 110.
59 Ebenda, S. 113.
60 Ebenda, S. 110.
61 Holmes, *World War II,* S. 92.
62 Barnett, *Audit of War,* S. 260.
63 Roberts, *Holy Fox,* S. 296 f.
64 Kershaw, *Hitler: 1936–1945,* S. 444; Preston, *Franco,* S. 399.
65 Churchill, *Reden,* Bd. 1, S. 250.
66 Schwarz, *Vom Sturm umbrandet,* S. 223.
67 Zitate ebenda, S. 223, S. 226. Anm. d. Ü.: Schwarz (S. 225) weist ausdrücklich auf die Schweizer Verordnung vom Juli 1944 hin, nach der «unwürdigen Personen», die eine feindselige Haltung gegenüber der Schweiz eingenommen, gegen das Kriegsrecht oder die Grundsätze der Humanität verstoßen hatten, Einreise und Asyl zu verweigern waren.
68 Jochmann (Hg.), *Monologe im Führerhauptquartier,* S. 241.
69 BRGS 1/2.
70 Anm. d. Ü.: Ein literarischer Beleg für diese in Irland verbreitete Haltung findet sich in Frank McCourts Memoiren, *Angela's Ashes.* Im 1. Bd., Kap. 9 heißt es im Schulkinder-Reim: «We don't care for England or France / All we want is German advance.» (In der dt. Übersetzung von Harry Rowohlt : «England und Frankreich sind am Arsch, / Wir rufen: Deutschland, vorwärts, marsch.», *Die Asche meiner Mutter,* München 1996, S. 290.)
71 Monsarrat, *Grausamer Atlantik,* S. 167 f.
72 Cookridge, *Inside SOE,* S. 3.
73 Dalton, *Fateful Years,* S. 366.
74 Laqueur (Hg.), *Second World War,* S. 250 f.
75 Foot, *SOE,* S. 219 f.
76 Dalton, *Fateful Years,* passim.
77 Howard, *Captain Professor,* S. 45.

4
Kampf um die Mittelmeerküsten
September 1939 – Juni 1942

1 Ranfurly, *To War with Whittaker,* S. 91; Churchill, *Der Zweite Weltkrieg,* Bd. IV, 2, S. 219; ders., *Der Zweite Weltkrieg* (einbändige Ausgabe), S. 720.
2 Schofield, *Wavell,* S. 150.

3 Holmes, *World at War*, S. 150.
4 Dupuy/Dupuy, *Encyclopedia*, S. 1168.
5 Carver, *Dilemmas*, S. 16.
6 Dupuy/Dupuy, *Encyclopedia*, S. 1173.
7 Carver, *Dilemmas*, S. 13.
8 Holmes, *World at War*, S. 153, S. 155. Anm. d. Ü.: Der William Gott (1897–1942) verliehene Spitzname «Strafer» wird in Übersetzungen mitunter mit «Tiefflieger» (wg. Engl. «strafing») wiedergegeben. Da dieser General des Zweiten Weltkriegs bereits im Ersten Weltkrieg im Einsatz war, ist der Spitzname vielleicht eher eine Anspielung auf den in jener Zeit (in Deutschland) beliebten Spruch «Gott strafe England».
9 BRGS 1/2
10 Willmott, *Great Crusade*, S. 114.
11 Ebenda, S. 116.
12 Kershaw, *Hitler: 1936–1945*, S. 481; *Kriegstagebuch des OKW*, Bd. 1, S. 368 (27. März 1941); Parrish (Hg.), *Simon & Schuster Encyclopedia*, S. 47.
13 Atkinson, *Army at Dawn*, S. 7.
14 Dupuy/Dupuy, *Encyclopedia*, S. 1176.
15 Mellenthin, *Panzer Battles*, S. 28.
16 Mazower, *Griechenland unter Hitler*, passim.
17 Dupuy/Dupuy, *Encyclopedia*, S. 1173.
18 Michel, *Second World War*, S. 193.
19 Winton, *Cunningham*, S. 211.
20 Dupuy/Dupuy, *Encyclopedia*, S. 1173.
21 Mazower, *Griechenland unter Hitler*, S. 16.
22 Carver, *Dilemmas*, S. 19.
23 Holmes, *World at War*, S. 162.
24 Porch, *Hitler's Mediterranean Gamble*, S. 662.
25 Carver, *Dilemmas*, S. 24.
26 Schofield, *Wavell*, S. 152.
27 Aldrich, *Intelligence*, S. 59.
28 Lyman, *First Victory*, S. 2.
29 Roberts, *Masters and Commanders*, S. 9; Churchill, *Der Zweite Weltkrieg*, S. 547 f.
30 Carver, *Dilemmas*, S. 28.
31 Ebenda, S. 32.
32 Anm. d. Ü.: «Auk» bedeutet «Alk», ein Meerestauchvogel.
33 ALAB 6/2/12/7A.
34 NA CAB 69/4/38.
35 Dupuy/Dupuy, *Encyclopedia*, S. 1185.
36 *Daily Telegraph*, 12. Juni 2007, S. 23.

Anmerkungen

37 Carver, *Dilemmas*, S. 132.
38 Ebenda, S. 144.
39 Hitler, *Mein Kampf*, Bd. 2, 14. Kap., S. 1657.

5
Die Tür eintreten
Juni – Dezember 1941

1 Jochmann (Hg.), *Adolf Hitler: Monologe*, S. 283.
2 Kershaw, *Hitler: 1936–1945*, S. 67 f.
3 Ryback, *Hitlers Bücher*, S. 227–229.
4 Ebenda, S. 244.
5 Ebenda, S. 246–248.
6 Jochmann (Hg.), *Adolf Hitler: Monologe*, S. 381.
7 Ebenda, S. 90; Anm. d. Ü: Zitat um zwei Sätze ergänzt.
8 Ebenda, S. 171.
9 Kershaw, *Hitler, the Germans*, S. 90.
10 Bock, *Zwischen Pflicht und Verweigerung*, S. 173, S. 174 f.
11 Wright (Hg.), *World at Arms*, S. 174.
12 Ryback, *Hitlers Bücher*, S. 243; Halder, *Hitler als Feldherr*, S. 22.
13 Black, *Roosevelt*, S. 645.
14 Kershaw, *Hitler: 1936–1945*, S. 488. Anm. d. Ü.: Als Beleg für das Hitler-Zitat über die mögliche frühere Beendigung des Ostfeldzugs nennt Kershaw die sogenannten Bormann-Diktate, «Hitlers politisches Testament», und weist auf die kritischen Vorbehalte gegenüber diesem Text hin: «Es ist niemals ein authentischer Text in deutscher Sprache … ans Licht gekommen …» (ebda., Anm. 164, S. 1185).
15 Ebenda, S. 508.
16 Guderian, *Erinnerungen*, S. 128; Clark, *Barbarossa*, S. 48.
17 Guderian, *Erinnerungen*, S. 136.
18 Ian Sayer Archive (Rückübersetzung)
19 Goldensohn, *The Nuremberg Interviews*, S. 360; Milch-Zitat Rückübersetzung. Anm. d. Ü.: Die deutsche Ausgabe von Goldensohns Buch wurde im Zeugen-Teil ganz erheblich gekürzt. Von der in der englischen Originalfassung vierzehn Personen umfassenden Liste von «Zeugen» im Hauptkriegsverbrecher-Prozess (von Erich von dem Bach-Zelewski bis zum Dolmetscher Paul Otto Schmidt) blieben nur Rudolf Höß, Ewald von Kleist, Otto Ohlendorf und Oswald Pohl übrig.
20 Goldensohn, *Die Nürnberger Interviews*, S. 170.
21 Ebenda, S. 224.

22 Ebenda, S. 225, S. 229, S. 230.
23 Ebenda, S. 230.
24 Liddell Hart, *Deutsche Generale*, S. 16.
25 Anm. d. Ü.: Dieses Zitat ist zwar weit verbreitet, aber nirgendwo exakt belegt; vgl. Beevor, *Der Zweite Weltkrieg*, S. 222; Keegan, *Der Zweite Weltkrieg*, S. 254. Eine früheste Erwähnung findet sich in Alan Bullocks Hitler-Biografie *Hitler. Eine Studie über Tyrannei*: «‹Wir brauchen nur die Tür aufzustoßen›, meinte Hitler zu Jodl [sic!], ‹und das ganze morsche Gebäude wird zusammenkrachen›», hier zitiert nach der Ausgabe Kronberg/Ts. 1977, S. 638.
26 Clark, *Barbarossa*, S. 20.
27 Antony Beevor, in: *Literary Review* 8/1998, S. 7.
28 Hitler, *Mein Kampf: Eine kritische Edition*, Bd. 2, 14. Kap., S. 1651, S. 1657.
29 Ebenda, S. 1655.
30 Anm. d. Ü.: Datum und Zitat nach Kershaw, *Hitler*, Bd. 2, S. 451, und Overy, *Russlands Krieg*, S. 111.
31 Hubatsch (Hg.), *Hitlers Weisungen*, S. 71, S. 84; Guderian, *Erinnerungen*, S. 455.
32 Jochmann (Hg.), *Adolf Hitler: Monologe*, S. 207 f.; Stone, *Hitler*, S. 86 f.
33 Halder, *Kriegstagebuch*, Bd. II (13.7.1940), S. 21.
34 Ebenda (31.7.1940), S. 49.
35 Kershaw, *Wendepunkte*, S. 96.
36 Ebenda, S. 92.
37 Hubatsch (Hg.), *Hitlers Weisungen*, S. 84; Domarus, *Hitler: Reden und Proklamationen*, Bd. 2, S. 1636.
38 Rees, *World War Two*, S. 66–69, S. 74–77.
39 Kershaw, *Hitler: 1936–1945*, S. 508 f.
40 Fröhlich (Hg.), *Goebbels: Tagebücher*, Teil I, Bd. 9 (16.6.1941), S. 377–379.
41 Hubatsch (Hg.), *Hitlers Weisungen*, S. 85; Domarus, *Hitler: Reden und Proklamationen*, Bd. 2, S. 1636.
42 IMG, *Der Prozess gegen die Hauptkriegsverbrecher*, Bd. 3 (10. Dezember 1945, Dok. 872-PS), S. 380, S. 381 (Zitat); vgl. auch Halder, *Kriegstagebuch*, Bd. II, S. 270.
43 Hubatsch (Hg.), *Hitlers Weisungen*, S. 85–87; Domarus, *Hitler: Reden und Proklamationen*, Bd. 2, S. 1635–1637.
44 Halder, *Kriegstagebuch*, Bd. II (17.3.1941), S. 319; Kershaw, *Hitler: 1936–1945*, S. 461; Young (Hg.), *Atlas zum Zweiten Weltkrieg*, S. 90–93, S. 190.
45 John Erickson, Vorwort zu Krivosheev (Hg.), *Soviet Casualties*, S. ix.
46 Braithwaite, *Moscow 1941*, S. 45.
47 Clark, *Barbarossa*, S. 67.
48 Ebenda, S. 57.
49 Beevor, *Stalingrad*, S. 19; Murphy, *What Stalin Knew*, passim; Pleshakow, *Stalin's Folly*, passim.

50 Read/Fisher, *Deadly Embrace*, S. 608 f.
51 Erickson, *Soviet High Command*, S. 587.
52 Beevor, *Stalingrad*, S. 30 f.
53 Glantz/House, *Titans*, S. 51.
54 Bullock, *Hitler und Stalin*, S. 942; Service, *Stalin*, S. 411.
55 Braithwaite, *Moscow 1941*, S. 119.
56 Sebag Montefiore, *Stalin*, S. 424–428.
57 Glantz, *Barbarossa*, S. 40.
58 Braithwaite, *Moscow 1941*, S. 86.
59 Ebenda.
60 Service, *Stalin*, S. 417; Braithwaite, *Moscow 1941*, S. 94.
61 Bellamy, *Absolute War*, S. 248.
62 Ebenda.
63 Gilbert, *Der Zweite Weltkrieg*, S. 261.
64 Heiber (Hg.), *Hitlers Lagebesprechungen*, S. 402.
65 Kershaw, *Hitler: 1936–1945*, S. 628.
66 Fröhlich (Hg.), *Goebbels: Tagebücher*, Teil I, Bd. 9 (29.3.1941), S. 211.
67 Warlimont, *Im Hauptquartier*, S. 203; Kershaw, *Hitler: 1936–1945*, S. 557; Atkinson, *Army at Dawn*, S. 8.
68 John Erickson in seinem Vorwort zu Krivosheev (Hg.), *Soviet Casualties*, S. xii.
69 Wolkogonow, *Stalin*, S. 587, S. 788; Overy, *Russlands Krieg*, S. 135 f.
70 Overy, *Russlands Krieg*, S. 137.
71 Service, *Stalin*, S. 418.
72 Bock, *Zwischen Pflicht und Verweigerung*, S. 239.
73 Ebenda, S. 239.
74 Mazower, *Hitlers Imperium*, S. 540.
75 Heiber (Hg.), *Hitlers Lagebesprechungen*, S. 257.
76 Samuel J. Newland in: Deutsch/Showalter (Hg.), *What If?*, S. 64.
77 Aly/Heim, *Vordenker der Vernichtung*, S. 347 (Zitat), S. 56, S. 466; IMG, *Der Prozess gegen die Hauptkriegsverbrecher*, Bd. 31, S. 84 (Dok. 2718-PS).
78 Aly/Heim, *Vordenker der Vernichtung*, S. 353.
79 Aussage des ehemaligen SS-Obergruppenführers Erich von dem Bach-Zelewski vor dem Nürnberger Militärtribunal, in: IMG, *Der Prozess gegen die Hauptkriegsverbrecher*, Bd. 4 (7. Januar 1946), S. 535 f.; Aly/Heim, *Vordenker der Vernichtung*, S. 344; Rees, Auschwitz, S. 71.
80 Halder, *Kriegstagebuch*, Bd. III (11.8.1941), S. 170.
81 Tooze, *Ökonomie der Zerstörung*, S. 563.
82 Bock, *Zwischen Pflicht und Verweigerung*, S. 233; Hubatsch (Hg.), *Hitlers Weisungen*, S. 87.
83 Bock, *Zwischen Pflicht und Verweigerung*, S. 239.
84 Liddell Hart, *Deutsche Generale*, S. 188.

85 Clausewitz, *Vom Kriege*, «Skizzen zum achten Buch: Kriegsplan», 3. Kapitel, Teil 1, S. 697.
86 Zitiert nach: *TLS, Essays and Reviews* 1963, S. 203 (Rückübersetzung).
87 Halder, *Kriegstagebuch*, Bd. III, S. 192; Bock, *Zwischen Pflicht und Verweigerung*, S. 255; Young, *Atlas zum Zweiten Weltkrieg*, S. 86 f.
88 Bock, *Zwischen Pflicht und Verweigerung*, S. 254 f.
89 Ebenda, S. 257, S. 258; vgl. hierzu auch Guderian, *Erinnerungen*, S. 179 f., S. 182.
90 Görlitz (Hg.), *Generalfeldmarschall Keitel*, S. 289.
91 Bock, *Zwischen Pflicht und Verweigerung*, S. 258. Anm. d. Ü.: Zu den genauen Daten vgl. ebda., S. 471. Der offizielle Terminus für die Entlassung war «in die Führerreserve versetzt» bzw. «zur Verfügung des Führers ... gestellt».
92 Stolfi, *Hitler's Panzers*, S. 201.
93 Tooze, *Ökonomie der Zerstörung*, S. 565.
94 Young (Hg.), *Atlas zum Zweiten Weltkrieg*, S. 90 f.; Domarus, *Hitler: Reden und Proklamationen*, Bd. 2, S. 1757.
95 Anm. d. Ü.: Die Finnen rückten jedoch nicht bis nach Leningrad vor, sondern blieben an der alten Landesgrenze stehen, die bis zum Winterkrieg 1939/40 galt. Die Belagerung Leningrads auch von Nordwesten her blieb der Wehrmacht überlassen.
96 Salisbury, *Die Ostfront*, S. 83
97 Ebenda, S. 84
98 Jones, *Leningrad*, S. 194.
99 Liddell Hart, *Deutsche Generale*, S. 171.
100 Information von Oleg Alexandrow, 10. Juni 2008.
101 Shirer, *Aufstieg und Fall*, S. 785.
102 Dear (Hg.), *Oxford Companion*, S. 971.
103 Görlitz (Hg.), *Generalfeldmarschall Keitel*, S. 290.
104 Ebenda, S. 290, S, 293.
105 Atkinson, *Army at Dawn*, S. 10.
106 Goebbels, *Das eherne Herz*, S. 132 f.
107 Jochmann (Hg.), *Hitler: Monologe*, S. 85 f.
108 Ebenda, S. 340.
109 Malaparte, *Kaputt*, S. 264.
110 Churchill, *Reden*, Bd. 3, S. 165, S. 166.
111 Ryback, *Hitlers Bücher*, Anhang A, S. 303.
112 Heiber (Hg.), *Hitlers Lagebesprechungen*, S. 604. Anm. d. Ü.: Napoleon wurde durch die neue Konsularverfassung Ende 1799 (also im Alter von 30 Jahren) zum ersten unter drei Konsuln.
113 Fröhlich (Hg.), *Goebbels: Tagebücher*, Teil I, Bd. 9 (16.12.1940), S. 54.
114 Picker (Hg.), *Hitlers Tischgespräche*, S. 218 (31.3.1942), S. 66 (5.4.1942), S. 283 f. (14.5.1942); Jochmann (Hg.), *Hitler: Monologe*, S. 401 (14.6.1943).

115 Picker (Hg.), *Hitlers Tischgespräche*, S. 186.
116 Chandler, *Campaigns of Napoleon*, S. 770.
117 Halder, *Hitler als Feldherr*, S. 45; Kershaw, *Hitler: 1936–1945*, S. 607; Le Tissier, *Durchbruch an der Oder*, S. 36.
118 Kershaw, *Hitler: 1936–1945*, S. 608.
119 Glantz/House, *Titans*, S. 60. Anm. d. Ü.: zitiert aus einem auf den 11. Juli 1941 datierten geheimen Befehl Nehrings, nach: Wolfgang Paul, *Geschichte der 18. Panzer-Division 1940–1943*, Preußischer Militärverlag, Reutlingen, 1989, S. 51.
120 Anm. d Ü.: Der Panzer III war zu Beginn der Serienproduktion im Herbst 1939 mit einer 3,7-cm-Kanone ausgerüstet. Erst spätere Versionen (und nur ein Teil der Gesamtproduktion) erhielten dann eine 5-cm-Kanone.
121 Braithwaite, *Moscow 1941*, S. 53.
122 Information von Oleg Alexandrow, 10. Juni 2008.
123 Braithwaite, *Moscow 1941*, S. 151.
124 Roberts, *Churchill und seine Zeit*, S. 349–352.
125 Colville, *Fringes of Power*, S. 344; vgl. Churchill, *Der Zweite Weltkrieg*, Bd. III, *Die große Allianz*, 1. Buch, *Hitlers Angriff auf Russland*, S. 528 f. Anm. d. Ü.: Im Anhang findet sich eine dazu passende Nachricht des Premiers an den Kriegsminister und den Generalstabschef mit der entsprechenden Aufforderung: «Let every one / Kill a Hun.»

6
Taifun aus Tokio
Dezember 1941 – Mai 1942

1 Calvocoressi/Wint, *Total War*, S. 738 f.
2 Dear (Hg.), *Oxford Companion*, S. 871.
3 Black, *Roosevelt*, S. 646 f.
4 Jenkins, *Roosevelt*, S. 128.
5 Maney, *Roosevelt Presence*, S. 139.
6 Weinberg, *Eine Welt in Waffen*, S. 292.
7 Dupuy/Dupuy, *Encyclopedia*, S. 1232.
8 Weinberg, *Eine Welt in Waffen*, S. 289 f.
9 Dupuy/Dupuy, *Encyclopedia*, S. 1233.
10 Parrish (Hg.), *Simon & Schuster Encyclopedia*, S. 487.
11 Dear (Hg.), *Oxford Companion*, S. 870.
12 Dupuy/Dupuy, *Encyclopedia*, S. 1233.
13 Parrish (Hg.), *Simon & Schuster Encyclopedia*, S. 487.
14 Dear (Hg.), *Oxford Companion*, S. 870.
15 Willmott, *Great Crusade*, S. 169.

16 Dupuy/Dupuy, *Encyclopedia*, S. 1233; Dear (Hg.), *Oxford Companion*, S. 872.
17 Agawa, *Reluctant Admiral*, S. 285.
18 Jenkins, *Roosevelt*, S. 128.
19 Ebenda, S. 129.
20 Black, *Roosevelt*, S. 691 f.
21 IMG, *Der Prozess gegen die Hauptkriegsverbrecher*, Bd. 14 (18.5.1946), S. 135.
22 Willmott, *Great Crusade*, S. 169.
23 Kershaw, *Wendepunkte*, S. 481 ff.
24 Ryback, *Hitlers Bücher*, S. 232 f., S. 303.
25 Dupuy/Dupuy, *Encyclopedia*, S. 1309; Hillgruber (Hg.), *Staatsmänner und Diplomaten bei Hitler*, S. 172.
26 Goldensohn, *Die Nürnberger Interviews*, S. 252 f.
27 Weinberg (Hg.), *Hitlers zweites Buch*, S. 123.
28 Anm. d. Ü.: Rohland war der Chef der Deutschen Edelstahlwerke in Krefeld und seit Herbst 1940 auch der Leiter des «Hauptausschusses Panzerwagen und Zugmaschinen» im Rüstungsministerium, vgl. Tooze, *Ökonomie der Zerstörung*, S. 153, S. 408.
29 Tooze, *Ökonomie der Zerstörung*, S. 583–585, S. 766.
30 Ribbentrop, *Zwischen London und Moskau*, S. 260; Ciano, *Tagebücher 1939–1943*, S. 378; IMG, *Der Prozess gegen die Hauptkriegsverbrecher*, Bd. 10 (30.3.1946), S. 336; Bloch, *Ribbentrop*, S. 346.
31 Compton, *Hitler und die USA*, S. 43 f.; Bloch, *Ribbentrop*, S. 345.
32 Bloch, *Ribbentrop*, S. 345.
33 Donald Cameron Watt, in: *Sunday Telegraph*, 11. Oktober 1992.
34 Black, *Roosevelt*, S. 728 f.
35 Ebenda, S. 729.
36 Atkinson, *Army at Dawn*, S. 7.
37 Hanson, «In War: Resolution», passim.
38 Lindbergh, *Wartime Journals*, S. 232.
39 Churchill, *Der Zweite Weltkrieg*, Bd. III, *Die große Allianz*, 2. Buch, *Amerika im Krieg*, S. 269; ders., *Der Zweite Weltkrieg*, S. 566.
40 Michel, *Second World War*, S. 336.
41 Calvocoressi/Wint, *Total War*, S. 720.
42 Ministry of Information, *What Britain Has Done*, S. xv.
43 Michel, *Second World War*, S. 339.
44 Warren, *Singapore 1942*, S. 292.
45 Calvocoressi/Wint, *Total War*, S. 723.
46 Weinberg, *Eine Welt in Waffen*, S. 350 f.
47 Ebenda, S. 351.
48 Mercer (Hg.), *Chronicle*, S. 252.
49 Churchill, *Der Zweite Weltkrieg*, Bd. III, *Die große Allianz*, 2. Buch, *Amerika im*

Krieg, S. 285; ders., *Der Zweite Weltkrieg*, S. 571; Gough, «Prince of Wales and Repulse», S. 40.
50 Farrell, *Defence and Fall*, S. 358.
51 Ebenda, S. 360 f., S. 356.
52 Churchill, *Der Zweite Weltkrieg*, Bd. IV, *Schicksalswende*, 1. Buch, *Die Sturmflut aus Japan*, S. 124 f.; Warren, *Singapore 1942*, S. 243; Farrell, *Defence and Fall*, S. 355.
53 Calvocoressi/Wint, *Total War*, S. 724.
54 Gary Sheffield, in: *Times Literary Supplement*, 12. April 2002, S. 27.
55 Farrell, *Defence and Fall*, S. 312.
56 Warren, *Singapore 1942*, S. 291.
57 BRGS 2/11.
58 Weinberg, *Eine Welt in Waffen*, S. 537.
59 Ebenda, S. 348.
60 Dupuy/Dupuy, *Encyclopedia*, S. 1237; Parrish (Hg.), *Simon & Schuster Encyclopedia*, S. 129.
61 Calvocoressi/Wint, *Total War*, S. 717.
62 Atkinson, *Army at Dawn*, S. 10.
63 Weinberg, *Eine Welt in Waffen*, S. 357.
64 Dupuy/Dupuy, *Encyclopedia*, S. 1251.
65 Weinberg, *Eine Welt in Waffen*, S. 354 f.
66 Dupuy/Dupuy, Encyclopedia, S. 1242.
67 Fraser, *Quartered Safe*, S. 106.
68 Ebenda, S. 232.
69 Soames (Hg.), *Speaking for Themselves*, S. 459.
70 Michel, *Second World War*, S. 345.
71 Anm. d. Ü.: Die Troy-Unze hat 31,1 Gramm und dient als Gewichtsmaß für Edelmetalle und Juwelen, im Unterschied zur gängigen Handelsgewichts-Unze (28,35 g). Bei 1,1 Mio. Troy-Unzen geht es also um ca. 34 210 kg pures Gold.
72 Harvey, *American Shogun*, S. 240.
73 Royle, *Patton*, S. 75.
74 Atkinson, *Army at Dawn*, S. 9.
75 Dear (Hg.), *Oxford Companion*, S. 1182 f.

7
Die ewige Schande der Menschheit
1939 – 1945

1 Zitiert nach Picker (Hg.), *Hitlers Tischgespräche,* S. 283 f.
2 Levi, *Ist das ein Mensch?,* S. 33.
3 Domarus, *Hitler: Reden und Proklamationen,* Bd. 2, S. 1058; Kershaw, *Hitler: 1936–1945,* S. 214; ders., *Hitler, the Germans,* S. 104.
4 Hitler, *Mein Kampf: Eine kritische Edition,* Bd. 2, 15. Kap., S. 1719.
5 Anm. d. Ü.: Gründer war der Journalist Wilhelm Marr (1819–1904); diese «Liga» bestand offiziell nur gut ein Jahr, bis Ende 1880.
6 Evans, *Das Dritte Reich,* Bd. 1, *Aufstieg,* S. 67–79 (zu Langbehn vgl. bes. S. 78 f.).
7 Ebenda, S. 247.
8 Black, *Holocaust,* S. 24.
9 Ebenda.
10 Burleigh, *Die Zeit des Nationalsozialismus,* S. 682 f.
11 Rees, *Auschwitz,* S. 47.
12 Gutman/Berenbaum (Hg.), *Anatomy,* S. 302.
13 Rhodes, *Die deutschen Mörder,* S. 14–17.
14 Rees, *Auschwitz,* S. 81 f.
15 Black, *Holocaust,* S. 44.
16 Anm. d. Ü.: Zitiert nach dem Wikipedia-Artikel «Einsatzgruppen der Sicherheitspolizei und des SD». Es handelt sich um einen Passus aus einem Urteil des LG München I von 1961 in der «Strafsache gegen Otto Bradfisch und andere».
17 Longerich, *Heinrich Himmler,* S. 709.
18 Braithwaite, *Moscow 1941,* S. 48.
19 Goebbels, *Tagebücher,* Teil 2, Bd. 2 (13.12.1941), S. 498 f.; Longerich, *Heinrich Himmler,* S. 570 f.
20 David Cesarani, in: *Literary Review* 8/2001, S. 40.
21 Browning, *Ganz normale Männer,* S. 113.
22 Ebenda, S. 88, S. 90, S. 107, S. 97, S. 95 f.
23 Black, *Holocaust,* S. 43 f.
24 Anm. d. Ü.: Vgl. *Die Yad Vashem Enzyklopädie der Ghettos während des Holocaust,* hrsg. v. Guy Miron, Göttingen 2014, Artikel «Kaunas/Kowno».
25 Jochmann (Hg.), *Hitler: Monologe,* S. 106.
26 Kershaw, *Hitler,* Bd. 2, *1936–1945,* S. 622, S. 623; Black, *Holocaust,* S. 40.
27 Anm. d. Ü.: Vgl. etwa Saul Friedländer, *Die Jahre der Vernichtung,* S. 254, und Sybille Steinbacher, *Auschwitz,* S. 70.
28 Ryback, *Hitlers Bücher,* S. 17.
29 Rees, *Auschwitz,* S. 30.

30 Ebenda, S. 93 f.
31 Manvell/Fraenkel, *Himmler*, S. 253.
32 Gilbert, *Holocaust*, S. 678.
33 Levi, *Ist das ein Mensch?*, S. 52.
34 Greif, *We Wept Without Tears*, S. 11–16; ders., «*Wir weinten tränenlos ...*», S. 91 f.; S. 96–103; Friedländer, *Jahre der Vernichtung*, S. 534, S. 535 f.
35 Greif, «*Wir weinten tränenlos ...*», S. 73.
36 Ebenda, S. 79 f., S. 100.
37 Höß, *Kommandant in Auschwitz*, S. 257.
38 Greif, «*Wir weinten tränenlos ...*», S. 96; ders., *We Wept Without Tears*, S. 15.
39 Overy, *Verhöre*, S. 405 f., S. 403.
40 Höß, *Kommandant in Auschwitz*, S. 196; Greif, *We Wept Without Tears*, S. 60 f., S. 11–16.
41 Levi, *Die Untergegangenen und die Geretteten*, S. 48; Steinbacher, *Auschwitz*, S. 94–97.
42 Mark (Hg.), *Scrolls of Auschwitz*; Greif, *We Wept Without Tears*, S. 341 f., Anm. 108.
43 Greif, *We Wept Without Tears*, S. 34 (Vorwort).
44 Ebenda, S. 66–68 (Zitat S. 68); Levi, *Die Untergegangenen und die Geretteten*, S. 58.
45 Greif, «*Wir weinten tränenlos ...*», S. 90.
46 Ebenda, S. 86 f.
47 Gilbert, *Holocaust*, S. 326.
48 Greif, «*Wir weinten tränenlos ...*», S. 91, S. 82.
49 Levi, *Ist das ein Mensch?*, S. 184, S. 52, S. 190 f.
50 Rees, *Auschwitz*, S. 24 f.
51 Friedländer, *Jahre der Vernichtung*, S. 528.
52 Manvell/Fraenkel, *Himmler*, S. 251.
53 Friedländer, *Jahre der Vernichtung*, S. 530, S. 531, S. 645.
54 Gilbert, *Righteous*, bietet Beispiele für, wie es im Untertitel des Buches heißt, «unbesungene Helden des Holocaust».
55 Frankl, *... trotzdem Ja zum Leben sagen*, S. 52 f..
56 Levi, *Ist das ein Mensch?*, S. 99; Frankl, *... trotzdem Ja zum Leben sagen*, S. 18 f., Hervorhebung im Original.
57 Levi, *Ist das ein Mensch?*, S. 136, S. 243. Anm. d. Ü.: Levi wurde nach Monowitz verlegt, hatte das Glück, dort im «Chemie-Kommando» zu landen, und überlebte nach elfmonatiger Lagerhaft nur sehr knapp.
58 Frankl, *... trotzdem Ja zum Leben sagen*, S. 41 f.
59 Zitiert nach Greif, *We Wept Without Tears*, S. vii (Vorwort von Gerald Fleming); zuerst in: *New York Times*, 17. April 1983, unter der Überschrift «Does the Holocaust Lie Beyond the Reach of Art?».

7 Die ewige Schande der Menschheit   **807**

60 Roseman, *Die Wannsee-Konferenz*, S. 142, S. 8.
61 Ebenda, S. 174, S. 182 (Zitate); Faksimile des gesamten Protokolls auf S. 170–184.
62 Roseman, *Die Wannsee-Konferenz*, S. 152, S. 145, S. 141 (Eichmann); Roger Moorhouse, in: *BBC History* 9/2003, S. 53.
63 Goebbels, *Tagebücher*, Teil I, Bd. 7 (29.12.1939), S. 250.
64 Kershaw, *Hitler: 1936–1945*, S. 685, sowie Evans, *Der Geschichtsfälscher*, S. 120.
65 Anm. d. Ü.: Aus dem Nürnberger Dokument PS-710; IMG, Bd. 26, S. 266 f.; vgl. Hilberg, *Die Vernichtung der europäischen Juden*, Bd. 2, S. 420 sowie Roseman, *Die Wannsee-Konferenz*, S. 56.
66 Dederichs, *Heydrich*, S. 188 f.
67 Picker (Hg.), *Hitlers Tischgespräche* (4.6.1942), S. 246.
68 Dederichs, *Heydrich*, S. 206.
69 Stroops Bericht vom 16. Mai 1943, «Es gibt keinen jüdischen Wohnbezirk in Warschau mehr», ergänzt durch Tagesberichte, abgedruckt in: IMG, *Der Prozess gegen die Hauptkriegsverbrecher* (Dok. 1061-PS), Bd. 26, S. 628–693, hier: S. 643; Bartoszewski/Polonsky (Hg.), *Jews in Warsaw*, S. 338.
70 IMG, *Der Prozess gegen die Hauptkriegsverbrecher*, Bd. 26, S. 654, S. 662; Bartoszewski/Polonsky (Hg.), *Jews in Warsaw*, S. 342.
71 Anm. d. Ü.: Zitiert nach der Aussage des ehemaligen SS-Hauptsturmführers und Eichmann-Mitarbeiters Dieter Wisliceny am 3. Januar 1946 im Nürnberger Prozess, in: IMG, *Der Prozess gegen die Hauptkriegsverbrecher*, Bd. 4, S. 412; Wisliceny wurde an die Tschechoslowakei ausgeliefert, dort zum Tod verurteilt und am 4. Mai 1948 in Bratislava hingerichtet. Vgl. auch David Cesarani, in: *BBC History* 2/2002, S. 38.
72 Eichmann-Tagebuch, 6. September 1961, in: *Guardian*, 6. März 2000 (Rückübersetzung).
73 Anm. d. Ü.: Das US War Refugee Board wurde von Präsident Roosevelt im Januar 1944 ins Leben gerufen, ihm gehörten Außen-, Finanz- und Kriegsminister an; vgl. Martin Gilbert, *Auschwitz und die Alliierten*, S. 203 f., München 1982.
74 Rubinstein, *Myth of Rescue*, S. 160 f., S. 163.
75 Ebenda, S. 161; Gilbert, *Auschwitz und die Alliierten*, S. 278 f., S. 289, S. 310.
76 Rubinstein, *Myth of Rescue*, S. 163.
77 Kitchens, «Bombing of Auschwitz», S. 259–261.
78 Rubinstein, *Myth of Rescue*, S. 177.
79 Stanley, *World War II Photo Intelligence*, S. 348.
80 Gilbert, *Auschwitz und die Alliierten*, S. 358.
81 NA FO 371/42817 WR 993, 1. September 1944; Gilbert, *Auschwitz und die Alliierten*, S. 366 f.
82 Gilbert, *Auschwitz und die Alliierten*, S. 356, S. 361.
83 Friedländer, *Jahre der Vernichtung*, S. 500.

84 Heiber (Hg.), *Goebbels-Reden,* Bd. 2, *1939–1945,* Düsseldorf 1972, S. 172–208 (hier: S. 178, S. 183); Friedländer, *Jahre der Vernichtung,* S. 501. Hervorhebungen im Original.

8
Fünf Minuten in Midway
Juni 1942 – Oktober 1944

1 Fuchida/Okumiya, *Midway,* S. 182.
2 Anm. d. Ü.: Anders der Untertitel der deutschen Ausgabe 1956: «Die entscheidendste Seeschlacht der Weltgeschichte».
3 Wright (Hg.), *World at Arms,* S. 162 f.
4 Prange, *Miracle at Midway,* S. 145.
5 Young (Hg.), *Decisive Battles,* S. 152.
6 Ebenda, S. 153.
7 Ebenda.
8 Fuchida/Okumiya, *Midway,* S. 183.
9 Ebenda, S. 182.
10 Ebenda, S. 184, S. 186 f.
11 Ebenda, S. 183.
12 Dupuy/Dupuy, *Encyclopedia,* S. 1256.
13 Ebenda, S. 1255.
14 Hastings, *Nemesis,* S. 26.
15 Prange, *Miracle at Midway,* S. 395.
16 BRGS 2/12.
17 Dear (Hg.), *Oxford Companion,* S. 515.
18 Wright (Hg.), *World at Arms,* S. 346.
19 Parrish (Hg.), *Simon & Schuster Encyclopedia,* S. 251.
20 Dupuy/Dupuy, *Encyclopedia,* S. 1250.
21 Wright (Hg.), *World at Arms,* S. 350.
22 Hastings, *Nemesis,* S. xviii.
23 Vgl. hierzu die im *Times Literary Supplement* geführte Debatte im Anschluss an John Keegans Rezension von Trevor Royles Wingate-Biografie, nachzulesen in den Ausgaben vom 16. Juni 1995 und den anschließenden Wochen.
24 KENN 4/2/5.
25 Calvert, *Prisoners of Hope,* S. 12.
26 Allen, *Burma,* S. 127.
27 Ebenda, S. 138, Anm. 3.
28 Ebenda, S. 143.
29 Fergusson, *Beyond the Chindwin,* S. 240.

30 Sykes, *Wingate*, S. 522.
31 Beispiele hierfür sind Calvert, *Prisoners of Hope* und *Chindits;* Fergusson, *Beyond the Chindwin;* Masters, *Der Weg nach Mandalay;* James, *Chindit.*
32 Fraser, *Quartered Safe,* S. 130.
33 Masters, *Der Weg nach Mandalay,* S. 313.
34 Hastings, *Nemesis,* S. 440.
35 Allen, *Burma,* S. 662.
36 Mackenzie, *All Over the Place,* S. 77.
37 Dear (Hg.), *Oxford Companion,* S. 176.
38 Allen, *Burma,* S. 228.
39 Hierzu gibt es unterschiedliche Zahlenangaben. Zu anderen Schätzungen vgl. Allen, *Burma,* S. 234, Anm. 1, sowie Dear (Hg.), *Oxford Companion,* S. 653 f.
40 Allen, *Burma,* S. 232.
41 Ebenda, S. 237.
42 Campbell, *Siege,* S. 81.
43 Allen, *Burma,* S. 236.
44 Swinson, *Kohima,* S. 151.
45 Prasad (Hg.), *Reconquest of Burma,* S. 279.
46 Allen, *Burma,* S. 238.
47 Brett-James, *Ball of Fire,* S. 320.
48 Swinson, *Kohima,* S. 151.
49 Dear (Hg.), *Oxford Companion,* S.654.
50 Allen, *Burma,* S. 74.
51 Dupuy/Dupuy *Encyclopedia,* S. 1278; Dear (Hg.), *Oxford Companion,* S. 177.
52 Allen, *Burma,* S. 74.
53 Hitler, *Mein Kampf: Eine kritische Edition,* Bd. 2, 15. Kap., S. 1665, S. 1667.
54 Hierzu gibt es unterschiedliche Zahlenangaben, vgl. aber hierzu Chang, *Die Vergewaltigung von Nanking,* passim.
55 Ferguson, *Krieg der Welt,* S. 624.
56 Harvey, *American Shogun,* S. 236.
57 Vgl. hierzu insbesondere Rees, *Horror in the East;* Williams/Wallace, *Unit 731;* MacArthur, *Surviving the Sword;* Ferguson, *Krieg der Welt;* Rawlings, *And the Dawn.*
58 Felton, *Slaughter at Sea,* S. 124–136, S. 145.
59 Ebenda, S. 124–136.
60 Ebenda, S. 140–144.
61 Ebenda, S. 148, S. 151.
62 Ebenda, S. 172.
63 Ebenda, S. 173 f.
64 Ebenda, S. 174.
65 Ebenda, S. 176.

9
Mitternacht in den Teufelsgärten
Juli 1942 – Mai 1943

1 Churchill, *Der Zweite Weltkrieg*, S. 683; Richardson, *From Churchill's Secret Circle*, S. 123.
2 Young (Hg.), *Decisive Battles*, S. 165.
3 Bierman/Smith, *Alamein*, S. 223, Fußnote.
4 Hamilton, *Monty: The Making of a General*, S. 48.
5 Hew Strachan, in: *TLS*, 12. Oktober 2001, S. 26.
6 Bierman/Smith, *Alamein*, S. 232.
7 Ellis, *Brute Force*, S. 261.
8 M. R. D. Foot, in: *Spectator*, 5. April 2003, S. 40.
9 Ellis, *Brute Force*, S. 260.
10 Mellenthin, *Panzer Battles*, S. 140; Schulman, *Defeat in the West*, S. 115.
11 John Keegan, in: *Sunday Telegraph*, 5. Oktober 2002, S. A4; Bierman/Smith, *Alamein*, S. 339.
12 Ellis, *Brute Force*, S. 260.
13 Mellenthin, *Panzer Battles*, S. 141, Fußnote.
14 Bierman/Smith, *Alamein*, S. 232.
15 Atkinson, *Army at Dawn*, S. 376 f.
16 Chant, *Code Names*, S. 4.
17 Dear (Hg.), *Oxford Companion*, S. 326; Young (Hg.), *Decisive Battles*, S. 167.
18 Dear (Hg.), *Oxford Companion*, S. 326; Ellis, *Brute Force*, S. 260–264; Bierman/Smith, *Alamein*, S. 256.
19 Rommel, *Krieg ohne Haß*, S. 238; Ellis, *Brute Force*, S. 262.
20 Rommel, *Krieg ohne Haß*, S. 274; Bierman/Smith, *Alamein*, S. 265.
21 Mellenthin, *Panzer Battles*, S. 142.
22 Churchill, *Der Zweite Weltkrieg*, Bd. III, *Die große Allianz*, 1. Buch, *Hitlers Angriff auf Russland*, S. 241.
23 Dear (Hg.), *Oxford Companion*, S. 326.
24 Ellis, *Brute Force*, S. 266.
25 Ebenda, S. 267.
26 Rommel, *Krieg ohne Haß*, S. 223.
27 Carver, *El Alamein*, S. 201.
28 Young (Hg.), *Decisive Battles*, S. 166.
29 Dear (Hg.), *Oxford Companion*, S. 326.
30 Keegan, *Der Zweite Weltkrieg*, S. 488 f.
31 Ellis, *Brute Force*, S. 264 f.
32 Schmidt, *Mit Rommel in Afrika*, S. 210.
33 Bierman/Smith, *Alamein*, S. 282.

9 Mitternacht in den Teufelsgärten   **811**

34 Ebenda, S. 312.
35 Rommel, *Krieg ohne Haß*, S. 257.
36 Danchev/Todman (Hg.), *War Diaries*, S. 336.
37 Bierman/Smith, *Alamein*, S. 311.
38 Alistair Horne, in: Roberts (Hg.), *Art of War*, S. 340.
39 Montgomery, *Memoiren*, S. 158.
40 Bierman/Smith, *Alamein*, S. 311.
41 Ebenda, S. 325.
42 Domarus (Hg.), *Hitler: Reden und Proklamationen*, Bd. 2, S. 1931; Rommel, *Krieg ohne Haß*, S. 268.
43 Rommel, *Krieg ohne Haß*, S. 269; Carver, *El Alamein*, S. 204.
44 Rommel, *Krieg ohne Haß*, S. 297, S. 271.
45 Allan Mallinson, in: *Spectator*, 3. August 2002, S. 36.
46 Carver, *El Alamein*, S. 195.
47 Keegan, *Der Zweite Weltkrieg*, S. 491.
48 Montgomery, *Von El Alamein zum Sangro*, S. 49; Young (Hg.), *Decisive Battles*, S. 182; Ellis, *Brute Force*, S. 264; Montgomery, *Memoiren*, S. 159.
49 Hew Strachan, in: *Daily Telegraph*, 5. April 2003.
50 Danchev/Todman (Hg.), *War Diaries*, S. 250.
51 Roberts, *Masters and Commanders*, passim.
52 Danchev/Todman (Hg.), *War Diaries*, S. 407.
53 Anm. d. Ü.: Der Spitzname des Südstaatenaristokraten spielt mit der Doppelbedeutung von «guts»: «Eingeweide, Gedärm» und «Mumm, Courage, Schneid». Das wird auch in dem Spielfilm *Patton* (1970), von dem unten noch die Rede sein wird, angedeutet, als man bei einer Episode auf Sizilien nach einer schneidigen Vorbeifahrt des Generals einen Soldaten sagen hört: «Our blood, his guts.»
54 Royle, *Patton*, S. 95.
55 Atkinson, *Army at Dawn*, S. 36.
56 Royle, *Patton*, S. 34.
57 Atkinson, *Army at Dawn*, S. 33 f.
58 D'Este, *Eisenhower*, S. 468.
59 Atkinson, *Army at Dawn*, S. 59.
60 Royle, *Patton*, S. 29.
61 Atkinson, *Army at Dawn*, S. 44.
62 Sainsbury, *North African Landings*, S. 149.
63 Ebenda, S. 150.
64 Ebenda, S. 154.
65 Ian Sayer Archive (Rückübersetzung).
66 Max Hastings, in: *Sunday Telegraph*, 2. Februar 2003, S. 14.
67 Atkinson, *Army at Dawn*, S. 57.

68 Kimball (Hg.), *Complete Correspondence*, Bd. 1, S. 584.
69 Atkinson, *Army at Dawn*, S. 28.
70 Sainsbury, *North African Landings*, S. 158.
71 Royle, *Patton*, S. 83.
72 BRGS 2/13.
73 Churchill, *Reden*, Bd. 4, S. 58; Langworth (Hg.), *Churchill by Himself*, S. 347.
74 Sainsbury, *North African Landings*, S. 162.
75 Atkinson, *Army at Dawn*, S. 368 f.
76 Ebenda, S. 368.
77 Parrish (Hg.), *Simon & Schuster Encyclopedia*, S. 329; Max Hastings, in: *Sunday Telegraph*, 2. Februar 2003, S. 14; Atkinson, *Army at Dawn*, S. 389; Dupuy/Dupuy, *Encyclopedia*, S. 1197; Sainsbury, *North African Landings*, S. 164.
78 Atkinson, *Army at Dawn*, S. 383.
79 Ebenda, S. 384.
80 Ebenda, S. 385.
81 Kesselring, *Soldat bis zum letzten Tag*, S. 205.
82 Butcher, *Three Years*, S. 231.
83 Bradley, *Soldier's Story*, S. 43.
84 Blumenson, *Patton Papers*, S. 187–190.
85 D'Este, *Genius for War*, S. 484.
86 M. R. D. Foot, in: *Spectator*, 5. April 2003, S. 40.
87 Hew Strachan, in: *Daily Telegraph*, 5. April 2003; Atkinson, *Army at Dawn*, S. 3.
88 Churchill, *Der Zweite Weltkrieg*, S. 756; Churchill, *Reden*, Bd. 4, S. 168.

10
Das Mutterland überwältigt das Vaterland
Januar 1942 – Februar 1942

1 Bellamy, *Absolute War*, S. 526 (Rückübersetzung).
2 IMG, *Der Prozess gegen die Hauptkriegsverbrecher*, Bd. 7, S. 290 (Aussage von Generalfeldmarschall Friedrich Paulus); Kershaw, *Hitler: 1936–1945*, S. 677; Liddell Hart, *Deutsche Generale*, S. 193; Clark, *Barbarossa*, S. 316.
3 Liddell Hart, *Deutsche Generale*, S. 198; Carruthers/Erickson, *Russian Front*, S. 99.
4 Halder, *Kriegstagebuch*, Bd. III, S. 489.
5 Liddell Hart, *Deutsche Generale*, S. 49.
6 Halder, *Kriegstagebuch*, Bd. III, S. 493.
7 Paulus-Museum, Wolgograd.
8 Beevor/Vinogradova (Hg.), *Ein Schriftsteller im Krieg*, S. 163.

10 Das Mutterland überwältigt das Vaterland **813**

9 Grossman, *Leben und Schicksal*, S. 40.
10 Tschuikow, *Stalingrad*, S. 192, S. 208, ders., *Beginning of the Road*, S. 169.
11 Grossman, *Leben und Schicksal*, S. 35 f. Anm. d. Ü.: Eine unvollständige Ausgabe erschien 1980 in der Schweiz in einer Exilzeitschrift, eine unvollständige deutsche Erstfassung 1984. Eine erste Ausgabe in der Sowjetunion gab es 1988, dank Glasnost, eine vollständige deutsche Ausgabe, aus der hier zitiert wird, erschien 2007.
12 Bellamy, *Absolute War*, S. 514.
13 Beevor/Vinogradova (Hg.), *Ein Schriftsteller im Krieg*, S. 187, S. 199.
14 Tschuikow, *Stalingrad*, S. 215.
15 Beevor/Vinogradova (Hg.), *Ein Schriftsteller im Krieg*, S. 181.
16 Grossman, *Leben und Schicksal*, S. 60.
17 Beevor/Vinogradova (Hg.), *Ein Schriftsteller im Krieg*, S. 176.
18 Bellamy, *Absolute War*, S. 515; M. R. D. Foot, in: *The Times*, 16. April 1998.
19 Axell, *Zhukov*.
20 Halder, *Kriegstagebuch*, Bd. III, S. 513.
21 Ebenda, S. 515 f.
22 Dear (Hg.), *Oxford Companion*, S. 1057.
23 Bellamy, *Absolute War*, S. 515.
24 Beevor/Vinogradova (Hg.), *Ein Schriftsteller im Krieg*, S. 191.
25 Bellamy, *Absolute War*, S. 523 f.
26 Beevor/Vinogradova (Hg.), *Ein Schriftsteller im Krieg*, S. 184, S. 183.
27 Tschuikow, *Stalingrad*, S. 217.
28 Beevor/Vinogradova (Hg.), *Ein Schriftsteller im Krieg*, S. 209, S. 208 und S. 230.
29 Tschuikow, *Stalingrad*, S. 189.
30 Halder, *Kriegstagebuch*, Bd. III, S. 528.
31 Ebenda, S. 524.
32 Goldensohn, *Nuremberg Interviews*, S. 294.
33 Tschuikow, *Stalingrad*, S. 204, S. 209–211.
34 Ebenda, S. 205.
35 Beevor/Vinogradova (Hg.), *Ein Schriftsteller im Krieg*, S. 225.
36 Tschuikow, *Stalingrad*, S. 213, S. 292; ders., *Beginning of the Road*, S. 259.
37 Beevor/Vinogradova (Hg.), *Ein Schriftsteller im Krieg*, S. 222.
38 Tschuikow, *Stalingrad*, S. 273; John Erickson, Vorwort zu Krivosheev (Hg.), *Soviet Casualties*, S. ix; Braithwaite, Moscow 1941, S. 111–113.
39 Braithwaite, *Moscow 1941*, S. 111–113.
40 Tschuikow, *Stalingrad*, S. 199.
41 Beevor, *Stalingrad*, S. 234.
42 Tschuikow, *Stalingrad*, S. 197.
43 Ebenda, S. 225, S. 232 f.

44 Bellamy, *Absolute War,* S. 517; Tschuikow, *Stalingrad,* S. 247 f.
45 Tschuikow, *Stalingrad,* S. 272, S. 237, S. 259; Domarus, *Hitler: Reden und Proklamationen,* Bd. 2, S. 1937 f.; Bellamy, *Absolute War,* S. 511 f.
46 Tschuikow, *Stalingrad,* S. 311, S. 261, S. 260.
47 Halder, *Kriegstagebuch,* Bd. II (30.3.1941), S. 335–337.
48 Wegner, «Der Krieg gegen die Sowjetunion 1942/43», S. 1013; Bellamy, *Absolute War,* S. 533.
49 Bellamy, *Absolute War,* S. 535.
50 Thames TV, *The World at War (Die Welt im Krieg),* 9. Folge, «Stalingrad».
51 Dear (Hg.), *Oxford Companion,* S. 1059.
52 Clark, *Barbarossa,* S. 321.
53 Bellamy, *Absolute War,* S. 536.
54 Goldensohn, *Nuremberg Interviews,* S. 355.
55 Freidin/Richardson (Hg.), *Fatal Decisions,* S. 165.
56 Funkspruch Nr. 1498, zitiert nach: *Der Feldzug gegen Sowjetrußland 1941–1945.* Ein operativer Überblick von A. Philippi und F. Heim, Hg. vom Arbeitskreis für Wehrforschung, Stuttgart 1962, Anlage 2.
57 Mellenthin, *Panzer Battles,* S. 183.
58 Tschuikow, *Stalingrad,* S. 257, S. 288.
59 Beevor/Vinogradova (Hg.), *Ein Schriftsteller im Krieg,* S. 251.
60 Heiber (Hg.), *Hitlers Lagebesprechungen,* S. 84.
61 Manstein, *Verlorene Siege,* S. 651.
62 Clark, *Barbarossa,* S. 321; Dupuy/Dupuy, *Encyclopedia,* S. 1192.
63 Thames TV, *The World at War (Die Welt im Krieg),* 9. Folge, «Stalingrad».
64 Mellenthin, *Panzer Battles,* S. 184, S. 185.
65 Clark, *Barbarossa,* S. 321.
66 Ebenda, S. 321 f. (Rückübersetzung).
67 Tschuikow, *Stalingrad,* S. 300, S. 309.
68 Mellenthin, *Panzerschlachten,* S. 119 f.
69 Clark, *Barbarossa,* S. 323; Selle, *Wofür,* S. 120.
70 Beevor, *Stalingrad,* S. 406.
71 Mellenthin, *Panzer Battles,* S. 195; ders., *Panzerschlachten,* S. 122; Domarus, *Hitler: Reden und Proklamationen,* Bd. 2, S. 1974; vgl. hierzu auch Beevor, *Stalingrad,* S. 426.
72 Heiber (Hg.), *Hitlers Lagebesprechungen* (1.2.1943), S. 124. Anm. d. Ü.: Aus dem Kontext dieser Passage und den begleitenden Fußnoten geht klar hervor, dass hier nicht die 6. Armee insgesamt geschmäht wird, sondern explizit die Generäle im «südlichen Kessel» gemeint sind. Die Namen werden von Hitler wenige Zeilen später auch genannt: Paulus, v. Seydlitz, Schmidt.
73 Die Historiker streiten sich um die genauen Zahlen: Vgl. hierzu Beevor, *Stalingrad,* S. 498 f. (Anhang B); Dupuy/Dupuy, *Encyclopedia,* S. 1202; Bellamy, *Ab-*

solute War, S. 550; Mellenthin, *Panzer Battles*, S. 183; Parrish (Hg.), *Simon & Schuster Encyclopedia*, S. 600.
74 Bellamy, *Absolute War*, S. 550.
75 Tschuikow, *Stalingrad*, S. 200, S. 15, S. 17.
76 John Erickson im Vorwort zu Krivosheev (Hg.), *Soviet Casualties*, S. ix.
77 Beevor, *Stalingrad*, S. 219–221, S. 439 f. (Zitat: S. 440).
78 Mellenthin, *Panzerschlachten*, S. 73; Freidin/Richardson (Hg.), *Fatal Decisions*, S. 165.
79 Nigel Nicolson, in: *Spectator*, 2. Mai 1998, S. 34.
80 Domarus, *Hitler: Reden und Proklamationen*, Bd. 2, S. 1985.
81 Lacouture, *De Gaulle: The Ruler*, S. 47.

11
Funk- und Meereswellen
1939–1945

1 Langworth (Hg.), *Churchill by Himself*, S. 304.
2 BBC, *Desert Island Discs*, 28. März 1988.
3 Bennett, *Behind the Battle*, S. 75, S. 241 f.
4 Anm. d. Ü.: Es gab verschiedene Parallelentwicklungen, auch Hugo Alexander Koch (1870–1928) meldete sein System zum Patent an, er war aber nicht der Erste; vgl. hierzu u. a. Simon Singh, *Geheime Botschaften*, München 2000.
5 *The Times*, 24. Oktober 2008, S. 47.
6 Eine umfassende Erklärung dieser Sachverhalte bieten zum Beispiel Budiansky, *Battle of Wits*, Sebag Montefiore, *Enigma*, und Simon Singh, *Geheime Botschaften*.
7 Lewin, *Entschied Ultra den Krieg?*, S. 62–66.
8 Sebag Montefiore, *Enigma*, S. 296 f.
9 Bennett, *Behind the Battle*, S. xix, Anm. 1.
10 Budiansky, *Battle of Wits*, S. 207.
11 Sebag Montefiore, *Enigma*, S. 297.
12 Budiansky, *Battle of Wits*, S. 207; Hinsley, *British Intelligence*, Bd. II, S. 174.
13 Sebag Montefiore, *Enigma*, S. 359.
14 Bennett, *Behind the Battle*, S. 75, S. 241 f.
15 Ellis, *Brute Force*, S. 133; Anm. d. Ü.: Home Countys sind die Grafschaften im Südosten des Landes, in der Umgebung Londons.
16 Churchill, *Der Zweite Weltkrieg*, Bd. II, *Englands größte Stunde*, 2. Buch, *Allein*, S. 333.
17 Ellis, *Brute Force*, S. 133.
18 Ebenda, S. 134; Young (Hg.), *Decisive Battles*, S. 223.

Anmerkungen

19 Churchill, *Der Zweite Weltkrieg*, Bd. IV, *Schicksalswende*, 1. Buch, *Die Sturmflut aus Japan*, S. 151.
20 Wagner (Hg.), *Lagevorträge des Oberbefehlshabers der Kriegsmarine*, S. 19. Anm. d. Ü.: Dönitz' weitere Stationen: Oktober 1939 Konteradmiral, 1940: Vizeadmiral, 1942: Admiral, 1943: Großadmiral und Oberbefehlshaber der Kriegsmarine, ab 1. Mai 1945 und 23 Tage lang: Reichspräsident und Oberbefehlshaber der Wehrmacht.
21 Padfield, *Der U-Boot-Krieg*, S. 19; Dönitz, *Mein wechselvolles Leben*, S. 127.
22 Heiber (Hg.), *Hitlers Lagebesprechungen*, S. 910 (Fn. 2); Kennedy, *Versenkt die Bismarck!*, S. 15.
23 Dear (Hg.) *Oxford Companion*, S. 905.
24 Evans, *Das Dritte Reich*, Bd. 3, *Krieg*, S. 602.
25 Hubatsch (Hg.), *Hitlers Weisungen*, S. 100–102.
26 Ellis, Brute Force, S. 143.
27 Kennedy, *Versenkt die Bismarck!*, S. 56.
28 Holmes, *World at War*, S. 88 f.
29 Monsarrat, *Grausamer Atlantik*, S. 268 f.
30 Ebenda, S. 287.
31 Young (Hg.), *Decisive Battles*, S. 223.
32 Evans, *Das Dritte Reich*, Bd. 3, *Krieg*, S. 603 f.; vgl. auch Young (Hg.), *Decisive Battles*, S. 223, der höhere Zahlen angibt.
33 Ellis, *Brute Force*, S. 146 f.
34 Bennett, *Behind the Battle*, S. 180.
35 Churchill, *Reden in Zeiten des Krieges*, S. 84.
36 Kennedy, *Versenkt die Bismarck!*, S. 16.
37 Holmes, *World at War*, S. 88 f. Anm. d. Ü.: Dönitz sprach bei den Interviews für diese Fernsehserie Englisch.
38 Monsarrat, *Grausamer Atlantik*, S. 144 f.
39 Ministry of Information, *What Britain Has Done*, S. 51.
40 Churchill, *Der Zweite Weltkrieg*, Bd. III, *Die große Allianz*, 1. Buch, *Hitlers Angriff auf Russland*, S. 153.
41 Kennedy, *Versenkt die Bismarck!*, S. 25, S. 27.
42 Ebenda, S. 61, S. 83 f.
43 Wheal/Pope, *Dictionary*, S. 58.
44 Kennedy, *Versenkt die Bismarck!*, S. 87.
45 Wheal/Pope, *Dictionary*, S. 58.
46 Bennett, *Behind the Battle*, S. 66.
47 Jochmann (Hg.), *Hitler: Monologe*, S. 402.
48 Bennett, *Behind the Battle*, S. 66.
49 Ebenda, S. 181.
50 Monsarrat, *Grausamer Atlantik*, S. 384.

11 Funk- und Meereswellen **817**

51 Ebenda, S. 145.
52 NA War Cabinet Minutes WM (42), 124. Sitzung, S. 148.
53 Bennett, *Behind the Battle*, S. 174.
54 Ellis, *Brute Force*, S. 147, Fn.
55 Bennett, *Behind the Battle*, S. 184.
56 Holmes, *World at War*, S. 168, S. 229.
57 Evans, *Das Dritte Reich*, Bd. 3, *Krieg*, S. 604.
58 Budiansky, *Battle of Wits*, S. 284–286. Anm. d. Ü.: NAAFI, Navy, Army and Air Force Institutes, war eine von der britischen Regierung gegründete Organisation zur Versorgung von Angehörigen der britischen Streitkräfte im In- und Ausland, die im Zweiten Weltkrieg unter anderem Schiffskantinen betrieb.
59 Bennett, *Behind the Battle*, S. 194.
60 Budiansky, *Battle of Wits*, S. 285 f.
61 Holmes, *World at War*, S. 168, S. 229.
62 BRGS 2/15.
63 Young (Hg.), *Decisive Battles*, S. 238.
64 Ebenda, S. 239.
65 Wagner (Hg.), *Lagevorträge*, S. 507; Anm. d. Ü.: Das entspricht der Zahl, die Dönitz (samt der Angabe «rund 30%) am 31. Mai 1943 bei Hitler vorträgt. Young (Hg.), *Decisive Battles*, S. 224, spricht von 41 Schiffen.
66 Anm. d Ü.: Der hier zitierte Lagebericht des Oberbefehlshabers der Kriegsmarine ist mit «Berlin, 5. Juni 1943» gekennzeichnet, wurde aber bereits am 31. Mai auf dem Berghof vorgetragen; Ort und Datum der Protokollniederschrift unterscheiden sich also vom tatsächlichen Geschehen.
67 Wagner (Hg.), *Lagevorträge*, S. 510.
68 Evans, *Das Dritte Reich*, Bd. III, *Krieg*, S. 415.
69 Bennett, *Behind the Battle*, S. 197.
70 Monsarrat, *Grausamer Atlantik*, S. 367.
71 Padfield, *Der U-Boot-Krieg*, S. 519. Anm. d. Ü.: Nach Padfield hatten von den 56 einsatzfähigen und für die Bekämpfung der Normandie-Invasionsflotte vorgesehenen U-Booten nur 13 einen Schnorchel, die übrigen hätten «in den von der alliierten U-Boot-Abwehr beherrschten Gebieten keine Überlebenschance» gehabt (S. 589 f.).
72 Donald Michie, in: *Spectator*, 25. Februar 2006, S. 39.
73 Watkins, *Cracking the Luftwaffe Codes*, S. 19.
74 Holmes, *World at War*, S. 167, S. 229 f.; Ellis, *Brute Force*, S. 144; Bennett, *Behind the Battle*, S. 182.
75 Young (Hg.), *Decisive Battles*, S. 224.
76 Ellis, *Brute Force*, S. 157, Tab. 6.
77 Ebenda, S. 158.

12
Den Stiefel aufwärts
Juli 1943 – Mai 1945

1. Churchill, *Reden,* Bd. 5, S. 149.
2. Clark, *Anzio,* S. 13.
3. Dupuy/Dupuy, *Encyclopedia,* S. 1199.
4. Bryant, *Turn of the Tide,* S. 26.
5. Anm. d. Ü.: Damit wurde für die Rückkehr zur konstitutionellen Monarchie und zu einem gewählten Parlament votiert.
6. Clark, *Anzio,* S. 26.
7. D'Este, *Genius for War,* S. 532–535.
8. MHI Hull Papers SOOHP, S. 58 f.
9. Clark, *Anzio,* S. 23.
10. Goebbels, *Tagebücher,* Teil II, Bd. 9 (20.9.1943), S. 544.
11. Kesselring, *Soldat bis zum letzten Tag,* S. 243.
12. Anm. d. Ü.: Die Opfer dieses Anschlags waren keine SS-Männer, wie gelegentlich dargestellt wird, sondern zum Dienst gepresste, reguläre, kasernierte Polizisten aus Südtirol, die allerdings dem Befehl des «Höheren SS- und Polizeiführers Italien» Karl Wolff, General der Waffen-SS, unterstanden. Vgl. hierzu Friedrich Andrea, *Auch gegen Frauen und Kinder: Der Krieg der deutschen Wehrmacht gegen die Zivilbevölkerung in Italien 1943–1945,* München 1995, hier bes. S. 115–118.
13. IMG, *Der Prozess gegen die Hauptkriegsverbrecher,* Bd. 39, S. 130, S. 135 (Dok. 066-UK); vgl. auch IMG, *Der Prozess,* Bd. 9, S. 251 f. (Aussage Kesselring); Kesselring, *Soldat bis zum letzten Tag,* S. 437; Moseley, *Mussolini,* S. 131.
14. Winton, *Cunningham,* S. 328 f.
15. Clark, *Anzio,* S. 24.
16. Ebenda.
17. Dupuy/Dupuy, *Encyclopedia,* S. 1200.
18. Clark, *Anzio,* S. 230.
19. Anm. d. Ü.: Die deutschen Truppen hatten vor ihrem Rückzug aus der Stadt nicht nur die Hafenanlagen und andere Infrastruktureinrichtungen, sondern auch die Aquädukte der Stadt zerstört.
20. Porch, *Hitler's Mediterranean Gamble,* S. 518.
21. Holmes, *World at War,* S. 442; Dear (Hg.), *Oxford Companion,* S. 574; Clark, *Anzio,* S. 41.
22. Harris, *Swordpoint,* S. 15.
23. Porch, *Hitler's Mediterranean Gamble,* S. 507.
24. Holmes, *World at War,* S. 457.
25. Harris, *Swordpoint,* S. 12.

26 Phillips, *Sangro to Cassino.*
27 Clark, *Mein Weg von Algier nach Rom,* S. 364 (Zitat), S. 367–373; Majdalany, *Monte Cassino,* S. 126–128.
28 Von Senger und Etterlin, *Krieg in Europa,* S. 255; Young (Hg.), *Decisive Battles,* S. 241–289 (Zitat: S. 254).
29 Holmes, *World at War,* S. 448.
30 Clark, *Anzio,* S. 212.
31 Ebenda, S. 50.
32 NA FO 371/43869/21.
33 Noel, *Pius XII,* passim.
34 Von Senger und Etterlin, *Krieg in Europa,* S. 306.
35 Ebenda, S. 249.
36 Ebenda, S. 270, S. 272.
37 Ebenda, S. 271, S. 272, S. 275.
38 Clark, *Anzio,* S. 96.
39 Ebenda, S. 76.
40 Churchill, *Der Zweite Weltkrieg,* Bd. V, *Der Ring schließt sich,* 2. Buch, *Von Teheran bis Rom,* S. 189.
41 Clark, *Anzio,* S. 76.
42 Ebenda, S. 70.
43 Dupuy/Dupuy, *Encyclopedia,* S. 1207; Clark, *Anzio,* S. xxiii, S. 188.
44 Ross, *Memoirs,* S. 209.
45 BRGS 2/19.
46 Clark, *Anzio,* S. 183.
47 Ebenda, S. 219.
48 Trevelyan, *Die Festung,* S. 65.
49 Clark, *Anzio,* S. 208.
50 Churchill, *Der Zweite Weltkrieg,* Bd. V, *Der Ring schließt sich,* 2. Buch, *Von Teheran bis Rom,* S. 197.
51 Barker, *Seven Steps Down,* S. 72.
52 Parrish (Hg.), *Simon & Schuster Encyclopedia,* S. 310 f.; Clark, *Anzio,* S. 274.
53 Clark, *Anzio,* S. 281.
54 Ebenda, S. 287.
55 D'Este, *Fatal Decision,* S. 371.
56 Truscott, *Command Missions,* S. 375.
57 Trevelyan, *Rome '44,* S. 303.
58 Holmes, *World at War,* S. 457.
59 Clark, *Anzio,* S. 317; Trevelyan, *Rome '44,* S. 316.
60 Dear (Hg.), *Oxford Companion,* S. 578.
61 Dupuy/Dupuy, *Encyclopedia,* S. 1223.
62 Dear (Hg.), *Oxford Companion,* S. 579 f.

Anmerkungen

63 Parrish (Hg.), *Simon & Schuster Encyclopedia*, S. 313.
64 Howard, *Captain Professor*, S. 155.
65 Goebbels, *Tagebücher*, Teil II, Bd. 9 (14.9.1943), S. 503.
66 Stafford, *Endgame 1945*, S. 189–191.
67 *London Gazette*, 8. August 1944.

13
Eine herausragende Wende
März – August 1943

1 Malaparte, *Kaputt*, S. 210
2 Guderian, *Erinnerungen*, S. 237.
3 Dupuy/Dupuy, *Encyclopedia*, S. 1202.
4 Barnett, *Hitler's Generals*, S. 222.
5 Ebenda, S. 221.
6 Dupuy/Dupuy, *Encyclopedia*, S. 1202.
7 Bellamy, *Absolute War*, S. 444.
8 Clark, *Barbarossa*, S. 338.
9 Guderian, *Erinnerungen*, S. 262; Keegan, *Der Zweite Weltkrieg*, S. 670.
10 Clark, *Barbarossa*, S. 362.
11 Mellenthin, *Panzerschlachten*, S. 145.
12 Guderian, *Erinnerungen*, S. 281 (beide Zitate)
13 Glantz/House, *Battle of Kursk*, S. 362.
14 Chaney, *Zhukov*, S. 252.
15 Clark, *Barbarossa*, S. 365.
16 Carruthers/Erickson, *Russian Front*, S. 137.
17 Anm. d. Ü.: Die «Ferdinand»-Panzer (später auch «Elefant» genannt) waren Jagdpanzer (oder «Panzerjäger»); das Fahrgestell beruhte auf einem Entwurf von Ferdinand Porsche (daher der Name) für den «Tiger»-Panzer; bei Guderian, *Erinnerungen*, und Mellenthin, *Panzerschlachten*, werden sie «Porsche-Tiger» genannt.
18 Clark, *Barbarossa*, S. 365.
19 Hart, *German Soldier*, S. 138.
20 Mellenthin, *Panzerschlachten*, S. 167.
21 Ebenda, S. 146.
22 Ebenda, S. 148 f.
23 Clark, *Barbarossa*, S. 367.
24 Mellenthin, *Panzer Battles*, S. 213; ders., *Panzerschlachten*, S. 147.
25 BRGS 2/17.
26 Gilbert, *Der Zweite Weltkrieg*, S. 440; vgl. auch Domarus, *Hitler: Reden und*

13 Eine herausragende Wende 821

    Proklamationen, Bd. 2, S. 2021f; Wolfgang Paul, *Geschichte der 18. Panzerdivision 1940–1943,* Reutlingen 1989, S. 246.
27 Clark, *Barbarossa,* S. 367.
28 Mellenthin, *Panzerschlachten,* S. 167.
29 Parrish, *Simon & Schuster Encyclopedia,* S. 350; Beevor/Vinogradova (Hg.), *Ein Schriftsteller im Krieg,* S. 285.
30 Dear (Hg.), *Oxford Companion,* S. 660; Clark, *Barbarossa,* S. 370 f.
31 Clark, *Barbarossa,* S. 330 (Rückübersetzung).
32 Simonov, *Tage und Nächte,* S. 11.
33 Cross, *Citadel,* S. 193.
34 Hart, *German Soldier,* S. 138, S. 139 (Rückübersetzung).
35 Clark, *Barbarossa,* S. 368.
36 Guderian, *Erinnerungen,* S. 283.
37 Dear (Hg.), *Oxford Companion,* S. 660.
38 Cross, *Citadel,* S. 204.
39 Ebenda, S. 195.
40 Mellenthin, *Panzerschlachten,* S. 144; ders., *Panzer Battles,* S. 211; Cross, *Citadel,* S. 205; Dear (Hg.), *Oxford Companion,* S. 660. Vgl. außerdem Glantz/House, *Battle of Kursk,* Anhang D; Bellamy, *Absolute War,* S. 583.
41 Keegan, *Der Zweite Weltkrieg,* S. 687, unter Verweis auf John Erickson.
42 Carruthers/Erickson, *Russian Front,* S. 135. Anm. d. Ü.: Vgl. entsprechend Mellenthin, *Panzerschlachten,* S. 163: «Unsere neuen ‹Panther› erfüllten die auf sie gesetzten großen Erwartungen vorerst nicht. Sie brannten sehr schnell, weil die Öl- und Benzinleitungen nur ungenügend geschützt waren.»
43 Clark, *Barbarossa,* S. 376.
44 Der KW-1 war ein schwerer, nach dem sowjetischen Marschall Kliment Woroschilow benannter Panzer. Beevor/Vinogradova (Hg.), *Ein Schriftsteller im Krieg,* S. 289; Zitat: Keegan, *Der Zweite Weltkrieg,* S. 687, unter Verweis auf John Erickson.
45 Peter Young (Hg.), *Der große Atlas zum Zweiten Weltkrieg,* S. 204 (Kap. «Die Schlacht um Kursk»).
46 Gilbert, *Der Zweite Weltkrieg,* S. 441; Bellamy, *Absolute War,* S. 581.
47 Bellamy, *Absolute War,* S. 554–595.
48 Dear (Hg.) *Oxford Companion,* S. 660; Beevor/Vinogradova (Hg.), *Ein Schriftsteller im Krieg,* S. 289.
49 Bellamy, *Absolute War,* S. 583; Keegan, *Der Zweite Weltkrieg,* S. 687, unter Verweis auf John Erickson; Gilbert, *Der Zweite Weltkrieg,* S. 442.
50 Keegan, *Der Zweite Weltkrieg,* S. 688.
51 Mellenthin, *Panzerschlachten,* S. 164
52 Liddell Hart, *Deutsche Generale,* S. 70.
53 Mellenthin, *Panzerschlachten,* S. 165.

54 Keegan, *Der Zweite Weltkrieg*, S. 666 f.; Beevor/Vinogradova (Hg.), *Ein Schriftsteller im Krieg*, S. 300 f.
55 Glantz/House, *Battle of Kursk*, S. 252.
56 Overy, *Russlands Krieg*, S. 328.
57 Glantz/House, *Battle of Kursk*, S. 280.
58 Dupuy/Dupuy, *Encyclopedia*, S. 1203; Bellamy, *Absolute War*, S. 594.
59 Mellenthin, *Panzerschlachten*, S. 165 (Anm. 10), S. 267.
60 Bellamy, *Absolute War*, S. 587.
61 Keegan, *Der Zweite Weltkrieg*, S. 680–682; Churchill, *Der Zweite Weltkrieg*, S. 823.

14
Die grausame Wirklichkeit
1939–1945

1 Speer, *Erinnerungen*, S. 301.
2 Zur Kritik an dieser Politik vgl. Hastings, *Bomber Command;* Friedrich, *Der Brand;* Grayling, *Die toten Städte*. Zu ihrer Verteidigung vgl. Bishop, *Bomber Boys;* Miller, *Eighth Air Force;* Webster/Frankland, *Strategic Air Offensive*.
3 Hansard, 10. November 1932.
4 Baumbach, *Zu spät?*, S. 118; Lewis, *Aircrew*, S. 14.
5 Overy, *Wurzeln des Sieges*, S. 143.
6 Roberts, *Holy Fox*, S. 177.
7 Donald Cameron Watt, in: *Literary Review* 12/2001, S. 34.
8 Neil Gregor, in: *BBC History* 4/2001, S. 7, und *Historical Journal*, 43. Jg., Nr. 4.
9 Overy, *Wurzeln des Sieges*, S. 174.
10 Manvell/Fraenkel, *Hermann Göring*, S. 200; Bishop, *Bomber Boys*, S. 385.
11 Taylor, *Dresden*, S. 458 (zum Harris-Denkmal); LH 15/15/26.
12 Alex Danchev, in: *TLS*, 28. Dezember 2001, S. 7; Probert, *Bomber Harris*, S. 291; *History Today* 3/2005, S. 51; Portal Box A File II.
13 Parrish (Hg.), *Simon & Schuster Encyclopedia*, S. 74.
14 Bishop, *Bomber Boys*, S. 169.
15 Ebenda, S. 167.
16 Miller, *Eighth Air Force*, Abb. 29.
17 Wyllie Archive.
18 BRGS 2/12.
19 KENN 4/2/4.
20 *History Today* 3/2005, S. 50.
21 BRGS 2/12.
22 Speer, *Erinnerungen*, S. 292.
23 Anm. d. Ü.: Diese B 17 E trug die Seriennummer 41–9023.

24 Overy, *Wurzeln des Sieges,* S. 155–157 (Zitat S. 155).
25 Webster/Frankland, *Strategic Air Offensive,* Bd. 4, S. 273–283.
26 Chant, *Codenames,* S. 191.
27 Arthur, *Dambusters,* S. xi.
28 Tooze, *Ökonomie der Zerstörung,* S. 686, S. 688 (Abb.).
29 Ebenda, S. 769.
30 Bishop, *Bomber Boys,* S. 371.
31 Overy, *Wurzeln des Sieges,* S. 172.
32 Ebenda, S. 168 f.
33 Lowe, *Inferno,* passim; Wheal/Pope, *Dictionary,* S. 448; Parrish (Hg.), *Simon & Schuster Encyclopedia,* S. 606; Holmes, *World at War,* S. 302 f.; Overy, *Wurzeln des Sieges,* S. 158 f.
34 Speer, *Erinnerungen,* S. 297.
35 Goebbels, *Tagebücher,* Teil II, Bd. 9, S. 162 f. Anm. d. Ü.: Dieser Tagebucheintrag ist auf den 26. Juli 1943 datiert, er bezieht sich also auf den ersten Großangriff in der Nacht des 24./25. Juli. Der folgenreichste Angriff vom 27./28. Juli, von dem oben die Rede ist, stand da noch aus.
36 Miller, *Eighth Air Force,* S. 192–208.
37 Speer, *Erinnerungen,* S. 302 f.
38 Gerhard L. Weinberg in: Deutsch/Showalter (Hg.), *What If?,* S. 206.
39 Below, *Als Hitlers Adjutant,* S. 355.
40 Gerhard L. Weinberg in: Deutsch/Showalter (Hg.), *What If?,* S. 207.
41 Speer, *Erinnerungen,* S. 301.
42 Overy, *Wurzeln des Sieges,* S. 16; Wheal/Pope, *Dictionary,* S. 448.
43 Gregor, *Haunted City,* passim.
44 Anm. d. Ü.: Erläuterungen zu den beiden Kürzeln nach Overy, *Wurzeln des Sieges,* S. 157. Feast, *Master Bombers,* passim.
45 MARS Pentagon Papers Box 81/2.
46 Portal Box A File IV.
47 Ebenda.
48 Cunningham Add Mss 52577/20.
49 Probert, *Bomber Harris,* S. 291.
50 Cunningham Add Mss 52577/2.
51 Cunningham Add Mss 52577/6.
52 BRGS 2/21.
53 BRGS 2/22.
54 Gilbert, *Der Zweite Weltkrieg,* S. 439.
55 Wheal/Pope, *Dictionary,* S. 448.
56 Interview mit Hugh Lunghi, vgl. hierzu auch www.winstonchurchill.org/publications/finest-hour/finest-hour-135/glimpses-troubled-triumvirate-the-big-three-at-the-summit.

57 Interview mit Hugh Lunghi, S. 14.
58 Taylor, *Dresden*, passim.
59 Allan Mallinson, in: *The Times*, 7. Februar 2004, Literaturbeilage, S. 13.
60 Vonnegut, *Schlachthof 5*, S. 148.
61 Ebenda, S. 173–175, S. 207.
62 *Daily Telegraph*, 3. Oktober 2008, S. 17.
63 Simon Heffer, in: *Literary Review* 2/2004, S. 28.
64 Taylor, *Dresden*, S. 21; Robin Neillands, in: *BBC History* 2/2003, S. 45.
65 Taylor, *Dresden*, S. 446, S. 32 f.
66 Portal File 6 Box 14; hier zitiert nach: Taylor, *Dresden*, S. 411 f.
67 Probert, *Bomber Harris*, S. 322; Taylor, *Dresden*, S. 414.
68 Parrish (Hg.), *Simon & Schuster Encyclopedia*, S. 74.
69 Norman Stone, in: *Literary Review* 10/2008, S. 18.
70 Overy, *Wurzeln des Sieges*, S. 156 f.
71 Ebenda, S. 172 f.
72 Ebenda, S. 170.
73 Speer, *Erinnerungen*, S. 291.
74 Ebenda, S. 291.

15
Die Eroberung der Normandie
Juni – August 1944

1 Hastings, *Unternehmen Overlord*, S. 20; Kimball (Hg.), *Complete Correspondence*, Bd. II, S. 557.
2 Alistair Horne, in: *History Today* 1/2002, S. 57.
3 Love/Major (Hg.), *Bertram Ramsay*, S. 83.
4 Hubatsch (Hg.), *Hitlers Weisungen*, S. 233; Below, *Als Hitlers Adjutant*, S. 352.
5 Heiber (Hg.), *Hitlers Lagebesprechungen*, S. 231.
6 Liddell Hart, *Deutsche Generale*, S. 226 f. (Zitate: S. 227).
7 Hesketh, Fortitude, S. X.
8 Overy, *Wurzeln des Sieges*, S. 197.
9 Gilbert, *D-Day*, S. 81.
10 Stafford, *Ten Days to D-Day*, S. 332 f.
11 Ellis, *Brute Force*, S. 360.
12 Parrish (Hg.), *Simon & Schuster Encyclopedia*, S. 297.
13 Zur Entwicklung der Invasionspläne vgl. Roberts, *Masters and Commanders*, passim.
14 Brooke-Zitat: Danchev/Todman (Hg.), *War Diaries*, S. 554; Hastings, *Unternehmen Overlord*, S. 17.

15 Gilbert, *Churchill: A Life*, S. 776.
16 Maggs Brothers Katalog, *Autograph Letters*, Nr. 1427, Item 124.
17 Arthur, *Forgotten Voices*, S. 115.
18 Ebenda, S. 116.
19 Ellis, *Brute Force*, S. 360.
20 Holmes, *World at War*, S. 463.
21 D'Este, *Eisenhower*, S. 527.
22 Hesketh, *Fortitude*, S. 186–188.
23 Nicholas Rankin, in: *TLS*, 23. Januar 2004. S. 12.
24 Howard/Bates, *Pegasus Diaries*, S. 119.
25 Ebenda, S. 136.
26 Penrose (Hg.), *D-Day Companion*, S. 225.
27 Liddell Hart (Hg.), *The Rommel Papers*, S. 477; Manfred Rommel, *1944 – Das Jahr der Entscheidung*, S. 184.
28 Speidel, *Invasion 1944*, S. 70 f.
29 Goebbels, *Tagebücher*, Teil II, Bd. 12 (6.6.1944), S. 414 f.; Kershaw, *Hitler: 1936–1945*, S. 844 f.
30 Liddell Hart, *Deutsche Generale*, S. 228 f. (Rommel), S. 228 (Blumentritt).
31 Hastings, *Unternehmen Overlord*, S. 96.
32 Ebenda, S. 97.
33 Penrose (Hg.), *D-Day Companion*, S. 223 (Rückübersetzung).
34 Gilbert, *D-Day*, S. 85.
35 Arthur, *Forgotten Voices*, S. 117.
36 Gilbert, *D-Day*, S. 145.
37 Hastings, *Unternehmen Overlord*, S. 104.
38 Gilbert, *D-Day*, S. 146 f.
39 Parrish (Hg.), *Simon & Schuster Encyclopedia*, S. 303; Gilbert, *D-Day*, S. 148.
40 Weinberg, *Eine Welt in Waffen*, S. 726.
41 Parrish (Hg.), *Simon & Schuster Encyclopedia*, S. 304.
42 Ebenda.
43 Dupuy/Dupuy, *Encyclopedia*, S. 1211.
44 Anne Frank, *Tagebuch*, Fassung von Otto H. Frank und Mirjam Pressler, Frankfurt a. M. 1992, S. 291 f.; Liddell Hart, *Geschichte des Zweiten Weltkriegs*, Bd. 2, S. 677.
45 Ian Sayer Archive (Rückübersetzung).
46 Gilbert, *Der Zweite Weltkrieg*, S. 535.
47 Hastings, *On the Offensive* (Abschnitt «Das Reich»), S. 247 (Rückübersetzung).
48 Jochmann (Hg.), *Hitler: Monologe*, S. 349.
49 Picker (Hg.), *Hitlers Tischgespräche*, S. 230 f.
50 Jochmann (Hg.), *Hitler: Monologe*, S. 300.

51 Kershaw, *Hitler: 1936–1945*, S. 521; IMG, *Der Prozess gegen die Hauptkriegsverbrecher*, Bd. 15, S. 325 (Jodls Aussage vom 3.6.1946); Holmes, *World at War*, S. 167, S. 241 (Zitat Dönitz); Anm. d. Ü.: Dönitz sprach bei den Interviews für die Fernsehserie *The World at War/Die Welt im Krieg* Englisch.
52 TLS, *Essays and Reviews 1963*, S. 197 (Rückübersetzung).
53 Schroeder, *Er war mein Chef*, S. 148.
54 Jan Sayer Archive (Rückübersetzung).
55 Anm. d. Ü.: Nach Ian Kershaw, *Hitler*, Bd. 2, S. 894, wurden die Leichen aller vier im Hof des Bendlerblocks erschossenen Verschwörer von der SS auf Himmlers Geheiß wieder ausgegraben, verbrannt und die Asche wurde über Felder verstreut.
56 Der in Europa erstmals 2009 gezeigte Film «Operation Walküre – Das Stauffenberg-Attentat» mit Tom Cruise in der Hauptrolle war ein klassisches zeitgenössisches Beispiel für diese Sicht- und Darstellungsweise.
57 Hastings, *Armageddon*, S. 201.
58 Roger Moorhouse, in: *History Today* 1/2009, S. 3; Hoffmann, *Widerstand, Staatsstreich, Attentat*, S. 393, S. 396.
59 Roberts, *Dealing with Dictators*, S. 51.
60 Dilks (Hg.), *Cadogan Diary*, S. 129.
61 Eine gegenteilige Position vertritt beispielsweise Joachim Fest in *Staatsstreich: Der lange Weg zum 20. Juli*, der die Debatte noch weiter geführt hat als die früheren Werke von Patricia Meehan *(The Unnecessary War*, 1992) und Klemens von Klemperer *(Die verlassenen Verschwörer: Der deutsche Widerstand auf der Suche nach Verbündeten*, 1994).
62 BRGS 2/21.
63 Cunningham, Add Mss 52577/50.
64 Royle, *Patton*, S. 136.
65 Williams, *D-Day to Berlin*, S. 200 (Rückübersetzung).
66 Royle, *Patton*, S. 139–141; Dupuy/Dupuy, *Encyclopedia*, S. 1212.
67 Eisenhower, *Kreuzzug in Europa*, S. 330; Gilbert, *D-Day*, S. 180.
68 Tobias Gray, in: *History Today* 8/2008, S. 6.
69 Langhorne (Hg.), *Churchill by Himself*, S. 572.
70 Egremont, *Under Two Flags*, S. 180.
71 Domarus, *Hitler: Reden und Proklamationen*, Bd. 2, S. 2143.
72 Lacouture, *De Gaulle: The Rebel*, S. 578.

16
Von Westen her
August 1944 – März 1945

1. Churchill, *Reden*, Bd. 5, S. 306. Anm. d. Ü.: Die übliche Schreibweise ist «Schicklgruber». Hitlers Vater Alois Schicklgruber nannte sich ab 1876 Hitler; Vgl. Kershaw, *Hitler: 1889–1936*, S. 32–41.
2. Hastings, *Armageddon*, S. 200.
3. Ian Kershaw, Vorwort zu: Neitzel (Hg.), *Tapping Hitler's Generals*, S. 7–11.
4. Neitzel, *Abgehört*, passim.
5. Ebenda, S. 227 f.
6. Ebenda, S. 274 f.
7. Ebenda, S. 275, S. 276, S. 288, S. 278.
8. Ebenda, S. 283, S. 288 (Kittel, Schaefer); S. 285, S. 294 (Bruhn, Felbert).
9. Ebenda, S. 294–297 (Broich, Choltitz, Rothkirch, Ramcke); S. 298 (Wildermuth, Heydte).
10. Ebenda, S. 301 (Heim); S. 304 (Reimann über Ullersperger), S. 306 (Bruns), S. 307 (Josting).
11. Goldensohn, *Die Nürnberger Interviews*, S. 382; ders., *The Nuremberg Interviews*, S. 322.
12. Royle, *Patton*, S. 151.
13. Ian Sayer Archive (Rückübersetzung).
14. Royle, *Patton*, S. 150.
15. Eisenhower, *Kreuzzug in Europa*, S. 272.
16. D'Este, *Genius for War*, S. 602 f.
17. Ian Sayer Archive.
18. White, *With the Jocks*, S. viii.
19. BRGS 2/22.
20. NA War Cabinet Meeting WM (45) 29.
21. Gilbert, *Der Zweite Weltkrieg*, S. 584.
22. Churchill, *Reden*, Bd. 5, S. 305.
23. Middlebrook, *Arnhem*, S. 443.
24. Ebenda, S. 444.
25. Ebenda, S. 439; Parrish (Hg.), *Simon & Schuster Encyclopedia*, S. 680; Dupuy/Dupuy, *Encyclopedia*, S. 1215.
26. Grant, *World War II: Europe*, S. 44 (Rückübersetzung).
27. Hamilton, *Monty: The Field Marshal*, S. 181.
28. General Strongs persönliches Exemplar im Ian Sayer Archive.
29. Freidin/Richardson (Hg.), *Fatal Decisions*, S. 225.
30. Sayer/Botting, *Hitler's Last General*, S. 347.
31. Parrish (Hg.), *Simon & Schuster Encyclopedia*, S. 88 f.

32 Weintraub, *Eleven Days,* S. xiii.
33 Blumenson (Hg.), *The Patton Papers,* Bd. 2 (25.12.1944), S. 606; Royle, *Patton,* S. 166.
34 Bradley, *General's Life,* S. 367.
35 Royle, *Patton,* S. 169.
36 Dupuy/Dupuy, *Encyclopedia,* S. 1218.
37 Delaforce, *Battle of the Bulge* (Rückübersetzung)
38 Jablonsky, *Churchill and Hitler,* S. 194 (Rückübersetzung).
39 Goldensohn, *Die Nürnberger Interviews,* S. 232.
40 Whiting, *Field Marshal's Revenge,* S. ix.
41 Ebenda, S. 222.
42 Andrew Taylor, in: *TLS* 2005; Royle, *Patton,* S. 196.
43 Weintraub, *Eleven Days,* S. 177; Parrish (Hg.), *Simon & Schuster Encyclopedia,* S. 91; Dupuy/Dupuy, *Encyclopedia,* S. 1218.
44 Weintraub, *Eleven Days,* S. 177; Parrish (Hg.), *Simon & Schuster Encyclopedia,* S. 91; Dupuy/Dupuy, *Encyclopedia,* S. 1218.
45 Hastings, *Armageddon,* S. 263.
46 IMG, *Der Prozess gegen die Hauptkriegsverbrecher,* Bd. 37, S. 667 (Dok. L-172); Davidson, *Trial of the Germans.*
47 Goldensohn, *Die Nürnberger Interviews,* S. 193.
48 Wheeler-Bennett, *Die Nemesis der Macht,* S. 452 f.
49 Gilbert, *Der Zweite Weltkrieg,* S. 385 f.
50 Goldensohn, *Die Nürnberger Interviews,* S. 368.
51 Ebenda, S. 231.
52 Heiber (Hg.), *Hitlers Lagebesprechungen,* S. 817 f., folgende Zitate: S. 453, S. 455, Anm. d. Ü.: Heibers Texte enden mit einer «Abendlage» vom 23. März; der «Spiegel» veröffentlichte 1966 noch drei Mitschriften von «Lagebesprechungen» von Ende April 1945, die letzte datierte vom 27. April 1945.
53 Speer, *Erinnerungen,* S. 434.
54 Ebenda, S. 434 f.
55 Heiber (Hg.), *Hitlers Lagebesprechungen,* S. 902; Hastings, *Armageddon,* S. 421.
56 Weintraub, *Eleven Days,* S. 178.
57 BRGS 2/23.
58 Heiber (Hg.), *Hitlers Lagebesprechungen,* S. 296 f.
59 Deutsch/Showalter (Hg.), *What If?,* S. 204–206.

17
Von Osten her
August 1943 – Mai 1945

1 Beevor, *Berlin 1945*, S. 23.
2 Hastings, *Armageddon*, S. 111.
3 Below, *Als Hitlers Adjutant*, S. 352.
4 Gerhard L. Weinberg in: Deutsch/Showalter (Hg.), *What If?*, S. 215.
5 Carruthers/Erickson, *Russian Front*, S. 151.
6 Beevor, *Berlin 1945*, S. 112.
7 Liddell Hart, *Deutsche Generale*, S. 209 f.
8 Dupuy/Dupuy, *Encyclopedia*, S. 1204.
9 Clark, *Barbarossa*, S. 372.
10 Mellenthin, *Panzer Battles*, S. 236.
11 Ebenda, S. 240.
12 Halder, *Hitler als Feldherr*, S. 57 f.; Bullock, *Hitler*, S. 705.
13 Goldensohn, *Die Nürnberger Interviews*, S. 381.
14 Clark, *Barbarossa*, S. 374.
15 Roberts, *Stalins Kriege*, S. 188, S. 191.
16 Hitler, *Mein Kampf*, Bd. 2, 14. Kap., S. 1673.
17 Information von Oberstleutnant Alexandr Kulikow, 8. Juni 2008.
18 Halder, *Kriegstagebuch*, Bd. II, S. 241.
19 Information von Oberstleutnant Alexandr Kulikow, 8. Juni 2008.
20 Anm. d. Ü.: SchWAK (auch MP-20) steht für Schpitalny-Wladimirow Awiazionny Krupnokaliberny, deutsch etwa: großkalibrige Flugzeugwaffe von Schpitalny-Wladimirow; vgl. Wikipedia.
21 Heiber (Hg.), *Hitlers Lagebesprechungen* (28.12.1943), S. 509; Mellenthin, *Panzer Battles*, S. 266, Fußnote 2.
22 Dupuy/Dupuy, *Encyclopedia*, S. 1220.
23 Hastings, *Armageddon*, S. 111.
24 Carruthers/Erickson, *Russian Front*, S. 130.
25 Goldensohn, *The Nuremberg Interviews*, S. 356.
26 Ders., *Die Nürnberger Interviews*, S. 382.
27 Ebenda, S. 382.
28 Hubatsch (Hg.), *Hitlers Weisungen*, S. 243; Carruthers/Erickson, *Russian Front*, S. 158 f.
29 Edward Harrison, in: *Spectator*, 29. November 2008, S. 52.
30 Hastings, Abschnitt «Das Reich», in: *On the Offensive*, S. 23.
31 Overy, *Russlands Krieg*, S. 370
32 Carruthers/Erickson, *Russian Front*, S. 158.
33 Hastings, Abschnitt «Das Reich», in: *On the Offensive*, S. 23.

34 Dupuy/Dupuy, *Encyclopedia*, S. 1220.
35 Carruthers/Erickson, *Russian Front*, S. 156.
36 Churchill, *Reden*, Bd. 5, S. 253.
37 Mellenthin, *Panzerschlachten*, S. 251.
38 Dear (Hg.), *Oxford Companion*, S. 755.
39 Heimann (Hg.), *Hitlers Lagebesprechungen*, S. 615; vgl. auch Mellenthin, *Panzerschlachten*, S. 247.
40 Dear (Hg.), *Oxford Companion*, S. 1261.
41 Ebenda.
42 Rees, *World War Two*, S. 295 f.
43 Bór-Komorowski, *Secret Army*, S. 316 f.
44 Ebenda.
45 Dear (Hg.), *Oxford Companion*, S. 1261.
46 Haupt, *Heeresgruppe Mitte*, S. 228 f. Anm. d. Ü.: Außerdem wurden 153 810 Männer, Frauen und Kinder zur Zwangsarbeit nach Deutschland gebracht (Haupt, ebenda.).
47 Davies, «Warsaw Uprising», S. 21.
48 Butler, *My Dear Mr. Stalin*, S. 280.
49 Overy, *Wurzeln des Sieges*, S. 13.
50 A. Solschenizyn, *Der erste Kreis der Hölle*, Frankfurt a. M. 1968, S. 128.
51 Churchill, *Der Zweite Weltkrieg*, S. 921, Fußnote.
52 Carruthers/Erickson, *Russian Front*, S. 160.
53 Hastings, *Armageddon*, S. 133.
54 Carruthers/Erickson, *Russian Front*, S. 171.
55 Duffy, *Sturm auf das Reich*, S. 278.
56 Ebenda, S. 286.
57 Guderian, *Erinnerungen*, S. 342.
58 Hastings, *Armageddon*, S. 276.
59 Guderian, *Erinnerungen*, S. 318, S. 343.
60 Speer, *Erinnerungen*, S. 428 f.; vgl. auch Guderian, *Erinnerungen*, S. 375–377.
61 Le Tissier, *Durchbruch an der Oder*, S. 37; Guderian, *Erinnerungen*, S. 360 f.
62 Heimann (Hg.), *Hitlers Lagebesprechungen*, S. 820–883.
63 Ebenda, S. 866.
64 Ebenda, S. 231.
65 Hastings, *Armageddon*, S. 277.
66 Gilbert, *Churchill: A Life*, S. 796; Churchill, *Der Zweite Weltkrieg*, S. 989–992 (bes. S. 989).
67 Butler, *My Dear Mr Stalin*, S. 314; Wilmot, *Kampf um Europa*, S. 744.
68 NA War Cabinet Meeting WM (45) 43.
69 IMG, *Der Prozess gegen die Hauptkriegsverbrecher*, Bd. 16, S. 548; Domarus, *Hitler: Reden und Proklamationen*, Bd. II, S. 2213 f., Speer, *Erinnerungen*, S. 446.

70 Domarus, Hitler: *Reden und Proklamationen*, Bd. II, S. 2215; Speer, *Erinnerungen*, S. 583; Moll (Hg.), *«Führer-Erlasse» 1939–1945*, S. 486 f.
71 Goldensohn, *Die Nürnberger Interviews*, S. 158.
72 Clark, *Barbarossa*, S. 359.
73 Sereny, *Speer*, passim.
74 Douglas Porch, in: *TLS*, 14. Januar 2005, S. 23.
75 Toland, *Das Finale*, S. 13.
76 Carruthers/Erickson, *Russian Front*, S. 174 f.
77 Dupuy/Dupuy, *Encyclopedia*, S. 1228.
78 Eisenhower, *Kreuzzug in Europa*, S. 460–462; Wilmot, *Kampf um Europa*, S. 746–754.
79 Beevor, *Berlin*, S. 460; Max Egremont, in: *Literary Review* 5/2002, S. 4; Alan Judd, in: *Sunday Telegraph*, 27. April 2002, S. A3.
80 Antony Beevor, in: *Sunday Telegraph* Review, 10. Oktober 2004, S. 11.
81 Beevor, *Berlin*, S. 157 f., S. 354.
82 Dear (Hg.), *Oxford Companion*, S. 681.
83 Le Tissier, *Durchbruch an der Oder*, S. 35.
84 Guderian, *Panzer Leader*, S. 323–326.
85 Boldt, *Hitler: Die letzten zehn Tage*, S. 159 f.; Carruthers/Erickson, *Russian Front*, S. 178.
86 Ian Sayer Archive (Rückübersetzung).
87 Sayer (Hg.), *Allgemeine SS*, S. 43.
88 Carruthers/Erickson, *Russian Front*, S. 180.
89 Le Tissier, *Kampf um Berlin*, S. 102.
90 Alan Judd, in: *Sunday Telegraph*, 27. April 2002, S. A3; Beevor, *Berlin*, S. 445.
91 Max Egremont, in: *Literary Review* 5/2002, S. 4.
92 Beevor, *Berlin*, S. 445.
93 Carruthers/Erickson, *Russian Front*, S. 181.
94 Simon Sebag Montefiore, in: *Spectator*, 20. April 2002, S. 34.
95 Roberts, *Stalins Kriege*, S. 298.
96 Chris Bunting, Leserbrief an *TLS*, 10. Februar 2006, S. 17; Kuramoto, *Manchurian Legacy*, passim.
97 Lilley, *Taken by Force*, passim; John Latimer, in: *TLS*, 18. April 2008.
98 Zahlen und Einordnung: John Erickson in seinem Vorwort zu Krivosheev, *Soviet Casualties*, bes. S. vii, S. ix.
99 NA War Cabinet Minutes WM (45) 43.
100 Ebenda.
101 Vgl. Kershaw, *Hitler: 1936–1945;* Trevor-Roper, *Hitlers letzte Tage;* Beevor, *Berlin 1945;* Stone, *Hitler;* Toland, *Das Finale;* Boldt, *Hitler: Die letzten zehn Tage;* O'Donnell, *Berlin Bunker*.
102 Jochmann (Hg.), *Hitler: Monologe*, S. 229 f.

103 Domarus, *Hitler: Reden und Proklamationen*, Bd. 2, S. 1008, S. 2233 f.
104 Norman Stone, in: *Literary Review* 10/2008, S. 18.
105 Kershaw, *Hitler: 1936–1945*, S. 1055.
106 Junge, *Bis zur letzten Stunde*, S. 203.
107 Norman Stone, in: *Literary Review* 10/2008, S. 18.
108 Colville, *Downing-Street-Tagebücher 1939–1945*, S. 429.
109 Tschuikow, *Das Ende des Dritten Reiches*, S. 184.
110 Ebenda, S. 184, S. 186, S. 213.
111 *Sunday Times*, 19. März 1995, S. 21.
112 Tooze, *Ökonomie der Zerstörung*, S. 770.
113 Ebenda, S. 770 f.
114 Domarus, *Hitler: Reden und Proklamationen*, Bd. 2, S. 2204; vgl. hierzu auch Kershaw, *Hitler: 1936–1945*, S. 1009.
115 Vinogradow et al. (Hg.), *Hitlers Death*, Einleitung.
116 Bernard Besserglick, Leserbrief an *TLS*, 28. Oktober 2005, S. 17.

18
Das Land der untergehenden Sonne
Oktober 1944 – September 1945

1 Fraser, *Quartered Safe*, S. 201.
2 Dupuy/Dupuy, *Encyclopedia*, S. 1291.
3 Parrish (Hg.), *Simon & Schuster Encyclopedia*, S. 380.
4 Dupuy/Dupuy, *Encyclopedia*, S. 1291.
5 Fraser, *Quartered Safe*, S. 283–285.
6 Victor Davis Hanson in seiner Einleitung zu Sledge, *Vom alten Schlag*, S. 19.
7 Fraser, *Quartered Safe*, S. 52 f.
8 Dupuy/Dupuy, *Encyclopedia*, S. 1303.
9 Sledge, *Vom alten Schlag*, S. 246 f., S. 247, S. 248 f.
10 Dupuy/Dupuy, *Encyclopedia*, S. 1305.
11 Parrish (Hg.), *Simon & Schuster Encyclopedia*, S. 380.
12 Fraser, *Quartered Safe*, S. 141.
13 Hastings, *Nemesis*, S. 11.
14 Davidson/Manning, *Chronology*, S. 249.
15 De Groot, *Bomb*, S. 71; Dupuy/Dupuy, *Encyclopedia*, S. 1306.
16 Victor Davis Hanson in seiner Einleitung zu Sledge, *Vom alten Schlag*, S. 17.
17 Dupuy/Dupuy, *Encyclopedia*, S. 1306.
18 Ebenda, S. 1307.
19 Hastings, *Nemesis*, S. 291.
20 Ebenda, S. 514–519.

21 Anm. d. Ü.: Zitiert nach:http://gutenberg.spiegel.de/buch/geschichte-von-florenz-120/6.
22 Churchill, *Reden in Zeiten des Krieges*, S. 101.
23 Anm. d. Ü. : Aus dem 8. Kapitel des 2. Buches von *Gargantua und Pantagruel*, hrsg. von Horst und Edith Heintze unter Verwendung der Übersetzung von Ferdinand Adolf Gelbcke, Frankfurt a. M. 1974, S. 220.
24 Dear (Hg.), *Oxford Companion*, S. 531.
25 Hersey, *Hiroshima*, S. 65 f.
26 Hastings, *Nemesis*, S. 518.
27 Hersey, *Hiroshima*, S. 70.
28 Penney et al., «Nuclear Explosive Yields», S. 357–424.
29 Fraser, *Quartered Safe*, S. 323.
30 Hasegawa, *Racing the Enemy*, passim.
31 De Groot, *Bomb*, S. 101; Dear (Hg.), *Oxford Companion*, S. 773.
32 Chinnock, *Nagasaki*, S. 9 f.
33 Hastings, *Nemesis*, S. 560. Anm. d. Ü.: Es war das erste Mal überhaupt, dass die Stimme des Tenno in einem öffentlichen Medium zu hören war.
34 Warren I. Cohen, in: *TLS*, 19. August 2005, S. 30.

Schluss

1 Monsarrat, *Grausamer Atlantik*, S. 162 f.; Fraser, *Quartered Safe*, S. xiii.
2 Domarus (Hg.), *Hitler: Reden und Proklamationen*, Bd. 2, S. 1865.
3 Gilbert, *Der Zweite Weltkrieg*, S. 1; Dupuy/Dupuy, *Encyclopedia*, S. 1309.
4 Zu ähnlichen Zahlen vgl. Atkinson, *Army at Dawn*, S. 5.
5 IMG, *Der Prozess gegen die Hauptkriegsverbrecher*, Bd. 22 (31.8.1946), S. 454.
6 Dear (Hg.), *Oxford Companion*, S. 189 f.
7 Speer, *Erinnerungen*, S. 450 f.; Ian Sayer Archive.
8 Goldensohn, *Die Nürnberger Interviews*, S. 176 f. (Göring), S. 361 (Höß), S. 213 (Kaltenbrunner), S. 223 (Keitel), S. 48 (Dönitz), S. 383 (Kleist), S. 331 (Streicher), S. 295 (Schacht); ders., *The Nuremberg Interviews*, S. 284 (Dietrich), S. 362 (Milch); Dokumente zum Nürnberger Prozess im Ian Sayer Archive.
9 Goldensohn, *Die Nürnberger Interviews*, S. 55.
10 Ebenda, S. 326.
11 Max Egremont, in: *Literary Review* 5/2002, S. 4.
12 Ian Sayer Archive (Rückübersetzung).
13 Hastings, *Armageddon*, S. 130.
14 Nicholas Stargardt, in: *TLS*, 10. Oktober 2008, S. 9; *TLS, Essays and Reviews 1963*, S. 197–205.
15 David Cesarani, in: *Literary Review* 10/2000, S. 33.

16 Niall Ferguson, in: *Financial Times*, 13. September 2008, Feuilleton, S. 17.
17 Anm. d. Ü.: Das Zitat stammt wohl nicht von Friedrich II., sondern von Georges Danton (mutmaßliche Datierung nach den auffindbaren Belegen: 2. September 1792, Nationalversammlung). Der Spruch wird auch General Patton im gleichnamigen Biopic von 1970 (*Patton;* dt. Untertitel: *Rebell in Uniform*) in den Mund gelegt, der ihn dem Preußenkönig zuordnet.
18 Liddell Hart, *Deutsche Generale*, S. 157.
19 Schroeder, *Er war mein Chef,* S. 81.
20 Norman Stone, in: *Literary Review* 10/2008, S. 18.
21 Deutsch/Showalter (Hg.), *What If?,* S. 214.
22 Liddell Hart, *Deutsche Generale*, S. 208–211; Warlimont, *Im Hauptquartier,* S. 269.
23 Davidson/Manning, *Chronology,* S. 238.
24 Mill, *Über die Freiheit,* Stuttgart 2013, 2. Kap., «Über die Freiheit des Gedankens», S. 45.
25 Liddell Hart, *Deutsche Generale*, S. 188.
26 Nicholl/Rennell, *Tail-End Charlies*, S. 204.
27 John Keegan, in: *Daily Telegraph*, 18. November 2000.
28 Wright (Hg.), *World at Arms*, S. 174.
29 Dupuy, *Genius for War,* S. 253–255.
30 Clark, *Barbarossa*, S. 41.
31 Roberts, *Masters and Commanders,* passim.
32 Dupuy/Dupuy, *Encyclopedia*, S. 1309.
33 Ebenda.
34 Adam Tooze, in: *TLS*, 16. November 2007, S. 12.
35 NA War Cabinet Minutes WM (43) 49th Meeting, S. 141.
36 Anm. d. Ü.: Leutnant Hugo Gutmann aus Nürnberg, vgl. Thomas Weber, *Hitlers erster Krieg*, Berlin 2012, S. 287.
37 Jon Latimer, in: *Sunday Telegraph,* 21. Juni 2008, Literaturbeilage, S. 30.
38 Grigg, *1943*, S. 232.
39 Picker (Hg.), *Hitlers Tischgespräche*, S. 417.

Quellen und Literatur

Archive und private Dokumente

General Sir Ronald Adam (Liddell Hart Centre for Military Archives, King's College, London).
Field Marshal Lord Alanbrooke (Liddell Hart Centre for Military Archives, King's College, London).
General H. H. Arnold (Library of Congress, Washington, D. C.).
Mrs. Joan Bright Astley (mit freundlicher Erlaubnis von Mrs. Astley†).
Lord Avon (Birmingham University Archives).
Lord Beaverbrook (Parliamentary Archives, Palace of Westminster).
General Omar N. Bradley (Military History Institute, Carlisle, Pennsylvania).
Lawrence Burgis (Churchill Archives Centre, Cambridge University).
Sir Alexander Cadogan (Churchill Archives Centre, Cambridge University).
Neville Chamberlain (Birmingham University Archives).
Sir Winston Churchill (Churchill Archives Centre, Cambridge University).
General Mark W. Clark (Military History Institute, Carlisle, Pennsylvania). Admiral of the Fleet Lord Cunningham (British Library).
General Jacob L. Devers (Military History Institute, Carlisle, Pennsylvania).
Field Marshal Sir John Dill (Liddell Hart Centre for Military Archives, King's College, London).
Lord Halifax (Churchill Archives Centre, Cambridge University).
Harry L. Hopkins (Franklin D. Roosevelt Presidential Library, Hyde Park).
General Lord Ismay (Liddell Hart Centre for Military Archives, King's College, London).
Lieutenant-General Sir Ian Jacob (Churchill Archives Centre, Cambridge University, und die Privatsammlung, mit freundlichen Genehmigung des verstorbenen Sir Ian Jacob).
Major-General Sir John Kennedy (Liddell Hart Centre for Military Archives, King's College, London).
Admiral Ernest J. King (Library of Congress, Washington, D. C.).
Admiral William D. Leahy (Library of Congress, Washington, D. C.).

Sir Basil Liddell Hart (Liddell Hart Centre for Military Archives, King's College, London).
General George C. Marshall (George C. Marshall Foundation, Lexington, Virginia).
Henry Morgenthau (Franklin D. Roosevelt Presidential Library, Hyde Park).
Marshal of the RAF Lord Portal (Christ Church, Oxford University).
Admiral of the Fleet Sir Dudley Pound (Churchill Archives Centre, Cambridge University).
General Matthew B. Ridgway (Military History Institute, Carlisle, Pennsylvania).
Franklin D. Roosevelt (Franklin D. Roosevelt Presidential Library, Hyde Park).
Ian Sayer (Privatsammlung).
General Lucian K. Truscott (George C. Marshall Foundation, Lexington, Virginia).
General Albert C. Wedemeyer (Military History Institute, Carlisle, Pennsylvania).
R. W. W. Wilmot (Liddell Hart Centre for Military Archives, King's College, London).
Bruce Wyllie (Privatsammlung).

Bücher

Adams, Jack, *The Doomed Expedition: The Norwegian Campaign of 1940*, London 1989.
Addison, Paul/Crang, Jeremy A. (Hg.), *The Burning Blue: A New History of the Battle of Britain*, London 2000.
–, *Firestorm: The Bombing of Dresden 1945*, London 2006.
Agawa, Hiroyuki, *The Reluctant Admiral: Yamamoto and the Imperial Navy*, London 2000.
Aldrich, Richard, *Intelligence and the War against Japan*, London 2000.
Allen, Louis, *Burma: The Longest War, 1941–45*, London 1984.
–, *Singapore 1941–1942*, London 1993.
Allen, William Edward David (W. E. D.), *The Russian Campaign of 1944–45*, London 2001. (Zuerst: 1946, mit Pavel Muratow.)
Alperovitz, Gar, *Hiroshima: Die Entscheidung für den Abwurf der Bombe*, Hamburg 1995.
Aly, Götz/Heim, Susanne, *Vordenker der Vernichtung: Auschwitz und die deutschen Pläne für eine neue europäische Ordnung*, Frankfurt a. M. 2013. (Zuerst: Hamburg 1991.)
Ambrose, Stephen E., *D-Day, June 6, 1944: The Climactic Battle of World War II*, London 1994.
Amery, Julian, *Approach March: A Venture in Autobiography*, London 1973.
Anders, Władysław, *An Army in Exile: The Story of the Second Polish Corps*, London 1949.

Quellen und Literatur **837**

Andrews, Allen, *The Air Marshals: The Air War in Western Europe*, London 1970.
Ansel, Walter, *Hitler Confronts England*, London 1960.
Arthur, Max, *Forgotten Voices of the Second World War*, London 2004.
–, *Lest We Forget: Forgotten Voices from 1914–1945*, London 2007.
–, *Dambusters: A Landmark Oral History*, London 2008.
Ash, Bernard, *Someone Had Blundered: The Story of the «Repulse» and the «Prince of Wales»*, London 1960.
–, *Norway 1940*, London 1964.
Astley, Joan Bright, *The Inner Circle: A View of War at the Top*, London 1971.
Atkin, Ronald, *Pillar of Fire: Dunkirk 1940*, London 1990.
Atkinson, Rick, *An Army at Dawn: The War in North Africa, 1942–1943*, London 2004.
Axell, Albert, *Stalin's War Through the Eyes of his Commanders*, London 1997.
–, *Marshal Zhukov: The Man Who Beat Hitler*, London 2003.
Axell, Albert/Hideaki, Kase, *Kamikaze: Japan's Suicide Gods*, London 2002.
Badoglio, Pietro, *Italien im Zweiten Weltkrieg: Erinnerungen und Dokumente*, München, Leipzig 1947.
Bagby, Wesley M., *The Eagle-Dragon Alliance: America's Relations with China in World War II*, Newark/DE 1992.
Bailey, Roderick, *The Wildest Province: SOE in the Land of the Eagle*, London 2008.
Baldwin, Hanson, *Große Schlachten des Zweiten Weltkriegs*, Düsseldorf 1968.
Banham, Tony, *Not the Slightest Chance: The Defence of Hong Kong 1941*, Hongkong 2003.
Barber, John/Harrison, Mark, *The Soviet Home Front 1941–1945*, London 1991.
Barber, Noel, *Sinister Twilight: The Fall and Rise Again of Singapore*, London 1968.
–, *The Week France Fell: June 1940*, London 1976.
Barker, Arthur J., *The March on Delhi*, London 1963.
–, *Eritrea 1941*, London 1966.
–, *Dunkirk: The Great Escape*, London 1977.
Barker, John Sears, *7 Steps Down: A Novel of World War II Anzio*, London 2007.
Barnett, Correlli, *Wüstengenerale*, Hannover 1960.
–, *The Audit of War*, London 1986.
–, *Engage the Enemy More Closely: The Royal Navy in the Second World War*, London 1991.
Barnett, Correlli (Hg.), *Hitler's Generals*, London 2003.
Barr, Niall, *Pendulum of War: The Three Battles of El Alamein*, London 2004.
Bartoszewski, Władysław/Polonsky, Antony (Hg.), *The Jews in Warsaw*, London 1991.
Bartov, Omer, *The Eastern Front 1941–45: German Troops and the Barbarisation of Warfare*, London 1985.
Bassani, Giorgio, *Die Gärten der Finzi-Contini*, Berlin 2001. (Zuerst: München 1963.)

Bastable, Jonathan, *Voices from Stalingrad*, London 2006.
Bateson, Charles, *The War with Japan*, 1968.
Batsford, B. T., *The Battle for Normandy*, London 1965.
Battaglia, Roberto, *The Story of the Italian Resistance*, London 1957.
Battaglia, Roberto/Garritano, Giuseppe, *Der italienische Widerstandskampf 1943 bis 1945*, Berlin 1970.
Baumbach, Werner, *Zu spät?: Aufstieg und Untergang der deutschen Luftwaffe*, München 1949.
Bayly, Christopher/Harper, Tim, *Forgotten Armies: The Fall of British Asia 1941–1945*, London 2004.
Beaufre, André, *Le drame de 1940*, Paris 1965.
–, *1940: The Fall of France*, London 1967.
Beck, Philip, *Oradour: Village of the Dead*, London 1979.
Beesly, Patrick, *Very Special Intelligence: Geheimdienstkrieg der britischen Admiralität 1939–1945*, Frankfurt/Berlin 1978.
Beevor, Antony, *Crete: The Battle and the Resistance*, London 1991.
–, *Stalingrad*, München 1998.
–, *Berlin 1945: Das Ende*, München 2002.
Beevor, Antony/Vinogradova, Luba (Hg.), *Ein Schriftsteller im Krieg: Wassili Grossman und die Rote Armee 1941–1945*, München 2007.
Beevor, John Grosvenor, *SOE: Recollections and Reflections 1940–45*, London 1981.
Behrendt, Hans-Otto, *Rommels Kenntnis vom Feind im Afrikafeldzug: Ein Bericht über die Feindnachrichtenarbeit, insbesondere die Funkaufklärung*, Freiburg i. Br. 1980.
Behrens, Catherine Betty Abigail, *Merchant Shipping and the Demands of War*, London 1955.
Bekker, Cajus, *Angriffshöhe 4000: Ein Kriegstagebuch der deutschen Luftwaffe*, Oldenburg 1964.
–, *Verdammte See: Ein Kriegstagebuch der deutschen Marine*, Oldenburg 1971.
Bell, Philip Michael Hett, *A Certain Eventuality: Britain and the Fall of France*, Farnborough 1974.
Bellamy, Chris, *Absolute War: Soviet Russia in the Second World War, A Modern History*, London 2007.
Below, Nicolaus von, *Als Hitlers Adjutant: 1937–45*, Mainz 1980.
Bennett, Donald Clifford Tyndall, *Pathfinder: A War Autobiography*, London 1958.
Bennett, George Henry/Bennett, Ralph, *Survivors: British Merchant Seamen in the Second World War*, London 1999.
Bennett, Henry Gordon, *Why Singapore Fell*, London 1945.
Bennett, Ralph, *Ultra in the West: The Normandy Campaign*, London 1979.
–, *Ultra and Mediterranean Strategy 1941–45*, London 1989.
–, *Behind the Battle: Intelligence in the War with Germany, 1939–1945*, London 1994.

Bergot, Erwan, *L'Afrikakorps*, Paris 1975.
–, *The Afrika Korps*, London 1976.
Berkhoff, Karel C., *Harvest of Despair: Life and Death in Ukraine under Nazi Rule*, Cambridge, MA 2004.
Bess, Michael, *Choices under Fire: Moral Dimensions of World War II*, New York 2006.
Best, Geoffrey, *Churchill and War*, London 2005.
Bethell, Nicholas, *The War Hitler Won: September 1939*, London 1972.
Bezwińska, Jadwiga/Czech, Danuta (Hg.), *Inmitten des grauenvollen Verbrechens: Handschriften von Mitgliedern des Sonderkommandos*, Oświęcim 1996 (Verlag des Staatlichen Museums Auschwitz-Birkenau).
Biddiscombe, Perry, *The Last Nazis: SS Werewolf Guerrilla Resistance in Europe 1944–1947*, Stroud/Glos. 2000.
Bidwell, Shelford, *The Chindit War: The Campaign in Burma 1944*, London 1979.
Bierman, John/Smith, Colin, *Alamein: War Without Hate*, London 2002.
Bishop, Patrick, *Fighter Boys: Saving Britain 1940*, London 2003.
–, *Bomber Boys: Fighting Back 1940–1945*, London 2007.
Black, Conrad, *Franklin Delano Roosevelt: Champion of Freedom*, London 2003.
Black, Jeremy, *The Holocaust*, London 2008.
Blair, Clay, *Der U-Boot-Krieg: Die Jäger*, München 1998.
–, *Der U-Boot-Krieg: Die Gejagten*, München 1999.
Bland, Larry I. (Hg.), *The Papers of George Catlett Marshall*, Bd. III, IV und V, Baltimore 1991–2003.
–, *George C. Marshall: Interviews and Reminiscences for Forrest C. Pogue*, Lexington 1996.
Blatt, Joel (Hg.), *The French Defeat of 1940: Reassessments*, Providence/RI 1998.
Blaxland, Gregory, *Alexander's Generals: The Italian Campaign 1944–45*, London 1979.
Bloch, Michael, *Ribbentrop*, London 1992.
Blumenson, Martin, *Anzio: The Gamble That Failed*, London 1963.
–, *Rommel's Last Victory: The Battle of Kasserine Pass*, London 1968.
Blumenson, Martin (Hg.), *The Patton Papers*, Bd. 2, *1940–1945*, Boston 1974.
Bock, Fedor von, *Zwischen Pflicht und Verweigerung: Das Kriegstagebuch*, hg. von Klaus Gerbet, München 1995.
Bodleian Library (Hg.), *German Invasion Plans for the British Isles 1940*, Oxford 2007.
Böhmler, Rudolf, *Monte Cassino*, Darmstadt 1955.
Boeselager, Philipp von, *Wir wollten Hitler töten: Ein letzter Zeuge des 20. Juli erinnert sich*, München 2008.
Bois, Elie J., *Le malheur de la France: récits et témoignages*, London 1941 (engl.: *Truth on the Tragedy of France*, London 1941).

Boldt, Gerhard, *Hitler: Die letzten zehn Tage*, Frankfurt a. M., Berlin 1973.
Bond, Brian, *France and Belgium 1939–1940*, London 1975.
Bond, Brian (Hg.), *Chief of Staff: The Diaries of Lt-Gen. Sir Henry Pownall*, 2 Bde., 1933–1940/1940–1944, London 1972 und 1974.
Bond, Brian/Taylor, Michael (Hg.), *The Battle of France and Flanders 1940*, London 2001.
Bonn, Keith E., *When the Odds Were Even: The Vosges Mountains Campaign, October 1944 – January 1945*, Novato/CA 1994.
Bór-Komorowski, Tadeusz, *The Secret Army*, London 1950.
Bourke, Joanna, *The Second World War: A People's History*, Oxford 2001.
Bowen, Wayne, *Spain during World War II*, Columbia/MO 2006.
Bowlby, Alex, *The Recollections of Rifleman Bowlby*, London 1999.
Bowyer, Chaz, *Air War over Europe 1939–1945*, London 1981.
Boyd, Douglas, *Voices from the Dark Years: The Truth About Occupied France 1940–1945*, London 2007.
Bradford, Ernle, *Bastion im Mittelmeer: Die Belagerung Maltas 1940–1943*, München 1986.
Bradford, Sarah, *King George VI*, London 1989.
Bradley, James, *Flyboys: The Final Secret of the Air War in the Pacific*, London 2004.
Bradley, Omar N., *A Soldier's Story of the Allied Campaign from Tunis to the Elbe*, London 1951.
–, *A General's Life: Autobiography*, New York 1983.
Braithwaite, Rodric, *Moscow 1941: A City and its People at War*, London 2006.
Brendon, Piers, *Churchill: Stratege – Visionär – Künstler*, München 1984.
Brett-James, Anthony, *Ball of Fire: The Fifth Indian Division in the Second World War*, Aldershot 1951.
Brickhill, Paul, *The Dambusters*, London 1951.
–, *Zum Fliegen geboren: Das heroische Leben des Douglas Bader*, Wiesbaden 1955.
Bridgeman, Robert, *Memoirs*, London 2007.
Brooks, Thomas R., *The War North of Rome, June 1944 – May 1945*, London 1996.
Broome, Jack, *Convoy is to Scatter*, London 1972.
Brown, David, *Die Tirpitz: Eine schwimmende Festung und ihr Schicksal*, München 1980.
Brown, Louis, *A Radar History of World War II*, London 1999.
Browning, Christopher R., *Ganz normale Männer: Das Reserve-Polizeibataillon 101 und die «Endlösung» in Polen.* Mit einem Nachwort (1998), Reinbek bei Hamburg 1999.
Bruce, Colin John, *War on the Ground*, London 1995.
–, *Invaders: British and American Experience of Seaborne Landings 1939–1945*, London 1999.
Bruce, George, *The Warsaw Uprising, 1 August – 2 October 1944*, London 1972.

Bryant, Arthur, *Kriegswende: Aus den Kriegstagebüchern des Feldmarschalls Lord Alanbrooke, Chef des Empire-Generalstabs*, Düsseldorf 1957.
Buckingham, William F., *Arnhem 1944: A Reappraisal*, London 2002. Neuausgabe 2017: *Arnhem: The Battle of the Bridges*.
Budiansky, Stephen, *Battle of Wits: The Complete Story of Codebreaking in World War II*, London 2000.
Bullock, Alan, *Hitler: Eine Studie über Tyrannei*, Düsseldorf 1953.
–, *Hitler und Stalin: Parallele Leben*, Berlin 1991.
Bungay, Stephen, *The Most Dangerous Enemy: A History of the Battle of Britain*, London 2000.
–, *Alamein*, London 2002.
Burleigh, Michael, *Ethics and Extermination: Reflections on Nazi Genocide*, Cambridge 1997.
–, *Die Zeit des Nationalsozialismus: Eine Gesamtdarstellung*, Frankfurt a. M. 2000.
Butcher, Harry C., *Drei Jahre mit Eisenhower: Das persönliche Tagebuch von Kapitän zur See Harry C. Butcher, Marine-Adjutant von General Eisenhower*, Bern 1946.
Butler, Ewan, *The Story of Dunkirk*, London 1955.
Butler, James R. M., *Grand Strategy*, Bd. 2, *September 1939 – June 1941*, London 1957.
Butler, Susan (Hg.), *Dear Mr. Stalin: The Complete Correspondence between Franklin D. Roosevelt and Joseph V. Stalin*, New Haven/CT 2005.
Calder, Angus, *The Myth of the Blitz*, London 1991.
Callil, Carmen, *Bad Faith: A Forgotten History of Family and Fatherland*, London 2006.
Callahan, Raymond A., *The Worst Disaster: The Fall of Singapore*, London 1977.
–, *Burma 1942–1945*, London 1978.
Calvert, Michael, *Prisoners of Hope*, London 1971.
–, *Chindits: Long Range Penetration*, London 1973.
Calvocoressi, Peter, *Top Secret Ultra*, London 1980.
Calvocoressi, Peter/Wint, Guy, *Total War: Causes and Courses of the Second World War*, London 1972.
Campbell, Arthur, *The Siege: A Story from Kohima*, London 1956.
Carew, Tim [d. i. John Mohun Carew], *The Longest Retreat: The Burma Campaign 1942*, London 1969.
Carell, Paul [eigtl. Paul Karl Schmidt], *Unternehmen Barbarossa: Der Marsch nach Russland*, Frankfurt a. M. 1963.
–, *Verbrannte Erde: Schlacht zwischen Wolga und Weichsel*, Berlin 1966.
–, *Stalingrad: Sieg und Untergang der 6. Armee*, Berlin 1992.
Carroll, Joseph T., *Ireland in the War Years, 1939–1945*, Newton Abbot 1975.
Carruthers, Bob/Erickson, John, *The Russian Front 1941–1945*, London 1999.
Carver, Michael, *Al Alamein: Der Wendepunkt des Zweiten Weltkriegs*, Tübingen 1963.

–, *Tobruk*, London 1964.
–, *Dilemmas of the Desert War: A New Look at the Libyan Campaign 1940–1942*, London 1986.
–, *The War in Italy 1943–1945: The Campaign that Tipped the Balance in Europe*, London 1962.
Casey, Richard Gardiner [Lord Casey], *Personal Experience, 1939–1946*, London 1962.
Casey, Steven, *Cautious Crusade: Franklin D. Roosevelt, American Public Opinion and the War Against Nazi Germany*, Oxford 2001.
Cashman, Sean Dennis, *America, Roosevelt and World War II*, New York 1989.
Chamberlin, Eric Russell, *Life in Wartime Britain*, London 1972.
Chandler, David, *The Campaigns of Napoleon*, London 1998. (Zuerst: London 1967.)
Chaney, Otto Preston, *Zhukov*, Newton Abbot 1972.
Chang, Iris, *Die Vergewaltigung von Nanking: Das Massaker in der chinesischen Hauptstadt am Vorabend des Zweiten Weltkriegs*, Zürich, München 1999.
Chant, Christopher, *The Encyclopedia of Codenames of World War II*, London 1986.
Chapman, Frederick Spencer, *Aktion «Dschungel», Bericht aus Malaya*, Frankfurt a. M. 1952.
Chapman, Guy, *Why France Collapsed*, London 1968.
Chinnock, Frank W., *Nagasaki: The Forgotten Bomb*, New York 1969.
Churchill, Winston S., *Reden*, Bd. 1, *1938–1940: Ins Gefecht*, Zürich 1946.
–, *Reden*, Bd. 2, *1940–1941: Der unerbittliche Kampf*, Zürich 1947.
–, *Reden*, Bd. 3, *1942: Das Ende des Anfangs*, Zürich 1948.
–, *Reden*, Bd. 4, *1943: Vorwärts zum Sieg*, Zürich 1948.
–, *Reden*, Bd. 5, *1944: Das Morgengrauen der Befreiung*, Zürich 1949.
–, *Reden*, Bd. 6, *1945: Endsieg*, Zürich 1950.
–, *Reden*, Bd. 7, *Geheimreden*, Zürich 1947.
–, *Reden in Zeiten des Krieges*, Zürich 2014.
–, *Der Zweite Weltkrieg*, Bd. I, *Der Sturm zieht auf*, Bern 1948.
–, *Der Zweite Weltkrieg*, Bd. II, *Englands größte Stunde*, Bern 1950.
–, *Der Zweite Weltkrieg*, Bd. III, *Die große Allianz*, Bern 1950/1951.
–, *Der Zweite Weltkrieg*, Bd. IV, *Schicksalswende*, Bern 1951/1952.
–, *Der Zweite Weltkrieg*, Bd. V, *Der Ring schließt sich*, Bern 1952/1953.
–, *Der Zweite Weltkrieg*, Bd. VI, *Triumph und Tragödie*, Bern 1953/1954.
–, *Der Zweite Weltkrieg* (gekürzte einbändige Fassung), Frankfurt a. M. 2003.
Ciano, Galeazzo, *Tagebücher 1939–1945*, Bern 1946.
Ciechanowski, Jan M., *The Warsaw Rising of 1944*, London 1974.
Clark, Alan, *Barbarossa: The Russian-German Conflict 1941–1945*, London 1995.
Clark, Lloyd, *Anzio: The Friction of War – Italy and the Battle for Rome 1944*, London 2006.
Clark, Mark Wayne, *Mein Weg von Algier nach Wien*, Velden a. W., Wien 1954.

Quellen und Literatur **843**

Claus, Hugo, *Der Kummer von Flandern*, Stuttgart 1986. (Neuübersetzung unter dem Titel *Der Kummer von Belgien*, Stuttgart 2008.)
Clausewitz, Carl von, *Vom Kriege*, vollständige Ausgabe, Hamburg 2008 (zuerst: Berlin 1832–1834).
Coast, John, *Railroad of Death*, London 1946.
Cobb, Richard, *French and Germans, Germans and French: A Personal Interpretation of France Under Two Occupations, 1914–1918/1940–1944*, Hanover 1983.
Coggins, Jack, *The Campaign for Guadalcanal*, Garden City/N. Y. 1972.
Cole, Robert, *Britain and the War of Words in Neutral Europe 1939–45: The Art of the Possible*, London 1990.
Collier, Basil, *The Battle of Britain*, London 1962.
–, *A Short History of the Second World War*, London 1967.
–, *The Battle of the V-Weapons 1944–45*, London 1976.
Collier, Richard, *Adlertag: die Luftschlacht um England, 6. August - 15. September 1940*, Hamburg 1966.
Colville, John, *The Fringes of Power: Downing Street Diaries 1939–1955*, London 1985.
–, *Downing-Street-Tagebücher 1939–1945*, Berlin 1988.
Colvin, John, *Not Ordinary Men: The Battle of Kohima Reassessed*, London 1994.
–, *Zhukov: The Conqueror of Berlin*, London 2004.
Committee for the Compilation of Materials on Damage Caused by the Atomic Bombs in Hiroshima and Nagasaki, *The Physical, Medical, and Social Effects of the Atomic Bombs*, London 1981.
Compton, James V., *Hitler und die USA: Die Amerikapolitik des Dritten Reiches und die Ursprünge des Zweiten Weltkriegs*, Oldenburg, Hamburg 1968.
Connelly, Mark, *Reaching for the Stars: A New History of Bomber Command in World War II*, London 2001.
Conway, Martin, *Collaboration in Belgium: Léon Degrelle and the Rexist Movement*, London 1993.
Cookridge, Edward H., *Inside SOE: The Story of Special Operations in Western Europe 1940–45*, London 1966.
–, *Versteckspiel mit dem Tode: Geheimagenten gegen Hitler 1940–1945*, Oldenburg 1967 (gekürzte Fassung).
Cooper, Alfred Duff, *Kennwort Unternehmen Heartbreak*, Stuttgart, Hamburg 1951.
–, *Das lässt sich nicht vergessen: Autobiographie*, Bad Wörishofen 1954.
Cooper, Artemis, *Cairo in the War 1939–1945*, Stuttgart 1989.
Cornish, Nikolas, *Images of Kursk: History's Greatest Tank Battle, July 1943*, London 2002.
Cornwell, John, *Forschen für den Führer: Deutsche Naturwissenschaftler und der Zweite Weltkrieg*, Bergisch Gladbach 2004.
Corrigan, Gordon, *Blood, Sweat and Arrogance and the Myth of Churchill's War*, London 2006.

Cowling, Maurice, *The Impact of Hitler: British Politics and British Policy, 1933–1940*, Cambridge 1975.
Coyle, Harold, *Sword Point: A Novel*, London 1988.
Creveld, Martin L. van, *Hitler's Strategy 1940–1941: The Balkans Clue*, London 1973.
–, *Supplying War: Logistics from Wallenstein to Patton*, London 1977.
Crook, David, *Spitfire Pilot: A Personal Account of the Battle of Britain*, London 2008.
Cross, Robin, *Citadel: The Battle of Kursk*, London 1993.
Cruickshank, Charles, *The German Occupation of the Channel Islands*, London 1975.
Cull, Nicholas, *Selling War: The British Propaganda Campaign against American «Neutrality» in World War II*, London 1995.
Cunningham of Hyndhope, Andrew Browne Viscount, *A Sailor's Odyssey: The Autobiography of Admiral of the Fleet, Viscount Cunningham of Hyndhope*, London 1951.
Dahl, Hans Fredrik, *Quisling: A Study in Treachery*, London 1999.
D'Albas, Andrieu, *Death of a Navy: The Fleets of the Mikado in the Second World War*, London 1957.
Dallin, Alexander, *Deutsche Herrschaft in Russland 1941–1945: Eine Studie über Besatzungspolitik*, Düsseldorf 1958. (Neuausgabe: Königstein/Ts. 1981.)
Dalton, Hugh, *The Fateful Years: Memoirs 1931–1945*, London 1957.
Danchev, Alex/Todman, Dan (Hg.), *War Diaries 1939–1945: Field Marshal Lord Alanbrooke*, London 2001.
Davidson, Edward/Manning, Dale, *Chronology of World War Two*, London 1999.
Davidson, Eugene, *The Trial of the Germans: An Account of the 22 Defendants Before the IMT in Nuremberg*, London 1966.
Davies, Norman, *Aufstand der Verlorenen: Der Kampf um Warschau 1944*, München 2004.
–, *Die große Katastrophe: Europa im Krieg, 1939–1945*, München 2009.
Davies, Peter, *Dangerous Liaisons: Collaboration and World War Two*, London 2004.
Daws, Gavan, *Prisoners of the Japanese*, New York 1994.
Deakin, Frederick William, *The Brutal Friendship: Mussolini, Hitler and the Fall of Italian Fascism*, London 1962.
Deakin, William et al. (Hg.), *British Political and Military Strategy in Central, Eastern and Southern Europe in 1944*, Basingstoke 1988.
Dear, Ian Colthurst Blake, *The Oxford Companion to the Second World War*, Oxford 1995.
Dederichs, Mario R., *Heydrich: Das Gesicht des Bösen*, München 2006.
De Gaulle, Charles, *Memoiren 1940–1942: Der Ruf*, Berlin, Frankfurt a. M. 1955.
–, *Memoiren 1942–1946: Die Einheit – Das Heil*, Düsseldorf 1961.
DeGroot, Gerard J., *The Bomb: A Life*, London 2005.
De Guingand, Francis de, *Operation Victory*, London 1947.

Deichmann, Paul, *Spearhead for Blitzkrieg: Luftwaffe Operations in Support of the Army 1939–1945*, London 1996.
Deighton, Len, *Unternehmen Adler: Die Luftschlacht um England*, Bayreuth 1977.
Delaforce, Patrick, *The Battle of the Bulge: Hitler's Final Gamble*, London 2004.
Derry, Thomas K., *The Campaign in Norway*, London 1952.
D'Este, Carlo, *Decision in Normandy*, London 1983.
–, *Bitter Victory: The Battle for Sicily*, London 1988.
–, *Fatal Decision: Anzio and the Battle for Rome*, London 1991.
–, *A Genius for War: A Life of George S. Patton*, London 1995.
–, *Eisenhower: A Soldier's Life*, London 2003.
–, *Warlord: A Life of Winston Churchill at War*, London 2009.
Deutsch, Harold/Showalter, Dennis (Hg.), *What If?: Strategic Alternatives of World War II*, Chicago 1997.
Dilks, David (Hg.) *The Diaries of Sir Alexander Cadogan, 1938–1945*, London 1971.
Dobinson, Colin, *AA Command: Britain's Anti-Aircraft Defences of World War II*, London 2001.
Dobson, Alan P., *US Wartime Aid to Britain 1940–46*, London 1986.
Doenecke, Justus (Hg.), *In Danger Undaunted: The Anti-Interventionist Movement of 1940–41 as Revealed in the Papers of the America First Committee*, Stanford/CA 1990.
Domarus, Max, *Hitler: Reden und Proklamationen 1932–1945. Kommentiert von einem deutschen Zeitgenossen*, 1. Band, *Triumph (1932–1938)*, Neustadt a. d. Aisch 1962.
–, *Hitler: Reden und Proklamationen 1932–1945. Kommentiert von einem deutschen Zeitgenossen*, 2. Band, *Untergang (1939–1945)*, Neustadt a. d. Aisch 1963.
Dombrády, Lóránd, *Army and Politics in Hungary 1938–1944*, Boulder/CO 2005.
Dorrian, James, *Storming St. Nazaire: The Gripping Story of the Dock-Busting Raid, March 1942*, London 1998.
Douglas, Roy, *New Alliances 1940–41*, London 1982.
Douglas-Hamilton, James, *Geheimflug nach England: Der «Friedensbote» Rudolf Heß und seine Hintermänner*, Düsseldorf 1973.
Duffy, Christopher, *Der Sturm auf das Reich: Der Vormarsch der Roten Armee 1945*, München 1945.
Dugan, James/Stewart, Carroll, *Ploesti: The Great Ground-Air Battle of 1 August 1943*, London 1963.
Dupuy, R. Ernest/Dupuy, Trevor N., *The Collins Encyclopedia of Military History: From 3500 B. C. to the Present*, Glasgow ⁴1993.
Dupuy, Trevor N., *Der Genius des Krieges: Das deutsche Heer und der Generalstab 1807–1945*, Graz 2009.
Eberle, Henrik/Uhl, Matthias (Hg.), *Das Buch Hitler: Geheimdossier des NKWD für Josef W. Stalin*, Bergisch Gladbach 2005.

Edwards, Bernard, *Dönitz and the Wolf Packs*, London 1996.
Edwards, Robert, *White Death: Russia's War on Finland 1939–40*, London 2006.
Egremont, Max, *Under Two Flags: The Life of Major General Sir Edward Spears*, London 1997.
Ehrlich, Blake, *The French Resistance 1940–1945*, London 1966.
Ehrman, John, *Grand Strategy*, Bd. V, *August 1943–September 1944*, und Bd. VI, *Oktober 1944–August 1945*, London 1956.
Eisenhower, Dwight D., *Kreuzzug in Europa*, Amsterdam 1946.
–, *Von der Invasion zum Sieg: General Eisenhowers eigener Kriegsbericht*, Bern 1947.
–, *D Day to VE Day 1944–45: General Eisenhower's Report on the Invasion of Europe*, London 2000.
Eisenhower, John, *The Bitter Woods: The Dramatic Story of Hitler's Surprise Ardennes Offensive*, London 1969.
Ellis, John, *Cassino: The Hollow Victory: The Battle for Rome, January–June 1944*, London 1984.
–, *Brute Force: Allied Strategy and Tactics in the Second World War*, London 1990.
–, *The World War II Databook: The Essential Facts and Figures for all the Combatants*, London 1993.
Elstob, Peter, *Hitlers letzte Offensive*, München 1972.
Erickson, John, *The Soviet High Command: A Military-Political History*, London 1962.
–, *The Road to Stalingrad*, London 1975.
–, *The Road to Berlin*, London 1983.
Erickson, John/Dilks, David (Hg.), *Barbarossa: The Axis and the Allies*, Edinburgh 1994.
Erskine, Ralph/Smith, Michael (Hg.), *Action This Day: Bletchley Park – from the Breaking of the Enigma Code to the Birth of the Modern Computer*, London 2001.
Eubank, Keith, *Summit at Teheran*, London 1985.
Evans, Geoffrey, *Slim as Military Commander*, London 1969.
Evans, Geoffrey/Brett-James, Antony, *Imphal: A Flower on Lofty Heights*, London 1962.
Evans, Mark Llewellyn, *Great World War II Battles in the Arctic*, London 1999.
Evans, Richard J., *Der Geschichtsfälscher: Holocaust und historische Wahrheit im David-Irving-Prozess*, Frankfurt a. M. 2001.
–, *Das Dritte Reich*, Bd. 1, *Aufstieg*, München 2004.
–, *Das Dritte Reich*, Bd. 3, *Krieg*, München 2009.
Falls, Cyril, *The Second World War: A Short History*, London 1948.
Farrell, Brian, *The Basis and Making of British Grand Strategy: Was There a Plan?*, 2 Bde., Lewiston/NY 1998.
–, *The Defence and Fall of Singapore, 1940–1942*, Stroud/Glos. 2005.
Farrell, Nicholas, *Mussolini: A New Life*, London 2003.

Feast, Sean, *Master Bombers: The Experience of a Pathfinder Squadron at War, 1944–1945*, London 2008.
Felton, Mark, *Slaughter at Sea: The Story of Japan's Naval War Crimes*, London 2007.
Fenby, Jonathan, *Alliance: The Inside Story of How Roosevelt, Stalin and Churchill Won One War and Began Another*, London 2006.
Ferguson, Niall, *Krieg der Welt: Was ging schief im 20. Jahrhundert?*, Berlin 2006.
Fergusson, Bernard, *Beyond the Chindwin: Being an Account of the Number Five Column of the Wingate Expedition into Burma, 1943*, London 1945.
–, *The Trumpet in the Hall, 1930–1958*, London 1970.
Fest, Joachim, *Staatsstreich: Der lange Weg zum 20. Juli*, Berlin 1994.
–, *Speer: Eine Biographie*, Berlin 1999.
–, *Der Untergang: Hitler und das Ende des Dritten Reiches*, Berlin 2002.
Fischer, Bernd Jürgen, *Albania at War: 1939–1945*, London 1999.
Fitzgibbon, Constantine, *The Blitz*, London 1957.
Follain, John, *Mussolini's Island: The Invasion of Sicily Through the Eyes of Those Who Witnessed the Campaign*, London 2005.
Foot, Michael Richard Daniell, *Resistance: European Resistance to Nazism 1940–45*, London 1976.
–, *SOE: An Outline History of the Special Operations Executive 1940–1946*, London 1984.
Foot, Michael Richard Daniell (Hg.), *Holland at War Against Hitler: Anglo-Dutch Relations 1940–1945*, London 1990.
Fort, Adrian, *Prof: The Life of Frederick Lindemann*, London 2003.
–, *Archibald Wavell: The Life and Times of an Imperial Servant*, London 2008.
Frank, Anne, *Tagebuch*, Fassung von Otto H. Frank und Mirjam Pressler, Frankfurt a. M. 1992.
Frankl, Viktor, *... trotzdem ja zum Leben sagen*, München ^{19}2000. [Zuerst: Wien 1946.]
Fraser, David, *Rommel: Die Biographie*, Berlin 1995.
–, *Alanbrooke*, London 1982.
Fraser, George MacDonald, *Quartered Safe Out Here: A Recollection of the War in Burma*, London 1992.
Freidin, Seymour/Richardson, William (Hg.), *The Fatal Decisions: Six Decisive Battles of the Second World War from the Viewpoint of the Vanquished*, London 1956.
Freytag von Loringhoven, Bernd, *Mit Hitler im Bunker: Die letzten Monate im Führerhauptquartier, Juli 1944 - April 1945*, Berlin 2006.
Friedländer, Saul, *Die Jahre der Vernichtung: Das Dritte Reich und die Juden*, Bd. 2, *1939–1945*, München 2006.
Friedrich, Jörg, *Der Brand: Deutschland im Bombenkrieg 1940–1945*, München 2002.
Fuchida, Mitsuo/Okumiya, Masatake, *Midway: Die entscheidendste Seeschlacht der Weltgeschichte*, Oldenburg 1956.

Fuller, John F. C., *Der Zweite Weltkrieg 1939–1945: Eine Darstellung seiner Strategie und Taktik,* Wien, Stuttgart 1950.
Fussell, Paul, *The Boys' Crusade: American GIs in Europe – Chaos and Fear in World War Two,* London 2005.
Gailey, Harry A., *The War in the Pacific: From Pearl Harbor to Tokyo Bay,* Novato/CA 1995.
Galante, Pierre, *Operation Valkyrie: The German Generals' Plot against Hitler,* London 1981.
Galland, Adolf, *Die Ersten und die Letzten: Jagdflieger im Zweiten Weltkrieg,* Darmstadt 1953.
Garfield, Simon, *Private Battles: How the War Almost Defeated Us,* London 2006.
Garliński, Józef, *Poland in the Second World War,* London 1985.
Garrett, Stephen A., *Ethics and Airpower in World War II: The British Bombing of German Cities,* New York 1993.
Gelb, Norman, *Scramble: A Narrative History of the Battle of Britain,* London 1985.
Gilbert, Adrian, *POW: Allied Prisoners in Europe 1939–1945,* London 2006.
Gilbert, Martin, *Auschwitz und die Alliierten,* München 1982.
–, *Winston S. Churchill,* Bd. 6, *Finest Hour,* London 1983.
–, *Winston S. Churchill,* Bd. 7, *Road to Victory,* London 1986.
–, *The Holocaust: The Jewish Tragedy,* London 1986.
–, *Der Zweite Weltkrieg: Eine chronologische Gesamtdarstellung,* München 1991.
–, *Churchill: A Life,* London 1991.
–, *The Righteous: The Unsung Heroes of the Holocaust,* London 2002.
–, *Churchill at War: His «Finest Hour» in Photographs,* London 2003.
–, *D-Day,* Hoboken/NJ 2004.
–, *Churchill and America,* London 2005.
–, *The Routledge Atlas of the Second World War,* London 2008.
Gildea, Robert, *Marianne in Chains: In Search of the German Occupation 1940–1945,* London 2002.
Glantz, David M., *Soviet Military Deception in the Second World War,* London 1989.
–, *From the Don to the Dnepr: Soviet Offensive Operations December 1942–August 1943,* London 1991.
–, *Kharkow 1942: Anatomy of a Military Disaster,* London 1998.
–, *Barbarossa: Hitler's Invasion of Russia, 1941,* Stroud/Glos. 2001.
Glantz, David M./House, Jonathan M., *The Battle of Kursk,* Lawrence/KS 1999.
–, *When Titans Clashed: How the Red Army Stopped Hitler,* London 2000.
Goebbels, Joseph, *Die Tagebücher,* Hg. von Elke Fröhlich im Auftrag des Instituts für Zeitgeschichte, München 1993–2008.
–, *Das eherne Herz, Reden und Aufsätze aus den Jahren 1941/42,* München 1943.
Goldensohn, Leon, *The Nuremberg Interviews: Conducted by Leon Goldensohn,* edited and introduced by Robert Gellately, New York 2004.

–, *Die Nürnberger Interviews: Gespräche mit Angeklagten und Zeugen*, Düsseldorf 2005 (gekürzte Fassung).
Goldhagen, Daniel Jonah, *Hitlers willige Vollstrecker: Ganz gewöhnliche Deutsche und der Holocaust*, München 2000. (Dt. zuerst: Berlin 1996.)
Gooderson, Ian, *Air Power at the Battlefront: Allied Close Air Support in Europe 1943–45*, London 1998.
Görlitz, Walter (Hg.), *Generalfeldmarschall Keitel – Verbrecher oder Offizier?: Erinnerungen, Briefe, Dokumente des Chefs des Oberkommandos der Wehrmacht*, Göttingen 1961.
Gorodetsky, Gabriel, *Die große Täuschung: Hitler, Stalin und das Unternehmen «Barbarossa»*, Berlin 2001.
Grant, Reg, *World War II: Europe*, London 2004.
Graves, Charles, *The Home Guard of Britain*, London 1943.
Grayling, Anthony C., *Die toten Städte: Waren die alliierten Bombenangriffe Kriegsverbrechen?*, München 2007.
Greenwood, Alexander, *Field Marshal Auchinleck: A Biography*, Durham 1990.
Gregor, Neil, *Haunted City: Nuremberg and the Nazi Past*, New Haven/CT 2009.
Greif, Gideon, *We Wept Without Tears: Testimonies of the Jewish Sonderkommando from Auschwitz*, New Haven, London 2005.
–, *«Wir weinten tränenlos…»: Augenzeugenberichte des jüdischen «Sonderkommandos» in Auschwitz*, Frankfurt a. M. 1999.
Gretton, Peter William, *Convoy Escort Commander*, London 1964.
Griffiths, Richard, *Marshal Pétain*, London 1970.
Grigg, John, *1943: The Victory that Never Was*, London 1999.
Gross, Jan Tomasz, *Polish Society under German Occupation: The Generalgouvernement 1939–1944*, Princeton/NJ 1979.
–, *Nachbarn: Der Mord an den Juden von Jedwabne*, München 2001.
Grossman, Wassili, *Leben und Schicksal*, Berlin 2007.
Grunberger, Richard, *Das zwölfjährige Reich: Der Deutschen Alltag unter Hitler*, Wien, München, Zürich 1972.
Guderian, Heinz, *Erinnerungen eines Soldaten*, Heidelberg 1951.
–, *Panzer Leader*, London 1952.
Gutman, Israel/Berenbaum, Michael (Hg.), *Anatomy of the Auschwitz Death Camp*, Bloomington/IN 1998.
Gwyer, J. M. A., *Grand Strategy*, Bd. 3, 1. Teil, *June 194 –August 1942*, London 1964.
Halder, Franz, *Kriegstagebücher: Tägliche Aufzeichnungen des Chefs des Generalstabs des Heeres 1939–1942*. 3 Bde., hg. vom Arbeitskreis für Wehrforschung, Stuttgart, bearbeitet von Hans-Adolf Jacobsen in Verbindung mit Alfred Philippi, Stuttgart 1962–1964.
–, *Hitler als Feldherr*, München 1949.
Hamilton, Nigel, *Monty: The Making of a General 1887–1941*, London 1981.

–, *Monty: Master of the Battlefield 1942–1944*, London 1983.
–, *Monty: The Field-Marshal*, London 1986.
Hancock, Eleanor, *The National Socialist Leadership and Total War 1941–5*, New York 1991.
Harriman, W. Averell, *Special Envoy to Churchill and Stalin 1941–1946*, London 1975.
–, *In geheimer Mission: Als Sonderbeauftragter Roosevelts bei Churchill und Stalin*, Stuttgart 1979.
Harris, Arthur, *Bomber Offensive*, London 1947.
Harris, John, *Swordpoint: A Novel of Cassino*, London 1980.
Harrisson, Tom, *Living Through the Blitz*, London 1976.
Hart, Stephen/Hart, Russell/Hughes, Matthew, *The German Soldier in World War II*, Osceola/WI 2000.
Hartcup, Guy, *The Challenge of War: Scientific and Engineering Contributions to World War Two*, Newton Abbot/Devon 1970.
Hart-Davis, Duff (Hg.), *King's Counsellor: Abdication and War – The Diaries of Sir Alan Lascelles*, London 2006.
Harvey, Maurice, *Scandinavian Misadventure: The Campaign in Norway 1940*, Tunbridge Wells 1990.
Harvey, Robert, *American Shogun: MacArthur, Hirohito and the American Duel with Japan*, London 2006.
Hasegawa, Tsuyoshi, *Racing the Enemy: Stalin, Truman and the Surrender of Japan*, Cambridge/MA, London 2005.
Hastings, Max, *Bomber Command*, London 1979.
–, *Unternehmen Overlord: D-Day und die Invasion in der Normandie 1944*, München, Wien 1984.
–, *On the Offensive*, London 1995.
–, *Armageddon: The Battle for Germany 1944–45*, London 2004.
–, *Warriors: Exceptional Tales from the Battlefield*, London 2005.
–, *Nemesis: The Battle for Japan 1944–45*, London 2007.
Haswell, Jock, *The Intelligence and Deception of the D-Day Landings*, London 1979.
Haupt, Werner, *Heeresgruppe Nord 1941–1945*, Bad Nauheim 1966.
–, *Heeresgruppe Mitte 1941–1945*, Dorheim 1968.
Haupt, Werner/Wagener, Karl, *Heeresgruppe Süd: Der Kampf im Süden der Ostfront*, Dorheim 1967.
Hayward, Joel S. A., *Stopped at Stalingrad: The Luftwaffe and Hitler's Defeat in the East 1942–1943*, London 1998.
Heiber, Helmut (Hg.), *Hitlers Lagebesprechungen: Die Protokollfragmente seiner militärischen Konferenzen 1942–1945*, Stuttgart 1962.
–, *Goebbels-Reden*, Bd. 2, *1939–1945*, Düsseldorf 1972.
Heller, Joseph, *Catch 22*, München 2007. (Zuerst: New York 1961; dt. zuerst: Frankfurt a. M. 1964.)

Henderson, Michael, *See You After the Duration: The Story of British Evacuees to North America in World War II*, Baltimore 2004.
Hersey, John, *Hiroshima*, New York 1946.
Hesketh, Roger, *Fortitude: The D-Day Deception Campaign*, London 1999.
Hickey, Des/Smith, Gus, *Operation Avalanche: The Salerno Landings, 1943*, London 1983.
Higham, Robin, *Diary of a Disaster: British Aid to Greece 1940–1941*, Lexington 1986.
Hilberg, Raul, *Die Vernichtung der europäischen Juden*, 3 Bde., München 1990.
Hillgruber, Andreas (Hg.), *Staatsmänner und Diplomaten bei Hitler: Vertrauliche Aufzeichnungen 1939–1941*, München 1969.
Himmler, Heinrich, *Die Schutzstaffel als antibolschewistische Kampforganisation*, München 1936.
Hinsley, Francis Harry, *Hitlers Strategie*, Stuttgart 1952.
–, *British Intelligence in the Second World War*, Bd. II, London 1981.
Hinsley, Francis Harry/Stripp, Alan (Hg.), *Codebreakers: The Inside Story of Bletchley Park*, Oxford 1993.
Hirschfeld, Gerhard/Marsh, Patrick (Hg.), *Kollaboration in Frankreich: Politik, Wirtschaft und Kultur während der nationalsozialistischen Besatzung 1940–1944*, Frankfurt a. M. 1991.
Hitchcock, William I., *Liberation: The Bitter Road to Freedom: Europe 1944–1945*, London 2009.
Hitler, *Mein Kampf: Eine kritische Edition* (2 Bde.). Herausgegeben von Christian Hartmann, Thomas Vordermayer, Othmar Plöckinger und Roman Töppel im Auftrag des Instituts für Zeitgeschichte, München, Berlin 2016.
HMSO (Her Majesty's Stationary Office), *The Battle of the Atlantic: The Official Account of the Fight Against the U-Boats 1939–1945, Prepared for the Admiralty and the Air Ministry by the Central Office of Information*, London 1946.
Hoffmann, Peter, *Widerstand, Staatsstreich, Attentat: Der Kampf der Opposition gegen Hitler*, München ³1979.
Hogg, Ian V., *German Secret Weapons of the Second World War*, London 1999.
Holland, James, *Fortress Malta: An Island under Siege, 1940–1943*, London 2003.
–, *Together We Stand: Turning the Tide in the West: North Africa 1942–1943*, London 2005.
–, *Italy's Sorrow: A Year of War 1944–1945*, London 2008.
Holmes, Richard, *The World at War: The Landmark Oral History from the Previously Unpublished Archives*, London 2007.
–, *Der Zweite Weltkrieg: Die visuelle Geschichte*, München 2009.
Horne, Alistair, *Über die Maas, über Schelde und Rhein: Frankreichs Niederlage 1940*, Wien, München 1969.
Horner, David Murray, *High Command: Australia and Allied Strategy 1939–1945*, Canberra, Sydney 1982.

Horrocks, Sir Brian (mit Eversley Belfield und Hubert Essame), *Corps Commander*, London 1977.
Höß, Rudolf, *Kommandant in Auschwitz: Autobiographische Aufzeichnungen*, München ²⁶2016. (zuerst: München 1958.)
Hoßbach, Friedrich, *Zwischen Wehrmacht und Hitler 1934–1938*, Wolfenbüttel, Hannover 1949.
Hough, Richard/Richards, Denis, *The Battle of Britain*, London 1989.
Howard, John/Bates, Peggy, *The Pegasus Diaries: The Private Papers of Major John Howard*, London 2006.
Howard, Michael, *The Mediterranean Strategy in the Second World War*, London 1968.
–, *Grand Strategy*, Bd. IV, *August 194–September 1943*, London 1972.
–, *Captain Professor: The Memoirs of Sir Michael Howard*, London 2006.
Howarth, Stephen (Hg.), *Men of War: Great Naval Leaders of World War II*, London 1992.
Howarth, Stephen/Law, Derek (Hg.), *The Battle of the Atlantic 1939–1945: The 50th Anniversary International Naval Conference*, London 1994.
Hubatsch, Walther (Hg.), *Hitlers Weisungen für die Kriegführung: Dokumente des Oberkommandos der Wehrmacht*, Frankfurt a. M. 1962.
Hudson, Miles, *Soldier, Poet, Rebel: The Extraordinary Life of Charles Hudson VC*, Stroud/Glos. 2007.
Hughes, Matthew/Mann, Chris, *Hitlers Deutschland: Das Leben unter der NS-Diktatur*, Klagenfurt 2001.
Imperial War Museum (Hg.), *The Black Book* [Sonderfahndungsliste G. B. des Reichssicherheitshauptamtes], London 1989. Digitalisierte Version unter: https://www.forces-war-records.co.uk/hitlers-black-book.
Internationaler Militärgerichtshof (IMG), *Der Prozess gegen die Hauptkriegsverbrecher vor dem Internationalen Militärgerichtshof*, 42 Bde., Nürnberg 1947–1949.
Isby, David C. (Hg.), *Fighting the Breakout: The German Army in Normandy from «Cobra» to the Falaise Gap*, London 2004.
Ismay, Hastings Lionel Ismay, Baron, *The Memoirs of General Lord Ismay*, London 1960.
Jablonsky, David, *Churchill and Hitler*, London 1994.
Jackson, Ashley, *The British Empire and the Second World War*, London 2006.
Jackson, Julian, *France: The Dark Years: 1940–1944*, London 2001.
Jackson, Robert, *The Fall of France: May-June 1940*, London 1975.
Jacobsen, Hans-Adolf/Rohwer, Jürgen (Hg.), *Entscheidungsschlachten des Zweiten Weltkrieges*, Frankfurt a. M. 1960.
James, Richard Rhodes, *Chindit*, London 1980.
Jefferys, Kevin, *The Churchill Coalition and Wartime Politics 1940–1945*, Manchester 1991.

Jenkins, Roy, *Franklin Delano Roosevelt*, London 2003.
Jochmann, Werner (Hg.), *Monologe im Führerhauptquartier, 1941–1944: Die Aufzeichnungen Heinrich Heims*, Hamburg 1980.
Jones, Michael, *Leningrad: State of Siege*, London 2008.
Jones, Nigel, *Countdown to Valkyrie: The July Plot to Assassinate Hitler*, London 2008.
Jones, Reginald Victor, *Most Secret War: British Scientific Intelligence 1939–1945*, London 1978.
Jones, Robert Huhn, *The Roads to Russia: United States Lend-Lease to the Soviet Union*, Norman/OK 1969.
Junge, Traudl, *Bis zur letzten Stunde: Hitlers Sekretärin erzählt ihr Leben*, München 2002.
Kakehashi, Kumiko, *Letters from Iwo Jima: The Japanese Eyewitness Stories that Inspired Clint Eastwood's Film*, London 2007.
Kaufmann, Joseph E./Kaufmann, Hanna W., *Hitler's Blitzkrieg Campaigns: The Invasion and Defense of Western Europe 1939–1940*, Conshohocken/PA 1993.
Keegan, John, *Six Armies in Normandy: From D-Day to the Liberation of Paris*, London 1982.
–, *Der Zweite Weltkrieg*, Berlin 2004.
Keegan, John (Hg.), *Churchill's Generals*, London 1991.
Kennedy, John, *The Business of War: The War Narrative of Sir John Kennedy*, hrsg. von Bernard Fergusson, London 1957.
Kennedy, Ludovic, *Versenkt die Bismarck! Triumph und Untergang des stärksten Schlachtschiffes der Welt*, Wien 1975.
Kersaudy, François, *Churchill and De Gaulle*, London 1981.
–, *Norway 1940*, London 1990.
Kershaw, Alex, *The Few: July – October 1940*, London 2007.
Kershaw, Ian, *Hitler*, Bd. 1, *1889–1936*, Stuttgart 1998.
–, *Hitler*, Bd. 2, *1936–1945*, Stuttgart 2000.
–, *Hitler, the Germans, and the Final Solution*, New Haven/CT 2008.
–, *Wendepunkte: Schlüsselentscheidungen im Zweiten Weltkrieg 1940/41*, München 2008.
Kershaw, Robert, *Never Surrender: Lost Voices of a Generation at War*, London 2009.
Kesselring, Albert, *Soldat bis zum letzten Tag*, Bonn 1953.
Kieser, Egbert, *Unternehmen Seelöwe: Die geplante Invasion in England*, Esslingen, München 1987.
Kimball, Warren (Hg.), *Churchill and Roosevelt: The Complete Correspondence*, 3 Bde., London 1984.
Kitchen, Martin, *British Policy Towards the Soviet Union during the Second World War*, London 1986.
Kitson, Simon, *The Hunt for Nazi Spies: Fighting Espionage in Vichy France*, Chicago 2008.

–, *Vichy et la chasse aux espions Nazis*, Paris 2005.
Kolinsky, Martin, *Britain's War in the Middle East: Strategy and Diplomacy 1936–42*, London 1999.
Konjew, Iwan Stepanowitsch, *Das Jahr fünfundvierzig*, Ost-Berlin 1969.
Krivosheev, Grigorij F. (Hg.), *Soviet Casualties and Combat Losses in the Twentieth Century*, London 1997.
Kulkov, Evgenij N./Shukman, Harold/Rzheshevsky, Oleg A. (Hg.), *Stalin and the Soviet-Finnish War 1939–1940*, London 2002.
Kuramoto, Kazuko, *Manchurian Legacy: Memoirs of a Japanese Colonist*, East Lansing/MI 2004.
Lacouture, Jean, *De Gaulle: The Rebel 1890–1944*, London 1990.
–, *De Gaulle: The Ruler 1945–1970*, London 1991.
Lamb, Richard, *Churchill as War Leader: Right or Wrong?*, London 1991.
Lambourne, Nicola, *War Damage in Western Europe: The Destruction of Historic Monuments during the Second World War*, Edinburgh 2001.
Lampe, David, *The Last Ditch: Britain's Secret Resistance and the Nazi Invasion Plan*, London 2007 (zuerst: London 1968).
Langworth, Richard M. (Hg.), *Churchill by Himself: The Life, Times and Opinions of Winston Churchill in His Own Words*, London 2008.
Laqueur, Walter, *Was niemand wissen wollte: Die Unterdrückung der Nachrichten über Hitlers «Endlösung»*, Frankfurt a. M., Berlin 1981.
Laqueur, Walter (Hg.), *The Second World War*, London 1982.
Latimer, Jon, *Burma: The Forgotten War*, London 2004.
–, *Alamein*, London 2002.
Lavery, Brian, *Churchill Goes to War: Winstons Wartime Journeys*, London 2007.
Leach, Barry A., *German Strategy Against Russia 1939–1941*, London 1973.
Leahy, William D., *I Was There: The Personal Story of the Chief of Staff to Presidents Roosevelt and Truman*, London 1950.
Leighton, Richard M./Coakley, Robert W., *Global Logistics and Strategy 1940–1943*, Washington, D. C., 1955.
Le Tissier, Tony, *Der Kampf um Berlin 1945: Von den Seelower Höhen zur Reichskanzlei*, Frankfurt a. M., Berlin 1991.
–, *Durchbruch an der Oder: Der Vormarsch der Roten Armee 1945*, Frankfurt a. M., Berlin 1995.
Leutze, James (Hg.), *The London Observer: The Journal of General Raymond E. Lee 1940–1941*, London 1972.
Levi, Primo, *Ist das ein Mensch?*, München 1988. (Zuerst: Turin 1947; dt. zuerst: Frankfurt a. M. 1961.)
Levine, Joshua, *Forgotten Voices of the Blitz and the Battle of Britain*, London 2006.
Lewin, Ronald, *The American Magic: Codes, Ciphers and the Defeat of Japan*, New York 1982.

–, *Entschied Ultra den Krieg?: Alliierte Funkaufklärung im Zweiten Weltkrieg*, Koblenz 1981.
Lewis, Bruce, *Aircrew: The Story of the Men Who Flew the Bombers*, London 2000.
Lewis, Norman, *Neapel '44: Ein Nachrichtenoffizier im italienischen Labyrinth*, Wien, Bozen 1996.
Liddell Hart, Basil, *The Current of War*, London 1941.
–, *Deutsche Generale des Zweiten Weltkriegs*, Düsseldorf 1964.
–, *Geschichte des Zweiten Weltkriegs*, 2 Bde., Düsseldorf 1972.
Liddell Hart, Basil (Hg.), *The Rommel Papers*, London 1953.
Lilly, J. Robert, *Taken by Force: Rape and American GIs during World War Two*, London 2008.
Lindbergh, Charles A., *The Wartime Journals of Charles A. Lindbergh*, New York 1970.
–, *Kriegstagebuch 1938–1945*, Wien, München 1972.
Linklater, Eric, *The Campaign in Italy*, London 1951.
Littlejohn, David, *The Patriotic Traitors: A History of Collaboration in German-Occupied Europe 1940–45*, London 1972.
Lombard-Hobson, Sean, *A Sailor's War*, London 1983.
Longdon, Sean, *To the Victor the Spoils: D-Day to VE-Day, the Reality Behind the Heroism*, Moreton-in-Marsh/Glos. 2004.
–, *Hitler's British Slaves: British and Commonwealth POWs in German Industry 1939–1945*, Moreton-in-Marsh/Glos. 2005.
–, *Dunkirk: The Men They Left Behind*, London 2008.
Longmate, Norman, *If Britain Had Fallen: The Real Nazi Occupation Plans*, London 1988.
Lord, Walter, *Das Geheimnis von Dünkirchen*, Bern, München 1982.
Love, Robert W./Major, John (Hg.), *The Year of D-Day: The 1944 Diary of Admiral Sir Bertram Ramsay*, Hull 1994.
Lowe, Keith, *Inferno: The Devastation of Hamburg, 1943*, London 2008.
Lower, Wendy, *Nazi-Empire Building and the Holocaust in Ukraine*, Chapel Hill/NC 2005.
Lucas, James, *Last Days of the Reich: The Collapse of Nazi Germany, May 1945*, London 1986.
–, *Battle Group! German Kampfgruppen Action of World War Two*, London 1993.
Lukacs, John, *Die Entmachtung Europas: Der letzte europäische Krieg 1939–1941*, Stuttgart 1978.
–, *Fünf Tage in London: England und Deutschland im Mai 1940*, Berlin 2000.
Lukas, Richard C., *The Forgotten Holocaust: The Poles under German Occupation 1939–1944*, Lexington/KY 1986.
Lyman, Robert, *First Victory: Britain's Forgotten Struggle in the Middle East 1941*, London 2006.

MacArthur, Brian, *Surviving the Sword: Prisoners of the Japanese 1942–1945*, London 2005.
McCarthy, Peter/Syron, Mike, *Panzerkrieg: The Rise and Fall of Hitler's Tank Divisions*, London 2002.
MacDonald, Charles B., *The Battle of the Bulge: The Definitive Account*, London 1984.
Macdonald, John, *Great Battles of World War II*, London 1986.
Mackenzie, Compton, *All Over the Place: Fifty Thousand Miles by Sea, Air, Road and Rail*, London 1948.
Mackenzie, Simon Paul (S. P.), *The Home Guard: A Military and Political History*, London 1995.
Mackenzie, William, *The Secret History of SOE: The Special Operations Executive 1940–1945*, London 2000.
Mackiewicz, Józef, *Katyń – ungesühntes Verbrechen*, Zürich 1949 (Neuausgabe: Frankfurt a. M. 1983).
McKinstry, Leo, *Spitfire: Portrait of a Legend*, London 2007.
Macksey, Kenneth, *The Partisans of Europe in World War II*, London 1975.
–, *Guderian, der Panzergeneral*, Düsseldorf 1976.
Mack Smith, Denis, *Mussolini: Eine Biographie*, München 1983.
Macleod, Roderick (Hg.), *The Ironside Diaries 1937–1940*, London 1962.
Macmillan, Harold, *The Blast of War, 1939–1945*, London 1967.
–, *War Diaries: The Mediterranean, January 1943-May 1945*, London 1984.
Majdalany, Fred, *Monte Cassino: Porträt einer Schlacht*, München 1958.
Malaparte, Curzio, *Kaputt*, Karlsruhe 1961.
Manchester, William, *Winston Churchill: Allein gegen Hitler 1932–1940*, München 1990.
Maney, Patrick J., *The Roosevelt Presence: A Biography of Franklin Delano Roosevelt*, New York 1992.
Manstein, Erich von, *Verlorene Siege*, Bonn 1955.
Manvell, Roger/Fraenkel, Heinrich, *Hermann Göring*, Hannover 1964.
–, *Himmler: Kleinbürger und Massenmörder*, Frankfurt a. M., Berlin 1965.
Mark, Bernard (Hg.) *The Scrolls of Auschwitz*, Tel Aviv 1985.
Marnham, Patrick, *The Death of Jean Moulin: Biography of a Ghost*, London 2000.
Maser, Werner, *Hindenburg: Eine politische Biographie*, Rastatt 1989.
Masters, John, *Der Weg nach Mandalay*, Berlin 1964.
Matloff, Maurice/Snell Edward M., *Strategic Planning for Coalition Warfare 1943–44*, Washington, D. C., 1959.
Maughan, Barton, *Tobruk and El Alamein*, Canberra 1966.
Maurois, André, *Why France Fell*, London 1940.
Mayle, Paul D., *Eureka Summit: Agreement in Principle and the Big Three at Tehran 1943*, Newark/DE 1987.

Mazower, Mark, *Hitlers Imperium: Europa unter der Herrschaft des Nationalsozialismus*, München 2009.
–, *Griechenland unter Hitler: Das Leben während der deutschen Besatzung*, Frankfurt a. M. 2016.
Meacham, Jon, *Franklin and Winston: A Portrait of a Friendship*, London 2004.
Mee, Charles L., *Die Potsdamer Konferenz 1945: Die Teilung der Beute*, München 1979 (zuerst: Wien 1977).
Megargee, Geoffrey P., *Hitler und die Generäle: Das Ringen um die Führung der Wehrmacht 1933–1945*, Paderborn 2006.
Mellenthin, Friedrich Wilhelm von, *Panzer Battles 1939–1945: A Study of the Employment of Armour in the Second World War*, London 1955.
–, *Panzerschlachten: Eine Studie über den Einsatz von Panzerverbänden im Zweiten Weltkrieg*, Neckargemünd 1963.
Mercer, Derrik (Hg.), *Chronicle of the Second World War*, London 1990.
Metelmann, Henry, *Through Hell for Hitler: A Dramatic First-Hand Account of Fighting with the Wehrmacht*, Wellingborough/Northhants. 1990.
Michel, Henri, *La Seconde Guerre mondiale*, 2 Bde., Paris 1968–1969.
–, *La Guerre de l'ombre*, Paris 1970.
–, *The Shadow War: Resistance in Europe 1939–1945*, London 1972.
–, *The Second World War*, London 1975.
–, *Der Zweite Weltkrieg*, Berlin 1985 (gekürzte Fassung).
Middlebrook, Martin, *Arnhem 1944: The Airborne Battle, 17–26 September*, London 1994.
Militärgeschichtliches Forschungsamt (Hg.), *Das Deutsche Reich im Zweiten Weltkrieg*, 10 Bde., Stuttgart, München 1979–2008.
Miller, Donald L., *Eighth Air Force: The American Bomber Crews in Britain*, London 2007.
Milward, Alan S., *Die deutsche Kriegswirtschaft 1939–1945*, Stuttgart 1966.
–, *Der Zweite Weltkrieg: Krieg, Wirtschaft und Gesellschaft, 1939–1945*, München 1977.
Ministry of Information, Great Britain, *What Britain Has Done 1939–1945: A Selection of Outstanding Facts and Figures*, London 2007.
Mohammed, Fadel Ali, *Memories of World War II in Libya*, Bengasi 2005.
Moll, Martin (Hg.), *«Führer-Erlasse» 1939–1945: Edition sämtlicher überlieferter, nicht im Reichsgesetzblatt abgedruckter, von Hitler während des Zweiten Weltkriegs schriftlich erteilter Direktiven aus den Bereichen Staat, Partei, Wirtschaft, Besatzungspolitik und Militärverwaltung*, zusammengestellt und eingeleitet von Martin Moll, Stuttgart 1997.
Monsarrat, Nicholas, *HM Frigate*, London 1946.
–, *Grausamer Atlantik*, Klagenfurt 1951 (in verschiedenen Ausgaben auch unter dem Titel *Großer Atlantik*).

Montague Browne, Anthony, *Long Sunset: Memoirs of Winston Churchill's Last Private Secretary*, London 1995.
Montgomery, Bernard Law, *Memoiren*, München 1958.
—, *Von El Alamein zum Sangro: Feldmarschall Montgomerys eigener Kriegsbericht*, Hamburg 1949.
Moorehead, Alan, *Eclipse: An Eyewitness Account of the Allied Invasion of Europe*, London 2000 (zuerst: London 1945).
—, *Afrikanische Trilogie*, 3 Bde. *(Mittelmeerfront/Ein Jahr Krieg/Das Ende in Afrika)*, Braunschweig 1947–1948.
—, *The Desert War: The Classic Trilogy on the North African Campaign 1940–43*, London 2009.
Moran, Lord (Charles McMoran Wilson), *Churchill: Der Kampf ums Überleben 1940–1965: Aus dem Tagebuch seines Leibarztes*, München 1967.
Mordal, Jacques, *Dieppe: Dawn of Decision*, London 1963.
Moreman, Tim R., *The Jungle: The Japanese and the British Commonwealth Armies at War, 1941–1945*, London 2005.
Morison, Samuel Eliot, *American Contributions to the Strategy of World War II*, London 1958.
Morley, James William (Hg.), *The Fateful Choice: Japan's Advance into Southeast Asia, 1939–1941*, New York 1980.
Morris, Eric, *Corregidor: The Nightmare in the Philippines*, London 1982.
Moseley, Ray, *Mussolini: The Last 600 Days of Il Duce*, London 2004.
Mosier, John, *The Blitzkrieg Myth: How Hitler and the Allies Misread the Strategic Realities of World War II*, New York 2003.
Mosley, Leonard, *Backs to the Wall: London under Fire, 1939–1945*, London 1971.
Moss, W. Stanley, *Ill Met by Moonlight*, London 1950 (Neuausgabe: Philadelphia 2010).
Moulton, James L., *The Norwegian Campaign of 1940: A Study of Warfare in Three Dimensions*, London 1966.
—, *Battle for Antwerp: The Liberation of the City and the Opening of the Scheldt 1944*, London 1978.
Müllenheim-Rechberg, Burkard von, *Schlachtschiff Bismarck 1940/41: Der Bericht eines Überlebenden*, Frankfurt a. M. 1980.
Murphy, David E., *What Stalin Knew: The Enigma of Barbarossa*, New Haven/CN 2005.
Murray, Williamson/Millett, Allan Reed, *A War to Be Won: Fighting the Second World War*, London 2000.
Murrow, Edward R., *This is London*, London 1941.
Neave, Airey, *They Have their Exits*, London 1953.
Neillands, Robin, *Der Krieg der Bomber: Arthur Harris und die Bomberoffensive der Alliierten, 1939–1945*, Berlin 2002.

–, *The Dieppe Raid: The Story of the Disastrous 1942 Expedition*, London 2005.
Neitzel, Sönke (Hg.), *Abgehört: Deutsche Generäle in britischer Kriegsgefangenschaft, 1942–1945*, Berlin 2005.
–, *Tapping Hitler's Generals: Transcripts of Secret Conversations 1942–45*, London 2007.
Newark, Tim, *Mussolini, Hitler und die Mafia im Krieg*, Graz 2007.
Nichol, John/Rennell, Tony, *Tail-End Charlies: The Last Battles of the Bomber War, 1944–45*, London 2004.
Nicholas, Herbert G. (Hg.), *Washington Despatches 1941–45: Weekly Political Reports from the British Embassy*, London 1981.
Nicolson, Harold, *Tagebücher und Briefe*, 2 Bde. (Bd. 1: *1930–1941*, Bd. 2: *1942–1962*; Vorwort, Auswahl: Helmut Lindemann), Frankfurt a. M. 1969 und 1971.
Nicolson, Nigel, *Alex: The Life of Field Marshal Earl Alexander of Tunis*, London 1973.
Nicolson, Nigel (Hg.), *Harold Nicolson: Diaries and Letters*, Bd. 2, *The War Years, 1939–1945*, London 1967.
Noel, Gerard, *Pius XII: The Hound of Hitler*, London 2008.
North, John (Hg.), *The Alexander Memoirs 1940–1945*, London 1962.
O'Donnell, James P., *The Berlin Bunker*, London 1979.
O'Donnell, James P./Bahnsen, Uwe, *Die Katakombe: Das Ende in der Reichskanzlei*, Stuttgart 1975.
Okumiya, Masatake/Horikoshi, Jiro, *Zero! The Story of the Japanese Navy Air Force 1937–1945*, London 1957.
Ousby, Ian, *Occupation: The Ordeal of France 1940–1944*, London 1997.
Overy, Richard, *Die Wurzeln des Sieges: Warum die Alliierten den Zweiten Weltkrieg gewannen*, Stuttgart, München 2000.
–, *Russlands Krieg 1941–1945*, Reinbek 2003.
–, *The Battle*, London 2000.
–, *Verhöre: Die NS-Elite in den Händen der Alliierten*, München 2002.
–, *Die Diktatoren: Hitlers Deutschland, Stalins Russland*, München 2005.
Pabst, Helmut, *Die äußerste Grenze: Tagebuch eines Frontsoldaten*, Tübingen 1953.
Pack, Stanley, *The Battle for Crete*, London 1973.
–, *Operation Husky: The Allied Invasion of Sicily*, London 1977.
Padfield, Peter, *Dönitz: Des Teufels Admiral*, Berlin 1984.
–, *Der U-Boot-Krieg: 1939–1945*, München 2000.
Paine, Lauran, *The Abwehr: German Military Intelligence in World War Two*, London 1984.
Panter-Downes, Mollie, *London War Notes 1939–1945*, London 1972.
Papagos, Alexander [Alexandros], *The Battle of Greece 1940–1941*, Athen 1949.
Paris, Edmond, *Genocide in Satellite Croatia 1941–1945: A Record of Racial and Religious Persecutions and Massacres*, Chicago 1981.

Parker, Matthew, *Monte Cassino: The Story of the Hardest-Fought Battle of World War Two*, London 2003.
Parker, Robert Alexander Clarke, *The Second World War: A Short History*, Oxford 2001.
Parkinson, Roger, *Blood, Toil, Tears and Sweat: The War History from Dunkirk to Alamein, Based on the War Cabinet Papers of 1940 to 1942*, London 1973.
Parrish, Michael (Hg.), *Battle for Moscow: The 1942 Soviet General Staff Study*, Washington, D. C., 1989.
Parrish, Thomas (Hg.), *The Simon & Schuster Encyclopedia of World War II*, New York 1978.
Patton, George S., *War as I Knew It*, Boston 1947.
–, *Krieg, wie ich ihn erlebte*, Bern 1950 (gekürzte Fassung).
Paxton, Robert Owen, *Vichy France*, London 1972.
Payne, Stanley G., *Franco and Hitler: Spain, Germany, and World War II*, London 2008.
Penrose, Jane (Hg.), *The D-Day Companion: Leading Historians Explore History's Greatest Amphibious Assault*, Oxford 2004.
Perret, Geoffrey, *Winged Victory: The Army Air Forces in World War II*, New York 1993.
Phillips, Cecil Ernest Lucas, *Cockleshell Heroes*, London 1956.
Phillips, Neville Crompton, *Italy*, Bd. 1, *The Sangro to Cassino: Official History of New Zealand in the Second World War*, Wellington 1957.
Picker, Henry (Hg.), *Hitlers Tischgespräche im Führerhauptquartier 1941–42*, Bonn 1951 (später: Berlin 2003).
Pickersgill, John W./Forster, Donald F., *The Mackenzie King Record*, 2 Bde., London 1960 und 1968.
Piekalkiewicz, Janusz, *Die Schlacht von Monte Cassino: Zwanzig Völker ringen um einen Berg*, Bergisch Gladbach 1980.
Pimlott, Ben, *Hugh Dalton*, London 1985.
Pimlott, Ben (Hg.), *The Second World War Diary of Hugh Dalton, 1940–45*, London 1986.
Pink, Maurice Alderton, *The Letters of Horace Walpole*, London 1938.
Pitt, Barrie, *The Crucible of War: Western Desert 1941*, London 1980.
Pitt, Barrie/Pitt, Frances, *The Chronological Atlas of World War II*, London 1989.
Pleshakov, Constantine, *Stalin's Folly: The Secret History of the German Invasion of Russia*, London 2005.
Pocock, Tom, *1945: The Dawn Came up Like Thunder*, London 1983.
Pogue, Forrest C., *The Supreme Command*, Washington, D. C., 1954.
–, *George C. Marshall, Ordeal and Hope, 1939–42*, London 1965.
–, *George C. Marshall, Organizer of Victory, 1943–45*, London 1973.
Polish Cultural Foundation (Hg.), *The Crime of Katyn: Facts and Documents*, London 1965.

Ponting, Clive, *1940: Myth and Reality*, London 1990.
Pope, Dudley, *Battle of the River Plate*, London 1956.
Pope-Hennessy, James, *History under Fire: 52 Photographs of Air Raid Damage to London Buildings, 1940–1941*, London 1941.
Porch, Douglas, *Hitler's Mediterranean Gamble*, London 2004.
Prange, Gordon W., *Miracle at Midway*, New York 1982.
Prasad, Bisheshwar (Hg.), *Official History of the Indian Armed Forces in the Second World War: The Reconquest of Burma*, Bd. 1: *June 1942 – June 1944*, Delhi 1959.
Preston, Paul, *Franco: A Biography*, London 1993.
Price, Alfred, *The Spitfire Story*, London ²1995.
–, *Sie flogen die Spitfire: Der Kriegseinsatz eines berühmten Flugzeugs*, Stuttgart 1980.
Probert, Henry, *Bomber Harris: His Life and Times*, London 2001.
Puleston, William Dilworth, *The Influence of Sea Power in World War II*, New Haven/CN 1947.
Raczynski, Edward, *In Allied London*, London 1962.
Ranfurly, Hermione, *To War with Whitaker: The Wartime Diaries of the Countess of Ranfurly 1939–1945*, London 1994.
Raus, Erhard/Natzmer, Oldwig von, *The Anvil of War: German Generalship in Defence on the Eastern Front*, London 1994.
Rawlings, Leo, *And the Dawn Came up Like Thunder*, London 1972.
Ray, John, *The Battle of Britain: New Perspectives – Behind the Scenes of the Great Air War*, London 1994.
–, *The Night Blitz: 1940–1941*, London 1996.
Read, Anthony, *The Devil's Disciples: The Lives and Times of Hitler's Inner Circle*, London 2003.
Read, Anthony/Fisher, David, *The Deadly Embrace: Hitler, Stalin and the Nazi-Soviet Pact 1939–1941*, London 1988.
Rees, Laurence, *Die Nazis: Eine Warnung der Geschichte*, München, Zürich 1997.
–, *Horror in the East*, London 2001.
–, *Auschwitz: Geschichte eines Verbrechens*, Berlin 2005.
–, *Their Darkest Hour: People Tested to the Extreme in World War II*, London 2007.
–, *World War Two Behind Closed Doors: Stalin, the Nazis and the West*, London 2008.
Reitlinger, Gerald, *Die Endlösung: Hitlers Versuch der Ausrottung der Juden Europas 1939–1945*, Berlin 1956.
Reynolds, David, *Rich Relations: The American Occupation of Britain 1942–1945*, London 1995.
–, *From World War to Cold War: Churchill, Roosevelt and the International History of the 1940s*, Oxford 2006.
Reynolds, David/Kimball, Warren/Chubarian, A. O. (Hg.), *Allies at War: The Soviet, American and British Experience, 1939–1945*, London 1994.

Rhodes, Richard, *Die deutschen Mörder: Die SS-Einsatzgruppen und der Holocaust*, Bergisch Gladbach 2004.
Ribbentrop, Joachim von, *Zwischen London und Moskau: Erinnerungen und letzte Aufzeichnungen*, Leoni 1961.
Richardson, Charles, *From Churchill's Secret Circle to the BBC: The Biography of Lieutenant General Sir Ian Jacob*, London 1991.
Ridley, Jasper, *Mussolini*, London 1997.
Ritchie, Charles, *The Siren Years: Undiplomatic Diaries, 1937–1945*, London 1974.
Roberts, Andrew, *«The Holy Fox»: A Life of Lord Halifax*, London 1992.
–, *Churchill und seine Zeit*, München 1998.
–, *Masters and Commanders: How Roosevelt, Churchill, Marshall and Alanbrooke Won the War in the West*, London 2008.
Roberts, Andrew (Hg.), *The Art of War*, Bd. 2, *Great Commanders of the Modern World Since 1600*, London 2009.
Roberts, Frank, *Dealing with Dictators: The Destruction and Revival of Europe, 1930–70*, London 1991.
Roberts, Geoffrey, *Stalins Kriege: Vom Zweiten Weltkrieg zum Kalten Krieg*, Düsseldorf 2008.
Roberts, Walter R., *Tito, Mihailović and the Allies, 1941–1945*, Durham/NC 1987.
Rogers, Duncan/Williams, Sarah (Hg.), *On the Bloody Road to Berlin: Frontline Accounts from the North-West Europe and the Eastern Fronts 1944–45*, Solihull/West Midlands 2005.
Rohwer, Jürgen, *Geleitzugschlachten im März 1943*, Stuttgart 1975.
Rolf, David, *Prisoners of the Reich: Germany's Captives 1939–1945*, London 1988.
Rollings, Charles, *Prisoner of War: Voices from Captivity during the Second World War*, London 2007.
Rommel, Erwin, *Krieg ohne Haß*, hrsg. von Lucie-Maria Rommel und Fritz Bayerlein, Heidenheim, Brenz 1950.
Rommel, Manfred, *1944 – Das Jahr der Entscheidung. Erwin Rommel in Frankreich*, Stuttgart, Leipzig 2010.
Rooney, David, *Stilwell the Patriot: Vinegar Joe, the Brits and Chiang Kai-Shek*, London 2005.
Roseman, Mark, *Die Wannsee-Konferenz: Wie die NS-Bürokratie den Holocaust organisierte*, Berlin 2002.
Roskill, Stephen, *Royal Navy: Britische Seekriegsgeschichte 1939–1945*, Oldenburg 1961.
–, *Churchill and the Admirals*, London 1977.
Ross, James Alexander, *Memoirs of an Army Surgeon*, Edinburgh 1948.
Ross, Steven T. (Hg.), *American War Plans 1941–1945: The Test of Battle*, London 1997.
Rotundo, Louis C. (Hg.), *Battle for Stalingrad: The 1943 Soviet General Staff Study*, London 1989.

Royle, Trevor, *Orde Wingate: Irregular Soldier*, London 1995
–, *Patton: Old Blood and Guts*, London 2005.
Rubinstein, William D., *The Myth of Rescue: Why the Democracies Could Not Have Saved More Jews From the Nazis*, London 1997.
Russell, Edward Frederick Langley (Lord Russell of Liverpool), *Geißel der Menschheit: Kurze Geschichte der Nazikriegsverbrechen*, Berlin 1955.
–, *The Knights of Bushido: A Short History of Japanese War Crimes*, London 2005 (zuerst: London 1958).
Rutherford, Phillip T., *Prelude to the Final Solution: The Nazi Program for Deporting Ethnic Poles 1939–1941*, Lawrence/KS 2007.
Ryback, Timothy W., *Hitlers Bücher: Seine Bibliothek, sein Denken*, Köln 2010.
Sainsbury, Keith, *The North African Landings 1942: A Strategic Decision*, London 1942,
–, *The Turning Point: The Moscow, Cairo and Teheran Conferences*, Oxford 1986.
Salisbury, Harrison O., *Die Ostfront: Der unvergessene Krieg 1941–1945*, Wien 1981.
Sanders, Paul, *The British Channel Islands under German Occupation 1940–1945*, St. Helier/Jersey 2005.
Sandys, Celia, *Chasing Churchill: The Travels of Winston Churchill*, London 2003.
Saunders, Anthony, *Hitler's Atlantic Wall*, Stroud/Glos. 2001.
Sayer, Ian (Hg.), *The Allgemeine SS*, London 1984.
Sayer, Ian/Botting, Douglas, *Hitler's Last General: The Case against Wilhelm Mohnke*, London 1989.
Scheiderbauer, Armin, *Das Abenteuer meiner Jugend: Als Infanterist in Russland, 1941–1947*, Salzburg 2001.
Schmidt, Heinz Werner, *Mit Rommel in Afrika*, München 1951.
Schmidt, Paul, *Statist auf diplomatischer Bühne 1923–1945: Erlebnisse des Chefdolmetschers im Auswärtigen Amt mit den Staatsmännern Europas*, Bonn 1949.
Schofield, Victoria, *Wavell: Soldier and Statesman*, London 2006.
Schroeder, Christa, *Er war mein Chef: Aus dem Nachlass der Sekretärin von Adolf Hitler*, hrsg. von Achim Joachimsthaler, München, Wien 1985.
Schulte, Theo J., *The German Army and Nazi Policies in Occupied Russia*, London 1989.
Schwarz, Urs, *Vom Sturm umbrandet: Wie die Schweiz den Zweiten Weltkrieg überlebte*, Frauenfeld, Stuttgart 1981.
Seaton, Albert, *Der russisch-deutsche Krieg 1941–1945*, Frankfurt a. M. 1973.
Sebag-Montefiore, Hugh, *Enigma: The Battle for the Code*, London 2000.
–, *Dunkirk: Fight to the Last Man*, London 2006.
Sebag Montefiore, Simon, *Stalin: Am Hof des roten Zaren*, Frankfurt a. M. 2005.
Self, Robert (Hg.), *The Neville Chamberlain Diary Letters*, Bd. IV, *The Downing Street Years, 1934–1940*, London 1940.

Selle, Herbert, *Wofür?: Erinnerungen eines Führenden Pioniers vom Bug zur Wolga*, Neckargemünd 1977.
Senger und Etterlin, Fridolin von, *Krieg in Europa*, Köln 1960.
Sereny, Gitta, *Das Ringen mit der Wahrheit: Albert Speer und das deutsche Trauma*, München 1995.
Service, Robert, *Stalin*, London 2004.
Sherwood, Robert E., *The White House Papers of Harry L. Hopkins: An Intimate History*, 2 Bde., London 1949.
Shirer, William L., *Aufstieg und Fall des Dritten Reiches*, Köln, Berlin 1961.
–, *Der Zusammenbruch Frankreichs: Aufstieg und Fall der 3. Republik*, München 1970.
Short, Neil, *Hitler's Siegfried Line*, London 2002.
Shulman, Milton, *Die Niederlage im Westen*, Gütersloh 1949.
Simonow, Konstantin, *Tage und Nächte: Roman mit einem Epilog*, Berlin 1947.
Simpson, Alfred William Brian, *In the Highest Degree Odious: Detention Without Trial in Wartime Britain*, Oxford 1992.
Singh, Simon, *Geheime Botschaften*, München 2000.
Sledge, Eugene B., *With the Old Breed: At Peleliu and Okinawa*, Novato, CA 1981.
–, *Vom alten Schlag: Der Zweite Weltkrieg am anderen Ende der Welt – Erinnerungen*, München 2013.
Slim, Hugo, *Killing Civilians: Method, Madness and Morality in War*, London 2007.
Slim, William Joseph, *Defeat into Victory*, London 1956.
Smith, Amanda (Hg.), *Hostage to Fortune: The Letters of Joseph P. Kennedy*, New York 2000.
Smith, Colin, *Singapore Burning: Heroism and Surrender in World War II*, London 2005.
Smith, Michael, *The Emperor's Codes: Bletchley Park and the Breaking of Japan's Secret Cyphers*, London 2000.
Snell, Edwin/Matloff, Maurice, *Strategic Planning for Coalition Warfare, 1941–1942*, Washington, D. C., 1953.
Snyder, Louis L., *The War: A Concise History 1939–1945*, London 1962.
Soames, Mary (Hg.), *Speaking for Themselves: The Personal Letters of Winston and Clementine Churchill*, London 1998.
Somerville, Christopher, *Our War: How the British Commonwealth Fought the Second World War*, London 1998.
Sorge, Martin K., *The Other Price of Hitler's War: German Military and Civilian Losses Resulting from World War II*, London 1986.
Spears, Edward, *Prelude to Dunkirk*, London 1954.
–, *The Fall of France*, London 1954.
Spector, Ronald, *Eagle against the Sun*, London 1988.
Speer, Albert, *Erinnerungen*, Berlin 1969.

Speidel, Hans, *Invasion 1944: Ein Beitrag zu Rommels und des Reiches Schicksal*, Tübingen, Stuttgart 1950.
Spitzy, Reinhard, *So haben wir das Reich verspielt: Bekenntnisse eines Illegalen*, München, Wien 1986.
Spotts, Frederic, *The Shameful Peace*, London 2008.
Stacey, Charles P., *The Canadian Army 1939–1945*, London 1948.
Stackelberg, Roderic/Winkle, Sally Anne (Hg.), *The Nazi Germany Sourcebook: An Anthology of Texts*, London 2002.
Stafford, David, *Ten Days to D-Day*, London 2003.
–, *Endgame 1945: The Missing Final Chapter of World War II*, London 2007.
Stanley, Colonel Roy M., *World War II Photo Intelligence*, London 1981.
Stansky, Peter, *The First Day of the Blitz*, London 2007.
Steinbacher, Sybille, *Auschwitz: Geschichte und Nachgeschichte*, München 2004.
Stoler, Mark A., *Allies and Adversaries: The Joint Chiefs of Staff, the Grand Alliance, and US Strategy in World War II*, Chapel Hill/NC 2000.
Stolfi, Russel H. S., *Hitler's Panzers East: World War II Reinterpreted*, Norman/OK 1992.
Stone, Norman, *Hitler*, London 1980.
Studnitz, Hans-Georg von, *Als Berlin brannte: Diarium der Jahre 1943–1945*, Stuttgart 1963.
Swinson, Arthur, *Kohima*, London 1966.
Sykes, Christopher, *Orde Wingate: A Biography*, London 1959.
Taylor, Frederick, *Dresden, Dienstag, 13. Februar 1945: Militärische Logik oder blanker Terror?*, München 2004.
Taylor, Irene/Taylor, Alan (Hg.), *The Secret Annexe: An Anthology of War Diaries*, Edinburgh 2004.
Taylor, Telford, *The Breaking Wave: The German Defeat in the Summer of 1940*, London 1967.
Tedder, Arthur William, *With Prejudice: Memoirs of Marshal of the Royal Air Force, Lord Tedder*, London 1966.
Thompson, Laurence, *1940: Year of Legend, Year of History*, London 1966.
Thorne, Christopher, *Allies of a Kind: The United States, Britain, and the War against Japan 1941–1945*, London 1978.
Times Literary Supplement, Essays and Reviews 1963, London 1964.
Toland, John, *Das Finale: Die letzten 100 Tage*, München, Zürich 1968.
–, *Infamy: Pearl Harbor and its Aftermath*, London 1982.
Tomasevich, Jozo, *The Chetniks*, Stanford/CA 1975.
Tooze, Adam, *Ökonomie der Zerstörung: Die Geschichte der Wirtschaft im Nationalsozialismus*, München 2007.
Townsend, Peter, *Duell der Adler: Die R. A. F. gegen die Luftwaffe*, Stuttgart 1970.
Trevelyan, Raleigh, *Die Festung: Der Brückenkopf von Anzio*, München 1958.

–, *Rome '44: The Battle for the Eternal City,* London 2004.
Trevor-Roper, Hugh, *Hitlers letzte Tage,* Frankfurt a. M. 1973 (zuerst: Zürich 1948).
Trevor-Roper, Hugh (Hg.), *Hitler's Table Talk,* London 2000.
Truman, Harry S., *Memoiren,* Bd. 1, *Das Jahr der Entscheidungen,* Stuttgart 1955.
Truscott, Lucian King, *Command Missions: A Personal Story,* New York 1954.
Tschuikow, Wassili I., *Stalingrad: Anfang des Weges,* Ost-Berlin 1961.
–, *Das Ende des Dritten Reiches,* München 1966.
Tsouras, Peter G. (Hg.), *The Greenhill Dictionary of Military Quotations,* London 2000.
Ungváry, Krisztián, *Die Schlacht um Budapest 1944/45: Stalingrad an der Donau,* München 1999.
Van der Vat, Dan, *The Pacific Campaign: The Second World War at Sea,* London 1992.
Vaughan-Thomas, Wynford, *Anzio,* London 1961.
Verney, Peter, *Anzio 1944: An Unexpected Fury,* London 1978.
Vinen, Richard, *The Unfree French: Life Under the Occupation,* London 2006.
Vinogradov, V. K./Pogonyi, J. F./Teptzov, N. V. (Hg.), *Hitler's Death: Russia's Last Great Secret from the Files of the KGB,* London 2005.
Vonnegut, Kurt, *Schlachthof 5 oder Der Kinderkreuzzug,* Reinbek 1972.
Wagner, Gerhard (Hg.), *Lagevorträge des Oberbefehlshabers der Kriegsmarine vor Hitler 1939–1945,* München 1972.
Warlimont, Walter, *Im Hauptquartier der deutschen Wehrmacht, 1939–1945,* Frankfurt a. M. 1962.
Warren, Alan, *Singapore 1942: Britain's Greatest Defeat,* London 2002.
Wassiltschikow, Marie, *Die Berliner Tagebücher der Marie «Missie» Wassiltschikow, 1940–1945,* Berlin 1987.
Watkins, Gwen, *Cracking the Luftwaffe Codes: The Secrets of Bletchley Park,* London 2006.
Wavell, Archibald (Lord Wavell), *Generals and Generalship,* London 1941.
Weber, Thomas, *Hitlers erster Krieg, Der Gefreite Hitler im Weltkrieg – Mythos und Wahrheit,* Berlin 2012.
Webster, Charles/Frankland, Noble, *The Strategic Air Offensive Against Germany, 1939–1945,* 4 Bde., London 1961.
Webster, Donovan, *The Burma Road: The Epic Story of One of World War II's Most Remarkable Endeavours,* London 2004.
Weinberg, Gerhard L., *Eine Welt in Waffen: Die globale Geschichte des Zweiten Weltkriegs,* Stuttgart 1995.
Weinberg, Gerhard L./Institut für Zeitgeschichte (Hg.), *Hitlers zweites Buch: Ein Dokument aus dem Jahr 1928,* Stuttgart 1961.
Weintraub, Stanley, *11 Days in December: Christmas at the Bulge 1944,* New York 2006.
Weitz, John, *Hitler's Diplomat: Joachim von Ribbentrop,* London 1992.

Welchman, Gordon, *The Hut Six Story: Breaking the Enigma Codes*, London 1982.
West, Nigel, *Secret War: The Story of SOE, Britain's Wartime Sabotage Organization*, London 1992.
Wheal, Elizabeth/Pope, Stephen, *Dictionary of the Second World War*, London 2003.
Wheeler-Bennett, John, *Die Nemesis der Macht: Die deutsche Armee in der Politik, 1918–1945*, Düsseldorf 1954.
White, Peter, *With the Jocks: A Soldier's Struggle for Europe 1944–1945*, Stroud/Glos. 2001.
Whiting, Charles, *The Field Marshal's Revenge: The Breakdown of a Special Relationship*, Staplehurst 2004.
Wiedemann, Fritz, *Der Mann, der Feldherr werden wollte*, Velbert, Kettwig 1964.
Williams, Andrew, *D-Day to Berlin*, London 2004.
Williams, Charles, *The Last Great Frenchman: A Life of General de Gaulle*, London 1993.
–, *Pétain: How the Hero of France Became a Convicted Traitor and Changed the Course of History*, London 2005.
Williams, Peter/Wallace, David, *Unit 731: The Japanese Army's Secret of Secrets*, London 1989.
Willmott, Hedley P., *The Great Crusade: A New Complete History of the Second World War*, London 1989.
Wilmot, Chester, *Der Kampf um Europa*, Frankfurt a. M. 1954.
Wilson, Theodore, *The First Summit: Roosevelt and Churchill at Placentia Bay 1941*, London 1991.
Winn, Godfrey, *P. Q. 17*, London 1947.
Winterbotham, Frederick William, *Aktion Ultra*, Frankfurt a. M. 1976.
Winton, John, *Cunningham: The Greatest Admiral since Nelson*, London 1998.
Wolkogonow, Dimitri, *Stalin: Triumph und Tragödie: Ein politisches Porträt*, Düsseldorf 1989. (Neuausgabe: Berlin 2015.)
Woodman, Richard, *The Arctic Convoys 1941–1945*, London 1994.
Wragg, David, *Sink the French: At War with Our Ally*, London 2007.
Wright, Michael (Hg.), *The World at Arms*, London 1989.
Wylie, Neville (Hg.), *European Neutrals and Non-Belligerents during the Second World War*, Cambridge 2002.
Wyman, David S., *Das unerwünschte Volk: Amerika und die Vernichtung der europäischen Juden*, Ismaning b. München 1986.
Young, Donald J., *The Battle of Bataan: A History of the 90 Day Siege and Eventual Surrender of 75 000 Filipino and United States Troops to the Japanese in World War II*, Jefferson/NC 1992.
Young, John M., *Britain's Sea War: A Diary of Ship Losses 1939–1945*, Wellingborough/Northhants. 1989.
Young, Peter, *World War 1939–1945: A Short History*, London 1966.

Young, Peter (Hg.), *Decisive Battles of the Second World War: An Anthology*, London 1967.
–, *Der große Atlas zum Zweiten Weltkrieg*, München 1974.
Zamoyski, Adam, *The Forgotten Few: The Polish Air Force in the Second World War*, London 1995.
Ziegler, Philip, *Mountbatten: The Official Biography*, London 1985.

Aufsätze

Davies, Norman, «The Warsaw Uprising», in: *Everyone's War*, Nr. 13, Frühjahr 2008.
Dilks, David, «Great Britain, the Commonwealth and the Wider World 1939–45», University of Hull 1988.
Goda, Norman J. W., «Black Marks: Hitler's Bribery of his Senior Officials during the Second World War», in: *Journal of Modern History* 72 (2000) 2.
Gough, Barry, «*Prince of Wales* and *Repulse*: Churchill's ‹Veiled Threat› Reconsidered», in: *Finest Hour* 139 (Sommer 2008).
Greene, Graham, «Der Leutnant starb als Letzter», in: ders., *Der Mann, der den Eiffelturm stahl, und andere Erzählungen*, München 1996, S. 60–76.
Hanson, Victor D., «In War: Resolution», *Claremont Review of Books*, Winter 2007.
Harvey, A. D., «The Russian Air Force versus the Luftwaffe», in: *Military Books Review*, November 2007.
Heitmann, Jan, «Incident at Mosty», in: *After the Battle*, Nr. 79.
Hodgson, Charles, «Convoy to Murmansk: The Battle of North Cape Remembered», in: *Nautical Magazine* 255 (April 1996) 4.
Kitchens, James H., «The Bombing of Auschwitz Re-Examined», in: *Journal of Military History* 58 (April 1994) 2.
Looseley, Rhiannon, «Paradise after Hell», in: *History Today*, Juni 2006.
Overy, Richard J., «Hitler and Air Strategy», in: *Journal of Contemporary History* 15 (1980) 3.
–, «The Nazis and the Jews in Occupied Western Europe 1940–1944», in: *Journal of Modern History* 54 (1982).
Penney, Lord/Samuels, D. E. J./Scorgie, G. C., «The Nuclear Explosive Yields at Hiroshima and Nagasaki», in: *Philosophical Transactions of the Royal Society of London* 266, Nr. 1177 (Juni 1970).
Wegner, Bernd, «Der Krieg gegen die Sowjetunion 1942/43», in: Militärgeschichtliches Forschungsamt (Hg.), *Das Deutsche Reich und der Zweite Weltkrieg*, Bd. 6, *Der globale Krieg: Die Ausweitung zum Weltkrieg und der Wechsel der Initiative 1941–1943*, Stuttgart 1990, S. 759–1102.
Whiting, Charles, «The Man Who Invaded Poland a Week Too Early», in: *World War II Investigator* 1 (April 1988) 1.

Bildnachweis

Abb. 1, 6, 10, 26, 27, 29, 34, 35, 36, 37, 38, 39, 43, 51: Getty Images
Abb. 2, 7, 41: TopFoto
Abb. 3: ullstein bild
Abb. 4, 5, 12, 46: akg-images
Abb. 8: Austrian Archives/Corbis
Abb. 9: The Art Archive/Shutterstock
Abb. 11, 14, 40: Imperial War Museum, NYP 68075, C 465, B 5103
Abb. 13, 42: picture alliance/PA Photos
Abb. 15, 17: Mary Evans Picture Library
Abb. 16: ullstein bild/Süddeutsche Zeitung Photo/Scherl
Abb. 18, 21, 45, 47, 52: Time & Life Pictures/Getty Images
Abb. 19, 20: National Archives, Washington, photo no. 80-G-17054, 80-G-312018
Abb. 22, 23: Popperfoto/Getty Images
Abb. 24: Argus Newspaper Collection of Photographs, State Library Victoria
Abb. 25: The United States Holocaust Memorial Museum – courtesy of Yad Vashem – Public Domain (Die Ansichten und Meinungen, die in diesem Buch zum Ausdruck kommen, und der Zusammenhang, in dem das Foto gezeigt wird, spiegeln nicht notwendigerweise die Ansichten oder den politischen Standpunkt von USHMM wider oder billigen sie.)
Abb. 28, 49: Sputnik/TopFoto
Abb. 30, 36: Bettmann/Corbis
Abb. 31: The Mariners' Museum/Corbis
Abb. 32, 33, 48: Cody Images
Abb. 44: ullstein bild/Sputnik
Abb. 50: Sovfoto/Eastfoto

Die Karten wurden mit zwei Ausnahmen der Originalausgabe entnommen und für die deutsche Ausgabe von Peter Palm, Berlin, überarbeitet; Seite 338 f., 680 f.: © Peter Palm, Berlin

Register

Aachen 656
Aalborg 69
Abbeville 81, 89
Aberfaldy, Lord (alias Ian T. Munro?) 642
Abetz, Otto 115, 117
Abukir, Seeschlacht bei 487
Acheson, Dean 255
Addis Abeba 170
Adria 499, 505, 716
Agri 505
Ahlwardt, Hermann 298
Aire 93
Aisne 80, 95, 105
Aitken, Max, Oberstleutnant 134
Akjab 349, 361, 736
Alam el Halfa, Schlacht von 378, 382, 386
Alamein-Linie 188, 383
Albaner Berge 519 f., 526
Albertkanal 86
Albert-Linie 529
Aleuten 340
Alexander, König von Jugoslawien 88
Alexander, Harold, General *Abb. 22;* 188, 290 f., 375, 382, 389, 405, 414–416, 493, 498 f., 505 f., 510, 513, 517, 519 f., 523, 525–531, 710 f.
Alexander, Hugh 460
Alexandria 67, 176, 185, 188, 381, 390, 462, 761
Algier *Abb. 30;* 382, 406 f., 409 f., 637

Allen, Louis 364 f., 367
Allenby, Edmund, Feldmarschall 168
Alupka 593
Amiens 331
Amonines *Abb. 45*
Amsterdam 624
Åndalsnes 69 f.
Anders, Władysław, General 546, 698
Anderson, John 157
Anderson, Kenneth, Generalleutnant 408, 413, 415
Andropow, Juri W. 730
Angers 48
Anielewicz, Mordechai 328
Antonescu, Ion 677
Antonow, Alexei 593
Antwerpen 85, 618, 649, 651 f., 656 f., 675, 771
Anzio, Landeoperation von 506, 517, 519–523, 525 f., 532, 553, 602, 608, 751, 766
Aoki, Taijiro, Kapitän 344
Aosta, Herzog von 170
Apennin 502, 505, 525, 529
Aprilia 518
Aqqaqir, Schlacht von 396 f.
Arakan 349, 361, 736
Archangelsk 208, 417, 480 f.
Ardeatinische Höhlen 497
Ardennen(offensive) *Abb. 45;* 77 f., 81, 88, 530, 538, 640, 650 f., 654, 656 f.,

663 f., 667, 676, 690, 702, 709, 766, 771, 784
Arena, Francesco, General 394
Arezzo 529
Argentia 182 f.
Ärmelkanal 63, 78, 85, 89, 91 f., 97, 99, 106, 120, 131 f., 134, 140, 143, 158, 401, 461, 489, 604–607, 610 f., 620, 656 766, 784
Arnheim (Arnhem), Angriff auf 654 f., 676, 700, 702, 779
Arnim, Hans-Jürgen von, General 416, 642
Arno-Linie 529 f.
Arnold, Henry «Hap», General *Abb. 29;* 283, 587 f.
Arras 94
Arromanches 623, 633
Asowsches Meer 240, 682
Assam 291, 361
Astrachan 417, 420, 762
Athen 478
Atkinson, Rick 408
Atlantik-Charta 183, 504
Atlantik(schlacht) *Abb. 31;* 60 f., 72 f., 110, 162, 182, 257, 261, 275, 401, 403, 408, 460, 462 f., 466–469, 471 f., 474, 478 f., 482–484, 486–491, 573, 576, 606, 610, 766, 779, 783
Atlantikwall *Abb. 5;* 603
Attlee, Clement 104
Attu 345
Aubrey, Tony, Sergeant 353 f.
Auchinleck, Claude, General *Abb. 21;* 72, 181, 184–186, 188, 375, 377, 383
Aung San Suu Kyi 288
Auschwitz(-Birkenau), KZ *Abb. 25;* 115, 121, 299, 307–314, 316–320, 324, 328–333, 645, 755
Auvergne 111
Avranches 634, 637

Babi-Jar-Schlucht 306
Bacon, Allon, Leutnant 461
Bad Godesberg 25
Bad Münstereifel 78
Bad Reichenhall 200
Baden 122
Badoglio, Pietro, Marschall 173, 494, 497, 505
Bagdad 184
Bagnold, Ralph 168
Bagration, Pjotr 693
Baku 194
Baldwin, Stanley 563
Balkan 196, 204, 209, 499, 519, 665, 701, 708 f.
Balme, David, Sub-Lieutenant 461
Baltikum 38, 47, 205, 210, 226, 313, 707, 770
Bangkok 273
Barbara-Linie 505
Barbie, Klaus 121
Bardia 169, 181
Båreninsel 480
Bari 505
Barker, John Sears 525
Bastogne 660 f.
Bataan 283, 286, 368
Batavia 287
Bath 563
Batjuk, Nikolai, Oberst 440
Baudrillart, Alfred-Henri-Marie 208
Baumbach, Werner, General 563
Bayerlein, Fritz, Oberst 391
Bayern 122, 646
Bayeux 637
Beaufre, André, General 84, 89, 92, 112 f.,
Beaverbrook, Lord 132, 141, 201, 726
Beck, Ludwig, General 538
Becklingen 649
Beda Fomm, Schlacht von 170–172

Register **871**

Register

Beevor, Antony 720
Belden, Jack 496
Belgorod 543, 549
Belgrad 173 f., 563, 703
Bell, Bischof George 596
Bellows, James, Signal Sergeant 620
Below, Maria 584
Below, Nicolaus von, Oberst 96, 583 f., 677
Bengasi 170, 172, 177, 181, 186, 379, 382
Bennet, Paul G., Gefreiter 495
Bennett, Gordon, General 281
Bentley Priory 136
Berbera 170
Berdjansk 240
Bergen 66–69
Bergen-Belsen, KZ 624, 649, 747
Berger, Gottlob 324
Bergues 93
Berija, Lawrenti 47, 217, 223, 715, 776
Beringstraße 206
Berlin *Abb. 48, 49;* 23 f., 79, 132, 144, 161, 195, 201, 213, 264, 326, 334, 440, 538, 725, 750, 766
Berlin, Angriff auf/Einnahme von 65, 143, 562, 564, 575, 582–584, 589, 593 f., 600, 649, 677, 687, 694, 709, 714–720, 727 f., 760
Berliner Mauer 722
Bermudas 128
Bern 710 f.
Bernhardt-Linie 505
Besançon 160, 644
Bessarabien 212
Bethe, Hans 744
Béthouart, Antoine, General 71
Béthune 93
Bevin, Ernest 523
Białystok 47, 216
Bibbiena 529
Bidault, Georges 639

Biggin Hill 142
Billotte, Gaston, General 87, 92
Bir Hacheim 186 f.
Birmingham 131, 146, 468
Bismarck-Archipel 287
Black, Conrad 195, 262
Blaker, Jim, Hauptmann 358
Blamey, Thomas, General 176
Blanchard, Georges, General 84
Blaskowitz, Johannes, General 44
Blears, Funker 369 f.
Bletchley Park 142, 176, 397, 459–462, 478, 484 f., 489, 547, 657, 773
Blochin, Wassili M. 47
Blomberg, Werner von, Generalfeldmarschall *Abb. 1;* 17–19, 22–24, 29, 38, 111, 198, 264
Bloody Ridge, Schlacht am 348
Blumentritt, Günther, Oberst 130, 197, 603, 618, 625, 648, 756, 768, 773, 776
Bobrujsk 694
Bock, Fedor von, Generalfeldmarschall 38, 41, 87, 111, 194, 211, 224, 228–230, 232 f., 418, 540, 772, 775, 777
Bode, Howard D., Kapitän 346 f.
Böhlen b. Leipzig 569, 571
Bohr, Niels 744
Bombay 370, 376
Bône 407 f.
Bongyaung 352
Bór-Komorowski, Tadeusz, General 697, 699 f.
Bormann, Martin 190, 203, 243, 300, 474, 629, 756
Borneo 287, 292, 740
Borodino 235, 546
Bose, Subhas Chandra 281, 360
Bosquet, René 116
Boston 126, 588, 757
Boulogne 81, 97

Register **873**

Bradley, Omar, General 405, 414, 416, 453, 494 f., 609, 620 f., 634 f., 638, 649, 651, 657, 659, 663, 669, 714 f., 737, 778
Brandenberger, Erich, General 660
Brauchitsch, Walther von, Generalfeldmarschall 40, 93, 97, 111, 196, 206, 232 f., 246 f., 434, 643, 764, 772, 776 f.
Braun, Eva 584
Braun, Wernher von 744
Braunau 726
Brenner 172
Brereton, Lewis H., Generalmajor 283
Breslau (Wrocław) 705 f.
Brest (Atlantikhafen) 472, 478, 576, 610, 766
Brest(-Litowsk) 47, 109
Brest-Litowsk, Friedensvertrag von 205, 776
Bretagne 623, 634, 637
Briare 106
Bridgeman, Lord, Oberstleutnant 92 f., 97 f., 602, 656
Briggs, Raymond, Generalmajor 388
Bristol 131, 146
Bristow, Tom 101
Brittain, Vera 130
Brjansk 235, 553
Broadhurst, Harry, Generalmajor 608
Bromberg (Bydgoszcz) 36, 51
Brook, Norman 723
Brooke, Alan, Feldmarschall *Abb. 29, 47;* 87, 99, 108, 114, 185, 188, 198, 375 f., 393 f., 401 f., 407, 421, 494, 525, 572 f., 576, 593, 607 f., 633, 649, 652, 669, 717, 769, 779, 783
Brown, Tommy 484 f.
Browning, Christopher 304
Browning, F. A. M. «Boy», Generalleutnant 654

Brügge 93
Bruhn, Johannes, Generalmajor 645
Bruns, Walter, Generalmajor 647
Buchenwald, KZ 161
Buckinghamshire 142, 459, 564, 613
Bucknall, Gerard C., Generalleutnant 609
Buckner, Simon Bolivar, Generalleutnant 738, 741
Budapest 702–704
Budjonny, Semjon M., General 212
Bug 212, 690, 696
Bukarest 702
Burgis, Lawrence 172, 410, 523
Burma Road 288, 290 f., 360, 736
Busch, Ernst, Generalfeldmarschall 111, 695, 770
Busse, Theodor, General 718
Butcher, Harry 413
Butler, Edward, Vollmatrose 371, 467
Byrnes, James F. 268
Bzura 45
Cadogan, Alec (Alexander) 631
Caen 331, 512, 613, 616, 622, 624, 633 f.
Caen, Seekanal von (Pegasus-Brücke) 613
Calais 81, 97
Caluire b. Lyon 121
Calvert, Michael, Brigadier 351 f., 356 f.
Cambrai 94, 149
Cambridge 459 f.
Camm, Sydney 138
Campbell, Jock, Generalmajor 186
Campo di Carne 523
Campoleone 518 f., 521
Canaris, Wilhelm, Admiral 38, 266, 325, 753
Canberra 287
Caporetto (Karfreit), Schlacht von 92
Carlyle, Thomas 729

Carter, C. G. «Nick», Leading Seaman 72
Carver, Michael, Feldmarschall 171, 185, 187, 388, 396, 398 f., 539
Casablanca 406–408, 412, 576
Casablanca, Konferenz von *Abb. 29;* 410, 486, 492, 575, 630, 783
Cäsar-Linie 526
Casey, Richard 546, 591
Catania 493
Cazalet, Victor 546
Cesarani, David 757
Chalchin Gol, Schlacht von 249, 428
Chaldei, Jewgeni 728
Chamberlain, Houston Stewart 298
Chamberlain, Ida 25
Chamberlain, Neville 25–27, 39, 42 f., 68, 71, 73 f., 90, 104, 136, 154 f., 565, 631, 782
Charkow *Abb. 6;* 240, 414, 417, 444, 537, 541, 557, 569, 677, 679, 766
Charleville-Mézières 96
Charlottesville 127
Chartres 121
Chaudoir, Elvira 612
Chełmno (Kulmhof) 302
Chemnitz 593
Cherbourg 109, 148, 605, 610, 624, 633, 651
Cherwell, Lord (Frederick Lindemann) 590
Chindwin River 351–355, 361, 367, 736
Chiusi 529
Choltitz, Dietrich von, Generalleutnant 637 f., 642 f., 646
Christian X., König von Schweden 68
Christison, Philip, Generalleutnant 361
Chruschtschow, Nikita S. 722
Chudjakow, Sergei A., General 593
Churchill, Clementine 292

Churchill, Randolph 288
Churchill, Sir Winston *Abb. 11, 21, 29, 47;* passim
Ciano, Graf Galeazzo 267, 494
Cisterna 518 f., 521, 525 f.
Clark Field 283
Clark, Alan 78, 550, 552, 683, 712, 765, 778
Clark, Lloyd 520, 523
Clark, Mark, General *Abb. 39;* 405, 415, 494–499, 502, 505 f., 510, 513, 519 f., 526–530
Clausewitz, Carl von 230 f., 233, 378, 657, 707, 772
Clothier, Neil N., Leutnant 651
Clyde 146
Cockfosters 642
Cocteau, Jean 116
Colleville-sur-Mer 623
Collins, Joseph Lawton, Generalmajor 609, 624, 634
Colombo 272, 369
Colville, John «Jock» 128
Compiègne 83, 110, 132
Coningham, Arthur, Air Vice-Marshal 386
Cooper, Alfred Duff 112
Corap, André, General 84, 89, 92, 112 f.
Cork and Orrery, Earl of (William Boyle), Admiral 70
Corregidor 283, 286
Cotentin 608, 623
Coventry, Bombardierung von 149, 563 f., 747
Coward, Noël 131
Cramer, Hans, General 379
Crerar, Henry, Generalleutnant 610, 652
Creti 505
Cripps, Sir Stafford 213, 723

Register

Crocker, John, General 609
Crossman, Richard 567
Croydon i. Surrey 674
Crutchley, Victor, Konteradmiral 346 f.
Crüwell, Ludwig, General 643
Cunningham, Alan, Generalleutnant 170, 176, 377
Cunningham, Andrew Browne, Admiral 462, 498, 590, 633
Currie, John, Brigadier 396
Cyrenaika 170, 177, 186
Dachau, KZ *Abb. 26;* 143, 159, 319
Daimler-Benz-Werke 685, 712
Dakar 123, 601
Daladier, Edouard 91, 782
Dalton, Hugh 163, 165
Danant 80
Dänemarkstraße 472, 475
Daniels, Josephus 255
Dansey, Claude 213
Danzig 38, 41, 631, 678, 714
Darlan, (Jean Louis Xavier) François, Admiral 118, 122, 267, 406, 409 f.
Darnand, Joseph 119
Darwin 272
Davidson, Howard C., Oberstleutnant 270
Dawe, Leonard 605
Dawley, Ernest, Generalmajor 497
Dederichs, Mario 327
Deere, Al 14
Degrelle, Léon 124
Dempsey, Miles, General *Abb. 47;* 609, 655
Den Haag 87, 674 f.
Devers, Jacob, Generalleutnant 651
Devon 605
Dew, Armine 333
Diekmann, Adolf, Major 626
Dieppe 377, 387, 421 f., 601, 761, 779
Dietl, Eduard, General 67

Dietrich, Josef (Sepp), Generaloberst 658, 661, 754
Dietrich, Otto 79
Dijle-(Breda-)Linie 85, 87 f., 113
Dill, John, Feldmarschall *Abb. 29;* 127
Dimapur 361 f., 364–366
Dinant 661
Dingler, Hans R., Oberst 447, 449 f.
Dittmar, Kurt, Generalleutnant 420
Djebel Kouif 414
Dnjepr 210, 232, 240, 557, 677, 679, 682, 688 f., 693, 702
Dnjestr 690, 693
Dobbie, William, Generalleutnant 380
Dollmann, Friedrich, General 108
Don 418–420, 440–442, 446 f., 450
Donau 703
Donbaik 361
Donez 240, 418, 537, 550, 553
Donezbecken 210, 229, 231 f., 234
Dönitz, Karl, Großadmiral 461, 463 f. 467, 469, 471, 473, 485–490, 576, 610, 627, 667–669, 727, 756, 766, 772
Dönitz, Peter 488
Don-Ulla-Linie 240
Doolittle, Jimmy, Oberstleutnant 293
Doorman, Karel, Admiral 287
Douai 93
Dover 92, 98, 138
Dowding, Hugh, General 105, 134, 136 f., 139, 145
Drancy, Durchgangslager 115
Dresden, Bombardierung von *Abb. 46;* 174, 570, 593–598
Dschugaschwili, Jakow 223
Dschugaschwili, Jossif s. Stalin
Dserschinski, Felix 423
Dublin 161 f.
Dumitrescu, Petre, General 441
Düna 216

Dünaburg (Daugavpils) 644
Dünkirchen (Dunkerque) *Abb. 11, 12;* 81, 91–97, 99–101, 103–105, 107 f., 114, 126 f., 129, 144, 148 f., 377, 389, 454, 472, 565, 652, 714, 759, 776
Dunphie, Charles, Brigadier 412 f.
Eaglesham 201
Eaker, Ira C., General 499, 574 f.
East Anglia 571, 604
East Kirkby 570
Eastbourne 133
Eben-Emael, Fort 87
Echternach 658
Eckart, Dietrich 203
Eden, Anthony 106, 127, 131, 168, 171, 181, 255, 393, 410, 487, 590, 631, 723
Edertalsperre 576
Edinburgh 131, 522
Edson, Merritt A. «Red Mike», Oberstleutnant 348
Edward VIII., König von England 75
Effingham in Surrey 605
Eichmann, Adolf 321–323, 325, 328 f., 755
Eicke, Theodor 49
Eindhoven 654 f.
Einstein, Albert 744 f.
Eisenhower, Dwight D., General *Abb. 43;* 401, 405–410, 413 f., 493–495, 505, 523, 606–608, 610–612, 635, 638, 648 f., 651 f., 656 f., 659, 662 f., 669, 715
Eismeer 52 f.
El Agheila 171, 177, 186
El Alamein, Schlacht von *Abb. 24;* 167, 188, 375, 379, 381, 383–388, 392, 396, 398–401, 411, 444, 453, 462, 484, 568, 642, 762, 767, 776
El Guettar 415
Elbe 649, 715

Eliot, T. S. 126
Elizabeth (Bowes-Lyon), engl. Königin, Gattin von George VI. 145
Elliot, Walter 103
Elliott, Denholm 467
Elliott, George, Gefreiter 252 f.
Elsass(-Lothringen) 72, 122, 630, 771
Erfurt 318
Erickson, John 555, 690, 719, 722
Essen 578
Etorofu 258
Evans, Dick 520
Evans, Richard 299
Falaise, Kessel von 462, 615, 635, 641, 695
Falkenhorst, Nikolaus von, General 65
Färöer-Inseln 73
Farolan, Modesta 373
Farquhar, Peter, Oberstleutnant 395
Fasson, Francis, Leutnant 484
Fegen, Edward Fogarty 468 f.
Felbert, Paul von, Generalmajor 644 f.
Felsennest (Führerhauptquartier) 78
Fergusson, Bernard, Major 352–354, 356
Fermi, Enrico 744
Finnischer Meerbusen 51 f., 688
Flandern 94–96, 168
Fleming, Ian 461
Fletcher, Frank «Jack», Konteradmiral 340, 344, 347
Florenz 529
Foggia 333, 493, 499
Folkestone 133, 138
Ford Island 260, 262, 497
Formosa (Taiwan) 282 f., 733, 738
Forster, Edward Morgan 130
Forstmann, Walter 464
Franco, Francisco, General 21, 159, 457
Frank, Anne 625
Frank, Hans 114

Frankfurt a. M. 581, 649
Frankl, Viktor 318–320
Frankland, Noble 566
Fraser, Bruce, Admiral 748
Fraser, Peter 176
Fredenhall, Lloyd R., Generalmajor 406, 411–413
Freud, Sigmund 131
Freyberg, Bernard, Generalmajor 175–177, 387, 394, 510, 513
Friedrich I. Barbarossa, röm.-dt. Kaiser 202
Friedrich II., der Große, König von Preußen 32, 760
Fritsch, Werner von, Generaloberst 22–24, 538
Fritzsche, Hans 755
Fromm, Friedrich, General 266, 754
Frunse 426
Fry, Richard 158
Fry, Stephen 577
Fuchida, Mitsuo, Hauptmann 253, 260 f., 336 f., 341–344
Fuka 393, 396, 398, 400
Fuller, John F. C. 453
Funk, Walther 266, 712, 754
Furness, Dickie, Leutnant 100
Gabčik, Josef 326
Gajowniczek, Franciszek 318
Galland, Adolf, General 137 f., 144, 150 f., 583, 759, 776
Gallipoli 75, 290, 401, 518, 602
Gällivare 65 f., 72
Gamelin, Maurice, General 44, 87 f., 91, 113
Garby-Czerniawski, Roman 612
Gargnano a. Gardasee 532
Garigliano 506, 509
Garson, Greer 149
Gatehouse, Alec, Generalmajor 388

Gaulle, Charles de, General *Abb. 30;* 91, 106–108, 110, 119, 410, 455, 636–639
Gaus, Friedrich *Abb. 2*
Gavutu 346
Gazala-Linie 186 f.
Gela 493
Genda, Minoru, Korvettenkapitän 259, 261
Genfer Konvention 46, 373, 754, 757
Gensoul, Marcel, Admiral 132
George VI., König von England 75, 145, 604, 776
George, David Lloyd 131
Georges, Alphonse, General 87–89
Gerow, Leonard, General 609, 620 f., 659
Gertner, Ala 313
Gibraltar 122, 206, 404 f., 407 f., 464, 478, 546, 604, 761
Gibson, Guy, Oberstleutnant 355, 576
Gide, André 123
Gilbert, Martin 605
Gilbert-Inseln 272
Giraud, Henri, General *Abb. 30;* 84, 87, 409 f.
Giraud, Marie-Louise 119
Giulino di Mezzegra a. Comer See 532
Glasfurd, Charles Eric, Commander 71
Glasgow 60 f., 146
Gleiwitz 28, 325
Globocnik, Odilo 325
Gockel, Franz 619
Goebbels, Joseph *Abb. 15;* 43, 47, 78, 148, 204, 207 f., 221, 242, 246, 303, 323, 325, 334 f., 409, 474, 510, 532, 545, 581, 617, 667, 669 f., 711, 727, 729, 755 f.
Goebbels, Magda 730
Goerdeler, Carl 630 f.
Gokteik-Schlucht 352

Goldensohn, Leon 78, 112, 197, 265, 433, 443, 648, 662, 665 f., 691
Golf von Aden 170, 384
Golf von Bengalen 152
Golf von Biskaya 486
Golf von Gaeta 505
Golf von Leyte 733
Golf von Lingayen 283, 735
Golf von Salerno 496 f.
Golikow, Filip, General 214
Gomel (Homel) 229, 232, 234
Gore, R., Obergefreiter 751
Göring, Hermann, Generalfeldmarschall *Abb. 4, 42;* 20, 22 f., 33, 45, 95, 102, 111, 133 f., 143, 147, 150, 197, 203, 247, 266, 325, 443, 474, 566, 574, 583, 629, 632, 665, 667–669, 691, 708, 754, 760, 772
Gorischny, Wassili, Oberst 437, 440
Gorodischtsche 216
Gorowez, Alexei, Leutnant 556
Gort, Lord (John Vereker), Feldmarschall 43, 85, 88, 93, 99
Goten-Linie 528–530
Gotenhafen (Gdynia/Gdingen) 475, 479, 714
Gott, William «Strafer», Generalleutnant 171, 375 f.
Goudy, Harry, Leutnant 370
Goworow, Leonid A., Marschall 688
Gracey, Douglas, Generalmajor 740
Gradowski, Salman 314
Gravelines 93
Graziani, Rodolfo, Marschall 169, 172
Grazier, Colin, Matrose 484 f.
Greenwood, Arthur 21, 104
Greif, Gideon 312, 316
Gretton, Peter, Vizeadmiral 468, 487
Griffin, J. J., Unteroffizier 751
Grigg, Percy James 80, 723
Grohé, Josef 574

Grosny 418, 422, 687
Große Syrte 170
Groth, Paul 315
Groves, Leslie, General 743
Gruenther, Alfred M., Generalmajor 528
Gruhn, Margarete 23
Grünau b. Berlin 464
Guadalcanal 346–349
Guam 258, 262, 272, 349
Gubbins, Colin 165
Guderian, Heinz, General *Abb. 7;* 40, 42, 76, 88–91, 93, 97, 108, 113, 197, 220, 228 f., 232 f., 235, 239 f., 248, 453, 537, 540–542, 552, 649, 657, 666–668, 684, 703 f., 706–708, 714, 727, 756 f., 768, 771 f., 775–778
Guisan, Henri 159
Gumenjuk, Wladimir 730
Gumrak 451
Gurjew, Stepan, Generalmajor 434
Gurow, Kusma A., Generalleutnant 426
Gurtjew, L. N., Oberst 434, 437
Gustav-Linie 505–510, 512 f., 517–519, 525 f.
Habbanija a. Euphrat 184
Hácha, Emil 28, 782
Haig, Douglas, Feldmarschall 567
Haile Selassie, Kaiser von Äthiopien 170
Håkon VII., König von Norwegen 68
Halder, Franz, General 72, 95, 97, 132 f., 146, 194–196, 204, 206, 211, 228, 232 f., 247, 419 f., 429, 432 f., 440, 643, 682 f., 685, 757, 767, 772, 777
Halfaya-Pass 180, 187
Halifax 60, 482 f.
Halifax, Lord (Edward Wood) 74, 104, 132, 136, 631

Halle a. d. Saale 324
Halsey, William, Admiral 734
Hamburg 98, 303, 474, 759
Hamburg, Bombardierung von 147, 577, 579–581, 596, 759
Hampton Roads 403
Hanke, Karl 705 f.
Hanko-Halbinsel 52
Hanson, Victor Davis 269, 735
Harding, John, Generalmajor 387, 506, 512, 528 f.
Harman, John, Obergefreiter 364
Harmon, Ernest N., Generalmajor 527
Harrington, Dan, Unteroffizier 609
Harris, Arthur «Bomber», Marschall 565, 567–569, 574–577, 589, 591, 593, 597
Harris, John 504, 508
Harstad 70
Hart, Basil Liddell 66, 89, 112, 199, 230, 557, 603, 624, 690, 772
Hart, Thomas C., Admiral 283
Hassell, Ulrich von 630
Hassenberg, Arie 333
Hastings, Max 251, 359, 619, 626, 641, 664, 693, 743
Hausser, Paul, General 553
Havanna 256
Hawaii 252, 258, 260, 271
Hawkinge 142
Hawkins, Jack 467
Heidrich, Richard, General 516
Heim, Ferdinand, Generalleutnant 647
Heisenberg, Werner 744, 785
Helgoland 564
Helsinki 52
Hendaye 159
Herzner, Hans-Albrecht, Leutnant 34 f.
Heß, Rudolf 201 f., 474, 760
Hewitt, Henry Kent, Konteradmiral 403

Heydrich, Reinhard 302, 306, 308, 321 f., 324–327, 729, 756
Heydte, Friedrich August von der, Oberstleutnant 646
High Wycombe 564
Himalaya 291, 359
Himmler, Heinrich *Abb. 4;* 23, 28, 49 f., 143, 228, 247, 297 f., 300–303, 306 f., 317, 324–327, 474, 629, 632, 645, 691, 700, 706, 745, 754, 786
Hindenburg, Paul von, Generalfeldmarschall 17–19, 46, 192, 538, 696
Hinsley, Sir Harry 462
Hipper, Franz von, Admiral 465
Hirohito, Kaiser von Japan 741, 747
Hitler, Adolf *Abb. 1, 3, 4, 15, 49;* passim
Hitler-Linie 508, 526
Hitler-Stalin-Pakt 46, 51, 206, 208, 701
Hobart, Percy, Generalmajor 620
Hodges, Courtney, Generalleutnant 651, 663, 669
Hoepner, Erich, General 109, 235, 307, 629
Hoffmann, Heinrich, Leutnant 611
Hoffmann, Peter 632
Hoffmann, Wilhelm, Soldat 449
Hoge, William M., Brigadegeneral 669
Hogg, Quintin 456
Honek, Alois Vincenc 326
Hongkong 262, 267, 272 f., 373
Honolulu 271
Honshu 258, 743
Hopkins, Harry 126, 588, 757
Horrock, Brian, Generalleutnant 383, 387, 664
Höß, Rudolf 308, 311, 313, 318, 754
Hoßbach, Friedrich, Oberst 22 f.
Hotblack, Frederick, Generalmajor 69
Hoth, Hermann, General 109, 229, 235, 445–448, 541, 547, 549–553, 775

Houffalize 771
Houppeville 670
Howard, John, Major 613
Howard, Leonard, Sergeant 100
Howard, Michael 45 f., 90, 165, 457, 530 f.
Hudson, Charles, Brigadier 127 f.
Hughes, Hector, Generalmajor 387
Hull (Stadt) 563
Hull, Cordell 254, 259
Hull, John «Ed», General 495
Huntzinger, Charles, General 110
Huxley, Aldous 131
Hyakutake, Haruyoshi, Generalleutnant 347–349
Ichiki, Kiyono, Oberst 348
Iida, Shojiro, Generalleutnant 288, 290
Imphal 291, 355 f., 361 f., 366, 736
Indaw 356
Ingersoll, Ralph 663
Inskip, Sir Thomas 27
Insterburg 583 f.
Irawadi 352, 736
Irving, David 78, 595
Irwin, Stafford Le Roy, Brigadegeneral 413
Isjum 241
Isle of Wight 273, 605
Ismay, Hastings «Pug», Generalmajor 154, 597
Isonzofront 92
Israel 329
Isthmus von Kra 273
Istria-Klin-Linie 240
Iwaichi, Fujiwara, Major 366
Iwo Jima 349, 737 f., 741 f., 748
Jablunka-Pass 34, 38
Jacob, Ian, Generalleutnant 375, 743
Jakowlewo 554

Jalta, Konferenz von 593, 701, 709 f., 715, 740
Java 287
Javasee 283, 287
Jelez 241
Jellicoe, John, Admiral 136
Jennings, Augustus, Sergeant-Major 98, 100
Jennings, Humphrey 144
Jeremenko, Andrei I., Marschall 427, 705
Jerusalem 321
Jodl, Alfred, Generalmajor *Abb. 3;* 24, 38, 40, 77, 95 f., 132 f., 200, 221, 233, 381, 420, 434, 541, 627, 635, 664–668, 688, 708, 751–753, 756, 758, 767, 768 f., 776
John Haviland 152
Johnson, A. W. J., Kanonier 751
Johore-Linie 278
Jokanga-Bucht 206
Jones, Reginald Victor 567
Josting, Ernst, Oberst 647
Jotsama 364
Józefów 304 f.
Juchnow 235
Juin, Alphonse, General 412, 525
Junge, Traudl 726
Jütland 69
Kaduk, Oswald 309
Kahuku Point 252
Kairo 188, 350. 375 f., 381, 389, 399, 761
Kalavryta 177
Kalifornien 253 f., 260, 271, 278, 292
Kalinin 235, 237, 241, 417
Kalkutta 361, 370
Kaluga 235, 237, 417
Kamaing 358
Kaminski, Bronislaw 226
Kanal von Korinth 175

Kanalinseln (Channel Islands) 120, 652
Kanallinie 93
Kanchanaburi, Lager 16, 368
Kannenberg, Arthur «Willy» 190 f.
Kanth (Kąty Wrocławskie) 705
Kap der Guten Hoffnung 207, 381, 494
Kap Matapan, Seeschlacht bei 462
Kap San Augustin 735
Karelische Landenge 52 f., 58 f., 235
Karl I., König von England 724
Karl XII., König von Schweden 192, 246
Karpaten 34, 36, 705
Kaschira 239
Kaspisches Meer 211, 417, 422 f., 762
Kassala 170
Kasserine-Pass, Schlacht am 411, 413 f., 766, 784
Kattara-Senke 188, 383, 387 f., 390
Kattegat 65
Katyn, Massaker von 47, 698
Kaufering, KZ 319
Kaukasus 231 f., 381, 418–420, 422, 433, 444, 446, 450, 678, 682, 762, 764, 768 f.
Kaunas (Kowno/Kauen) 306, 696
Kean, Richard 370 f.
Keegan, John 380, 652, 774
Keitel, Wilhelm, Generalfeldmarschall *Abb. 3, 4;* 23 f., 37 f., 40, 43, 78, 80, 110–112, 192, 197–199, 206, 225, 233, 241, 434, 474, 488, 539, 542, 545, 560, 662, 665–668, 703, 755 f., 758, 765, 767, 769, 776 f.
Kemijärvi 55
Kempf, Werner, Generalleutnant 553
Kempka, Erich 627
Kennedy, John, Generalmajor 103, 114, 350, 572

Kennedy, John Fitzgerald 744
Kennedy, Ludovic 474, 476 f,
Kent (Grafschaft) *Abb. 13;* 130, 138, 612
Kent Hewitt, Henry, Konteradmiral 403
Kerr, Philip, Marquess of Lothian 21, 128
Kershaw, Ian 193, 196, 204, 297
Kertsch, Halbinsel/Straße von 418, 678, 767
Kesselring, Albert, Generalfeldmarschall 111, 134, 413 f., 496–499, 505 f., 510, 512, 519, 521, 527, 530 f., 648, 669, 710 f., 768, 772 f.
Keynes, John Maynard 158
Kiantajärvi 56
Kidney Ridge 383, 391–395
Kiew *Abb. 3;* 211, 221, 228, 231, 234, 306, 688, 764
Kimmel, Husband, Admiral 257 f., 260–262
King, Ernest J., Admiral *Abb. 29;* 264
Kinkaid, Thomas, Admiral 733
Kiruna 65 f.
Kiska 345
Kitchens, James H. 332
Kittel, Heinrich, Generalleutnant 644 f.
Kleist, Ewald von, Generalfeldmarschall 40, 88 f., 93 f., 97, 111, 230 f., 236, 240, 381, 419, 422, 446, 648, 666, 683 f., 691, 755 f., 772
Kluge, Hans Günther von, Generalfeldmarschall 40, 105, 111, 229, 418, 429, 540–542, 545, 553, 557, 629, 634 f., 641, 654, 702, 770, 777
Knochlein, Fritz, Hauptmann 98
Knox, Alfred Dilwyn «Dilly» 459
Knox, Frank 261
Kobe 293
Koenig, Marie-Pierre, Brigadegeneral 387

Kohima 358, 361–367
Kola-Halbinsel 206
Kolbe, Maximilian 318
Kolberg (Kołobrzeg) 714
Köln 566, 573 f.
Königgrätz 719
Königsberg (Kaliningrad) 714
Konjew, Iwan, Marschall *Abb. 50;* 212, 543, 550, 557, 559, 690 f., 705 f., 714 f., 777 f.
Kopez, Iwan, Generalleutnant 214
Koreiz 593
Korsika 410, 492 f., 508
Kaschau (Košice) 330 f.
Kosmodemjanskaja, Sonja 221
Kota Baharu 274
Kotin, Josef 223
Kotuku, Sato, Generalleutnant 361
Krakau (Kraków) 36, 44, 307, 328
Krebs, Hans, General 727, 771
Krementschug 234
Kreta 172, 175–177, 187, 196, 206, 274, 761, 777, 779
Kretschmer, Otto 466, 469
Krim *Abb. 6;* 232, 240, 417 f., 539, 643, 646, 677, 693, 709, 764, 768
Kristiansand 66
Kriwoschejew, Grigori F., General 722
Kronstadt (russ.) 210
Krueger, Walter, General 733
Krupp-Werke 578, 712
Krylow, Nikolai I., General 426
Kuban-Brückenkopf 682, 768
Kubinka 685
Kubiš, Jan 326
Küchler, Georg von, Generalfeldmarschall 111, 688
Kuhl, Charles H., Gefreiter 495
Kuhmo, Schlacht von 58
Kunzewo b. Moskau 216
Kurilen 258

Kurland 704, 707 f., 713 f.
Kursk 539, 713
Kursk, Schlacht bei *Abb. 33, 34;* 537–561, 599, 677–679, 684–686, 769, 776–778, 782
Kurusu, Saburo 258 f.
Küstrin 713
Kutrzeba, Tadeusz, General 45
Kutusow, Michail 238
Kvaternik, Slavko 221
Kwai River 368
Kwajalein 349
Kyushu 738, 743
La Ferla, Francesco, General 394
La Ferté 88
La Roche-Guyo 616
La Rochelle 472
La Spezia 498
Laborde, Jean de, Admiral 407
Ladbergen 571
Ladogasee 53, 237
Landsberg 319
Lang, E. A. R., Hauptmann 101
Langbehn, Julius 298
Langsdorff, Hans, Kapitän 62
Laon 91
Lashio 291
Laval, Pierre 111, 113, 117 f., 120
Lavarack, John Dudley, Generalmajor 180
Laverty, John «Danny», Oberstleutnant 362
Lawrence, T. E. (von Arabien) 349
Le Havre 610
Le Kef 412
Le Mans 634
Le Paradis 98
Leclerc, General (Vicomte Jacques Philippe de Hautecloque) 636–638
Lecussan, Joseph 120
Ledo 356, 361

Leeb, Wilhelm Ritter von, Generalfeldmarschall 111, 211, 307, 538
Leese, Oliver, Generalleutnant 383, 387, 389, 393 f., 505, 530
Legnano, Schlacht bei 202
Lehmann, Armin 717
Leidig, Theodor 302
Leigh, Vivien 148
Leigh-Mallory, Trafford, Marschall 568, 587
Lemberg (Lwów, Lwiw) 38, 47, 224, 646
Lemp, Fritz-Julius, Kapitänleutnant 461
Leningrad (Petersburg) 51 f., 55
Leningrad, Belagerung von 194 f., 210 f., 215, 229, 232, 235–237, 241, 417, 420, 428 f., 442, 688, 704, 775
Lens 93
Leopold III., König von Belgien 88
Levi, Primo 297, 309, 313 f., 316, 319
Lewinski, Eduard von, General 537
Lewis, R. C., Kapitänleutnant 62
Ley, Robert 96, 300, 756
Leyte 733
Ležáky 327
Licata 493
Lidice b. Prag 327
Lille 84, 86, 98
Lincolnshire 570 f., 594
Lindbergh, Charles A. 270
Lindemann, Ernst, Kapitän 475
Liri-Tal 506, 509 f., 512
List, Wilhelm, Generalfeldmarschall 88, 111, 418, 420, 767 f.
Litwinow, Maxim 482
Liverpool 127, 131, 146, 747
Ljudnikow, L., Oberst 435
Llewellyn, Richard 497
Lloyd-Davies, Cromwell, Korvettenkapitän 610

Lockard, Joseph, Gefreiter 252 f.
Łódź (Lodz) 36, 44, 302
Lofoten 70
Löhr, Alexander, General 175
Loire 106, 123, 610, 625
Lokot 226
Lombard-Hobson, Sam, Oberleutnant 100
London 69, 107, 119, 131, 202, 269 f., 375 f., 459, 526, 589, 599, 602, 607 f., 642, 672, 781
London, Angriff auf 42, 143–147, 149–151, 153, 584, 598, 600, 671, 674, 700, 747, 771
London, Konferenz von (1936/37) 21
London, Vertrag von (1935) 464 f., 475
Londonderry 487
Lopez, Pedro 368
Lorient 472, 576
Los Alamos 744, 773
Lothian, Lord s. Kerr, Philip
Lovat, Lord Simon Fraser, Brigadier *Abb. 40;* 613
Löwen (Leuven) 563
Löwenfeld, Dorothea von 474
Lowry, Frank, Konteradmiral 518
Lübeck 569
Lublin 44, 47, 148, 303 f., 696
Lubomirski, Prinz Eugene, Leutnant 698
Lucas, John, Generalmajor 518–520
Ludendorff, Erich von, General 34, 203
Ludendorff-Brücke 669, 771
Luga 216
Lumsden, Herbert, Generalleutnant 383, 389–391
Lunghi, Hugh 593
Lütjens, Günther, Admiral 472
Lüttwitz, Heinrich von, General 660
Luzon 279, 283, 349, 734 f., 740, 742

Lyme Regis 133
Lympne 138, 142
Lynd, Robert Wilson 104
Lynn, Vera 148
Lyon 109, 121
Maas 80 f., 89, 538, 653 f., 656, 659, 661, 766
Maasmechelen 77, 88
MacArthur, Douglas, General 282 f., 286, 290, 405, 733, 737, 742, 748
MacDonald Fraser, George 291, 357, 732, 735, 740, 747, 749
MacDonald, Ramsay 21, 563
Machiavelli, Niccolò 743
Machinato-Linie 738
MacIntyre, Donald 471
Mackensen, August von, Generalfeldmarschall 112
Mackensen, Eberhard von, Generaloberst 519, 523, 531
Mackenzie, Compton 362
Mackesy, Pierse, Generalmajor 70
Mac-Mahon, Patrice de, General 89
Macmillan, Harold 382
Madagaskar 123, 300, 755
Maginot, André 81
Maginotlinie 81, 84, 213, 546
Maikop 418
Mailand 532
Maisky, Iwan 482
Malakkastraße 740
Malan, Adolf «Sailor» 138
Malaparte, Curzio 244, 536
Malaya *Abb. 37;* 255, 262, 272
Maleme 175
Malinowski, Rodion, General 691, 713
Mallinson, Allan 594
Malmedy 659
Mamajew-Hügel 423, 429, 431, 439, 440
Mamerdow, Konstantin 690

Manchester 131
Mandalay 291, 352, 736
Mandel, Georges 118
Manila 283, 372–374
Manipur 361
Mannerheim, Carl Gustav von, Feldmarschall 53, 59
Mannerheim-Linie 53 f., 57–59, 249
Manstein, Erich von, Generalfeldmarschall *Abb. 6;* 40, 77 f., 80 f., 84, 113, 307, 418, 420, 441–447, 453 f., 537–542, 545, 557, 677–679, 682 f., 688–691, 756 f., 764, 766, 768, 770, 772, 776–778
Manstein, Georg von, Generalleutnant 538
Manston 142
Manteuffel, Hasso-Eccard von, General 89, 657–659, 661, 766
Mao Songsan Ridge 366
Mao Tse-tung 359
March, Cyril 569
Mareth-Linie 400, 415
Marianen 150, 745
Marinowka 450
Markelow, Oberst 434
Marne 651
Marsa Matruh 169, 185, 400
Marseille 88, 644
Marshall, George C., General *Abb. 29;* 187, 198, 262, 264, 401 f., 405, 407 f., 411, 414, 421, 493, 495, 529, 587, 607, 611, 711, 733, 737, 742, 746, 769, 779, 782 f.
Marshall-Inseln 260
Martuba 400
Mash, Bob, Soldat 169
Matsuoka, Yosuke 195, 267, 762
Mauriac, François 636
Mauriac, Jean 636
Mawlu 356

Maxwell, D. S., Brigadegeneral 281
Mazedonien 174
Mazower, Mark 225
McAuliffe, Anthony C., Brigadegeneral 660
McBeath, John, Korvettenkapitän 147
McCain, John, Vizeadmiral 734
McCloy, John 333
McCreery, Richard, Generalmajor 497, 530
McNair, Lesley J., Generalleutnant 634
Mechili 170, 177
Medmenham a. d. Themse 458
Meiktila, Belagerung von 291, 735 f.
Mellenthin, Friedrich Wilhelm von, Generalmajor 32, 36, 45, 48, 85, 87, 109, 174, 379, 444, 450, 454, 541, 544 f., 549, 554, 557, 679, 682, 762, 765
Memel (Fluss) 246
Memel (Klaipėda) 704
Menen 97
Menzies, Robert 287
Merezkow, Kirill A., General 688
Merville 92
Messerschmitt, Willy 583 f.
Messervy, Frank, Generalmajor 187
Messina 493, 501, 506
Metz 644, 651, 656
Mianyang 355
Michie, Donald 489
Middleton, Troy, Generalmajor 658
Midway, Seeschlacht um *Abb. 19, 20;* 257, 262, 269, 336–347, 349, 367
Mihailović, Draža, Oberst 174
Milch, Erhard, Generalfeldmarschall 111, 197, 574, 583, 755, 768
Mill, John, Stuart 761, 771
Millin, Bill *Abb. 40;* 613
Milner-Barry, Stewart 459

Mindanao 735
Minsk 211, 216, 301, 694, 696
Mitchell, R. J. 138 f.
Miteiriya Ridge 383, 390
Mittland 571
Mius 240
Miyazaki, Shigesaburo, Generalmajor 362, 365
Model, Walter, Generalfeldmarschall *Abb. 8;* 541, 547, 552 f., 635, 641, 654, 656 f., 661, 664, 669, 688 f., 691, 695–697, 702, 766, 770 f.
Mogaung 357
Mogilew 694
Möhnetalsperre 576
Mohnke, Wilhelm, Generalmajor 98, 659
Moletta (Fluss) 524, 532
Molotow, Wjatscheslaw M. *Abb. 2;* 27 f., 47, 52, 59, 200, 215 f., 264
Moltke, Helmuth von, Generalfeldmarschall 32, 242, 707, 776
Moltke, Helmuth von, Generaloberst 191
Moltke, Helmuth James Graf von 630
Mongmit 355
Monowitz 331, 333
Monsarrat, Nicholas 162, 467, 473, 480, 489, 749
Monschau 658
Montauban 625
Montcornet 89
Monte Cairo 508, 513
Monte Camino 507
Monte Cassino, Schlacht um 493, 507–510, 512–518, 526, 541, 720, 766
Monte Lungo 507
Montevideo 62 f., 472
Montgomery, Bernard, Feldmarschall *Abb. 43;* 88, 188, 290, 376–380,

382–384, 386, 388–395, 397 f.,
  400 f., 404 f., 409, 411, 415,
  462–494, 497, 499, 505, 601,
  604, 607–609, 624, 633, 635,
  648 f., 651 f., 654–657, 659,
  662–664, 669 f., 737, 767, 778
Montgomery, Betty 377
Montherme 88
Montoire 118
Montreal 60
Montry 88
Moore, Sergeant Stanley 98
Morgan, Frederick, Generalleutnant 602
Morison, Samuel Eliot, Konteradmiral 342
Morosowskaja a. Don 447
Morrison, Herbert 724
Mors, Harald, Major 531
Morshead, Leslie, Generalmajor 387, 395
Mortain 634
Moschajsk 238
Mosel 656
Moskau 47, 51, 199, 220, 251, 302, 421, 454 f., 539, 698, 710, 728, 776
Moskau, Angriff auf *Abb. 3, 16;* 194 f., 209–211, 216 f., 221 f., 227–235, 238–241, 246 f., 264, 292, 417 f., 421, 428, 439, 480, 544, 558–561, 628, 696, 775, 777
Moskauer Vertrag (1940) 59, 65
Mosty 34 f.
Moulin, Jean 121
Moulmein 290
Mountbatten, Lord Louis, Admiral *Abb. 29;* 361, 421 f.
Moyale 170
Mrocza 51
Müller, Rolf-Dieter 595

München 25, 205, 439, 566 f., 626, 665, 760
Münchener Abkommen 25 f., 36, 73, 91, 139
Murmansk 55, 73, 180, 467, 479 f., 568
Musser, William 370
Mussolini, Benito *Abb. 3, 42;* 21, 26 f., 104, 106, 159, 167, 169, 171–173, 189, 267, 271, 494, 531 f., 629, 755, 763
Mussolini-Kanal 525
Mutaguchi, Renya, Generalleutnant 358, 360, 366 f.
Mutschmann, Martin 596 f.
Myitkyina 352, 361
Myschkowa 447
Nagaberge 355, 362
Nagasaki, Bombardierung von *Abb. 51;* 735, 743, 746 f.
Nagoya 293
Nagumo, Chuichi, Vizeadmiral 253, 258, 261, 340–344
Namsos 69 f.
Nanking 359, 368
Nantes 109
Napoleon I. Bonaparte, Kaiser der Franzosen 32, 125, 192, 205, 207, 221, 230, 235, 242, 245–247, 388, 454 f., 546, 654, 725
Napoleon III., Kaiser der Franzosen 89, 785
Narew (Fluss) 36
Narvik 66 f., 69–72, 107, 148
Narwa 688
Nash, Paul 138
Nautsi 53
Neapel 379, 493, 496, 499, 502, 518
Nehring, Walther 248
Neiße 715
Nettuno 517, 520 f.
Neudorf i. Sudetenland 706
Neufundland 182

Register **887**

Neukaledonien 738
Neurath, Konstantin von 22
New Mexico 773, 785
Newski, Alexander 238
Nicholai, Großfürst (Nikolai Nikolajewitsch Romanow) 168
Nicholl, John «Crasher», Generalmajor 387
Nicholson, J. B., Hauptmann 151 f.
Nicolson, Harold 60
Nicolson, Nigel 454
Niederschlesien 705
Nikolajew a. Bug 690
Nil 169, 185, 381
Nimitz, Chester W., Admiral 340, 345, 742, 748
Nimwegen (Nijmegen) 654 f.
Nomura, Kichisaburo 254
Nordkap 66, 480
Nordmeer 479 f., 482, 568
Nord-Ostsee-Kanal 610
Normandie 107, 114, 180, 652
Normandie, Invasion/Landung in der 119, 123, 164, 270, 330 f., 422, 462, 467, 489, 495, 497, 509, 515, 517, 527, 529, 568, 585, 587, 589–591, 598, 602–607, 609, 616–618, 623–625, 627, 633, 636, 675, 693 f., 702, 713, 733, 761, 769, 773, 779, 783 f.
Norrie, C. W. M., Generalleutnant 171
Nova Scotia 60, 482
Nowgorod 235, 688
Nowy Borissow 229
Nürnberg 585
Nürnberger Gesetze 20, 585
Nürnberger Kriegsverbrecherprozesse 23, 43, 47, 66, 78, 112, 197, 202, 263, 265–267, 312, 433, 443, 647 f., 662, 665 f., 683, 691, 712, 725, 729, 751, 754, 756

O'Connor, Richard, Generalleutnant 169–172, 177, 180
O'Daniel, John W., Brigadegeneral 528
Oahu 252 f., 256, 259 f., 271
Obersalzberg b. Berchtesgaden (Berghof) *Abb. 15;* 14, 25, 79, 132, 143, 200, 202–204, 234, 246, 264, 514, 541, 617, 626, 786
Oberschlesien 645
Obojan 553
Oder 705
Oder-Neiße-Linie 706
Odessa 647, 690, 693
Oechsner, Frederick 264
Okinawa 349, 738–742, 748
Okuchi, Denshichi, Vizeadmiral 371
Olbricht, Friedrich, General 629
Olymp-Gebirgsmassiv 174
Omaha Beach *Abb. 41;* 605 f., 609, 618–623
Opálka, Adolf 326
Opperau (Oporów) 705
Oradour-sur-Glane 626
Oran 114, 123, 132, 406 f.
Ordschonikidse (Wladikawkas) 422
Orel 235, 540, 547, 553, 557, 560, 677 f.
Orkney-Inseln 65
Orne (Fluss) 609, 613
Ortona 505
Osborne, Sir Francis D'Arcy 514, 630
Oshima, Hiroshi 267, 707
Oslo 66 f.
Oslofjord 68
Ostau, Lina von (verh. Heydrich) 325
Ostpreußen 36, 38, 210, 420, 695, 704, 714, 720
Ostsee 59, 65, 237, 610, 704 f., 707, 714–716
Ousby, Ian 638
Outerbridge, William, Leutnant 252

Ouvry, John G. D., Kapitänleutnant 62
Overy, Richard 224, 564, 599, 701, 723
Oxalic-Linie 390
Palästina 168, 177, 206, 299, 351, 755, 761
Palau-Inseln 733, 739
Palermo 495
Panikako, Michail, Marinesoldat 436
Papagos, Alexander, General 173
Papon, Maurice 116
Paris 48, 88, 119, 121, 459, 729
Paris, Befreiung von 635–638, 640
Paris, Einnahme/Besatzung von Abb. 10; 42, 91, 106, 108, 115–117, 121 f., 132, 190 f., 246, 437, 625, 637 f., 643
Park, Keith, Generalmajor 150
Pas de Calais 98, 604, 610, 612 f., 616, 623, 769
Patch, Alexander M., Generalmajor 348
Patton, George Smith, General Abb. 38; 290, 403–406, 408, 413–415, 493–496, 506, 604, 610, 634 f., 637, 648 f., 651, 655, 660–664, 669, 715, 737, 778
Paul, Prinzregent von Jugoslawien 173
Paulus, Friedrich, Generalfeldmarschall 334, 416, 422, 434 f., 437 f., 440, 442–444, 446–452, 454, 537, 540, 677, 778
Pawlow, D. W. 236
Pawlow, Dmitri G., General 217
Pawlow, Jakow, Feldwebel 436 f.
Pawsey, Charles 364 f.
Payne, Signalgast 98
Pazifik(krieg) 73, 206, 252, 254–257, 260 f., 264, 271, 275, 278, 337, 341, 345, 402, 469, 479, 601, 694, 732–734, 737 f., 742, 747, 764, 781, 783

Pearl Harbor, Angriff auf 129, 186, 252–263, 267, 269 f., 272 f., 278, 283, 286, 293 f., 305, 336, 340, 342, 344, 346, 348, 359, 373, 386, 469, 732, 734
Peenemünde 576, 673
Peleliu 739, 742
Peloponnes 175, 177
Penney, Lord William Ronald C. 521, 746
Percival, Arthur, Generalleutnant 273 f., 279–282
Persischer Golf 171, 185
Perugia 529
Pescara 506
Petacci, Clara 532
Petacci, Marcello 532
Pétain, Philippe, Marschall 91, 106 f., 110 f., 113, 115, 117, 120, 406, 409
Peter II., Prinz von Jugoslawien 173
Petrischtschewo 221
Petsamo 52 f., 59
Phillips, N. C. 508
Phillips, Norman, Gefreiter 621
Phillips, Tom, Admiral 273
Pidgeon, Walter 149
Pienaar, Dan, Generalmajor 387
Pillau (Baltijsk/Piliava) 714
Pinbon 355
Piotrków 51
Pitomnik 448
Pius XII., Papst 514, 630
Placentia Bay 182, 479
Plattensee 708 f.
Ploieşti 173, 499
Plymouth 146, 747
Po-Ebene 529–531
Point-2171 58
Pointe du Hoc 622
Poljarny 480
Polnischer Korridor 36, 38, 44

Polozk 688
Poltawa, Schlacht von 246
Pomerellen 44 f.
Ponary b. Vilnius 306
Ponedelin, Pawel, General 250
Pontarlier 81, 160
Ponyri 552
Popow, Marian, General 553
Porajorpi 52
Portal, Lord Charles, Air Chief Marshal *Abb. 29;* 255, 487, 546, 567 f., 571, 574–576, 587 f., 590 f.
Portsmouth 146
Posen (Poznań) 36, 45, 302, 705
Potsdam, Konferenz von (1945) 729
Pound, Dudley, Admiral *Abb. 29;* 275, 481
Pownall, Henry, Generalleutnant 88
Prag 25, 27, 199, 326 f.
Prasca, General Sebastiano Visconti 173
Preschau (Prešov) 330 f.
Price, Ward 20
Prien, Günther, Kapitänleutnant 61, 471
Priestley, J. B. 148
Prioux, René, General 87, 92
Pripjetsümpfe 210 f., 228, 306, 688, 694–696
Prochorowka, Schlacht von 553–557, 559, 561, 773
Prüfer, Kurt 318
Pruth 693, 702
Pskow 688
Pujol García, Juan 612
Puttkamer, Karl-Jesko von, Konteradmiral 488
Pyawbwe, Schlacht von 291, 735 f.
Quebec, Konferenz von (1943) 355, 492
Quiberon Bay, Seeschlacht von 487
Quisling, Vidkun 71

Rabaul 272, 287, 346 f.
Rabelais, François 744
Raeder, Erich, Großadmiral 22, 65 f., 133, 206 f., 263, 465, 467, 474, 766
Rahman-Piste 394–396
Ramcke, Bernhard, General 385, 391, 646
Ramsay, Bertram, Vizeadmiral 92, 602
Ramsbottom-Isherwood, Henry N. G., Oberstleutnant 480
Ramsgate 133
Rangun 287, 290, 736 f.
Rankin, Jeannette 262
Rapido 506, 509
Raschid Ali, General 183 f.
Rastenburg 557, 627, 629
Rattenhuber, Hans 627
Ravenstein, Johann von, Generalleutnant 186 f.
Reggio 493
Reichenau, Walter von, Generalfeldmarschall 40, 44, 87, 111, 233, 306, 418
Reims 109
Rejewski, Marian 458
Remagen 669, 771
Rendulic, Lothar 641, 713 f., 771
Renthe-Fink, Cécil von 68
Repola 52
Reykjavik 73
Reynaud, Paul 91, 106, 109–111
Rhein *Abb. 47;* 654–656, 659, 661, 669 f., 676, 771
Rheinland 20 f., 72, 199, 630
Ribbentrop, Joachim von *Abb. 2, 42;* 27 f., 47, 245, 265–267, 474, 629, 729, 754, 763
Richards, Hugh, Oberst 362, 364
Richthofen, Wolfram von, Generaloberst 444 f.
Riga 306, 647

Riis, Ib Árnason 612
Rimini 530
Rio de la Plata 62, 472
Riqueti, Honoré Gabriel du, Graf von Mirabeau 46
Ritchie, Neil, General 186 f., 377
Roberts, Frank 630
Robota, Róza 313
Roch, Hugo 190–192
Rockall 466
Rodimzew, Alexander, General 430, 440
Rogers, M. A. W., Sergeant 532 f.
Rohland, Walter 266, 805
Röhm, Ernst 17, 34
Rokossowski, Konstantin, General 57 f., 212, 450, 540, 543, 547, 550, 694, 696, 705, 714, 777 f.
Rom *Abb. 38;* 414, 497, 502, 505 f., 508–510, 514, 518, 520 f., 526–529, 587, 638, 783
Romagna 530
Rommel, Erwin, General *Abb. 23;* 91 f., 97, 172, 177, 180 f., 184–188, 206, 375, 377–388, 391–393, 395–400, 407, 409, 411–413, 415 f., 444, 462, 494, 496, 573, 603, 616 f., 620, 623, 625, 634, 654, 667, 684, 691, 702, 761, 766 f., 769 f., 772, 776
Rommel, Lucie 616
Roosevelt, Franklin D. *Abb. 29;* 126–128, 182 f., 187, 195, 198, 209, 253 f., 261–263, 267 f., 270–272, 286, 293 f., 355, 360, 401 f., 408, 410, 421, 471, 479, 486, 503 f., 529, 568, 587 f., 593, 607, 630, 700 f., 709–711, 724, 733, 737, 745, 763, 769, 779–781
Roseman, Mark 321 f.
Rosenberg, Alfred 227, 729, 754
Rositz 571

Roskill, Stephen 487
Roslawl 235
Ross, James A. 522
Rostock 569
Rostow a. Don 240, 251, 398, 417–419, 422, 441, 446, 539, 703
Rotes Meer 170
Rothkirch und Trach, Edwin Graf von, General 646
Rothmund, Heinrich 159
Rotmistrow, Pawel, General 553
Rotterdam 85, 87, 91, 563
Rouen 574
Ruge, Otto, Generalleutnant 68, 71
Ruhrgebiet 43, 564, 566, 575, 580, 650, 654, 656 f., 669
Rumbula 306
Rundstedt, Gerd von, Generalfeldmarschall *Abb. 5;* 38, 41, 77, 93–97, 111, 130, 197, 199, 211, 221, 232, 238, 240, 307, 398, 406, 530, 538, 603, 617, 622 f., 625, 634, 653, 656 f., 661 f., 664, 667, 669, 702 f., 754, 757, 759, 769–772
Rupprecht von Bayern, Prinz 111
Rur (Roer) 656
Ruweisat Ridge 375 f., 387
Ryder, Charles W., Generalmajor 406
Rye 99
Ryuku-Inseln 738
Saar 660
Saarbrücken 84
Saarland, Saargebiet 20, 44, 651
Sackar, Josef 311 f., 315 f.
Saint-Jean-de-Luz 148
Saint-Lô 634
Saint-Nazaire 108, 472, 761
Saint-Quentin 89
Saipan 349, 742
Saizew, Wassili, Soldat 430 f.

Salerno, Schlacht von 498 f., 520, 526, 530, 602
Salisbury, Harrison 236
Salla 55
Salomonen-Inseln 287, 346 f.
Samara 240
Samara (Kujbyschew) 249
San 36
San Francisco 258
San Pietro Infine 507
Sander, Oberscharführer 143
Sangro 506
Saporoschje 540, 688
Sarajevo 174, 703
Sardinien 410, 457, 492 f., 508
Sarmiento, Antonio 457
Sarsztajn, Regina 313
Sartre, Jean-Paul 117
Sauckel, Fritz 193, 713
Savo Island, Schlacht von 346
Scalabre, Leutnant 109
Scapa Flow 61, 65, 69, 471, 475
Schacht, Hjalmar 755
Schaefer, Hans, Generalleutnant 644 f.
Schelde(mündung) 649, 652, 656, 702
Schellenberg, Walter, 130
Schepke, Joachim, Leutnant 471
Scherbius, Arthur 457
Schitomir 645
Schklarek, Mosche 315
Schlesien 708, 720
Schlieffen, Alfred von, Feldmarschall 39, 76, 190–192, 230, 707
Schmid, Josef «Beppo», Oberst 140 f., 154, 760
Schmidt, Arthur, General 451 f.
Schmidt, Hans-Thilo 458, 485
Schmidt, Heinz Werner, Oberleutnant 390
Schmidt, Otto 23 f.
Schmidt, Paul 33

Schmundt, Rudolf, Generalmajor 229, 629
Scholudjew, Wiktor G., Generalmajor 427, 437
Schöneberg i. Ostpreußen 629
Schörner, Ferdinand, General 641, 691, 713, 718 f., 771
Schroeder, Christa 628, 764
Schukow, Georgi, Marschall *Abb. 49;* 212, 215, 220, 241, 249 f., 426, 428, 441, 446, 454, 542 f., 549, 553, 557, 560, 689–691, 705 f., 714 f., 726–728, 765, 777 f.
Schulenburg, Friedrich Werner von der 213
Schuschnigg, Kurt von 28, 782
Schütte, Artur, Leutnant 544, 551–553
Schwarz, Urs 160
Schwarzes Meer 214, 593, 762
Schwarzwald 60, 565
Schweinfurt 581 f.
Scoone, Geoffrey, Generalleutnant 361
Sedan 80, 88 f., 92, 95, 113
Segré, Emilio 744
Seine 610, 618, 637
Sele 497, 505
Selle, Herbert, Oberst 450
Senger und Etterlin, Fridolin von, General 493, 508–510, 514–517, 531, 541, 766, 772
Sewastopol 417 f., 539, 646, 693
Seyß-Inquart, Arthur 756
Sfax 415
Shan-Hochland 290
Shaw, George Bernard 131
Shelton, Anne 148
Shigemitsu, Mamoru *Abb. 52;* 748
Shikoku 258
Short, Walter C., Generalleutnant 258, 261
Shuri-Linie 738

Sibirien 195, 200, 217, 248, 265, 300, 728, 762 f.
Sidi Barrani 169, 181
Sidi Rezegh, Panzerschlacht von 185
Siena 529
Siilasvuo, Hjalmar, Oberst 55, 57
Sikorski, Władysław 48, 546 f.
Simon, John, Lord 201, 724 f.
Simonow, Konstantin 551
Simpson, William, Generalleutnant 663, 715
Sinclair, Sir Archibald 725
Singapur 187, 267, 273–275, 278–282, 368, 572
Sittang River, Schlacht am 290 f.
Six, Franz, Oberst 131
Sizilien 172, 180, 207, 379, 402, 408–410, 415, 462, 486, 492–494, 496, 506, 508, 526, 557 f., 587, 604, 606, 608, 783
Skagerrak(schlacht) 65 f., 69, 136, 287, 476
Skorzeny, Otto 532, 658
Skrjabina, Jelena 237
Sledge, E. B. «Sledgehammer», Gefreiter 738 f.
Slim, William, Generalmajor *Abb. 35;* 290 f., 360 f., 366 f., 405, 736 f., 779
Smart, Harry, Generalmajor 184
Śmigły-Rydz, Eduard, Marschall 36, 46
Smith, Leonard, Pilot 478
Smith, Thomas 671 f.
Smolensk 46, 211, 217, 220, 228, 234, 244, 418, 677
Smuts, Jan Christiaan, Feldmarschall 394, 724
Sobibór, KZ 303, 314 f., 328
Sochaux b. Montbéliard 164
Sodenstern, Georg von, General 130

Sokolow, W. P., Generalleutnant 449, 714
Sokolowski, Wassili D., General 553, 714
Sola 311
Solschenizyn, Alexander 701
Soltau 649
Somme 80 f., 95, 105, 513, 516
Sorge, Richard 213
Southampton 146, 151
Sowjetski b. Kalatsch a. Don 442
Spa 659
Spaatz, Carl «Tooey», General 575, 634, 759
Spanischer Bürgerkrieg 21, 159, 254, 430
Spears, Louis, Generalmajor 106 f., 110, 113, 636
Speer, Albert 147, 161, 203, 318, 488, 542, 555, 562, 574, 577–579, 581–585, 599, 668 f., 707, 711–713, 753, 759, 769, 771, 779
Speidel, Hans, Generalleutnant 616 f.
Spender, Stephen 130
Sperrle, Hugo, Generalfeldmarschall 111, 134
Spitzy, Reinhard 245
Sponeck, Theodor von, General 392
St. Omer 93
St. Vith 659, 771
Staerke, André de 94
Stagg, James, Oberst 611 f.
Stalin, Josef W. *Abb. 2;* 27 f., 46 f., 51 f., 57–59, 90, 122, 164, 199, 202, 212 f., 215–217, 221, 223, 231, 234, 238, 249–251, 265, 272, 302, 421, 428 f., 431, 439, 455, 480, 503 f., 529, 542, 568, 593, 630, 683, 687, 691, 693, 698, 700 f., 705, 709–712, 715, 718, 721 f., 724, 727–729, 740, 753, 757, 762, 772, 776, 778, 780–782

Register **893**

Stalin-Linie 213
Stalingrad, Schlacht um *Abb. 6, 27, 28;* 161, 195, 334, 409, 411, 415–420, 422–455, 512, 537, 539, 543 f., 546, 560 f., 667, 677, 687, 763, 766–768, 775, 777
Stanley, Roy M., Oberst 332
Stark, Harold, Admiral 262, 471, 589
Stauffenberg, Claus Graf Schenk von, Oberst *Abb. 42;* 628–630, 756 f.
Stavanger 66 f.
Stawropol 422
Steinberg, Paul 318
Steiner, Felix, General 718
Stevens, Roy, Hauptmann 620
Stilwell, Joseph, General 290, 355, 357 f., 360 f.
Stimson, Henry L. 261
Stokes, Richard 595
Stone, Norman 203, 599, 765
Stopford, Montagu, Generalleutnant 365
Strachan, Hew 377
Strachey, Lytton 131
Strangeways, David, Hauptmann 86
Streicher, Julius 729, 755 f.
Strong, Kenneth, Generalmajor 131, 657
Stroop, Jürgen, SS-General 327 f.
Student, Kurt, General 175, 206, 761, 772
Studnitz, Bogislav von, General 108
Stülpnagel, Karl-Heinrich von, General 115
Stülpnagel, Otto von, General 109, 115
Stumme, Georg, General 383 f., 391
Stump, Hans-Jürgen, General 134
Stutthof, KZ 678
Sudetenland 24–26, 199, 538, 630, 706
Suez(kanal) 170, 188, 206, 370, 381, 494, 761

Suffolk 670
Sumatra 287, 292
Summa 59
Sun Tsu 603
Suomussalmi 55, 57
Sweeney, Charles «Chuck», Major 747
Swerdlowsk (Jekaterinburg) 194
Swinderby 594
Sword Beach *Abb. 40;* 609, 620, 622
Szilard, Leo 744
Taganrog 677
Taiwan s. Formosa
Takagi, Takeo, Konteradmiral 287
Takijiro, Onishi, Konteradmiral 256
Talvela, Paavo, Oberst 57
Taman-Halbinsel 682, 768
Tanaka, Razio, Konteradmiral 347, 349
Tanimoto, Kiyoshi 746
Tanner, Väinö 52
Tarawa 349
Tarent 259
Tavoy 290
Taylor, Frederick 595
Taylor, Robert 148
Tazinskaja a. Don 447
Tebessa 413
Tecklenburger Land 571
Tedder, Arthur, Generalleutnant 176, 589, 610
Teheran 184
Teheran, Konferenz von (1943) 503 f., 529, 709
Telemark 164
Teller, Edward 744
Temme, Paul, Oberleutnant 101
Tenaru River (Ilu River), Schlacht am 348
Thala 412
Themse 61 f., 144, 150, 604
Theresienstadt, KZ 318, 646
Thermopylen 175

Thierack, Otto 753
Thoma, Wilhelm Ritter von, General 93, 391, 396–398, 642 f., 685
Thomas, Georg, General 266
Thomsen, Petur 612
Thorn (Toruń) 705
Thrakien 174
Tibbets jr., Paul W., Oberstleutnant 574
Tiddim 361
Tilburg 87
Timor 287
Timoschenko, Semjon, General 58, 212, 220
Tinian 745, 747
Tippelskirch, Kurt von 453, 679
Tirpitz, Alfred von, Großadmiral 766
Tito, Josip Broz, Marschall 164, 174, 504, 703
Tobruk, Belagerung von *Abb. 23;* 169, 177, 180 f., 184–188, 376, 379, 382, 391, 400, 402, 761, 784
Todt, Fritz 193, 266, 454, 488
Tojo, Hideki, Generalleutnant 255–257, 282, 367
Tokio 213, 255, 259, 282, 293, 360, 748
Tokio, Angriff auf 734 f., 740 f.
Tokioter Kriegsverbrecherprozess 368 f., 371, 374
Tolvajärvi 57
Tooze, Adam 266, 730
Topf & Söhne, Firma 318
Torgau a. d. Elbe 715
Toulon 109, 407
Tours 107
Tovey, John, Admiral 481
Townsend, Peter, Oberst 139
Treblinka, KZ 303, 314, 328
Trenet, Charles 636
Trevelyan, Raleigh, Leutnant 524
Trier 653

Trincomalee 272
Tripolis 171 f., 379, 400
Trondheim 65–67, 69 f., 72
Troubridge, Thomas, Konteradmiral 518
Truman, Harry S. 711, 745 f., 748
Truscott, Generalmajor Lucian 520, 526–528, 530
Tschechow, Anatoli, Soldat 430 f.
Tschenstochau 329
Tschernowa, Tanja 431
Tschiang Kai-schek, Generalissimus 254, 258, 288, 290, 345, 355, 359 f., 503
Tschuikow, Wassili Iwanowitsch, Marschall 424, 426 f., 431 f., 434–440, 445, 449, 452 f., 726 f.
Tschungking 359
Tuchatschewski, Michail N., Marschall 57
Tuker, Francis, Generalmajor 387
Tula 235, 238, 241
Tulagi 346
Tulle 625
Tunis 407 f., 410, 416, 654
Turing, Alan 459–461, 483, 489 f.
Türkheim, KZ 319
Turner, Victor, Oberstleutnant 392
Tyler, Kermit, Leutnant 252 f.
Tyrrhenisches Meer 505, 509
U Aung San 164, 288
Udet, Ernst 266
Ulam, Stanisław 744
Ullersperger, Wilhelm, Generalmajor 647
Umezu, Yoshijiro, General *Abb. 53;* 748
Ural 194, 200, 208, 234, 249, 775 f.
Usedom 673
Ushijima, Mitsuru, Generalleutnant 738, 741
Utah Beach 605, 609, 618 f.

Register 895

Valčik, Josef 326
Valenciennes 84
Valera, Éamon de 161 f.
Valmontone 526–528
Vandegrift, Alexander A., Generalmajor 346, 348
Vatikan 158, 510, 514
Vaughan-Thomas, Wynford 520
Veil, Simone 121
Veldenstein, Burg 574
Venlo 458
Verdun, Schlacht um 91, 108, 117
Verlaine, Paul 616
Vermork 164
Versailler Vertrag 20, 24, 41, 62, 464
Vichy(-Regierung) 108, 111, 114–120, 122, 132, 159, 184, 300, 401, 404–406, 764
Victoria Point (Burma) 288
Vietinghoff, General Heinrich von 496, 502, 528, 530 f., 768
Vincennes 88
Vogesen 656
Voltaire 46
Volturno 505, 509
Vonnegut, Kurt 594 f.
Waal 654
Wagner, Cosima 298
Wagner, Richard 298 f., 326, 712
Wagner, Walter 725
Wajcblum, Ester 313
Wake-Atoll 257, 262, 272
Wallenius, Kurt, General 56
Wallwork, Jim, Stabsunteroffizier 613
Wandsbek b. Hamburg 465
Wannsee-Konferenz (1942) 320–322
Ward, Orlando, Generalmajor 412
Warlimont, Walter, General 95, 113, 381, 434, 488, 757, 769
Warschau 35, 317 f., 690
Warschau, Kampf um 38 f., 41, 44 f., 47–49, 95, 210, 244, 563, 637, 700 f., 705, 708
Warschauer Aufstand (1944) 30, 333, 697 f., 700
Warschauer Ghetto 300
Warschauer Ghettoaufstand (1943) 327 f., 698
Washington 45, 78, 128, 187, 258, 270, 293, 482, 587 f.
Washington, Trident-Konferenz von (1943) 492, 517, 576
Wassilewski, Alexander M., General 422, 543, 701
Waterloo 150, 385, 725
Watkins, Gwen, Sergeant 489
Watson-Watt, Robert 136
Watten 670
Watutin, Nikolai F., General 540, 543, 547, 549 f., 553, 690
Wavell, Lord Archibald, General Abb. 21; 167–171, 173 f., 176 f., 180 f., 184, 186, 279, 717
Weichs, Maximilian von, Generalfeldmarschall 40, 111, 232, 418, 442, 703
Weichsel 36, 45, 311, 696, 700, 708
Weidling, Helmuth, Generalleutnant 552
Weinberg, Gerhard 286, 622
Welchman, Gordon 460
Wellington, Herzog von (Arthur Wellesley), Feldmarschall 377, 385
Wells, Herbert George 130
Wells, John, Obergefreiter 102
Welsh, William, Generalleutnant 588
Wentworth, Thomas 724
Werth, Alexander 696
Weser 649
West, Rebecca 130
Westerplatte 41

Westliche Dorsale 411
Westwall («Siegfried Line») 39, 42, 44, 76, 81, 651, 653, 656
Wewelsburg 228
Weygand, Maxime, General 91, 105 f., 109 f., 113, 125
Wheeler-Bennett, John 18, 665
White, Geoffrey, Major 365
Wiart, Adrian Carton de, Generalmajor 69 f.
Wiborg (Viipuri) 53, 59, 235
Wiebiczeck, Hauptscharführer 143
Wiedemann, Fritz, Adjutant 34
Wien 24, 35, 246, 299, 713 f., 729
Wiesel, Elie 320
Wigner, Eugene 744
Wildermuth, Eberhard, Oberst 646
Wilhelm II., deutscher Kaiser 125, 130, 192
Wilhelmina, Königin der Niederlande 87, 164
Wilhelmshaven 43, 564
Wilmot, Chester 567
Wilson, Henry «Jumbo» Maitland, Generalleutnant 172
Wimberley, Douglas, Generalmajor 387
Wingate, Orde, Generalmajor *Abb. 36;* 168, 349–352, 354–356, 358
Winkelmann, Henri, General 91
Winter-Linie 506, 508
Witebsk 223, 694
Witzleben, Erwin von, Generalfeldmarschall 629
Wjasma 235, 238
Wolfsschanze (Führerhauptquartier) *Abb. 3, 42;* 161, 203, 420, 445, 451, 627–629, 716 f., 767
Wolga 208, 251, 417, 420, 422–424, 426 f., 430–432, 434–441, 445, 775

Wolga-Kanal 239
Wolgograd (vorm. Zarizyn) 417, 436, 439, 713; s. a. Stalingrad
Wood, Sir Kingsley 60, 157
Wormhout 98
Woronesch(front) 418, 441, 540, 543, 549, 552, 557
Woroschilow, Kliment J., General 212, 222, 428
Wren, Christopher 145
Wright, Robert, Hauptmann 145
Wünsche, Max, Hauptsturmführer 143
Württemberg 122
Wyllie, Bruce 570 f.
Yamamoto, Isoroku, Admiral 256 f., 261, 337, 340
Yamashita, Tomoyuki, General *Abb. 37;* 273, 281
Yamauchi, Masafumi, Generalleutnant 366
Yanagimoto, Ryusaku, Kapitän 344
Yenangyaung, Schlacht von 290
Yokohama 258, 293, 735
Yokosuka 293
York 127
Yorkshire 571
Young, Peter 388, 555
Yunnan 291, 360
Yvoir 653
Zagreb 174
Zarizyn s. Wolgograd, Stalingrad
Zeitzler, Kurt 433, 442 f., 446, 451, 454, 541 f., 545, 667, 688, 767 f., 777
Zentralmassiv 115
Zonhoven 662
Zossen b. Berlin 247
Zubza 364
Zuckerman, Solly 589
Zypern 761